全国国有企业财务管理创新成果与优秀论文集（

主编：黄群慧　黄速建
执行主编：孙明华　卢　俊

国有企业财务管理转型与创新

上册

图书在版编目（CIP）数据

国有企业财务管理转型与创新 / 黄群慧，黄速建主编．—北京：经济管理出版社，2016.6
ISBN 978-7-5096-4414-0

Ⅰ．①国… Ⅱ．①黄… ②黄… Ⅲ．①国有企业—财务管理—研究—中国 Ⅳ．① F279.241

中国版本图书馆 CIP 数据核字（2016）第 102130 号

组稿编辑：陈　力
责任编辑：陈力　周晓东
责任印刷：黄章平
责任校对：雨　千

出版发行：经济管理出版社
（北京市海淀区北蜂窝 8 号中雅大厦 A 座 11 层　100038）
网　　址：www.E-mp.com.cn
电　　话：（010）51915602
印　　刷：三河市海波印务有限公司
经　　销：新华书店
开　　本：880mm×1230mm / 16
印　　张：44
字　　数：640 千字
版　　次：2017 年 5 月第 1 版　　2017 年 5 月第 1 次印刷
书　　号：ISBN 978-7-5096-4414-0
定　　价：998.00（上、下册）

《国有企业财务管理转型与创新》编委会名单

加强国有企业财务管理
实现国有资本保值增值
（代序）

——顾秀莲同志在"首届全国国有企业财务管理创新成果与优秀论文"发布仪式上的讲话

习近平总书记不久前在吉林调研时强调，"推进国有企业改革，要有利于国有资本保值增值，有利于提高国有经济竞争力，有利于放大国有资本功能。"这为国企改革确立了价值判断标准。

确保国有资产不流失，是维持全民经济主体地位的重要保证；国有资本保值增值是国企改革的效益要求，是国企做大做强做优最起码的标志，也是国有经济得以壮大加强的基础。"保值"，要求资本存量不流失、价值不贬值；"增值"，要求资本在既定价值不变的存量基础上，创造新的价值增量。

其检验的基本指标，应是通过国企改革，按照既定价值而不是虚增价值计算，国有资本的绝对量与改革前相比，价值存量不减、增量提升、存量与增量之和的总量指标有明显增大。如果连这一点都达不到，国企改革就没有说服力。

正因如此，国企改革必须在完善企业治理结构和管理制度上下功夫。既强化规范约束、防范资产流失，又增强经营活力、提高效益和效率。而要实现这些，财务管理的作用不容忽视。财务管理是企业管理的核心，财务管理的好坏，直接影响企业的生存和发展。要深化国企改革，就必须探索财务制度在国有企业改革中的地位和作用。

首先，好的财务体制和财务管理方式有助于国有企业实现自身价值和利润的最大化。通过规范企业财务管理和会计核算，降低企业生产成本，完善内控机制，提高管理效率，进一步提高国有资本运营水平，实现国有资产最大限度保值和增值。企业所追求的最终目标是企业价值、利润最大化，好的财务管理制度能够帮助企业实现低成本、高收益，尽可能地实现国有企业利润最大化。

其次，加强国有企业财务监督是维护国有资产安全、发展壮大国有经济、防止腐败蔓延的重要手段。习近平总书记在中央全面深化改革领导小组第十三次会议上强调："防止国有资产流失，要坚持问题导向，立足机制制度创新，强化国有企业内部监督、出资人监督和审计、纪检巡视监督以及社会监督，加快形成全面覆盖、分工明确、协同配合、制约有力的国有资产监督体系。"在这一任务中，财务管理也凸显了其中流砥柱的作用。

最后，此轮国企改革的新举措要求财务管理必须参与创新。“发展混合所有制”、“完善现代企业制度”、“以管资本为主加强国有资产监管” 等，是这一轮国企改革的重要举措。在现代企业制度下，资产的所有权和经营权分离之后，所有者和经营者之间的关系是一种委托与代理关系，从形式上看是所有者利益、经营者责任所在，是评价企业经营者业绩的标准。甚至可以说，实现国有资本增值最大化是国有企业财务管理的目标，国有资本保值为投资者及企业内部和外部各有关方面进行经营决策提供相关、可靠和有用的财务信息。此轮国企改革举措对新时期国有企业财务管理提出了新的要求。新常态下，财务管理需要新的视角、新的框架，会计核算更需要新的逻辑、新的思路。作为企业财务管理人员，只有变中求进，不断提高，才能适应新常态下的角色转变，同时做到防止国有资产流失，推动国有资本保值增值。

本届峰会在这样一个大背景下召开，给国资国企界财务管理转型与创新提供了宝贵的交流机会，顺应了当前国企改革的迫切要求，非常有现实意义。

世界经济面临多年未有的特殊挑战
（代序）

——财政部副部长朱光耀在"首届全国国有企业财务管理创新成果与优秀论文"发布仪式上的讲话

当前国际经济形势错综复杂，世界经济增长总体疲软。国有企业要完成既定改革任务，进行财务管理创新，应该将全球经济的大环境、大趋势作为背景进行考量。

当前国际经济形势是错综复杂的，这种复杂性和挑战的严峻性是多年未有的特殊挑战。2008年9月，美国因为雷曼兄弟公司破产造成对全球经济系统性冲击。国际金融危机爆发，蔓延到美国和欧洲及整个国际金融市场。全球经济的增长确实受到世界金融危机的严重冲击，直到今天世界经济还处在艰难的复苏进程中。

2015年7月上旬，IMF再次调低了2015年经济增长率预测。全球经济面临着重大挑战，在以下几个方面表现比较突出，需要引起我们的高度警惕：

首先，发达经济体的货币政策严重分化。

从美国看，美国联邦储备银行在2014年10月退出了量化宽松的货币政策，但是保持了零利率的水平。从2014年10月美国推出量化宽松政策之后，世界都在关注美联储利率政策化进程。因为美联储开始提高美国联邦基本利率，不仅对美国，也将对世界经济产生重大影响。

美联储的利率政策取决于美国的经济表现，特别是取决于美国的就业水平形势和经济的可持续性，美国联邦储备银行自2014年10月以来，一直在利用各种形式向市场表明：它们在做利率正常化的有关准备和相关的政策判断，但十分审慎。因为一旦启动利率正常化，就不是仅仅一次利率的提升，而是会经过一个历程。现在关键问题就是美国利率正常化进程何时启动？

另外一个问题是，美国利率正常化启动以后对世界金融市场有何影响？从目前来看，2015年9月，美联储存在提升利率水平的可能性。从耶伦主席透露的消息看，第一次提高利率有可能是0.25%。2015年9月如果提高利率，那么就标志着美国利率正常化启动。

这对美国经济有两方面影响。从美国经济发展持续性看，美联储希望通过利率政策推动美国经济，能够维持美国经济强劲增长、保持较高就业率，与此同时希望通货膨胀率接近2%。也就是说，在目前情况下，美联储既要考虑通胀的影响，又要考虑通缩的影响，所以它在政策选择上也存在着两难。2015年上半年的美国经济增长率不是很强，从全年看，美国经济增长率可能不会超过3%。不过，美国经济要保持比较强的态势还存在很多不确定性。美国经济的复杂性、美国货币政策的复杂性对全球经济的影响值得关注。2015年9月是一个节点，尤其需要关注。

从欧洲看，欧洲央行行长德拉吉曾表态，2017年以后，欧央行不存在提高利率的可能性，而且欧央行也的确一直照着这个步伐在走。也就是说，美国和欧洲两个经济体货币政策正呈现分歧状态。目前汇率方面，1欧元等于1.1461美元，据资本市场预测，美元会接近欧元汇率甚至高于欧元。欧元区目前一个大问题还没有解决，那就是希腊问题。我们的立场是，希望有强大的欧洲、繁荣的欧洲和强大的欧元区，但这需要通过深度改革来实现。

从日本看，安倍的“三支箭”中的最后一支箭——“结构性改革”遇到严重障碍，开展得很不顺利。所谓的“三支箭”是宽松的货币政策、宽松的财政政策和结构性改革，用以刺激日本经济。日本央行在致力于提升经济，但是没有强有力的结构性改革来支持，很难取得政策效果。目前日本经济仍处于困难之中。

从发达经济体的问题可以看出，货币政策的分歧反映了经济结构政策和经济结构调整存在着明显的不同步，经济复苏也同样存在着不同步、不平衡。这一点，在发达经济体内部已经反映得非常明显。

其次，新兴经济体同样经历了国际金融危机爆发，但新兴经济体支撑了世界新增经济增长的绝大部分，在过去几年中推动了全球经济的发展。特别是“金砖国家”作为一种向上的力量，带动了世界经济的发展。但是目前，一些新兴市场国家面临的挑战十分严峻。地缘政治对全球经济的冲击表现得很明显。2015年俄罗斯受地缘政治、西方的制裁，以及俄方提出的反制裁措施的影响，经济处于暂时困难当中。俄罗斯可能面临3%负增长，这是俄方官方数据。巴西也面临压力，因为巴西为了应对通货膨胀，必须提高利率，但如果利率过高，对经济增长存在制约。

在这种情况下，2015年总体经济面临压力，因为发达国家和发展中国家都面临经济增长困难和压力。在这一背景下，在世界各国面临挑战时，应该凝聚合力，特别是G20应该发挥其应有的作用。在促进全球经济增长、促进全球就业水平，以及促进全球金融市场稳定方面，G20要发挥其特有的优势。在宏观经济政策协调方面，G20也应该发挥作用。这是一个形成合力的世界性平台，也是世界主要经济体发挥影响力的平台，世界各国对其有很大期盼。

今年G20轮值主席国是土耳其。从传统上说，土耳其和上届主席国澳大利亚、下届主席国中国形成三驾马车，共同合作，做宏观政策的协调。

习近平主席在2014年澳大利亚峰会中明确表示，中国作为G20 2016年主席国，要把G20工作组织好、建设好、发展好。这是习近平主席对世界的庄严承诺，也是对中国工作团队的重要指示。我们要落实好习近平主席的重要指示，把G20组织好、建设好、发展好，体现中国对世界经济的发展和全球金融市场稳定的贡献，促进全球经济强劲、可持续、协同发展的目标实现，也是我们对世界的贡献。

第一篇　权威论道

亟需推进国有经济结构再调整

中国社会科学院工业经济研究所所长 黄群慧

当前我国正步入速度趋缓、结构趋优的新常态，新常态下国有经济必须在产业布局结构、经营业务结构和产业组织结构上进行调整，才能够适应和引领“新常态”。相对于以前的国有经济首次战略性调整，新常态下国有经济面临再次重大调整。

改革开放以来，国有经济发展取得了巨大发展，在保持我国经济高速增长、推进我国快速工业化进程、提高我国经济国际竞争力方面发挥了重要作用。国有经济之所以取得这样的发展成就，主要是我们推进了国有经济战略性调整和建立现代企业制度两方面重大改革，实际上国有经济战略性调整发挥了更大作用。

第一，从产业布局结构调整看，要推进重化工领域产能过剩行业中的相当部分国有资本退出，转向高端和新兴制造业、公共服务等领域。

在过去十多年中，由于中国正处于工业化中期阶段，重化工业处于大发展时期，通过国有经济战略性调整，国有企业大多集中到工业领域，尤其是重化工业领域。在工业领域超过 60% 的国有资本集中于能源工业（电力、煤炭）和原材料工业（钢铁、有色和建材）。应该说，在中国经济处于重化工阶段，国有经济这种战略性布局是合理的。正是过去十余年的重化工业的景气周期以及主要靠重大投资项目拉动的经济增长模式，使得国有经济部门资产与收入的规模增长相当可观。

但是，中国正步入经济新常态，我们的评价也表明工业化进程已经从工业化中期步入到工业化后期，重化工业需求已经达到需求峰值。过去十几年中形成的国有经济倚重重化工布局和规模扩张的发展方式，已经无法适应工业化后期经济新常态的要求。一方面，这些行业大多属于产能过剩行业，如钢铁、建材、煤炭开采及其他采掘业都属于产能过剩比较严重的行业，这意味着这些行业的国有企业面临十分繁重的化解产能过剩任务；另一方面，这些行业企业经济效益日益下滑。虽然过去十年，这些行业涌现出一批百亿元、千亿元级规模的国有大企业，但实际运营质量和效益不尽如人意。在越来越严苛的资源环境约束和经济下滑压力下，这些领域的国有企业已经对国有经济部门总体效率、效益，日益构成了拖累。

相对于大量国有资本分布在这些产能过剩的重化工领域，与“中国制造 2025”相关的高端与新兴制造业领域、与国家“一带一路”战略相关的产业领域、与完善中心城市服务功能相关的基础设施，还有待国有资本的投入。这意味着必须通过国有经济布局与结构再调整，积极推进这些重化工领域部分国有资产逐步退出，转向提供公共服务、发展重要前瞻性战略性产业、保护生态环境、支持科技进步、保障国家安全等。

第二，从经营业务结构调整看，要积极推进自然垄断性行业的国有企业业务重组，将业务更多集中到具有自然垄断性的网络环节。

经过多年国有经济战略性调整，在电力、电信、民航、石油、天然气、邮政、铁路、市政公共事业等具有自然垄断性行业中，国有企业占据了绝大多数。应该说，这总体上符合国有经济的功能定位，但是，并不是这些行业的所有环节都具有自然垄断性。一般认为，电力产业的输配电网，铁路行业的路轨网络，石油产业的输油管线，天然气行业的输气管线，电信行业的电信、电话和宽带网络，属于自然垄断的网络环节。而电力行业的发电、售电业务，铁路的运输业务，石油和天然气的勘探、销售业务，电信行业的移动电话、互联网、电视网络和增值业务等属于可竞争的非自然垄断环节。现在由于国有企业经营业务涵盖整个行业的网络环节和非网络环节，从而在一定程度上遏制了有效竞争，影响了社会服务效率。社会上对这些行业的国企意见比较集中，而且也正是这些行业，腐败问题也往往比较集中。这些行业的国有企业改革已经成为我国国企国资改革的焦点。

推进这些行业的改革和国有经济结构调整，关键是优化相关业务配置和遏制垄断，形成主业突出、网络开放、竞争有效的经营格局。这要求进行业务结构重组，区分自然垄断的网络环节和可竞争的非网络环节性质。根据行业特点整体规划、分步实施。

具体而言，要积极研究将电信基础设施和长距离输油、输气管网从企业剥离出来，组建独立网络运营企业方式。要着眼于整个国民经济而不仅仅是某个行业或经济主体自身视角，谋划和评估网络设施开放使用。通过网络设施平等开放，推动可竞争性市场结构，构建公平竞争制度，使垄断性行业国有经济成为社会主义市场经济体制更具活力的组成部分，改革和发展成果更好地惠及国民经济其他产业和广大人民群众。如果说，第一次国有经济战略性调整将国企业务集中到具有自然垄断性行业上，那么，新常态下的再调整则要将国企业务集中到自然垄断性环节上。

第三，从产业组织结构调整看，要基于行业特性积极推进中央企业的并购重组，形成兼有规模经济和竞争效率的市场结构。

国务院国资委成立后，通过兼并重组，已经将196家中央企业减少到112家。2014年底，依托“一带一路”国家战略，两大铁路设备制造企业中国南车与中国北车正式合并为“中国中车”。有报道说国务院国资委也曾提出将中央企业数量缩小到30~50家的改革目标，但迄今并没有实现。我们认为，这个目标是符合未来新常态下中央企业高效运营监管实际的，应该积极推进中央企业的并购重组，建立有效的产业组织结构。

从有效竞争和便于管理角度看，国有企业在特定行业内的企业数量既不是越少越好，也不是越多越好。否则不是造成垄断就是造成国有企业过度竞争。企业组织结构调整，应解决经营者数量少导致的竞争不足问题。适当增加经营者数量，形成兼有规模经济和竞争效率的市场结构，这就要求我们根据行业特性来推进国企兼并重组。

首先，在市场竞争程度相对高的资源类行业，钢铁、汽车、装备制造、对外工程承包等领域，通过并购重组突破地方或部门势力造成的市场割据局面，促进形成全国统一市场，有效提高产业集中度、优化产能配置和促进过剩产能消化。

其次，在具有自然垄断性领域，通过企业重组、可竞争性业务的分拆和强化产业管制等“多管齐下”的政策手段，使国有大企业能够更好地服务于国家使命与社会大众的需求。具体而言，石油行业要深化中国石油和中国石化内部重组。通过兼并重组、注入资本金等政策将中海油、中化集团整合成一家新的国家石油公司；电网行业要在分离网络环节和非网络环节业务基础上，实现国家电网公司和南方电网公司网络环节的合并。输配分离后，国家电网公司和区域电网公司经营输电网，配电网划归省电网公司；民航业重点培育几家区域性航空运输企业，解决航空支线垄断程度过高问题，把航油、航材、航信三家企业改造成由各航空运输企业参股的股权多元化的股份有限公司。

再次，在地方层面，应通过行政性重组和依托资本市场并购重组相结合的手段，进一步根治为数不多的国有资产高度分散于众多行业、众多中小国有企业的弊端。

最后，对国务院国资委监管系统之外的中央企业的重组，也应该有所考虑。除国务院国资委监管的百余家企业和财政部、汇金公司监管的20余家企业外，近百个中央部门仍拥有近万家国有企业，它们应被纳入国资统一监管的范畴，成为参与改革重组的重要主体。

把握财务管理战略方向很重要

中国企业管理研究会会长　黄速建

国有企业改革是中国经济体制改革的中心环节，是中国深化改革成败的关键问题。财务管理工作是现代企业治理的重要一环。在坚持把国有企业搞好、把国有企业做大做强做优不动摇的前提下，如何与时俱进，充分发挥财务管理的重要性，是我们各方面需要考虑的问题。

具体来说，国有企业要改革、要转型升级，财务管理的战略方向很重要。做好一个企业的财务官，尤其是做好总会计师、财务总监，就要把企业的财务管理当作整个企业发展战略的重要组成部分和内容。这要求财务管理人员站在新的起点、新的高度，寻求现代企业财务管理新的突破。现在很多专家讲企业 CFO 角色重塑。那么为什么要重塑？因为今天的 CFO，他应该不仅仅是一个利润的管理者，更是一个利润的参与者、创造者。现代企业的 CFO 应该是战略家、金融家、业务专家，扮演着公司资源分配者的角色。作为现代企业财务管理者不仅要坚持稳健的原则，更要合规合理地去承担风险。不仅要看到树木，更要看到森林；不仅要记账、算账、报账，更要用账；但是有一个现实情况是，仍然有许多财务管理人员重视内部有余，关注外部不足；微观用心在做事，宏观把握不准确。也就是说，从战略的角度把握不够。

另外，现在很多地方都在提“互联网 +”，提出了“中国制造 2025”。那么，在推行“互联网 +”和“中国制造 2025”的今天，在商业模式再造和组织变革大趋势下，财务管理工作会面临怎样的挑战？需要做什么样的变革？

2015 年中国政府工作报告中首次提出了制订“互联网 +”行动计划，推动移动互联网、云计算、大数据、物联网等与现代制造业结合。席卷而来的“互联网 +”浪潮，给会计、财务管理行业带来了新的生机与活力，也带来了新的挑战。计算机可以逐步取代从事简单、重复的基础业务的会计人员，而参与分析决策、创造价值、提供战略支撑的管理会计将会越来越受青睐；大数据时代的迅猛发展让企业财务管理信息化的应用越来越广。“互联网 +”时代引领的各种变化，成为倒逼财务工作者思考如何融入新时代，如何提高自身素质，寻求角色转变，创新财务管理手段、管理模式乃至管理思维的动力源泉。

我相信，知识决定高度、角度改变观念，而这一点形容财务管理同样恰如其分。希望国企管理·财务管理创新峰会能够真正成为各位嘉宾共同探索成功之路，深化财务管理水平、提升自身素质的桥梁和纽带；也希望中国企业管理研究会与专注国企国资管理的《国企管理》杂志能够与大家一道，成为国有企业成长壮大的观察者、成长标本的发现者、管理变革的推动者。

“一带一路”下的国企财务管理创新

国务院国资委新闻中心副主任　胡 钰

中国企业在“走出去”过程中，要树立合规意识，要着重提升创新能力，在企业资金分配、企业组织变革中，要有利于企业的财务管理创新。

党的十八大以来，中央企业积极统筹国际国内两个市场，认真落实“走出去”战略，努力发挥主力军和领头羊作用，传递了“中国速度”、“中国品质”、“中国创造”的良好形象。可以预期，在我国深入推进“一带一路”战略的伟大事业中，国有企业将发挥更加重要的作用。国有企业特别是中央企业作为我国国民经济发展、参与全球化竞争的中坚力量，在深入落实“一带一路”战略背景下，财务管理创新应把握五个“着眼点”：

第一，要把握战略方向。企业财务管理在配置企业资源和推动企业价值创造中发挥着重要作用，财务管理的任何变动都要围绕企业发展的战略目标。国企财务管理创新应符合习近平总书记提出的国企改革“三个有利于”标准，即“有利于国有资本保值增值，有利于提高国有经济竞争力，有利于放大国有资本功能”。2015 年 7 月《财富》杂志最新发布的世界 500 强企业榜单中，中国企业上榜 106 家，其中，国务院国资委监管的有 47 家。有评论认为，尽管中国已经进入大企业国家行列，但“大而不强”问题依然存在。因此，国企财务管理创新的目标就是要助推国企不断做大做强做优。

第二，要树立合规意识。中国企业在海外经营树立合规意识非常重要，事关企业“走出去”战略的成败，这其中，财务管理尤其要做到合规。2015 年 7 月，国资委新闻中心在澳大利亚、新西兰调研了几家中央企业境外机构，所调研企业普遍反映：中国企业在海外一定要遵守市场规则、行业规则、社会规则，一个合规经营的企业才能在海外扎下根来，持续经营，稳健发展。因此，企业的任何财务管理创新，一定要以所在国家会计准则、财务管理法规为依据、为边界，绝不能有侥幸心理。应强调的是，中国企业在海外，只有走得正，才能走得远。

第三，要提升创新能力。在海外经营打拼，参与“一带一路”国际竞争，可以更好地体会到科技创新的重要意义。习近平总书记在 7 月考察中车集团长春轨道客车股份有限公司时指出，高铁动车在“走出去”、“一带一路”建设方面是“抢手货”，希望企业再接再厉、创新驱动，继续领跑、勇攀高峰，带动整个装备制造业形成“比、学、赶、帮、超”的局面。事实上，我们的高铁、核电、特高压等重大项目之所以能够“走出去”并获得国外市场认可，重要原因就是在这些领域，中国企业掌握了核心技术，过得硬。科技是国家强盛之基，也是企业强大之基。企业管理创新的重要着眼点之一，就是通过推动企业资源分配、组织变革，拓展融资渠道，提升资金保障能力，推动企业创新能力持续提升。

第四，要建立风控机制。习近平总书记指出，国有企业要提高抗风险能力。这就对企业财务管理创新提出了明确目标，因为财务风险往往成为企业最致命的风险。风险控制类似于中医上的“治未病”，正所谓“未雨绸缪”，良好的风险管控可以有效预防经营上的“不确定性”，实现决策上的科学可靠。当前，全面深化国企改革举世瞩目，防止国有资产流失已然成为社会舆论关注的焦点之一，由此，财务管理在风险管控中发挥的不可替代的作用越发凸显。如何通过财务管理创新实现企业资产购置、资本融通、现金流动、利润分配等的规范运作，形成风险识别、风险评估和风险防范的有效机制，对于提高企业抗风险能力、防止国有资产流失至关重要。

第五，要重视形象建设。目前，中国企业在海外存在“两个不匹配”：一是美誉度和贡献度不匹配；二是软实力和硬实力不匹配。这导致中国企业在海外经营中，尽管做了很多，但没有相应得到当地社会的认可，这些企业在业内有很好的口碑，但是社会上没有良好的形象，这在很大程度上提高了中国企业在海外竞争的成本，阻碍了中国企业在海外的持续发展。因此，企业的财务管理创新应关注企业形象建设，树立全员参与企业形象构建的意识，创新服务方式，在制度、资金等方面为企业形象建设提供更主动、更充分的保障。

大时代需要大智慧

中国企业管理研究会副理事长、《国企管理》杂志总编辑　孙明华

2015 年 8 月 8 日，中国企业管理研究会副理事长、《国企管理》杂志总编辑孙明华在“国企管理·财务管理创新峰会”上致欢迎词。他说，当前，国企改革正不断向纵深推进，“发展混合所有制”“完善现代企业制度”、“以管资本为主加强国有资产监管”等，都对新时期国有企业财务管理提出新的要求。新常态下，财务管理需要新的视角、新的框架，会计核算更需要新的逻辑、新的思维。

“国企管理·财务管理创新峰会”官、产、学、研齐聚。与其说我们是举行一场学习和交流的会议，不如说是围绕“新常态下国有企业财务管理转型与创新”进行的一次前所未有的思想碰撞和智慧激荡，是共享一场为深化国企改革汇集对策，凝聚共识的难得盛宴。

在探索社会主义国资国企管理实践历史进程中，中国企业管理研究会和《国企管理》杂志能够与大家一道，成为中国国有企业成长壮大的推动者、成长标本的发现者、管理变革的参与者，是党和国家赋予的职责，更是一种荣耀与幸运。

新常态下，国有企业财务管理人员应有哪些新视角、新转变？

在本次峰会上，来自全国国资国企各行业的财务管理干部和政府官员、企业高管、学术专家精彩互动，共同探讨面对新常态、面对复杂多变的经济环境，如何紧跟国家政策和改革步伐，将企业财务管理创新与自身角色转型完美结合，以财务为撬动点，推动公司战略转型，为企业创造更多价值，保障国有企业做大做强。

新常态催生转型变革的大时代，大时代需要大格局，大格局需要大智慧。站在“互联网 +”、大数据、云计算、“一带一路”、抱团出海等诸多新风口下，被称为企业神经中枢控制者的财务管理人员，更需要应时而变、不断创新的大智慧，需要自我更新、不断升级的时代气质。

春自天涯悄悄来。只要我们善于站在全球定位中国，站在未来定位现在，我们就能够让我们的战略更加从容，我们的目标更加清晰，我们的行动更加自信，我们的成效更加显著，中国国企就会更大、更强。

建立有利于发展和改革的资产管理制度

国务院发展研究中心企业所原所长　陈小洪

现在的国有化企业，都应将集中建立、完善资产管理制度提上日程。对于一个企业来说，资产比资本更加重要。资产是使得资本价值得以提升的基础，且有了统一、系统的制度和规则，更有利于企业的发展。

国外许多先进企业是在考虑如何获得、使用资产，而中国企业包括很多国有企业却强调重视资本，这时建立、完善资产管理制度变得至关重要。

如何建立资产管理制度呢？一是应进行市场分析，建立市场管理基本制度。要清楚资产在市场中处于何种状态，价值几何；二是要清楚了解与资产相关的交易规则和制度；三是知晓有关的社会统计秩序；四是建立监督机制；五是建立与资产管理制度相结合的信息制度，以达到提高效率、加强监管力度的效果。

有了确定的资产管理制度，如何改革、完善资产管理制度呢？首先，以自然管理制度为依据进行资产评估、审计、整理方案；其次，确定企业未来战略意义，战略位置决定企业的规模。因为有的企业在进行内部创业，创业的产业领域分为战略和非战略两类，如果内部创业对企业有战略意义，就将与企业管理模式进行特别组合，利用企业多余的资产进行创业。

提到资产管理，就不得不提混合所有制改革。改革是国有企业发展的必经之路，而混合所有制的改革则涉及资产的管理和交易。资产的管理和交易分为三种类型，第一类是上市的；第二类是非上市的；第三类是与职务相关联的。交易的对象可能是股权，也可能是资产。除了了解混合所有制改革的基本意义之外，还应搞清楚大型国有企业改革的最初目的、国有企业的基本制度和现状。有几个问题开始凸显：

一是股权结构导致的问题。譬如某公司是重要的上市公司的子公司，是一家“一股做大”的国有企业。但这个企业存在着上面有统一制度化，而下面却不统一制度化的问题，这就是股权结构导致的问题。

二是过程管理和税务问题。我们在法律关系、税务管理方面存在问题且需要改革，同时还存在着内部岗位制度关系和治理关系相混的问题。

三是企业交易问题。国有企业有两类，一类是运营项目的，另一类是做大规模的，其中做大规模的国有企业就存在着企业交易问题，这样的企业整体有财务价值且股权多余化很严重。解决这样的企业的问题需要考虑其战略意义和直接意义，要和资产管理制度结合起来进行价值判断，设计和评估方案也很重要。

四是设立自主监管制度问题。国有企业的混合所有制改革和普通企业不同。需要重视经验，企业的政治性、社会性和其战略意义、资本意义。国外大公司都会设立自主监管制度，而国有企业甚至多数中国企业却往往忽视这一点。

国有企业要在目前大环境下完善，首先要建立完善统一、系统的基本制度。其次要对国企中由于利益冲突产生的问题予以高度重视，形成真正完善的公平竞争。最后要对意外管理进行考量，对改革中不合理的地方进行评估和完善。（根据陈小洪研究员在“国企管理·财务管理创新峰会”发言录音整理，有删节）

混合所有制与国企财务管理

国家税务总局税收科学研究所副所长　靳东升

混合所有制、国企财务管理和税收的关系是很密切的。我国需要发展混合所有制经济，多种所有制经济形态的融合是当前社会经济发展方向。而混合所有制涉及的税收问题，又是企业财务管理的一个重要组成部分。

混合所有制、国企财务管理和税收之间到底有什么关系？我想，关系是很密切的。但是这个问题回答起来，很难简单说清楚。因此，我只提问题、谈观点。

第一个问题，关于混合所有制。混合所有制是一个发展方向，国有企业是我国经济的主体组成部分，但是不等于在市场经济、全部的经济领域中都在发挥作用。

关于混合所有制的经济形态有宏观和微观之分。1929~1933 年发生的资本主义世界经济大危机，大的经济变动中产生了新的经济理论和新的经济思想。那时就激发出政府干预经济的思想及混合经济形态。社会主义计划经济体制有优越性，资本主义的市场经济体制也有其优势，把这两个经济形态混合到一起有利于社会经济的发展。

过去，我国坚持国有企业占主导地位的计划经济体制。马克思在《资本论》中就提到，资本的发展到一定阶段，就会产生资本的集中和集聚，产生垄断，这种垄断带来了经济危机。所以要克服经济危机，还是需要政府的干预，需要经济的混合。这就是大的经济背景。

我国在 20 世纪 80 年代，坚持的依然是按所有制性质来区分企业。税收也是按照国有企业、私有企业、集体企业的企业性质来划分的。但实际上，市场经济的发展，要求公平的竞争，法治的竞争。到 90 年代税收制度改革的时候，无论企业性质如何，税收上应该公平对待。

我国及世界经济发展实践证明，多种所有制形态的融合是社会经济发展的方向。无论发达国家、发展中国家还是社会主义市场经济国家，这种融合是一个趋势。这种融合和我国的国有经济占主体地位是不矛盾的。

第二个问题，混合所有制涉及的税收问题。混合所有制的税收，如果正常持续地经营，虽然企业性质不同，但在税收方面是没有差别对待的。我国从 2008 年实现税收上的一视同仁。但是在企业兼并、重组、变化阶段，涉及的税收问题就比较复杂了。

企业在重组过程中涉及很多形式，在税法上也有规定。企业法律形式的改变、公司制、有限责任公司、无限责任公司、合伙制等，重组形式的变化：债务重组、股权收购、资产收购、企业合并、企业分裂等，这些形式的不同，在税法上都是区别对待的。这就提示我们需要进行财务的规范管理和创新，这也是一种新常态。

税收财务管理新常态是什么呢？企业的兼并重组是一种新常态。大的企业集团没有不搞兼并重组的。这对于我们的财务管理是一个挑战。针对这些新的组织形式，要有不同的财务管理方式。我认为，税收是财务管理的一个重要组成部分。内部管理是一个方面，尤其是在增值税方面，税收更是财务管理的重要组成部分，甚至说是最重要的组成部分。

在企业重组情况下，我们面临的挑战是比较多的。一方面是国内的重组，另一方面是国际的重组。而国际企业的重组更加复杂。中国企业“走出去”，将会有更多税收问题需要面对。不同的组织形式会有不同的税收问题。

现在，兼并重组涉及的税种并不多。但要重组的话，一个是签合同涉及印花税。销售行为的印花税和资产重组的印花税不同，有些是可以免税的；增值税也是不一样的。重组方式不同，增值税也是不一样的。比如，重组在产权范围之内，就不征税。另一个是契税，如果涉及资产转移就要涉及契税问题。另外，还会涉及企业所得税、土地增值税等四五个税种。

企业重组税收问题，在国内相对简单，但国际上兼并重组出的问题较多。比如，英国沃达夫是一家电信公司，它收购了印度尼西亚一家公司拥有的股票，但这个股票是印度电信公司的股票，印度税务当局要收税。英国公司认为，其在印度尼西亚收购的股票和印度一点关系都没有，为什么要收税？印度当局说，虽然这家公司是在印度尼西亚开展的收购，但这家公司是印度的，所以印度应该收税，这叫作间接股权转让。这个官司由印度最高法院判决，这家英国公司不用交税。从国际税收领域来讲，这种间接股权转让是有争议的。

另一个例子是，我们国家有企业去某国投资一个企业。收购这个企业很赚钱，价格也不高。但收购了以后，该国税务局表示，该企业有欠税还没有交，而且欠税达到了收购价格的两倍，实际上这次收购我国企业是吃了亏的。

因此，中国企业海外并购，在税收方面应该特别注意，特别是跨国企业税收问题，一定要弄清楚。

实现财务自主是国企改革的重要内容

对外经济贸易大学校长　施建军

产权主体明晰、多元化的混合所有制、产权主体流动，这是产权主体的三个基本特征，只有这三个特征都具备的企业主体所构建的市场，才有能力谈创新。

不久前，我在教育部组织的一次座谈会上提出，“现在的大学自主招生，没有大学校长的一点自主权力。既然没有自主权力，自主招生意义就不大。劳民伤财，校长没有必要干这件事。”我提出这个观点后，很多网友提出了点赞和批评。既然有批评，表明我所关注的问题的重要性，也关系企业自主权问题，这是一个非常重要的问题，今天我想讲四点体会。

第一，关于企业财务主体的问题。企业自主权问题在 30 多年的改革中进进退退。企业财务的自主权问题，也是我们改革的难题。作为市场经济的基石、作为企业的细胞、作为企业活力的基本要素，就是扩大企业自主权。这在我国国企改革中任重而道远。

我们在这些问题上还未能及时到位。经济政策、分配工具、投资手段，都遇到了自主权危机。实际上，我们讲企业财务主体，首先需要的是产权明晰的主体。为什么我国 1992 年前没有新会计制度，1992 年以后才有？那是产权资本纽带为主体的企业，到了市场经济之后才产生的。所以有了市场经济，才有企业主体地位，有了企业的细胞组织，才有企业产权的边界，才有明晰的产权。只有企业有了产权，才有企业自主权力。

没有明晰产权，就没有企业改革问题。讲产权明晰，前提是需要一个企业的财务主体，也就是企业以资本金为主体的一个集合。我们的产权理论、财务管理的范围，就是在产权理论范围内运作。

首先需要知道企业管理界限是什么，管理范畴是什么。要管理的是资本金，而不是资金，资金可以借，资本金才是管理的基本对象。

第二，财务自主权用来干什么？也就是为什么要财务自主权，为什么要有企业自主权？要权力就是要干活，要权力就是要实现互利，要权力就是要实现创新。没有权力怎么创新？

有权力才是创新的源泉。出租车公司不创新，滴滴打车就抢生意；邮政局不创新，快递公司就抢生意；电信不创新，腾讯就抢生意；卡片相机不创新，手机照相机就抢生意。所以，财务的转型也是创新。

创新是什么？我的理解是，在绿灯和红灯之间的黄灯区，大胆尝试、大胆参与。我们财务的权力应该包括投资权、理财权、增资权、投资收益权、资本金管理权。现在的商业模式创新中，内容非常丰富，所以我们要理解企业自主权力是干什么的，应该是干活、创新、发展。

第三，要财务自主权，企业自主权，是不是就搞腐败？是不是有了权力一定腐败。不一定。只有绝对的权力，才有绝对的腐败。权力必须有约束，财务自主权和企业所有权、权力运行的机制是民主决策的机制。

就像我们的企业集团一样，当总会计师，一定有预算管理，这个预算管理是最大的民主。不是自己拍脑袋，而是很多人讨论后公共决策形成。没有预算，企业管理就会一塌糊涂。因此，财务管理第一核心就是预算管理，它实际上是企业决策权力约束体系。

随之是权力制度体系。用一系列财务制度，使所有人都不敢犯罪。制度本身约束的是想偷国家钱的人。要用严格的制度来严加约束人的行为。也就是说，权力要阳光操作。企业财务需要在阳光下操作，要敢于财务公开。很多公司公开的数据，就是要财务公开。大数据时代要敢于信息公开，就是要把话放在桌面上讲。如果在底下悄悄地讲，就是出于私心。财务不能有私心，有私心的人不能管财务。

第四，建立企业内控体制，防止管理的真空，通过有效的内控机制，建立科学有效的约束机制，防止出现管理盲点。

混合所有制与企业资本结构优化

天津财经大学校长　李维安

只有推行混合所有制改革，才能带来多元所有制成分竞争的红利。混合所有制改革成功的关键在于，必须从行政型治理向经济型治理转变，减少行政干预，创造公平的制度环境。

关于今天的主题，我从微观的企业资本结构角度讲一下混合所有制改革。从资本结构看，国企改革可分三个阶段：第一是财政主导型阶段，第二是银行主导型阶段，第三是多元化融资阶段。一般而言，资本结构包括债权和股权结构，今天主要讲国企股权结构。

国有资本状况及问题

截至 2014 年 7 月末，国有资本净资产为 34 万亿元，总资产达 98 万亿元，但是从国有资本总资产报酬率来看，近十年都在 4% 左右；国有企业利润的增长速度也低于股份制企业、私营企业（数据分别为 6.3%、10.6%、13.4%）。

另外，民营资本迅速发展。截至 2015 年 4 月底，个体工商户资金总额达 3.20 万亿元（2002 年底仅为 0.38 万亿元），私营企业注册资金达到 69.30 万亿元（2002 年底仅 2.48 万亿元），如此快速的资本累积，显示出民营资本有着较高的回报率。

从微观资本结构讲，当前国企资本回报率低的主要原因在于：一是国有股一股独大；二是机构投资者力量相对薄弱。因此要进行混合所有制改革，将国有资本的资本优势与民营资本的灵活市场机制优势合二为一。严格来说，如果不存在所有制歧视，不设门槛，只要是股份制、上市公司都是混合所有制公司。最大的问题在于国有资本独占领域能在多大程度上放开。

国有资本结构优化与混合所有制改革

现在央企合并重组，央企数量越来越少，这是个进步。国资监管也从管理国有资产转向管理国有资本，更加关注国资的保值增值，国资在行业中的进入退出也将成为常态。需要解决的问题是，国有股权占多大比例较为合适？怎样运作才更有效率？为回答这些问题，我们初步作了测算。

首先，国有股一股独大、缺乏制衡问题严重，需要更多引入其他股权。对此，对所有含国有股的深沪上市公司进行测算发现，国有股权比例只有在 30%~40% 内，随着国有股比例上升，资本回报率才会相应上升。说明当下只有适当降低国有股的绝对控股比例，才能提升企业资本回报率。

其次，针对机构投资者力量较为薄弱的现状进一步测算，引入多大比例机构投资者股权能有利于提高企业资本回报率。得到的初步结果是在 10%~20%，机构投资者增资的正向作用最为明显。从资本结构角度看，进一步推进混合所有制改革，需要适度加大机构投资者参与力度，发挥其公司治理作用。

混合所有制改革关键在于减少行政干预和进行合规运作

央企的混改，现在只是进行小范围试点。我认为，混合所有制已确定为我国基本经济制度的重要实现形式，就应该全面铺开改革。个人提出一个建议，可以借鉴负面清单的做法，列出不进行混改的行业企业（如日本设立的特殊法人），其他的都推行混合所有制改革。

混合所有制改革讲求资本运作，要成立国有资本投资公司和国有资本运营公司。问题是如何设立？谁来注册？央企希望现有集团公司就是投资公司、运营公司，不希望头上再多几个婆婆。但从财政部角度看，资本是国家的，资本收益应上交财政部。

现在国企改革已走到混合所有制这一步，要提高国有资本收益，重要举措是减少行政干预。比如，国有资本投资公司成立后，上级要求该公司向某些特定行业企业投资怎么办？因此，必须从行政型治理向经济型治理转变，且在机制建立后还必须合规运作。

我认为，在现有体制下进行混合所有制改革有一定难度。比如，现在国有企业高管的考核是参照党政机关执行，混改后民营高管进入企业，若仍然将其作为领导班子成员进行考核，其薪酬待遇就会受到限制，会影响其积极性。

另外，在高管任免方面。淡马锡的任免是自下而上，而我们则是自上而下。淡马锡是先由董事会中外部董事组成的提名委员会提名，报董事会表决，再报作为大股东的财政部批准，最后报总统批准任命；总统可以否决提名，但是依旧由提名委员会提名。正因为淡马锡的经济型治理模式，使其 40 年时间带给国家的资金回报率平均为 16%，远高于行政型治理主导下的我国国企的 4% 左右。又如，有的国企开董事会，董事长竟要求先开董事会会议再开提名委员会会议，可见做到程序合规还有一段过程。

此前，宝钢进行过公司推荐副总的改革试点。我们建议，混改企业总经理任命不妨采用这样的模式：由国资委专家组推荐几位总经理候选人，公司自己推荐几位候选人，由董事会选举任命，随后总经理推荐副总经理人选，董事会任命；这样产生的总经理、副总经理就是市场化的经理人，没有行政级别、薪酬由市场决定，且只有董事长是限薪对象（组织部任命）。这些做法将会为推进混合所有制改革慢慢创造有利条件。

商业模式变革引发财务管理创新

中国社会科学院工业经济研究所研究员、管理科学中心副主任 杜莹芬

商业模式重塑下的财务管理变革，既涉及国有企业改革中管理的变革问题，又涉及由于互联网和信息技术发展所带来的商业模式变革所引发的财务管理创新问题。

谈到这个话题，我首先想起一家企业。这家企业是一家以男士正装定制为主的服装企业。吸引我的是这家企业的生产模式，它既不同于传统的量体裁衣、私人订制，也不同于标准化、大规模生产，而是大规模定制，也就是由消费者直接给工厂下单，工厂进行定制，然后再直接交给客户。同样的流水线，但是通过人机交互，使信息技术和网络技术融入公司的大批量生产制造过程，形成一个不同于传统流水线，可以重新编程、重新组合、连续更改的服装制造系统。这个系统实现了同一产品的不同型号、款式，甚至不同产品在同一条流水线上进行产品之间的切换。

在这条流水线上，只要计算机改变不同的程序，就可以实现流水线上的不同数据、不同规格和不同元素的灵活搭配组合，从而制造出更多符合客户个性化需求的产品，很好地把大规模生产和个性化需求结合起来。

这种模式取消了中间代理环节，形成一个消费者驱动工厂定制生产的 C2M 商业模式。这种商业模式实现了以工业化的生产效益来满足个性化、多样化的私人需求，突破了传统的工业化生产模式下规模效益和个性化需求无法兼容的矛盾。

在这个案例里，我们看到了 Christian 教授提到的商业模式四要素的变化。

第一是对用户价值的定义。企业所有的经营生产活动都是围绕满足客户需求展开的。

第二是盈利模式的改变。借助互联网平台，企业、客户和利益相关者都参与了产品的形成过程，形成一种新的价值创造与分享模式。

第三是企业在产业链中位置的变化。客户直接参与产品的设计和生产，并且把供应商的仓库延伸到生产企业。

第四是对企业核心资源和流程的组织。将 300 多个管理流程进行梳理和改造，优化合并成 140 个核心流程，取消了所有传统意义上的职能部门，成立了 4 个大平台——大客服平台、供应链平台、信息管理平台、支持服务平台。

在这样一种新兴商业模式下，财务管理确实面临着巨大的变革和挑战。

首先，财务管理目标的变革。目前的商业模式下，财务管理的目标已经不仅仅是企业价值的最大化，而要同时计算客户价值。只有在提高客户价值基础上，才能最终提高企业的价值。

其次，财务管理对象的变革。财务管理对象已不仅仅是企业内，还要延伸到企业外，延伸到整个产业链，甚至是合作伙伴那里。

再次，财务管理手段的变革。财务管理的手段必须包含大数据分析，建立庞大的数据库。未来

的产品生产以及之后的二次营销、三次营销，甚至客户的终身服务，都要基于大数据的计算和分析。

最后，财务管理内容的变革。在这样的商业模式变革下，产品价格的生成、成本归集的方式、盈亏平衡点的计算、财务报表的体系等一系列财务管理理念和方法都要发生很大变化。企业的财务管理必须进行重塑和创新。

这种创新，第一，要重构财务管理体系，重新认识企业价值、客户价值和产业链价值的关系，充分认识和有效利用资本市场和货币市场，拓展财务管理内容、范围和业务。第二，要实施战略财务管理。第三，要具备一种价值链财务管理的能力。企业的财务管理必须全面反映企业内部的价值链和开放式价值链的需求。第四，必须创新财务管理的工具和手段。第五，要防范财务风险。

财务管理要积极适应商业模式创新

西北政法大学商学院院长　张荣刚

目前，大家都在讲创新、创业，新的当然好，但是无谓的、过度的、超前的创新实际上未必适合财务管理。

所以我就从三个方面做一简单探讨，具体如下：

一、商业模式重塑和新创商业模式

关于商业模式重塑的界定，我认为要先界定商业模式。第一，商业模式是商业运营的整体链条，我们管它叫模式。它不是一个枝节和环节，是从头到尾怎样创造价值、怎样分割价值、怎样形成价值的一个完整链条。第二，商业模式是参与主体的利益关系。利益关系的调整和变化，任何一个方面的变化都会牵一发而动全身。第三，商业模式是信息、价值的传递系统。我想侧重强调它是一个系统，它不但告诉我们在整个过程中怎么做、怎么分工，还形象地展示"大家是一条船上的人"。

关于商业模式重塑。我把重塑和新创做简单区分。重塑是在重要的环节被摧毁或替代的情况下，要重建、要恢复、要保持旧的基本状态，这叫重塑。重塑是一个还原的情况，其前提是商业模式保持了既有基本状态，就像文物古迹的修复一样，修旧如旧。

还有一个是新创商业模式。新创商业模式提的要求比较高。一个是此前绝无仅有，被称为新建的商业模式应当是之前没有的，比如游戏产业、网络游戏，这个行业从产品到运营都是新的，像淘宝只是把以前面对面的交易转移到网上而已；另一个是基本的商业形态属于新建，就是核心的商业运行过程、商业关系和运行环境属于新建、新生、新设，这是第一个大问题。

二、财务管理模式是适应还是引领

这个问题从以下四个方面来论述：

第一，商业模式对财务管理的规定性要求：有效服务或有支持。有效服务，即交换或支付。关于服务这块儿，财务核算就解决了及时、真实无障碍，在当前商务环境变化剧烈的情况下，核算、结算、清算等方面的财务管理创新要求快速提升。

第二，财务总监的功能需要慎重考虑。这方面主要是资源筹组、商业机会的发展，也许因为资金的运用或者资金的获得会给后续的业务发展创造商业机会。

第三，财务管理成为商业模式的有机构成部分。这里有两个观点：一是泛金融产业的业务构成。不管是沿供应链条往上的还是往下的，不管是投资机构还是金融机构的逐步延伸，有些业务就成为企业业务的组成部分，有时候也会成为企业利润的主要来源。在我国过去十年几乎各个行业都有典型案例，有些企业做着做着就不知道自己在做什么了，主要产业变成金融业了。二是大中型企业的资本管理。金融企业关注更多的是资本管理，金融企业的资本管理强调从金融市场安定、稳定角度来考虑。但是从投资人、出资人来说，资本管理更有价值，以资本概念要求和审视财务总监所掌握的资源，会超越资产管理窠臼，使资本管理成为商业模式的有机构成。

第四，我国财务管理现状。在大规模企业，立足于财务管理考量资本管理更合适一些。财务管理与资本管理均要依附于产业运营的资源支持。这个目前我们做得还不错。只要不受金融中介过分的蛊惑，把资源支持变成产业主流，就是正面的。

总体来讲，财务管理需要先适应新的商业模式再考虑引领。

三、风险 & 危机视角的财务管理变革

第一是财务管理者要理性看待商业模式创新。比如大家都在提的“互联网 +”，但是不是所有企业、所有产业都适合“互联网 +”。对于央企的主体更多的是制造业，在这个方面是不会做“互联网 +”的，大多数能做到“企业 + 互联网”就不错了。财务管理变革面对商业模式创新时要亦步亦趋，就像商业结算方式的新变革，这方面可以尽快追随。财务管理适当超前，适度超前跟资本管理挂钩，超前的更多是视野和眼光超前，是一个判断而不是急急惶惶地操作。要以静制动。我不太赞成财务管理过分追随新的商业模式。从古至今，商业模式变化很多，财务的稳定性要高一些。

第二是自我认知和努力方向。塑造健康的微观主体，这是财务主体面对新的商业模式时应该思考的。当我们追逐新的商业模式带来的利益或者想象空间时，还要回头看，到底能不能预防可知的、不可知的风险，能不能处置一些猝不及防的事件？还有一个，是数量堆积和质量幻象。特别是最近电子商务发展甚嚣尘上的状态。我们经常讲奇迹，马云曾说过，“电子商务在西方是个甜点，在中国是个大餐”。数量的堆积，比如 1 万亿元的数量交易额，光棍节那些，可能更是营销策略挂钩，那财务是不是一定要跟着它一块儿跑呢？我觉得值得考量。这就会引起质量幻象。

总之，面向商业模式创新的财务管理变革评价应当是：能有效规避风险，能处置危机，能保证基业长青。

商业模式重塑下的税收管理

财政部财科所公共收入研究中心副主任　邢 丽

随着信息化和互联网的发展，企业的商业竞争模式发生了翻天覆地的变化。这种变化对整个企业财务管理带来一种巨大挑战。税务管理作为整个企业财务管理系统不可或缺的一个环节，商业模式的重塑也对企业税务管理带来非常大的冲击。在此情景下，税务的管理机制何去何从，就是今天希望和各位探讨的一个主题。

我主要讲三个方面的问题。第一是商业模式的重塑对税务管理机制的挑战；第二是一个典型案例的分析，主要是基于我们今年的一个研究成果，内容是一个私企的道路货物运输企业在营改增过程中，由于传统税务管理模式和“互联网 +”发生激烈碰撞之后产生的一系列税收管理问题；第三是由此典型案例带来一些思索，税务管理体制机制未来走向何方，未来如何进行优化的探讨。

第一，税务管理势必受到商业模式变化的冲击。冲击表现在：一是征管的不适应。一般来说，财务管理部门和税务部门打交道比较多。税收的征管应定位于纳税遵从度的提高，但是在很长一段时间内，税务机关的征管理念是以收入论英雄，一味追求完成任务，在实际运行过程中出现了依法征管、依法收税难以落实的现象。二是信息的获取与应用不适应。税务系统本身的信息，它的整合是欠缺的。目前国税和地税信息正在一个整合的状态，信息依然存在屏障。现在企业的管理是处于一个高度智能化和高度信息化的状态，而税务管理对这个高度智能化的信息系统有时候是缺乏了解的，或者是跟不上它的步伐。三是对于一些第三方信息获得依然存在一些障碍。比如房地产税。十二届人大已经将其放在立法当中，很多媒体都说它的脚步是越来越近的，但这其中，肯定也受房地产信息获得的技术支撑障碍，即获取相关信息以后，房地产税的特征才能够顺利进行。四是不能适应企业生产经营变化模式。大的跨国企业集团在不断发展，其生产经营模式也多样化，那么企业集团内部出现的转移定价等现象，它的形式越来越复杂化，特别是在数字经济情况下，出现了税基侵蚀和利润转移，这就是所谓的 BEPS 现象。这些现象都挑战原有的税收征管机制。由此，我们可以看到商业模式重塑情况下对税务管理机制带来了很大挑战。

第二，是我带来的典型案例，是道路货物运输业的一个营改增的案例。营改增过程中，对交通运输业税负增加的呼声是比较强烈的，它为什么会出现增加呢？是和我们现在管理机制存在一些问题有一定关联的。

合肥零天运通信息科技公司开发了一个管车宝，主要利用互联网技术和移动定位系统，前端联系着需要货物运输企业，中间是一个呼叫平台，后端关联的全是社会上的个体司机。原来，个体司机由于信息不对称，无法和上端需要货物的运输企业获得对称信息，合肥零天运通信息科技公司通过建立一个平台，在用户和司机之间搭建了沟通的桥梁，这是一个“互联网 + 物流”的概念。

问题在于营改增之后纳税人身份认定中的尴尬。这个是管车宝的整个运营模式，在这个模式当中，可以看到它是一种 O2O 的线上流程，这个流程可以看到发展会员到如何整合相关的信息。在这里可以更清晰地看到它从接受货源、调度匹配、在线跟踪到最后的支付费用，完全在网上完成。这里边就是说从物流公司、管车宝平台到它的相关的理赔等。

管车宝把这些用户和具体需要发货的企业对接起来，业务的整个流程非常顺畅，所有的交易信息都在这个管车宝平台上留下了痕迹。在这个过程中，有一个基本事实，在当今社会，经过一段时间运行以后，已经改变了过去一个物流公司要有大量的资产，要自行购买大量设备的状况；相反，是一个物流公司以轻资产加整合社会运力这种方式来运行，也就是说物流公司可能自己不拥有任何卡车、货运汽车等，它们通过调动社会上存在的运力整合起来以后，用这种行业模式来进行运行。

事实已经证明，这种行业模式适应中国国情，并且在国际上也可以找到类似经验。在未来很长一段时间，物流公司这种轻资产的运营模式将在中国长期存在。问题就在这里，这里涉及物流公司，涉及卡车公司，物流公司在货物运输时，营改增之后需要缴纳增值税，它们面临两种情况，一个是认定为货物运输企业，另一个是认定为物流辅助业。如果是物流辅助业，就是 6% 的增值税纳税人；若是货物运输企业，就是 11% 的纳税人。现在出现了这样的问题，上游的运货方需要它开出 11% 的发票抵扣，抵的越多，税负越轻。

这样在可以找货物运输公司也可以找物流的情况下，它就因为抵扣得少而不愿意找物流公司，那么物流公司就想让自己获得合法的货物运输身份，其本身同时也需要下游的增值税抵扣环节。他对应的是个体司机，个体司机在增值税管理环节属于小规模纳税人，只开 3% 的发票。那么物流公司处于这样尴尬的境地，一方面因为 6% 的增值税纳税人没人愿意用它，另一方面他们雇用的个体运输司机只能给他开 3% 的发票，而很多司机不愿意去税务机关开这些发票，这就意味着物流公司连 3% 的进项抵扣都拿不到。

在这样的情况下就催生了灰色链条，他去外边买发票，道路货物运输企业成立以来一直挂靠公司买，这个挂靠公司旗下有非常多的车辆，但是没有任何真实的业务发生，可是可以开出增值税专用发票，并且是 11%。所以物流公司要么冒着风险开到 11% 的增值税发票，要么就是不给卡车司机付现金，通过买油卡支付，买油可以得到增值税发票抵扣，通过强行摊派给个体运输司机，所以这个链条矛盾重重。

关键点在哪里，就在于物流公司的身份认定，而我们税务机关在征税时是依据道路货物运输企业对其身份认定来判断的，如果说道路货物运输企业认为你可以有 11% 的资质，税务机关就给你 11% 的身份认定。所以在这样一个情况下，原有的旧的税务征管模式和行业管理模式催生了在营改增过程中大量隐患。所以我们提出一个很简单的方式，就是过去通过以车控票、以票控税改成以信息控票、以票控税模式，当然这样一种模式需要一个渐进性的过程。这个最关键的创新点是我们希望像物流公司的第三方信息平台提供的信息技术做技术支撑，来进行增值税管理。税务机关如何和这些平台合作将是下一步探讨的形成第三方数据的一个关键环节。

第三，基于上一个案例的分析与启发。在信息化模式下、在商业模式重塑情况下倒逼财税管理机制不断创新。创新过程中要求税务机关适应大数据理念，适应商业模式创新，要重铸管理理论体系和业务模式，这里包括 BEPS 税收规则的冲击，包括税收征管审计等模式，同时也要在税收管理过程中引入 PPP 模式，探索和第三方合作的可能性。同时，也要培养适应大数据时代下的高素质税务人才。

第二篇　创新成果

BT项目回购方式创新问题研究

创造单位：中电建路桥集团有限公司

主要创造人：党卫　　创造人：卢勇华　龙婕妤　王文辉

[摘要] BT模式即建设—移交模式，在我国地方政府的非经营性项目建设中得到了广泛应用，对推动社会经济发展、促进企业经营规模增长起到了积极作用。但由于该模式涉及移交这一先天属性，使投资企业面临着巨大的资金回收风险，这就要求企业在干好项目、做好常规资金回收业务的同时，必须开拓思路，创造性地开展工作。为此，本课题从BT项目的定义、风险入手，根据中国电建相关业务实践，提出了BT项目回购的多种模式。在此基础上，对这些模式实施的保障条件进行了分析论证，并提供了相应的案例，意在推动企业基础设施业务的健康发展。

[关键词] BT项目；回购；创新

第一章　前言

一、BT模式的定义

BT（Build-Transfer）即建设—移交，是指项目发起方通过对选定的投资人予以授权，由投资人负责进行项目建设（包括筹措资金）并在规定时限内将建成后的符合质量要求的项目移交项目发起人，项目发起人根据事先签订的回购合同，在一定期限内分期向投资人支付项目总投资并加上合理资金回报的一种建设模式[①]。

二、BT模式的由来

20世纪80年代以来，西方国家纷纷放松对过去由国家垄断经营基础设施领域的管制，尝试引入民间资本，建立竞争机制，极大地推动了基础设施相关行业的发展，基础设施产品的供给能力得到显著提高，成为近年来西方国家拉动经济增长的重要推动力量。在此基础上，BOT（建设—运营—移交）模式应运而生。BOT经过逐步演化，派生出BT（建设—移交）这一建设模式。

三、BT模式的作用

从融资角度来讲，BT模式通过引导和吸纳社会资金，很好地解决了政府财政资金紧张与基础设施建设不足之间的矛盾，使社会资金效益实现最大化，加快了政府规划项目的建设进程。从建设

① 葛培建，张燎．基础设施BT项目运作与实务[M]．上海：复旦大学出版社，2009．

管理角度来讲，建设—移交的属性，决定了建设管理工作主要由投资建设方（项目公司）来完成。项目公司在取得政府授权后，通过施工招标，将工程发包给建设承包商，项目的融资、施工管理工作均由项目公司负责，使政府从繁杂的工程建设管理工作中脱离出来，减少了政府在建设管理工作上人力和物力的投入，有效地改善了政府对投资项目“建、管、用”一体化的委托代理关系带来的种种弊端。从项目移交角度来讲，投资建设方在项目建成、移交后方能收回投资成本，取得投资收益，有效保证了工程概算的把控，保证了工程项目的建设进度和质量。

四、BT 模式实施步骤

BT 模式的实施，通常包含以下五个步骤：

（一）确定投资方

政府确定拟建设项目后，采用竞争性谈判以及招投标方式，综合考虑投资者的投融资能力和建设管理能力，最终确定项目投资方。同时，明确 BT 投资建设合同内容，将各方权利、义务、回购方式、回购担保等条件加以固定。

（二）组建项目公司

中标后，投资方依据相关法规，按规定要求的注册资本金比例设立项目公司，履行投资建设合同义务。

（三）融资与建设管理

项目公司负责筹措工程建设所需资金，对项目的投资、建设和日常经营活动进行管理。

（四）完工移交

项目建成后，政府或其授权机构收到项目公司的完工验收申请后，应及时组织相关单位对已完工项目进行完工验收，完善相关资料和手续。

（五）回购

工程移交完成后，回购方根据合同约定向项目公司支付回购款。

五、BT 模式在我国的应用

2004 年，国务院颁布《关于投资体制改革的决定》（国发〔2004〕20 号），明确规定放宽社会资本投资领域，允许社会资本进入法律、法规未禁入的基础设施、公用事业及其他行业和领域，要求各级政府要创造条件，利用特许权经营、投资补助等多种形式，吸引社会资本参与有合理回报和一定投资回收能力的公益事业和公共基础设施建设，为 BT 模式的快速发展创造了积极和有利条件。

“十一五”以来，我国新型城镇化进程逐步加快，预计到 2020 年，我国常住人口城镇化率将达到 60% 左右，户籍人口城镇化率将达到 45% 左右。为支撑这种发展，全国要基本建成 22 个城市群，国家高速公路和普通铁路网覆盖 20 万以上人口城市，快速铁路网基本覆盖 50 万以上人口城市，这些城市基础设施、交通基础设施、生态环保等其他基础设施的投资需求将超过 50 万亿元，并保持至少 10~15 年的高速发展期。城市基础设施建设迅速发展，需要大量资金投入，而地方政府财政收入相对紧缺，在此情形下，引入社会资金投入基础设施建设领域已成为政府必然选择。

近年来，随着地方政府举债规模的不断扩大，地方政府的偿债风险日益加大。为有效防范财政金融风险，加强对地方政府融资平台公司管理，保持经济持续健康发展和社会稳定，国务院及有关部委先后发布《国务院关于加强地方政府融资平台公司管理有关问题的通知》（国发〔2010〕19 号）、

《关于制止地方政府违法违规融资行为的通知》（财预〔2012〕463 号）等文件，明确要求地方政府规范公益性项目建设，加强融资平台公司管理，遏制各类违法违规融资行为的发生。

在此情况下，政府及政府融资平台融资能力和融资规模受到限制，为施工企业参与 BT 项目建设提供了更多机遇。

六、中央建筑企业及电建集团 BT 业务开展情况

自 BT、BOT、BOO 等投资模式引入基础设施建设领域以来，各大央企积极参与，发展迅速。中铁、中建、中交、中水电等中央建筑企业均尝试开展了多项 BT、BOT 业务。尤其是国务院 19 号文和国家四部委 463 号文发布之后，地方政府及其融资平台主导的项目越来越少，竞争性项目的中标越来越难，为确保企业的生存与发展，投资带动施工总承包这一模式被中央建筑企业广泛采用。据媒体统计，2011 年，国资委下属央企与地方政府签订的投资项目已达 11.38 万亿元之多，仅广东省就超过了 2 万亿元[①]。

中电建路桥集团（以下简称电建集团）早在水电业务发展良好时期即居安思危，提出了“后水电时代”概念，将大力发展非水电业务作为集团战略实施。2006 年以来，先后成立了基础设施事业部、铁路事业部、路桥公司、铁路公司等管理机构和投融资平台，承建或参与了武邵高速、成名高速、京沪高铁、西安地铁、天津地铁、曹妃甸填海造地等一系列国家和地方重点工程，逐步积累了雄厚的工程建设实力和投融资管理能力。

2009 年，电建集团开始以 BT 模式着手投资建设集团内首个 BT 项目——成都至简阳快速路项目，自此之后，电建集团 BT 业务发展迅猛，业务量逐年呈几何倍数增长。其中以武清新城开发项目、郑州市市西三环及北三环快速化项目、陇海路项目、深圳市地铁项目等影响最大。目前，电建集团在（拟）建 BT 项目 41 个，预计投资总额逾 1100 亿元，各 BT 项目运转正常。截至目前，电建集团所实施的所有 BT 项目的应收回购款已全部收回，没有发生一分钱损失。BT 业务的蓬勃发展，为电建集团战略转型提供了助力，促进了集团经营规模的不断扩大和经营模式的不断创新，也为集团提供了新的利润增长点。

目前，电建集团进一步明确了大力发展国内基础设施业务的总体战略思路：加快发展铁路及城市轨道交通业务，重点发展市政公用工程、公路工程、房屋建筑工程等业务，积极发展生态治理、环境保护以及水资源利用等业务；进一步创新商业模式，积极稳妥发展投融资总承包业务，不断提升成员企业独立参与外部市场竞争的能力，将推动国内基础设施业务发展作为集团持续快速健康发展的重要支柱。2014~2016 年，电建集团计划实现营业收入 2075 亿元，到 2016 年年收入争取达到 900 亿元、占营业收入总额的比重由 16% 上升到 27%；计划累计完成新签合同 4350 亿元，到 2016 年年新签合同争取达到 1700 亿元，占新签合同总额的比重由 31% 上升到 35%。BT 项目的投资带动作用已成为经营业绩快速增长的重要推动力量。

七、BT 回购方式创新意义

BT 模式的核心在于回购，投资方收回回购款的时间和金额决定了 BT 项目的投资收益。常规的 BT 回购方式即是投资方直接向政府进行催收，由政府将资金在约定的时间内支付给投资方。在这整个过程中，投资方面临着履约、融资、业主信用、担保变现能力等各种风险（详见第二章），因此，要想单纯依靠常规上门催债方式收回回购资金，难度巨大。因此，开拓思路，创新回购方式，

① 郑石隐．央企地方投资四年增 42 倍［M］．第一财经日报，2012-03-07.

对于投资方具有极为重要的意义：

第一，创新回购方式可以降低政府违约风险。常规的BT项目回购方式单纯依靠投资方与政府的沟通交流，而在BT项目政府财政紧张、融资困难或诚信缺失情况下，投资方往往孤立无助，无可奈何。而BT项目回购方式的创新，可以通过改变回购条件、引入第三方参与催收或变更催收主体等手段，强化对政府的制约作用，变被动为主动，从而达到分散、降低BT项目回购风险的作用。

第二，创新回购方式可以加快资金周转，提高资金使用效益。BT项目投资额动辄几十亿元、上百亿元，项目周期长，投资方需在项目中沉淀大量资金。回购款支付到期之前，采用创新的方式将回购款提前收回，可以将资金滚动投入到其他项目当中，充分利用其时间价值，一方面提高投资方的资金使用效益，另一方面也降低企业流动性风险。

第二章　BT项目回购面临的风险

在常规BT项目回购方式下，从BT项目投资建设过程看，投资方往往面临着事后以下几方面风险：

一、回购设定风险

（一）还款期限风险

还款期限过长有两种情况：一是在合同条款上起付日期过于滞后导致建设期加回购期时间过长；二是回购期跨度过大导致项目回款期限过长。项目回款期限越长，受利率变动、政策变化、政府换届、财政恶化等不利影响的可能性越大，增加了回购过程中的不确定性，增大回购风险；同时由于时间成本的增加，降低了项目的内部报酬率。

（二）还款比例风险

还款进度比例在前期收回比例小，虽让前期回购款可能会顺利足额收回，但会增加后续收款和还贷压力，导致投资方和项目公司现金流不足，为后续还款埋下隐患。

二、回购担保风险

（一）担保变现能力风险

地方政府往往以其持有的部分土地的未来出让收益作为回购担保，这些担保措施在政策、法规允许的范围内才能变现，能否协议作价或通过竞拍取得使用权，受多种条件的制约，具有很大的不确定性。尤其是，国家四部委463号文件对回购保障方式等种种限制，地方政府能够提供的回购保障效力以及可变现性进一步减弱。

（二）担保方式力度风险

即政府提供的担保方式变现速度慢，流通性差，不能及时补偿尚未支付的回购款。当政府以其所持有企业资产作为担保时，有可能存在相关企业资产周转率低、资产质量差、对外担保率高等情况。

三、项目履约风险

项目建设过程中，工期、质量、合同变更等若未达到政府要求，则会产生纠纷，导致回购款无法足额按时收回。项目履约风险主要分为以下三种：

（一）项目工期风险

导致工程延期的因素很多，如征地拆迁、设计变更、施工管理水平、不可抗力等，这都将影响施工进度，情况严重的甚至造成工程停工，从而增加投资建设方建造成本。而若这些因素在合同条款约定时不被完全考虑在内，则一旦发生以上情况，投资方增加的建造成本无法足额收回，而政府也有可能因为工期延迟原因不按时足额履行回购义务。

（二）设计变更风险

建设期间因非投资方原因导致设计变更，增加工程量、改变材料或施工方法、增加审批环节。工程完工后，政府对概、预算变更的审核可能存在重大分歧，对投资方回购基数的认定造成不利影响。

（三）质量控制风险

如果BT工程的技术质量不能达到回购协议中约定的标准，BT项目发起人将只对工程进行部分回购甚至不予回购，会导致投资建设方不能足额回收资金甚至无法收回投资，而质量风险如果无法转移或分散，投资建设方就只能自行承担，回购风险就会进一步加大。

四、结算审计风险

（一）审计风险

BT项目的竣工审计机构通常由政府选定，项目公司在审计过程中处于被动地位。如果投资合同中没有对审计时限及相关权责的详细规定，审计时间可能会因此延长，就会影响投资收益的及时确认，造成回购损失。

（二）结算风险

工程计量结算通常采用据实结算模式。认证、签认过程复杂，如果某一环节资料不完整，提交不及时，就会导致计量结算的滞后，影响政府对工程成本的认定，进而影响投资收益和回购基数的确认。

五、政府融资风险

BT项目一般投资金额大，回购周期长。回购期间，一旦政府融资出现困难，就有可能导致违约风险。政府融资风险主要来源于以下方面：

（一）地方政府债务增长快、负担重

国家审计署于2013年12月发布的《全国政府性债务审计结果》数据显示，截至2013年6月底，全国各级政府负有偿还责任的债务206989亿元；省市县三级政府负有偿还责任的债务余额105789亿元，比2010年底增加38680亿元，年均增长19.97%；从债务资金来源看，银行贷款、BT、发行债券是政府负有偿还责任债务的主要来源，分别为55252亿元、12146亿元和11659亿元。审计署报告指出，地方政府债务管理主要存在负有偿还责任的债务增长较快、部分地方和行业债务负担较重、地方政府性债务对土地出让收入的依赖程度较高、部分地方和单位存在违规融资及违规使用政府性债务资金等问题[①]。

① 《全国政府性债务审计结果》，审计署，2013年第32号公告。

（二）政府债务管理能力不足

地方政府下属机关、事业单位、投融资平台公司债务没有统一管理，缺乏对债务规模的统一控制和到期还本付息的周密安排，使到期债务的还本付息可能出现问题。

（三）按预期取得土地出让收益存在一定风险

由于地方政府财政收入主要依赖于土地出让收入，而房地产行业的不确定性，地方政府有可能基于对未来土地出让价格的看涨而暂时延缓指定土地的出让，从而无法及时获得土地出让收益用以回购。

（四）融资渠道变窄

自 19 号文和 463 号文对政府融资平台融资进行规范和限制后，政府的融资渠道更为狭窄，尤其是近年从紧的货币政策，使得融资越发艰难。

（五）银行放款风险

在紧缩货币政策下，银行流动性吃紧。2013 年以来出现的“钱荒”现象，使各银行的放款实施变得更为艰难。

六、政府诚信风险

政府诚信风险，主要是一些地方政府可能利用自身的权利或法律真空，制造承诺缺失。按常理，政府的公信力和信誉应该相对较高，实践中却仍经常出现政府重承诺轻践诺的现象，主要体现在以下方面：

（一）造价评定缺乏诚信

政府基建审计故意压低价格或拖延确认时间，导致投资方利益受损。BT 项目需通过政府竣工决算审计方能办理竣工验收手续，个别地方政府在审计时对完工价款有异议时，会不合理压价或拖延办理相关手续，给企业造成损失。

（二）资金支付缺乏诚信

在资金充裕的时候仍故意拖延款项支付时间，导致投资方利益受损。个别地方政府在进入回购期后，虽口头表示将按期支付回购款不会违约，但迟迟不实际支付款项，令投资建设方处于两难境地。

（三）优惠承诺兑现缺乏诚信

如在合同中约定的税收等优惠以各种名义不予兑现，导致投资方利益受损。个别地方为了吸引投资者，往往会出台一些表面条件很好的地方性质税收优惠政策。但这些政策的合法性如何，是否能获得更高一级税务机关的认可，则是一个未知数。

七、政府换届风险

我国实行任届制，每届政府出于各自政绩考虑，对于当地项目开发建设的指导思想难免存有差距。而从立项审批到投资建设到回购，通常超过一届政府执政时间。在此背景下，一些地方政府仓促上马远超过本级财政能力的 BT 项目，把还款和回购包袱甩给下届政府。下届政府对回购责任又进行推诿，给后续项目回购带来巨大隐患，无法保障投资方预期收益的实现。

第三章 BT项目回购方式创新

近年来，为化解BT项目回购风险，提高资金使用效率，H集团相关领导及财务人员知难而上，勇于进取，推动了BT项目回购方式的创新，取得了良好效果。

一、债权互持

在政府/平台公司债务期限结构不平衡（如前期资金充裕，后期存在大量兑付风险）情况下，通过谈判，促使政府/平台公司在融资成本相对较低的时点，提前筹资提前支付回购款。在不满足支付条件时，请求政府通过委托贷款等形式向投资方提供资金，形成双方债权互持。若BT合同价款未按时支付到位，则投资方有权要求委托贷款按同等条件相应展期，或双方协商使债权相互抵偿。

（一）具体操作步骤

总体上，债权互持的操作应当符合《贷款通则》、中国人民银行《关于商业银行开办委托贷款业务有关问题的通知》及各商业银行《委托贷款业务管理暂行办法》规定。

（1）投资方、政府/平台公司、银行三方沟通，形成委托贷款意向。投资方应重点关注贷款用途、担保方式和提前还款问题。

（2）政府/平台公司、投资方向银行提出委托贷款申请及相关材料，填写《委托贷款申请书》，明确委托贷款的种类、金额、期限、贷款对象（投资人）及其他要求。

（3）银行对委托贷款用途与项目的合规性、还款计划与来源及相关资料进行审查。

（4）投资方、政府/平台公司及经办行三方签订《委托贷款合同》。

（5）根据合同要求，由保证方出具到期还款承诺函，或签订担保合同。

（6）经办银行根据《委托贷款通知书》向投资方放款。

（7）银行依据三方协议，对投资方资金使用情况进行监督检查，并将检查结果反馈给政府/平台公司。

（二）案例浅述

S市轨道交通三期工程N号线工程总投资约241亿元，总计划工期55个月，全长30.173千米。项目于2012年10月23日正式开工，计划2015年2月28日全线“洞通”，2016年7月31日竣工交验和“三权”移交，2016年12月30日开通试运营。

为顺利实施这一BT项目，由H公司出资10亿元，于2012年9月注册成立NF项目公司，负责该项目的投融资与建设管理；同时成立N号线项目建设指挥部，作为H股份公司派出的项目管理机构，全面负责该项目建设期各项管理工作，指挥、协调、监督各标段施工单位。

按照原合同条款，该项目首次合同价款支付时间预计为2015年3月，支付至第一阶段工程费用验工计价总额的85%。实际的执行情况是，2013年4月，地铁公司与H股份公司签署了BT合同补充协议，在原“合同价款支付方式及支付条件”基础上，增加了2013年度和2014年度两个支付节点，截至2014年第一季度末，累计已收到政府支付工程价款及融资费用补偿资金35亿元，截至2013年末的验工计价款（扣除质保金）已全部到位，同时，充分利用2013年S市地铁集团资金充裕的有利条件，经过充分沟通并达成一致意见，由地铁公司以委托贷款的方式向H股份公司发放了2年期委托贷款25亿元整，提前化解了部分回购风险，缓解了融资压力。

（三）利益点分析

1. 政府 / 平台公司

提高资金利用效率。政府充分利用融资规模和资金存量充足的客观有利条件，在符合支付要求情况下，提前支付回购款，为后续项目合同价款支付提供了空间，一定程度上化解了资金集中支付的压力和风险。

2. 投资方

资金提前回笼，降低回购风险。政府提前还款，不仅实现了资金的提前回笼，为项目公司提前偿还贷款，降低融资成本，从而为增加项目收益提供了可能，还使项目回购风险降到最低。

3. 金融机构

扩展业务，提高收入。无论是政府提前筹资支付回购款还是委托贷款，银行均可获得业务量的提升，从中获取更多的收入。

（四）资金效益浅析

BT 合同中政府支付给投资方的融资费用利率水平为基准利率，当时 N 号线项目的银团尚在组建当中，虽然与银行商谈的利率水平较低，但 2013 年的金融市场已出现了不容乐观的趋势和迹象，银团已按基准利率签约，对此投资方进行了认真分析测算，虽然会减少部分融资费用补偿和贷款成本的差价收入，但基于金融市场的不可预见性，政府提前支付对投资方的成本并无实质性损失，提前支付不但能化解回购风险，同时能降低项目的融资压力。随着 2013 年 6 月以后金融市场额度的趋紧和融资成本的升高，证明提前实现回购对投资方是一举两得，既化解了回购风险，又降低了融资压力。

（五）实施障碍

从结果来看，该方式实现了政府、企业、银行三方共赢的理想结果。反过来看，促成该种方式的顺利实施，同样需要具备相对理想的条件：政府应具备良好的履约意识和财政实力；当地金融市场环境较好，银行参与项目投资业务积极性较高；项目公司工程建设良好履约，具备提前回购（支付）的基础条件。其中，对政府方面的条件要求较难实现，因为不是每个地方政府都具备同样的管理理念和素质，这也是该种方式复制的最大难点。

二、股权转让

投资方将项目公司 100% 股权转让给政府 / 平台公司，转让后，受让方承继所有债权债务，解除了投资方归还银行贷款的义务和相关担保责任。北京地铁奥运支线 BT 项目、天津市快速路南仓道编组站立交桥 BT 工程项目和上海地铁一号线南站站 BT 项目、CJ 快速路 BT 项目等都采用了这一方式。

（一）转让方式

根据《企业国有产权转让管理暂行办法》（国资委、财政部令第 3 号），企业国有产权转让可以采取拍卖、招投标、协议转让以及国家法律、行政法规规定的其他方式进行。对于 BT 项目公司的股权转让而言，由于股权受让人早已确定，目前主要有公开挂牌交易和协议转让两种方式。

1. 公开挂牌交易

公开挂牌交易指出让人发布挂牌公告，按公告规定的期限将拟出让标的的交易条件在指定的交易场所挂牌公布，接受竞买人的报价申请并更新挂牌价格，根据挂牌期限截止时的出价结果确定受让人行为。上海地铁一号线南站站 BT 项目、北京奥运地铁支线 BT 项目均采用了该种方式。

公开进场交易相关程序较为烦琐，费用也比协议转让高得多。同时，由于涉及国有股权出让，必须在联合产权交易所公开挂牌 20 个工作日，如果只有一个符合条件的意向受让人，则直接进行产权交割。如果产生 2 个以上的符合条件的意向受让人，则进入竞价程序，产生最终的受让人，再进行产权交割，整套程序办理完毕需要耗费大量的时间。另外，BT 项目公司股权转让的对象其实早已确定，进行公开交易时，转让方必须将受让条件设置得极为严苛，以确保只有作为预期受让方的政府平台公司能够得以满足受让的基本条件。例如，在北京地铁奥运支线 BT 项目公司的股权转让挂牌公告中，中国中铁对受让方设定条件包括，截至 2007 年 12 月 31 日，意向受让方经审计的净资产不低于 15 亿元，且必须是具有轨道交通运营管理经营范围的国有或国有控股企业。意向受让方须承诺受让标的企业全部产权后代标的企业偿还所有债务，并且意向受让方须在递交受让申请的同时向北交所指定账户缴纳 1.152 亿元的交易保证金，此外，该项目还不接受联合受让①。通过以上各种条件的设置，才能确保符合条件的只可能是项目业主单位（北京市基础设施投资有限公司），从而避免了国有资产流失的可能。

需要说明的是，以上两个项目挂牌出让时间均为 2008 年，是在当时相关政策要求下唯一可行的转让方法，而在之后的不断探索实施中，随着相关法规的发布，BT 项目公司与政府平台公司间协议转让得以批准实施，相对烦琐的挂牌出让方式便难觅踪迹了。

2. 协议转让

目前实施的 BT 项目大多数为政府主导开发的公益性基础设施建设项目，符合《关于中央企业国有产权协议转让有关事项的通知》（国资发产权〔2010〕11 号）中“中央企业之间、中央企业与地方国资委监管企业之间协议转让国有产权应当符合各自主业范围和发展战略规划，有利于做强主业和优化资源配置”相关规定，采用协议转让，相对于公开挂牌方式而言，手续更为简便，结果更为可控。

（二）具体操作步骤

整体操作步骤应符合《中华人民共和国企业国有资产法》、《企业国有资产监督管理暂行条例》（国务院令第 378 号）、《企业国有产权转让管理暂行办法》（国资委、财政部令第 3 号）以及《关于企业国有产权转让有关事项的通知》（国资发产权〔2006〕306 号）等相关法律法规要求。

（1）拟定股权转让方案，注明具体实施步骤、方式、协议转让的理由、转让对价、职工安置、债权债务承继等问题。

（2）签订《股权转让意向书》。在与政府方沟通并达成初步转让意向后，投资方应与政府方确定转让基准日，签订《股权转让意向书》，协议中应当约定两个特有条款：

1）生效条件：该意向书经上级单位批准及标的公司（BT 项目公司）其他股东过半数同意（公司法规定的条件）本次转让并放弃优先购买权，或 / 并符合标的公司章程规定相关条件后方可生效。

2）出让方的通知义务：该意向书签订后一定时间出让方应通知标的公司其他股东。

（3）通知标的公司其他股东，取得同意转让并放弃优先购买权的确认函。转让方应在意向书规定的时间内书面通知标的公司的其他股东，要求他们在一定时间内（公司法规定为至少 30 天）就

① 应尤佳. 中国中铁转让 BT 项目有望获 2 亿元收入［N］. 上海证券报，2008-11-25.

是否同意转让、是否行使优先购买权进行表态，并履行公司章程规定的程序。

（4）投资方、受让方召开股东会、董事会，取得董事会、股东会决议及上级批准文件。

（5）标的公司召开股东会、董事会、职工（代表）大会，取得相关决议及上级单位、当地国资委批准文件。

（6）聘请会计师事务所对标的公司进行审计，出具审计报告。

（7）聘请评估机构对标的公司进行资产评估，并对资产评估结果进行备案。

（8）根据审计评估结果确定转让价格，转让价格不得低于资产评估结果。

（9）双方签订《股权转让合同》。

（10）标的公司银行贷款涉及担保的，需由贷款银行出具担保责任解除确认函。若股权受让方在贷款银行不具备授信额度，则还需贷款银行对股权受让方重新进行不低于转让基准日标的公司银行贷款余额的授信额度审批（该步骤时间有可能较长，可与其他步骤同时进行）。

（11）聘请法律机构对本次转让行为出具法律意见书。

（12）将所有资料上报上级单位审核，取得批复。

（13）至工商、税务等有关部门办理变更、登记等手续。

（14）转让后，受让方应将公司章程中公司经营时间修改为“永久”。

（三）案例浅述

CJ 快速路 BT 项目概算投资 18.81 亿元（其中：建安 14.33 亿元），建设工期 3 年，采用“投资 + 施工总承包”运作模式实施。该项目于 2009 年 3 月开工建设。

根据《投资建设合同》约定，回购款分三次支付：项目交工验收日后 10 日内支付投资总额的 65%；1 年后 10 日内支付 25%；竣工验收并最终移交，双方就合同价款结算 1 个月内，根据实际结算的合同价款结清剩余合同价款。

CJ 快速路项目投资概算 18.81 亿元，实际投入项目资本金 4.1 亿元、银行贷款 13 亿元。2011 年 9 月 22 日，该项目交工验收，比合同预定工期提前 7 个月实现通车目标，达到了《投资建设合同》约定的回购条件。项目建设的良好履约为回购工作打下了坚实的基础。2012 年 11 月，C 市审计局最终审计确认了 CJ 快速路项目的投资成本与回购总额。

在 CJ 快速路交工验收前一个月，CJ 项目公司以书面函件提示政府方面准备首笔回购款。C 市交投提出，一方面，由于当初作为回购款来源的配置土地以后面临大幅升值，C 市国土局不能将该匹配的土地在价格不理想时出让，因而暂时不能取得收益支付回购款；另一方面，C 市政府了解到，国家财政继续对西部省份的二级负债性收费性公路给予补贴。C 市政府为获取建设补贴，必须将 CJ 路变更为收费公路，将 CJ 项目公司变更为政府平台公司的独资公司，将 CJ 项目的负债纳入 CJ 交投集团才有望获批建设补贴。因此，希望将 LQ 公司持有的 CJ 公司股权转让给 C 市交投指定的所属公司——C 市高速公路建设开发有限公司，并约定由 C 市交投按期支付 LQ 公司投入的项目资本金和投资回报，银行贷款担保由 C 市高速公路建设开发有限公司承继。

达成初步意见后，LQ 公司将 CJ 项目股权转让方案的详细情况和存在的利弊向 H 集团公司汇报，并取得了集团公司的支持。2011 年 11 月上旬，LQ 公司与 C 市交投草签《股权转让协议》，约定在 H 股份公司审批通过后生效。随后，一方面，按照协议的约定积极催收回购款；另一方面，走股权转让的审批程序（组织中介机构对 CJ 公司进行审计、评估、确定转让对价，与银行进行上下沟通，着力推动担保解除工作）。最终取得了国资委、H 集团对股权转让的审批认可，2012 年底完成了股权转让的工商变更手续。

（四）利益点分析

1. 政府 / 平台公司

（1）减少当期回购总额，降低政府还款压力。股权转让成功后，项目公司虽然仍然承担所有银行借款的还款义务，但很可能对借款进行展期，受让方当期需要支付给投资方的金额仅为扣除了项目银行借款的部分，大大减少了回购总额，减轻了政府的还款压力，降低了违约风险。

（2）将企业投资项目变为政府投资项目，在部分地区可获得一定的政策性补贴。BT 项目公司作为项目持有方，通过股权转让，原 BT 项目公司的股东变为了地方政府，因此使 BT 项目由企业投资的项目变为了政府投资的项目，在我国部分地区，尤其是西部大开发区域，政府主导投资的基础设施项目可以获得一定补贴，使地方政府又产生一款新的资金来源。

2. 投资方

（1）减轻投资方回购催收压力。实施股权转让，投资方只需收回项目资本金和投资收益，回购款催收压力被大量释放。

（2）免除投资人贷款还款义务与担保责任。股权转让后，BT 项目公司所有债权债务由其继续承继，原投资人不再具有按期归还贷款的义务与压力，其中，涉及贷款担保的，可以通过银行出具确认函，免除担保责任，从而释放出更多的担保额度。

（3）降低公司合并资产负债率。由于转让后 BT 项目公司不再纳入合并报表范围，BT 项目银行贷款不会在投资者合并资产负债表中体现，从而降低了公司整体资产负债率。

3. 金融机构

对于股权转让后可以获得相应政策支持的项目，转让后银行将对 BT 项目公司贷款转化为对政府优质投资项目贷款，通过重新授信，可以相应增加贷款期限，从而取得更长期、更稳定的收入。

（五）实施障碍

（1）时间紧迫，手续复杂。股权转让涉及国有资产产权转让。这方面尽管国家出台了一系列法律法规，但在实际操作过程中，一些政策在细节处理方面并不明朗。同时，各地方政府职能部门由于接触此类业务较少，各项审批手续十分复杂，所花费时间比较长。而在实际情况下，往往对投资方的时间要求很紧，政府方要求的转让时点有可能会与投资方时点产生矛盾，如果要在规定时限内完成转让工作，则必须对其中一些步骤进行同时操作。在这个过程中，股权转让实施方将承受巨大压力。

（2）资料收集困难，审批难度大。涉及国有资产产权转让，国资委要求转让双方产权关系必须合法、明晰。但在操作过程中，有可能会存在受让方（一般为地方平台公司）产权关系不明确、形成的工商税务手续不全、资料不完整等情况，其中一部分问题是由于历史原因形成的，解决起来困难很大，这就需要转让双方必须认真细致地做好相关工作。

（3）必须找到政府、企业、银行三方的共同利益点才有可能实现。在目前已知的几个股权转让案例中，大多数均是在 BT 项目合同签订时即约定回购方式采取股权转让模式，如北京地铁奥运支线 BT 项目和天津市快速路南仓道编组站立交桥 BT 工程项目。之所以采用股权转让，也大多数因为转让后项目公司可以获取项目运营产生的收益。而若在 BT 项目合同中已约定采用资金直接支付方式，要想再转变为股权转让方式则至少要两方以上均有利益共同点时才有可能实现。CJ 快速路 BT 项目例子中，实施股权转让对政府、投资方、银行三方面均有较大利益，从而才能使三方都大力推进，在短时间内完成股权转让相关手续。上海地铁一号线南站站 BT 项目的例子中，转变为股权转让的主要原因是当时通过股权转让产生的税负较直接进行资产转让有很大不同①，才促成了转让方式的转变。

三、债权转让

（一）信托买断式转让

由投资方与政府方协商，将 BT 应收账款期限延长后，信托公司发行与应收账款期限相匹配的应收账款收益权产品，该产品所筹集资金全部用于 BT 项目应收账款债权的买断。

1. 具体操作步骤

买断式保理主要涉及 BT 项目公司、地方政府 / 平台公司、信托公司（第三方金融机构）。

（1）项目公司寻找潜在的收购 BT 项目债权的金融机构，并与平台公司一道共同协商确定收购方案。

（2）BT 项目公司与平台公司签订债权到期的延期协议，以匹配信托公司产品发行。

（3）BT 项目公司与信托公司签订应收账款债权转让协议，并约定还本付息的时间以及利率等。

（4）政府第三方平台公司与信托公司签订保证合同。

2. 案例浅述

2010 年 1 月，H 集团 LQ 公司与 WQ 开发区政府签订了 WQ 新区 BT 项目投资建设合同。项目内容包括 WQ 开发区内 35.5 平方公里土地的一级开发和 130 万平方米的回迁安置房建设，总投资计划约 80 亿元（当时约定具体投资额视项目实施情况而定）。

为实施该项目，LQ 公司牵头成立了 JC 投资开发有限公司（以下简称 JC 公司）。

投资建设合同约定：回购款为投资成本与投资收益之和，以签订合同的所在年份为第一年，第三年支付第一年双方确认的投资对应的回购款，第四年支付第二年投资对应的回购款，以此类推。建设期结束后次年付清本项目所有回购款。

根据投资建设合同的有关约定，WQ 开发区总公司应于 2012 年 1 月 1 日向 JC 公司支付 2010 年度投资回购款 16.82 亿元。截至 2012 年 11 月 3 日，共计收到回购资金 14 亿元，剩余 2.8 亿元因政府资金困难难以收回。

为此，LQ 公司会同 JC 公司，以母公司不提供担保为前提，与金融机构积极联系，寻求新的解决途径。在 JX 信托有意介入的情况下，LQ 公司指导 JC 公司与 WQ 开发区总公司协商，将已经收到的 14 亿元回购资金分解确认为 2010 年度投资回购款 11.82 亿元、2011 年度投资回购款 2.18 亿元。将回收期限由 2012 年 12 月 31 日延长到 2014 年 12 月 31 日，从而促成 JX 信托得以发行两年期信托产品 5 亿元，用以买断 JC 公司的 WQ 新区 BT 项目回购款。

3. 利益点分析

（1）政府 / 平台公司。通过延长回购期限，延迟了政府付款时间，减轻了资金压力，避免了短期内违约风险。若政府在当地与同一投资方还有后续合作项目，可以对后续项目顺利的实施提供相应的支持。

（2）投资方。BT 项目本身投资大、时间长，投资方通过债权转让形式，将 BT 项目应收账款催收责任转移给信托机构，解除了自身回购风险。同时，可以加速回笼沉淀在 BT 项目中的大量资金，

① 张良．上海建工挂牌转让上海南站站项目公司［N］．上海证券报，2008-04-04.

将其用于新项目的开发与市场的拓展。

（3）信托机构。通过买断应收账款，从中可以收取占买断总额一定比例的中间收益，由于买断总额一般较大，获取的转让收益十分可观。

4. 实施障碍

（1）信托机构参与兴趣不高。尽管信托机构可以从中获取大额转让收益，但相较房地产、政府融资平台直接贷款等业务，收益率仍相对偏低（尽管风险也偏低）。尤其是 463 号文发布之后，多数信托机构对 BT 项目的风险判定升级，在这种情形下，当前信托机构并不愿意过多涉足其中。在 WQ 新区 BT 项目的案例中，由于 JX 信托与 WQ 政府合作较深，对政府的信用、该笔应收款的收回风险有较好预判，才会积极推动相关工作。

（2）规模较小。由于信托机构买断应收账款的资金来源是其向公众发行的针对 BT 项目回购款的信托产品，一次性可募集资金量较少，还由于信托机构对 BT 项目心存疑虑，导致信托机构不会对 BT 项目应收账款进行大量买断。

（二）商业银行无追索权式保理

应收账款保理指应收账款债权人以转让其应收账款为前提，由保理商提供的集应收账款催收、管理、坏账担保及融资于一体的综合性金融服务。无追索权保理是指应收账款在无商业纠纷等情况下无法得到清偿的，由保理商（本文中即指商业银行）承担应收账款的坏账风险。无追索权保理又称买断型保理。

1. 具体操作步骤

买断式保理主要涉及 BT 项目公司、地方政府 / 平台公司、商业银行。

（1）由一家平台公司签署债务确认函，承继地方政府在 BT 项目中对项目公司的债务。若原本 BT 项目合同即与政府平台公司签订，则可跳过本步。

（2）BT 项目公司与商业银行签订保理协议。

（3）商业银行与平台公司签订还款协议，约定还本付息的时间以及利率等。

（4）政府第三方平台公司与商业银行签订保证合同。

2. 案例浅述

（1）BT 回购款逾期后的保理。依上例，根据 BT 项目投资建设合同的有关约定，WQ 开发区总公司 2013 年 1 月 1 日向 JC 公司支付 2011 年度投资回购款 18.74 亿元，扣除上年提前收回的 2.18 亿元、政府在 2013 年 8 月之前支付的 4.3 亿元后，尚有 12.26 亿元未收回。

在此情况下，LQ 公司与 PD 银行积极沟通。基于对 WQ 政府信用的认识和 WQ 发展前景预期，PD 银行同意开展买断式保理业务，经过各方的充分协商，PD 银行将政府回购期限延长 5 年，获得 9.5% 的资金年利率。该方案经 PD 银行 A 分行、B 分行、总行会议审议，获得通过。

根据 PD 银行总行批复意见，A 分行、B 分行分别按照 6 : 4 的比例，对 JC 公司的 12 亿元 BT 回购款开展买断业务。2013 年 9 月 29 日，PD 银行 A 分行将其归集的 12 亿元买断资金支付到 JC 公司银行账户。

WQ 新区 BT 项目 12 亿元回购资金买断式保理业务的开展，开创了银行直接从企业手中购买 BT 项目回购资金的先河。其他金融机构均表示将对这一方式进行认真研究。

WQ 新区 BT 项目回购资金买断式保理业务的开展，使企业、政府、银行三方均能从中受益，实现各自目的：企业实现了资金回笼；政府间接取得了长期贷款；PD 银行自此拥有了一项新的拳头产品。该行表示将对WQ新区BT项目2015年9亿元、2016年5亿元回购资金以及LQ公司其他BT项目回购业务进行持续跟踪，希望随后会有更多合作，实现银企共赢。

（2）BT回购款尚未到期的保理。H集团LQ公司控股的ZZ公司承担的Z市西三环、北三环快速路项目总投资约55亿元，投资收益约为5.5亿元，回购资金总额约60.5亿元。根据投资建设合同相关约定，政府按5年10次支付回购款：每年大约需要支付12.1亿元（4月、10月各支付6.05亿元）。

以Z市经济实力而言，上述回购款支付本身不会存在任何困难。但是，如果将前四年的回购金额适当降低，则政府可以腾出更多的资金做更多的事情。

为此，LQ公司与PD银行商议，PD银行有意分步做买断式保理业务。第一批先做30亿元。

作为该项业务开展的前提，对于这30亿元，PD银行初步同意将政府前四年每年的还款金额确定为1亿元，最后1年一次性收回26亿元。

LQ公司认为，开展买断式保理业务，对政府、银行、企业都有利。合作的成功，需要三方做出不同让步：

（1）LQ公司已经说服PD银行将买断之后的政府贷款利率由“JC模式”的9.5%降低到8.9%。

（2）ZZ项目公司承担1.1%的年贷款利率。

（3）Z市政府承担1.1%的年贷款利率。

目前5年期贷款基准利率为6.4%，在开展买断式保理业务的情况下，如果Z市和ZZ项目公司均能做出一定让步（即各自承担1.1%的年贷款利率），就可促成8.9%的年贷款利率。

Z市实际承担的年贷款利率为7.6%。

3.利益点分析

（1）同信托买断式转让，不再赘述。

（2）BT项目尚未到期，但因开展此项业务，推迟了政府的资金支付时间，政府可以将节约的资金用于其他业务，如支持地方企业（如平台公司）的发展等。

4.实施障碍

（1）审批手续更为严格。2014年4月，银监会发布《商业银行保理业务管理暂行办法》（中国银监会令2014年第5号），对应收账款的保理业务范围进行进一步要求，同时要求商业银行审慎制定保理业务发展战略，有效防范与控制风险，定期评估保理业务政策和程序的有效性，加强内部审计监督，确保业务稳健运行。商业银行对风险偏好进一步增强，对于财政收入增长潜力小、信用不高的地方政府BT项目的保理业务，商业银行一般审慎合作。因此，商业银行对于今后无追索保理的审核将更加严格。

（2）保理业务供不应求，成本有上升趋势。在当前地方政府债务负担过重情况下，常规途径的BT项目回收越来越困难，而随着BT项目回购款保理的成功实践，越来越多建筑企业希望通过BT应收账款保理业务的开展回收资金。但是目前金融市场上，有意愿、有能力开展大额BT项目应收账款保理的商业银行不多，在这种供不应求的形势下，投资方采取应收账款保理的成本会有上升的趋势。

（3）回购风险可能无法完全转移。单个银行为了控制自身风险，不可能大范围地将BT项目应收账款100%买断，今后可能出现的情况是，商业银行仅买断BT项目应收款的一部分，而另一部分仍然由投资方持有债权，双方共同分担回购款催收风险。这样导致的结果是，一方面，投资方无法转让全部应收账款，BT回购催收责任并没有解除；另一方面，在今后政府方需要同时归还回购款时，必将优先选择归还对商业银行的债务，对投资方的还款则成为次级选择，这样一来，投资方的回购风险并未完全解除。

（4）对于回购款已到期而政府无力支付的情况来说，有可能产生由于保理手续审批办理过于复杂和滞后造成应收账款回收期限过长，造成投资方实际的内部报酬率与原预期内部报酬率差距较大。

（5）对于回购款未到期且政府预期可以按时支付的情况，投资方提前进行应收账款保理目的主要在于融资，而由于政府尚未违约，且若政府仍有余力按照原 BT 项目合同约定金额按时足额支付，政府一般是不愿意承担保理中银行要求的高额利息收入的。因此，需要投资方、政府、银行三方均做出一定程度的利益牺牲：从投资方方面，需要承担一部分保理费用，损失一部分预期的投资收益；从政府方面，需要多付出一部分回购成本；从商业银行方面，需要适当降低保理费用，放弃一部分收益。

四、资产证券化

资产证券化是指将缺乏流动性但能够产生可预计的、稳定的未来现金流的资产进行集合、建池、结构设计和信用增级，在资本市场上发行资产支持证券的融资过程。广义上的资产证券化包括实体资产证券化、信贷资产证券化、证券资产证券化和现金资产证券化。狭义上的资产证券化专指信贷资产证券化，分为住房抵押贷款证券化（MBS）和资产支持证券化（ABS）两大类。

（一）具体操作步骤

资产证券化运用于 BT 项目的运作流程：首先 BT 项目应收账款债权人（项目投资者）将 BT 项目应收账款出售给选定的某一 SPV（特殊目的机构）；其次以 BT 项目应收账款为基础，构建资产池（Asset Spool）；再次以该资产池所产生的现金流为支撑在金融市场上发行有价证券进行融资；最后按照 ABS 证券发行约定用资产池产生的现金流，由 SPV 来偿付所发行的有价证券。

（1）原始权益人（BT 项目公司）作为发起人对 BT 项目回购款进行清理、估算，形成资产池。

（2）组建特设信托机构（SPV）。

（3）SPV 与原始权益人签订基础资产买卖合同，后者将资产池中的资产过户给 SPV。买卖合同必须明确约定：一旦原始权益人发生破产清算，资产池不列入清算范围。

（4）SPV 对资产进行信用增级（内部增级和外部增级），主要手段：

1）破产隔离。

2）将证券分为优先证券和次级证券。

3）SPV 向信用级别很高的金融担保公司办理金融担保。约定：如发生违约，由担保公司支付到期本息。

（5）发行证券：

1）由 SPV 邀请信用评级机构对资产支持证券进行正式发行评级并向公众公告评级结果。

2）证券承销商向投资者销售证券。

（6）由 SPV 从证券承销商处获取证券承销收入，按照资产买卖合同约定的对价，将款项支付给原始权益人。

（7）由 SPV 聘请专门服务商（一般由发起人担任，可以是第三方）对资产池进行管理。

（8）管理资金池的服务商负责收取、记录资产池产生的现金收入，并将这些款项全部存入托管所得收款专用账户，专门用于对 SPV 和管理者的还本付息（见图 1）。

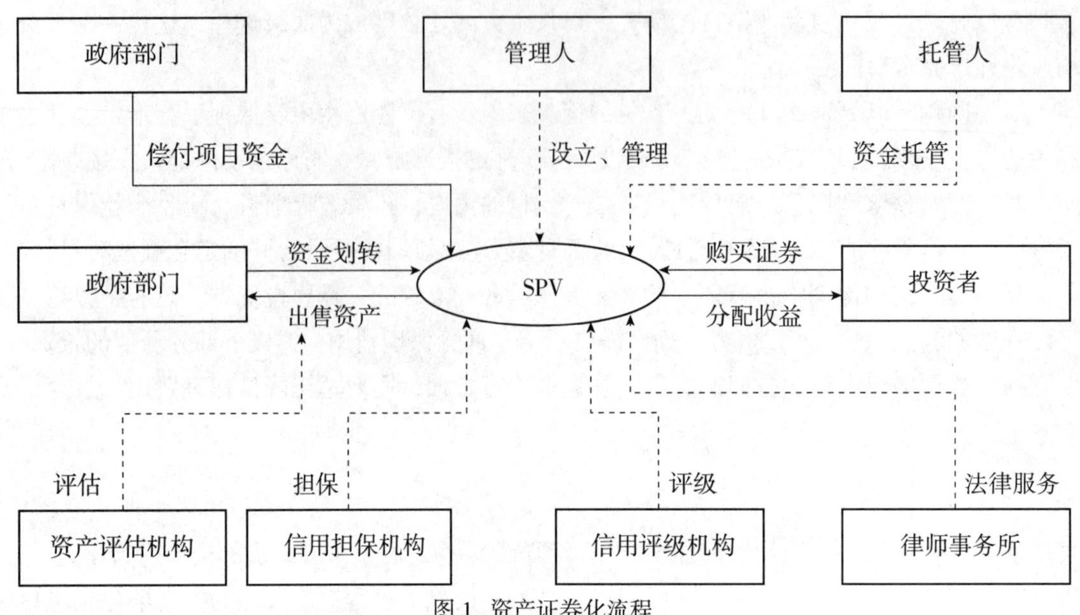

图 1 资产证券化流程

（二）案例浅述

1. 案例一：浦东建设回购 BT 项目

2006 年 6 月 28 日，上海浦东建设股份有限公司（简称浦东建设）控股的上海浦兴投资发展有限公司（简称浦兴公司）和无锡普惠投资发展有限公司（简称普惠公司）将其共同拥有的 13 个市政道路 BT 项目回购款合同债权组成资产池转让给国泰君安，由后者设立专项资产管理计划募集资金。这是中国第一个 BT 项目回购款资产证券化案例。

该项收益计划总规模 4.25 亿元，预期期限 4 年，预期收益率 4%，每年还本付息一次。受益凭证简称为“浦建收益”，在深交所挂牌转让，实现了回购款的顺利收回。为提升信用等级，上海浦东发展银行提供连带保证担保。

2006 年 10 月 9 日，大公国际资信评估有限公司（简称大公国际）将该计划评级由 AAA 级调低至 A 级，降级理由为，“在跟踪评级期内浦建专项基础资产和主要交易方的信用质量均发生了一些不利变化，降低了优先级收益凭证本息按期足额偿付的保障程度”。2006 年 10 月 10 日，国泰君安发布浦建收益季报，披露 47418988 元回购款未能如期到账的信息。据称，大公国际在 3 个多月的跟踪评级期内，通过对该项目的现金流和主要交易方进行持续的信息跟踪、收集和分析，发现作为回购方的昆山市创业开发置业有限公司未能根据协议按时足额支付回购款项；同时，曾承诺对这一回购行为承担连带责任保证的担保方——昆山市创业控股有限公司也未能在跟踪评级期内履行担保责任[①]。

2. 案例二：江苏吴中回购 BT 项目

2006 年 8 月 31 日，江苏吴中集团将江苏太仓 339 省道复线工程、东方大道、越溪行政副中心、苏州中学园区校和木渎中学新校区五项工程的政府回购款组成资产池，由中信证券作为资产管理计划管理人具体实施。这是我国第二个 BT 项目回购款资产证券化案例。

该项收益计划总规模 16.58 亿元，设立日期为 2006 年 8 月 31 日，受益凭证分六期，期限 0.34

① 陈为. 资产证券化信用评级：浦建 ABS 障眼术［EB/OL］. 和讯网，2006-10-20.

年到 5.34 年，最高预期收益率为 4.50%，期限为 5.34 年，由中信银行提供担保。

3. 案例三：北车建工回购 BT 项目

2013 年 12 月 10 日，北车建设工程有限责任公司（以下简称北车建工）出售部分沈阳浑南有轨电车 BT 项目债权，并通过招商证券发行资产证券化产品融资。

由于中国北车 BT 项目尚未竣工结算，当期拟按 48.2 亿元出售债权，并发行资产证券化产品（剩余款项按竣工结算后确定的数量另行回收），其中优先级 42.06 亿元面向社会发行。

该资产证券化项目拟由北车建工和浑南交通签署委托贷款协议，由北车建工向浑南交通提供委托贷款，贷款期限为三年（2014 ~ 2016 年），委托贷款额度不超过 18.5 亿元。当专项计划资金不足以支付各期预期收益和全部未偿本金差额部分时，北车建工公司在上述委托贷款额度内向浑南交通提供委托贷款以支付上述差额。

此外，由于北车建工资信情况较弱，中国北车对北车建工出具流动性支持承诺函，由中国北车向北车建工提供连续三年（2014 ~ 2016 年）的流动性支持。当北车建工未能按照委托贷款协议向浑南交通提供足额委托贷款时，由中国北车向北车建工提供流动性支持贷款，专项用于其对浑南交通提供委托贷款[①]。

（三）利益点分析

通过资产证券化，BT 项目投资方得以尽快回笼资金，减小了由于资金沉淀而增加的机会成本，同时，通过 ABS 将 BT 项目回购款推向公众，由公众监督政府回购情况，政府出于招商引资等各方面需要，也会尽可能地避免违约，政府信用风险大大降低，从而更有力地保障回购款的回收。

（四）实施障碍

（1）需要担保兜底。由于资产证券化过程中信用增级的需要，投资方要对 BT 回购情况进行担保兜底，承诺当专项计划资金不足以支付优先级资产支持证券的各期预期收益和全部未偿本金差额部分时，由投资方进行补足。由此可以看出：

通过 BT 项目回购资金的资产证券化，BT 项目公司可以提前收回投资，归还项目贷款。券商、资产评估机构、信用评级机构、律师事务所、会计师事务所等可以从中获取业务收入。这些企业和组织都是该项业务的积极推动者。

但是，投资者购买证券的目的是为了获取稳定的投资收益，如果债务方违约，投资者就要自己承担损失。因此，是否愿意购买证券，取决于投资者对债务人的信任程度。

我国 BT 项目债务人基本是地方政府，地方政府当然不同于美国的次级抵押贷款人。按理说，投资者应该对政府充满信心，相信政府不会违约。但是，相信归相信，真要让其掏出真金白银来玩很难。

正是基于这一原因，必须对证券进行信用增级。增级方式除破产清算（属于所有合同必须约定的基本条件）之外，一般包括两种形式：

一是将证券拆分为优先证券和次级证券。优先证券回报低，优先兑付；次级证券回报高，最后保底。优先证券出售给投资者，次级证券由原始权益人持有。

这样处理的难度在于优先证券与次级证券的分配比例是否会被投资者接受。如果次级证券所占比例太低，投资者就不会买账。

---

① 中国北车子公司出售部分 BT 项目债权进行资产证券化融资［EB/OL］. 证券时报网，2013-12-10.

二是选择拥有经济实力的企业提供担保。当债务人违约时，损失由担保人承担。

其实，对于投资者而言，第一种方式可有可无，他们更为看重的是第二种方式，这是因为：担保是最为有效的增级手段。

在以上3个案例中，浦东建设、吴中集团作为我国第一个、第二个成功实施BT项目回购款资产证券化的案例，其信用增级的手段均为由银行为其进行担保。但自2007年银监会发布《关于有效防范企业债担保风险的意见》（银监发〔2007〕75号）文件，禁止商业银行为以项目债为主的企业债提供担保之后，BT项目资产证券化便普遍要求有其他机构对收益计划进行担保。在案例三中，北车建工BT项目资产证券化便由其母公司——中国北车为其出具了流动性支持承诺函，构成了实质性的担保。这样一来，BT项目资产证券化并没有转移BT项目的回购风险，仅成为了一个加速资金回收和降低回购风险的工具。另外，敢于承担责任的外部担保人实在难找（其实，也不是完全找不到，政府可以拉出自己的平台公司，但平台公司的偿债能力很难覆盖投资者面对的风险，ABS投资者不认可）。这正是BT项目回购款资产证券化面临的最大障碍，也是基础设施领域资产证券化业务难以真正起步的根本原因。

（2）手续复杂，成本较大。由于BT项目资产证券化过程涉及政府、证监会、券商、评估机构、信用担保机构、信用评级机构、律师事务所等众多机构，各项手续复杂，在聘请各中介机构过程中所需成本相对其他几种BT回购创新方式更大。

（3）资产质量要求较高，受国家政策、金融市场调控影响较大，成功与否具有较大不确定性。资产证券化作为2008年国际金融危机产生的重要原因，国内审批一直较为谨慎，对要进行资产证券化的BT项目质量要求较高，自2006年第一个BT项目资产证券化产品“浦东建设BT项目资产支持收益专项资产管理计划”成功试点起，目前成功进行了资产证券化的BT项目寥寥无几。同时，证监会会根据当期金融市场情况，对审批进行把控，防范金融风险。一旦证监会对该项ABS计划审批延期或叫停，投资方就会既花费了大量前期成本，同时，又由于时间的延后而无法达到通过资产证券化尽快回笼资金的初衷。

因此，由于担保原因，从原则上来说，BT项目的资产证券化不具有普遍实施价值，只有在政府有资金支付余力但无诚信支付回购款时，才值得将BT项目应收账款推向公众，由公众、舆论的监督帮助BT项目回购款的顺利收回。

五、BT回购方式创新的经济效益分析

BT创新回购方式的资金效益分析较为复杂，需要考虑诸多因素进行综合判断，本课题仅选取债权转让方式的两个案例——WQ新区、Z市三环BT项目进行简单的分析。

（一）WQ新区BT项目应收账款转让效益

1. 滚动投资减少的资本金投入

WQ新区BT项目2013年底累计投资约45亿元。项目投资建设合同约定，项目资本金的比例应占投资总额的25%，即投资方应投入项目资本金11.25亿元。事实上，由于项目将2012年收回的回购款滚动投入至项目建设中，节约了项目资本金的投入（银行借款利息由政府承担），截至2013年底，WQ新区BT项目股东仅投入了7亿元的项目资本金，且在可预见的一段时间内不用再进行资本金追加。

因此，滚动投资减少的资本金投出节约的资金时间价值约为：

（11.25−7）×6.15%（资金成本率）×2 年 =5228（万元）

2. 违约金收益与资金时间价值比较

就 WQ 新区 BT 项目而言，BT 应收账款 17 亿元债权的转让（5 亿元信托买断，12 亿元银行应收账款保理）是在政府逾期后进行的，因此，应将违约金收益和转让收益的比较作为着手点。该项目的违约条件是：“违约金按逾期金额 × 同期同类银行贷款利率计算。甲方逾期支付合同价款超过 120 日的，从超过之日起应按逾期金额 × 同期同类银行贷款利率的 2 倍计算向乙方承担的逾期付款违约金。”

将在政府支付违约金情况下 LQ 公司获取的收益折现至进行债权转让收到现金的当天，则 LQ 公司在放弃债权转让的情况下获取的净现值为：

{17+［17× 贷款利率 ×2（假设全部考虑为超过 120 日）−17× 项目贷款利率（未归还借款需承担的利率，WQ 新区 BT 项目为基准利率）］× 预期天数} × 现值系数（小于 1）>17

而采用债权转让收到现金的净现值 =17（未归还贷款的部分以同等利率调剂至其他项目）

由此可见，采用获取违约金的收益优于债权转让收益，也是 LQ 公司能够成功说服 WQ 区政府同意进行应收账款保理的原因之一。事实上，WQ 新区 BT 项目采用债权转让获得的资金效益不仅于此，出于与政府的后续合作或是政府信用度的考虑，投资方往往无法按时收回全部的违约金，而按时收回回购款也可以避免无力偿还到期项目银行贷款的风险。更重要的是，转让的成功实施向 H 集团证明了 BT 项目回购风险的可控性，增强了 H 集团对大力开展 BT 模式投资的信心。因此，从回避风险和战略发展角度出发，WQ 新区 BT 项目的 BT 回购创新是完全有必要的。

（二）Z 市三环 BT 项目应收账款转让效益

1. 提前收回与按时收回资金时间价值比较

即将实施的 Z 市西三环、北三环快速化 BT 项目应收账款买断式保理业务是在 BT 回购款尚未逾期的前提下进行的，因此，特将提前收回获取的收益净现值与按期收回获取的净现值进行比较。

经测算（过程略），若采用提前收回的应收账款保理，该项目的 30 亿元回购款保理扣除预计今后负担的 1.1% 的利息，现值为 29.54 亿元；若不采用提前收回的应收账款保理，30 亿元回购款考虑时间价值折现至当前的现值为 28.34 亿元；因此，提前收回产生的时间价值效益约为 1.2 亿元（29.54 亿元 −28.34 亿元）。

2. 提前收回带动的投资收益分析

将应收账款保理收回的 30 亿元进行分离，其中 27.27 亿元（30 亿元 /110%）为投资成本，2.73 亿元为投资收益。在投资成本中，6.82 亿元（27.27 亿元 ×25%）为收回的项目资本金，20.45 亿元为银行借款。假设将 20.45 亿元全部归还银行，剩余 9.55 亿元（项目资本金与投资收益）为投资方完全掌控部分，可作为其他项目的资本金投入，带动约 38.2 亿元（9.55 亿元 /25%）的项目投资，从而，可为股东带来新的投资收益与施工利润（假设投资收益率 6%，施工利润率 15%，则可获得约 8 亿元的收益）。

六、创新 BT 回购方式比较

以上几种回购方式，各有其优缺点，现对几种方式比较如下（见表 1）：

表1 几种创新BT回购方式比较

回购方式	方式描述	优点	缺点
债权互持	政府在融资成本相对较低的时点，提前筹资回购；不满足支付条件时，通过委托贷款等形式向投资方提供资金，形成双方债权互持	对政府而言：有效利用融资规模和资金存量充足的时点，化解部分集中支付资金风险； 对投资方而言：提前回款，避免回购风险； 银行获取更多业务受益	对政府履约意识、财政能力等客观要求较高
股权转让	投资方将项目公司股权全部转让政府，并由其承继所有债权债务，解除了投资方归还银行贷款及相应担保责任	减轻回购压力； 免除投资方贷款偿还义务与担保责任； 降低资产负债率	手续复杂，审批困难； 只能在至少两方以上都有共同利益点时才有可能实现
债权转让	投资方与政府协商一致，同意延长还款期限，信托公司买断债权，发行权益产品	实现资金的顺利回笼； 转移回购风险	受政策限制影响，金融机构参与积极性不强； 成本相对较高，须牺牲部分收益； 风险不能全部转移
资产证券化	将项目债权在资本市场以发行证券的方式予以出售，以获取融资，以最大化提高资产的流动性	保证建设资金的顺利回笼； 提高社会监督，减低政府违约风险	需要担保兜底； 手续复杂，成本较大； 资产质量要求较高，受政策限制较多

进一步设想：

（1）在前期合同谈判、制定商务条件时即与银行、政府做好沟通，将回购期进行的债权互持、股权转让、应收账款保理等业务纳入合同约定范围，这样做对投资方和政府来说有以下几点好处：

1）在合同拟定时即可充分考虑要完成创新回购方式所需要的条件，据此来设定回购时间、节点等相应的合同条款，为创新回购做好准备，避免在后期为满足回购方式而重新对回购条件进行相应修改，节约了相关的时间与成本。

2）提前约定好合作的金融机构与合作模式，将相应的成本范围也提前约定，减少了在后期寻找、挑选合作金融机构的过程，同时使由于金融市场变动而导致成本变动的风险可控。

但是，在目前的情况下，这样实施较为困难，主要原因在于：

第一，金融机构对政府的信用心存顾虑。目前只有PD银行与H集团合作受让WQ新区BT项目回购款，这是国内第一单BT项目应收账款买断式保理业务。该行与其他央企至今未开展此类业务，其他金融机构也从未开展，所以，全面实施的条件尚不成熟。

第二，受让价格提前约定行为类似于银行、政府、投资方为确定未来收益（费用）而签订的三方远期合约，这个合约一般是基于一个银行对未来进行相关业务收益看低、政府/投资方对未来进行相关业务的成本看高预期而签订的。但由于BT项目投资大、期限长，从合同签订至完成回购至少要五年以上的时间，未来的政策导向、经济形势具有过大的不确定性，因此，要想达成这样一个三方的合约是十分困难的。

（2）将金融机构引入竞争性项目投标，利用中央企业在银行丰富的资源，为政府提供融资帮助，一方面大大增加了己方中标概率，另一方面通过帮助政府提前进行融资筹划，降低因资金供给问题而导致政府拖欠工程款的风险。另一个更加理想的状态是，与金融机构组成联合体进行投标，由金融机构进行资金投入并负责回购款催收，而企业则负责更为复杂的工程施工，保证施工利益。

将金融机构引入竞争性项目投标，在理论上是可行的。在实际操作中，投资方也进行过一些有益尝试，但效果不会非常理想。原因在于：一是政府的银行资源和央企差距不大，政府同样能找到相同的融资渠道；二是即使在投标初期就引入金融机构，但由于贷款申请同样需要经历复杂的评审，并不能保证最终在双方都认可的融资成本下成功取得贷款，因此，在激烈的工程承包竞争环境下，引入金融机构对政府的吸引力并没有想象中那么大。

而对于与金融机构联合投标的方式，在目前情况下金融机构方面的参与可能性很小。在实施成本方面，金融机构对项目投资的审核必然比单纯的提供融资产品要更加苛刻，同时还要承担回购款催收的责任。在收益方面，当前签订的BT项目合同中明确的名义投资收益率从银行同期基准利率到12%不等，这个名义利率并不比金融机构直接给政府融资平台提供借款利率高；与此同时，金融机构却还要承担企业的工程建设履约风险和政府回购风险，这对金融机构显然是不划算的。

第四章 实施BT项目回购方式创新的保障措施

一、加强组织领导，建立奖惩机制

有力的组织领导是做好BT项目回购的基础，投资方应将相关组织制度建设工作贯穿于整个BT项目实施过程。

（一）健全评审机构

在项目的前期跟踪阶段，投资方应成立专门机构对投资项目进行审查评估，提供决策，建立相应的综合评审制度，健全决策审批流程，并纳入“三重一大”监管范围，从投资的源头把控回购风险。

（二）明确回购责任

投资方应强化回购意识，在领导层面，明确把投资方党、政一把手作为BT项目回款第一责任人，将回款责任层层落实到企业分管领导和BT项目公司经理层，要求相关责任人时刻牢记回购责任，将回购工作当作头等大事，全力完成回购任务；在具体部署上，应将任务分解至各职能部门，同时对拟采取土地使用权折抵回购款、高层对接以及法律诉讼等应对措施明确时间节点和责任人，保证各项措施的有效衔接和落实。

（三）严密监督进展

投资方在加强BT项目履约的同时，需建立BT项目回款动态监管体系和风险评估机制，以各BT项目公司为主体，按月实时上报BT项目动态回款专项报告，包括：各BT项目回款进度，可能影响回购进展的因素，BT项目逾期回款的原因及应对的预案等。同时，应建立季度检讨机制，并对回购工作开展专项效能监察，使投资方能及时掌握BT项目回购风险，对回购工作开展情况进行严密监督。

（四）建立奖惩机制

投资方应对回购责任进行量化，将BT项目的回款情况纳入考核范围。目前，H集团对子企业的考核方法是：对涉及年度BT项目回款工作的子企业进行年度BT项目回款率单项考核，对企业年度BT项目回款率大于90%的予以奖励，对年度BT项目回款率小于90%的予以处罚，并根据各子企业年度BT项目应收回购款金额大小划分区间，以此设定不同的奖惩基数。LQ公司在严格执行H集团考核办法的同时，将回购工作作为检验子企业各级领导工作能力的重要标准，对于未能按期完成回购任务相关责任人，在年终考核中一票否决。

二、深入调查投资环境，全面论证项目可行性

前期项目的筛选对 BT 项目的顺利进行至关重要，也是金融机构是否有意向参与融资乃至回购创新的决定因素。因此，投资方需在项目可行性论证阶段从宏观投资环境、项目合法性、项目重要性三方面充分考量，谨慎进行项目筛选。

（一）投资环境评价

投资方不仅要通过报纸、杂志、网络等公共手段，更应该积极与当地金融机构、可信任的关联方等沟通，从与当地政府有合作经验的机构方面获取更加直接有效的信息。投资环境主要考察以下几个方面：

1. 历年财政收支情况

主要包括财政收支规模以及收支平衡能力。首先，应考察当地财政总收入在区域或全国的排名情况。财政收入决定了财政实力，可结合地区经济环境，对最近 3～5 年本地财政收入的增长情况、收入结构以及各种指标在区域或全国的排名情况进行分析，并对收入的质量、增长速度和可持续性进行判断和预测。其次，要考察地方财政收支的结构，若财政收入中税收收入比重大，政府收入结构较好，则政府回购能力较稳定；若土地出让收入所占比重大，则政府回购能力受政策调控影响较大；若财政支出中基础设施建设支出金额超过项目年度回购金额、比例稳定且逐年增长，则政府财政收入能够覆盖项目回购款的预期高，回购较有保障。最后，对地方财政收支平衡能力进行判断，关注其以往及预算年度财政收支是否有盈余等。财政收支基本平衡或有盈余可反映政府治理较稳健，产生违约的概率也较低。

2. 政府负债情况

投资方应充分了解当地政府债券、城投债等发行规模、期限等情况，尽可能从金融机构渠道取得对地方政府平台公司贷款规模、期限、担保情况、不良贷款等方面信息，为项目的决策、政府的合同谈判等方面提供支持。

3. 政府信用情况

投资方应关注近 5 年地方政府履行债务偿还情况，包括显性和隐性、直接和或有债务，尤其关注 BT 项目回购的履约情况。地方政府若出现过违约先例，则要考察违约原因、过程和最后解决情况，再结合近几年地方经济社会和政府治理的最新情况，预测当届政府违约的可能性。另外，地方政府信用评级条例及配套的地方政府信息披露制度的出台[①]，也可帮助投资方判断政府信用程度，从而为项目投资建设乃至后续回购提供参考。

4. 地方经济发展水平

地方经济发展水平直接决定了地方政府的财政收入。投资方可考察地方近 3～5 年的 GDP、工业增加值等定量指标，分析其在区域或全国的排名情况。同时，考察 GDP 增长率、固定资产投资等定量指标，结合其掌握的区域优势资源、在国家或区域发展战略中的地位和政策措施等，分析和评价地方经济增长趋势。

在对以上方面考察后，投资方还应根据已实施相关项目经验，制定相应的市场准入标准。

目前，H 集团 BT 项目实施的主要平台公司——LQ 公司根据已实施项目的经验，确定的 BT 项

---

① 杜涛，黄文丽．地方政府信用评级条例将出［N］．经济观察报，2014-03-15.

目开发的重点区域包括长三角经济区、珠三角经济区、环渤海经济区、海峡西岸经济区、成渝经济区、关中—天水经济区、长江中游及中原经济区、山东半岛蓝色经济区等国家战略重点经济区域。同时，在综合考虑投资项目所在区域 GDP、产业结构等指标，全面评估区域经济发展水平的情况下，要求 BT 投资项目所在区域满足以下基本条件：

（1）项目所在地行政级别至少应为地级市，优先选择省会城市或计划单列市；经济发达地区地级市可考虑适当放宽准入条件。一般经济地区的地级市及以下行政区应有效规避投资风险，需重点落实可变现的回购保障。

（2）投资项目所在地本级公共财政预算收入近三年平均值原则上应不低于 100 亿元，本级指合作方政府行政级别。

（3）投资项目原则上应选择国家、省、市编制的行业发展规划中的省、市级重点项目。

（二）项目合法合规性调查

BT 项目实施的先决条件是确保项目实施主体、项目标的及采购程序的合法合规性。

1. BT 项目实施主体的合法合规

实施主体合法合规性的重点是要落实 BT 项目的项目发起人、招标主体、组织管理主体以及回购主体的合法合规。目前国内基础设施 BT 项目的实施主体主要为各级地方政府以及地方融资平台公司等。各级地方政府主要包括市、县区人民政府，以及开发区、产业园区、新区管委会等特设行政机构等。地方融资平台是指地方政府为了融资用于城市基础设施的投资建设，所组建的城市建设投资公司、城建开发公司、城建资产经营公司等。

在 BT 项目前期推进工作中，如项目实施主体为地方政府，建议重点关注本级地方政府管理权限，是否需上一级政府授权，签约主体与回购主体是否一致等问题，并应落实项目具体组织管理部门。

如项目实施主体为地方融资平台公司，受中央政府对地方债务及地方融资平台规范管理要求，建议在项目前期核实该融资平台公司不属于“国发〔2010〕19 号文”、“463 号文”等政策文件清理约束的范畴，且应获得有权部门关于负责组织实施本项目的授权文件。同时，在项目可行性论证期间，应对该公司进行尽职调查、资产评估，确保其具有可持续经营能力。

2. 项目标的的合法合规性

项目标的的合法合规性主要涉及项目类别、项目审批程序两方面。

（1）项目类别。近期，中央政府出台地方政府债务规模的规范控制相关政策，部分公益性基础设施项目采用 BT 模式实施受到限制。根据 463 号文要求，“符合法律或国务院规定可以举借政府性债务的公共租赁住房、公路等项目”可采用 BT 投资模式实施。根据对国家相关法律法规规定，可采用 BT 模式实施的项目范围为：①市政道路、公共交通等基础设施项目，以及公共卫生、基础科研、义务教育、保障性安居工程等项目；②保障性安居工程及小区外配套工程、国有企业棚户区改造等项目；③公路项目；④城市供水、供气、供热、公共交通、污水处理、垃圾处理等项目。

因此，建议投资人在进行 BT 投资项目筛选时，需重点关注项目是归属现有国家相关政策允许举借政府性债务的项目范围。

（2）项目审批程序。审批程序完备是项目能否顺利推进的先决条件。为确保项目标的的合法性，项目发起人应确保项目本身通过必要审批程序。为此，投资人应督促项目发起人提供以下文件：①项目建议书、工程可行性研究报告等立项批复文件；②建设用地规划批复文件；③建设项目规划批复文件；④环评、水保、节能等相关管理部门的批复文件。

实际操作过程中，地方政府等项目发起人一般同步推进投资人筛选与项目立项批复等前期工作。在此情况下，投资人应督促项目发起人尽快办理完毕项目各项审批手续，确保项目合法性。对于按子项目分别实施的投资项目，可按照成熟一个实施一个的原则推进。

3. BT 项目采购程序的合法合规性

由于 BT 项目投资建设内容多为政府公共基础设施工程，因此项目前期准备工作中，应严格按照相关法规要求，采用公开招投标方式确认投资人。对于 BT 项目采购程序的合法合规，建议重点关注以下事项：

（1）需取得地方人大（或常委会）、地方人民政府常委会或发改委等单位批复的关于本项目采用 BT 模式进行投资建设的正式文件。

（2）以公开招投标方式确定中标人作为项目投资人。若因故流标后，需按照规定采用竞争性谈判等合法合规的方式确定投资人。

目前，在项目前期实施中，多为地方政府与潜在投资人先期洽商谈判，基本确定主要商务条件后，再履行招投标等正常程序。在此情况下，建议重点关注前期谈判确定商务条件的框架协议文件的生效条件，并应协调处理公司内部评审程序与项目招投标程序的推进，确保项目整个采购程序的合法合规。

（三）项目重要性评价

由于 BT 模式的蓬勃发展，同一地区同一时间内不可能只实施一个 BT 项目，因此，地方政府对同时开展的各 BT 项目也会有所侧重，而政府对 BT 项目的关注度很大程度上影响政府支付回购款及与投资方合作进行回购创新的积极性。因此，投资方应重点选择对改善当地民生有显著作用、受到地方政府重视的项目，如缓解交通拥堵的公路、市政道路，治理污染的环保项目等，从而在一定程度上降低政府因换届、诚信等因素而产生的回购风险。

三、重视前期谈判，提高合同质量

（一）落实回购资金来源

1. 落实预算审批情况

投资项目回购能力主要是依靠地方财政收入。根据惯例，我国每年预算编制工作从 7 月开始，项目公司应在预算编制工作开始前将 BT 项目回购款纳入地方政府年度财政预算。按照预算编制和审批权限不同，采取以下相应措施：

（1）对于预算需要通过本级或所在地区人民代表大会批准的情况，公司应积极与地方政府或开发区管委会沟通，将 BT 项目回购款纳入年度财政预算，并密切关注人民代表大会批复情况。

（2）对于预算由开发区管委会批复的情况，公司应落实开发区所在地区本级政府关于预算审批的授权文件，督促管委会将 BT 项目回购款纳入年度财政预算，并及时批复。

2. 重视回购资金来源分析

投资项目开发前期，公司应对地方政府财政收入中用于投资项目回购资金来源的财政收入近三年收支情况进行详细调查、分析。回购资金来源主要包括以下方面：

（1）公共财政预算收入。

（2）土地储备资金，可用于土地开发 BT 项目回购。

（3）国有土地使用权出让收入，可用于城市基础设施建设 BT 项目和土地开发 BT 项目回购。

（4）城市基础设施配套费收入，可用于城市公共设施、环境卫生等基础设施建设 BT 项目回购。

（5）国有资本经营预算收入，可用于国有企业棚户区改造 BT 项目回购。

（6）地方政府债券收入、个人房产税、企业政策性补贴，财政贴息等，可用于保障性安居工程 BT 项目回购。

3．关注财政优先支付的项目

部分 BT 项目属于财政收入优先支付的项目，在回购资金来源方面较有保障，主要包括以下项目：

（1）土地整理（土地一级开发）BT 项目：土地出让收入审计决算后，优先支付土地整理成本。

（2）保障性安居工程 BT 项目：回购资金来源包括计提的保障性安居工程资金和地方政府债券收入、个人房产税、企业政策性补贴，财政贴息等相关收入。

（3）公共建筑 BT 项目：公共建筑项目分为非经营性（如政府行政中心、图书馆、博物馆）和经营性（如体育中心、文化中心）。前者全额财政支付，后者可能获得部分财政补助。

（4）城市轨道 BT 项目：地方政府一般采取三种补助方式，一是财政性经常补助；二是以土养路政策，即将沿线开发收益用来弥补建设和营运亏损；三是专项交通建设基金，用于城市轨道、地铁交通建设资金。

4．加强土地收入收支相关情况分析

目前，地方政府土地出让收入计提基金的种类、比例不同；土地出让支出结构差异很大，土地净收益在各级政府间分配比例也不同。为了合理预估配置土地出让收入对回购款覆盖程度，应要求地方政府提供上述相关资料，并进行详细分析。

5．慎重选择回购主体

地方政府融资平台公司作为回购主体时，需要对其进行尽职调查、资产评估，应尽量与主体评级在 AA 及以上融资平台公司合作。

（二）积极争取投资收益，为回购创新提供空间

投资收益是 BT 项目除施工利润之外最重要的利润来源。投资收益率高低，也会对项目投资公司应对金融市场价格变化能力产生很大影响。同时也为项目进入回购期可能发生的回购方式的改变等造成收益损失留有余地。

在贷款利率较高时，较高的投资收益率可以保证项目公司有条件接受成本相对较高的贷款，保证工程建设期间资金链的安全。项目进入回购期，若政府因自身原因提出改变回购方式，如引入银行采取买断式保理等方式，由银行向项目公司支付回购款，这种模式下，政府及银行会要求项目公司承担一定的费用。项目公司会基于及早回笼资金和避免回购风险的考虑，认可承担相应的费用，牺牲部分投资收益。

因此，在合同中约定一定比例的投资收益极为必要，投资方应尽力向政府说明，只有政府在投资收益上有一定让步时，企业才能为后续的 BT 回购创新留下一定操作空间，达到双方共赢。

（三）明确回购款构成，避免回购金额纠纷

回购款主要由投资成本、投资收益及回购期未支付的回购款产生的利息等部分构成。BT 项目的实施过程中，为避免回购款构成表述不清导致后期计算回购金额与政府产生纠纷的风险，投资方应将回购款各部分构成、计算方式等尽可能在合同中细化，避免利益损失。

1．投资成本

应明确以下方面：工程造价标准（采用概算或预算，建安费用是否下浮）、其他各项工程费用计入投资成本说明及计算依据、费用调整范围及原则、建设期融资利息是否计入投资成本等。

（1）若项目征地拆迁资金计入项目投资成本，则要控制其所占项目总投资成本的比例，且要求该部分费用按年固定收益率计取，同时要求该部分资金年收益率较高，因为该部分投资无施工利润。

（2）若建设期融资利息计入投资成本，一定要考虑融资利息计取标准、计算基数以及计算时间等要素。同时为防止通过股东借款及其他融资方式产生的融资费用无法计取，建议在投资建设合同约定中由地方政府认可投资人实际采用的融资方式，并同意将其产生的融资利息计入投资成本。

2. 投资收益计取一般有固定投资回报及按年计取投资回报两种表现形式，具体如下

（1）固定投资回报形式，即投资收益 = 投资成本 × 固定投资回报率。该计取方式中投资回报率一般以投资成本为基数，以固定的投资回报率为标准计取，与建设期时间长短无关，该计取方式主要适用于建设期限较短，且建设期时间相对固定的投资项目。若项目建设期时间较长，折算下来的年投资收益率将会大幅度降低。

（2）按年计取投资回报形式，即投资收益是以当期累计完成的投资额为基数，按双方约定的投资收益率（一般以银行基准贷款利率上浮一定比例或加点形式进行确定）计算得出的费用，包括建设期投资收益和回购期投资收益。

此种计取方式需要投资方提前确定计算基数，也就是确定当期累计完成的实际投资额，因此建设期需尽快确定基数，对结算资料要求较高，且需采用过程审计方式。

3. 回购期未支付的回购款产生的利息约定

回购期未支付的回购款产生的利息以回购期内地方政府未支付的回购款为基数，以银行基准贷款利率或上浮一定比例为标准进行计算。

4. 回购款涉及的相关税费

（1）项目跟踪前期，投资方应对项目实施过程中可能涉及的税费（尤其是建安工程以外的营业税不容忽略）进行统筹规划，提前根据具体项目情况进行相关税费统计、测算，做好前期税收策划工作。

（2）投资方应提前与政府税务部门沟通，在投资项目相关合同中明确应缴纳的税种、计税依据、税率；了解并争取相关税收优惠政策，如西部大开发所得税减免政策、招商引资税收优惠政策、税费返还政策等。

（3）投资成本中除建安费用以外的其他费用涉及的营业税费尽量争取由政府负责协调免除缴纳，若无法免除，争取由政府承担。

（4）为防范因投资项目移交可能发生的税费重复缴纳问题，尽量争取在投资项目相关合同中对此进行明确，由政府负责协调，若协调未果，该部分税费应由政府承担。

（四）回购支付方式设定

现阶段，大多数 BT 项目回购期及回购方式的选择往往由政府主导，政府为了降低每年承担的债务压力，通常会选择较长的回购期，各期支付比例也是“前低后高”。这对投资建设单位是不利的，一方面较长的回购期给继续投资其他项目带来很大的资金压力；另一方面回购前期支付比例低，政府往往意识不到该项债务所带来的压力；后期支付比例上升时，又因没有合理安排预算支出很可能造成逾期。

因此，在前期谈判中要尽最大努力争取主动权，尽可能压缩回购期限，争取控制在自回购起付之日起三年内，且建设期和回购期之和不超过五年。同时，选择“前紧后松”支付方式，即在回购前期支付比例大，回购后期支付比例小，并在相关合同中明确约定各笔回购款的支付比例与时间。若 BT 项目是按子项目建设，则应按子项目回购。

1. 支付时点设置

（1）按年度投资对应回购款支付。按照年度投资支付对应的回购款一般属于滚动回购，即第一年完成的投资对应的回购款在项目开工之日起满 n 年后 1 个月内支付，第二年完成的投资对应的回购款在项目开工之日起满 n+1 年后 1 个月内支付，以此类推。该支付方式一般适用于建设期时间较长的投资项目，如 H 集团 LQ 公司实施的 WQ 项目。

（2）分阶段按比例支付。分阶段按比例支付项目回购款一般约定自项目完工之日起分 n 年 n 次或 n+1 次支付完成。该支付方式一般适用于建设期时间较短的投资项目，如 LQ 公司实施的 X 市 FW 西安沣渭新区项目。

（3）按子项目支付。按单个子项目投资完成额进行支付，一般适用于总体时间跨度较长，单个项目工期较短的多个子项目滚动开发。

在合同谈判中，投资方应尽力争取按照第一种方式设置支付时点，尽早进入项目回购期。

2. 回购款起付日期

（1）交、竣工验收之日，目前普遍实施的情况是，公路工程 BT 投资项目回购起付日期以交工日期为准，市政工程以及房建工程 BT 投资项目回购起付日期以竣工日期为准。

（2）合同约定的特定日期。在合同谈判中，投资方应尽可能提前回购款起付日期，尽早进入项目回购期。

（五）担保措施的有效约定

政府为消除投资方对回购风险的顾虑，会向投资人提供不同名义的回购担保。BT 项目回购保障是项目顺利进行的关键，也是风险控制点，能够在政府违约时保障公司利益。

目前，常见的担保物有：土地使用权、海域使用权等准物权、土地使用权出让金、土地开发权、政府授权公司资产、政府持有的企业股权等。按照回购保障方式效力从强到弱，分为以下三类（见表 2）：

表 2 常见回购担保方式分类

序号	种类	回购保障方式	效力
1	一类	国有金融机构出具银行保函担保	强
		具有法律效力、可以变现、得到银行承认的实物担保	
		归属合法的专项规费收入质押担保	
		有权属的国有土地担保	
2	二类	商业银行、上市公司股权担保	较强
3	三类	担保公司、地方企业股权担保	一般
		地方企业连带责任担保	
		储备中心已规划的商业或居住用地保障	

回购保障方式分类中：一类回购保障方式效力强，一般政府提供意愿稍差；二类和三类回购保障方式效力较一类弱，目前政府所能提供的回购保障多属三类，效力一般。

目前，政府提供的可变现的回购保障较少，可行做法是，公司采取措施，增强回购保障效力。

1. 可采用的回购保障方式

公司目前可采用的回购保障方式主要包括：第一，商业银行、上市公司股权担保；第二，担保公司、地方企业股权担保；第三，地方企业连带责任担保；第四，已规划的商业或居住用地保障。

2. 增强回购保障效力的措施

（1）对于可采用的第一种至第三种回购保障方式，公司需要对第三方公司和股权质押公司进行法律尽职调查、资产评估和过程评估，确保上述公司具有一定实力和持续经营能力，确认无重复质押抵押状况、无其他法律纠纷责任等。

（2）对于可采用的第四种回购保障方式，公司需要聘请评估机构对土地进行估值，保证后期土地出让收益有效覆盖回购款。

综上所述，地方政府能够提供的回购保障有限，仅仅是政府出现违约情况下的保障条件，且变现较困难。BT 项目的回购能力应更加关注地方财政收入和社会经济发展预期。

（六）争取有力的违约罚则

投资建设合同中对政府逾期支付回购款的赔偿约定是保证投资利益不受损失或最大程度降低损失的重要法律保障。政府违约主要包括逾期支付回购款、征地拆迁进度滞后、擅自终止合同、单方调整重大方案、不履行或不完全履行合同项下的其他义务等。

1. 政府违约补偿方式

出现政府违约情形，补偿方式主要有工期补偿、合理的费用补偿（包括投融资增加的费用、停窝工费用、增加的管理费等费用）以及支付违约金等。

2. 政府违约金额

政府违约金金额条款设置方面，目前有两种计算方式：一种是违约金按每日逾期金额乘以一定比例计算，比例一般在万分之二至万分之五之间（具体比例按照双方谈判结果确定）；另一种是违约金按逾期金额乘以同期同类银行贷款利率上浮一定比例为标准计算。

违约金具体标准和计算方式，应根据谈判情况灵活确定，可设定一定时间的宽限期，也可设置一定的时间梯度，随着逾期支付时间的延长，增加违约金比例。梯度计算违约金的方式随时间的推移增加了政府方违约成本，能够更加有效保护投资方合法权益，使 BT 项目实施的风险有限和可控。违约赔偿措施越严厉，违约赔偿金越高，对政府的逾期压力越大。政府惮于高额的罚息，在资金压力较大的情况下，会积极寻求其他的回购途径。

表 3 选取了 4 个 H 集团已实施的项目，对其中有关违约罚则的不同约定及其违约惩罚力度进行比较。

表 3 H 集团已实施项目违约罚则比较

	项目 1	项目 2	项目 3	项目 4
逾期支付违约罚则	按照逾期金额 × 同期银行逾期还款利率计算（折算年利率为 6.39%）	延期回购时违约金为每日万分之三（折算年利率为 10.95%）	逾期 120 天以上，自超过之日按同期同类银行利率 2 倍计算（折算年利率为 12.78%）	延期回购时违约金为每日万分之五（折算年利率为 18.25%）
高于基准利率（以 1~3 年期基准利率 6.15% 为例）	0.24%	4.80%	6.63%	12.10%
违约惩罚力度	较弱	较强	强	很强

在实际情况中，项目3中当地政府由于财政紧张等因素，也确实存在逾期付款的可能，但考虑由此产生的高额罚息逾期代价太大。因此，当地政府积极配合项目公司，与金融机构进行合作，采用其他回购方式，按约履行回购义务，避免了违约情况的发生。

四、拓展融资思路，保障资金供给

第一章已提到，政府财政资金跟不上基础设施建设需求，同时企业能够提供充足的资金支持是BT项目得到大力发展的根本原因。若一旦BT项目投资方无法保障资金的及时供给，将会对BT项目的回购产生诸多不良影响：一是影响工程正常开展，致使进入回购期时间推迟。从时间上延长了项目资金回收期，从成本上也由于还款时间随回购时间而推迟，增加了已有融资所需支付的资金成本，从而降低了项目的内部报酬率。二是政府与投资方的信任程度对回购顺利与否有着举足轻重的作用，融资的阻滞会使政府对投资方的投融资能力产生怀疑，从而对回购款的顺利收回与后续项目的开发产生一定影响。

因此，有力的资金融通对BT项目回购工作开展至关重要。当前，BT项目建设最主要的融资方式仍然是传统的银行借款，但由于BT项目资金需求量大，单一融资方式有可能无法满足在较低成本下取得全部银行借款的需求；另外，银行借款的增加也随之带来了资产负债率的上升。为此，投资方会在成本可接受范围内进行多元化融资探索，以下是除银行借款外投资方可采用的几种主要融资方式：

（一）债券融资

主要包括企业债、公司债、短期融资券、超短期融资券、中期票据等方式，具有利率较低的特点，且投资方可根据对债务期限的要求选择发行不同类别的债券（各类别债券区别在此不详述）。但一般情况下，为取得较低的融资成本，一般由评级较高的母公司作为发行主体进行融资，BT项目公司实施可能性较小。

（二）资产证券化（ABS）

资产证券化不仅可用于BT项目后期回购，同样也是投资方融资手段：将已有的应收账款（包括但不仅限于BT项目回购款）出售给SPV，构建资产池，并作为有价证券出售，获得资金用于其他项目建设。但由于成本较高，手续复杂，投资方对该方式一般很少使用。

（三）应收账款保理

应收账款保理同样可作为BT项目在建设期筹资手段。与作为BT项目回购手段有所不同的是，为保证风险转移，应收账款保理在应用于回购时投资方一般选择无追索权的保理，而作为项目建设期融资则不需要一定满足无追索权的要求：在前期利用投入的项目资本金完成一定量投资后，投资方可使政府根据完成的投资量提前确认一部分回购金额，通过含追索权的保理进行资金融通，并在回购款到期后归还资金。该方式优点是成本较低，可以尽快筹措资金；缺点是需根据政府确认的投资额进行融资，融资期限和规模受限制。

（四）银行承兑汇票

银行承兑汇票是由在承兑银行开立存款账户的存款人出票，向开户银行申请并经银行审查同意承兑的，保证在指定日期无条件支付确定的金额给收款人或持票人的商业汇票。由于BT项目的投资人通常以不同主体承担投资和施工任务，因此，可由BT项目公司作为出票人，BT项目施工方（与项目公司不属于同一法人）作为收票人，委托银行开出承兑汇票，施工方收到汇票后，至银行贴现，取得相应数额的资金。银行承兑汇票贴现的优势是手续便捷；缺点一是期限短（不能超过6

个月）；二是除了贴现费加上汇票开出的手续费，综合成本高于同期银行贷款；三是需要真实的贸易行为（要求发票、货物的真实转移等）。

（五）信用证

信用证是指开证行依照申请人的申请开出的，凭符合信用证条款的单据支付的付款承诺（流程见图2）。该方式的优点是使用快捷，资金成本低，开立时不受银行信贷规模限制，手续相对便捷，且作为或有负债，不增加资产负债率；缺点在于期限较短（开证期限不超过180天，延期付款不超过180天），且同样要求必须有真实的贸易行为。

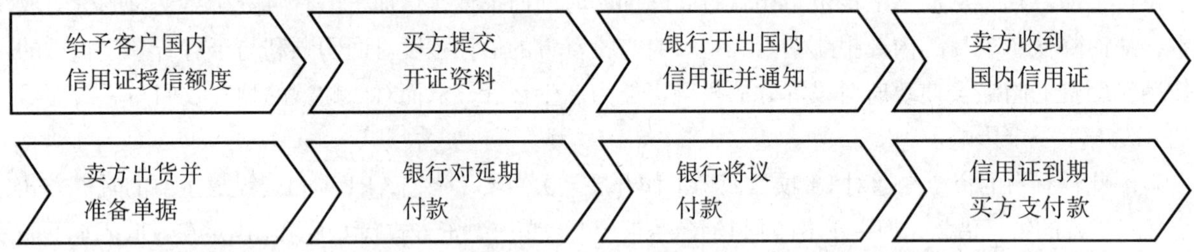

图2 信用证办理流程

（六）融资租赁

融资租赁是指出租人根据承租人对供货人和租赁标的物的选择，由出租人向供货人购买租赁标的物，然后租给承租人使用。融资租赁可以减轻投资方一次性资金投入压力，在能产生足额现金流的前提下，相当于获得中长期贷款支持。

（七）产业基金

由金融机构和投资方共同组建有限合伙基金，以股权或债权形式投资于项目公司（仅要求固定收益），投资平台公司到期回购基金所持有的项目公司股份。有限合伙基金的组建有多种形式，图3是较为常见的一种。该方式优点在于投资方可运用小额资金撬动大额的资金，并可根据自身对成本和负债率等方面的需求选择债权或股权的融资形式；缺点是涉及机构较多，流程复杂，成本较高。

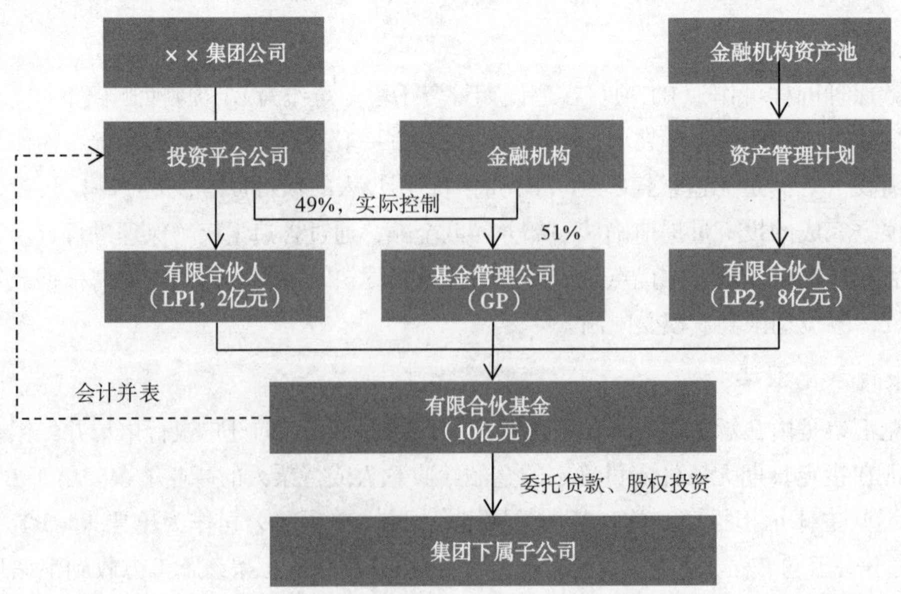

图3 产业基金融资模式流程（以10亿元为例）

（八）直接股权融资

引入有意向的金融机构（如保险、私募等），使其作为股东对 BT 项目公司进行资本性投入，并约定在一定期限内由投资方对股权按照约定价格进行回购。该方式的优点一是可以减少投资方需投入的资本金；二是股权融资后，一般情况下投资方由于股权比例较小会变为 BT 项目公司名义上的小股东，但同时可具备 BT 项目公司的实际控制权，从而可根据自身需求与审计的要求，选择是否将 BT 项目纳入公司合并报表范围，达到不升高甚至降低资产负债率的目的。缺点在于一是成本较高；二是说服政府确信金融机构对 BT 项目公司的股权投资仅仅为一种融资手段，不改变投资方作为投资主体的事实比较困难。

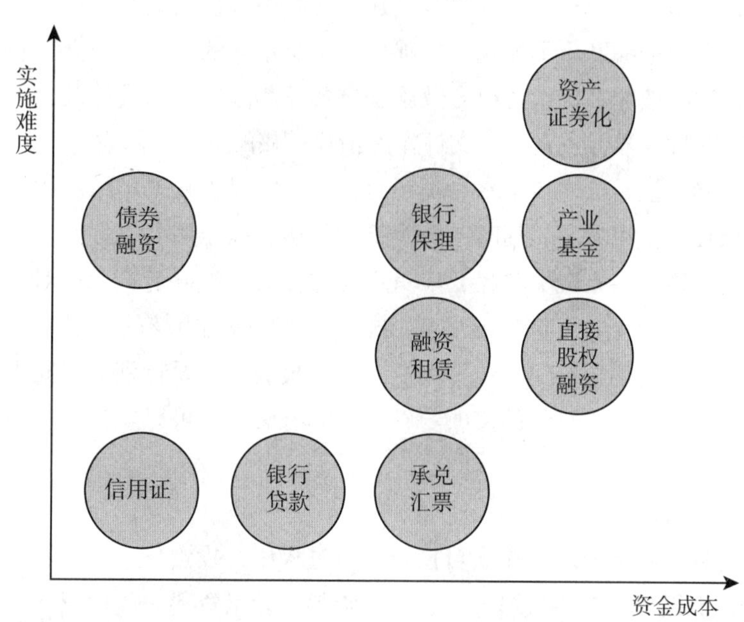

图 4 几种 BT 项目融资方式成本与难度对比

不同融资方式有不同优缺点，在项目实施过程中应根据投资方实际情况和具体需要进行分析选择，图 4 对上述几种融资方式的资金成本和实施难度进行了粗略对比。

五、抓好工程建设履约，做好回购基础工作

（一）工程建设良好履约，为回购工作打好基础

在项目投资建设过程中，要学会换位思考，明确投资建设方与政府的权利与义务。

从政府角度来讲，一项质量、工期、安全、施工形象以及社会和经济效益均有良好评价的工程，是其希望看到的。从已实施项目经验看，取得政府的认可，会对项目顺利回购起到举足轻重的作用。从投资建设方角度分析，认真履约，保质保量完成工程任务，建设优质工程，树立良好的企业形象，也是其应尽义务。

因此，投资建设方应努力实现“优质工程”、“文明施工单位”、“示范工地”等目标，在为自身赢得良好口碑的同时，进一步获得政府好感，这样对项目回购和后续合作都有极大作用。

（二）做好项目造价管理，确保投资收益不受损失

BT 项目造价管理是实现投资收益的关键。造价管理主要包括通过概预算编制来控制工程造价、工程价款结算、工程变更和索赔、回购审计等方面。

1. 概预算编制

项目概预算编制、审核工作是公司实现投资收益的关键，也是较大风险点，应高度重视。

（1）估（概）算编制。投资方要尽早介入项目前期设计工作。对于投资方内部设计单位，投资方应与设计单位仔细沟通，在设计方案中体现投资方想法；对于外部设计单位，投资方应聘请相关专家对设计方案及估（概）算进行审核，力争将公司意见纳入项目设计方案中，确保项目方案先进可行，特别是项目估（概）算水平合理，为后续预算编制及设计变更留下充足的空间。

（2）预算编制、审核。目前公司在预算编制上采用费率招标，项目具备投资建设条件后，由公司编制预算，政府审批通过后作为项目计量结算的依据。

①确定合理单价。由于采用费率招标，投资建设合同中仅仅明确了预算编制原则。但是，不同的施工方案和设备组合根据编制原则编制出的项目单价是不同的。项目预算编制部门和施工组织设计编制部门应加强沟通，按照最优设备组合及施工方案编制施工组织设计及专项技术方案，并按规定程序报监理及政府审批，取得正式批复文件作为预算审核的支持资料。

②分项目类型明确关注重点。对于水利类项目，根据临时工程据实结算的特点，应重点在项目施工组织设计中就项目导截流方案、临时道路、临时住房、高压用电等方面重点论述，作为该部分费用审核的依据；对于市政、景观类项目，应重点关注临时设施、措施费；对于项目基坑开挖、降水、防护、支撑架等辅助工程要编制专项方案并报批，作为费用审核的依据。

③加强与预算审批部门沟通。项目预算编制完成上报之后，要特别重视同审批部门的沟通，及时收集审批部门反馈意见，完成资料的修改与补充。如有必要，可以适当采用拖延战术，为沟通关系及准备资料争取时间。

2. 计量、结算及审计

（1）注重基础资料的收集整理。在项目投资建设过程中，投资方应高度重视各项基础资料的收集整理，包括项目开工报告、施工组织设计、测量资料、计量资料、质检资料等。特别要重视项目预算审批、进度计量资料、竣工决算等资料的对应与联系，逐步形成完整证据链，完善项目回购款支持资料，为项目回购审计工作打好基础。

（2）注重对上结算工作。由于 BT 项目最终的回购方是政府，因而在 BT 项目投资建设过程中虽然由投资方自行筹集建设资金，过程进度付款也由投资方完成，但仍应高度重视进度计量工作。确保每月完成进度计量、结算工作，并取得监理、政府代表的签认；每月完成对上计量结算之后方可启动工程款支付程序，为项目竣工决算积累资料。

（3）重视变更、索赔项目的管理。投资方应高度重视项目投资建设过程中的变更及索赔。变更批准程序必须完善，且符合国家相关规定；工程量签证等过程资料要取得监理、政府的签认，以作为项目决算依据。

在上报过程变更、索赔项目时，可在工程量、单价等方面有一定的富裕度，利用索赔费用的让步达成变更项目费用的顺利审批。

（4）注重投资收益计算依据的收集。项目与银行签订的贷款合同中的贷款利率是投资方投资收益计算的依据，因而在项目贷款合同签订前要及时与政府沟通，尽量取得政府书面认可文件，为项目回购款审计积累资料。

（三）借鉴和学习已完建项目的成功经验

由于缺乏国家层面的法律法规，导致各个地方 BT 模式具体的实施方式上也存在着很大的差异，很多地方 BT 模式也是在探索和摸索中进行。他山之石，可以攻玉。投资者不仅自身要加强不同区域项目间的交流和学习，更要主动为项目当地政府创造条件和机会，邀请其到已成功实施的项目参观、交流，了解项目建设过程履约、回购等各个环节的工作，以提高地方政府对 BT 项目整体的认识，特别是加强其项目回购的重视程度。

六、寻找利益共同点，探索 BT 回购措施

项目进入回购期后，所有前期、建设期开展的工作如与政府、金融机构等建立的沟通渠道，所掌握的政府财政信息、宏观经济政策等，都应服务于这一阶段。同时，要进一步扩展工作思路，从各个方面分析项目回购面临的问题和风险。

（一）加强沟通交流，重视高层对接

在项目回购过程中，应切实强化高端沟通能力，与政府建立互信互利的合作关系，主动与政府特别是对回购工作具有重要影响的负责人建立密切的联系，通过真诚的态度取得政府信任，为 BT 项目回购创新的开展打好基础。

（二）提升员工综合素质，关注金融市场动向

随着 BT 项目不断增多，面临的问题更加复杂化、多样化，这对投资方的知识水平、业务能力提出了更多更高的要求。对于企业员工应在对 BT、BOT 等各项业务进行深入了解的同时，注重对宏观经济、法律、金融知识的学习，全面提升自身综合素质，尤其是，关注国家财政货币政策的动向，注意活学活用所学知识，增强分析问题、解决问题的能力。另外，随着金融市场的不断发展，特别是国家针对 BT 项目制定了许多限制性的宏观政策措施，这也反过来促进了金融机构不断创新符合 BT 项目法规、政策的金融业务模式，这也为投资方寻求非常规的回购方式提供了条件。因此，投资方加强与银行、信托、保险、基金等金融机构的沟通，了解和掌握更多金融创新产品，为回购方式的创新提供理论依据。

（三）衡量资金效益，选择最优回购方式

第三章已提到，BT 项目回购创新的意义在于降低政府违约风险，提高资金效益。但是，资金效益的提高并不是绝对的，对于部分 BT 项目而言，采用创新的回购方式并不一定能够获得比常规模式回购资金更高的效益：在政府有可能违约情况下进行 BT 回购创新，一方面可以及时收回资金，减少资金沉淀；但另一方面也放弃了高利率的违约金（回购风险暂不考虑）。在回购款到期前且政府无违约迹象情况下进行 BT 回购创新，一方面可以提前收回资金，将资金运用到其他项目；但另一方面也会放弃剩余回购期间计取的投资收益，以及承担 BT 回购创新的一部分费用。因此，BT 项目回购不能为创新而创新，在进行 BT 回购创新决策前，投资方应建立相应的现金流模型，充分考虑时间价值，分别测算其资金效益，根据测算结果，综合考虑风险、公司战略等因素后进行决策，选取最优回购方式进行操作。

（四）主动创造条件，找准利益共同点

合作方均有利益共同点是一切合作成功的基础。一旦有 BT 回购创新意向并进行经济效益判断后，投资方即应提前谋划，主动出击，引入银行、信托等金融机构，想政府之所想，积极为政府出谋划策，向政府灌输先进的经管、金融理念的同时，找到投资方、政府、金融机构三方的利益共同点，引导政府接受回购方式的创新，通过各类 BT 回购方式的开展，实现 BT 项目投资运转的持续改进。

第五章　BT项目回购方式创新的理论依据

一、解放思想，用变化的思维看待和解决问题

辩证唯物主义认为：当量的积累达到一定程度时，就会产生质的飞跃。辩证唯物主义又认为：当物质的排列顺序发生变化的时候，也会引起质的飞跃。受惯性思维的影响，人们常常重视第一种情况（关注量变到质变这一过程），忽视第二种情况。

比如，BT项目回购款的回收，在常规模式下，投资方需一遍遍上门催要回购款，找区长、找市长、找书记，跑得越勤，收回的钱越多，这叫从量变到质变。而采用信托、保理等技术手段，绕开从量变到质变这一过程，属于质变的第二种情形，实际上是将融资手段转化成回购手段，是财务管理职能在回购工作中的具体应用。比起常规的上门催收模式，达到事半功倍的效果。

因此，解放思想，就是要克服惯性思维的影响。只有这样，才能使财务管理职能得到淋漓尽致的发挥，才能帮助我们破解一个又一个难题，推动企业健康成长。

二、一切从实际出发，具体问题具体分析

矛盾的普遍和特殊性原理告诉我们：不同事物的矛盾具有不同特点，同一事物的矛盾在不同发展阶段各有不同的特点；事物矛盾的双方各有其特点。这就要求我们想问题、办事情必须坚持具体问题具体分析。同样是BT投资项目，在不同区域开展，会有其单独特征，具体实施中也面临不一样的问题。

同样的融资、回购方式，可以用来借鉴，但由于所处金融环境、政府实际情况不同，不可能实现简单的复制。如政府因资金方面的原因，有可能逾期回购，在此情形下，通过引入银行采用买断式保理，转换回购方式，顺利实现回购。

反之，如果没有迹象表明政府未来的回购存在风险，原有的回购方式不存在问题，但投资方基于尽早回笼资金、降低资金成本的需要，希望通过改变回购方式提前回购。完全照搬是不可能的，主观意愿与客观条件缺一不可。这就需要从对方（政府）实际考虑问题、分析问题，找到各方的利益共同点，力求实现互利共赢。

因此，面对不同的项目环境和条件，必须区别对待，找寻其特殊性和普遍性，具体问题具体分析，这样才能找到不同的出路，才能促进BT回购方式的不断创新。

第六章　案例分析

案例一：S市地铁N号线BT项目

S市轨道交通三期工程N号线工程是联系区内主要组团之间居住区与就业区的局域线。线路全长约30.173km，均为地下线；设车站28座，其中换乘站11座，平均站间距1.09km，最小站间距580m；新建某车辆段及某停车场；设置3座主变电所。本线初、近、远期高峰小时断面客流量分别为2.59万人次/小时、3.78万人次/小时和4.07万人次/小时；初、近、远期均采用最高速度为80km/h的A型车，6辆编组的运营组织方案；系统最大设计能力为30对/小时。

该项目总投资约241亿元，其中BT范围内工程总投资额暂定价为168.53亿元，总计划工期55个月，全长30.173km。项目于2012年2月27日至3月5日在S市建设工程交易服务中心发布招标公告。H股份公司于2012年5月中标该工程，于2012年6月26日与S市地铁集团有限公司签订合同协议书。

项目于2012年10月23日正式开工，计划2015年2月28日全线“洞通”，2015年12月30日全线35kV“电通”，2016年7月31日竣工交验和“三权”移交，2016年12月30日开通试运营。

为顺利实施该BT项目，H股份公司出资10亿元，于2012年9月注册成立NF项目公司，负责该项目的投融资与建设管理；同时成立了S市地铁N号线项目建设指挥部作为H股份公司派出的项目管理机构，全面负责该项目建设期的各项管理工作，指挥、协调、监督各标段施工单位。

项目招投标及履约运行以来，项目始终以诚信良好履约为目标，各项工作推进顺利。

按照原合同条款，该项目首次合同价款支付时间预计为2015年3月，支付至第一阶段工程费用验工计价总额的85%。实际的执行情况是，2013年4月，地铁公司与H股份公司签署了BT合同补充协议，在原“合同价款支付方式及支付条件”基础上，增加了2013年度和2014年度两个支付节点，截至2014年第一季度末，累计已收到政府支付工程价款及融资费用补偿资金35亿元，截至2013年末的验工计价款（扣除质保金）已全部到位，项目投资风险整体可控，合同价款回收情况及预期情况良好。同时，地铁公司还以委托贷款方式向H股份公司发放2年期委托贷款25亿元。

补充协议和委托贷款协议的签订和实施，是BT项目回购方式的创新，实现了合同双方共赢。对于地铁集团而言，有效利用了2013年的融资规模和资金存量，为后续合同价款的支付腾出了空间，化解了部分集中支付资金风险；对于H股份公司而言，提前回收了部分合同价款，规避了BT项目部分回购风险。该项回购方式的转变成功，缘于H股份公司抓紧做好项目前期筹划、项目实施和资金回收三个关键环节工作。具体经验如下：

一、协议签订和执行情况

（一）补充协议书的签订情况和执行情况

2013年4月，为了有效防范BT项目可能存在的集中融资和集中支付风险，经S市政府批准，经双方协商同意，地铁集团与H股份公司签署了《S市城市轨道交通N号线BT项目合同补充协议书——分期支付BT项目工程款》。双方一致同意对BT项目工程款按进度分期支付，在BT合同“合同价款支付方式及支付条件”基础上，增加2013年度和2014年度两个支付节点，其中2013年度支付从施工开工日至2013年3月31日验工计价结果的95%（剩余5%为质保金）；2014年度支付从2013年4月1日至2014年3月31日验工计价结果的95%（剩余5%为质保金）；剩余合同价款支付仍按原合同执行。

补充协议签订后，NF公司分别在2013年4月、2014年1月和2014年2月收到政府支付工程结算价款共计35.06亿元（含按暂定方法计算的融资费用），其中2013年支付6.08亿元，2014年支付28.98亿元，即截至2013年度末的开工累计工程结算款（扣除5%质保金）全部收回，实现了已确认合同价款的全部提前回收。

（二）委托贷款协议的签订和执行情况

及时收回应收账款的同时，在H股份公司有关领导及资金管理部、法律事务部的大力支持下，NF公司充分利用2013年S市地铁集团资金充裕的有利条件，加强与地铁集团的沟通并达成一致意见，创新资金支付渠道和方式，2013年4月，地铁公司以委托贷款方式委托G银行向H股份公司发放贷款25亿元整。

合同主要条款：

（1）借款人（甲方）：H股份公司。

（2）委托贷款人（乙方）：S 市地铁集团。

（3）代理人（丙方）：G 银行。

（4）经办行：G 银行 S 市分行。

（5）借款金额：乙方委托丙方向甲方发放贷款（币种）人民币（金额大写）贰拾伍亿元整。

（6）借款用途：甲方应将借款用于轨道交通 BT 建设等基础设施。甲方保证该用途符合国家有关法律、法规、规章和政策。未经乙方同意并书面通知丙方，甲方不得改变借款用途。

（7）借款期限：约定借款期限为 2 年，即从 2013 年 4 月起至 2015 年 4 月。

（8）贷款利率、计息与结息：本合同项下委托贷款利率为中国人民银行规定的同期（1~3 年期）金融机构人民币贷款基准利率。借款期内，基准利率每年 1 月 1 日按中国人民银行规定的同期金融机构贷款基准利率调整一次。本合同项下委托贷款的计、结息方式为按年计息，贷款期间每年 4 月结息。

（9）贷款担保：H 股份有限公司为本贷款出具到期还款承诺函。

（10）还款转付：甲方的所有还款原则上均应通过丙方向乙方归还，而不应直接还给乙方。丙方收到甲方还款，应及时通知乙方。若甲方乙方协商一致，可以通过签署补充协议方式，将委托贷款抵销乙方应付给甲方的 BT 项目工程款。

（11）提前还款：在乙方应付甲方的 S 市地铁 N 号线 BT 项目工程费用支付到位的前提下，乙方可要求甲方提前还款。乙方发放贷款后，根据自身资金需要，经甲乙双方协商一致，可提前七天通知甲方提前还款。甲方应按乙方通知要求提前偿还部分或全部委托贷款本金。

（12）合同谈判情况。收到地铁公司委托贷款意向和谈判协商邀请后，NF 公司领导第一时间向 H 股份公司做了汇报，并邀请 H 股份公司资金部、法律部领导赴 S 市提供专业指导，一起会商，组成谈判小组与地铁公司开展谈判。协商过程中，主要针对贷款用途、担保方式、提前还款等实质操作层面表达 NF 公司立场。NF 公司提到基于 NF 公司借款方的两个需要充分考虑的问题，一是要不影响 NF 公司的银团贷款组团（当时银团贷款合同正在谈判）；二是要能够不受限制地由总部集中调剂使用。

就地铁公司合同草稿第二条关于借款用途："用于轨道交通 BT 建设等相关工程"，建议将使用范围适当放宽，例如 H 股份公司经营范围内的相关工程建设。当然这个以不影响委托贷款政策要求为前提，NF 公司只要实质上能不受限制地调剂使用资金。最后合同条款采用"用于轨道交通 BT 建设等基础设施"，基本涵盖了 H 股份公司除轨道交通 BT 外的其他基础设施建设项目。

第六条关于贷款担保："以甲方为乙方所承建的 BT 工程项目应收款为担保。"因为 NF 公司的银团贷款担保方式是"应收账款质押"，这样同一笔应收账款会形成两次担保，将导致两份合同均违约，明显行不通。为了不影响银团贷款的组建，NF 公司建议将委托贷款的担保方式修改为信用担保，例如：H 股份公司出具按期还款承诺函等方式，否则会影响 NF 公司的银团组建。经过协商最后担保方式采用了 H 股份公司为本贷款出具到期还款承诺函。

第七条之五：提前还款："乙方可要求甲方提前还款"，NF 公司建议不管甲方要求提前还款，还是乙方要求提前还款，均在协商一致前提下解决。

另外，NF 公司的考量是委托贷款合同中的相关条款尽量与 BT 合同不挂钩，委托贷款虽然是基于 N 号线 BT 项目而产生的经济行为，但尽量做成单独意义上的委托贷款，BT 合同对委托贷款的还款保障的能力仅停留在口头和实质上，而不体现在合同条款上（将来的还款实质上也是需要别的资金偿还的，BT 合同价款支付到账后将被用于偿还银团贷款，银团贷款作为固定资产贷款在还款监管上很严格）。

经过对委贷合同仔细的推演和耐心细致的协商，合同最终条款基本体现了 H 集团相关利益，本次委托贷款合同的签订既为N号线BT项目工程款的回收提供了保障，也为H股份公司资金池注入了大量资金。

（13）执行情况。委托贷款协议签订后，地铁集团于2013年4月按期将25亿元委托贷款资金汇入H股份公司在G银行S市分行开立的账户。2013年10月，应地铁公司要求，H股份公司提前归还了5亿元，目前委托贷款余额为20亿元。

收到资金后，H股份公司通过资金结算中心平台进行内部资金融通，拆借给LQ公司等单位用于基础设施项目建设，同时约定资金优先用于NF公司母公司——TL公司所管辖的项目资金需求，若TL公司有资金需求，提前一个月告知对方。

二、市场的正确选择是后期回购资金及时足额到位的前提

市场的选择和合同条款设计具有不可逆转的特点。在BT项目选择上，需高度重视项目所在地政府及业主单位经济实力和诚信度。H股份公司对于S市市场及地铁N号线项目的选择成功，主要体现在以下方面：

（一）S市社会经济发展状况国内领先，投资环境良好

S市作为经济特区和我国改革开放的前沿城市，经过30多年的建设，已发展成为一个初具规模的现代化城市，综合实力跃居全国大中城市前列。《珠江三角洲地区改革发展规划纲要（2008~2020年）》从国家层面赋予S市国家综合配套改革试验区、全国经济中心城市、中国特色社会主义示范城市、国家创新型城市和国际化城市的战略地位。《S市城市总体规划（2007～2020）》从三个层次设定规划城市发展的总体目标是改革开放的先锋城市、中国特色的国际性城市、与香港和珠三角共建世界级都市区。

2013年，全市常住人口1062.89万人，建成区面积871.19平方公里。根据S市政府发布的《S市2013年国民经济和社会发展统计公报》，初步核算，全年本地生产总值14500.23亿元，比上年（下同）增长10.5%。经济总量超过万亿。人均生产总值136947元/人，增长9.6%，按2013年平均汇率折算为22112美元。2013年，完成地方财政一般预算收入1731.26亿元，增长16.8%。其中各项税收收入1498.40亿元，增长12.7%。公共财政预算支出1690.20亿元，增长7.7%。其中，教育支出280.99亿元，增长14.2%；文化体育与传媒支出32.69亿元，减少0.5%；医疗卫生支出105.61亿元，增长0.3%；一般公共服务支出148.03亿元，增长3.2%。2013年，全年完成固定资产投资额2501.01亿元，比上年增长14.0%。其中，房地产开发项目投资887.71亿元，增长20.5%；非房地产开发项目投资1613.30亿元，增长10.7%。

（二）S市轨道交通发展国内领先，既有线路和后期规划均成规模，是优质的地铁项目投资城市

2030年之前，S市总共规划建设16条轨道交通线，总长585公里，设站357座。其中组团快线4条、干线6条、局域线6条，2014~2020年新建4号线北延段及6、8、10、12号线；2030年前建成所有16条轨道交通线。为增强S市与周边城市的联系，以增强S市的辐射力，另规划建设其他四条珠三角城际轨道线。

S市轨道交通一期、二期工程的1、2、3、4、5号线于2011年6月30日前全部建成并开通运营，形成约178公里初期轨道交通线网，但已建成的轨道交通仅仅覆盖主要“轴带组团”中的发展轴和部分城市中心，一些城市副中心、组团中心和密集建成区均未被轨道交通覆盖，难以满足城市

发展的需要。S 市政府根据国办发〔2003〕81 号文的有关精神，在已有城市总体规划、整体交通规划以及轨道交通远期线网规划的基础上制定了 S 市轨道交通近期建设规划（2011 ~ 2020 年），即 S 市轨道交通三期工程。

三期工程共建设 8 条（段）线路，长约 254 公里，总投资约 1882 亿元。大致分为 2016 年前、2016 年后两阶段进行建设。

（三）“地铁 + 物业”投融资模式创新，使地铁建设资金来源有了保障

“地铁 + 物业”投融资模式是在政府政策支持下，将地铁企业优化规划出的上盖物业和沿线白地开发资源，通过合法程序赋予地铁企业开发权，由地铁企业进行市场化运作，实现地铁沿线巨大的外部效益的部分内部化，由此构建地铁企业盈利模式，并以此支持构建并实施市场化运作的投融资模式。即通过政府注入配套融资资源（土地），S 市地铁集团经市场化融资解决地铁建设资金，再通过土地资源开发收益偿还借款。

2009 年底前，S 市政府主要通过财政拨款形式支持地铁工程建设资金。为确保能够有足够土地资源及建设资金支持地铁建设，实现 S 市轨道交通建设可持续发展，着力开展“地铁 + 物业”投融资体制改革，从 S 市地铁二期开始探索实践新模式，并在前海车辆段等尝试实践，4 号线采用 BOT 模式，5 号线采用 BT 模式。S 市地铁三期工程全面实行“地铁 + 物业”投融资模式。三期工程包含 5 条线路，目前开工建设的 3 条线路总投资 997 亿元，政府与企业分别负担 50% 投资，政府投资由以前的现金投入改为土地资源投入。

2013 年，市政府已同意将已经招拍挂出让的部分地段物业地价款 40.13 亿元返还给 S 市地铁集团，作为地铁二期建设的项目资本金，既增加了地铁集团的建设经营资金来源，又增大了净资产规模。

（四）业主单位诚信度高、履约意识好、融资能力强是关键

S 市地铁集团有限公司（以下简称地铁集团）成立于 1998 年，是经 S 市人民政府批准成立的市属国有独资企业。地铁集团作为 S 市国有资产监督管理委员会授权经营的国有独资大型企业，是承担 S 市城市轨道交通投融资、建设、运营和国有资产保值增值的独立法人实体；经营范围为城市轨道交通项目的建设运营、开发和综合利用，投资兴办实业、国内商业、物资供销业、经营广告业务以及自有物业管理、轨道交通相关业务设计、咨询及教育培训等。

地铁集团资信良好，主体评级和债项评级均为 AAA 级，项目建设资金筹措渠道丰富，具有较强的融资能力。

地铁三期工程建设全面实施“地铁 + 物业”投融资模式，通过 BT 模式引入大型央企参与建设，由中标央企按照合同规定在 S 市注册成立项目公司，负责 BT 项目的融资及建设地铁，解决土地资源开发变现与地铁建设资金需求时间差问题。为拓宽地铁建设的融资渠道，分散融资风险，节约融资成本，S 市地铁集团积极研究并实施多元化融资策略，突破单一依靠银行信贷融资的局面，在融资工具及渠道上进行了多种创新，开展了融资租赁、中期票据、企业债券等工具的尝试，为 BT 合同价款的及时支付提供了丰富的资金来源。

（1）融资租赁：S 市地铁集团在国内地铁行业中较早开展融资租赁业务，于 2010 年 11 月通过地铁车辆资产等售后回租融入资金 27 亿元。

（2）中期票据：2011 年 11 月成功获得 100 亿元 5 年期中期票据发行额度注册批准，是 S 市建市以来注册中期票据规模最大，也是全国轨道交通系统当年注册规模最大。

（3）企业债券：2013 年 2 月，S 市地铁集团注册发行 100 亿元企业债券获国家发改委审批同意，

是继100亿元中期票据获批发行后S市地铁集团又一个100亿元直接融资品种，也是全国轨道交通系统首次获批的100亿元规模的企业债券。

（4）地价转增注册资本：市政府已同意将已经招拍挂出让的几个地段上盖物业地价款40.13亿元返还给S市地铁集团，作为地铁二期建设的项目资本金，既增加了企业的建设经营资金来源，又增大了净资产规模，为S市地铁集团开展中期票据和企业债券等市场化融资创造了良好条件。

地铁集团成立以来，在工程建设、经营管理和精神文明建设方面取得了一系列好成绩。地铁集团连续多年超额完成市政府下达的工程建设计划，投资控制良好，工程质量优良。其中，S市轨道交通L号线总投资约200.58亿元，是S市首个采用BT建设模式的建设项目，总工期45个月，2011年6月30日开通运行。BT项目按期建成，良好履约，充分体现了S市经济实力和S市地铁集团有限公司的履约能力。

三、H股份公司对项目的重视和支持搭设了平等、互信平台

2011年3月14日，在G省与中央企业战略合作座谈暨签约仪式上，H股份公司与S市政府签订了《合作协议》。《合作协议》达成了S市人民政府积极支持H股份公司参与S市轨道交通、填海造地、水务工程、河道水域治理、城市综合开发、保障性住房等领域的建设和投资的合作意向。此后，H股份公司领导又多次与S市政府有关领导和地铁集团领导会晤，H股份公司高层的重视和支持，为合同谈判和建设过程中相关事项的商谈奠定了良好的合作基础。

委托贷款的成功利用，关键在于H股份公司相关领导的高度重视和大力支持，同意以H股份公司的名义接收地铁集团的委托贷款，并利用资金结算中心，将资金充分利用，从而确保资金不出现闲置，并多次派资金管理部和法律事务部共同参与方案和合同的商谈，从而保障了方案的可行。

四、合同谈判环节的前期筹划、条件争取为后期资金回流奠定了基础

S市地铁N号线BT项目是与其他两条线先后以公开方式组织的招投标，三条线合同条件相当，主要条款均以业主招标书为准。但在合同谈判过程中，NF公司仍然以审慎态度，对包括债权确认方式、支付方式、融资补偿和延期支付违约赔偿、担保等核心条款在内的诸多内容进行了深入细致分析，与业主开展多轮谈判，最终成功签约。N号线BT项目合同的相关主要内容如下：

（一）工程费用（债权）确认方式

该BT项目的工程费用的确认方式为按季度进行验工计价，以经过监理和业主确认的季度验工计价款作为应收账款确认依据。最终的合同价款须经过政府审计。季度验工计价的债权确认方式有力地保障了投资方的债权能得到及时确认。

（二）融资费用的确认方式

该项目以支付融资费用方式补偿投资方为本工程进行融资的资金成本，其计取基数为各期验工计价确认的工程费用，费率按照中国人民银行公布的金融机构人民币同期贷款基准利率。无其他投资回报。

（三）支付方式

该项目按照里程碑阶段支付方式予以支付合同价款，原合同主要的里程碑阶段支付节点共分三个：

第一次支付节点为全线隧道双线贯通完成日期（预计为2015年2月28日），支付至工程费用验工计价总额的85%。

第二次支付节点为全线车站35KV电通日期（预计为2015年12月30日），支付第一阶段工程

费用验工计价总额的 10% 和第二阶段工程费用验工计价总额的 95%。

第三次支付节点为全线开通试运营日期（预计为 2016 年 12 月 30 日），支付第三阶段工程费用验工计价总额的 95%。

融资费用的支付随各期工程价款结算一并支付。

（四）违约条款

若甲方延误支付时间超过 56 天，则视为甲方违约，甲方应按照应支付合同价款的 0.1‰ / 天向乙方支付违约金。

（五）担保措施

本合同条款中无具体担保措施。但是，在合同谈判过程中，H 集团对该项目的担保措施高度重视，极力争取有利条件。经充分沟通和推动，详细分析了 S 市政府“地铁 + 物业”投融资模式的实质就是对项目建设资金投入的政府承诺行为。2011 年 12 月，S 市政府以会议纪要形式对轨道交通三期工程建设资金投融资方案进行明确。

五、精心组织，良好履约，建立互信关系，为建设资金回流创造有利条件

在项目建设过程中，NF 公司以全面诚信履约作为一切工作基础，项目开始就确立了“安全文明、优质按期、绿色环保、科技创新、投资可控、业主满意”的总体目标。一年多来，项目通过对文明施工、安全、质量、进度、验工计价、融资等全方位的精心组织管理，采取有力措施保障施工生产有序，各项工作稳步推进，多次获得市政府和业主单位好评。在地铁集团组织的三期工程建设年度综合考评中，H 股份公司荣获“2013 年度 BT 项目管理优胜单位”称号，并连续三个季度获得安全质量文明施工评比第一名，全线共有 9 个工点被评为 S 市双优文明工地，两个工点获得“G 省房屋市政工程安全生产文明施工示范工地、省 AA 级安全文明标准工地”称号，某片区被确认为创建国家 AAA 级安全文明标准化诚信工地。

项目的诚信履约树立了良好的企业品牌形象，也为合同价款及时足额支付创造了有利条件。

六、加强沟通，充分协商，找准利益共同点，达成回购方式创新和资金及时到位目标

（一）找准项目特点和双方利益共同点

项目实施过程中，S 市地铁三期工程建设存在投资总额大、投资时点密集（三条线的开工时点趋同）、合同价款支付过于集中等特点。对于地铁集团而言，这将存在集中融资压力大、难以正常支付的违约风险；对于 H 集团而言，存在着到期难以按时足额收回合同价款，从而带来回购风险和资金链风险。如何既不损害双方利益，又能采取措施化解风险、确保合同顺利履约成为双方利益共同点。

H 集团认为，S 市项目提前分期支付合同价款和委托贷款的成功操作，取决于寻求兼顾多方利益的可行方案。一方面，地铁集团有化解后期集中支付风险的诉求，在 2013 年融资成本相对较低的时点，通过提前筹资提前支付，在为后期融资腾挪出额度空间的同时，可以有效地降低其建设成本；另一方面，BT 合同中业主支付给投资方的融资费用的利率水平为基准利率，M 号线银团按基准利率签约，虽然会减少部分融资费用补偿和贷款成本的差价收入，但为业主提前支付对投资方的成本并无实质性损失，不但能化解回购风险，而且还能降低项目的融资压力。随着 2013 年 6 月以后金融市场额度的趋紧和融资成本的升高，事实证明提前实现回购对 H 集团来说是一举两得，既化解了回购风险，又降低了融资压力。

（二）与业主的沟通与互动至关重要

N号线项目作为H股份公司目前最大的BT投资项目，从合同谈判环节开始至实施中，NF公司一直高度重视其回购风险。H集团加强与地铁集团有关领导和财务部、资本运作部等部门的沟通联系，及时获知地铁集团在资金运作方面的计划和安排，多次派资金管理部和法律事务部共同参与协商和方案的商讨，与地铁集团开展了充分的、良好的沟通，从而最终促成了补充协议和委托贷款的签订。

（三）项目融资方案充分考虑了业主提前支付的可能性，确保项目利益不受损

该项目的融资采取了组建银团提供固定资产贷款方案。银团从2012年6月BT合同签约后开始正式商谈，至2013年6月正式签约，贷款合同总金额逾100亿元。在主要条件设计上，充分考虑业主提前支付的可能性。首先，在融资产品设计上，考虑实际资金占用时间和业主可能的提前还款，NF公司突破了固定资产贷款一般为中长期贷款的规定，产品结构中搭配了半年期、一年期和1~3年期的产品组合，具体以单笔提款通知明确的时间周期为准，利率按同期利率执行，即半年期产品按半年期同期利率执行，既确保灵活性，也降低了融资成本，在与业主支付方案对接时，确保未产生实质上的利益损失。此外，在银团条款设计中，保留了较为灵活的提前还款机制，为后来地铁集团提前支付资金到位时及时归还银行贷款奠定了基础。

（四）加强与金融机构的沟通，及时了解金融市场动向

NF公司加强与相关金融机构的沟通，除了与在银团合作范围内的银行加强沟通外，还强化与地铁集团有深度合作的相关银行的沟通。在合作银行选择上，亦有意识考虑其与地铁集团的合作关系，为后续两个银团（地铁集团为N号线组建的长期贷款银团和NF公司的BT项目投资银团）可能的背靠背对接做了适当考虑。

七、存在问题及后期努力方向

虽然S市地铁N号线项目目前在回购资金到位方面做了一些工作，取得了较好的成绩，但该项目存在一定的偶然性。S市投资建设市场的规范性、业主较强的合同履约意识、当地政府的财政实力和业主的财务状态以及当地金融市场的活跃度等条件在国内不可多得。此外，上述方案在实施时点上也至关重要，如果金融市场趋紧，方案则未必能够实施。

根据项目的合同基本条件和业主履约情况，NF公司预计该项目的合同价款延期支付可能性相对较小，目前业主已在推进N号线项目银团组建工作，后期回购资金支付预期较好。但基于金融市场的不可预见性，仍然不能绝对排除业主后期存在延期支付的可能性。下一步NF公司拟将继续加强合同履约管理，加强与业主的沟通协商，及时足额确认债权，密切掌握业主资金动态，保障回购资金安全。

随着BT合同模式带动施工总承包业务规模的日益扩大，BT项目的回购风险日趋增加。NF公司计划进一步加强对BT项目投资风险的管控，超前思维，确保投资风险可控。

案例二：CJ快速路BT项目

一、项目概况

CJ快速路BT项目，位于C市，是C市统筹城乡综合配套改革试验区建设的重点交通项目中第一条采用BT方式修建的快速通道。项目概算投资18.81亿元，建设工期3年。线路总长15.681公里，采用标准为：双向四车道一级公路，路基宽度24.5m。

该BT项目采用“投资+施工总承包”的运作模式。2008年12月31日，LQ公司与C市交投签署《投资建设合同》。随后，LQ公司投资设立了CJ公司（持股100%），由其具体负责CJ快速路的投融资建设工作。同时，LQ公司设立了CJ快速路总承包部，负责对该项目的建安部分进行施工总承包。该项目于2009年3月开工建设。

根据《投资建设合同》约定，投资成本与回报分三次支付：项目交工验收日后10日内支付投资总额的65%；1年后10日内支付25%；竣工验收并最终移交，双方就合同价款结算1个月内，根据实际结算的合同价款结清剩余价款。

二、项目执行情况

项目启动之初，CJ项目就实行精细化、标准化管理。提前介入设计、优化施工方案、加强管控力度和严格履约，进一步提升项目管理的精细化和标准化程度；科学组织施工，狠抓工程质量和安全，成立专门的技术攻关小组，千方百计攻克技术难关，确保工程建设进度；同时，CJ项目还十分注重科技创新和技术总结工作，优质高效完成建设任务。

CJ快速路项目投资概算18.81亿元，实际投入项目资本金4.1亿元、银行贷款13亿元。2011年9月22日，CJ快速路项目交工验收，比合同预定工期提前7个月实现通车目标，达到《投资建设合同》约定的回购条件。项目建设的良好履约为回购工作打下了坚实基础。2012年11月，C市审计局最终审计确认CJ项目的投资成本及回报总额20.53亿元。

三、项目回购情况

（一）常规回购方式

根据《投资建设合同》和C市审计局的审计结论，C市交投应向CJ公司支付回购资金20.53亿元，分三次支付：项目交工验收日后10日内支付65%（13.34亿元）；项目交工验收1年后10日内支付25%（5.13亿元）；项目交工验收并最终移交，双方于合同价款结算后1个月内，结清剩余合同价款（2.06亿元）。

（二）常规回购方式转变为股权回购方式

CJ快速路交工验收前一个月，CJ公司以书面函件提示对方准备首笔回购款。C市交投提出，由于当初作为回购款来源的配置土地面临以后大幅升值，C市国土局不能将该匹配的土地在价格不理想的时候出让，因而暂时不能取得收益支付回购款；另外，C市政府了解到，国家财政继续对西部省份的二级负债性收费性公路给予补贴。C市政府为获取CJ路的建设补贴，须将CJ路变更为收费公路，将CJ公司变更为政府平台公司的独资公司，将CJ项目的负债纳入C市交投集团才有望获批建设补贴。因此，希望将LQ公司持有的CJ公司股权转让给C市交投指定的公司——CG公司。约定由C市交投按期支付LQ公司投入的项目资本金和投资回报，银行贷款担保由CG公司承继。

这一变化意味着无法再完全依照原合同执行回购，回购工作陷入僵局。经过项目公司和LQ公司加大与政府、银行之间的沟通，认真进行分析，形成了一致意见：①实施股权转让可以大幅降低回购资金总额（由20.53亿元降低到7.52亿元），减少C市交投资金压力，降低己方回购难度，有利于LQ公司尽快收回投资成本和投资收益，降低风险。②在项目实施过程中，CJ公司共计筹集银行贷款13亿元，H股份公司、LQ公司先后为这些贷款出具过承诺函（类似于担保），股权转让成功之后，担保由CG公司承继。因CG公司持有的CJ公司股权属于优质资产（改为收费公路，纳入C市“五纵一横”公路统一收费系统），银行若继续为CJ公司提供贷款，则可以获取更为持久的利息收入。因此，对于解除投资方担保，应该不会持反对意见。③目前，LQ 公司在 C 市还有跟踪的其他 BT 项目，这次转让有利于维护中央企业与地方政府的良好合作关系，有利于推动地方经济发展。④股权转让涉及国有资产转让，国家政策不明朗，审批手续复杂，审批时间长，可能影响股权转让行为的时效性。因此，必须加快股权转让程序。

达成初步意见后，LQ 公司马上将 CJ 公司改变回购方式情况和存在的利弊向 H 集团公司汇报，并取得了集团公司支持。2011 年 11 月上旬，LQ 公司与 C 市交投草签了《股权转让协议》，约定在 H 股份公司审批通过后生效。随后，按照协议的约定积极催收回购款；同时走股权转让的审批程序。集团公司财务产权部也积极与国资委产权局联系，汇报工作，得到国资委的大力支持。经过大家的共同努力，最终取得了国资委、H 集团、H 股份公司对股权转让的审批认可。2012 年底完成了股权转让的工商变更手续。

（三）股权回购进展

按照《股权转让协议》相关约定，CJ 项目应收回购款 7.52 亿元（含项目资本金及投资回报），截至 2014 年已全部收回。其中：2011 年 11 月收回 5 亿元；2012 年 10 月收回 1.36 亿元；2013 年 12 月收回 1 亿元；2014 年 3 月收回 0.16 亿元。

F 银行 9 亿元贷款已全部转移至 CG 公司名下，A 银行正式来函解除了 H 股份公司和 LQ 公司的担保承诺责任。因 G 银行 3 亿元、K 银行 1 亿元贷款担保承继的审批程序过于复杂，LQ 公司说服 C 市交投通过 CJ 公司直接偿还了贷款。

至此，CJ 项目的投资、建设、移交、回购任务全面结束。

案例三：WQ 新区 BT 项目

一、WQ 新区 BT 项目概况

（一）项目基本情况

2010 年 1 月，H 集团 LQ 公司与 WQ 开发区政府签订 WQ 新区 BT 项目投资建设合同。项目主要内容包括负责完成 WQ 开发区内 35.5 平方公里土地一级开发和 130 万平方米回迁安置房建设，总投资计划约 80 亿元。

该项目采用“投资＋施工总承包”的运作模式。经 H 集团批准，JC 公司于 2010 年 2 月注册成立，代表 H 集团负责该项目的投资建设管理工作。JC 公司由 LQ 公司等七家股东共同出资组建，注册资本金 3 亿元。该项目建安部分由 DE 工程局和 DT 工程局施工总承包。

（二）回购款回收的合同约定

根据 WQ 区政府（甲方）与 JC 公司（乙方）签订的投资建设合同有关条款约定：回购款＝投资成本＋投资收益。同时约定以签订本合同所在年份为第一年，第三年支付乙方第一年完成并经甲乙双方确认的投资对应的回购款，第四年支付乙方第二年完成并经甲乙双方确认的投资对应回购款，以此类推。建设期结束后次年付清本项目所有回购款。

二、项目进展情况

从项目开工到 2013 年 12 月底，WQ 新区 BT 项目共完成投资 44.6 亿元，其中市政工程完成投资 11 亿元，房建工程完成投资 27.1 亿元，其他费用 6.5 亿元。其他费用主要是配套的电力设施及银行贷款利息等。

项目资本金与银行贷款比例是 1∶4。截至 2013 年，JC 公司累计投入项目资本金 7 亿元、银行贷款 35 亿元。

三、回购款回收难点

地方政府融资平台清理以来，各地政府财力紧张，面对城市基础设施建设快速发展需要，地方政府纷纷实施 BT 项目以推进基础设施建设。但是，当回购期到来时，地方政府财政困难局面仍然没有得到缓解，往往无力或滞后支付回购款，给投资 BT 项目企业带来巨大回购风险。

具体来说，WQ 新区 BT 项目的回购有以下几大难点：

（1）受地方政府领导换届影响，回购困难加大。

在 WQ 新区 BT 项目实施过程中，当初强力推动与 H 集团签订《投资建设协议》的区委书记调离 WQ。而新任领导是否按照前任思路按时足额支付回购款不得而知，相应回购款支付面临较大挑战。

（2）受国家房地产调控政策影响，WQ 地方政府土地出让价格下降，影响政府财政收入，直接影响回购款的支付。

（3）WQ 新区 BT 项目投资规模大，各年度回购款金额巨大，给地方政府带来巨大资金压力。

根据确认的数据：政府 2012 年应该支付 JC 公司回购款 16.82 亿元，2013 年应支付回购款 18.75 亿元，巨大的回购金额无疑成为地方政府的巨大资金压力。

（4）WQ 区政府继与 JC 公司签约 BT 项目之后，又先后与其他企业也签订了 BT 项目投资协议，纷纷上马的 BT 项目无疑更增加了政府资金压力，增大了回购风险。

四、项目回购款回收情况

面对上述困难，在 H 集团公司、LQ 公司领导和统一部署下，截至 2013 年底，JC 公司累计应收回购款 35.5 亿元，实际收回 35.5 亿元，圆满完成各年的回购任务。需要说明的是，除政府直接支付 18.3 亿元回购款外，还分别在 2012 年及 2013 年度成功做了两次应收政府债权转让，共计 17 亿元，创新了 BT 回购方式。

（一）2012 年通过信托方式收回回购资金 5 亿元

根据 WQ 新区 BT 项目投资建设合同的有关约定，WQ 开发区总公司应于 2012 年 1 月 1 日向 JC 公司支付 2010 年度投资回购款 16.82 亿元。经过 JC 公司不懈努力，截至 2012 年 11 月 3 日，共计收到回购资金 14 亿元，剩余 2.8 亿元因政府资金困难难以收回。

为此，LQ 公司会同 JC 公司，与金融机构积极联系，寻求新的解决途径。在 JX 信托有意介入情况下，LQ 公司指导 JC 公司与 WQ 开发区总公司协商，将已经收到的 14 亿元回购资金分解确认为 2010 年度投资回购款 11.82 亿元、2011 年度投资回购款 2.18 亿元。将回收期限由 2012 年 12 月 31 日延长到 2014 年 12 月 31 日，从而促成 JX 信托得以发行两年期信托产品 5 亿元，用以买断 JC 公司的 WQ 新区 BT 项目回购款。

JC 公司于 2012 年 11 月 23 日与 JX 信托签订《债权转让协议》（不附追索权的债权转让），12 月 26 日，收到回购资金 5 亿元。不仅圆满完成了 2012 年 16.8 亿元的回收任务，而且提前收回 2013 年回购资金 2.18 亿元。

（二）2013 年通过买断式保理业务收回资金 12 亿元

根据投资建设合同有关约定，WQ 开发区总公司应于 2013 年 1 月 1 日向 JC 公司支付 2011 年度投资回购款 18.74 亿元。扣除上年提前收回的 2.18 亿元，2013 年 1 月 1 日实际应当收回回购资金 16.56 亿元。经过 JC 公司积极争取，截至 2013 年 8 月 1 日，共计 4 笔收到回购资金 4.3 亿元。尚有 12.26 亿元难以收回。

由于政府担保能力有限，加上 463 号文件影响，政府资金困难进一步加大，信托、资产证券化等金融方式也受到限制，回购工作举步维艰。即便如此，LQ 公司毫不气馁，开拓思路，在现有金融手段之外寻求突破。

2013 年 6 月 20~21 日，LQ 公司召开“融资暨回购工作研讨会”。在对融资业务进行沟通的同时，围绕回购这一主题，就扎实做好投资、建设、竣工、审计确认等各个环节的基础工作问题进行了充分探讨，对采用信托、资产证券化以及其他金融手段解决回购问题的可能性进行了认真分析。会议决定，在采用积极催收等常规方式的同时，力求借助金融手段促进回购方式创新。

公司主管领导抓住投资建设合同中“回购资金逾期四个月之后，利息翻番”这一点，大胆设想，将创新目标瞄向银行。利用一切机会，向机制较为灵活、创新欲望较强的银行反复阐述以下观点：“银行总是要与政府打交道的；银行向政府提供贷款时，若想将贷款利率提高到基准利率上浮 40%~50%，政府是不会答应的；如果银行买断我们的 BT 回购款，高额贷款利率是可以就势实现的。如果银行与政府拥有良好的合作关系，银行应该拥有控制政府违约的手段。银行买断 BT 回购款，在一定条件下，是切实可行的”。

经过扎实、细致说服工作，上述观点最终得到 PD 银行总行相关领导、集团客户部以及 A 分行的一致认可。LQ 公司就如何突破政策障碍、解决回购账款逾期问题以及在企业、政府、银行三方利益中寻找平衡点问题与 PD 银行进一步沟通，双方就采用买断式保理达成共识。随后，LQ 公司组织 PD 银行集团客户部、A 分行、B 分行、WQ 政府、JC 公司展开多轮会谈，该项工作得到 H 股份公司相关领导支持和 JC 公司领导、相关人员配合。经过多方积极磋商和艰难谈判，各方最终统一意见，形成了保理方案。

该方案经 PD 银行 A 北京分行、B 分行、总行会议审议获得通过。LQ 公司履行了必要的上报审批程序。

根据 PD 银行总行批复意见，A 分行、B 分行分别按照 6：4 比例，对 JC 公司的 12 亿元 BT 回购款开展买断式保理业务。买断后，银行将政府债务期限延长到 5 年，取得 9.5% 的年贷款利率。

2013 年 9 月 29 日，PD 银行 A 分行将其归集的 12 亿元买断资金支付到 JC 公司的银行账户。至此，WQ 新区 BT 项目完成了 12 亿元 BT 项目回购资金回收任务。

WQ 新区项目 12 亿元回购资金买断式保理业务的开展，开创了银行直接从企业手中购买 BT 项目回购资金的先河。在银行对政府信誉心存疑虑、对 BT 项目贷款审核不断从严的今天，PD 银行的这一举措，在国内同行业中闻所未闻，其他金融机构均表示将对这一模式进行认真研究。

WQ 新区项目 BT 回购资金买断式保理业务的开展，使企业、银行、政府三方均能从中受益，实现各自目的。PD 银行认为自己拥有了一项新的拳头产品，该行表示将对 WQ 新区 BT 项目后续回购资金以及其他 BT 项目回购业务进行持续跟踪，希望随后会有更多的合作，实现银企共赢。

上述 12 亿元收回之后，JC 公司毫不松懈，不断加强与地方政府和 WQ 开发区总公司的沟通协调，终于在 12 月 23 日将剩余尾款 2680 万元收回。至此，WQ 新区 BT 项目圆满实现了全额收回 2013 年 18.7 亿元回购款的任务目标。

案例四：Z 市三环路快速化 BT 项目

一、项目基本情况

ZZ 项目公司于 2012 年 4 月注册成立，负责 Z 市三环路快速化工程北三环 1、2、3 标段及西三环 1、2 标段的投资建设管理。BT 范围包括建筑安装、雨污水改迁、征地拆迁、管线改迁、绿化移植、勘测设计、监理等费用，工期 18 个月，总投资概算 56.97 亿元，项目采用据实结算方式，建设期利息由财政局承担。按照 BT 合同约定，项目公司资本金占总投资 25%，约 14 亿元，其余 75% 均为银行贷款，约 42 亿元。

按照 BT 协议约定，项目回购款分 5 年 10 期平均支付，即每年 4 月和 10 月支付，2014 年 4 月支付第一笔回购款。

目前三环已经完成投资约 53 亿元，2013 年 12 月 28 日部分主线桥已经通车进入回购期，2014 年回购金额约 10 亿元，按照约定第一笔回购款约 4.5 亿元 4 月进入回购期，预计 4 月可以正常回收；同时 PD 银行 30 亿元买断式保理也在有条不紊推进中。

二、Z 市三环路快速化工程 BT 项目采用买断式保理业务的可能性

H 集团 LQ 公司控股的 ZZ 公司承担的 Z 市西三环、北三环快速路项目总投资约 55 亿元，投资收益为 5.5 亿元，回购资金总额约 60.5 亿元。根据投资建设合同相关约定，政府按 5 年 10 次支付回购款：每年大约需要支付 12.1 亿元（4 月、10 月各支付 6.05 亿元）。

以 Z 市经济实力而言，上述回购款支付本身不会存在任何困难。但是，如果将前四年的回购金额适当降低，则政府可以腾出更多的资金做更多的事情。

为此，LQ 公司与 PD 银行商议，PD 银行有意分步做买断式保理业务。第一批先做 30 亿元。

作为该项业务开展的前提，对于这 30 亿元，PD 银行初步同意将政府前四年每年的还款金额确定为 1 亿元，最后 1 年一次性收回 26 亿元。

LQ 公司认为，开展买断式保理业务，对政府、银行、企业都是有利的。要合作成功，需要三方做出不同的让步：

（1）LQ 公司已经说服 PD 银行将买断之后的政府贷款利率由“JC 模式”的 9.5% 降低到 8.9%。

（2）ZZ 项目公司承担 1.1% 的年贷款利率。

（3）Z 市政府承担 1.1% 的年贷款利率。

目前 5 年期贷款基准利率为 6.4%，在开展买断式保理业务的情况下，如果 Z 市和 ZZ 项目公司均能做出一定让步（即各自承担 1.1% 的年贷款利率），就可促成 8.9% 的年贷款利率。

Z 市政府实际承担的年贷款利率为 7.6%。

三、买断式保理业务贷款有关成本计算

以投资成本 55 亿元为基数，在五年十次等额回购情况下，承担年利率为 0.9% 时，五年需要承担利息约为 1.13 亿元。

据此以 30 亿元回购款为基数测算，五年承担贷款利息约为 6160 万元（年贷款利率 0.9%）。

LQ 公司五年承担的利息可用 Z 市政府应当支付的投资收益来置换。也就是 Z 市少支付 6160 万元投资收益，同时承担 6160 万元利息，承担对应的年贷款利率 0.9%。

综上所述，Z 市承担的年贷款利率由 7.6% 变成 8.5%，投资收益少支付 6160 万元，承担的利

息增加 6160 万元，这个过程中只是做了一个投资收益和利息的置换，没有额外增加任何一方的成本。

Z 市三环路 BT 项目融资过程中，LQ 公司积极和金融机构联系，争取利率优惠，最大限度减少利息支出，目前三环贷款实际平均利率约为 6.7%，低于政府与某银行商定的 7.2%（5 年期以上上浮 10%）的利率水平。经初步测算，贷款年利率由 7.2% 降为 6.7%，仅建设期即为 Z 市节约成本 6300 万元（利息节约 2300 万元，银团费用节约 4000 万元）。

四、买断式保理实施步骤

买断式保理主要涉及 Z 市财政局、ZZ 项目公司、政府平台公司、PD 银行。

（1）由 Z 市一家平台公司签署债务确认函，承继 Z 市财政局应向 ZZ 公司支付的三环快速化 BT 项目回购款。

（2）ZZ 项目公司与 PD 银行签订保理协议。

（3）PD 银行与 Z 市平台公司签订还款协议，约定还本付息时间以及利率等。

（4）Z 市第三方平台公司与 PD 银行签订保证合同。

五、买断式保理的开展，客观上可以加快陇海路项目建设进程

如果上述第一期买断式保理业务能够顺利得以开展，ZZ 项目公司即可立即获得 30 亿元的回购资金，这些资金本应用于归还西三环、北三环 BT 项目贷款，但因原贷款尚未到期，这些资金可以立即使用于 ZZ 公司实施的该市另一 BT 项目——L 项目。一方面，客观上，可以加速 L 项目的建设进程；另一方面，政府可以享受西三环、北三环的低息资金（目前资金形式异常严峻，平安、人保等金融机构要求的贷款利息均在 7.5%~8% 以上），降低资金成本。

目前，Z 市三环 BT 项目应收账款保理业务已经 PD 银行总行审批通过，成功的可能性较大，但还存在一定变数。无论成功与否，上述思路及方法都一定程度推动了 BT 项目回购方式创新工作的进展。

结　语

BT 项目回购方式的创新，提高了投资企业应对 BT 模式风险能力，增强了投资企业做好 BT 项目的信心，促进了企业健康发展。但是，通过 BT 项目回购方式创新的业务实践我们意识到，BT 项目的实施不能单纯依赖个别企业和少数个人孤军奋战，而应上下联动，整合优势资源，“集中力量办大事”，才能促使 BT 业务，乃至整个基础设施业务更好开展。

BT 项目投资中的规模效应主要体现在三个层面：

项目公司层面。投资方在单个地区多个项目的开展可以将收回的资金运用于当地其他项目的滚动开发，使投资方在与政府进行 BT 回购创新谈判时拥有更多筹码。

集团 / 平台公司层面。一方面，多个项目的开发有利于扩大企业规模，积累投资经验，打造企业品牌；另一方面，通过“将鸡蛋放在不同的篮子里”，当单个项目由于宏观条件导致资金紧张时，投资方可以通过其他区域项目进行周转弥补，分散企业风险，而当单个项目由于一次性获得大量资金（如股权融资、BT 项目收到回购款等），且无法在短时间内在项目内部消化时，通过集团内集中调剂，运用到其他项目上，可盘活闲置资金，充分发挥资金效益。

金融机构层面。一家金融机构一个 BT 创新产品的成功实施可以顺利吸引其他金融机构效仿，对

已成功的案例进行复制、衍生，形成回购创新规模化，为投资方 BT 回购方式提供更多更优的选择。

为使规模效应更好更快地达成，以下几点至关重要：

一、统一领导，高度重视

如果没有集团的大力推动，BT 项目的前期审批即需耗费大量时间，势必延迟项目开工建设进展，影响与政府的合作关系，为后续工作开展埋下隐患，也为项目规模化发展造成困难；如果没有集团的沟通引导，即使 BT 项目达到了规模化，项目资金却无法合理、迅速地得到调剂分配，会降低 BT 项目资金的使用效益；如果没有集团的支持理解，如 CJ 项目股权转让等需要非常规化操作的 BT 回购方式创新无法成功，回购创新的规模化更无从谈起。因此，集团的重视与领导是 BT 项目回购创新成功的关键。

二、统一协调，发挥平台公司作用

平台公司肩负开疆拓土、引领集团发展战略的重要使命，在资本运作、投资项目管理等方面具有一定优势：平台公司更易实现项目的规模化，更有实力实现资金的周转调剂，同时，平台公司丰富的投融资经验使其更好地对项目建设和回购方式进行权衡、筛选。而工程局则具有丰富的区域市场资源和一线施工实践，为协同作战提供了可能。因此，在集团公司战略引导下，应对平台公司提供政策支持，通过平台公司对集团大部分 BT 项目资源进行整合，形成资源集群化管理，将力量集中在一个拳头，充分发挥平台公司“带动”、“承载”作用，使平台公司与工程局各取所长、各尽其能，形成规模效应，打造更具实力的企业品牌，增加集团的对外竞争力，推进集团的整体健康发展。

三、统筹规划，严密控制

从 BT 项目前期开发开始，投资方即应对 BT 项目实施进行战略布局、资源共享、政策协调、结构优化，选择优质项目，提高合同质量，加强与金融机构事前沟通，积极探索资金筹集渠道，加强人才引进，汇集管理技术优势，严密规划回购方案。未雨绸缪，通过常规方式催收回购款的同时，积极寻求复杂环境下的应对措施。

综上所述，BT 项目回购方式的创新不能仅仅局限在回购期，而应贯穿于 BT 项目整个实施过程；不仅需要各自企业的开拓，更应举集团之力进行集中与优化。应当将 BT 回购方式的创新与项目合作模式的创新、集团商业模式的创新结合起来，开拓进取，实现多方位创新的协同发展。

参考文献

[1] 葛培建，张燎．基础设施 BT 项目运作与实务 [M]．上海：复旦大学出版社，2009.

[2] BT 业务风险管理课题研究报告 [Z]．中国电力建设集团有限公司，2013.

[3] 实施 BT 项目的保障措施研究 [Z]．中电建路桥集团有限公司，2013.

[4] 汤明．好的措施是良好结果的保证——汤明在股份公司基础设施事业部 / 路桥融资暨 BT 项目回购工作研讨会上的讲话 [P]．2013.

[5] 郑久存．强化责任意识完善管理体系全面提升融资回购能力——郑久存在股份公司基础设施事业部 / 路桥融资暨 BT 项目回购工作研讨会上的讲话 [P]．2013.

[6] 党卫．创新 BT 项目回购方式推动集团基础设施业务健康发展 [J]．电力建设财务与审计，2013(4).

[7] 党卫．透过次贷危机看基础设施领域的资产证券化问题 [J]．电力建设财务与审计，2013(3).

[8] 柯永建，王守清．特许经营项目融资 (PPP): 风险分担管理 [M]．北京：清华大学出版社，2011.

[9] 李平．深圳地铁项目风险管控报告 [Z]．中国电建集团铁路建设有限公司，2013.

[10] 高华．我国 BT 模式投资建设合同研究 [D]．天津：天津大学，2009.

集团化 5C 全面战略预算管控体系的构建与实施

创造单位：北京首创股份有限公司
主要创造人：冯 涛　　创造人：郝春梅　吴沛毅　王 颖　王勇华　孙 薇

[摘要] 公司 2000 年上市以来，实现了业务从无到有、从小到大的快速增长，在行业市场中确立了领先的市场地位和强大的品牌影响，树立起了国内民族水务旗舰企业的号召力。经过公司十余年的高速发展，已形成环保产业、饭店经营、高速路收费、土地开发四大领域并涉及七大业务板块。

与此同时，随着业务的迅速发展，公司在跨地域、多行业内拥有参控股公司近 30 家，各级下属预算单位超过 60 家，快速增长趋势使得预算管理难度不断加大，但管控水平滞后，主要体现为：缺乏有效的预算控制手段；预算管理间断；预算责任主体不明确、管理分散；预算管理差异大。为了满足公司自身发展需求，提高公司预算管控水平，有效支撑集团发展战略的实施，并有效加强公司内部控制，规避风险，项目构建尤为重要。

本项目于 2011 年启动，结合公司自身现状，制定了一套符合公司发展需求的 5C 全面战略预算管控体系，并加以推广执行，截至目前已平稳实施了三个预算年度。项目实时动态的预算信息，突破了原有财务周期制约，具有更强的前瞻性，助力公司实现从财务管理分散到财务集中管控的飞跃。已实施全面预算管控的水务公司利润水平比 2010 年增长 12076 万元，呈现出可持续增长趋势，为公司实现长期发展战略夯实了基础。

[关键词] 5C；预算；控制

前　言

北京首创股份有限公司成立于 1999 年，2000 年 4 月在上海证券交易所成功上市（股票代码：600008）。首创股份成立伊始就将发展方向定位于中国环境产业领域，专注于城市供水和污水处理等中国水务市场投资和运营管理，成立以来一直致力于推动公用基础设施产业市场化进程，努力发展成为具有一定产业规模和服务品牌的世界级民族水务领先企业。

公司凭借清晰的战略规划和灵活的经营理念，短短十多年时间，潜心培育出资本运作、投资、运营、人力等各方面竞争优势，具备了工程设计、总承包、咨询服务等完整的产业价值链，成为中国水务行业中知名的领军企业。目前，公司在北京、天津、湖南、山西、安徽等 16 个省、市、自治区的 40 个城市拥有参控股水务项目，水处理能力达 1500 万吨 / 日，服务人口总数超 3000 万人。

截至2013年12月31日，公司总股本22亿股，总资产243.27亿元，净资产98.40亿元（见图1）。

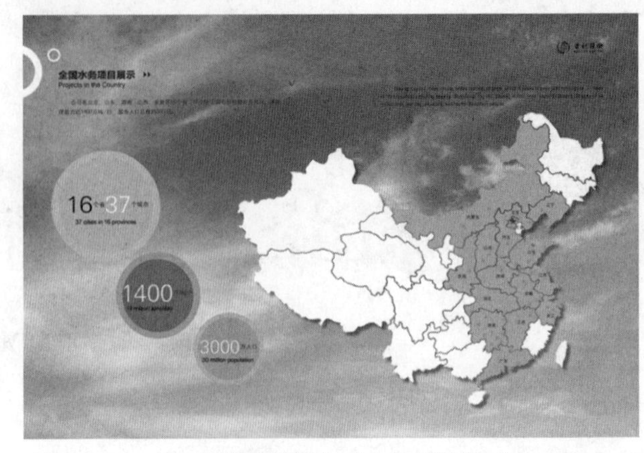

图1 首创股份全国水务项目展示

首创股份致力于成为一家在中国领先的基础设施综合性投资和运营管理公司，公司的核心业务是水务和环保产业。公司将致力于满足人类对洁净用水和清新环境的渴望，在增强经济效益的同时，注重社会效益和勇于承担社会责任，为股东创造最大价值，为员工发展创造最佳条件，为社会创造绿色清洁环境。

本项目于2011年宣布启动，结合公司自身现状，制定了一套符合公司发展需求的管控体系，并加以推广执行，截至目前已平稳实施了三个预算年度。项目实时动态的预算信息，突破了原有财务周期的制约，具有更强的前瞻性，助力公司实现从财务管理分散到财务集中管控的飞跃。已实施全面预算管控的水务公司2013年的利润水平比2010年增长了12076万元，呈现出可持续增长趋势，为公司实现长期发展战略夯实了基础。

一、项目背景

（一）项目构建的必要性

1.公司自身发展的要求

公司自2000年上市至2010年末项目构建，资产规模从50亿元增长至168.41亿元，是上市初期的3.37倍；主营业务收入从1.66亿元增长至30.37亿元，是上市初期的18.30倍。自上市主营业务定位于水务行业以来，公司实现了业务从无到有、从小到大的快速增长，在行业市场中确立了领先的市场地位和强大的品牌影响力，树立起国内民族水务旗舰企业。经过公司十余年的高速发展，已形成环保产业、饭店经营、高速路收费、土地开发四大领域并涉及七大业务板块。

随着业务的迅速发展，公司在跨地域、多行业内拥有参控股公司近30家，各级下属预算单位超过60家，这种快速增长的大趋势使得预算管理难度不断加大，但管控水平相对滞后。主要体现在：①缺乏有效的预算控制手段：年度编制预算涵盖各个领域项目公司，涉及大量的预算报表、预算项目，下发的统一报表格式经常被修改，错误大量出现，造成编制和平衡过程冗长，预算报表提交滞后，加大预算汇总难度，预算工作时常无法按时完成。②预算管理间断：由于预算数据的取得需要各公司人员上报，预算单位涉及较多，查询需要在Excel中手工作业才能得以实现，同时，由于公司整体生产经营范围广、操作人员众多、生产岗位情况复杂、外部环境经常变化等因素，经常造成数据延滞、大量预算管理信息不能及时处理等，信息资源不能共享，无法实现预算执行的实时监控、风险预警管理、全面预算分析、及时发现并纠正预算偏差，导致公司无法在正确预测的基础上，通过优化配置资源适应市场变化，实现高效、持续发展。③预算责任主体不明确、管理分散：公司的部分职能部门未设立预算责任人，预算工作易被忽视，导致预算无法及时、有效沟通；公司业务预算常与财务预算分离，预算指标口径不一致，造成数据无法互相关联。④预算管理差异大：下属各公司间存在地域、行业、投资模式、经营理念的多种差异，尚未形成标准化规范，下属公司的预算管理水平参差不齐。因此，公司亟须提高预算管控水平，有效支撑集团发展战略。

2. 集团化规模优势凸显的要求

将预算工作流程规范化与固化，形成统一且有针对性的标准管理，加强集团对下属公司的统一管理，公司上至最高负责人，下至各部门负责人、各岗位员工都必须参与预算编制与实施，满足公司集团化发展过程中对于全面预算精细化管理的要求。

3. 公司实现发展战略的要求

全面预算管控体系不仅将经营预算、投资预算、筹资预算、财务预算等一系列预算进行有效的相互衔接和钩稽，还将公司的资金流、实物流、业务流、信息流、人力流等整合，有利于优化资源配置、提高经济效益，从而实现“化战略为行动”，确保公司发展战略目标的实现。

4. 加强风险管理和内部控制的要求

根据公司内部控制以及《企业内部控制基本规范》，将预算控制列为重要的控制活动和风险控制措施：“预算控制要求企业加强预算编制、执行、分析、考核等各环节的管理，明确预算项目，建立预算标准，规范预算的编制、审定、下达和执行程序，及时分析和控制预算差异，采取改进措施，确保预算的执行。”而全面战略预算的制定和实施，是不断用量化工具，使自身所处的经营环境与拥有的资源和发展目标保持动态平衡的过程，也是在此过程中所面临各种风险的识别、预测、评估与控制过程，是为实现公司目标采用的管理与控制手段，从而有效地控制风险。

（二）项目构建条件

1. 明确的战略目标和正确的战略导向

公司的发展战略是专注中国水务市场的投资和运营管理；公司的愿景是致力于成为一家世界级的民族水务领先企业。公司责任是通过提供优质的供水和污水处理服务，满足政府要求，符合公众期望，实现股东价值。

公司一直紧紧围绕长期发展战略，坚持以水务投资为主线，全力发展水务产业，加快水务市场扩展和完成战略布局；强化运营管理能力建设，加大非水务资产整合，全面实施专业化、持续化、规模化、国际化发展战略，打造核心竞争力。

公司将长期战略规划细分至各个战略目标，并根据内外部因素和未来发展战略规划，逐年制定年度经营目标，清晰、执着的发展战略是项目构建的基础和依据。

2. 市场化创新的现代企业管理理念

公司始终坚持推进企业管理的创新与变革。特别是面对激烈的市场挑战和国际化竞争，公司建立起一套与国际惯例接轨，具有首创特色的现代企业管理体系。如聘请外部咨询公司参与企业内部诊断，进行管理模式、管理流程、绩效考核和风险防范与控制体系的全方位管理变革的设计，通过借鉴与创新，逐步形成国际化与本土化相结合的经营管理体制。

3. 完备的绩效考评制度

公司自成立以来就根据自身情况建立绩效考核并逐步完善，每年末公司根据年初下达的经营目标责任书，对各部门、各公司进行考核，采用 KPI 关键绩效指标法，对重点经营活动进行衡量，建立公司级 KPI、部门级 KPI，再进一步分解至更细的 KPI，最终作为对员工的考核要素和依据，为项目构建考核体系提供参考。

4. 先进的技术支持

根据公司的财务核算采用用友 U8 的经验，依托基础数据准确、全面、历史资料齐全优势，为构建的成功提供了强有力的支撑，对预算业务中的各个环节和监控点重新进行梳理、规划、管控，实现了信息流对资金流、物流的协调控制。

（三）项目构建的主要困难

1. 涉及范围大、地域广、层级多

截至2010年末，公司涉及预算的总部职能部门和业务部门14个，纳入预算管理单位的下属公司63家，分布在北京、天津、内蒙古、辽宁、陕西、山西、山东、安徽、江苏、浙江、河北、河南、湖北、湖南、海南全国15个省级区域（直辖市、自治区）的30多个城市，其中：分公司2家、二级子公司26家、三级子公司27家、四级及四级以上子公司8家。

2. 涉及业务面广，各类业务差异较大

公司作为一家全产业链的集团化企业，其业务不仅包括自来水供水、污水处理及其配套的工程业务，还从事土地一级开发、房产开发、快速路运营及酒店业务，2010年开始涉足固废处理业务。各类业务的经营重点、控制环节、预算标准和管理水平存在较大差别。

二、项目基本内容

（一）构建总体思路和内涵

项目建设的总体思路是：明确管理提升方针，深入开展建设，依托集团化发展战略目标，在追求适用性和成本效益匹配原则下，以建设集团化全面预算精细化管理为方向，以充分利用并整合公司现有预算管理资源为基础，以建设预算信息服务平台为支撑，实施“集中管控、实时监控、内部共享、实时查询”的建设方法，采取“统一规划、统一标准、突出重点、分步实施”的建设原则，实现“资源整合、系统联网、授权管理、成果共享”的工作运行机制，提出集团化5C全面战略预算管控体系，如图3所示。

图2 公司业务分布广泛

（二）项目主要做法

经过充分调研准备，针对5C理念，通过严密组织、充分讨论、持续完善、有效培训等手段，主要做了以下工作：

1. Chains全产业链

（1）涵盖公司业务板块。截至2013年末，公司在全国40多个城市建立了多元化业务，初步实现了全国性投资布局和区域性、流域化管理，如图4所示。

截至2013年末，公司合并范围内预算单位共计114家，较2010年末项目建设期初增加51家。其中：纳入合并范围的二级控股分、子公司共37家。公司已下设环保产业、饭店经营、高速路收费、土地开发四大领域，拥有自来水收费、污水处理、垃圾填埋、水务工程设计、总承包、咨询服务、高速路收费、饭店等多种产品与服务。项目体系的建立，全面涵盖了上述业务板块。

（2）构建了全面战略预算体系（见图5）。为了使产业链不同环节的布置更加有效率，将资源自然向价值高的环节集中；提升整体发展高度，把原先公司内部各板块提升到战略高度。整个公司形成一个有机的整体，各环节、各业务之间实现战略性有机协作。在预算内容和预算分析上进行了细致的设计和规划，其中，在预算内容上：根据各业务独特性，设计了包含供水、污水、固废、土地开发等7个板块的经营预算；在预算分析上：根据预算指标的实际执行情况，进行实际和预算的对比以及差异分析，形成预算分析报告（见图6）。

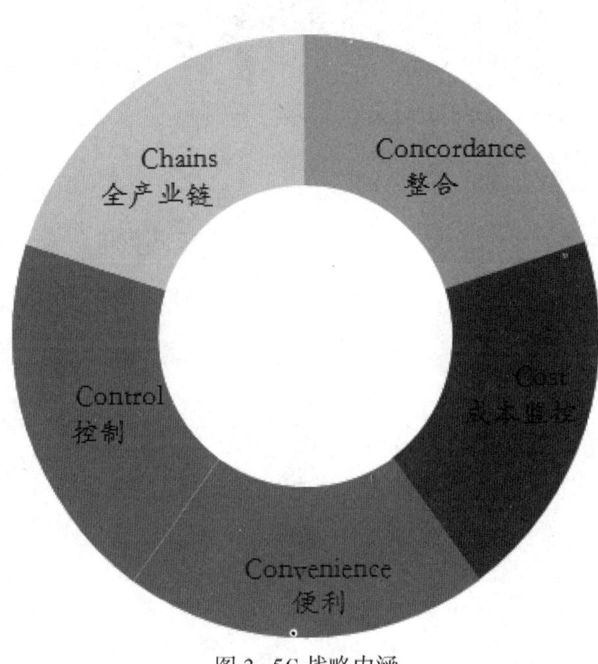

图3　5C战略内涵

2. Concordance 整合

（1）与公司战略的整合。公司总体战略简称为“长＋宽”战略。“长”是指：以水务业务为主体，进一步做大规模；强化运营，管理增效，打造核心竞争能力，保持行业国内龙头地位；完善产业链业务，积极开拓相关装备制造业，提升技术实力，增强可持续发展能力。“宽”是指：探索相关多元化发展，抓住机遇，进入固废处理行业，拓展环境产业经营领域。在现有基础上，积极提高收费道路业务规模，实现规模效益。强化水地联动，全面提高盈利水平，给股东更好回报。

根据公司总体战略以及发展现状，制定五年战略规划目标，截至2015年实现财务目标和规模能力目标（见图7）。

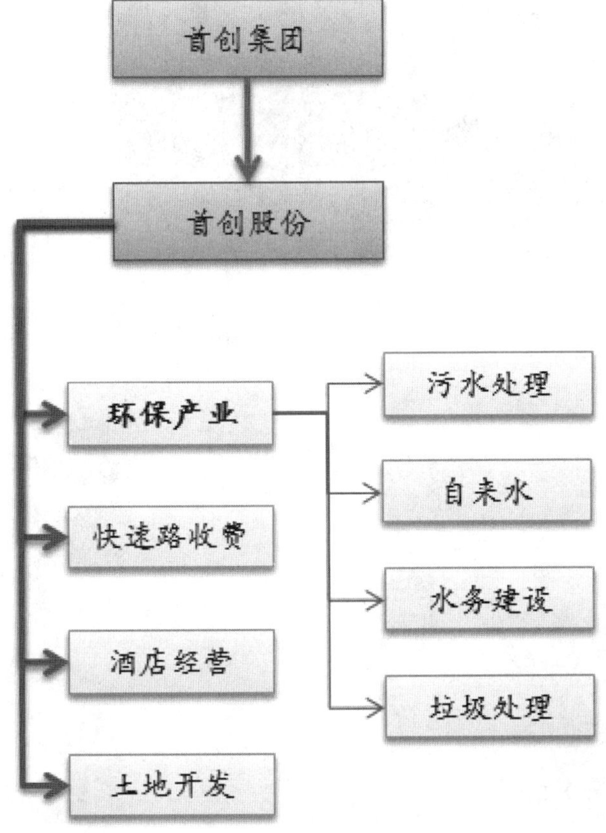

图4　公司业务领域

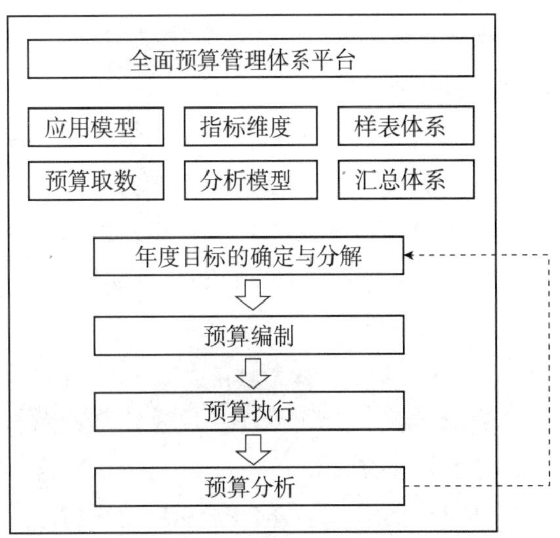

图5　全面战略预算管理工作体系平台建设

通过 BSC（平衡计分卡）围绕公司的战略目标，将公司从财务、顾客、内部过程、学习与创新四个方面进行全面测评，逐步推行 EVA 理论，分解年度经营目标，具体分解指标如图 8 所示。

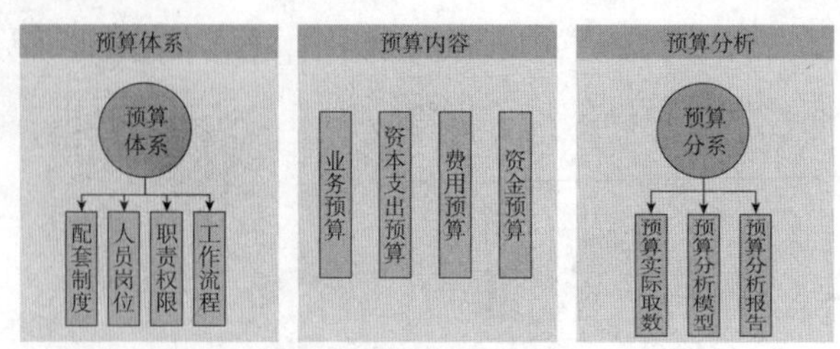

图 6 全面预算体系架构

通过 BSC 达到财务与非财务衡量方法之间的平衡，长期目标与短期目标之间的平衡，外部和内部的平衡，结果和过程平衡，管理业绩和经营业绩的平衡，进而使业绩评价趋于平衡和完善，利于公司长期发展（见图 9）。

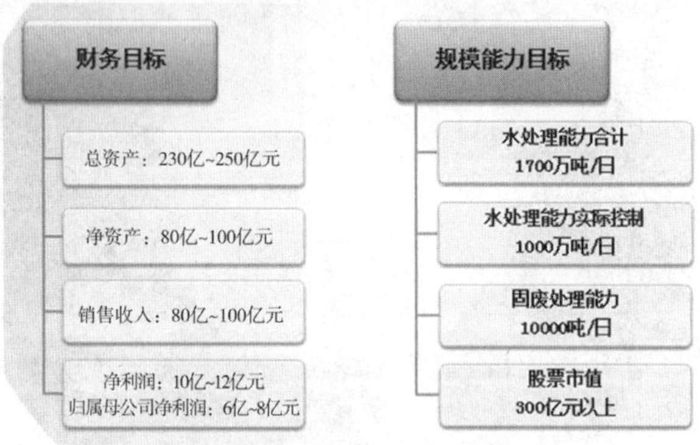

图 7 公司五年战略规划目标

通过将预算与战略联系，整合公司内部资源，进一步将五年战略规划目标分解至各年，形成年度经营目标；再将年度经营目标分解至各业务单元，形成年度预算，使预算更具有战略性。如 2014 年实现收入 52 亿元，归属母公司净利润 5.8 亿元，新增水处理能力 200 万吨 / 日等（见图 10、图 11）。

（2）与业务指标的整合。公司传统预算管理是将财务预算、业务预算、资金预算等多项预算指标数据分离，由不同部门负责，造成预算管控分散，没有充分发挥预算的作用。

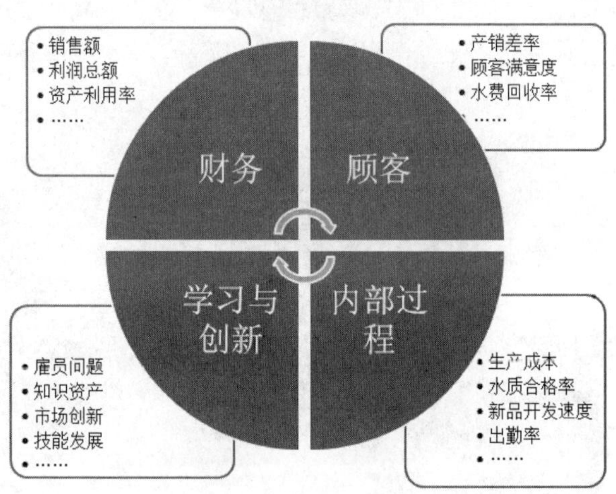

图 8 BSC 指标细化

通过价值链数据整合，将运营数据和财务数据融合，加以全面预算管控体系的标准化模型，将各业务因素分解为一般预算和特殊预算，重点关注、寻找发展规律，确保各项指标完成，通过数据带动管理，推动业务和战略的实行。

根据不同业务板块间不同指标的侧重点不同，预算指标中分别纳入业务数据，将如下业务指标与财务指标整合：

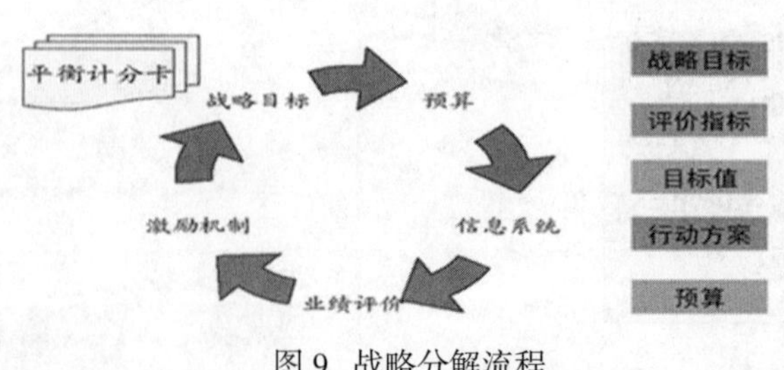

图 9 战略分解流程

"供水板块"：涵盖制水量、供水量、产销差率、原水成本、自来水销售收入等。

"污水板块"：涵盖保底污水处理量、实际和结算水量、污水处理结算单价、污水处理经营权摊销、污水处理收入等。

"垃圾板块"：涵盖保底垃圾处理量、实际和结算处理量、药剂消耗、垃圾处理经营权摊销、垃圾处理收入等。

"地产板块"：涵盖土地一级开发收入、二级开发住宅、车位销售收入等。

"工程板块"：涵盖委托运营、总包等收入及成本。

首创股份公司经营计划核心指标体系表					
指标					本年情况
一级指标/分值	序号	二级指标/单位		指标权重	调整值
关键财务指标（60）	1	营业收入（万元）		5	520,000
		*同比增长率（%）		—	41
	2	利润总额（万元）		5	95,000
		*同比增长率（%）		—	-5
	3	**归属母公司净利润（万元）**		**40**	**58,000**
		*同比增长率（%）		—	-3.33
		*净资产收益率（不含少数股东，%）		—	10.00
	5	三项费用占营业收入比例（%）	合计占比（%）	5	29
			*销售费用占比（%）	—	2
			*财务费用占比（%）	—	10
			*管理费用占比（%）	—	17
	6	*盈余现金保障倍数		—	0.12
	7	资产负债率（%）		5	68.00
关键运营指标（20）	1	新增水处理能力（万吨/日）		10	200.00
	2	新增固废处理能力（吨/日）		10	3,000.00
	3	供水行业	*当年水费回收率（%）	—	91.00
			*产销差率（%）	—	30.00
	4	污水行业	*当年水费回收率（%）	—	85，不含京城水务
	5	固废行业	*当年固废处理费回收率（%）	—	85.00

图 10 公司年度经营计划指标

项目			归属于母公司净利润	
			2014年内部分解指标	比重
公司整体			58,000	100%
其中：	一	投资运营一部	XX	
	二	投资运营二部	XX	
	三	投资运营三部	XX	
	A	土地开发业务	XX	
	B	酒店业务	XX	
	C	快速路业务	XX	
	D	海外业务+东水+新环保	XX	
	E	绿基公司	XX	
	F	爱思考公司	XX	
	四	工程部	XX	

图 11 年度经营计划分解至部门

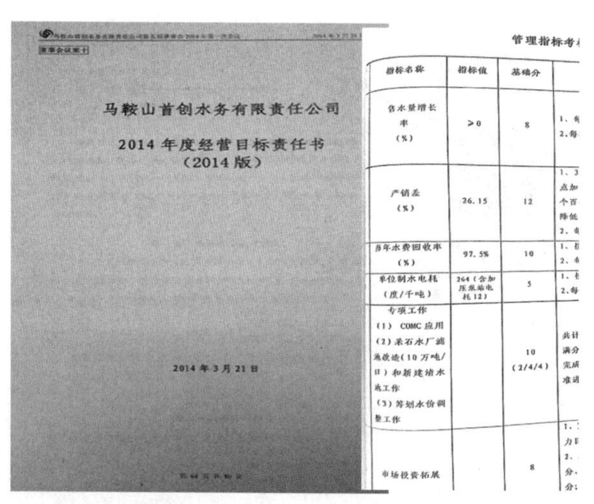
马鞍山首创水务有限责任公司

2014 年度经营目标责任书

（2014 版）

2014 年 3 月 21 日

图 12 年度经营目标责任书

"饭店板块"：涵盖客房数量、平均出租率、平均房价、餐饮收入、食品成本、酒水成本等。

"高速路板块"：涵盖车流量指标、不同通行费收入、道路折旧、绿化成本、公路经营成本等。

业务财务融合的预算理念，进一步升华成管理实施方案，涵盖对经济指标和管理指标的整体统一考核，形成各下属公司的《年度经营目标责任书》（见图 12）。

3. Cost 成本监控

（1）构建行业成本数据库。由于存在不同行业的特殊性、不同地域文化的差异性、不同业务的独特性，公司预算难以集中管控，因此搭建一个有效的桥梁，针对水务、固废、地产等业务数据不同点，设计出一套适用于整体的管理模式，对各个业务板块、各个公司的各项数据确保有据可循，追溯至变动源头。

通过完善的历史数据信息，形成近三年的各业务板块成本数据库，对于成本控制、掌握变化规律有了保证（见图 13）。

项目	污水合计					临沂				
一、损益情况	2010年	2011年	2012年	2013年	2014年	2010年	2011年	2012年	2013年	2014年
减：所得税费用	6,617.65	1,245.07	2,006.29	-	-	160.66	176.28	356.44		
5、净利润	28,880.63	12,177.79	13,041.84	-	-	1,048.36	1,388.33	1,047.14		
二、生产经营指标	-	-	-			X	-	-		
保底污水处理量（万吨）	41,092.53	56,611.80	67,020.00	-	-	4,974.00	4,927.50	4,971.00		
实际污水处理量（万吨）	38,595.75	57,172.77	68,296.30	-	-	5,479.28	5,345.05	5,445.83		
结算污水处理量（万吨）	45,786.68	62,730.93	73,198.02	-	-	5,508.22	5,417.99	5,517.59		
污水处理服务保底单价（元/吨水）	0.79	0.95	0.96			0.80	0.92	0.92		
污水处理结算单价（元/吨水）	0.79	0.92	0.92			0.80	0.98	0.90		
水费回收率%	#DIV/0!	0.99	0.97			-	-	-		
药剂消耗量（kg）	98,174.86	6,030,671.79	7,699,236.57	-	-	-	-	11,020.00		
药剂单耗指标（kg/千吨）	0.89	15.53	8.22			-	-	0.20		
用电单耗（kwh/千吨水）	172.72	220.19	205.03			-	184.88	187.77		
总电量（万kWh）	5,207.85	11,223.71	13,674.47	-	-	-	988.18	1,022.57		
综合电价（元/kWh）	0.79	0.75	0.87			-	0.66	0.82		
容量电费单价（元/kVA/月）	28.00	23.75	24.16			-	-	-		
三、收入结构	-	-	-			X	-	-		
污水处理收入	34,882.00	55,203.05	62,951.93	-	-	4,369.10	5,286.29	4,993.12		
劳务收入	-	-	-	-	-	-	-	-		
租金收入	-	-	0.84	-	-	-	-	-		
咨询收入	718.60	390.00	-	-	-	-	-	-		

汇总 2010年 2011年 2012年 京城 茶陵 常德 醴陵 攸县 株洲 邵阳 湘西 益阳 张家界 娄底 湖南本部 淮南西污 淮南东污 蓝清

项目	供水合计					马鞍山				
一、损益情况	2010年	2011年	2012年	2013年	2014年	2010年	2011年	2012年	2013年	2014年
加：营业外收入	2,428.59	2,718.37	2,604.00	-	-	180.11	167.20	266.80		
减：营业外支出	553.29	452.91	68.38	-	-	121.21	185.43	17.07		
其中：非流动资产处置损失	124.46	181.70	10.41	-	-	111.50	181.70	0.93		
4、利润总额	6,628.88	9,676.67	10,618.10	-	-	1,949.75	2,425.32	3,304.25		
减：所得税费用	1,520.22	2,456.23	2,904.56	-	-	469.65	750.06	990.18		
5、净利润	5,108.66	7,220.44	7,713.55	-	-	1,480.10	1,675.26	2,314.07		
二、生产经营指标	-	-	-	-	-	X	X	X		
原水量（万吨）	32,017.51	55,043.57	56,709.95	-	-	-	10,523.56	10,899.48		
制水量（万吨）	58,792.39	54,709.17	55,807.45	-	-	10,408.00	10,523.56	10,899.48		
供水量（万吨）	56,656.66	52,704.89	53,894.48	-	-	9,783.52	9,892.15	10,245.52		
售水量（万吨）	39,246.61	37,948.24	39,419.89	-	-	6,519.00	7,084.25	7,440.49		
用电单耗（kwh/千吨水）	250.68	248.80	254.13	-	-	250.20	248.87	224.01		
总电量（万kWh）	14,737.99	13,611.78	14,182.55	-	-	2,604.08	2,619.00	2,441.56		
综合电价（元/kWh）	0.73	0.73	0.76	-	-	0.73	0.73	0.80		
容量电费单价（元/kVA/月）	-	-	30.00	-	-	-	-	-		
综合水价（元/吨）	1.68	1.71	1.71	-	-	1.19	1.35	1.35		

图 13 成本数据库

（2）建立数据追踪和事中监控。费用收支通过总账联查凭证数据，直接引用账套的数据——纳入预算管理范围的项目数据一旦发生并经核算入账，预算内实际发生数据就会实时更新（见图 14）。

（3）分解成本到最小业务单元。将年度经营目标责任书中的预算费用指标，有效匹配分解至各最小业务单元，最小业务单元负责人负责该单元成本费用发生情况，并根据实际执行结果，作为对负责人和部门员工的年底考核依据之一，宣贯全员成本控制理念，做到全员参与、积极行动、互相监督。将成本费用管控工作纳入年度绩效计划，有效降低公司管理费用，做到对成本的监督与控制（见图 15、图 16）。

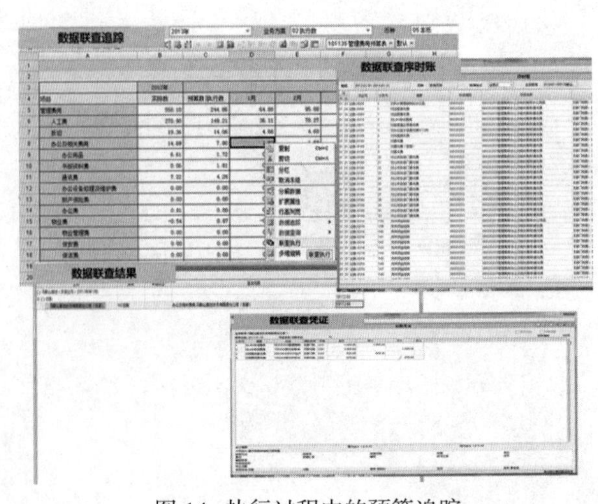

图 14 执行过程中的预算追踪

4. Convenience 便利

（1）搭建统一的预算信息系统管理平台。将成型的全面预算管控体系框架通过软件予以支撑，通过全部实现线上操作、统一规范流程，将预算分散管理转变为集中管控，最大程度解决手工作业带来的困难与不便，提高工作效率；信息安全、数据及时传送、资源内部共享等确保实时监控、及时预警、风险管控、数据准确，为员工日常工作和提供公司决策带来便利。

管理费用预算

编制单位：徐州首创水务有限责任公司

期间		1月	2月	3月	4月	5月	6月	7月	8月	9月	10月	11月	12月	全年合计
管理费用：														
1、办公及相关费用	计划财务部	0.18	0.20	0.20	0.17	0.16	0.18	0.17	0.17	0.20	0.19	84.14	0.20	86.16
其中：办公用品		0.18	0.20	0.20	0.17	0.16	0.18	0.17	0.17	0.20	0.19	0.14	0.20	2.16
书报资料费														0.00
通讯费														0.00
办公设备修理及维护费														0.00
办公软件摊销												84.00		84.00
物料消耗														0.00
仪器鉴定														0.00
低值易耗品														0.00
其他														0.00
期间		1月	2月	3月	4月	5月	6月	7月	8月	9月	10月	11月	12月	全年合计
管理费用：														
1、办公及相关费用	生产安全部	3.93	3.56	3.68	3.80	3.68	3.56	3.56	3.56	3.80	3.93	12.15	3.80	53.00
其中：办公用品														0.00
书报资料费														0.00
通讯费		3.93	3.56	3.68	3.80	3.68	3.56	3.56	3.56	3.80	3.93	12.15	3.80	53.00
办公设备修理及维护费														0.00
办公软件摊销														0.00
物料消耗														0.00
仪器鉴定														0.00
低值易耗品														0.00
期间		1月	2月	3月	4月	5月	6月	7月	8月	9月	10月	11月	12月	全年合计
管理费用：														
其他	总经理办公													0.00
3、交通运输费		8.33	8.33	8.33	8.33	8.33	8.33	8.33	8.33	8.33	8.33	8.33	8.37	100.00
其中：养路费														0.00
车辆保险费		1.50	1.50	1.50	1.50	1.50	1.50	1.50	1.50	1.50	1.50	1.50	1.50	18.00
交通费		0.57	0.57	0.57	0.57	0.57	0.57	0.57	0.57	0.57	0.57	0.57	0.61	6.88
汽油费		3.75	3.75	3.75	3.75	3.75	3.75	3.75	3.75	3.75	3.75	3.75	3.75	45.00
停车费		0.01	0.01	0.01	0.01	0.01	0.01	0.01	0.01	0.01	0.01	0.01	0.01	0.12

图 15　管理费用分解

图 16　年度经营业绩考核责任书——费用管控

2011 年 9 月项目立项，初步构建完成了全面预算管控体系，并在所属公司成功应用，该过程主要分为 5 个阶段，历时 16 个月。

第一阶段：2011 年 9~10 月，为项目准备阶段。主要工作是确定软件供应商、开展业务调研、做好公司整体财务基础数据梳理，以便于后续规划时制订项目计划。

第二阶段：2011 年 10~11 月，为项目蓝图阶段。主要工作是确定预算一期方案，并编制和完善相应的管理规范，实现预算对企业资源的规划和配置。

第三阶段：2011 年 11 月至 2012 年 2 月，为项目测试阶段。主要工作是系统开发、关键用户测试。

第四阶段：2012 年 2~5 月，为项目上线阶段。主要工作是数据采集，建立预算体系，完成系统切换，以及最终用户培训。

第五阶段：2012 年 5~12 月，为项目完善提升阶段。主要工作是固化预算一期管理相关成果，使下属公司形成规范的预算编制、调整和分析流程；做好数据维护，保证预算体系内数据准确、安全；完善预算操作流程，使其便捷实用；逐步推行战略预算管理理念，最终构建扎根于基层单位的集团化 5C 全面战略预算管控体系（见图 17）。

图 17　项目实施历程

（2）规范预算套表及执行流程。预算执行主要包括“预算监控和反馈”、“预算分析”以及“预算调整”等。

图 18 纳入七大业务板块的预算计划

图 19 根据不同板块独特性制定的相应预算

"预算监控"作为预警机制，对预算执行情况建立实时的动态数据，并进行及时反馈，保证日常执行中及时掌握预算执行情况。

"预算分析"形成七大业务板块预算套表，以进行月度跟踪、分析，及时掌握公司经营的变化，通过同比、环比的方法进行预算与实际发生的对比，掌握预算完成情况（见图 18 至图 20）。

"预算调整"原则上一年一次；任何预算调整都必须经过公司预算管理委员会，并执行相关的调整审批程序。

（3）制定完备的操作流程指导手册。制定并下发相关指导手册，如《NC 预算系统编制操作流程》、《NC 预算系统日常执行简要操作指导》、《合并主体（预算编制）汇总操作步骤》、《合并主体（日常执行）汇总操作步骤》等（见图 21）。

（4）实现预算核算结算的协同一致。预算分析实际数直接从核算系统中取数和联查，资金计划受控于预算，资金结算与核算系统一致（见图 22）。

图 20 预算与实际数对比情况

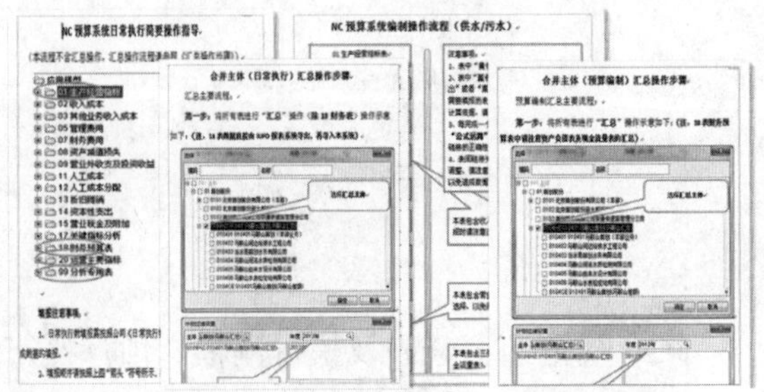

图 21 预算系统操作指导手册

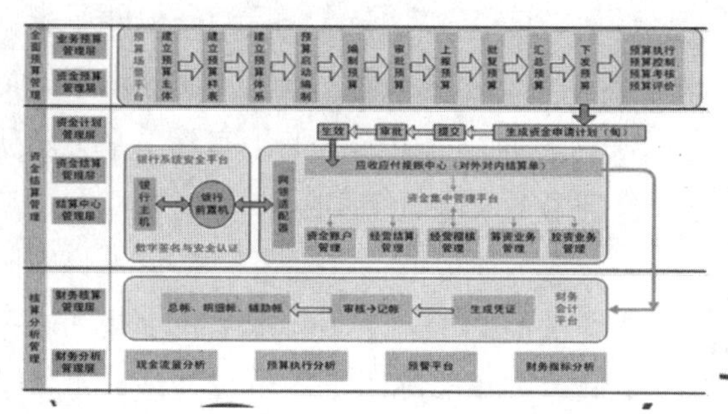

图 22　预算、核算、结算三算合一

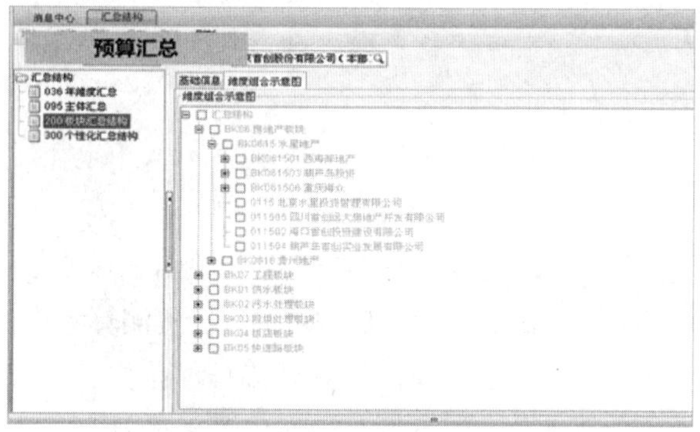

图 23　多种汇总结构选择

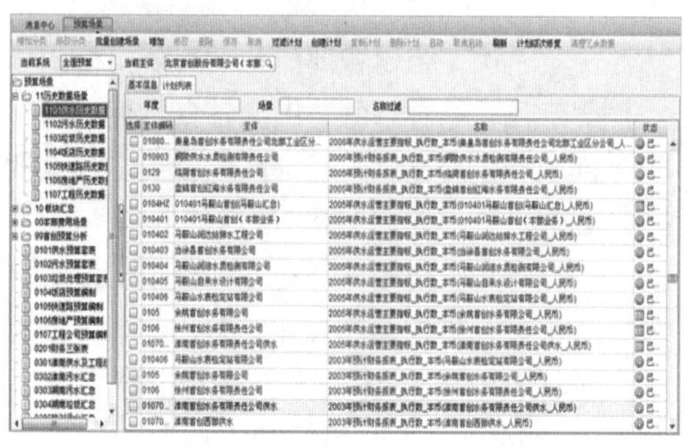

图 24　历史数据库界面

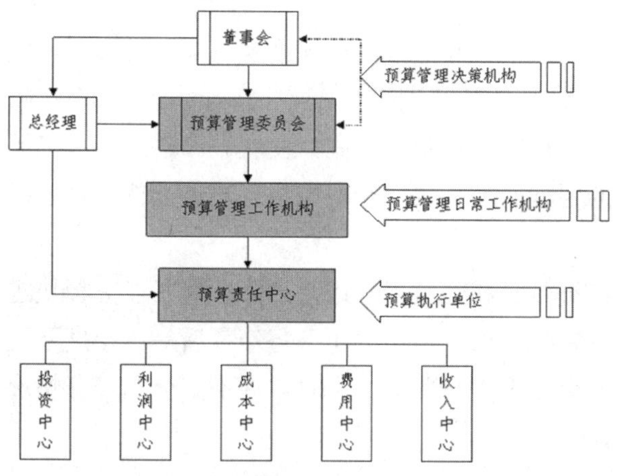

图 25　预算管控体系组织架构

（5）搭建汇总结构。根据对板块汇总、总部部门费用汇总、归口管理汇总等需求进行预算汇总，选择汇总结构即可出具汇总结果，为预算分析提供便利（见图 23）。

（6）固化历年各业务单元的历史数据库。依托各公司完备的基础数据，构建历史数据场景，形成供水、污水等多业务板块历史数据库，也形成每个预算单位的单独历史数据库（见图 24）。

5. Control 控制

（1）规范预算组织框架职责。

预算管理委员会：公司管理层领导下的最高预算决策机构。

预算管理工作机构：公司预算主管部门，负责预算实施与协调日常管理机构。

预算责任中心：公司职能部门、业务部门和下属公司预算部门（一般为财务部兼责），预算执行单位（见图 25）。

（2）建立预算控制基本流程。结合公司自身情况及管理要求，制定一套具体的全面预算业务流程包括：预算编制、预算执行和预算考核三个阶段。其中，预算编制阶段包括预算指标分解和责任落实、预算编制、预算审批等环节；预算执行阶段包括预算下达、预算执行控制、预算分析、预算调整等环节。这些业务环节相互关联、相互作用、相互衔接，周而复始地循环，实现对企业全面经济活动的控制（见图 26）。

（3）提出全面预算编制工作总体要求及遵循原则。公司部署年度全面预算编制工作时，要求各业务板块公司根据自身行业特点和上年实际完成情况，结合未来 5 年经营发展规划，以年度经营工作计划为依据，本着科学、合理、真实、准确的原则，保持经营信息和财务信息一致性，将保证营业收入稳步增长、成本费用控制、提高企业盈利水平等工作作为预算管理重中之重。如对预算指标的编制作如下规定：

供水业务：存量项目售水量增长率应不低于 2%，产销差率降低 1 个百分点，水费回收

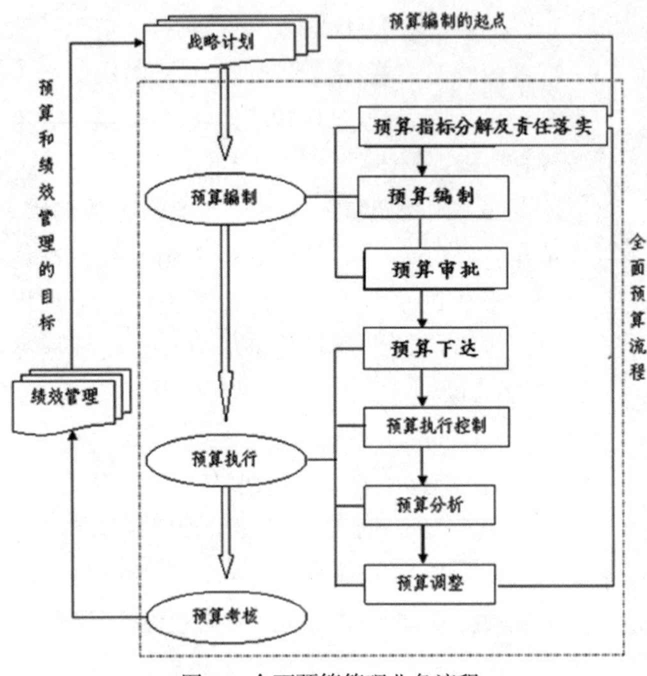

图 26 全面预算管理业务流程

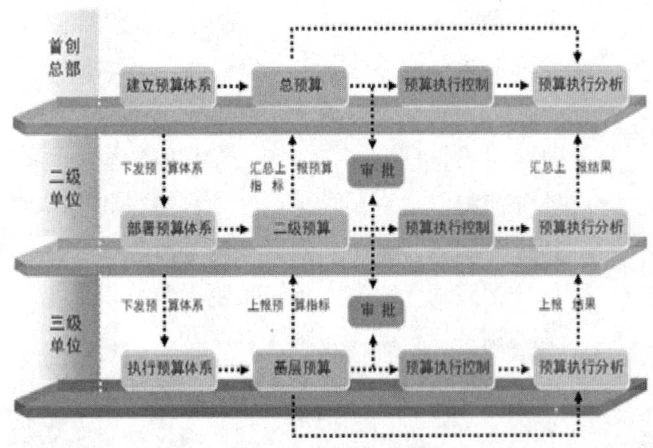

图 27 公司预算管理流程

率不低于上年实际水平，单位制水成本（营业成本 / 制水量）比上年实际水平降低 2%，管理费用不高于上年实际水平，水质合格率不低于上年实际水平。

污水业务和固废业务：存量项目实际处理量不低于上年实际水平，水费回收率不低于上年实际水平，单位处理成本（营业成本 / 实际处理量）不高于上年实际水平，管理费用不高于上年实际水平。

水务工程：营业收入、利润水平不低于上年实际水平。

酒店：出租率及毛利率不低于上年实际水平。

快速路：可控成本不高于上年实际水平。

新增投资项目按可研、投资测算考虑。

（4）梳理预算编制流程。首先，由公司预算管理委员会确定年度经营计划，以预算编制通知形式下达年度预算编制大纲。

其次，公司各部门和下属公司根据总部意见，结合预测，围绕各自目标，编制部门和公司预算，经部门或公司主管审批并签字确认后，上报公司预算部门。

再次，公司计划财务部根据上报的预算汇总，确定预算总体方案，并结合公司预算大纲对下属公司预算进行审核、平衡；对未达到要求的部门和下属公司要求重编，同时对预算编制过程存在的普遍问题上报公司预算委员会，重点解决。

最后，形成的预算方案由计划财务部向公司总经理汇报，并上报公司预算委员会审批、平衡和协调，确定最终年度预算，并批准下达，按年度预算目标落实经营重点（见图 27）。

（5）建立经营预测机制。从不同方面对预算执行过程实施控制，掌握其发展规律并进行准确预测，将预算控制重点前移，对出现偏差或风险预警的因素事前预测、事中控制，避免以往预算管理只在事后分析，保证公司经营向既定目标发展。

公司每年 5 月组织各下属公司对其半年和全年经济效益和经营指标进行预测，对各业务板块进行预测汇总，形成经营预测报告，并对差异较大的下属公司予以重点关注；每年最后一个季度下达每周经营预测通知，要求下属公司每周对全年实际发生动态进行预测，及时掌握下属公司经营情况（见图 28）。

2014年度经营预测

编制单位：**首创　　　　单位：万元

项目		1~6月							1~12月						
		2014年1~6月预测数	2013年1~6月实际数	与上年同期的差异	与上年同期的差异原因	2014年1~6月预算数	与预算的差异	与预算的差异原因	2014年预测数	2013年实际数	与上年同期的差异	与上年同期的差异原因	2014年预算数	与预算的差异	与预算的差异原因
公式		A	B	C=A-B		D	E=A-D		F	G	H=F-G		I	J=F-I	
损益情况															
	营业收入			—			—				—			—	
	利润总额			—			—				—			—	
	其中：工程利润			—			—				—			—	
	净利润			—			—				—			—	
经营指标															
供水	售水量（万吨）			—			—				—			—	
	产销差率（%）			—			—				—			—	
	综合水价（元/吨）														
	水费回收率（%）			—			—				—			—	
污水	实际污水处理量（万吨）			—			—				—			—	
	结算污水处理量（万吨）			—			—				—			—	
	结算水价（元/吨）														
	水费回收率（%）			—			—				—			—	
固废	实际垃圾处理量（万吨）														
	结算垃圾处理量（万吨）														
	处理费回收率（%）														
地产	开工面积（平方米）														
	复工面积（平方米）														
	签约额（万元）														
	签约面积（平方米）														
	平均房价（元/间）														

图 28 经营预测表样

（6）完善绩效考评体系。预算考评包括两个方面：公司部门预算考评与下属公司预算考评，主要考评各项预算指标的实际完成情况。

业绩考核：建立以效益指标为主的经营业绩考核，考核指标主要包括收入、利润等主要财务指标和售水量、产销差、水费回收率等核心业务指标（见图 29、图 30）。

**首创财务年终财务考核数据统计表

编制单位：

项目	全年预计	董事会预算数据	完成率
水量（万吨）			
收入（万元）			
利润总额（万元）			
净利润（万元）			

基本情况表

成立时间			
股权结构	股东	股权比例%	金额（万元）
注册资本金			

财务运行质量评价指标

项目
经营性现金净流量指标
其中：经营性现金净流量
总资产获利能力
其中：净利润
实际所得税率
平均总资产
资产负债率指标
财务运行质量评价指标
其中：流动比率
股利支付率（股利支付额/净利润
注1：指标保留两位小数点。
2、平均总资产为资产总额的期初数
补充数据（单位：万元）
应付股利期末账面余额
年初未分配利润
经营性现金净流量调整数

下属公司2013年度经营业绩考核（财务部分）评价

被考核公司：0
说明：
1、评价表中2013年相关财务数据暂为下属公司自报的审计前报表数，准确数据以审计后的报表数据为准。
2、财务考评结果详见2013年财务考核评价表。
3、重点提示：

第 1 页

2013年财务考核评价表

报表利润总额（未审计数）		报表净利润（未审计数）	
经营性现金净流量指标得分（0.5分）		总资产获利能力指标得分（0.5分）	
资产负债率指标得分（0.5分）		财务质量综合评价得分（0.5分）	
综合得分			
扣分项说明			

计划财务部

图 29 年度业绩考核

三、项目创新

项目的构建与实施是公司变革的必然趋势，也是完善公司治理结构的必然要求，使公司管理进入一个新的阶段，提升到一个新的高度。

（一）领先性

项目依托于集团化管理方针，建立了包含供水、排水、固废、工程建设、土地开发等多领域、多形式的预算体系。

突出维度，满足公司发展需求，满足不同需求的分析应用，完善预算保障体系。

突出深度，预算系统以其数据透析能力，深入核算系统数据中，弥补了传统预算模式下数据滞后的缺点，保证了数据的及时、准确。

所属公司管理制度和规定执行情况考核评价

项目类别：规范化管理考核表　　　　考核期间：2013年1月至2013年12月

被考核公司名称		马鞍山首创
股份公司考核部门		计划财务部
考核依据（制度和规定名称）		内部管理规定、全面预算管理规定等
序号	考核内容	执行情况、评分结果及说明
1	财务分析（40分）	
2	经营预测及重大事项（30分）	
3	NC预算填报（30分）	
其他意见及建议		
最终评定得分（百分制）		

考核评审意见：

评价人签字：
日期：

部门评审意见：

部门总经理签字：
日期：

图 30 年度规范化管理考核

突出宽度，项目的实施不仅只涉及财务指标，还重视其延展性，充分考虑公司战略管理、运营服务、内部业务流程整合和人力资源管理等方面的非财务指标，将其纳入预算体系，形成了一套业务预算与财务预算统一结合，融入绩效指标、投资管理、资金管理的预算标准化体系，拓宽了预算管理的效能，对决策管理提供支持。

（二）战略契合性

战略规划、计划预算、绩效考核为公司管理的三驾马车，年度目标则是公司战略的量化和具体化。公司将其逐级分解到各部门和下属公司，再由公司各个责任主体落实各项计划，并形成相应的预算。

作为预算管理的一套完整体系，将各责任主体各类预算逐级汇总，最终形成全面战略预算。随着公司规模的不断扩大，业务复杂程度不断增加，作为贯彻实施战略执行和实现年度目标的有力工具，是对公司五年战略规划的合理匹配（见图 31）。

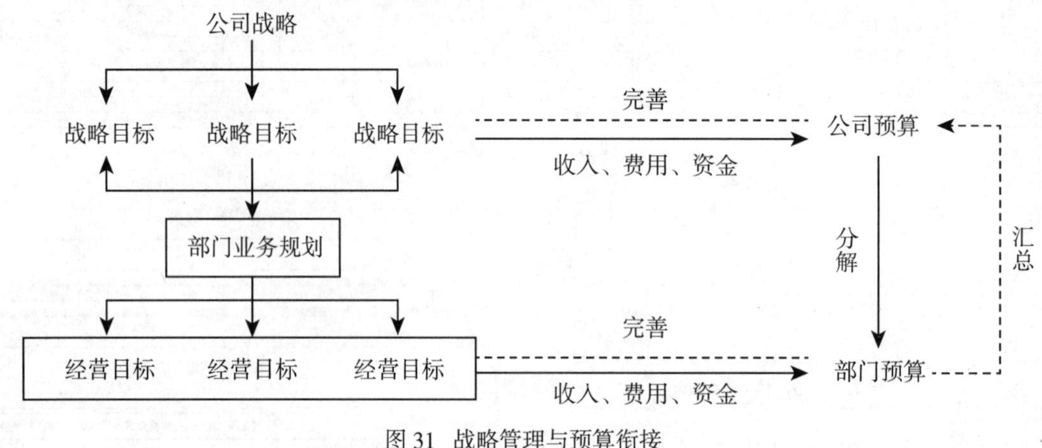

图 31 战略管理与预算衔接

（三）标杆性

通过项目进行历史年度和对标企业的数据对比、智能分析，使得公司有效构建预算成本标杆体系，并将标杆延伸扩展为发展类标杆、收入管理类标杆、支出管理标杆三大方面，通过对标管理，结合各板块预算项目的标杆指标，以标杆数据为依托，有利于分析预算编制的合理性，使预算力度更加细化；有助于合理调整预算，合理配置资源。

（四）应用性

公司正处于投资扩张期，下属新公司越来越多，因此，通过运用公司编制并下发的预算管理操作指导手册，结合简洁清晰的系统操作界面，使相关人员能够较快掌握编报流程。

新公司的增加也导致总部汇总量加大，而项目的应用不仅帮助公司解放了劳动力，还满足了公司管理的日常需要。项目的强大预警功能和自动取数功能对公司的预算管理将产生深远影响。

由于全面战略预算管控体系涵盖公司各种预算数据，信息联网使公司实时报告信息和用户实时获取信息成为可能，并且项目动态跟踪发生的每一项收支变动，使用者可随时得到财务信息和非财务信息，而建立的信息反馈系统，还能实现企业信息互动。

通过项目构建并实施，确保了及时和准确获取财务管理信息，进而全面了解公司经营状况，助力公司从分散财务管理到财务集中管控的飞跃。

四、项目实施效果

项目的实施为公司带来可持续增长，从投入产出比来看，2013 年度项目的效益额为 5070.55 万元，与投入成本 120 万元相比，投入产出率约为 4225%。其经济效益体现在以下三个方面：

（一）吨水成本节约带来经济效益

公司自成立以来，一直注重加强成本费用控制。项目实施后，对水务企业成本管理起到了目标导向作用，有效提高成本控制的预见性及项目预警和过程监控作用，提高了全员成本控制意识，有效提高了成本预算管理的执行力。2012 年污水公司营业成本为 34831.11 万元，实际污水处理量为 68296.30 万吨，单位处理成本为 0.51 元 / 吨水；2013 年营业成本为 35529.05 万元，实际污水处理量为 72508.27 万吨，单位处理成本为 0.49 元 / 吨水，比上年同期下降 0.02 元 / 吨水。按 2013 年水量计算，节约吨水成本产生直接经济效益 1450.17 万元。

（二）产销差率降低带来经济效益

供水行业中，产销差率直接影响公司经济效益，也反映一个供水公司的整体水平。2012 年，供水公司的供水量为 53974.29 万吨，售水量为 39906.25 万吨，产销差率为 26.06%；2013 年供水量为 55731.91 万吨，售水量为 41852.69 万吨，产销差率为 24.90%，比上年同期下降 1.16 个百分点。按供水公司均价 1.86 元 / 吨计算，产生直接经济效益 3620.38 万元。

（三）加强了集团管控，提升了管理水平

项目的实施，规范了预算管理工作流程、统一了相关标准，使预算数据更真实，实现了预算的有效监督、成本的有效控制，为企业创造了新的利润增长点，提升了集团管控和管理水平。

总　结

公司集团化 5C 全面战略预算管控体系的实施，实现了公司各层级和各成员的整合，进一步提高了公司经营管理效率，推动了公司预算管理工作从“一般管理”向“集中管控”的转变。首创股份会以此为新起点，继续追求科技创新和管理创新，持续改善和提升管控水平。

以价值创造为导向的预算管控

创造单位：中国兵器工业集团公司财务金融部
主要创造人：翁建威　　创造人：孙殿文　袁树宝　商逸涛　王晓丹

［摘要］2003 年中国兵器工业集团正式将全面预算确定为“四大工程”建设内容之一以来，经过近十年的工作实践，全面预算对兵器工业集团经济发展的引领作用凸显，有效提升了财务管理工作价值。但随着国资委将 EVA 列入中央企业考核基本指标，中国兵器工业集团结构调整和管理精细化步伐的加快等形势变化，全面预算管理正面临着需要不断探索和解决的新问题。因此，结合中国兵器工业集团“十二五”发展战略要求，必须充分发挥预算管理的引领作用，进一步优化预算管控模式，支撑企业价值创造的管理需求。本管理创新成果从价值驱动因素分析入手，通过系统的理论研究和大量的实践总结，提出了以价值创造为目标、以预算管理为平台、以边界和标准控制为手段，以“四大工程”为保障的集团公司基于价值创造的预算管控模式（VBCBM），包括总体思路、体系框架、指标体系、管控流程和内部运行关系。同时，在军民品价值目标协调、管理程序设计、EVA 价值驱动因素与企业单项预算对接、预算指标边界和标准测算等方面给出了创新性的操作方案和实现途径。

［关键词］价值创造；预算管控

中国兵器工业集团公司（以下简称兵器工业集团）是陆军武器装备研制发展主体和三军毁伤与信息化装备研制发展骨干力量，以服务国家国防安全和国家经济发展为使命，以提升自主创新能力、提高发展质量、履行社会责任为三大任务，在建设高科技国际化兵器工业，打造有抱负、负责任、受尊重国家战略团队，建设国际一流防务集团和国家重型装备、特种化工、光电信息重要产业基地实践中，努力建设与我国国际地位相适应的兵器工业。兵器工业集团现有子集团和直管单位 46 家，主要分布在北京、陕西、甘肃、陕西、河北、内蒙古、辽宁、吉林、黑龙江、山东、河南、湖南、湖北、重庆、云南等省、市、自治区，并在全球建立了数十家海外分支机构。截至 2013 年底，兵器工业集团资产总额近 2993 亿元，销售收入 3812 亿元，利润 100 亿元，EVA（经济增加值）73 亿元，人员总量 27.55 万人。兵器工业集团列 2013 年世界 500 强企业第 161 位。

一、以价值创造为导向的预算管控实施背景

2003 年兵器工业集团正式将全面预算确定为“四大工程”建设内容之一以来，经过近十年的工作实践，全面预算对兵器工业集团经济发展的引领作用凸显，有效提升了财务管理工作价值。但随着国资委将 EVA 列入中央企业考核基本指标，兵器工业集团结构调整和管理精细化步伐加快等形势变化，全面预算管理正面临需要不断探索和解决的新问题。因此，结合兵器工业集团“十二五”

发展战略要求，必须充分发挥预算管理的引领作用，进一步优化预算管控模式，支撑企业价值创造的管理需求。

（一）兵器工业集团全面预算管理存在问题剖析

1. 以价值创造为导向的全面预算管理理念未真正建立

一是全面预算作为战略实施的工具和机制的战略引领作用的体现还不充分。由于各方面因素制约，企业年度预算目标体系与经济责任目标不能完全衔接，各单位每年大都有两个目标，一个是预算目标，另一个是经济责任目标。由于考核是经济责任目标，因此各单位负责人更注重考核指标。造成各单位内部存在两套方案，实际实施的是以考核为主的方案，全面预算实施方案只是在“编”预算，影响了全面预算的科学性、合理性和准确性，使得兵器工业集团难以整体把控全集团经济走势，难以及时发现问题进而采取措施。

二是没有建立以价值创造为导向的预算管控体系。以价值创造为导向的预算管控体系则是以EVA持续改善为目标，而传统的预算管控以收入或利润为导向，无法通过预算总量控制和过程管控最终实现价值创造。

2. 全面预算管理在执行上仍需进一步规范化

一是财务预算与业务预算相脱节。没有将财务预算与业务预算实现有效对接，目前仍存在“两张皮”现象，具体的业务工作并不完全按照预算开展，不能发挥全面预算管理统筹配置资源、实现过程管控的功能。破坏了预算的完整性，削弱了预算的约束力。

二是预算管理执行力度不足。预算制定的层层分解、层层控制不到位，在预算的执行过程中仍有不受预算约束的环节。没有切实做到从重点业务或重点项目入手，实现预算对各项关键生产经营活动的有效控制，尤其是成本费用预算控制、投资预算控制、债务规模与结构的预算控制等边界和标准管控。

三是预算体系与考核体系衔接不畅。预算管理体系包括预算评价与考核体系，是保证预算指标实现、贯彻战略目标的重要环节。企业缺乏与预算系统对应的完整的评价体系，评价与考核体系在面上未能包括所有部门和全体人员，且与预算目标、执行结果脱节，其指标也未与预算指标衔接。

（二）开展以价值创造为导向的预算管控的必要性

1. 保障兵器工业集团实现产业发展目标的需要

兵器工业集团“十二五”规划要通过全面预算管理进行层层分解，使全体员工对未来的发展目标有清晰的认识，通过年度预算把涉及兵器工业集团经营目标的经济活动连接在一起，使影响经营目标实现的各种因素都发挥最大的潜能。

2. 加强企业内部控制的需要

通过预算管理组织权限的划分和授权控制，以全面管理各个程序的全过程、全方位落实控制事项，指定责任中心归口管理，实现公司资源优化配置，促进兵器工业集团各项任务顺利完成。

3. 促进集团协调发展、理顺企业内部关系的需要

随着兵器工业集团的不断发展，组织架构日益复杂，全面预算管理可以使公司内部各部门均围绕着集团战略目标协调一致地完成各项经济活动，将财务预算与业务预算有效衔接起来。通过标准的业务模板、标准成本等工具，从流程上保障以各项业务预算为基本预算编制工作的畅通。加强预算流程与其他管理流程之间的衔接，注重各个流程之间的接口和联系。

二、以价值创造为导向的预算管控内涵和主要做法

从兵器工业集团定位看，价值创造包括两方面内容：一是确保军品核心能力不断增强，实现国防利益最优化；二是确保效益与效率不断提高，实现股东价值最大化。要实现兵器工业集团的价值创造目标，必须建立一套系统、可控的价值创造执行体系（基于价值创造的预算管控模式），将价值形成过程中的相关要素融入和固化到企业生产经营实践中，并通过全面预算进行系统推进和全程监管，从而实现企业价值创造过程的闭环控制。建立基于价值创造的预算管控，必须紧紧围绕兵器工业集团的核心使命，积极关注军品科研生产能力建设和EVA增值过程，对企业全面预算流程进行梳理，找出推进价值形成的主要路径和关键环节，并在此基础上进一步完善投资预算、经营预算、资金预算、科研预算等业务预算和专项预算之间的协调运行机制，以此形成工作目标明确、预算流程清晰、控制指标科学、责任部门到位的预算管控模式。从而形成以价值创造为目标，以预算管理为途径（平台），以边界和标准控制为手段（方法），以“四大工程”为保障（支撑）的兵器工业集团基于价值创造的预算管控模式（VBCBM）。主要做法如下：

（一）梳理基于价值创造的预算管控基本流程

1. 基于价值创造的预算管控流程

基于价值创造的预算管控模式是建立在兵器工业集团全面预算管理体系基础之上的一种优化模式。在该模式中，预算总体目标是EVA总量或EVA改善度，而收入和利润是实现EVA总体目标的分项指标要求；预算内容和预算指标紧紧围绕改善和提高EVA目标，实现具体环节和具体指标与EVA的量化连接，更加突出价值创造导向；预算管控方式则以边界控制和标准管理为主线，将确定的EVA最终目标直接分解落实到关键预算指标和业务环节。除此之外，预算组织、预算编制、预算执行、预算监控和预算考评等内容及过程与兵器工业集团全面预算管理体系应实现完全融合。

兵器工业集团基于价值创造预算管控流程如图1所示。

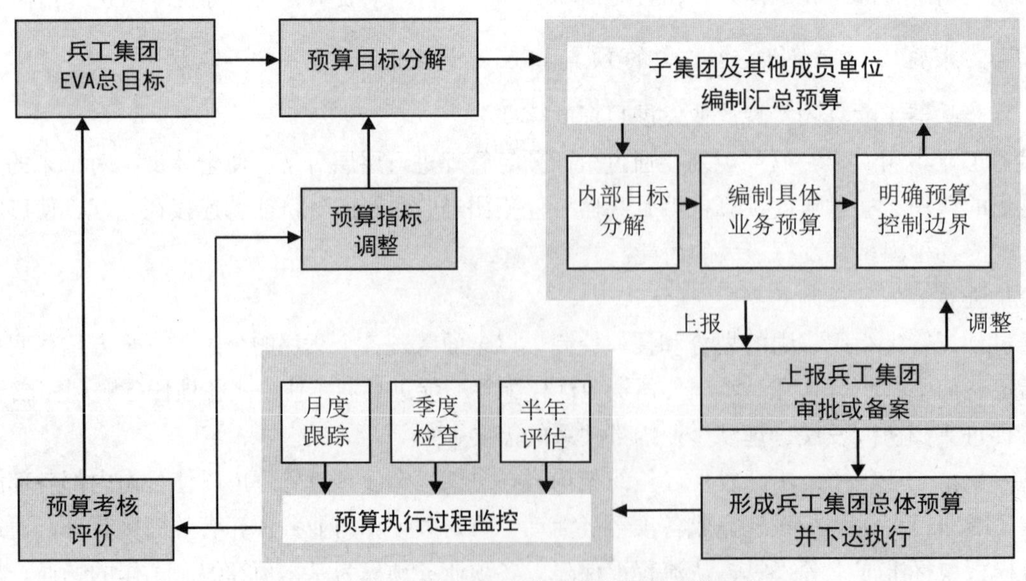

图1 兵器工业集团基于价值创造的预算管控流程

兵器工业集团现有全面预算管理体系中的部分模块需要进一步调整和优化，包括组织体系、目标体系、编制体系和考评体系等。特别是要改变以财务部门为主体、以各项报表为主线的预算编制方法，建立以具体业务为主要支撑的预算编制流程。对于基础管理水平较高、信息化手段较强的企业，预算管控指标要分解细化，明确每一项指标的改善能够促进 EVA 改善和提高程度。一般企业也要突出重点，将经营预算、投资预算和财务预算中对 EVA 影响起关键作用的指标作为过程管控的主要内容。

兵器工业集团预算管控内部运行结构如图 2 所示。

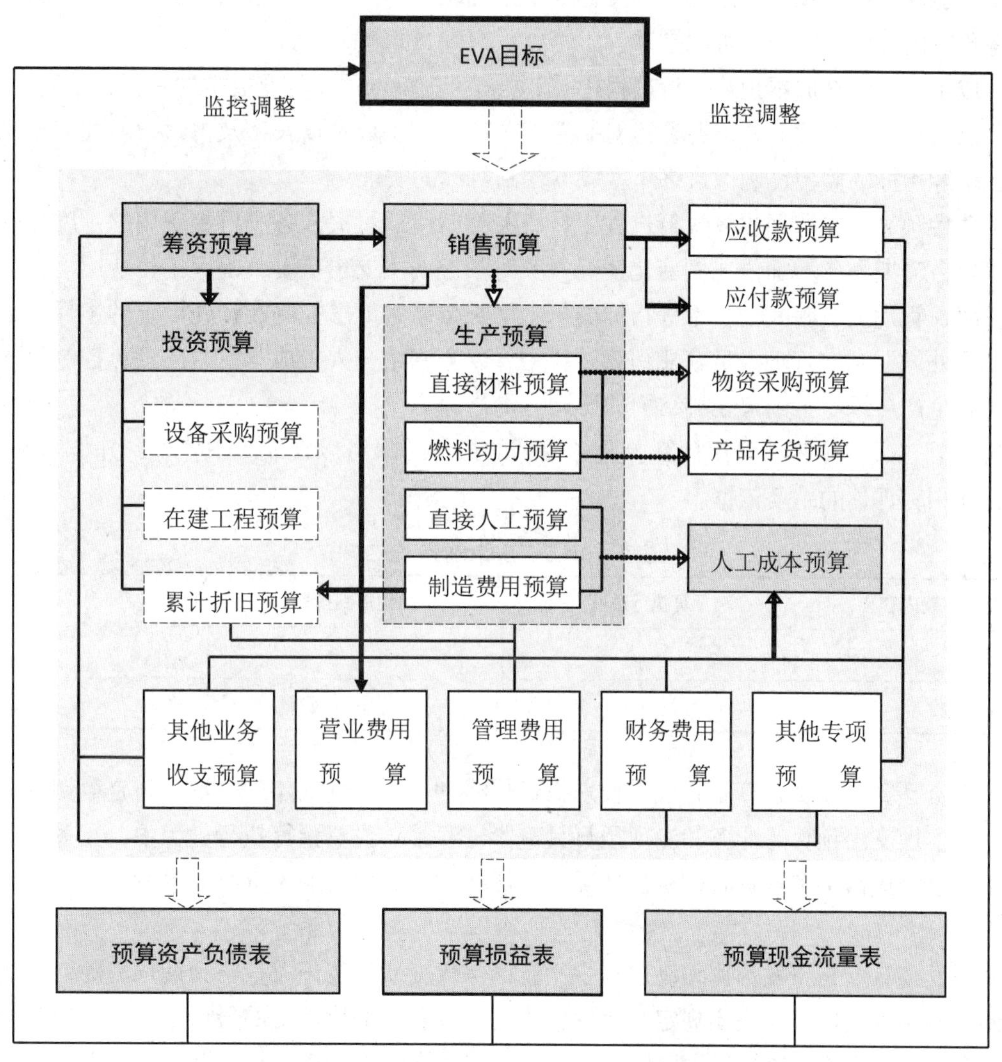

图 2　兵器工业集团预算管控内部运行结构

基于具体业务预算编制流程，其主要思路就是以战略目标为引领，以具体业务为起点，通过目标分解和业务对接，把企业各部门的单向目标引导到企业总体目标当中，实现战略规划落地、年度目标落实、过程监控明确的闭环预算管理体系。如直接材料预算要根据企业发展规划和当期经营目标，分解落实各类产品的材料需求、生产进度、价格走势，并结合材料消耗定额及工艺创新对材料利用率的影响等情况，精细化确定各种材料的采购和使用预算；人工成本预算要根据当期经营规模和业务发展需要，分解落实每一个生产经营环节的职工需求数量、最低工资水平、薪酬激励方式等，最后根据单位人工成本变化对目标 EVA 影响程度调整和确定人工成本预算等。

2. EVA 驱动因素与企业单项预算对接

为更好实现预算管控目标，企业必须从预算编制到预算执行全过程中，对每一个环节、每一项预算内容进行合理安排，并与 EVA 的变化相对应，最后通过关键监控指标边界值和标准值进行综合反映。

（1）销售预算。在销售预算执行过程中，有关部门应通过关注营业收入、销售费用、市场占有等指标数据的月度和季度变化，及时发现问题，滚动调整预算，确保营业收入增长率等指标的年度增长幅度，能够控制在预先设定的边界（标准）范围之内。同时，销售预算也要与产成品存货、货款回收等预算内容紧密结合，协调推进。

（2）成本预算。在成本预算执行过程中，有关部门应重点关注可变成本的月度和季度变化情况，与预算节点目标进行对比分析，并通过对制造成本率、人工成本增长率及占财务增加值比例、制造费用增长率等指标的监控，确保最终年度成本控制目标的实现。

（3）费用预算。在费用预算执行过程中，有关部门应通过关注各项可控费用的月度和季度增长情况，以及占当期财务增加值比例变化情况，实时掌握费用支出节奏，确保销售费用增长率、管理费用增长率、管理人员薪酬增长率等指标的年度增长幅度，能够控制在预先设定的边界（标准）范围之内。另外，在制定管理人员薪酬预算过程中，要紧密结合人工成本总量的预算控制目标，注重管理人员和生产一线职工内部薪酬结构的协调、优化。

销售预算、成本预算、费用预算等业务预算的最终结果可以在表 1 中体现，并作为预算跟踪、预算检查和预算评估的主要依据。

表 1 单项业务预算编制情况汇总

预算编制内容	预算执行进度	关键控制指标	责任部门

（4）投资预算。投资预算是企业中长期投资战略和投资规划的年度分解，与企业销售预算、资金预算、资本性支出预算等业务和专项预算具有紧密联系。投资预算执行过程中，有关部门应重点监控投资进度完成情况和投资收益实现情况，确保新增投资项目的投资收益率达到预算要求的最低边界值。

（5）研发预算。在研发预算编制过程中，要确保年度研发费用总量与预期创造的财务增加值比例相协调，并达到兵器工业集团规定（研发费用占营业收入的比例）的最低水平。在研发预算执行过程中，有关部门应重点监控研发费用的使用情况和最终效果，确保研发投入对企业未来提升 EVA 价值创造能力形成有效支撑。对研发预算执行情况的考核评价，可以结合目前正在推进的技术增加值（TVA）管理思路进行个性化操作。

（6）资金预算（含筹资预算）。在资金预算执行过程中，有关部门应通过合理配置财务资源，控制资金流入流出总量和节奏，确保企业现金流平衡和债务结构优化，确保资产负债率、带息债务总量及结构等指标控制在合理的预算边界范围之内。

（7）资本性支出预算。在资本性支出预算执行过程中，有关部门应重点关注预算总量、预算内容和预算进度差异，严格控制预算外资本性支出项目特别是非经营性项目，促进总体资本使用效率的改善和提高，确保年度内新增资本占用规模控制在合理的预算边界内。

投资预算、研发预算、资金预算、资本性支出预算等专项预算的最终结果可以在表 2 中具体体现，并作为预算跟踪、预算检查和预算评估的主要依据。

表 2　单项专项预算编制情况汇总

预算编制内容	预算总量及进度	预算执行差异	重点关注事项	责任部门

预算损益表和预算现金流量表，并以此分析测算预算执行后的最终效果。在预算执行过程中，要通过对业务和专项预算的实时监控及时发现预算指标波动和偏离，以及指标变化对 EVA 改善和提高的影响，并在月度跟踪、季度检查和半年评估过程中进行调整、优化，最后形成 EVA 分析评价报告。

EVA 驱动因素与企业预算内容（指标）对接情况如附表 3 所示。

（8）资产负债表相关事项的预算调整。与营业收入、成本费用等有关的经营事项对 EVA 的影响比较直观，预算流程也比较清晰。在经营业务目标和经营活动具体内容确定后，如何通过调整资产负债表的相关事项来促进 EVA 的改善和提高，是企业总会计师和财务人员应当重点关注的问题。

根据对 EVA 影响因素的分析，企业应当关注资产负债表中的以下事项，并对相关事项进行预算谋划，以便达到 EVA 的最大化。

吸收投资。企业吸收直接投资，一般情况下，会增加资产与所有者权益。从 EVA 计算公式来看，对 EVA 的影响是按照 4.1% 的比例减少。

债转股。一是政策性债转股，企业将银行贷款销售给资产管理公司，会减少企业银行贷款，增加所有者权益，资产总额不发生变化。从 EVA 计算公式来看，对 EVA 没有影响。二是企业间债务重组，企业将债务转为所有者权益，会减少平均无息负债，增加所有者权益，资产总额不发生变化。从 EVA 计算公式看，对 EVA 的影响按照 4.1% 的比例减少。

在建工程转固。一是国拨项目转固，企业将在建工程转为固定资产，同时将专项应付款转为资本公积，会减少在建工程，增加所有者权益，减少负债总额，资产总额不发生变化。从 EVA 计算公式来看，对 EVA 的影响是按照 4.1% 的比例减少。二是自筹项目转固，会减少在建工程，所有者权益、负债总额与资产总额都不发生变化。从 EVA 计算公式来看，对 EVA 的影响是按照 4.1% 的比例减少。

清产核资。政策性清产核资，企业一般是减少资产，同时减少所有者权益。从 EVA 计算公式来看，对 EVA 的影响是按照 4.1% 的比例增加。如清产核资核销在建工程，则为资产总额减少，在建工程减少。从 EVA 计算公式来看，对 EVA 没有影响。

核销资产。企业核销不良资产，应计入当期损益，同时减少资产、净利润及所有者权益。由于减少净利润对 EVA 同向等额影响，则从 EVA 计算公式来看，对 EVA 的影响是按照 100% 的比例减少。如核销资产为在建工程，对 EVA 的影响是按照 104.1%（100%+4.1%）的比例减少。

筹资筹划。在负债总额一定的情况下，平均无息负债比重增加，EVA 也会相应按照 4.1% 的比例增加，所以如果企业将减少短期借款，增加应付票据等无息负债，则会按照 4.1% 的比例增加 EVA。

在偿还债务时，偿还项目不同，对 EVA 金额的影响也不同。如果年末用资产偿还无息负债，会造成平均资产和平均无息负债的同时等额减少，对 EVA 的影响相互抵消，不能增加 EVA。如果年末用资产偿还短期借款等非无息负债，就会因资产减少而增加 EVA，不会有 EVA 的减项产生。

（二）预算指标及边界（标准）测算

由于 EVA 驱动因素及业务和专项预算中涉及指标较多，包括结构类指标和损益类指标，而从兵器工业集团管控角度看，有些是集团层面应当重点关注的问题，有些是企业内部管理过程中应当关注的问题。因此兵器工业集团应重点关注对改善和提高 EVA 较敏感、对业绩推动起关键作用且易于管控的指标，并确定这些指标的指导标准、业务边界和风险边界。

1. 指标选择

通过将各项指标按单项因素变化对 EVA 的影响进行敏感性分析测算（分析测算思路见附件 1），并考虑指标的预算和控制难度，最后确定的各项预算管控指标如下：

主营业务收入增长率——在 EVA 目标明确后，必须在销售预算中制定收入增长的最低边界值，以此确保最终销售目标的实现。

管理费用增长率及占财务增加值比例——为确保实现预期税后净营业利润，必须在费用预算中明确管理费用的总量控制标准，并结合企业实际情况，制定管理费用占财务增加值的合理比例，以此作为编制年度费用预算的依据。

销售费用增长率——在费用预算中，销售费用的总量增长要与民品规模的增长相匹配，将增长幅度的比例系数作为销售费用预算边界的确定依据，并根据企业产品所处的发展阶段进行合理的预算控制。

制造成本率（主营业务成本率）——必须在企业成本预算中明确直接材料、燃料动力、直接人工、制造费用等项消耗的总量控制目标和相关控制标准，以此确定制造成本率的预算边界。应通过细化预算将制造成本率指标进一步分解，从基础指标出发实现对 EVA 目标的推动。

人工成本增长率及占财务增加值比例——在制定年度预算时，要充分结合企业实际情况，以人工成本占财务增加值比例为依据，合理确定人工成本的增长范围，并在总量控制的同时推进内部结构的调整和优化。

研发费用占财务增加值比例——在总体把握上，要以企业所处发展阶段和财务增加值为基础进行标准管理，进而形成基于价值创造能力的预算控制机制。在预算导向上，要重点关注研发投入比例的下限，确保控制在一定的水平之上；鼓励企业加大研发投入，提高研发投入比例，并在有条件的情况下适当突破上限比例。

资产负债率——必须在平衡当期效率和未来风险前提下，合理利用债务性资本，并根据企业自身经营状况和发展需要制定资产负债率边界，以此作为预算控制的依据。

付息债务总量与结构——必须结合企业经营发展需要、产品市场前景和当期获利水平、经营现金流状况等合理制定债务资金总量边界，通过资金预算进行过程控制，同时进一步强化资金集中管理和集团化运作，降低资金成本率。

速动比率——从提高偿债能力、控制财务风险角度考虑，企业应确保速动比率达到一定水平，并以此作为预算控制边界。

应收账款占用总量及周转率——必须根据企业所处的行业特性和企业自身的承受能力，确定应收账款总量增长及周转率的边界值，并通过相关预算进行控制。

存货占用总量及周转率——企业要根据产品市场环境的预期变化，合理安排物流和生产进度，确定存货特别是产成品存货的最高边界值。同时要建立存货和应收账款的协调控制机制，避免存货降低而应收账款增加，"两金"占用仍然较高的情况发生。

投资增长率及回报率——通过科学论证和专项预算对项目安排和投资增长进行协调控制，根据项目类型对投资回报率设定最低限值，确保新增投资项目对 EVA 的贡献及风险和效率的平衡。

经营性现金净流量——必须对企业现金流预算进行严格管控，通过加大内源融资力度实现资金的高效运转，以确保效率和风险的平衡及企业的可持续发展。现金流量监控的具体指标包括盈余现金保障率和现金流动负债比率。

由于处于不同产业（行业）、不同发展阶段和不同经济状况的企业，其发展目标和工作重点各有不同，所适用指标也必然不同。因此，必须根据企业实际情况，个性化选择和确定不同类型企业的预算监控指标。

2. 边界（标准）测算

企业根据实际情况个性化选择和确定预算监控指标后，关键问题是如何分析测算预算指标边界值和标准值。由于企业经营状况和所处环境差异较大，兵器工业集团不可能制定统一的各项指标边界值和标准值。因此，各单位要根据兵器工业集团 EVA 目标分解情况，结合本单位产业特性、市场地位、管理能力及近三年财务运行状况，分析计算本单位 EVA 变化趋势及关键影响因素的敏感程度，并在此基础上测算本单位下一年度各项预算监控指标的边界值或标准值。具体分析测算方法如下：

（1）根据兵器工业集团对本单位年度经营目标要求及本单位近三年主要经营指标变化情况，分解、制定年度经营总目标及收入、成本、费用等业务预算控制目标，并在此基础上编制相关业务预算，测算相关控制指标。

（2）结合本单位发展战略、中期规划和年度业务预算，编制年度投资、研发、资金、资本性支出等专项预算，提出投资增长及回报率和经营性现金净流量目标，以及资产负债率、速动比率、付息债务总量与结构等预算控制目标。其中，资产负债率和付息债务总量目标要结合企业近几年偿债能力变化情况，通过建立企业最大债务承受能力模型，经分析测算的确定。

（3）根据兵器工业集团年度相关财务指标的总体水平（按机械、化工、光电分类）、国防科技工业相关财务指标总体水平和国资委发布的企业绩效评价标准值，对相关预算指标进行对标调整。如果本单位预算指标已经达到行业优秀水平，必须按照国际先进水平进行更高层次的对标调整。

（4）分析本单位近三年投资回报情况、现金流量情况，以及资产负债率、速动比率、付息债务构成和总量增长变化情况，结合未来经营预期及相关指标对标比较情况，调整优化预算内容和重点监控指标预算目标。

（5）根据调整后的业务预算、专项预算，以及重点监控指标的预算控制目标，测算 EVA 总目标，形成能够满足 EVA 计算和风险监控要求的预算资产负债表、预算损益表和预算现金流量表，并据此计算 EVA 改善和提高情况。

（6）分析计算 EVA 预算目标与年度目标要求的差异，并根据不同的敏感性驱动因素进行结构性调整，修正业务预算和专项预算有关内容和监控指标，确保在实现相同 EVA 目标条件下，能够进一步优化资本结构，实现效率和风险的最终平衡。

（7）将最终调整确定的收入、投资、现金流等预算目标，以及管理费用比率、制造成本率、人工成本比率、资产负债率等重点预算控制指标的目标值，作为预算监控指标的边界值和标准值，并在预算执行过程中进行刚性控制。

对于管理费用、人工成本、研发费用等占财务增加值比例，以及资产负债率、速动比率、现金净流量等损益类和结构类指标，兵器工业集团将根据企业类型及近几年综合发展状况，定期给出指导性控制范围和未来控制目标（相关确定方法见附件 2）。各单位应在此基础上，结合本单位个性化特性，制定与当前经营及未来发展相适应的标准值和边界值，并以此安排相关费用和付息债务规模的预算控制总量。

各单位应根据预算监控指标边界值和标准值的测算方法，结合本单位实际情况，经分析测算并作相应调整后，形成如表 3 所示的相关控制内容和边界（标准）值，以此作为预算执行过程中管控的依据。

表 3 企业预算执行过程控制标准

企业名称	EVA 改善目标	预算环节	监控指标	边界值或标准值

三、以价值创造为导向的预算管控实施效果

本管理创新成果主报告《围绕做强主业 持续创造价值——集团公司构建以价值创造为导向的预算管控模式》于 2011 年作为集团公司《关于全面贯彻落实〈关于强化预算管理 促进价值创造的指导意见〉的通知》（兵财字〔2011〕102 号）文件附件下发全系统，已经作为兵器工业集团全面预算管理体系建设的重要指导性文件，为兵器工业集团围绕做强主业、持续创造价值提供了决策支撑。该项管理创新成果于 2010 年开始进入推广应用阶段，取得了明显的经济效益和社会效益，2011~2013 年兵器工业集团 EVA 改善度分别为 27%、14% 和 4.5%。

（一）进一步完善兵器工业集团全面预算管理制度体系

（1）在本管理创新成果基础上制定的《关于强化预算管理 促进价值创造的指导意见》已经作为兵器工业集团文件（兵器财字〔2011〕830 号）下发全系统，作为各子集团和直管单位建立价值导向预算管控模式的指导性文件。

（2）在本管理创新成果基础上制定的《集团公司全面预算管理办法》已经作为兵器工业集团文件（兵器财字 [2012]60 号）下发全系统，作为指导各子集团和直管单位全面预算管理的纲领性文件。

（3）在本管理创新成果基础上制定的《集团公司以价值创造为导向的全面预算管理工作指引（试行）》已经作为兵器工业集团文件（兵器财字〔2013〕651 号）下发全系统，作为各子集团和直管单位具体实施价值导向预算管控的指导性文件。

（4）以本管理创新成果为基础，兵器工业集团正在抓紧制定《集团公司全面预算管理评价办法》。

（二）对兵器工业集团建立以价值创造为导向的预算管控模式发挥了重要指导作用

（1）本成果提出的以价值创造为导向的预算管控模式（VBCBM）及操作流程和方法，已作为

兵器工业集团全面预算管理体系建设的重要内容。

（2）本成果提出的边界管控和标准管理方法，已经在企业预算编制、执行和考核评价中得到应用，对优化资源配置、提高管理效益、控制运营成本、降低经营风险等发挥了较好的作用，部分企业已经取得明显的经济效益。

（3）兵器工业集团下属部分子集团和成员企业，如兵科院203所、北化集团805厂、铁马集团、激光集团、淮海集团等作为兵器工业集团推进以价值创造为导向的预算管控的重点跟踪单位，在本管理创新成果基础上结合本集团内部组织结构和业务特性进行了认真研究，制定了强化预算管理，促进价值创造的实施方案。通过强化组织领导，研究分解经济增加值（EVA）的驱动因素、落实责任主体，优化预算管理流程，对预算指标进行个性化边界控制和标准管理等体系建设和方法落实，全面提升了各子集团的预算管控能力和价值创造水平。经过2010年以来的实施和运行，基于价值创造的预算管理模式在各子集团已经取得了明显的经济效益。通过将EVA目标分解到投资和成本费用预算中，明确各项预算指标的标准和边界，子集团内部成本费用耗费水平明显降低，经营风险得到有效控制。

（三）得到国资委的重视和应用

本管理创新成果得到国务院国资委相关领导重视，其中的主要思路和观点在中央企业2011年财务工作会议文件《关于进一步深化中央企业全面预算管理工作的通知》中得到体现，取得了明显的社会效益。

财务委派制下的财务共享中心建设

创造单位：北控水务集团有限公司

主要创造人：于立国　　创造人：周 莉　孙 敏　田林娜　江 艳

[摘要] 建立财务共享服务中心就可将财务资源集中化，尽可能降低运作成本，更精准地控制财务管理，推进自动化管理。本项目由集团专人牵头，在集团财务各子部门和事业部财务部选择精干力量组成6人专业工作小组，推进共享中心专项建设工作。专业工作小组设计财务共享中心方案：集团统一的原则性执行规范，各共享中心必须严格执行；集团对重点事项、流程及实操工作的建议，各共享中心参照执行；在不突破集团制定的框架和原则内，各共享中心自主设计执行。

[关键词] 财务共享；集中；自动化管理

北控水务集团有限公司（以下简称北控水务集团）是香港联合交易所主板上市公司（股份代号：0371），是香港主板上市的北京控股有限公司（股份代号：0392）旗下水务旗舰企业，是国内具有核心竞争力的大型水务集团。北控水务集团以“领先的水务环境综合服务商”为战略定位，以市场为基础，以资本为依托，以技术为先导，以管理为核心，专注于水务环保行业。

北控水务集团凭借其工程咨询、工程设计、环保设施运营等甲级资质，以及核心工艺、技术研发、战略联盟、项目管理及融资渠道等多重优势，以股权收购、TOT、BOT、委托运营等，有效拓展市场。截至目前，在全国范围内及马来西亚、葡萄牙等国拥有多个水务项目，水处理规划规模超过千万吨/日，实现了全国性战略布局，并成功进军海外市场。

经过多年发展，北控水务获得“中国水务新锐企业”、“中国知名水务企业”等荣誉称号，并于2010年、2011年、2012年、2013年连续四年荣登“中国水业十大影响力企业”榜首。

一、实施背景

（一）大势所趋

财务共享中心解决方案已成为财务管理大势所趋。财务共享中心是随着集团公司的管理变革而产生的。在市场的酝酿、激变下，效益好的企业，规模日益扩大、业务类型不断增加，导致企业分公司或子公司的财务机构增多，财务人员与管理费用快速膨胀，由此催生出共享服务中心管理模式。

2013年财政部发布的《企业会计信息化工作规范》第三十四条明确要求：分公司、子公司数量多、分布广的大型企业、企业集团应当探索利用信息技术促进会计工作的集中，逐步建立财务共享服务中心。实行会计工作集中的企业以及企业分支机构，应当为外部会计监督机构及时查询和调阅异地储存的会计资料提供必要条件。

许多全球领先企业已经开始采用财务共享管理模式来提升服务水平，改善营运效率。建立财务共享服务中心可将财务资源集中化，尽可能降低运作成本，更精准控制财务管理，推进自动化管理。

（二）集团业务发展和战略调整需要

近五年来集团发展的步伐逐渐加快，业务量增长迅猛，业务单位遍布全国，高速的发展对集团化管理提出更高的要求。在集团高歌猛进的进程中，财务人员配置随子公司“遍地开花”并在当地自我发展。这一状态既不利于财务管理水平提升，也不利于财务人员能力的提高，从一定程度上制约了集团向高效率、精细化方向进化。

集团战略管控模式从“积极介入式”向“战略管控式”转变，集团管理向扁平化发展更对集团各个职能部门及业务单位提出了更高要求，为了适应并积极促进集团发展，财务管理职能的提升势在必行。

财务职能必须在原有的“服务”与“监督”基础上升华，不能再局限于辅助业务和控制风险；更要从“管控者”向“经营者”转变，通过全流程参与决策与管理、引导集团资源配置，使财务成为价值创造的财务引导者，并最终成为集团发展的引擎，总体引领业务发展方向。

（三）财务人员自身发展需要

财务共享中心建设之前，集团财务人员随下属单位在当地招聘、当地办公，一般2~3人。这种方式适用于下属单位数量较少的情况。

在集团下属单位逐渐增加的情况下，集团财务对下属单位财务人员的管理效率下降、财务人员接受集团财务的培训和指导机会也降低。这样既不利于下属单位财务人员能力的提升，也不利于调动财务人员积极性。

综上所述，为了应对集团业务发展对财务管理职能提升的需要，同时满足财务人员自身能力提高和职业道路发展的需求，集团财务经过研究和探讨，综合外部经验和内部管理情况，选择了“财务委派制下的财务共享中心建设”这一策略。

二、实施策略

财务委派制下的财务共享中心建设是实现财务职能转变的重要举措之一。为保证实施效果，稳步推进，分步实施，先试点推进，总结经验，再全国推广（见图1）。

三、实施步骤

（一）优化二级委派制

北控水务集团财金资源中心（以下简称集团财务）作为北控水务集团（以下简称集团）的财务机构，对集团下属各单位财务部门实行垂直管理。

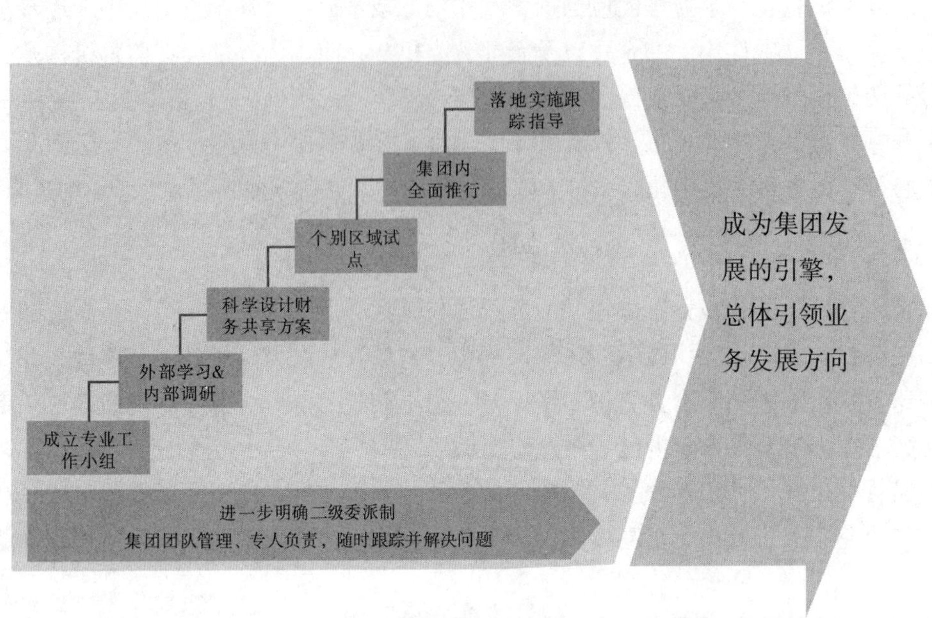

图 1　中心建设的实施

各下属单位财务部门作为集团财务的外派机构，接受集团财务与派驻单位双重领导，财务负责人的直接领导为集团财务，其他财务人员的直接领导为财务负责人。

为保证财务共享的推行成功，集团财务在原有垂直管理和财务委派基础上进一步优化明确，设计并实施全新的二级委派制，并于 2014 年 11 月正式发布全新的《集团财务人员委派管理制度》。该制度规定：事业部财务人员及各区域财务负责人由集团财务直接委派，统一调配、统一管理；其他财务人员由财务负责人负责选聘，按规定流程权限报集团财务审批后由集团财务授权财务负责人直接委派。

二级委派制继续坚持财务人员的垂直管理，并且进一步强调财务负责人由集团财务直接委派这一底线，同时又给财务负责人充分授权。财务负责人可以根据集团核定的编制和预算，在控制范围内自由调配编制和预算，既可以选择按核定的预算和编制配置人员，也可以选择少而精配置人员。在二级委派基础上，为便于财务人员管理和评估，集团财务建立了定期财务人员评估机制，给予财务人员所在业务单位管理层充分的建议权和畅通的意见反馈渠道，充分保证财务人员的胜任力。

（二）成立专业工作小组

财务共享中心建设涉及整个财务体系，由集团财务内控管理岗牵头，在集团财务各子部门和事业部财务部选择精干力量组成共享中心 6 人专业工作小组，推进共享中心专项建设工作。内控管理岗作为共享中心建设专项工作的组织者及集团层面的对接人，负责协调工作小组人员各项工作，逐月跟进共享中心建设进度，应对共享中心推进过程中的问题。

（三）外部经验学习和内部试点单位调研

1. 外部经验学习

集团财务为保证共享中心实施的成功，在共享中心建设之前充分进行理论论证：选择专人对 SSC 的理论知识进行学习，了解已实施财务共享中心的其他单位执行情况，参加专门培训机构组织的共享服务中心建设培训，组织财务团队进行内部研讨并选择业务单位管理层、基层财务人员、业务部门人员多次进行讨论，为财务共享中心建设奠定了充分理论基础和参考经验。

2. 内部试点单位调研

经过内部分析，选择历史最悠久的四川业务区、发展最迅速的华南业务区、业务单位最多的山东业务区三个区域为试点单位，进行为期三周的现场调研，调研参与人员包括业务区所有财务人员和业务区管理层、项目公司管理层，被调研人员超过 60 人次，探讨共享中心推行中业务部门的要求、财务人员的需求、建设难点及可能的解决方案。

（四）设计财务共享中心方案

财务共享中心方案由三部分组成：集团统一的原则性执行规范，各共享中心必须严格执行；集团对重点事项、流程及实操工作的建议，各共享中心参照执行；在不突破集团制定的框架和原则内，各共享中心自主设计执行。

1. 集团制定统一的原则性执行规范

共享中心 6 人工作小组总结外部经验、内部调研数据和意见，历时 2 个月研究制定《财务共享中心落地实施指导意见》（以下简称《指导意见》），下发各个业务区执行。

《指导意见》制定过程中，首先经过工作小组内部充分讨论，经过 4 轮次的修改后形成初稿；将初稿发送至集团财务和事业部财务部所有人员征求意见，并组织集团财务各子部门、事业部财务负责人进行多轮次讨论，形成修改稿；再将修改稿发送至各个业务区财务部征求意见，收集意见反馈后进行修改，最终审核定稿。

《指导意见》有广泛的理论和数据基础，充分发挥集体力量，避免空谈，保证落地的可行性。《指导意见》以原则统一、方向指引为标准，既进行统一规范，又为不同区域保留自主设计的空间。

共享中心组织架构统一设置如图 2 所示。

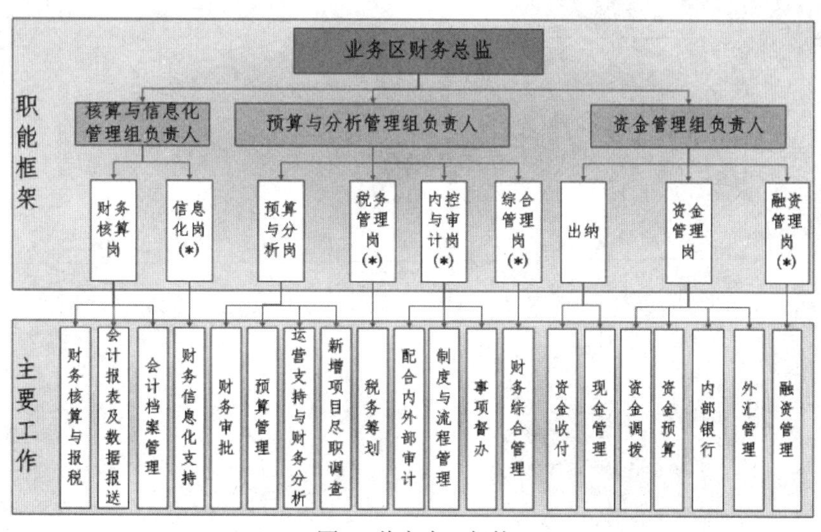

图 2　共享中心架构

共享中心与集团财务、事业部财务部的工作对接统一设置如图 3 所示。

2. 重点流程及实操工作指引

为了达到高质高效的财务工作要求，《指导意见》对部分重点工作流程给予建议性规范。远程单据传递的流程建议如下，并配以文字解释和权限规范等相关文档，为业务区实际执行提供切实可行的操作方案（见图 4、图 5）。

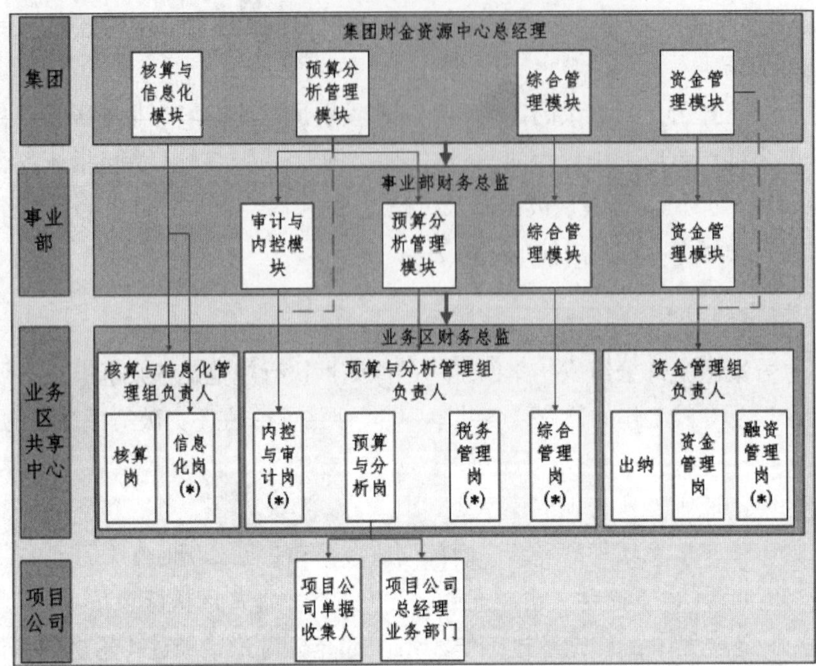

图3 业务区共享中心与集团、事业部、项目公司工作对接示意图

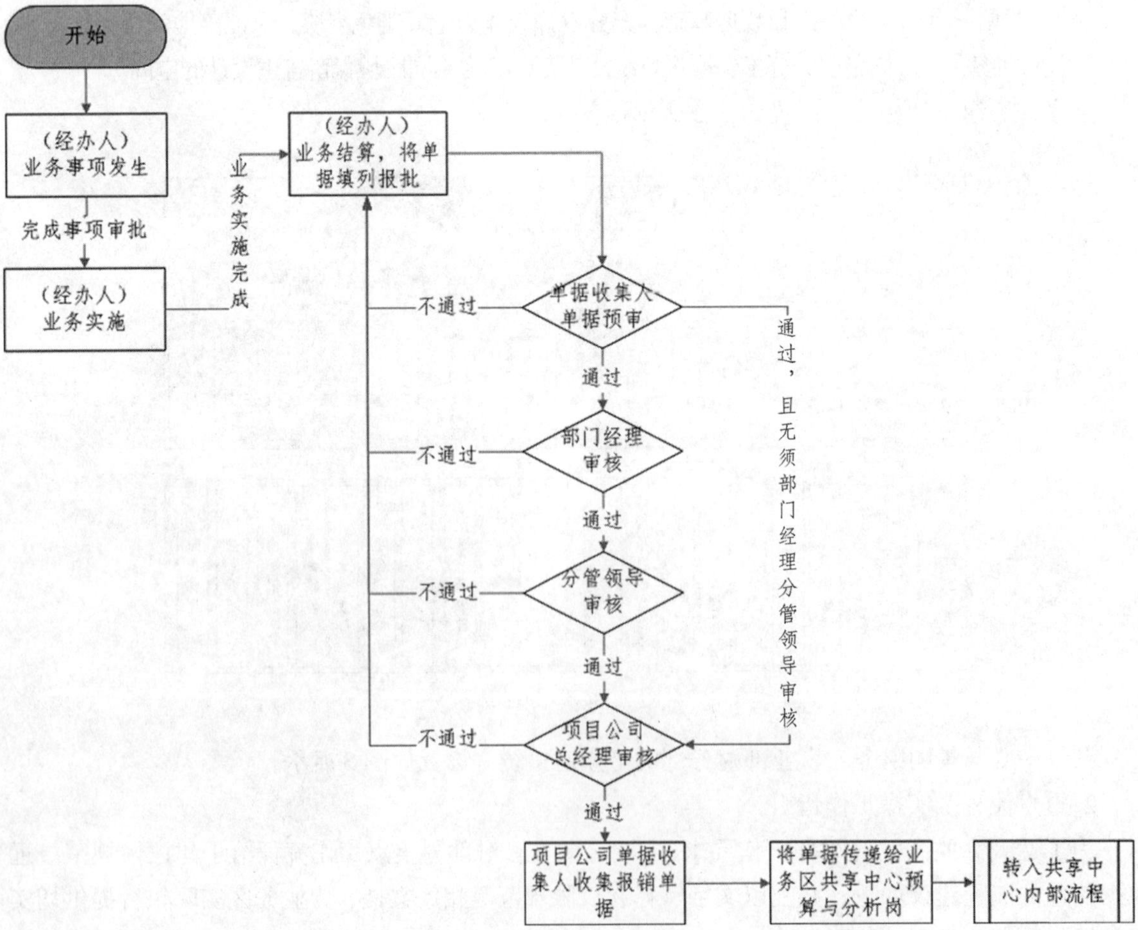

开始
（经办人）业务事项发生
完成事项审批
（经办人）业务实施
业务实施完成
（经办人）业务结算，将单据填列报批
单据收集人单据预审
不通过
通过
部门经理审核
不通过
通过
分管领导审核
不通过
通过
通过，且无须部门经理分管领导审核
项目公司总经理审核
不通过
通过
项目公司单据收集人收集报销单据
将单据传递给业务区共享中心预算与分析岗
转入共享中心内部流程

图4 共享中心重点流程

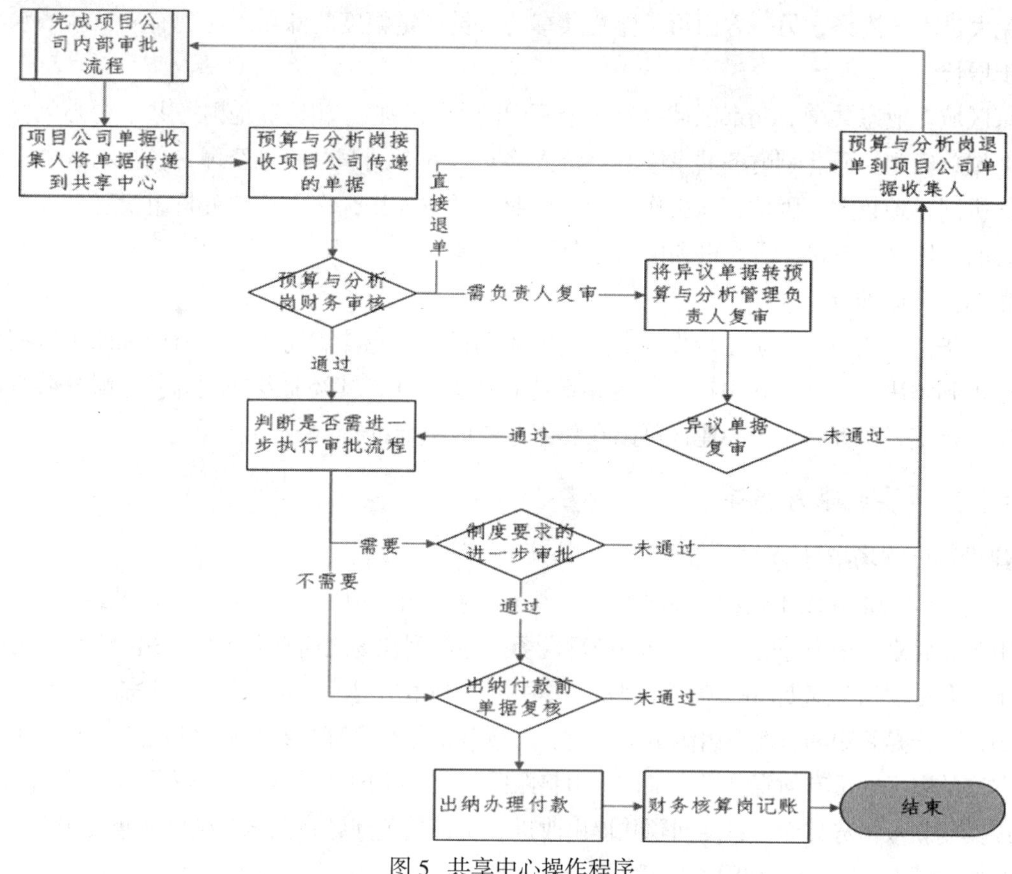

图5　共享中心操作程序

3. 各区域共享方案的个性化设计

各区域根据集团《财务共享中心落地实施指导意见》及区域特点研究设计本区域共享中心建设方案，由集团共享中心工作小组对建设方案进行审核。在不突破共享中心建设的框架和原则内，对区域内部业态的差异性、项目公司的分散程度、人员分流的难易程度、利润中心的多元化等特殊情况予以考虑，在实现人员集中与分流、单据传递、财务参与业务的方式上做个性安排。

（五）个别区域试点及集团全面推行

1. 四个区域试点

经集团财务综合考量，选择内部试点调研的山东、华南、四川和利润中心多元化的北京区域作为试点，推进共享中心建设。

山东区域分片区管理。山东项目公司多至51个且遍布山东全境，选择共享地点为青岛。考虑业务划分片区管理，向距离青岛较远的片区各派驻预算与分析组人员现场支持业务。

华南区域设置共享中心二级分部。华南项目公司集中分布在东莞和深圳，深圳有5家公司，且深圳的项目公司规模大到可以将其设置为共享中心的一个小分部单独存在。因此共享地点选在东莞，并由东莞团队对接集团及事业部，在深圳设置共享中心分部。

四川区域分步骤有序推进共享。四川区域为北控水务集团有限公司的“革命根据地”，现有人员在北控工作时间较长，已习惯分散在项目公司工作，财务人员也较为饱和。推行财务共享，将人员集中在成都工作可能面临大量的人员转岗工作无法顺利过渡，人员集中与分流问题较突出。在这种情况下，财务共享中心建设采取分步骤推进，一方面为不愿意共享的财务人员寻求合适的转岗岗位，避免大量人才流失；另一方面给予愿意共享的人员一定幅度的涨薪，使现有人员薪酬水平与工作量同步增长。

北京区域多业态共享。北京区域存有6个不同的利润中心，相比其他财务共享中心负责人仅对接一个区域总经理，而北京财务共享中心负责人将对接6个利润中心总经理，各个利润中心管理模式及工作机制相差较大。因此，在工作对接上按业务性质安排，在预算与分析组设置专人负责各个利润中心的整体财务对接，重大事项由财务负责人决断。

2. 集团内全面推行

山东、华南、四川、北京区域作为试点能够顺利推行，意味着财务共享所面临的多数问题及重大阻力已得到解决，并在实践中检验了指导意见的可操作性，其经验及问题为其他财务共享中心的推广奠定了基础，财务共享中心建设可以在集团范围内全面推行。

（六）落地实施跟踪指导

1. 建设进度现场指导

建设进度现场指导以工作小组形式推进，从6人共享中心工作小组中每次抽调2~3人，陆续对广西、山东、北京、华中等财务共享中心进行现场指导。到现场之前召开工作小组会议，对小组人员进行分工，介绍现场跟踪期间的工作计划及共享中心的基本情况。现场工作包括检查其建设方案是否落地实施，工作是否顺利过渡，组织架构搭建、人员分工是否合理，共享后区域总经理、项目公司总经理、共享的财务人员有何意见等。工作小组将跟踪结果在全国外派财务负责人月例会上进行汇报分享，推广其创新或优势方面，总结问题并提出改进意见，避免问题在全国其他区域重复出现。

现场指导报告部分内容如图6所示。

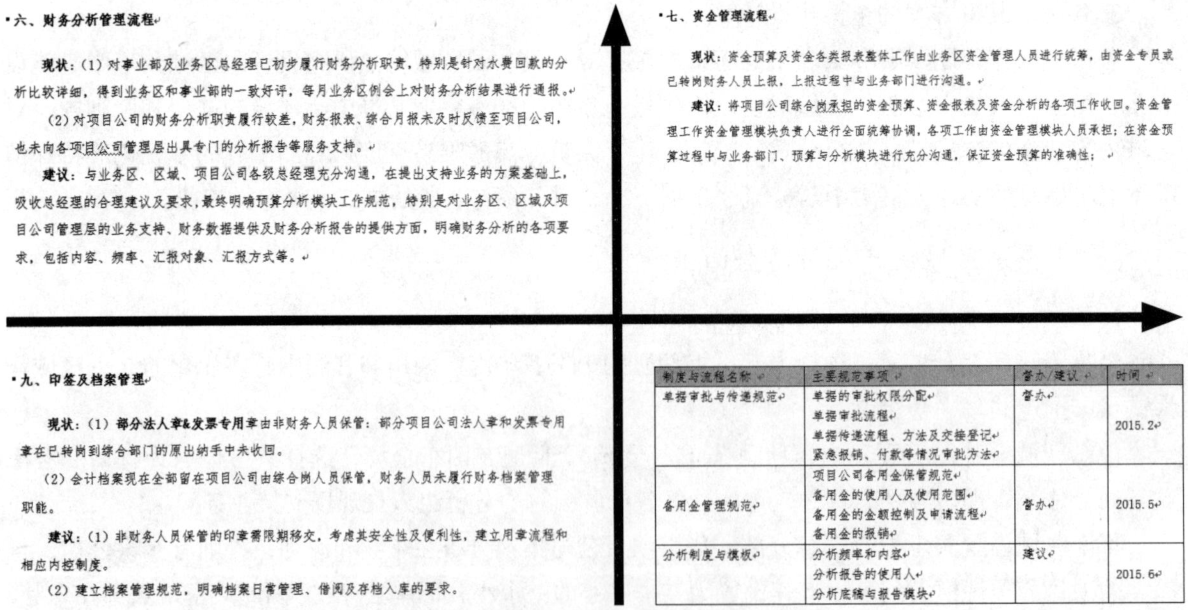

六、财务分析管理流程

现状：（1）对事业部及业务区总经理已初步履行财务分析职责，特别是针对水费回款的分析比较详细，得到业务区和事业部的一致好评，每月业务区例会上对财务分析结果进行通报。

（2）对项目公司的财务分析职责履行较差，财务报表、综合月报未及时反馈至项目公司，也未向各项目公司管理层出具专门的分析报告等服务支持。

建议：与业务区、区域、项目公司各级总经理充分沟通，在提出支持业务的方案基础上，吸收总经理的合理建议及要求，最终明确预算分析模块工作规范，特别是对业务区、区域及项目公司管理层的业务支持、财务数据提供及财务分析报告的提供方面，明确财务分析的各项要求，包括内容、频率、汇报对象、汇报方式等。

七、资金管理流程

现状：资金预算及资金各类报表整体工作由业务区资金管理人员进行统筹，由资金专员或已转岗财务人员上报，上报过程中与业务部门进行沟通。

建议：将项目公司综合岗承担的资金预算、资金报表及资金分析的各项工作收回。资金管理工作资金管理模块负责人进行全面统筹协调，各项工作由资金管理模块人员承担；在资金预算过程中与业务部门、预算与分析模块进行充分沟通，保证资金预算的准确性；

九、印签及档案管理

现状：（1）**部分法人章&发票专用**章由非财务人员保管：部分项目公司法人章和发票专用章在已转岗到综合部门的原出纳手中未收回。

（2）会计档案现在全部留在项目公司由综合岗人员保管，财务人员未履行财务档案管理职能。

建议：（1）非财务人员保管的印章需限期移交，考虑其安全性及便利性，建立用章流程和相应内控制度。

（2）建立档案管理规范，明确档案日常管理、借阅及存档入库的要求。

制度与流程名称	主要规范事项	督办/建议	时间
单据审批与传递规范	单据的审批权限分配 单据审批流程 单据传递流程、方法及交接登记 紧急报销、付款等情况审批方法	督办	2015.2
备用金管理规范	项目公司备用金保管规范 备用金的使用人及使用范围 备用金的金额控制及申请流程 备用金的报销	督办	2015.5
分析制度与模板	分析频率和内容 分析报告的使用人 分析底稿与报告模块	建议	2015.6

图6 现场指导报告

2. 日常工作管理规范

集团财务对共享中心建设进度采取逐月跟踪的方式，跟踪的内容随着不同阶段集团对财务工作的要求进行升级转变，随时帮助解决各区域共享中心出现的问题。共享中心建设进度跟踪内容逐步变化，从共享中心基础建设是否完成、工作是否顺利过渡等方面，如项目公司数量、共享人数，关键岗位人员信息及通信方式，单据的传递情况，关键印章的保管等；逐步过渡到财务分析的履行情况、与业务部门的沟通情况、参加业务会议的情况等进行跟踪。

月度跟踪情况表部分内容如图 7 所示。

序号	项目	北京共享中心	四川业务区	华南业务区	山东业务区	华东业务区
基本情况统计						
2	办公地点及现状	北京总部大楼	成都，四川业务区办公楼	在东莞厚街办公	青岛，租赁青岛城阳国贸大厦，使用中	南京，南京院无租借用办公楼6楼
3	项目公司数量	27		14	17	38
人员数量统计						
10	其中：核算与信息化管理组	11	7	7	16	—
11	预算分析组	10	6	10	19	—
12	资金管理组	11	4	6	16	—
共享中心建设进度情况						
18	组长及主要岗位人员到位情况	19/33	18/18	11	7/9	18/18
19	全部人员到位	否	是	是	否	是
20	账务工作按共享分工模式运作	是	是	是	否	是
21	档案、印章、U盾管理（可以填类别或者明细）	0	0	0	0	0
部分岗位人员信息						
26	财务总监	刘元红	张维维	袭建宁	毕俭雍	王凌慧（兼）
27	财务经理或财务总监助理	聂丛	高静波	李辉	张冠宇	杨兰
28	核算与信息化管理组负责人	贾新锐	高静波	周亚萍	姜丽	李燕华
业务支持情况统计						
40	依管理层要求提供的专项支持					
41	其他业务支持工作					

图 7　月度情况

3. 自我完善持续优化

对日常进度跟踪及现场指导所发现的问题进行清单式分级管理，重点问题要求立即整改，限期内必须完成。如部分人员对推行财务共享中心的不理解及担忧；组织架构及岗位设置不合理；仅核算及结算共享，尚未在区域内推行全面共享等。

一般问题通过督办清单进行跟进，在宽松的时间内，由各共享中心反馈整改的进展及结果。

四、建设成效

不论从集团整体效益及规模来看，还是从财务内部管理、工作质量、人才培养及薪酬水平来看，财务共享带来了显著的效益（见图 8）。

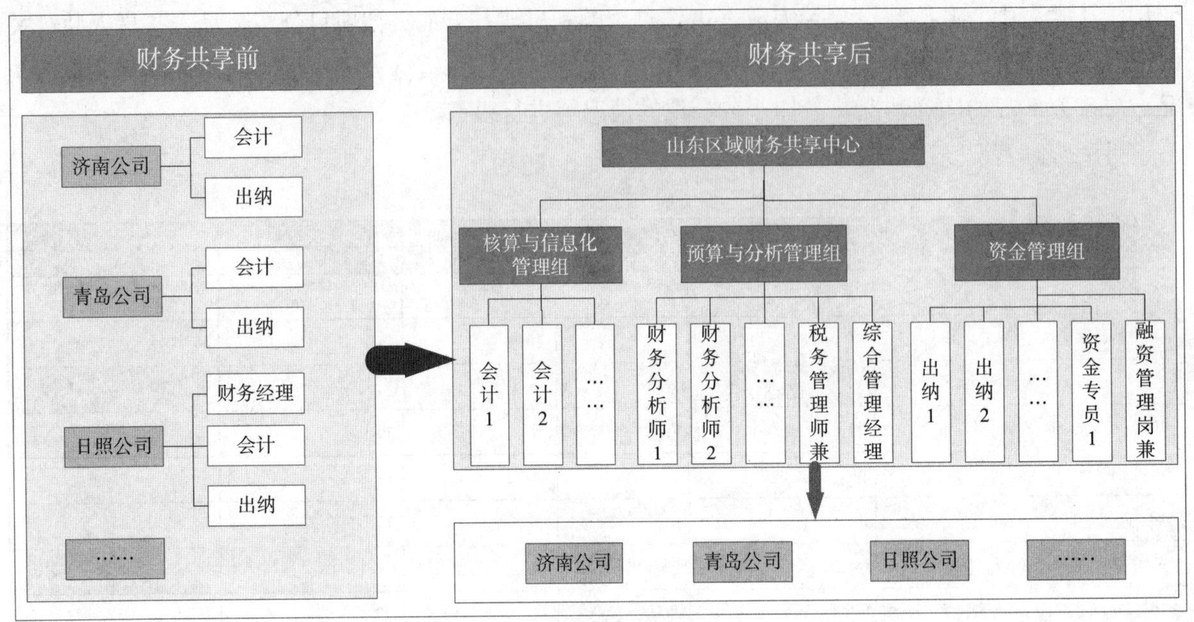

图8 共享中心效果

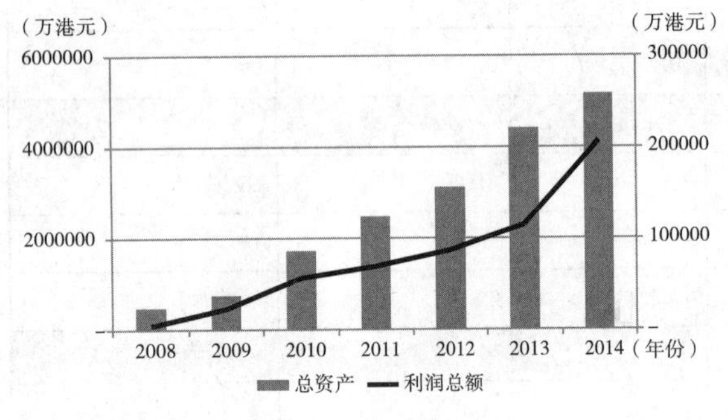

图9 集团业绩增长情况

（一）助推集团业绩增长

从2008年到2014年，集团迅速发展，特别是实施全面财务职能共享后的2014年，业绩增长更为明显（见图9）。

（二）辅助集团业务拓展

在项目投资方面，2014年，集团新增水设计能力净额为344万吨/日，其中供水新增设计能力净额为159万吨/日、污水新增设计能力净额为153万吨/日、再生水新增设计能力净额为32万吨/日；截至2014年12月31日，集团共有326座水厂，其中包括250座污水处理厂、69座供水厂、6座再生水厂及1座海水淡化厂。

实施共享后，财务共享中心培养了更多的高端专业人才，建立了财务尽职调查内部专家库，通过专业测试层层筛选，确定了15名专家，参与区域内部新项目及集团范围内大型项目的财务尽职调查，为集团业绩增长提供财务支持。

仅集团层面大型投资项目所需，2014年完成12项共计58家公司财务尽职调查，2015年上半年完成9项共计36家公司财务尽职调查。

（三）实现企业员工共赢

已成立的13个财务共享中心，覆盖下属单位200余家，涉及财务人员编制280余个，实际在岗财务人员244人。

在同行业传统财务模式下，项目公司与财务人员的比例为1∶2，实施财务共享以来，财务人员与项目公司的比例明显下降，从实施共享前的1.89下降到1.31。通过财务共享带来的成本节余由企业和员工共同分享，财务共享中心人员平均薪酬上涨15%的情况下，总体薪酬费用（包含工资、福利及公司承担的社保等）较同行业传统模式下节约700余万元，节约比例达22%（见图10）。

（四）提升财务管理效率

各区域财务工作进行标准化建设，建立了相关财务制度，对票据传递流程、凭证装订要求、文件归档、定期培训管理等进行规范（见图 11 至图 15）。

（五）集中资源创造价值

原来分散在各个项目的公司财务人员集中后，可根据自己的专长选择合适的岗位，集中优势资源在区域范围内共享，进行攻坚克难。如华中财务共享中心将熟悉税收政策的财务人员与擅长谈判的财务人员进行组合，多次解决跨地域税收难题。2014 年为华中区域节税 535 万元，共享中心模式下集团整体节税 6000 万元。

（六）提高内部沟通效率

财务共享中心集中办公，使财务战略及最新要求能得到及时宣贯，拉近了集团财务与区域财务的距离，提高了上下级沟通的效率效果；

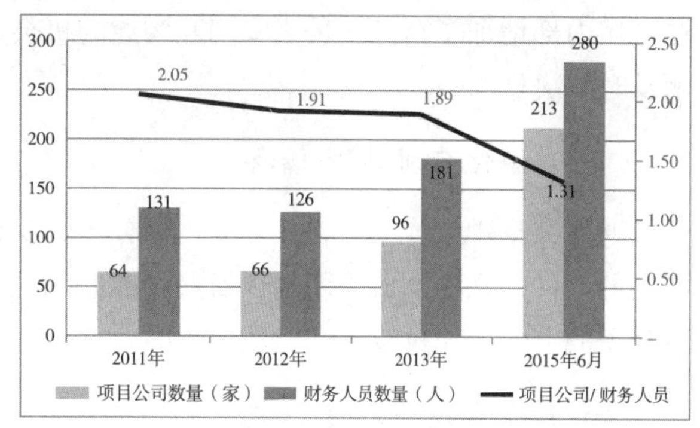

图 10 财务人员情况

序号	四川财务共享中心制度规范
1	四川业务区财务共享中心日常工作管理办法
2	四川业务区财务共享中心票据传递流程及审批规范
3	四川业务区财务共享中心财务档案管理规范
4	四川业务区财务共享中心核算业务工作规范
5	四川业务区财务共享中心资金管理规范
6	四川业务区财务共享中心备用金管理规范
7	四川业务区财务共享中心印章及U盾管理规范
8	四川业务区财务共享中心团队建设管理规范
……	……

图 11 四川财务共享中心制度流程建设示例

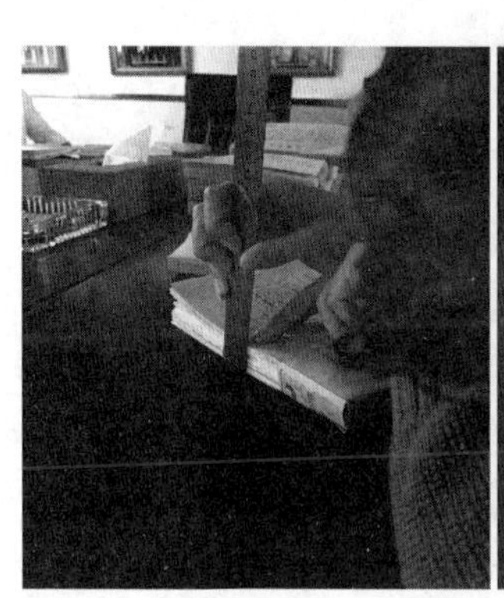

图 12 共享中心对凭证装订进行规范示例

图 13 共享中心文件档案室示例

一级目录	二级目录
1. 预算管理	1.1 2014 年预算
	1.2 2015 年预算
2. 资金管理	2.1 资金预算
	2.2 资金半月计划
	2.3 旬报
	2.4 内部银行管理
	2.5 贷款合同管理
	2.6 资金管理其他
3. 月报及分析	3.1 综合月报
	3.2 财务分析
	3.3 报表及分析其他
4. 内控管理	4.1 内部审计
	4.2 外部审计
	4.3 财务检查
	4.4 内控管理其他
5. 税务管理	5.1 主要税种减免情况
	5.2 税收缴纳统计
	5.3 税务管理其他
6. 综合管理	6.1 制度流程
	6.2 培训与会议管理
	6.3 人事管理
	6.4 收费与调价管理
	6.5 行政考勤
	6.6 业务协作
	6.7 综合管理其他
7. 其他工作	7.1 总结与计划
	7.2 其他

图 14 共享中心文件归档目录示例

图 15 共享中心培训现场

在区域内部增加了财务人员之间相互沟通的机会，促进了内部培训，使人员能取长补短，有利于问题及时解决。

（七）强化专业人才储备

财务共享中心成立后，按专业模块分工、实行标准化管理，为人员的招聘、培训、调配提供了便利的条件。在集团成立新的项目公司或并购项目之后，能迅速从现有团队中抽调人员，完成新项目公司的财务工作过渡。

（八）优化财务人才结构

财务共享中心已建立了财务尽职调查内部专家库和财务总监后备人才库。通过专业测试层层筛选，确定了15名财务尽职调查内部专家及8名内部专家培养对象，通过培养、选拔，确定了具备财务总监潜质并可在全国范围内外派工作的后备人才14人。

相比项目公司内部有限的财务岗位，区域范围内的专业分工同时为个人提供了更加通畅的职业发展通道，在专业分工的同时推进人员轮岗，提高了大家工作积极性及整体工作能力。

集中办公同时为人才梯队建设提供了保障，能有针对性地培养综合管理人才和专业人才，解决了关键岗位后备人才和储备人才的问题，提高了财务人员整体素质，为集团的长远发展提供了组织保障。

五、创新和特色

（一）财务全职能共享，专业分工、业财融合

财务委派制下的财务共享中心是财务全职能共享，不同于传统意义上及其他企业的核算共享和结算共享，而是将全部财务职能实施共享：既包括核算和结算的共享，也包括经营参与、决策支持、管理控制等的共享。

财务全职能共享将财务工作按专业模块进行分工，分为核算与信息化管理组、预算与分析管理组、资金管理组三条专业线进行。通过标准化压缩基础财务的工作量、提高财务人员的能力、增加财务在业务方面的参与度、投入更多的高端财务管理人才支持业务等方式发挥财务对业务的支持和引导作用，最终使财务建设成为集团发展的引擎。

（二）共享中心集中有法、灵活有度

财务共享中心建设在集团硬性要求的框架内，各区域可根据各自特点设计建设方案，报财金资源中心审批后推进建设，既保证整体上一致性，又兼顾区域特色。

《财务共享中心落地实施指导意见》对所有财务共享中心的组织结构、岗位设置、岗位职责及人员能力要求有明确规定，明晰了横向和上下层级的对接关系；要求全资已运营公司必须全部纳入共享范围。同时，各共享中心财务负责人可根据本区域范围内业务形态（供水、污水处理、垃圾处理、垃圾发电、固废等业务）、公司性质（全资 / 合资）、公司所处的阶段（在建期间 / 运营期间）、推进共享的难易程度及其他特殊状况设计本共享中心的建设方案，分阶段推进共享。

（三）企业盈利、员工受益，凸显人文关怀

财务共享中心建设，遵循企业与员工双赢的原则。总体上节约成本、提高整体工作质量、工作

效率，建立了人才梯队及关键岗位的人才储备；对于财务人员个人将获得更多的内部交流、培训机会及晋升机会。

在符合财务共享中心人员能力要求的前提下，项目公司原有的财务人员遵从个人意愿，如果愿意集中办公，则参与共享；不愿意集中则尽量在项目公司有招聘需求的情况下寻求合适的岗位转岗。在财务人员编制及薪酬预算范围内，对于实施共享所节约的编制及薪酬预算，可用于共享中心现有财务人员的涨薪，以提高共享后财务人员的工作积极性。同时，由于财务人员集中办公、财务工作全面共享及专业分组，财务人员获得了更多内部交流及培训机会。

六、成果推广

（一）适用于集团化公司，获取规模效应

北控水务集团倡导的财务委派制下的共享中心是在集团高速发展、外部环境复杂多变、子公司众多且覆盖范围广的情况下开始实施的，这一举措较好地解决了如何高效发挥财务职能、如何减员增效和提高财务人员素质、如何从财务出发增强企业竞争力等问题。这些问题在大中企业中具有普遍性，除了财务职能，其他业务职能中也可能存在同样的问题。

通过专业化的分工取得规模效应，节省成本的同时提升效益，既为企业发展提供助力、为企业节省成本，也给企业员工带来可观的收益。

（二）适用于较程序化的职能部门

在总结财务委派制下的财务共享中心建设的经验积累，充分论证其优缺点，北控水务集团人力资源管理正在参照实施人力资源的共享服务，分区域集中配置人力资源高端人才，为区域人才的选、育、用、留等工作提供强力支持。

（三）适用于技术专家共享

北控水务集团作为一个水务行业领军企业，对高端运营人才如技术人才、维修人才、设备专家等需求十分迫切，这些人才的聘用和培养成本较高，如果服务范围限于个别下属单位则造成极大的人才浪费，如何促进人才的发展和充分发挥人才效益对集团和个人都非常重要。

建立高端人才库，实现高端人才的共享可以一定程度上解决这一问题，参考集团财务全职能共享和正在建设的人力资源共享，集团正在论证高端运营人才共享的可行性，着手筹划建设高端运营人才的共享。

境外统计报表系统研究与应用报告

创造单位：中国建筑股份有限公司
主要创造人：曾肇河　薛克庆　　创造人：顾笑白　王丹梅　刘光元

［摘要］根据中国建筑股份有限公司“十二五”发展规划要求，在公司大力推进“大海外”战略的管理背景下，基于公司近30年的海外财务管理经验，以加强公司对海外机构财务集中管控力度、提升海外机构财务管理水平和工作效率为目标，创造性地提出了海外财务管理新模式，研究开发了“境外统计报表软件”。项目融合了管理学、统计学、信息科学等学科内容，属于管理学结合信息技术在建筑行业海外市场的研究开发和应用。

该项目以探索公司国内外财务管理应用模式为总体目标，研究探索中国建筑境内外财务信息交互管理模式。重点在降低管理成本，优化海外统计业务管理链条；满足不同国家地区差异化应用，提出国内外财务信息传递新模式；整合公司海外机构财务数据，实现海外统计数据集中管理目标；在海外统计工作效率，数据准确性等方面进行了整体提升。

该项目研究开发的境外统计报表软件充分考虑了信息技术的先进性、开放性、安全性、可扩展性、可靠性和兼容性，采用了三层结构的形式，即“用户界面（Application）＋业务层＋数据库”。数据交换采用可扩展标记语言 (Extensible Markup Language, EML) 格式，易于在任何应用程序中读写数据，提高了系统的可扩展性。

［关键词］境外；财务；统计

一、项目背景概述

（一）立项背景

1. 中国建筑行业海外业务发展趋势

全球经济一体化进程的加快，带来一系列的政治、经济等方面的变革，进一步加速了全球企业竞争结构和竞争方式的变化，同时也为企业发展带来了机遇和挑战。一方面，企业需要改变落后的流程，重整传统的组织结构，加强和改善企业内部管理，优化配置企业资源，确定合理的企业战略，为企业打造国际品牌及增强竞争力提供客观条件。另一方面，全球经济一体化使得企业间的竞争加剧，打造国际品牌的难度增加，对中国企业而言，特别是中国建筑施工企业，是一个严峻的挑战。

随着中国建筑业的国际化程度逐步提高，建筑业产业的发展要在坚持国际化的同时，保证整个行业的健康发展，利用国内外优势资源，肩负起为我国社会主义建设提供原动力的重任。与此同时，我国建筑业企业也面对全球巨大的建筑市场，“走出去”战略对企业的经营要求不仅要立足于本国市场，更重要的是还必须具备参与国际竞争的意识和国际化经营的视野。在国家“走出去”的战略引导下，我国对外承包营业额迅速增长。根据 2011 年 ENR 全球最大 225 家国际承包商排名统计，我国有 50 家内地企业入选榜单，共完成海外工程营业额 569.73 亿美元，比 2010 年的 505.91 亿美元增加了 12.61%。2011 年入选企业比 2010 年减少了 4 家，但企业平均营业额达到 11.39 亿美元，相比 2010 年海外营业额的 9.36 亿美元增长了 21.68%，说明行业的集中度在进一步提高。虽然，我国的国际承包商企业海外业绩进一步增长，平均营业额增幅明显，但是，与国际著名大型承包商相比，我国企业实力仍有一定的差距。

因此，如何才能更好实现企业“国际化”，在“走出去”的同时，提升对海外机构的管控力度和管理水平，及时采集、分析各类经营管理数据，降低海外业务运行管理风险，将成为中国建筑股份有限公司（以下简称中国建筑或公司）在“国际化”发展过程中必须要思考和解决的重要课题。

2. 公司海外业务特点

中国建筑股份有限公司是我国大型建筑企业，除本身具有建筑行业特性外，还兼具布局范围广、空间跨度大、管理链条长、股权结构复杂等特点，而海外机构的财务管理因受空间、政策环境等条件限制，缺乏有效的管理手段，从而导致了我国建筑企业对海外机构的管控较国内的机构更为松散。

自 1979 年开始，公司进入海外市场，经过 30 多年的市场开拓，积累了丰富的经验，取得了辉煌的成绩。目前，公司作为世界上最大的“建筑地产企业集团”，在建筑行业内，对海外机构的财务管理、数据统计以及财务信息系统建设方面也一直处于行业领先地位。近年，由于受国家对外经济合作政策和行业发展趋势影响，对公司海外机构业务发展也带来较大的变化，主要表现为以下特点：

（1）工程项目内容趋复杂化。公司海外经营业务领域以建筑、地产和基建投资为主体，但是，目前国际承包领域中，大型或特大型项目专业性很强、技术含量高、建设难度大，工程项目的大型化和复杂化成为一种趋势，这使得国际工程承包已突破了原来单一的工程施工和管理，延伸到投资规则、项目设计、国际咨询、国际融资、采购、技术贸易、劳务合作、项目运营、人员培训、指导使用、后期维修等项目全过程、全方位服务的诸多领域，从单一的建筑领域扩展到矿山、水坝、电力、石化、冶金、交通、通信等工业领域，国际工程已成为国际投资和国际贸易的综合载体，国际工程承包从主要为劳动密集型的基础设施逐步转向技术密集型的成套工程和劳动密集型的基础设施并举的局面。

（2）工程发包方式多样化。随着建筑技术的提高和项目管理的日益完善，国际建筑工程的发包方越来越注意承包商提供更广泛的服务能力，以往对工程某个环节的单一承包方式被越来越多的综合承包所取代，管理—采购—施工（EPC）合同成为时尚。此外，由于政府投资的工程总体在减少，国际金融机构资助的项目也仅仅维持在数百亿美元的水平上，私人投资成为国际建筑市场的主要资金来源，对于公路、水里等大型公共工程项目，建设—经营—转让（BOT）、建设—拥有—经营—转让（BOOT）、私人建设—政府租赁—私人经营（PPP）等新的国际工程承包方式也引起资金和收益方面的特征，越来越吸引发包人和承包人的兴趣，成为国际工程承包中的一种新的方式。

（3）地域分布广，大部分海外机构分布在不发达国家。由于受行业特点和海外地区发展程度的影响，目前公司海外业务多分布在不发达国家或发展中国家，这些国家和地区普遍存在基础设施建设薄弱的问题。由于受空间限制和海外网络硬件等基础设施条件的限制，集团与海外机构之间的管理信息交流基本上以各类数据的信息统计方式展开，急需建立畅通的信息网。

公司海外机构规模逐年增加，特别是2012年公司“大海外”平台建立后，海外业务规模增幅达35%，具体如表1所示。

表1 公司海外机构分布情况

单位：亿美元

序号	地区	机构数量	营业额		
			2010年	2011年	2012年
合计		42	114	118.1	159.3
1	亚洲澳洲区域	19	85	95	133
2	北非区域	3	16	12	12
3	中南部非洲区域	8	4	5	6
4	中东区域	8	6	3	3
5	美洲区域	2	2	3	5
6	欧洲区域	2	1	0.1	0.3

3. 公司“十二五”发展规划要求

根据中建股份“十二五”战略规划中提出的成为“最具国际竞争力的建筑地产企业集团”的战略目标，“专业化、区域化、标准化、信息化、国际化”的发展策略，同时，“国际工程承包”也成为公司“五大业务板块”之一，海外业务在公司“未来发展中”占据了重要地位。为保证2015年实现海外业务收入在集团总收入中占比达到10%，即800亿元人民币的目标，中建股份必须大力发展海外业务，不断提高国际化指数。在市场开拓方面，要建立科学合理的海外市场营销网络，整合集团各个层面的公共关系资源，形成海外市场信息充分共享，从项目追踪、商务谈判及项目实施全过程联动的有效机制；在管理方面，建立一套甄别和选拔系统内外优质资源的标准和机制，及时在系统内或在国际市场发现和组织全球性的同类优质资源，在“大海外”事业平台上进行配置和优化，从而实现效益最大化和公司品牌的双重提升；在风险管控方面，通过与二级机构共同联动做好海外拓展及运营风险的共同识别及有效规避。

“十二五”期间，随着公司“大海外”战略推进，对海外市场布局逐步趋于科学化和合理化，将进一步开拓公司海外事业的新局面。为此，公司在集团层面设立“大海外”事业平台，形成对海外市场开拓、管理和风险管控的全方位整合。为适应新形势下中建股份“大海外”战略的要求和实现“十二五”规划的目标，在海外业务拓展的同时，为降低运营风险，对海外机构生产经营情况的监管已经迫在眉睫。

4. 公司“十二五”信息化规划要求

根据公司“十二五”信息化规划内容，公司海外业务管理信息化以风险防范为重点，从职能管控、业务管控两方面入手，并依据海外业务的特点，实现信息的有效流转、共享。在公司法律事务、项目管理、财务资金管理系统的基础上，建立海外业务的风险控制信息系统，使海外市场的开拓与管理处于集团可控范围。

公司“十二五”财务信息化规划明确提出的管理目标是：海外业务是公司的优势和亮点，为实现高质量拓展、低风险运营，利用财务信息化手段，根据所属企业性质不同、基础设施条件的差异、经营规模及属地化财务、资金和税收政策的要求，明确海外机构财务系统部署模式，执行股份公司财务、资金管理制度，加强对海外机构财务管控力度。

由此可见，信息化已经成为公司对海外机构进行集中管控的有效支撑手段，在企业管理、业务运作中的重要性日益凸显。信息技术作为公司对海外机构财务管理的技术支撑载体，将进一步加速公司推进“大海外”战略、提升海外机构财务管理工作的步伐，同时还将进一步加强海外机构的管控，提升财务管理水平，建立国内外畅通的信息沟通渠道。

（二）公司海外财务管理面临的问题

近年来，随着公司发展速度加快、规模不断扩大，管理级次逐渐增多，但生产效率并没有随之提高，在管理体制上与世界先进国家建筑业相比，目前仍存在较大的差距。最主要体现在管理模式、经营理念、政策法规和科技水平四个方面。建筑行业自身向“优质、高效、低耗”方面的努力没有产生实质性效果，专业化水平低、劳动生产率落后、施工浪费严重，以及行业信用体系不健全等一系列制约行业进步的问题无法有效根治。而上述问题在公司海外机构经营管理中尤为突出，具体表现在：

（1）海外财务管理标准化程度低，制度难以贯彻执行。企业内适用于国内业务的财务管理有很多比较成熟的法规依据和管理办法。对于海外业务，由于各业务所在地之间情况千差万别。相对而言统一而适用的管理办法要少得多。实际需求情况却恰恰相反，海外业务更需要来自总部的政策性指导和业务流程约束。

此外，公司对海外业务在市场开拓的政策上有较大倾斜，但是对海外机构的业务管理没有一个统一的管理体系，母公司与各子、分公司多头出击，力量分散，重复消耗，甚至造成内部竞争的内耗局面。没有整合集团内部的海外经营资源和力量，造成管理成本的浪费，海外机构精细化财务管理存在较大难度。

（2）财务管理水平低，与海外高风险业务不适应。由于海外业务发展迅速，相关财务人才储备没有跟上，管理制度多是粗线条的沿用国内业务的管理办法，不能完全适合海外业务的实际需要。从机构设置上，许多海外业务的一线管理机构由于人员储备不足等原因过于精简，导致管理上不完全到位，公司有关政策不能得到有效执行。

（3）财务监督管理不到位。海外业务具有高风险特点，需要加大监督力度，由于管理链条长、空间距离远、海外地区间政策信息不对称、海外管理人员缺乏和素质不足等多种原因，国内集团总部对海外机构的监管很难到位。

（4）海外财务政策法规差异大，财务集中管控难度大。由于海外机构分布较为分散，在不同国家、不同地区设立的海外机构，在财务政策、税收规定、行政法规上都存在较大差异，加大了财务集中管控的难度。特别是在中国会计准则尚未与国际会计准则完全接轨，存在不少制度性差异和技术性差异，如报表统计口径、会计估计认定、投资认定、合并纳税等方面，客观上给海外财务管理造成了一些麻烦。

（5）空间和时差障碍，导致信息传递不及时、不全面。公司海外机构布局较为分散，而且因行业特点，大部分机构设置在发展中国家，空间距离远，因时差关系，与国内的工作时间交叉有限，且各个地区的基础设施条件不同、国与国之间存在着不同程度的网络访问限制，这些都给境内外机构的业务沟通、信息传递带来了障碍，影响了信息传递的质量和效率。

（三）境外统计报表系统研究与应用的必要性

在公司“国际化”战略目标推进工作中面临的财务管理难题，也是中国企业发展壮大为跨国公司所必须要突破的管理瓶颈。若要从根本上解决这些问题，需要借助信息技术手段，来缩短空间距离，满足不同政策、制度下的财务管理业务需求，加强公司总部对海外机构的集中管控力度，全面提升海外机构的财务管理水平。为研究公司海外机构财务集中管控新模式，公司以目前应用较为成熟的统计管理业务为“试金石”，依托信息化技术手段，率先迈出海外机构集中管控应用的第一步。

公司统计管理工作是财务管理工作的重要组成部分，在公司内部管理方面，其内容覆盖到了建筑施工、房地产等生产经营、财务、投资、劳资等重要生产运营管理领域。根据《统计法》要求，运用各种数据统计方法，为公司提供全面的经营数据分析，支撑战略决策。同时，公司的统计数据，通过国家统计局、商务部、国资委、财政部等国家管理机构及资本市场的搜集、统计分析，成为国家宏观经济数据的重要组成部分，这就需要我们及时、高效地完成统计信息的采集、汇总和分析工作。

为提高统计管理业务工作效率，2005 年，公司展开统计报表系统的建设工作，并在国内机构中进行了推广应用，取得了良好的应用效果，提高了统计管理业务的工作效率和填报质量。2010 年，为加强海外机构的管理，在系统中新增了海外统计报表任务，因海外机构当地网络基础条件较差，或者由于国家之间的网络访问限制，无法进行在线填报，只能通过手工 Excel 采集，以邮件的方式发给海外事业部，由海外事业部完成系统中的在线填报。由于 Excel 表式中没有审核公式且格式可随意调整，因此海外部在线填报时，数据错误频率较高，填报过程中存在反复修改过程，加大工作量，数据质量不高，国内外信息严重不对称。

为了提高公司海外统计信息的质量和效率，使公司总部能够及时、准确地掌握海外机构的生产经营活动，及时调整经营策略防范风险，公司总部联合海外事业部启动了境外统计报表系统的研究工作，自主研究开发了境外统计报表软件，理顺了境内外统计报表业务流程，有效地解决了境内外空间距离、时间差异等问题。对海外统计管理业务的管理实现了“天涯咫尺”，适应了公司构建“大海外”平台战略，探索出海外信息化建设新模式。

这个模式的推广和应用，既要成为企业战略执行的推动力，又要适应公司“大海外”战略要求，助推海外机构加快提高管理水平的步伐。因此，研究海外机构新的管理模式和信息技术的运用，并能成功在公司乃至中国建筑企业集团的海外机构中进行推广应用，成为公司海外财务信息化建设发展的重点。

（四）项目研究与应用内容

本项目以公司海外机构管理面临的财务管理难点为出发点，以先进的信息化技术为支撑，以加速公司的“大海外”战略执行为目标，以海外统计管理业务为基础，展开有关研究、开发及应用工作。重点研究和应用内容覆盖如下几个方面：

（1）研究了适合公司海外机构的财务集中管理新模式。

（2）建立了适合公司“集团＋海外机构”统计管理集中管控信息化管理新模式。以公司统一的《统计制度》为执行标准，实现集团总部和海外机构之间数据的快速传递与信息的集中管控。

（3）研究并开发了公司境外统计报表软件，在示范应用成熟后，在集团海外机构进行了全面的推广和应用。

本项目将为中国建筑企业集团海外财务管理集中管控及信息化建设工作提供新的管理模式和技

术借鉴，为企业带来直接的管理效益，并间接创造广泛的社会效益，对促进并提高中国建筑企业集团海外机构的财务集中管控水平具有深远的意义。

（五）项目研究与应用遵循的原则

公司财务信息化工作紧密结合公司业务发展和管理分析需要，以企业管理提升为目标，使信息化真正做到为企业转变发展方式的重要驱动力，力求做到将企业战略决策、管理提升及业务经营活动与信息化工作紧密结合。在境外统计报表软件研究开发中遵循公司财务信息化工作指导原则："统一规划、分布实施、量力而行、力求实效"，将信息技术落到实处。

● 统一规划：由总公司规划总公司总部和集团建设财务信息化系统的方案，由二级单位规划和具体实施总部及其下属单位的财务信息化工作。

● 分布实施：在总公司总部和二级单位分别建设财务信息化系统；采用分布式服务器数据传递方式实现总公司集中管理的要求。

● 量力而行：建设财务信息化系统需要硬件设备和软件费用的支出，各单位应量力而行，切实考虑自身经济状况和财务管理现状。

● 力求实效：各单位应根据财务信息化系统软件特点，依据《统计制度》要求，本单位组织机构模式和财务管理工作特点，制订切实可行的建设财务信息化系统方案，投入人力、物力，保证系统的实施顺利进行，以达到预定目标。

财务信息化工作指导原则确定了建设财务信息化系统方向是在集团总部和二级单位分别建设财务信息化系统。最终目标是通过增量复制技术将二级单位数据库中的财务数据实时地提取到总公司总部数据库中，从而建立起整个集团公司的二级数据仓库。为集团公司将来实现财务信息整合和有效集成做好前期准备工作。

二、技术概述

（一）需求分析

1. 原始需求分析

2010 年公司总部为了加强对境外统计信息的管理，要求各海外机构统计数据集中报送至股份公司总部统计报表系统。但是，28 家海外机构中，当时只有南洋公司可以在线填报，其余单位因当地网络基础条件较差，或者由于国家之间的网络访问限制，无法进行在线填报，只能通过手工 Excel 采集，需经过多次人工数据整理、汇总等工作。由于 Excel 表式中没有审核公式且格式可随意调整，因此在最终提交到公司总部时，数据错误频率很高，存在反复修改过程，延长了报表填报周期，影响了数据质量。为了提高驻外机构填报质量和填报效率，需要开发一套适合海外机构现状的统计报表系统，解决网络条件不好的驻外机构业务需求。通过该软件可以实现报表格式和公式与总部的网络报表系统保持一致，海外机构在填报时能够进行数据质量检查，将数据质量问题在填报源头予以解决，减少多次手工操作对数据的影响，确保数据真实有效。

2. 应用目标

中国建筑股份公司整体应用了网络报表系统，海外事业部的报表数据也必须纳入这个系统中，

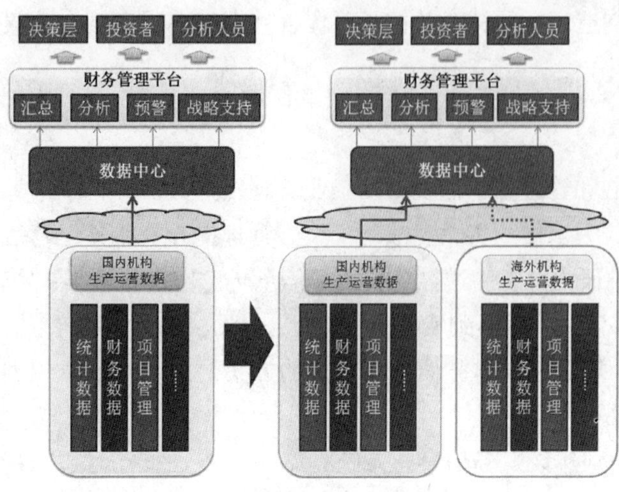

图 1 应用目标

中建海外事业部主要有五张报表，分别是 WZ00 外综项目台账、WZ01 海外新签合同额、WZ02 海外营业额、WZ03 海外工作量和 WZ04 海外汇总表。开发海外报表系统的应用目标，就是在没有上网条件的情况下，在客户端以单机版应用形式，满足各海外分支机构报表任务下发和接收，数据填报、计算、审核、确认、上报的管理要求，使整个报表系统能够容纳和管理中建所有业务领域的数据，为公司进行战略决策提供完整、翔实、及时、有效的管理支撑。应用目标示意图如图 1 所示。

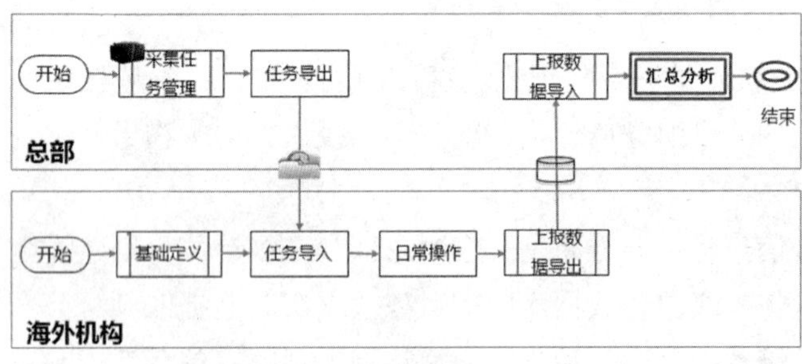

图 2 应用流程

3. 总体流程

公司境外统计报表软件的应用，分为总部服务器和海外分支机构两层，其应用流程如图 2 所示。

应用流程：

（1）总部用户定义分布服务器、报表采集任务。

（2）总部用户通过磁盘文件方式导出任务数据包。

（3）总部用户将任务数据包文件以磁盘或邮件方式下发给客户端用户。

（4）海外分支机构用户接收到任务数据包后，将任务导入客户端软件中。

（5）海外分支机构用户设置当前任务，录入报表数据。

（6）海外分支机构用户根据需要，进行公式计算。

（7）海外分支机构用户保存数据后进行数据的表内审核。

（8）海外分支机构用户进行数据确认。

（9）海外分支机构用户通过磁盘文件方式导出上报数据包文件。

（10）海外分支机构用户将上报数据包文件以磁盘或邮件方式上报总部用户。

（11）总部用户接收到上报数据包后，将上报数据导入总部服务器端系统中，并自动保存上报的数据。

4. 集中端流程

集中端是一套完整的统计报表数据采集、汇总、分析系统，要求用户在线应用。主要包括初始化、日常应用和统计分析。为完成海外机构报表的数据管理，增加：报表任务的导出和海外报表数据的导入功能。其主要功能和应用流程如图 3 所示。

应用流程：

（1）总部用户初始化，包括定义单位、用户，分配权限等操作。

（2）总部用户定义的报表表样。

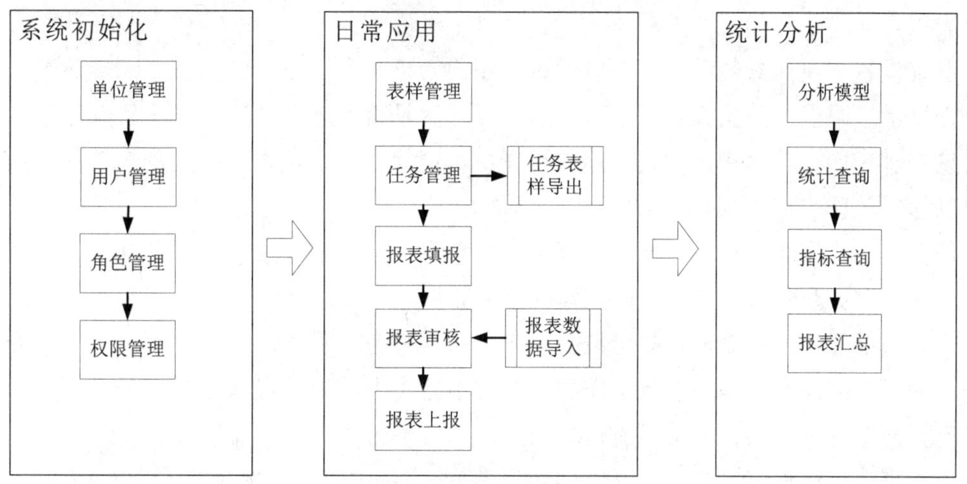

图3　集中端流程

（3）总部用户定义任务，并按报表表样分配给任务。

（4）总部用户将任务和报表表样（任务数据包）导出，文件以磁盘或邮件方式下发给客户端用户。

（5）总部用户填报报表，包括录入关键字、录入数据、表格公式计算。

（6）总部用户对报表进行审核，包括审核公式计算和校验，人工审核确认等。

（7）总部用户上报报表给上一级单位。

（8）总部用户收到海外机构文件（包括文件、邮件等方式）数据包，把数据导入总部数据库。

（9）总部用户定义数据分析模型。

（10）总部用户按照分析模型对包括海外分支机构的所有报表数据进行分析，包括统计汇总、分析查询、指标查询等。

5. 客户端流程

对于海外报表系统来说，客户端软件的应用是整个系统的核心流程，其基本要求是，既要功能全面，满足客户端用户报表填报过程中的全部功能，也要秉承实用、方便的理念，其主要功能和应用流程如图4所示。

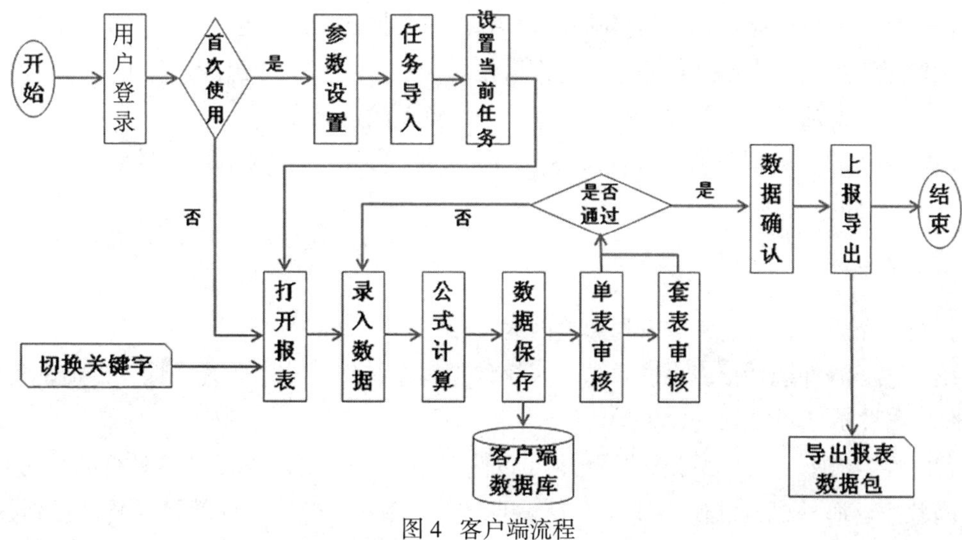

图4　客户端流程

应用流程：

（1）系统设置，包括参数设置、单位设置、用户管理。参数设置包括三个功能参数，即设参照型指标是否显示代码值、数据为0时是否显示、保存后是否自动审核；单位设置管理当前报表的填报单位信息；客户端支持多用户管理，用户设置中可以建立多个用户，并对用户功能权限进行管理（首次安装后必需设置，日常工作一般不需要修改）。

（2）任务信息导入。将集中端导出的任务数据包导入客户端（继续以前的任务工作时不需要重复导入，任务信息更新时必须要重新导入新的任务数据包）。

（3）设置当前任务。报表客户端可以支持多个报表任务，但每次只能对当前任务中的相关报表进行操作（如果当前任务已是要进行工作的任务时不需要再重新设置）。

（4）打开当前任务下的任一报表进行填报。

（5）根据报表填报需要，必要时可以切换报表关键字。

（6）录入数据；支持增行、删行、复制、粘贴和冻结等常用操作。

（7）公式计算；带公式的单元格不能编辑，需要通过计算执行报表单元公式，获取数据。

（8）通过审核功能执行报表审核公式，完成当前报表的数据审核，审核操作结束后弹出消息框，提示审核是否通过，如果审核不通过，在主界面下方会显示错误明细，并可通过鼠标点击错误明细来定位出错单元格。

（9）将报表数据保存至客户端数据库中。

（10）报表数据审核通过，并确认无误后进行数据确认操作，审核不通过的报表不能进行数据确认，数据确认后报表被锁定，不能编辑，如需修改报表数据，需先取消数据确认。

（11）所有工作完成后，上报数据导出报表数据包，保存至指定路径，未进行数据确认的报表不能进行上报数据导出。

6. 关键需求分析

通过对应用目标和业务流程的分析，海外报表业务的核心技术和关键需求主要有：

（1）客户端软件在海外机构本地进行单机版使用应用，需具备与公司总部统计报表系统基本一致的功能界面，保持报表系统的整体一致性，以便于客户端用户使用的标准、规范和统一。同时，要求客户端软件具备简洁、实用，保证客户端使用的高效率。

（2）报表任务和数据能够非常便捷的导入和导出。具体包括总部报表任务、表样的导出和导入，海外分支机构报表数据导出数据包并导入总部数据库中；在导入和导出的过程中，如何保证基本数据（用户、单位、指标维度等）的一致性，将是一个比较大的难点。

（3）由于导入导出数据包通过邮件或磁盘的方式传递，对数据包的安全性和可传送可携带性，也是一个重点考虑的问题。

（二）技术路线

在选择技术路线时，需要考虑下列影响因素：

（1）统一性。海外统计报表系统要与公司统计报表系统保持技术的统一性，以提高整体应用的效能，降低系统集成的难度和开发风险。

（2）稳定性。选择一个成熟可靠的平台，可以使软件开发的过程可控，降低软件的系统出错机率。

（3）高效率。海外机构的使用环境（人、机、网）通常比较差，这就要求软件必须具备简单、可靠、易用（如免安装、少培训）的特性。

基于以上因素，报表系统在选择技术路线时，选择 J2EE 的 java applet/servlet + ejb。这主要是因为 SUN 公司的 JAVA 平台具备跨平台、稳定可靠的特性，海外机构客户端是单机应用，基于 java application + swing。数据库连接选择 JDBC 方式，以保证系统的开放性。

（三）系统部署框架

本项目统计报表系统部署模式采用在线集中应用和单机应用两种方式。分一级集中端（公司总部）和海外客户端（海外机构）。

集中端的应用服务器和数据库服务器部署在集团本部。集中端的应用用户直接通过浏览器访问应用服务器，用户填报的统计业务数据集中存储在集团数据库服务器中，应用服务器利用存储在数据库服务器中的数据，完成各项业务操作。

客户端是一个基于集中端应用，单独开发的单机版应用软件，分散部署在最终用户电脑中进行业务数据填报，不与集中端进行网络连接，采用数据包导入导出接口来与集中端数据库传输数据，集中端向客户端传输任务相关信息，客户端向集中端传输报表数据。系统部署框架示意图如图 5 所示。

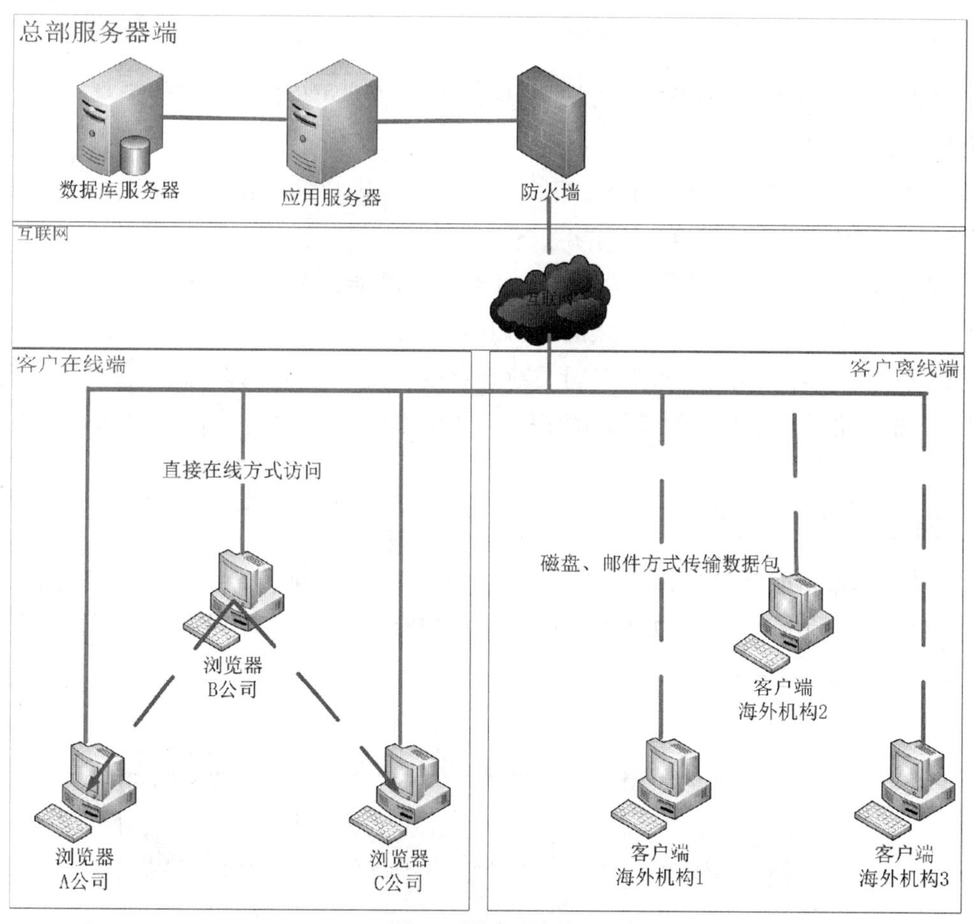

图 5　系统部署框架

（四）总体技术架构

1. 系统功能结构（见图 6）

● 应用管理层：在集中端设置报表任务、表样、公式、传输方式，为向客户端下发任务做好

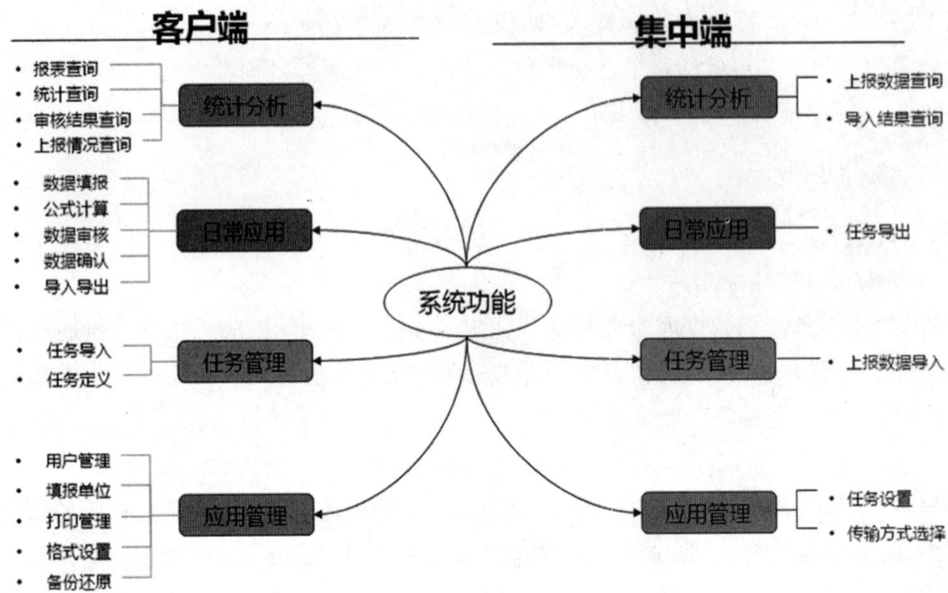

图 6 系统功能结构

准备；客户端提供了基础信息的设置和维护，包括人员设置、单位设置、参数设置、日志、备份与还原、格式设置、打印。

● 任务管理层：在集中端导出任务，下发给客户端；客户端接收集中端下发的任务。客户端支持多任务操作，必须设置当前填报的任务。

● 日常应用层：集中端提供导入客户端上报数据的功能；客户端对填报报表数据进行公式计算与审核，审核通过后进行数据确认，之后导出上报数据。

● 统计分析层：客户端可以根据不同关键字对报表数据进行查询，此外还可以对报表公式、审核结果、上报历史进行查询；在客户端数据导入集中端后，可在集中端进行导入结果查询和报表数据查询。

2. 设计分层

客户端系统采用三层结构的形式，即“用户界面（Application）+业务层+数据库”，UI 界面类使用值对象 VO 类调用业务对象类 BO，业务对象类 BO 通过 JDBC 实现业务功能，对数据库进行操作。系统分层结构示意图如图 7 所示。

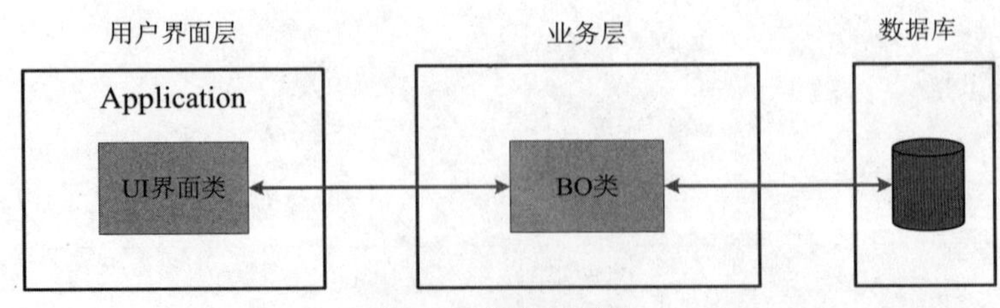

图 7 系统分层结构

3. 关键部分设计

（1）数据存储。在客户端数据与报表格式作为一个整体，用 CellsModal 这个报表数据模型来描述，每一份报表存为一个 CellsModal 值对象，对应于报表数据表中的报表数据字段。

在 CellsModal 报表数据模型中，记录了每个单元格的格式信息和单元格数据值。数据存储设计示意图如图 8 所示。

（2）任务数据的导入导出。任务导出时生成任务数据包，采用 XML 描述语言，对每个任务生成一个描述文件，再对此描述文件及任务的附件用 DES 算法加密后打包为一个任务数据包。

任务导入导出内容包括任务、报表、指标、关键字、编码；涉及的数据表有编码表、编码数据表、关键字表、关键字组合表、任务表、任务报表表、任务缺省值表、报表基本信息表、指标表。任务数据的导入导出设计示意图如图 9 所示。

（3）报表数据的导入导出。上报数据导出时生成任务数据包，采用 XML 描述语言，对上报的数据生成一个描述文件，再对此描述文件用 DES 算法加密。

报表基本信息表		
报表ID	varchar(20)	<pk>
报表名称	varchar(64)	
报表说明	varchar(128)	
报表创建者	varchar(20)	
创建时间	varchar(20)	
报表编码	varchar(32)	
关键字组合主键	varchar(20)	<fk>
修改时间	varchar(20)	
个性化公式	text	
报表模型	image	

关键字组合表		
主键	varchar(20)	<p
关键字1主键	varchar(20)	
关键字2主键	varchar(20)	
关键字3主键	varchar(20)	
关键字4主键	varchar(20)	
关键字5主键	varchar(20)	
关键字6主键	varchar(20)	
关键字7主键	varchar(20)	
关键字8主键	varchar(20)	
关键字9主键	varchar(20)	
关键字10主键	varchar(20)	

fk_repdata_report　　fk_repdata_key_cb

报表数据表		
唯一编码	varchar(20)	<pk>
关键字组合主键	varchar(20)	<fk1>
日期	varchar(20)	
时间编码	varchar(16)	
额外关键字1	varchar(64)	
额外关键字2	varchar(64)	
额外关键字3	varchar(64)	
额外关键字4	varchar(64)	
额外关键字5	varchar(64)	
额外关键字6	varchar(64)	
额外关键字7	varchar(64)	
额外关键字8	varchar(64)	
额外关键字9	varchar(64)	
额外关键字10	varchar(64)	
报表ID	varchar(20)	<fk2>
报表数据	image	

图 8　数据存储

上报数据导出内容包括单位编码、任务 ID、关键字组合及关键字的值、报表、指标、报表数据；涉及的数据表有单位信息表、任务表、报表基本信息表、指标表、报表数据表；在集中端导入时可将 XML 文件中的数据转换为 RepDataVO、UfoTableFormatModel 对象再进行后续处理。报表数据导入导出设计示意图如图 10 所示。

上报数据导出时，从 CellsModal 中取数据按 RepDataVO 的内容格式生成 XML 文件。

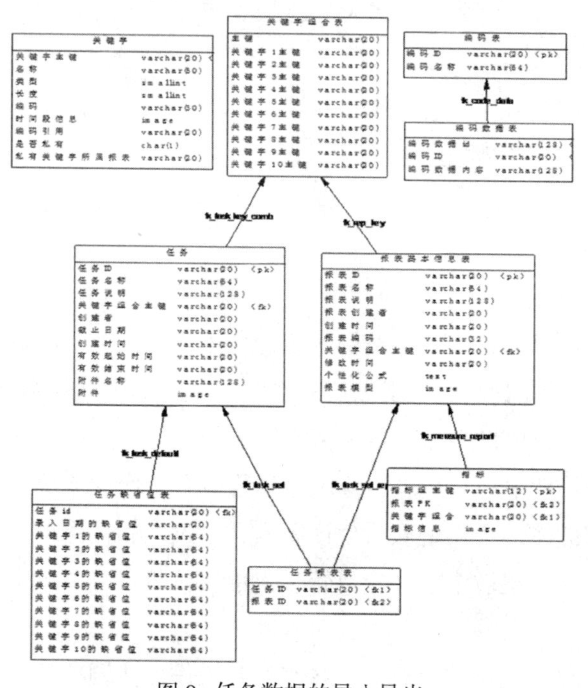

图 9　任务数据的导入导出

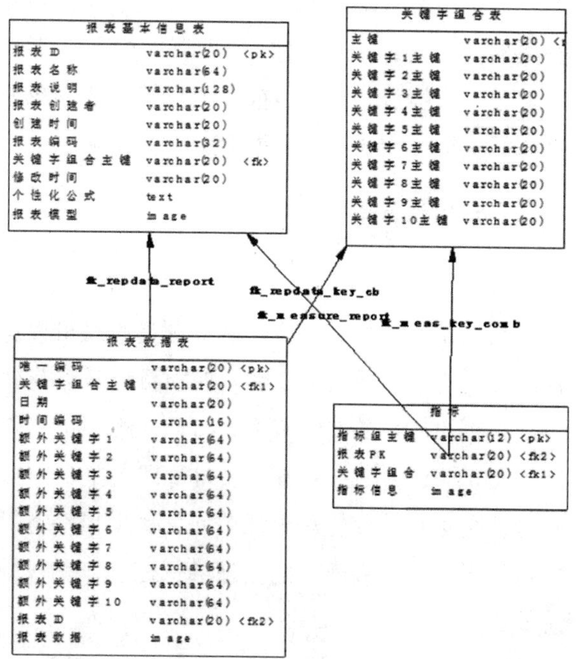

图 10　报表数据的引入导出

数据导出情况表		
导出唯一编码	varchar(20)	<pk>
任务ID	varchar(20)	<fk1>
报表编码	varchar(20)	<fk2>
数据表编码	varchar(20)	<fk3>
导出日期	varchar(20)	
导出用户	varchar(20)	
导出状态	numeric(4)	

图 11

任务数据导入信息		
数据包文件ID	varchar(20)	<pk>
文件名	varchar(1000)	
任务ID	varchar(20)	
单位编码	varchar(64)	
用户名	varchar(64)	
导入时间	varchar(20)	
文件状态	numeric	
用户ID	varchar(20)	

图 12

在上报数据导出之前需要检查客户端的单位编码，如果数据库中没有设置单位编码，提示：请设置单位编码后，再导出上报数据。在生成上报数据包之前，对报表中的单位关键字的值作统一处理，替换为当前单位编码值。

上报数据导出后在数据导出情况表中增加导出记录，为上报数据查询功能提供数据。数据导出情况数据结构表如图 11 所示。

在集中端上报数据导入时，增加一个数据表，记录上传数据包文件后的相关信息（见图 12）。

导入过程中选择上传文件后开始导入前，进入单位编码确认界面前，检查系统中有没有该单位编码，如果系统中没有该单位编码，直接显示“单位编码不存在”，如果有，列出文件中的单位编码，以及该单位编码在集中端系统中对应的单位名称，供导入用户确认。用户确认后才将相关信息存入任务数据导入信息表中。

数据导入前，首先检查任务 ID 是否存在，然后检查任务的关键字设置是否一致，最后根据任务 ID 检查导入数据的报表 ID 是否存在。

数据导入前，需校验数据包中每个报表的指标 ID、指标格式以及所用编码值，如果有不一致的，对这些异常记录日志，提示用户对这些问题的处理方式（是否忽略）。

数据导入成功后，系统自动利用 UfoTableFormatModel 对象对导入的数据进行计算、自动审核。

（4）报表计算公式。公式解析器支持一些本地的取数函数，区域函数的计算。审核公式的定义限制为区域函数，不支持指标函数。

由于在客户端录入时，所有公式单元格不允许录入，因此在任务导入时报表中定义的所有公式都要导入，只是在计算时，解析报错的公式不进行计算。

（5）数据源。采用目前集中端特定数据源驱动注册方式，对集中端和客户端增加主流数据库数据源的支持（需要相关数据库产品提供驱动），实现现有的数据源接口。

（五）开发过程管理

1. 项目组织

（1）组织结构。一个良好的项目组织可以保证项目有条不紊地按照预定计划进行，保证阶段目标的按时实现。尽量减少和协调项目内部以及项目之间的冲突，充分发挥每个项目成员的工作效率。

根据本项目的实施范围和特点，组织优秀资源组成项目组。项目组结构如图 13 所示。

（2）组织内工作职责。项目管理组是本项目的管理中心，是项目实施全过程所有工作的总负责机构，是项目管理的总责任单元，是项目动态管理的体现者，是项目生产要素合理投入和优化组合的组织者。对工程项目的实施进行控制，是各种信息的集散中心。项目管理组由项目负责人、技术总监组成。

项目负责人：项目负责人负责审查项目进展情况，监督技术总监、各组组长工作。协调项目组内部和项目组与用户的关系；负责参与制定项目的总体技术路线并负责项目日常工作，对公司分管领导进行本项目的汇报，工作重点是保证各项目组工作按进度保质保量进行，负责项目开发实施工作计划及方案制定工作，方案包括但不限于工作任务分解、人员分工、资源规划以及开发计划、测试计划、培训计划、质量保证计划、配置管理计划、变更管理计划和进度控制计划等内容。

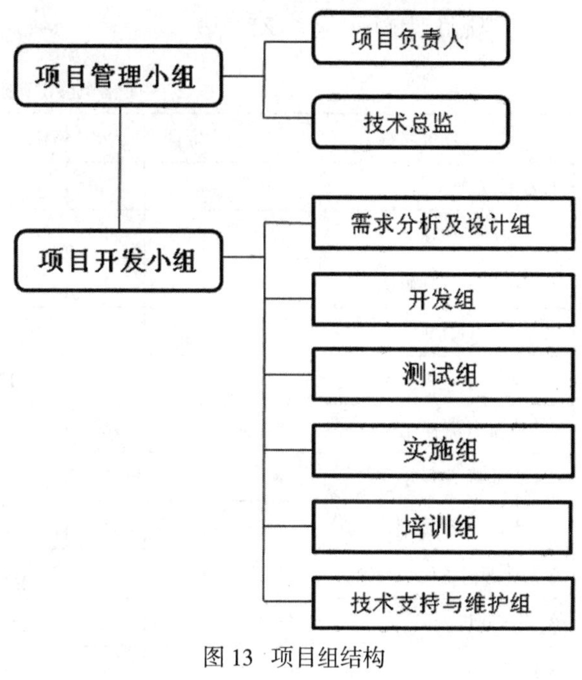

图 13　项目组结构

技术总监：作为本项目的需求调研和设计的主要负责人，负责本项目应用系统的概要设计、详细设计、数据库设计等设计工作，对项目负责人负责，并领导设计组和开发组。

项目开发小组主要负责项目需求、设计、代码开发、测试、实施、培训及技术支持等工作，具体分工职责如下：

1）需求分析及设计组。

● 需求分析及设计成员在项目准备与启动阶段制定项目实施方案，实施方案包括工作任务分解、人员分工、资源规划以及开发计划、测试计划、培训计划、质量保证计划、配置管理计划、变更管理计划和进度控制计划等内容。

● 需求分析及设计组在需求调研阶段负责本项目的需求调研。需求分析及设计组在合同签订后，开始进行需求调研，在调研结束后撰写提交《需求规格说明书》。

● 需求分析及设计组在系统设计阶段负责根据需求文档编制项目概要及详细设计文档。包括编制项目《详细设计说明书》文档。

2）开发组。负责制定本项目开发详细计划及开发规格说明，负责本项目各个模块的代码编写和单元测试工作，并编写单元测试用例。同时，负责与现有系统的集成工作，并编写集成测试用例。

3）测试组。测试组根据产品规范编写测试计划、测试方案，设计测试数据和测试用例；实施软件测试，并对软件问题进行跟踪分析和报告，推动测试中发现问题及时合理地解决；完成对产品的系统测试、集成测试、联调测试。对产品的功能、性能及其他方面的测试负责；提出对软件进一步改进的要求并评估改进方案是否合理。

4）实施组。实施组在项目的实施过程中完成本项目总体协调、管理、控制、技术支持等工作，支持系统在环保部安装、部署及全国系统联调、运行维护等。

5）培训组。培训组在系统部署实施完成后，为海外部及海外机构用户提供系统操作、管理维护培训。

6）技术支持和持续服务组。本项目设置专门的技术支持服务组，负责本项目的技术支持工作，提供项目上线后的持续完善服务。在项目建设过程中，该小组与用户进行密切沟通，充分考虑用户使用和系统长期运行维护的需要。

2. 项目计划（见表2）

表2 中国建筑股份有限公司海外报表项目主计划

任务名称	投入资源	天数	工作人天	起始时间	结束时间	提交物
1. 项目立项			2			
1.1 项目组织建立	1	1	1	2011/5/2	2011/5/2	《项目组通讯录》
1.2 项目主计划确认	1	1	1	2011/5/3	2011/5/3	《项目开发主计划》
2. 调研设计阶段			14			
2.1 业务模块需求调研			13			
2.1.1 业务流程梳理	1	5	5	2011/5/4	2011/5/10	
2.1.2 报表方案分析	1	2	2	2011/5/11	2011/5/12	
2.1.3 demo 模型显示	1	5	5	2011/5/13	2011/5/19	
2.2 业务需求说明书确认	1	1	1	2011/5/20	2011/5/20	《需求规格说明书》
3. 系统建设阶段			63			
3.1 系统设计			3			《详细设计说明书》
3.1.1 系统界面确认	1	3	3	2011/5/23	2011/5/25	
3.2 系统构建阶段			40			《开发规格说明书》
3.2.1 开发准备	1	2	2	2011/5/26	2011/5/27	
3.2.2 代码开发			38	2011/5/30	2011/7/20	
3.2.2.1 取数公式			17	2011/5/30	2011/6/21	
3.2.2.1.1 MSUM( )	1	5	5	2011/5/30	2011/6/3	
3.2.2.1.2 动态行简单计算	1	4	4	2011/6/6	2011/6/9	
3.2.2.1.3 MSELECT( )	1	1	1	2011/6/10	2011/6/10	
3.2.2.1.4 动态行复杂计算	1	4	4	2011/6/13	2011/6/16	
3.2.2.1.5 IFF( )	1	2	2	2011/6/17	2011/6/20	
3.2.2.1.6 zmonth( )	1	1	1	2011/6/21	2011/6/21	
3.2.2.2 审核公式			6	2011/6/22	2011/6/29	
3.2.2.2.1 基本公式	1	2	2	2011/6/22	2011/6/23	
3.2.2.2.2 K 公式	1	1	1	2011/6/24	2011/6/24	
3.2.2.2.3 MSELECT( ) 固定行	1	1	1	2011/6/27	2011/6/27	
3.2.2.2.4 MSELECTA 公式	1	1	1	2011/6/28	2011/6/28	
3.2.2.2.5 数据确认	1	1	1	2011/6/29	2011/6/29	
3.2.2.3 查询引擎取数			15	2011/6/30	2011/7/20	
3.2.2.3.1 基础框架	1	3	3	2011/6/30	2011/7/4	
3.2.3.2 WZ01 海外新签合同额	1	3	3	2011/7/5	2011/7/7	
3.2.2.3.3 WZ02 海外营业额	1	3	3	2011/7/8	2011/7/12	
3.2.2.3.4 WZ03 海外工程量	1	3	3	2011/7/13	2011/7/15	

续表

任务名称	投入资源	天数	工作人天	起始时间	结束时间	提交物
3.2.2.3.5 WZ04 海外汇总表	1	3	3	2011/7/18	2011/7/20	
3.3 系统测试阶段	1	20	20	2011/7/21	2011/8/17	《系统测试报告》
4 系统上线准备阶段			2			
4.1 最终用户培训	1	1	1	2011/8/18	2011/8/18	《培训计划》
4.2 系统试运行及效果优化				2011/8/19	2011/12/28	
4.3 系统正式上线	1	1	1	2011/12/29	2011/12/29	《项目上线报告》
5 系统持续支持阶段			13			
5.1 持续解决问题	1	10	10	2011/12/30	2012/3/26	《问题清单》
5.2 项目总结	1	2	2	2012/3/27	2012/3/28	
5.3 项目验收	1	1	1	2012/3/29	2012/3/29	《项目验收报告》

3. 成果标的物

（1）软件产品（见表 3）。

表 3 软件产品

序号	产品名称	交付形式
1	软件安装包	电子文档
2	源代码及说明	电子文档
3	配置文件	电子文档
4	测试数据	电子文档

（2）项目过程文档（见表 4）。

表 4 项目过程文档

序号	阶段	文档名称	交付形式
1	需求分析	需求规格说明书	电子文档+纸质文档
3	设计	详细设计说明书	电子文档+纸质文档
4	编码	开发计划	电子文档+纸质文档
		软件开发规格说明书	电子文档+纸质文档
5	测试	测试计划	电子文档+纸质文档
		测试用例	电子文档+纸质文档
		测试报告	电子文档+纸质文档
6	实施	实施计划	电子文档+纸质文档
		系统使用手册	电子文档+纸质文档
		系统维护手册	电子文档+纸质文档
7	培训	培训计划	电子文档+纸质文档
8	验收	验收报告	电子文档+纸质文档

（六）系统安全保障

1. 安全策略原则

安全策略的制定主要把握以下几个方面的基础原则：

（1）可用性：确保授权实体在需要时可以访问数据和进行操作。防止因为系统本身资源出现问题或攻击者非法占用资源导致授权实体不能正常工作。

（2）机密性：确保信息不暴露给未授权的实体或进程。应该对用户采用权限管理，防止信息的不当泄露。

（3）完整性：只有授权实体或进程才能修改数据，并且能够对数据进行完整性验证，判别出数据是否已被篡改。

（4）可审查性：使每个授权实体的活动都是唯一标识和受监控的，对其操作内容进行跟踪和审计。为出现的安全问题提供调查的依据和手段。

（5）不可抵赖性：不可抵赖性主要指数据的原发者对所发送的数据不可以否认。系统应能提供数据原发者的不可抵赖机制，约束和防止数据原发者的抵赖行为。

（6）可控性：可以控制授权范围内的信息流向及行为方式。

2. 网络安全策略

（1）网络数据流。系统提供 SSL 机制对网络上传输的数据进行加密，提供数据流的认证、机密性和完整性，以防敏感数据在传输过程中被泄露及篡改。使用 SSL，可进行客户端与服务端的双向认证。SSL 使用 DES 加密算法来对通信双方进行认证；使用对称加密算法对传输的数据进行成批的加密；使用加密散列函数加入完整性检查方式来保护每个数据包。

（2）访问控制。访问控制是网络安全防范和保护的主要策略，它的主要任务是保证网络资源不被非法访问和使用。它是维护网络安全、保护网络资源的重要手段。

1）入网访问控制。入网访问控制为网络访问提供了第一层访问控制。控制谁、什么时间、在哪个工作站入网登录到服务器并获取网络资源。用户的入网访问控制可分为用户名的识别与验证、用户口令的识别与验证、用户账号的缺省限制检查三个步骤。

2）网络的权限控制。网络的权限控制是针对网络非法操作所提出的一种安全保护措施。赋予用户和用户组一定的权限，控制用户和用户组可以访问哪些目录、子目录、文件和其他资源，指定用户对这些文件、目录、设备等能够执行哪些操作。实现方式主要有权限管理者指派和继承权限屏蔽两种。

3）目录级安全控制。用户在目录一级指定的权限对所有子目录和文件有效，用户还可进一步指定对目录下的子目录和文件的权限。

4）属性安全控制。属性安全在权限安全的基础上提供更进一步的安全性。当使用文件、目录和设备等时，应给文件、目录和设备等指定访问属性。网络上的资源应预先标出一组安全属性。同时，用户对网络资源的访问权限对应一张访问控制表，用以表明用户对网络资源的访问能力。属性设置可以具有覆盖性。属性安全控制还可以保护重要的目录和文件，防止用户对目录和文件的误操作。

5）网络服务器安全控制。网络允许在服务器控制台上执行一系列操作。用户使用控制台可以装载和卸载模块，安装和删除软件等操作。网络服务器的安全控制包括可以设置口令锁定服务器控制台，以防止非法用户修改、删除重要信息或破坏数据；可以设定服务器登录时间限制、非法访问者检测和关闭的时间间隔。

6）网络监测和锁定控制。网络管理员应对网络实施监控，服务器应记录用户对网络资源的访问，对非法的网络访问，服务器应以图形或文字或声音等形式报警，以引起网络管理员的注意。如果不法之徒试图进入网络，网络服务器应会自动记录企图尝试进入网络的次数，如果非法访问的次数达到设定数值，那么该账户将被自动锁定。

7）网络端口和节点的安全控制。网络中服务器端口使用的自动回呼设备、静默调制解调器等加以保护，并以加密形式识别节点的身份。自动回呼设备用于防止假冒合法用户，静默调制解调器用以防范黑客的自动拨号程序对计算机进行攻击。网络还可对服务器端和客户端采取控制，在对用户的身份进行验证之后，才允许用户进入客户端，然后，用户端和服务器端再进行相互验证。

3. 数据权限安全策略

采用域管理模式对用户进行集中管理。

用户必须首先通过域控制安全系统认证获得授权后，才能访问网络系统。

应用系统安全是基于 RBAC 模型 (Role-Based Access Control，基于角色的访问控制)，不同角色赋予不同的访问权限，可建立用户密码策略来提高用户的密码复杂度。对关键操作用户采用密钥的方式访问。

4. 数据库安全策略

系统要采用高性能的主流数据库产品，同时要注意数据库版本的先进性和可靠性。所采用的数据库系统应符合 NCSC 认证的 C2 级安全标准，应提供严格的数据库恢复和事务完整性保障机制，提供完整的角色管理和自主控制安全机制，要支持软、硬件容错，逻辑备份与恢复，物理备份与恢复，在线联机备份和恢复等功能，保证在发生故障和灾难后能够很好地恢复或重构数据库。

数据库的安全性措施主要有以下几方面：

（1）用户标识和鉴定。通过数据库系统的用户账号与口令鉴定用户的身份，这是系统提供的最外层安全保护措施，也是最常用的措施。

（2）存取控制。合理设置数据库对象的授权粒度，认真研究并大力推行角色 / 权限管理机制，使用具有口令保护角色，通过应用系统级的身份认证连接数据库，通过应用程序进行角色的口令输入、打开角色并激活角色开关，以避免用户绕过应用程序而直接调用 SQL 语句访问数据库资源。

（3）视图机制。为不同用户定义不同的视图，通过视图机制把要保密的数据对无权存取这些数据的用户隐藏起来，从而自动地对数据进行保护。

（4）审计。打开数据库系统的审计功能，以监视不合法行为。

5. 代码安全和数据校验

总部集中端由于采用 B/S 多层结构，系统代码全部放服务器上，只有服务器管理人员才能更改代码。通过浏览器访问的客户端代码是在运行时动态地下载到客户端的，意味着不能在客户端修改在客户端的运行代码。由于只有运行在服务器上的代码才可以访问数据库，客户端不能直接访问，这样也保证了数据库服务器的安全。

海外客户端软件的数据保存在本地，与总部集中端服务器导入导出时，数据必须经过程序校验才能进入总部数据库，系统在校验时假设所有用户的输入都是不可信任的，因此，通过进行数据校验，防止通过用户输入发动的系统攻击。

三、功能概述

（一）集中端功能

1. 任务传输方式设置

在集中端分布式服务器节点，建立任务信息传输方式及任务导出触发单位，传输方式设置为磁盘方式。

2. 集中端任务导出

（1）功能概述。集中端设置完成当前任务，在任务分配时，会弹出“任务导出”主界面，为客户端用户导出任务数据包，以便客户端用户在导入任务数据包后，能在对应的任务中按指定的格式进行报表填报。

（2）处理流程（见表5）。

表5 处理流程

序号	操作步骤	系统响应
1	设置当前任务	
2	在“任务”主界面选择相应任务，点击“任务分配”功能节点	弹出任务分配主界面窗口
3	为指定单位分配任务	弹出“任务导出”主界面
4	选择任务导出的内容	系统自动勾选当前任务所需导出的内容
5	选择任务导出的传输方式	系统默认勾选海外离线端磁盘方式传输
6	点击“完成”，鼠标右键下载文件，选择“目标另存为”	弹出系统文件下载窗口
7	选择文件存放位置和文件名	自动将所选任务数据包下载至指定位置

（3）业务规则。

1）导出方式只采用磁盘方式。

2）可以导出的任务范围是当前用户可以查看到的任务。

3）既可以对任务列表进行多选，也可以同时将多个任务导出到一个文件中。

4）任务导出时只导所选任务，任务对应的代码、单位、关键字、报表格式和任务，其他的报表模板、报表数据、抵消模板等内容不导。

5）对一个完整的任务所关联的内容要整体导出，不能部分导出。

3. 集中端上报数据导入

（1）功能概述。

客户端用户在完成报表数据的填写后，生成上报的数据包送到集中端，在集中端选择要导入的数据包文件，根据数据包中的任务与单位编码信息，自动保存报表数据。

（2）处理流程（见表6）。

表6　处理流程

序号	操作步骤	系统响应
1	设置当前任务	
2	在主界面点击“数据传输”功能节点，弹出“数据传输”主窗口	
3	在主窗口选择“接收磁盘”菜单	弹出上传文件窗口
4	选择要导入的文件并确定	系统将列出导入文件的单位编码、单位名称、导出导入时间等信息
5	勾选该文件，选择“导入”菜单，进行导入	
6	选择文件中要导入的内容，进行导入	系统根据规则判断导入数据的有效性，自动保存报表数据

（3）业务规则。

1）为确保导入数据正确，在选择了导入的文件后，列出文件中的单位编码、单位名称、导出导入时间等信息，供导入用户确认。

2）任务导入时，判断报表是否存在，提示：报表不存在，任务导入失败。

3）导入时，如果系统中没有该单位编码，提示：系统中没有该单位编码，任务导入失败。

4）数据导入成功后，系统自动保存数据。

4. 集中端权限设置

在新建、修改、复制、查看、删除等角色管理时，按照功能权限的不同，海外报表角色分为以下四类：

（1）统计主办，具有报表数据填报、审核及上报等功能。

（2）统计审核，具有报表查询、审查数据的功能。

（3）二级统计主办，具有报表数据填报、汇总、审核及报表的报送管理功能。

（4）海外离线端数据导入角色，具有客户端数据的接收、导入、删除等功能权限。

集中端还对海外报表进行数据权限管理，分为报表数据修改权限、查看权限和无访问权限，根据实际业务需要，对每家单位的用户分别进行数据授权。

（二）客户端功能

1. 登录

用户使用系统之前，需要先进行登录认证方可正常使用系统功能。输入用户编码、口令和登录时间（系统默认当前时间，单击旁边的参照按钮，可以调出日历辅助输入），单击登录，系统验证用户名和密码，正确则进入系统。点击修改按钮时，验证用户名和密码，正确则进入修改密码界面。

2. 主界面

（1）功能概述。

用户登录后，在报表录入主界面进行日常填报、计算、审核、保存、上报等业务操作。

主界面包括标题栏、菜单栏、工具栏、工作区、状态栏。

● 标题栏：显示工具栏有默认工具栏、打印工具栏。

● 默认工具栏包括：剪切、复制、粘贴、清除、打开报表、保存、切换关键字、计算、审核、日志、帮助主题。

● 打印工具栏包括打印设置、打印预览、打印。

状态栏信息包括：当前任务、当前报表及关键字信息、位置、报表状态和登录用户。

（2）业务规则。

1）主界面打开后，如果当前用户存在当前任务和当前报表，直接进入当前任务并打开报表，否则，显示空表格，且为只读。

2）主界面打开后，在报表关闭状态下，报表工具相关的菜单和工具栏为灰，不可用。打开报表后，报表工具相关的菜单和工具栏变为可用状态。

3）主界面打开后，当前用户没有权限的菜单和相应的工具栏为灰，不可用。

4）注销或退出前保存相关工作，包括当前用户的工作内容及工作状态（当前任务和当前报表）。

3. 参数设置

（1）功能概述。

针对客户端个性化应用需求，进行参数设置。

（2）业务规则。

客户端需要保留的相关参数设置有：

参照型指标是否显示代码值。

数据为 0 时是否显示。

保存后自动审核。

4. 单位设置

（1）功能概述。客户端用户使用之前，需要对使用单位的基本信息进行维护设置，以便后续进行数据的导入导出对照。

（2）业务规则。

1）一个客户端仅供一个单位录入数据。

2）客户端中所有数据都不与单位编码和单位名称相关联，只在上报数据导出时将单位编码和单位名称一并导出，并作为集中端报表接收单位的依据。

（3）单位设置只包括单位编码和单位名称。

5. 用户管理

（1）功能概述。客户端使用单位根据本单位使用用户情况，设置系统应用操作人员及对应权限。

（2）业务规则。

1）用户信息包括用户编码、用户名称和口令。在新建和修改用户时要加上口令确认。用户口令不能存储为明码。

2）权限只有菜单功能权限，没有数据权限，权限项只分禁用、可用。

3）需要进行功能权限控制的菜单项包括：单位设置、用户设置、设置当前任务、参数设置、任务导入、上报数据导出、上报查询、打开报表、审核、日志、备份数据库、还原数据库、保存、导出 Excel、导入 Excel、报表公式、单元格属性、审核结果查询、切换关键字、计算。

6. 任务导入

（1）功能概述。接收到集中端导出的任务数据包后，将任务数据包中的数据导入客户端数据库中，客户端用户就能在对应的任务中按集中端指定的格式进行报表填报。

（2）处理流程（见表7）。

表7　处理流程

序号	操作步骤	系统响应
1	在主界面点击“任务导入”菜单	弹出系统文件打开窗口
2	选择要导入的文件，确定	系统开始导入：判断导入任务是否重复，并保存任务相关数据

（3）业务规则。

1）只接受磁盘文件方式导入。

2）任务导入时，如果系统中已存在该项任务，提示“系统中已存在任务——×××，是否覆盖？”用户确认后该任务对应的原有信息将被导入信息覆盖。

3）出现任务重复有两种情况：

a. 用户对同一个任务包多次导入。

b. 上级任务格式作了修改。提示用户该任务格式已经更新，选择覆盖后原任务将被新的任务覆盖。

4）对出现重复任务后用户选择覆盖的处理：

a. 任务的变化要具体判断到指标。

b. 如果关键字有变化，只能删除以前的所有内容，重新导入任务。

c. 如果增加报表，导入增加的报表。

d. 如果删除报表，删除相应的内容。

e. 如果已有报表的格式和指标有变化，用新的报表覆盖旧报表格式，对指标进行增减。

5）任务导入时自动保存所选任务对应的关键字、报表、填报说明。

7. 上报数据导出

（1）功能概述。导出向集中端上报的数据包。客户端用户在完成报表数据的填写后，生成上报的数据包传送到集中端，集中端将根据上报的数据包来完成报表上报工作。

上报数据包针对当前任务导出，并可选择报表和导出关键字值。

（2）处理流程（见表8）。

表8　处理流程

序号	操作步骤	系统响应
1	在主界面点击“上报数据导出”菜单	弹出第一步“选择导出报表”窗口
2	选择要进行导出的报表（可多选），选择“下一步”	弹出“保存位置”窗口
4	输入或选择导出文件名和存放位置	点击“选择”按钮，弹出文件保存窗口
5	点击“完成”	判断文件保存路径的有效性，将所选任务的相关数据保存为指定文件

（3）业务规则。

1）导出方式只采用磁盘方式。

2）上报数据需要包含任务、关键字的值和报表数据，数据包中还要包含单位编码。如果程序中没有设置单位编码，提示：请设置单位编码后，再导出上报数据。

3）上报数据导出后可以在上报查询中对任务、报表导出时间和状态进行查询。

4）导出任务是针对当前任务。

5）可以对任务中的报表列表进行多选。

8. 上报查询

（1）功能概述。对历史任务的报表的导出情况进行查询，显示各报表是否已导出及导出的时间、导出的用户。

（2）业务规则。

1）初始时显示当前任务中的各报表每一次导出的信息，用户能选择其他方式来过滤。

2）条件过滤可以按任务、报表编码、用户编码、导出时间等进行过滤。

3）支持对显示各列排序显示。

9. 设置当前任务

客户端可以支持多个报表任务，但每次只能对当前任务做操作。在当前任务设置界面可以查看任务的名称、创建人、创建时间，并按各字段进行排序。

10. 报表填写

软件提供在报表工具中录入、保存、计算及打印的功能。

（1）打开报表。

1）功能概述。

客户端软件的主界面就是报表的录入界面，从主菜单中选择“打开报表”后，工作区直接打开所选择的报表。

2）处理流程（见表9）。

表9 处理流程

序号	操作步骤	系统响应
1	在主界面点击“打开报表”菜单	弹出“选择报表”窗口
2	选中具体报表后，点击确定	关闭选择界面，弹出“选择关键字”窗口
3	选择当前报表填报的期间，点击确定	系统自动切换到录入界面

3）业务规则。

列出当前任务下的所有报表。

打开“选择关键字”窗口时默认当期的关键字值。

（2）切换关键字。根据任务设置的关键字给出关键字列表，参照关键字值，确定后返回录入状态，并更新为当前关键字值下的数据。

（3）编辑功能。

1）功能概述。

选中单元格鼠标右键，弹出编辑功能菜单，包括剪切、复制、粘贴、清除、切换关键字、计算、审核、插入一组或多组、删除一组或多组、界面风格、单元属性、分栏、冻结。

2）业务规则。

菜单中的插入多组、删除多组可以设置插入、删除的行数。

插入多组、删除多组只有在定位至动态区时才能够使用。

界面风格可以设置行列标是否显示、设置网格的颜色、显示比例。

单元属性显示当前单元格的坐标、数据类型、类别（关键字或指标）和内容（关键字或指标名称）。

（4）计算。计算当前表中的所有公式，完成带公式单元格的自动取数。

（5）审核。

1）功能概述。

对当前编报的报表内的数据逻辑关系，根据审核公式进行数据审核。

2）业务规则。

审核时只执行当前表的表内审核公式，审核正确时给出提示：表内审核全部正确。

审核错误时，给出每一条审核公式的错误信息，点击错误明细可以定位出错单元格。

（6）报表打印。

1）功能概述。

报表打印功能包括强制分页、取消分页、页面设置、打印预览、打印、多表打印。

2）业务规则。

多表打印时列出该任务中当前关键字条件下的所有报表，提供全选全消等按钮，供用户选择，并可以设置打印机及打印份数，但不能预览。

11. 报表审核结果查询

（1）功能概述。可对当前单位下的所有报表的审核结果进行灵活查询，并可以将审核结果导出文件。

（2）业务规则。可以进行选择的过滤条件包括报表选择、审核结果、起始时间、截止时间。

12. 日志查询

（1）功能概述。对系统中用户的操作日志进行记录，并提供查询功能。

（2）业务规则。需要记录的日志信息包括用户名称、操作时间、操作类型、操作结果（操作成功、操作失败）、说明（可以包括操作任务、操作报表等信息）。

需要记录的操作类型包括登录主窗口、退出主窗口、参数设置、单位设置、用户管理、新建用户、修改用户、删除用户、删除数据源、设置当前任务、任务导入、上报数据导出、上报查询、报表审核、日志查询、修改密码、打开报表、录入报表数据、计算、审核、保存、打印、多表打印、导入 Excel、导出 Excel 等。

日志查询可以通过用户编码、操作类型、开始时间、结束时间、操作结果进行筛选。

日志查询结果可以按各列排序。

清空全部或清空当前时应有提示确认。

13. 数据确认与取消确认

（1）功能概述。报表数据录入审核完成后，在上报之前，需要对上报数据进行数据确认。

（2）业务规则。审核通过报表数据确认无误后，进行数据确认操作，报表数据进行锁定，不能对报表进行任何改动。

数据确认后若因某些原因还需对报表做改动，需要先进行数据取消确认。

四、特点及创新点

中国建筑企业海外建筑承包业务具有布局范围广、空间跨度大、管理链条长、项目管控离散、实施周期短等特点，在海外网络、硬件基础设施建设、信息系统维护支持等方面存在较大难度，中国建筑企业集团对海外机构的管控力度整体较为薄弱。

中国建筑股份有限公司作为全球最大的建筑地产企业集团，在对海外机构财务管理和信息化建设方面，一直走在行业管理的前列。本项目根据公司30多年的海外财务管理经验，针对中国建筑企业集团海外业务特点和财务管理难点，对海外财务集中管控和信息化建设工作进行了系统研究，在建筑行业海外财务管理模式和信息技术应用方面取得了新的突破。

（一）管理模式创新

（1）海外信息管理模式创新。以“大海外”战略为导向，创新国内外财务管理信息传递及管理新模式，缩短集团总部和海外机构的空间距离，建立了快捷、畅通、准确的信息传递渠道。

（2）部署模式创新。将“单机应用模式”与“B/S应用模式”的优势有机地结合起来，研究建立了适合海外财务信息化建设部署模式，首次在集团总部部署B/S架构应用、海外机构使用单机版软件，并依托信息技术，对集团总部和海外机构的系统数据进行了有机整合，满足了目前不同国家地区的网络基础设施条件的应用，顺应了企业“国际化”业务拓展及管理的应用要求。

（3）制度执行创新。任何信息系统的有效运行，离不开制度和标准化流程的规范。本项目根据《统计制度》的总体业务要求，对制度的内容和执行要求进行了分析和优化；通过系统建设，将制度规定的业务流程固化到系统功能中，形成业务应用标准；同时，将业务的管理要求作为关键控制点结合到软件系统的功能设计中，解决了制度贯彻与信息化建设相适应的问题，提升了海外统计管理的业务标准化、制度化管理。

（二）技术应用创新

（1）应用模式创新。以公司统计管理业务为“试金石”，优化了海外统计管理业务应用模式，满足了公司统计管理业务集中管控的管理要求，丰富了集团数据仓库的海外统计业务数据内容，实现对全集团国内外机构的统计业务数据在统一的分析平台进行多维分析，以及可追溯查询。

（2）报表软件系统创新。基于海外机构统计管理业务需求，研究并开发了一套适合公司海外统计管理业务应用的“境外统计报表软件”。该软件基于数据库的技术，对数据指标建立多种关键字，即数据的维度管理，充分发挥了数据库技术在索引、统计、汇总、分析的强大优势，改变了海外机构原有的手工作业模式和文件存储方式，提高了海外机构财务信息化程度，提升了工作效率和统计信息填报质量，提高了数据的可用度。

从报表体系设计上分析，新报表体系的核心是关键字、指标和维度，报表数据并不存储在报表文件中，只是在报表显示时展现在单元格中。通过关键字、维度、指标几个变量，就可以确定一项数据，在进行统计分析时，提供了极大的方便。

● 关键字：报表中的“变量”，标识出相同格式的不同报表的特征，在报表计算时，可以按给出关键字的值计算报表结果。

● 维度：描述某一对象的不同角度，比如：销售收入可以从计划、实际、历史最优三个角度进行描述。

● 指标：在报表中，指标是一个报表单元在不同关键字值下的一组数据，在维度一定的情况下，指标是描述某一对象的一组数值，每一组具体的维度值确定唯一的一个指标数值。

● 与单元格相比好处是：数据与具体的报表相分离，即使格式变了（如插行、换了位置），它仍能取到数，那些调用它的公式，也不用改。

（3）数据交换创新。总部和海外机构之间进行统计业务数据、报表格式的数据传递，典型的如：总部报表任务和海外报表数据。这些数据如何进行传送、压缩、解压、加密等操作，关系到整个应用的安全、可靠和有效。系统应用设计选择可扩展标记语言 (Extensible Markup Language, EML) 格式，利用其易于在任何应用程序中读写数据，很容易加载 XML 数据到程序中并进行解析，并以 XML 格式输出结果，提高了系统的可扩展性。

五、应用和推广效果

本项目应用前，公司海外月度统计数据采集仅针对合同额和营业额两个指标，其他指标只能以季度和年度为周期统计。通过本项目的推广应用，使增加月度指标数据采集量成为可能，原来以季度或年度为周期统计的指标，现在全部实现月度统计；同时，对于公司海外统计月报工作，填报日由原月后 7 日提前到月后 5 日，极大地提高了海外统计管理业务的实效性；海外报表数据准确度由 80% 提高到 95%，提升了公司海外机构财务管理整体水平，促进了公司海外业务发展与管理进步。中国建筑股份有限公司是唯一一家海外统计管理业务全部实现信息化的企业，在全国的境外统计管理工作方面起到了良好的示范作用。

系统应用和推广取得的效果集中表现在以下几个方面：

（1）应用效率高。该软件应用效率高，数据采集快，极大地满足了公司对于各项统计数据的查看、分析和监管需求。

（2）数据交互快。各驻外机构在该软件中填报后将数据导出，通过邮件等方式直接发送至总部服务器，解决了无法登录总部系统进行在线填报的问题，免除了重复人工干预环节，极大地提高了工作效率。

（3）管控效果好。海外客户端软件的报表格式和公式与总部集中端报表系统保持一致，并可在客户端完成数据校验和审核，确保了数据的时效性和准确性，极大地提升了海外财务管理的信息化水平。

目前，公司在 22 家驻外机构中推广使用了境外统计报表系统，具体包括阿尔及利亚、美国公司、菲律宾公司、博茨瓦纳公司、赤几公司、蒙古和巴基斯坦等单位，实施效果良好，提高了公司海外财务管理整体水平。

六、研究及应用成果

本项目围绕探索公司国内外财务管理应用模式为总体目标，以先进的信息技术为载体，以海外统计管理业务为应用基础，研究探索公司境内外财务信息交互管理模式，并开发了境外统计报表软件，完成了系统的实施和推广应用。重点在降低管理成本，优化海外统计业务管理链条；跨越空间、时间限制，探索国内外财务信息传递新模式；充实公司财务数据，实现海外统计数据集中应用模式；在提高海外统计工作效率，提升数据准确性等方面进行了整体提升。具体研究成果如下：

（1）研究编写了《中国建筑股份有限公司境外统计报表系统研究与应用报告》。

（2）研究开发了中国建筑股份有限公司境外统计报表软件，在公司海外机构中进行推广应用，取得了良好的应用效果。

（3）研究探索了公司国内外财务管理信息交互新模式，建立了海外统计业务的标准，实现了集团总部和海外机构的数据快速传递与统一。

（4）研究优化了公司海外统计管理业务相关的《统计制度》，并使制度通过信息技术手段，形成统一的业务标准流程，在全集团范围内得到贯彻执行。

（5）获得“境外统计报表软件 V1.0”计算机软件著作权登记证书，版权所有者为：中国建筑股份有限公司。

本项目的全部成果已经于 2012 年 6 月底之前在公司全部海外机构中进行了推广应用，取得了良好的应用效果，为公司海外机构数据统计业务带来了较大的管理提升。

七、研究报告总结

本项目根据公司海外机构财务管理需求，创新财务信息化建设及应用模式，依托管理制度和先进的 IT 技术手段，研究开发了境外统计报表系统。该系统主要针对建筑行业所属的海外企业，用于海外统计管理业务相关的信息采集、报送和统计分析等工作，提高海外统计管理工作的效率和准确性。本项目打破了现有信息化建设中“或集中”、“或分散”的单一部署及应用方式，而是根据公司客观业务需求，探索出一套适应现阶段应用的“集团＋海外”两级应用模式，适应国家“走出去”政策导向和公司“国际化”、“大海外”发展战略要求，构建了海外财务信息化建设新模式，为今后推进海外信息化工作奠定了基础。

本项目的研究与应用成果，是本着“小投入、大产出”原则，针对建筑行业的业务特点，展开研究和应用推广工作，不仅对中国建筑企业集团加强海外财务管理具有广泛的推广应用价值和示范作用；同时，对中国建筑企业集团海外信息化建设工作也具有良好的借鉴作用。

信息化建设与精益财务转型研究

创造单位：中国铁建电气化局集团有限公司

主要创造人：张国俊　贺春雷

创造人：栗喜明　薛晓荣　夏振华　申晖　李海全

[摘要] 信息化是推动现代化建设的技术手段和基础性工程，也是推动社会变革和经济转型的重要力量。随着信息技术和互联网的飞速发展，世界已融为一个数据互通、信息共享、资源融合、多元发展的统一经济体。在“互联网 +”时代背景下，“财富 = 信息技术 + 经营”的理念正向全球行业渗透。实施“互联网 + 财务”战略，既是打造财务共享中心、推动精益财务转型的重要驱动力，也是战略财务落地、管理会计实施的重要保障，还是培育国际竞争力“世界一流”企业的必经之路。

财务管理的最终目标是价值创造，实现价值创造的主要手段是管理提升，管理提升的关键依托是精益财务转型。精益财务转型必须借力信息化。中国铁建电气化局集团结合业务发展、管理需要和财务现状，确立了“信息化建设与精益财务转型”研究课题，以“互联网 + 财务”视角，围绕构建业务财务一体化为基础的综合信息共享平台，积极开展理论研究，加快成果转化，为国有企业实施信息化建设、打造财务共享服务中心、推动精益财务转型、优化财务发展生态提供可借鉴的理论依据和实践支撑。

[关键词] 财务；“互联网 +”；转型

一、立项背景

（一）信息化的重要性

信息化是推动现代化建设的技术手段和基础性工程，也是推动社会变革和经济发展转型的重要力量。随着经济全球化、全球信息化、信息现代化，信息技术在世界政治、经济、军事、文化等领域越来越发挥着重要支撑作用，自海湾战争“计算机病毒”武器出现，到北京奥运会“紧急医学救援无线移动信息共享平台”的应用，“斯诺登事件”的曝光等，都彰显了信息技术的重要地位。实施“互联网 + 财务”战略，是打造财务共享中心、推动精益财务转型的重要驱动力，也是战略财务落地、管理会计实施的重要保障。20 世纪 80 年代，欧美国家大型企业应用计算机技术实施财务管理，福特公司率先在全球设立了第一个财务共享服务中心，随后杜邦、通用电气、惠普、IBM 等企业也相继成立了财务共享服务中心。

（二）财务信息化发展阶段

我国企业财务信息化大体经历了三个阶段。第一阶段是使用会计电算化单机软件（如 DOS 下的 CCED 等）处理账务，支持会计记账、核算、报表编制，以解决财务报表报送不及时、编制不准确等问题。第二阶段是运用网络财务软件构建财务管理信息系统，支持财务预算、核算、分析、控制，以提高财务工作质量和效率。第三阶段是应用信息技术，建立业务财务一体化信息共享服务平台，实现业务财务融合、数据互联互通、信息集成共享、精益财务管理，为决策提供支持服务。

（三）财务信息化实践历程

20 世纪 60 年代起，美国企业财务开始使用计算机系统。80 年代，发达国家大型企业利用计算机系统实现了账务处理、库存管理、成本核算和财务分析。国内 1998 年用友公司将会计信息化融入企业管理信息系统，拉开了财务信息化序幕。2005 年中兴通讯率先构建了财务共享服务中心。随后，海尔、鲁花、中国移动、神华集团等企业也相继推行并建立了财务共享服务中心。

（四）政策与要求

党的十八大提出“新四化”（工业化、信息化、城镇化、农业现代化）同步发展，首次将信息化列入国家发展目标。2006 年国务院发布《2006~2020 年国家信息化发展战略》，对各部门、各地区提出了全面推进信息化建设的要求。2011 年国资委下发《关于加强中央企业财务信息化工作的通知》，随后在中央企业开展“管理提升”活动，要求以财务信息化为先导和突破口，全面推进信息化建设；财政部在制定《关于全面推进我国会计信息化工作的指导意见》的基础上，进一步要求落实会计准则、内部控制、会计信息化“三位一体”标准及方案；工信部大力推动两化融合（以信息化带动工业化、工业化促进信息化）；住建部将信息化工作作为施工企业资质对标就位的一项重要内容。2011 年中国铁建股份有限公司制定了《“十二五”财务信息化战略规划》，要求加快财务信息化建设步伐。

（五）研究方向

财务管理的最终目标是价值创造，实现价值创造的主要手段是管理提升，管理提升的关键抓手是精益财务转型。精益财务转型必须借力信息化。中国铁建电气化局集团结合业务发展、管理需要和财务现状，确立了“信息化建设与精益财务转型”研究课题，以“互联网＋财务”视角，围绕构建业务财务一体化为基础的综合信息共享平台，积极开展理论研究，加强成果转化，打造财务共享服务中心，致力推动精益财务转型，为国有企业实施信息化建设、推动精益财务转型提供可资借鉴的理论依据和实践支撑。

二、研究重点

根据课题立项，电气化局集团充分调研需求，结合各业务信息系统建设现状，确立了以建设精益财务、推动管理提升为目标，以再造业务流程、业务财务一体化、精益财务、精益财务管理、财务共享服务中心、信息化与精益财务转型等为研究重点。

（一）再造业务流程

20 世纪 90 年代，美国麻省理工学院计算机教授迈克尔·哈默和管理咨询公司 CSC（计算机科学公司）董事长詹姆斯·钱皮提出了“再造业务流程”概念：“为了飞跃性地改善成本、质量、服务、速度等现代企业的主要运营基础，对工作流程进行根本性的重新思考并彻底改革。”再造业务流程是重新设计和安排企业生产、经营和服务全过程，使之合理化。通过对原生产经营过程每个环节的全面分析，对其中不合理、不必要环节进行有效变革，消除一切非增值工作环节，确保业务运行规范、高效、增值。

当前，国有企业在业务流程方面还存在较多问题：各部门业务流程不健全、不清晰，组织缺乏柔性，控制缺少刚性；部门之间业务流程不协调，标准不一致；工作重复，非增值环节多，存在大量内耗。但是，再造流程取得成功的同时，也不乏失败案例，究其原因：一是未考虑企业总体战略构想，二是忽略了各业务流程的融合。所以，再造业务流程需要按照企业战略要求，全面考虑组织功能、约束因素、业务关联度以及与企业管理适应问题，统一协调各业务流程的规划、设计、重组、运行以及相关权责、职能、程序等环节，根治业务相互脱节、业务流程不闭环、人为控制、扯皮推诿等弊端，消除非增值环节，实现企业生产经营活动的全业务流程协同高效运行，提高管理效率、降低运行成本。

（二）业务财务一体化

业务财务一体化是以业务活动驱动财务管控、财务管控倒逼业务规范，以货币计量和资金监控为手段，对业务全过程进行财务管理和会计核算，为规范业务活动提供支持。业务是指企业周而复始、持续不断发生的相互依赖的各种生产经营活动事项。实现业务财务一体化，需要以“业务事项”为载体，以计算机、互联网为环境，应用先进信息技术，将信息系统功能深入业务前端并覆盖业务全流程，按照一定运行规则，以业务流和数据库为纽带，实现数据互联互通、信息集成共享和业务财务深度融合、相互促进、相互制衡、协同管控，经济业务得到实时监督和有效控制，财务职能得到充分发挥。

（三）精益财务

《财会通讯》2007 年第 9 期“企业精益财务管理浅谈”首次提出了“精益财务”概念。精益财务是指尽可能地划小业务、部门、项目、作业队、班组、工序、岗位等核算单元，提供多维度、立体化、可扩展的核算分析体系，为管理者提供精准、及时、全面的会计信息，使各责任主体工作业绩可量化、可分析、可对比、可考核，形成全业务算经济账、全员落实绩效责任、全过程反映监督的运行机制。其核心是“细分单元、精细预算、精准核算、精确信息”，标志是业务财务一体化。

（四）精益财务管理

精益财务管理是将精益思想与财务管理结合，以信息化为骨架，以事前算赢的预算、标准化的管理体系、高效安全的流程、资源的高度集约、落实全员绩效责任的团队为支撑，协同业务流、资金流、物资流、价值流、信息流管控，消除流程缺陷和管理偏差，排除一切不能创造价值的作业，追求低消耗、低占用、零风险，以最小投入创造最大价值。主要包括五个方面的精益化：

（1）财务组织精益化。以财务职能转变与财务人员角色转变为目标，变革财务组织，提升财务功能。一是重组财务机构，优化岗位设置，细化明晰权责，充实管理力量，强化组织职能。二是以核算单元视角，细分业务流程，明确会计岗位与业务活动的对应关系，促使工作目标更加明确、分工更加专业化、业绩考核更加量化。三是结合信息化建设，加快队伍建设，强化人力保障，培养信息技术与专业知识相结合的复合型人才。

（2）全面预算精益化。以业务预算为基础、资金预算为主线、成本费用预算为核心，做细做实全盘规划、编制预算、执行控制、动态调整、监控分析、节点考核等工作。一是完善配套制度，明确职责分工，建立部门联动的协同机制。二是统一编制规则、表单格式、数据口径，夯实编制基础。三是借助系统模块，发挥预算引领和管控功能，实现预算编制科学化、控制自动化、调整程序化、分析精细化。

（3）成本管理精益化。以预算、核算、控制、分析、评价一体化为抓手，内控挖潜提效，消除非增值投入。一是制定内部定额，统一预算标准，逐级分解落实到责任终端。二是融合先算后干、单机单车、单项合同等理念和先进技术手段，发挥单元划分、数量统计、价格平台和自动核算、监控、分析等功能。三是以责任单元为对象，支持多维度成本预算、核算、控制、分析、预警、评价等管理精细化。

（4）会计核算精益化。以提供精确信息和决策支持为目标，细分核算单元，规范业务处理。一是统一会计政策、核算制度，优化会计科目、辅助台账、客商往来等基础设置。二是统一数据采集、处理、交换等规则，定制业务活动与会计记录同步处理、自动对账抵销、自动生成凭证等功能，实现业务数据自动转化会计信息。三是细分核算单元，支持精细核算，保障会计信息的准确性、时效性和完整性。

（5）分析评价精益化。健全经济运行主线分析评价体系，强化全员落实责任、实时分析预警和管理持续优化。一是设置多视角、多维度、多元化的分析评价指标，构建经济运行"晴雨表"指标体系。二是以每个岗位、每项业务、每道工序为对象，建立面向组织全级次、项目全周期的分析评价机制，保证人人、事事、处处有目标、有责任、有考核。三是对各责任主体工作业绩实施过程分析、实时预警、节点考核，促进措施持续改进和全员责任落地。

（五）财务共享服务中心

"共享服务中心"始于20世纪80年代美国。财务共享服务中心指在业务财务一体化基础上，融入制度、标准、流程等管理体系，将企业重复性高、可标准化、可流程化的业务及实体会计业务集中到共享服务中心予以统一规范处理，提供标准化服务，发挥信息共享、集约资源、规模效应、降低成本、降低风险、提高未来竞争力等功效，根治业务不协同、处理不规范、信息不对称和运行效率低下等问题。实现财务共享服务中心，需要构建业务财务一体化的信息系统。中兴通讯2001年搭建了ERP平台，实现了业务与财务整合；2005年引入财务共享理念，水到渠成地构建了财务共享服务中心；2007年财务共享服务中心成熟运行。中兴通讯在构筑ERP平台的基础上，才得以实现财务共享服务中心，而ERP的核心正是业务财务一体化。没有业务财务一体化作为基础，财务共享服务中心只能局限为集中核算的"代理记账"模式，无法发挥集中管控与共享服务的功能，无法满足企业管理提升和价值创造的需要。

（六）信息化与精益财务转型

当今，信息化不仅融入了计算机、网络、通信等先进技术，而且将先进管理理念、手段、方式有机融合，在推动企业经济运行质量、管理模式甚至商业模式等变革中发挥着不可或缺的作用，日渐成为企业核心竞争力提升、国际化经营的基础性支撑。2014年3月，国资委中央企业财务工作会议提出：要加快推进内部控制建设与评价和财务信息化建设工作，为建设精益财务提供基础保障。实现精益财务需要满足五个条件：一是利用先进的信息技术，构建一套能够推动企业战略目标落地、保障经济运行平稳的业财融合的精细化的集成人机系统，实现数字化、精细化、自动化控制，为精益财务提供工具支持。二是以信息化建设为契机，加大业财融合力度，完善管理制度，再造业务流程，统一管理标准，固化植入系统，为精益财务提供体系保障。三是借助系统功能，强化集中管控，优化资源配置，实现业务财务一体化、集约化、高效化管理，为精益财务提供资源保障。四是通过提供全面、精确、及时、集成、共享的信息，强化决策支持，为精益财务提供功能保障。五是业务与财务人员向管理型角色转变，为精益财务提供人力保障。

三、总体规划和建设思路

结合以上分析和企业实际，电气化局集团根据课题研究方向和重点，总体规划信息化建设工作，确立了指导思想、建设方案、建设原则、建设内容、建设目标。从提升财务功能，满足就地审计、就地缴税和业主监管等需要出发，按照信息采集表单化、业务处理流程化、流程控制自动化、控制标准数字化方向，制定了以全面预算为龙头、业务财务一体化为基础、集中管控为核心、资金支付为关口以及“四大系统”、“二十九个模块”、“六大目标”为内容的综合信息共享平台建设思路。

（一）指导思想：以财务信息化为先导，建设精益财务，推动管理提升

（1）企业管理以财务管理为核心，信息化建设以财务信息化为先导。“以财务信息化为先导和突破口，全面推进信息化建设”，是国资委部署的财务信息化及企业信息化规划路径。只有以财务系统为先导，协同相关业务系统建设，才能保障财务与业务融合，实现数据互联互通、信息集成共享目标。

（2）建设精益财务是财务管理转型升级的标志。以构建业务财务一体化综合信息共享平台为契机，加强信息化建设，改造企业管理框架、制度体系、业务流程、工作标准，细分责任单元，优化管控措施，创新运行机制，提高运行效率，打造精益财务。

（3）推动管理提升是建设精益财务的目标；建设信息化是开展“管理提升”活动的重要内容。开展管理提升活动是国资委的重要战略部署之一，也是中央企业应对复杂环境变化、提升市场竞争力、转变经济增长方式、提升发展质量的重要抓手，是实现“做强做优、培育具有国际竞争力的世界一流企业”的重要途径。

（二）建设方案：一条主线，两个基础，三个转变，四位一体

（1）一条主线。指经济运行主线。围绕驱动经济运行的项目投标、合同签订、价款分劈、预算分解、劳务招标、物资采购、设备调拨、计价结算、经费管控、资金支付、核算分析、并账清算、业绩考核等关键因素，深挖综合信息共享平台对经济运行全过程、全方位、全视角管控的潜力，提升企业价值创造能力。

（2）两个基础。指制度和流程。按照管理制度化、制度流程化、流程标准化、标准定量化原则，梳理各部门、各层级规章制度和业务流程，拾遗补阙，完善优化，固化植入系统，统一管理规则，统一工作标准，统一操作程序，为建立业务财务一体化的综合信息共享平台奠定基础。

（3）三个转变。①财务人员从事务角色向管理角色转变。②财务管理从会计核算型向价值管理型转变。③经济运行从粗放管理向精益管理转变。运用信息共享平台，财务人员逐步从繁重劳动中解脱出来，从事务型角色向管理型角色转变；财务职能从“支付审核、事后核算、信息披露”向“预算管控、过程监督、决策支持”转变；财务与业务人员更加专注于加强经济运行的事前策划、跟踪监管、动态分析、节点评价等过程管控，逐步实现经济运行从粗放管理向精益管理转变。

（4）四位一体。指将“财务管理、业务管理、智能办公、决策支持”四大系统（二十九个模块）无缝对接，建立“四位一体”的综合信息共享平台，支持财务业务协同、办公门户统一、数据互通、信息集成、服务共享、分析预警、集中管控和决策支持等功能。

（三）建设原则：顶层设计，自主研发，协同建设，分步推进，全面应用，持续优化

（1）顶层设计。发挥集团总部顶层设计和统领牵引作用，总体规划，统筹安排，统一部署，统建统管，少走弯路，提高效率。

（2）自主研发。借鉴成功经验，从业务特性、管理需求和企业现状入手，联合软件公司，量身定制，自主研发，构建业务财务一体化综合信息共享平台。

（3）协同建设。以业务财务一体化为基础，协同建设“财务管理、业务管理、智能办公、决策支持”系统，确保财务与业务有机整合。

（4）分步推进。根据总体规划，分步推进各系统、各模块建设；根据综合信息共享平台建设进度，分步推进各模块上线使用，确保信息化建设工作有序推进。

（5）全面应用。按照“一项目一推进、全集团全覆盖”原则，全面推广运用综合信息共享平台，确保所有上线模块投入使用、所有单位运用综合信息共享平台。

（6）持续优化。针对各单位、各部门运用综合信息共享平台反馈问题和新增业务需求，持续优化系统功能，不断完善配套制度和流程，确保适应企业长远发展。

（四）建设目标

（1）会计核算与报表编制（账表）一体化。定制协同凭证、自动对账抵销、自动生成报表、账表追溯查询等功能，优化基础设置、辅助核算和取数规则，确保支持外部报表、内部报表自动生成，满足信息披露、内控管理和经济运行分析的需要。

（2）业务活动与财务运行一体化。按照“业务活动驱动财务管控，财务管控倒逼业务规范”原则，将全业务流程固化植入综合信息共享平台，优化财务处理规则，覆盖全业务流，支撑各业务链协同运行，确保业务活动与财务运行相互促进、相互制衡。

（3）“法人一套账”与集中管控一体化。通过凭证、项目权限隔离等手段，定制法人账套实时汇总和项目部独立核算、查询、分析等功能，支持实现“法人一套账”。借助“法人一套账”，实施项目要素资源集中管控，确保“法人管项目”举措落地。

（4）资金支付与成本费用控制一体化。定制“申请成本费用业务事项即占用资金预算”功能，将成本费用控制环节前移至资金支付关口，固化资金支付流程，实施资金与成本费用业务、预算、开支审批挂钩，支持资金支付与成本费用控制一体化。

（5）信息共享与分析预警一体化。着手业务财务融合、数据互联互通、信息集成共享，面向各管理层级，统一业务处理规则、口径标准、交换规则和办公平台门户，穿透各业务、各单位提取、查询和追溯数据信息，发挥动态监测、实时分析、行业对标、绩效评价、风险预警等。

（6）平台运行与精益财务一体化。常态应用综合信息共享平台，充分发挥各模块功能，支持精细预算、精准核算、精确信息，实施事前策划、监督检查、分析预警、节点考核等全过程管控，推动财务管理数字化、精细化、自动化，确保精益财务实现。

四、综合信息共享平台建设

按照信息化建设规划，电气化局集团与联合久其、同望软件公司成立项目研发组，研究建设方案，明确了基础诊断、需求调研，方案设计、业务梳理、功能定制、系统对接等实施路径。

（一）夯实基础

（1）需求调研。为确保系统满足管理需要，项目研发组充分调研各部门、各层级需求：一是需要消除部门之间职能、空间、时间等隔阂，提升企业整体运行效率。二是需要缩短链条，优化管理手段、程序、模式，提高管理质量和效率。三是需要消除数据加工、传递过程中的无效环节，确保数据联通、信息共享及质量和时效性。四是需要对重大重要经济事项和合同、成本、物资、劳务等要素资源实施集中管控。五是需要对所有成员单位资金的流向、流量、支付方式实时监控。六是需要对项目投标、合同签订、施工生产、价款结算、竣工交付等项目全生命周期实施闭环管理。七是需要对驱动经济运行关键指标实时分析预警，提供决策支持。

（2）统一标准。围绕业务与财务融合，统一运行规则和口径标准。一是统一会计政策、会计核算、内部交易、财务报告和资产管理等财务会计制度。二是统一科目、物资、产品、职工、客户、供应商、合同等信息名称、定义、编码规则和组织结构、用户角色、权限分配、系统参数等基础设置。三是统一业务数据采集、加工、生成等表单格式、业务处理规则和数据对接口径。四是统一投标、采购、施工、验工、计价、结算、清欠、变更、索赔等重要业务操作标准。五是统一新签合同、收入、利润、成本、费用、资本性支出、物资、劳务、薪酬等预算标准。

（3）流程再造。从业务与财务融合入手，再造业务流程，为构建综合信息共享平台打下坚实基础。一是分析诊断流程。梳理业务流程，对现有工作模式、方式、程序等进行分析和诊断，确定业务流程重组目标、范围、深度和方式。二是重新设计流程。以标准化为目标，将完善的制度和先进的手段融入流程，统一运行规则，优化操作程序，促使业务财务流程协同规范运行，支持集中管控、实时监控、快速反应和信息集成、资源共享等功能。三是持续优化流程。结合项目研发，借助信息技术，不断改进完善业务流程，促进综合信息平台功能优化，提高适用价值。

（4）功能定制。为保证平台的适用性和先进性，优化设计系统模块功能。以工程管理、物资管理模块为例，围绕“三大功能”，量身定制。一是实现施工图信息数字化。根据不同业务、不同层级需要，按单位、分部、分项工程类别设计施工图自动转化施工表的功能；按责任主体和工程结构、进度等多维度，设计施工表自动分类、生成工程量信息的功能，为编制工程量清单、生成物资需求计划、编制责任成本预算提供依据。二是实现工程量清单标准化。按照多层级、多部门对工程量分解的需求，设计施工表自动分解转化工序工程量清单的功能；优化工程量清单结构设置，满足各层级对上对下验工计价、预算编制、信息填报等需求，避免因业务人员水平差异及工作岗位调动造成工程量分解不彻底和漏项、错项等问题。三是实现材料采购计划编制自动化，将材料消耗定额和末级工程量清单模块化后植入系统，优化自动处理和数据交换规则，设计施工图到工程量、工程量到材料需求计划自动转化功能。

（二）四大系统

（1）财务管理系统。嵌入全面预算、集中核算、资金管理、经费管控、资产管理、税务管理、投资管理、报表大厅 8 个模块，定制事项申请、预算占用、集中支付、自动生成凭证、自动对账抵销、自动协同凭证、定期关账、数据追溯等30多种功能，建立15类辅助核算体系，统一科目设置、管理信息还原和内部抵销规则，强化预算、经费、核算、资产等集中管控。

（2）智能办公系统。集智能办公、知识管理、移动审批、档案管理4个模块于一体，成为收文、发文、请示及督办、查询和办公资料管理、信息传递门户；通过移动审批，各级领导随时随地处理待办工作；通过定制工作审批流、工作待办提醒及分析预警信息推送等功能，面向全员提供统一的平台门户；通过终端登录，随时转换财务管理、业务管理、决策支持系统处理业务，且针对不同用户需求呈现不同的工作界面。

（3）业务管理系统。将市场经营、合同管理、收入管理、分包管理、成本管理、工程管理、物资管理、设备管理、质量管理、安全管理、人资管理、科技管理、电子商务13个模块整合，以项目全生命周期为主线、工程数量为基础、成本管理为核心，物资和劳务为重点，以业务管理系统反向抓取财务数据，以财务管理系统反向传送数据倒逼各业务模块全过程管控，实施定量化、标准化、集中式、全方位管控，规范业务活动，提高运行效率，促进构建全业务链条的价值创造运行机制。

（4）决策支持系统。将统计分析、指标预警、风险管控、绩效考核4个模块协同，集中智能办公、业务管理、财务管理系统所有数据，为各管理层级、各责任主体提供跨单位、跨地域、跨专业的多维度分析数据；按照事前预警、节点分析和支持决策原则，借用业绩评价模型，配置管理“驾驶舱”及多样式图表，对经济运行“晴雨表”实施全过程、全方位、全视角动态监控、实时分析、自动预警。

（三）试点推广

按照整体规划，电气化局集团选择代表工程承包板块的成员企业第三工程公司试点，引入“财务共享服务”和“法人管项目”理念，全面强化业务基础，深入推进信息化建设。

（1）成立财务共享服务中心。成立了财务共享服务中心（与财务部一个机构，两个牌子），下设四个职能小组：预算考核组（负责预算编制、审定、分析、考核）、报销核算组（负责总账管理、票据审核、会计记账、会计复核、报表管理、档案管理）、资金资产组（负责资金预算、账户管理、出纳支付、票据管理、资产管理）、稽查管控组（负责内控建设、财务稽查、运营监控、税务筹划、财务管理）。

（2）细分业务岗位。根据四个小组职能，细化工作分工，优化岗位职责，缩短业务链条，明晰工作职责。明确“一人一岗、一人多岗、一岗多人”的人员配置原则，定编人员14名已到位10人。随着业务范围扩展，定编人员将逐步到位。

（3）集中出纳业务。财务共享服务中心集中办理项目每一笔收入、支付、借款、报销等出纳业务，实施远程处理，既实现了业务及时处理和集中管控，又解决了原业务处理不规范的问题，还根治了“小金库”弊病，把处理专项经费的风险消化在了集中核算的前端。截至目前三公司73个项目出纳业务全部集中，占总项目的89%；释放会计人员需求44名，占总财务人员的68%。

（4）完善管理制度。评估诊断制度体系，修订了《财务内控管理办法》、《机关经费管理办法》、《物资管理办法》、《职工薪酬管理办法》、《资金管理办法》等13项制度，起草了《项目经费管理办法》，调整了与系统应用接轨的事项审批权限和资金支付审批权限，保障系统功能发挥。

（5）优化业务流程。为全面指引和管控业务事项，统一管理标准和工作流程，梳理成本、费用、资金、物资、薪酬等19类324个子流程，上报集团公司固化植入系统，为实现业务财务一体化奠定基础。

（6）健全内部报表体系。按照重要性、精确性、格式化、简明化原则，结合业务需求，以驱动经济运行的关键经济指标为主导，设计了相关表单，健全内部报表体系，统一了表单格式、取数规则和分析口径，满足了各部门、各层级管理需要。

五、主要成果

电气化局集团在试点基础上，在全集团推广运用综合信息共享平台，已上线模块在500多个核算单位普及应用，将管理理念、制度、流程、方法融入平台、关进电脑，倒逼业务流程环环自动管控，杜绝人为操控，克服了会计核算与财务管理职能、集中管控与远程服务的“两张皮”弊端，实现了零时差、零距离管理和一站式、标准化服务，取得了业务财务一体化、数据互联互通、信息集成共享、业务事前管控到位、管理短板明显补齐等成果，推动了财务管理从“事务处理型”向“价值管理型”转变，向“信息化助推、标准化建设、集约化运作、精益化管控”转型，企业治理从事后纠偏“治标”向源头预控“治本”升级，彰显了“业务活动驱动财务管控，财务管控倒逼业务规范”功能，为企业转变经济增长方式、提升核心竞争力、实现战略目标提供强有力的支撑。连年来，企业收入总量、效益体量、资金存量大幅增加，持续保持了多年无贷款、项目无亏损、施工无垫资、债权无坏账、薪酬无拖欠的良好业绩。2014年，集团实现净利润7.5亿元，同比增长35.7%；净资产收益率26.8%，同比增长2.7个百分点；经营性现金净流量达21.3亿元，同比增长246.2%；净货币资金达74.1亿元，同比增长22.6%；利息净收入达1.4亿元，同比增长21.7%。近两年每年资金集中度达83%以上，集中支付达80%以上，年创效3500余万元；近两年集中采购物资192亿元，比概算价降低约9.8亿元，比市场平均价降低约4.6亿元。现金、备用金、周转金使用量连年下降，2014年，同比分别下降5.8亿元、0.5亿元、1.4亿元，下降分别达75.58%、21.53%、75.56%。

（一）实现了六个一体化目标

（1）实现了会计核算与报表编制（账表）一体化。实现“账表一体化”、“一套账一套表”，解决了汇总级次多、编报口径不一致、数据质量不高、工作负荷重等问题。2012年第四季度起，外部报表自动取数100%；2013年第一季度起，所有项目部及其他非法人单位不再单独编制外部报表，实现了“一套账一套表”目标，进一步提高了会计信息质量的准确性和普适性。

（2）实现了业务活动与财务运行一体化。综合信息共享平台覆盖全业务流，实现了业务与财务协同运行，全面预算管控与业务活动同步化、刚性化及自动化，业务单据自动生成会计凭证、业务信息自动转换为会计信息，业务流、资金流、价值流协同管控，进一步提升了财务运作的质量和效果。

（3）实现了“法人一套账”与集中管控一体化。全集团会计核算账套由527个整合为21个，实现了“法人一套账”，推动了“法人管项目”措施落地，强化了出纳业务集中、会计核算集中、资金集中、信贷集中、支付集中。直管项目单笔500万元以上资金支付上收集团公司审批，子公司项目单笔10万元以上资金支付上收子公司审批；直管项目集中支付比达到75%以上，两级工程项目承兑汇票付款比例达到60%以上。

（4）实现了资金支付与成本费用管控一体化。发挥了资金支付与成本费用事前预控、双重监控、硬性约束、同步分析等功能，强化了资金、成本、经费预算及结算支付管控，实现了以资金预算控制成本费用支出、成本费用业务事前控制、物资劳务成本及资金支付双重控制，解决了借款费用化处理不及时、资金支付与经费管控脱节等问题。

（5）信息共享与分析预警一体化初见成效。综合信息共享平台以柱状图、横道图、圆饼图、雷达图、仪表盘、杜邦分析图等方式，对经济运行实时分析、自动预警。如以时速表方式展示了备用金总额预警；以列表和横道图方式展现了项目备用金预警分析；以列表和柱状图方式展现了备用金项目分布情况及预警分析；以列表和柱状图方式展现了机关各项经费动态分析；以圆饼图方式展现了各项目收入情况、资金分布情况。

（6）平台运行与精益财务一体化初见端倪。依托综合信息共享平台，合同清单录入、工程数量录入、合同分劈、责任成本预算编制及分解、验工计价、劳务管理、物资采购及限额核定、点验、发料、库存管理、变更索赔、核算分析以及收文、发文、归档、通知公告等业务全部上线规范操作，促进了管控手段制度化、流程化、标准化、集约化，推动了精益财务转型。例如，会计核算细化到单位、分部、分项工程、工序和每个部门、作业队、单项合同，实现了精细预算、精确核算、精准信息，做细了经费管控、工程及物资量价分离控制、节超分析、节点考核等工作，促进了过程监督、动态监测、风险管控等分析评价精益化；“业务事项申请占用预算、网上审批刚性控制、报销款自动归还备用金”；建立了“五量”（合同、施工图、定测、责任预算、完工工程数量）管理模型和从合同签订到项目竣工的工程数量闭环管控和责任倒逼机制，及时完整地提供物资需求数量，为物资采购及限额发料、责任预算编制及分解、验工计价等成本管控提供充分的依据；物资采购合同录入、数量统计、报表编制、业务单据与财务数据互通，自动传送数据，自动生成会计凭证，财务与业务信息集成共享。

（二）促进八大管理能力提升

（1）全面预算管控能力明显提升。通过规范系统运行规则，为预算编制提供充分依据。将全面预算植入系统，实现了从事后控制向全过程控制转变，从柔性控制向刚性控制转变，从人为操控向系统自动控制转变。如将业务预算和财务预算融合，达到了财务事前指引和规范业务活动的目的；完善内部定额，提高了责任成本预算编制水平；将资金预算与经费预算挂钩，强化了资金与成本费用协同管控；将经费预算与经费管控模块挂钩，实现了经费预算刚性控制自动化。

（2）大幅提升资金集中管控能力。一是达到了实时监测资金流向、流量、支付方式及资金分布、超限额资金自动报警、集中支付审批、信贷、票据等功效，强化了资金事前策划、过程监控、动态分析、量化考核。二是上收大额资金支付审批权限，集中出纳业务，回收项目密钥，远程处理业务，实现了资金支付关口审批的刚性控制。三是实时对资金运行动态监控，提高了资金使用效率，防范了资金风险。四是突破业主监管壁垒，推动资金催收、集中、上存及集中支付，盘活了头寸，增加了收益。截至 2014 年底，全集团 500 多个工程项目撤销了现场出纳岗位，出纳业务全部集中至法人本级财务部；部分单位实现“零”备用金、“零”周转金、“零”保证金。集团所属五公司 2014 年现金使用量仅为 14.4 万元，库存现金日均余额不足 1 万元。

（3）进一步提升制度执行力。结合内控管理及风险控制，以自动化的系统程序和标准化的管理体系为支撑，转化为经济业务活动管控的执行力，强化制度刚性控制，实现了所有经济业务事项按流程规范运行，所有支出按流程审批后办理。如系统融入“超预算开支业务申请单据无法提交”，“未履行业务事前审批流无法申请报销”（办理业务事项必须事前报批、报销款项必须引入审批后的事项申请单）、“未履行审批流的支付单据系统无法传递给出纳岗位”、“报销款强制自动归还备用金”、“超限额物资领料单自动报警”、“未履行劳务完工量签认程序无法验工计价”、“不符合合同支付条款的资金支付单据无法提交”等。

（4）快速提升工作质量和效率。实现了业务处理“四个统一”，基础工作“四个提高”。“四个统一”：政策制度执行统一、科目体系及辅助设置统一、会计核算标准统一、业务操作规范统一。“四个提高”：一是提高了业务处理、会计核算、报表编制、汇总分析等基础性工作的标准化程度；二是提高了报账单、点验单、发料单、计价单等业务单据数据转化为会计信息的时效性和精确性；三是提高了合同、施工图、工程量清单、责任成本预算、物资需求计划、职工考勤表、资产台账等资料数据转化为业务财务信息的集成共享度；四是提高了工作质量和效率。而且，由于业务操作流程固化，即使人员随时变动，也不会对业务信息质量产生影响。

（5）显著提升项目管理水平。围绕“法人管项目”，借助信息化手段，强化管控措施，实现了经济效益稳步增长。一是以“法人一套账”为支撑，上收了重大重要经济事项审批权限，集中配置项目人、财、物等资源，强化了人员、账户、合同、预算、结算、支付、核算、劳务、物资、薪酬、成本、经费、税务、二次经营策划等集中管控，实现了项目管理集约化。二是将优化的制度、标准、流程固化植入系统，全过程规范经济运行，实现了项目管理标准化，强化了项目经济活动的整体策划、管理责任的有效落地、经济风险的动态监控。三是促使业务及财务人员从繁重的日常事务中解脱出来，更加专注于项目管理的前期策划、过程监督、动态分析、节点评价等方面，提高了项目管控质量。

（6）持续提升管理决策能力。借助系统功能，以数据联通与信息共享为支持，一是实现了财务分析、行业对标、风险预警、趋势预测、绩效评价等决策支持功能。二是强化了经济运行关键因素动态分析预警，解决了相关信息不明晰、信息不对称、历史同期数据不可比、专业指标不易懂等问题。三是系统提供全面、准确、及时的参考信息，促使各级管理者逐步从经验型决策向科学型决策转变，提升了管理决策的质量和效率。

（7）稳步提升总体业绩水平。通过推进财务信息化建设，促使企业在市场反应速度与能力、集中管控、降本增效、服务质量、用户满意度等总体业绩得到提升。一是以财务信息化建设倒逼各业务部门在管理制度、业务流程、控制手段、操作方法等方面发生变革，实现各业务从被动应对向主动管控转变，促进其管理职能转变，进而拓展管理疆域，优化管控手段，推动业绩水平提高。二是结合系统建设，统一业绩考核标准与评判尺度，优化业绩评价机制，强化激励约束，最大限度发掘企业价值创造能力。三是发挥系统功能，及时反馈信息，迅速调整策略，优化配置，盘活存量，提高效率。近年来，电气化局集团在中国铁建股份有限公司系统绩效考核排名逐年上升，且2013年和2014年连续排名第二。

（8）逐步提升风险管控能力。借助数据联通、信息共享功能与分析预警系统，建立预警、分析、决策管理模型和内部管理报表体系，完善动态分析、风险预警、趋势预测、风险防范与评估等功能，将风险管理、经济运行、关键业务环节相结合，探索适合企业自身的风险量化分析和风险监测预警的技术手段和实现方式，完善风险管控机制。

（三）试点成果

电气化局集团以第三工程公司试点，采取“财务引领、部门协同、自上而下、常态发力和全集团全覆盖、一项目一推进”措施，全面推广应用综合信息共享平台。目前全集团500多个核算单位全面应用，实现了“五个所有”和“五个提高”：所有上线系统全部应用，所有单位上线使用，所有开支线上审批，所有经费报销及资金支付凭证自动生成，所有外部报表自动提取；提高了企业内控水平，提高了风险防御能力，提高了资源配置效率，提高了业务效率，提高了信息质量。第三工程公司信息化建设主要成果如下：

（1）预算引领作用显著增强。以集团公司下达经济指标为基础，自行加压，细化目标，逐级交底，确保预算落地。借助系统功能，将合同文字、施工图转化为预算数据，将业务活动转化为会计信息，将经济运行风险转化为预警信息，发挥了全面预算对经济业务活动引领和管控的龙头作用。如项目部申请资金支付时超出预算，申请单无法提交且系统自动预警；如确实存在调整因素时，必须按系统流程履行审批手续后，在季度预算总额内调整单月预算，在年度预算总额内调整季度预算。

（2）资金运行成效进一步提升。三公司财务共享服务中心将31个银行账户集中监管，回收项目网银密钥，强推资金集中、支付集中，上收单笔10万元以上的资金支付审批权，实现资金支付“硬控制”，既释放了财务人员，又消除了项目现金余额大、资金使用不规范等风险。2014年，资金集中度86.7%、集中支付比89.3%，总资产周转率1次，四项指标集团排名第一。

（3）财务集中管控有力强化。结合“法人一套账”实施，将25个核算账套整合为1个，上收重大重要经济事项审批权限，狠抓人员、资金、合同、物资、劳务、薪酬等15项集中管控，确保“法人管项目”措施落地。借助信息系统，将成本费用管控前移至资金支付关口，有力地控制了成本费用。

（4）项目管控机制更加优化。以综合信息共享平台为支撑，集团公司标准管理为纲领、责任成本预算为龙头、经济运行为主线、成本预控方案为指引、工程数量管理为基础、劳务物资管理为重点，业务财务融合为手段、核算分析考核为落脚点，整合供应商、劳务队伍、产品上下游等资源，集成数据信息，延伸业务链条，强化项目全过程、全方位、动态式、协同化管控，为进一步拓宽经济效益空间、提高经济运行质量提供了强有力的支持和保障。

六、启示展望

信息化是企业管理走向现代化和国际化的必经之路，其水平高低已成为企业能否达到世界一流管理的重要标志。但是，财务信息化发展仍然面临诸多挑战，还需要我们不断地深化创新。分析制约因素，要从技术创新、系统升级、财务转型、企业发展等入手，探索财务信息化推动企业发展的新思路、新途径，进一步提升财务引领价值创造、优化资源配置、支持管理决策、防范经营风险的能力，为提高企业核心竞争力、实现战略目标提供更强有力的支撑。

（一）启示

（1）领导重视与支持是关键。财务信息化不是单一的IT系统，而是一个极其复杂的人机系统集成，不但涉及对现有制度、标准、流程等再造，而且要改变依赖“线下”与“近距离”的操作习惯，还需要处理好企业内外、上下等各种关系，消除害怕公开透明的思想、害怕远程处理业务引发风险的心理、害怕削弱项目权力的顾虑，将不可避免地触及内部利益，则要求改变管理观念、管理模式。而单位主管领导重视支持起到了不可替代的决定性作用。

（2）符合企业实际是根本。虽然财务共享服务中心是一种先进的管理模式，但对每个企业未必水土皆服。特别是，不能全盘照抄照搬，直接购买软件产品使用。当然，也要对标先进企业，借鉴先进模式，更要从行业特点、商业模式、管理需求和企业现状入手，量身定制，自主研发，才能实现信息技术与企业管理的完美融合。

（3）信息化发展永无止境。技术创新无终点，管理提升无穷期。信息化建设对管理提升的价值毋庸置疑，但是，信息化工作不能一蹴而就、一劳永逸。如何充分发挥优化资源配置、降低运行成本的作用；如何最有效促进内控管理，防范经营风险；如何把技术与管理有机融合，实现应用价值最大化等，是我们面临的长期挑战。因此，信息化系统必须不断升级、扩展功能，始终满足企业发展需要。

（4）安全管理不容忽视。信息共享平台存储了企业经营活动形成的大量财务与业务数据，承载了大量商业机密，安全保密至关重要。按照国家有关信息安全保密规定及技术规范，从管理制度、操作流程和安全技术等方面，完善信息安全保障体系，采用较为先进的系统安全认证措施，从严限定相关人员操作权限；对一些敏感数据，增加设置系统后台处理功能，做好相关数据隐藏、隔离、归档等处置工作，才能确保系统安全运行。

（二）展望

（1）推动理念和文化变革。精益管理是一种理念，更是一种文化。推行精益管理的重要前提是实现管理理念的转变，在全员中营造精益求精的文化，更重要的是离不开规范化的基础，即有一套能将战略目标细化分解落地的业务财务一体化信息系统。通过全员应用系统，逐步强化员工“主动参与、精益管理”理念，培育“全员参与、持续改进、精益求精、追求卓越”的文化。

（2）加快财务人员职能转型。精益财务管理的思想侧重于源头解决问题与过程精细控制，解决源头问题与实施精细控制重在借助于高效适用的管理工具和充分发挥管理团队职能。而转变财务人员角色是团队建设的必然选择。借助信息共享平台建设与运行，将促进财务人员向三类转型：一是战略财务人员，具备全局视角、顶层设计、决策参与、引领管理、企业战略转化与实施、财务战略规划与实施、全面预算、资本运营、分析评价及解决挑战性问题等能力；二是专业财务人员，具备事前策划、管理执行、职业判断、分析预警、业绩考核、税收筹划、体系管理（制度、标准、流程设计与运行措施的研究与实施）及解决技术性问题等能力；三是业务财务人员，具备推进实施、核算报告、渗透业务、信息管理、协作沟通、提供支持服务及解决事务性问题等能力。

（3）借力大数据技术。2012 年麦肯锡公司提出了“大数据”。今天，大数据技术正对社会、经济、文化等各个领域产生重大而深远的影响。借助大数据技术，运用相关规则，可进一步推动财务与业务数据高度融合，实现随时随地搜寻潜在的价值信息，提供海量数据的集成共享服务，以定量方式实时分析、评判、预警企业生产经营和经济运行等情况，企业各层级、各部门决策管理的科学性和准确性必将得到大幅提升。

（4）与标准语言接轨。2010 年，国家标准化管理委员会和财政部发布了可扩展商业报告语言（XBRL）系列国家标准和会计准则通用分类标准。XBRL 是一种用于发布、交流和分析企业商业及财务报告的全球化标准的计算机语言。国资委将制定财务监管报表 XBRL 扩展分类标准，电气化局集团对照 XBRL 技术规范，将其技术内化于信息系统，通过信息化建设，逐步实现财务报告标准化、规范化、智能化，解决跨平台、跨系统数据交换、信息对接等问题，规范语言，统一标准，助力与先进企业对标，促进补齐短板。

（5）探索创新管理模式。为贯彻落实国资委统一部署，加快财务信息化建设，推动财务管理变革，我们将构建以全面预算为龙头、业务财务一体化为基础、成本费用管控为核心、资金支付为关口的“四位一体”的综合信息共享平台为契机，进一步融合业务、财务、信息技术以及先进的管理理念、制度、流程、手段、方法等，全力推进财务共享服务中心优化升级，积极探索更加适合国有企业长远发展的科学高效的财务信息化建设与财务管理运行模式。

“工欲善其事，必先利其器”，财务信息化已经渗透到企业业务和价值链的各个环节。借助现代技术，财务信息化将成为企业管理和价值创造的先进利器，精益财务转型也将成为企业管理提升、发展提速的重要引擎。财务信息化工作是一项长期、艰巨、系统的基础性工程，需要与时俱进，持续优化，持之以恒地强力推进。我们将以本课题研究为契机，进一步专注于相关理论研究、实践应用和成果转化，加速精益财务转型，推动企业综合管理水平和经济发展质量的持续提升。

地铁集团化财务对标管理的构建与实施

创造单位：北京市地铁运营有限公司
主要创造人：齐占峰　　创造人：蒋瑛　黄宏伟　林玉晶　王秀娟

［摘要］轨道交通是北京市城市交通骨干，北京地铁是北京市城市交通的核心力量。相对于发达国家的成熟发展期而言，我国地铁行业正处于快速发展时期，以北京地铁为例，2000 年仅有三条线路，总里程不足百公里，而 10 年后已经有 15 条线路，总里程 450 公里。快速的发展对北京地铁集团化财务管理提出更高要求，2008 年北京地铁集团加入国际地铁协会（CoMET，Community of the Metros）。后者是世界范围内城市轨道交通行业标准评比最具权威的机构。这为北京地铁集团开展财务对标管理提供了权威标准和数据。通过开展财务对标管理，集团公司整体财务管理水平有了大幅度提高，与国际先进指标的差距明显缩小。北京地铁集团财务对标管理体系将会对我国地铁运营行业产生积极作用，并在运营实践中与时俱进。

本成果结合相关管理理论与国际 CoMET 指标、国内 MOPES 指标、北京市轨道交通指标等指标，进行系统分析、研究，找出关键指标和控制环节，建立集团财务对标管理、线路对标管理、运营分公司对标管理、设备分公司对标管理和项目部对标管理指标体系，并阐述了其具体实施和效果，提升了集团财务管理水平。

［关键词］财务；对标管理

轨道交通是北京市城市交通的骨干，北京地铁是北京市城市交通的核心力量。相对于发达国家的成熟发展期而言，我国地铁行业正处于快速发展时期，以北京地铁为例，2000 年仅有三条线路，总里程不足百公里，而 10 年后现在已经有 15 条线路，总里程 450 公里。快速的发展对北京地铁集团化财务管理提出更高的要求，2008 年北京地铁集团加入国际地铁协会（CoMET，Community of the Metros），后者是世界范围内城市轨道交通行业标准评比最具权威的机构。这为北京地铁集团开展财务对标[①]（以下简称“对标”）管理提供了权威标准和数据。通过开展财务对标管理，集团公司整体财务管理水平有了大幅度提高，与国际先进指标的差距明显缩小。北京地铁集团财务对标管理体系将会对我国地铁运营行业产生积极作用，并在运营实践中不断地与时俱进。

一、成果产生背景

（一）实现北京地铁财务战略目标的重要手段

北京地铁“十二五”战略规划提出，“以世界先进水平（CoMET KPI 指标）为参照，深入持久

① 财务对标是指公司与外部、内部财务指标的对比。

地开展对标管理，不断提高落后指标，始终保持先进指标，全面提升公司的 CoMET KPI 指标水平，打造高水准世界一流地铁公司”。规划提出了客运收入要达到日均 1000 万元以上的规划目标。如客运量截至 2015 年可以达到 1000 万人次的目标，随着北京地铁线网的快速扩展和政府实施惠民利民的超低票价政策，地铁运营的财政压力越来越大，该点已受到有关各方高度关注，这就要求北京地铁必须向管理要效益，切实降低运营成本。2014 年 12 月 28 日，北京地铁实施新的票制票价政策，改变了北京市单一 2 元票制票价机制（不含机场线）长达 7 年的历史。随着路网规模的扩大，人次收入近年来呈不断下降趋势。另外，2012 年 9 月，按国家税务政策，北京市轨道交通业务实施了营业税改增值税政策，这一政策使得人次收入下降 3%。因此，如何运用财务对标管理手段，查找落后指标的根本原因，提供解决措施和方法，需要结合北京地铁集团战略，建立一套能够实现预期战略目标的财务对标管理体系。这已成为关乎北京地铁是否可持续发展的重要课题和挑战，也是如何实现北京地铁“十二五”战略规划目标的重要措施。

（二）落实新地铁发展战略的重要保证

为落实新地铁发展战略，2007 年开始，北京地铁集团先后成立了四个运营分公司负责线路管理，之后对设备分公司进行改革，打造专业的维修服务商，通过供电、机电、通信信号、线路、建筑等设备设施维修及车辆厂修，为地铁运营提供维修服务业务。在如何理顺运营分公司和设备分公司之间关系中，主要通过构建内部市场化机制实现，包括确定内部市场化管理模式，如何定价、如何考核等一系列管理措施。在内部市场化实现过程中，需要通过运营分公司、设备分公司、线路和项目部等财务对标管理体系进行对比、分析、提升，使内部价格合理化，市场机制公平化、透明化，从而实现北京新发展战略目标。

（三）实施地铁集团效益考核的重要依据

为加强对运营分公司、设备分公司管理，北京地铁集团每年初将在集团财务对标管理体系范围内，选取部分指标作为对分公司考核依据，与分公司负责人签订《单位负责人 KPI 考核责任书》，包括安全、服务、管理、效益等方面，作为管理者责任年度考核的主要依据之一。其考核的主要指标来源于下述介绍的北京地铁集团财务对标管理体系、运营分公司财务对标管理体系和设备分公司财务对标管理等体系，财务对标管理的目的不仅仅是对比、评价，更重要的是通过考核、提升管理，激励和约束经理人、管理者，以实现国有资产保值增值、提高效益效率的目标。

二、指标体系介绍及成果主要内涵

（一）指标体系介绍

针对地铁行业的相关对标指标体系有三大类：

第一类是行业指标体系，在国际上有 CoMET 指标，国内有 MOPES 指标。

国际上，CoMET 指标，是由国际地铁协会（CoMET，Community of the Metros）每年定期发布的一类年度评比指标。它以平衡计分卡模型中确定的“成功标准”为基础，涉及财务、顾客、学习和成长、内部业务程序等指标，以及“安全和安保”单列特殊指标。该指标体系中共包含 43 项具体指标，涵盖了发展学习及创新、财务、乘客、管理、安全几方面，能够全面反映一个公司运营业绩水平，是世界大型地铁企业普遍采用的对标方式（见图 1）。

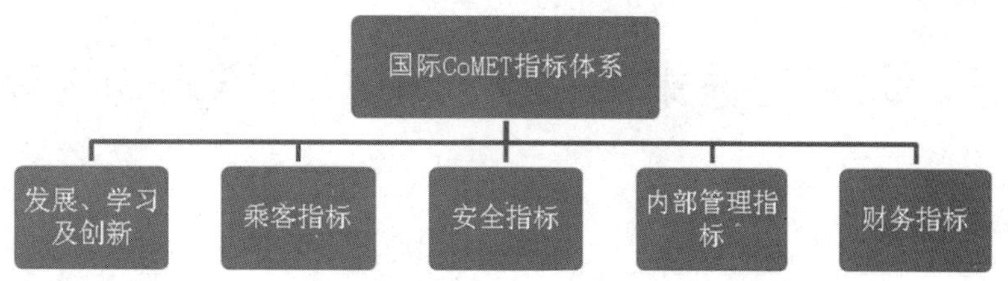

图 1　国际 CoMET 指标体系构成

在国内，MOPES 指标体系（Metro Operational Performance Evaluation System），是由中国交通运输协会城市轨道交通专业委员会轨道交通运营绩效评估小组编写的一套管理指标体系，适用于《城市公共交通分类标准》中定义的城市轨道交通（GJ2）。该指标体系由基础指标和绩效指标两个大类构成，总计 81 个指标。在中国范围内凡是有投入运营的地铁线路均可以成为成员，由于成员之间在客运量、规模上相差悬殊，其指标体系侧重于运营绩效管理，提供了成员的每一条线运营情况，可以进行单条线之间的对标（见图 2）。

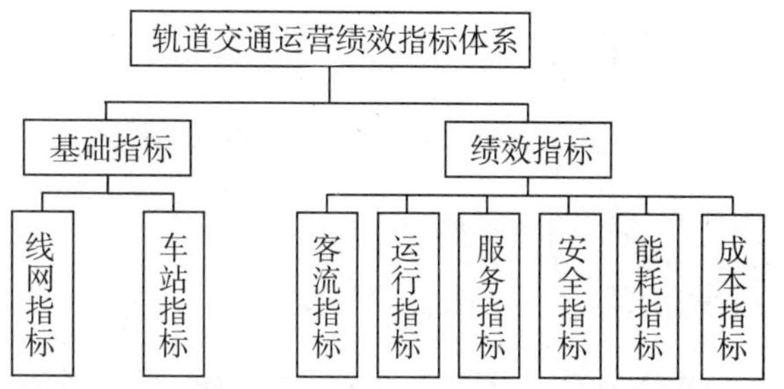

图 2　轨道交通运营绩效指标体系框架

第二类是地方管理机关的轨道交通指标，比如北京市轨道交通指标体系。它是为全面客观真实反映北京市轨道交通各运营企业的运营情况，满足北京市轨道交通网络化运营管理的需要，适应多运营主体共同经营管理轨道交通路网工作格局而制定的一套管理指标。从指标数量看与 MOPES 指标体系相同，但不同的是 MOPES 指标中的绩效指标被运营指标取代，其分类也从六大类减少至四大类。北京市轨道交通运营指标体系由基础指标和运营指标两大类构成，总计 81 个指标（见图 3）。

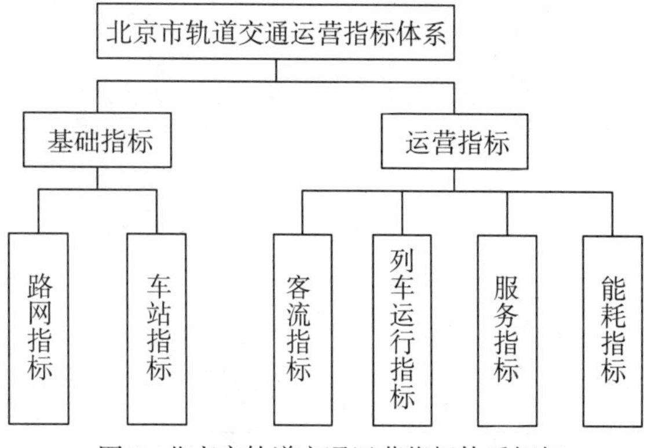

图 3　北京市轨道交通运营指标体系框架

第三类是企业指标。企业根据自身情况指定的一些管理指标。由于口径问题，该类指标在企业间很难形成水平对标。

（二）成果主要内涵

本文结合相关管理理论与国际 CoMET 指标、国内 MOPES 指标、北京市轨道交通指标等指标参数进行系统分析、研究，找出关键指标和控制环节，建立集团财务对标管理、线路对标管理、运营分公司对标管理、设备分公司对标管理和项目部对标管理指标体系。

本文进行北京地铁集团财务对标管理研究，主要创新有：

第一，综合参考国际、国内地铁行业的相关指标体系，结合北京地铁集团实际情况，建立起适合北京地铁集团的财务对标管理指标体系。

第二，针对集团化地铁公司各业务专业开展财务对标管理研究，提出更加细化、更专业化和更具可操作性的管理方案。

第三，该体系不仅是理论研究成果，也是经过实践检验行之有效的成果，取得了良好经济效益和社会效益，具有可复制和推广应用价值。

三、北京地铁集团财务对标管理体系的构建

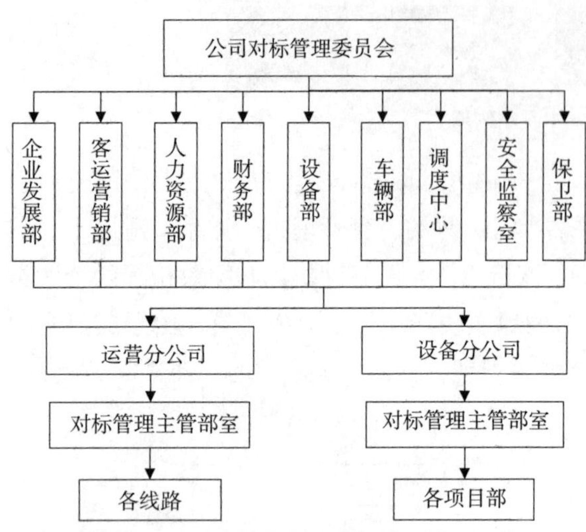

图 4 北京地铁集团财务对标管理组织架构

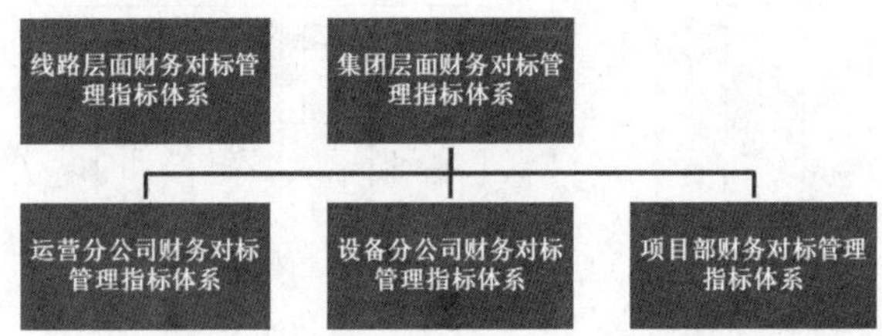

图 5 北京地铁集团财务对标管理体系

表 1 北京地铁集团财务对标体系具体指标项

分类	序号	KPI 指标
财务指标	1	总商业收入 / 营运成本
	2	票款收入 / 运营成本
	3	商业收入 / 营运成本
	4	营运成本 / 车公里
	5	服务于运营成本 / 车公里
	6	维修成本 / 车公里
	7	车辆维修成本 / 车公里
	8	维修费用 / 车公里
	9	管理成本 / 车公里
	10	营运成本 / 进站量
	11	营运成本 / 乘客公里
	12	票务收入 / 进站量
	13	票务收入 / 乘客公里

任何管理体系必然与一定管理架构和组织模式相适应。公司首先成立对标管理委员会，将指标分解。其次，根据集团总分公司管理组织架构模式，集团负责整体战略管控，分公司负责具体运营操作，建立分级分层财务对标管理体系，共分为三级五个层面：三级是集团财务对标管理体系、分公司财务对标管理体系和项目部之间的财务对标管理体系；五个层面是集团层面财务对标管理指标体系、线路层面财务对标管理指标体系、运营分公司财务对标管理指标体系、设备分公司财务对标管理指标体系和项目部财务对标管理指标体系（见图 4、图 5）。

（一）集团层面财务对标管理指标体系

北京地铁集团层面财务对标管理指标体系包括线路层面的对标主要借鉴国际 CoMET 对标指标体系，涵盖收入、成本等，并与其他指标相结合，反映集团整体运营业绩水平，主要是为北京地铁集团与世界大型地铁企业间进行财务对标管理。为了便于开展财务对标，同时又保持指标体系的全面性和通用性，北京地铁集团层面财务对标管理指标吸收了 CoMET 指标中的财务指标，又根据地铁集团化实际管理需要，构建了 13 个集团层面财务 KPI 指标体系，集团层面可按公司或按线路与国内、国际各公司进行对比（见表 1）。

（二）运营分公司[①]财务对标管理指标体系

各运营分公司作为一个单独的运营公司考虑，分公司财务对标管理结合 CoMET KPI 体系、国内 MOPES 指标体系和北京地铁集团实际管理需要，并根据运营分公司管理特点确定 11 项关键 KPI 财务指标。第一，做到了对标体系具有权

① 运营分公司是北京地铁集团所辖的负责具体线路运营管理的分公司，目前主要包括运营一分公司（简称“运一”）、运营二分公司（简称“运二”）、运营三分公司（简称“运三”）和运营四分公司（简称“运四”）。

威性和规范性；第二，便于运营分公司之间的横向对标，分析线路运营公司运营管理差异；第三，利于运营分公司与国际水平的对标，寻找差距，加强交流，提升业绩水平。

在基础数据收集方面，参照 CoMET KPI 体系、国内 MOPES 指标体系和北京地铁集团基础数据要求进行收集、整理、汇总和分析计算（见表 2）。

（三）设备分公司①财务对标管理指标体系

由于设备分公司在业务、设备层面的差异性较大，为了便于开展横向财务对标管理，结合设备分公司管理要求进行业绩对标，财务指标的选取主要从效益方面考虑，确定 10 项财务绩效指标（见表 3）。

（四）项目部财务对标管理指标体系

设备分公司按照层级管理需要，以项目部形式进行管理，建立 N 个项目部，类似运营分公司的线路，项目部和项目部之间具有同质性，为便于对项目部之间进行对比、考核，提高项目部财务管理水平，从设备公司层级选择部分财务指标，计 4 项进行对标（见表 4）。

建立北京地铁集团财务对标管理体系，不仅包括上述指标体系，还包括指导思想和基本原则、对标工作思路、对标管理体系、对标分析报告等；指标体系建立后，需要各种保障措施作为支撑，包括树立正确的观念、建立对标工作领导组织机构、制定对标工作管理制度、建立对标管理工作程序；财务对标不是最终的目的，要通过对标改进企业管理，通过对标可提出一些重点、关键环节的案例研究，以解决实际运营、管理等方面的问题。

表 2　运营分公司财务对标管理指标体系具体指标项

分类	序号	线路指标
财务指标	1	运营成本 / 车公里
	2	服务成本 / 车公里
	3	维修成本 / 车公里
	4	管理成本 / 车公里
	5	内部委托费 / 车公里
	6	运营成本 / 客运量
	7	运营成本 / 总工时
	8	人工成本 / 总工时
	9	主营业务成本 / 运营成本
	10	管理成本 / 运营成本
	11	人工成本 / 运营成本

表 3　设备分公司财务对标管理指标体系具体指标项

分类	序号	指标项
财务指标	1	运营成本 / 车公里
	2	服务成本 / 车公里
	3	维修成本 / 车公里
	4	管理成本 / 车公里
	5	运营成本 / 客运量
	6	运营成本 / 总工时
	7	人工成本 / 总工时
	8	主营业务成本 / 运营成本
	9	管理成本 / 运营成本
	10	人工成本 / 运营成本

表 4　北京地铁集团项目部对标管理指标体系具体指标项

分类	序号	指标项
效益指标	1	主营业务成本 / 总成本
	2	管理费用 / 总成本
	3	维修费用 / 主营业务成本
	4	运营费用 / 主营业务成本

① 设备分公司是北京地铁集团所辖负责线路设备、设施维修的分公司，目前主要包括供电分公司、机电分公司、线路分公司和通号分公司。其中供电分公司主要负责电方面的业务；机电分公司主要负责电梯、风机、空调等方面的业务；线路分公司主要负责线路轨道等方面的业务；通号分公司主要负责信号、通信等方面的业务。

四、北京地铁集团财务对标管理体系的构建

按照北京地铁集团财务对标管理体系，根据实际业务需要，随时进行调整，确定指标的对标范围、指标释义、数据来源、责任部室等。标杆的选取可以是所有同类对标参与单位平均值，也可以是最优值，其选择以所要达到的管理目标为主。下面举例说明：

（一）集团层面财务对标

1. 指标数据的搜集和整理

根据相关程序，取得线路层面对标管理的数据，并在此基础上进行指标项目数值计算。

2. 对标指标的数值列示

根据指标值计算结果，进行对标（见表5）。

表5 北京地铁集团线路对标财务指标

指标	线路	CoMET		13号线	昌平线	2号线	1号线	5号线	10号线	机场线	八通线	15号线	8号线	亦庄线	9号线	房山线
	2012年	平均值	最优值													
总商业收入/营运成本	0.63	0.49	1.28	0.68	0.21	0.85	0.71	0.71	0.75	1.28	0.49	0.17	0.21	0.17	0.1	0.07
票款收入/运营成本	0.57	0.49	1.28	0.68	0.21	0.85	0.71	0.71	0.75	1.28	0.49	0.17	0.21	0.17	0.1	0.07
商业收入/营运成本	0.45	0.98	1.69	0.98	1.69	1.32	1.04	1.04	1.11	1.28	0.73	1.23	0.34	1.43	0.14	0.44
营运成本/车公里	4.03	4.6	2.78	2.78	5.32	4.4	3.91	4.23	4.26	4.81	3.55	4.29	5.08	5.57	6.49	5.08
全部服务于运营成本/车公里	0.69	0.89	0.59	0.59	1.01	0.86	0.97	0.84	0.76	0.94	0.74	0.88	0.9	0.92	1.2	0.96
维修成本/车公里	1.2	1.42	0.83	0.83	1.79	1.29	1.14	1.11	1.21	2.03	1.23	1.22	1.4	1.67	1.79	1.81
（维修–车辆成本）/车公里	0.37	0.3	0.21	0.21	0.32	0.29	0.35	0.21	0.26	0.34	0.29	0.26	0.31	0.27	0.48	0.33
修理费用/车公里	0.55	1.12	0.62	0.62	1.47	1.01	0.79	0.9	0.96	1.68	0.93	0.97	1.08	1.4	1.31	1.48
管理成本/车公里	0.56	0.48	0.31	0.33	0.61	0.42	0.31	0.48	0.57	0.53	0.4	0.53	0.46	0.54	0.55	0.49
营运成本/进站	0.89	2.6	0.61	0.76	2.51	0.61	0.73	0.73	0.7	5.07	1.06	3.04	2.45	3.05	5.34	7.68
营运成本/乘客公里	0.05	0.14	0.04	0.04	0.1	0.05	0.1	0.05	0.05	0.2	0.05	0.1	0.13	0.14	0.43	0.31
票务收入/进站	0.53	0.98	6.5	0.52	0.52	0.52	0.52	0.52	0.52	6.5	0.52	0.52	0.52	0.52	0.52	0.52
票务收入/乘客公里	0.03	0.05	0.26	0.03	0.02	0.04	0.07	0.03	0.03	0.26	0.03	0.02	0.03	0.02	0.04	0.02
得分				16	13	12	11	10	10	9	8	7	5	2	—	—
排名				1	2	3	4	5	5	6	7	8	9	10	11	11

机场线收入类指标最好。机场线每人次25元的票价基本接近市场价，同时其是国门第一线，而商业价值较高，所以其收入类指标较好。随着票制票价调整，其他线的收入类指标也会相应增加。郊区线路的收入类指标较差，源于郊区线商业价值较低。但总体上北京地铁在商业价值开发方面还要努力提升，追赶国际先进水平。

13号线成本指标总体控制最好。而郊区线路相应成本类指标差一些，说明郊区线运营效率还不高，客运量低，需要协调各相关部门配套各种出行方式，提供便利的综合交通，吸引郊区客流，进一步提高运营效率。

（二）运营分公司财务对标

1. 获取数据，进行对标

首先，获取运营分公司某年度数据，计算单一年度指标数值，并开展对标工作（见表 6）。

表 6 运营分公司财务指标对比

指标项	平均值	最优值	运一	运二	运三	运四
运营成本 / 车公里	11.48	9.99	12.53	11.39	9.99	12.01
服务成本 / 车公里	9.25	8.24	10.39	9.16	8.24	9.19
维修成本 / 车公里	1.69	1.39	1.57	1.84	1.39	1.97
管理成本 / 车公里	0.54	0.36	0.58	0.39	0.36	0.85
内部委托费 / 车公里	3.94	3.35	4.12	3.57	3.35	4.71
运营成本 / 客运量	2.15	0.98	1.42	1.51	0.98	4.70
运营成本 / 总工时	128.05	110.78	148.85	110.78	127.52	125.06
人工成本 / 总工时	64.46	57.96	69.87	57.96	65.00	65.03
主营业务成本 / 运营成本	1.04	1.02	1.03	1.02	1.06	1.04
管理成本 / 运营成本	0.05	0.03	0.05	0.03	0.04	0.07
人工成本 / 运营成本	0.51	0.47	0.47	0.52	0.51	0.52
得分			6	13	14	2
排名			3	2	1	4

其次，获取运营分公司连续 N 年平均数值，计算指标参数（数据暂略）。

对单一指标细项进行对标分析。例如，对各分公司单位车公里成本指标连续三年数值进行对标分析。

2. 结论和启示

第一，从排名情况看，无论某年还是连续三年数据，运营三分公司指标最好，尤其是单位车公里和客运量指标最优，运营二分公司效率指标最好，运营一分公司人工成本占总成本最低。

第二，从连续三年每车公里成本指标看，运营三分公司指标最好；运营一分公司每车公里服务成本最高，运营四分公司每车公里维修成本和管理成本最高。

此外，运营四分公司每车公里运营成本有所上升，运营一分公司每车公里运营成本有所降低。

（三）设备分公司财务对标管理

1. 指标数据搜集和整理

根据相关程序，取得设备公司对标管理的数据，并在此基础上进行指标项目数值计算。

2. 对标指标的数值列示

根据指标值计算结果，进行对标（见表 7）。

表 7 设备分公司对标排名—某年度数据（连续三年数据略）

指标项	平均值	最优值	运一	运二	运三	运四
运营成本 / 车公里	0.93	0.73	1.00	0.73	1.09	0.91
服务成本 / 车公里	0.03	0.02	0.06	0.02	0.026	0.029
维修成本 / 车公里	0.80	0.64	0.85	0.64	0.97	0.72
管理成本 / 车公里	0.10	0.07	0.09	0.07	0.09	0.16
运营成本 / 客运量	0.11	0.09	0.12	0.09	0.13	0.11
运营成本 / 总工时	82.51	72.75	83.46	91.29	82.52	72.75
人工成本 / 总工时	66.36	60.21	63.76	79.05	60.21	62.42
主营业务成本 / 运营成本	0.89	0.82	0.91	0.90	0.92	0.82
管理成本 / 运营成本	0.11	0.08	0.09	0.10	0.08	0.18
人工成本 / 运营成本	0.80	0.73	0.76	0.87	0.73	0.86
得分			4	11	8	7
排名			4	1	2	3

3. 结论与启示

第一，从排名情况看，无论是某年数据还是连续三年平均数据，线路分公司对标情况最好。从趋势看，机电公司人工工时有所节约，供电公司人工工时有所增加，通号公司仅管理成本 / 车公里、人工成本 / 总工时 、管理成本 / 运营成本 、人工成本 / 运营成本 4 项指标达到设备分公司均值水平。

第二，从每车公里维修成本看，机场线通号、设备和线路维修成本最高，9 号线和 10 号线机电维修成本最高。13 号线的通号、供电和机电维修成本最低，5 号线和 10 号线线路维修成本最低。

北京地铁集团结合已搭建的财务管理信息系统，根据财务对标需求，建立了集对标流程管理、对标指标管理和对标信息发布等功能为一体的信息技术平台。

实现了对标指标的网上报送、审核等管理流程的固化。实现了指标的纵向比对分析、追踪和评价，指标之间的横向比对分析、追踪和评价，乃至进行各层面需要的汇总分析。实现了多视角的指标分析，以单位、年度和月份进行指标查询，以数据和图形方式分析指标趋势，对一个或多个指标在基准时间和对照时间指标值进行对比分析。

（四）项目部对标管理

项目部对标思想，是在各设备分公司内部划小设备经营管理单位，形成设备分公司内部竞争与财务对标体系，实质指标与其所属设备分公司专业基本一致，因此不再举例或列示数据说明。

五、财务对标管理实施效果

（一）提升财务管理水平

收入方面：香港地铁每元营业成本所获取的各类收入指标最好，伦敦地铁每进站量或每乘客公里获取的票款收入最高。而北京在收入指标方面基本都低于平均值，提高收入类指标是我们努力的方向，分析原因有：一是北京市轨道交通的票制票价较低；二是在资源开发方面受政策和建设规划影响，获取的资源开发收入较低。下一步应着力调整票制票价和资源开发经营政策，并把轨道沿线资源开发和经营系统一考虑，把沿线土地增值和物业开发经营收益纳入轨道经营系统。

成本方面：圣地亚哥成本指标最好，有四项排在首位。北京地铁居其次，有两项排在首位，并且所有成本指标都优于平均值，说明我们在成本管控方面较好，但应该继续改善我们排名相对靠后的指标。

“向世界一流城市学习，提高落后指标、保持先进指标”，落实地铁公司“新地铁、新战略”发展规划，必须按照国际地铁协会标准建立北京地铁集团财务对标管理体系，实行财务对标管理，通过对财务指标的分析找出不足，保持先进指标，从而实现地铁集团财务战略目标。

表 8　北京地铁集团财务指标排名

指标	连续三年均值	CoMET	CoMET	香港	圣地亚哥	广州	莫斯科	北京	上海	圣保罗	伦敦	马德里	巴黎区间高速	纽约	巴黎城市地铁	墨西哥
		平均值	最优值	HK	SC	Gz	Mw	Bg	Sh	sp	Ln	Md	Pm	NY	Pr	MC
总商业收入/营运成本	0.626	1.08	2.30	2.30	1.54	1.29	0.82	0.73	1.05	0.96	0.97	0.67	0.73	0.00	0.85	0.00
票款收入/运营成本	0.567	0.93	1.84	1.84	1.36	1.01	0.80	0.65	0.75	0.87	0.89	0.60	0.67	0.00	0.77	0.00
商业收入/营运成本	0.450	0.15	0.46	0.46	0.19	0.28	0.02	0.08	0.31	0.09	0.08	0.07	0.05	0.00	0.07	0.00
营运成本/车公里	4.032	5.03	3.02	4.32	3.02	4.91	3.27	4.17	4.68	8.18	5.91	5.05	5.63	0.00	6.24	0.00
服务于运营成本/车公里	0.694	0.45	0.09	0.09	0.45	0.24	0.25	0.58	0.14	1.27	0.48	0.74	0.26	0.00	0.43	0.00
维修成本/车公里	1.199	1.73	0.76	1.49	0.76	1.68	1.50	1.20	1.72	2.34	2.33	1.70	1.75	0.00	2.55	0.00
车辆维修成本/车公里	0.368	0.62	0.32	0.56	0.44	0.54	0.60	0.32	0.72	0.47	0.67	0.77	0.63	0.00	1.08	0.00
修理费用/车公里	0.554	1.11	0.32	0.93	0.32	1.14	0.90	0.88	1.00	1.87	1.66	0.93	1.12	0.00	1.47	0.00
管理成本/车公里	0.563	0.94	0.1394	1.23	0.70	0.45	0.14	0.63	0.53	1.65	1.25	0.67	1.54	0.00	1.51	0.00
营运成本/进站量	0.888	1.17	0.59	0.78	0.59	0.78	1.00	0.83	1.06	1.34	2.59	1.57	0.89	0.00	1.40	0.00
营运成本/乘客公里	0.050	0.13	0.06	0.07	0.06	0.07	0.07	0.06	0.08	0.14	0.32	0.22	0.18	0.00	0.13	0.00
票务收入/进站量	0.530	1.01	2.32	1.44	0.80	0.78	0.81	0.54	0.79	1.17	2.32	0.93	0.60	1.46	1.08	0.38
票务收入/乘客公里	0.030	0.11	0.29	0.13	0.09	0.07	0.06	0.04	0.06	0.12	0.29	0.13	0.12	0.15	0.10	0.05
得分	9			16	14	10	9	9	8	6	4	4	3	2	2	0
排名	4			1	2	3	4	4	5	6	7	7	8	9	9	

（二）社会和经济效益

举例说明：总运营成本 / 营运车辆公里指标。

指标解释：总运营成本包括工资及相关电费、营运费用、维保费用、管理费用，不包括折旧。

（1）本指标北京地铁排名第 10，最高为圣保罗地铁，最低是柏林。

（2）原因分析。该指标应结合成本结构进行分析，财务类的指标每类指标过高或过低都会影响公司整体指标和排名。通过横向比较，本公司的成本类指标比较合理。地铁公司不能过分强调成本的减少，成本的过度减少，会导致地铁安全运营系数降低。

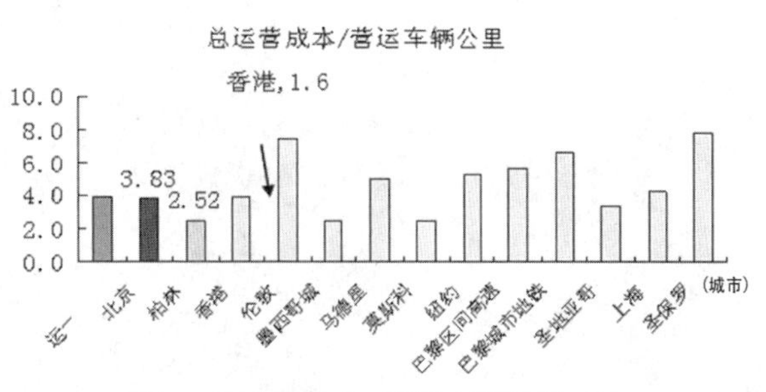

图 6　总运营成本 / 营运车辆公里对比

成本类指标是中性指标。增加成本，地铁安全运营系数会增加，但经济效益下降。减少成本，地铁安全运营的系数会降低，但经济效益上升。对这个指标不能单纯考虑每车公里成本，要综合运营、管理、维修等各方面原因，综合考虑。结合成本效益，制定安全管控措施，不断提高安全服务水平，既保证了地铁的安全，更保障了首都人民的生命安全，创造了良好的社会效益。

（3）以数据分析为基础，加强对指标及成本的分析，找出预算假设的合理性，同时验证财务核算的真实性和可靠性。通过分析，加强全面预算管理，加强对成本的管控能力。资金安排应考虑优先顺序，向安全运营倾斜。通过财务类指标的对标分析，可以查找导致成本升降的原因，从而更好地制定成本管控措施，使得成本科学、合理，提高经济管理效益。

（4）根据分析的结果向国际 CoMET 协会、国内地铁行业组织或本集团内部提出案例进行专项研究，以提升管理水平。

六、总结与展望

通过对北京地铁集团财务对标管理的研究，对促进指标的世界领先、落实新地铁发展战略、促进二级公司业绩提升和为公司年度预算管理提供支持等方面有重要意义。

目前，我国企业管理，尤其是集团化管理，主要研究人力资源管理、项目管理、信息化管理、设备与工艺、作业与流程等方面的内容，而将财务对标管理与各项管理相结合的研究文献较少，未来应在该领域进行进一步探讨。

地铁在各行业中有着特殊性，财务对标管理对于提升地铁安全、服务水平起着至关重要的作用。未来地铁行业应进一步加强财务对标管理研究，在健全完善指标体系、健全对标工作机制、加强对标管理执行力度等领域需进一步拓展，充分借鉴地铁国际对标经验，将企业财务对标管理落到实处，使对标成为企业财务管理不可多得的工具。

实施战略成本管理，提升核心竞争力

创造单位：鞍钢矿业集团

主要创造人：李之奇　　创造人：于 淼　王 丹　张 凌　唐学飞

［**摘要**］鞍钢矿业集团公司（简称鞍钢矿业）是集采矿、选矿、烧结（球团）生产和采选工艺研发设计为一体的国内最大的铁矿山企业，拥有鞍山、攀枝花、澳洲卡拉拉三大生产基地，已形成跨区域、多基地、国际化发展格局，成为我国首个亿吨级矿业集团。包括 12 座铁矿山、11 个选矿厂、1 个烧结厂、2 个球团厂和 5 座辅料矿山。在册职工总数 35139 人。探明储量 134 亿吨以上。年生产规模：铁矿石 1.2 亿吨、铁精矿 3800 万吨、钛精矿 70 万吨、球团矿 600 万吨、烧结矿 380 万吨、石灰石 1000 万吨。铁精矿品位 67.5% 以上，烧结矿品位 57% 以上，球团矿品位 65.5% 以上，均达到了国际国内一流水平。

近年来，鞍钢矿业始终致力于矿产资源利用效率的提升，在矿山生产、科技创新、工艺进步、发展循环经济、推进节能减排和矿区复垦绿化等方面不断取得新成果；牵头编制铁矿行业中长期发展规划，组建中国冶金矿业发展研究中心，承接国家和行业标准制定，行业龙头地位和社会影响力显著提升；大力实施大型铁矿山企业基于价值链的战略成本管理，所取得的成效，受到国家有关部门和知名专家的肯定，所创造的《大型铁矿山企业基于价值链的战略成本管理》荣获 2011 年国家级企业管理现代化创新成果一等奖。鞍钢矿业先后被命名为“全国冶金矿山十佳厂矿”和“中国矿业十佳企业”。

［**关键词**］矿产资源；利用率；铁矿山；战略安全

一、推行基于价值链的战略成本管理背景

鞍钢集团鞍山地区的各矿山原分属于鞍钢鞍山矿业公司、鞍钢弓长岭矿业公司和鞍钢新钢铁齐大山铁矿三家。2006 年底，鞍钢从适应钢铁行业新形势、实现新发展需要出发，制定了铁矿山发展战略，对三家铁矿山进行整合，成立了新的鞍钢集团矿业公司。鞍钢矿业成立以来，以保障国家钢铁工业的战略安全、提升鞍钢核心竞争力和实现自身可持续发展为目的，逐步实施了大型铁矿山企业基于价值链的战略成本管理。

（一）增加国产矿供给、平抑进口矿价格、保障我国钢铁工业战略安全的需要

20 世纪 90 年代以来，受工业化和城市化进程不断加快的拉动，我国钢铁工业发展迅猛，对铁矿石需求急剧攀升。由于国内铁矿石产量难以满足钢铁工业快速发展需求，导致我国进口铁矿石的

比重逐年大幅度上升，进口矿量由2000年的0.7亿吨提高到2009年的9.12亿吨，致使我国钢铁工业对进口矿的依存度达到60%以上。与此同时，淡水河谷、必和必拓和力拓等世界三大铁矿石供应商依托自身资源优势大举投资，迅速提升产能，其铁矿石贸易量已占世界铁矿石贸易量的70%以上，形成高度垄断的态势。我国钢铁工业对进口矿依存度的不断升高和国际铁矿业巨头的垄断地位导致国际市场铁矿石价格连年大幅度提升，不但对我国钢铁工业的原料供给形成了严重威胁，而且持续攀升的铁矿石价格也大大加重了我国钢铁企业的成本负担，成为我国钢铁企业不能承受之重。面对这种形势，寻求数量充足、成本相对低廉的铁矿石原料就成为我国钢铁工业亟待解决的重大课题。

我国是一个铁矿石资源并不缺乏的国家，已探明铁矿石储量多达600多亿吨。但是，国内铁矿石资源存在着先天不足，即绝大部分为贫矿，不但品位低，而且以共（伴）生矿为主，结晶粒度细，难磨难选，导致生产成本高。而澳大利亚、巴西等国家的铁矿石资源均以富矿为主，不需要入选就可直接入炉冶炼，生产成本低。这是导致国内铁矿山发展慢、产量低、不能满足需求的根本原因。因此，打破国际铁矿业巨头的垄断，保障我国钢铁工业的战略安全，关键是要在铁矿山企业推行低成本战略，努力提高国产矿的竞争能力。

鞍钢矿业是国内最大的铁矿山企业，处于国内铁矿石资源最为丰富的地区，有责任发挥自身在资源、技术、产能等方面的综合优势，通过落实低成本战略，提高国产矿竞争能力，为平抑进口矿价格、保障铁矿石供给做出贡献。但是，鞍钢原来的各大铁矿山沿用传统成本管理做法，并没有取得明显成效，这就需要创新成本管理模式，在实现低成本运营上取得新的重大突破。这是鞍钢矿业实施基于价值链战略成本管理的根本出发点。

（二）充分发挥资源优势、打造最具国际竞争力跨国钢铁企业集团的需要

鞍钢周边的鞍山及辽阳弓长岭地区已探明铁矿石资源储量达88亿吨，远景储量达173亿吨，鞍钢掌控的资源量以及潜在的资源量在国内钢铁企业中处于独一无二的地位，具有绝对优势。但受资源品质差、矿产品成本高制约，鞍钢此前的矿石成本一直较高，所具有的资源优势并没有充分发挥出来。在鞍钢的生铁成本中，铁精矿成本所占比例高达60%。鞍钢要实现长远发展的战略目标，必须牵住成本这个牛鼻子，努力扭转在成本上的劣势，把自身拥有的资源优势真正转化为产业优势和竞争优势。因此，鞍钢在提出打造最具国际竞争力跨国钢铁企业集团这一奋斗目标的同时，又制定了铁矿山发展战略，要求鞍钢矿业以打造最具国际竞争力的铁矿山企业为目标，解决好自身发展的核心问题：一是要落实好鞍钢集团的资源保障战略，在稳定和提升鞍钢铁矿石自给率上做贡献；二是要落实好鞍钢集团的低成本战略，切实做到低成本运营。

2008年下半年，国际金融危机爆发，鞍钢因生产经营和战略发展受到严峻挑战，明确要求鞍钢矿业要将成本水平调至500元/吨以下，其降幅高达每吨100多元。特别是2014年，进口铁矿石价格呈断崖式下降，对国内铁矿企业造成前所未有的冲击。面对既要加大投入，保能力、保矿石供给，又要注重低成本、保集团效益的双重考验，鞍钢矿业走出一条能够兼顾上述二者的成本管理新路子，以争取成本大幅度降低、而能力不受影响的“双赢”局面。鞍钢矿业实施基于价值链的战略成本管理正是为了适应和满足这一要求。既保证生产经营持续稳定发展，又提高了企业抗风险能力。

（三）提升铁矿山企业核心竞争力、实现可持续发展的需要

矿山生产的一个突出特点是矿石一边生产、能力一边消失。就是铁矿石从现有的设计境界内被

不断地大量采出，同时意味着此境界内可开采的矿石量在不断减少，境界内提供矿石的能力在逐渐消失。当矿石开采到一定阶段时，就要进行新境界的设计和开掘工作。鞍钢矿业已有40多年的开采历史，到21世纪初，绝大多数铁矿山均已进入由一期境界开采向二期境界开采过渡的阶段，急需投入大量资金用于铁矿山建设，以补充和保持铁矿石的生产能力。同时，根据鞍钢的铁矿山发展战略及规划，到2020年，鞍钢矿业铁精矿生产能力要达到6000万吨，这又需要进一步加大投入，搞好新矿山建设。这是事关鞍钢集团及鞍钢矿业长远发展的重大战略问题。

一方面，要坚持规模发展；另一方面，又要落实低成本战略。如何妥善处理这对矛盾？面对金融危机的挑战，曾经有一种意见认为：应当通过削减部分矿山的维简项目和设备维修费用等做法来渡过难关。但鞍钢矿业最终的看法是：这种"靠勒紧裤带过日子"、就降成本而降成本的传统成本管理方式，是取局部而舍全局，重近期而轻长期，不符合鞍钢集团战略要求，也不符合鞍钢矿业长远利益，是权宜之策而非长久之计。对于成本工作，也应当置于企业战略发展这个大盘子当中进行通盘考虑，做到立足全局、立足长远，建立并实施一个具有战略意义、长效管用的成本管理体系，能够大力提升企业的核心竞争力，促进企业可持续发展。这是鞍钢矿业实施基于价值链的战略成本管理的又一动因。

二、基于价值链的战略成本管理内涵和主要做法

鞍钢矿业基于价值链的战略成本管理内涵是：从适应鞍钢战略发展要求出发，以谋求企业长期竞争优势为导向，以对企业价值链进行全方位、多视角管控和优化为主线，以做到管好生产消耗、管好物流、管好费用和实现全员管理成本、推进全面创新、实时监控成本为重点，由此开展的一系列成本管理活动。其核心思想是立足全局、立足长远、立足竞争、立足主动，促进企业生产经营能力的全面提升，保证企业实现可持续发展。

企业生产经营是价值形成过程，坚持低成本运营，以最少耗费创造最大价值是企业永恒的主题。2000年之前的几年，面临钢铁行业景气指数不高，铁矿石售价相对较低，铁矿山生产处于亏损的局面，鞍钢原来的各大铁矿山纷纷采取削减矿山维简项目和设备维修费用，以及关闭部分采区或选厂等措施来实现减亏为盈。这种牺牲长远保当前，把成本管理的对象局限于企业内部的生产过程，把成本管理的重心放在局部、片面、单纯追求成本降低上的做法，正是传统成本管理的突出特点。这在短期内虽然能够达到降成本的目标，但从长远来看，却严重影响了企业的发展后劲，不利于企业发展战略的实施。在鞍钢对原来所属矿山进行整合基础上成立的新的鞍钢矿业公司，面对鞍钢发展的新形势，认真总结以往的经验教训，坚持从服从服务于鞍钢战略发展高度思考成本管理问题，注重突出成本管理的长期性、全局性，将工作目标和思路定位于使低成本运营成为企业生产经营的一种常态，保证企业从规模、质量到成本建立起全面的长期的竞争优势。这不仅促进了企业成本的大幅度降低，而且推动了企业核心竞争力的持续提升，切实体现了战略成本管理的要求。主要做法见图1。

（一）开展价值链分析，明确战略成本管理思路

价值链分析是推进战略成本管理的重要一环，是价值链管控和价值链优化的重要前提。鞍钢矿业在推进战略成本管理上，对企业内部、行业及竞争对手价值链进行了全面分析（见图2），明确自身在整个鞍钢价值链及鞍钢发展战略中所处的位置，了解对本企业价值及成本发生影响的各项要

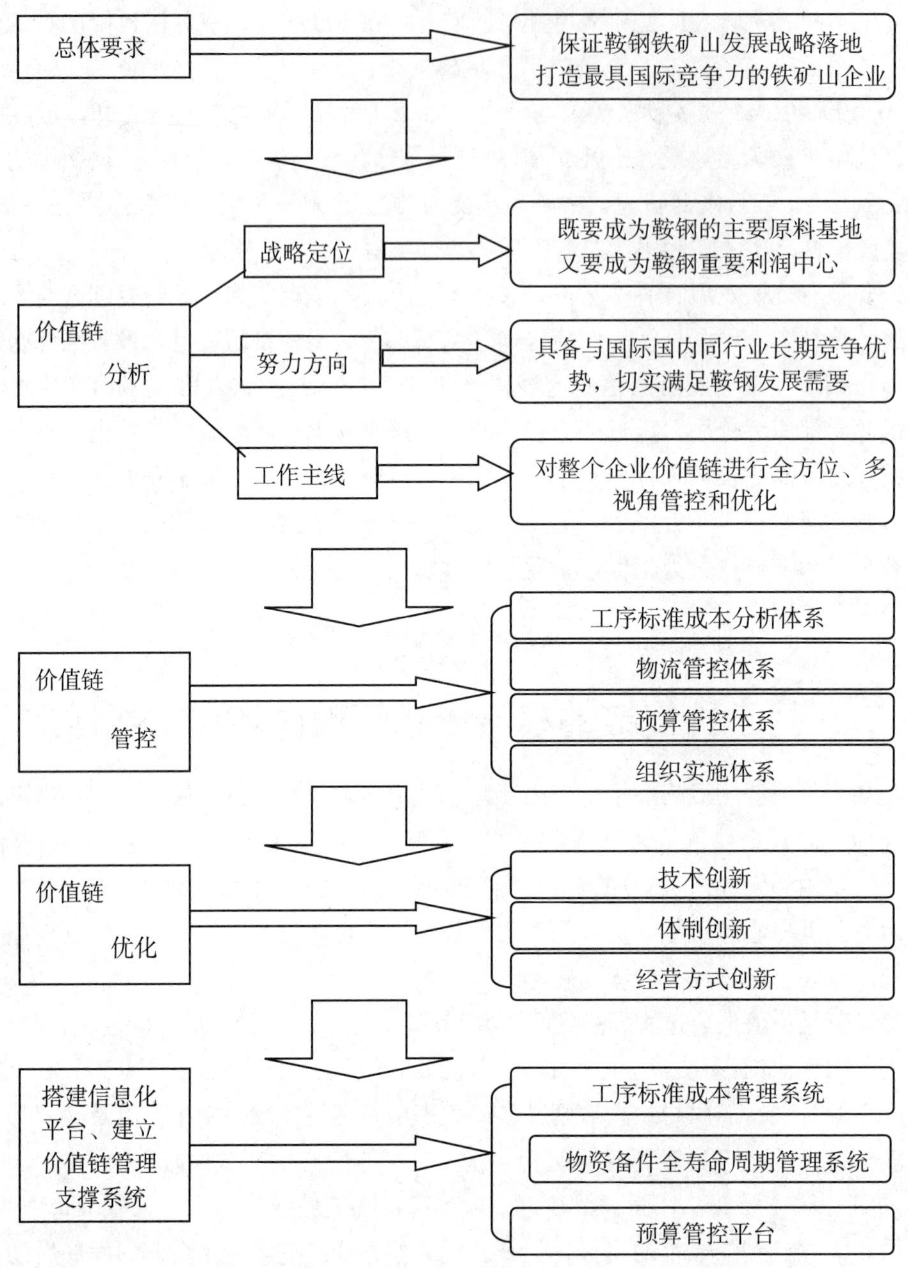

图 1 基于价值链的战略成本管理总体框架

素，弄清本企业的优势和劣势以及发展潜力，并在此基础上，确定了推进战略成本管理努力方向和工作主线。

1. 分析集团战略，调整企业定位

作为一个老企业，由于长期受计划经济的影响，鞍钢矿业过去一直被单纯视为鞍钢的原料生产基地和上游生产工序，成本意识相对比较淡薄。在推进战略成本管理过程中，鞍钢矿业立足于鞍钢集团长远发展的战略高度，认真分析和加深理解鞍钢制定铁矿山发展战略的真正意义，明确看到：鞍钢要求矿业低成本运营，实质是要求自产铁精矿成本低于鞍钢铁厂使用的进口矿成本，具有与进口矿一争高下的能力；要求鞍钢矿业增强市场观念和竞争观念，将自身真正置于市场竞争的环境中，准确把握自身在整个鞍钢价值链中的位置，在保证铁厂原料需求和促进鞍钢增加效益两个方面充分

价值链中的环节	工艺	工序
①设计勘探	资源勘探、工程设计	
②基建工程	基建剥岩	
③原料采购	材料、备件、燃料等采购，水、电供应	
④产品生产	采矿—选矿—烧结（球团）	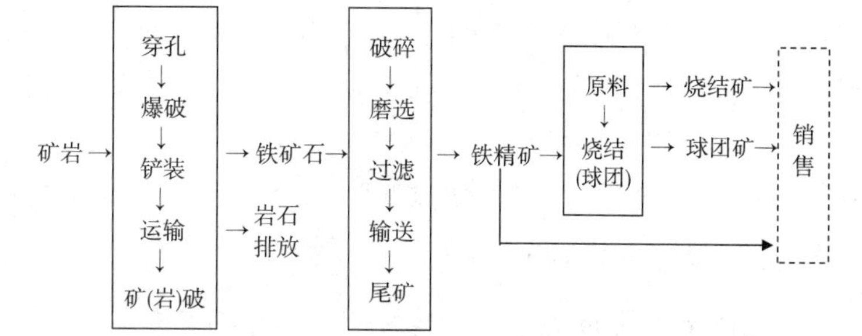 矿岩→ 穿孔↓爆破↓铲装↓运输↓矿(岩)破 →铁矿石→ 破碎↓磨选↓过滤↓输送↓尾矿 →铁精矿→ 原料↓烧结(球团) →烧结矿→ / →球团矿→ 销售 →岩石排放 铁精矿→销售
⑤产品销售	输送到鞍钢股份、凌钢	铁运

图 2　鞍钢矿业价值链

发挥作用。通过上述分析，鞍钢矿业重新进行企业定位，明确提出既要成为鞍钢的主要原料基地，又要成为鞍钢的重要利润中心，统筹完成“增产”和“增值”两大任务。同时提出，要正确认识鞍钢矿业与鞍钢炼铁关系，改变过去单纯把铁厂视为下道工序，仅仅满足于保证原料供给的片面认识，将铁厂视为客户，坚持做到“用户的需要就是矿业的工作标准”，努力为鞍钢炼铁提供优质价廉的矿产品。

2. 分析竞争对手，明确努力方向

鞍钢生产所需铁矿石有进口矿和自产矿两个品种，进口矿是自产矿的主要竞争对手。鞍钢矿业实施战略成本管理，分析竞争对手的价值链，就是要对自产矿和进口矿进行比较分析，以明确自身优势和劣势，找出潜力所在，明确努力方向。通过比较分析，鞍钢矿业看到：其与进口矿竞争的有利条件是鞍钢周边地区铁矿石储量丰富，鞍钢矿业具有与进口矿长期竞争的物质基础；鞍钢矿业的选矿技术已达到国际国内一流水平，具备使自产矿的品位达到或超过进口矿品位的条件；鞍钢矿业位于鞍钢周边，具有运距近且稳定可靠的地域优势。其与进口矿竞争的不利条件是：尽管鞍钢矿业的采掘规模与世界三大铁矿石供应商相差无几，但由于铁矿石品位低，所选出的成品矿在总量上与世界三大铁矿石供应商相比有差距；尤其是进口矿因为赋存条件好、工艺流程简单，制造成本比自产矿低许多，即使加上远途运费，其售价也能够低于自产矿的完全成本，这给自产矿带来巨大竞争压力。面对这种局面，鞍钢矿业把“具备与国内外先进企业长期竞争优势”作为努力方向，力争实现在总量增长条件下的低成本运营。基于上述分析，鞍钢矿业在推进战略成本管理过程中，明确提出“成本要下降，剥岩不减少，质量不降低，设备不失修”的目标要求。

3. 分析成本动因，确定工作重点

为了在推进战略成本管理上取得重大突破，鞍钢矿业着重进行成本动因分析。通过分析认识到：对影响企业各项价值活动成本高低的因素应当采取有增有减的不同对策，不能一味强调“降”，所要“降”的是那些低效成本或无效成本，而对于价值高能够带来高产出的环节，则要“增”。如铁精矿品位每提高一个百分点，会使铁厂的高炉利用系数提高 3%，焦比降低 2%，铁精矿售价也会提高 10 元 / 吨，对此，就不能采取“降”的办法。推进战略成本管理的总体思路必须是：妥善处理好增加与减少的关系，做到一切立足于价值链的增值，着眼于价值链的管控和优化。同时，鞍钢矿业还看到：影响企业各项价值活动成本高低的因素不仅存在于生产过程，还涉及流通过程及管理过程；不仅存在于企业内部，也涉及企业外部的供应商和关联单位。如2008年，鞍钢矿业吨精矿钢球消耗指标在全国十大重点联合铁矿山企业中排名末位，除了矿石难磨这个因素之外，还有某些供球厂家产品质量较差等方面原因。这表明对价值链的管控和优化必须做到全方位、多视角。在此基础上，鞍钢矿业着重分析了可控性成本动因，进一步看到：成本相对较高主要在于生产消耗管控不严、物流管理工作不细、费用控制不够到位以及全员成本意识不强，此外，还有技术上、体制上和经营方式上的因素，等等，因此确定把做到“三个管好”（管好工序生产、管好物流、管好费用）和达到“全”（全员成本管理）、“新”（技术、体制和经营方式创新）、“实”（对价值链上有关成本的各项活动进行实时监控）作为推进战略成本管理的重点。

（二）强化价值链管控，切实推进战略成本管理

价值链管控是把企业的供、产、销等创造价值的各个环节有机整合起来，加强对这些环节的监督和控制，使其形成相互关联的整体，能够协同运行，保证实现系统性、全局性目标。鞍钢矿业通过强化价值链管控，深度推进战略成本管理。

1. 建立工序标准成本分析体系，严格监控成本异动

鞍钢矿业是由诸多工序组成的连续性大生产的铁矿山联合企业，其经营目标要分解到每一道工序。同样，推进战略成本管理工作也要落实到每一道工序。为此，鞍钢矿业把推行工序标准成本分析作为实施基于价值链的战略成本管理主要举措。工序标准成本分析是按照矿山生产工艺，分工序制定工序定额指标，核定工序标准成本，按工序标准成本实施成本控制，分析产生偏差原因，提出改进措施，并指导选择工艺路线，优化资源配置，改善生产组织结构，细化成本预算，强化成本考核，以实现公司整体效益最大化。

（1）科学合理核定工序标准成本。一是细化成本单元。科学完善的定额及非定额指标体系是开展工序标准成本分析的重要依据。为此，鞍钢矿业组织各基层单位建立“定额物资指标数据统计台账”和“非定额物资指标数据统计台账”，对各单位各工序的成本工艺设计水平、近三年实际成本水平和同行业企业成本水平进行了定额及非定额指标收集工作。通过指标对比，在原有基础上，进一步梳理和摸清物资消耗与工序作业之间的关系，总结成本动因的变化规律，重新整理、规范定额和非定额物资的分类。定额由原来的93项细化到860项，非定额由原来的110项细化到160项。同时这些定额被层层分解、细化到了236个生产车间、2099个班组，使指标管理责任落实到每个工作岗位、每个生产操作者肩上，也使从采矿所需的火药、钻头到选矿消耗的钢球、药剂，再到烧结矿、球团矿所消耗的煤气、柴油、动力电等，每一个与工序成本息息相关的项目都被“标准化”。

二是核定标准成本。标准成本的核定分为消耗标准和价格标准，鞍钢矿业各单位领用物资执行的是公司内部计划价格，因此，核定标准成本的主要内容是核定物资消耗标准和费用开支标准。核定的原则是：已经达到和具备条件达到公司或国内同行业先进水平的项目，按公司或国内同行业先进指标核定；考虑生产条件变化及生产工序、操作技术改善、技术开发成果的应用、设备装备更新等所带来的标准改善；考虑人的主观能动性的充分发挥可能产生的标准改善。核定方法是：上下结合，由生产、技术、设备等各专业部门共同参与制定松紧适度、能够客观反映公司真实水平的标准成本。其中，物资消耗结合资源的赋存条件和现有的技术工艺、设备装备等生产条件，借鉴同行业的相关资料，建立制定了物资消耗标准的数学模型，量化成本动因对物资消耗的影响，并设定动因

变化系数，因地制宜地核定标准。费用项目遵循业务发展、开支节约和历史成本统筹兼顾的原则，致力于优化费用支出结构，对保障性支出和效益性支出进行充分分析，对动因比较明显的费用项目实行定额管理，也建立制定了费用定额标准的数学模型，科学、合理地核定费用开支标准。

（2）建立和运作工序标准成本分析模型。制定标准成本之后，需要依据标准成本对实际成本进行差异分析，找出影响成本的动因，明确降成本的主攻方向和主要措施，为此，鞍钢矿业按照成本习性，结合实际生产特点，确定工序标准成本差异的构成。

工序标准成本差异 = 工序标准成本 − 工序实际成本

差异额 >0 表示成本降低，差异额 <0 表示成本超支。

工序单位标准成本差异由两部分构成：一部分是变动成本差异，指工序定额实际成本与标准成本不一致所形成的差异。这个差异形成的原因：一是定额价格差异，是由于实际价格与标准价格不一致造成单位定额实际成本与标准成本的差异；二是定额耗量差异，是由于实际定额单耗与标准单耗不一致，造成单位定额实际成本与标准成本的差异。

另一部分是固定成本差异，指固定实际成本与标准成本不一致所形成的差异。固定成本包括直接职工薪酬和制造费用。固定成本差异形成的原因：一是作业量变化差异，是由于实际作业量与标准作业量不一致所造成的单位固定成本与标准成本的差异；二是固定费用开支差异，是由于实际固定费用发生额偏离标准成本额（即平均进度成本）所造成的单位固定成本与标准成本的差异。

工序标准成本差异分析从定额价格、定额耗量、作业量变化、固定费用开支四方面进行。对差异率超出 5%的单个项目进行分析，对差异率超出 10% 的单个项目进行重点分析。主要目的是层层分析成本动因，找出主要矛盾，落实改进责任，不断降低成本。

（3）建立工序标准成本责任考核机制。为了落实各级分析主体的工序标准成本管理责任，将工序标准成本差异分析情况纳入经济责任制考核，建立横向从公司到部门，纵向从基层厂矿到车间的工序成本分析考核机制。不仅要对工序标准成本执行情况进行考核，还要考核工序成本分析评价工作的及时性。一是对工序标准成本超降情况的考核。要求各基层厂矿严格按照工序标准成本执行，建立工序标准成本完成情况的绩效考核评价机制，将考核结果与成本责任单位的工资总额挂钩。二是对分析及时性的考核。明确规定了各级分析主体分析工作的上报及反馈时间，要求在规定的时间内完成，对没按时完成的部门、厂矿、车间，按照经济责任制的考核办法认真处理。

2. 完善物流管理体系，严格控制物资采购和领用

供应商价值链是行业价值链的重要一环，供应商在其价值链内开展活动的方式能够提高或降低企业的成本。战略成本管理要求突破企业边界，将成本管理延伸至外部供应链。鞍钢矿业每年物资采购成本达 40 多亿元，因此，近年来十分重视做好外部供应商的工作，同时也注重加强对内部供应系统的管理，着手建立起了物流管理体系，做到了严格控制物资的采购和领用。

（1）强化公开招标工作。鞍钢矿业采取按月招标、动态价格、低价中标等方式，积极争取最低采购价格。特别是在招标具体操作环节上下足功夫，对降采幅度达不到要求的物资，采取捆成大包按一家中标的办法进行谈价，如干选机备件，通过采取捆整包做法将降采幅度由原来的 21% 提高到 25%。在此基础上又采取“两个出局、两个突破”的硬性措施。“两个出局”：就是计划员通过与供应商谈价，降幅达不到目标的品种如果超过 5 项，计划员要离开岗位；供应商不接受降幅的，则进行社会公示，如有承接厂家，现供应商要被取消供货资格，并规定三年内不允许其参与投标；“两个突破”：就是实现对定标程序和入围供应商的突破。只要价格达到降采幅度，马上锁定价格和渠道。采取这一措施的当年，完成了 3 万余条采购计划的降价谈判和价格锁定任务，先后有 9 家

供应商被新供应商替代，有两名计划员离岗，公开招标部分实现降采 2.7 亿元。

（2）建立价格监控机制。公司计划财务部专门设立价格管理岗位，借助冶金矿山价格协会与同行业企业进行信息沟通，及时准确地掌握市场价格信息，并利用互联网建立价格监控平台，指导公司采购价格。同时，对原料及辅助材料等占成本比重较大的主要物资进行成本构成系数分解，制定成本构成模块，根据其上游原料及辅助材料价格变化，合理确定物资价格变化趋势，充分利用价格杠杆指导采购价格，确保公司采购成本合理。

（3）建立物流及追溯管理机制。针对过去物资领用缺乏实时动态管理，而对物耗的预算控制多是事后进行状况，推行物流及追溯管理。首先建立完善物耗标准定额，对物资定额结合标准成本的制定进行了科学合理的调整。在此基础上，扩大物耗定额范围，对非定额物耗进行定额管理，按照历史先进水平和现有技术、管理手段进行测算，采用现场跟踪写实的方法收集物耗指标，科学合理地核定物耗定额。其次是利用信息化手段，实行物资领用"实名制"，对物资领耗各个环节全周期发生的情况进行全周期的责任和轨迹跟踪控制。实行这一管理措施，一方面可以制约物资使用及流向，另一方面能够有依据地追溯管理责任，从而最大限度减少物资领用过程中的浪费和流失。

3. 实行全面预算管控，合理配置财务资源

预算管理是企业战略成本管理的重要组成部分，是提高成本信息真实性、识别企业价值链、有效配置财务资源、推进企业战略实施的客观需要。过去，鞍钢矿业的预算编制和管控工作主要由公司计财部和厂矿财务驻在组负责，各级专业部门对预算的编制和管控介入程度较浅，不需要关注财务活动，致使财务资源配置不合理，资源浪费与流失的现象时有发生，进而影响到企业的成本。为解决上述问题，鞍钢矿业立足于企业的战略发展目标及规划，构建了全面预算管控体系。全面预算管控，就是处于企业价值链中所有的部门和人员都要参与到预算管控中来，企业价值链中所有环节的情况都要处于预算管控之下。它包括预算的编制与审批、预算的执行与控制、预算的评价与考核三个主要方面。

（1）预算的编制与审批。就是对所需耗费的资源做到预先、合理、有效分配。预算编制与审批按照"上下结合、分级编制、归口管理、逐级汇总"程序进行（见图 3），此程序一共包括七个步骤。

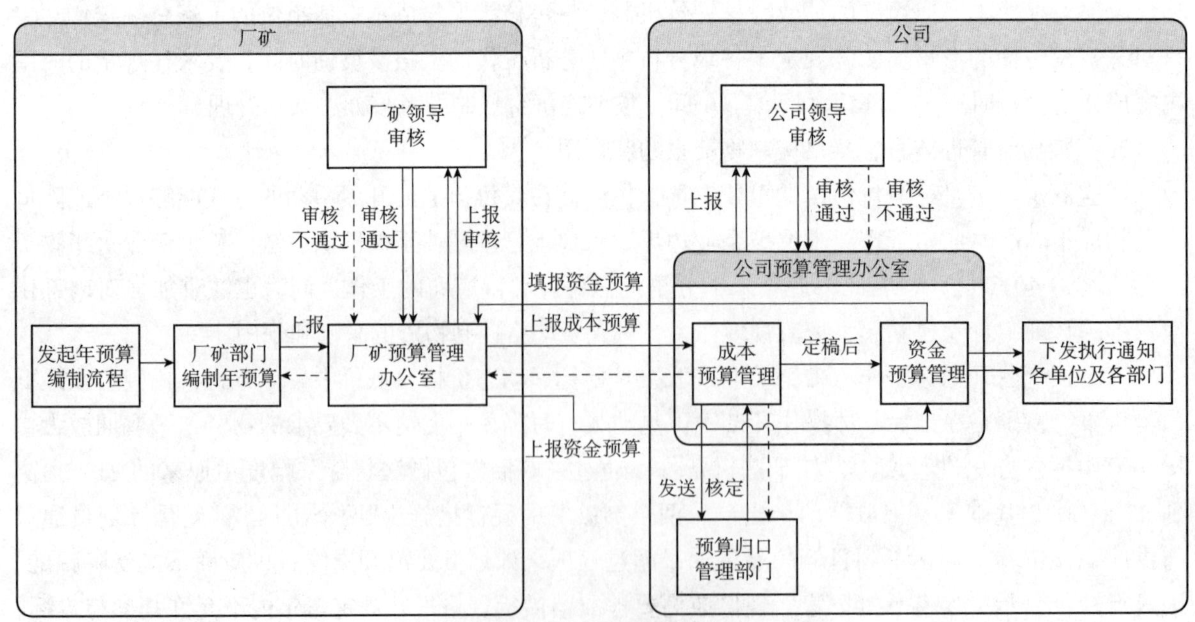

图 3　鞍钢矿业财务预算编制流程

（2）预算执行与控制。在鞍钢矿业，总预算由预算办公室组织实施，分预算由各单位和各专业部门组织执行，各单位和各专业部门的主要行政领导对预算执行的全面性、完整性和准确性负责，各职能管理部门负责对其所辖专业预算执行过程进行检查、控制和分析。

在预算执行过程中，凡没有预算的项目，坚决不予列支；预算内各项目不得串项列支；节余项目的节余额不得用于预算内其他项目或新增项目；对于以前年度遗留的应进未进经济业务款项，或已有项目未经批准超预算发生支出的，公司将根据潜亏或超预算额度进行双倍考核，同时视其情节执行问责；对未经公司批准擅自增加、变更预算项目，使成本费用升高、支出增加，视同违纪行为。金额在10万元以内的，给予公司内部通报、曝光，金额在10万元以上的，执行公司问责制，追究相关单位领导和责任者的管理责任；与产量、质量、技术经济指标等变量动态相关的收支，依据量本利关系进行动态控制。

预算管理执行定期分析报告制度，各单位及各部门要按月提交预算分析报告，对上月预算的执行情况进行分析，针对问题提出所要采取的控制措施，并于每月5日前报送预算办公室，预算办公室于每月10日前向公司提交上月预算分析报告。

（3）预算的评价与考核。鞍钢矿业的预算管理纳入《经济责任制考核办法》，由预算办公室对各单位和各专业部门按月实行考核。考核办法由预算管理办公室和综合管理部共同制定，由预算管理办公室下达考核指标，并定期向综合管理部提供预算执行结果，以此作为各单位绩效评价和工资分配依据之一。影响预算执行准确率的预算追加项目，在评价、考核时，不作为分析因素扣除。

4. 调整成本管理组织体系，实行全员成本管理

成本是企业经营活动的综合结果。影响成本的各项要素，引起成本变化的各项动因，分散在各专业部门、各生产经营环节。实施基于价值链的战略成本管理必须控制企业生产经营全过程，亦即价值形成和成本发生的全过程。鞍钢矿业的成本管理面临着一个十分突出的问题，就是成本管理措施如何融入到具体的业务过程和管理过程之中，使专业管理与成本管理有机结合起来，保证成本管理措施能够得到全面顺利实施，成本管理体系能够真正发挥作用。但按照鞍钢矿业原有分工和传统做法，生产经营过程分别由相应专业部门管理，分属不同经营管理系统，原有成本管理组织体系难以使成本管理有效融入公司的全部生产经营活动之中，造成成本管理处于对公司各项活动实施控制十分必要而又无能为力的两难境地。

对此，鞍钢矿业从满足战略成本管理要求，形成人人关心成本、人人管理成本的全员成本管理格局出发，认真研究能够保证各部门积极参与制定和落实战略成本管理的方法和措施，着手建立基于价值链的战略成本管理组织实施体系（见图4）。

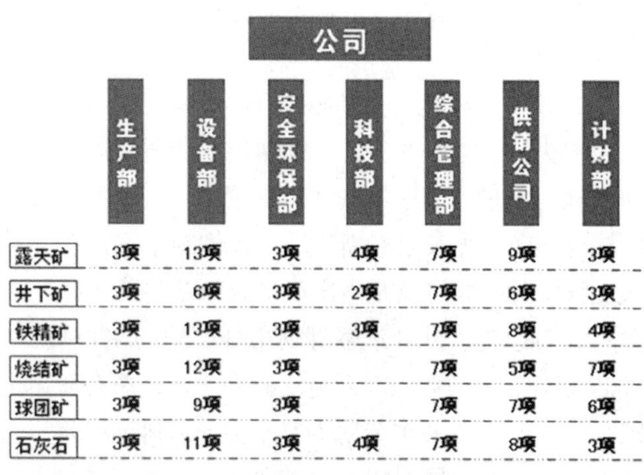

图4　各专业部门成本管理责任分解

在建立组织实施体系的过程中，为保证战略成本管理能够有效融入生产经营的全过程，明确了公司生产、设备、工程、科研、企管和供销等各个系统在推行战略成本管理中所担任的角色和所负的职责，使这些部门在负责做好日常工作业务的同时，还要负责做好与本系统业务相关的成本、费用的管控工作，将专业管理与成本

管理有机地结合起来，从而建立起从研发、采购、生产、服务等企业价值链所有环节全面实施成本分析、全员参与成本管理的长效机制。如要求生产系统按照效益优先原则动态制定和实施生产组织方案；设备系统在保证设备完好率和可开动率的同时，要注重提高设备效率，抓好设备的经济运行；科研系统要以实现低成本运营为重点开展科技攻关；供销系统要在保证供应的基础上大力降低采购成本；工程系统要在保证工程进度和质量的同时，严格按照预算标准控制费用；企管系统要在优化组织结构和人力资源配置等方面降低管理成本。这些举措使鞍钢矿业的所有部门、单位和人员都树立起了成本意识，肩负起了成本分析与管理责任。例如，生产系统过去只管产量指标的完成，2015 年，面对国际进口铁矿石价格急骤下跌严重冲击国内高成本矿山企业的不利形势，鞍钢矿业生产部门在生产组织过程中，本着鞍钢集团整体效益最大化原则，按照市场标准和各精矿产线的边际成本，优化生产运行，对个别因处理极贫矿导致边际成本高于市场价格的精矿产线，实施停产。与过去采用的仅从产量角度和厂矿层面考虑调产的传统办法相比，显著降低了生产成本，实现了低成本运营。

（三）优化价值链，依靠技术、体制和经营方式创新推进战略成本管理

通过创新，对制约和影响企业可控性成本动因的各价值环节进行不断优化，使其处于上佳水平，提升增值能力，这是推进战略成本管理的必由之路和重中之重。近年来，鞍钢矿业从充分发掘内部价值链和外部价值链两个方面的潜力入手，在技术、体制和经营方式三个方面开展全方位的创新，强化了企业竞争优势。

1. 依靠技术进步—降低结构性成本

鞍山地区铁矿石具有品位低、粒度细、杂质多特点，给选矿加工工艺带来了极大难度。原有的选矿加工工艺技术含量相对较低，导致选出的铁精矿品位低、成本高。这使鞍钢矿业认识到，在技术创新基础上，改造原有的选矿加工工艺是解决结构性成本动因的最重要方面。因此，鞍钢矿业围绕实施《鞍山贫赤（磁）铁矿选矿新工艺、新药剂与新设备研究及工业应用》这一项如今已获国家科技进步奖的科研项目组织开展技术攻关，成功地解决了国内贫铁矿资源开发利用难的问题。铁精矿品位由“九五”末期的 64.48% 提高到了 67.5% 以上，已经高于澳矿、巴西矿的品位。这一项目的成功，使鞍钢炼铁矿耗比 2000 年降低 190 千克 / 吨，以鞍钢股份铁厂目前年产生铁水平计算，相当于每年少耗人造富矿 437 万吨。

各大铁矿山广泛应用信息技术，建成了 GPS 智能调度系统，实现了设备的自动配置和路径优化，提高了生产效率，降低了消耗；建成了 GIS 地质模型系统，实现了精准采掘，减少了采矿过程中的无效耗费。

2. 改革管理模式—降低执行性成本

作为一个老企业，过去长期处于计划经济体制下，导致体制落后，生产能力难以充分发挥，企业管理成本过高，这是鞍钢矿业在执行性成本动因方面需要解决的主要问题。近年来，鞍钢矿业不断深化改革，尤其是对新建厂矿在体制上实行了“集中一贯制”和“专业化分工与协作”的管理模式。该管理模式特点是生产厂矿内部专门负责矿产品的生产活动，其他专业，如设备检修、后勤服务、岩石运输、外部运输等均由外部协力单位负责。实施这一改革使鞍钢矿业新建的年产铁矿石 1000 万吨、铁精矿 230 万吨的鞍千公司，现有职工定员总数仅为 728 人，比建矿前设计的定员总数减少了 344 人。采矿劳动生产率为 5 万吨 / 年人、选矿劳动生产率为 2.4 万吨 / 年人，达到了国内领先水平。与此同时，鞍钢矿业还于 2009 年按照“业务相关、区域相近”的原则，对下属单位进

行整合，使厂级单位减少了 6 个，其下属的职能部门减少了 15 个，干部职数减少了 101 个。整合以后有效地改善了管理模式，减少了管理成本。

3. 调整经营方式—促进成本降低

通过强化关联单位合作，整合社会资源，促进成本降低。鞍钢矿业近年来每年剥岩总量高达 1.5 亿吨，其中一部分需要外委。过去，外委剥岩的关联单位多达数家，效率较低，管理较难，费用较高。实施战略成本管理以来，鞍钢矿业对此进行了整合，将外委剥岩统一交给专业化程度较高、实力较强的鞍钢建设公司负责。同时，对矿岩成本进行了分别核算，分析矿岩成本的构成，参照运距、高差和柴油价格三个参数，优化了外委剥岩计价模型，平抑了外委剥岩价格，控制住了外委剥岩成本。在工程建设上，过去是设计、采购、施工由不同的单位和部门执行，经常导致工程进展不同步，工期拖后，以及发生设变较多，增加工程造价等问题，现在采取了工程总承包方式，实现了设计、采购、施工在一个单位内进行。这一做法，统一了工程建设的指挥和组织，保证了工程质量和进度，提高了投资效益。另外，鞍钢选矿每年消耗钢球多达 14 万吨左右，过去也是由大大小小多个厂家供应，支付方式又是按照实际消耗量结算，个别厂家为谋求眼前利益，有意降低钢球质量。对此，鞍钢矿业将供应商减少为两个大的专业生产厂家，采取了钢球消耗定额总承包经营方式，即科学合理确定钢球消耗定额，计算出某个选厂一年的钢球消耗总量，要求钢球供应商既要及时供球，满足生产需求，又要协助选厂实现球耗指标。否则，将重新寻找和确定新的钢球供应商。这一举措，有效降低了钢球消耗。

（四）提高价值链各环节的实时性和同步性，搭建战略成本管理信息平台

战略成本管理是一个高度复杂的、动态的、需要及时管控的体系。谋求长期竞争优势，对企业价值链进行整合，要求企业价值链上的所有环节都能实现信息和行动上的实时性、同步性，这靠传统的管理手段根本不行，必须有反映快捷、强大、实时的以 ERP 为基础的信息系统的支持，使企业价值链的各个环节有机地链接起来。因此，建设支撑价值链管理的成本信息系统是推进战略成本管理的又一构成要素。近年来，鞍钢矿业积极搭建信息化管理平台，大力推进 ERP 项目三年建设规划，建成并运行了一系列工作系统，为推进战略成本管理提供了强有力的信息技术支撑。

1. 工序标准成本分析程序

程序设计指导思想是结合鞍钢矿业生产经营特点，利用计算机自动生成工序标准成本差异报表，利用“即时通”工具及时把数据发送给相关责任管理部门。各级责任管理部门各自结合本工序生产、设备等实际情况，对本责任中心负责的工序标准成本差异做出客观的分析，借助差异分析，发现问题并及时调整生产经营决策，达到优化工艺流程、降低成本的目标。该程序的主要功能包括：

（1）工序标准成本差异分析功能（见图 5）。构建了横向从公司到部门，纵向从基层厂矿到车间的成本责任分析体系，使分析形成自下而上层层分析，自上而下逐级反馈意见的完整、闭环分析过程。

（2）工序成本对标功能（见图 6）。借助分析系统，可以及时了解到各单位不同时期的工序成本及差异分析情况，不仅能够查看各工序成本的总体水平，而且能够查看单一项目的成本水平；不仅能够实现工序成本的横向对标（即各单位相同工序的对标），而且能够实现工序成本的纵向对标（即单位不同时期成本对标），为厂矿和公司职能部门提供了工序成本对标平台。

2. 物资备件全寿命周期管理系统

物资备件全寿命周期管理系统以对物资的全生命周期跟踪为主线，涉及了物资计划申报管理、

计划的执行进度跟踪、入库出库信息管理、使用跟踪、故障分析、报废记录、维修管理等流程，并形成供应商产品分析、设备故障分析、物资生命周期统计等综合分析报表，是一套对生产备件全寿命周期跟踪分析的综合管理系统（见图 7）。

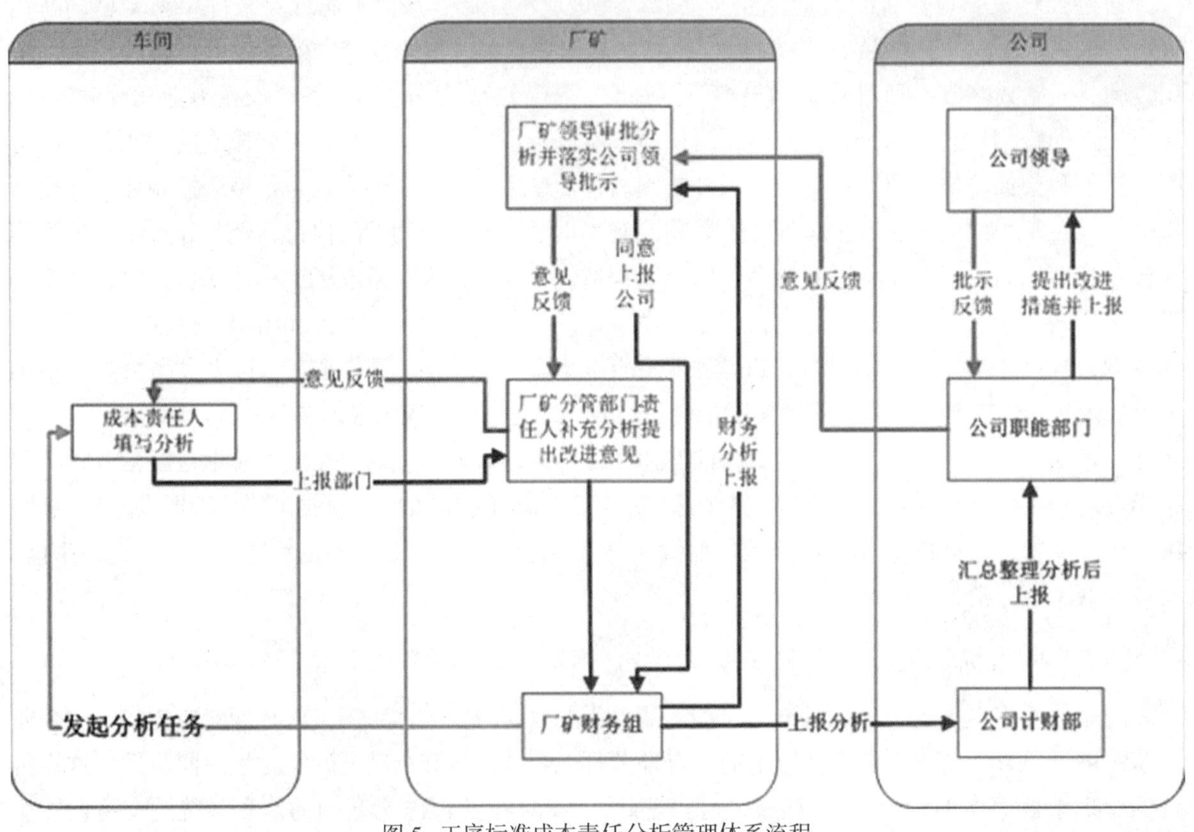

图 5　工序标准成本责任分析管理体系流程

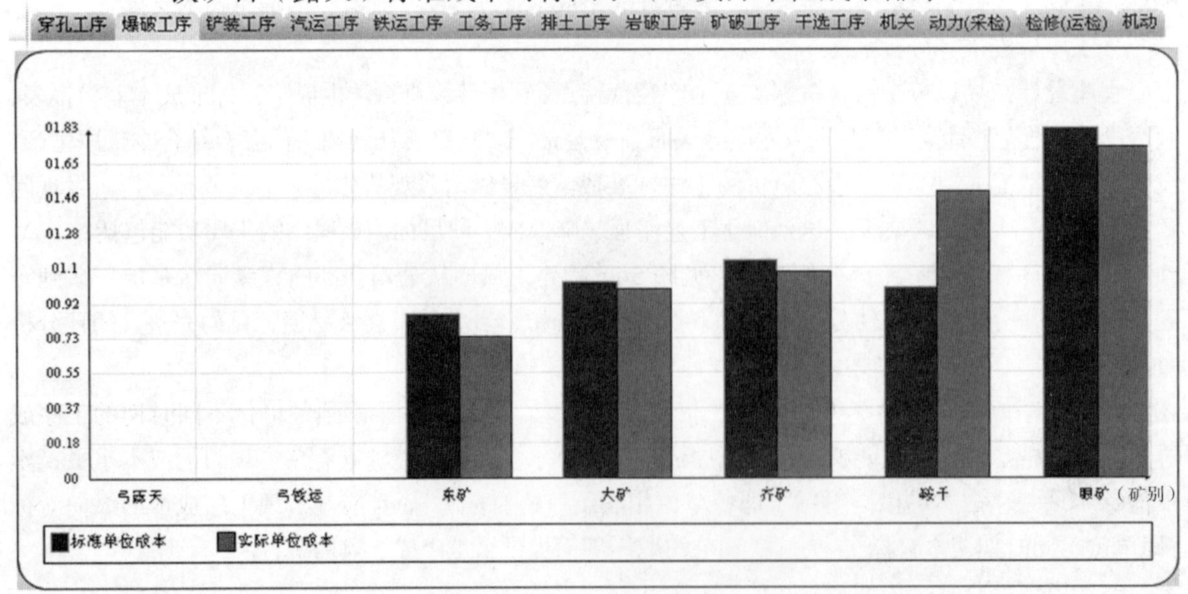

图 6　工序标准成本对标图示

图 7　物资全寿命周期管理系统

3. 预算管控平台

建立预算管控平台，是针对过去预算管控相对松散的现状，以为解决部分费用超预算支出和串项支出等问题为目的，通过运行多向的信息反馈、分析系统，对预算的编制、审批、下达、控制等一系列流程实现全过程的实时反映，使预算数据能够在车间、厂矿和专业部门等各个编制主体之间自动传递，并能够自动生成财务预算和专业预算报表，凸显专业管理和财务管理的协同管控职能，达到数出一门，数据共享，夯实费用开支水平，有效控制费用支出。

预算管控平台在功能上满足了预算项目归口管理的需要，进一步强化了预算管理过程中的记录、传递、审批、审核、监管、存储等功能，并利用灵活的业务流程平台 BPM 引擎满足实际管控流程不断变化和修改的需要。通过预算管控平台，使各项开支能够严格按照预算进行实时控制。

4. 财务共享服务中心

建立财务共享服务中心，是将企业内部各单位原“分散式”处理的重复、易于标准化的会计业务分离出来，进行流程再造与标准化，并成立专门部门集中处理，基于集中的组织形式，财务业务一体化的流程，标准、统一的业务处理规则，以及 ERP 系统、网上报支系统、辅助管理子系统、影像扫描系统等多系统协同的会计信息和交易活动处理方式（见图 8），进行专业化的会计核算，标准化的会计业务处理。远程会计核算和资金结算处理能力，能够为集团新业务快速复制会计资源，资金流业务全部集中到财务共享中心，实现了跨区域集中管理，解决了会计核算面向集团化、跨区域、多组织架构、业务多元化的转型问题。形成了财务管理专业化、财务核算集中化、财务业务一体化的新的管理格局，促使企业将有限的资源和精力专注于自身的核心业务，创建和保持长期的竞争优势，并达到整合资源、降低成本、提高效率等目的。

图 8　财务共享服务中心信息系统

三、基于价值链的战略成本管理主要效果

（一）铁矿石生产成本大幅度下降

通过实施基于价值链的战略成本管理，鞍钢矿业成本控制能力显著提高，抵御市场风险能力大大增强，特别是由此有了一个具有战略意义、长效管用的成本管理体系，实现了低成本运营的常态化。2008 年金融危机以来，虽然各种不利因素持续增加，如原燃材料价格上涨、税费征收标准提高、人工成本和权属类资产摊销成本上升等，目前铁精矿成本水平如果按 2008 年成本加上 PPI 指数折算应该是 850 元 / 吨（见图 9），但鞍钢矿业的铁精矿完全成本由 637 元 / 吨降至目前的 450 元 / 吨左右，成本降幅 47%。鞍钢矿业成本指标在全国十大重点铁矿山联合企业中的排序已由 2008 年的第七名升至目前的领先水平。即使与目前的进口矿价格相比，也还有一定优势（鞍钢铁厂使用进口矿品位比鞍钢矿业低 5.5 个百分点，成本除其到岸价之外，还要加上从港口到铁厂的短途运费）。这标志着鞍钢矿业在发挥资源优势、规模优势、技术优势的同时，也具备了与国外铁矿山大企业竞争的成本优势。鞍钢矿业实施基于价值链的战略成本管理，为抵御进口矿价格涨跌冲击、保障国内钢铁企业资源供给增添了砝码。

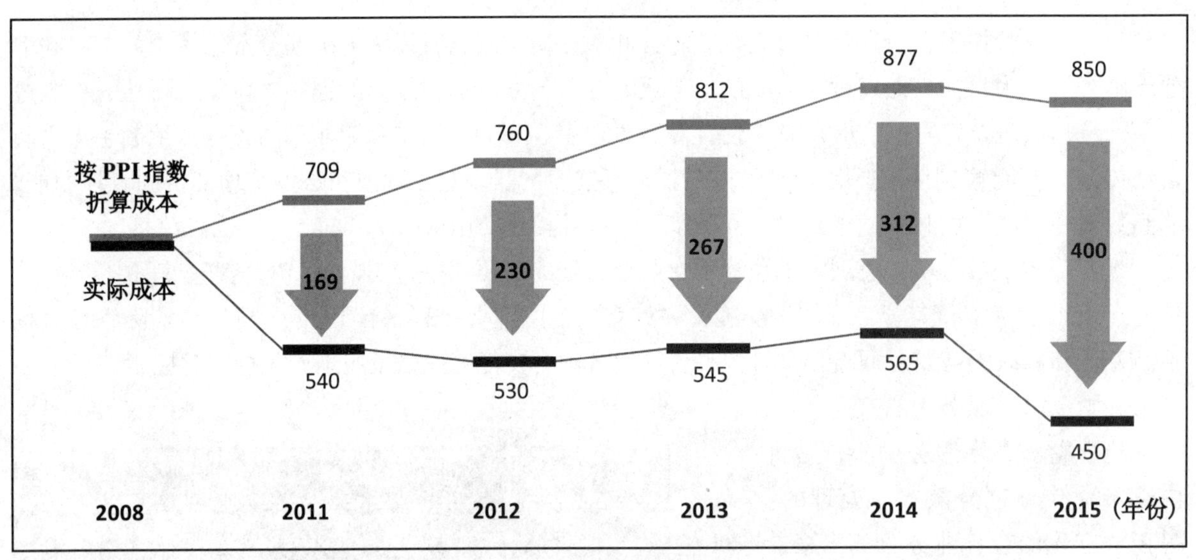

图 9　基于价值链的战略成本管理实施前后铁精矿成本对比（单位：元 / 吨）

（二）企业盈利能力和抗风险能力明显增强

实施基于价值链的战略成本管理，使铁矿山经济效益明显增长，近五年来，累计实现利润 286 亿元。2014 年，在国际矿价呈断崖式下跌，国内重点大中型企业普遍亏损的形势下，鞍钢矿业实现利润 15.9 亿元，2015 年初以来，进口铁矿石价格一度跌至 47 美元以下，鞍钢矿业第一季度仍保持盈利。鞍钢矿业推进战略成本管理做出的努力和取得的成果赢得了国家有关部门的重视和支持。2012 年，国家正式批复计划投资 147 亿元，以使鞍钢矿业铁矿石生产能力由目前的 5000 万吨增至 1 亿吨，并明确指出：这一战略规划符合国家产业发展政策，有利于保障钢铁行业的战略安全，保证国内钢铁业的可持续发展。这说明鞍钢矿业推进战略成本管理的做法和国家的行业发展战略是一致的，是促进我国铁矿业乃至钢铁业可持续发展的正确抉择和必由之路。

（三）企业经营管理水平得到提升

成本是一项综合反映企业经营管理活动及水平的动态性指标。实施基于价值链的战略成本管理，促使鞍钢矿业的各项管理工作实现全方位提升。为了谋求发展，从2000年起，鞍钢矿业开始大力度采选工艺技术改造，很快使自身的技术装备水平达到了国际国内一流标准。但是成本指标在2008年全国十大重点铁矿山联合企业中排名仅列第七，主要原因是经营管理水平和技术装备水平不同步、不匹配，经营方式粗放和管理手段滞后问题没能同时得到有效解决，一些主要技术经济指标徘徊于行业中下游。在实施战略成本管理过程中，鞍钢矿业将成本动因分析贯穿始终，并找出了诸多提升管理水平的突破口，如对汽车效率、轮胎消耗、磨机作业率等多项指标制定了改进措施，强化了控制，推进了管理模式的精细化和管理工具的现代化，等等，从而使企业成本动因的可控性明显增强。一些重要技术经济指标排序实现了跃升，其中，下属齐选厂新水消耗和鞍千公司全员劳动生产率入选第十四批中国企业新纪录。

（四）促进企业资源节约和环境保护

随着时代的进步，当今社会要求企业注重社会责任，承担节约资源和保护环境的义务。战略成本管理的特征之一是主张推行清洁成本管理模式，强调企业成本管理活动要有反映环境成本的内容。鞍钢矿业在实施战略成本管理过程中，认真贯彻落实上述原则，并且做到统筹考虑成本与环境。鞍钢矿业坚持实施的污水处理与回收工程，不仅使选厂水耗大幅度下降，取得了较大的经济效益，还将周边原来的“红水河”变为一片片碧波，带来了可观的社会效益。利用磁式干选技术，鞍钢矿业每年从排岩场回收过去废弃的矿石达200多万吨，既增加了效益，又节约了资源，还减少了排放。近年来，鞍钢矿业通过实施高能耗灯具和高能耗电机更新，利用太阳能取缔小锅炉等方面的重点节能项目，年综合能耗下降5.2%，水单耗下降6.1%，节约标准煤3.64万吨；实施的烧结配混料系统和烧结机除尘系统改造，每年可减少污染物排放量5000吨，节约用电553万度。此外，鞍钢矿业在设备系统实行了“零缺陷”管理，坚持在设备维修上进行必要的投入，每年通过降低设备故障率可减少经济损失1亿多元，而且提升了设备安全运行水平，促进了安全生产。近年来，鞍钢矿业本着“该节省的节省、该花费的花费”原则，投入资金大力推进废弃尾矿库和废弃排岩场的绿化复垦工作，曾经导致鞍山市区南部天空多年红尘滚滚的前峪老尾矿库，如今已经成了绿意葱葱的生态园，成为国家、省、市绿色环保工作样板单位。由于取得上述成绩，鞍钢矿业近年来先后荣获全国矿产资源合理利用开发先进矿山企业称号和全国绿化委员会绿化金质奖荣誉。同时，鞍钢矿业的安全工作近年来也一直居于鞍钢集团和国内铁矿山行业前列。

大型航空企业集团的财务集中管理

创造单位：中航工业成都飞机工业（集团）有限责任公司
主要创造人：常金平　　创造人：许鹏辉　王玉辉　岳冬蕾　曹玉

[摘要] 中航工业成都飞机工业（集团）有限责任公司是我国航空武器装备研制生产主要基地，航空武器装备出口主要基地，民机零部件重要制造商，国家和省市重点优势企业。在经济全球化背景下，强化财务管理已成为公司当务之急。实现财务集中管理，是实现企业战略目标的一种管理模式。通过财务集中核算与控制，实现全面预算管理制度，构建财务共享信息平台等方式是大型企业集团强化财务管理的不二法门。

[关键词] 全面预算管理；财务集中核算与控制；财务风险管控；财务分析工具

中航工业成都飞机工业（集团）有限责任公司（以下简称中航工业成飞）创建于1958年，1998年组建为集团公司，坐落于成都市西郊黄田坝，拥有综合性机场、铁路货运线，交通运输十分便利，是我国航空武器装备研制生产主要基地，航空武器装备出口主要基地，民机零部件重要制造商，国家和省市的重点优势企业。

创建半个多世纪以来，中航工业成飞按照“航空为本、军民结合”发展战略，军机研制实现了“生产一代、试制一代、预研一代、探索一代”格局。先后研制生产了歼5、歼7、枭龙、歼十等系列飞机。其中，歼七M型飞机，荣获国家大型复杂武器装备第一枚金牌；歼七G型飞机，荣获国防科技进步一等奖、国防科技工业武器装备型号研制银奖；枭龙飞机荣获国防科技工业武器装备型号研制银奖；歼十飞机工程荣获国家科学技术进步奖特等奖，国防科技工业武器装备型号研制金奖。与美国波音、法国空客等公司建立了良好合作关系，转包生产了波音787方向舵、波音757尾段、空客A320后登机门、达索公务机油箱等民机大部件，成为国际民机大部件优秀转包商。

公司拥有雄厚的技术实力和与国际接轨的质量保证体系，曾获得国家、省部级科技进步奖500余项，一批具有世界先进水平的新技术、新设备、新工艺、新材料被广泛应用于产品设计制造过程，是国家“CIMS应用领先奖”航空企业，初步实现了“数字化成飞”。

目前，公司资产总额上百亿元，在册职工16000多名，已连续30多年保持盈利，累计向国家上缴利税数亿元，为国家防务建设和国民经济建设做出了重要贡献。

一、大型航空企业集团财务集中管理创建背景

（一）现有财务管控模式已无法满足企业战略发展的需要

在经济全球化背景下，市场经济日益发达，企业已成为市场竞争主体。面对国际、国内纷繁复

杂多变的政治环境、市场环境、技术环境、金融环境……公司的生产经营面临着巨大压力和挑战，一方面，新的竞争对手不断出现，客户的产品需求不断提升、更短的产品研制周期；另一方面，原材料、燃料动力、人工成本的持续上涨严重影响公司利润增长；人民币的持续升值，给公司的转包等出口业务产生不利影响；公司的技改、科研、批量生产任务重复交叉。公司的财务环境发生变化，如何将企业愿景、规划、研发、生产、质量、财务等工作有机结合起来，迅速提升管理水平，如何有效地整合财务资源、创新思维、强化财务管理，已成为公司当务之急。

在中航工业“两融、三新、五化、万亿”战略思想指导下，公司不仅要在军用航空产品研制生产上保持领先优势，还要在其他产品领域积极扩展。随着公司经济规模不断扩大，经济领域不断扩展，投资企业不断增多，投资链不断延长，公司财务管理的幅度和深度不断增加，管控难度日益加大。财务信息的及时性、有效性对决策的支撑作用越来越弱化，面临的财务风险日益加大。加强财务集中管理、有效支撑企业决策、控制财务风险，越来越受到集团公司的高度重视。以现代信息技术为载体，统一核算标准、规范业务处理，整合与优化配置公司财务资源，强化财务监控，完善风险防范体系，以满足企业发展战略需要，构建集团财务集中管理模式成为必然。

面对新形势下的公司财务管控要求，原有管理模式、部署方式以及信息获取能力、效率与公司发展战略不相匹配，已经不能适应新的形势要求与挑战。

（二）迫切需要建立集制度、流程、标准于一体的财务集中管控模式，以支撑企业决策与风险管理

1. 孤岛状管理方式无法及时顺应市场变化

随着公司经济规模不断扩大、公司组织规模庞大，系统结构复杂。公司原采用的财务信息化管理，设计上以单体企业财务核算为核心，各专业厂、各子公司在各自账套进行会计核算，并在会计期末结账后向公司财务部递送书面报表。经过财务部报表编制主管人员借助电子表格等工具层层汇总，最后成为集团合并报表，得出整个集团的经营状况。这种管理流程主要以事后反映单个核算主体的经营信息为中心，无法整体及时反映整个集团公司的经营信息和财务信息，降低了财务信息完整性、及时性和使用价值。同时，在这种模式下，财务部只有在各个会计主体结账后才能得到有关单位经营情况报表，也才能汇总生成整个集团公司的经营情况和财务状况，而市场情况瞬息万变，要求集团公司随时做出决策，并实施必要调整，这种滞后的信息很难对集团公司决策起到实时有效的支撑作用。

2. “分散”型的会计核算方式，导致管理标准与管理流程无法统一

在“分散”型的会计核算模式下，公司财务部、各专业厂、各子公司在各自独立账套进行会计核算，核算口径难以一致，缺乏规范统一的流程、标准及制度，会计信息难以快速传递，相应的内控制度难以真正得到执行，会计核算和财务管理暴露出诸多问题。

由于公司财务部、各专业厂、各子公司在各自账套进行会计核算，并在会计期末结账后向公司财务部递送书面报表。公司最高管理层在会计期末经过汇总、合并报表，得出整个集团经营状况。财务管控指标仅对公司会计期末进行分析和总结，只注重公司运营的结果，而忽视公司运营过程，不能对公司运营重要财务进行实时监控和及时调整。另外，仅以分散的会计信息为基础，以财务指标为依据得出抽象业绩结果，难以解释深层的业绩动因。

3. 财务管理信息系统自成体系，无法实施全面风险管控

（1）信息相对独立不利于规范和监控。

2011 年前，本公司采用的是浪潮软件较早的会计核算产品，设计上以单体企业的财务核算为核心，从软件架构上不支持财务集中管控，每个单位都有独立的财务账套和数据库，这种缺乏沟通的传统架构模式，难以有力保证公司高效推行财务核算和财务管理标准化工作。公司本部无法切实监控下属单位财务实时运行情况，难以及时发现问题，包括违法违纪与不规范经济行为，发现问题也不能及时追溯到原始信息，财务监管无法及时到位，问题日益突出，需要创新管理，借助新的信息技术手段把集团财务集中管控标准化和统一化，减少中间环节甚至人员因素造成的核算和管理漏洞，通过最新的集团管控“一套账”的应用来落实集团财务集中管控标准化与规范化，避免财务风险的发生。

（2）无法实时交互合并内部关联交易。

公司与下属二级核算单位之间、与子公司之间，专业厂之间存在大量资金往来、内部购销交易等业务。这要求在合并报表时出具详细的内部交易数据信息。而原来每个单位的账套单独部署，财务数据孤立，无法实现数据交互。即使将目前的账套数据放在一起，由于业务管理流程与软件设计架构原因，信息系统也不能直接支持单位间的信息交互与工作协同。这样面临实时性、准确性等难点。造成关联交易和债权债务信息不能共享，相关数据信息不规范，容易造成财务信息不准确。

（3）预算、决策、分析、考核质量不高。

由于公司财务部、各专业厂、各个子公司在各自独立账套进行财务核算或数据表，甚至手工进行预算、分析等，造成监管力度不大、监管质量不够，容易造成决策滞后、决策质量不够。

（4）内外网数据交互、集成共享不够。

内外网数据交互方面：由于军工部门保密性要求，公司的内外网被物理隔离；对整体应用提出了新的要求，如何在内外网隔离情况下实现内外网数据交互、信息集成、软件维护与系统集成高效运行，是迫切需要解决的问题。

针对以上状况，面对国内外、行业内外挑战与需求，为确保公司高速、安全、持续健康发展，必须探索更加有效的财务管理模式。

二、大型航空企业集团财务集中管理的内涵及主要做法

（一）财务集中管理的内涵

财务集中管理是基于网络环境下建立数据大集中，应用大集成，管理大集权，稳健高效地实现企业战略目标的一种管理模式。该模式以价值管理理论为基础，遵循系统化思想、标准化理念、重要性原则，运用风险管理和财务分析工具，借助信息化手段，构建财务集中管控平台及信息共享机制，优化业务流程，统一管理标准，集中会计核算、全面预算管理、把控关键业务，注重价值创造，实时管理监控，防范财务风险，支撑战略决策。

（二）财务集中管理的主要做法

1. 财务集中核算与控制

财务集中核算是财务集中管理的基础，其目的是依托网络环境，合理规划集团公司财务集中核

算的框架、内容、策略、流程，做到集团公司财务信息实时传递、共享和集中管理，保障信息及时、真实、准确、完整、有效，真正实现财务信息规范、高效、稳健及集中监控的财务核算目的。由于数据集中、信息集中、管理集中，各级成员单位的财务数据和经济信息都从经济业务发生源头直接采集，而不是层层报表汇总和报送。一方面，解决了会计信息失真、信息传递滞后问题；另一方面，各级管理者在权限允许的范围内对经济业务进行实时了解、分析与控制。

（1）统一会计核算标准。引进成熟的集成核算软件，并以此为基础构建统一的信息平台标准，对下级单位的核算基础进行标准化管理。

统一会计政策，对各类会计要素的确认和计量方法进行统一，同业务活动性质的会计处理统一。

统一会计科目和报告制度。会计科目、报表按国家、中航工业规定执行，建立"公有"、"私有"概念，总账科目一律不得擅自变更，通常前三级相对保持不变，增删私有科目必须经审定后专人处理；并将相关的制度嵌入流程，便于经济业务活动发生时，会计人员能及时对照制度进行会计处理。

规范统一往来单位。往来单位增加与减少由专人按一定规范与标准统一处理，杜绝同一单位多名称，以免往来核算信息混乱造成数据统计不准确。

统一公司各单位内部结算的内部价格。明确成本费用的发生单位应承担的成本效益责任，对各单位的成本支出水平进行明细核算，有效控制成本费用支出。经过两年多的精心筹备，公司完善了内部价格的编制方法，建立趋近于市场的内部价格体系。采用"目标成本法"，以产品趋近于市场的价格和企业效益预期为约束条件，倒推分解生产单位的目标成本，并采用作业成本法，以作业为纽带，以产品生产与资源消耗的因果关系为基础，将生产过程中的主要资源消耗对象化、显形化，自上而下分解，编制产品零部件内部价格，更加真实反映产品生产过程中的资源消耗。

（2）规范财务业务管控流程。用系统工程思想、大系统观点，对业务流程进行梳理，细化与简化，分解与合成数据流；厘清部门之间的信息流向，找出源头；全面梳理输入、输出、加工处理、存贮保存的内容；理出信息处理传递的方式及改进方法。结合公司业务流程框架编制工作，以会计核算和财务管理为主线，坚持"整体覆盖，系统协调，把握关键，突出重点"的工作思路，展开财务管理业务流程的全面梳理，使会计流程和业务流程有机结合，财务管理嵌入经济活动每一环节，实现财务业务一体化。

由于会计核算、预算（资金）管理、成本管理、定额价格管理等业务信息贯穿于设计、工艺、工程、生产、物流、管理全过程，业务流程涉及各个部门。公司各单位指定专人负责，在公司财务部的组织下开展由主要业务人员参加的研讨会，反复讨论，多次修改，力求把财务部内部、财务部与其他部门之间、财务部与公司外部单位的业务信息流全面提出。

通过梳理，按公司业务流程框架将财务管理业务流程分为三类，具体如下：

战略流程：财务预算管理。

核心运营流程：产品价格管理。

支持流程：损益管理、资金管理、内部价格管理、工时定额管理、资产管理、税务管理、项目经费核算、财务报告管理、财务控制、费用标准审核制定、工资管理、条件建设，等等。

对以上各个部分业务流程进行分层细化，鉴别业务类型流程和业务过程流程，属于业务类型的继续递归分解，直到底层业务类型或业务过程流程。对流程在公司范围内纵向横向关联、关键环节、是否存在运行的信息系统等情况予以详细描述。

应用程序设计方法对梳理的业务流程规范化，一是覆盖全公司组织部门范围、产品生产管理全过程，琢磨推敲，多次修改，规范标准；二是采用与信息系统数据流程图相通的表达方法，组织人员用 VISIO 工具绘制、修改、完善业务流程图，形成二维表格，整体上表示业务流程的框架结构，使流程的含义及其主要内容一目了然，流程的起始部门及相关单位包括全面，流程的层次关系及其业务关联清清楚楚，一般业务人员通过业务流程图及其说明文档即能了解相应业务流程。

（3）把控关键业务环节。在兼顾全面基础上，关注重要业务事项和高风险领域，并采取更为严格的控制措施，确保更加严密可靠。

①强化资金结算。通过信息化软件程序固化资金结算业务处理流程。以前专业厂之间往来结转，需要人工在单位之间跑动，手工出凭证，现在各二级核算单位同时使用结算中心软件，减少劳动量，有问题还可及时发现；程序控制，管理更加严格规范，防止人为因素出错。

②协同合同信息。会计人员在编制资金计划或会计凭证时，首先应根据合同编号查询合同基本信息，如收付款方式、历史收付款信息等。经与合同基本信息核对后，再进行相应的财务处理，同时向合同管理系统提供凭证数据结构。

③全面资产管理。将价值链和实物管理结合，通过对流程、权限等设置，防止各个部门业务处理不协调，实现对资产的计划、申购、验收、入账、增加、减少、评估、重置、修理、技改、内部调拨、清理、报废、折旧计提及分摊，自动生成会计凭证等生命周期的管理。根据需要，可以查询、分析与资产有关的信息，对资产进行管理和控制，防范公司资产流失和不良资产产生。

④核算数据实时准确。成本核算系统根据各种业务（材料发放、半成品移交、废品损失、外协加工费用、成本费用结转等）汇集的数据，自动生成账务凭证文件，由凭证制单人转入财务系统，财务系统提供凭证数据结构给成本核算系统，成本核算系统从财务系统读取制造费用、人工发生额信息，将费用分配至各产品。财务系统提供科目余额数据结构给成本核算系统。通过打通与成本关联的业务系统的无缝连接，成本管理系统与 ERP、PDM、MES、IQS、工时管理及浪潮财务核算系统形成有效集成与互动，基本实现物流、信息流、价值流同步，从而把成本的计划、控制、计算和分析结合起来，形成成本管理数字化平台。

2. 全面预算管理

公司运用平衡计分卡构建以战略为导向的全面预算管理体系，对战略进行逐步分解落实，实现“化战略为行动”，合理分配公司资源，并通过预算的分析考核反馈信息，使全面预算能有效承接战略、贯彻战略，促进战略目标的实现。

全面预算管理系统是集团公司为强化预算管理深度、满足公司管理要求和对专业厂、内部成员单位精细化管理的要求，依托网络环境制定科学合理的全面预算规划，保障在公司经营管理的各个环节进行实时、动态、全面控制，充分发挥财务监控职能。

（1）建立预算管理体系。全面预算管理以科学合理的组织机构设置为保障平台，包含编制与审批、执行、控制与分析、考核与评估四个环节。预算编制是预算管理的起点，根据集团公司战略目标和竞争状况编制预测资产负债表、预测损益表、预测现金流量表等；预算执行是为了确保预算得到有效执行，在集团公司内部进行授权，将预算落实到经营过程；控制与分析通过实际数据与预算数据的对比分析，了解预算执行情况，为预算的调整、业务的监督及控制提供依据；考核与评估包括考核目标设定和绩效成果评估。

（2）预算编制。为满足集团公司预算编制需要，通过开展需求调研，梳理业务流程，建立一套多维度的预算报表体系。在公司层面统一定义集团公司预算报表体系，下属所有单位自动继承使用。

同时各单位也可自行设置“私有预算”体系，灵活设置各预算项目，既包括财务项目，如管理费用、制造费用等，也包括非财务项目，如采购量、销售量等；灵活设置预算对象，以满足集团公司各层次各方面不同的管理需要。

在集团公司预算“由上而下、由下而上、上下结合”的编制过程中，公司各单位在集团公司统一的标准成本、费用定额体系和统一的预算体系平台上分别编制本单位预算。各项成本费用预算开支有章可循、有据可依，并按权限实时了解与本单位预算相关的各项信息，避免费用开支的盲目性、随意性，大大减少各单位、各部门之间大量的预算协调工作量，提高预算编制的科学性。

（3）预算控制。预算控制是预算管理过程中最核心的环节，它的实施效果最终决定着预算管理作用的大小。基于网络环境下的财务集中管理模式，可实时得到各单位动态的实际数据，通过设置预警控制指标，及时发现各单位预算执行过程中的问题，采取应对措施，达到预算管理目标，提高经济效益。

（4）预算的分析与考核。预算分析灵活，可以进行预算对比分析、预算差异分析、预算环比分析、预算定基分析、预算穿透分析等。根据预先编制的各类预算报表与预算期间实际发生的各种业务数据，根据不同情况采用比率分析、比较分析、因素分析、平衡分析等方法从定性和定量两个层面充分反映预算执行情况，使公司在合适的时机灵活调整生产经营计划。

预算考核是在预算指标分解与分析基础上，考核各预算执行单位预算完成情况，对各责任单位进行绩效考核管理。

公司预算管理分经营预算和财务预算。经营预算主要包括投资、科研等预算，财务预算主要包括收入、利润、成本和费用。从财务预算起步，由财务部、经营管理部共同负责，推进到全面、全员、全过程，形成全面预算管理体系。全面预算管理紧贴市场的供求变化、价格变动走势、客户需求、国际出口产品结构变化等因素，通过及时调整年度预算，防止出现预算与市场脱节、预算与生产脱节、预算与管理脱节。

成本预算作为公司全面预算的重要构成部分，是成本控制的主要手段之一，随公司年度经营目标而定，是牵引成本管控的抓手。公司在成本费用总体预算确定基础上，结合公司各单位具体任务目标及相关保障资源情况将总体指标分解落实到各单位和各项目（技改和科研项目），然后综合分析成本影响因素，采取各种成本控制措施，严格考核机制，将成本控制在预算范围之内。

在管理实践中，成飞公司通过量身定做符合自身特色的信息系统，将全面预算管理纳入信息化管理框架中，做到预算编报有平台，预算审批有提示，预算执行有控制，预算分析有证据，预算调整有测算，对预算体系进行实时监控，准确高效地反映从预算编制到预算考核各个阶段的信息。

3. 构建财务信息集成共享平台

通过全面梳理财务流程、业务流程，将财务流程与业务流程有机结合，并借助网络平台，实现财务业务一体化。通过财务嵌入企业价值链上经济活动每一环节，实现财务对公司作业流程和增值过程的管理。公司以财务集中管控作为财务核算和管理平台，将物资管理、生产管理、成本管理充分结合，构建财务管理数字化平台（见图 1、图 2）。

财务管理信息系统与公司其他信息系统，包括生产管理系统、PDM、MES、物资采购、项目管理、HR、经营管理系统、IQS 等更加紧密地集成，达到数据快速传递与信息集成共享，如图 3 所示。

财务信息化渗透到产品工艺工程、生产、管理全过程，进行深度管控。

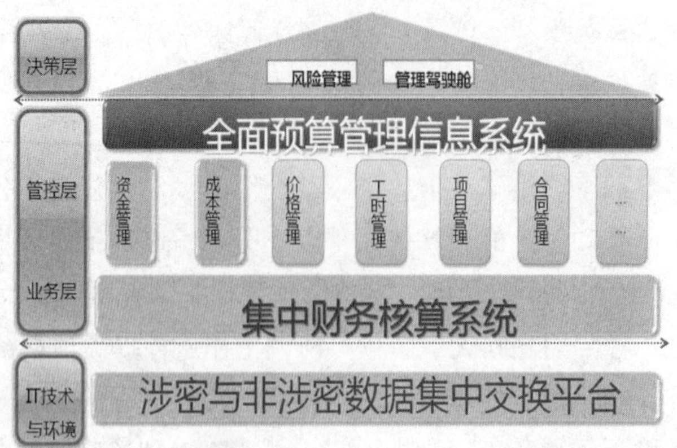

图 1　财务全面管理平台

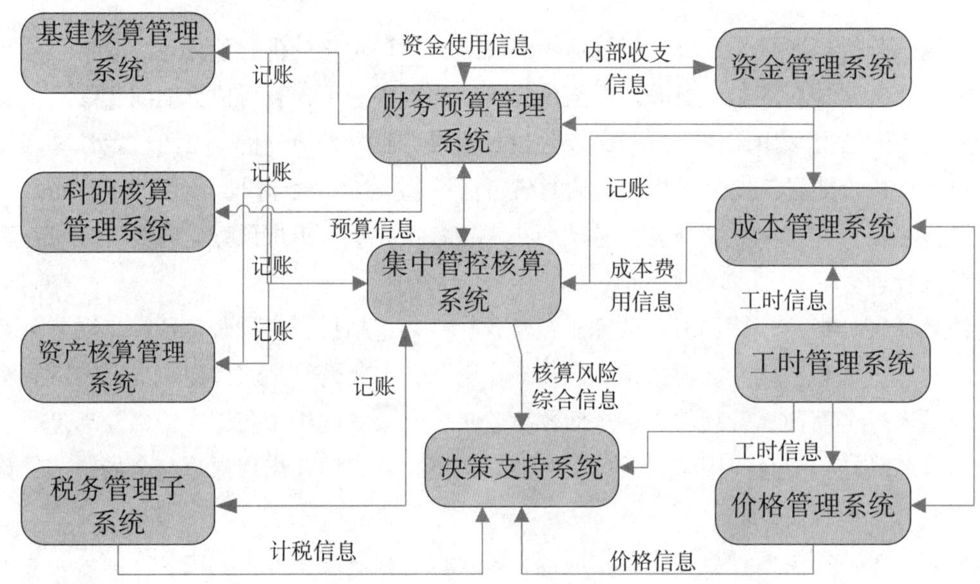

图 2　财务各系统管理平台

4. 运用价值链原理　注重价值体系建设

运用价值链原理，推行以 EVA 为导向的全价值链成本管控，将“优质、准时、低成本”管理理念落到公司的各层次、各环节、各岗位、各工序，促使成本管理积极向“全员参与、全方位管理、全过程控制”转型，优化核心业务的价值流程，强化核心价值链的财务管理，促进公司核心竞争力不断增强。

按照价值工程原理，分解落实限费设计工作责任，科学管理设计过程。由公司技术部门从产品及工装设计阶段推行设计标准化，为后续成本控制奠定基础。在设计中尽量利用通用材料和设计出通用的零件，减少特殊件或新零件的品种，更加充分地利用现有的设备和模具，降低生产计划制订的复杂度，提高生产效率，同时使产品品质得到保证，从而降低产品成本。

完善技术工艺和制造成本的标准制定。公司制造工程部牵头，在工艺设计中充分考虑成本因素。在产品质量能够满足设计要求时，优先选用经济型的工艺方法与工艺技术；材料定额考虑科学套裁因素，提高材料利用率；积极开展工艺技术改进与合理化建议活动，持续改善工艺流程，形成专有技术，降低生产成本。

推行物资集中招标采购，规范采购流程，完善验收程序，加强过程监管，运用合同管理信息系

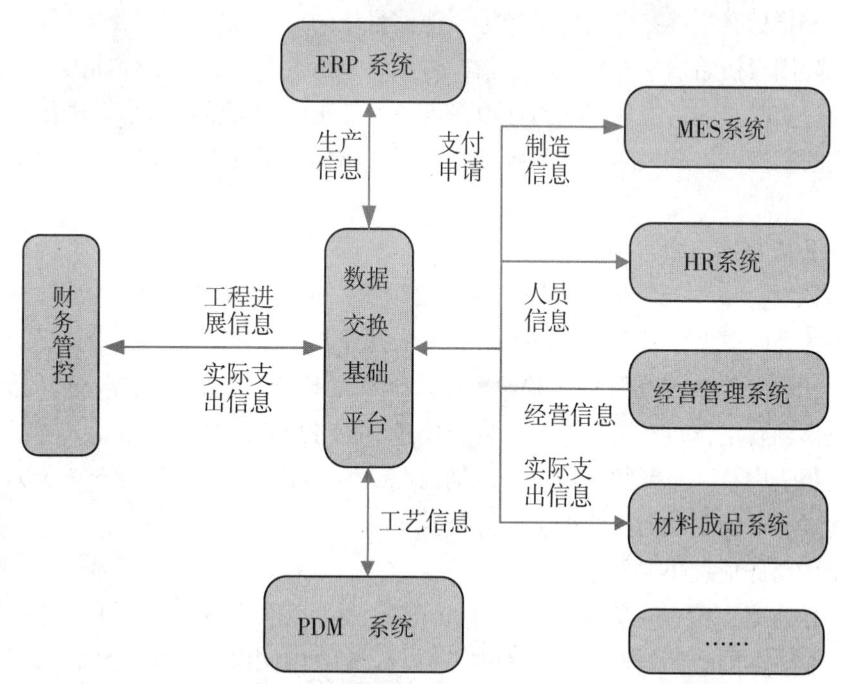

图 3　财务系统与其他系统的集成

统，有效管理采购价格，共享价格信息，降低物料成本。

管控结合，加强制造过程成本控制。加强质量成本管理，做好事前控制，防止质量不达标材料、零部件和半成品流入下一环节，提高产品合格率，降低质量成本。做好管理费用优化，科学制定费用预算，明确施控对象，落实控制责任，严格按照开支范围和开支标准控制支出。加快存货周转，科学管理库存，保持经济库存水平，及时清理积压库存，分析积压原因，制定改进措施，加快资金周转。加强债权债务管理，加强赊销预算控制，缩短收款期，加大高风险债权清欠力度，落实清理催收责任，降低坏账损失；妥善处理到期债务；严格核定备用金额度，管好个人信用。做好税收筹划，充分利用财税政策，努力争取和利用好国家对企业的各项扶持政策，积极与财政、科工局、税务、海关等沟通、协调，充分享受国家税收优惠政策，为公司减少支出。

2011 年 1 月 1 日公司新标准成本系统正式实施。标准成本控制总额以产品目前的市场价格为约束，以目标成本为基准，以关键工序（种）资源消耗制定内部标准成本，更加真实地反映产品生产过程中的资源消耗。通过“两次分配”，将目标成本中应由专业厂控制的成本最终分配到零组件（工序）中，作为企业内部核算的“标准成本”。第一次分配是将目标成本按照每个专业厂分工，根据其资源消耗比重，确定由每个专业厂承担的成本控制总额，并将其总额分配至各专业厂；第二次分配由各专业厂以工序成本为基础，将各专业厂总成本依据作业成本法分解至各零组件，成为零组件的标准成本。

5. 强化风险源管理　及时掌控财务风险

从三方面入手强化风险管理：第一，通过建立风险管理信息系统实现财务风险源头管理与控制，按要求设定报警指标；第二，对风险管理项目设计模型进行管理（投资、担保、贷款等），与预算、报表等系统接口，穿透采集数据，进行分析、报警，并形成分析图形、文字分析报告，并提示处置措施和方案；第三，从治理结构上进行源头管控，组织机构设置遵循风险防范原则，子公司财务负责人由公司委派。

财务风险预警指标有定性指标和定量指标。能够量化的，要根据公司经营目标、同行业水平等收集企业财务风险因素初始信息并建立财务指标体系，包括盈利能力、偿债能力、成长能力并设置标准范围值。通过实时监测，发现某项指标或指定项目超出标准范围而进行自动报警，便于把握公司的财务运行实时动态，提示风险。做到各项重要财务指标实时报警、实时查询分析，并可实现源头追溯。

6. 运用财务分析工具 提供决策信息支持

财务分析是以财务报告及其他会计资料为主要依据，对财务状态和经营成果进行评价和剖析，找出生产经营中的利弊得失，为今后工作提供决策依据。

报表财务分析、万能查询和管理驾驶舱等模块提供了基础的数据。根据掌握的数据，多维度、多形式地分析整体经营增长、经济增加值、资产质量、债务风险、现金流量、人均指标等，也可以方便地分析一个报表中某一单元数据历史的变动情况，结合工作底稿分析各个单位的数据变化，并链接查询数据构成，得到比较翔实的决策支持资料。

7. 构筑安全的财务信息集成网络环境

为保证财务信息集中管理，鉴于公司保密的需要，集团公司财务网络采取“1+1”方式，即在集团总部搭建 1 个内网财务系统和 1 个外网财务系统。1 个内网财务系统主要将公司总部机关、技术业务部门、专业厂等二级核算单位等涉密内网单位纳入管理使用范畴。另 1 个外网财务系统主要将公司下属的子公司以及厂外办公的可运行非涉密网单位纳入管理使用范畴。两网物理隔离，定期将外网财务数据刻录光盘，按保密管理流程及其管理规定通过安全检测后导入内网财务系统，生成与内网财务数据结构完全一致的财务信息，以实现集团公司的整个财务信息大统一，集成网络，集中财务信息，综合管理，适时更新处理方法。

三、大型航空企业集团财务集中管理实施效果

（一）业务流程优化—效率提高

集中管理重新设计了部分业务流程，采用新的流程，内部交易核算大大简化，大大减少资金结算及对账工作量以及对账所需要的各种物质消耗，缩短了月末对账时间。

采用集中的系统，简化了核算层次。公司核算体系有多个层次，人工处理时，要对每个核算层次的每个会计实体进行核算和报表，还要进行报表汇总以及合并抵消，需要耗费大量人力和时间。通过集中，20 多家二级单位不必再上报财务报表，缩短了财务报告时间，保证了财务报告的及时性、准确性，提高了效率，大幅度降低了管理成本和系统维护成本。

通过集中，引入内部交易的概念，财务部授权人员可以直接查有关单位的内部往来情况，提高了管理的透明度，更好地行使监督控制职能，更全面地了解各项成本发生情况，财务部作为管理中心，财务管理与控制的职能更加突出，在经营管理和经营决策中的作用和地位也不断提高，从事后反映更多地转向事前预测和事中监督控制。

集团财务集中管控信息化立足于整体财务核算、资金信息与合同管理、成本管理系统等有效集成，其中成本管理系统又打通了与 ERP、PDM、IQS、工时管理等诸多系统的连接，形成了一个连接多个系统之间的纽带，成功实现了多个信息系统的大集成，物流、生产制造信息流、资金流贯通，为集中会计核算、全面预算、经营管理决策支持的应用目标提供了扎实基础。

（二）财务标准统一　管理规范

公司财务部统一建立各单位目录，制定统一的基础数据规范，统一所有一级科目和特定明细科目，二级核算单位继承基础性设置，保证公司基础设置的统一性、规范性，为实现多组织集中管理打下基础。所有下级单位的财务资料标准统一，非常容易形成单位之间的横向对比，或不同会计期间的纵向对比，并能够十分简便地实现从总账→各单位汇总账簿→辅助核算、专项、往来账簿→各单位三栏账→单位明细账→记账凭证→原始凭证、业务单据的在线审计。

新的财务集中核算管理系统进一步提升了财务管控力度和广度。在公司标准统一规范前提下，把所有单位的财务资料纳入了一个大的"一套账"中，可以对各单位经济业务活动进行自上而下的实时查询，对下属各单位的财务信息一目了然，且账、证、表数据高度集成，可以处理跨行业跨单位的业务，从而解决了对各单位的财务核算、预算、资金的实时监控和对比分析问题，集成为一个相互联系的整体，消灭信息孤岛，实现集中管理和监控各单位财务运作，整合内部资源，充分发挥公司的计划与控制作用，实现集中式管理，及时发现问题，提高工作质量，大大提高财务工作效率。

（三）重要财务指标实时受控

通过梳理为公司发展战略服务的各项财务管理活动流程，对管理活动流程中各阶段的关键风险点进行识别，分析、建立了财务风险预警指标体系，完成了在决策支持子系统中完成预警指标的设定，各级领导可以实时查询资产负债率、净资产收益率、总资产报酬率、主营业务利润率、成本费用利润率、应收账款周转率、存货周转率、利润增长率等重要财务风险指标及其明细分解指标数据，掌控财务状况，做到决策心中有数。

通过快速汇总各单位实际财务数据进行计量、对比，及时发现、披露脱离预算的实际差异并分析其原因，并及时反馈给各个责任单位，以便采取必要措施，消除薄弱环节，使经济活动符合经营目标要求，确保公司总体财务目标的顺利实现，达到公司对经济活动的事中控制。

实现财务信息集成，帮助领导及时掌控各单位全貌。系统实施完成后，所有财务业务处理结果及时反馈到财务会计核算系统中，财务会计核算系统也彻底打破了各单位数据分账套存放的模式，实现业务、财务数据的全面集成。对于领导关注的关键业务、财务指标信息，以及各单位之间的横向比较、不同期间的纵向比较等综合查询信息，相关领导和管理人员都将更加便捷、更加准确地获取到，及时、相关、详尽、可靠的财务信息是助力领导科学决策的有力保障。

（四）财务管理模式日趋完善

通过搭建与实施集团财务集中管理模式，不但可以通过内部控制、财务分析、经济运行分析、内外部审计和财务稽核等传统手段对公司本部、各二级核算单位及并表企业的经济活动进行事后反映与监督，而且基本能做到事前预算与预防、事中实时控制、事后分析改进，公司财务管理模式渐趋完善。

（五）社会经济效益日趋显著

通过实施集团财务集中管理，提升了公司财务会计人员的工作效率及效果，完成业务量超出原来的30%以上，使公司财务会计人员腾出时间和精力关注各项精细化管理要求，避免公司新增相应管理人员。按公司310名会计人员、每年人均6万元工资费用计算，公司每年可节约人工成本550万元。

通过实施集团财务集中管理，强调以 EVA 为导向的全价值链成本管理，实施内部 EVA 经济责任制考核，公司各部门、各专业厂降本增效工作取得明显成效。2011 年，公司财务部联合生产管理部及有关专业厂通过降低批产零件外协价格，控制零件外协项目和数量，收回自制等措施，节约外协成本 1222 万元；各专业厂进行了以“优化流程、提高效益、减少浪费、精益优质”为目标的工艺流程改善，并且积极利用精益六西格玛等工具解决刀具使用过程中的瓶颈，通过推广使用刃磨刀，提高工具的使用寿命，2011 年专业厂领用刀具同比下降 3%；设备公司对年度大修预算进行费用分项细化，提高执行的可控性，确保资金的合理利用，减少了资金的浪费，2011 年节约大修转固费用 100 余万元；着手专项管理流程梳理，数控加工厂、复材厂等优化工艺流程，减少零件加工等待时间，效益可观；成品采购部深入公司生产过程，控制采购规模、时间，采取适当的采购方式，仅瞄准吊舱一项节约采购资金 1422 万元。

通过实施财务集中管理，及时有效地提供了财务信息，确保了内外部信息使用者的需要，可以避免各种漏洞的发生以及相关措施的及时实施，大大降低公司财务风险和相关成本费用支出，仅 2011 年减少支出 5000 多万元。2011 年公司及时清理回收长期挂账款项 2112 万元，清理积压物资回收资金 140 万元，进一步盘活存量资产，减少经济损失。随着财务集中管理的健全、完善，经营效益会随着风险的降低而不断提高，从而确保企业资产保值增值，促进企业更加迅猛地发展和战略目标的实现，为社会做出更大贡献。

湖南省国资委监管企业财务风险预警机制研究

创造单位：湖南省人民政府国有资产监督管理委员会
主要创造人：樊建军　　创造人：汪学高　黄 非

[**摘要**] 湖南省国资委针对进一步深化国有企业改革对创新监管手段，提高监管效率的要求，联合北京华鼎方略国际管理咨询公司和湖南省建工集团组成课题组开展本研究。课题组认为，湖南省国有企业当前面临着四大方面八个主要风险领域，为此，课题组设计出了包含20个预警指标的湖南省国资委财务风险预警指标体系，并为不同预警指标、不同企业分别设计了相应的预警临界值。为了确保本次研究的成果能够有效落地，课题组将研究成果采用信息系统进行了固化，完成了湖南省国资委财务风险预警系统的建设，初步实现了对湖南省国资委监管企业财务风险全面、快速、准确地监控与管理。

[**关键词**] 财务风险；预警机制

经过30余年的改革开放和国内外市场竞争的洗礼，特别是前几年全球金融风暴的磨炼，国有企业管理工作已实现了从计划经济向市场经济、从卖方市场向买方市场、从国内竞争到实施“走出去”战略、从国外管理方法的学习模仿到消化吸收、融合提炼、自我创新的重大转变。随着我国新一轮改革大幕的开启，国有企业改革将再次成为改革的重点和难点，国资监管也将迎来更多的现实挑战。在日益复杂多变的国际国内市场条件下，如何系统地、有预见性地管理企业可能面临的重大风险，成为摆在中国企业面前的一个重要课题。

从改革方向来看，国资监管将以管资本为主进行监管，而不再更多地涉及企业内部经营管理，即国有资本所有权授权主体与经营管理主体进一步分离。在此背景下，国资监管主体最为主要的监管信息来源将依赖于国有企业提供的财务数据，因此，对企业财务风险的监管将成为国资监管的重中之重。但是，目前湖南省国资委对监管企业的监管手段单一，信息化水平不高，监管过程主观判断为主的现实状况已经很难满足新形势下对国资监管的新要求。因此，应当通过研究创新，探索出更为高效科学的监管方式与手段，从而确保湖南省国资监管企业更好更快的发展，服务于湖南省经济社会发展大局。

一、国资委监管企业面临的八大主要财务风险

课题组借鉴上海、安徽、重庆三地国资委已经实施的财务风险预警体系实践经验，结合本课题

研究目标和多轮现场实地调研结论后认为，当前湖南省国资委监管企业主要面临着八大财务风险，分别是资产安全风险、资产运营风险、现金流风险、偿债风险、盈利能力风险、投资风险、业务增长风险和规模扩张风险。其中前六种风险可以归类为生存类风险，这些风险可能导致企业面临生死存亡的问题；后两种风险可以归类为发展类风险，这些风险将会影响到企业的持续健康稳定发展能力。

就湖南省特别风险而言，从现场调研结论和近三年决算数据分析来看，生存类风险突出表现在三个方面：第一，企业现金流与收入不匹配风险。研究过程中发现，湖南省国资监管企业不仅面临着现金流总量不足，并呈现出逐步恶化的风险以外，更明显的独特特征是现金流水平和企业销售收入与盈利水平之间严重不匹配。具体表现就是企业收入的质量很低，即虽然采取各种手段实现了一定的收入或收入的增长，但是这种增长并没有带来相应现金流的增长。在实地调研过程中，尤其是派出监事会的代表对这一风险的关注度非常高，非常希望能够通过预警系统关注现金流与收入的匹配情况，从而及时发现企业有关销售与现金管理方面的问题。

第二，短贷长投风险。目前湖南省国资监管企业中普遍拥有较高的负债，就其决算系统中带息负债情况表而言，湖南省国资监管企业负债中很大一部分由带息负债构成，且以流动负债居多。通过对派出监事和企业现场的调研发现，不少监管企业均存在短债长投的问题，造成公司财务成本居高不下，偿债压力较大，整个资金链的完整与健康发展也均会因此受到影响。短贷长投现象的普遍存在不利于企业健康发展，是一种过于激进的融资政策，一旦融资渠道受阻将有可能给企业带来致命威胁。

第三，资产整体有效性过低的风险。随着国资委对国有资产监管角色与方式的转变，将更加突出资本监管的重要性，因此国有资本是否实现保值增值理应是关注的重点，但是从现实情况来看，湖南省国资委监管企业资产的整体有效性普遍偏低。在派出监事会的调研过程中对有关资产整体有效性相关的指标累计选择为 13 次，选择频率非常高，因此该风险应当作为湖南省国资监管企业所面临的特别风险予以关注。

就湖南省特有风险而言，目前所存在的发展类风险突出表现在传统企业的规模扩张风险。湖南省属国资监管企业累计 20 家，其中以大型制造业企业居多，资产规模大。由于制造行业产品采用大批量标准生产方式，相关的机器设备的规模和金额巨大，固定资产在总资产中占有重要地位。结合 2012 年数据课题组发现，固定资产净额在 10 亿元以上的 12 家企业的固定资产净额占总资产的平均比重为 27.2%，部分企业更是高达 45%；另外，除了一家公司外，其他湖南省国资监管企业的固定资产都处于扩张状态，平均增长率约为 18%。在产能过剩现实情况下，如何监控这些传统企业的未来扩张也是需要考虑的风险因素之一，如果传统产能扩张太快，不仅将来得不到应有的效益，甚至有可能血本无归，因此，对于传统企业更应当关注扩张风险。

二、体现国资委监管企业特征的财务风险预警管理体系

选取财务风险预警指标进行衡量，其主旨在于以规范、统一和易行的方式对出资企业核心的财务风险进行定量分析、评价，从而促进风险预警体系从定性管理向定性和定量管理相结合方式进行转变，使财务风险管理从模糊化向精细化方向迈进。

（一）预警指标设计

课题组以监管企业财务风险为基本导向，在引导性、重要性、代表性、灵敏性、简便性、稳定

性原则引导下，共设计出 20 个财务风险预警指标来揭示监管企业的所面临的财务风险动态变化情况。从总体上而言，这些指标能够广泛运用于各行各业。国资委各监管企业可以对其财务风险状况进行及时的判断，并采取相应的应对措施。不仅如此，上述的 20 个财务风险指标也是银行业、监管机构和各评级机构目前正广泛应用的、选取频率较高、反映效果较好的权威指标。另外，对于需要尤其专注的监管企业财务风险，课题组根据湖南省国资委监管企业所呈现的特有财务风险分别设计指标予以预警，例如，资本保值增值率用来揭示资产安全风险，销售现金比用来揭示现金流风险，长期资产适合率用来揭示偿债风险，三年固定资产平均增长率用来揭示规模扩张风险。

因此，关于湖南省国资监管企业财务风险预警指标体系的设计在保证指标普适性和权威性基础上，立足湖南特色，构建一套适合于当前湖南省国资企业的财务预警指标体系。

（二）预警区间设计

有效的风险预警机制有赖于科学的预警指标体系和合理的区间设计。预警区间的确定有两个关键问题：一是预警标准的取值，科学合理的比较标准是确定预警区间的前提；二是企业预警区间的设计，只有选择适合企业的预警区间，才能准确真实地反映出企业潜在的风险。

根据湖南省国资委监管企业的实地调研结果，在预警标准的选择上，课题组形成了多标杆比较的基本设计思路，即预警区间的取值将综合考虑“绩效评价标准”、“上市公司披露数据”、“宏观经济数据”以及“外部监管要求”等标杆的影响，这种多维度的设计方式将让最终的区间值更为科学。

科学的预警不仅要考虑预警标准的取值来源，还需要针对不同企业或者企业不同业态来进行更进一步的界定和判断。课题组通过对国资委监管企业财务数据以及回收问卷的分析，对每一户的一级监管企业均进行了行业的界定和匹配，进而确定了企业不同的业态权重；在此基础上，逐一为每户一级监管企业量身定制了个性化的财务风险预警指标及其预警区间。

（三）财务风险预警

财务风险预警体系的信息输出需要一个直观科学的表达方式。常见表达方式包括风险评分、趋势线、红黄绿灯等。其中，风险评分方式只能显示具体数值而不能反映风险等级和趋势，趋势线方式虽然能显示风险趋向但难以形成直观评估结果。结合理论研究及现场调研，课题组采用红黄绿信号灯方式为基础预警信息报出方式，配合以趋势、波动、程度等其他表现方式，从而直观地反映企业财务风险的大小以及风险的发展趋势（见图 1）。

上述是对财务风险预警表达方式的考虑，对于具体的财务风险预警分析，课题组主要采用单个指标预警分析和多指标关联分析相结合的方式。这种相结合的目的主要是避免财务风险预警分析过程中过度依赖某一个指标的结果，从而对企业的风险做出错误的估计和判断——过于乐观地认为企业没有风险或者过于悲观地将企业的暂时性财务困难放大是不科学的。例如，当资产负债率

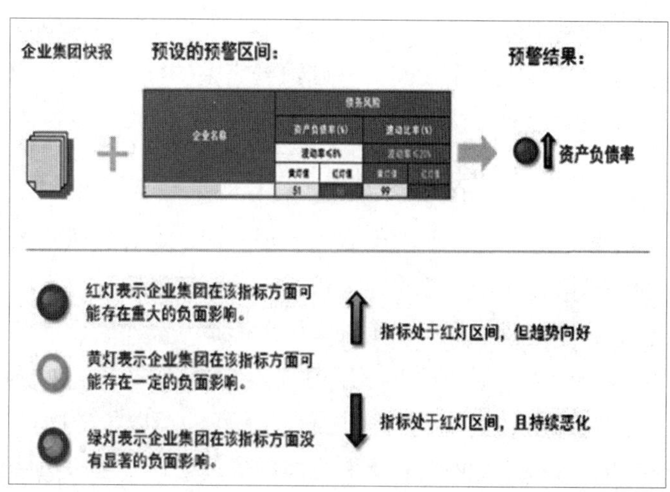

图 1 企业财务风险

为绿灯时，监管部门不能简单地认为企业的偿债能力不存在任何问题；在对该指标分析过程中，需结合其他的指标进行综合判断，若此时存在“资产负债率为绿灯，而长期资产适合比为红灯”现象，则表明监管企业存在较为明显的短贷长投现象，应当重点关注公司筹资策略是否过于激进。

三、信息化支撑下的财务风险预警管理机制

以研究成果为基础内容，课题组同步建设了湖南省国资委财务风险预警管理信息系统，利用IT技术固化了国资委财务风险预警管理机制。信息技术手段运用的主要意义是保证财务风险预警机制能够落地实施，进而提高国资委监管企业风险管理的工作效率，丰富监管手段。只有这样，才能实现湖南省国资委以及下属监管企业整个财务风险预警体系达到联动、均衡、发展的效果。

（一）系统模块介绍

目前，湖南省国资委财务风险预警体系在信息系统中的实现过程主要分为以下几个方面：

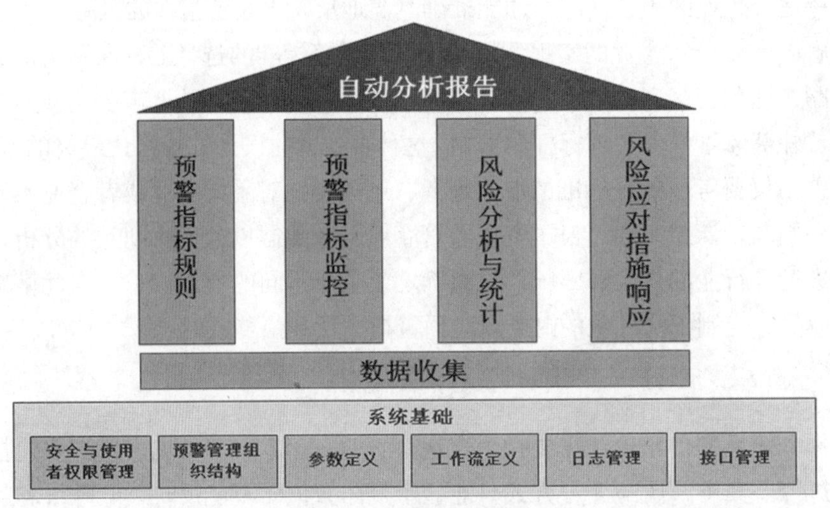

图2 财务风险预警体系

当预警基础数据定期录入系统后，预警系统将自动报出预警信息，并进行初步分析，包括预警信息说明、初步原因分析，多指标关联分析、趋势分析等，且最终从国资委整体层面和各监管企业层面自动生成财务预警分析报告作为监管决策参考依据。同时考虑未来发展需要，该预警系统具备较好的扩展性，下一步在基础数据完整的前提下可以实现国资监管企业全级次财务风险预警管理，从而最终形成单位全覆盖的湖南省国资委监管企业财务风险预警管理机制。

（二）系统特色功能

本次建设完成的湖南省国资委监管企业财务风险预警系统具有如下特色功能：第一，单指标个性分析嵌合多指标关联性分析。通过财务风险预警系统，能及时了解企业针对风险所在，帮助监管企业迅速定位红灯所在预警指标。但是，当监管企业某个指标出现红灯时，不是所有管理者均能够发现指标报警后面的业务事项或者引发源头。基于此种考虑，课题组对预警指标逐一进行了分析。在此基础上，对20个指标之间的关联性予以了考虑，在面对复杂多变的经营情况时，给予了监管层和管理层更加明确和更有方向的决策建议，也进一步满足了监管需求，提高监管的效率以及预警结果的准确性。

第二，综合性财务预警分析报告。为了弥补单纯预警指标分析缺乏整体分析的缺点，课题组提出了综合性财务预警分析报告设计理念，并在系统中予以实现。目前，该报告体系分为两个层面：第一个层面为湖南省国资委整体层面；第二个层面为被监管企业个体层面。在这个自动报告生成过程中，系统将自动进行因素分析，从而可以让监管者不仅清楚哪些预警指标需要关注，更可以知道应当关注该预警指标哪些方面。为了保证报告结果更贴合企业实际情况，监管企业或者国资委监管员可以针对当期财务风险预警提示信息进行初步分析，并将初步分析的结论通过系统进行录入，该分析部分也将作为预警分析报告一部分内容纳入报告之中，这样可以实现财务预警信息管理的上下联动，避免由于特殊因素导致预警信息而做出不恰当决策的可能。

第三，功能可拓展性。与本课题研究同步完成的湖南省国资委监管企业财务风险预警系统已经可以初步实现对湖南省属一级国有企业的完整监控，但同时系统本身也为将来的功能扩展预留了较大空间，借助于本系统湖南省国资委将来还可以实现的如下功能：

（1）延伸监管企业级次。本系统中可以通过参数维护方式在系统中添加监控企业，并可以自由设定企业层级关系，选择相应的预警指标体系，国资委可以将财务风险预警监控范围从省属一级单位逐步延伸至二级、三级，乃至末级企业，从而实现被监管企业全级次财务风险监控。

（2）灵活设置预警参数。本系统在参数维护模块预留了增加、调整预警指标、设置预警临界值的功能，湖南省国资委可以在根据监管企业未来的发展情况，同步地对其所适用的预警指标和预警区间予以动态的调整。同时，还能将此项功能延伸到其他风险管理领域，从而实现对监管企业非财务风险的监控。

（3）融合其他系统。在本系统功能基础框架上，可以考虑实现本系统与其他国资监管系统的融合。鉴于目前湖南省国资委监管企业还没有统一信息平台，因此本次财务风险预警所需基础信息仍然采用手工导入的方式。但是将来如果国资委硬件软件条件具备后，既可以将本系统所需数据从其他系统中直接获取，同时也可以将本系统的相关信息共享到其他平台。

京能集团资金预算管理平台建设与实施

创造单位：北京能源投资（集团）有限责任公司
主要创造人：刘嘉凯　梁锦华
创造人：方秀君　李世萍　吕鸿鹏　梁浩

［摘要］为了加强北京能源投资（集团）有限公司（以下简称京能集团）资金管控力度，提高资金使用效率，实现资金预算科学化、精细化，京能集团基于SAP系统自开发了资金预算管理平台。该项目对于资金预算课题进行了深入研究，梳理了京能集团以及下属单位的资金预算方案，制定了资金预算流程。资金预算管理平台主要包括资金预算、资金支付、监督预测报表三部分。

资金预算分为年度及月度执行预算，编制采用“以收定支，与成本、费用匹配”原则，遵守收付实现制。资金支付由各业务部门提交资金支付申请，并进行预算检查，如果超出预算，通过系统配置可以自动驳回支付申请或者进行超出预算预警提示；如果符合资金预算，则可以进行后续的审批，审批完成后，由财务人员触发支付指令，传输网银完成付款操作。监督预测报表包括资金预算完成情况表、资金预测报表等多张报表，分别支持资金预算监督以及资金平台预测。对资金预算管理的监督考核是根据各部门现金流量使用的特点，以预算为基准建立指标考核体系，由资金管理部门根据各部门执行预算的实际，按月、季、半年及年度进行分析与考核，对预算编制部门考核预算精度，对预算执行部门考核完成情况。

本项目的实施建立了具有京能集团特色的统一的资金预算管理平台，建立严格的资金支付预算控制策略与管理流程，集团总部对于各级公司的月度资金预算进行批复，集团内的财务公司对于各单位的资金预算也能够整体把握，利于集团内资金规划，有效降低资金机会成本，提高资金使用效率。

［关键词］资金预算；管理平台

一、项目背景以及意义

京能集团资金预算业务在资金预算平台实施前就已经开展，所属各单位每周各业务部门上报支出计划，财务部汇总形成公司支出计划，并结合销售收入回收、借款到期、结算利息、税金支付、工资发放、日常报销等情况形成公司周资金计划（本周五到下周四）和滚动月度资金计划（四周）。并将资金计划报送集团财务公司，同时提交公司领导以便日常报销流程中参照。

财务收到业务部门支付单据后，统计付款金额，向财务公司提交资金划拨申请，将款项从收入户划转到支出户后支付。所有支付款项必须有提交计划，财务部门在计划周期内支付；未提交计划的支付申请项目，必须经公司分管领导、公司总会计师、公司总经理审批追加资金预算后方可付款；

对于编制资金预算出入较大的部门，公司将进行相应考核。

该套流程均为Excel形式存贮流转，缺少信息化支持，各部门之间信息流转并不通畅。基于此，特启动资金预算平台系统建议项目，梳理集团内资金预算流程，增强集团范围内资金管控，提高资金精细化管理，便于集团资金规划，降低资金成本，提高资金使用效率。

二、资金预算管理平台建设与实施

（一）资金预算平台业务目标以及要求

各单位编制月度资金计划，并与项目、合同、预算进行关联。

自动汇总各单位资金计划并提交到本部进行审批，可以自定义审批流程，本部能够进行计划调整并在批准后自动反馈到各单位。

各单位能够根据未来一周的资金需求编制周资金申请，如超过本月资金计划的限额有预警信息。

各单位完成周资金计划的编制后上报批准，系统可完成周资金申请审批。

可以和总账、应收、应付、采购、报销系统进行集成，对资金计划的执行进行实时跟踪和控制。

付款时检查是否有周资金计划，如无，则不允许付款。

可以实施对集团及各单位的资金预算执行情况进行反馈。

能够查询到资金计划的不同时点状态（新建，申请，批复中，已审批），同时可以知道上报未批准的资金计划处于哪一个审批层次。能查询集团及各项目公司在各银行的融资额度，贷款金额，期限，资金使用情况。支持用预算管理年度融资计划，查询融资计划明细及编制来源。

可以输出所有的资金计划报表（年、季、月、周）。

各业务部门相关人员可查询本部门资金年、季、月、周计划，并能查询相关资金实际支出情况。

可以输出资金预算、资金计划及资金支出比较报表。

（二）流程设计介绍

固化流程是资金预算平台系统设计得以开展的基础。项目实施之初，就对现有流程进行调研，各部门展开详细的多轮讨论，最终确定资金计划和资金支付两个大的闭环管理流程。

1. 资金计划编制流程

描述了京能集团编制月度资金收支预算，有计划、合理地调配资金，实现资金的统一筹划、总体平衡、全面监控的流程，通过资金支付计划的编制充分发挥了资金的整体运作优势，降低资金成本，控制资金风险。具体流程如下：需求单位每月25日由财务部按供应商的归口部门分别出具付款建议书，各部门参照付款建议书、其他预付款项等编制部门资金计划，需求单位财务部汇总各部门提交的资金预算编制次月度资金收支预算，其中资金支出按供应商填报，并汇总到相应资金项目上，同时归集到相应的现金流量项目，财务部将汇总好的资金收支预算经单位相关领导审核后，于30日上报集团财务部，集团财务部根据实际情况，考虑真实性、合理性后安排资金支付计划，之后经集团财务部负责人、相关领导审批后，据此进行资金预算的支付控制。集团总部编制资金计划也执行此流程，审批上选择相应审批级次（见图1）。

2. 资金支付流程

描述了京能资金支付申请提交、审批、过账以及传输网银等过程。具体流程如下：本流程从资金预算经审批通过为起点，对资金支付业务各环节进行定义和规范，确保每笔通过网银系统支付的款项均在预算内且经过支付环节的审批，最后通过 SAP 与京能财务公司支付系统的连接，实现实时网上支付（见图 2）。

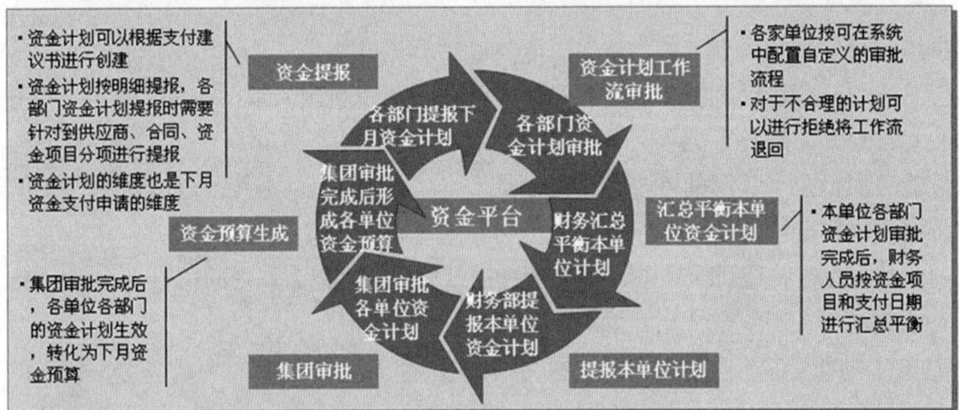

图 1 资金计划编制流程

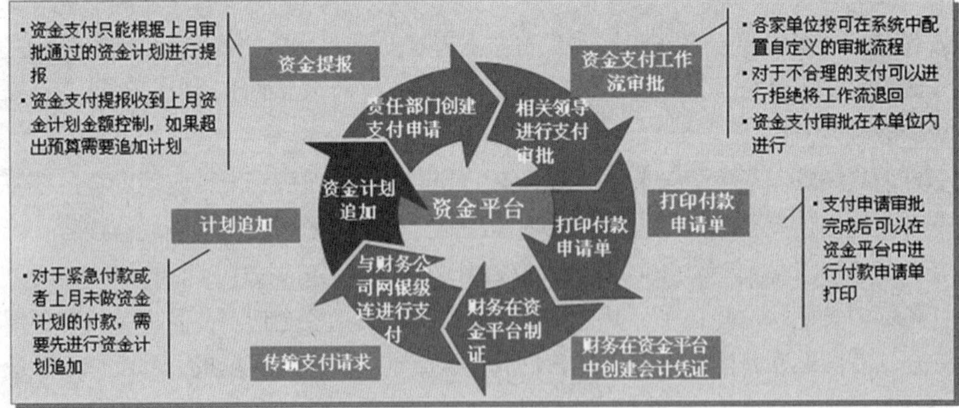

图 2 资金支付流程

（三）资金预算平台设计总体策略

基于京能集团本身资金管理现状、要求和流程梳理结果，确定了资金预算平台系统设计总体策略：

（1）在 SAP 系统中开发资金计划与资金支付管理平台，统一管理上线单位的资金计划与资金支付业务。

（2）资金管理平台支持在线按大项编制年度资金计划，按月在线提交资金计划申请，并完成财务的在线汇总、审核以及各级单位领导的在线审批。

（3）各业务部门在线提交资金支付申请，资金计划作为资金支付申请的预算控制目标，各级领导及财务部门在线进行支付申请审核与审批。

（4）资金管理平台与财务公司网银系统进行数据交互，实现 SAP 系统资金支付预算管理、支付凭证过账与财务公司网银系统实际支付之间的数据集成。

（5）提供全方位的报表针对资金支付情况进行分析。

（四）资金预算平台设计具体系统方案

1. 应用范围

（1）实施范围包括所有上线单位的资金收支业务。

（2）功能范围包括资金计划的编制管理。资金支付的申请管理包括支付购买材料款项、部门费用报账、供应商预付款、备用金拨付等业务。

2. 主要功能

（1）年度资金计划编制（见图 3）。

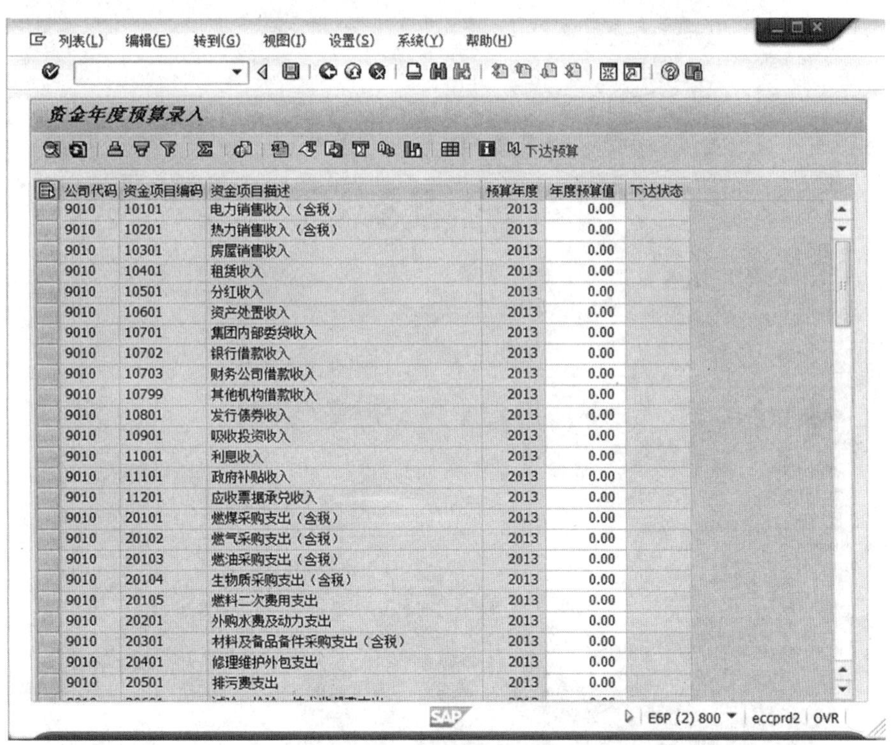

公司代码	资金项目编码	资金项目描述	预算年度	年度预算值	下达状态
9010	10101	电力销售收入（含税）	2013	0.00	
9010	10201	热力销售收入（含税）	2013	0.00	
9010	10301	房屋销售收入	2013	0.00	
9010	10401	租赁收入	2013	0.00	
9010	10501	分红收入	2013	0.00	
9010	10601	资产处置收入	2013	0.00	
9010	10701	集团内部委贷收入	2013	0.00	
9010	10702	银行借款收入	2013	0.00	
9010	10703	财务公司借款收入	2013	0.00	
9010	10799	其他机构借款收入	2013	0.00	
9010	10801	发行债券收入	2013	0.00	
9010	10901	吸收投资收入	2013	0.00	
9010	11001	利息收入	2013	0.00	
9010	11101	政府补贴收入	2013	0.00	
9010	11201	应收票据承兑收入	2013	0.00	
9010	20101	燃煤采购支出（含税）	2013	0.00	
9010	20102	燃气采购支出（含税）	2013	0.00	
9010	20103	燃油采购支出（含税）	2013	0.00	
9010	20104	生物质采购支出（含税）	2013	0.00	
9010	20105	燃料二次费用支出	2013	0.00	
9010	20201	外购水费及动力支出	2013	0.00	
9010	20301	材料及备品备件采购支出（含税）	2013	0.00	
9010	20401	修理维护外包支出	2013	0.00	
9010	20501	排污费支出	2013	0.00	

图 3 年度资金计划编制

● 各部门在资金管理平台中提交每年按大项的资金计划；资金分为“收”、“支”两种属性，资金大项根据实际业务细分为“材料款”、“固定资产投资”、“备用金”等。

● 财务部门在资金管理平台中完成全公司的年度资金计划的汇总审核。

● 各级单位领导在资金管理平台中完成年度资金计划审批。

（2）月度资金计划的编制（见图 4）。

● 各部门在资金管理平台中提交每月的资金收支计划，月度资金计划按明细项进行填报，需明确相应的项目、合同、供应商、金额等信息，各明细项与年度资金计划中的大项相对应。

● 财务部门在资金管理平台中完成全公司的月度资金计划的汇总审核。

● 各级单位领导在资金管理平台中完成月度资金计划的审批。

● 为特殊业务需要，月度资金计划开通有补充提交的功能。

● 审批、汇总后的月度资金计划数据传输到财务公司。

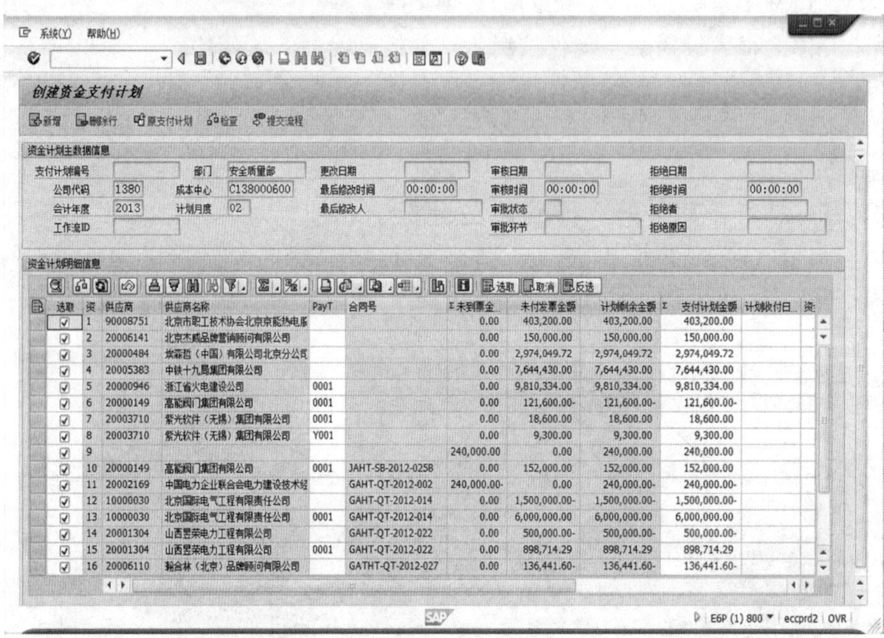

系统(Y) 帮助(H)

创建资金支付计划

新增 删除行 原支付计划 检查 提交流程

资金计划主数据信息

支付计划编号		部门	安全质量部	更改日期		审核日期		拒绝日期	
公司代码	1380	成本中心	C138000600	最后修改时间	00:00:00	审核时间	00:00:00	拒绝时间	00:00:00
会计年度	2013	计划月度	02	最后修改人		审批状态		拒绝者	
工作流ID						审批环节		拒绝原因	

资金计划明细信息

选取 取消 反选

选取	资	供应商	供应商名称	PayT	合同号	未到票金...	未付发票金额	计划剩余金额	支付计划金额	计划收付日...	资
☑	1	90008751	北京市职工技术协会北京京能热电厂			0.00	403,200.00	403,200.00	403,200.00		
☑	2	20006141	北京杰威品牌营销顾问有限公司			0.00	150,000.00	150,000.00	150,000.00		
☑	3	20000484	埃森哲（中国）有限公司北京分公司			0.00	2,974,049.72	2,974,049.72	2,974,049.72		
☑	4	20005383	中铁十九局集团有限公司			0.00	7,644,430.00	7,644,430.00	7,644,430.00		
☑	5	20000946	浙江省火电建设公司	0001		0.00	9,810,334.00	9,810,334.00	9,810,334.00		
☑	6	20000149	高能阀门集团有限公司	0001		0.00	121,600.00-	121,600.00-	121,600.00-		
☑	7	20003710	紫光软件（无锡）集团有限公司	0001		0.00	18,600.00	18,600.00	18,600.00		
☑	8	20003710	紫光软件（无锡）集团有限公司	Y001		0.00	9,300.00	9,300.00	9,300.00		
☑	9					240,000.00	0.00	240,000.00	240,000.00		
☑	10	20000149	高能阀门集团有限公司	0001	JAHT-SB-2012-025B	0.00	152,000.00	152,000.00	152,000.00		
☑	11	20002169	中国电力企业联合会电力建设技术经		GAHT-QT-2012-002	240,000.00-	0.00	240,000.00-	240,000.00-		
☑	12	10000030	北京国际电气工程有限责任公司		GAHT-QT-2012-014	0.00	1,500,000.00-	1,500,000.00-	1,500,000.00-		
☑	13	10000030	北京国际电气工程有限责任公司	0001	GAHT-QT-2012-014	0.00	6,000,000.00	6,000,000.00	6,000,000.00		
☑	14	20001304	山西昱荣电力工程有限公司		GAHT-QT-2012-022	0.00	500,000.00-	500,000.00-	500,000.00-		
☑	15	20001304	山西昱荣电力工程有限公司	0001	GAHT-QT-2012-022	0.00	898,714.29	898,714.29	898,714.29		
☑	16	20006110	翰合林（北京）品牌顾问有限公司		GATHT-QT-2012-027	0.00	136,441.60-	136,441.60-	136,441.60-		

SAP E6P (1) 800 eccprd2 OVR

图 4 月度资金计划编制

（3）资金支付申请（见图 5）。

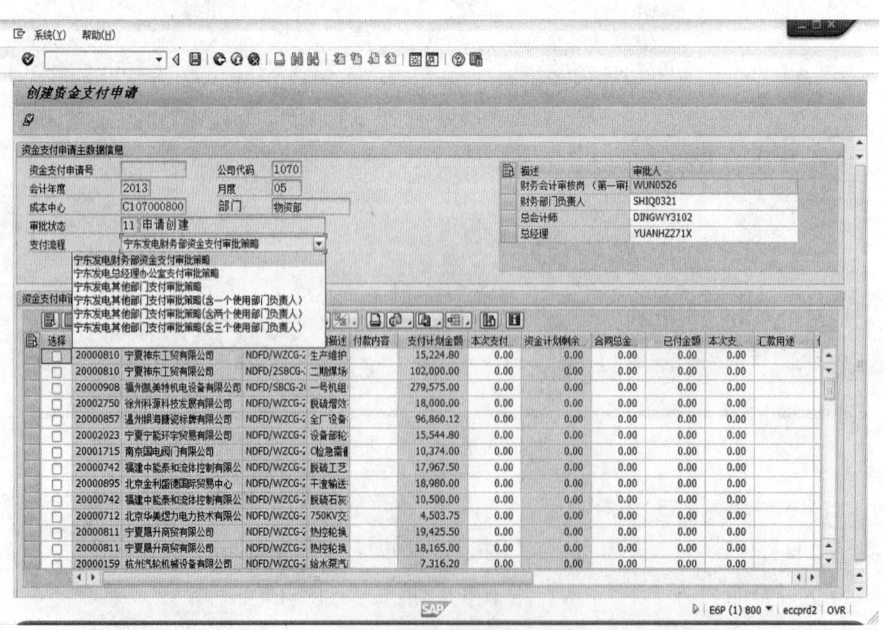

系统(Y) 帮助(H)

创建资金支付申请

资金支付申请主数据信息

资金支付申请号		公司代码	1070
会计年度	2013	月度	05
成本中心	C107000800	部门	物资部
审批状态	11 申请创建		
支付流程	宁东发电财务部资金支付审批策略		

宁东发电财务部资金支付审批策略
宁东发电总经理办公室支付审批策略
宁东发电其他部门支付审批策略
宁东发电其他部门支付审批策略（含一个使用部门负责人）
宁东发电其他部门支付审批策略（含两个使用部门负责人）
宁东发电其他部门支付审批策略（含三个使用部门负责人）

描述	审批人
财务会计审核岗（第一审	WUN0526
财务部门负责人	SHIQ0321
总会计师	DINGWY3102
总经理	YUANHZ271X

资金支付申请

选择				...描述	付款内容	支付计划金额	本次支付...	资金计划剩余...	合同总金...	已付金额	本次支...	汇款用途
☐	20000810	宁夏神东工贸有限公司	NDFD/WZCG-2	生产维护		15,224.80	0.00	0.00	0.00	0.00	0.00	
☐	20000810	宁夏神东工贸有限公司	NDFD/2SBCG-2	二期煤场		102,000.00	0.00	0.00	0.00	0.00	0.00	
☐	20000908	福州凯美特机电设备有限公司	NDFD/SBCG-2	一号机组		279,575.00	0.00	0.00	0.00	0.00	0.00	
☐	20002750	徐州科源科技发展有限公司	NDFD/WZCG-2	脱硫增效		18,000.00	0.00	0.00	0.00	0.00	0.00	
☐	20000857	温州银海搪瓷标牌有限公司	NDFD/WZCG-2	全厂设备		96,860.12	0.00	0.00	0.00	0.00	0.00	
☐	20002023	宁夏宁能环宇贸易有限公司	NDFD/WZCG-2	设备部轮		15,544.80	0.00	0.00	0.00	0.00	0.00	
☐	20001715	南京国电阀门有限公司	NDFD/WZCG-2	C检急需		10,374.00	0.00	0.00	0.00	0.00	0.00	
☐	20000742	福建中能泰和流体控制有限公	NDFD/WZCG-2	脱硫工艺		17,967.50	0.00	0.00	0.00	0.00	0.00	
☐	20000895	北京金利盛德国际贸易中心	NDFD/WZCG-2	干渣输送		18,980.00	0.00	0.00	0.00	0.00	0.00	
☐	20000742	福建中能泰和流体控制有限公	NDFD/WZCG-2	脱硫石灰		10,500.00	0.00	0.00	0.00	0.00	0.00	
☐	20000712	北京华美煜力电力技术有限公	NDFD/WZCG-2	750KV交		4,503.75	0.00	0.00	0.00	0.00	0.00	
☐	20000811	宁夏晟升商贸有限公司	NDFD/WZCG-2	热控轮换		19,425.50	0.00	0.00	0.00	0.00	0.00	
☐	20000811	宁夏晟升商贸有限公司	NDFD/WZCG-2	热控轮换		18,165.00	0.00	0.00	0.00	0.00	0.00	
☐	20000159	杭州汽轮机械设备有限公司	NDFD/WZCG-2	给水泵汽		7,316.20	0.00	0.00	0.00	0.00	0.00	

SAP E6P (1) 800 eccprd2 OVR

图 5 资金支付申请

● 各部门在资金管理平台中按业务需要提交资金支付申请。

● 每一项资金支付申请需与月度资金计划中的明细项相对应。

● 一项资金计划可对应多次资金支付申请，每一项资金支付申请必须与一项资金计划流水号相关联，该项资金计划的金额作为资金支付的预算控制目标，支付申请未通过该资金计划的预算检查，则终止该申请的后续业务。

● 资金支付申请提交后，即占用该项资金计划的预算，如该支付申请最终未通过审批，或未付款成功（支付申请填报错误），则释放已占用的该项资金计划预算金额。

● 审批通过后的资金支付申请自动传输到财务公司网银系统。

（4）工作流功能（见图6）。

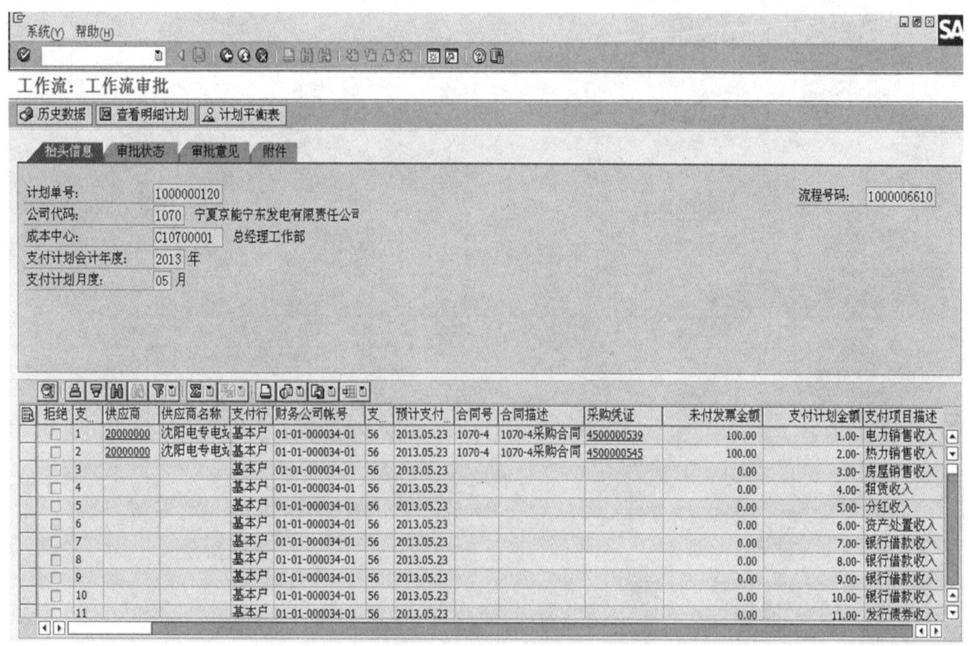

图6　工作流功能

● 针对资金计划，制定适用于各单位的独立的审批策略，审批策略中，包含本单位和集团总部财务部门的审核、汇总、平衡功能，以及各级单位和集团总部相关部门领导的审批功能。

● 针对资金支付申请制定按“部门＋业务”类型独立的审批策略。

（5）与财务公司系统的集成（见图7）。

● 汇总、审批通过后的资金月度计划以及每一项资金支付申请都需自动传输到财务公司网银系统。

● SAP系统根据审批通过后的支付申请信息，自动过账支付会计凭证，触发支付指令传输至财务公司网银系统。

（6）资金管理平台报表（见图8）。

● 资金计划表。

● 资金计划执行情况表。

● 资金支付申请汇总表。

● 资金计划／支付申请状态表。

● 资金流报表。

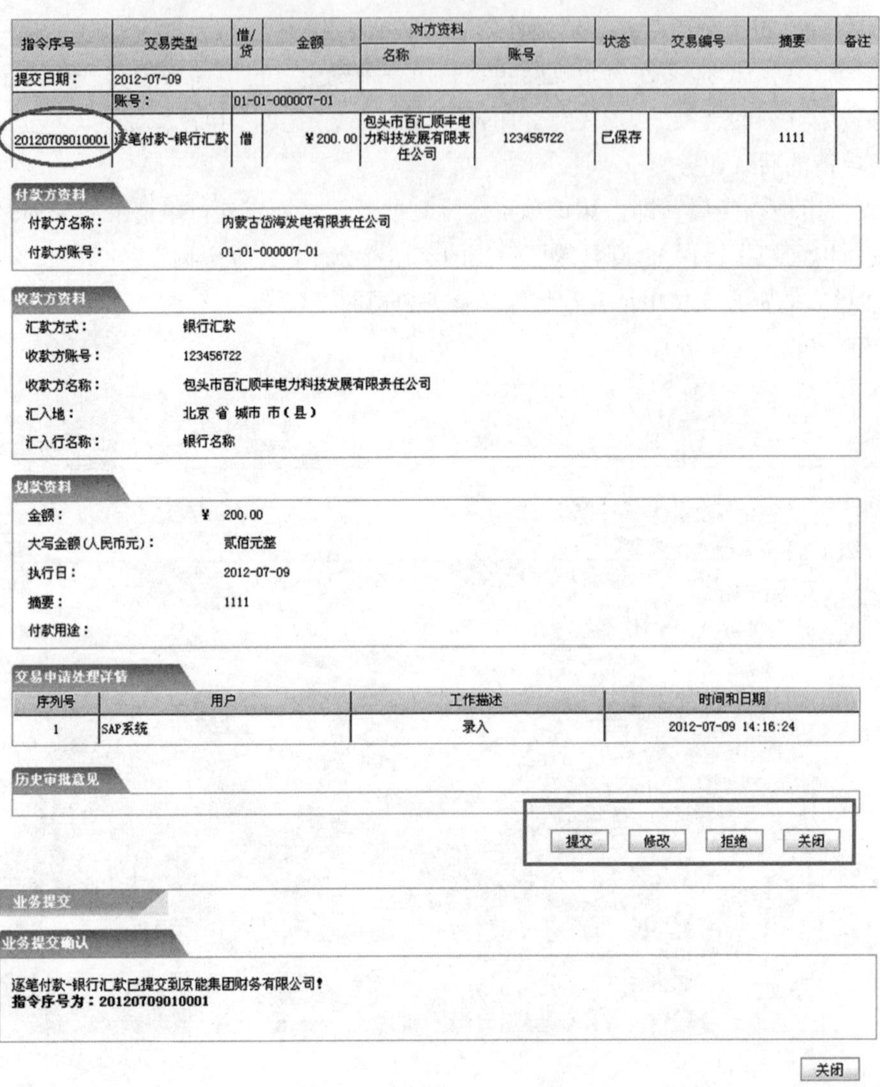

指令序号	交易类型	借/贷	金额	对方资料		状态	交易编号	摘要	备注
				名称	账号				
提交日期：	2012-07-09								
	账号：	01-01-000007-01							
20120709010001	逐笔付款-银行汇款	借	¥200.00	包头市百汇顺丰电力科技发展有限责任公司	123456722	已保存		1111	

付款方资料

付款方名称： 内蒙古岱海发电有限责任公司

付款方账号： 01-01-000007-01

收款方资料

汇款方式： 银行汇款

收款方账号： 123456722

收款方名称： 包头市百汇顺丰电力科技发展有限责任公司

汇入地： 北京 省 城市 市（县）

汇入行名称： 银行名称

划款资料

金额： ¥ 200.00

大写金额（人民币元）： 贰佰元整

执行日： 2012-07-09

摘要： 1111

付款用途：

交易申请处理详情

序列号	用户	工作描述	时间和日期
1	SAP系统	录入	2012-07-09 14:16:24

历史审批意见

提交 修改 拒绝 关闭

业务提交

业务提交确认

逐笔付款-银行汇款已提交到京能集团财务有限公司！
指令序号为：20120709010001

关闭

图 7 与财务公司系统的集成

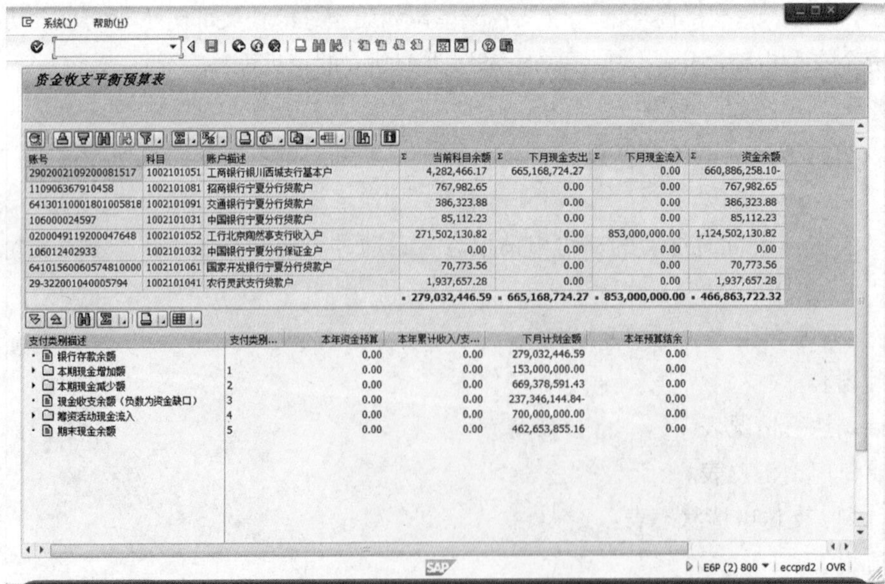

系统(Y) 帮助(H)

资金收支平衡预算表

账号	科目	账户描述	当前科目余额	下月现金支出	下月现金流入	资金余额
2902002109200081517	1002101051	工商银行银川西城支行基本户	4,282,466.17	665,168,724.27	0.00	660,886,258.10-
110906367910458	1002101081	招商银行宁夏分行贷款户	767,982.65	0.00	0.00	767,982.65
64130110001801005818	1002101091	交通银行宁夏分行贷款户	386,323.88	0.00	0.00	386,323.88
106000024597	1002101031	中国银行宁夏分行贷款户	85,112.23	0.00	0.00	85,112.23
0200049119200047648	1002101052	工行北京陶然亭支行收入户	271,502,130.82	0.00	853,000,000.00	1,124,502,130.82
106012402933	1002101032	中国银行宁夏分行保证金户	0.00	0.00	0.00	0.00
64101560060574810000	1002101061	国家开发银行宁夏分行贷款户	70,773.56	0.00	0.00	70,773.56
29-322001040005794	1002101041	农行灵武支行贷款户	1,937,657.28	0.00	0.00	1,937,657.28
			279,032,446.59	665,168,724.27	853,000,000.00	466,863,722.32

支付类别描述	支付类别...	本年资金预算	本年累计收入/支...	下月计划金额	本年预算结余
银行存款余额		0.00	0.00	279,032,446.59	0.00
本期现金增加额	1	0.00	0.00	153,000,000.00	0.00
本期现金减少额	2	0.00	0.00	669,378,591.43	0.00
现金收支余额（负数为资金缺口）	3	0.00	0.00	237,346,144.84-	0.00
筹资活动现金流入	4	0.00	0.00	700,000,000.00	0.00
期末现金余额	5	0.00	0.00	462,653,855.16	0.00

E6P (2) 800 | eccprd2 | OVR

图 8 资金管理平台报表

（7）合同信息接口（见图 9）。

● 在 SAP 系统中开发合同信息接口，将 OA 生成的合同信息通过接口传输至 SAP 的自建表中，以便创建采购订单、凭证入账及付款计划和付款申请时进行选择。

● 在 OA 系统没完成之前，合同信息支持手工录入、修改和显示，主要包含合同编号、合同总金额、付款条件、供应商等信息。

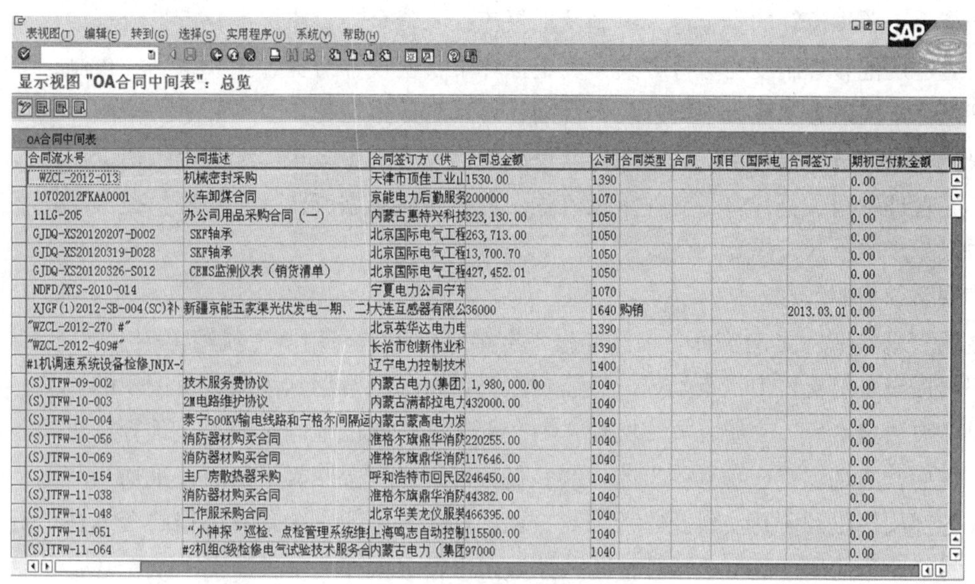
表视图(T)　编辑(E)　转到(G)　选择(S)　实用程序(U)　系统(Y)　帮助(H)

显示视图 "OA合同中间表"：总览

OA合同中间表

合同流水号	合同描述	合同签订方（供	合同总金额	公司	合同类型	合同	项目（国际电	合同签订	期初已付款金额
WZCL-2012-013	机械密封采购	天津市顶佳工业山	1530.00	1390					0.00
10702012FKAA0001	火车卸煤合同	京能电力后勤服务	2000000	1070					0.00
11LG-205	办公司用品采购合同（一）	内蒙古惠特兴科技	323,130.00	1050					0.00
GJDQ-XS20120207-D002	SKF轴承	北京国际电气工程	263,713.00	1050					0.00
GJDQ-XS20120319-D028	SKF轴承	北京国际电气工程	13,700.70	1050					0.00
GJDQ-XS20120326-S012	CEMS监测仪表（销货清单）	北京国际电气工程	427,452.01	1050					0.00
NDFD/XYS-2010-014		宁夏电力公司宁东		1070					0.00
XJGF(1)2012-SB-004(SC)补	新疆京能五家渠光伏发电一期、二	大连互感器有限公	36000	1640	购销			2013.03.01	0.00
"WZCL-2012-270 #"		北京英华达电力电		1390					0.00
"WZCL-2012-409#"		长治市创新伟业科		1390					0.00
#1机调速系统设备检修JNJX-2		辽宁电力控制技术		1400					0.00
(S)JTFW-09-002	技术服务费协议	内蒙古电力(集团)	1,980,000.00	1040					0.00
(S)JTFW-10-003	2M电路维护协议	内蒙古满都拉电力	432000.00	1040					0.00
(S)JTFW-10-004	泰宁500KV输电线路和宁格尔间隔运	内蒙古蒙高电力发		1040					0.00
(S)JTFW-10-056	消防器材购买合同	准格尔旗鼎华消防	220255.00	1040					0.00
(S)JTFW-10-069	消防器材购买合同	准格尔旗鼎华消防	117646.00	1040					0.00
(S)JTFW-10-154	主厂房散热器采购	呼和浩特市回民区	246450.00	1040					0.00
(S)JTFW-11-038	消防器材购买合同	准格尔旗鼎华消防	44382.00	1040					0.00
(S)JTFW-11-048	工作服采购合同	北京华美龙仪服装	466395.00	1040					0.00
(S)JTFW-11-051	"小神探"巡检、点检管理系统维	上海鸣志自动控制	115500.00	1040					0.00
(S)JTFW-11-064	#2机组C级检修电气试验技术服务合	内蒙古电力（集团	97000	1040					0.00

图 9　合同信息接口

（8）相应业务要求。

● 在合同录入完成后，采购订单需要关联合同，以保证后续操作能够按照合同进行。

● 采购订单不能够跨合同，不能跨项目，发票校验按照采购订单进行，以保证应付账款行项目上取得合同、采购订单以及项目信息，便于后续资金计划、支付申请都能够按照以上三个维度进行。

3. 主要功能示意图（见图 10）。

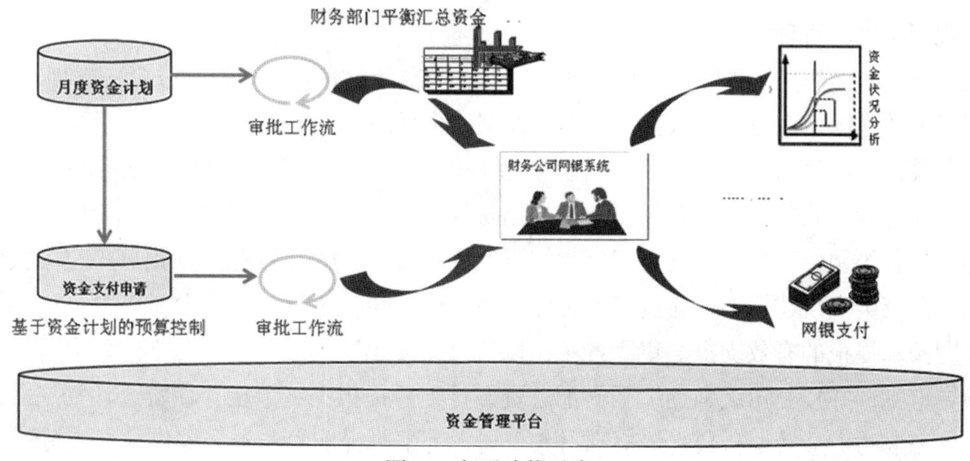

图 10　主要功能示意

三、资金预算管理平台主要创新点

资金预算平台主要创新点包括管理和技术两个层面。

（一）管理层面创新

1. 实现信息化管理

将传统手工单据流转的资金计划编制及上报流程、资金支付申提报及审批流程纳入资金预算平台管理，通过规范管理制度与考核方式，资金预算平台实现了对资金预算编制、控制、分析考核的全过程管理。集成财务核算、采购管理、合同管理系统数据，在资金预算平台中的资金支付建议书功能模块抽取采购订单执行情况、合同付款情况等信息，为资金预算编制提供依据。通过工作流与巴别塔集成管理资金预算与资金支付审批流程，替代纸质单据流转，实时短信提醒用户审批资金预算平台中未完成的单据，提高办公效率。

2. 实现事前控制管理

资金预算平台实施之前，资金预算提报与资金支付申请采用手工流转单据，两者无直接关联，各业务部门提报资金支付申请审批完成后需付款时，财务经常遇到无资金可使用的情况，资金预算执行情况往往通过事后人工统计方式实现，财务部无法按照已经制定的资金预算进行控制。资金预算平台上线后，实现了资金预算的事前控制。财务部通过资金收支平衡表，平衡当前剩余现金及银行存款、各部门提报的下月支付及收入预算，提前控制各部门资金预算提报的合理性。资金支付申请在提交时校验当前剩余的资金预算情况，如果超出资金预算则无法提交，需要追加资金预算。

3. 实现零基预算管理

为使提报的资金预算更贴近业务需求，资金预算在资金预算平台上线之后，从财务部门编制改为业务部门编制财务审核后汇总平衡，预算编制方法逐渐向零基预算法转变。要实现以零基预算法编制资金预算，需要采购执行部门、合同管理部门、财务部门合作，以采购执行情况和合同付款情况为基础信息，编制基于业务需求的资金预算。如何能够保证采购执行情况和付款情况等信息在三个部门之间更好地流转，打破部门之间的信息壁垒，使得采购执行部门、合同管理部门和财务部门对于资金支付管理的维度统一，这就需要信息系统的支持，实现合同台账管理和合同付款进度记录以及查询。

4. 实现资金闭环管理

资金预算平台的研发，将资金预算、资金支付、资金分析有效结合，通过统一规划、全局部署，充分发挥资金整体运作优势，降低资金成本、控制资金风险。

资金预算。按时间分为资金年度预算和资金月度预算。各单位按资金大项提报资金年度预算，将预算按大项分为“收”、“支”两种属性，根据实际业务细分为“材料款”、“固定资产投资”、“备用金”等，将各级领导审核过的资金年度预算下达到系统。为保证资金月度预算更符合实际业务需求，系统开发资金支付建议书，通过集成各业务系统合同付款进度信息并分类汇总，以实际数据作为资金月度预算提报的有效支撑。集团各单位以资金年度预算为统领，按月下达资金月度预算，提报各级领导审批，并按公司级别逐级平衡汇总资金计划后提报上级单位，使资金计划层次清晰利于审批。审批完成的资金计划，最终传输到财务公司，为下月提前筹集资金提供数据支持。

资金支付。各单位须根据资金月度预算提报资金支付申请，一项资金月度预算可对多笔资金支付申请，资金支付申请一旦提交立即扣减资金预算，若资金预算不足，则需追加资金月度预算。提交的资金支付申请需根据预设好的审批流程，提报各级领导审批，若任意一级领导拒绝该笔资金支付申请，则立即释放被占用的预算。财务复核审批通过的资金支付申请，自动生成付款凭证并将支付指令传输至财务公司，出纳复核支付指令信息，确认付款。财务公司将支付信息传回资金支付申请，供成员单位实时查询支付状态。

资金分析。通过资金收支平衡表，平衡当前现金银行余额、下月资金收入与资金支出，为财务部审批各部门提报的资金计划提供依据。通过资金预算执行情况表考核资金预算完成情况、资金年度预算执行情况，为下月各部门提报资金计划提供数据参考，加强集团公司预算提报准确度，减少资金头寸，提高资金使用率。

（二）技术层面创新

1. 在 SAP 系统中实现合同台账管理和合同付款进度记录以及查询

此技术创新主要体现在采购合同管理及应付款项明细核算两个方面：

（1）采购合同管理：替代原有手工合同台账管理方式，应用系统管理合同文本、审批及合同执行情况。

京能集团通过 SAP 系统进行采购管理，采购管理的基本单元是采购订单，其比传统意义的采购合同更加明细，而 SAP 系统中并无标准配置的采购合同管理。所以，基于集团 ERP 整体平台，在 SAP 和办公自动化（OA）系统原有采购订单功能基础上定制开发采购合同管理。

该创新主要体现在，SAP 中采购订单创立后自动触发生成 OA 系统中的采购合同，在 OA 系统中完成合同的文本管理，经过审批会签后，将采购合同编码反写回 SAP 系统采购订单中，同时将合同关键信息传输至 SAP 系统，替代合同管理台账。通过该方案的实施，使得 ERP 整体平台中完成了采购订单和采购合同各自的流程并进行了强关联。包括采购订单生成新合同、采购订单累加到原合同、采购订单在原合同中删除、合同是否开始起草四种业务情况。完成此部分开发，保证了资金预算平台能够追踪采购订单和采购合同的执行情况。

（2）应付款项明细核算：通过供应商、采购订单、采购合同辅助核算项目明细核算应付账款。

为了在月度资金预算编制时，财务部门能够为前段业务部门提供目前采购订单和采购合同付款进度的参考信息，需要在应付款项的凭证明细行中记录采购订单和合同信息，通过对供应商应付款项的采购订单及合同信息的明细核算，使前端业务部门更加准确地编制次月的资金预算。

为了应付款项管理精细化，在 SAP 系统中增加了采购发票过账时的开发增强，该功能增强点限制了跨合同的发票过账并将采购订单和采购合同号带入发票过账后的会计凭证中。当财务根据资金支付申请付款清账时，采购订单及采购合同号自动带入付款凭证行项目，完成对应付账款付款情况的统计。通过该增强，系统能够追踪每一个采购订单和采购合同的付款情况，并提供给相关负责部门。

通过财务部门与业务部门的充分讨论，项目组攻克了这两个技术难点，一定程度上也改进了采购订单和采购合同的管理流程，打通了采购执行部门、合同管理部门和财务部门的信息壁垒。实现了采购订单采购合同信息的共享，各部门均能够对采购执行情况、合同付款情况有充分了解，并按照零基预算法进行阅读资金预算的编制，为资金预算精细化管理奠定了基础。

2. 基于 ABAP/4 工作台和工作流技术（Flexible Workflow）定制开发资金预算平台

资金预算平台整体界面均以 ABAP/4 工作台作为开发工具，并从一定程度上使用实施过程自动化，保证连续有效的业务再造。资金预算平台的审批环节皆是通过灵活工作流技术（Flexible Workflow）来完成开发和配置的，在固化基本的业务作业流程管理功能的基础上，灵活的工作流技术可以实现跨越不同应用模块的更高层次的工作流管理能力。

3. 实现了资金预算平台与软通资金管理软件的接口集成

资金预算平台接口较多，有与财务公司软通资金管理软件的资金计划传输接口、网银支付指令传输接口。在接口方面使用面向对象接口创建部件接口，所有接口定义在接口仓库中维护，使用者从仓库中选定接口对象后，接口仓库生成调用模块，并成具备相互交换性和灵活性的接口间接调用方式，与标准的面向对象接口技术可以实现直接调用。

四、资金预算管理平台实施收益

随着资金预算平台在全集团范围内推广上线，为京能集团创造了很大的经济效益和社会效益。

（一）经济效益

1. 提高工作效率，减少业务流程

资金预算平台在全集团范围内推广上线后，梳理削减冗余的审批流程，整体资金预算管理工作效率得到提升，采购合同、付款金额、供应商之间一一对应，各部门之间信息透明，减少了之前人力核对工作量，月度资金预算下达的全过程所需时间较以往降低 20%。

2. 改变原有工作模式，节省成本开支

资金预算平台在全集团范围内推广上线后，变纸质申请为电子申请，每年可节约办公纸张约 100 万张；支付申请由人工流转变为电子审批，按月均 2000 张支付申请，每个支付申请人工流转需要 0.5 小时计算，每月可节约人工 125 人天。

3. 提高资金预算完成率，降低资金机会成本

资金预算平台在全集团范围内推广上线后，通过提高资金预算完成率，减少闲置资金，降低资金占用成本约 15%，按集团平均资金余额 90 亿元计算，每年约节约财务费用 8000 万元。

（二）社会效益

目前国内资金预算工作中，普遍缺乏资金管理意识，虽然对资金的重要性都认同，但是，仍然缺少资金时间价值观念和现金流量观，缺乏详细的资金使用计划和财务分析方法，在资金的使用和分配上缺少科学性，资金使用随意性较大，不能对资金使用的事前、事中、事后进行控制，致使现金预算误差率较大。资金预算平台如能广泛推广，将带来以下转变：

1. 管理模式上实现由职能化管理向流程化管理转变

国有投资、发电行业企业团目前多以各职能条线，进行专业化管理。采购业务条线中采购执行部门、合同管理部门和财务部门共同管理采购合同付款业务，各部门之间的业务缺乏必要协作和沟通，造成信息的割裂。通过资金预算项目实施，可建立以集团级的资金预算平台，将资金预算业务流程落地，使不同部门专业人员以围绕资金管理为核心开展相关工作，通过平台有效衔接不同部门的业务流程，集成不同专业的信息，达到部门间的有效协助和沟通，从而实现公司乃至集团的资金管控目标。

2. 业务流程实现规范化，增加管控力度和执行力

借助该平台建设，一方面可以固化资金预算业务流程和管理制度，使集团以及管理层掌控资金

情况能力得到加强，为集团以及管理层制定正确管理决策提供信息基础。另一方面，通过资金预算平台建设可加强业务为主导的纵向管理模式，有利于从公司整体角度，对资金情况进行规划和控制。

3. 信息共享和透明，为管理者提供有效决策支持

通过项目可以将所有资金预算管理行为进行集成和整合，并将最终的结果实时地、准确地反映在分析报表中。包括公司下月整体的资金预测情况如何、各账户的余额预测情况如何、每个合同的付款进度如何等，都可以基于系统提供的数据和分析支持，进行迅速、科学的决策。

4. 实现业务运作透明化，强化企业内部控制

通过资金管控平台的项目实施，为业务信息的透明化提供了便利条件。在明确相应权限的前提下，采购执行部门、合同管理部门和财务部门都能够对采购合同的执行情况和付款情况有一个整体的把握，并能够保证信息的统一，有利于强化企业的内部控制，规避内部经营风险。

企业全面预算成熟度测评模型

创造单位：东北财经大学

主要创造人：刘凌冰　韩向东　　创造人：盛桢智

[摘要] 企业全面预算管理成熟度测量模型研究，是应企业管理者以及国有资产管理部门对于企业预算管理实施和建设情况进行掌控的需求而展开的，旨在突破以往仅能以定性方法评价企业预算管理水平的局限，实现对预算管理水平的定量测量。经过近两年探索，课题组进行了包括实践的平衡性测试、变量关系测试在内的一系列科学检验，最终完成了模型的构建和检验，并通过了稳健性测试。这一模型可作为企业预算管理和内控的“体检仪”和“修复指南”，也为国资委提供了评价与指导国企预算工作的新工具。

[关键词] 全面预算管理；成熟度测量

一、研究背景

2013 年 11 月《中共中央关于全面深化改革若干重大问题的决定》预示第二轮深化国企改革高潮的到来。2011 年 11 月和 2012 年 3 月国资委先后下发《关于进一步深化中央企业全面预算管理工作的通知》和《关于中央企业开展管理提升活动的指导意见》，要求央企加紧推进全面预算实施进程，提升管理水平。

潘飞在国家社科基金《预算制定在国有企业经理人薪酬契约中的激励作用》研究中发现，强调严格的预算目标不能激励国企经理人，却使其盈余管理动机更为强烈。可见，国有企业全面预算管理必须有扎实的建设过程和健全的构成要素，仅强调形式上“全而快”，将与其原旨背道而驰。如何检测国有企业全面预算的健康情况，使其真正具备控制和决策功能，是国资管理部门迫切需要解决的问题。

2013 年，国资委研究中心课题《大型国有企业全面预算管理模式创新与管理提升》中率先提出企业全面预算成熟度模型的基本框架。但模型仅初步形成概念框架，未进行充分的理论机理分析和文献佐证，亦未能运用有效而科学的方法对模型效度进行检验，因而模型的科学性不确定，导致模型应用受到局限。

2014 年，由东北财经大学中国内部控制研究中心研究员、财务管理系主任刘凌冰博士担任负责人，与北京诺亚舟财务咨询公司联合申报的课题项目《深化国企改革背景下的企业全面预算成熟度测评研究》获得国家社会科学基金的课题立项。课题研究的目的就是借助中国本土企业丰富实践，立足中国国情，探寻企业全面预算成熟度模型的理论原理，运用科学严谨的研究方法，对该模型进行检验和修正，最终形成一套具有较高科学性和可操作性的企业预算成熟度测量模型。

二、成果价值

预算管理是管理会计理论体系的重要组成部分。2014 年 1 月《财政部关于全面推进管理会计体系建设的指导意见（征求意见稿）》指出，“要推进中国特色管理会计理论体系建设，大力支持管理会计理论研究和成果转化”。CBMM 模型是中国特色管理会计理论体系的成果之一，成果可直接转化为服务社会和企业的管理工具，用以提高企业管理效果，创造经济价值。

理论上，CBMM 模型的研发，将突破企业预算管理效果仅有定性模糊评价的局限，为企业全面预算管理水平的量化评价提供理论依据，对丰富管理会计理论体系具有重要意义。

实践上，CBMM 模型可作为企业预算管理和内控的“体检仪”和“修复指南”，也为国资委提供了评价与指导国企预算工作的新工具，在深化国企改革、破解国企内控“黑箱”、监控国有资本运营中发挥着重要作用。

三、成果内容

经过一年多研究，我们对 CBMM 模型进行了包括单个目标的特性测试、实践的平衡性测试和变量关系测试在内的一系列科学检验，最终完成了 CBMM 模型修正和检验工作，修正后的 CBMM 模型由 5 个预算要素、26 个控制、67 个具体目标和 99 项达成这些目标所要进行的实践组成。CBMM 的基本构架如图 1 所示（由于篇幅所限，目标和实践仅举例说明）。

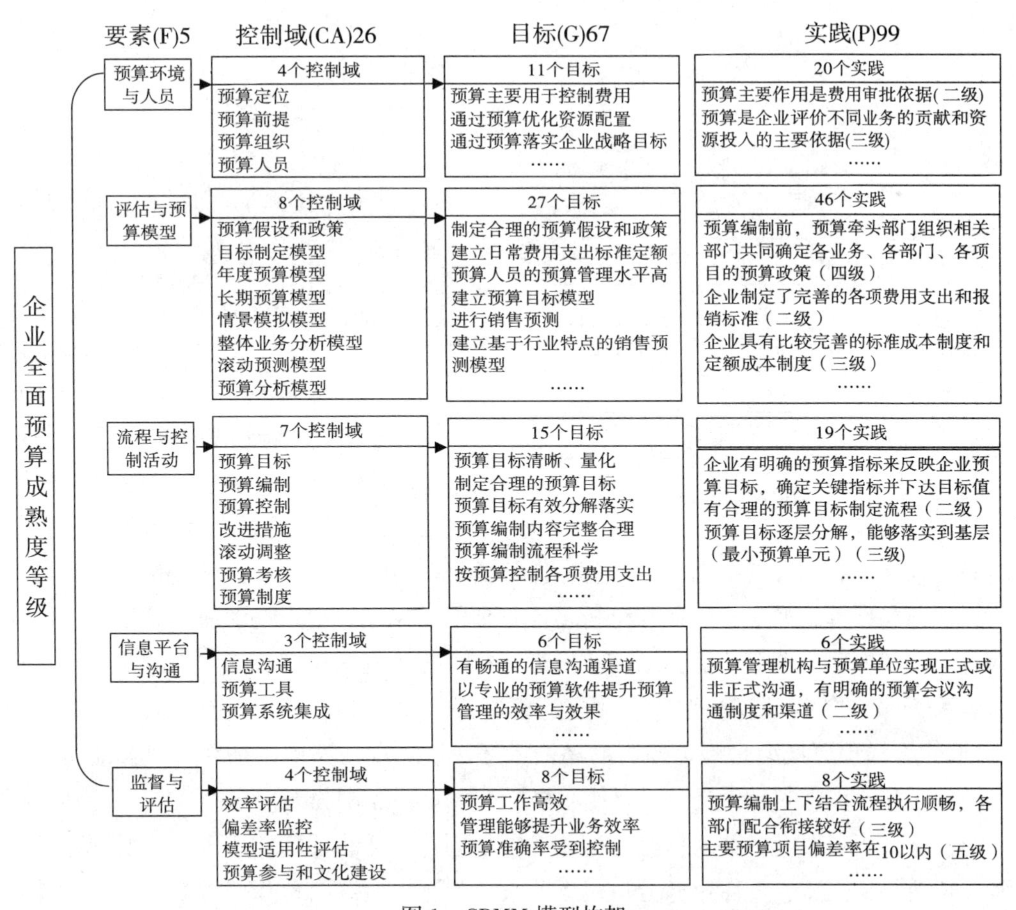

图 1　CBMM 模型构架

CBMM 模型将企业预算管理成熟度划分为五个等级，即初始级（1级）、扩展级（2级）、闭环级（3级）、优秀级（4级）、卓越级（5级）。各成熟度等级之间为时序递进关系，例如，企业预算成熟度达到1级后，才能达到2级。不同成熟度水平上，企业预算的基本状况描述如表1所示。

表1 CBMM 模型中五个成熟度等级比较

等级	等级描述
初始级（1级）	预算是财务部门的事，预算内容主要是财务科目预算，预算执行的准确度很差
扩展级（2级）	企业管理层已经开始重视预算工作，业务部门深入参与预算工作，预算内容包括从业务预算到财务预算，有预算结果的反馈分析
闭环级（3级）	企业的预算管理形成了从目标设定、预算编制、执行控制、分析监控、预算调整、预算考核的闭环管理，预算已经成为企业落实经营目标和运营协调的重要管理手段
优秀级（4级）	企业预算管理系统运行协调、反映及时，业务数据与预算数据实现自动化对接，数据充分准确，预算标准科学合理，建立了充分反映行业特点 和管理重点的预算模型，同时通过滚动预算和情景模拟使得预算管理成为企业实现资源优化配置和运营控制的主要工具
卓越级（5级）	企业具有成熟的战略管理体系，通过长期预算量化和落实战略目标。预算系统和运营反馈系统实现集成，并作为战略落地、决策、控制和资源分配的主要手段，同时预算与整个组织文化和员工行为高度融合

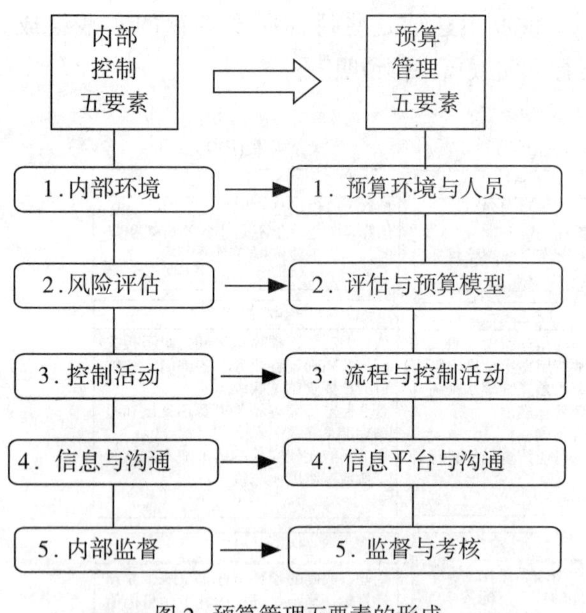

图2 预算管理五要素的形成

预算管理系统相应的五个具体要素包括预算环境与人员、评估与预算模型、流程与控制活动、信息平台与沟通、监督与考核，内部控制系统的五个构成要素是按照预算管理的运行特征进行推演形成的（见图2）。

第一，预算环境与人员是指预算实施和运行的企业组织环境及人员的状况，应包括管理层对预算的关注程度及预算在企业管理中的地位、企业管理的基础和水平、预算管理的组织结构及执行力、预算管理部门人员的胜任能力等（Brownell，1986；Frow，2005；Venkatesh etal，2012；Kung 等，2013）。预算环境影响企业员工的预算管理意识，是其他部分的基础。由此我们认为，预算是否有准确定位、是否将责任中心划分作为预算前提、预算组织和人员状况，是企业内部环境范畴内影响预算管理水平的重要因素。

第二，评估与预算模型是指确认和分析预算管理的对象及标准，是形成预算指标的依据。预算对象会随着外部和内部条件变化而不断变化，需建立一套机制来识别和确立相应的标准，包括预算的基本假设和政策、各类预算模型等（潘飞、郭秀娟，2004；殷建红、孙玥璠，2007；王修平，2014）。预算假设和预算模型是制定预算的理论依据，是决定预算指标是否科学合理的关键，合理的目标对经理人在预算中的行为具有重要的积极影响（Marginsonand Ogden，2005）。由此我们认为，设置合理的预算政策和假设，并根据企业的业务特征创建包括目标制定模型、年度预算模型、情景模拟模型、长期预算模型、整体业务分析模型、滚动预测模型以及预算分析模型在内的科学预算模型体系，是获得合理预算标准的重要决定因素。

第三，流程与控制活动是指执行预算管理的政策和程序，它贯穿整个预算组织、各种预算层次和功能，包括预算目标制定、预算编制、预算控制、预算调整、预算考核等。大量实践证明，预算流程的完备性和功能有效性是企业全面预算管理系统运行效率和效果的直接影响因素（王斌，1999；于增彪，2002；王斌，2009；崔学刚等，2011）。由此，只有按照目标制定、预算编制、预算控制、预算调整、改进措施、滚动调整、预算考核的闭环管理流程，同时辅以健全的文档化的预算制度加以规范，才能有效实施预算管理，发挥预算管理的作用。

第四，信息平台与沟通是指在预算实施和执行过程中，收集、存储、加工和反馈预算管理信息的设备和方式，处理的预算标准数据和实际运营数据，也包括对二者的分析数据。信息的顺畅沟通可以帮助组织人员理解自己在预算管理系统中所处的位置以及相互的关系（程新生等，2008），预算管理信息的及时反馈使得预算对经营活动的控制功能得以实现（殷建红、孙玥璠，2007）。预算信息平台的建设水平对预算报告的质量具有重要影响。高质量的预算报告，能够为企业的管理决策提供科学依据（张瑞君等，2007；刘凌冰等，2014）。由此我们认为，只有具备充分的信息沟通、专业的工具和集成的信息平台，才能使预算系统的沟通顺畅开展，进而提升预算管理水平。

第五，监督与评估是指监控在预算执行过程中的偏差并评估预算管理的工作效率，及时调整预算管理实施中的不合理之处。预算实施和执行的效果，取决于监督和考核的有效性，过程化的监督、科学化的评价和适时的调整，可以助长企业员工参与预算的积极性，提高预算管理文化的广度和深度，对预算管理效果具有重要的影响（王斌、潘爱香，2009）。由此我们认为，对预算工作效率、预算偏差率、预算模型适应性和预算文化进行实时监督和评估，是保障预算管理有效性的必要措施。

预算管理的五个要素及其关键影响，相互作用，相辅相成，缺一不可。对于五个要素的评估，就是对预算管理水平的综合评价，五个要素的完善程度，也反映了企业全面预算成熟程度。全面预算成熟度是指实施全面预算管理的企业，其预算管理系统构成的完善程度、运行的有效程度以及预算管理功能的发挥程度。一个完全成熟的企业全面预算管理系统主要特征是：预算系统能够为企业的战略落地、管理决策、管理控制和资源分配提供主要的信息支持，并且预算与整个组织文化和员工行为高度融合。

四、CBMM 模型使用方法

CBMM 模型的 99 个实践按照“专家打分法”被赋予相应等级（二至五级），归属二级成熟度的实践有 16 项，归属三级成熟度的实践有 36 项，归属四级成熟度的实践有 34 项，归属五级成熟度的实践有 13 项。每个成熟度等级必须实现相应级别的实践组（高一级的实践组中一定包含其以下所有级别的实践，例如，所有归属一级、二级的实践，一定包含在三级的实践组中）。

CMBB 模型通过调查问卷搜集企业预算管理活动实践，根据“实践”的实现情况[①]，量化测试“实践”完成与否。当某一级别及以下所有等级对应的实践完成后，企业预算成熟度则被认为达到该等级。

① 为了提高问卷调查的数据准确性，在问卷题项设计中，将 CBMM 模型中的每一条实践转变为调查题项，每个题项有四个选项，即“未实现”、“部分实现”、“基本实现”和“完全实现”，这样设计可以避免仅以“是”和“否”作为选项令被试者误解所带来的测量偏差。在赋值时，我们对选择“未实现”和“部分实现”的题项赋值为 0，即视为没有实现相应的“实践”，对“基本实现”和“完全实现”赋值为 1，即视为已实现相应的“实践”。

由于预算管理存在个体差异性，模型需具有一定容差率。参考CMMI评价方法并结合预算实务经验，在确定企业全面预算成熟度等级时，每个等级的实践实现数如果达到该级别实践总数的75%，则视为成熟度达到该级别。

例如，A企业实现了二级对应的全部实践活动，则首先达到二级；然后考察三级实践活动时，发现有34项实践实现，但有2项实践没有实现，因实现的指标数为34项，超过三级全部指标数的75%，因此，视为已经达到三级；再考察四级成熟度指标，发现有10项实践没有实现，实践实现数量没有达到四级指标总数的75%，因此，判定未达到四级，A企业全面预算成熟度最终定级为“三级”[①]。CBMM模型的评级方式如同“闯关”，需要从低等级向高等级逐级递进，不能越级评价，这也体现出企业全面预算管理实施和建设是一个渐进的过程（Hannan，etal.,2013；刘凌冰等，2014）。

CBMM模型除了可以对企业预算成熟度等级进行测试外，还可以根据完成的实践数进行打分（每个实践实现，则赋值1分），同一级别的企业如果得分比较高，说明其预算管理比较活跃，完成的预算管理实践比较多，管理基础较好，有可能更快“升级”。

五、成果应用情况

2014年5月至2015年7月，我们运用CBMM模型对国内186家大中型企业预算管理水平进行了评估，为测评企业出具评估报告186份（见图3）。这些企业均为北京诺亚舟财务咨询有限公司的客户。为了确保获得数据真实有效，我们向参评者承诺签署保密协议并且为每一家企业提供免费咨询服务，即由课题组和咨询师共同为企业出具《企业全面预算成熟度测评报告》，报告内容包括参与测试企业的全面预算成熟度等级、总分、在所有参与企业中的排名、预算系统问题诊断和提升建议。参评企业基本情况如表2所示，图4显示了被测企业自评的预算管理成熟度等级分布情况。

图3 评估报告

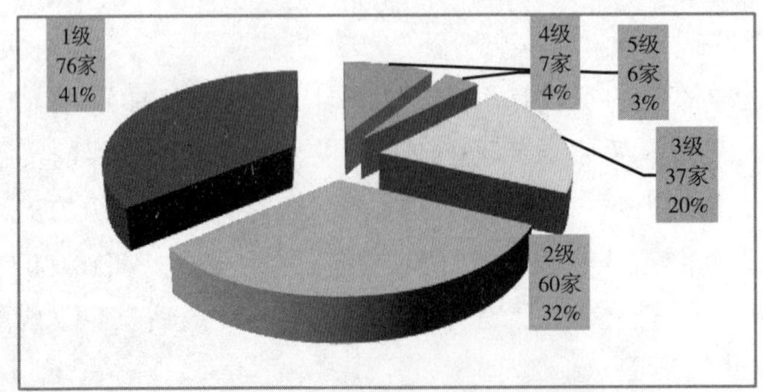

图4 186家企业预算管理成熟度等级分布

① 即使A企业此时实现的五级实践数量超过五级实践指标总数的75%以上，该企业全面预算成熟度等级依然为“三级”。

表 2　样本描述性统计

类别	家数	百分比（%）
东部地区	130	69.64
中西部	56	30.36
总计	56	100.00
国有企业	97	52.14
非国有企业	89	47.86
总计	56	100.00
制造业	119	64.29
服务业	67	35.71
总计	186	100.00

六、应用展望

企业全面预算管理成熟度模型（CBMM）研究是应企业管理者以及国有资产管理部门对于企业预算管理实施和建设情况进行掌控的需求而开展的，属于原创性的基础应用性研究。CBMM 模型的建立，突破了以往仅能以定性的方法来评价企业预算管理水平的局限，实现了对预算管理水平的定量测量。CBMM 模型的理论基础是内部控制五要素理论。它借鉴了 CMMI 模型构造方法和分级评价思想，同时紧密结合中国企业管理实践开发而成。CBMM 模型是内部控制理论的延伸和企业管理控制“四阶段论”理论的深化。

在模型开发过程中，我们不仅采用了国际普遍使用的建模研究方法，同时为了保证研究数据信度，采取与国内大型专业预算管理咨询公司合作方式，选取该公司的客户是国内实施全面预算管理中具有典型性的企业。同时，由于有了客户预算咨询项目咨询师和企业预算部门主管的积极参与和协助，很大程度保障了研究数据的可靠性。在 CBMM 模型开发过程中，先后有 40 多位国内预算管理领域的资深咨询师、60 多家企业预算管理人员和 20 多位从事预算管理研究的学者参与到模型的开发、测试、评审、征询意见等过程中，具有较强的代表性和可靠性。

未来可以利用 CBMM 模型对企业全面预算实施情况进行综合性的量化评价，帮助管理部门摸清所属企业的预算管理“家底”，更科学地制定预算管理实施政策和决策。CBMM 模型既可作为企业预算管理的“体检仪”，也可作为预算系统建设的标准规范；既为国资管理部门提供评价与指导国有企业预算工作的新工具，在监控国有资本运营中发挥重要作用，也能够帮助企业管理者查找企业预算系统缺陷，为确立企业预算管理改进方向和目标提供依据和指导。

企业年度财务决算标准化流程实施项目

创造单位：北京经济技术投资开发总公司
主要创造人：徐婧鹤　　创造人：胡雨虹　李璐阳　黄南希　刘亚军

[摘要] 制定财务决算标准化流程，与年终审计相结合，提高财务决算系统填制质量及效率，全面、准确提供总公司系统财务信息，完成国资委及财政相关部门的工作要求，为企业经营决策提供准确的信息支撑。

2010 年以来，总公司承接了 12 平方公里项目开发建设工作等一系列新区改扩建工作，子公司从 30 家迅速发展为 45 家，资产总额从 274 亿元提升到 679 亿元。市国资委对年度财务决算工作愈加重视，要求日益严格。以往低计划性、没有标准审核质量要求、信息不对称的工作方式已不能满足总公司系统迅速发展的需要。

通过数据、审核、思想三方面准备工作，夯实培训，依据严格的财务决算日程表、完整的审核材料、规范的审核方法严格控制财务决算编制及审核质量；增加考核评比机制，将年度财务决算工作完成情况纳入子公司考核指标，增强子公司自审以及总部审核人员的审核效率，提高积极性。年度财务决算工作完成后，组织全系统做好工作总结。

[关键词] 财务决算；标准化

一、做好企业年度财务决算工作的重要意义

财务决算是科学评价全年工作的综合性依据，做好年度财务决算工作是加强财务管理的重要内容。对企业来说，年度决算报告是企业年度财务状况、经营成果和现金流量的综合反映，是对全面预算实施效果的全面检验，也是评估经营风险、揭示经营短板、提出对策建议，为企业经营决策提供信息支撑的重要依据；对国资管理来说，是出资人履行职责、加强监管、考核国有资本保值增值结果的重要手段，能有效防范新常态下国企改革过程中国有资产流失和损害的风险。

二、目前企业年度财务决算工作状况

当前，企业面临的经济形势复杂多变，对企业生产经营和财务状况产生了重大影响，对财务决算管理工作提出了新挑战和新要求。年度财务决算时间紧、工作量大、过程复杂、返工率高，是国有企业财务管理的重点、难点和突出问题。

2010 年以来，总公司承接了 12 平方公里项目开发建设工作等一系列新区改扩建工作，子公司

从30家迅速发展为45家，资产总额从274亿元提升到679亿元。市国资委对年度财务决算工作愈加重视，要求日益严格。以往低计划性、没有标准审核质量要求、信息不对称的工作方式已不能满足总公司系统迅速发展的需要。

以总公司2014年财务决算工作为例，涉及45家成员单位（其中，二级单位22户，三级单位20户，四级单位3户），71套决算报表，近1.4万张报表，所有财务及非财务信息数据量过百万，涵盖培训、编制报表及分析说明、审核及修改四项工作，但时间仅有21个工作日，并且还面临会计准则修订、审计报告出具不及时、反复修改以及财务决算填报人员更替等问题。

在这种情况下，总公司财务决算审核人员、子公司财务决算填制人员加班加点，保质保量完成年度财务决算工作，得到总公司领导和市、区国资委及财政局好评。这一方面得益于总公司财务人员不畏艰难、勤勉负责的良好工作品质，但起到关键作用的是"企业年度财务决算标准化流程实施项目"的工作机制保障。

2011年，为了保证企业年度财务决算工作及时完成、数据准确、分析到位，提高编报质量和效率，降低返工率，并能够有效传承，总公司计划财务部借鉴以往工作经验，统筹安排，制定了"企业年度财务决算标准化流程实施项目"，精细化管理财务决算工作，并在2012~2014年三个会计年度继续实践和改进，形成了一套完整、成熟并行之有效的管理方法，坚持做到以制度管人、依制度做事，避免了来回沟通及工作人员轮换带来的负面影响，有效实现了财务决算的标准化、高效化、低成本、快节奏。

三、实施企业年度财务决算标准化流程项目目标

企业年度财务决算标准化流程项目的目标是：制定财务决算标准化流程，与年终审计相结合，提高财务决算系统填制质量及效率，全面、准确地提供总公司系统财务信息，完成国资委及财政相关部门的工作要求，为企业经营决策提供准确的信息支撑。归纳为：财务决算步骤流程化、文字材料标准化、工作任务责任化、工作成果绩效化。

四、企业年度财务决算标准化流程计划与实施

企业年度财务决算标准化流程计划与实施如下：

（一）准备工作

1. 数据准备

总公司计划财务部会同审计部、子公司、会计师事务所总结第一至第三季度总公司系统重点事项，与会计师事务所商讨处理方法，做好预审工作。各单位要扎实做好资产清查、账务清理工作，做好主要会计政策执行情况的自查自纠工作，做好生产、采购、运销、人力资源等部门与财务部门有关指标数据的核对工作，确保相同指标口径衔接一致，认真梳理年度间财务决算报表编制口径变更、会计政策变更及会计差错更正等事项，合理确定期初数调整事项。

2. 审核准备

总公司总审核负责人根据上年财务决算审核情况，进一步完善《国有资产决算报表编制内容确认书》；总结上年财务决算经验，对总公司系统相关财务人员进行专项培训，提高对年终审计报告

的复核质量，增进决算填制效率；落实财务决算工作考评机制及细节。

3. 思想动员

各单位需高度重视，精心组织，财务经理全面负责，安排财务骨干力量具体负责，确保决算工作的及时、高效。

（二）夯实培训

总公司系统财务决算人员、审计部相关人员及会计师事务所接受市国资委、区国资办培训，学习决算系统当年需要重点注意及有变化之处，根据此原则出具当年审计报告及附注，保证审计报表与财务决算数据口径的一致性。

（三）控制编制及审核质量

通过以下几个方面，严格控制财务决算编制及审核质量：

1. 严格的财务决算日程表

根据年度财务决算工作安排，制定财务决算工作日程表，将年终审计与决算填制相结合，并严格执行。各公司财务人员需要认真审核审计报表，督促进度，进一步提高审计报告和决算系统的报送质量。

2. 完整的审核材料

总公司总审核人依据国资办财务决算培训进一步修订《国有资产决算报表编制内容确认书》及《财务决算报表编表说明模板》，重点提醒各表易错之处。各公司财务人员严格按照确认书及模板编制年度财务决算。

3. 规范的审核方法

采用“各子公司分别填写决算—总审核人带领各子公司集中现场自行审核及更改—总部审核小组分组进行二审—总审核人终审”的三级审核制度，合理分配工作，减少填写错误。

对《财务决算报表编表说明》采用“各子公司—总部审核人员—总编制人”逐级汇总方法，提高该说明的编制效率。

对总公司审核完成的财务决算，交区国资办进一步审核。

（四）考评及总结

增加考核评比机制，将年度财务决算工作的完成情况纳入子公司的考核指标，增强子公司自审以及总部审核人员的审核效率，提高积极性。

年度财务决算工作完成后，组织全系统做好工作总结，表扬优秀公司，与决算工作需进一步改进的公司约谈。

企业年度财务决算标准化流程的项目要求如下：

（1）各公司控制审计的进度及质量。

（2）各公司必须认真参加财务决算培训，认真学习《国资决算报表编制内容确认书》。

（3）编制人、审核人提高责任意识，提高审核质量。

（4）日常档案记录作为项目存档资料。

（5）绩效考核评比机制的合理化、公平化。

五、企业年度财务决算标准化流程创新点

1. 控制前置理念

将控制前置理念运用到企业年度财务决算中是此项工作的理论支持。控制前置 (Feed forward Control) 是在实际活动前便制定绩效标准及偏差预警系统，在问题发生以前即进行控制程序，以防范未来可能发生的困难为导向。

建立起财务工作的全过程控制机制，即采取事前、事中、事后的控制，使从决策、实施到评价都得到有效全面的监控。将控制节点前置，从决算审核阶段前置到决算编制之前，能够有效提高子公司财务人员参与的主动性，减少编制及审核过程中的沟通环节，降低返工率。

2. 产品质量标准

产品质量标准是产品生产、检验和评定质量的技术依据。对企业来说，为了使生产经营能够有条不紊地进行，则从原材料进厂，一直到产品销售等各个环节，都必须有相应标准作保证。它不但包括各种技术标准，而且还包括管理标准，以确保各项活动的协调进行。

将财务决算报告视为一项产品，制定规范的产品质量标准，能够提高财务决算质量，获得最佳工作效率，促进财务决算工作全面发展。财务决算工作的产品质量标准，即国有资产决算报表编制内容确认书、财务决算报表编表说明。这些材料制定了标准的财务决算编制要求，为子公司财务人员提供了决算编制蓝本。

3. 三级及现场审核制度

决算审核工作在时间维度上采取“自审—二审—终审”三级审核制度，在空间维度上采取现场及远程审核相结合的方式。首先各子公司进行填报并在总公司总审核人的带领下完成自审，总部各审核人员分组完成初审，最后由财政审核人员和总部终审人进行会审和现场更正，会计师事务所进行配合，完成决算工作。

六、企业年度财务决算标准化流程实施项目成果

（一）直接成果

1. 财务决算步骤流程化（见表 1）

表 1　财务决算流程

序号	工作流程	工作日（天）	提交成果	责任部门工作内容		
				会计师事务所	总公司财务部	子公司财务部
1	参与财务决算培训	1	财务决算报表编制资料、光盘等	参加培训会议	根据区国资办要求，组织好财务决算培训会议	参加培训会议，若决算填制人员有变化，做好工作交接
2	出具、审核审计报告	根据审计工作量决定	各公司审计报告	出具总部本部、子公司电子版审计报告（含会计报表及附注）	审核审计报告	审核审计报告
3	填制、自审财务决算	5	初版财务决算系统	根据沟通情况修改审计报告	填制本部财务决算、编写编表说明	填制财务决算、编写编表说明
					总部对本部决算报表及说明进行自审	子公司对决算报表及说明进行自审

续表

<table>
<tr><th rowspan="2">序号</th><th rowspan="2">工作流程</th><th rowspan="2">工作日（天）</th><th rowspan="2">提交成果</th><th colspan="3">责任部门工作内容</th></tr>
<tr><th>会计师事务所</th><th>总公司财务部</th><th>子公司财务部</th></tr>
<tr><td>4</td><td>出具、审核合并审计报告</td><td>根据审计工作量决定</td><td>总公司合并审计报告</td><td>出具总公司合并电子版审计报告（含会计报表及附注）</td><td>审核合并审计报告</td><td>—</td></tr>
<tr><td>5</td><td>填制合并财务决算</td><td>5</td><td>初版总公司合并财务决算</td><td>根据沟通情况修改合并审计报告</td><td>填制合并财务决算</td><td>—</td></tr>
<tr><td>6</td><td>现场审核</td><td>1</td><td>经现场审核修改过的财务决算</td><td rowspan="4">根据沟通情况修改审计报告</td><td>总审核人带领各子公司集中现场自行审核</td><td>子公司在总审核人指导下自审并修改决算</td></tr>
<tr><td rowspan="2">7</td><td rowspan="2">总公司二审</td><td rowspan="2">3</td><td rowspan="2">经二级审核修改过的财务决算</td><td rowspan="2">总公司二级审核人分组二审</td><td>子公司报送现场审核的决算报表</td></tr>
<tr><td>根据二审结果修改决算报表</td></tr>
<tr><td>8</td><td>总公司终审</td><td>3</td><td>经终审修改过的财务决算</td><td>总公司主审核人终审</td><td>根据终审结果修改决算报表</td></tr>
<tr><td>9</td><td>区国资办集中会审</td><td>1</td><td>财务决算系统、编表说明、总公司运营分析报告</td><td colspan="3">总公司完成财务决算、编表说明及国有资产运营分析，区国资办集中会审，重点子公司、审计部、事务所配合工作</td></tr>
<tr><td>10</td><td>报送市国资委审核</td><td>1</td><td>财务决算系统、编表说明、总公司运营分析报告</td><td colspan="3">总公司接受市国资委审核，重点子公司、事务所配合</td></tr>
<tr><td>11</td><td>绩效考评、总结经验</td><td>5</td><td>财务决算工作考评结果</td><td>—</td><td>制定并落实财务决算工作考评机制，进行绩效考评</td><td>接受总公司财务决算工作绩效考评</td></tr>
</table>

2. 文字材料标准化（详见附件 1sheet2 及模板 1~4）（见表 2）

表 2 文字材料标准化

序号	内容
1	关于 201× 年度财务决算编报工作的通知
2	201× 年版国有资产决算报表编制内容确认书
3	201× 年 ×× 公司财务决算报表编表说明（模板）
4	财务决算工作交接单

附件 1

关于 201× 年度财务决算编报工作的通知

总公司所属各分公司、子公司及博大科技：

根据京财企［201×］×× 号文件对 201× 年度企业财务决算工作的安排，结合总公司实际情况，总公司对 201× 年度财务决算编报工作要求如下：

一、编报内容

（一）电子版

(1) 主体报表：201× 年企业财务决算报表的 JIO 文件，由总公司审核人审核通过后导入 201× 年国有资产统计报表系统。

(2) 附表文档：粘贴于数据库中，以“文件名称 +（单位名称）”命名，具体包括：①会计报表附注；②财务情况说明书；③财务决算专项说明；④报表编制说明。

（二）纸质材料

(1) 201× 年国有资产统计报表（一式两份）。

(2) 财务情况说明书（一式两份）。

(3) 报表编制说明（一式一份）。

(4) 财务决算报表编制确认书（一式一份）。

二、时间安排

决算报表（电子版）及报表编制说明、财务决算报表编制确认书报送审核时间：××公司于201×年×月×日报送；其余公司于201×年×月×日报送。

财务情况说明书及审核通过的决算报表（电子版）报送截止时间：201×年×月×日。

集中会审时间初步安排于201×年×月×日开始，请准备好电脑及相关资料。

纸质文件由财政局审核通过后，另行通知上报。

201×年财务决算工作日程表见附件1。

三、编报要求

(1) 数据准确，以审计报告为依据，参照财务决算报表编制说明（蓝皮书）、培训资料（幻灯片）以及总部下发的财务决算报表编制确认书；指标完整，避免漏报、误报现象；加强审核及复核工作。

提示1：本年财务决算编报工作采用三级审核制度，各级审核人依照“国有资产决算报表编制确认书201×年版”逐级审核。总公司财务决算审核人安排、国有资产决算报表编制确认书和决算编制说明模板将另行发放。

提示2：本年财务决算中涉及上年数据（含封面代码）时，请与上年财务决算数据核实，一般情况下两年数据（含封面代码）应保持一致；年初数据与上年数据有所调整的，请在填报时注意。

提示3：数据审核时应选择初始界面上方“审核”下拉菜单下的各类审核选项，确保数据正确性和完整性。

(2) 纳入总公司合并范围的二级子公司（含需合并的三级子公司）直接向总公司报送财务决算资料，博大科技直接向开发区国资办和开发区财政局报送财务决算资料，同时报送总公司一份。二级子公司如有应当合并的三级子公司，应在财务决算报送系统中建立树形结构图，将合并的三级子公司列示其中，与二级子公司（本部）合并后上报。另外注意，今年四级子企业应当单独填报。

(3) 重视文字分析说明工作，“财务情况说明书”参见编制资料中的内容提要，结合公司实际情况，重点分析说明本年经营管理情况；“报表编制说明”结合总公司模板编写，对需要解释之处详细说明。

(4) 报表统一使用A3纸，空表、零表仍然需要打印，封面由单位负责人、总会计师、会计机构负责人、填表人签字并加盖公章；文字说明统一使用A4纸，首页加盖公章。

(5) 本次财务决算资料报送采用现场审核方式，由各单位财务决算工作具体操作人员报送决算资料，财务决算数据库经总公司财务人员审核无误后方可导入总公司决算系统，审核中发现的错报、漏报等情况需报送人员现场修改或退回修改后再次报送审核直至无误。请各单位提前联系总公司负责审核本单位资料的财务人员以便确认具体审核时间。

(6) 总公司计划财务部将对各单位财务决算报送工作情况记录归档，请各单位高度重视，精心组织，安排财务骨干力量具体负责，确保决算工作及时、高效。

请各单位认真遵照执行。

北京经济技术投资开发总公司
计划财务部
201×年×月×日

附件 2

201X 年版国有资产决算报表编制内容确认书

报送内容	具体内容		编制结果（下拉菜单选择 √、×）	说明	总公司审核人意见（下拉菜单选择 √、×）	说明
1 报送时间	根据财务决算通知上报		√		√	
2 封面代码						
企业类别	1 1 境内企业					
监管类型（统计任务）	2 地市级监管企业					
企业名称	合并报表在企业名称后加“（合并）”， 合并差额报表在企业名称后加“（合并差额）”					
单位负责人	填写法人代表的名字					
总会计师	如没有总会计师的，可填写分管财务领导或财务负责人，不能填“无”		×		×	
会计机构负责人	财务部部门负责人					
报表审计机构	统一填写“北京兴中海会计师事务所有限公司”					
企业代码	无下级企业的二级公司或者有下级企业的二级公司合并表（总公司本部及总公司差额表）	三级公司（或有三级的二级公司本部表及差额表）				
本企业代码	本企业代码	三级企业代码（或二级企业代码）				
上一级企业代码	101128329	二级企业代码				
集团总部代码	101128329	101128329				
行政隶属关系代码	110115 大兴区（包括控股的外地公司，如天津博海缘）					
部门标识代码	199 其他					
国家代码	156 中国					
行政区划码	一般为 110115 大兴区，外地公司填写所在地		×		×	
国民经济行业分类与代码	一般情况与上年保持一致					
执行会计准则情况代码	00 企业会计准则					

续表

报送内容	具体内容	编制结果（下拉菜单选择√、×）	说明	总公司审核人意见（下拉菜单选择√、×）	说明
经营规模	P430 大中小型企业须同时满足所有指标下限，否则下划一档；微型企业只需满足所列指标一项即可。 从业人员：年末数 营业收入：P432 解释，注意一般用主营业务收入 在左下角选择："公式—经营规模审核"可以审核出规模填写是否正确				
经济类型	国有及国有控股—非中外合资合作企业	√		√	
组织形式	总公司企业一般选择"其他有限责任公司"或"非上市股份有限公司"；未改制的选"非公司制独资企业"，如总公司、体育俱乐部。一般与上年相同				
工资管理标识码	31 工资总额预算管理				
上年组织机构代码	由上年的"本企业代码"和上年的"报表类型码"共 10 位组成，如为新投资设立或新设合并，此代码不填				
上报因素	按实填列，关注存在新设合并情况。四级单位上年为三级合并上报，本年单独上报，上报因素选"其他"，在编表说明里说明即可				
报表类型	涉及单户表、集团差额表和集团合并表				
上报方式	填 1. 报送全套报表				
补充指标表代码	除施工企业外，其他行业暂无补充表（填 00 无补充表）				
备用码	总部集团 2283411000，二级公司及有三级公司的二级合并表 2283421000，三级公司以及有三级公司的二级单户表差额表 2283431000				
3　主附表					
3.1　资产负债表					
期末余额年初余额	是否按照审计报告填写，年初余额为审计报告上年初数，而非上年审计报告年末数，利润表、现金流量表同理				
不需填列的项目	带△的为金融企业指标，带 # 的为外商投资企业指标，均不需填列；带※的为合并报表使用，仅合并报表填列。利润表、现金流量表同理				
存货、应付职工薪酬、应交税费、实收资本、盈余公积等下的明细项	勿漏项，并且明细项原则上应小于等于主项				
其他流动负债	短期融资券在本报表项目列示				

续表

报送内容	具体内容	编制结果（下拉菜单选择√、×）	说明	总公司审核人意见（下拉菜单选择√、×）	说明
实收资本	注意填列在国家资本、其中国有法人资本、私营资本、其中个人资本数据的正确性				
3.2 利润表	同理部分是否填制正确				
管理费用、财务费用、投资收益、营业外收支明细项	勿漏项，并且明细项原则上应小于等于主项				
3.3 现金流量表	同理部分是否填制正确				
支付给职工以及为职工支付的现金	不包括支付的离退休人员各项费用和支付给在建工程人员工资等				
支付的工会经费	支付其他与经营活动有关的现金				
为构建固定资产、无形资产和其他长期资产而发生的借款利息资本化部分	分配股利、利润或偿付利息支付的现金				
分期付款购置资产现金流	以分期付款方式构建固定资产、无形资产等各期支付的现金在“支付的其他与筹资活动有关的现金”反映				
3.4 所有者权益变动表	根据事务所出具表填写				
本年会计调整	本年报表上年年末数左边 1~11 栏应当按照上年决算经过追溯调整后余额填列，本年年初调整与上年调整一并填写在右边 2.3 行 12~22 列				
少数股东权益	4 行 10 列无公式，合并单位勿忘填上				
3.5 国有资产变动情况表	根据事务所出具的表填写，在计算国有资本及权益总额的时候，权益中国家享有的比例都要体现				
钩稽关系	年初（末）国有资本及权益总额 = 资产负债表中年初（末）国家资本 / 实收资本 × 归属于母公司所有者权益的合计				
年末其他国有资金	一般情况没有				
税收返还	反映企业按国家有关规定，收到返还的所得税、增值税等直接增加的国有权益，行业性的税收返还政策不在本项目反映				

续表

报送内容	具体内容	编制结果（下拉菜单选择√、×）	说明	总公司审核人意见（下拉菜单选择√、×）	说明
3.6 资产减值准备情况表	根据事务所出具表填写。合并增减额反映企业因合并范围变化而增减的减值准备金额。因同一控制下企业合并增加的子公司，应调整合并期初数，不在本项目下反映				
3.7 应上交应弥补款项表					
	本表数据不包括企业代扣代缴由个人承担的税费（个税、个人保险）				
其他税费	城镇土地使用税、土地增值税、契税、印花税、土地使用税、房产税、车船税等				
国有资本收益	仅由集团本部填列，不包含国有及国有控股企业向投资者分配的红利				
	本年应交数不包括上年未交税费，但本年已交数包括本年交的上年未交税费				
	补充资料未漏填，封面代码上选择了参加补充养老、医疗保险的此处需要填写实际支付的仅企业承担的保险总额				
3.8 基本情况表					
年末从业人数	不包括与法人单位签订劳务派遣合同人员				
年末职工人数	不包括离、退休人员，但包含内退下岗人员				
年末离、退休人数	离休：49 年前工作的人；离、退休指累计人数				
参加各类保险的职工人数	指年末人数				
职工人数与参保人数存在差异要进行说明					
实行工效挂钩职工人数	为 0				
本年累计解除劳动关系人数和本年累计支付经济补偿金额	若一项有，另外一项一般情况也应有数，并且注意人均经济补偿金的合理性，如果人均补偿过低、过高或为 0 在编制说明中写明理由				
企业负责人薪酬总额和企业负责人人数	企业负责人不能漏填，但兼职不兼薪的不用填，审核有合理性问题说明即可；合并报表按汇总口径填列，并注意人均薪酬的合理性				

续表

报送内容	具体内容	编制结果（下拉菜单选择√、×）	说明	总公司审核人意见（下拉菜单选择√、×）	说明
本年支付的职工福利费、本年支付的医药费、本年企业支付的职工住房费用、本年提取/支付的职工培训费用	若有勿漏填，审核人须进行沟通审核				
工业总产值	按实际销售价格计算的工业产品总量，仅由工业企业填列，目前仅由水务和开拓热力填列				
劳动生产总值	反映企业生产过程中产出超过这一过程中间投入的价值。为劳动者报酬、生产税净额、固定资产折旧和营业盈余四部分之和，所有企业均需填列，不能漏填。通过运算即可出数，但改过相关表后需要此处更新计算数据 在综合审核——审核性过录表查询——企业劳动生产总值，可以查看此项计算是否正确 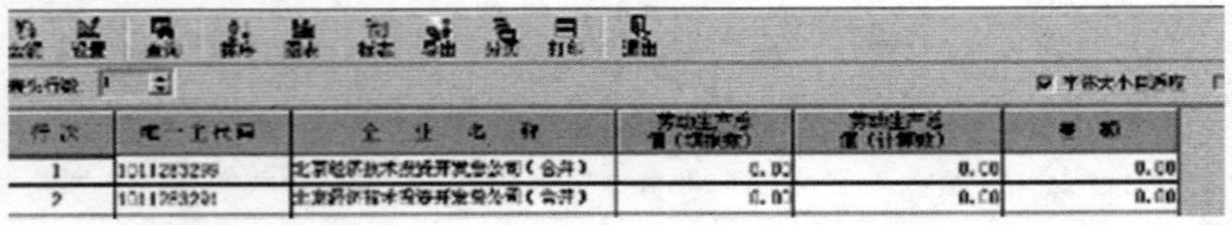				
本年收到的财政性资金	收到财政补贴的企业需要填列。内容见 P81				
本年科技资金来源及支出	主要使用研发支出科目，目前仅水务公司有。具体含义见 P82				
资本构成情况	该指标应以汇总口径填列，差额表应该无数据				
固定资产情况	土地资产一般没有；固定资产投资额不包括以非货币交易换入和债务重组等方式取得的固定资产，根据“固定资产”、“在建工程”、“工程物资”等科目分析填列				
社会贡献总额	计算内容见 P84				
基本情况表的差额表	原则上要求表中职工人数情况、工资及福利情况等指标不应出现数据				
* 汇编范围企业户数情况表（统计任务）	本部填写				

续表

报送内容		具体内容	编制结果（下拉菜单选择√、×）	说明	总公司审核人意见（下拉菜单选择√、×）	说明
3.9	无数字的统一为零表，也要打印	有些不涉及的表就作为空表，也要打印。不必全是0，因为有的填0之后必须填文字项，否则无法保存				
4	财务情况表					
4.1	应收账款情况表					
	年初、年末余额	不扣除已计提的坏账准备				
	逾期应收款项	包括逾期应收账款和逾期其他应收款				
4.2	固定资产投资情况表					
	固定资产范围	指建造和购置固定资产的重大投资活动。不限于会计上的“固定资产”概念，包括投资性房地产				
	项目所在地区	为“156”				
	企业购置的不需安装的固定资产	并入“新开工项目”，以购买日作为竣工年月，不需填列开工年月，但需在“备注”中说明				
	本年到位资金	“其他”指除自有资金和贷款以外的资金，若超过投资额的10%，须在“备注”中具体说明其来源				
4.3	对外长期股权投资表	仅反映企业对合并范围外的长期股权投资，如经开股份不需写对经开光谷的投资，但需要写对数文的投资 。不包括年初持有但期末已处置股权投资				
	“连续持有”	包括股权追加与股权减少，以及合并范围变化引起的长期股权投资变动。企业因新增合并范围带来的对外股权投资项目作为“连续持有”反映				
	被投资企业性质	总公司企业一般填写“国有独资”（如总公司100%控股的企业）、“国有控股”				
	被投资企业所属行业	与被投资企业封面代码填写的代码一致				
4.4	并购及无偿划入企业情况表	不包括集团内部企业之间的并购、置换以及无偿划转行为				
4.5	子企业及股权处置情况表	不包括集团内部企业之间的子企业及股权出售、转让或无偿划转行为				

续表

报送内容		具体内容	编制结果（下拉菜单选择 √、×）	说明	总公司审核人意见（下拉菜单选择 √、×）	说明
4.6	投资及风险业务情况表	不包括企业以参股、控股为目的在长期投资科目核算的股权投资				
		委托贷款情况分别以年初与年末账面余额填列，不扣除已计提的减值准备				
4.7	或有事项情况表	集团总部与所属各级子公司之间提供担保的金额，仅由提供担保一方填列；子公司之间的担保金额，仅由提供担保一方填列				
4.8	提供担保情况表					
	集团总部与子企业共同提供担保	由双方根据担保比例分别填列金额，或指定由其中一方全额填列				
	担保对象为集团内成员单位的	企业性质选择“国有独资”进行填报				
4.9	人工成本情况表	本表左边部分填报口径均不含劳务派遣费用				
4.10	企业工资总额清算表					
	预算企业情况	是否漏填				
	核定效益目标值	工资预算核定的效益基数，即报送工资预算表中当年的利润总额				
	核定工资总额	核定企业本年度工资总额指标				
	核定上年全员平均工资	核定企业上年工资基数与上年企业全员平均人数之比				
	效益完成值	当年实现利润总额				
	未纳入预算企业工资情况	应该不填				
4.11	利润分配情况表	企业向非母公司的其他集团内部企业分派现金股利也填在“母公司现金股利”，而不填列“少数股东现金股利”、“应付少数股东现金股利”				
4.12	非经常性损益情况表	企财 25 表第 2 行 = 企财 02 表（35~40）行本期金额 企财 25 表第 5 行 = 企财 02 表（36~41）行本期金额 企财 25 表第 7 行 = 企财 02 表（38~42）行本期金额				

续表

报送内容		具体内容	编制结果（下拉菜单选择√、×）	说明	总公司审核人意见（下拉菜单选择√、×）	说明
4.13	年度经营成果情况表					
	目标值	反映企业与市国资委签订的企业负责人年度经营业绩考核责任书中签订的考核指标目标值，目前没有				
		该表左半部分应有数据项勿漏填				
4.14	企业集团基本情况表					
	填报范围	一至四项由集团公司总部填列，补充资料由全部企业填列				
	集团所属法人级次	股权架构中最末级的具有法人资格、会计上可以独立核算的子企业层级				
	集团所属管理级次	管理架构中最末级企业（单位）的层级，包括不具法人资格的分公司等				
4.15	社会责任情况表	由集团总部填报，涉及财务指标以合并口径进行填列，统计指标以汇总口径填列				
4.16	股权结构情况表	不能利用汇总节点，若有合并表，按照本部情况填写				
	填列范围	按持有股权比例前十大股东分项填列				
	股东性质	股东为总公司则选择“国有独资”企业法人				
4.17	企业期初数调整情况表	上年年末数为上年审计报告的年末数，本年年初数为本年审计报告的年初数				
4.18	分地区主要指标表	由单户企业自动计算生成，集团汇总并核对，差额表无数据				
4.19	Z33–Z35 境外情况表	目前不用填				
4.20	企业资产减值准备财务核销情况表	核销资产减值准备种类选择“14. 其他减值准备”的企业，应当在财务决算专项说明中详细说明原因				
5	会计附注	勿漏填				
6	附报文档					
	会计报表附注	事务所出具，内容与主附表数据一致				

续表

报送内容	具体内容	编制结果 （下拉菜单选择√、×）	说明	总公司审核人意见 （下拉菜单选择√、×）	说明
财务情况说明书	本公司编写，内容翔实且与主附表数据一致				
财务决算专项说明	事务所出具，内容与主附表数据一致				
报表编制说明（报总公司）	封面代码与上年不同的、审核不通过但数据的确正确的、本年年初数与上年年末数不一致的以及其他需要说明的情况应附详细文字说明				
7 审核	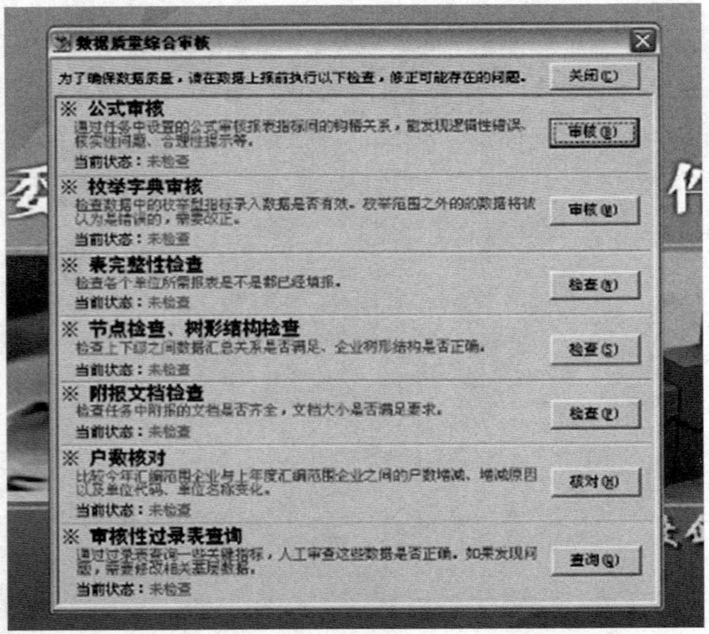 数据质量综合审核 为了确保数据质量，请在数据上报前执行以下检查，修正可能存在的问题。 关闭(C) ※ 公式审核 审核(B) 当前状态：未检查 ※ 枚举字典审核 审核(W) 当前状态：未检查 ※ 表完整性检查 检查(H) 检查各个单位所需报表是不是都已经填报。 当前状态：未检查 ※ 节点检查、树形结构检查 检查(S) 当前状态：未检查 ※ 附报文档检查 检查(P) 检查任务中附报的文档是否齐全，文档大小是否满足要求。 当前状态：未检查 ※ 户数核对 核对(H) 当前状态：未检查 ※ 审核性过录表查询 查询(Q) 当前状态：未检查				
单表审核					
全表审核					
与上年数据核对	“审核—与上年数据核对”核查与上年不一致情况，在编表说明中进行解释				
公式审核					
枚举字典审核					

续表

报送内容	具体内容	编制结果（下拉菜单选择√、×）	说明	总公司审核人意见（下拉菜单选择√、×）	说明
完整性检查	是否有漏填的表				
节点检查、树形结构检查	对于有合并的单位，可以检查出下级汇总数据与上级合并数据是否有差额。并请注意一个节点错误改正后才会出现下一个				
附报文档检查	对所要求上传的文档是否漏报				
户数核对	与上年户数是否有变化，若有则进行说明				
审核性过录表查询	（1）不在岗人数及补偿金额审核： ①年末职工人数、在岗职工人数等一般有数； ②年初不在岗 / 年末不在岗比例是否合理； ③若填写了累计解除劳动关系人数，则累计支付经济补偿金额一般有数，人均经济补偿金额是否合理 （2）专利个数和安全生产等费用： ①是否有公司填专利个数； ②安全生产和环境保护支出占成本费用总额比率是否合理 （3）人均保险情况： ①差额表中一般没有数据； ②关注人均保险值是否合理，如果为 0，请做出说明 （4）人均资产、人均人工成本： “从业人员人工成本总额”一般大于等于“职工人工成本总额实发数” （5）人均工资审核（两年数）和各类人数两年对比审核：关注增减率是否合理 （6）企业劳动生产总值：填报数与计算数应相等 （7）企业负责人薪酬：一般情况，负责人人数和薪酬应有数据，人均值是否合理 （8）合并表及差额表查询：其中四项差额表不应有数据 （9）各类封面审核：一般与上年相同，若与上年不同，要进行说明 （10）差额表填报人数查询：不应有数 （11）平均固定资产折旧率：对于 0 或者过高过低的数据应该进行说明 （12）国有资产总量审核：归属于母公司所有者权益合计≥年末合计国有资产总量 （13）福利费、住房费、培训费、医药费：人均数是否合理				
注：1. 不需要填的表打 ×，在备注中说明； 2. 总公司计划财务部根据财政审核要求保留修改确认书内容的权利，并及时更新版本					

附件 3

201X 年财务决算报表编表说明（模板）

一、编报范围

本年财务决算报表编报范围共计 × 户，其中：集团合并报表 1 户、集团合并差额报表 1 户、集团本部报表 1 户、二级子公司单户报表 × 户、二级子公司合并报表 × 户、二级子公司合并差额报表 × 户、三级子公司单户报表 × 户。

二、编报依据

本年财务决算报表以年度中介审计机构出具的审计报告为依据，同时结合企业实际经营情况编报。

三、需要说明的事项（下文均为举例，各公司根据实际情况编写）

（一）封面代码

(1) 企业代码。

AA 有限公司单户表上年上一级企业代码 101128329，本年新设三级公司 BB 有限公司，为满足统计报表的树形结构，本年上一级企业代码为 722615998。

(2) 行业分类与代码。

AA 有限公司上年所属行业代码 8390“其他未列明的服务”，该公司于上年末成立，尚未展开具体经营业务，本年营业业务主要是提供技术等咨询服务，故本年所属行业代码变更为 7439“其他专业咨询”。

(3) 执行会计准则情况代码。

总公司财务决算报表编报范围内的所有公司在本年均实行企业会计准则。

(4) 经营规模。

AA 公司规模从小型变成中型。由于 AA 公司销售额已经达到房地产企业的大型规模，但人数不满足指标下限，故划分为中型。

CC 有限公司（合并）由于人数和销售额均达到房地产企业中型规模，故从上年的小型变为中型。

(5) 组织形式。

AA 有限公司于本年进行改制，由上年的“独资公司”改为“有限责任公司”。

(6) 工资管理标识码。

总公司财务决算报表编报范围内的所有公司不再执行工效挂钩，执行工资总额预算管理。

(7) 社会保险标识码。

AA 有限公司是上年末新设立公司，各项保险均未参加，本年经营业务展开，人员情况到位，参加各项保险。

(8) 审计意见类型和审计方式变动。

AA 有限公司上年末新设立，未经审计，本年接受会计师事务所审计，并出具标准无保留意见审计报告。

(9) 新报因素的变动。

AA 有限公司上年为新投资设立公司，本年为连续上报。

BB有限公司本年新设子公司，故其合并户和差额户为“新设合并”。

(10) 上年组织机构代码。

AA公司上年未填写，本年填写“5658363150”，因该公司上年11月成立，故上年不用填写，本年才有。

(二) 资产负债表

CC有限公司本年末应交税费23326449.55元，应交税金23367674.99元，应交税费比应交税金小41225.44元。本年房产销售业务的税费是按照预收房款预缴的，因此应交税金中的预缴营业税、预缴城建税、预缴教育费附加均为借方余额，与其他应交税金相抵销后，造成应交税费小于应交税金。

(三) 利润表

空表1户：CC有限公司

原因：公司于本年11月成立，截至本年末公司工作人员尚未到位，经营业务尚未开展。

(四) 现金流量表

同前表说明。

(五) 所有者权益变动表

同前表说明。

(六) 国有资产变动情况表

同前表说明。

(七) 应上交应弥补款项表

空表1户：AA有限公司。

原因：上述公司为本年新设企业，截至年底，尚未开展经营业务，本年尚未发生应上交应弥补款项。

(八) 资产减值准备情况表

空表18户：其中合并表2户，分别为……单户表16户，分别为……

原因：企业没有资产减值准备事项。

(九) 基本情况表

1. 未发生人员及工资以及无单位负责人和薪酬说明

AA公司于2000年3月6日经北京市工商行政管理局批准成立，系全民所有制法人单位；根据企业经营发展的需要，2005年9月起其经营业务转移至其控股子公司CC有限责任公司，自身不再开展经营业务，故本年没有人员及工资支出发生。其单位负责人都是由其他公司领导兼任不带薪，因此基本表中单位负责人数和单位负责人薪酬都为零。

BB有限公司为本年新设立企业，本年尚未开展经营业务，公司专职工作人员尚未到位，公司均由其控股公司人员代为管理，本年没有人员及工资支出发生。此表为空表。

2. 职工人数与参保人数存在差异

AA有限公司：本年12月员工10人，缴纳社会保险5人，其中5人未缴纳，未缴纳社会保险的员工其保险在其他公司另行缴纳，AA有限公司不负担。

DD有限公司：12月新入职1人，保险在1月增加。

BB 有限公司：缴纳社会保险人数和年末从业人员总数存在差异，差异原因是：该部分人员为公司提供兼职服务，所以未缴纳社会基本保险。

CC 有限公司：年末职工人数与养老保险人数的差别原因：由于公司未为部分人员缴纳养老保险，该类人员为房地产销售人员、实习生处于实习期内；还有部分为人员调动导致年末从业人数和参加保险平均人数有差异。

3. 实发工资大于应发工资

AA 有限公司，全年实际发放工资总额比应发工资总额大，原因是：2012 年发放了 2011 年的年终奖，已在 2011 年计提，计入 2011 年成本费用。

存在解除劳动合同但未发生经济补偿户：

(1) AA 有限公司：解除劳动合同的这 1 人是系统内的调派，不存在经济补偿款的问题。

(2) BB 有限公司：年末解除劳动关系人数 2 人，是职工自动离职，无支付经济补偿。

平均固定资产折旧率太低的原因（主要分析指标表处）：

×× 公司当年计提的固定资产折旧总额为 1492.84 元，当年计提折旧的平均固定资产原价为 125609 元，平均固定资产折旧率为 1.19%。因为 ×× 的固定资产到本年 6 月已经计提折旧完毕，之后不再计提折旧，造成平均固定资产折旧率较低。

基本情况表中需要说明的其他情况有：

……

(十) 汇编范围企业年度间主要指标比较表

1. 空表 6 户

……有限公司。

原因：以上公司为本年新设立公司。

2. 上年末数与本年初数存在差异的解释

AA 公司：

本公司对以下会计政策进行了变更，并对比较期间的财务报表进行了追溯调整，其中：调增本年初未分配利润 813222.64 元，调增上年初未分配利润 87212.70 元，调增上年净利润 726009.94 元……

调减本年年初未分配利润 23589678.36 元，调减上年度净利润 23589678.36 元。其中：上年度少计提所得税 24944064.53 元，调增上年度所得税费用 23866918.29 元，调增递延所得税资产 980632.15 元；上年多计提坏账准备，调减上年度资产减值损失 233412.27 元……

（十一）户数核对

本年新增企业 6 户，其中：新设立二级子公司 3 户（……有限公司）、新设立三级子公司 3 户（……有限公司）

另外，ZZ 有限公司本年改名为 TT 有限公司。

×× 公司

201× 年 × 月

附件 4

财务决算工作交接单

填报单位：　　　　　　　　　　　　　　　　　　　　　　　　填报时间：　年　月　日

交接人	
被交接人	
交接、培训内容：	
财务负责人意见： 签字：	

附件 5

工作任务责任（见附件 1sheet3）

序号	工作角色	工作任务
1	总公司计财部经理	制定年终财务决算工作整体目标、把握工作整体进展
2	总公司审计部门	监督会计师事务所保质保量完成审计工作
3	会计师事务所	按时出具并修正审计报表及报告，满足财务决算填报要求
4	总公司主审核人	1. 在上一年基础上，根据本年特点，设计财务决算整体工作流程； 2. 依据国资办财务决算培训进一步修订《国有资产决算报表编制内容确认书》； 3. 撰写财务决算工作通知和日程安排表，组织财务决算培训及审核会议； 4. 带领各子公司进行集中现场审核及修改； 5. 协调总公司二级审核人进行二审； 6. 对所有公司决算报表进行终审； 7. 填写总公司合并财务决算报表； 8. 根据子公司、二级审核人编写整理的财务决算报表编表说明编制总体报表编制说明，编写国有资产运营分析； 9. 接受区财政局、市财政局对财务决算工作的审核； 10. 制定并落实财务决算工作考评机制，进行绩效考评； 11. 总结当年财务决算工作经验及不足
5	总公司二级审核人	1. 依据市国资委、区国资办培训以及《国有资产决算报表编制内容确认书》等培训资料，对所负责子公司报送的决算报表进行审核，根据主审核人复审情况督促子公司修改； 2. 对各子公司编表说明进行整理
6	子公司财务部经理	监督决算报表填制人工作，监督新老决算报表填制人的工作交接，对本公司决算工作负责
7	子公司决算报表填制人	1. 接受市国资委、区国资办、总公司的财务决算培训； 2. 填制、自审财务决算，根据总公司二审、终审要求修正错误； 3. 根据财务决算要求审核事务所出具的审计报告并提请修改； 4. 编制财务决算报表编表说明、财务情况说明书； 5. 做好新老决算报表填制人的工作交接

附件 6

工作成果绩效（见附件 1sheet4）

考评指标	考评细则	具体描述	权重	得分	备注
及时性	是否按照报送时间报送决算报表电子版		5		
	是否按照规定时间完成财务决算的修改		5		
	是否按照报送时间报送决算报表纸质版		5		
准确性	是否报送国有资产决算报表编制内容确认书并经填报人、财务负责人签字确认		5		
	是否存在确认书与编制结果不一致情况	即确认书选择审核完成，但实际填报不符合审核正确的描述 如未按照审计报表填写，实际审核有错误但勾选审核完成也未说明	30		
	财务决算报表编表说明是否按照模板编报		10		
完整性	财务决算报表完整性	是否存在应填未填报表，附报文档无特殊原因未上传系统	15		
	财务决算报表编制说明完整性	是否存在应说明但未说明事项	15		
培训工作	是否参加国资办、总公司举办的决算培训		5		
	决算报表填制人发生变更是否进行培训	需要向总公司报送经财务负责人签字的“财务决算工作交接单”	5		

（二）间接成果

与企业应对经济下行压力、实现“稳增长”工作相衔接，注重利用决算结果分析总结企业增收节支工作效果、经营效益增减变动因素，进一步细化“稳增长”工作措施；要与企业正在开展的管理提升活动相衔接。在决算过程中，进一步分析查找需要改进的问题，夯实管理基础，积极推动管理提升；要与规范的内部控制机制建设与有效性评价工作相衔接，将有关评价工作同步布置，同步实施；要与“营改增”试点工作相衔接，深入分析政策调整的影响，研究提出企业在业务组织方式、结算模式等方面的调整措施，确保实现改革预期效果。

（三）潜在成果

将控制前置的管理会计思想带入工作中，引导财务人员在其他工作方面运用此思想，提高工作效率，减少财务工作的滞后性。

（四）社会效益

（1）准确反映了国有企业年度运营数据，向管理层决策提供依据。

（2）可推广度高。同行业、跨行业，同类企业或不同类企业均可以使用或者部分借鉴，特别适用于级次较多的集团企业。

七、第三方评价

运用企业年度财务决算标准化流程实施项目后，总公司系统财务决算工作效率得到大幅提高，效果显著，正确率高，得到市区两级国资部门好评，得到总公司领导大力肯定。

财务公司资金优化配置体系的构建与实施

创造单位：京能集团财务有限公司
主要创造人：张伟　　创造人：倪婷　于波　熊涛　张原野

［**摘要**］为了顺应金融业发展趋势，提高京能集团资金使用效率，增强公司资金流动性，提升盈利能力，京能财务在保证安全性、流动性前提下，以追求最大限度盈利为目标，通过资金统一配置、计划配置、时间配置和多元配置，成功构建了资金优化配置体系。

成果主要创新点：①全面推进资金改革，实现资金统一配置。②加强资金预期管理，优化资金计划配置。③深化资产管理流动性研究，提升资金时间配置。④提升资金运作效率，实现资金多元配置。

一年来，京能财务资金优化配置体系的构建和运行，已经取得了良好效果，2013~2014 年，京能财务运作资产总规模由 69.47 亿元上升至 91.13 亿元，增长 31.39%。债券投资同比增长 89.48%，存放同业同比增长 64.05%，贷款业务同比增长 22%。2014 年与 2013 年相比，京能财务流动性指标稳中有升，两年流动性指标均在 48% 以上，远远超出监管指标 25% 的要求，保持了较高水平。

［**关键词**］财务；资金；优化

京能集团财务有限公司（以下简称“京能财务”）是非银行金融机构，成立于 2006 年，经中国银监会批准，主要经营存贷款和资金结算业务，服务于北京能源投资（集团）有限公司（以下简称“京能集团”）。截至 2014 年 12 月 31 日，京能财务总资产 160.28 亿元，所有者权益 35.10 亿元，表外委托贷款 126.60 亿元。

京能集团成立于 2004 年，九年来历经两次重组，截至 2014 年 12 月 31 日，京能集团总资产 1715 亿元，净资产 645 亿元。京能集团确立了电力能源、热力供应、地产置业、节能环保、金融证券五大业务板块，投资地域遍布北京、内蒙古、山西、辽宁、新疆、云南等 15 个省、自治区，正处于快速跨越式发展阶段。

京能财务是京能集团快速发展过程中，为实现实体产业和金融产业紧密结合设立的，是北京市国资委系统第一家财务公司，也是中国投资协会地方电力委员会会员单位的第一家财务公司。京能财务秉承“以人为本，追求卓越”核心价值观，“依托集团、服务集团”为宗旨，致力于发挥集团资金归集、融资、金融服务、财务调控四大平台功能，努力实现“一流的金融服务、一流的风险管理、一流的经营业绩、一流的业务发展、一流的专业团队”的发展目标。京能财务成立七年来，多次获得京能集团、人民银行、北京银监局、中国财务公司协会评选的优秀奖项，是北京市纳税 A 级单位。

一、财务公司资金优化配置体系构建背景

财务公司是非银行金融机构，是为企业集团提供金融服务的内部银行。随着企业集团实体产业不断发展，财务公司必须不断拓展资源、创新服务、优化配置，发挥其作为企业集团资金管理平台的优势，提高集团资金运作效率，降低融资成本，促进产融互动，推动集团发展战略的实现。财务公司构建资金优化配置体系的推动因素主要源于以下几个方面：

（一）金融业发展趋势的需要

当前金融业的整体发展趋势是混业经营，特别是资产管理业务。首先，在监管部门陆续推出资产管理业务诸多新政策，进一步放宽资产管理投资范围和运用方式的同时，金融机构可配置的品种和资源越来越多，面临挑战越来越大，这就要求各类金融机构对其资金做出最优化配置。其次，由于混业经营特点，各类金融机构在资产管理业务上形成了大量交叉，为此，金融机构内部逐渐掀起了应对“大资管”背景下的大部制机制改革热潮，这就要求金融机构对原有的资金配置体系进行改革，重新构建。

（二）财务公司提高集团资金使用效率的需要

财务公司作为企业集团最重要的资金管理平台，首先，为了加强集团资金的集约管理，需要改变原有粗放型模式，保证企业集团内部资金的有序流动。其次，为了充分挖掘集团内部资金的潜力，合理安排集团资金，财务公司需要通过构建资金优化配置体系，满足集团融资集中管理的需求，避免不必要的企业集团资源的外耗。此外，作为企业集团融资的管理者，财务公司有效发挥了金融服务职能，以较低的成本，较好地满足了企业集团的金融需求。从整体来看，财务公司通过最优的资金配置方案，可以有效降低企业集团的财务费用，提高企业集团资金的使用效率和运营效率，加速企业集团资产一体化进程。

（三）财务公司增强自身流动性的需要

财务公司依托企业集团发展，为企业集团提供金融服务，其服务实体经济、企业集团的地位不可替代。财务公司实质上是一种流动性创造与转换的媒介，作为企业集团的内部银行，其经营管理本质上是为了确保企业集团合理的流动性。随着企业集团内部经济交流的不断深入，财务公司面临的流动性风险压力也随之加大。如果财务公司的流动性风险得不到合理控制，不但会影响公司流动性提供者的信心，还会影响集团的资金链，制约企业集团的发展。为了避免流动性风险的发生，财务公司需要不断做好资金优化配置工作，特别是通过构建更为合理、高效的资金优化配置体系，增强其资金流动性。

（四）财务公司提升盈利能力的需要

财务公司作为企业集团内部银行，由于其客户群体主要是集团各成员单位，固定且单一，所以财务公司的盈利渠道比较单一，盈利能力较弱。财务公司单纯依靠传统的信贷业务，无法打开更广阔的市场拓展空间，所以财务公司只有通过构建资金优化配置体系，加大对外部市场的投资，以此改善盈利结构，提升盈利能力。

二、财务公司资金优化配置体系构建的内涵与特点

（一）内涵

财务公司资金优化配置体系以资金“安全性、流动性、盈利性”三性协调统一为目标，从资金“统一配置、计划配置、时间配置、多元配置”四个方面构建资金优化配置体系，有效提升资金的使用效率和运作效益。

财务公司作为金融机构，在资金来源和运用上具有高负债、高风险、逐利性特点，因而必须把资金“安全性”、“盈利性”、“流动性”三性之间的合理协调与均衡作为资金优化配置的基本目标。在财务公司经营过程中，实现“三性原则”往往存在一些矛盾。从盈利性角度看，资产可以分为盈利性资产和非盈利性资产，盈利性资产比重高，收取利息越高，盈利规模越大。从流动性角度看，非盈利资产如现金资产可以随时用于应对提现的需要，具有十足的流动性，因此，现金资产的比重越高，流动性越强。从安全性角度看，一般情况下，具有较高收益的资产，其风险较大。同时，“三性原则”之间也存在着协调统一的关系。安全性是第一经营原则，流动性既是实现安全性的必要手段，也是盈利性和安全性之间的平衡杠杆，安全性是盈利性的基础，而盈利性也保证了安全性和流动性。

因此，资金优化配置体系的构建是在保证安全性、流动性前提下，以追求最大限度的盈利为目标，在资金配置的一致性、计划性、期限和分布上进行构建和实施，促进资金周转效率的提高和资金收益率的增加（见图 1）。

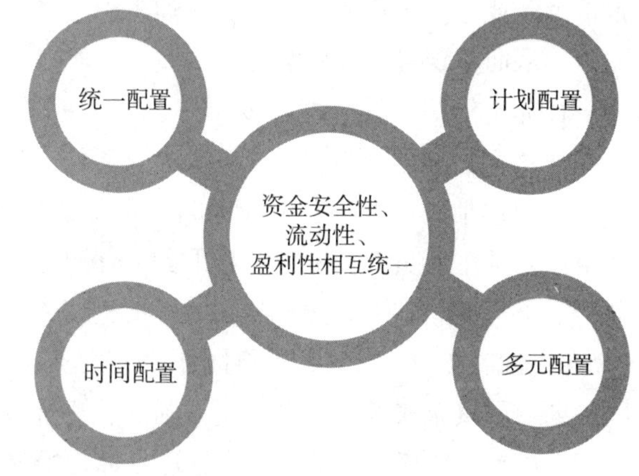

图 1　资金优化配置示意

（二）特点

1. 资金配置的一致性

资金配置的一致性是指资金使用目标的统一性和资金调配的统筹性，这是构建资金优化配置体系的提前。确立共同的资金运作目标，避免因目标不一致出现的资源闲置或浪费，提升资金使用效率。如果资金调配和资金使用分属不同部门，资金的调配过程较长将直接影响资金周转效率。若资金的运作分别由不同部门支配，资金配置难以平衡情况无法避免，因此，只有构建资金优化配置体系，通过及时透明的资金定价，实现资金调配统一配置，避免因不同利益诉求而导致的资金配置效率低下，无法实现收益最优情况发生。

2. 资金配置的计划性

资金配置的计划性是指做好资金来源的预期分析和资金使用的预期计划，确保资金计划能有效指导资金运用，这是构建资金优化配置体系的基础。资金流动变化的规律以及市场资金需求和价格波动状况是编制资金计划时需要考虑的主要因素，事前做好预案，并制定有效的调整措施，对优化资金配置将起到非常重要的作用。

3. 资金配置的时间性

资金配置的时间性主要指资金配置的期限管理，这是构建资金优化配置体系的手段，其主要目的在于提高资金流动性管理水平。资金来源与资金运用期限匹配程度取决于对资金流动性风险的承受程度。若风险承受能力较强，为追求盈利性，可适度调高期限错配承受限度，但这必须是在保证

流动性指标达标前提下进行，并以建立有效的备付机制为基础。

4. 资金配置的多元性

资金配置的多元性主要是指资金运作的多元性，这是构建资金优化配置体系的目标。随着金融市场发展，资金配置的目标资产越来越丰富，但不同的目标资产，其安全性、流动性、盈利性不同，需要在分析市场趋势变化和研究配置产品属性和特性基础上，依据各项指标要求，进行优化配置，确保本金安全，便捷周转，高效盈利，实现资金安全性、流动性和盈利性的有效统一。

三、财务公司资金优化配置体系构建与实施做法

（一）全面推进资金改革，实现资金统一配置

资金统一配置是构建资金优化配置体系的重要前提和手段。京能财务为应对复杂多变的外部环境，与时俱进，同时为进一步提高财务公司内部自身资金运作效率，增强流动性、提高盈利性和安全性，京能财务于2014年初全面推进资金改革，从资金归集、资金调度、资金配置三方面入手，紧密围绕业务资金流要素，重新梳理组织体系，调整部门职能，完善内控评估体系，优化资金管理流程，从而实现资金统一配置。

1. 完善组织体系，调整部门职能

从资金归集、资金调度、资金配置各环节入手，完善组织体系，调整部门职能。京能财务资金管理部门包括结算部、资金计划部、业务发展部和投资部。结算部主要负责内源融资和资金结算，资金计划部主要负责资金计划与平衡、外源融资和同业业务，业务发展部主要负责信贷业务、中间业务，投资部主要负责投资业务。资金改革后，通过修订《大额存放同业业务管理办法Q/BEIHF-222.07-03-2014》，将同业业务由资金计划部调整到投资部进行统筹配置。此项改革措施明确划分了资金来源、资金计划与调度、资金配置所对应的职能部门，厘清了各职能部门管理职责与管理边界，明确了各部门资金管理目标，增强了资金配置统筹性。

2. 梳理核心风险点，建立内控评估体系

京能财务成立以来，围绕资金管理活动，通过编制资金管理相关管理标准、工作标准和搭建内控体系，实现对资金管理各个流程的把控以防范各项风险。2014年初，围绕资金改革，结算部、资金计划部、业务发展部、投资部通过优化资金调度来加强资金计划和平衡管理，确保资金调度的统筹性，重新梳理核心风险点，完善了资金管理的内控评估体系（见图2、图3）。

构建大额存放同业业务计划和业务管理等内控体系，是京能财务资金优化配置体系的一部分，通过对部门职责的调整，风险点的识别方法和控制措施的制定，为资金优化配置体系的构建和实施建立了有效保障。

3. 强化资金配置目标管理，优化资金配置流程

2014年京能财务资金改革强化了资金配置目标管理，其中重大举措是将大额存放同业业务从资金计划部调整到投资部进行管理。改革前，该业务作为资金调度产品进行运作、计划，侧重以流动性为重点目标的管理。改革后，将大额存放同业业务作为一项重要的市场化固定收益产品，与信贷业务、投资业务统筹配置，侧重流动性和盈利性双重目标管理，确定了明确的考核指标，进一步发挥资金计划部资金调度统筹功能，强化投资部的资金运作功能，优化资金调度和配置流程，切实提高资金配置效率（见表1）。

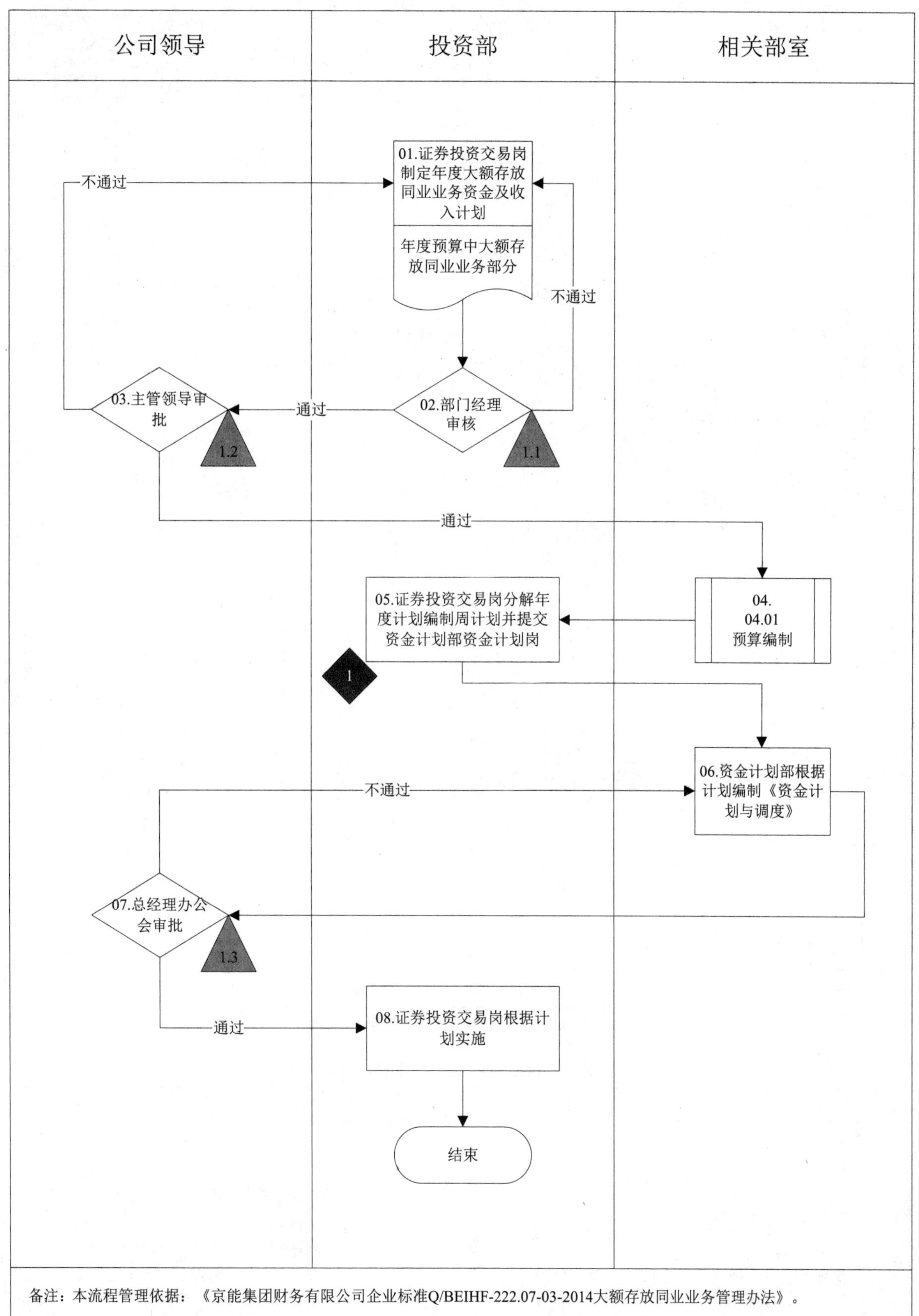

图2　大额存放同业业务计划管理

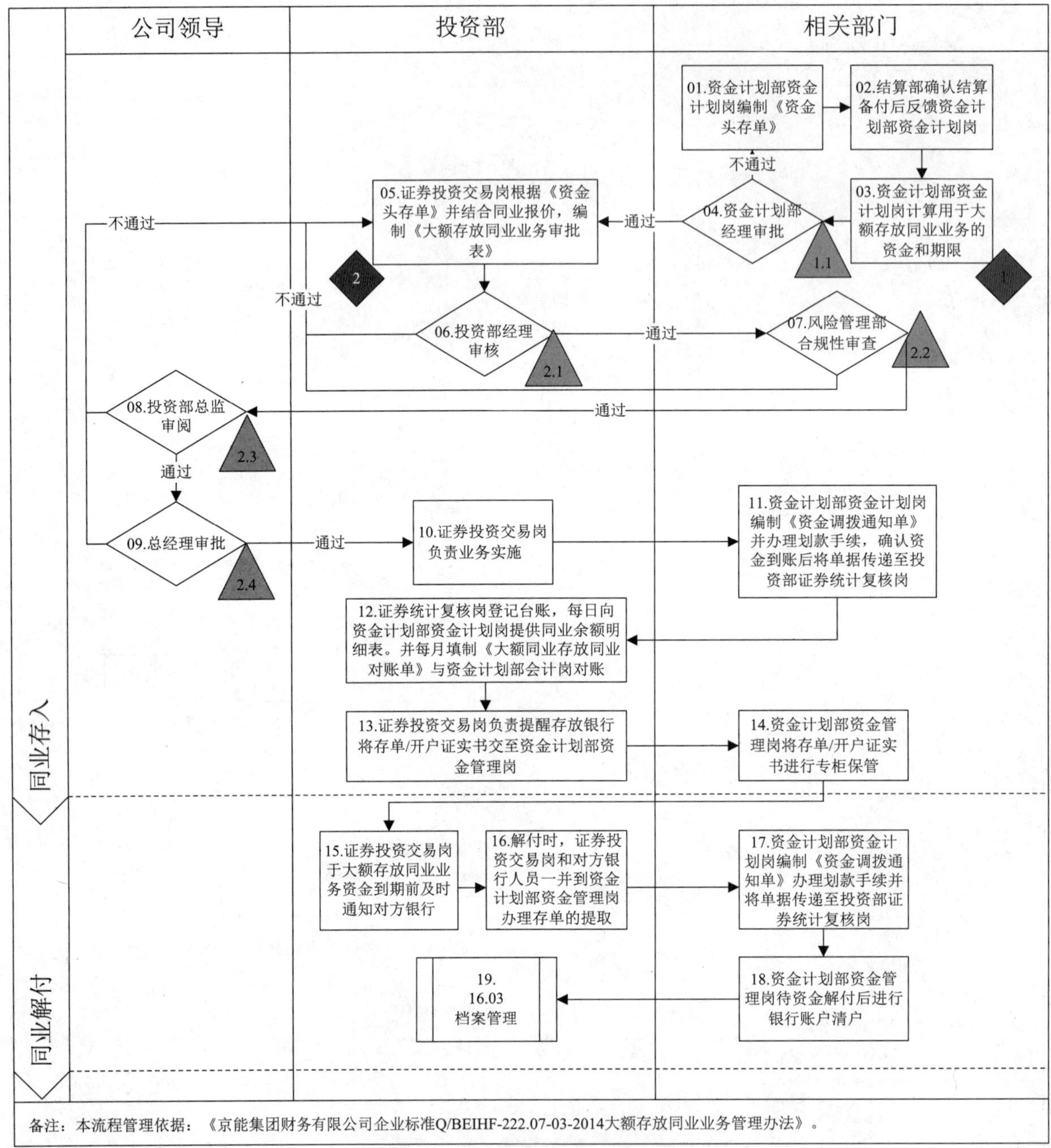

图3 大额存放同业业务流程

表1 大额存放同业业务改革前后对比

项目	改革前	改革后
职能部门	资金计划部（资金调度部门）	投资部（资金配置部门）
功能	资金调度	资金运作
管理方式	兼岗	设立同业业务专岗，建立业务管理制度及内控体系
优势	通过资金调度，实现资金平衡	资金配置路径明细 丰富业务品种 增强了业务本身的盈利能力 资金配置品种多元化，利用各产品的收益率、价格敏感度、期限等因素实现资金优化配置
考核	作为资金调度品种，考核标准难以界定	作为盈利产品，对收入进行考核，考核标准明确

（二）加强资金预期管理，优化资金计划配置

对财务公司而言，加强资金预期管理主要是做好资金来源和运用的计划管理，形成以备付为核心的调度机制。

1. 建立存款趋势预测机制

财务公司可以运用的资金主要包括注册资金和成员单位存款，其中成员单位存款是财务公司资金运作业务的最重要资金来源。成员单位存款的波动会对财务公司资金运作业务产生重大影响，为此，京能财务通过建立存款趋势预测机制，为公司整体的资金计划和调度工作提供参考资料，为公司优化资金配置提供有效的数据支持。

存款趋势管理预测机制的应用关键是确定存款预测方法，京能财务目前采用趋势预测法和均值预测法，即运用上年度吸收存款日余额变化、近期均值差异、相关指标同比环比变化来预测未来客户存放资金变动趋势，同时充分考虑集团及其成员单位大额投融资等因素对预测数据进行修正，并对未来一段期间客户存放的日均余额、波幅、最高点、最低点、波幅均值比等指标进行详细预测分析。

京能财务存款趋势预测主要从以下四个方面展开：

（1）分析上期存款走势。该部分主要分析上期存款走势情况，通过计算波幅比例，围绕存款均值变化情况，分析存款波幅产生原因，为本期存款预测积累数据。

（2）分析上期存款走势与预计走势的偏差。通过计算上期预测与实际走势的偏差数据，查找偏差产生原因，建立偏差幅度数据库，进而利用平均偏差率指标，为今后预测存款走势工作提供数据支持。

从图 4 中可以看出，2014 年第三季度存款走势预测数据在整体趋势预测方面效果尚可，预测的存款走势与实际走势大体趋同，最低余额和波幅均值比的预测结果较为理想。

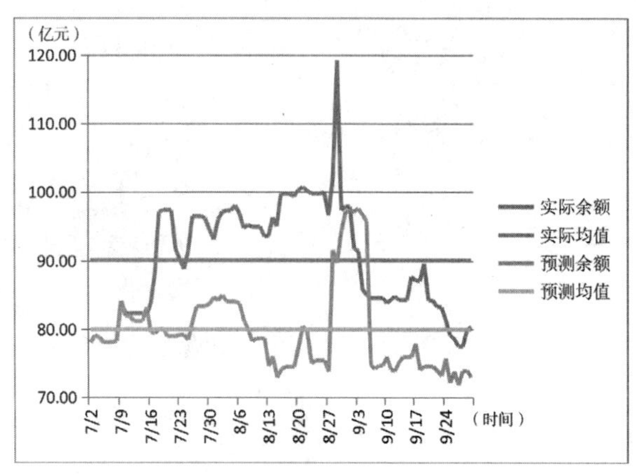

图 4　2014 年第三季度存款预测和实际情况对比

（3）分析上年同期存款走势。在集团发展态势稳定背景下，成员单位存款的季度变化情况存在一定规律性，为此，在进行本期预测前，有必要对上年同期存款走势进行分析，以期待将该走势应用于本期预测分析。

（4）对本期存款趋势进行预测。该内容是走势分析的重点，财务公司在利用前期日均存款余额和上年同期存款走势数据的基础上，结合成员单位本期大额资金变化情况，逐日预测存款趋势数据，并转制成趋势图。

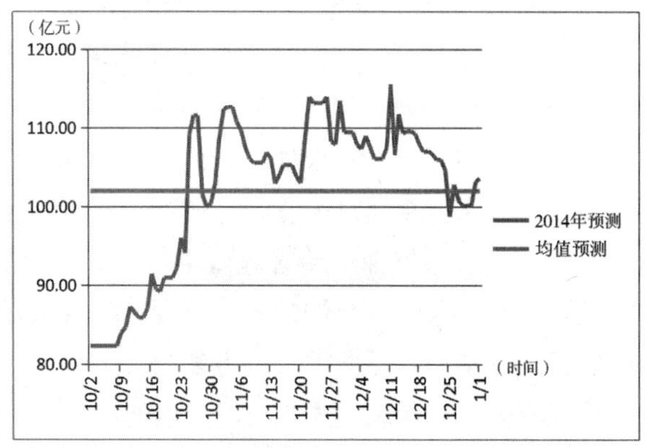

图 5　2014 年第四季度存款走势

从图 5 中可以看出，2014 年第四季度，京能财务预计吸收存款资金规模将围绕均值 102 亿元为中心在 82 亿元至 116 亿元之间震荡，波幅 34 亿元、波幅均值比为 33%；最低值在 10 月初为 82 亿元，最高值预计在 10 月底、11 月中下旬为 116 亿元，第四季度预测存款走势呈现前上扬、中震荡、后逐步下滑的趋势，考虑主要受一

些发债、股息分配、热费等非常规性因素影响。报告对影响当期存款走势的事项进行了逐一分析。

存款资金趋势分析机制建立以来，京能财务根据趋势分析报告中提到的日均余额、波幅、最高点、最低点、波幅均值比等指标进行重点关注，并在进行资金优化配置时充分考虑，确保所有资金业务在流动性绝对安全可控条件下运作。

2. 加强资金运作的计划统筹性

京能财务的资金运作主要集中在自营贷款、债券投资和大额同业存放三个方面。其中，自营贷款仅限于集团内部成员单位，属于内部市场业务；债券投资及大额同业存放业务则是和其他金融机构平等竞争，属于外部市场业务。业务属性不同，在计划安排上需要协调统一。

（1）确定资金运作基本原则。

一是内部市场优先原则。财务公司作为集团内部银行，发挥内部融资平台功能是财务公司主要职责。因此，在内部市场和外部市场资金配置上，资金优先满足集团成员单位融资需求，在此之外，安排外部市场资金头寸。

二是时间优先原则。时间优先主要是针对长期和短期资金运作而言，长期资金占用价格有优势，但流动性较差，而短期资金运作与其相反。由于财务公司资金来源主要集中在活期存款和通知存款，长期的定期存款占较小比重，因此在资金安排上也会优先安排短期资金运作，按比例配置长期资金占用品种。

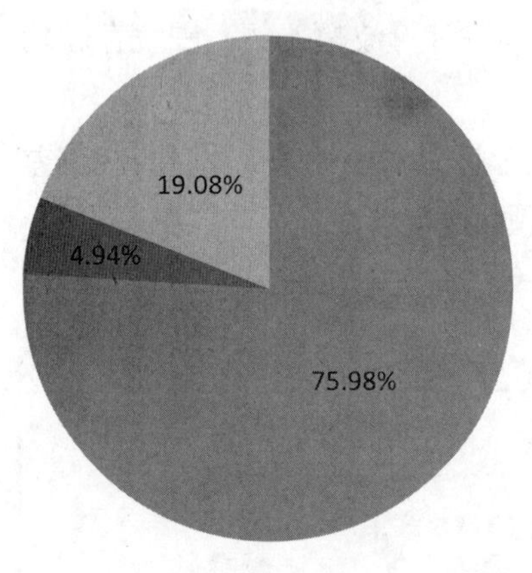

图 6 2014 年平均周计划资金分配比例

三是价格优先原则。相同业务同等条件下，将采取价格优先原则。通过价格调节手段，及时引导资金配置方向，保证资金配置的收益性（见图 6）。

（2）分析不同市场影响因素。内部市场业务，即自营贷款的计划影响因素主要来自客户用款和划款计划的稳定性，因此加强客户信息沟通，做好贷款前期调研非常重要，保持信息的对称性。同时需要掌握集团重点成员单位整体授信和融资状况，拓宽财务公司贷款调整空间。

外部市场业务的计划影响因素主要在于市场资金价格的波动趋势。虽然外部市场价格机制是透明的，但价格波动幅度加大和波动频率较快，通过建立每日价格监测机制和报价机制，及时掌握价格走势，合理安排资金配置计划。

（3）建立动态调整机制。资金运作计划既包括资金使用计划，也包括资金回流计划。无论是使用还是回流计划，都会受不同因素影响出现调整，因此，京能财务在资金使用计划中建立动态调整机制，一旦出现一定额度的资金计划外配置或回流，将及时通知资金计划部，及时调整计划安排，确保资金高效运作。根据《资金计划管理办法 Q/BEIHF-215.04-01-2013》规定，“资金计划按照时间划分，包括年度资金计划、月度资金计划、周资金平衡计划和日资金调拨计划；每日资金调拨管理按照《京能集团财务有限公司资金调拨管理规定》执行；每周资金平衡例会管理按照《京能集团财务有限公司资金平衡管理规定》执行。”对于资金使用顺序，标准还规定“首先安排成员单位存款资金和已经签订合同的各项资金，确保成员单位资金及时、准确到位，保证京能财务各项合同的履行，其次安排业务发展的计划内资金，最后安排计划外资金。”当资金计划需要调整时，“需重新按照资金计划编制程序报送调整后的数据。”（见图 7）

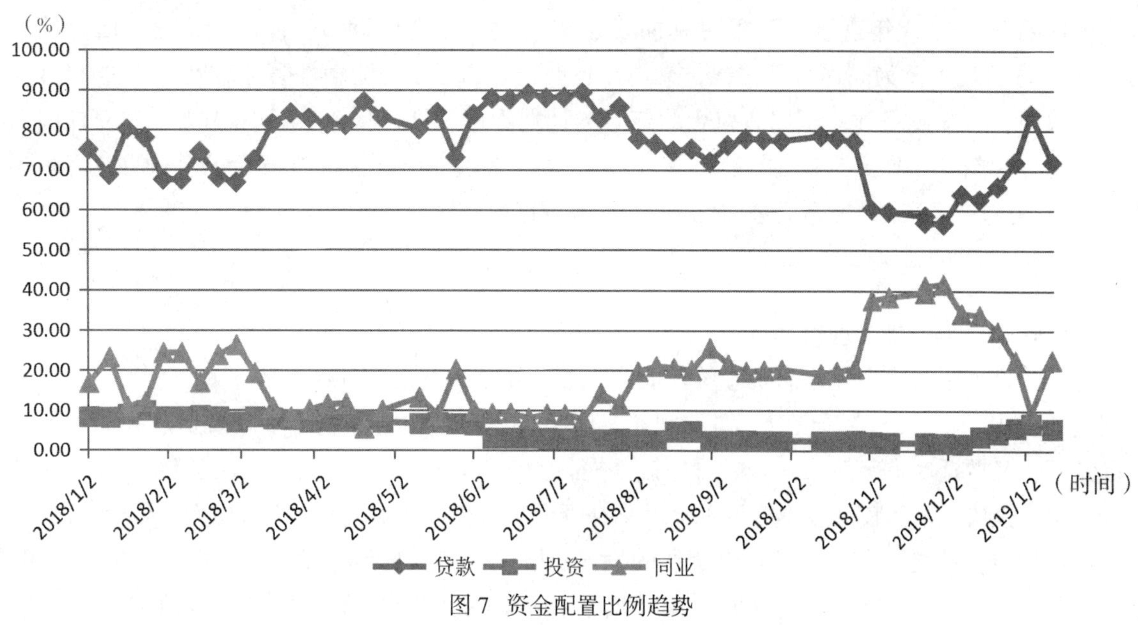

图 7　资金配置比例趋势

3. 形成以有效备付为核心的调度管理

结算备付金是财务公司为了保证正常结算需要每日应该留存的结算头寸，而结算备付金与吸收存款之比就是结算备付率，即结算备付金率 = 结算备付金 / 吸收存款金额，这个比例的大小与财务公司吸收存款规模、成员单位存款稳定程度、成员单位资金预测准确程度以及大额存款单位所占比例有直接关系。

通常，结算备付与吸收存款存在如下关系：

（1）吸收存款规模越大，所需要的结算备付率相对越低。

（2）成员单位存款稳定程度越高，所需要的结算备付率越低。

（3）成员单位资金预测准确程度越高，其所需要的结算准备金率越低。

（4）成员单位存款较为平均，存款并未集中在极少数成员单位上，所需要的结算备付率低。

上述结论，反之亦然。

在备付金制度建立后，京能财务 2013 年与 2014 年备付率走势如图 8 所示。

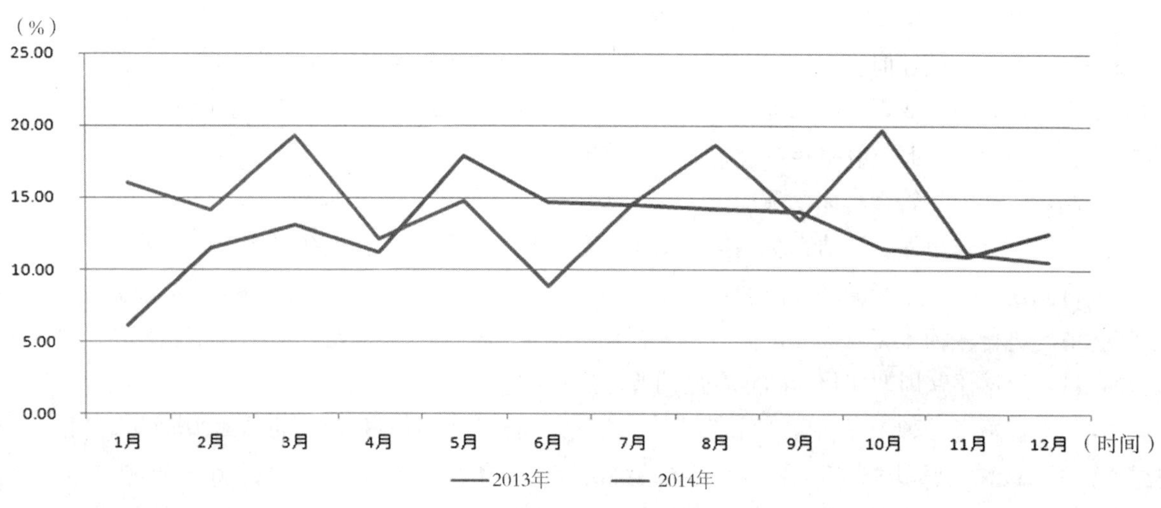

图 8　京能财务 2013 年与 2014 年备付率走势

可以看出，2013 年京能财务备付率曲线振幅较大，最高接近 20%，最低不足 10%，甚至在 2014 年 1 月出现了仅为 6.16% 的情况，无规律可循，增加了公司流动性管理难度。经过 2014 年初的资金改革，京能财务建立了以备付金为核心的计划管理制度，从 2014 年 6 月开始，京能财务备付率便始终保持在 10%~15%，振幅较为平缓，该举措在确保公司流动性安全的基础上，实现了为业务开展筹措更多资金和提高资金优化配置工作计划性的双重目的。

（三）深化资产管理流动性研究，提升资金时间配置

1. 细化资金流动性管理目标

为强化京能财务专业化平台资金管控能力，面对复杂多变的内外部形势，及时创新工作机制和管理模式，上下联动、共享信息、协调利益、清晰责任，京能财务制定了既要适度控制存量——“管住钱”，又要适时调节流量——“管好钱”提高资产流动性的管理目标。即当资金流出大于资金流入，应以较快速度和较低成本获得资金以弥补资金缺口；当资金流入大于流出而导致资金盈余时，应及时调度资金头寸，扩大对盈利性资产的投入，以保持资金资产存量的适度性，避免资产浪费。结合“管住钱”与“管好钱”的管理目标，京能财务明确提高资产流动性应遵循以下原则：

（1）各司其职。从资金来源、资金运用、资金计划与资金平衡的业务资金管理各环节入手，明确各职能部门管理职责，厘清管理边界，针对各项工作挖潜创效。

（2）平衡协调。建立健全业务资金管理中信息共享机制、沟通联动机制和持续稳定机制，实现预算与结算的衔接，实现资金安全性、盈利性与流动性的动态平衡。

（3）高效运用。以银行账户的监测管理为源头，以资金归集管理为基础，以外源融资为补充，以预算完成为考量，以统一调度为手段，进一步提高资金使用效率，确保资金安全，增加资金运用效益。

（4）风险可控。进一步完善现有流动性风险预警指标体系和日常监测机制，加强指标分析与研究工作，提高流动性风险预警水平。

2. 研究运作资产的流动性特点

京能财务根据运营资产性质结合适应负债对流动性要求，合理分配各种具备不同期限和盈利率的资产，使之达到最佳组合，同时，以此确定合理的资金运用顺序，以应付各种确定和不确定的流动性要求。京能财务运营资产大致可分为三类：第一类为存放同业定期存款，根据期限分为 7 天、14 天、1 个月、3 个月、6 个月及一年等不同产品，其流动性与时间成反比，期限越短流动性越强，这部分资产安全性最好但收益较低；第二类为证券资产，这部分资产的流动性比定期存放同业略差，但能带来一定收益，变现能力较强；第三类为贷款资产，这部分资产占运营资产比重很大，通常周期较长，风险较大，但收益率相对较高，是京能财务利润的主要来源。

3. 制定资金时间管理具体措施

（1）研究存款规律，厘清存款的期限结构、稳定程度。研究存款规律进行存款预测，根据资金性态进行固定、半固定半流动、流动资金细分，进行内源融资结构性分析。根据历史数据并结合目前实际情况进行存款年度、季度走势分析。根据吸收定期存款的期限及规模，确定长期贷款期限及贷款存量。根据存款周期变化，确定存放同业定期存款的期限及金额。

（2）丰富资产品种，提高资产可变现率。改善公司资产结构相对单一的局面，加强资产的多元化配置，探索新的利润增长点，除财务公司传统的经营业务，如流动资金贷款、中长期项目贷款外，合理配置交易性金融资产、持有至到期资产等产品。同时，加强不同市场间产品的灵活运作，结合

市场情况，合理配置资源，提升议价能力。

（3）强化资金信息管理，提高资金前瞻性研究。进行集团成员单位债务、融资、投资信息的收集、分析、整理与共享，特别是加强对京能财务的大客户资金信息的收集，利用信息化管理手段，建立及时高效的资金信息交流平台。同时，结合货币市场信息、集团及成员单位资金计划，定期进行资金形势的预测分析。

4. 利用指标监测流动性管理安全性

（1）巴塞尔Ⅲ建立的金融机构监管指标体系，包括流动性状况、资金净流出量、流动性缺口率等监测指标，京能财务筛选了部分重要指标，根据确定的指标计算方式和数据来源，分别按照日、周、月、季、年的频率实施计算和监测，定期向经营层报告并在京能财务全员公示（见图9）。

序号	指标名称	监控类型		阈值	预警值	指标计算公式
1	流动性比例	核心指标	★	≥25%	30%	一个月到期流动资产/一个月到期流动负债×100%
2	流动性缺口率	核心指标		≥-10%		90天内到期期限缺口/90天内到期表内外收入×100%
3	流动性缺口率7D	基本指标				7天内到期期限缺口/7天内到期表内外收入×100%
4	流动性缺口率30D	基本指标				30天内到期期限缺口/30天内到期表内外收入×100%
5	流动性缺口率1Y	基本指标				一年内到期期限缺口/一年内到期表内外收入×100%
6	核心负债依存度	核心指标		≥60%		核心负债/总负债×100%
7	非核心负债依存度	基本指标		≤150%	120%	（同业存放+同业拆入+卖出回购款项+票据融资+向中央银行借款+发行债券）/资本总额×100% 注：【财务公司无“同业存放”和“向中央银行借款”的业务】
8	人民币超额备付金率	核心指标	☆			（中国人民银行超额准备金存款+现金+存放同业）/人民币各项存款×100%
9	流动性覆盖率（LCR）	核心指标		≥100%		流动性资产/未来30日内资金净流出×100%
10	净稳定融资比例(NFSR)	基本指标		≥100%		可用的稳定资金/业务所需的稳定资金×100%
11	存贷款比例	核心指标	☆	≤75%		各项贷款余额/各项存款余额×100%
12	最大十户活期和通知存款比例	基本指标				最大十户活期和通知存款总额/各项存款×100%
13	拆入资金比例	核心指标	★	≤100%	80%	同业拆入/资本总额×100%
14	自有固定资产比例	核心指标	★	≤20%	18%	自有固定资产/资本总额×100%
15	活期备付金余额（亿元）	基本指标		≥25亿	30亿	公司存放同业活期款项（亿元）
16	备付金率	基本指标				（在央行超额准备金存款+存放同业活期）/人民币各项存款期末余额*100%

图9 流动性风险指标

（2）确保安全性，定期开展流动性压力测试。通过因素分析法进行相关因素的敏感性预测分析，同时，建立资金结构管理模拟流动性压力测试，进行资产管理期限、边限研究。通过资金管理模型、备付率研究，指导资产期限、结构布局。

（四）提升资金运作效率，实现资金多元配置

1. 研究不同类别资产特点，优化组合结构

贷款、债券投资和存放同业三种运作资产具有不同特点，在财务公司日常经营过程中，需分析三种运作资产的安全性、盈利性和流动性，综合考虑实际运营情况和市场资金面，调整资产配置比重（见表 2）。

表 2 各项资产“三性”特点

项目	安全性	流动性	盈利性
贷款	一般	低	高
债券投资	高	高	一般
存放同业	高	高	低

2012 年至 2014 年，连续三年资金使用规模呈显著增长态势，贷款规模由 2012 年的 41.75 亿元增至 2014 年的 67.76 亿元；同业规模由 2012 年的 0 元增至 2014 年的 20.08 亿元；债券规模由 2012 年的 0.03 亿元增至 2014 年的 4.09 亿元。同时，资金使用比（日均资金运作规模 / 日均存款规模）方面，2013 年、2014 年连续两年超过 99%，较 2012 年提升两个百分点（见图 10）。

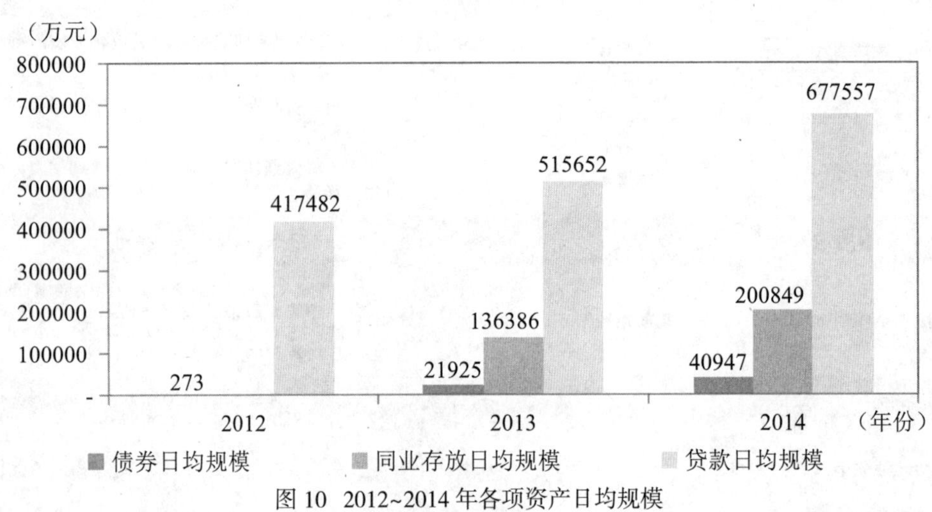

图 10 2012~2014 年各项资产日均规模

2. 灵活调整资产配比，提升资产盈利能力

通过分析比较三项资产的收益水平，在保证安全性和流动性的前提下，灵活调整各资产在组合中的配比，提升资产组合盈利能力，实现资产收益最大化。

财务公司存放同业利率受同期 shibor 利率影响较大，但存放同业资产安全性高、流动性强，财务公司可根据 shibor 利率灵活调整存放同业资产规模，保证收益水平。当 shibor 利率下降明显时，财务公司可适当减少存放同业资产规模，将资金向收益较高的信贷业务和投资业务倾斜，提高资产整体收益水平。当 shibor 利率上升时，财务公司可根据信贷业务情况，允许成员单位利用外部资金提前归还贷款，将外部资金配置到存放同业业务，以获得较高收益。同时，财务公司还可根据债券二级市场情况，将收益率低于存放同业利率的债券进行变现交易，变现资金配置到存放同业业务。通过调整资金配置方向，财务公司有选择地使资金获得更高收益。

3. 增加业务品种，扩大收益范围

财务公司在经营中认真研究业务品种，通过增加投资金融债和公司债及非标准期限存放同业业务，将资产组合规模不断扩大，收益水平也有所上升。随着业务品种的不断拓展，财务公司可选择的资产配置组合将越来越丰富，资产运作能力和风险抵御能力也将不断提升。

4. 积极拓展资源，促进多元化发展模式

（1）充分发挥金融机构作用，架起实业与资本桥梁。财务公司作为京能集团金融平台，以信贷作为主要业务，在符合财务公司基本定位基础上，通过投资集团成员单位债券，将实业与资本连接起来，一方面为助推集团企业发展提供资金保障，另一方面发挥金融机构功能，增强财务公司盈利能力，增加资产组合规模。

（2）扩大外延业务范围，构建多元化盈利模式。财务公司既可以通过服务集团成员单位获得业务收入，也可以通过合理配置资金资源，将盈利点向集团以外延伸，丰富业务品种，打造多元化盈利模式。财务公司根据资金计划及对政策趋势、市场方向的研判，不断优化资金运作模式。通过调整信贷利率、锁定中长期收益、提高资金周转效率等手段，确保运作资产总规模稳定上升。在保证风险防范和控制前提下，财务公司变被动提供资金为主动配置资金，主导自身业务规模，提高资产配置效率，增强抵御风险能力和盈利能力。京能财务根据宏观经济情况、央行货币政策和基础利率走势，及时灵活调整资产组合中各项业务品种配比，不断将有限的资金资源优先配置到收益高的业务领域，增强资产组合综合收益率，提升财务公司的盈利能力。

（3）培养复合型金融人才，为实现多元发展储备人力资源。财务公司在多元化配置资源时，需要根据业务情况调整职责分工，从提升员工专业化、系统化业务能力入手，培养员工成为集理论知识、研究能力和实际经验于一身的复合型金融人才，为公司的业务创新、品种丰富打下坚实基础。

四、财务公司资金优化配置体系构建与实施效果

（一）资金使用规模显著提高

通过资金改革，将资金来源、资金计划、资金配置所对应的职责部门和管理职责进行重新梳理和优化调整，资金管理流程更加明晰，资金管理更为集中统一，资金运作规模逐年提升，资金运作效率保持较高水平。数据显示，2013~2014年，京能财务运作资产总规模由69.47亿元上升至91.13亿元，增长31.39%。债券投资同比增长89.48%，存放同业同比增长64.05%，贷款业务同比增长22%（见图11、表3）。

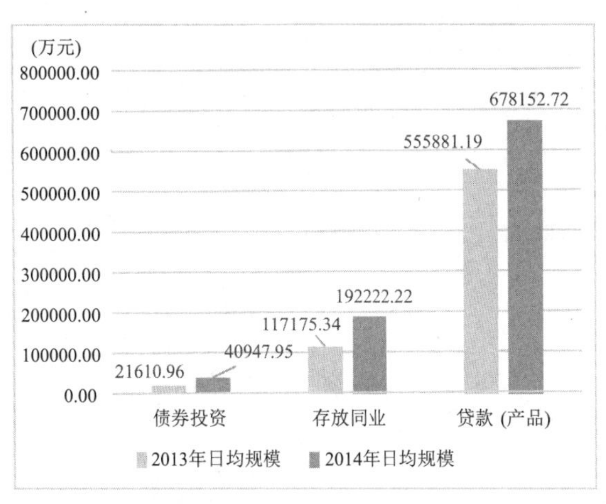

图11　2013~2014年各项资产运作日均规模

财务公司为降低流动性风险，在保证完成盈利目标前提下，适当降低贷款在资产组合中的比重，增加存放同业和债券投资，确保财务公司经营安全性和流动性。

（二）资产流动性比例保持较高水平

表3　2013~2014年各项资产规模占比　单位：%

项目	2013年	2014年
债券投资	3.11	4.49
存放同业	16.87	21.09
贷款	80.02	74.41

财务公司经过充分分析运作产品期限特点及流动性水平，将资金与产品流动性结构最优匹配，从而保障资金流动性。数据显示，2014年与

2013 年相比，京能财务流动性指标稳中有升，两年流动性指标均在 48% 以上，远远超出监管指标 25% 的要求，保持了较高水平（见图 12）。

（三）资产收益率增长明显

通过加强资金运作前期研判，增强资金调度的计划性和灵活性，增加机动配置业务品种，使资金效益稳中提升。数据显示，在 2014 年国家进行宏观调控，实行适度宽松的货币政策，不断降准降息条件下，公司资产收益率依旧保持了较好增长势头，其中，2014 年净资产收益率为 9.37%，比 2013 年的 9.00% 增长了 4.11%；2014 年的总资产收益率为 1.86%，比 2013 年的 1.67% 增长了 11.38%（见图 13）。

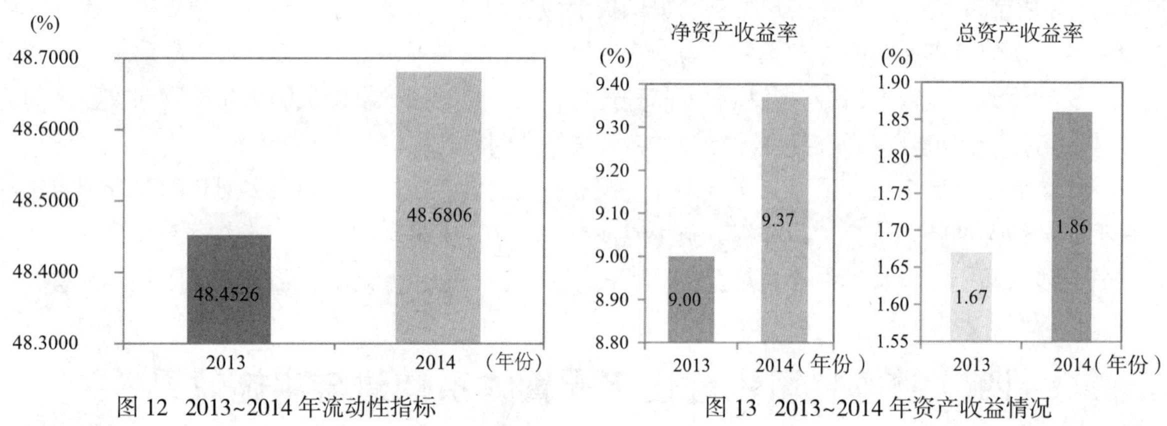

图 12　2013~2014 年流动性指标

图 13　2013~2014 年资产收益情况

新能源发电企业财务管理模式的创新与实践

创造单位：北京京能新能源有限公司
主要创造人：何 敏　刘双琼　　创造人：任百胜

［**摘要**］京能新能源财务管理系统主要从新能源发电行业特点出发，通过构建区域集中财务管理模式、合理设计总分机构汇总架构、推行财务信息化与标准化建设、实施资金集中管理模式四个方面实现创新，最终实现企业管理效率提升、税收负担降低、资金效率提高、内在价值提升的目标。京能新能源也因此多次被评为“京能集团财务管理工作先进单位”。

［**关键词**］创新实践；精细化；标准化；集中管理

北京京能新能源有限公司（以下简称京能新能源）由原北京国际电力新能源有限公司和北京京能国际能源股份有限公司内蒙古风电分公司合并组建而成，为北京能源投资（集团）有限公司（以下简称京能集团）新能源项目投资建设运营平台。截至 2014 年 12 月 31 日，公司注册资本金 26.8839 亿元，管理总资产 157.75 亿元。公司总部设 11 个职能部室，下设内蒙古分公司、沈阳分公司、宁夏分公司，分别管理蒙西、蒙东和西北地区的 14 个风电项目、5 个光伏发电项目。

该公司作为京能集团发展新能源项目的重要平台和京能清洁能源（股票代码 HK.0579）的重要上市资产，主要从事风电、太阳能发电项目的投资建设和运营管理工作，投资建设的电源项目分布于内蒙古、宁夏、新疆、青海、江苏等地。截至 2014 年 12 月 31 日，累计投产装机容量为 170.975 万千瓦，其中风电 149.975 万千瓦、太阳能发电 21 万千瓦。2009 年公司荣获全国电力行业 AAA 信用企业和首都文明单位称号。

京能新能源在十年多发展历程中，以京能集团为依托，以发展新能源、可再生能源事业为己任，秉承“以人为本，团队无价”的核心价值观，项目建设运营和公司发展不断实现新的跨越。公司将在京能集团领导下，抢抓机遇、奋力拼搏，创新发展、规范管理，努力把公司建设成为资产结构优、经济效益好、管理水平高、以风电为主，具有综合竞争力的效益型绿色新能源企业。

一、新能源发电企业财务管理模式创新与实践背景

（一）适应行业特点的需要

新能源发电行业不同于传统电力行业，在筹建和经营方式上有其自身特点。风力与光资源的分布情况决定了新能源发电项目分散、地处偏远、单体规模小与生产方式单一的特点。因而，新能源

发电项目基础核算数据量较少，财务核算相对简单。但在包括基建期在内的整个核算周期内，其业务又不同于其他行业，在会计核算、筹融资、税务管理、预算编制、内控等方面有其自身特点，要求财务人员具有特殊的知识结构和财务管理理念，并具有一定水平的系统性业务能力与较强的沟通协调能力。新能源发电企业的财务管理，包括其管理架构的设计，既要充分适应其行业特点，又要与时俱进，同时要兼顾纳税筹划。

（二）适应公司发展的需要

京能新能源实行项目公司制，每新建一个项目便成立一个新的项目公司。在京能新能源未完成整合之初，每个项目公司均设有独立财务部门，每个财务部配备 2~3 名财务人员，随着公司发展项目公司不断增加，需要配备的财务人员越来越多，管理难度越来越大，且项目所在地偏远，项目分布广，分散的财务管理模式难以满足京能新能源快速发展的财务管理需求。因此，急于寻求一个适应新能源发电行业特点的财务管理模式，以解决项目分散、财务分散的管理问题。

（三）适应上市管理的需要

根据京能集团整体战略部署，2009 年 12 月成立了北京京能清洁能源电力股份有限公司，并将集团范围内燃气发电、风力发电、光伏发电、水电等几个清洁能源业务板块整合，启动了在香港上市的准备工作，并于 2011 年 12 月 22 日在香港成功上市。京能新能源作为境外上市公司的最大业务板块，在核算时，不仅要满足国际和国内会计准则要求，还要接受中国证监会和香港联交所对上市公司的双重监管。同时，融资平台与融资方式的改变，对京能新能源的财务管理、资金管理提出了更高的要求。

（四）适应集团管理的需要

财务信息化是促进企业财务管理规范化与科学化的重要手段。以信息化建设促进财务现代化工作，为财务管理工作搭建良好的信息平台，能够提升财务基础工作质量。2011 年，京能集团同时启动了 ERP 信息系统建设与全面标准化体系建设。面对集团对财务管理提出的新要求，京能新能源以此为契机，全面推行应用 ERP 财务一体化，以信息化建设引领公司集团化运作，对企业内部的各种资源进行高度集中的管理、控制和配置，同时配套实施财务标准化系统建设与管理，对提升企业财务管理水平起到了非常重要的作用。

二、新能源发电企业财务管理模式创新与实践的内涵与特点

（一）新能源发电企业财务管理模式创新与实践内涵

京能新能源财务管理主要从新能源发电行业特点出发，结合公司自身实际情况，科学构建京能新能源财务管理模式。其主要内涵包括四个方面：一是因地制宜，构建区域化财务管理中心架构，实施区域化财务集中管理，收缩管理跨度，有效提高财务工作效率，提高财务信息准确性与及时性，并大幅缩减人工成本。二是精心筹划，合理设计总分机构，科学利用总分机构，汇总纳税制度，节约税收成本，提高公司经济效益。三是细化管理，借助 ERP 财务一体化工程，实现企业内部各种资源高度整合，加强控制和有效实施，从而提升财务管理水平。同时重点推行财务标准化系统建设

与管理，使财务管理更为精细化。四是合理管控，建立“现金池”制度，科学应用资金统筹管理模式，实现财务“收支”两条线管理，将所有资金归集到“现金池”——集团财务公司进行集中管理，做到资金统一调动、统一控制、统一融资，提升京能新能源总部的管控能力（见图1）。

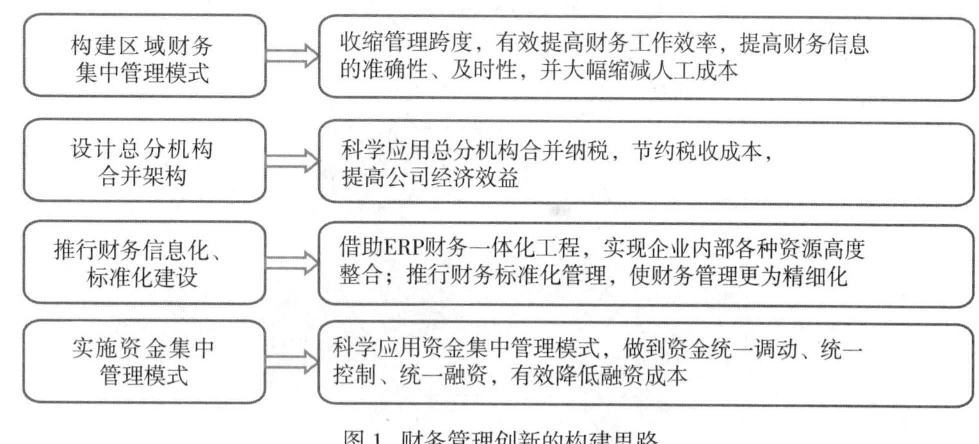

图1　财务管理创新的构建思路

（二）新能源发电企业财务管理模式创新与实践特点

1. 以管理创新为基础，实现由“分散型”向“区域集中型”财务转变

为适应公司快速发展，设立区域财务管理中心，充分发挥财务集中管理的优势，强化预算控制，提高财务信息质量，实现资金集中管控，节约人力成本。同时，财务管理中心设在子公司所在的省份、地区，辐射一片，指定专人负责对应的子公司，定期深入现场，处理涉税事务与银行事务等，能充分了解和掌握子公司实际情况及相关诉求，加强现场管控，熟悉税务事务，保证良好的税企关系，深化财务各项管理职能。

2. 以税收优化为目标，实现总分机构平台合理搭建，节约税收成本

实施总体税务规划，超前考虑，合理筹划，在设立总部与管理分公司的同时，并入实体分公司，用实体分公司利润中和管理机构的管理成本，在合理配比情况下，汇总纳税，节约企业所得税税收成本，从而提高公司整体经济效益。

3. 以细化管理为支撑，实现ERP财务管理功能整合与标准化管理

京能新能源财务管理体系包括财务机构、会计核算、资金管理、预算管理、合并报表及分析、财务标准化等几个方面（见图2）。通过企业ERP平台实现财务管理功能整合，实现公司财务活动合理计划、有效控制的财务管理体系。京能新能源先后完成了11项财务管理标准，10项工作标准建设，建立健全了公司内部控制体系，完成了ERP财务模块建设，ERP管理系统的应用将项目、生产、物资、人资信息无缝集成到财务，同时财务模块内实现了贷款、资产、客户、供应商、预算控制的集成，提高了财务工作的效率和工作质量。

4. 以集中管控为手段，实现多元化资金运用形式，统一资金调度

加大资金归集力度，发挥资金的规模效益。完善资金管理办法，严格按公司内部资金调度的权限和程序，提高资金使用效益，控制负债规模，改善债务结构，减少资金沉淀。对资金实施集中管理、统一调度，集约经营，使资金运作有序进行。对于流动资金，正确核定流动资金定额，编制月度资金计划、资金周报，及时组织资金的平衡调度，制定严格的资金支付业务程序，加强支付申请、

审批、复核、办理等各环节资金安全管理。积极拓展融资渠道，创新融资方式，充分利用京能清洁能源和京能新能源融资平台，开展多形式、多渠道融资，降低融资成本。

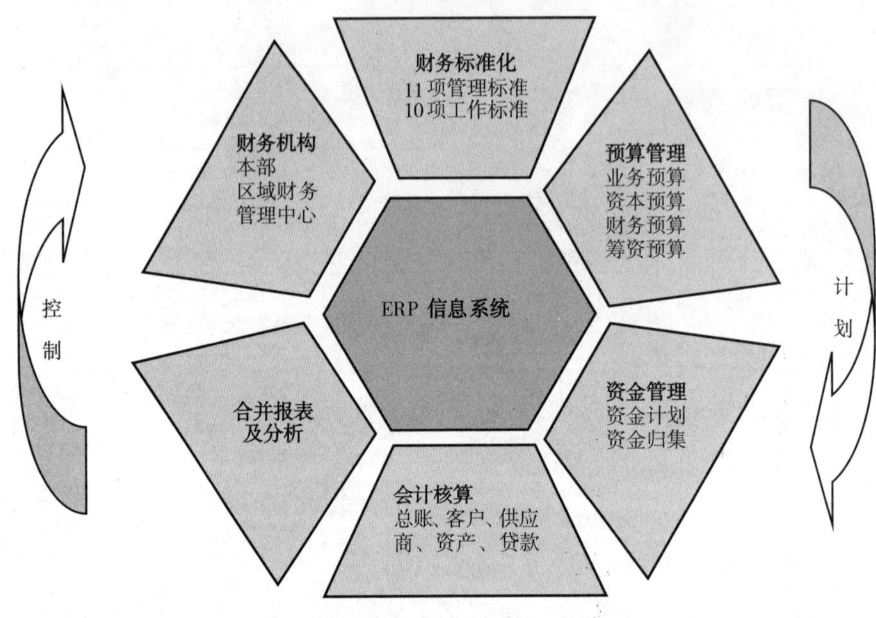

图 2 新能源发电企业财务管理体系

三、新能源发电企业财务管理模式创新与实践主要做法

（一）构建区域集中管理模式

近年来，以风力发电、光伏发电为代表的新能源发电行业方兴未艾。经过几年发展，已逐渐发展成为充满竞争的行业，强化管理才能保证行业的持续健康发展。当前，新能源发电行业投资主体以大型电力集团为主，大多同时筹建运营多家风力发电、光伏发电项目，项目前期、基建、经营管理、人力资源管理等各方面主要工作由新能源总部各职能部门负责，相应的子公司只负责投产后的日常运维，集中管理已成为趋势，财务管理行为既要充分适应这种趋势，又要兼顾税务属地化管理等多方面因素。

1. 区域集中财务管理的组织架构

京能新能源结合行业特点和自身经营模式，实行区域财务集中管理模式，在北京设有总部机构，在呼和浩特、沈阳、银川分别设有内蒙古分公司财务管理中心、沈阳分公司财务管理中心、宁夏分公司财务管理中心。总部财务部职能主要倾向于财务管理，主要履行资金管理、合并报表、财务分析、预算管理、税务筹划、产权管理与人员管理等职能，上级部门为京能集团与京能清洁能源财务部，下属部门为各分公司财务管理中心。各分公司财务管理中心主要负责区域内财务核算，职能主要倾向于财务核算，主要履行会计核算、税收申报、电费结算、费用报销与信息统计等职能（见图 3）。

2. 区域集中财务管理的构建方法

在新能源发电企业中，“财务管理中心”模式无须为每家子公司单独设立财务部门，但又不同于财务集中管理，是将财务集中管理团队分派至邻近若干子公司的特定区域，既实现了一定程度的集中管理，又能兼顾项目现场。形成几个上能坚定执行总部意志，下能理解地方、接地气的财务管理中心。各财务团队存在对比竞争，团队出自总部、执行总部意志，既有服务子公司的初始使命，又有超然于子公司的管理背景，有利于保障财务管理中心模式的优质高效运行。

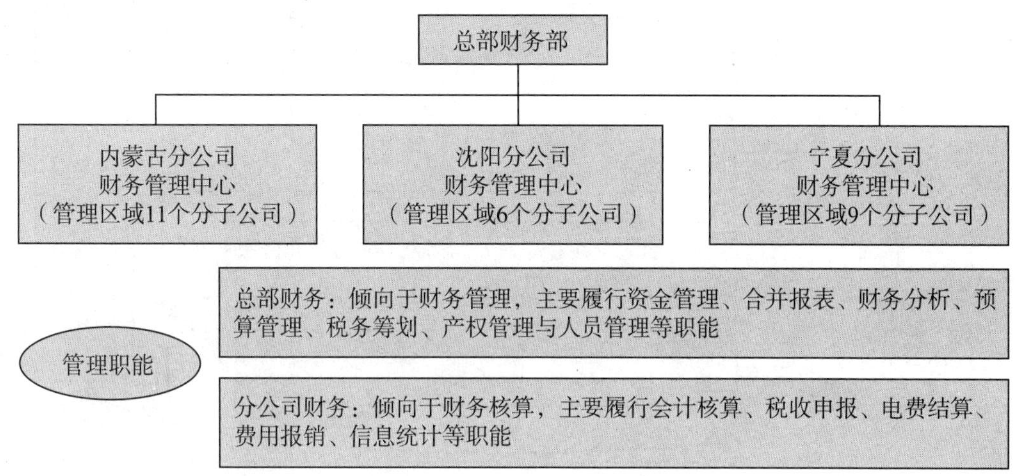

图 3　京能新能源财务管理框架

（1）设立前提。第一，财务管理中心与前期开发、基建管理、生产运维、综合管理等管理部室一同设立。子公司较多的区域，在地理中心成立总部分支机构，负责片区内前期开发、基建管理、生产运维、综合管理与财务管理。第二，子公司收支审批权收归总部，所有收入户由总部财务部统一管理，并为所有账户开通网银服务，方便管理。第三，在子公司设报账员，并拨付能保证一个月正常费用支付的备用金，由子公司负责人对日常费用进行预审批，将日常现金支付职能下放。子公司报账员按月到财务管理中心审批报销费用，日常费用控制以预算为主。

（2）人员配备。每个财务管理中心设经理一名、负责全面管理本财务中心工作；设出纳一名，负责所辖全部子公司出纳工作；核算会计若干名，负责子公司会计核算，每人负责 1~2 家子公司核算工作。总部根据要成立财务管理中心地区子公司数量设计财务管理中心定员，成立地区财务工作组。根据定员招募或调配人员，如部分子公司要撤销已有财务部门，财务人员召回总部，编入新成立的财务工作组。

（3）任务分配。将地区子公司业务分配给新成立的财务工作组，为工作组人员指定其负责的子公司，分配模块化工作。针对人员特点，将会计核算、资金管理、预算管理、档案管理、资产内控等模块化工作分配到人。

（4）人员培训。工作组人员在总部财务部办公半年至一年，直接在总部财务指导下工作，财务数据的收集、形成、报送过程都按总部财务标准执行。总部财务可随时指导工作组财务成果的修正，以保证其工作过程及工作成果与总部标准一致。

（5）适时派出。在区域子公司达到一定数量，即有 5 个以上已正式运营或已开始基建的项目公司，并在运营管理分支机构已成立的前提下，具备财务管理中心成立条件，派出相应的财务工作组，并改组为区域财务管理中心。

（6）中心复制。总部财务部可根据公司战略布局，在财务部内部成立一个到多个非满编财务工作组，以接手新开发项目为切入点，让各财务工作组正常运转，结合总部标准从严要求，加以培训与锻炼，在必要时补编派出。

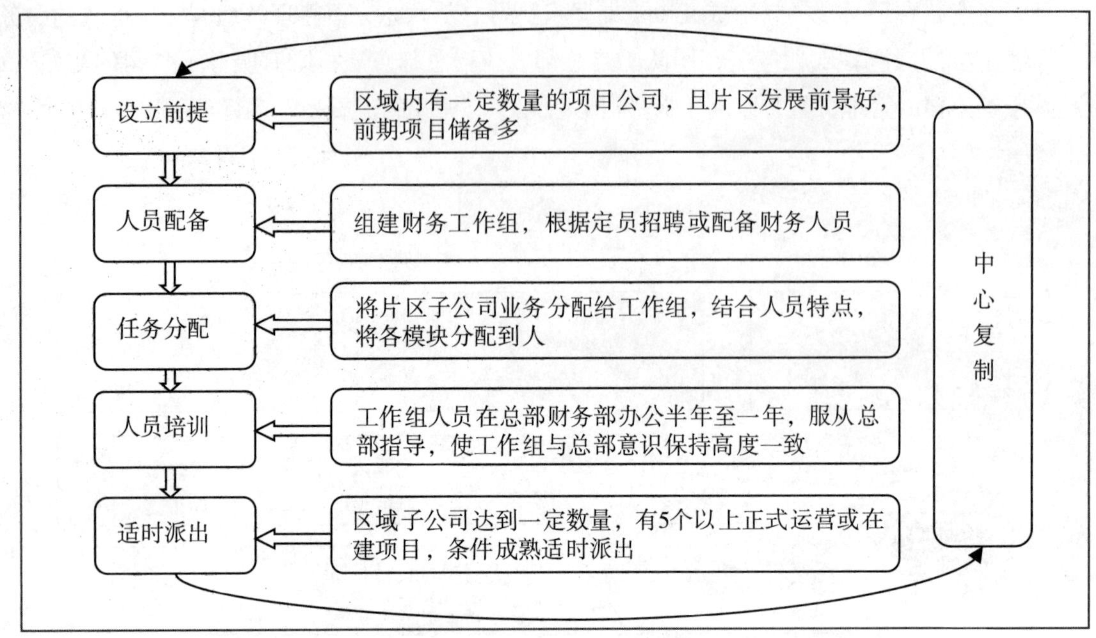

图 4 财务管理中心构建流程

（二）设计总分机构汇总架构

汇总（合并）纳税能使集团内部成员之间的风险相对分散，单个成员的亏损可以通过集团内部其他成员当期税负减少而分担风险，这在客观上减少了集团企业的总体经营风险，使得集团企业能够实现可持续发展，从而增强集团企业市场竞争能力。

京能新能源在成员单位设立之初，充分利用汇总纳税的优势，科学实施总体税务规划，超前考虑，在设立总部与管理分公司的同时，并入盈利能力较强的辉腾锡勒、赛汗与正镶白旗三家实体风电分公司，用管理机构的管理成本中和实体分公司的实际经营利润，在合理比例的情况下，合法降低企业所得税税收成本，提高公司的整体经济效益。京能新能源总分机构结构如图 5 所示。

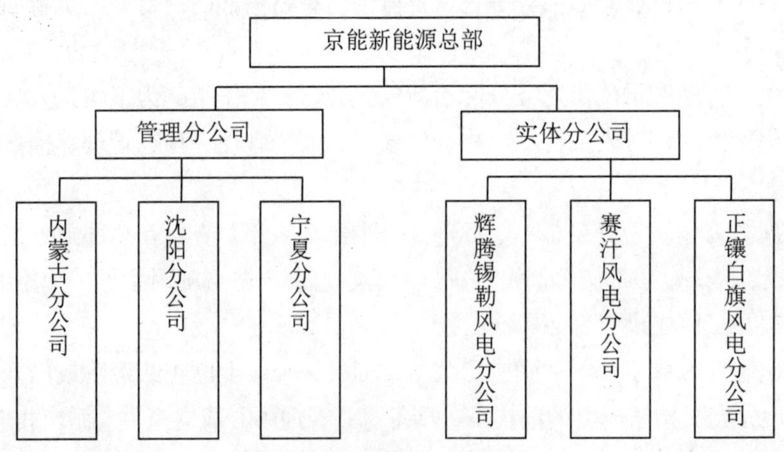

图 5 京能新能源母公司总分机构

通过汇总纳税实现内部各分公司的盈亏互抵，即公司内一家企业的损失可抵销其他企业的利润。企业可利用时间性差异递延纳税时间，获取一定税收利益。京能新能源成功利用汇总纳税，通过科学的税务筹划，有效节约税务成本。京能新能源总分机构设计的关键在于：一是有效地将管理分公司与实体分公司相结合；二是实体分公司选择盈利能力较强的项目，其盈利水平之和基本与管理分公司和总部成本费用持平，用实体分公司的利润弥补管理分公司和总部管理成本亏损，使母公司范围内企业所得税汇总缴纳税收几乎为零（见图 6）。

中华人民共和国企业所得税汇总纳税分支机构所得税分配表

税款所属期间：2014年1月1日 至 2014年3月31日

总机构名称：北京京能新能源有限公司　　　　金额单位：人民币元（列至角分）

纳税人识别号		应纳所得税额	总机构分摊所得税额		总机构财政集中分配所得税额	分支机构分摊所得税额	
110224754166410		0.00	0.00		0.00	0.00	
分支机构情况	纳税人识别号	分支机构名称	三项因素			分配比例	分配税额
			收入额	工资额	资产额		
	152631660993423	北京京能新能源有限公司辉腾锡勒风电分公司	94,075,921.64	4,813,285.48	903,023,019.81	29.426206%	0.00
	15252968003676X	北京京能新能源有限公司正镶白旗风电分公司	78,932,191.73	3,394,886.78	848,979,861.03	24.766490%	0.00
	152524680038650	北京京能新能源有限公司赛汗风电分公司	83,378,013.95	4,355,484.79	990,181,784.68	28.260876%	0.00
	150105699452085	北京京能新能源有限公司内蒙古分公司	0.00	10,887,514.10	21,989,350.93	15.648516%	0.00
	210132569445127	北京京能新能源有限公司沈阳分公司	0.00	817,172.85	6,721,686.30	1.229386%	0.00
	640104574860093	北京京能新能源有限公司宁夏分公司	0.00	459,001.23	1,741,113.14	0.668526%	0.00
	合计	—	256,386,127.32	24,727,345.23	2,772,636,815.89	100.00%	0.00

纳税人公章：　　　　主管税务机关受理专用章：
会计主管：　　　　受理人：
填表日期：2014 年 4 月 8 日　　　　受理日期：　年　月　日

国家税务总局监制

图 6 京能新能源 2014 年第一季度汇总纳税分配情况

（三）推行信息系统与标准化

根据京能集团的统一部署，2012 年 ERP 财务一体化工程在京能新能源推广应用。ERP 系统实施的业务范围包含人力资源管理、物资管理、财务管理、生产管理、项目管理。在 SAP 技术平台上，利用 FICO、MM、HR、PM、PS、BW、EP、XI 等模块，结合京能集团自主开发，实现了对集团业务的有力支撑。目前，财务管理、人力资源管理模块已在京能新能源所属公司实现全部上线运行，且京能新能源所属辉腾锡勒风电分公司作为测试单位已实现全模块运行，并准备在京能新能源全范围内推广应用。伴随着 ERP 财务一体化的应用和全面标准化管理体系的建设与实施，财务管理水平大幅提升。

1. 深化 ERP 系统集成建设，优化管理资源

在 ERP 项目实施过程中，以企业业务流程优化为基础，以财务管理、物资管理、人力资源管理、项目管理、生产管理为主线，逐步实现 ERP 信息系统的“集中管理、紧密集成、数据完整”，建立和形成以财务、物资采购和资产设备维护管理为核心的 ERP 平台，初步形成管理信息数据仓库，协助打造京能集团及下属单位协同运转、高效管理和科学决策所需要的统一 ERP 平台（见图 7）。

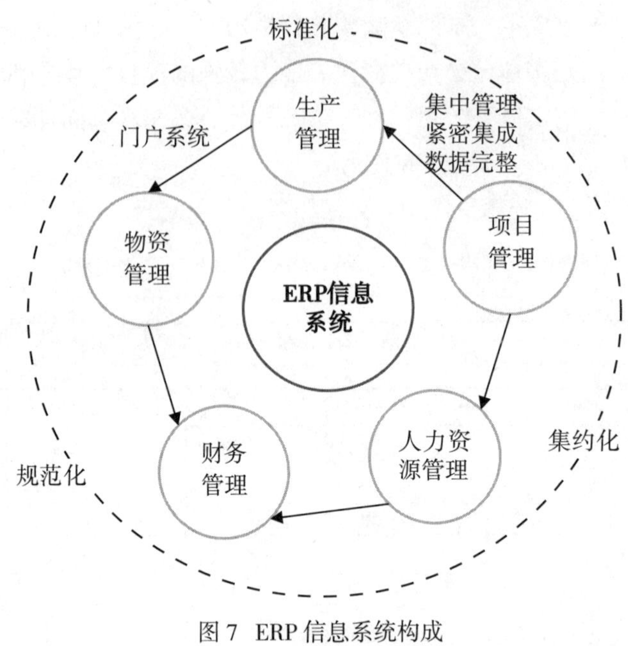

图 7 ERP 信息系统构成

第一，实现会计核算标准化和集中化。根据京能集团统一核算标准和统一会计科目表，各业务单元或分子公司根据自身需求从集团科目表中选取相应的科目生成各自的运营科目表，一方面保证全集团统一，另一方面满足自身业务需求。

第二，实现资金集中管控。支持多种资金管理模式，并应用京能集团自主开发 SAP 资金支付平台，实现资金集中管控，提高资金计划的准确性，提高资金使用效率。

第三，实现预算控制管理。预算管理流程是京能集团"十一五"规划制定的六个管理流程之一，规定了集团预算管理分为编制、审批、下达与执行、考核四个阶段，公司财务管理部门是预算归口管理部门，负责组织、协调集团预算管理工作；公司各部室和各分公司是预算管理实施单位，负责预算管理的贯彻执行。

第四，减少财务部门重复劳动、提高效率。将财务业务前移，由业务部门人员负责业务数据录入，通过系统自动生成财务账目信息，传送至总账进行汇总，从而避免财务人员重复录入财务数据，规范财务业务流程，提高工作效率。

2. 推行财务标准化管理，提高管理水平

第一，严格制定。结合京能集团财务管理要求及京能新能源财务管理实际情况，在京能新能源标准化委员会指导下，完成 11 项财务管理标准和 10 项工作标准的制定。标准制定、修订严格执行"六审一批"制度，由财务部负责人初审，修改后由业务相关部门互审，再由专委会组织会审，总会计师复审后，由标准化办公室组织技术规范性审查，标委会副主任复核，最后提请标委会主任批准。重要标准或重大修改须经公司党政联席会审议通过。

第二，贯彻执行。财务管理标准化为财务人员日常工作制定了标准，要求财务人员严格按标准操作，对财务人员的行为进行了规范，有效避免财务人员的重大疏漏。财务管理标准化建设过程全面梳理了会计核算和财务管理内容，细化岗位，制定各岗位工作标准，明确工作流程，有利于提高会计信息质量。

第三，定期检查。总部财务部根据财务标准化管理要求，并结合京能集团全方位对标管理要求，从京能新能源财务系统抽调精英团队每年对各分公司财务管理中心进行检查。结合标准，逐条落实，从严要求，查漏补缺，加强会计核算的监督与检查，规范核算管理，优化管理流程，完善管理标准，并对存在的问题提出合理化建议（见图 8）。

第四，整改落实。结合财务标准化管理与京能集团全方位对标管理要求，就财务检查过程中存在的问题提出整改建议，制订整改计划与整改期限，并组织对整改情况进行复查，从根本上消除管理问题，真正实现标准化管理。

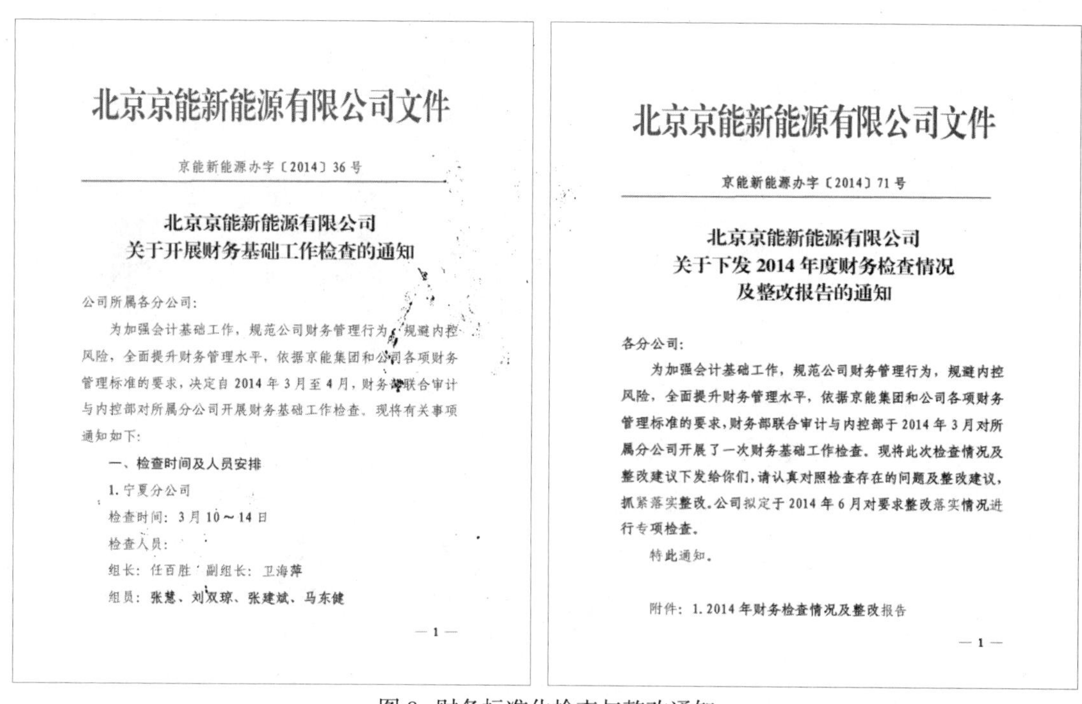

北京京能新能源有限公司文件

京能新能源办字〔2014〕36 号

北京京能新能源有限公司
关于开展财务基础工作检查的通知

公司所属各分公司：

为加强会计基础工作，规范公司财务管理行为，规避内控风险，全面提升财务管理水平，依据京能集团和公司各项财务管理标准的要求，决定自 2014 年 3 月至 4 月，财务部联合审计与内控部对所属分公司开展财务基础工作检查。现将有关事项通知如下：

一、检查时间及人员安排

1. 宁夏分公司

检查时间：3 月 10～14 日

检查人员：

组长：任百胜　副组长：卫海萍

组员：张慧、刘双琼、张建斌、马东健

— 1 —

北京京能新能源有限公司文件

京能新能源办字〔2014〕71 号

北京京能新能源有限公司
关于下发 2014 年度财务检查情况
及整改报告的通知

各分公司：

为加强会计基础工作，规范公司财务管理行为，规避内控风险，全面提升财务管理水平，依据京能集团和公司各项财务管理标准的要求，财务部联合审计与内控部于 2014 年 3 月对所属分公司开展了一次财务基础工作检查。现将此次检查情况及整改建议下发给你们，请认真对照检查存在的问题及整改建议，抓紧落实整改。公司拟定于 2014 年 6 月对要求整改落实情况进行专项检查。

特此通知。

附件：1. 2014 年财务检查情况及整改报告

— 1 —

图 8　财务标准化检查与整改通知

（四）实施资金集中管控模式

近年来京能新能源发展迅速，从 2006 年投产第一个风电项目到 2013 年底，已投产项目累计装机容量已超过 170 万千瓦，每年都涉及 60 亿 ~70 亿元的资金运作。项目发展快，涉及地域广，项目公司多。目前下属子公司 30 余家，银行账户 200 余个，实施单一的资金管理不能满足需求。为确保资金的使用效率和资金运作水平，充分发挥京能清洁能源和京能新能源的融资优势和资源优势，实施资金集中管理是必然选择。

1. 银行账户管理

第一，严格账户开设。银行账户开设由下属企业提出申请，经京能新能源结合业务发展需求，统一报京能集团审批。未经批准，下属企业不得私自开设银行账户。在 ERP 财务系统中，银行账户添加权限由集团统一管理，未取得集团书面批复文件，集团不给在 ERP 财务系统中添加银行账户，有效控制账户管理风险。此外，严格按照国家有关规定，在银行开立账户，不多头开户分散资金，开户选择金融信誉较好的银行办理存款、结算等业务。

第二，加强账户控制。在账户设置中所有下属公司收入户在同一银行同一网点办理，并在集团财务公司开设二级联动户。下属公司所有收入都归集到集团财务公司二级联动户，收入户网银操作权限由总部管理，下属公司只设查询权限。资金归集管理提高了企业内部融资能力，依托集团财务公司平台，企业可以在资金紧张时向集团财务公司申请紧急借款，提高了内部融资效率，有力化解企业的财务风险。

第三，严格资金支出。下属公司保留支出户的操作权限，并设网银二级复核功能，单笔付款超过 50 万元需要两个审批人复核后才能付出。支出户最高留存额度不得超过 5 万元人民币，超出部分按时归集到集团财务公司二级联动户。

2. 资金计划管理

第一，制定年度资金预算。每年年初，结合公司年度重点投资计划、生产经营预测以及财务还款计划，编制年度资金预算，并分解到月。年度资金预算报公司最高决策机构批准，并严格执行。财务每月对年度资金预算完成情况进行分析，查找差距，重点解决资金落实过程的难点问题。

第二，执行月度资金计划。充分利用京能集团自主开发的 SAP 资金支付平台，实现所有收入、支出计划都在系统中填报，并与集团财务公司实现无缝对接。各部门、所属各单位月度资金计划每月 20 日开始在 SAP 资金计划系统中填报下月资金计划，每月 26 日前由各分公司财务管理中心将审批完的资金计划平衡汇总到总部财务部，每月 30 日前结合所属各单位资金计划，做区域平衡汇总，平衡公司月度整体收支，并将平衡后的资金计划汇总报集团审批。次月 1 日由集团下达审批过的资金计划。所有资金支付通过 SAP 系统线上审批完成，无计划不能支付。每月资金计划完成率在月度工作例会上通报，并对完成率低的责任单位或部门给予考核。通过行之有效的管理和科学实施，使资金计划十分严谨，避免了资金浪费，资金使用效率高（见图 9、图 10）。

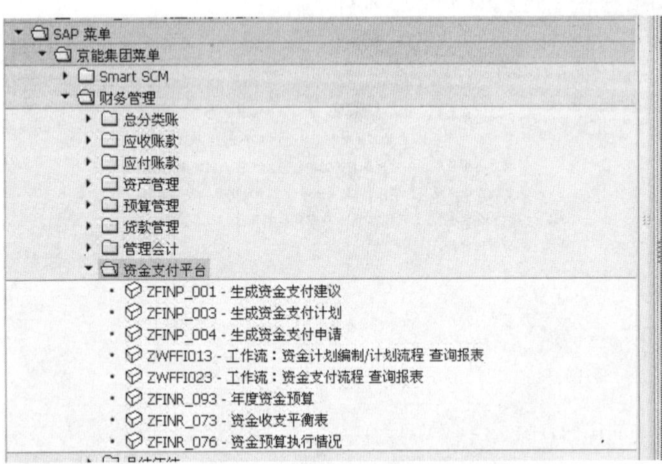

图 9 SAP 资金支付平台

编制单位：北京京能新能源有限公司　　日期：2014年8月1日

收支项目	8月计划金额（万元）	7月计划金额（万元）	7月实际支付（万元）	7月计划完成率	备注
一、8月收入计划	**5079.00**	**23000.00**	**22953.83**	**99.80%**	
其中:1.预计电费收入	5079.00	23000.00	22953.83	99.80%	
二、8月支出计划	**20190.52**	**45696.52**	**39241.82**	**85.87%**	
其中:1.基建项目设备、施工、其他类	15478.15	26298.36	22968.92	87.34%	凉城66%．乌兰94%．灵武83%．贺兰82%．中宁0%．達斑83%．格尔木94%
2.生产技改\基建	664.12	2833.69	1540.75	54.37%	商都线路452万元未付
3.生产设备物资类	769.18	351.08	209.79	59.76%	
4.银行利息支出					
5.偿还银行借款支出		11448.50	11448.50	100.00%	
6.支付股利					
7.税费支出	635.50	1258.15	944.65	75.08%	
8.工资、福利类支出	1160.88	1383.28	1277.69	92.37%	
9.前期费用支出	779.86	935.95	276.10	29.50%	府谷余500万元未付
10.CDM合同支出	25.64	10.56	6.72	63.64%	
11.审计评估费	23.89	42.50	31.23	73.48%	
12.日常费用	653.30	1134.45	537.47	47.38%	

图 10 北京京能新能源有限公司 2014 年 8 月资金计划完成情况

第三，编制资金收支周报。各分公司财务管理中心结合周资金计划安排，以单个子公司为主体，于每周四编制资金周报并报送总部财务部，公司总部结合各所属公司资金需求，合理平衡盈亏，汇总后报京能集团审批，同时抄报集团财务公司。根据各分公司财务管理中心提出的周资金划拨申请，通过层层审批后，由总部从收入户把资金划拨到下属公司支出户上，并严格控制支出户留存额度最高不超过 5 万元人民币。

3. 筹融资管理

第一，建立“现金池”。强势推行结算中心的资金归集管理模式，采取积极融资、资金归集等多种方式保证充足的现金头寸；通过统一融资、“收支”两条线和账户统一审批等方式，最大限度地将资金进行聚集，通过建立“现金池”筹措大量的低成本资金并将资金投入到效益好的项目。

第二，注重融资创新。不断拓宽融资渠道，充分利用京能清洁能源上市融资平台和京能新能源融资平台，开创多种融资新方式，包括发行公司债、短期融资券、中期票据、人寿基金等直接融资方式，不仅在社会资金高度紧张情况下保障了京能新能源发展的资金需求，而且实现了低成本融资，通过低成本资金置换高成本贷款、提前归还银行贷款等方式，大大节约了财务成本。图 11 为京能新能源 2012 年至 2014 年上半年融资构成。

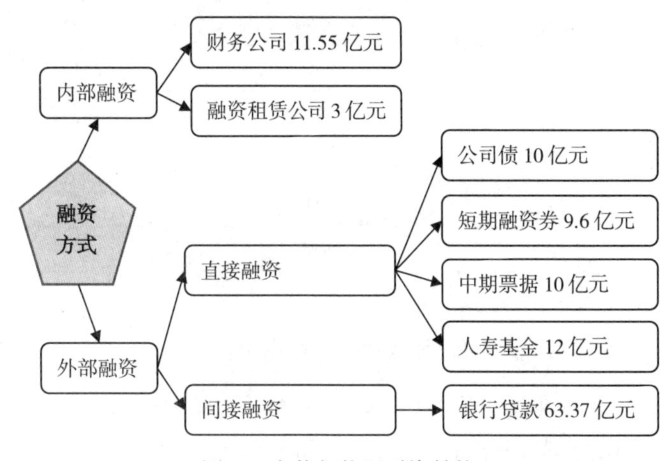

图 11　京能新能源融资结构

第三，搞好银企关系。通过京能集团与各大银行“总对总”框架协议，积极与各大银行保持良好的合作关系，建立长久的合作机制，争取银行支持。京能新能源与各银行长期保留有超过 20 亿元的流贷循环授信。截至 2013 年底，京能新能源所属银行贷款 54.2 亿元，其中短期贷款 4 亿元，长期贷款 50.2 亿元。

第四，内部融资互助。京能集团有自己的财务公司与融资租赁公司。长期以来，京能新能源与集团内部融资平台都保持有良好的互助合作关系。京能新能源多年来屡次被集团财务公司评为优秀客户，每年资金归集率在 95% 以上。资金归集管理提高了企业内部融资能力，依托集团财务公司平台，公司可以在资金紧张时向财务公司申请紧急借款，提高了内部融资效率，有力化解企业的财务风险。

第五，严格融资管理。不以任何方式对外拆借资金，不出借本单位银行账户为外单位办理代收、代垫款项。坚持适度举债原则，保持合理的资产负债率和债务结构。加强担保管理，严禁为个人提供担保，原则禁止对外提供担保。

四、新能源发电企业财务管理模式创新与实践效果

（一）管理水平全面提升

在区域集中财务管理模式下，各财务管理中心的财务团队首先由总部构建，经过统一培训，在总部监管实习后适时下派，并由总部财务直接领导，使之能充分理解相关制度，执行总部意志，避

免财务信息质量参差不齐，降低财务信息受外界因素影响产生失真的风险。

（二）税收负担明显降低

通过有效的税收筹划，三家实体分公司与总部等管理机构实施总分机构汇总纳税，用总部与区域管理分公司的管理费用稀释三家实体分公司利润总额，汇总纳税降低企业所得税分配，合理节约税收成本。2009 年至 2013 年，京能新能源三家实体分公司实现利润总额 29189 万元，按 25% 税率测算，应缴纳企业所得税 7297 万元，通过总分机构汇总纳税，实际缴纳企业所得税 1099 万元，在不考虑企业所得税优惠情况下，五年来节约税收成本约 6198 万元。

表 1　2009~2013 年节约企业所得税情况　　单位：万元

年份	实体分公司 利润总额	按 25% 测算 企业所得税	实际缴纳 所得税	节约 税收成本
2009	4380	1095	425	670
2010	9656	2414	245	2169
2011	7291	1823	135	1688
2012	857	214	-244	214
2013	7005	1751	294	1457
合计	29189	7297	1099	6198

（三）资金使用效率提高

通过实施资金集中管理，积极开展融资创新，努力拓展融资渠道，利用京能清洁能源与京能新能源融资平台发行公司债、中期票据、短期融资券等直接融资方式，筹措低成本资金，用低利率资金置换高利率贷款，提前归还银行贷款，有效降低了财务成本。至 2013 年底，公司 142 笔共计 81.69 亿元贷款中全部为基准及以下利率贷款，无一利率上浮，平均贷款利率为 5.81%。到 2013 年 12 月末，公司全年财务费用为 4.89 亿元，与上年同期比仅增加 370 万元。而 2013 年平均投产容量同比增加 27.75 万千瓦，刨去容量增加影响，存量项目财务费用较上年同期减少 7777 万元，同比降幅 16%。仅以子公司伊力更为例，2012 年伊力更平均贷款利率高达 6.94%，通过再融资与低利率资金置换等有效手段，2013 年伊力更平均贷款利率已降至 5.95%，平均利率降低近 1 个百分点。2013 年伊力更财务费用同比下降 2737 万元，约占其全年利润的 1/3。

（四）内在价值全面提升

由于新能源发电行业的特殊性，一个财务人员往往要全面负责 1~2 家子公司的核算工作，这样的工作方式大幅提升了财务人员综合实力，无论是从会计核算、财务报表、财务预算、国资委决算等会计事务处理上，还是对外税务、银行、电网、审计、客户与供应商沟通上都游刃有余，正因如此，塑造了京能新能源财务人员独当一面的能力，提升了财务人员的内在价值。经过几年努力，培养了一批踏实肯干、讲效率、追求卓越、执行力强、业务全面的综合型财务人才。团队凝聚力日渐增强，团队的专业程度、服务水平不断提高，推动了京能新能源财务在整个京能集团财务系统的影响力，树立了良好形象。近年来，京能新能源多次被京能集团评为“财务管理工作先进单位”，在集团 2013 年与 2014 年全方位对标财务管理评比中分别取得第二名与第四名的良好成绩。

ERP系统实施过程中风险控制研究

创造单位：大庆石油管理局钻探工程公司试油测试公司
主要创造人：王国明　　创造人：张立业　赵鑫　方红　万延逡

［摘要］ERP的价值现今已经得到普遍认识，越来越多的企业选择ERP作为全面提升管理水平的有效工具。但是，由于ERP的复杂性造成其实施难度很大，且实施过程存在非常大的风险，导致ERP实施周期过长、资金投入过大，上线后不能够满足企业实际管理需求。如何有效组织实施，管理风险，学者们提出了很多理论。

ERP系统是CH石油公司信息技术总体规划的核心，涵盖勘探与生产、天然气与管道、炼油与化工、销售与市场、工程技术服务、装备、海外业务、油田服务、总部、业务分析等各个方面内容。CH石油公司ERP项目总体目标是：帮助CH石油公司建设统一、集成的管理信息平台，提高数据分析能力，提供决策支持、规范业务流程，提高事务处理效率，提升管理理念、通过信息技术手段增强CH石油公司国际竞争力。与国内外其他大型石油公司一样，CH石油公司采用SAP软件建立ERP系统。

本论文通过研究、分析，提出相关问题解决措施。为已经实施和计划实施ERP的类似企业提供帮助，从而促使相关企业在应用现代化管理手段的同时，还可以保证会计信息质量，提高财务管理水平。

［关键词］ERP；实施过程；风险控制；财务视角

1　绪　论

1.1　论文研究背景

ERP是Enterprise Resource Planning（企业资源计划）的简称，是20世纪90年代美国Gartner Group咨询公司根据当时计算机信息、IT技术发展及企业对供应链管理的需求，预测在信息时代企业管理信息系统的发展趋势和即将发生变革，提出了这个概念。目前，ERP的价值已经得到普遍认识，越来越多的企业选择ERP作为提升管理水平的有效工具。随着ERP系统在企业中的持续推广运用，人们在ERP的推广应用过程中积累了丰富经验。学者们在此基础上提出了很多ERP推广应用理论，在推广应用策略、环境、方法论、成功关键因素等方面的研究都有了较大的进步。但是，由于ERP的复杂性造成其实施难度非常大，且在实施过程也存在很大的风险，失败率很高。尽管ERP实施失败的原因很多，但总结起来，ERP实施周期过长、资金投入过大、上线后不能够满足企业的实际管理需求是三个主要原因。

CH石油公司于2000年、2005年制定了《CH石油公司信息技术总体规划》和《CH石油公司“十一五”信息技术总体规划》，2007年，根据CH公司信息化建设进展和业务发展需要对总体规划报告进行了合并、完善，最终形成了《CH石油公司“十一五”信息技术总体规划》（2007年版），包括7大类51个项目，ERP系统占有10个工作包。

ERP系统是CH石油公司信息技术总体规划的核心，涵盖勘探与生产、天然气与管道、炼油与化工、销售与市场、工程技术服务、装备、海外业务、油田服务、总部、业务分析等各个方面的内容。CH石油公司ERP项目总体目标是：帮助CH石油公司建设统一、集成的管理信息平台，提高数据分析能力，提供决策支持、规范业务流程，提高事务处理效率，提升管理理念、通过信息技术手段增强CH石油公司国际竞争力。与国内外其他大型石油公司一样，CH石油公司采用SAP软件建立ERP系统。

勘探与生产作为CH石油公司主业，勘探与生产ERP同样是CH石油公司ERP项目的重中之重，CH石油公司勘探与生产ERP涵盖总部、勘探与生产分公司和十几家油气田企业。在ERP实施过程中，先选取5个油气田企业为试点单位。通过试点企业ERP项目的实施，积累并总结经验，分阶段推广实施到其他油气田企业，最终实现CH石油公司ERP项目的总体目标。

1.2 论文研究目的和意义

当今社会，许多大中型企业为提高公司管理水平，实现资源在相关职能机构间共享，纷纷采取ERP管理，很多经济管理人士也在研究实施ERP系统管理后的优点，如可以实现物流、信息流和资金流的统一，可以实现系统集成化、流程合理化、绩效监控动态化、管理改善持续化等。财务管理也可以向生产经营的其他环节延伸，更好发挥其在经营管理中的中枢纽带作用。

但是，很少有人研究ERP系统上线过程中，尤其是单独采用财务管理系统如何更好地融合，以及物资、项目、销售等各个模块在与财务模块集成过程中对财务管理和会计信息质量等方面存在哪些风险和缺陷，如何进行有效控制等。

本论文通过研究、分析，提出对上述问题的解决措施。为已经实施和计划实施ERP的类似企业提供帮助，从而促使相关企业在应用现代化管理手段的同时，保证会计信息质量，提高财务管理水平。

1.3 论文研究方法

（1）文献资料查阅。通过查阅大量的国内外文献资料，了解国内外ERP理论研究与实践应用现状及发展趋势。

（2）实地调查法。通过对CH石油公司下属ABC公司ERP项目上线的全程跟踪，采用访谈法、问卷调查法，充分了解该企业在ERP系统实施过程中的财务风险控制、内控体系建设、财务管理信息系统应用、组织结构设置、传统管理方法等情况，通过分析研究，提出评价意见。为发现问题、提出改进措施做好前期准备。

（3）比较分析方法。通过前期调查研究，从ERP系统本身、融合系统、流程设计等方面进行分析比较，提出在财务管理和会计信息等方面可能存在的各种风险，并结合该公司实际，提出解决对策。

1.4 论文主要内容

论文分为六个部分。第一部分绪论提出选题的背景及意义，论文的研究方法和论文的结构安排等。第二部分为相关理论概述。第三部分是 ABC 公司 ERP 系统实施过程中财务相关情况调研与评价。第四部分是 ERP 系统实施过程中财务风险识别与分析。第五部分是 ERP 系统实施过程中财务风险控制对策。第六部分是结束语。

2　相关理论概述

2.1 ERP 含义及特点

2.1.1 ERP 含义

ERP 是将物资资源管理（物流）、人力资源管理（人流）、财务资源管理（财务流）、信息资源管理（信息流）集成一体化的企业管理信息系统。主要目的是对企业所拥有的人、财、物、信息、空间和时间等资源进行整合，并进行总体平衡和优化管理，协调企业各管理部门，按照市场规则开展业务活动，以提高企业的核心竞争力，从而实现企业价值最大化目标。所以，ERP 首先是一个信息系统，同时更是一个管理工具。它是信息技术与现代管理思想的有机融合，也就是先进的现代管理思想借助计算机实现企业的管理目标。

2.1.2 ERP 系统特点

企业内部管理所需的业务应用系统，主要指财务、物流、人力资源等核心模块，具有先进性、集成性、统一性、开放性、完整性特点。

物流管理信息系统采用了制造业的 MRP 管理思想；FMIS(财务管理信息系统)有效利用了业务评估、预算管理、管理会计等现代基本财务管理方法；人力资源管理信息系统在岗位管理、组织机构设计、薪酬体系以及人力资源开发等方面同样集成了现代管理理念。

ERP 系统是一个在全企业范围内应用的、集成度非常高的信息系统。数据可以在各业务模块之间充分共享，所有源数据只需在某一个模块中录入一次即可全面共享，从而有效保证了数据的一致性。

对公司内部相关业务流程和管理过程进行了有效优化，主要业务流程实现自动化。

采用了当前计算机最新的主流技术和体系结构：B/S、INTERNET 体系结构，WINDOWS 界面。在能通信的地方都可以便利地接入到系统中开展工作。

2.2 风险管理理论

2.2.1 风险管理概念

风险定义：当某个活动、事件或项目有损失或收益与之相联系、涉及某种必然性或不确定性以及某种选择时，就具有风险。风险是由于某种不确定性造成的损失和威胁，也就是由它的负面效应引发的。实际上，风险同时也蕴含着机会(正面效应)。正是风险蕴含的机会，人们才愿意从事包括工程项目在内的各种活动，而风险蕴含的损失和威胁则提醒人们尽量回避或采取防控措施加以减轻、分散或转移。

因此，风险全面定义是：风险是影响活动、事件目标实现的可能性。其大小可用失败的后果和失败的概率两个变量来标识。它具有很大的不确定性(存在、发生和后果都不确定)，造成的后果有可能是消极的，也有可能是积极的。消极的后果为威胁，积极的后果是机会。

风险是具有双重性的，因人、因事、因时、因环境而各不相同。对于某个事件或活动，在某种环境、某个时间下是威胁，而在另外的条件下可能就是机会。

2.2.1.1 风险事件的随机性

风险事件的发生及其产生的后果均具有偶然性。风险事件能否发生，什么时候发生，发生之后会产生什么样的后果。人类通过长期研究发现，很多事件的发生都遵循一定规律，这种性质叫随机性。

2.2.1.2 风险的相对性

对项目活动主体而言风险总是相对的，同样的风险对于不同的项目主体会产生不同影响。人们对风险事故都有一定承受能力，但是这种能力因活动、事件和人而异。人们的承受能力主要受以下两个因素影响：

（1）收益的大小。收益总是与损失的可能性相伴随。损失的概率和数额越大，人们希望为弥补损失而得到的收益也越大；反之，收益越大，人们愿意承担的风险也越大。

（2）投入的大小。项目活动投入越多，愿意冒的风险也越小。投入与愿意接受的风险大小之间的关系见图 1。

一般希望活动获得成功的概率随着投入的增加呈 S 曲线规律增加。当投入少时，人们可以接受比较大的风险，即使获得成功的概率较低也能接受。当投入不断增加时，人们就开始变得谨慎起来，同时希望获得成功的概率也逐步提高了，最好达到百分之百。图中还表示另外两种人对待风险的态度。

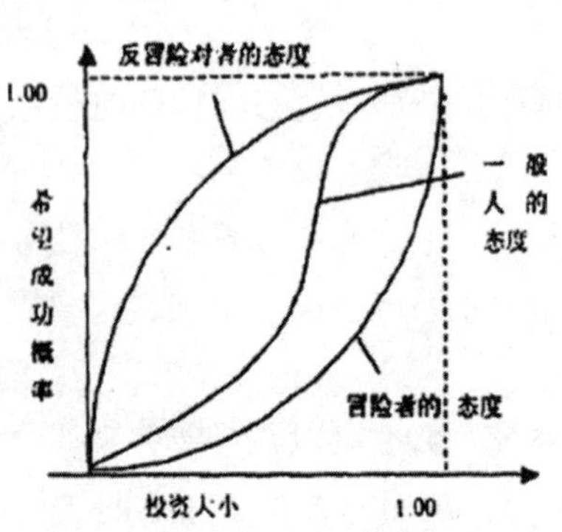

图 1 投入与愿意接受风险大小关系

2.2.1.3 风险的可变性

风险因素如果发生变化，必然会引起风险的变化。风险的可变性主要指：风险后果和风险性质的变化。风险后果包括发生的频率、损失大小或收益。随着科学技术的不断发展和生产力的提高，人们认识和抵御风险的能力也逐渐增强，能够在一定程度上减少风险事故发生的频率，并减少损失或损害；但随着项目或者活动的进展，会产生新的风险因素，同样也会产生新的风险，特别是在项目活动主体为了回避某些风险而采取相关措施时，其他的风险就会出现。

2.2.2 风险发生的机理

风险是不确定性事件或状态，它的发生会对项目目标产生消极或积极影响。风险与风险因素、风险事故、风险损失紧密相关，它们是风险是否存在的基本条件。要了解风险发生的机理，就必须弄清以下三个概念：

2.2.2.1 风险因素

风险因素是指促使风险事故发生的事件及风险事故发生时，导致损失增加、扩大的条件。风险因素是风险事故发生的潜在原因，也是造成损失的间接的和内在原因。通常把风险因素分为实质风险因素、道德性风险因素、心理性风险因素三种不同形式：

（1）实质性风险因素。它是一种有形的风险因素，是指增加某一项目目标的风险事故发生机会或扩大损失程度的物质条件，如 ERP 系统选型不合理或项目延期等。

（2）道德性风险因素。是指与人的不正当行为相联系的一种无形因素，常常表现为由于不良企图或恶意行为，故意促使风险事故发生或扩大损失比例，如项目实施中故意向系统中引入病毒，导致系统崩溃。

（3）心理性风险因素。也是一种无形的风险因素，但与道德风险因素不同。指由于人的主观上的疏忽或过失，导致增加风险事故发生机会或扩大损失程度，如向 ERP 系统中输入数据时无意造成数据录入错误，从而影响会计信息质量。

2.2.2.2 风险事故

风险事故又称为风险事件，是指引起损失的直接或外在因素，是促使风险由损失的可能性转化为现实性的催化剂，也就是风险是通过风险事故的发生而导致的，例如火灾、漏油、爆炸等都是风险事故。

2.2.2.3 风险损失

风险损失是指非计划、非故意、非预期的经济性价值减少的事实。损失分为直接损失和间接损失，直接损失是指风险事故对于目标本身的事实，而间接损失则是由于直接损失所引起的破坏性事实。

风险因素、风险事故、风险损失三者之间的关系：风险因素引起风险事故，而风险事故则导致风险损失（见图 2）。

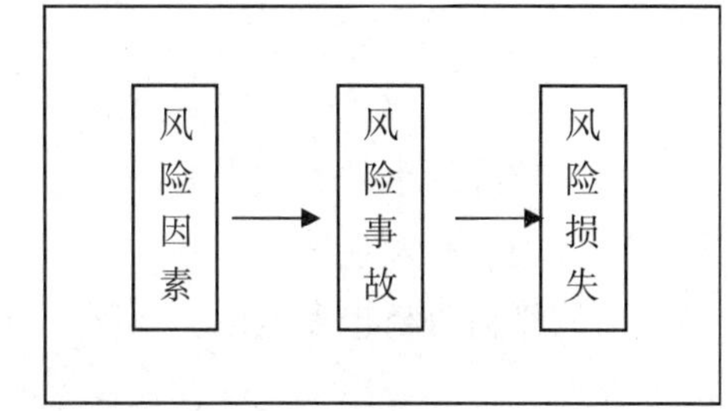

图 2　风险发生机理

需要说明的是，一般来讲，风险事故发生的频率与风险损失的程度成反比，即风险事故发生概率较高的风险，因人们对其研究和了解较多，其造成的损失程度一般较低；而风险事故发生概率较低的风险，其风险损失程度一般较高。海因里希三角形反映了风险损失大小与风险事故概率的关系，如图 3 所示。

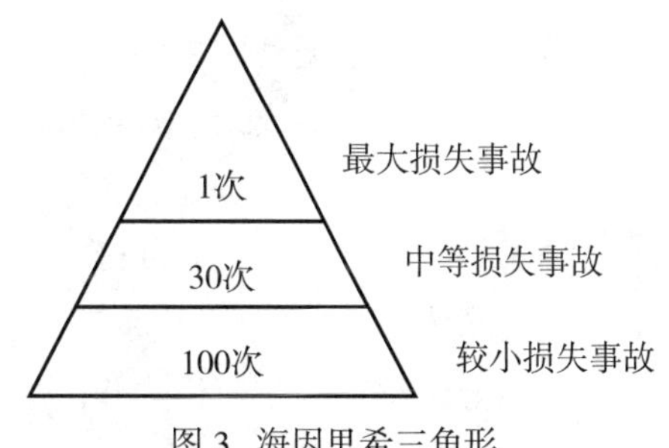

图 3　海因里希三角形

2.2.3 风险控制方法

风险控制就是实施风险规避策略的控制计划，在需要时向项目提供一定的资源，必要时还需要修改相关项目计划，通过对项目的费用和进度重新进行评估和测算，并采取相应的纠正措施。风险对 ERP 项目能否成功具有至关重要的作用，只有通过积极、主动、前瞻性的措施和方法来识别和管控风险，才可以有效地降低这些风险发生的概率。

2.2.3.1 阶段控制法

在风险控制中，按照项目发展过程分类，把控制过程分成若干个不同阶段（过程），分析各个阶段潜在的风险因素，从而制定出相应的控制对策进行分阶段控制，这是阶段控制理论的主要思想。它的特点是：

（1）以静态视角来看待风险和分析风险，各个不同阶段之间的风险管控工作缺乏必要的、有机的联系，没有把各个阶段的工作、顺序和风险因素等方面统一起来进行综合考虑。

（2）该方法是面向过程，而不是面向对象，是一种简单且针对性强，但缺乏弹性的风险控制方法。这种方法对常见的变动因素具有一定控制作用，但是对于项目活动中出现的异常变化，其应变效果就不那么及时和有效。

2.2.3.2 PDCA 法

PDCA 法最早是由美国质量管理专家戴明提出的，所以又称为“戴明环”。PDCA 分为四个阶段：计划 (Plan)、执行 (Do)、检查 (Cheek)、处理 (Action)。ERP 项目可以运用 PDCA 法对项目中各个活动进行风险管控。

在风险管控过程中必须对上述各个环节形成一个循环往复的控制过程。在计划编制、执行过程中，不断地检查，发现问题和偏差并及时完善计划，且加以解决。前一阶段执行情况和偏差处理的结果又会成为后一阶段计划编制和调整的基础，开始新一轮风险控制，这就形成了风险控制的封闭环路，如图 4 所示。

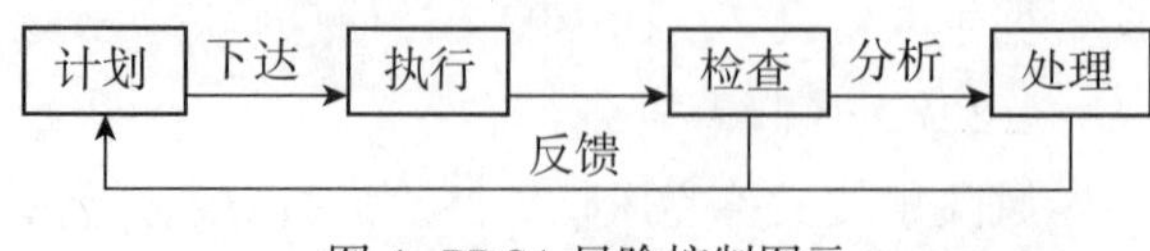

图 4 PDCA 风险控制图示

2.2.3.3 故障树法

项目的风险故障树采用图形演绎法构建。

（1）选择顶事件。如果要分析已经发生的风险原因，则已经发生的风险就是顶事件，无须选择。而故障树分析更多地用于预测项目可能发生的风险并分析其原因，这就存在一个如何正确选择顶事件问题。对复杂项目，一般不止一个顶事件。通常，可以把项目中可能发生的重大问题进行分类排序，并依据其因果关系从中筛选出那些主要的，可能性大的或最不希望发生的状态作为顶事件。

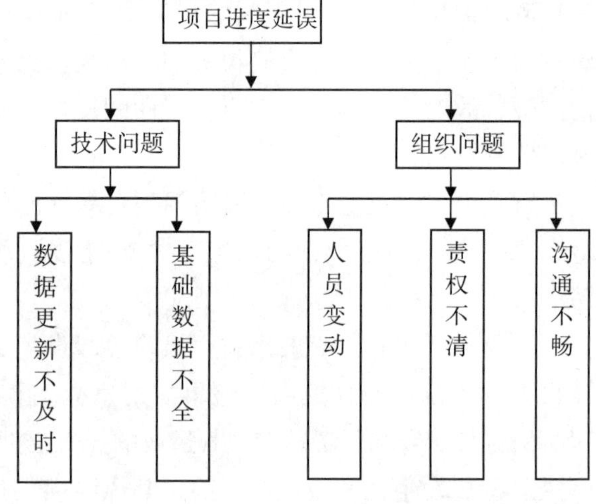

图 5 故障树风险分析

（2）构建故障树。顶事件确定后，向下循序渐进地寻找每一层风险发生所有可能的直接原因。直到分解到最基本事件为止。最终找出项目系统内可能存在的缘于自然力作用、环境影响、社会控制、人的行为等各种风险因素 (底事件)，并利用各级逻辑关系连成一个倒立的树状图形，即故障树。建树过程本身是分析人员加深对项目理解并深入剖析的过程，建树本身的收获甚至比对故障树数据的分析更重要。建树工作是一门“艺术”，两个小组对同一项目分析，不会构建出完全相同的故障树。图 5 是某公司 ERP 项目实施的故障树沟通不畅。

ERP 项目实施存在很多风险，在项目进行过程中，对风险的识别非常重要。故障树法的运用就是为了加强对 ERP 项目实施过程中对不同风险来源进行分析的方法。只有找出发生风险的根源，才能对风险进行有效管控。对项目风险的控制可以根据上述几种方法共同进行，而且在项目执行整个过程中都要随时分析调整，这样才能保证项目的顺利实施。

3 ABC 公司 ERP 系统实施过程中财务相关情况调研、评价以及项目实施背景

3.1 ABC 公司简介

ABC 公司是集油气勘探开发、生产销售和工程技术、生产服务、矿区服务于一体的大型石油公

司，总部位于 JY 省 SY 市，勘探开发和生产区域遍布 JY 省 20 多个市、县（区）。20 世纪 50 年代末期，第一口油井获工业油流，发现了 ABC 油田。

3.2 ABC 公司相关业务及财务管理概述

ABC 公司 ERP 实施上线准备启用 6 个模块，分别为物资管理、项目管理、销售管理、生产管理、设备管理和财务管理。该公司上述六项业务实际管理现状如下：

物资管理：由各单位物资部门提出采购需求，经过三级审核，形成各单位物资采购计划，上报 ABC 公司物资供应处审核。物资供应处审核后分配给各专业科室，签订采购合同组织采购。采购物资入库，开具发票，挂账付款结算。各单位物资供应部门根据公司下达的月度材料限额进行领料，限额领料本余额不足的，必须申报追加计划。无追加计划，物资供应处拒绝供料。

ABC 公司的材料成本是通过预算的方式进行控制的，以确保整个公司材料成本不超。

项目管理：各单位计划部门根据公司计划处下达的投资计划进行投资任务的分解，所属单位企管科组织签订合同，相关部门组织施工单位项目施工，计划部门审核工程形象进度及相关资料，财务部门根据计划部门提供的工程形象进度资料，进行工程暂估账务处理。计划部门组织工程验收，工程验收合格，资产达到预定可使用状态，财务部门和资产部门根据计划部门提供的相关资料，进行工程预估转资账务处理，施工单位上报工程决算，计划部门审核工程决算，然后上报工程决算到公司相关部门审核，财务部门根据公司审核后的决算进行工程结算，确认工程成本，进行工程利息计提，计划部门组织项目转资，预估转资调整，财务和资产部门进行转资账务处理。

ABC 公司项目管理关键控制环节为转资的及时性，资本性支出和收益性支出的划分。在项目总额控制方面采取计划下达，决算审计等手段进行。

销售管理：ABC 公司的下属销售公司根据计划处下达月度原油销售调度令组织开展工作。月度内，销售公司输油队进行销售计量，与采油厂填写计量交接凭证后，将计量交接凭证反馈到销售公司生产运行科汇总，生产运行科出具销售结算单，财务销售岗负责稽核并开具发票，销售岗依据财务科长审核后的发票，填写委托收款单进行资金结算以及销售收入的确认。

收入确认及时与否，客户信用评级准确与否，输油量计量准确与否均是销售环节的关键点。

生产管理：单位生产部门每周（月、年）提出并下达生产计划，各生产车间根据生产计划上报用料计划给生产部门审核，生产部门平衡各种在产品情况后，上报物资部门。物资部门根据生产部门审核后的用料计划组织材料，材料到货后，生产部门组织各生产车间完成计划工作量；产品组装完成后，由质检部门检验合格后，报工入产成品库。

产品生产成本能否得到有效控制是生产管理环节的关键所在。

财务管理及核算：

ABC 公司作为 CH 石油公司下属子公司，采取“一个全面、三个集中”的财务管理方式，即全面预算管理，资金集中、债务集中、核算集中。

全面预算管理是指所有成本费用等事项均采取预算管理模式，CH 石油公司总部对子公司下达预算指标，并与其总经理签署业绩合同，ABC 公司对上级下达的预算指标再进行分解，下达给其下属单位，并也与各单位主要领导签订业绩合同。将预算层层分解落实，如超出预算与领导和员工薪酬直接挂钩。

资金集中管理采取资金收支两条线方式进行，即 CH 石油公司下属子公司开一个收入账户，一个支出账户。收入账户只有一个出口，即对应 CH 石油公司总收入账户，支出账户只有一个入口，即对应CH石油公司总支出账户。这样ABC公司所有收入进入收入账户后，于每日下午4点，银行自动划转至总收入账户。支出需要通过预算审批方式由总部总支出账户划拨资金。

债务集中管理，是CH石油公司依靠自身信誉，以低于市场利率的优惠政策统一与银行进行融资贷款，各子公司不允许对外贷款，如需要资金从总部资金池有偿借入使用。

核算集中管理，整个CH使用公司采取会计一级集中核算方式进行会计业务处理，即所有公司共用总部一个服务器，形成的会计凭证直接传输到总部服务器，达到资源共享，及时、透明、规范统一。

ABC公司作为CH石油公司的子公司，在会计核算方面按照总部统一要求，依据《会计法》、《企业会计准则》、《财务通则》以及《CH石油公司会计手册》的相关规定开展。完全按照上述法律、准则等有关要求选择适合公司的相关会计政策，并严格保持前后各期一致性。

为不断夯实和逐步提高会计信息质量，ABC公司采取两级稽核制度、三级报表审核制度、内控体系审计及测试制度、外部例行审计和专项审计制度等措施，取得了较好的效果。

3.3 ABC公司ERP项目调研情况及相关评价

为保证ERP系统的成功上线，ABC公司组织项目组成员与顾问通过采取现场访谈的形式，对公司13个典型单位现行的业务流程、规章制度，以及信息系统的使用等情况进行了详细调研。

通过调研了解到，ABC公司建立了完整的管理体系，包括组织机构、管理制度、业务流程等，建设了相应的信息系统，如财务管理系统、生产管理系统、设备管理系统、物资管理系统等。这些信息系统在帮助各单位优化业务流程、规范业务管理、提高信息利用效率等方面做出了重要贡献。同时，培养了信息化建设、管理、运营维护的管理人才和技术人才。所以，为建设和实施统一的ERP系统创造了条件，奠定了基础。

通过对相关单位业务现状和需求的全面深入调研与分析，项目组了解到，ABC公司组织结构合理，能够满足ERP实施的需要；内控体系建设有效，执行有力。为公司降低生产经营风险、提高管理水平发挥了重要作用；物资管理系统、设备管理系统由于与ERP系统相关功能重叠，待ERP系统上线后停用，但财务管理信息系统由于在报表编报方面强于ERP系统的独特优势，保留该系统，并提出了适合公司具体情况的ERP与FMIS系统融合的实施方案。

3.4 ABC公司ERP项目目标和实施范围的确定

3.4.1 项目实现目标

在ERP项目实施过程中，ABC公司确定以项目管理为主线；以财务管理为核心；以物资与设备管理为支撑；以生产、销售为手段；最终实现业务与财务紧密集成，消除信息孤岛，提高整体经营管理运营效率，更好支撑业务发展。

3.4.2 项目实施范围

确定范围的基本方法：

（1）定义分层次企业标准：集团公司/股份公司；专业公司（业务板块）；地区公司。

（2）定义不同控制程度的企业标准：由上级单位统一制定，下级单位直接执行的标准；由上级单位制定指导原则，下级单位细化执行的标准。

（3）管理运筹学的“二八”原则:（保证管理的效率及可行性）。

（4）定义统一的关键绩效指标（KPI）考核体系：系统直接产生报表（系统）；自下而上逐级

汇报汇总报表（手工）。

（5）实施重“效益”，减少负荷：（保证实用性）内控体系成熟度（外部审计侧重权限互斥）；单位存量数据基础（历史数据的完整性、静态数据的普遍性）；人员电脑操作水平和系统接受程度。

（6）大局出发，趋向考核达标：（保证整体考核达标）油田总体管控重点；高水平的建设来源于着力点的选择；“压轴戏”。

业务条线	实施的功能模块					
	财务管理	销售管理	物资管理	项目管理	设备管理	生产管理
油气生产	√	√	√	√	√	
工程建设	√	部分实施	√	√	√	
工程技术	√	部分实施	√	√	√	
装备制造	√	√	√	√	√	√
炼油与化工						
生产及矿区服务	√	部分实施	部分实施	√	√	
机关处室	√	√	√	√	√	

图 6　项目实施范围

根据上述方法，结合公司战略，突出重点，抓住核心业务，确定项目实施范围（见图 6）。

3.5 ABC 公司 ERP 项目组织

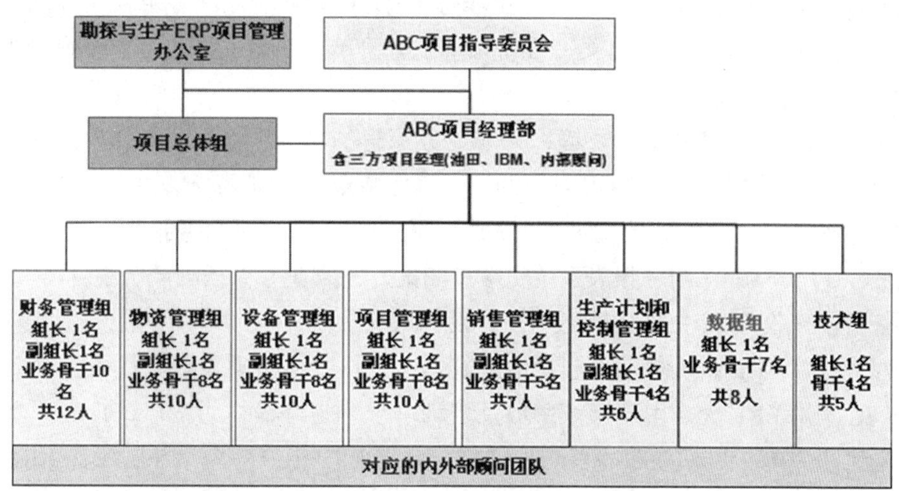

注：①各组组长都是业务负责人，负责组织讨论确定最终流程。②业务骨干全程脱产参与项目工作。③内控人员全程参与。

图 7　项目组织

（1）项目指导委员会：定期听取项目经理部汇报，对项目实施过程中遇到的重大事项做出决策。

（2）项目经理部：按照项目指导委员会确定的项目计划，安排所需资源；跟踪、监督项目实施过程中所有环节；对于业务模块中的跨业务、跨部门问题进行及时有效的协调，并确定结果；定期向项目指导委员会报告项目进展情况；组织项目验收。

（3）业务模块组长：成立并领导所负责小组；作为该小组所属模块的业务流程负责人全职全程参与项目；对该业务模块实施进行整体管理，并负责与其他小组或相关业务单位进行沟通协调，解决项目进行过程中的各种问题；在需要时，组织协调相关业务或技术单位业务人员参与项目的会议或讨论；组织安排该业务小组人员梳理业务流程现状，确定未来业务流程蓝图方案；与顾问一起制订本小组工作计划，并组织业务小组成员进行相关汇报。

（4）业务骨干：梳理各单位业务流程现状，制定未来业务、管理流程和蓝图设计方案及报表和接口需求，并完成相关文档编写；配合顾问进行系统配置及开发工作；主导测试、权限调查设置及培训工作；主导数据收集、清理、导入 ERP 系统并对导入系统数据组织检查确认；负责系统上线后的一线支持。

（5）外部顾问团队：确定业务流程模板，根据各实施单位的普遍业务及个性化业务提供业务系统解决方案，为各实施单位提供技术支持。

3.6 ABC 公司 ERP 项目实施计划

ERP 项目实施可分为 5 个阶段：项目准备阶段、蓝图设计阶段、系统实现阶段、上线准备阶段、单轨切换阶段。

项目准备阶段。完成项目办公环境准备及建立后勤保障体系，设置项目管理组织架构，制定项目管理规章制度及考核激励制度，组建项目管理和实施团队，组织项目成员培训，完成项目团队建设。

蓝图设计阶段。通过研究内控管理体系，梳理油田内部业务流程，通过专业管理部门、基层业务部门调研了解业务特点和管理现状，通过研究现有业务管理系统了解油田 IT 系统应用程度；确定 ERP 实施范围包括组织范围和业务范围，设置 ERP 系统架构；确定 ERP 系统业务流程清单、编制业务流程图及业务流程文档、ERP 业务流程与现有流程的差异、ERP 业务流程控制点的设置与内控管理控制点对比分析，制订业务方案。准备系统配置清单、单据、报表清单，确定业务流转及单据流转流程，确定业务集成点。

系统实现阶段。搭建 ERP 系统环境，完成业务流程的单元测试及测试文档编写，编制表单、报表、个性化业务功能说明书及系统开发及测试；确定集成业务测试场景、业务测试及测试文档编写，修正并完善业务方案，补充测试及测试文档编写；确定 FMIS（财务报表系统）与 ERP 系统接口方案，完成 ERP 与 FMIS（财务报表系统）接口测试，完成业务单据测试。

上线准备阶段。收集 ERP 系统最终用户，设计 ERP 用户权限（通用角色、本地角色），完成 ERP 用户赋权，收集 ERP 系统静态数据及动态数据，制作数据收集及导入模板及导入工具；培训 ERP 最终用户，编制 ERP 最终用户操作手册及培训手册，制订最终用户培训计划，组织最终用户培训，讨论并制订 ERP 上线切换策略及切换计划，制定 ERP 上线应急策略，编制 ERP 上线系统检查清单，完成 ERP 静态数据及动态数据导入，核对 ERP 系统数据，编制 ERP 数据补录模板及制作补录工具，完成 ERP 数据补录工作，准备 FMIS 并行环境。

单轨切换阶段。完成 ERP 系统月结工作，收集 ERP 系统运用过程中的问题，修正并优化业务方案，单据及报表程序修改；ERP 系统与 FMIS 数据核对，调整 FMIS 接口相关对照表，完成 ERP 与 FMIS 差异说明，准备 ERP 单轨提交文档，完成单轨切换。

4 ERP 系统实施过程中财务风险识别与分析

ERP 系统实施上线后，相关工作流程由传统的手工或半自动化操作变成自动操作，包括大部分会计凭证制作也由原有会计人员制作变为业务人员参与、会计人员审核方式。这些变化，必将对财务管理和会计信息质量带来一定风险。

4.1 系统实现风险

系统实现风险属于 ERP 系统实施的总体风险，如果不能很好地解决这个阶段的风险，ERP 系统上线成功的概率将会大大降低，即使成功，将来的运行也不会顺畅，而财务模块作为该系统的重要模块，也必将受到一定的影响。

4.1.1 项目管理及人力资源风险

ERP项目是一个庞杂的系统工程，系统实施成功与否取决于公司管理层态度、项目管理的优劣、公司是否有足够的资源，尤其是人力资源作为保障等。

4.1.1.1 公司管理层的态度风险

ERP项目实施成功与否，与公司管理层的态度直接相关。从国内外众多实施ERP的企业来看，很多就是因为高层领导对项目不重视，或者对项目实施过程中可能遇到的阻力估计不足而造成项目的失败。同时项目在实施过程中出现问题，高层领导并没有给实施小组足够授权，使项目经理部制定的政策以及采取的措施失效，也可导致项目失败风险的发生。因此，企业领导层是否支持和参与，是ERP项目成功实施的关键风险。

4.1.1.2 项目经理部的运行风险

ERP项目的实施是一个非常庞大的系统工程，涉及公司生产经营各个方面，项目经理部既要提出实施方案和计划，又要组织实施；既要调度业务人员，又要协调各个部门之间的关系。ABC公司项目经理部共计分为8个工作组，人员100余人，这么庞大的组织如果管理不到位，工作程序不清晰，必定给项目的有效实施带来较大风险，甚至会造成项目实施失败。

4.1.1.3 外部顾问的引进风险

ERP的实施涉及企业的多个业务部门，以及所有参与公司生产经营管理的各个层级的管理人员和操作人员。而对于这样一项耗资巨大，费力费时的系统工程，企业几乎没有这方面的实施管理经验。如果不引进外部专业咨询公司顾问，只靠公司内部人员组织实施，对项目的成功实施存在极大失败风险。

4.1.1.4 公司内部实施团队建设风险

任何一个项目的成功实施都离不开团队成员之间的密切协作，ERP项目的实施更是如此。它涉及企业组织、财务、IT、业务管理等内容，需要各个业务部门员工之间的通力合作。如果内部实施团队建设不完善，相互不配合，互相推诿扯皮，必定会给项目的实施带来一定的障碍。

4.1.1.5 项目实施计划的制订风险

ERP系统的特性决定了其在实施过程中需要较高的项目管理水平，而进行有效的项目实施的前提条件就是必须制订一个明确、可行的实施计划。国内很多企业的项目实施计划在全面性、可操作性等方面缺乏系统考虑，实施计划中缺少明确的实施目标及对阶段性成果的检验步骤，使项目实施工作混乱，这样在项目的实施中就会出现一些问题，也给项目实施带来一定的风险。

上述5个风险，从风险发生的机理分析全部属于由实质性风险因素引起的风险事故，可能导致项目实施不畅，甚至失败。

4.1.2 集成业务风险

集成业务是指由业务源头发起，通过一系列单据填制、审核、校验等环节，最终自动生成财务会计凭证的业务。它不是传统的所有会计凭证均由财务人员制作，而是相关业务人员均参与会计凭证制作过程。ABC公司实施ERP系统共选择6个模块，即物资管理、项目管理、销售管理、生产管理、设备管理和财务管理，这就涉及有5条线的业务需要集成生成会计凭证。因此在每条线上也就存在影响会计信息质量和财务管理的风险。

4.1.2.1 物资管理集成风险

（1）概述。财务管理与物资管理集成适用于 ABC 公司 60 大类物资采购和库存管理。通过集成对物资验收入库、结算（发票校验）和出库等业务集成，实现账实的实时同步。

（2）主要风险。

① 组织架构的搭建。

ERP 系统的组织结构框架如图 8 所示。

集团：一个跨法人的组织单元的集合，即多个法人或非法人独立核算单位组合成的集团公司，是企业组织结构中的最高层。

公司代码：是在一个集团公司下的具有自己的资产负债表的合法独立单元；是财务管理的核心组织单元，集团下的公司。

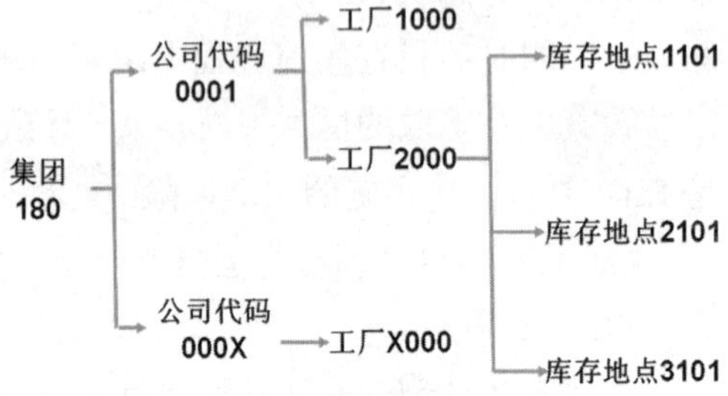

图 8 ERP 系统的组织机构框架

工厂：是组织结构体系中的后勤单元，从计划、采购、生产、工厂维护角度构建的体系结构，是后勤管理的核心单元；工厂是物料管理的基本组织单元，并不一定是真实的生产加工厂。

主要风险：在物资集成业务系统实现阶段，首先会根据物资管理需要进行组织机构设置，但存在组织机构设置不尽合理，不能满足 ERP 系统上线后财务核算要求，从而带来会计信息质量风险。

该风险是由实质性风险因素引起的风险事故，可能导致会计信息失真。

② 创建采购订单。

流程概述：业务员依据 ABC 公司下属单位上报并经审批后的需求计划或备库计划在系统中创建采购订单，并上传合同管理系统，生成合同文本。物资到货验收后，保管员依据采购订单和到货物资数量，生成存货（物资）入库单，材料入库价格源于采购订单。

主要风险：ABC 公司部分材料采购，如钢材、水泥、砂石等材料运杂费由 ABC 公司承担，合同约定时，无法对运杂费金额进行明确约定，造成发票结算价格与采购订单预估价格不一致，从而导致入库价格不能反映材料的真实成本。

该风险是由心理风险因素引起的风险事故，导致材料成本不实。

③ 存货入库。

流程概述：物资到货并经报关员验收入库后，根据系统中创建的采购订单生成入库的会计凭证。

主要风险：一是存货入库没有经过有效复核，造成基础数据错误导致生成错误的会计凭证。二是科目配置或对照表错误，从而生成错误的会计凭证。

该风险是由心理风险因素和道德风险因素共同引起的风险事故，可能导致会计信息失真和物资管理混乱。

④ 发票校验。

流程概述：收到发票后，根据三单匹配（采购订单、收货单、发票）原则，进行采购结算（发票校验）。

主要风险：一是相关数据输入错误，导致记账凭证错误。二是同一入库单重复进行发票校验。

该风险是由心理风险因素和道德风险因素共同引起的风险事故，可能导致会计信息失真。

⑤ 结算单的审批。

流程概述：业务人员收到供应商发票后，将发票、物资入库单、采购合同进行三单匹配，在系统中进行发票预置，并创建结算单，结算单在系统中经过相关领导三级审批，财务人员审核无误后进行过账处理，并生成会计凭证。

主要风险：一是创建结算单的审批如果影响财务过账所依赖的预置发票，会影响财务数据的准确性。二是相关岗位人员如不能在系统中及时审批，预置发票不能及时过账，会影响会计信息的及时性。

该风险是由实质性风险因素引起的风险事故，可能导致财务管理混乱和会计信息失真。

⑥ 工厂内转储（内部单位材料出库）。

流程概述：业务人员根据基层单位用料计划创建转储订单，并依据该单据建立外向交货单提交保管员，再由保管员根据上述单据进行发货过账。

主要风险：材料出库计划无控制，造成基层单位材料成本失控，使公司年度业绩指标受到影响。

该风险是由实质性风险因素引起的风险事故，可能导致财务管理混乱和会计信息失真。

⑦ 材料销售。

流程概述：ABC 公司材料销售订单是材料销售业务的起点，销售岗位人员根据客户需求建立销售订单，并创建外向交货单，保管员根据外向交货单进行发货过账，同时产生成本结转的会计凭证。财务人员根据销售订单创建预置发票，根据预置发票在金税系统打印发票，并生成会计凭证。

主要风险：一是增值税发票的客户信息来源于系统客户主数据，会计凭证信息来源于物料主数据，如果客户主数据和物料主数据错误将导致增值税发票和会计凭证错误。二是业务人员在录入销售价格等信息时不准确，也可造成会计凭证出错。

该风险是由心理风险因素和道德风险因素共同引起的风险事故，可能导致会计信息失真。

⑧ 物资采购退货。

流程概述：材料验收后，如因产品质量、价格等因素影响需要进行退货处理时，先由业务人员创建退货采购订单，并进行红字发票预置，财务人员进行红字发票校验，然后再进行入库凭证的冲销。

主要风险：一是由于人为原因，造成退货采购订单金额大于原订单金额。由于权限限制，财务人员无法及时发现，造成在月末生成集成暂估凭证时，会出现应付账款—暂估款金额出现负数。二是物资做退货处理时，财务人员未做红字发票校验，造成货物已退，但财务账务未退的风险。

该风险是由心理风险因素和道德风险因素共同引起的风险事故，可能导致会计信息失真。

4.1.2.2 生产管理集成风险

（1）概述。财务管理与生产管理集成适用于 ABC 公司主要产品六型和八型抽油机产品，并且涵盖了新品研发、客户来料、外协加工、库存改造、内部耗用、批量维修等生产业务，较为全面地集成了 ABC 公司所有生产业务。通过集成从产品订单的建立开始，包含工艺路线（ROUTING）、工作中心（WORK CENTER）、物料清单（BOM），所有涉及此产品订单的成本变化都会反映到财务上，财务可以随时查询到此产品的实时成本。

（2）主要风险。

① 产品成本控制。

流程概述：产品成本控制对象是成本发生过程，包括设计过程、外协采购过程、生产和服务提供过程、销售过程、物流过程、售后服务过程、管理过程、后勤保障过程等所发生的成本控制。成本控制的结果应能使被控制的成本达到规定要求。为使成本控制达到规定的、预期的成本要求，就必须采取适宜和有效的措施，包括作业、成本工程和成本管理技术和方法。

主要风险：ERP 中产品成本控制（Product Cost Controlling）是一个集成性很高的模块，它和传统的成本计算方法有显著的不同；另外，ERP 的标准成本和差异分析等概念又恰恰是财务管理中的基本概念，所以存在由于财务人员不能深刻理解 ERP 的成本核算方法，存在产品成本得不到有效控制的风险。

该风险是由心理风险因素和道德风险因素共同引起的风险事故，可能导致财务管理混乱和会计信息失真。

② ERP 月末成本结算。

流程概述：财务部门发出月结通知、检查当期所有发生的经济业务交易是否全部进入系统，业务部门确认当月业务已完成，并进行检查生产订单报工完成、当月统计指标过账、实际成本划分、计算实际作业价格、按实际作业价格重估生产订单、计算在制品及差异、生产订单结算等操作。

主要风险：财务月底时，生产企业需要对本期间所发生的生产订单进行月末成本核算，由于日常是以标准价进行产品的出入库核算的，通过月末核算后，系统将计算出产品实际的成本。这就需要生产部门对当月的料工费进行真实有效的记账处理，各生产分厂之间的劳务协作的工作量需要如实在 ERP 中进行报工处理。如果漏报或者未报，将导致财务的成本核算不真实或者错误。

该风险是由心理风险因素和道德风险因素共同引起的风险事故，可能导致会计信息失真。

4.1.2.3 设备管理集成风险

（1）概述。财务管理与设备管理集成适用于 ABC 公司设备和资产的购置、外部修理及调拨报废业务。通过项目下达、维护服务采购订单、服务收货以及发票校验等操作，借助相关基础数据及推导规则的配置，自动产生与设备业务有关的会计凭证。

（2）主要风险。

① 年度设备维修计划。

流程概述：由 ABC 公司所属单位设备管理部门提出年度设备维修计划，经过主管领导审批后上报到设备管理处，设备管理处根据设备总维修费用指标审核后下达到各单位，各单位根据公司下达费用指标组织设备维修。

主要风险：每年二级单位设备管理部门上报设备处《年度设备维修计划》，由设备处与财务处联合审定各二级单位年度维修费用指标。存在年度设备维修计划失控，超过计划额度，使公司整体业绩指标受到影响。

该风险是由心理风险因素和道德风险因素共同引起的风险事故，可能导致财务管理混乱。

② 设备外委维修审批。

流程概述：所属单位设备管理部门根据本单位设备维修保养情况，确定是否外委修理。确定外委修理后由相关单位办理外委修理审批程序，填报《设备外委修理审批单》向公司设备管理处申报审批；审批后由所属单位资产科组织合同签订等，维修完成后对所维修的设备进行竣工验收，验收合格后送报概预算部、审计部审批；审批后进入结算和挂账程序。

主要风险：将应通过公司（单位）内自修的设备，外雇给外部单位维修，既减少了公司（单位）内的工作量，也增加了公司（单位）的成本。

该风险是由道德风险因素引起的风险事故，可能导致财务管理混乱。

③ 服务收货。

流程概述：资产部门在 SAP 中创建及下达维修工单，公司设备管理处审批维修工单，资产维修人员创建采购订单，财务部门审批采购订单，数据中心负责提供 A2 生产数据，财务成本核算岗每月把 A2 生产数据转换成 SAP 分摊数据，同时维护相关推导表。维修验收合格后，资产部门根据已完工未结算工作量确认单，在SAP系统中服务收货，生成物料凭证及会计凭证。

主要风险：生产数据没有维护或者根据A2生产数据转换成的SAP数据与ERP系统的要求不一致，导致业务部门在SAP系统中服务收货时不能正常生成会计凭证。维修工单基础数据错误，造成采购订单数据不正确，直接影响服务收货的会计凭证错误。

该风险是由心理风险因素和道德风险因素共同引起的风险事故，可能导致会计信息失真。

4.1.2.4 销售管理集成风险

（1）概述。财务管理与销售管理集成适用于ABC公司将自产的产成品进行对外销售过程，包括客户信用检查、销售数量计量、销售成本计算以及收入确认等。

（2）主要风险。

① 信用控制。

流程概述：根据客户信息由相关业务人员将客户进行分组，SAP系统根据分组情况对客户信用进行检查，只有通过信用检查的客户才可以对其销售产品。

主要风险：ABC公司的天然气及原油客户近100家，这些客户经营情况不同，诚信程度不一，如信用控制不到位，对货款回收具有一定的风险。

该风险是由心理风险因素和道德风险因素共同引起的风险事故，可能导致坏账风险。

② 开具发票。

流程概述：财务人员根据发货的销售订单生成发票凭证，并开具发票。

主要风险：ERP系统直接与金税卡对接，实现ERP销售发票与金税发票的无缝集成打印，但业务人员素质的高低，责任心的强弱，将直接决定发票信息的准确与否。

该风险是由心理风险因素和道德风险因素共同引起的风险事故，可能导致发票开具出现差错。

③ 生成收入凭证。

流程概述：财务人员开具发票后，过账生成SAP会计凭证，传输到财务管理信息系统，生成FMIS会计凭证。

主要风险：ABC公司收入会计凭证辅助核算，包括产品，销售方式，销售流向，数量、金额，往来单位等辅助信息，确保集成会计凭证科目及辅助核算信息的准确性具有一定的风险。

该风险是由心理风险因素和道德风险因素共同引起的风险事故，可能导致会计信息失真。

4.1.2.5 项目管理集成风险

（1）概述。财务管理与项目管理的集成方案适用于企业工程项目、科研项目及按项目进行管理的专项资金（安保基金、安全生产费用、折旧返还资金等）。通过本方案的实施，将投资管理（计划下达）、项目管理、财务管理信息统一在同一工作平台，对甲供料、外包工程支出、工程结算等业务进行集成，利用推导规则、替代规则，业务部门根据工程进度自动生成暂估会计凭证，项目竣工决算后财务部门根据发票进行发票校验挂账处理。可实现项目投资预算事前、事中控制，实时反映项目计划、实施、竣工、结算全过程管理。

（2）主要风险。

① 项目投资计划下达。

流程概述：公司计划处根据业务部门投资需求，按照批次拟定并下达投资计划，各相关单位接收后，组织招投标及施工等工作。投资计划一经ERP系统下达，如果需要修改项目结构或资金计划，则需要上报上级计划部门重新审核及下达，并由上级计划部门在系统中进行修改。

主要风险：存在项目施工过程中，实际发生投资成本超过投资计划的风险。

该风险是由心理风险因素和道德风险因素共同引起的风险事故，可能导致财务管理混乱和会计信息失真。

② 创建采购订单。

流程概述：合同部门签订合同之后，为了及时反映项目费用发生情况，需要创建采购订单。通过采购订单把项目、服务采购、验收、财务集成在一起，没有立项，没有资金来源的合同将不允许进入系统，同样，财务也无法挂账、付款。另外，采购申请或采购订单下达时，也会占用预算，实现投资项目事前控制。财务部门审核采购订单的财务信息，如对应功能范围（对应会计科目）、作业过程、作业性质、列支渠道、专项核算内容等是否正确。

主要风险：采购订单预估成本与实际不符，还有一些合同为开口合同，特别是在实际业务中部分合同含甲供材，而甲供材在项目初始是无法预计的。甲供材在出库时只挂接 WBS 元素，挂接采购订单，为了真实反映合同签订情况，采购订单也包含了甲供材。这样就导致计划部门在维护工程进度时如果含有甲供材合同，实际成本中甲供材重复计价，导致投资超预算，如果在创建采购订单时严格控制，就不能真实反映合同签订情况。

该风险是由心理风险因素和道德风险因素共同引起的风险事故，可能导致财务管理混乱和会计信息失真。

③ 确认工程进度。

流程概述：每月末，项目实施部门维护工程实际进度，财务部门依据业务部门提报的工作量（形象进度）形成项目成本的财务暂估凭证，实时反映工程项目的费用发生情况。

主要风险：项目实施部门不及时维护工程实际进度，造成工程成本不实，甚至造成转资不及时，少提折旧，造成会计信息质量风险。

该风险是由道德风险因素引起的风险事故，可能导致会计信息失真。

4.2 融合业务风险

（1）概述。由于 ABC 公司对报表披露的特殊性，ERP 系统的报表编制系统不能满足其需要，因此该公司在 ERP 系统实施过程中保留了原财务管理信息系统，采取财务管理信息系统与 ERP 系统融合方式运行，即两套系统在责任中心设置、往来客户维护、科目及辅助核算体系等方面保持完全一致，然后通过接口传输财务数据，从而保证两套系统融合顺畅，无差异对接。

（2）主要风险。

① 集成凭证个性化转换。

流程概述：FMIS 接收到中间数据库凭证后，会按照处理顺序取到相关数据信息，通过个性化对照表转换为目标字段值，目标字段值就是 FMIS 的个性化辅助核算值。

主要风险：存在集成业务凭证个性化转换不成功风险。

② 往来的集成凭证核销。

流程概述：在先款后货销售模式下，收款凭证在融合凭证录入系统中录入在前，挂账凭证在 ERP 中产生在后；因为在融合方案下，核销是在融合凭证录入系统录入界面中点右键进行实时核销，此种情形用户将无法进行往来实时核销；只能采用事后在融合凭证录入系统补录一张核销凭证，分别核销收款凭证和挂账凭证，这样势必增加用户工作量，并且核销方式变为事后核销，影响账龄的及时性。

主要风险：存在有关往来的集成业务凭证不能进行自动核销的风险。

③ ERP 的多张集成凭证对应 FMIS 一张凭证。

流程概述：ERP 集成业务原则是一单一证，造成凭证量大增，对财务服务器硬件、财务系统运行效率、凭证的装订、打印、日常对账等工作都产生较大影响；这样需要改变 ERP 生成集成凭证流程，减少集成凭证数量，增加集成凭证汇总功能。

主要风险：存在不能实现 ERP 的多张集成凭证对应 FMIS 一张凭证的风险。

④ ERP 集成凭证传输到融合系统。

流程概述：ERP 集成业务凭证正确，然后通过中间数据库，按照确定推导规则等定律传输到融合系统，实现两个系统的信息一致。

主要风险：存在 ERP 集成业务凭证传输到融合系统后出现错误的风险。

⑤ ERP 集成凭证处理。

流程概述：用户在进行集成凭证集中处理时，软件对集中处理界面中的集成凭证会进行加锁处理，以避免同一张凭证被多个人同时处理，造成数据的重复；用户处理完成，或者正常退出集中处理界面后，软件会自动取消加锁；如果用户因为断电等原因非正常退出，该凭证的锁不能正常释放，后续将无法对该凭证继续进行处理。

主要风险：存在 ERP 集成业务凭证处理时被锁定而无法处理的风险。

⑥ 读取集成凭证。

流程概述：自动处理和手动处理不允许多人同时进行，因此，只要有人在进行自动处理，或者手动处理，其他人将无法进行处理。这时，系统状态为“处理中”。当系统正在进行自动处理或者手动处理时，如果地区公司 FMIS 出现异常退出；再次登录后，系统状态不能正常复位，将无法进行“手工处理”或者“自动处理”，提示正在处理。这时，需要恢复到“未处理”状态。以便正常进行数据处理。

主要风险：由于异常原因，存在集成业务凭证不能正常读取的风险。

⑦ 融合 FMIS 系统中的集成凭证信息。

流程概述：由于 ABC 公司 FMIS 系统数据库出现故障，某些情况下需要恢复 FMIS 系统前一天的数据备份，系统恢复以后，接收的 ERP 集成凭证在恢复后有部分集成凭证会在融合凭证录入系统中不存在；但是这部分凭证在 ERP 系统中状态为传输成功（S 状态）或已传输（P 状态），需要对该异常情况进行特殊处理。

主要风险：存在融合系统中缺少相关的集成凭证信息的风险。

⑧ 融合 FMIS 系统中的手工凭证信息。

流程概述：由于地区公司 FMIS 系统数据库出现故障，某些情况下需要恢复 FMIS 系统前一天的数据备份，FMIS 中录入审核凭证，在备份恢复以后有部分凭证会在融合凭证录入系统中不存在或是处于未审核状态。但是这部分凭证在 ERP 系统中已经存在。

主要风险：存在融合系统中缺少相关的手工凭证信息的风险。

上述 8 个风险，从风险发生的机理分析全部属于由实质性风险因素引起的风险事故，可能导致项目中财务模块实施不畅，甚至影响财务管理和会计信息质量优劣。

4.3 实施准备风险

（1）概述。ERP 系统上线前的实施准备阶段工作质量直接关系上线能否成功，这个阶段包括培训准备、数据准备等，因此，在准备过程中，也存在一定的风险。

（2）主要风险。

① 用户培训及考核。

主要风险：具体操作用户培训不到位，培训质量不高，从而导致其在实际操作过程中不熟练，甚至无法应用系统，造成项目运行缓慢甚至失败。

② 数据导入。

主要风险：期初数据的梳理准备及完整导入对整个系统的上线运行至关重要，因此在项目实施准备阶段存在有关数据导入出现差错，导致系统上线运行风险。

上述两个风险，从风险发生的机理分析全部属于由实质性风险因素引起的风险事故，可能导致项目中财务模块实施不畅，甚至使其瘫痪。

4.4 双轨运行风险

（1）概述。双轨运行是指 ERP 系统与财务管理信息系统并行，在融合财务管理信息系统单轨之前，存在两个财务管理信息系统账套，一个是原有的手工账套，另一个是融合并行账套，两个账套并行使用，每月月末两个账套进行对账，根据 ABC 公司内控要求，需有效并行三个月方可单轨切换。

两套系统并行在于检验 ERP 系统的设计方案和业务流程是否满足企业实际需要，在这个阶段会产生大量的问题，同时也会对会计信息质量和财务管理产生一定的风险。

（2）主要风险。

① 财务主数据变更申请风险。财务主数据包括会计科目、客户、供应商、利润中心（组）、员工等主数据。并行期间，财务主数据变更风险也就体现在这些主数据的新增、扩充与变更的每一个环节、每一个时点上。

ABC 公司通过 Adobe 平台提出主数据变更申请，这一申请需要录入的项目众多，且许多项目无可选项，难免会出现重复申请、填列错误、填列不规范、填列不及时等风险。

该风险是由心理风险因素和道德风险因素共同引起的风险事故，可能导致系统数据出现错误，从而影响财务管理和会计信息。

② 财务主数据变更维护风险。当需要变更的项目申请得到批准后，由专业人员对其在系统内进行维护，但存在维护位置、内容等出现错误可能，从而影响会计信息质量。

该风险是由心理风险因素和道德风险因素共同引起的风险事故，可能导致系统数据出现错误，从而影响财务管理和会计信息。

③ 两套系统差异风险。两套系统并行期间，由于业务人员操作账套较多，且融合账套又是新生事物，会发生不及时进行账务处理而出现错误和账务处理数据不一致而出现的错误，进而导致两套系统存在差异。如往来单位的错误、辅助核算的错误等，这些细微的错误在总账、明细表层面是难以发现的，但是这些错误将直接导致最终相关财务报表之间的钩稽关系无法通过，影响会计信息质量。

该风险是由心理风险因素和道德风险因素共同引起的风险事故，可能导致会计信息失真。

④ 业务冲销风险。在业务处理过程中，对于出现的错误凭证要进行冲销处理，但如果集成业务处理错误，应按照特殊规则进行冲销，这就可能造成业务人员由于操作失误或为方便进行不正确冲销的风险。

该风险是由心理风险因素和道德风险因素共同引起的风险事故，可能导致会计信息失真。

⑤ 手工凭证与集成业务凭证混做的风险。由于部分会计科目既可以进行手工业务处理，也可以进行集成业务处理。在并行期间，主要包括两种情况：一种是集成凭证与手工凭证混做，另一种是资金平台凭证与手工凭证混做。风险体现在两个方面：一是不符合内控流程，如应该集成的业务，手工制证，违反 ERP 内控流程；二是可能导致重复做账，或是漏做凭证。

该风险是由心理风险因素和道德风险因素共同引起的风险事故，可能导致会计信息失真。

⑥ 单据传递风险。两套系统并行期间，单据既多，又较为复杂，因此存在以下风险：一是单据传递不准确、不规范，将导致最终的会计档案管理失去秩序，在后续的审计等检查工作中无法调取反映实际的会计档案；二是单据传递不及时，直接导致相关业务无法入账，影响会计信息质量。

该风险是由心理风险因素和道德风险因素共同引起的风险事故，可能导致财务管理混乱。

5　ERP 系统实施过程中财务风险控制对策

针对第四部分提出的所有问题，结合第二部分提出的风险控制方法，项目组逐一进行了分析研究，并提出解决对策，取得了较好效果。

5.1　系统实现风险控制对策

5.1.1　项目管理及人力资源风险控制对策

针对第四部分提出的 5 个问题，通过对其风险产生原因的分析，将采取阶段控制方法对相关风险进行规避，具体情况如下：

5.1.1.1 公司管理层的态度风险控制对策

ABC 公司在 ERP 项目实施过程中坚持“一把手”工程，强化“一把手”组织领导。项目启动前，便组织成立项目指导委员会，主任由公司总经理担任，项目经理部经理由主管公司信息工作副总经理和总会计师担任，同时成立项目、财务、销售、设备、物资、生产、数据和技术八个工作组，由专业处室（相关单位）主要领导担任组长。ABC 公司 ERP 项目指导委员会和项目经理部在项目实施过程中能够把握关键环节，做出及时、正确决策，解决关键问题。

5.1.1.2 项目经理部的运行风险控制对策

ERP 项目经理部建立周例会制度，坚持每周周报和周计划按时上报，组织内部工作组认真识别任务、编制计划、分解工作、有序安排各项工作，合理匹配力量，确保工作平稳有序进行。通过建立组织管理体系、计划与进度管理体系、调度指挥体系、难题攻关体系、技术与数据管理体系、业务管理体系、质量与精细管理体系、专家指导体系、沟通管理体系、HSE 管理体系、保密管理体系、文本管理体系、运行维护管理体系、培训管理体系 14 项保障体系，确保了项目在繁杂交互的任务中管理有效，控制得力，进展顺利。

5.1.1.3 外部顾问的引进风险控制对策

外部专业咨询公司拥有十分丰富的实践经验，具有较高的项目管控能力，实施队伍配置完善，在项目启动阶段引进外部顾问团队，这不但能尽可能减少项目风险，更能充分利用行业最佳业务实践，达到 ERP 实施的理想效果。ABC 公司作为 CH 石油公司勘探生产板块子公司，IBM 公司为其提供专业的咨询支持服务，选派具有石油石化行业背景的顾问组成外部顾问团队为 ABC 公司提供咨询服务和技术支持，有效保证了 ERP 项目的成功实施。

5.1.1.4 公司内部实施团队建设风险控制对策

有效实施团队建设可以充分调动公司员工或项目组成员参与实施项目计划的制定，使公司员工深入理解计划、执行计划；采取积极措施激励项目组成员，提高参与项目的主动性和积极性；充分协调团队成员之间的工作，使实施工作有条不紊地进行；对项目进行及时监控、提高项目监控能力。ABC 公司的内部实施团队由瑞飞公司的咨询顾问和本公司各部门的业务骨干组成，业务骨干对本部门（单位）的业务流程非常熟悉，业务管理经验丰富，并全职、全程参与 ERP 项目建设。实践证明，ABC 公司 ERP 实施团队为该公司 ERP 项目的成功上线并按期切换提供了强有力的人力资源保证。

5.1.1.5 项目实施计划的制订风险控制对策

ABC 公司 ERP 项目制订了明确可行的实施计划，并在各实施阶段均增加了质量检查环节（见图 9）。

⊟ 蓝图设计阶段	137 days
⊞ 勘探与开发ERP业务调研	37 days
⊞ 建立系统环境(dev+SANDBOX)	51 days
⊞ 蓝图设计	98 days
⊞ 主数据准备	51 days
⊞ 建立系统环境(QAS)	35 days
⊞ 项目质量检查	2 days
⊟ 系统实现阶段	197 days
⊞ 基本配置和确认	10 days
⊞ SAP单元测试(按照模块)	11 days
⊞ SAP集成测试SIT-I(按照场景)	25 days
⊞ 系统开发	101 days
⊞ 集成测试II(包含外围系统和接口)	25 days
⊞ SAP权限的定义与测试	50 days
⊞ BW报表权限的定义与测试	93 days
⊞ 用户手册	30 days
⊞ 对培训讲师的培训	20 days
⊞ 数据准备	86 days
⊞ 生产机的安装	43 days
⊟ 最后准备阶段	116 days
⊞ 建立生产系统环境	8 days
⊞ 最终用户培训及考试	34 days
⊞ 确认最终用户权限	13 days
⊞ 系统上线计划的准备	98 days
⊞ 系统切换准备	100 days
⊞ 质量检查--CHECKLIST & CHECKFORM	5 days
⊞ 模拟切换	14 days

图 9 ABC 公司项目计划与质量检查

5.1.2 集成业务风险控制对策

5.1.2.1 物资管理集成风险控制对策

针对第四部分对应部分提出的 8 个问题，通过对其风险产生原因的分析，将对第①、②、⑦、⑧号风险采取阶段控制的方法对相关风险进行规避；对第③、④、⑤、⑥号风险采取 PDCA 循环的方法对相关风险进行规避，具体情况如下：

① 组织架构的搭建风险控制对策。进行有效沟通。ABC 公司在组织机构搭建阶段，通过与物资和财务的有效沟通，将物资公司科室从库存地点层级提升到工厂层级，从而满足财务管理对部门考核的需要。供应站设置投资工厂、成本工厂和采购工厂，满足其既作为物资采购部门又作为二级单位供应站的双重职能。

② 创建采购订单风险控制对策。分以下两种情况：一是入库材料在发票校验时存在足够的库存，将实际发票与采购订单的差异计入“原材料”科目，从而对库存材料价格进行调整，保证原材料成本与发票的一致性。二是材料在发票校验时不存在足够库存，将实际发票与采购订单的差异按照发票校验的总数量进行分摊，有库存的部分计入“原材料”科目，调整库存材料成本；无库存的部分计入“材料成本差异”科目，月末按照合理一贯原则进行分摊。

制度调整

按照 ABC 公司的内部控制制度，已经授权审批的采购订单不能修改。ABC 公司的材料，在入库时结算价格已经确定。通过制度调整，对涉及运杂费的采购订单，在材料入库时，根据实际情况，提出采购订单撤销审批，调整采购订单价格，从而保证材料入库价格与实际结算价格的一致。

③ 存货入库风险控制对策。

一是系统功能增强。在 ERP 系统中设置“复核”环节，由独立于入库信息录入的人员对系统信息进行“复核”，未经复核不能生成会计凭证。

二是规范对照表与评估类的对照，保证入库凭证总账科目正确。

④ 发票校验风险控制对策。

一是在 ERP 系统开发过程中，在物资模块发票校验环节设置容差检查，ABC 公司设置 10% 的容差，如果发票校验时输入的货款或运杂费金额超过采购订单的 10%，系统提示容差超限制，不能过账，以减少输入错误风险。

二是在 ERP 开发过程中对已经做过发票校验的入库单设置重复发票校验检查，同一入库单不能重复进行发票校验。

⑤ 结算单的审批风险控制对策。

一是权限控制，被授权的审批人员只能对结算单进行审批操作，不能修改预制凭证的相关信息。

二是制度规范，被授权的审批人员必须在结算单生成后的规定时点内完成审批。

⑥ 工厂内转储风险控制对策。在转储出库环节，增加预算控制功能。相关部门在系统中进行基层单位材料预算额度维护，系统自动对某一区间的预算额度和出库金额进行比较，当出库金额超过预算额度时，不能进行转储出库的过账操作。

⑦ 材料销售风险控制对策。

一是规范主数据管理，对物料和客户主数据的收集和维护工作进行严格审核和控制。由业务人员在系统中进行物料、客户新增和变更维护，财务人员补充相关信息，相关岗位人员进行有效审核。

二是完善内部控制和系统控制，销售人员建立销售订单后，由部门领导审核，降低销售订单开单错误风险。同时完善系统配置，针对不同客户，制定不同的产品定价政策，在库存成本价基础上，固定不同的加价比率，降低手工输入错误风险。

⑧ 物资采购退货风险控制对策。

一是制度规范，退货采购订单除执行正常的审批流程外，必须由财务相关岗位人员进行有效审批，减少退货采购订单价格输入错误的风险。

二是系统控制增强，对已进行发票校验的收货，不能执行入库的冲销操作。

5.1.2.2 生产管理集成风险控制对策

针对第四部分对应部分提出的 2 个问题，通过对其风险产生原因的分析，将对第①号风险采取故障树方法对相关风险进行规避；对第②号风险采取阶段控制方法对相关风险进行规避，具体情况如下：

① 产品成本风险控制对策。

一是采购环节的成本控制。在计划经济时代，企业一直以生产为中心，现在转移到以销售为中心，采购管理在传统管理中不占重要地位，但从 ABC 企业产品成本构成来看，原材料成本约占制造成本的 70%，原材料的价格和质量直接影响产品的价格和质量。ABC 公司严格控制采购成本，十分重视采购管理，着力推行比质比价采购，并制定出一套严格的考核制度。促使采购部门比质量、比价格、比信誉，竞标确定采购价格和供应商，达到降低采购成本的目的。

二是生产环节的成本控制。对一个企业来说，产品生产环节就是按订单、按计划组织生产。生产车间作为成本中心，在运行过程中要控制好各项成本，确保生产出质优、量多、成本低的产品以适应市场需要，发挥产品效益。针对这一环节的特点，ABC 公司主要从质量、产量、消耗三方面全过程加以管理，实行经济责任制考核。使处在生产运行过程中的员工真正体会到质量产量的重要性、成本控制的压力和自己在这个环节的责任。

三是职能部门的费用控制。职能部门是综合管理部门，主要职能是对内服务于生产车间、服务于营销一线、当好领导参谋和助手、为公司领导决策提供依据，对外搞好协作和沟通。ABC 公司根据各部门管理特点制定相应工作指标和目标费用指标，如对财务科着重资金管理，要求确保生产经营活动所需资金，保证资金的合理占用，提高资金使用率，降低资金成本；控制间接费用，确保间接费用严格按照预算执行。

四是销售环节的成本控制。产品的销售环节是企业产品生产周期的最后一个环节，销售原则是将产品快速、全部地以最低的费用、最高的价格出售给最优客户，及时收回资金，使企业获得利润最大化。

② ERP 月末成本结算风险控制对策。财务部门月末要求生产单位在 ERP 中如实报工，建立考核机制，对未报工单位通报处理。财务部门在进行月结处理流程前通过成本中心报表检查当月有产值的生产单位是否已经报工，如果没有报工，督促生产单位进行补报工工作，以免月末成本结算报错。

5.1.2.3 设备管理集成风险

针对第四部分对应部分提出的 3 个问题，通过对其风险产生原因的分析，将对第①、③号风险采取 PDCA 循环方法对相关风险进行规避；对第②号风险采取阶段控制的方法对相关风险进行规避，具体情况如下：

① 年度设备维修计划风险控制对策。在 ERP 系统开发阶段，对设备维修费用发生设置预算控制环节，即年初由 ABC 公司财务处预算科负责将各单位全年维修费用预算维护输进系统，在发生过程中与全年预算指标进行对比，低于指标的正常进行业务处理，高于预算指标的系统进行提示，并无法进行下一步操作。但为防止特殊事项发生，系统设置例外窗口，经相关审批同意追加费用指标后，在系统内进行补充维护，然后可以进行相应业务处理。可有效控制费用的发生。

② 设备外委维修审批风险控制对策。

一是采取系统控制方式。ERP 系统开发过程中，对于外委修理业务全部采取集成生产凭证的方式进行，其所对应的成本费用类会计科目（包含辅助核算）只允许接收从业务端集成过来的凭证。

二是采取制度控制方式。下属单位必须严格执行 ABC 公司制定的《设备管理制度》，按照制度规定管理办法，资产管理科与主管领导组织工程技术人员制订修理方案，能自己修的绝不外修；对于确实不能自修的设备，由装备主管部门组织有关人员进行认真分析调查，并通过三级审核方式确定外委修理方式，以减少外委工作量，保证公司内部单位工作量，降低修理成本。

③ 服务收货风险控制对策。财务人员遇到生产数据问题时，首先要检查生产数据是否正确转换，其次是根据转换的生产数据，修改与生产数据有关的推导表。财务人员只有做好前期基础工作，才能确保业务部门生成的会计凭证准确无误。

5.1.2.4 销售管理集成风险控制对策

针对第四部分对应部分提出的 3 个问题，通过对其风险产生原因的分析，将对第①号风险采取

PDCA 循环的方法对相关风险进行规避；对第②、③号风险采取阶段控制的方法对相关风险进行规避，具体情况如下：

① 信用风险控制对策。ABC 公司的所有客户信息统一在 Adobe 平台上填报，审核通过后传输到 MDM 平台，利用 MDM 平台审核客户的唯一性。ABC 公司根据客户归属设定不同的信用控制方式。对于内部客户，ABC 公司不做信用控制；对于签署了定期结算协议的外部单位，则进行资金结算逾期控制；对于未签署定期结算协议的外部单位，则控制预付款余额。只有信用检查通过的订单才能进行发货处理。

② 开具发票风险控制对策。ERP 上线后，销售开票功能是 SAP 销售管理模块集成性功能的一个业务环节：在 SAP 系统中参照已经发货过账的交货单或销售订单，开具 SAP 系统销售发票。因为客户主数据由业务部门维护，发票信息准确性的控制由财务部门转移到业务部门。财务人员通过对发票信息进行严格复核，保证发票准确。

③ 生成收入凭证风险控制对策。ABC 公司收入集成会计凭证正确与否，主要取决于物料主数据和客户主数据，而这两项内容全部由业务端人员录入，为此，一是加强财务人员对其审核质量；二是对涉及财务方面的信息确定固定录入规则，减少出错概率，保证会计凭证准确无误。

5.1.2.5 项目管理集成风险

针对第四部分对应部分提出的 2 个问题，通过对其风险产生原因的分析，将对第①号风险采取阶段控制方法对相关风险进行规避；对第②号风险采取 PDCA 循环方法对相关风险进行规避，具体情况如下：

① 下达风险控制对策。投资计划是 SAP 系统实现预算控制的源头，财务部门在确认下达前，可以通过 SAP 系统提供的投资计划和实际对比分析，结合计划部门以文件形式下达的计划规避风险，且系统提供预算控制功能，如超过投资计划，系统将停止相关项目的下一步操作。

② 采购订单风险控制对策。对于含甲供材的采购订单，在维护工程进度时，与财务部门沟通，确认甲供材费用发生情况，如果当月维护的工程进度不能开具发票进行竣工决算，在当月维护的工程进度中应该剔除甲供材成本；如果当月维护的工程进度能够开具发票决算，当月维护的工程进度中应该包含甲供材，财务部门可通过查询，在进行发票校验时，以剔除甲供材后的金额在总账科目中挂账处理。

③ 确认工程进度风险控制对策。系统设置提示和预警功能，首先，按月提示项目进度确认录入情况；其次，当归集的成本数达到投资计划下达数 85% 以上后，自动提示是否具备转资和预估转资条件，业务人员根据实际情况及时进行相应处理，否则报警；另外，系统还开发了查询功能，即业务主管部门可以查询全公司归集的成本数达到投资计划下达数 85% 以上的项目，然后可以采取抽查的方式，督促相关单位进行上述操作，从而保证工程进度确认和转资等工作及时准确。

5.2 融合业务风险控制对策

针对第四部分对应部分提出的 8 个问题，通过对其风险产生原因的分析，将对第①、④、⑤、⑥、⑦、⑧号风险采取阶段控制方法对相关风险进行规避；对第②、③号风险采取 PDCA 循环的方法对相关风险进行规避，具体情况如下：

① 集成凭证个性化转换风险控制对策。集成会计凭证转换成功后，会形成相应的辅助核算编码。如果转换不成功，则集成凭证的状态置为“W”，后续要求用户进行补录。

② 往来的集成凭证核销风险控制对策。EPR 系统在开发过程中，对于接收集成凭证时，设置自动（或手工）进行往来核销的功能。用户配置相应的设置后，可以自动按指定的规则进行核销。

自动核销：在接收集成凭证时，自动按照相应的核销规则进行凭证的接收和核销，凭证生成的同时自动完成核销，自动核销支持关联辅助核算核销、支持严格匹配金额核销和依照时间续时核销。

手工核销：在接收凭证时，软件判断如果凭证上有需要核销的数据，则将凭证状态修改为“H”（需要手工核销状态），用户在集中处理中进行人工核销，核销完成后，生成 FMIS 凭证。

③ ERP 的多张集成凭证对应 FMIS 一张凭证风险控制对策。ERP 系统在开发过程中设置汇总功能，即 ERP 系统集成业务生成的会计凭证，不进行汇总，直接传输到中间数据库；融合的财务管理信息系统通过“读取”功能将 ERP 系统中集成凭证读取到本地账套；在融合财务管理信息系统中定义“业务类型”，用来区分不同的 ERP 模块的集成业务；融合财务管理信息系统在接收集成凭证时，将凭证区分为不同业务类型；系统可以自动按照业务类型进行集成凭证的汇总生成，也可以进行人为干预，确定将同一类型的凭证汇总到一起。

④ ERP 集成凭证传输到融合系统风险控制对策。如果在 ERP 系统传输到融合财务管理信息系统的会计凭证发现错误时，需要通过凭证冲销功能来解决，即冲销融合财务管理信息系统已经接收成功的凭证，然后修改对照表或转换逻辑，重新传输、重新接收。

⑤ ERP 集成凭证处理风险控制对策。ERP 系统在开发过程中，设置了“集中处理加锁查询”功能，可强制进行解锁处理。但在操作时务必确认是非正常锁，正常锁如果强制解锁，会造成数据的重复处理。

⑥ 读取集成凭证风险控制对策。ERP 系统在开发过程中，设置了“状态恢复”功能，但在发生不能正常读取情况下，只有当状态出现异常的时候，才能运行“状态恢复”功能，将“状态恢复”设成“未处理”状态。如果是正在处理时进行状态恢复，就会造成同时多个人在运行数据处理，从而使数据产生错误。状态恢复的时候，请使用超级用户执行。状态恢复后，需要重新启动应用。

⑦ 融合 FMIS 系统中的集成凭证信息风险控制对策。通过异常处理，可以把这部分 ERP 凭证列出来，并显示其在 ERP 中的状态，通过返回重传消息按钮，把这些 ERP 凭证状态设置为 E。然后 ERP 重新传输 E 状态的凭证，FMIS 重新接收，将这部分凭证重新生成到 FMIS 中。

⑧ 融合 FMIS 系统中的手工凭证信息风险控制对策。通过融合凭证录入系统中提供的“凭证录入→异常处理→异常凭证冲销”功能把这部分 ERP 系统中的凭证显示出来，然后通过冲销按钮把这些凭证只从 ERP 系统中冲销。然后在融合财务管理信息系统凭证录入系统中重新审核这些凭证，或重新录入这些凭证，并审核传输到 ERP 系统。

5.3 实施准备风险控制对策

针对第四部分对应部分提出的 2 个问题，通过对其风险产生原因的分析，将第①号风险采取故障树方法对相关风险进行规避；对第②号风险采取 PDCA 循环方法对相关风险进行规避，具体情况如下：

① 用户培训及考核风险控制对策。用户培训在 ERP 项目实施过程中十分重要，贯穿 ERP 项目实施的全过程。再好的系统如果没有终端用户熟练应用也发挥不了应有的作用。所以，如何让用户熟练应用系统非常重要，而最主要的手段就是通过严格的培训，即通过知识转移让用户熟悉系统并熟练使用系统，对用户进行系统培训、考核通过后，颁发培训合格证方可上岗，从而避免用户因不

能熟练操作系统而增加系统使用风险。

a. 培训讲师的选拔。项目经理部从各模块选拔业务能力强、表达能力好的人员作为培训讲师，专门为培训讲师安排培训课程，对这部分人员进行集中强化培训，对每个业务模块的相关技术方案、系统操作、业务方案、集成业务逻辑做深入细致讲解、讨论，使他们能充分熟悉系统。为了保证对终端用户的培训效果，培训讲师都必须经过严格考核，并对合格者统一颁发培训讲师资格证。

b. 设计终端用户培训课程、制订培训计划。根据终端用户的具体岗位情况设计培训课程，并考虑以下几个方面：与实际岗位业务相结合，通俗易懂；课程的设计由浅入深，循序渐进，从基本概念入手，侧重于业务操作，并辅以跨模块集成业务；明确培训目标，课时不宜太长，每个培训单元均根据实际情况安排较多的系统操作练习，提供相应练习题；用户培训计划还应考虑培训可用资源，如培训教室、培训讲师、培训课程的顺序，各业务模块的培训采用并行方式进行。

c. 用户培训：为了保证用户培训质量，针对用户的培训工作采取如下措施：终端用户培训设专人负责；设计培训考勤表、培训考试题、成绩表；每项培训课程设有专门班主任、培训讲师、助教，且人数与参加培训人员的比例相当，以保证培训效果；每期培训班结束时，对参加培训人员进行严格考核，考核设考试、考勤、平时表现三个部分，其中：考试成绩比重占70%，考勤占10%，练习占20%，只有考核成绩超过80分的终端用户才颁发合格证书，终端用户必须持证上岗（见表1）。

表1 最终用户培训成绩单

单位/部门	岗位	考试日期	模块	培训课程	培训教师	成绩
财务处预算科	科长	2009-4-29	财务管理	预算管理	王善武	96
财务处预算科	副科长	2009-4-29	财务管理	预算管理	王善武	98
财务处预算科	预算管理	2009-4-29	财务管理	预算管理	王善武	96
财务处预算科	预算管理	2009-4-29	财务管理	预算管理	王善武	95
财务处成本科	科长	2009-5-8	财务管理	油气生产成本	曾俐娟	95
财务处成本科	科员	2009-5-8	财务管理	油气生产成本	曾俐娟	96
财务处成本科	科员	2009-5-8	财务管理	油气生产成本	曾俐娟	98
财务处成本科	科员	2009-5-8	财务管理	油气生产成本	曾俐娟	91
财务处封闭结算科	财务会计	2009-5-12	财务管理	财务查询一期	范敬之、王善武	91
财务处稽核科	财务会计	2009-5-12	财务管理	财务查询一期	范敬之、王善武	99
财务处稽核科	财务会计	2009-5-12	财务管理	财务查询一期	范敬之、王善武	96
财务处税收科	财务会计	2009-5-12	财务管理	财务查询一期	范敬之、王善武	96.5
财务处税收科	财务会计	2009-5-12	财务管理	财务查询一期	范敬之、王善武	97
财务处价格科	财务会计	2009-5-12	财务管理	财务查询一期	范敬之、王善武	89.5
财务处价格科	财务会计	2009-5-12	财务管理	财务查询一期	范敬之、王善武	86
财务处资产科	财务会计	2009-5-12	财务管理	财务查询一期	范敬之、王善武	90.5
财务处结算中心	财务会计	2009-5-12	财务管理	财务查询一期	范敬之、王善武	93.5
财务处结算中心	财务会计	2009-5-12	财务管理	财务查询一期	范敬之、王善武	95
销售事业部	财务会计	2009-5-12	财务管理	财务查询一期	范敬之、王善武	97
综合治理办公室财务科	财务会计	2009-5-12	财务管理	财务查询一期	范敬之、王善武	80
油气技术部	财务会计	2009-5-12	财务管理	财务查询一期	范敬之、王善武	96.5
会计中心	会计核算副主任	2009-5-12	财务管理	财务查询一期	范敬之、王善武	95
会计中心	财务会计	2009-4-24	财务管理	财务会计核算财务与销售	杨晶	95
会计中心	财务会计	2009-4-24	财务管理	财务会计核算财务与销售	杨晶	98
会计中心	财务会计	2009-4-24	财务管理	财务会计核算财务与销售	杨晶	95

② 数据导入风险控制对策。

a. 静态数据导入：静态数据主要包括客户、物料、供应商、会计科目和项目等，由于静态数据是系统的基础数据，对系统的运行具有重要作用，所以数据需经过多次收集、校验，以满足系统对其质量要求，在数据导入过程中要制订详细的数据导入计划；数据导入前与导入后必须记录导入条目数，并保存电子文档，同时上交用户签字确认，保证数据导入质量。

b. 库存盘点：存货库存是非常重要的业务数据，所以在清理存货盘点数据时应成立专门的盘点小组制订库存盘点计划；设计库存盘点表格，表格设计要操作方便，提供数据逻辑检查，准备数据对照表，编写详细填写说明；制定存货盘点策略；对盘点过程中发现的库存盘盈、盘亏等问题提出解决办法并提交ERP项目经理部，物资采购办事业部、财务处、各业务单位会签。

c.动态数据清理及导入：动态数据主要包括采购信息记录、采购订单、采购计划、预留、项目计划、项目成本等，这些数据的质量直接影响系统是否能够按期上线切换。清理及导入过程中应制订详细的动态数据清理及导入计划，明确动态数据清理及导入责任人，确定动态数据清理范围；设计动态数据清理标准化模板，该标准化模板应简单、实用、便于填写，编写详细的动态数据标准化清理模板填写说明，对模板的每个字段的数据清理范围、如何清理和注意事项等内容均做详细说明；期初上线的导入前后数据必须由用户签字确认，核对动态数据。

5.4 双轨运行风险控制对策

针对第四部分对应部分提出的6个问题，通过对其风险产生原因的分析，将采取阶段控制方法对相关风险进行规避，具体情况如下：

①财务主数据变更风险控制对策。

一是在Adobe平台就各种主数据均设定相应的“主数据维护申请表”，如会计科目主数据维护申请表、客户主数据维护申请表、利润中心（组）主数据维护申请表、员工主数据维护申请表等；与此同时，制定相应的主数据维护申请表填写规则。这就保证了申请的每种主数据都满足相应核算过程中的特点，同时保证主数据维护申请填写的规范性与准确性。

二是为了防止ERP主数据重复申请，系统在每一个“主数据维护申请表”界面都设有相应主数据查询窗口；通过这一查询窗口，可以查到待申请的主数据是否已经存在或是其上级科目已经存在；同时还规定，每次选择变更主数据前，应先在当前时点同步下主数据，然后查阅确无所需主数据时，方可进行相应的主数据申请。

三是为了保证及时进行主数据变更申请，编制相应的主数据变更流程及管理办法，要求发起端人员及时申请，各级科长及应用系统管理岗要及时进行审核，每一个节点人员都要通知下一环节人员及时进行处理，以保证整个流程通畅，及时完成主数据变更申请。

②财务主数据变更维护风险控制对策。

一是会计科目、辅助核算、个人往来需要分别在ERP、正式FMIS、并行FMIS进行维护。

二是项目主数据，由相关管理部门在ERP中维护WBS，并行FMIS通过“ERP集成凭证处理—业务处理—同步WBS创建项目字典”功能同步项目编号，在正式FMIS中手工维护项目。

三是FMIS接口对照表在并行FMIS中完成，增量同步到ERP系统，FMIS个性化辅助核算对照表、基建模块费用要素对照表不需要同步到ERP系统。

四是为了保证集成业务能够产生正确的财务凭证，业务需要时应在ERP系统中维护相关推导规则，推导规则涉及成本、销售、投资集成业务。

五是油气生产成本核算必须将正式FMIS中作业过程与分摊指标的对照关系调整成与并行FMIS一致，目的是调整两套系统区块分摊结果趋同。

六是并行系统对照表、推导表暂由各单位申请、财务处相关科室审核、财务处运维人员统一维护。A2系统由数据中心将数据推到ERP系统，各单位成本核算岗将A2数据转换为分摊指标。

③两套系统差异风险控制对策。

一是要求各单位财务日清日结。各单位每日核对各自责任中心相关明细科目发生额、余额、辅助核算项目，每周提交两套FMIS系统明细科目余额表，财务处各科室定期进行工作检查，检查结果报会计科，会计科每周公布检查结果。

二是财务处通过 FMIS 与 ERP 系统相应功能，对各单位融合与正式凭证数量的比较、集成凭证转换传输数量与比例等进行统计，并以此作为对各单位的考核，以此来督促各单位及时进行相关业务处理，保证及时进行两套系统的对账。

三是制定详细而严谨的月结流程手册，要求各单位严格遵照该手册进行月结操作，以提高月结效率，保证月结质量，最终保证两套账对账的准确性。

四是月结相关账务处理完成后，各单位还要出具“正式 FMIS 与融合 FMIS 系统核对情况报告”。这一报告中除了对总账科目、明细科目等进行对账外，还要对往来单位余额、各单位报表等进行比对，以保证两套系统对账准确。

④ 业务冲销风险控制对策。

关于集成业务冲销，要求“从发起端进行冲销，保证冲销日期一致”原则。确定统一规范的集成凭证冲销原则如下：

集成凭证本身错误，需要进行冲销。这类凭证，需要在 ERP 中进行冲销，然后将冲销凭证传输给 FMIS。

集成凭证本身正确，因为传输逻辑或者对照表问题，生成成功的 FMIS 凭证错误。这类凭证因为 ERP 中的凭证本身没有错误，需要按照下面步骤处理：

——传输逻辑或者对照表修改正确。

——将已经转换的 FMIS 凭证在 FMIS 中“ERP 集成凭证处理—业务处理—凭证冲销”冲销掉，系统自动将错误日志返回到 ERP，ERP 收到 E 状态后，可以再次转换传输。

——ERP 使用修改后的逻辑或者对照表重新转换传输本凭证，重新生成正确的 FMIS 会计凭证。

⑤ 手工凭证与非手工凭证混做的风险控制对策。

一是对于所有会计科目，直至最明细级，进行手工与集成业务划分，并附详细说明，形成操作文档，通过文件形式下发，作为各单位制证操作手册。

二是对于有些会计科目，有些业务，在制证的时候是手工还是非手工，取决于业务金额大小，对此制订了相应的业务方案，各单位对会计科目的使用方法予以规范，保证了账务处理的正确性。

⑥ 单据传递风险。

对于单据传递规范性与准确性方面的风险，采取如下措施：

并行期间，正式 FMIS 原始单据保持不变，凭证作为会计档案保管，并行 FMIS 使用 ERP 系统单据。

并行期间，对于物资、设备、项目、销售、生产等集成业务，财务部门以 ERP 系统的业务数据作为正式 FMIS 会计处理前提，但相关原始单据维持不变，故规定业务部门必须按照财务部门要求，提供与 ERP 系统相关原始单据核对一致的单据作为正式 FMIS 会计处理依据。

并行期间，物资供应处业务人员需要在收到发票后在 ERP 系统做发票预制，制作结算申请单，相关岗位审核后，将结算申请单、发票、入库单等相关单据交财务结算岗在 ERP 系统中审核记账；其他二级单位业务在收到发票后交财务人员在 ERP 系统中做发票校验，产生会计凭证。

并行期间，在月末关账前，要求相关业务人员检查、处理当期未过账的发票校验，已发货未开票、已开票未过账的单据，处理各种未清单据和当期应完成的业务。

对于单据传递及时性方面的风险采取如下措施：

为了保证各模块业务的及时处理，业务单据的及时生成，ABC 公司规定：物资出入库必须与原物资系统结账时间一致；预提、暂估款如果签合同的必须创建采购订单并及时做服务确认。

为了保证单据的及时传递，业务人员定期按规定时间和频率，将发票等原始单据及时传递到财务科；财务人员相关岗位在接到有关原始单据当日先在正式 FMIS 系统中录入财务凭证，然后在并行 FMIS 录入财务凭证，每日业务结束后，核对两套系统，分析差异及形成原因。

并行期间制定了相应的考核指标用于分析财务人员是否及时进行发票审核工作。计算公式为：（采购发票总单据数 - 超过规定天数的采购发票过账数）/ 采购发票总单据数。其中“规定天数”为可配置天数，目前生产系统中配置的天数是 7 天。

6 结束语

本文终稿时，ABC 公司 ERP 系统已经顺利单轨运行 3 个月。在整个实施和运行过程中，对 ABC 公司的财务管理和会计核算水平的提高起到了积极作用。

6.1 有效推动了财务与业务的有机融合

油田公司由过去部门间纵向、分散管理向业务流程横向、集中管理方式转变。过去由于缺乏集中统一的业务管理平台，信息不能共享，业务流程不透明，人为因素比较大，容易出现管理失控。通过 ERP 建设形成统一的业务管理平台，改变了传统的重结果轻过程的传统管理模式，信息共享、流程规范，实现了动态管理和各项业务管理流程的持续优化。

6.2 实现了预算的过程控制

过去由于预算由规划计划部门下达，而预算的执行由业务部门完成，预算下达和业务执行在不同系统完成，预算不能实现过程控制，只能事后分析结果。通过 ERP 建设，预算的下达和业务执行集成到统一业务平台，业务执行时，如果超预算系统会严格监控预算执行情况，如果出现超预算，业务将不能执行，从而实现预算的过程控制。

6.3 会计核算更加及时和精细

6.4 缩短财务月结时间

过去油田公司每月 25 日关闭账期，次月 3 日完成财务月报。ERP 上线后，油田公司每月最后一天关闭账期，次月 3 日完成财务月报，财务结账时间比过去缩短一周左右。

参考文献

[1] 中国石油 ERP 系统实施项目知识手册 [Z].

[2] 施能志 .ERP 实施的项目管理 [J]. IT 经理世界，2000（12）：3-8.

[3] 杜惠新 .ERP 项目实施中的风险管理 [D]. 成都：西南交通大学硕士学位论文，2006.

[4] 王超峰 .A 公司 ERP 项目实施的研究 [D]. 北京：北京交通大学，2008，24-29.

[5] 中国石油勘探与生产 ERP 试点项目宣传资料 [Z]

[6] 苏江波 .ERP 项目实施的沟通管理研究 [D]. 广州：暨南大学，2007.

[7] Chalfin，Natalie. 项目失败的四个原因 [J]. 项目管理网络，1998（6）：7.

[8] 仲秋雁，阏庆飞，吴力文 . 中国企业 ERP 实施关键成功因素的实证研究 [J]. 中国软科学，2004(2):73-78

[9] Majed Al-Mashari, Abdullah Al-Mudimigh and Mohamed Zairi, Enterprise Resource Planning : A Taxonomy of Critical Factors[J]. European Journal of Operation Research，2003（146）：352-364.

[10] Elisabeth J. Umble, Ronald R. Haft, M.Michael Umble. Enterprise Resource Planning : Implementation Procedures

and Critical Success Factors[J].European Journal of Operational Research, 2003（46）: 241-257.

［11］周玉清，刘伯莹，周强 . ERP 理论方法与实践 [M]. 北京：电子工业出版社，2006.

［12］陈启申 . ERP——从内部集成起步 [M]. 北京：电子工业出版社，2005.

［13］李强 . 我国企业 ERP 实施的过程控制研究 [D]. 武汉：华中科技大学硕士学位论文，2005，32-39.

［14］马一军 . ERP 项目管理及风险控制研究 [D]. 天津：天津大学硕士学位论文，2008，50-58.

［15］梁巨平 . ERP 项目管理的风险分析及控制 [D]. 武汉：华中师范大学硕士学位论文，2006，45-52.

［16］兰淑娟 . ERP 项目实施过程中的风险控制 [J]. 合作经济与科技，2010（7）: 23-26.

［17］赵怡 . ERP 项目实施的条件与风险分析 [J]. 生产力研究，2009（3）: 13-16.

［18］邱艳玲 . ERP 项目实施中的项目管理 [J]. 管理天地，2008（12）: 23-26.

［19］Understanding Small Scale Industrial User Internet Purchase and Informationmanagement Intentions : A Test of Two Attitude Models— Industrial Marketing Management, 2007（36）: 109-120.

［20］Competitive Analysis of Enterprise Integration Strategies—Industrial Management & Data Systems, 2007（107）: 925-935.

［21］Lean Information Management : Understanding and Eliminating Waste—International Journal of Information Management, 2007（27）: 233-249.

［22］张治国，贺盛瑜，胡云涛 . 石油企业 ERP 项目实施的 WSR 系统模式研究 [J]. 科技管理研究，2009（8）: 20-24.

［23］何伟 . 财务人员的新课题 ERP 系统的实施风险及规避 [J]. 现代会计，2003（5）.

［24］刘锦芳，张来艳 . ERP 环境下的采购与付款业务风险分析及内部控制设计 [J]. 对外经贸财会，2005（5）.

［25］刘鹏 . 试论在 ERP 系统环境下如何增强内控 [J]. 财政金融，2009.

［26］On Network Externalities, E-business Adoption and Information Asymmetry—Industrial Management & Data Systems, 2007（107）: 728-746.

［27］Information Lifecycle Security Risk Assessment : A Tool for Closing Securitygaps—Computers and Security, 2007（26）: 26-30.

［28］Developing a Scaleable Information Architecture for an Enterprise-wideconsolidated Information Management Platform—Aslib Proceedings, 2007（59）: 80-96.

［29］Improving the Quality of Collaboration Requirements for Informationmanagement Through Social Networks Analysis—International Journal of Information Management, 2007（27）: 86-103.

［30］Knowledge Management in Virtual Enterprises : A Systemic Multi-methodology Towards the Strategic Use of Information—International Journal of Information Management，2008（28）: 305-321.

经营管理信息系统在石油企业中的应用

创造单位：中国石油天然气股份有限公司大港油田公司

主要创造人：孙义新　谯中成　　创造人：胡铭　麻惠静

［摘要］随着信息技术的不断发展，近年国际上各类大型企业先后开发出诸如ERP等先进管理系统，为企业整体管理水平和经济效益的提高做出了巨大贡献。中国许多企业试图独立开发一套自己的管理系统，但始终没有走出高投入、低实用的怪圈。如何在经济全球化大潮中开发具有自己特色的管理系统，已成为中国油气田企业可持续发展的全局性、战略性课题。大港油田公司开发的《经营管理信息系统》就是一套具有中国石油企业特色的管理信息系统，满足了总部、地区公司、基层单位共同需要，诠释了油气田企业全员、全方位、全过程、全要素管理内涵。

［关键词］经营管理；信息系统；企业管理

大港油田东临渤海，西接冀中平原，东南与山东毗邻，北至津唐交界处，地跨津、冀、鲁3省市25个区、市、县。勘探开发建设始于1964年1月，勘探开发总面积18716平方千米。油田总部位于国家“十一五”重点开发开放建设区——天津市滨海新区，距北京190公里，距天津新港40公里，距天津国际机场70公里，地理位置优越，海陆空交通发达，往来便捷，是环渤海经济圈的重要组成部分。

经过40多年艰苦创业，大港石油人在昔日人迹罕至的盐碱荒滩上建成了一座集勘探开发、施工作业、科研设计、后勤服务、社会公益、多种经营等多功能于一体的国家级能源生产基地。

大港油田公司现有员工4.1万人，拥有资产总额426亿元。目前，原油年生产能力510万吨，天然气年生产能力5亿立方米。截至2008年底，累计为国家生产原油1.47亿吨、天然气176亿立方米。多年来，公司依靠科技进步，形成了自己独特的勘探开发技术优势。在老油田重建地质模型和油气藏描述技术上达到国内领先水平，在深层油藏开发、聚合物驱油、复杂断块油藏开发、凝析油气藏开发等配套技术方面具备了较高的水平和雄厚的实力。

今后一个时期，大港油田公司将以科学发展观为统领，全面贯彻天津市和中石油总体发展战略，紧紧围绕“增储10亿吨，建设大油田，建设示范石油矿区”的总体发展目标，积极践行“奉献能源、创造和谐”的企业宗旨，充分发挥整体优势，做大油气核心业务，做强生产服务业务，做优矿区服务业务，做实多元投资业务，推动公司又好又快发展。

一、石油企业经营管理信息系统开发与实施背景

（一）石油企业长远发展的需要

油气田企业是从事石油天然气开采的采掘型企业，与其他行业相比，其成本构成和成本控制有

着非常明显的特点：企业规模大，管理组织复杂，管理幅度大，管理信息传递链长，不可预见和不可控因素较多。因此，造成管理弹性和主观管理成分较大，生产目标和成本效益目标在具体实施过程中受不可控因素影响较大，加大了决策难度。因此，提高决策的科学性应首先解决管理信息的有效性问题。为此中石油提出了具有前瞻性、综合性、全局性的长远发展目标——“一个全面，三个集中”、“两个一流，两个延伸”，即实行全面预算管理，实现资金、债务和核算集中管理；建立一流的财务管理体制，建设一流的财务管理队伍。不断向国内外资本市场延伸，不断向生产经营的全过程延伸，及时发现生产经营中存在的问题，不断改善经营状况，切实提高理财水平。

（二）石油企业有效控制和利用信息的需要

现代企业管理最根本是信息管理，企业必须及时掌握真实准确的信息来控制资金流。然而，由于石油行业规模庞大、业务多元、地域分散，获取准确信息十分困难。石油企业的成本核算体系源自工业企业成本核算体系，只注重生产过程成本核算和控制，没有揭示出业务活动背后真正的成本动因，不能提供决策所需的正确信息，不能深入反映经营过程，不能提供各个作业环节的成本信息以及各个环节成本发生的前因后果，有时甚至出现连编制成本报表的人也难以解释“产品”成本构成的尴尬局面，从而误导企业经营战略的制定。另外，传统的成本管理对象局限于产品财务方面信息，不能提供管理人员所需要的资源、作业、产品、原材料、客户、销售市场和销售渠道等非财务方面的信息，难以起到为企业管理提供充分信息的作用。有时各单位由于各自利益需求，不愿及时提供相关信息，甚至截留信息，提供虚假信息，人为制造信息孤岛，使得汇总起来的信息失真，决策者难以获取准确的管理信息。管理信息的不真实，不仅直接影响决策方向，还影响企业运营的有效性。

（三）石油企业全员、全过程、全方位管理的需要

传统成本管理在管理领域上，只限于对产品生产过程的成本进行核算和分析，缺少对成本动因的管理，没有拓展到生产领域、技术领域和管理领域，许多企业只注意生产过程中的成本管理，忽视生产前规划、设计以及生产中的过程管理；在管理体系上，偏重于事后管理，忽视事前、事中的决策和控制。大多数单位在决策上还没有形成有效的约束机制，监督工作滞后，很多主管领导对自己所控管资金发生情况不清，成本决策缺乏规范性、制度性；成本计划缺乏科学性、严肃性，往往导致年底超支严重，跨年结算现象时有发生。加上财务人员对生产情况不甚了解，造成预算和计划形同虚设，过程监管流于形式。

（四）石油企业提升管理水平的需要

传统的企业管理主要依靠财务核算体系，石油企业财务核算体源于工业企业财务核算体系，仅能提供诸如数量、单价、金额等管理信息。石油企业管理划分为三个层面：战略层、控制层和操作层。战略层和控制层属宏观管理，操作层属微观管理，目前的财务核算体系能够满足宏观管理需要。但企业管理不能仅停留在宏观管理，更应该深入进行微观管理，而微观管理就必须要对成本动因、发生时间、发生过程、发生结果等信息的完整记录和实时反映。而现行管理系统存在着结构性的先天缺陷，难以满足石油企业不断提升管理水平的需要。

（五）石油企业整合各种管理系统的需要

随着信息化的发展，各油气田企业相关各专业虽然建立了各自独立的管理系统，但由于互不连通，信息资源相互独立，无法从根本上克服物流、业务流和资金流匹配问题。信息的不匹配，造成

财务人员看不懂业务信息，业务人员看不懂财务信息，再多“共享”也只是一种摆设。管理信息已面临着“相关性消失”的严峻挑战。可以说，当前，“最基本的决策问题就是信息太分散”，无法为决策提供系统支持。目前，在我国石油企业中，由于不同部门或不同层级单位之间缺乏沟通手段，各种信息分散在各自系统中，缺乏有效的汇总整合，或者根本就没有必需的信息记录。管理者缺乏一个完整的管理信息呈现平台，所以当管理者决策时几乎全靠自己的经验、感觉和印象，而对于决策对象的历史和现状无从了解，要做到讲究投资效益、规避经营风险十分困难。

二、经营管理信息系统内涵

随着计算机和网络信息技术的飞速发展，国外众多企业纷纷应用 MRP（物料需求计划管理）、ERP（企业资源计划管理）和 SAPR（作业成本管理）等先进管理方式，在实际应用中取得了很好的效果，随着管理需求的进一步发展，1998 年弗里曼和麦克奈尔（Freeman & McNair）提出了 ICMS 概念。他们认为“ICMS 是把组织的核心决策、支持性决策和多种成本管理系统有机联系在一起，使组织内的数据流与业务流程、决策以及人结合起来，形成一个行动和结果一致的集成系统”。应当说这是一种更高级的管理模式，但目前仍停留在对制造业和服务业 ICMS 管理模型构建，还没有进入实质应用阶段。

大港油田公司按照股份公司“一个全面、三个集中”的总体部署和财务工作“两个一流、两个延伸”的要求以及油田各基层单位实际管理需要，于 2003 年研发了《大港油田经营管理信息系统》（以下简称《经营信息系统》），是一套真正意义上的 ICMS 系统（见图 1）。

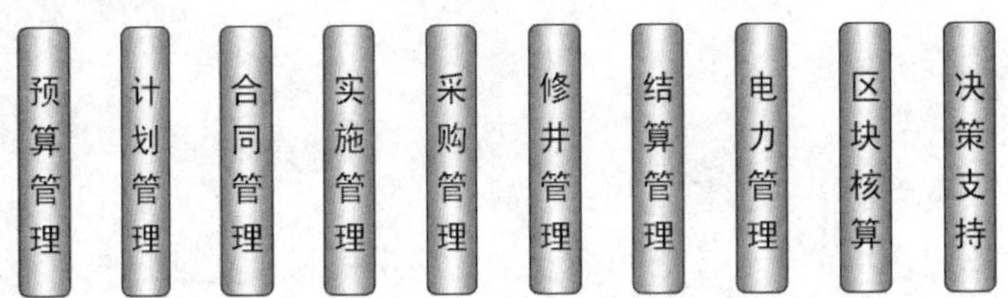

图 1 系统主要功能模块

这是一套具有可见性（Visibility）、控制力（Control）和高效率（Efficiency）的管理系统。是以完全的自动化和完整的信息流为支撑，通过对作业成本管理和预算成本管理的整合，将预算成本管理的事前控制和作业成本管理的过程控制有机地融合到一起，形成对成本的全员、全过程、全要素管理，全面覆盖企业管理，多部门、多层次、实用有效的“数字化”管理平台。能完全满足企业全面管理的需要，能有效提升企业精细化管理、成本控制水平和防范经营风险，是对我国传统的成本管理的一次革命。

三、经营管理信息系统主要做法

（一）重塑管理架构，实现全员参与成本管理

为了满足企业多层级、多目标和实时性需要，《经营信息系统》在设计之初就考虑了操作层的的管理需求，同时也考虑了公司战略层和管理控制层的需要，即作业层级成本计量与分析、管理控

制层级成本计量与分析和公司战略层级成本计量与分析。所有费用的发生均完整记录有资金渠道、发生原因、开工时间、实施地点、完工时间、数量、金额、实施效果、责任部门、责任人以及会计核算事项等信息。对这些信息按不同规则计量或确认存放。在信息使用者使用成本信息时，系统可以根据不同目的，提供给使用者决策最相关的成本信息内容，而不是传统成本计量系统将规则固化在会计数据里。这种开放式的管理方式为全员参与成本管理搭建了平台。本油田第五采油厂在成功应用该系统后，建立了上至厂领导，下至基层员工共同参与成本管理；各级管理者 790 人共同参与数据的录入、审核和监督，将“全员成本管理”、“精细成本管理”的理念深植于人们的思想中。管理者可随时了解本部门或本岗位所管资金的发生情况，通过对比分析，查找产生问题的原因，增强了各工作的针对性和有效性。从而实现了对资金运行的全员、全过程、全方位、全要素管理。该系统的应用很好地落实了内控体系建设要求的对重要风险和关键控制点的控制。

（二）再造业务流程，实现对成本的全过程控制

石油企业传统的经营管理是扁平式，缺乏系统性，事务处理流程漫长，管理监督难以到位；管理以战术式、救火式为特征，应付性特征显著，资金浪费严重，支出无计划，投入产出效益低下；手工处理缺乏效率，执行及完成情况反应迟缓，监控力度不够，日常核算和预算执行严重脱节，资金流动过程缺乏过程约束。

《经营信息系统》将预算管理、计划管理、材料采购、合同管理、实施管理、结算管理、油藏核算、报表查询、绩效管理、决策支持流程和相应业务均按内控要求，固化到系统之中，形成一次分解是二次分解的前提，预算是计划的前提、计划是合同签订和实施的前提、实施是合同履行的前提、合同履行是项目结算的前提。在系统操作过程中具有智能提醒、智能计算功能。月度预算超年度预算无法存盘，预算未经审批无法申报计划，计划超月度预算无法存盘，未经审批的计划无法实施、没有实施的计划无法办理合同履行，没有办理合同履行的项目无法办理结算。整个资金发生过程电脑化、流程化、可视化，形成一个闭环管理，使资金控制全过程跃然“纸”上。减少了人为因素，变成硬约束，全过程管理得以实现。

（三）设置资金身份号，信息共享得到提高

在传统经营管理模式下，主要靠手工管理，管理范围狭小，管理过程缺乏透明性，连续性，管理质量和效率低下，尤其在预算、计划、核算、考核和分析等环节的财务信息存在时效性差，最大弊端是管理信息共享性差，经营管理好坏只能在年终反映。

《经营信息系统》通过各单位（部门）在申报生产计划时，就自动生成一个计划编号（类似资金的身份证号），按照计划号，根据各工作流程的需要，逐级向下传递，其他流程不需要的信息仍被保留，逐级追加记录，直至财务结算 。实时记录该项支出的资金渠道、计划申报、合同签订、施工进度和结算情况等信息，形成一个完整的资金发生控制链。从而从根本上解决了物流、业务流、资金流匹配问题，当按照计划号查询时，可以看见这条资金链上的所有信息，解决了因专业知识不同而造成的信息无法使用的问题，实现了信息高度实时共享。

系统还会将各个部门、各个岗位工作的具体进展全过程跟踪记录下来，并通过自动提醒系统，随时将每个人的待办工作展现在自己面前。在系统帮助下，可以全面明确各单位操作职能，细化各单位岗位分工。根据谁实施谁录入原则，明确规定业务部门申报计划和录入实施金额，财务科录入结算金额；当天完工的项目，应于当天录入计算机，保证了录入信息全面、及时、准确，避免以往

各单位由成本员 1 人统计所造成的错报、漏报和虚报。例如：修井费发生情况的录入，先由设计人员（3 名）录入计划申请原因、井号、开工日期和计划数量，在甲方供料时，要分单位，按单井录入计划耗用量，然后由预算员（2 名）录入计划金额，完工后由预算员录入实施数量和实施金额。系统操作人员目前达 753 名，工作得到细化，相应减少单人工作量，避免了由 1 人录入的不及时、不全面、不准确；改变了过去由于数据信息源头分散，各部门岗位间信息得不到及时有效交换造成的财务部门无法收集到某一决策所需的完整信息。大大减少数据信息在生产、加工、传递过程中因人为干扰而造成会计信息失真，加快了信息收集速度，也保证了会计信息质量。

（四）深化区块管理，油藏效益获得提升

油藏效益评价可以促进油田整体管理和决策水平的提高，最终实现投资效益最大化和油田开发的可持续发展。为保证这项工作的顺利开展，针对以往油藏核算由财务部门 1 人录入，工作量大特点，系统做到所有单位在填报计划时按照受益对象，分别落实到单井、站、队或全厂，随时发生随时录入，把录入工作量分解到每天，既减轻由财务科 1 人录入的工作强度，又保证了“原始信息一次录入，油藏核算一次完成”。针对油藏核算方法粗问题，将费用项目细化，例如将井归属到变压器，再将变压器归属到线路，耗电实行单井计量，结算电费时直接将电费分解到线路，然后按各井实际耗电量分配电费，使油藏成本趋于科学合理。同时，做到了各部门可查寻本部门所管资金在各油藏发生情况，可查询各油藏的直接成本和间接成本，可及时发现油藏投入产出异常点，有针对性地采取治理措施，提高决策水平。利用已有成本数据和地质、生产数据，采用数据仓库技术对相关成本数据进行建模、聚合后，建立数据模型，可以从不同角度实现对单井成本分析和效益评价及投入产出预测、油藏成本分析和效益评价及投入产出预测，找出实物工作量与资金投入的规律，找出资金投入与效益产出规律，从而为投资决策提供量化参考依据，最终实现油田管理向效益管理转变。

四、经营管理信息系统取得的成果

经营信息是各类信息的交汇点，也是支撑经营决策的基础。企业管理以经营管理为中心，已成为当前企业界的共识。计算机网络技术和统一的经营管理软件是先进的管理思想、管理模式和管理方法的有效载体，也是实施集中管理和有效监督控制的必然选择。《经营信息系统》是企业绩效管理的基础，战略规划的实现、生产计划的实施、生产过程的控制以及日常管理的分析评介，都能为管理层提供完整的信息，以帮助他们做出科学决策，实现良好的公司治理。特别是作为专门针对石油企业开发的管理系统，在公司治理的可见性、控制力和效率方面作用更明显。通过本套系统使用，取得如下成果：

（一）提高信息质量，为科学决策提供保障

管理的进一步细化要求有透明度和信息披露的广泛性。而经营管理信息系统正具有同样的设计标准：透明的管理信息以及一体化套件内的全面产品。经营管理信息系统的设计理念是关注对业务流程的完整体现、对企业信息的合并以及实现企业管理的实时化。它取代了过去人工无法做到的会计数据收集、加工、分析等基础性管理工作和“人盯人”的监控方式，使管理工作的“手”伸长，“眼”变亮，改变了财务管理传统的时间和空间概念，使每笔经济业务发生时即刻反映。通过对管理信息的全面反映，改善了经营信息的及时性、充分性和准确性。各项支出一旦发生，无论是否结

算都能及时反映到系统中。通过系统可以全面了解各项支出的发生情况，使资金运行的每个环节都处于规范和可控状态，实现了“即时性、透明性和准确性”。可以说，经营管理信息系统是一体化和全面的软件，具有非常好的灵活性，还有范围较广的相关工具。

第五采油厂通过经营管理系统所建立的预测模型，按照数值模拟结果进行增油量预测，计算出吨油操作费，再根据油田开发现状和经营状况，测算出吨油操作费的邻界点为442元。在开发规律允许情况下，对于高效益井，尽量加大投入；对于一般效益井，正常投入；对于低效益井，控制投入；对于负效益井，慎重投入；对于严重负效益井，除开发上特殊需要外(如探井试采、方案试验井等)，原则上不投入(见表1)。

表1 第五采油厂措施效益分类

效益类别	吨油操作费（元/吨）	投入方向
高效益	小于300	加大投入
一般效益	300~442	正常投入
低效益	442~450	控制投入
负效益	450~550	慎重投入
严重负效益	大于550	原则上不投入

2008年第五采油厂应用数值模拟和油藏描述结果，综合地质、工艺、生产信息，对油田逐层、逐块进行细致分析，严格按照“实施一批、储备一批、研究一批”的措施实施方针，指导措施论证过程，为措施的科学投入指明了方向，使措施结构得到进一步优化，减少了低效、无效措施井的投入，增加了高效措施井投入，为油田稳产上产，提高措施效益奠定了基础。全年应用单井措施效益评价结果，措施有效率较2003年提高了17.6个百分点，措施增油量较2003年增加了4.2万吨(见表2)。

表2 第五采油厂2003年、2008年措施效果统计

年份	油水井措施井次	措施投入（万元）	措施有效率（%）	措施增产（万吨）
2003	223	2318	59.6	5.2
2008	278	3447.2	77.2	9.4
对比	55	1129.2	17.6	4.2

(二)强化企业内控能力，为防范经营风险提供保障

新的法规也要求CEO和CFO必须加强内部控制，以确保企业运作遵循相关规定，还需要查找并更正差异。利用经营管理信息系统的内部控制管理程序，高层管理人员、控制人员、内部审核部门以及会计公司可以使用这一工具记录并测试内部控制过程，并监控遵守行政法规情况，使企业管理人员保持极高可见性和控制力。

现代企业最有效的管理方式是全面预算管理和作业过程管理有机结合的全过程管理，它是一种事前计划管理和过程管理的结合体，是集系统化、战略化理念为一体的现代企业管理模式，它通过业务、资金、信息的整合，明确、适度的分权、授权，实施以及业绩评价等实现资源合理配置、作业高度协同、战略有效贯彻、经营持续改善、价值稳步增加的目标。这要求公司将注意力从单纯地及时编制财务报表转移到采用更有成效方式实现过程管理，而经营管理信息系统能够帮助解决这个

问题。它是石油行业第一个基于互联网的业务应用和管理系统，能将前台与后台运营中的关键业务流程自动化。涵盖预算、计划、合同、采购、供应、作业、进度管理、项目管理、财务结算、绩效考核、决策支持与效益评介在内的企业每一个领域的业务和管理。从而贯穿经营管理全过程，实现执行型管理和决策型管理的统一；反映了时间与空间管理相结合、价值管理与过程管理相结合的管理思想。以过程控制为基础，体现成本的源头控制和过程管理理念，能够明确事前、事中和事后成本控制方向。提高了过程透明度，强化了内部控制，实现了实时跟踪，使企业运行的每个环节都处于规范和可控状态。形成了公司算总账、采油厂算分账、部门算细账、个人算小账、人人有指标，一级保一级，公司一盘棋。领导不仅关注资金审批，更加注重资金的发生过程和使用效果，管理层对每项资金的使用做到精打细算；操作层紧密结合生产实际，积极开展班组经济核算，做到日算日清。有了经营管理信息系统，企业就相当于实施了一个一体化的、集中化的管理平台，可以大幅度提高信息访问速度、管理层洞察力以及信息的准确性和一致性。并且《经营管理信息系统》提供了一套完整的、一体化的业务智能、分析和战略履行应用产品，能够确保公司所有级别管理人员都能够访问到他所需要的及时、准确的信息。

（三）取得了明显经济效益

运用区块效益评价功能，使决策层能够全面掌握区块生产和费用发生状况，使相关管理人员能够及时开展区块（单井）效益评价，运用效益评价结果指导油田开发，综合利用多种新技术、新成果，不断探索提高老油田开发水平的新方法。通过应用本系统，第五采油厂主力油田港西油田的各项开发指标得到进一步改善，并连续多年获得中国石油天然气股份公司“高效开发油田”荣誉称号（见表 3）。

表 3　第五采油厂港西油田 2008 年主要开发指标

年产油量（万吨）	单井日产油量（吨）	剩余可采储量采油速度 (%)	可采储量采出程度 (%)	水驱储量动用程度 (%)	水驱指数	地下存水率	累计水油比
62.14	4.9	12.3	79.3	67.1	0.22	3.34	4.03
综合含水 (%)	年注采比	累计注采比	注采对应率（%）	含水上升率（%）	自然递减	综合递减	吨油操作费
89.17	0.98	1	60.7	0.5	10.51	3.88	234.07

总之，这套系统的使用，是推动企业管理工作上水平、上台阶的重要保证，也是落实中国石油天然气股份公司所提出的“向生产经营全过程延伸”的迫切需要，因此，推广应用好这套系统，具有重要的现实意义。将“全面预算管理”融入“作业成本管理”，有助于对成本管理目标、对象、内容、观念以及成本结构“相关性”进行重构。

预算管理及财务管控在企业中的应用

创造单位：北京翠微大厦股份有限公司
主要创造人：张 杰　王 霞　　创造人：张宇红　邓 菲

［**摘要**］北京翠微大厦股份有限公司是一家由北京市海淀区国资委控股的大型零售企业。本文系统阐述了该公司为了强化公司管理力度，财务管理部提出运用信息系统推行全面预算管理的详细方案。论述了通过预算控制，提高公司经营管理水平的重要性。该公司开展的预算管理，是全方位、全过程、全员的全面预算管理机制。通过网络化、制度化手段，适时、全程、高效地增强了财务风险防控能力。

［**关键词**］预算编制；审核与分析；实时跟踪；预算控制环节

一、企业概况

北京翠微大厦股份有限公司成立于 2003 年 1 月 23 日，系在成立于 1997 年的原北京翠微集团翠微大厦改制基础上发起设立的股份公司。北京翠微集团为公司控股股东，北京市海淀区国资委为公司最终控制人。公司先后荣获全国第一批“金鼎百货店”、北京市十大商业品牌等 800 多项荣誉称号，“翠微”品牌也被评为北京市著名商标。

经中国证监会批准，2012 年 5 月 3 日成功在上海证券交易所挂牌上市（证券简称为“翠微股份”，证券代码为“603123”）。2014 年 10 月通过资产重组，成功以全资收购当代商城、甘家口大厦两家百货零售业企业。截至目前，公司及控股子公司共拥有 8 家百货零售门店，员工 3500 余人，2014 年 12 月 31 日公司总资产达到 46.8 亿元。

二、创新成果创作背景

财务管理部作为公司职能部门，主要负责公司的财务核算及总部与分公司、子公司财务管理工作。部门工作从会计核算到财务报表的编制信息化程度很高。但作为上市公司财务部门，不应仅仅局限于财务核算，因此公司财务总监从上市之初就着眼于财务转型工作，提出要从原有的单一记账职能逐步转变为参与公司管理、提供经营意见的财务管理职能，认为具备管理型的财务人员是公司得以长期发展的必备条件。而公司领导层也在公司销售业绩连年上升的同时未雨绸缪，开始着手于公司经营管理层面梳理工作，清楚认识到练好内功才能做到真正的企业长期发展。

为了强化公司管理力度，财务管理部提出运用信息系统推行全面预算管理，通过预算控制，提高公司经营管理水平。而预算控制作为财务管控的一种重要手段，也将财务人员推向公司管理第一线。预算管理是实现公司长期战略规划的有效管理工具，也是财务管控的有力方法和主要渠道，是将财务事后控制转变为事前控制的手段，通过挖掘预算数据得出的信息对公司发展也至关重要。为此，公司财务管理部成立预算项目研发小组，于 2012 年 6 月与软件公司合作，设计研发预算管理系统，力求成为财务转型的重要一环，也成为企业发展的原动力，2012 年末预算系统正式上线。

作为上市公司，预算管理也是公司内部控制管理体系的一个重要方面，为此公司制定了《预算管理制度》以及《预算管理暂行办法》。

三、预算管理的设定

（一）预算编制单位的设定

将各分子公司作为独立经营单位，以经营单位各部门为申报单位上报，每个经营单位制定各自年度预算方案，总公司汇总后进行整体平衡，给出下一年度预算指标。各经营单位围绕指标进行规划，调整各自预算数据，最终形成年度预算。预算指标通过层层分解，落实到各责任单位，下一年度开始对预算执行情况进行实时控制和跟踪，定期编制预算分析报告，根据执行情况配合适度预算调整，最终实现公司年度预算目标的完成。

（二）预算编制时间的设定

预算以每个自然年为编制周期。公司每年 9 月启动下年度预算编制工作，12 月末形成预算草案并于至次年 1 月开始执行，次年董事会通过后形成正式预算，次年年末年度预算执行结束。预算编制阶段的工作内容都有系统限定时间，用于推动预算编制的进程。

（三）预算科目的设定

根据《北京翠微大厦股份有限公司预算管理办法（草案）》第四条之规定，“以经营利润为目标，以现金流为核心”，公司预算科目以现金和损益两条线设置。各预算申报单位在编制预算时以现金流为核心上报，由财务人员转换为损益口径的财务语言。

（四）预算类型的设定

根据事项重要程度和风险程度不同，将预算划分为四大类型：资产采购、工程项目、品牌引进、日常项目。各部门预算均按以上四类进行编报和执行，对前三类预算进行重点管控。根据事项重要程度和职能分工，公司总部职能部门对各经营单位的相关预算进行平衡管控。

四、预算管理流程

（一）预算准备阶段

1. 预算科目的准备

每年预算编制前需将年度的预算科目进行整理和设定，公司预算科目整体划分为“现金类、损益类”两大类型。

（1）现金类科目是根据公司各职能部门不同业务类型作为设计出发点，通过考察各部门工作职能划分和业务特点，将各类经济业务设置为现金类科目，并将所有现金类科目按事项和重要程度进行归纳和分类，通过梳理和重分类而最终设定产生。

（2）损益类科目是按照公司现有的会计科目进行设定，这样既符合会计准则，也能够将预算数据进行财务报表化，便于进行财务数据的对比分析。损益科目划分为收入类、成本类、费用类、利润类。

（3）将现金类科目与损益类科目进行钩稽，根据不同现金科目设定不同损益结转系数，通过系统结转将各部门申报的预算数据转换为费用表、利润表。

2. 当年预算数据准备

公司各经营单位预测第四季度利润及费用情况，与第一季度至第三季度完成数据进行汇总，形成当年经营预估报表，为下一年度预算数据做好基础准备。

3. 下年发展规划的准备

围绕公司发展战略规划，各经营单位编写下一年度经营规划书，制定下一年度经营工作目标。

（二）预算编报阶段

1. 预算初版的生成

（1）各经营单位以本年预算的汇总数据为参考，经营单位各部门编制下一年度现金类预算数据，经营单位财务人员编制损益类预算数据（折旧、摊销等不发生现金流的数据），同时对两年数据差异较大的项目进行分析说明。公司各职能部门对资产采购、工程项目、品牌引进的专项预算进行初审，通过后由各经营单位财务汇总所属部门预算数据，形成财务预算报表，由经营单位责任人确认后上报公司。

（2）公司财务管理部预算组汇总各经营单位预算数据，编制公司预算合并表，上报公司经理办公会进行讨论。

（3）根据公司领导层制定的发展战略以及市场经营状况的评估，通过整体平衡，经理办公会制定下年度预算指标，财务管理部预算组进行分解，下达至各经营单位。

2. 预算编制的再版

（1）各经营单位根据指标调整预算，对其经营规划产生影响的，进行调整，形成预算第二版汇总上报。

（2）由公司财务管理部预算组对第二版预算进行核查，与公司预算指标不符时，与经营单位沟通进行分析调整，再汇总上报至公司经理办公会。

（3）如此往返多次，最终形成公司与各经营单位指标一致的下一年度预算草案，各经营单位将预算数据分解落实到预算申报部室。

（三）预算执行、考核阶段

（1）财务管理部根据年度预算草案控制执行情况，追踪执行进度，定期进行预算分析，根据执行情况进行预算适度调整。

（2）年度终了财务管理部根据上年度预算执行情况和公司绩效考核指标，编制预算考核报告，进行年度预算执行评定。

五、财务管控与预算控制

公司开展的预算管理，是全方位、全过程、全员的全面预算管理机制。通过网络化、制度化手段，适时、全程、高效地增强了财务风险防控机制。预算管理的设计始终坚持“两手抓”：一手抓强化财务管理，提升财务管理水平和手段；一手以内控制度管理为主要抓手，加强财务风险防控。在预算系统设计、实施过程中，充分利用公司正在使用的信息系统平台，从全面、便捷等方面开发和完善预算管理各功能模块，同时将预算系统与其他相关系统打通，使其嵌入企业各个业务环节。

通过前期预算编制工作，制定下一年度预算数据，形成预算的初始环节。为了实现最终预算目标，保证预算方案的执行，同时设定了支付管理和合同管理两个模块，将这两个模块作为预算管理执行过程入口，通过三个模块的紧密衔接，组成预算管理的全部循环过程。

（一）预算管理和合同管理、支付管理设计思路

（1）预算管理的功能为：预算的编制和审批、形成预算方案、预算执行进度跟踪、预算分析。

说明：将预算数据与资金支付、合同管理连接，做到预算执行的数据可控，并向另两模块收集预算执行进度，做到实时查询。

（2）合同管理的功能为：经济合同的系统化、合同执行情况的跟踪、执行逾期的提示。

说明：对重要经济事项进行独立的系统化管理，可进行长期跨年的合同数据维护，合同中本年度资金支付受年度内预算资金的控制，对超预算合同资金进行提示。

（3）资金管理的功能为：资金的申请、资金的审批、出纳收支。

说明：资金支付时受年度内预算资金控制，对超预算资金的申请系统进行提示，与预算系统数据实时同步，将资金情况反馈至预算管理模块、合同管理模块。

（二）通过预算管理系统的应用，主要有以下几方面优势

（1）将资金收、支情况系统化，同时对所有经济合同系统化，严格按照年度预算资金执行，实时掌握预算执行情况，对于超预算项目给予驳回进行调剂，防控预算资金超额支付。

（2）对资产采购、工程施工等重大事项进行单独申报和严格执行把控，实时跟踪其进展程度，防控风险。

（3）握实预算控制环节，实现对预算资金执行情况的跟踪，使预算管理形成完整的闭环。

通过预算系统化的全程管理，有助于各部门查找业务流程和管控环节上的不足，为优化公司管理结构和流程提供数据支持，同时提升公司内控水平。通过数据分析对公司各项资源进行优化配置，优异的资源配置也对公司业绩的提升起到事半功倍的效果。

六、预算执行结果考核

预算管理的最终目的就是提高公司管理水平，挖掘公司内部管理能力，提升公司经营效益，而绩效考核作为一种有效的激励和约束手段，通过对预算管理体系的利用，将预算指标执行情况与各经营单位效益挂钩，把经济效益目标落到实处，为提高企业经济效益提供可靠保证。

经营责任书作为预算考核标准的体现，量化了考核指标，便于公正、透明地进行评判。公司各经营单位责任人依据年初确认的预算指标签署经营责任书，明确其年度内的经营考核指标，年终财

务管理部将年度预算分析及预算执行评分报告上交财务负责人。人力资源部门通过综合评分情况确定各经营单位年终收益。

公司预算管理系统经过三年多运行，在日常经营中起到的控制作用已经得到明显体现。预算管理意识也深入公司高管至各层级员工，真正做到了全员预算，预算执行也得到了充分保证。通过预算执行，职能部室开始逐步改善内部管理环节，明确各自管控点。预算管理系统作为公司财务管理部技术创新的一项成果，在实施过程中不断改进与完善，力争通过提高预算信息化水平，为公司进一步发展提供管理手段。

附 1　预算编制流程

申报部门	总部职能部门	分（子）公司财务部	公司预算管理委员会
预估当年全年预算			
申报部门编	总部职能部门复核		
申报部门确认、上报		汇总隶属本公司现金预算	
申报部门差异说明		财务损益数据	
		汇总隶属本公司损益预算	公司批复
根据公司批复修改编制	总部职能部门复核		
申报部门重新确认、上报		汇总隶属本公司现金预算	
		财务损益数据	
		汇总隶属本公司损益预算	
		形成草案	

附2 预算执行过程

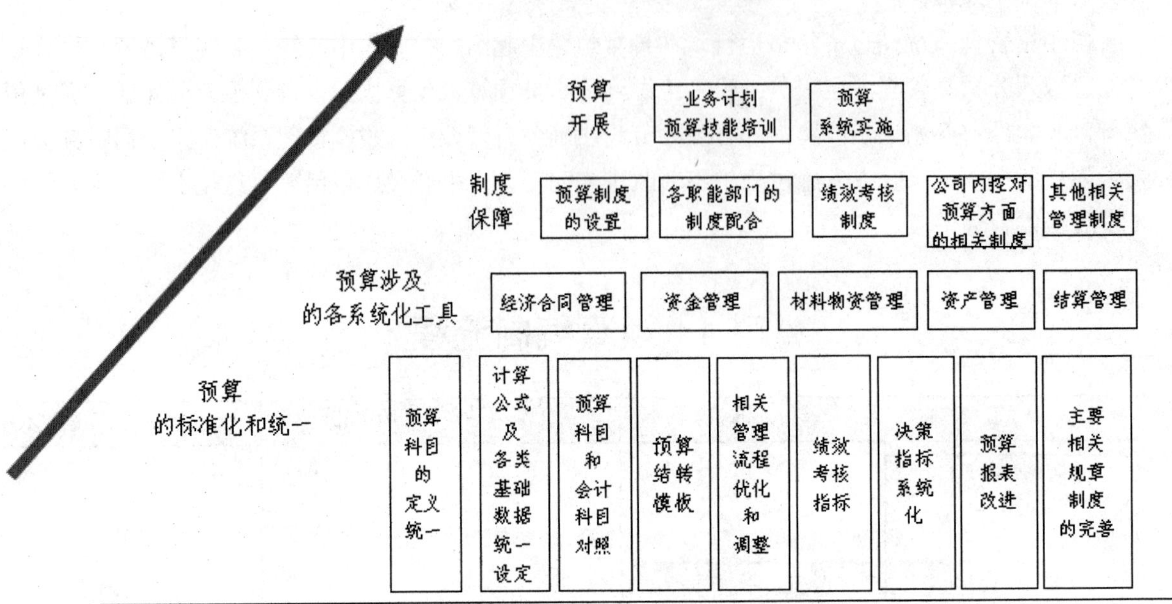

附3 规划实施环节

预测　规划　沟通　考核　目标　计划　协调　跟踪分析　预算编制

规划（中长期目标设定）

公司层面的综合业务规划，包括战略规划、市场规划、网络规划、IT规划和人力资源规划等。这些规划指导业务部门的工作重点及方向

业务计划（年度目标设定）

整个公司各级管理层给其下级单位设定分解后的业务目标。各部室和职能单位根据目标制订业务计划、提出预算需求

预算编制（围绕目标及业务计划进行资源配置）

根据设定的目标以及详细的工作计划预测完成这些目标、计划所需的资源（市场、网络、设备、员工、资金等）、成本、投资，编制年度预算

跟踪、分析、报告（目标完成情况跟踪分析）

客观准确及时地记录公司发生的运营业务活动及消费的资源，同时将记录的结果汇报给相应的管理层，将实际发生的核算与预算进行差异分析，关注“例外”事项的管理

绩效考核（目标考核）

根据目标完成情况和公司激励制度，进行业绩评估并奖励完成或超额完成目标的业务单元人员和管理层

预测（目标预测）

进行中长期及年度市场和投资需求预测，用来调整和设定目标。原则是远粗近细。年度预测应落实到品牌、业务等

小型水电企业责任成本管理体系构建和实施

创造单位：四川众能电力有限公司
主要创造人：王开君　　创造人：张雪梅　解建忠　贾法彬

[**摘要**] 四川水电责任成本管理体系是根据自身实际情况，借鉴国内施工企业项目责任成本管理方法，结合小型水电企业特点，嫁接出来的一种成本管理模式。责任成本管理体系是按照企业组织机构划分，以厂（站）作为责任单位，根据公司经营管理层赋予各单位的责任范围，依据公司统一的编制办法编制各单位的目标成本预算，并采取签订目标责任书形式进行管理的模式。

公司自实行责任成本以来，取得了较好的效益和效果，一方面，公司财务管理得到了不断强化和提升；另一方面，电厂员工在责任成本方面的意识不断提高，从被动接受责任约束到积极主动采取措施控制成本费用，实现了公司创效、员工创收的良好局面，增强了员工降本增效意识和树立了全面责任观念，尤其是2012年后对责任成本的重新定义和不断完善、改进，更激发了广大员工在效益与责任方面的大局观和责任感。

[**关键词**] 财务管理；责任成本

"四川水电"是京能集团对四川大川电力有限公司（以下简称"大川公司"）和四川众能电力有限公司（以下简称"众能公司"）的统称。"四川水电"是京能集团于2011年1月全额股权收购的两个水力发电公司，并于同年7月完成公司管理权移交，2012年12月被北京京能清洁能源电力股份有限公司全额股权收购。截至2014年末，"四川水电"总装机容量18.249万千瓦，主营水力发电，下属十四个电站，分布在成都、雅安两市的六县境内，由一套班子、一套机构进行管理，共有员工443人。其中：大川公司成立于2002年10月，公司注册地在四川省雅安市芦山县大川镇，注册资本13000万元，拥有七座水电站，装机容量12.21万千瓦，分为三个电厂管理，员工184人；众能公司成立于2002年2月，注册地在四川省成都市大邑县晋原镇，也拥有七座水电站，装机容量6.039万千瓦，分七个电厂管理，公司注册资本9000万元，员工259人。

四川水电自融入京能集团以来，致力于"精细管理、强化执行、深化考核、创新机制"，不断开创公司做精、做实、做优新局面，提倡以人为本，和谐自律，规范运营，以水力发电为依托，不断专注绿色能源的开发和投资。公司坚持以安全生产为基础，以企业发展为重点，以经济效益为中心，对股东负责，对社会负责，对员工负责，努力构建健康持续的企业发展机制。

一、责任成本管理体系实施背景

（一）适应经营环境变化趋势的需要

当前水电行业市场竞争激烈，尤其是小型水电发展受挫，电力国网也逐步加大对发电企业的考核力度，电价调整举步维艰，公司在争取地方政府补贴、税收政策优惠、CDM 收入方面困难重重。在外部环境如此严峻的形势下，公司要保持持续稳定发展，必须深挖内部潜力，降本增效，加强管理，做实、做细、做优。

（二）适应公司特点的需要

四川水电所属十四座电站均为小型水电站，大部分电站投产时间较长，有的电站投运时间已达 40 年以上，机组老化，设备陈旧，自动化程度低。除了大川公司的大川电厂五个梯级电站为自建外，其余电站均是通过收购而来，且有的电站已被转让多次。电站设计及机组型号各不相同，设备状况参差不齐，人员结构层次不一。十四座水电站分别位于四川省成都和雅安两市的六县区域内，各电站所处地理环境各不相同，除了有四座电站地处平坝地区，其余电站均处于偏远山区，而大川公司大川电厂的两个电站还地处无人区，交通条件极为不利。日常生产维护用材料、物资只能就近采购。各电厂均为分支机构，因地处不同区域，承担税率也不相同，所缴纳流转税也需在电厂当地税务部门单独申报缴纳，对公司的财务管理提出了更高要求。采取何种管理模式才达到既能提高财务管控水平，又不因管控过严、过死而影响其安全运行，成了摆在我们面前的一项全新的课题。

（三）财务核算模式变化的需要

四川水电在京能集团收购前为四川省成都市电业局下属民营企业。2009 年前，公司采取电厂单独设财务核算、公司进行汇总核算的财务管理模式。为了实现财务集中管控，有利于公司资金的统一管理和运作，提高财务信息质量，2009 年公司撤销了电厂财务单独核算，成立公司财务部集中核算模式，电厂只设稽核报销员岗位，负责电厂日常账务报销及税务申报等财务基础性工作。

公司在实行财务集中核算初期，由于缺乏相应的管理经验和配套管理措施，对电厂日常费用开支尚未制定具体管理办法和控制措施，成本费用管理方面存在较大弊端：一是电厂职责不清，权限不明，各电厂在日常成本管理、物资采购上常常不知所措、无所适从；二是公司在对电厂的管控上，有些方面存在多头、重复管理，而有些方面又管理不到位，存在管理空白，造成电厂日常成本费用缺乏有效的管控。为了厘清管理职责，减少无效成本费用，有必要采取一种适合公司自身实际情况又行之有效的成本管理新模式。

（四）强化管理的需要

随着 2009 年财务集中管理后暴露问题越来越多，公司于 2009 年末对财务部岗位进行了优化调整，设置了稽核专职，负责对电厂日常费用票据的审核。设置专岗审核电厂票据，虽然对规范电厂票据管理、降低税务风险起到了一定的防范作用，但仍存在管理上的不足和漏洞。一方面，因公司缺乏对电厂在日常成本费用方面的责任约束，且对电厂票据的审核均在事后进行，稽核只能从专业角度对票据的合法性、合规性和有效性进行审核，不能对业务的实质性和合理性进行全过程的管控，因此未能有效实现节约成本费用、发挥财务的监控目的。另一方面，公司在对电厂资金划拨上也存在随意性，没有划拨时间和金额的限制，电厂只要上报资金划拨申请，公司基本上就按申请金额进行拨付。由于缺少对成本费用的有效管控，有的电厂一个月多次上报资金划拨申请，为了不影响电厂正常的安全生产，造成不必要的损失，公司也只能根据电厂上报的资金申请进行划拨，造成公司资金计划管理不强、执行不力。为了提升财务基础管理水平，规范财务运作，强化资金计划的严肃性，有必要加强对电厂在成本费用方面的约束。

（五）提高公司竞争力的需要

小型水电站因其自身特殊性，受自然条件制约较大，生产经营大部分有靠天吃饭的客观因素，在水流量好、自然灾害少的年份，发电生产会较好；而在水流量较差或者灾害性天气较多的年份，发电生产会受到较大影响。但总体而言发电生产相对稳定。因此公司要在同行业中保持较强的优势和竞争力，除了加强安全生产外，更要强化内部管理，以提升公司管理水平来带动经济效益的稳定增长，从细处着手，从小处着眼，精细管理，精耕细作。

二、小型水电企业责任成本管理体系内涵和特点

（一）小型水电企业责任成本管理体系内涵

四川水电责任成本管理体系是根据自身实际情况，借鉴国内施工企业项目责任成本管理方法，结合小型水电企业特点，嫁接出来的一种成本管理模式。责任成本管理体系是按照企业组织机构划分，以厂（站）作为责任单位，根据公司经营管理层赋予各单位的责任范围，依据公司统一的编制办法编制各单位的目标成本预算，并采取签订目标责任书的形式进行管理的模式。

责任成本是以责任单位为对象归集的可控成本。所谓可控成本，就是责任单位负责人通过采取有效措施能控制、可控制的成本。推行责任成本管理，按照“谁负责，谁管理”原则，科学合理地制定目标成本，将可控制的成本费用与相关责任单位考核挂钩。

加强责任成本管理是提高企业经济效益的有效途径，同时也是提高企业成本管理水平的有效手段。通过推行责任成本管理，可以增强企业全员成本管理意识和提高成本管理素质，从而提高企业经济效益。

（二）小型水电企业责任成本管理体系实施特点

1. 目标成本与管控责任高度统一

公司事先明确电厂责任成本控制范围，并将责任指标进行细化、量化，再根据纵横的依存关系将若干责任考核指标分解到月度。公司在制定的《电厂责任成本考核管理办法》中明确要求电厂在完成生产经营目标的同时，还要强化对成本费用的管理责任。

2. 责、权、利高度统一

通过对责、权、利的严格划分，层层签订责任成本合同，把电厂的每一项支出与员工的经济利益联系起来，促使全员发挥主观能动性，实现从“责任约束我”到“我要主动负责任”的观念转变，积极探索财务管理新举措，努力实现公司降本增效。

3. 责任成本管理具有实用性和可操作性

责任成本管理是在充分考虑电厂权利和责任基础上，根据各电厂机组性能、装机容量、所处地域环境、人员结构等，结合各电厂近三年以来成本费用实际发生情况以及物价指数，进行科学合理测算和分析，最后确定各项责任成本考核指标。

4. 遵循权变理论和控制原理

责任成本管理体系在实施过程中不是一成不变的，它会随公司管理的需要和电厂实际情况而变化，并在实际中进一步优化和完善；实施责任成本管理体系是为了强化对电厂的管理，提高公司财务管控能力，实现降本增效目的。

三、责任成本管理的实施

为了调动电厂成本管理的主动性，减少无效成本费用的占用，实现提升财务管理和提高经济效益目的，公司积极探索和推行责任成本管理的实施。主要做法如下：

（一）分项控制，分级审批

（1）公司对电厂的成本费用进行权限界定，将电厂成本费用划分为公司控制的成本费用和电厂控制的日常费用。

（2）对于公司控制的成本费用电厂厂长没有审批权，电厂不能自行支付，必须执行公司的费用报销流程，由公司统一管理和支付。

（3）对于电厂控制的日常费用即电厂责任成本，由电厂负责管理，按照电厂费用报销流程，由电厂自行支付使用。

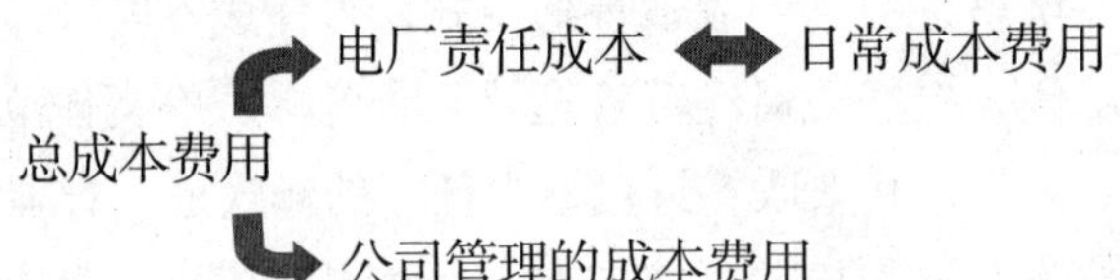

（二）统一预算，进度管控

（1）公司于年初对各电厂下达当年责任成本预算，预算中详细列出每一成本费用明细项目的计划数，电厂结合自身实际对年度责任成本预算按照月度进行逐月分解。

（2）电厂于每月底预计次月责任成本开支数和应缴税费金额等编制资金划拨申请计划，财务部经理经过初审报财务主管领导审批后，于每月初进行当月资金拨付。

应交税费虽然不属于责任成本范畴，但税费需在电厂所在地税务部门缴纳，因此公司在对电厂划拨责任成本时将各种应缴税费一起划拨。

原则上公司每月对电厂只划拨一次资金，这样既强化了电厂资金计划的严肃性和准确性，也进一步加强了公司资金的计划统筹管理。

（三）集中审核，培训先行

（1）财务部根据责任成本预算内容，及时就其明细项目和具体开支范围逐一进行细化说明，组织电厂厂长、稽核报销员及后勤管理人员等进行培训和宣贯。

针对电厂厂长及管理人员财务知识的局限性，财务部相关人员对票据的真实性、完整性、有效性和现金、银行管理办法等进行耐心细致的讲解，对电厂实际业务操作及时进行指导和跟进，并对责任成本票据的合法性、合理性、合规性加大审核力度。

通过财务部的培训和宣贯，电厂对责任成本的认识得到进一步理解和加强，在实际中也基本按照责任成本预算来执行。

公司同时进一步强化财务管理，紧紧围绕“专业化、标准化、精细化”管理要求，结合集团及公司财务管理标准及内控流程，对电厂负责人及关键管理人员进行宣贯和业务培训，对责任成本执行过程及时给予指导，进一步提高全员责任成本管理意识和预算执行力。

（2）电厂根据公司财务部要求，每月将责任成本票据按时交回财务部，由财务部经理对责任成本票据进行逐一复核后，财务进行账务处理。

（四）动态管理，持续改进

2011 年公司实行责任成本管理后，进一步强化公司整体财务管理水平，规范各种成本费用报销程序，简化责任成本审批流程，提高电厂工作效率和积极性，电厂在降本增效和增强责任意识方面得到了提升，同时对电厂的安全生产经营提供了有力保障。

从 2011 年电厂责任成本实际执行情况来看，还需要进一步完善和改进。

（1）责任成本范围界定并不准确，2011 年度责任成本中包含电厂并不能真正负责和控制的费用项目，如人工性费用。

因电厂人事、员工薪酬、岗位、岗级、福利补贴等均由公司核定，社保费用也是以员工上年度收入总额作为缴费基数确定，这部分费用电厂并不能自主控制和负责，只是具体执行而已，节约了并不是电厂控制或采取了措施，超支了也不是电厂任意发放造成。将电厂实际上并不能负责的这部分费用列入电厂的考核，对电厂来说并不公平。

（2）2011 年底公司对电厂下达 2012 年度责任成本预算时召集了各部门进行研讨，充分论证责任成本的含义和在实际中的执行力度，再一次对“责任”二字进行准确定位。

1）责任成本必须是电厂的日常成本费用，且电厂自身能管控或者通过采取措施能实现控制目的的成本费用。

2）根据各电厂装机容量、机组台数、设备新旧程度及电厂所处地理位置等，再结合电厂实际情况，对各电厂日常生产费用进行进一步分析和核实，使责任成本更为科学、可行和切合实际，并能充分调动电厂积极性和主动性，最终实现电厂创效、公司增收。

2012 年度为了进一步提高责任成本管理水平，充分彰显责任与效益的关系，实现责任成本管理的最佳效果，公司完善了责任成本管理内容，加大对责任成本执行全过程的指导和监督，对异常情况及时进行详细分析，督促电厂及时整改，进一步强化预算管理水平，确保责任成本的可控、在控（见图 1）。

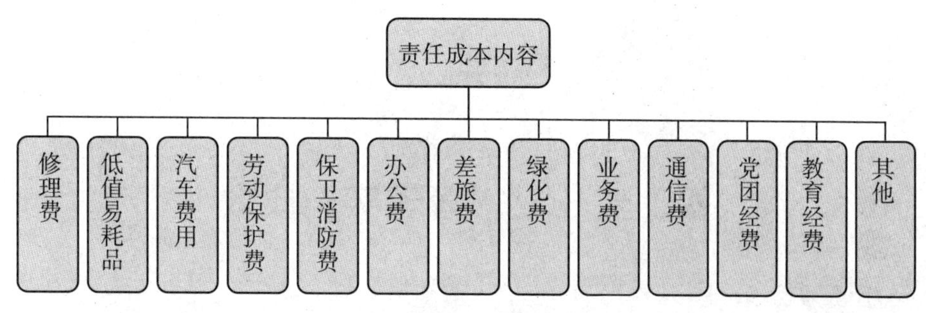

图 1　电厂责任成本明细项目

2013 年度公司在对电厂下达责任成本预算时，融入“跳起来摸高”理念，也就是对电厂通过提高管理和采取措施可以降低的费用项目进行一一核实，下达的责任成本预算数比 2012 年度有所降低。并根据集团全方位对标管理要求，结合公司财务对标管理实施细则，财务部定期或不定期对电厂财务基础工作及责任成本具体执行情况进行检查或抽查，形成评价结果，并及时反馈电厂，督促电厂及时整改。同时该评价结果也作为电厂年度全方位对标考核的依据。

2014年度公司提出“做精、做细、做实”工作方针，财务部进一步强化责任成本管理意识，在充分考虑电厂责任成本可控性的基础上，对责任成本预算略作下调，同时结合公司财务标准化的进一步修编和完善，加强对电厂的宣贯和培训，并加大了责任成本执行的全过程管控和分析，从细处、小处着手，及时发现问题，纠正偏差。

（五）全程监督，重点指导

公司对电厂责任成本的执行进行全过程跟踪和监督，每月对责任成本开支情况进行详细分析并出具分析报告，特别对超出预算进度和资金计划的项目进行重点剖析，并与电厂及时沟通，帮助电厂查找原因，督促电厂采取应对措施，将责任成本控制在预算内，确保责任成本随时处于可控、在控状态。

（六）严格考核，落实责任

（1）公司于每年年终按照目标责任书中责任成本管理考核办法的规定，结合年初下达的年度责任成本预算，对责任成本实际执行情况进行考核。对责任成本结余部分按照考核管理办法规定比例奖励电厂，对超支部分根据考核管理办法规定的惩罚比例在下年度电厂工资总额中扣减。

（2）在《电厂责任成本考核管理办法》中还明确了厂长和员工承担的考核比例，厂长承担大头，员工承担小头，加大对厂长的考核力度，让厂长在享有一定权限的同时，更要承担相应责任，充分强调了“谁负责，谁承担”的原则，进一步完善了电厂成本费用管理的约束机制（见图2）。

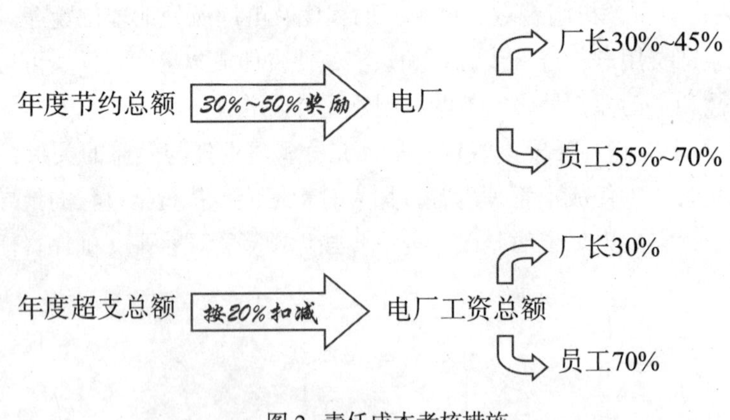

图2 责任成本考核措施

四、责任成本管理实施成效

（一）管理效益方面

公司实施责任成本管理后，进一步规范了成本费用审批流程和审批权限，明确了电厂的财务管理职责，实现了电厂厂长权限和责任的有机结合，杜绝了成本费用的随意开支现象，规范了电厂票据管理，激发了电厂成本管理的主动性，电厂财务基础管理工作得到明显提升，对公司的财务管理水平提高和税务风险的降低起到了至关重要的作用。

（二）经济效益方面

实行责任成本管理后，电厂成本费用得到了有效控制，公司经济成效显著。

（1）2011 年度实行责任成本管理后，电厂成本费用比上年度节约了 159 万元（剔除不可比因素），降低了 10.58%；比预算节约了 199.83 万元，降低了 8.33%。同时厘清了公司与电厂的职责权限，有利于财务管理的进一步加强，真正实现财务集中核算节约化目的。

（2）从 2012 年度责任成本实际执行情况看，效果明显好于 2011 年度，剔除不可比因素，2012 年度责任成本比 2011 年度实际节约了 55.68 万元，降低了 10.28%；比 2012 年度预算节约了 61.00 万元，降低了 10.56%。因 2012 年度责任成本剔除了电厂不能自主控制的费用项目，年终按照责任成本管理办法考核时，不管得到奖励还是受到惩罚，电厂都不再有异议。

（3）2013 年度责任成本管理成效明显，比 2012 年度实际节约了 42.30 万元，降低了 8.15%；比 2013 年度预算节约了 36.35 万元，降低了 6.98%。

（4）2014 年度经过公司及电厂的有效管控，2014 年度责任成本比预算节约 19.89 万元，降低了 4.23%；比 2013 年度实际节约了 38.57 万元，降低了 7.97%。

（5）四川水电从 2011 年度实行责任成本管理以来，每年度责任成本均比上年度及当年预算有所节约，截至 2014 年，已累计节约成本费用 295.55 万元，为公司创造了效益。

（三）责任意识方面

公司自实行责任成本以来，取得了较好的效益和效果，一方面公司财务管理得到了不断强化和提升，另一方面电厂员工在责任成本方面的意识不断提高，从被动接受责任约束到积极主动采取措施控制成本费用，实现了公司创效、员工创收的良好局面，增强了员工降本增效意识和树立了全面责任观念，尤其是 2012 年后对责任成本的重新定义和不断完善、改进后，更是激发了广大员工在效益与责任方面的大局观和责任感。

（四）社会效益方面

两公司曾多次被当地政府、水务及安监部门评为先进单位，是税务部门的纳税 A 级单位。

责任成本虽然只是成本费用中的一部分，却是公司现行条件下财务管理中难度最大、最为复杂的部分。做精、做细、做实不只是一句简单口号，通过四川水电近四年以来责任成本管理的实施和执行效果来看，便是最好的证明。它在推动公司财务管控、提高整体经济效益和增强员工主动节能降耗方面具有重要意义和作用。

移动互联网在会计业务的应用

创造单位：北京海纳川汽车部件股份有限公司
主要创造人：董军翔　杜 斌
创造人：郭红文　梁益年　董 洁　谢胡天一　孙婷婷

[摘要] 在工业快速发展的今天，随着云计算、大数据、移动互联网等新兴技术的广泛应用，传统的业务受到了不同程度的冲击，对于财务会计业务也不例外。2008 年汽车行业快速发展，对会计业务在汽车行业中的应用提出了新的要求和新的挑战，传统会计业务普遍存在会计核算、会计预算和成本核算出现的数据及时性差、信息失真、财务报告阅读形式不灵活等问题。为了应对快速发展的公司业务，本公司尝试将移动互联网手段应用于传统会计业务，借助其便捷性、及时性、定向性及准确性等特点提升业务整体质量和效率，开始了移动互联网与财务信息管理相结合工作。

[关键词] 财务信息化；NC 系统平台

一、公司情况介绍

海纳川公司是由北京汽车集团有限公司（以下简称“北汽集团”）（占股比 60%）与北京工业发展投资有限公司（以下简称“北工投”）（占股比 40%）共同投资，于 2008 年 1 月在北京注册成立。作为北汽集团的汽车零部件平台的海纳川公司，依托海纳川公司的集团化战略，全力配合北汽集团的全球产业布局，致力于企业发展创新，着力培育强大主营业务模块，并立志通过产业实体化、团队专业化、市场国际化、资产证券化，发展成为一个国内领先、国际知名的汽车零部件企业。

海纳川公司现在产品覆盖了汽车座椅系统、汽车内外饰系统、汽车热交换系统、汽车电子控制系统、汽车底盘和动力系统以及汽车车身系统六大系列，形成技术领先和成本领先的产品组合，具备与不同层次整车同步开发产品的能力。海纳川公司旗下共有 46 家企业，其中全资企业 15 家，与世界 500 强、国际知名零部件企业合作的 12 家，与国内知名零部件企业合资的 19 家。

海纳川公司在 2011 年成功收购荷兰英纳法集团 100% 股权以及在 2014 年收购香港协众国际股权后，正式开启了北汽零部件公司在全球市场发展新篇章。海纳川公司不仅有众多境内公司，也有较多全资类境外子公司；不仅有中资企业，也有外资合营企业；不仅有全资子公司，也有参股合营企业；不仅有中国员工，也有外国员工，海纳川真正成为较好的国际化集团公司。

二、财务信息化建设背景

北汽集团财务负责人在历次财务工作会中讲过财务工作有两项重要功能，一个是“血液”功能，即给企业提供发展所需的资金，另一个是“神经”功能，就是财务信息化工作。财务作为重要的管理职能之一，其信息化程度是企业信息化水平的重要标志。同时，财务信息化的发展也有其自身规律：财务信息化一般以财务核算领域为起点，最终实现对管理会计领域的覆盖，实现财务领域全方位信息化。

海纳川财务管理部在北汽集团财务信息化建设项目组协助下，针对财务核算、预算管理、资金管理、税务管理、财务分析和成本管理需求，以现有的用友 NC 系统为基础，对海纳川公司的费用报销、稽核管理、会计核算、会计预算进行流程梳理，并将核算和预算业务进行匹配，建设以财务核算管理为核心，以会计预算为指导，以业务申请、业务审批、业务执行、业务支付等关键环节为监控点，逐步从海纳川公司覆盖其所属的各全资控股类企业。在企业管理中，发挥提供准确相关信息，为决策的制定提供过去、现在和与未来相关的预测数据并进行预测，为企业管理者提供管理决策支持。目前云计算、移动互联、大数据的出现给财务管理带来了颠覆性变革，对于管理会计信息化而言，既是挑战，更是机遇。

在信息技术支持下，公司将有能力对海量的财务数据和非财务数据进行收集、加工、分析和报告，预算管理、核算管理、绩效管理、成本管理等管理会计职能将能够更加高效、顺畅运行和开展。同时，移动互联的快速发展将会改变企业组织、流程和业务运作模式，公司的业务和交易处理将不受时空限制而在云端处理。因此，为企业经营管理服务的管理会计及其信息化也将走向云端。公司的财务信息将由以“存”为主转向以“用”为主，更加贴近企业管理，从而更好地为企业决策提供支持服务。

三、财务信息化建设的需求

（一）中长期规划业务发展的需求

首先，为配合北汽集团整车生产及其全球化产业布局，海纳川公司相继在北京、江西、江苏、湖北、广州、重庆、沧州、黄骅、云南、天津等地开发了零部件产业发展基地，同时在北美、欧洲、亚太等多个国家建立了研发中心、生产工厂和销售中心。由此可见，海纳川公司业务规模迅速扩大，范围辐射至京内外、境内外，新设法人主体增多，员工异地办公情况大幅增加，企业异地报销、审批流程等工作需要通过标准化、流程化保证所有的基础数据从产生源头就遵循统一的逻辑规则，减少数据加工过程中的数据转换和数据假设，使报告和决策支持在数据层面获益。

其次，由于公司人员迅速扩充，管理跨度不断扩大，对财务管理提出了新的要求。核算、预算和审批都需要“相同的标准”，即统一的会计政策、统一的会计科目、统一的信息系统、统一的核算流程和统一的数据标准。

最后，财务信息化服务通过集中提供财务基础服务方式，使得以前大量陷入财务基础工作的人员得以释放，将更多的时间和精力投入到业务支持和战略决策支持中，实现财务核算类岗位和财务管理类岗位的分类，使财务真正做到向管理会计的转变。

（二）强化财务预算控制及分析的需求

在逐步加强财务管理规范化和标准化以满足财务中长期规划需求的同时，企业预算作为年度重点工作，也需与企业财务信息化建设相结合，海纳川公司有必要开发建设一个能够进行预算事前编制、事中控制和事后分析的应用系统，从而支持财务预算完整性和及时性，并进一步提高财务预算控制的准确性和财务预算分析的有效性。

（三）提高财务核算管理效率的需求

北汽集团“十二五”战略发展期间，海纳川公司业务发展成倍增长，传统财务核算业务量巨大，但按照类别区分，多数核算业务为简单重复工作，如费用报销、预算控制等。公司急需在原有财务信息化系统基础上进行创新功能的再建设，搭建预算与核算管理系统、审批与账务处理系统、资金拨付与审批相结合的业务需求即刻提上日程，即应借助信息化进一步改善和深化财务管理工作，增强财务管控水平，提高财务核算效率。

届时，随着财务管理信息化各个功能模块的逐步实施，在海纳川公司及全资控股范围内还将全面落实与财务相关的其他功能模块，如集中报销、集中支付、批量支付、银企直联、集中核算，最大限度减轻财务会计人员工作量，提高工作效率等。

四、信息化建设内涵及创新点

（一）预算及报销管理的信息化建设内涵

本项目建设的目标是梳理、优化费用预算、报销业务和相应核算流程，建设以费用报销管理为核心，以费用预算为指导，以费用申请、借款、报销和支付等业务环节为监控点，覆盖海纳川公司、海纳川株洲公司、海纳川广州公司和海纳川滨州公司集核算、预算和控制的应用平台，以提升财务管理水平和强化财务管控能力。

项目建设内涵为：

（1）系统化梳理费用报销流程和标准，即通过信息系统强化费用报销合规性管理，避免人为操作时的随意性。

（2）预制费用报销审批流程规则和标准，即通过信息系统实现费用报销全过程网上审批，对超标准费用进行控制提醒。

（3）支持预算计划数与执行数的对比查询和分析。

本次项目的实施，在北汽集团用友 NC 信息化系统成功实施核算、报表等业务模块基础上，增加计划预算功能模块，以加强企业费用预算的流程化和规范化管理意识，同时提高费用预算数据的查询、分析和控制能力，为提升海纳川公司内控管理水平提供有效手段，并为海纳川公司管理决策提供全面、翔实的数据支持。

费用预算实施的概念如图 1 所示。

费用预算的流程如图 2 所示。

项目以用友 NC 系统为平台，以事前审批、事中控制、事后分析为宗旨，以实现移动签批、预核算一体化为目标进行建设。事前审批主要针对境内外出差申请和预算外支出申请；事中控制是指将编制完成的各项预算数据录入系统，对各部门各项支出进行实时跟踪和控制，并可以做到对超预算的支出进行警告和阻止；事后分析主要针对预算执行分析报告和支出业务分析报告。目前，本项目可涵盖海纳川公司所有支出项目，包括各项费用、建设工程款、固定资产购置、股权投资、往来款、备用金等。

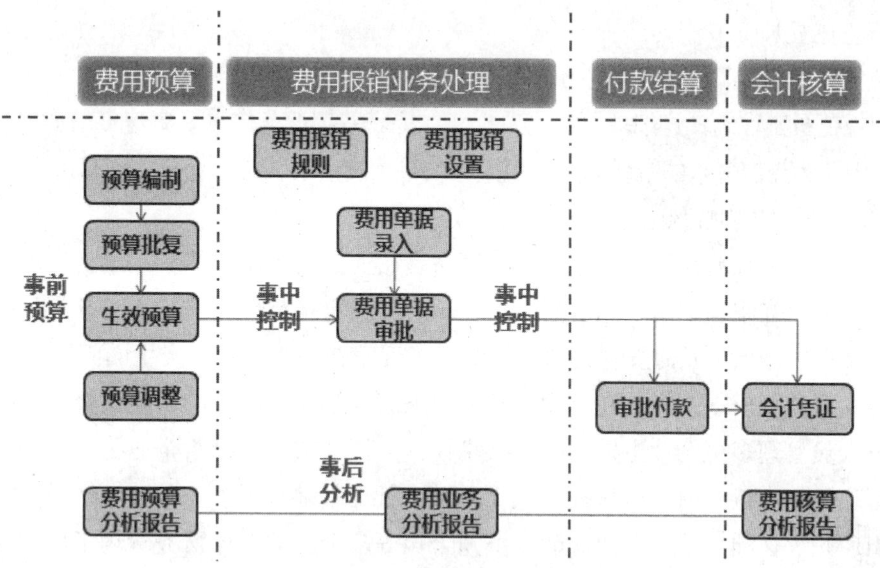

图 1　费用预算实施

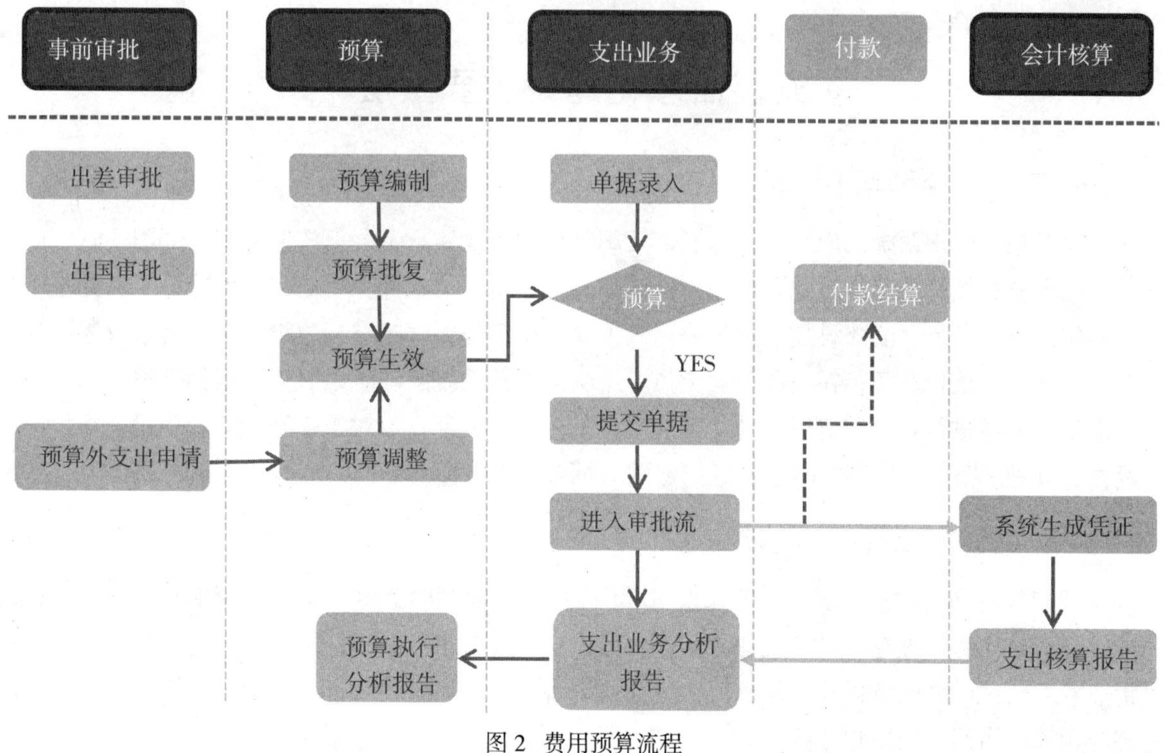

图 2　费用预算流程

（二）预算及报销管理信息化建设创新点

作为在北汽集团内部首家开始实施计划预算及报销管理信息化建设的公司，主要创新点为：

（1）提高工作效率和财务核算效率。实施网络单据流转和审批功能使员工和管理层相关工作打破时间和空间局限，提高工作效率，用户可通过下载安装移动审批客户端，实现随时随地制单或审批；同时，通过网络系统实现费用业务相关数据和信息的统一收集、整理及加工，减少业务控制中财务人员对信息重复加工工作。

（2）规范业务内容，降低财务内控风险。利用系统统一规范并固化审批流程、完善费用管理单据模板，协助和规范员工准确、详细填写费用单据，在提高费用业务信息采集速度与质量的同时，避免费用业务过程中人为操作带来的错误和舞弊现象，同时系统也限制财务人员在核算过程中对单据内容、金额进行修改，降低财务内控风险。

（3）实时查询跟踪预算执行计划，加强预算对费用业务的控制职能。系统将实现针对超预算费用的实时控制，并且在跟踪逐笔费用的同时，自动生成预算执行情况表，为财务人员提供准确的预算执行数据，帮助财务人员及时发现公司各层级、各部室在预算执行中发生的问题。

（4）财务共享降低成本，提升满意度。新型财务管理模式由传统的出纳、会计、财务经理过渡到由少数财务人员管理多个会计主体的财务共享模式，该模式能够带给企业更深次的作用，为从事会计核算到管理决策支持的财务转型提供数据基础、管理基础和组织基础。海纳川公司几个会计人员负担海纳川广州、株洲公司、天津武清、滨州公司等多个会计主体财务管理工作，各公司业务部门通过网络系统进行费用报销、差旅审批等内控流程。统一的流程、制度和操作系统，能够提高财务服务满意度。

五、信息化建设主要做法

（一）确定业务模型和主体

预算及报销管理系统的应用人员为发起费用管理业务全体员工，审核业务费用部门主管，以及负责费用审核和核算处理的财务人员；应用主体为海纳川公司本部、海纳川株洲分公司，共享中心以海纳川滨州发动机、滨州科技、广州公司、天津公司等作为部门进行建设。费用管理分为前台业务及后台业务，前台业务指在完成公司全员应用网上报销系统的同时，对实际报销人进行的日常报销、借款等业务进行处理和流程审批；后台业务指企业财务部人员对报销及借款业务进行审批、结算及核算处理。员工可以随时随地通过指定网页录入或审批报销单据，查询费用明细及费用汇总。

（二）预算及报销管理系统的建设与实施

在计划预算和费用报销管理系统建设过程中，海纳川公司财务管理部按照事前规划、事中控制和事后分析核心管理理念，将各类业务划分为四大功能需求进行管理，分别是费用预算业务、费用报销业务、付款结算业务以及会计核算业务，系统将支持费用报销业务管理单独应用，也支持费用管理与预算的占用、控制和分析。

详细建设规划及实施流程如图 3 所示。

1. 费用预算业务

信息平台的搭建可以为企业提供从预算目标下达、下级预算填报、预算数据上报和批复、数据多版本管理、预算调整、执行监控和预算多维分析等完整的预算管理解决方案。

（1）预算编制与审批。系统将根据企业管理组织特点，建立满足企业内部管理考核要求的预算组织体系。在海纳川公司编制预算表过程中，本着从简原则尽可能降低工作复杂性，预算指标项目按惯例需求分为管理费用，其他业务成本、业务招待费、固定资产、项目投资与股权投资 5 大类共

147 种，预算表以年为周期填制，编制时将年度总预算分解至各月。完成预算数据的填报后即开始执行跟踪，并以此为依据对各部室的费用发生情况进行控制。详细流程见图 4。

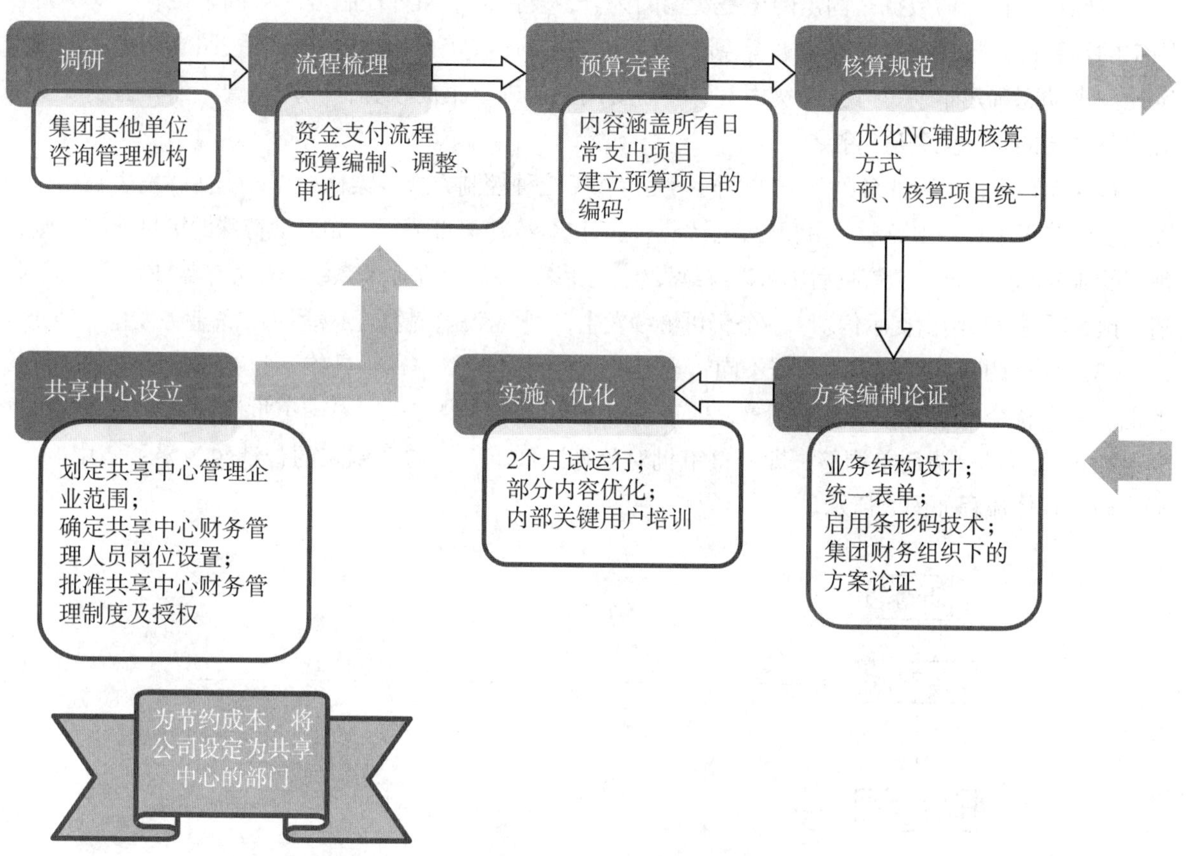

图 3　建设规划与实施

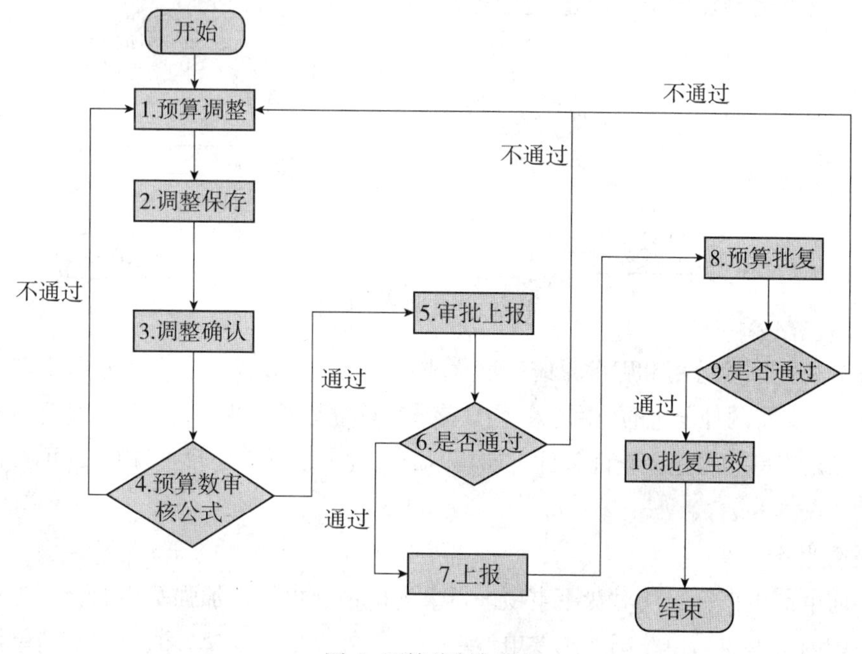

图 4　预算编制与审批

（2）预算控制。系统对超预算或未在预算范围内的费用报销支付申请进行预警和控制，并可以根据不同管理需求选择不同控制方式，具体为：

按照用于控制的数据是固定的还是变动的区分，支持以下两种控制方式：固定控制，支持按照固定的预算确定比例对实际业务进行控制；弹性控制，以收定支控制模式，即按照当期实际收入一定比例来动态确定本期可开支的费用。对于需要编制而未上报的预算，支持设置零预算控制规则来对业务系统的实际业务进行控制。

按照超预算后实际业务处理方式不同，支持以下三种控制方式：柔性控制，当实际发生数超过预算额度或属于预算外项目时，由相应人员判断是否执行特殊审批流程，如启动特殊的审批流程，则超预算的业务单据通过特殊审批后仍可以继续发生；预警性控制，在业务系统作业务单据或审批单据时，超过预算后系统只给出提示信息，业务仍可继续发生；刚性控制，超过预算后不允许业务发生。

（3）预算调整。系统支持根据不同管理要求选择各种调整方式，具体分为：直接调整，即调整审批对象是整个计划表；调整单调整，即支持根据不同调整内容设置不同审批流程，如只调整数据或追加预算项目；调剂单调整，即调整审批对象是调剂单，调增和调减的合计数为零；集中调整。预算调整具体流程如图 5 所示。

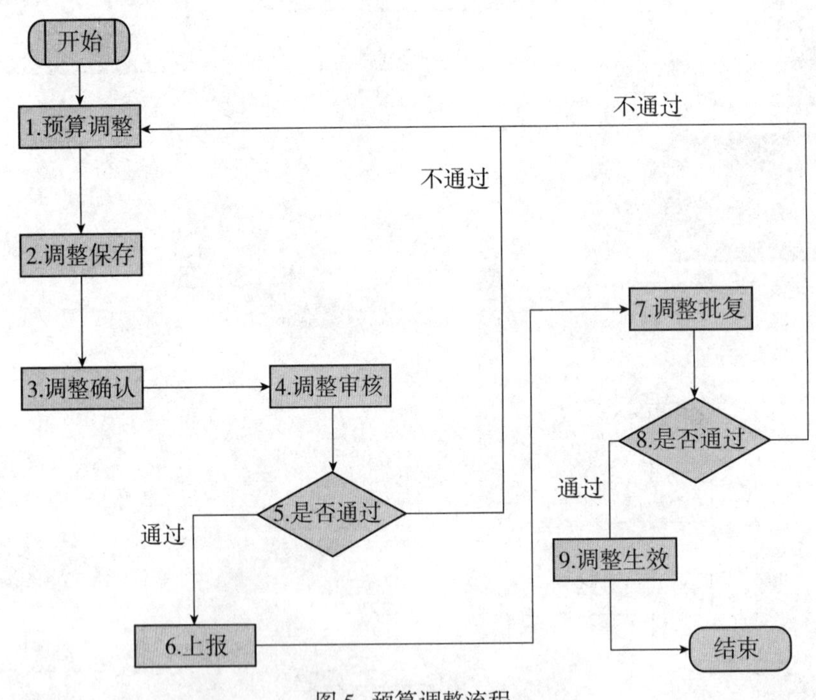

图 5　预算调整流程

（4）预算分析。预算分析和财务系统高度集成：支持预算从费用管理、总账支取实际发生数进行分析，目前系统支持两种分析的应用：一是支持统一建立分析模板，各预算主体选择相关信息后进行数据展现；二是支持直接选择查询条件（如具体成员姓名、预算科目），刷新即可查询到预算及执行相关数据。

2. 费用报销业务

通过“事前申请单据”板块对费用事项进行事先申请、审批，加强费用的合理规划，此板块包含三张单据：国内出差申请单、国外出差申请单、预算外支出申请单。通过“报销单据”板块对于费用借款事项进行申请、审批管理，此板块包含四张单据：差旅费报销单、一般报销单、付款申请单以及固定资产与股权投资付款申请单。系统中共设定七种单据模板，对费用信息进行有效规范、收集，通过对每种单据设定其固化规范的审批流程，加强了费用报销的流程控制。同时，系统应用人员可从收支项目、部门、审批流程等不同维度，对费用信息进行查询，报销申请款项人员也可通过联查审批选项查询到单据的审批流程，审批人也可通过系统选择和添加批注意见，如同意、驳回或补充材料。详细模板与界面展示见图 6 至图 11。

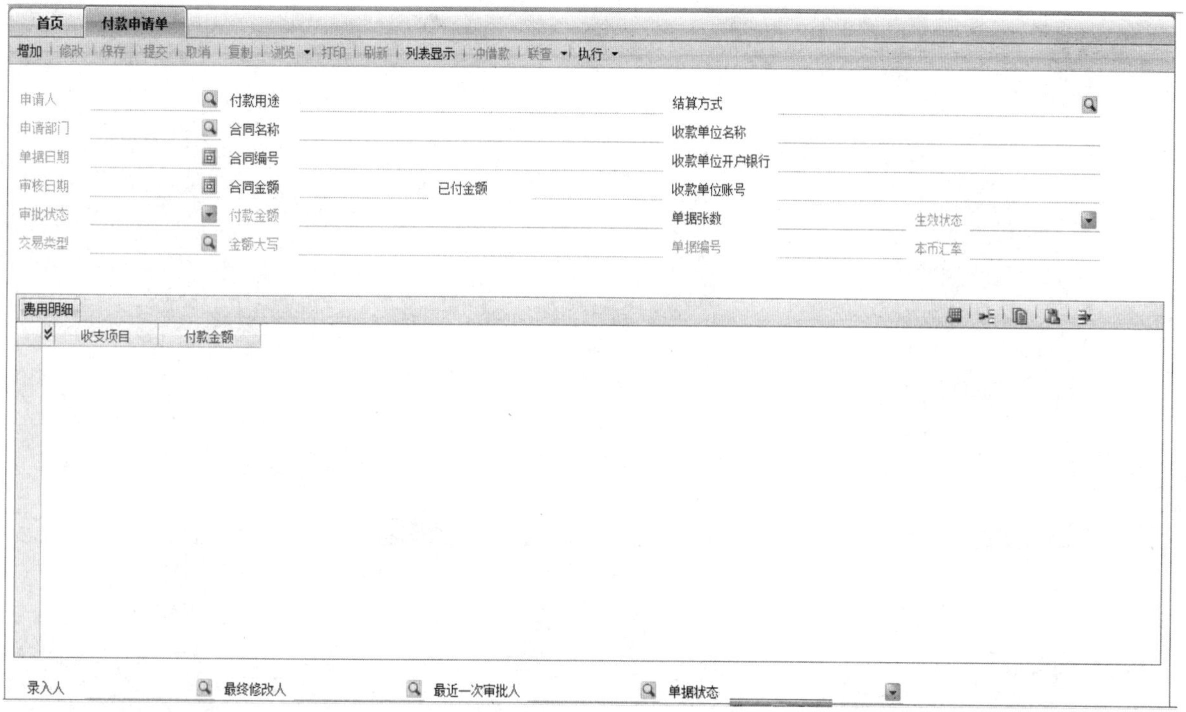

图 6　付款申请单界面

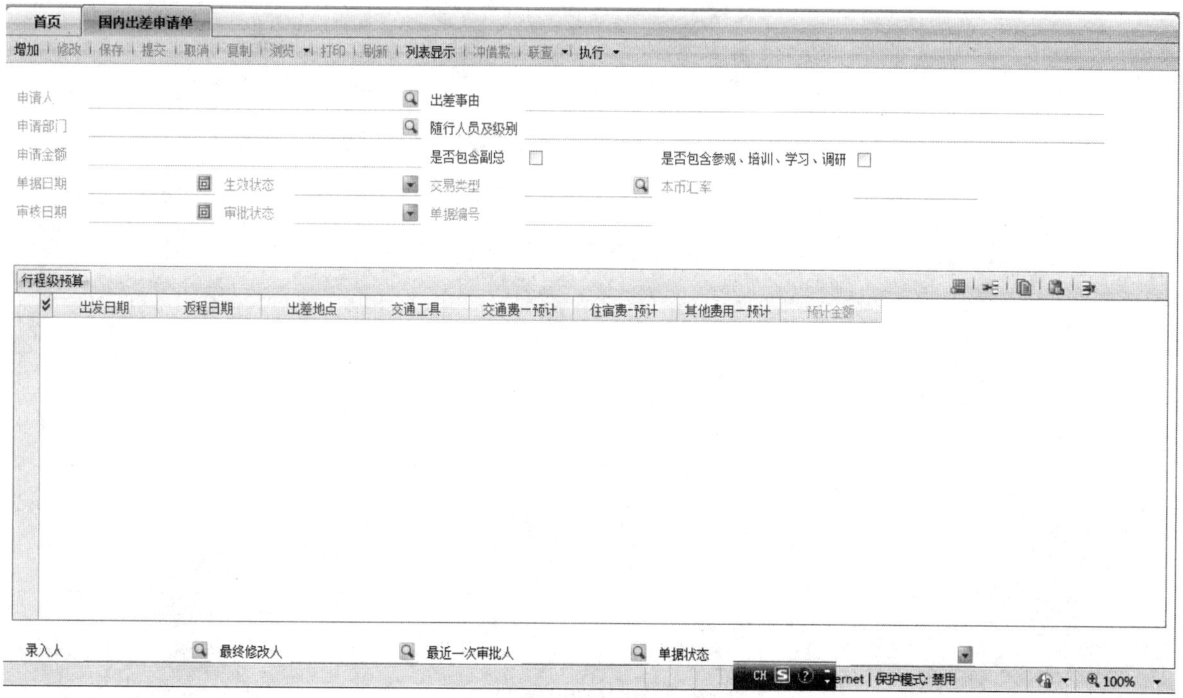

图 7　国内出差申请单界面

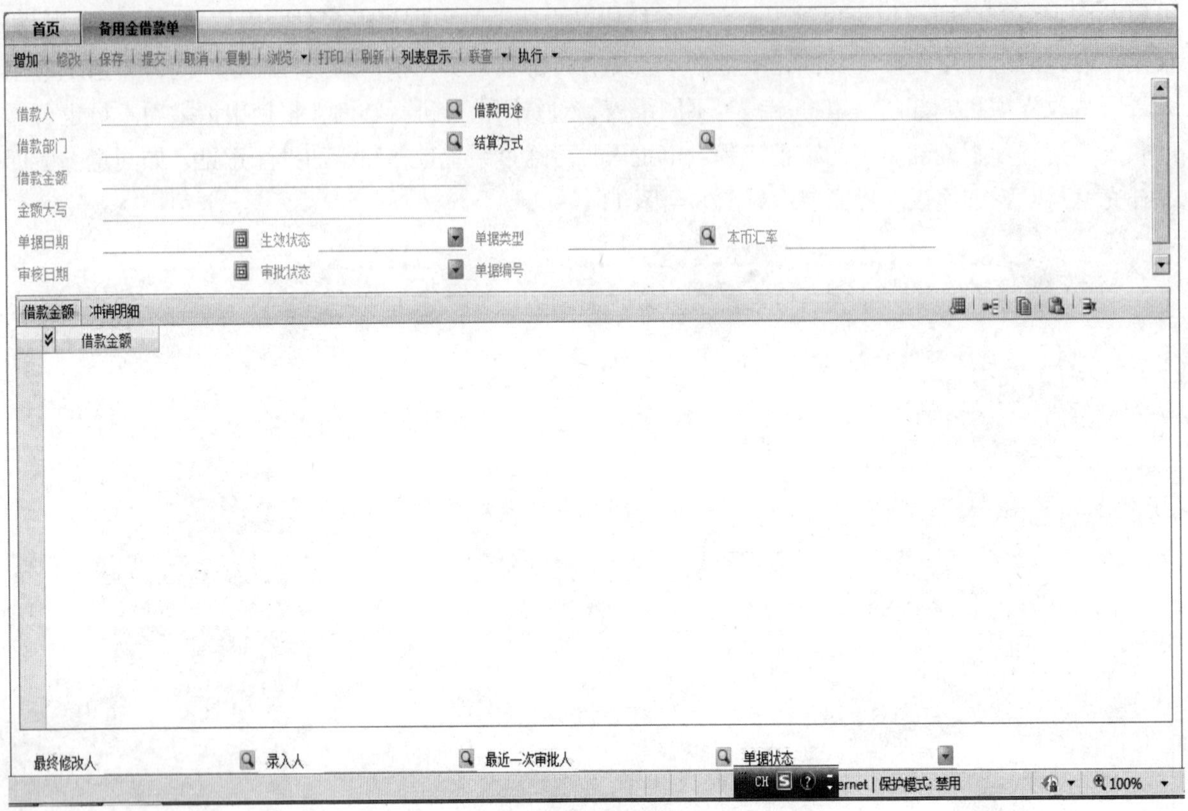

图 8 备用金借款单界面

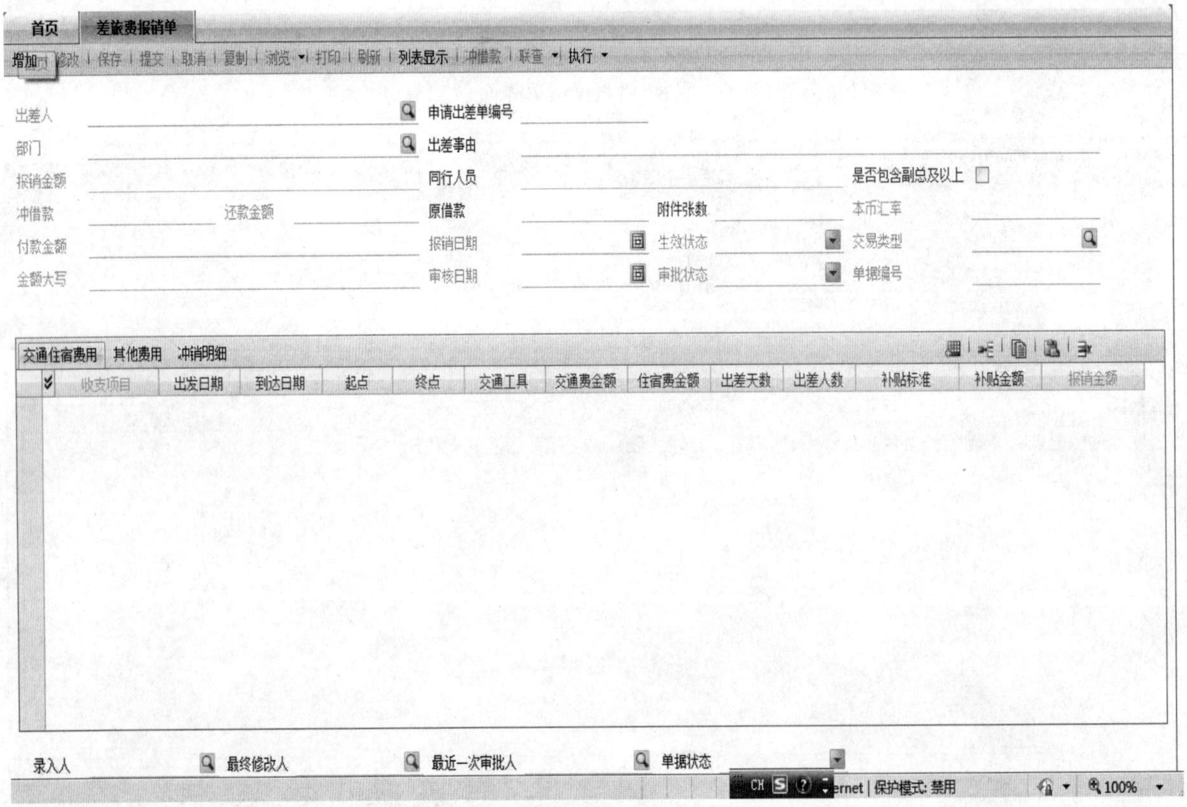

图 9 差旅费报销单界面

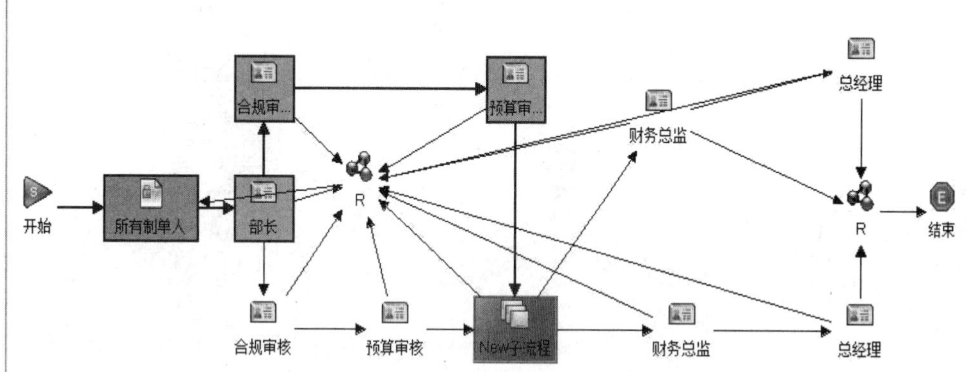

发送人	发送日期	审批人	审批日期	历时	审批状况	审批意见	批语	...	原币金额	本币金额	送审原币金额	送审本币金额
姚杰	2014-11-...	李德	2014-11-2...	1天1时48...	已审批	批准		...	1294.00	1294.00	1294.00	1294.00
李德	2014-11-...	董洁	2014-12-0...	6天18时1...	已审批	批准		...	1294.00	1294.00	1294.00	1294.00
董洁	2014-12-...	郭红文	2014-12-0...	1时36分1...	已审批	批准	批准(来自移动端)	...	1294.00	1294.00	1294.00	1294.00
郭红文	2014-12-...	杜斌		5天23时5...	未审批			...	1294.00	1294.00	1294.00	1294.00

图 10　联查审批流程界面

图 11　移动客户端审批界面

3. 付款结算业务

单据审批完成后，预算及报销管理系统将自动在 NC 会计系统中形成单据，并体现出单据日期、单据编号、单据金额、借款报销人、部门、单据状态等详细信息。由出纳在 NC 会计系统报销管理板块中打印费用报销单据，并根据单据上提供的账户信息及支付方式进行款项的支付。支付完成后，在现金管理的结算板块中对单据进行银行账户的结算，并由结算完成的单据自动生成银行日记账。具体操作界面展示如图 12、图 13 所示。

	选中	交易类型	单据编号	单据日期	借款报销人	部门	币种	原币金额	单据状态	支付状态
17		一般报销单	YBBX150126...	2015-01-26	徐永才	法律合规部	人民币	690.00	已签字	支付完成
18		一般报销单	YBBX150126...	2015-01-26	庄金伟	总经理办公室	人民币	731.00	已签字	支付完成
19		一般报销单	YBBX150126...	2015-01-26	许小江	管理层	人民币	4,800.00	已签字	支付完成
20		一般报销单	YBBX150126...	2015-01-26	王子佳	人力资源部	人民币	72.00	已签字	支付完成
21		付款申请单	QK150126175	2015-01-26	王子佳	人力资源部	人民币	34,360.00	已签字	支付完成
22		付款申请单	QK150126174	2015-01-26	王子佳	人力资源部	人民币	4,160.00	已签字	支付完成
23		一般报销单	YBBX150124...	2015-01-24	张敬平	运营管理部	人民币	1,890.60	已签字	支付完成
24		一般报销单	YBBX150123...	2015-01-23	张月佳	技术质量部	人民币	200.00	已签字	支付完成
25		一般报销单	YBBX150123...	2015-01-23	Chen Weigang	管理层	人民币	652.00	已签字	支付完成
26		付款申请单	QK150123172	2015-01-23	孙婷婷	财务部	人民币	130,000.00	已签字	支付完成
27		付款申请单	QK150123171	2015-01-23	荆富超	产业园事业部	人民币	116,141.12	已签字	支付完成
28		付款申请单	QK150123170	2015-01-23	苏健	产业园事业部	人民币	15,000,000.00	已签字	支付完成
29		付款申请单	QK150123168	2015-01-23	张弛	总经理办公室	人民币	36,670.00	已签字	支付完成
30		付款申请单	QK150122167	2015-01-22	荆元杰	产业园事业部	人民币	42,516.84	已签字	支付完成
31		付款申请单	QK150122166	2015-01-22	农添	总经理办公室	人民币	50,000.00	已签字	支付完成
32		付款申请单	QK150122165	2015-01-22	农添	总经理办公室	人民币	85,895.12	已签字	支付完成
33		一般报销单	YBBX150121...	2015-01-21	梁建新	人力资源部	人民币	1,214.00	已签字	支付完成
34		一般报销单	YBBX150121...	2015-01-21	梁建新	人力资源部	人民币	1,410.00	已签字	支付完成
35		一般报销单	YBBX150121...	2015-01-21	孙巍巍	市场开发部	人民币	3,112.20	已签字	支付完成

图 12 单据查询界面

		交易类型	单据日期	单据编号	摘要	交易对象名称	交易对象	币种	原币金额	单据状态	录入人	审核日期	结算状态
1		差旅费报销单	2015-03-06	CLBX150306...		王洋	人员	人民币	95196.0000	签字	王洋	2015-03-06	未结算
2		差旅费报销单	2015-03-06	CLBX150306...		杨珣	人员	人民币	24436.0000	签字	杨珣	2015-03-06	未结算
3		差旅费报销单	2015-03-06	CLBX150306...		杨珣	人员	人民币	11170.0000	签字	杨珣	2015-03-06	未结算
4		差旅费报销单	2015-03-06	CLBX150306...		张绢	人员	人民币	5312.0000	签字	张绢	2015-03-06	未结算
5		差旅费报销单	2015-03-06	CLBX150306...		张月佳	人员	人民币	645.0000	签字	张月佳	2015-03-06	未结算
6		差旅费报销单	2015-03-06	CLBX150306...		王蓓	人员	人民币	2440.0000	签字	王蓓	2015-03-06	未结算
7		付款申请单	2014-11-20	QK141120008		宋家伟	人员	人民币	5500.0000	签字	宋家伟	2014-12-03	未结算
8		付款申请单	2014-12-03	QK141203032		荆富超	人员	人民币	74023.9000	签字	荆富超	2014-12-25	未结算
9		付款申请单	2014-12-05	QK141205038		农添	人员	人民币	7000.0000	签字	农添	2014-12-11	未结算
10		付款申请单	2014-12-05	QK141205039		农添	人员	人民币	7000.0000	签字	农添	2014-12-11	未结算
11		付款申请单	2014-12-12	QK141212053		荆富超	人员	人民币	3531233.2800	签字	荆富超	2014-12-30	未结算
12		付款申请单	2014-12-14	QK141214057	支付华夏银行...	谢胡天一	人员	人民币	3109166.6700	签字	谢胡天一	2014-12-26	未结算
13		付款申请单	2014-12-17	QK141217067		荆富超	人员	人民币	2317020.0000	签字	荆富超	2014-12-30	未结算
14		付款申请单	2014-12-17	QK141217069	支付2014年1...	王爱霞	人员	人民币	343483.3300	签字	王爱霞	2014-12-26	未结算
15		付款申请单	2014-12-26	QK141226100		谢胡天一	人员	人民币	10000000.00...	签字	谢胡天一	2015-02-09	未结算
16		付款申请单	2014-12-26	QK141226101		谢胡天一	人员	人民币	10000000.00...	签字	谢胡天一	2015-01-17	未结算

图 13 单据结算界面

六、预算及报销管理系统实施效果

海纳川公司预算及报销管理系统上线后，在公司员工中得到巨大支持和良好响应，主要实施效果体现在以下几点：

（1）全员预算意识得到强化。系统中超预算单据无法提交，需经过预算调整才可继续提交单据进行审批，从而使预算形象化和平民化，全面预算理念渐渐根植于员工心中；同时，业务部门、经办人员从过去被动接受、抵触预算到如今主动控制、认真计划，这种现象大大减轻了管理层和财务管理部门的实施压力。

（2）滚动预算质量大幅度提高。2014 年费用预算及报销项目开始实施以来，第一个月有近 20 笔预算支出时点的调整，到 2015 年仅有 3~4 笔，通过加强预算控制，推动公司整体业务计划性，提高了公司资金使用效率。

（3）降低内控风险。系统利用固化审批流程，确保费用业务执行过程中符合公司的流程控制要求，杜绝倒签和事后审批，降低内控风险，增强管控力度。

（4）缩短审批时间。经办人员不需要在办公楼内追踪各审批领导，尤其是移动审批软件帮助审批人随时随地针对单据进行审批，经办人员也可以随时看到单据审批情况，因此审批流程对非财务人员来说更加简明易懂。

（5）大幅度减轻会计核算工作量，凭证准确率提高。付款凭证全部由系统自动生成，自动记账凭证大约占全部凭证的 80%，摘要、金额、科目误差率几乎为零，预算员、核算员工作量分别减轻 50% 以上。

此系统的建设和成功实施，实现了费用报销业务各环节的预算控制，实现了费用预算的编制、调整和及时准确地进行费用预算分析，同时加强了海纳川公司财务管理的规范化，满足财务中长期规划需求，也将企业预算的编制、执行、控制与企业财务信息化建设相结合，紧跟北汽集团财务信息化建设脚步，提升了海纳川公司财务管理水平，强化了财务管控力度，降低了内控风险。

七、信息化建设展望

（一）在会计核算流程方面的应用

会计核算包括原始凭证收集、审批、审核、制单、入账几个流程，移动互联网的应用主要集中在原始凭证收集和核算上。未来公司将给每位员工安装一个移动互联网终端（手机）APP 程序，明确要求在业务发生当天将原始凭证拍照或扫描，并注明具体业务事项进行系统上报审批。每个移动终端可跟踪一个员工的行动轨迹，从而进行准确定位。例如，可通过 GPS 准确定位出差或者招待客户时间和地点，作为报销的审核依据。

（二）在财务报表获取和查看方面的应用

企业财务报表编制完成后，由财务负责人在系统中进行审批，随后自动推送到企业管理层人员移动终端，管理层对财务报表的获取和查看将不再受地理位置、时间及周围环境影响。通过移动终端工具，可随时查看企业不同纬度、不同组织单位、不同时间、不同分析要素所对应的财务指标，还可按照个人偏好设置阅览方式，使财务报表展示更加灵活。

（三）在资金收支管理方面的应用

收款业务中，企业收到资金后，可先通过 APP 程序通知款项到账情况，并自动将银行回单下载到终端进行账务处理。在付款业务中，随着预算审批的完成，会计核算和资金支付将同步完成，以减少数据误差，主管人员或管理层可不受地域限制随时随地通过移动终端了解公司资金流量和存量信息。

（四）在全资和控股类企业范围内推广

在保证信息安全前提下，海纳川公司将充分利用北汽集团公司的信息化硬件设施，将现有预算模块、资金模块等业务模块推广到所属全资控股类公司，使信息化系统的覆盖范围得到扩大，提高海纳川公司在财务信息收集、整理、分析和使用上的效率。

全视图资源管理体系构建与实施

创造单位：中国电信股份有限公司湖北分公司
主要创造人：陶代金　陈冬生
创造人：李志强　张慧婷　夏文瑜　陈友刚

［**摘要**］中国电信股份有限公司湖北分公司创新的“全视图资源管理体系”经过近两年实践，成效显著。“全视图资源管理体系”的关键创新点有以下三个方面：①将企业零散的显性资源和隐性资源系统性整合起来，实现隐性资源显性化，拓宽资源路径和拓展资源总量。②建立全视图资源“规模、质量、效益”评价体系，提升资源使用效益。③将全视图资源纳入全面预算管理，实行“事前算赢”和“事后纠偏”。

［**关键词**］拓宽资源筹措；分析评价体系；观念转变

1 前言

中国电信股份有限公司湖北分公司（以下简称湖北公司）是中国电信在湖北省设立的分支机构，是湖北省内重要的基础网络运营商和综合信息服务提供商，拥有覆盖全省城乡、通达世界各地的通信信息服务网络，能够向客户提供固定电话、移动通信、卫星通信、互联网接入及应用、多媒体视频优质高效的综合信息服务。“十二五”期间，湖北公司承接中国电信集团深化转型战略，努力成为智能管道主导者、综合平台提供者、内容和应用参与者。截至 2014 年底，湖北公司资产总额近 220 亿元，经营收入 120 多亿元，各类在网用户总数突破 2300 万户，其中移动电话用户 866 万户，宽带用户 656 万户，是湖北省内最大的宽带接入和 3G 运营商。

“全视图资源管理”项目自 2011 年在湖北电信实施以来，通过整合企业内外部资源，较好支撑企业规模发展和价值双提升。

2 项目背景

2.1 面临问题

2008 年 10 月中国电信湖北公司经营 CDMA 业务以来，公司规模发展取得较大突破，企业经营收入规模跨入百亿省份行列，持续规模发展能力增强，但随着行业融合，竞争进一步加剧，移动互联网新技术、新业务加速对传统电信业务的冲击和替代，为此中国电信集团实施了“创新服务双领先”和“规模效益双提升”策略。“双领先”和“双提升”工作要求，对湖北电信而言，规模发展与资源供给的矛盾日益凸显，资源使用效益和效率需要大力提升。

2.2 原有资源管理体系弊端

通过分析，中国电信湖北公司认为，原有的资源管理模式是制约企业规模发展的主要原因之一。其弊端体现在以下几方面：

（1）过度依赖年度预算资源。分公司过度依赖付现成本和资本性支出年度资源预算，在获取资源上习惯于“眼睛向上”。

（2）预算管理中对隐性资源重视不够。存量资产变现或利旧、积分资源、话费资源、社会合作资源等未纳入全面预算管理，筹措重视不够，使用整合不足。

（3）资源与市场匹配度不高。年度资源按预算模型配置，而不是根据市场需求动态配置资源，分公司在区域竞争发展中存在有市场无资源或有资源无市场的情况。

（4）资源的使用效益有待提升。资源配置与预算目标强相关，部分区域可能会出现预算目标完成较好，而市场份额反而下降情况。

2.3 实施管理创新目标

全视图资源管理体系创新的主要目标：

（1）拓宽资源筹措路径，解决单纯“眼睛向上”要资源问题。

（2）统筹资源预算管理，解决企业对零散的、隐性的资源重视不够问题。

（3）强化资源效益评价，解决资源使用与规模发展和资源使用效益、效率问题。

通过全视图资源管理体系构建，提升企业资源统筹运作能力和内生能力，最终实现企业规模和效益双提升目标。

3 内涵和做法

3.1 成果内涵

全视图资源管理体系是将企业相关显性资源和隐性资源系统性地整合起来，并纳入全面预算管理。通过将零散的隐性资源显性化，拓宽资源路径。通过对零散的隐性资源整合，拓展资源总量。全视图资源具体包括增量资源、可替代资源、存量资源和合作资源四大类。增量资源是指按年度经营预算模型配置的付现成本和资本性支出资源；可替代资源是指营销中赠送的话费和计提的积分兑换等隐性资源；存量资源是指企业网络资产、闲置的房屋土地变现、旧终端回收及码号等零散的资源；合作资源是指企业与社会进行业务、资金、资产合作所形成的资源（见图1）。

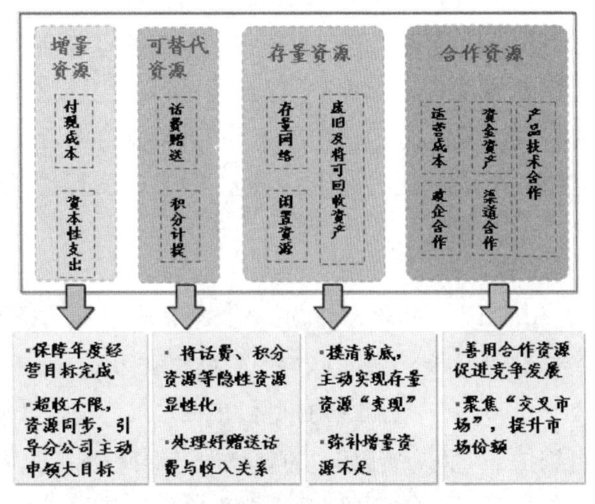

图1　全视图资源管理内涵

3.2 关键创新点

规模发展对资源的迫切需求催生中国电信湖北公司探索建立全视图资源管理体系，该体系通过有效平衡资源筹措与配置的关系，整合企业内外部资源，对内挖掘潜力，整合零散的、隐性资源，对外寻找合作机会，拓展合作资源，有效解决电信企业竞争发展中面临的资源瓶颈问题。

湖北公司创新的全视图资源管理体系经过近两年实践，成效显著，颇受集团好评。全视图资源管理体系的关键创新点有以下三个方面，五个要点：

（1）将企业零散的显性资源和隐性资源系统性地整合起来，实现隐性资源显性化，拓宽资源路径和拓展资源总量。

1）拓宽资源路径的创新。通过将企业的零散资源和隐性资源整合，并按增量资源、存量资源、可替代资源和合作资源进行分类管理，实现零散的隐性资源显性化，拓宽资源筹措路径。

2）拓展资源总量的创新。通过建立全视图资源管理体系，在原预算管理的付现成本资源和资本性支出资源的基础上，增加了存量资源、可替代资源和合作资源，拓展资源总量。

（2）建立全视图资源"规模、质量、效益"评价体系，提升资源使用效益。

1）资源使用效益评价方法的创新。通过建立"规模、质量、效益"评价体系，注重营销资源投入对用户规模和增量收入的拉动作用。通过资源投向和资源效益管控，处理好资源保障与完成预算和规模发展的关系；通过经营质量评价，引导分公司变存量保有为存量经营，降低移动用户和宽带用户离网率。

2）财务价值管理职能拓展的创新。通过建立全视图资源管理体系，使财务价值管理重点不仅关注当期预算资源，还关注企业存量资源、经营中话费和积分兑换资源和社会合作资源。使财务价值管理工作嵌入营销、投资、维护等生产经营环节，较好地拓展了价值管理职能（见图 2）。

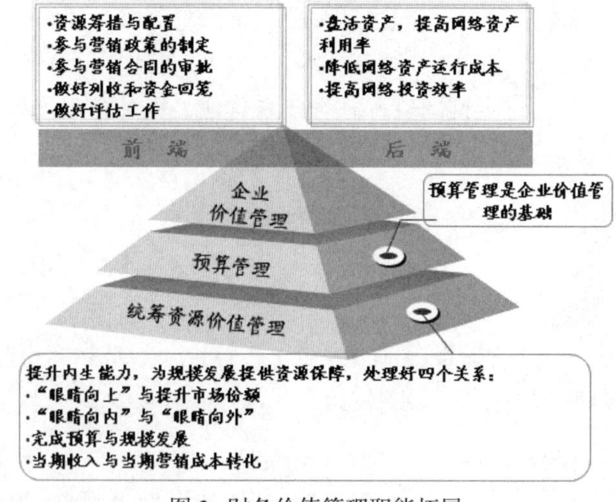

图 2 财务价值管理职能拓展

（3）将全视图资源纳入全面预算管理，实行"事前算赢"和"事后纠偏"。

全面预算管理模式的创新。通过将全视图资源纳入全面预算管理，拓宽了全面预算管理范围。通过全面预算建立经营预算目标与资源筹措和配置的动态平衡的闭环管理机制，实行"事前算赢"；通过预算执行过程管控，实行"事后纠偏"，提升资源使用效益和效率。

3.3 实施方案

3.3.1 以市场为导向，搭建全视图资源管理体系

3.3.1.1 建立全视图资源管理组织体系

全视图资源统筹管理归口预算管理办公室，由财务部牵头，市场经营部、网络发展部、网络运行维护部、人力资源部共同参与。其中增量资源、存量资源及可替代资源归口预算管理委员会管理，由预算管理办公室（财务）牵头负责日常管理工作；合作资源归口产品及对外合作委员会管理，由

产品及对外合作委员会办公室负责日常管理工作（见表 1）。

表 1　全视图资源部门职责与分工

资源类型	资源拓展事项	责任部门
增量资源	按模型配置	预算办公室成员单位
存量资源	欠费报损再回收	财务部
	废旧物资处置	采购部
	房屋、土地资产盘活	财务部
	账销案存资产再回收	财务部
	光进铜退	网络发展部
	资产调拨	运行维护部
	废旧物资再利用	运行维护部、终端管理中心
可替代资源	话费赠送营销方案	市场经营部
	积分资源统筹管理	市场经营部
合作资源	政企客户重点产品、IDC、ICT 合作	政企客户部
	节能项目合作	网络发展部
	驻地网联合建设	网络发展部
	农村线路建设	网络发展部
	通信机房建设合作	网络发展部
	运营成本类合作	财务部
	渠道营销合作	公众客户部
	新产品、新技术合作	创新业务部

3.3.1.2 建立以市场为导向的全视图资源配置模式

建立以“市场”为导向的资源配置模式，以满足生产经营需要为目标，将全视图资源配置做到有经营能力就有资源配置保障，支撑经营发展“能跑多快，跑多快”，通过建立以市场为导向的全视图资源筹措、配置及效益评价体系，提升整体资源使用效益（见图 3）。

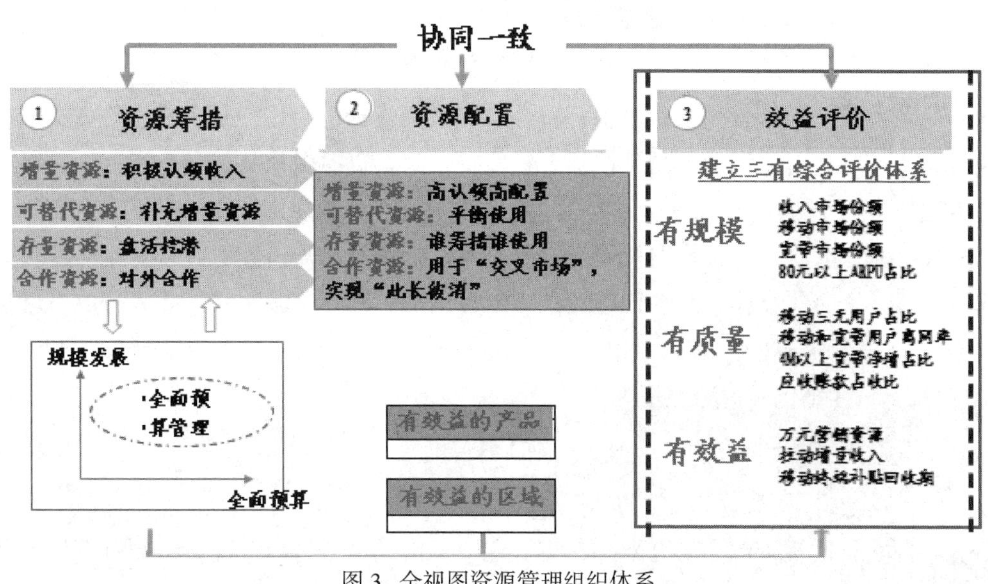

图 3　全视图资源管理组织体系

3.3.1.3 建立分类筹措全视图资源激励体系

（1）增量资源筹措通过预算模型牵引。通过预算模型牵引，实行“高认经营目标，高比例配置资源”。鼓励分公司积极认购大目标；实行“超收不限，资源同步”政策，鼓励分公司“能跑多快，跑多快”；实行县域分公司收入直认、资源直配，有发展能力的县域经营单元可直接向省公司认领增收目标，增量资源直配到县域公司，鼓励县域突破规模（见图4）。

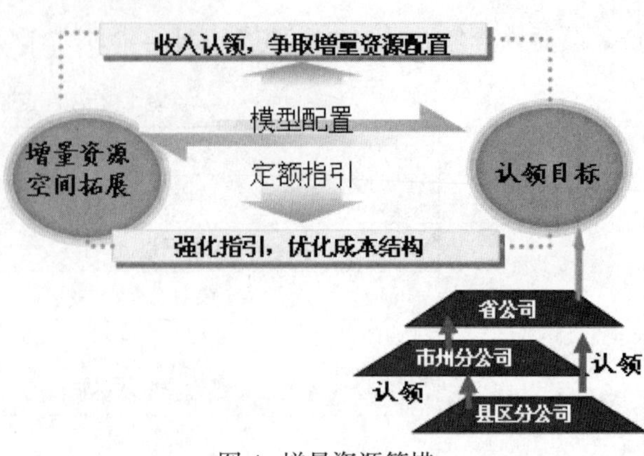

图4 增量资源筹措

（2）存量资源筹措通过激励牵引。制订激励办法，引导分公司主动落实终端利旧、坏账回收、闲置资源变现等措施。

终端回收方面，持续优化管理流程，加大对终端利旧付现成本补贴力度，鼓励通过终端回收利旧节约营销成本。资产调拨方面，创新手段，定期发布闲置资产信息，鼓励省内进行资产调拨再利用，对资产调出和调入单位进行付现成本奖励。淘汰设备方面，进行价值分析，有序退网。房屋土地方面，全面摸清家底，效益领先，通过强化组织领导，加强政策研究，主动与社会各方合作，以出租、出售、置换等方式加大盘活力度，充分发挥闲置房屋土地资产效益（见图5）。

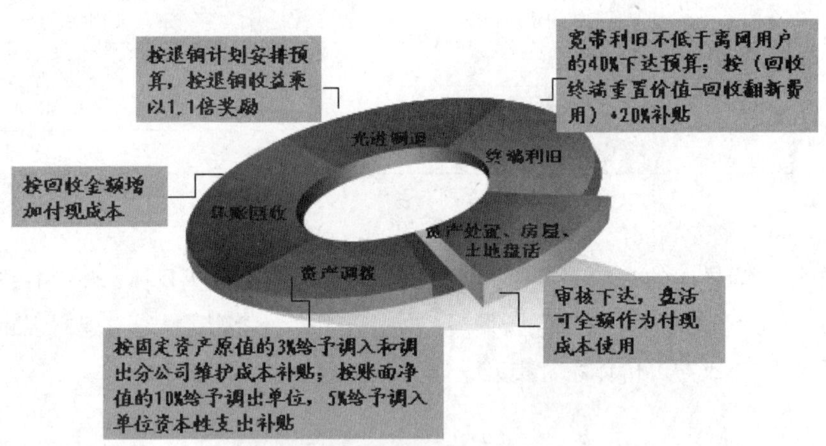

图5 存量资源盘活预算下达及奖励标准

（3）合作资源筹措通过合作项目牵引。将合作资源实行分类管理，分为资金资产类、行业应用类、运营成本类、渠道合作类、产品（技术）开发类，制定资源引入政策及审批流程；通过社会资源合作，在公司不投入增量资源情况下，聚焦“交叉市场”，实现市场份额“此长彼消”；按“风险共担，利益共享”原则，与合作方采用新增用户收入分成，提升销售能力，实现“借船出海”。

代理商终端（资金）合作，联合代理商共同发展用户、开拓市场，共享收入分成；驻地网、农村线路合作，与民营资本融合采取以电信为主导的合作模式，实行新增用户收入分成；信息化、IDC、ICT项目，与社会优质资源合作等。

3.3.2 以效益为目标，实施全视图资源闭环管理

3.3.2.1 建立全视图资源动态配置机制

对分公司除实行增量资源高认高配外，实行集中营销成本“抢盘”配置；制订营销方案时，引

导平衡使用话费补贴和付现成本补贴；对存量资源和合作资源统筹安排，满足市场竞争资源需要；在各类资源配置中，依据资源特性，各尽其用，支撑企业规模发展，争取竞争主动，其中增量资源用于确保年度预算完成；可替代资源用于平衡收入和成本关系；存量资源用于弥补增量资源不足；合作资源用于聚焦交叉市场，实现市场份额“此长彼消”。

3.3.2.2 建立全视图资源分析评价体系

为确保全视图资源使用效益，建立了“规模、质量、效益”评价体系，通过评价分析，关注总体资源使用效益，控制经营风险。注重营销资源投入对用户规模和增量收入的拉动作用，处理好完成预算与规模发展的关系（见图 6）。

3.3.2.3 建立全视图资源动态清算机制

全视图资源筹措与配置，与企业有效益规模发展相关联。营销资源使用进度按高于收入完成进度进行管控，鼓励早发展、早投入、早受益；通过“事先算赢”统筹下达“全视图资源”预算，建立经营发展预算与资源筹措、配置预算的动态平衡；通过“事后纠偏”强化过程管控，按预算执行和市场份额变化情况，动态清算资源（见图 7、图 8）。

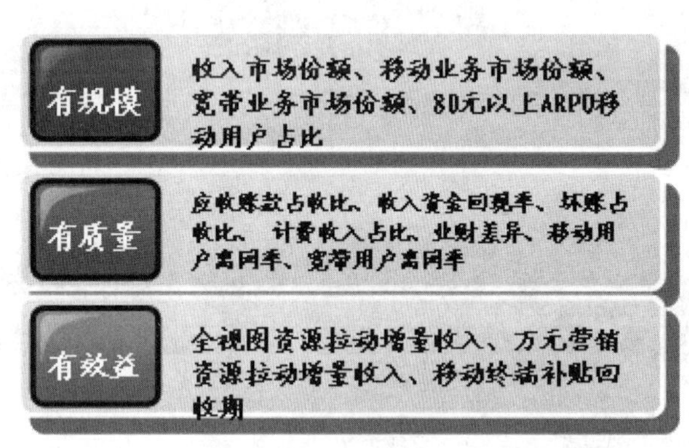

图 6 “三有”评价体系

3.3.3 以 IT 为抓手，强化全视图资源管理服务支撑

3.3.3.1 搭建全视图资源“四级穿透”预算管理 IT 支撑系统

统一搭建“四级穿透”预算管理系统，通过预算管理系统保障全视图资源分解下沉到生产单元，为防止资源截留提供了有效管理手段；通过采取上级对下级逐层分解，下级再在上级分解额度内逐步细化的控制措施，实现分层管理。全省统一制定成本池和成本定额，为分公司提供了一个精确化预算管理平台，满足不同分公司对预算管控颗粒度不一致的诉求，可有效促进预算精确管理。统一预算分级管理评价分析模板（见图 9）。

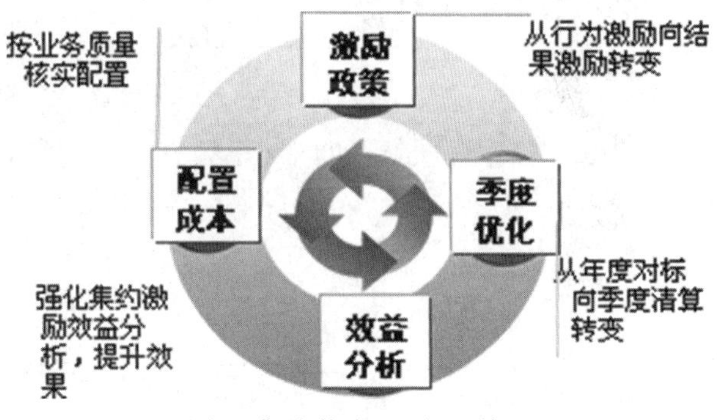

图 7 集约激励配置闭环管理

3.3.3.2 完善财务分析支撑系统

定期分析通报全视图资源筹措与使用情况，引导分公司及时纠偏；通过系统共享全视图资源管理相关管理办法、合作商信息、经典案例等信息，为全省范围提供全视图资源管理交流平台（见图 10）。

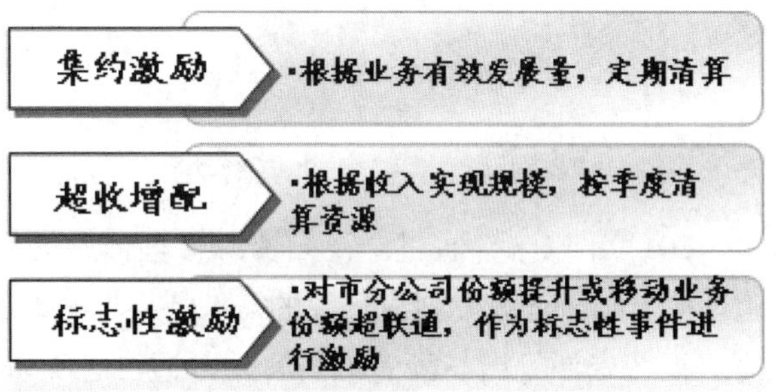

图 8 资源清算与激励

图9 全视图预算管理系统

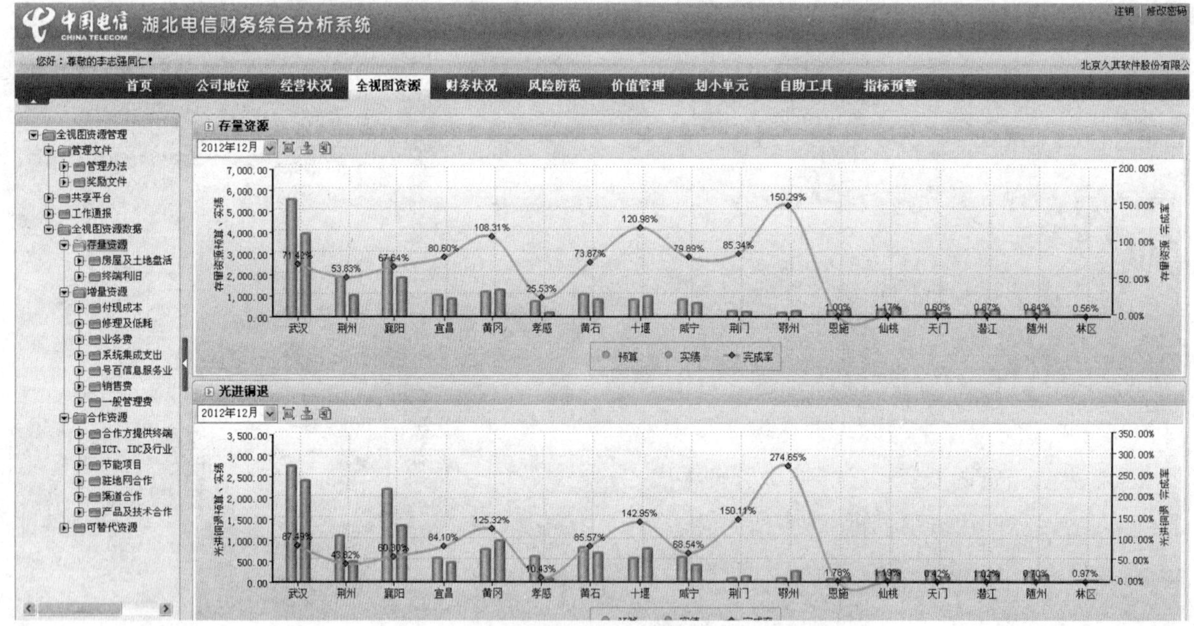

图10 财务综合分析系统

4 实施成效

4.1 方案实施后对企业整体增长的影响

2011年以来，通过全视图资源管理体系的建立，公司制定了一系列全视图资源管理办法和实施细则，结合业务发展对资源的需求特性，明确各类资源用途，制定工作流程，落实相关部门责任，使全视图资源筹措与配置取得实效，通过各类资源统筹管理，较好支撑保障了竞争发展资源需要，有效调动了各单位竞争发展积极性，提升了公司竞争发展能力。2011年到2014年，公司经营收入规模由98.66亿元增加到同口径的128.21亿元，年复合增长9.13%；收入市场份额提升0.64PP；

净利润增加 3.17 亿元，年复合增长 15.56%；EVA 率改善 2.01 个百分点。

4.2 方案实施后对资源获取能力的影响

方案实施后，将企业隐性资源显性化，有效整合资源，提升了企业内生能力。数据表明，2011 年实施以来，每年拓展存量资源、可替代资源和合作资源总量均超过 10 亿元，到 2014 年占总体资源比重达到 15.5%，其中存量资源挖潜较 2011 年增长 52.4%，合作资源拓展增长 20% 以上。

4.3 方案实施后对原有资源获取惯性的影响

通过全视图资源管理工作的全面推进，湖北公司较好地缓解了竞争发展与资源不足的压力，拓宽了资源筹措思路，增强了竞争发展信心。并通过借助“四级穿透”预算管理和“划小核算”激励手段，有效激发了基层单位主动挖掘资源潜力，形成全方位立体资源管理体系，充分发挥财务价值管理和支撑作用，全面提升了财务管理工作的广度和深度。更重要的是促进了观念的转变：

一是大资源观念。全视图资源管理工作的全面推进，使公司上下改变了“眼睛向上”的传统资源获取惯性，各自发挥主观能动性拓展资源空间，为规模发展提供了强有力的资源保障。

二是大财务观念。通过制定一系列的全视图资源管理办法和实施细则，系统地整合各类资源，统筹配置使用，有效支撑市场竞争发展。

三是大效益观念。通过对全视图资源的使用，建立“规模、质量、效益”财务评价体系，促进全视图资源使用效益提升（见图 11、图 12）。

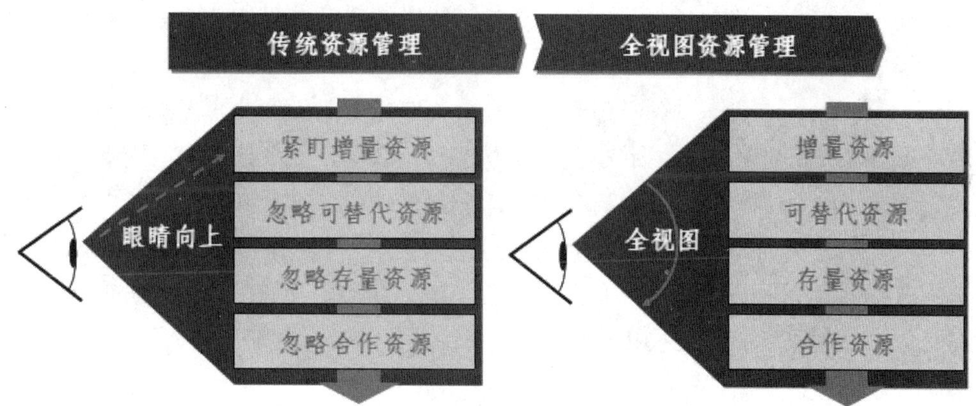

图 11　全视图资源管理改变资源管理行为

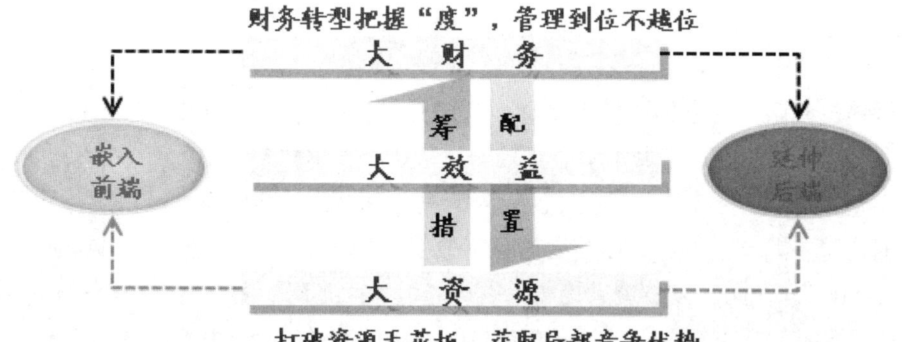

图 12　建立“大财务、大资源、大效益”观念

大型燃气发电企业
基于嵌入式管理的税务优化体系应用

创造单位：北京京桥热电有限责任公司

主要创造人：金 立 白 倩

创造人：安振源 郭新焕 何世尧 丁 虹 王素芳 沈淑凤 赵梦月

[摘要] 企业纳税优化嵌入式管理是对纳税筹划的进一步深化，从空间上扩充了企业的纳税筹划团队，优化人力资源合理运用，最大化企业价值，提升管理水平；从时间上贯穿于企业生产经营活动全过程，克服了原有流程中纳税作为业务流程的末端，缺乏前瞻性的缺点，最大范围减少涉税违法行为及税收优惠政策未能享受或享受不到位情况，努力寻找税后利润最大化与涉税风险最低化之间的最佳结合点。同时企业纳税优化嵌入式管理的构建有利于企业规避上述政策合规风险，做到该纳的税不少纳，实现税务工作的安全性筹划。

投产以来，京桥热电公司通过纳税筹划和加强税收管理方面工作，共计减免或降低各种所得税及增值税税收成本逾2.6亿元。其中所得税纳税收益小计1450万元，包括节能节水、环境保护、安全生产设备所得税抵免所得税税收收益333万元；企业长协合同作为境外服务，代扣代缴所得税免征额978万元（合同约定由中方承担税款）；ERP项目研发经费加计扣除，实现企业所得税税收收益139万元；增值税纳税收益小计2.46亿元，包括京桥热电公司投产以来累计获得的649万居民供热增值税返还以及基建期留抵税金核查梳理后确认的2.4亿元进项税可抵扣金额。

[关键词] 税务优化；嵌入式管理

一、前言

北京京桥热电有限责任公司（以下简称“京桥热电公司”）成立于2003年12月，主营业务生产热力、电力产品，是地处北京城市中心区域的大型燃气发电供热国有企业，为促进北京城市南部地区乃至首都经济社会可持续发展提供能源保障，具有良好的社会效益、经济效益和发展前景。

京桥热电公司一期4台116兆瓦燃气热水锅炉工程是北京市“十五”规划项目，于2004年12月28日奠基，2008年11月29日竣工投产，供热能力464兆瓦，供热面积约900万平方米。

二期工程项目是北京市重点支持的示范项目，属于国家《产业结构调整指导目录》电力鼓励类中30万千瓦及以上集中供热机组热电联产项目。二期工程建设的一套“二拖一”F级燃气蒸汽联合循环发电机组于2013年2月7日正式投产，新增发电能力838兆瓦，年发电量37.71亿千瓦时，年替代燃煤 320 万吨。新增供热能力 592 兆瓦，供热面积 1200 万平方米。

目前，京桥热电公司共涉及增值税、营业税、企业所得税、个人所得税、城镇土地使用税、房产税、城市维护建设税、车辆购置税、车船税、印花税、教育费附加、地方教育税附加、残疾人保障金、关税 14 种典型税费，在一个正常年度，利润总额约 3 亿元，缴纳各项税费约为 2.3 亿元，税务成本作为影响经营成果的重大成本支出项，其筹划管理成为经营工作中的重点。

二、企业纳税优化嵌入式管理背景

（一）宏观经济形势发展的必然要求

党的十八大报告指出，“加快改革财税体制，健全中央和地方财力与事权相匹配的体制，完善促进基本公共服务均等化和主体功能区建设的公共财政体系，构建地方税体系，形成有利于结构优化、社会公平的税收制度。”随着 2013 年“营改增”试点推向全国，引领税制改革的前行并进一步推进财政管理系统的变革。

同时国家对于环境治理、保护的优惠政策也在不断推进，适应公司的发展规划，与国家的政策导向紧密结合，既创造社会价值，又能充分利用国家的产业优惠的税收政策，可以为京桥热电公司的发展创造更有利的条件，减轻资金成本压力。

企业纳税优化嵌入式管理提出即与我国经济形势发展和税收法律法规环境不断优化密不可分。目前火电企业深化节能减排形势十分严峻，如何既提高能源效率，又充分利用税收优惠政策是纳税优化工作的重要落脚点。

（二）税收稽查常态化的必然要求

我国税务稽查实行总局稽查局、省级稽查局、市局稽查局、县局稽查局四级管理模式，从省级稽查机构往下开始分为国税稽查局和地税稽查局。在市（地）、县（市）两级实行一级税务稽查模式，但在经济比较发达、税收规模较大、辖区面积较广、企业类型多、软硬件设施齐整的大城市，一般设置一至多个市级专业稽查局，以满足稽查要求。

目前税收稽查工作向常态化、制度化发展，涉及税收征管每一个环节。而政策法规具有天然局限性和滞后性，纳税人必须高度重视政策的准确理解和执行，依法合规纳税，才能保证企业稳健运营，平稳发展。企业纳税优化嵌入式管理的构建，有利于企业规避上述政策合规风险，做到该纳的税不少纳，实现税务工作的安全性筹划。

（三）企业高效治理、开源节流的必然要求

京桥热电公司 2013 年 2 月 7 日投产以来，营业收入增长迅速，同时也面临巨大的市场竞争压力，税收负担较重，涉及的税收政策及调整出现了多样化、复杂化特点，企业的财务核算和税务管理等工作更加繁重，企业亟须完善纳税内部控制制度，最大化纳税收益，提高治理水平，保证企业高效运行并创造价值。

金融危机影响并未过去，目前国内经济环境难言乐观。企业融资渠道逐渐收窄，资金链压力越来越大，企业更需深入开展挖潜增效、开源节流。税务成本作为企业外部成本的最大变量，对企业经营成果起着至关重要的作用，公司应想方设法合理压缩纳税成本，做到不该纳的税不多纳，为公司持续生产储备资金，实现税务工作的经济性筹划。

由此看来，无论是企业自身经营发展的需要，还是外部环境的变化带来的客观需求，都将企业纳税管理提到战略高度，促使企业高度重视纳税工作，不断提高纳税管理水平。

三、企业纳税优化嵌入式管理内涵和特征

（一）嵌入式管理内涵

嵌入式管理可以归纳为将管理主体有机耦合到管理客体关系网络，通过机制设计与制度保障，建立主体对客体的作用渠道与反馈通路并产生一体化功能，对客体的全部要素和关键环节实施全程高效、实时动态、科学规范管理，进而达到保障工作进度与质量、提高管理效益、控制总体成本等目的。

（二）嵌入式管理的税务优化体系内涵及构架

企业纳税优化嵌入式管理是在我国税收法律法规环境不断优化、税收稽查常态化、企业亟需提高治理水平背景下，以功能系统化、质量全面化、监管实时化为特点，以“始于税收筹划，基于全员协作，终于税收利益最大化”为宗旨，依靠 ERP 大数据集成化的优势，通过全员纳税理念培训、税务工作流程再造、升级内控体系等措施，将各业务流程中与纳税有关的管理活动嵌入其中，刚性与柔性的嵌入使纳税优化落实到企业工作各个环节，满足经济筹划与安全筹划的双重要求，构建和谐共赢的发展模式（见图 1）。

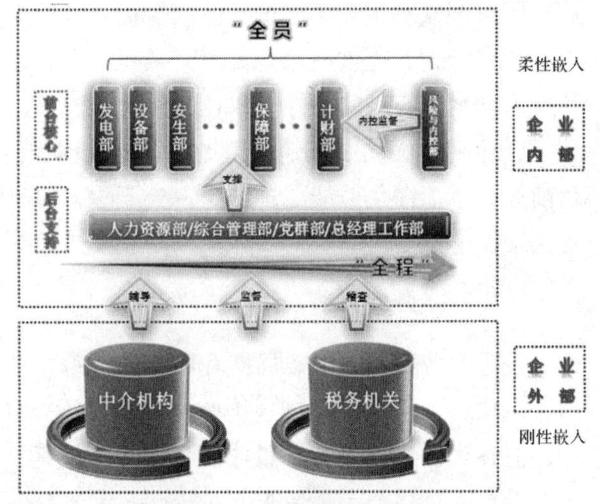

图 1　企业纳税优化嵌入式管理构架

（三）企业纳税优化嵌入式管理特色

1. 功能系统化

通过制度设计及引入第三方机构嵌入京桥热电公司流程当中，与京桥热电公司自身的管理网络相互融合，二者在结构与功能上无缝衔接、紧密耦合、相互协调，主体能够高效快捷地发挥指导、监督、协调和服务等功能，资源配置更加高效，管理网络更加扁平，信息交流更加畅通。

2. 质量全面化

在管理过程中制定严格的质量标准，建立评价与校正质量控制与监督体系。要求形成质量控制的反馈环路，按照计划、执行、检查和处理基本流程对目标、进度、成本、标准等相关要素进行全面、全程和全员参加的精细管理，充分保障和提高执行质量。

3. 监管实时化

要求管理全程及时准确地掌握相关信息，以便对照管理要求和规范，针对重要节点和相关要素进行实时化监管和动态化评价，并予以及时调整和修正，对重大事项实行灵敏高效的实时响应。

四、企业纳税优化嵌入式管理主要做法

近年来，随着我国税收制度的不断完善，纳税人的合法权益进一步得到保障，依法治税的有力推行，为纳税筹划的发展提供了肥沃土壤。随着经济全球化程度加深，面对日益复杂的税收环境，纳税筹划已经成为企业投资和经营中日益普遍的现象。

企业纳税优化嵌入式管理是对纳税筹划的进一步深化，从空间上扩充了企业的纳税筹划团队，优化人力资源合理运用，最大化企业价值，提升管理水平；从时间上贯穿于企业生产经营活动全过程，克服了原有流程中纳税作为业务流程末端缺乏前瞻性的缺点，最大范围减少涉税违法行为或税收优惠政策未能享受或享受不到位情况，努力寻找税后利润最大化与涉税风险最低化之间的最佳结合点。

（一）树立“全员纳税优化理念”

1. 业务人员全面普及纳税知识

组织的共同愿景能使不同个性的人凝聚在一起，朝着组织目标前进。开展纳税筹划和纳税风险控制，实现企业价值最大化，就是京桥热电公司全部员工的共同愿景。纳税工作作为一项严密细致的规划性工作，必须依靠自上而下的紧密配合，离开管理层的支持、财税人员的专业技术以及业务人员的全力配合就毫无意义。因此，“兵马未动，培训先行”，京桥热电公司采取自学、一对一授课、群体授课、现场调研等方式，形成良性竞争机制，站在全局角度，在京桥热电公司内部大力普及税收法律知识，大力宣传纳税风险的防范观念及其必要性，全面提高全员业务能力和素质，树立全员纳税风险观，培养爱学习、善学习、情商高，有鲜明业务特长的员工。

2. 财务人员提升纳税专业素养

对于财务人员，不但要树立纳税风险观念，还要提升相关专业水平。我们将第三方税务师事务所作为京桥热电公司长期业务合作伙伴，一方面，京桥热电公司多次邀请专业税务培训团队对财务人员进行系统培训，定期为财务部门提供最新财税政策学习材料，保证相关人员掌握和跟踪财政税收政策的最新变化；另一方面，聘请专业人员针对京桥热电公司业务过程中出现的税收难点进行解答精讲，并提出税收流程优化具体措施，提升办税人员以及财务人员专业水平和操作能力。

（二）税务工作流程再造

1. 建立组织领导体系和协调机制

（1）成立纳税优化联合小组。企业税务风险的大小主要取决于企业管理层的纳税文化、纳税风险意识和税务成本控制目标要求。京桥热电公司成立以企业总会计师、计划财务部及相关部门领导组成的联合小组，全面负责年度税务工作思路、筹划目标及相应措施和风险控制策略。根据企业整体财务预算安排于每年第三季开始编制次年企业年度税金预算，摸清家底，根据财税政策及其变化预测企业税负。次年年初根据年度目标制定纳税优化策略。

（2）设岗纳税管理专员。企业纳税筹划不是一个独立的过程，也不是经营中的某个独立阶段，而企业纳税优化嵌入式管理的构建更是需要京桥热电公司全员紧密配合，并与企业实际情况相适应。京桥热电公司根据实际情况，设置了纳税管理岗位，引进具有税务师事务所工作经验且专业水平过硬的人才，以确保企业的各项经营业务均在遵守法律前提下进行，对企业的涉税行为进行统一筹划、统一管理，减少企业不必要损失，实现低税负、低风险的纳税管理目标。

（3）信息化沟通管理。良好的信息系统有助于提高内部控制效率和效果。通过应用SAP信息系统及OA系统，将考核指标、数据分析模型、管理报告体系资源共享，统一查询和跟踪，与财务、业务、资金模块实现信息数据整合，形成以信息技术为载体，企业财务人员、财务资源有限管理和分层次集中控制的管理模式，财务、税务等监控风险防范体系。全方位的涉税信息交流机制，可以有效避免企业内部监控不力、缺乏监督、信息散乱失真、使用效率低等问题而导致的税务风险。

2. 打造“全员全程纳税优化链条”

企业纳税优化嵌入式管理从时间上看，贯穿于企业生产经营活动全过程，任何一个可能产生税金及纳税风险的环节，均应进行纳税筹划。特别是在企业招标采购及签订合同环节，抵扣增值税和抵免企业所得税存在诸多问题。“全员全程纳税链条”旨在通过对经营全程进行纳税风险分析梳理，将纳税管理嵌入业务经营管理活动，有利于企业纳税管理向规范化、程序化、科学化发展，体现全过程防控，实现税务筹划为经营管理服务（见图2）。

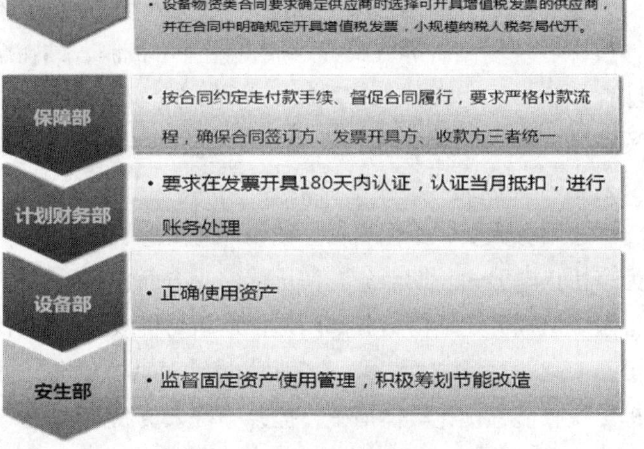

图2 全员全程纳税链条模型

有效的税务风险管理组织架构涉及各个部门协作运营，企业内部包括物资、生产等部门需及时了解税务风险点，并赋予有效的岗位职责，以配合风险管理部门纳税风险控制方案的实施，完善企业各环节涉税链条。通过对各部门工作职责的清晰划分、工作标准的严格界定以及全面、全程和全员参加的精细管理，可加强税务工作的事前筹划和过程控制，充分保障和提高纳税优化链条执行质量，实现企业税务价值最大化。

（三）纳税风险内控体系升级

京桥热电公司根据《大企业税务风险管理指引（试行）》，结合公司“风险管理规定”、“会计管理办法”、“税务管理办法”等相关要求，以精益管理为指导思想，重点围绕内控体系建设对原有体系进一步升级，打造全面纳税风险内控体系。

1. 建立纳税风险事件库

京桥热电公司的风险分析努力使重大风险事前控制，并设置人员保持实时监控，在公司内部治理完善前提下，税务的风险点增补了如何保证充分、足额享受更多的税收优惠政策。表 1 列示了企业纳税管理中具体项目可能发生的主要风险及对应方案，组成了企业风险事件库，并根据主客观环境变化，在实践中不断扩充。

表 1　风险事件库

项　目		可能存在的风险点	风险位置	对应的防范重点
新型风险点	优惠政策享受	未及时得知最新优惠政策	计划财务部	及时关注纳税环境变化，要求第三方中介提供涉税优惠变化解读材料，与税务机关保持良好沟通
	优惠政策享受	政策理解不到位，未能足额享受优惠或超范围享受优惠	计划财务部	通过第三方中介税审、鉴证转移、规避、风险
	优惠认定	生产相关设备等事项认定不准	安生部	经纳税专项培训后，安生部专工依国家规定文件确认
传统风险点	发票接受管理	虚假发票或增值税发票过期未认证	保障部	要求物资采购人员对到手非增值税发票进行网上验证并打印出查询结果，虚假发票立即退还；增值税专用发票原件交专职人员管理，保证每张发票于 180 天内抵扣
	合同管理	未约定发票类型或发票类型与公司要求不符	保障部	对物资采购人员进行发票知识培训，拒收不符合要求的发票
	税务机构	岗位设置不合理，责任分工不清	计划财务部	设置独立的税务岗位
	税务人员	业务人员不具备专业能力，影响工作开展	计划财务部	配备具有专业胜任能力的员工
	税务登记	违反相应法规，受到税务机关处罚	计划财务部	及时进行企业税务登记、变更、年检
	纳税申报	未按规定及时报送纳税申报表或报送数据有误	计划财务部	由税务岗位人员填制，设置三级审核签字确认
	税款缴纳	缴纳时限内未做款项转账	计划财务部	月度申报表提交后及时通知资金专职人员，并同时提供电子版申报表
	发票开具管理	作废发票丢失损毁	计划财务部	作废发票立即网上申报，专人保存，定期装订
	纳税检查	不合规事项受到税务机关处罚	计划财务部	与税务机关及时沟通，把握核查重点，预先自查自改
	纳税资料管理	网上纳税系统不稳定，资料丢失	计划财务部	月度申报表打印盖公章后留存，保管期满交档案室；增值税抵扣联以及其他税务凭证专人保管，定期装订归档

2. 税务风险定量识别

对于不可量化的税务风险，可以通过使用税务风险事件库进行识别。而对于可以量化的税务风险，考虑利用税务风险指标进行识别。

2005 年国家税务总局颁布的《纳税评估管理办法（试行）》公布了一套纳税评估通用分析指标（见图 3），并对其使用方法提出了指导性意见。这些通用指标在评估企业税务核算与缴纳情况真实

指标类型及计算公式
1. 收入类指标
1.1 主营业务收入变动率=(本期主营业务收入-基期主营业务收入)÷基期主营业务收入×100%
2. 成本类指标
2.1 单位产成品原材料耗用率=本期投入原材料÷本期产成品成本×100%
2.2 主营业务成本变动率=(本期主营业务成本-基期主营业务成本)÷基期主营业务成本×100%
3. 费用类指标
3.1 主营业务费用变动率=(本期主营业务费用-基期主营业务费用)÷基期主营业务费用×100%
3.2 营业费用变动率=(本期营业费用-基期营业费用)÷基期营业费用×100%
同理可知：管理/财务费用变动率指标公式
3.3 成本费用率=(本期营业费用+本期管理费用+本期财务费用)÷本期主营业务成本×100%
3.4 成本费用利润率=利润总额÷成本费用总额×100%
其中：成本费用总额=主营业务成本总额+费用总额
4. 利润类指标
4.1 主营业务利润变动率=(本期主营业务利润-基期主营业务利润)÷基期主营业务利润×100%
4.2 其他业务利润变动率=(本期其他业务利润-基期其他业务利润)÷基期其他业务利润×100%
5. 资产类指标
5.1 净资产收益率=净利润÷平均净资产×100%
5.2 总资产周转率=(利润总额+利息支出)÷平均总资产×100%
5.3 存货周转率=主营业务成本÷[(期初存货成本+期末存货成本)÷2]×100%
5.4 应收账款变动率=(期末应收账款-期初应收账款)÷期初应收账款×100%
同理可知：应付账款变动率指标公式
5.5 固定资产综合折旧率=本期固定资产折旧额÷固定资产原值总额×100%
5.6 资产负债率=负债总额÷资产总额×100%

图3 通用指标

性及准确性方面具有权威指导意义。京桥热电公司充分学习借鉴通用指标，遵循指标选取的可行性、及时性、重要性、针对性及成本效益等原则，结合企业自身生产经营特点、所处行业及市场特性等进行指标的调整与补充，识别是否存在税务风险，定期进行风险指标数据收集计算，与历史指标数据及对标企业数据对比分析，查找异动指标，达到风险预警效果。

3. 纳税风险实时监控

计划财务部根据各部门涉税业务风险点，编制相应业务涉税信息反馈表，发放给各个业务部门，以帮助企业业务部门明确纳税风险点及各自纳税风险管理责任。企业生产经营各部门应针对日常工作中可能产生纳税风险事项如期进行信息反馈，如实填写信息反馈表，报送企业税务管理专员。税务管理专员在规定时间内，在全面充分收集信息基础上进行纳税风险评价，上报企业管理层，并进行相应税务处理。同时对重大事项实行灵敏高效的实时响应，针对纳税优化过程中重要节点进行实时化监管和动态化评价，并予以及时调整和修正。

（四）全面深化沟通协调，创建和谐税企关系

京桥热电公司从平时做起，在对企业税务风险进行防范的过程中，对于企业在制定和实施每一项新的税收筹划方案前或对于税收政策或法律法规把握不准确的内容，与税务机关及时沟通，主动

寻求税务机关的指导和帮助，得到税务机关认可后才付诸实施，避免在税务潜在风险转化成税务危机或税务违法行为发生后才与税务机关联系，从而最大限度防范纳税风险。

（五）充分利用外脑，发挥涉税中介风险转移作用

经营期间企业财务和税务人员往往没有时间和精力研究税收法规和税收政策，再加上我国税收政策更新变化较快，企业单方很难全面准确把握，极易产生纳税风险。因此，京桥热电公司加强与税务中介机构的合作。

一方面，京桥热电公司在委托税务中介机构代理本企业涉税事宜并与税务中介机构签订委托合的同时，明确税务代理过程中可能存在的各种纳税风险，并在合同中对各类风险的承担方式进行约定，要求税务中介机构承担相应风险，从而达到风险转移的目的。具体工作中，事务所以独立第三方身份委派有专业胜任能力的专家团队进场梳理涉税事项，提出涉税主要风险警示，充分收集内部财务会计信息、纳税申报信息和生产经营信息证据，收集外部具有法律效力的证据，包括司法机关、行政机关、专业技术鉴定部门等依法出具的具有法律效力的书面文件。

另一方面，对于京桥热电公司出现的一些纳税疑难问题或重大问题，及时向税务中介机构进行税务咨询，税务中介机构可以对企业税务工作起到监督作用，能够更好防范各类纳税风险，保证该纳的税不少纳。

（六）建立纳税管理持续改进机制

对各部门发现的风险问题及时反馈，对共性问题研究完善相关规章制度。定期开展“回头看”活动，对过往业务进行梳理，及时纠正工作中存在的疏漏和不足。每年组织一次税务风险评估会，同税务部门以及企业审计部门进行定期风险评估，及时改进不适合或已经过时的流程。定期邀请中介机构开展风险评估。同时，做好已享受税收优惠政策的事后管理备案工作，减少财务风险。

五、企业纳税优化嵌入式管理效果

（一）经济效益

投产以来，京桥热电公司通过纳税筹划和加强税收管理方面工作，共计减免或降低各种所得税及增值税税收成本逾 2.6 亿元。其中所得税纳税收益小计 1450 万元，包括节能节水、环境保护、安全生产设备所得税抵免所得税税收收益 333 万元；企业长协合同作为境外服务，代扣代缴所得税免征额 978 万元（合同约定由中方承担税款）；ERP 项目研发经费加计扣除，实现企业所得税税收收益 139 万元；增值税纳税收益小计 2.46 亿元，包括京桥热电公司投产以来累计获得的 649 万居民供热增值税返还以及基建期留抵税金核查梳理后确认的 2.4 亿元进项税可抵扣金额。

（二）管理效益

纳税优化嵌入式管理要求会计人员熟悉现行税法，按照税法要求记账、计税，填报纳税申报表及其附表，有利于提升会计管理水平，同时培养出一大批高素质复合型员工，有助于京桥热电公司进行战略化人才储备。

有利于实现资金、成本、利润最优匹配，增强企业投资、经营预测、决策能力，提高决策准确度，提升财务管理水平。有助于改善内控环境，强化各部门纳税意识、工作能力和协调能力，有助

于充分发挥各职能机构作用，完善公司治理结构。

有助于强化员工纳税风险意识，从企业最高管理层到普通纳税筹划人员及基层管理人员，都把纳税筹划风险管理作为一项职责和习惯，统一思想，形成全面纳税优化的企业文化，保证纳税筹划管理顺利实施。

（三）生态效益

税收优惠是政府利用税收制度，鼓励企业投资于有利于国民经济健康发展的行业和项目而在税收方面采取的相应激励和措施。近年来政府大力扶持清洁能源、节能环保产业，我们选用符合《环境保护专用设备企业所得税优惠目录》、《节能节水专用设备企业所得税优惠目录》和《安全生产专用设备企业所得税优惠目录》范围内的专用设备投入应用，在员工中推广绿色环保理念，积极降低排放、减少能源浪费，使京桥热电公司在安全生产、保护环境的基础上实现经济效益和社会效益，助推绿色发展、建设美丽中国。

（四）社会示范效益

企业纳税优化嵌入式管理的应用，为大型燃气发电企业从基建期开始便构建纳税优化组织体系、检查评价、完善改进等方面工作提供了参考和借鉴，为提高国有企业管理水平做出贡献。

京桥热电公司根据各项税收优惠政策进行投融资决策、产品结构改造，客观上促进了资本的有效流动和资源的合理配置，给可持续发展注入了动力。

模拟市场化运行机制在制造企业的创新运用

创造单位：中国西电集团——西安西电开关电气有限公司
主要创造人：赵新荣　　创造人：苟通泽　王妍斐　郭江杰　杨秋歌

[**摘要**] 西开电气在企业内部推行模拟市场化运行机制，将内部市场化管理模式与考核体系紧密联系，总结出模拟市场化工作在企业、车间层面推进时应关注的问题，提出了建设企业成本文化理念，为探索制造型企业实行模拟市场化运作方式提供了一定的理论和实践经验。

推行模拟市场化运行以来，西开电气实现了“指标层层分解、责任层层落实、压力层层传递、活力层层激发”的市场化运行目的，成功构建了一条新型成本控制走廊，有效降低了成本费用，在提高经济效益的同时，使全员效益观念深入人心。

[**关键词**] 内部市场化；财务创新

一、研究背景及意义

2010年以来，随着金融危机的持续影响，输变电市场需求放缓，大型输变电项目缺失，产能严重过剩，招标价格下降、市场竞争激烈导致产品价格大幅下滑，对公司业绩造成了巨大冲击。企业急需以新的变革摆脱困境，积极应对发展中出现的问题。

受旧管理模式和考核体系影响，公司所经受的市场压力和经营压力仅停留在领导层面，很难向下传导。一般管理员工和车间一线员工的效益观念较为淡薄，尤其是技术和生产系统员工与产值、产量挂钩的理念已经根深蒂固，内部单元对标管理动力不足。采购降本遇到瓶颈，内部制造成本居高不下。面对急剧变化的外部市场环境，要求企业必须建立一种能够合理配置和优化内部各单元资源，激活各单元积极性的管理模式和考核体系。

要加强内部资源优化和效率提升，必须把管理中心下移，激活每个岗位、每个员工自主经营、自主管理积极性。将市场机制引入企业内部，实行内部市场化，能调动员工劳动积极性、提高劳动效率、降低生产成本，全面提升企业效益和竞争力。

西安西电开关电气有限公司（以下简称“西开电气”或“公司”）本着提高企业经济效益和竞争力的总体目标，在企业内部推行模拟市场化运行机制，将内部市场化管理模式与考核体系紧密联系，取得了一定成效，为探索制造型企业实行模拟市场化运作方式积累了一定的理论和实践经验。

二、企业内部市场化概念的提出

20 世纪 60 年代，美国麻省理工学院 Forrester, J.W. 教授在《一种新的企业设计》中首次提出了“内部市场”理论构想，它是一种与传统理念截然不同的“自由企业范式”；随后美国学者 ACKOFF 在此基础上进一步发展完善，提出了“内部市场”在实践过程中应遵循的基本原则。至此，企业内部市场化作为一种管理模式日趋完善和成熟。

模拟市场化运作是以市场为导向，以零件价格为链接，模拟市场定价机制，在公司内部设定以车间为盈利载体，模拟法人运行，将总指标逐级分解落实到车间、班组、员工，责任层层落实，使模拟法人的各个层次都成为利润中心，从而推广模拟市场化运行，提高公司整体管理水平（见图 1）。

模拟市场化就是“让市场机制进入企业的每个角落”，将企业建成大量由“内部企业”组成的机构。通过创造宣扬合作的企业文化，解决各内部企业在合作过程中的障碍，使价格机制、竞争机制与风险机制在企业中融会贯通，使企业层层传递压力、层层分解指标、层层落实责任、层层考核绩效、层层激发活力（见图 2）。

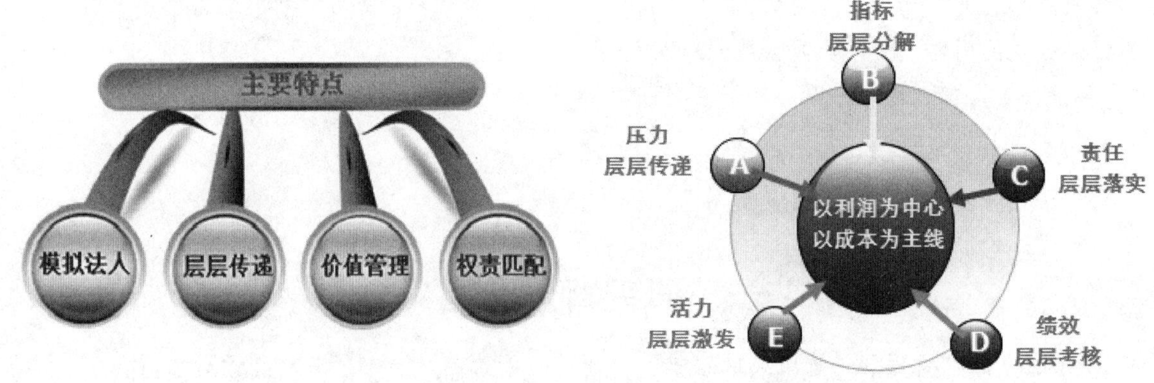

图 1　内部模拟市场化运行机制特点

图 2　内部模拟市场化运行机制目标

三、西开电气模拟市场化运作模式

（一）企业简介

西开电气是中国西电全资子公司，也是集团规模最大的子公司，主要从事高压六氟化硫断路器、全封闭组合电器（GIS）研制、开发、生产、销售及售后服务等业务，主要客户是国家电网、南方电网等公司。公司产品为非标准化产品，按订单进行生产和管理。

（二）西开电气推行模拟市场化运作实例

1. 推行内部市场化的缘由

受后金融危机影响，企业整体经济效益大幅下滑。为扭转业绩下滑局面，企业在内部开展大范围研讨，大力推行“厉行节约，降本增效”，但受制于相对粗放的内部管理和产值导向的考核体系，对降低成本的效果有限。另外，公司主要产品高压开关的成本结构中铝、铜、钢材类零件占比较大，而铜、钢材及铝的价格在过去两年中的大多数时间都处于上升态势，为公司带来了较大的成本上涨压力。虽然公司通过大宗物资集中采购、硬性降低采购价等措施缓解了部分压力，但是供应商也是有成本的，采购价格不可能持续降低，更何况要保证材料的品质和质量，采购降成本遇到瓶颈。企业通过何种方式才能将外部压力层层传递到内部，才能激发员工自主管理、自主经营的积极性，改变企业过度依赖市场行情和相对粗放的内部管理，成为关系企业未来发展的大事，也是企业急需解决的问题。

2010 年，西开电气开展大范围成本研讨，将市场机制引入企业内部，最先在半成品加工车间推行模拟市场化运作，随后逐步将模拟市场化理念在装配车间、销售系统、服务系统等部门应用。公司在车间推行市场化运作的目的是让每个车间都成为一个利润点，按月稽核部门获利能力，全面推进降本增效，提高市场化运营效益；同时，采用模拟市场化运作，要求车间主任学会做厂长、做经理，每一个车间就是一个利润中心，都能够实现与市场零对接。

2. 工作开展

模拟市场化工作分两个层面推进，即企业层面和车间层面。企业层面需要解决的是考核导向、理念渗透、价格裁定问题；车间层面需要解决的是实际运行中出现的问题。在整个工作开展过程中，企业给政策，财务制定规则和标准，车间负责运行，带动其他业务部门联动运转，最终产生的结果由财务进行评断和考核，由车间针对考核结果对工作进行改进和完善，周而复始，良性循环，从而推进和提升整项工作。

（1）企业层面开展的工作。

一是改变车间原有绩效考核指标，以利润作为车间考核主指标。

改变车间以往以产值为主要考核指标的惯例，降低产值指标分值比重。以公司的年度生产经营大纲为总指导，由各车间根据各成本费用项目进行利润预测。对于各车间的预测结果，模拟市场化运行办公室组织生产、工艺、价格中心、财务、车间主任及相关人员召开指标测算评审会议，结合公司年度整体预算情况，最终确定各车间的利润考核指标和车间存货资金占用额度。月末归集计算各车间模拟利润，参与车间业绩考核。

模拟利润的设定：

模拟利润 = ∑市场化的价格 × 产出数量 − 消耗的资源 − 超额占用资金的成本

其中：

消耗的资源包括原材料、前道工序半成品、人工、能源动力、机物料、制造费用等。

超额占用资金 = 该部门实际库存水平 − 核定库存占用水平 。

库存占用水平的核定：按生产周期 。

二是模拟法人治理理念。企业内部非法人主体实行模拟法人运行，要求车间主任学会做厂长、做经理，每一个车间就是一个企业，上下工序车间按照模拟的市场化价格买卖，每个车间都能够实现与市场零对接。赋予车间主任采购价格参与等权限，全面推行物资材料招标比价采购、上下工序中间产品 (劳务) 进行市场化“买卖”，使模拟法人的各个层次经济主体都成为利润中心。

三是模拟市场化确定价格。价格高低直接影响各实施模拟市场化运作车间利益，设立独立的有权威的价格部门，形成符合实际的价格体系，是模拟市场化运作的基础。企业成立独立、专业的价格中心作为价格裁定部门，履行核定价格的职责。鉴于价格核定部门职责要求，价格中心人员构成是多样的，包罗企业技术、工艺、车间、财务各方面人才。各车间之间上下道工序的转入、转出价由价格中心按照市场化原则核算。价格核定原则遵照有市场化价格的，按市场价核定，无市场价的，

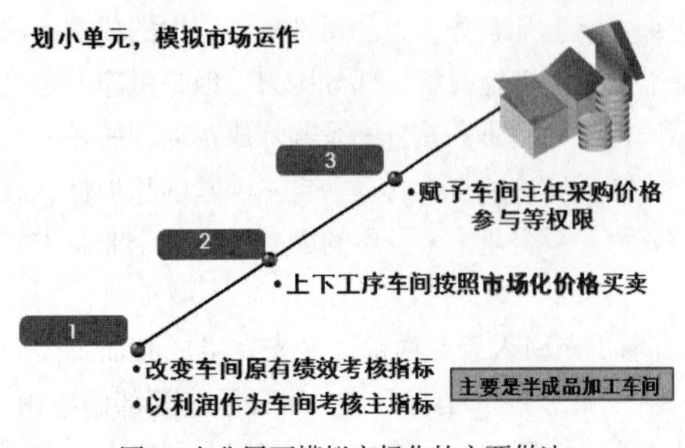

图3 企业层面模拟市场化的主要做法

按工序增加值核定；上下工序间的价格，由转入、转出单位相互监督，如有异议由价格中心裁定（见图3）。

（2）车间层面开展的工作。

首先，车间摸清“家底”，盘清自己占有的资源，对零部件的投入、产出逐工序进行成本测算，寻找零部件成本亏损点和盈利点。

其次，核实转入、转出原材料及零部件价格。对于外购零件，通过核实可以促进企业采购成本的降低；对于自制零件，对工序上下道结转价有异议的，可以提交价格中心进行价格裁定。逐一分析新承接的零部件，根据车间产能、设备状态、人员配备，理性决定自制或外包。车间计算盈亏平衡点，提高产出水平。部分车间利用闲置产能，承接外单位零件，提升车间整体盈利水平。

最后，科学排产，主动了解下道工序出产安排，及时把半成品向下道工序移交。对于车间内部利润考核，超额资金占用作为利润的扣减项，将超出额度的资金占用按照同期银行借款利率给予利润的扣减。车间在安排生产任务时，不仅要考虑盈亏平衡，更要合理安排出产，确保生产的零件都是下道工序需要的，能够尽快发运结转到下道工序，尽量少占用本工序存货额度。

以上阐述的是车间“对外”经营需注意的问题。车间要内外兼修，除了“对外”经营，还需“对内”苦练内功，强化精益管理。

一是内部加强原材料领用管理，通过审批程序，严格控制用量。对材料消耗异常因素进行分析，分清源头，逐项改进。属于设计差错引起的，由设计部门承担损耗，从车间剔除；属于安装过程中的差错、丢失，由服务部门承担损耗。

二是加强生产设备的管理。按照设备逐台进行控制，摸清设备运行状态，在设备出现小问题时，及时报修，将问题在萌芽状态处理妥当。一方面确保车间生产的顺利进行，另一方面可以减少委外大修理的次数，减少修理费用。

三是促进车间自发改进。车间经营业绩与员工工资直接挂钩，更有利于激发员工潜能，调动员工智慧，让其在自我管理中发现生产过程中能够提高产品质量、生产效率的改进点，开展全方位对标管理，推动技术和工艺改进，减少消耗。比如，改变模具材质，延长模具使用寿命；提升产品一次合格率，减少质量损失；新增工具、工位器具提高生产效率、零件运输效率和安全性；更有车间员工根据生产零件的特点，现有工具不趁手，便自发制作运输工具，提高零件生产过程中的运送安全及效率。

3. 取得成效

推行模拟市场化运行以来，西开电气实现了“指标层层分解、责任层层落实、压力层层传递、活力层层激发”的市场化运行目的，成功构建了一条新型成本控制走廊，有效降低了成本费用，在提高经济效益的同时，使全员效益观念深入人心。

2013年，西开电气5个模拟市场化运行的半成品车间模拟利润1149万元，车间通过浇铸零件工艺优化、材料回收利用等工艺改进降低成本；员工在实际工作中制作一些小工装对零件进行保护，不仅提升了零件加工质量，也提高了工作效率；在生产过程中通过各种小改小革，节约辅消材料的消耗，节约能源消耗等多种降本途径，极大压缩了企业内部成本，让利润于产品销售。2014年，5

个车间模拟利润达到 1774 万元，不考虑车间承接零件两年间的差异，车间模拟利润提高 54%，说明企业模拟市场化运作能够很好调动员工工作改进的积极性，提高员工降低成本的意识，促进降本增效工作的推进。模拟市场化运行不仅为企业降本增效做出了贡献，而且在管理提升、企业文化建设等方面都带来了益处：

一是促进车间整体管理水平的提高。市场化运营模拟法人责任制等特色管理的深入实施，有力推动了各试点车间整个管理水平的提升。不仅推动了车间在信息管理、价格管理、成本管理、工艺定额管理等方面的发展，还使安全生产、质量改进、经营管理、班组建设等各项工作都实现了跨越。

二是培养了重视管理会计、懂经营的管理队伍。车间负责人既懂得了生产又清楚了财务。每个单位负责人都能看到财务数据，算清内部成本，对本部门零部件的固定成本、变动成本有了更深认识，并通过核算分析，能够找准问题，对症下药，促使负责人不仅能抓生产，还懂财务管理，两手都要硬。

三是营造全员市场观念、成本文化。以利润作为车间考核主指标，车间员工不仅要干得多，还要干得好，消耗少。车间一线工人很清楚自己工作中什么行为会导致不必要的成本增加，避免增加不必要成本的行为，他们能够清清楚楚地知道自己每天干多少活，拿多少钱，树立起"成本即工资"的市场观念和经营意识。成本文化也与安全文化、质量文化一样成为一种不可或缺的企业文化。

四促进技术改进、降本增效。公司在推出市场化运营模式之初，就将成本观念层层传递给全体员工，激发员工开源节流、降本增效积极性。同时，车间内各班组之间、员工之间对工序成本有了新的认识，促进全员参与技术改进、降本增效。各车之间加强全方位对标，形成"比、学、赶、超"长效机制，积极实施多项降本增效措施，多管齐下，使成本空间得到充分挖掘，为企业长远发展增添动力。

四、结论

模拟市场化是一个非常有效的管理理念，它用市场用户关系链接企业内部生产系统，上道工序所提供的产品或服务转化为用价格衡量的价值和为下道工序所认可的商品，从而达到让每个员工既是生产者又是经营者；在企业考核体系中引入车间模拟利润和存货资金占用指标，调动单位、员工生产经营积极性，激励员工控制成本，最终达到减少浪费、降低消耗、降低成本、增加效益的目的。西开电气在企业内部推行模拟市场化运作，将内部市场化管理模式与考核体系紧密联系，取得了一定成效，对制造型企业实行模拟市场化运作进行了尝试，并提供了一定的理论和实践经验。

创新社会缴费模式，提升服务能力

创造单位：中国电信股份有限公司内蒙古分公司

主要创造人：李瑞唐　　创造人：岳琨　秦华

［摘要］中国电信内蒙古分公司是拥有移动通信、固话、宽带、移动互联网等综合业务的国有通信运营企业。为了解决原有社会渠道缴费模式存在的问题，该公司坚持创新，开发代理商自助缴费平台，创新线上充值，线下缴费的O2O模式。这种用社会渠道代理商自助充值缴费模式彻底打破了制约社会渠道代理商发展的瓶颈，提升了管理和服务能力，取得了前所未有的经济效益和社会效益。

［关键词］代理商自助缴费平台；提升管理服务能力；减少人力

前言

中国电信内蒙古分公司是国有通信运营企业。拥有移动通信、固话、宽带、移动互联网等综合业务。企业一直本着“深化转型、强化管理、业务创新”理念，以用户满意为导向，在继续发挥固网话音和宽带接入优势基础上，重视农村通信和国际通信，积极拓展互联网应用、信息通信技术（ICT）、视频内容、移动通信等业务领域，实现从传统基础网络运营商向综合信息服务提供商的转变，成为电信全业务提供者、互联网应用聚合者、中小企业ICT服务领先者，满足用户多样化需求，争做世界级综合信息服务提供商。

一、原有社会渠道缴费模式制约公司发展和服务能力的提升

1. 社会渠道是运营商业务发展和服务用户的重要场所

随着运营商业务范围的不断发展，自有渠道无法支持公司快速发展和全面服务，社会渠道的引入和壮大具有战略意义，通过社会渠道能够极大地拓展公司业务和服务半径。

2. 原有社会渠道缴费模式存在的问题

传统的社会渠道网点在为用户办理业务之前，代理商需要到电信指定的营业厅缴存现金。营业员在系统中手工操作，为代理商账户增加受理业务额度（以下简称“信用值”），增加完毕后，代理商才可以在自己的营业网点办理业务。信用值使用完毕后，代理商需要再次人工到营业厅缴存现金。如此周而复始的工作，特别是规模小一点的代理商和偏远地区代理商，工作人员比较少，缴存现金这段时间营业厅面临临时关门问题。

传统缴费模式的局限性在于：①空间局限。缴存现金受自有营业厅网点分布限制，特别是旗县、城区周边自营厅覆盖薄弱，农村社会渠道网点离自营厅较远。②时间局限。自有营业厅营业时间有限，社会渠道代理商只能在营业时间进行现金缴存，无法满足全天候业务办理的个性化需求。③发展局限。随着社会渠道网点不断壮大，代理商需要垫付的资金越来越多，而且信用值不足造成无法办理业务的机会成本越来越高，也必须缴存更多现金来应对无法办理业务造成的损失。

传统缴费模式使社会渠道代理商在人力、物力、资金成本方面造成越来越大的压力，这些问题的存在直接制约代理商业务发展，降低代理商服务用户的积极性，影响用户感知，变革缴费模式势在必行。

二、开发代理商自助缴费平台，创新线上充值，线下缴费的 O2O 模式

为了提升社会渠道代理商缴费效率、减轻营业厅受理压力、降低公司资金运营风险，提高用户服务感知，创新小组在网上银行、网上营业厅与电信业务受理系统基础上开发“代理商自助充值缴费平台”，采用线上充值，线下缴费的 O2O 模式，社会渠道代理商在代理商自助充值缴费平台实时自助缴存现金，线下受理用户业务。这个平台给代理商提供更安全更便捷的现金充值服务，为代理商提供比其他运营商更便捷的差异化服务。

1. 开发自助充值缴费平台

（1）开发系统，流程测试。

创新小组多次讨论并形成最终开发方案。系统开发完毕后，进行业务缴费流程穿越测试。整个系统操作步骤简单，缴费界面友好，只需三步就可以实现充值缴费。

第一步：点击网上营业厅首页面底部“代理商专区”按钮。

第二步：用户类型选择“信用值账户充值”。

第三步：进入“信用值账户充值”子页面，输入代理商编码、充值金额及验证码等充值信息并确认支付，代理商现金缴存完成，自动生成代理商账户额度。

（2）组织培训，签订协议。代理商自助充值缴费平台上线后，公司统一对代理商进行一对一培训，宣贯自助充值缴费平台操作流程，讲解自助充值缴费操作流程，加深代理商对自助缴费新业务的认知和了解，提高使用率，确保代理商熟练使用代理商自助充值缴费平台自助充值。

申请开通自助充值缴费的代理商，签订《代理商网厅信用值充值协议书》。公司客户服务部根据代理商账户明细向信息化部提出需求，由公司信息化部在系统中完成授权操作。代理商被成功授权后，此业务即可使用。

（3）业务稽核，日常对账。按照公司内控管理权限，按日完成网厅和第三方平台对账。盟市分公司按日稽核代理商账户额度系统和网厅支付平台明细表等，并生成营业日报。

2. 自助充值缴费平台全面推广，优势显著

社会渠道代理商自助充值缴费模式彻底打破了制约社会渠道代理商发展瓶颈，存在诸多优势。

（1）全天自助办理，减少人力投入。由于不受营业时间限制，代理商可以在任意时间为自己的营业网点充值，在实现 7×24 小时全天候缴费的同时，为用户提供 7×24 小时全天候服务。而且所有操作都可以通过一台连接到互联网的电脑自助完成，无须指派专人前往自营厅办理，既减少了人力投入，也节约了等候时间。更加贴近用户，了解需求，提高用户感知。

（2）网银实时到账，减轻资金压力。通过代理商自助充值缴费平台充值缴费，可以实现实时缴费，实时到账，为加快代理商资金周转、减轻代理商资金压力提供了可能。而且自助充值缴款金额

没有限制，可以根据需要决定充值金额，实现小额多次充值，充值方式更灵活，占用资金少。

（3）电信业务受理系统自动充值，避免资金风险。自助充值缴费平台充值成功后，系统会发出增加信用额度指令，直接发送到CRM系统，在系统中自动完成操作，不存在人工干预，既减少了人工失误的可能性，也规避了舞弊风险，同时大大减轻了自营厅业务受理压力，释放出营厅业务更多受理能力来服务更多用户。

三、社会渠道营业网点自助充值缴费平台实施效果

1. 实现线上充值，线下缴费O2O的充值缴费模式

代理商通过代理商自助充值缴费平台自助充值缴费，实现了自助缴费平台与网上营业厅无缝对接，代理商足不出户就可以自助缴费及办理业务，无须派专人到自营厅缴存，不受自营厅地点、营业时间的限制，节约人力和时间成本，提高工作效率。

2014年，全区社会渠道营业网点所有现金缴存信用值均通过网厅自助缴存形式实现日均852笔，年充值311064笔，日均充值金额达到161.82万元，年充值金额5.34亿元。充值平台活跃度高，显著提升了公司电子渠道交易额，拓展了电子渠道使用范围。

2. 自助充值缴费模式提升管理服务能力

自助充值缴费模式减少了自有营业厅大量收取现金的资金风险，提高了营业厅营业员业务受理量，实现了代理商现金缴存的全系统操作和审核，降低了手工充值可能存在的业务差错和稽核数量，提升了营业厅管理服务能力。

四、社会渠道营业网点自助充值缴费平台的经济效益

社会代理渠道网点自助充值缴费平台方便、快捷，提高了代理商缴费量、业务受理量，更好地服务于用户。受理量约占全区自营厅业务受理量的2.23%。2014年，公司营业厅运营成本为6589万元，减少2.23%，业务受理量相当于节约146.93万元付现成本。间接效果是减轻自营厅营业员业务受理压力，提升服务能力，防范资金安全风险。与单纯增加营业网点数量、人员和扩大覆盖范围相比，成本更低、服务半径更大、方式更灵活，为电信实体渠道向电子渠道转型迈出坚实的一步。

基于价值创造的集团财务管理

创造单位：北京亦庄国际投资发展有限公司
主要创造人：张家伦　　创造人：何悦　刘海伦　施煜　李兆新

［**摘要**］亦庄国投集团通过强化公司战略、预算与绩效评价的互动关系，逐步实现战略引领预算、绩效考核强化预算、预算推动业务增长的全面预算管理机制；通过探索适合企业特色的集团化资金管理模式，追求资金使用效率和效益的最大化；通过财务和经营数据多维度开展各项分析、估值、预测工作，优化资本结构，完善跟踪预警机制，降低财务风险；通过对集团业务的全面梳理，着力于降低整体税务，防范税务风险，优化海外布局。

亦庄国投集团在全面预算管理中，按照战略—投资目标—预算—预算执行（绩效考评）循环路径，开展预算管理工作，推动亦庄国投集团成为服务亦庄开发区的多业务金融服务集团；参照滚动预算编制方法，形成对投资项目计划的动态管理，提高了预算对公司战略的指导意义；通过常态化机制加快资金信息沟通，通过责任制度增加资金计划准确性，有效降低资金沉淀，提升资金使用效率，有助于集团内部信息流动，以资金流带动实物流和信息流的顺畅传递；通过专业化资金运作团队，“亦庄国投”品牌已具有广泛知名度，对公司战略发展形成助力；财务部联合企发部、业务部门共同梳理未来五年的投资项目支出、投资项目收回等重大资金收支情况，为公司的资本结构、融资规模、投资方向提供预测数据；考虑现有企业重组优惠政策相关条件，分析现有各投资项目架构的合理性，结合公司未来的项目运作安排，合理降低或递延未来经营税务成本。

［**关键词**］价值创造；财务管理

北京亦庄国际投资发展有限公司成立于 2009 年 2 月，是以金融手段推动实体产业发展和转型升级为宗旨的国有投融资服务集团，主营业务为产业投资、基金投资、融资服务和产业基地运营，下设亦庄产投、亦庄担保、亦庄融资租赁、亦庄小贷、移动硅谷等专业子公司。目前，亦庄国投已参与中芯国际二期、耐世特并购、京东方定增、北汽上市、国家集成电路产业投资基金等多个重大产业项目投资与管理，同时积极打造涵盖 VC、PE、天使等多层次、全流程的北京亦庄母基金业务体系。

2015 年初，亦庄国投集团梳理企业战略认为，企业经营战略和财务战略是企业长足发展的重要规划，是企业未来成长的指向标。经营战略帮助企业适应外界经营环境变化和挑战，提高自身运营能力并获取外部竞争优势，财务战略辅助企业经营目标的实现，需要企业做出有关资金流动和资源布局的一系列规划。亦庄国投集团认为，财务战略主要涉及财务领域全局性、长期发展的方向问题。作为国有投融资公司，财务战略的目标是通过优化资本结构、控制财务风险、驱动价值增长以实现集团战略性增长，为北京市及开发区经济增长和产业发展创造增加值。

亦庄国投集团财务部围绕价值创造的核心理念，以业务导向、决策导向和风险导向为战略出发点，通过全面预算管理、集团资金管理、财务分析体系和集团税务筹划四个方面开展财务管理创新，在理论和实践上实现突破，取得了阶段性成果。

一、全面预算管理

全面预算管理是利用预算对企业内部各部门、各单位的各种财务及非财务资源进行分配、考核、控制，以便有效组织和协调企业的生产经营活动，完成既定经营目标，是企业全过程，全方位及全员参与的预算管理，是对公司业务流、信息流全面整合的预算管理。全面预算管理对企业规划战略目标、控制日常活动、分散经营风险和优化资源配置具有重大意义，有助于企业提高经济效益、创造价值和实现价值。传统的全面预算管理以实物量指标和价值量指标分别反映企业收入与费用构成情况。亦庄国投集团作为亦庄开发区国有投融资服务集团，承担着政治和经济双重使命，其业务形式和管理模式与传统企业及一般投资公司有着本质区别。

（一）全面预算管理问题梳理

2009年亦庄国投集团成立以来，一直开展预算管理工作，经历了单一费用预算到全面预算的转变过程，曾存在预算与公司战略、绩效考评严重脱节的问题。

亦庄国投集团作为亦庄开发区国有投融资服务集团，战略目标区别于一般企业，投资项目多以促进国家产业政策实施和带动亦庄开发区产业发展为目标，项目金额大，受政策及市场影响明显，在进行全面预算管理时，不可避免形成较大的预算差异，难以与预算指标有效关联，预算管理对公司战略实施的指导能力偏弱。同时，因项目的上述特点，相关费用支出也存在不确定性。

（二）全面预算管理改进措施

亦庄国投集团经过多年摸索和实践，充分考虑金融投资服务集团的业务特点，逐步总结了符合公司特点的预算管理实施路径，如图1所示。

1. 战略引领预算

企业战略目标是企业愿景和使命的具体化和定量化，是企业奋斗纲领，是衡量企业一切工作是否实现其企业使命的标准，战略措施则是为达到其战略目标而采取的行为。预算管理则是利用预算这一管理手段对企业经营的各个环节和企业管理的各个部门进行管理控制，以及对企业各种财务和非财务资源进行配置的一系列活动。预算目标是预算管理的起点，也是企业战略目标实现的具体化。

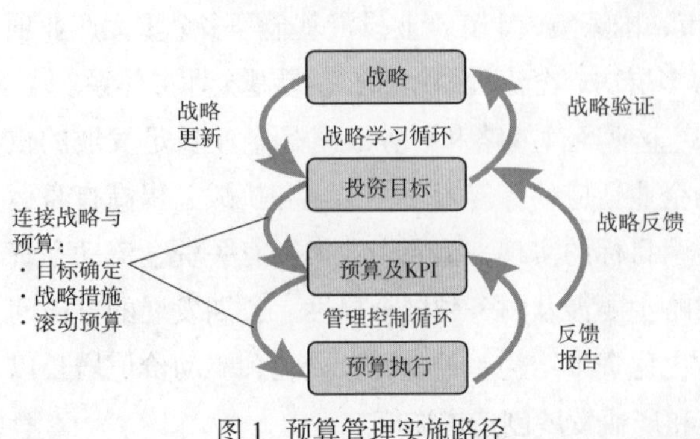

图1 预算管理实施路径

亦庄国投集团作为一家金融投资公司，投资目标既是企业战略实施的节点，也是预算管理编制的起点。战略通过投资目标与预算联结起来，战略引领预算管理。根据公司以金融手段推动实体产业发展和转型升级的宗旨，以国家产业发展政策为基础，制订公司中长期产业投资计划，再到年度具体项目投资目标，最后形成公司年度预算。

在预算编制时，以“战略引领、做强主业，稳健发展、风险可控，价值导向、效益优先，系统推进、全面协同”为原则，以集团投资目标为依据，在年度具体投资项目计划基础上编制年度投资预算；还要考虑集团的金融及产业服务类业务，主要是公司资产经营（如房屋出租）业务、下属融资服务公司和移动硅谷产业园区开发运营业务，据此编制业务收入和成本预算；根据投融资预算和经营预算数，核定相关成本费用支出；汇总前述各预算事项的现金收支情况，编制资金预算；最终形成财务预算，编制预计财务报表。可见，根据战略引领，以投资预算为起点，是亦庄国投集团全面预算体系的重要特点。

2. 动态预算管理

公司全面预算一经批准下达，将各项指标层层分解，从横向和纵向落实到内部各预算责任部门、各业务环节和各岗位，形成全方位、全流程、全员参与的责任管理体系。以年度预算作为组织、协调各项投资运营活动的基本依据。在预算管理的实施上，充分考虑企业业务特点和战略目标，以资金使用效率作为评价依据。

（1）预算的刚性控制和柔性执行。对预算指标要做到刚性控制和柔性执行，充分考虑执行中的特殊事项。对年度经营目标实行刚性控制，具体包括年度投资或营业额、费用成本总额、工资总额等，下达的预算目标是与业绩考核挂钩的硬性指标；对投资预算实行柔性管理，以资金效益最大化为目标进行投资预算执行，随着投资项目的行业及政策变化，建立投资项目预算调整机制；对预算中与经营和投资活动相关的变动成本费用支出，可以根据业务变动，进行项目间调整。另外，在预算具体执行时，考虑到业务特点和计划的变动性因素，对年度预算实行刚性控制，对季度预算实行柔性控制；对部门费用预算总额进行刚性控制，对项目预算实行柔性控制，加强预算执行进度分析，更好实现预算管理效果。

（2）预算的动态评价及调整。金融投资企业与传统生产企业有很大差别，受国家政策、行业发展、投资项目特点影响较大，企业年度目标实施存在太多不确定性，年初制定预算的假设条件很可能在年中就发生变化。在预算监控和执行中，要充分考虑这一点。

亦庄国投集团财务部定期对预算执行数据进行整理汇总，检测预算执行的效果，每半年对年度预算执行情况进行分析，并编制分析报告，反馈至管理层，作为年度预算调整的依据。在每年 7 月组织对年度调整预算的编制，修订因宏观政策、行业因素、投资项目收益等的变动所需要的事项调整，编制年度调整预算。同时将上述调整延续半年，能够制订下年度上半年的投资及经营计划，并在 10 月编制下一年度预算时，将其作为编制下一年度预算的依据。规避定期预算和滚动预算单一方法的不足，即在年度定期预算基础上，进行半年滚动调整，如图 2 所示。

（3）预算的信息化管理。为提高公司预算管理水平，提升预算管理在公司发展中的价值，需要加强全面预算管理的信息化建设，将预算管理和公司信息化建设相融合。为此，亦庄国投集团与 JQ 软件公司合作，在进行信息化建设时，将预算管理纳入 JQ 管理软件，提高预算管理效率，提升集团全面预算管理的可操作性。

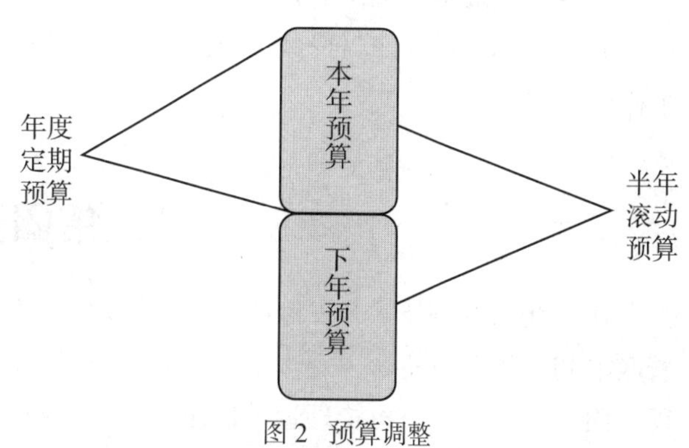

图 2　预算调整

经过与JQ软件项目组的研讨和分析，目前公司已完成JQ报表系统和费用报销系统的开发和上线工作，将预算管理纳入JQ报表系统中。做到预算编制信息化，经营预算、投资预算、融资预算、财务预算均可通过JQ报表系统实现母公司和分子公司数据的定期收集汇总，并实现预算与执行期间财务报表的数据对比和差异分析，利用分析图表，能及时做出预算风险预警。

建立费用预算报销系统，对各项费用进行自动预算控制，减少人工预算控制工作量和差错率。能够实现费用预算年度刚性控制和季度柔性执行的功能。支持预算调整功能，对运行期间预算进行项目间调整和超预算调整，并记录预算调整过程。能够实现预算执行进度分析，及时反馈预算执行进度。

3. 绩效考核强化预算

绩效考核指标来源于预算目标，是对预算目标的分解。预算目标实现好坏可以通过绩效考核指标进行反映。为此，针对预算目标，建立了多层级预算监督考核机制，包括预算目标评价机制和预算执行审计监督机制。

公司在制度绩效考核指标时，均是以预算目标为基础，进行分解，落实到各责任部门，并做到口径一致，能够充分反映预算目标实现的结果。在预算考核时，还要发挥内部审计部门的积极作用，对预算执行情况进行审核，从审计角度查找预算执行差异的因素，并将结果反馈给绩效考核部门，作为审核绩效考核结果的依据。

在绩效考核时，要明确绩效考核的最终目的，不仅只是为了奖惩，更主要是为了找出预算执行与计划差异的原因，并培养全体员工的全面预算管理意识，能够主动发现预算目标执行差异，并能主动解决。绩效考核既是本年全面预算管理的结束，也是下一年度全面预算管理公司的开端，并能为次年的预算编制和执行提供参考。

（三）全面预算管理初步成果

1. 推动公司战略实施

亦庄国投集团在全面预算管理中按照战略—投资目标—预算—预算执行（绩效考评）循环路径，开展预算管理工作，避免了为做预算而做预算问题，紧密将公司战略和战略实施通过全面预算管理手段结合到一起，推动亦庄国投集团成为服务亦庄开发区的多业务金融服务集团。

2. 建立定期预算调整机制

参照滚动预算编制方法，在年中对年度预算进行一次调整，修正投资项目变动形成的差异，并预估次年上半年的投资情况，形成对投资项目计划的动态管理。通过上述工作，提高了预算对公司战略的指导意义。

3. 促进绩效考评工作的开展

通过全面预算管理，形成量化的绩效考评指标，提高了绩效考评工作实际意义，促进绩效考评工作的开展。

二、集团资金管理

作为北京经济技术开发区国有资产管理办公室控股的国有投融资服务集团，亦庄国投集团承担着政治和经济双重使命，定位于以金融手段促进实体产业发展和助推产业转型升级。在集团资金管理方面，一方面，公司管理近千亿股权资产，拥有近百亿投资项目储备，对集团资金一体化管理有迫切需求；另一方面，公司资金运作服务于政治使命，资金管理的主动性和控制力较弱。为此，亦庄国投集团就如何在中国经济新常态背景下打造调度有方、执行有力的集团资金管理模式进行理论结合实际的探讨，展开集团资金管理战略实践。

（一）集团资金管理问题梳理

1. 尚未形成有效的资金集中管理模式

公司在产业投资、金融服务和园区运营等领域拥有多家独立经营的控股公司，通过总经理直接管理和资本纽带方式联结成全方位投融资服务集团，在资金管理方面独立运作，盈余资金主要用于银行短期理财和中短期委托贷款，短缺资金主要依靠总部增资或临时拆借。各控股公司和总部平行经营，独立考核，在集团资金整体利益方面尚未形成合力，数据联系和信息集成度不够。

2. 资金管理尚未有效提高效率及支持决策

股权投资项目调研期间较长，政策和经济环境变化较快，年度资金预算对全年经营的指导作用偏弱，股权投资的风险性和长期性对长期资金使用效率评价提出挑战。客观存在的多层级管理和多头管理现状拉长了控股公司资金运作反馈周期，公司总部尚未第一时间掌握集团整体全信息。

3. 尚未有效运用信息化手段加快信息传递

公司财务部搭建的信息平台数据孤立，使用范围有限，数据时效性不强，独立开发的信息平台兼容性较弱，尚未与银行、内部数据库、客户形成数据集成，无法形成价值链现金流管理和动态资金运作展示，连贯有序的业务信息流割裂成独立环节。

（二）集团资金管理改进措施

（1）资金管理价值链理论认为，资金链贯穿于各项经济活动，空间范围涵盖公司内外部价值创造链条。正因为外部环境变化并非公司完全可控，应重视公司内外部价值链的每一个环节，建立投资与市场反馈制度，调整企业投资方向，提高资金使用效果。亦庄国投集团建立跨部门定期信息沟通机制，搭建项目管理系统和资金管理系统，通过数据对接、即时更新和挖掘数据，将动态资金计划关联到资金预算系统，自动生成指定时间跨度的资金收支计划，通过图形展示平台监控资金投向和业务布局，为产业投资方向调整提供决策依据。

（2）根据集权和分权理论，总部和控股公司之间的财务管理体制可以划分为业务控制型、战略控制型和财务控制型。亦庄国投集团成立历史不长，规模扩大较快，从事业务具有较大不确定性和创新性。各控股公司制订各自经营计划，倒推集团制定战略规划，控股公司对资金使用和筹集拥有较大的自主决策权。公司特点决定了集权和分权相结合的管理体制，适合一体化控制型财务管理体制，即过程管理和结果管理的分权，资源分配权力的集权。亦庄国投集团强化控股公司信息上报机制，搭建财务信息系统，设计统一的数据模板并将重要信息固化，提供数据追踪功能。执行控股公司上报资金使用计划，总部协调批准的资金管理模式。利用集团规模优势成立独立融资部门，采用比选竞价等方式寻找低成本融资渠道，并积极开拓委托贷款、担保等金融服务手段，为股权投资项目提供一体化资金解决方案。

（3）根据集团资金管理组织形式和集团资金整合路径，集团资金管理模式可以划分为财务部监管模式、资金部主管模式、结算中心模式、内部银行模式和财务公司模式，实现从资金监控、有选择的集中、主体资金集中到全部资金集中的资金管理体系路径。亦庄国投集团的资金来源包括财政增资和自营收益，资金使用方向包括政策性投资、自营业务和控股公司经营。在资金监控和整合方面，政策性资金采用资金流动态循环，资金额度足额保证管理模式；控股公司资金需求采用资金预算总额控制，总部合理性审核，财务部依据合同分批拨付管理模式；总部建立资金调度小组，由跨部门人员构成，将资金监管和结算中心模式相结合，在平衡资金计划的同时反向推动资金结构和资金投向合理布局。

（三）集团资金管理初步成果

（1）亦庄国投集团与JQ软件公司合作，广泛收集集团内资金信息需求，开发建设融资和现金流管理系统，完整记录公司融资信息；定期展示集团资金分布、各控股公司资金余缺；依照内部分类多层次统计资金计划；资金管理贯穿业务全过程，全面统计股权投资项目信息和项目进度，动态调整资金预算。下一步融资和现金流管理系统将与预算管理系统、财务报销系统和项目管理系统结合，实现数据跨系统衔接和关联，通过预算执行控制反向推动项目进展。通过信息系统开发，集团资金管理在手段和模式方面有所突破，改变了资金信息分散掌握在各部门手中，不能系统化全面展示的弊端，增加了资金信息的完整度和透明度，提升了财务信息支持公司决策的能力。

（2）亦庄国投集团每季度调整资金预算，控股公司和各部门每月初上报当月资金计划，总部每半个月召开资金调度会予以更新，对于资金计划执行情况，财务部每月进行执行率对比分析，每半年深入挖掘对资金预算执行偏差原因，基于绩效评价指标，确保责任到位、整改到人。下一步建立资金使用责任制，资金计划用资日期起虚拟计息，提前出资视同虚拟贷款，机会成本均纳入绩效考核体系。通过常态化机制加快资金信息沟通，通过责任制度增加资金计划准确性，可以有效降低资金沉淀，提升资金使用效率，同时及时有效的沟通机制有助于集团内部信息流动，以资金流带动实物流和信息流的顺畅传递。

（3）亦庄国投集团成立专门团队负责融资运作和股权投资项目资金一体化运作，利用集团信用发行非公开定向债务融资工具，被中诚信评级公司授予AA+信用评级；获得建设银行集团统一授信；与工商银行北京分行签署战略合作协议；与招商银行合作进行海外并购和一揽子融资方案；灵活运用委托贷款、担保、小额贷款、融资租赁、租金转股、基金投资等形式支持开发区企业发展、支持大众创业、万众创新。通过专业化资金运作团队，“亦庄国投”品牌已具有广泛知名度，对公司战略发展形成助力。

三、财务分析体系

传统财务分析又称为财务报表分析，是运用财务报表数据对企业财务状况、经营成果、现金流量等方面做出的评价。主要分析方法有会计报表分析、财务比例分析、预算执行分析、杜邦分析模型、Z值分析等。这些方法最大优点是主题突出，目标明确，抓住了企业发展关键指标，评价企业业绩也较为客观。但是对于亦庄国投集团这个以股权投资业务为基础的国有控股投融资服务集团，上述分析方法并不能完全满足管理层经营管理需要。因此，构建适合亦庄国投集团实际业务的财务分析体系是亟须解决的问题。

（一）财务分析体系问题梳理

1. 原有分析多集中于对历史财务报表数据的分析

原有财务分析体系主要包含以下内容：①对公司财务状况的分析，主要包括重大资产、负债项目金额、构成状况等分析；②对公司经营成果的分析，主要包括收入、成本、费用、投资收益金额、构成情况分析；③对公司现金流量的分析，主要包括经营活动、投资活动、筹资活动现金流入流出分析；④比率分析，主要包括资产营运能力分析、偿债能力分析、盈利能力分析、发展能力分析。这些数据的分析多集中于对历史情况的反映，虽然对未来经营决策可以提供一定参考，但以报表、指标、要素为主体的分析体系往往注重于过去和现在，较少关注未来，因此得出的结论略显薄弱。

2. 原有分析缺少投前对投资项目的估值分析和投后对投资项目多维度收益分析

亦庄国投集团是一家以金融手段推动实体产业发展和转型升级为宗旨的国有投融资服务集团，主营业务为产业投资、基金投资、融资服务和产业基地运营。产业投资、基金投资业务周期较长、投资风险较大。目前，针对产业投资、基金投资的成熟分析模型较少，传统生产型企业的财务分析模型关注的重点、指标与投资公司关注点不尽相同。投资公司的财务分析更注重两个方面的问题：一是投资之前对投资项目的估值分析，用以确定合适的成交价格；二是投资之后的项目收益分析模型，用以为将来的投资分析提供参考。

3. 原有分析缺少对行业、宏观形势等外部环境的分析，故未能与企业战略有效结合

原有的财务分析报告多为财务人员撰写，分析报告多集中在企业微观层面，缺少对公司所处行业、所处宏观形势的分析，分析多集中于财务视角，未能将财务数据与公司发展战略相结合，未能反映出同行业的对比、国家宏观政策对公司经营业务、财务状况的影响。

（二）财务分析体系改进措施

1. 在原有财务分析体系中加入对未来现金流的预测

在做好目前财务分析工作后，财务人员应关注企业未来情况。对于企业未来前景的分析应以对企业未来现金流量分析为突破口。关注资金筹集、资产营运、成本控制、收益分配、项目投资与退出等各个环节的现金流量预测与分析。现金流是企业发展的“血液”，是企业价值的重要体现，它贯穿整个财务工作始终，也是预测企业未来发展情况、提示企业危险预警的最重要考虑因素。针对亦庄国投集团的主要业务股权投资来说，现金流分析更为重要。产业投资、基金投资的金额动辄几千万元甚至上亿元，这些资金何时投出、何时收回、收回的金额、投资收益多少、投资形式对于资金的需求和安全性的考虑、现金流在未来能支撑多大投资规模等都是需要进行预测分析并定期监控，只有这样才能防范重大的财务危机和资金困境。

2. 加强投前项目估值和投后监控分析

对投资项目进行估值是投资交易前提。一家投资公司将一笔资金注入企业，应该占有的权益取决于该企业价值。对投资机构财务人员而言，在财务模型基础上进行公司估值是财务人员的一种工作技能。投资估值可以将人们对行业和公司的认识转化为具体投资建议，可以预测公司的策略及其实施对公司价值的影响，还可以判断公司的资本性交易对其价值的影响。投资估值的方法主要有可比公司分析法、可比交易分析法、现金流折现法、LOB 估值等方法。其中可比公司分析法、可比交易分析法多适用于上市公司，现金流折现法适用于无可比上市公司或者无可比交易情况，而 LOB 估值法多适用于杠杆收购，即 LOB 是一种特殊的并购交易，其中大部分交易对价是通过贷款或发行债券筹集的，并以目标资产作为抵押，LOB 一般是将上市公司私有化，LOB 完成后，投资者通过利用被收购企业现金流来偿还贷款，并最终通过使公司上市或卖给其他公司获益。

对投资项目的投后分析既是财务分析的重要组成部分，也是公司投后管理的重要组成部分。对投资项目进行定期的投后分析可以监测被投资公司业务经营情况，防范被投资公司重大经营、财务风险对投资企业的影响。适时地对被投资企业的关键经营指标进行分析可以发现投资企业与被投资

企业签订的对赌协议是否成立，保障投资企业的利益。

3. 财务运营分析应与行业分析、宏观分析、公司战略相结合

财务部人员在做好本职分析工作基础上，应该与其他业务部门、职能部门相互学习，获取行业数据、宏观经济情况、公司战略定位等相关信息。从宏观角度把握财务分析方向、财务分析重点，在分析中加入对标企业、对标行业的分析，只有这样才能透过财务数据现象挖掘数据后面的本质，才能真正做到为经营决策提供依据。

（三）财务分析体系初步成果

根据财务分析目的，目前亦庄国投集团将财务分析分为三个层次：初级财务分析构架、中级财务分析构架和高级财务分析构架。

1. 初级财务分析构架

初级财务分析构架主要包括：①资产负债情况分析：各项流动资产、长期资产、流动负债、长期负债金额、构成、变动情况和预算执行情况的分析；②经营成果的分析：收入、成本费用、投资收益、利润的构成、同期变动情况，预算执行分析等；③所有者权益的一般分析：实收资本、资本公积、盈余公积、未分配利润的金额、构成情况、同期变动、预算执行分析；④关键比例分析：营运能力、盈利能力、偿债能力、发展能力等相关财务指标的计算与分析。

初级财务分析主要应用在每月常规财务分析中，主要是向公司管理层及时报送基本财务数据，提示主要财务风险和重大财务变化。

2. 中级财务分析构架

中级财务分析构是在初级财务分析基础上根据业务需要进行定期或者不定期的估值分析和投后项目分析。目前亦庄国投集团正结合自身实际情况设计不同行业投资估值模型，力求假设符合实际行业情况，推导过程有理有据、考虑因素全面有效。为了提高模型适用性，财务部深入业务，与业务团队一起参加尽职调查、项目对接、项目设计等工作，力求了解一线业务的真实情况，也在项目运行过程中对模型进行进一步修订完善。

在投后管理方面，财务部一方面设计了投后管理报表，让被投资企业按月填写，以便第一时间了解被投资企业经营状况和公司重点关注内容。另一方面财务部组织专人定期对投资项目进行投后分析，重点关注投资项目是否按照签订的投资协议运行、财务指标是否完成、对赌协议是否成立等事项。

3. 高级财务分析构架

高级财务分析是为企业提供战略性、较为复杂的决策信息，一般要应用一定数学模型并考虑行业因素、宏观因素得出。

目前亦庄国投集团已经开展的高级财务分析有：①五年期现金流量分析：财务部联合企发部、业务部门共同梳理未来五年的投资项目支出、投资项目收回等重大资金收支情况，为公司资本结构、融资规模、投资方向提供预测数据。②整体运营分析：财务部联合企发部、业务部编写整体运行分析报告，其内容包括企业运营分析、企业战略分析、企业治理分析、行业盈利分析、行业风险分析、短期经济分析、长期经济分析等。

下一步，亦庄国投集团还将在已有分析基础上规范初级财务分析模板，强调触及财务分析的时效性和规范性；增加中级财务分析模型，特别是投资决策模型；提升高级分析与企业战略的切合度。

四、集团税务筹划

企业税收筹划是指企业在法律允许范围内，通过对经营中的各种事项如组织结构、内部核算、投资、理财、交易、筹资、资产重组等进行事先安排，选择税负最低方式，最终使企业达到减轻税收负担和降低税收风险目的。从短期来看，企业通过纳税筹划，科学合理周密安排经营活动，降低税负或者递延缴纳税款，节约成本支出，提高企业经济效益，达到财务管理目标。从长期来看，企业自觉树立纳税观念，强化守法意识，紧跟政策变化，深刻理解税法精神，把税法的各种要求贯彻到各项经营活动，区别于避税、逃税、漏税、偷税、骗税等违法行为。亦庄国投集团在公司发展初期，业务规模较小，盈利能力较弱，涉税事项较为单一，税收筹划需求和空间都不大，因此未将税收筹划作为财务重点事项。随着近年来公司业务不断拓展，在金融领域加快布局，形成了集投资、融资、担保、小额贷款、融资租赁、基金管理、园区运营于一体的集团化经营模式，并在香港设立投资机构，开展跨境投融资业务，涉税业务越来越多，税收筹划需求不断加大，税收筹划成为财务管理中急需加强的重要环节。

（一）集团税务筹划问题梳理

1. 没有专职岗位，人员专业性不足

税务筹划是一项政策性、专业性较强的工作。税种的多样性、企业的差别性、需求的特殊性、客观环境动态变化和内外部条件制约带来的复杂性，对操作人员专业技能、应变能力、协调能力等综合素质提出了很高要求。财务人员以往只是从事基础纳税申报、发票管理等工作，没有专职的税务岗位，不足以应对不断发展变化的新业务和新税务法规。

2. 税务筹划仅针对零散单一事项进行，没有完整体系

由于公司起步初期涉税业务较为单一，仅仅针对个别海外并购项目聘请专业税务咨询团队，进行组织架构设计，优化纳税安排。公司财务人员由于专业程度不足，项目保密性较高等原因，并未真正参与税收筹划。日常经营中遇到的税务问题也仅对单一事项与税务主管机构或咨询机构进行沟通，识别税务风险，进行相应税务安排和处理。无论在税务法规培训，还是公司涉税业务梳理方面，均未形成系统化的工作体系。

3. 财务人员对业务了解不深入，难以将税法理论结合实际

随着公司不断发展壮大，成立多家控股公司，业务从投资领域扩展到融资、担保、小额贷款、融资租赁、基金管理、园区运营、海外业务等，涉及税种丰富多样。仅就投资业务而言，包括权益类投资、金融产品投资、债权投资等不同类型，每种类型适用的税种和要求各不相同。同时，被投资企业行业不同，也涉及不同税法和优惠政策。这就决定亦庄国投集团涉税领域的复杂性和多样性。而财务人员受到专业限制，对业务的了解有时浮于表面，很难真正理解深层次业务需求，更难将税法理论结合实际，真正找到适用于业务的办法，或者针对业务需求提出更优的税务架构，达到税务筹划目标。

（二）集团税务筹划改进措施

1. 梳理公司涉税业务，探索筹划空间和筹划路径

首先，通过信息收集、整理及分析，深入调查了解公司及控股公司各主体主要业务情况及税务处理情况，包括经营中涉及的主要税种、适用税率和税收政策等，对现有经营业务所适用各税种相

关税收政策进行分析，查找潜在的税务风险。

其次，在完成业务框架梳理基础上，针对不同税种，考虑税收优惠政策可适用的条件及税务机关依据一般反避税原则通常的判定方法，提出多种税务筹划方案，并与税务主管机构进行政策论证，以确保税务筹划方案具备税务前瞻性并可以实际操作。

最后，通过税负测算，比对各种方案综合成本节约和税务风险情况，形成最终税务筹划方案并实施。

2. 做好内外部沟通工作，为税务筹划方案落地做好保障

税收筹划涉及运营和管理全过程，需要各相关部门、人员步调一致，因此在筹划过程中，税务筹划人员应该通过与各部门的有效沟通，获取详细真实材料，了解业务实质，为方案设计打下基础，并通过与各部门的通力合作，保障筹划方案顺利实施。

税务筹划人员应注重与税务主管部门和专业税务咨询机构的沟通。一方面及早获取国家对相关税收政策调整或新政策出台信息，及时调整税务筹划方案，达到事半功倍效果；另一方面在一些模糊或新生事物处理上及时获得税务主管部门的认可，或者是专业税务咨询机构的指导，避免因操作不当导致无法享受政策优惠或带来税务风险。

3. 加强内部人员培养，形成税务筹划长效机制

在公司内部培养专职税务人员，应对不断增长的税务筹划和税务咨询需求，一方面通过税务法规培训等形式加强专职人员专业水平，加强对新税法的关注度和敏感度，有前瞻性地将税法趋势和公司业务相结合，最大程度降低成本和风险；另一方面通过与专业中介机构的合作，从实践中获取经验，真正把握筹划重点和细节，建立公司内部的税务筹划长效机制。

4. 关注“营改增”进程，跟进税制改革

营业税改征增值税（“营改增”）自 2012 年 1 月 1 日开始在上海试点，目前还有四个行业即生活服务业、金融业、建筑业以及房地产业的改革尚未完成。2015 年作为“十二五”的收官之年，全面“营改增”工作时间紧、任务重、过程难。目前亦庄国投集团的产业布局主要集中在金融行业及园区建设和运营的房地产相关领域，属于尚未完成税制改革的行业。其中房地产业建设周期长，财税差异大，增值税发票管理严格，何时开票，何时抵扣，都可能存在困难。同时房地产行业在建设过程中资金需求量非常大，融资方式很多，即使金融业改征增值税后也未必能够全面覆盖，这种情况是否可以抵扣，如何抵扣，可能会产生较多的争议性问题。而金融业的业务构成较为复杂，对不同类型的金融服务和金融产品是否适用不同的增值税税率，如何准确核算各项收入金额，如何准确划分各项收入对应的进项税额，都是需要考虑的问题。而且由于金融行业交易量巨大，导致需要开具大量增值税发票。企业信息系统改造以及与税务部门增值税发票管理系统如何对接，也是金融机构需要解决的实际问题。亦庄国投集团需要密切关注“营改增”进程，及时了解税制改革政策，评估税务影响，及时做好应对。

（三）集团税务筹划初步成果

1. 针对投资业务的税务筹划

为贯彻落实《国务院关于进一步优化企业兼并重组市场环境的意见》要求，2014 年以来，财政部、国家税务总局联合发布了多项有关企业重组的税收政策，包括《关于促进企业重组有关企业所得税处理问题的通知》、《关于非货币性资产投资企业所得税政策问题的通知》、《关于企业重组业务企业所得税征收管理若干问题的公告》等，扩大了重组特殊性税务处理适用范围，对非货币性资

产投资给予递延纳税政策，进一步支持企业兼并重组，优化企业发展环境。

亦庄国投集团以此为契机，综合考虑现有企业重组优惠政策相关条件，分析现有各投资项目架构的合理性，并结合公司未来的项目运作安排提出适当调整建议，以合理降低或递延未来经营的税务成本。同时对于投资业务相关的各种法律文本和批复文件进行审阅，从细节上分析现有资料是否满足重组特殊性税务处理的备案要求，确保筹划方案顺利实施。

2. 针对筹资业务的税务筹划

企业进行筹资的方式有两种：债权和股权的筹资。在资本结构中，在盈利能力较强且偿债风险可控的前提下，加大杠杆比例，更有利于纳税筹划。一般来说，企业以留存收益方式筹资所承担的税收负担要重于向金融机构贷款所承担的税收负担，贷款融资所承担的税收负担要重于企业间拆借所承担的税收负担，企业间拆借资金的税收负担要重于企业内部集资的税收负担。

3. 针对海外平台的税务筹划

亦庄国投集团设立香港公司，负责海外市场的投资业务。香港税制总体上税种较少，税负较轻，主要税种有薪俸税（类似个人所得税）、利得税（类似企业所得税）、物业税（针对物业租赁收入征收的税）、印花税、消费税、博彩税等，无营业税和增值税。香港以地域为征收税项的基础，只对来自香港的利润及收入征税，来自于香港以外的收入不需缴税，对于长期投资收益不需缴税。通过香港公司进行更多的投资业务，有利于降低整体税负。由于海外融资成本较低，海外业务平台也可以成为资金融通渠道，加上香港低税率，降低整体资金成本。

4. 针对园区建设和运营相关业务的税务筹划

园区建设和运营相关业务与房地产行业相似，对于出售部分需缴纳土地增值税、营业税、城建税、教育费附加等税种；对于自持出租部分，需缴纳房产税、土地使用税等税种。纳税筹划主要根据公司未来经营安排，检查在建工程成本计算的合理性，根据租售比例进行估算，确定合理税基，降低税务成本。

五、结语

亦庄国投集团通过强化公司战略、预算与绩效评价的互动关系，逐步实现战略引领预算、绩效考核强化预算、预算推动业务增长的全面预算管理机制；通过探索适合企业特色的集团化资金管理模式，追求资金使用效率和效益最大化；通过财务和经营数据多维度开展各项分析、估值、预测工作，优化资本结构，完善跟踪预警机制，降低财务风险；通过对集团业务的全面梳理，着力降低整体税务，防范税务风险，优化海外布局。

价值创造离不开企业增长的支撑。亦庄国投集团正是通过提升财务管理水平促进企业经营战略的实现，应用价值创造和增长支撑财务理论创新，构建精细化财务管理模式。

基于战略实施的特大型钢铁企业集团资金动态管理体系的构建与实施

创造单位：首钢总公司
主要创造人：刘 鼎　　创造人：王保民　邹立宾　尹明珠　刘同合

[摘要] 首钢集团资金动态管理体系的构建是通过多年集团化资金管理经验积累，从管理工作制度化、管理机制系统化、管理流程透明化、业务规则规范化、工作流程标准化角度入手，以制度体系建设为基础、以信息化平台为支撑、以可操作的业务规则为保障，构建并实施的规则透明、执行严谨、管理规范、效率当先的集团资金管控体系。该体系是从集团资金运营、成员单位资金管理两个维度以及资金流入、资金平衡、资金流出三个层面实施的制度管控，通过管理制度约束树立全员风险意识，构建全面内控体系以及绩效评价体系，确保集团资金运行安全。

[关键词] 信息化平台；资金管控；经济效益

2014年是首钢集团贯彻党的十八大、十八届三中全会和习近平总书记重要讲话精神，进行首钢全面深化改革，实现转型发展战略目标的第一年。首钢集团按照北京市要求，提出了“抓住机遇，勇挑重担，努力在推动京津冀协同发展中发挥好示范带动作用；深化改革、苦练内功，加快推动首钢转型发展”总体发展目标，具体细化为三个方面：一是积极发挥重要作用，成为北京市率先落实京津冀协同发展战略的实施主体，成为实施京津冀协同发展战略的平台和纽带；二是北京首钢园区要成为国际一流和谐宜居之都示范区，成为首都创新驱动承载平台及最有活力的区域之一；三是首钢要履行国有企业社会责任，做新型城市综合服务商。因此，构建与实施集团资金动态管理体系是引领和促进首钢转型发展，保障集团实现战略目标的必然选择，是符合集团发展战略要求、保障集团发展战略实施的客观要求。

首钢集团资金动态管理体系的构建是通过多年集团化资金管理经验积累，从管理工作制度化、管理机制系统化、管理流程透明化、业务规则规范化、工作流程标准化角度入手，以制度体系建设为基础、以信息化平台为支撑、以可操作的业务规则为保障，构建并实施的规则透明、执行严谨、管理规范、效率当先的集团资金管控体系（见图1）。

截至目前，这一研究课题的开展无论是在首钢还是在行业内都是没有先例的。

基于战略实施的特大型钢铁企业集团资金动态管理体系的实施效果主要体现在以下几方面：

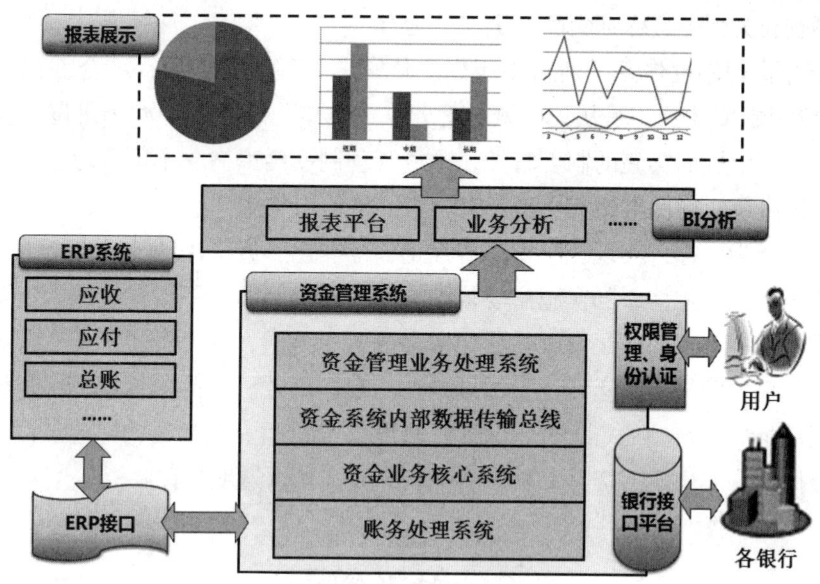

图 1　首钢资金动态管理体系

一、社会效益

1. 为大型钢铁企业集团转型发展期的资金管控提供行业借鉴

首钢集团资金动态管控体系是为了保障集团转型发展期顺利推进、满足集团战略实施资金需求所构建并实施的资金管控体系，同时，也是集团管控中的重要组成部分，能够解决资金沉淀、周转效率低、成员单位多头开户以及“存贷双高”等集团资金管理乱象，通过搭建集团运营、存量资金控制管理平台，提升资金管理在集团管控中的价值，降低使用成本，发挥集团整体资金规模优势，为钢铁企业集团转型期的资金管控提供有效借鉴。

2. 进一步提升首钢集团管理水平，强化集团资金管控能力

首钢集团在资金动态管理过程中通过运用量化分析、数学建模等信息化管理手段强化集团运营、存量资金管理，构架了科学有效的资金平衡模型，使集团内各成员单位运营、存量资金能参与集团整体资金周转，提高了集团资金使用效率，降低了集团整体的资金使用成本，发挥了集团资金的整体规模优势，缓解了集团资金阶段性不平衡问题，从而进一步提升了首钢集团管理水平，强化了集团资金管控能力。

二、创新价值

1. 管理创新为基础，实现科学、透明、安全的集团资金管控

大型钢铁企业集团资金集中管理本质上解决的是集团管控与成员单位自主经营之间存在的集权与分权问题，首钢集团资金动态管控体系的构建与实施创新点在于利用首钢资金结算中心这一管理主体，寻求集团集约化管理与适度分权管理的管理平衡。首钢资金结算中心作为集团资金最高管理部门，不但肩负着集团资金一体化管理，还需要调剂集团资金在运营过程中的结构与需求的阶段性不平衡，因此构建科学、透明、安全的集团资金管控体系是集团资金管理的客观需要。

2. 制度体系创新为保障，保证集团资金安全运行

首钢集团资金管理制度体系是通过多年集团化资金管理经验积累，结合首钢实际情况构建的“自上而下”的管理制度体系，是从集团资金运营、成员单位资金管理两个维度以及资金流入、资金平衡、资金流出三个层面实施的制度管控，通过管理制度约束树立全员风险意识，构建全面内控体系以及绩效评价体系，确保集团资金运行安全。

3. 信息技术创新为支撑，实现资金管理流程化、标准化、透明化

首钢集团资金动态管控体系的实施主要依赖技术手段的不断创新，资金流入、资金使用的所有信息都在线上操作、收集，构建了集团整体的资金流向、流量，使得集团资金运行更加透明化、体系化，资金分析过程更贴近实际运行，更加准确、客观、高效。因此，首钢集团资金管理信息化建设能够帮助集团满足战略转型的资金调配需要、高度整合集团资金资源、规范工作流程、提升运营效率、防范资金风险，实现集团资金管理的流程化、标准化、透明化。

三、经济效益

2013 年，纳入集团资金预算集中管理的成员单位期末存货资金占用总额 145.06 亿元，比年初降低 8.44 亿元；2014 年期末存款资金占用总额 120.24 亿元，比年初降低 24.82 亿元，两年累计降低资金占用 33.26 亿元。

截至 2014 年底，首钢集团完成内部归集资金总额 43.3 亿元，卓有成效地将分散在各成员单位的存量资金统一集中到集团总部，使各成员单位存量资金参与集团整体资金周转，为提高资金运作效益创造了条件。通过集团资金的统筹平衡，提高资金周转速度，减少资金沉淀，全年可减少银行贷款总额 43.3 亿元，按照现行央行一年期贷款基准利率（5.6%）测算，可节约贷款利息支出 2.42 亿元 / 年，两年节省利息支出 4.84 亿元。

通过调整资金结构，平衡银行存款与承兑汇票资金比例，对必须使用现金结算的业务，通过归集资金统筹安排，可以减少银行承兑汇票贴现金额。按照归集资金构成（39 亿元现金，4.3 亿元承兑汇票），测算全集团通过调整资金使用结构可减少贴现票据金额 39 亿元。按照现行银行平均贴息利率 6.02%，平均贴现天数 120 天计算，半年可节约贴现息 0.78 亿元，两年节约贴现利息 1.56 亿元。

综上所述，通过实施首钢集团资金动态管控体系，两年共降低资金成本 39.66 亿元。

管理会计在全面预算管理中的应用与实践

创造单位：北京市五环顺通物流中心
主要创造人：王青林　　创造人：石玉华　熊兰　宋微

［**摘要**］首农集团实施全面预算管理以来，公司一直积极贯彻实施，不仅按规定组成预算管理小组，将各项预算责任到人，并且十分重视对全面预算全程的控制。全面预算管理的实质并不仅仅停留在对全年任务指标的数字考核上，更是针对企业基础管理的一项考核。因为，只有基础管理到位，才能确保企业各项业务顺利开展，才能够确保全年任务指标的顺利实现。为此，公司利用管理会计工作方法，从日常管理入手，做到对全面预算在企业事前、事中、事后的有效控制。

［**关键词**］管理会计；全面预算管理

一、企业概况

北京市五环顺通物流中心是首农集团所属南郊农场下属企业，是一家综合性冷链物流企业，公司自 2001 年成立以来不断发展壮大，目前主要业务部门为冷冻部、冷运部、仓储部，分别为客户提供温控库房存储、冷藏运输及普通库房服务。公司现拥有 20 多家国际、国内知名的企业客户群，如百麦、辛普劳、怡斯宝特、酷圣石、汉堡王、荷美尔等。目前公司资产总额为 1.8 亿元，2014 年全年实现收入 3645 万元，利润 223 万元。公司拥有职工 100 人，负担离退休人员 112 人。凭借先进的管理经验和优质服务，公司在业内形成了良好口碑，2015 年荣获中国冷链物流百强企业、国家标准示范企业荣誉称号，被北京市委、市政府评选为北京市劳模集团。

二、提出背景

首农集团实施全面预算管理以来，公司一直积极贯彻实施，不仅按规定组成预算管理小组，将各项预算责任到人，并且十分重视对全面预算全程的控制。因为，全面预算管理的实质并不仅仅停留在对全年任务指标的数字考核上，更是针对企业基础管理的一项考核。只有基础管理到位，才能确保企业各项业务顺利开展，才能够确保全年任务指标的顺利实现。为此，公司利用管理会计方法，从日常管理入手，做到对全面预算事前、事中、事后的有效控制。

三、管理会计在全面预算中的具体应用与实施

（一）强化事前预算

本中心由财务部牵头，各部门设置专职部门核算员，由部门先预测、制订本年经营计划和招商

计划，从而制定部门全年收入和成本费用预算。收入预算由各业务部门逐客户、逐月分析，同时考虑合同期限、价格上涨等因素。进行成本费用预算时各部门将其划分为固定费用和变动费用。固定费用预算项目包括部门折旧费用、人工固定成本费用、财产保险费用等。变动费用预算项目包括与业务量相关的燃油费、库房电费、路桥费、出车补贴费用、装卸费等。预算过程中不论是对收入还是成本费用的预算都要保证做到不遗漏、不冒进，预算结果客观准确。部门预算结果出来后，经公司预算小组审核无误，便将该预算结果作为该部门当年任务指标，由公司绩效考核管理小组根据该任务指标为各部门制定目标责任书。

部门预算结果经财务部门汇总便形成公司整体预算，公司将此收入、利润预算数据上报至南郊农场成为公司本年度预算目标。这样公司目标便与部门目标紧密结合，为保证目标的顺利实现，公司将部门预算目标与绩效考核挂钩，按照各部门实际完成情况，做出相应奖惩措施，并由公司绩效管理考核小组负责实施考核，一方面调动了部门负责人的积极性，另一方面也保证了公司整体目标得以实现。

（二）定期事中控制

为保证各部门顺利实现预算目标，公司从管理入手，采取一系列措施进行预算事中控制。

首先，对于重要费用项目进行监督，避免费用盲目增加，如冷运部的油耗监控和冷库的电量监控。

1. 冷运部油耗监控

对于油耗监控冷运部采取了对固定线路测定定额油耗方式。每季度派调度跟车测定每趟固定路线的合理油耗定额，定额一经确定即据此执行。每次运输业务完成后，由核算员作出该次运输的油耗统计表，根据加油量和 GPS 记载的行驶里程计算出实际耗油量。油耗监控比对情况详见表 1。

表 1　冷运部 2014 年 4 月油耗监控台账

序号	车号	车型	吨位（t）	4月耗油量（升）	4月行驶里程数（公里）	4月百公里油耗（升）	定额油耗（升）	差异额	差异分析
1	京G54840	解放	2.85	629.64	2284	27.57	30	-2.43	节约
2	京G58661	解放	2.8	424.14	1600	26.51	21	5.51	送货等待时间长，打冷耗油高
3	京G58646	解放	2.8	890.18	3500	25.43	21	4.43	送货等待时间长，打冷耗油高
4	京G08547	东风	7.6	620.78	1817	34.17	27	7.17	送货等待时间长，打冷耗油高
5	京AM1581	天锦	8	1934.8	8500	22.76	24	-1.24	节约
6	京G50314	江淮	1.95	590.61	3500	16.87	16	0.87	基本符合
7	京AK2326	解放	1.95	901.19	5893	15.29	17	-1.71	节约
8	京AL8339	解放	1.95	551.87	3779	14.60	16	-1.40	节约
9	京AF1334	奥铃	2.995	777.55	4639	16.76	17	-0.24	节约
10	京AF1371	奥铃	2.995	569.52	3344	17.03	17	0.03	基本符合
11	京AJ1336	奥铃	3.99	830	5098	16.28	16	0.28	基本符合
12	京AJ1174	奥铃	3.99	1640.15	10181	16.11	16	0.11	基本符合

根据表 1 列示，如实际耗油量低于或等于定额油耗，即节约用油，则费用准予报销，如实际耗油量超出定额油耗，而又对超出部分不能做出合理解释，则只予报销定额油耗部分费用，超出部分燃油费用由司机自行承担。

2. 冷冻部用电量监控

相对于冷运部的油耗监控，冷冻部也针对库房的主要费用支出——电费进行监控。该监控由冷冻部与公司设备管理部共同进行，由上述两部门对各个库房每平方米的耗电量测定一个常态值。然后由专人每天对各库房实际耗电量数据进行采集，最终制成报表进行耗电量比较，如表 2 所示。

表 2　库区日常核算情况（2014 年 5 月 22 日）

库区名称	德茂库区						
库房名称	5号库	6号库	7号库	8号库	9号库	10号库	11号库
库房面积(平方米)	170	170	549	200	400	882	451
库房容积（立方米）	595.00	595.00	1921.50	700.00	1400.00	3087.00	1579.66
温度设置区间	(2,6℃)	(2,6℃)	(-18,-20℃)	(16℃)	(4,6℃)	(-18,-20℃)	(2,6℃)
库内温度	-19	5	-18	16	5	-8.2	2
出入库次数	4	30	16	2	0	40	36
出入库时间(秒)	60	450	240	30	0	600	540
库房用电量	—	—	—	110	0	990	321
相对用电量	—	—	—	100	0	900	321
每平方米耗电量	—	—	—	0.55	0.00	1.12	0.71
每平方米耗电量常态值（kw·h）	—	—	—	0.50	0.70	1.00	0.60
每立方米耗电量	—	—	—	0.16	0.00	0.32	0.20
差值	—	—		0.05	-0.70	0.12	0.11

按表 2 列示，如果实际耗电量与常态值出现明显差异，将由库房和设备管理部共同分析差异存在原因，如是否当天出入库频繁造成跑冷量大、是否库房人员存在违规操作、是否冷机出现制冷故障……通过两部门共同分析，能及时纠正工作中的问题或及时解决设备出现的故障，保证库房的平稳运营。

通过检测油耗和电量管理方法，使公司主要费用开支得到科学有效控制，不仅节约成本，也保证了部门预算得以顺利实现。

公司还要求财务部指导各部门核算员按月对本部门盈利情况进行核算，做出核算报表。报表内容见表 3、表 4。

表 3　2014 年 4 月冷藏部核算明细

单位：元

项目	德茂库区							
	6号库	7号库	8号库	9号库	常温库-1	11号库	当月合计	本月累计
总收入	17870.52	63558.18	10188.68	12125.24	40626.28	30445.16	301735.07	1167214.43
百麦							—	51962.26
							—	915.09
怡斯保特					—		17400.94	70533.73
					—		4263.18	16474.99
汉堡王				1886.79	10613.77	—	34434.53	134449.53
							—	—
爱普	14858.49				5391.51		73562.38	196793.68
	2792.88				2792.88		11171.52	38728.71
	219.15				219.15		876.60	13986.97
派工收入							—	—
设备收入							—	—
减：税金	104.30	370.96	59.47	70.77	237.12	177.93	1761.31	4149.13
减：费用	11995.37	12084.27	15286.60	20387.44	14754.20	26784.25	191088.15	662102.90
1.工资及附加	6403.17	6403.17	6403.17	6403.17	6403.17	6403.17	76838.04	208612.27
2.临时工工资	3098.11	3098.11	3098.11	3098.11	3098.11	3098.11	37177.33	164683.63
5.叉车及办公成本	558.09	558.09	558.09	558.09	558.09	558.09	6697.09	24020.10
6.修理费及物耗费	69.88	69.88	69.88	69.88	69.88	69.88	838.50	36700.78
8.广告费	108.70	108.70	108.70	108.70	108.70	108.70	1304.35	1304.35
9.业务招待费	159.17	159.17	159.17	159.17	159.17	159.17	1910.00	3482.00
10.办公费	3.33	3.33	3.33	3.33	3.33	3.33	40.00	540.00
11.水电费	282.38	282.38	282.38	282.38	282.38	282.38	3388.50	18841.55
12.电话费	25.48	25.48	25.48	25.48	25.48	25.48	305.70	1235.02
13.冷库保险	39.87	128.77	46.91	93.82	234.55		2239.63	8958.52
冷库用电量			2650.00	6728.00	2069.00	6622.00	36619.00	80482.00
冷库电费	-	-	3284.19	8338.12	2564.15	8206.75	45382.52	99742.65
15.车保险及油费	139.22	139.22	139.22	139.22	139.22	139.22	1670.68	4772.72
16.装卸费	1103.40	1103.40	1103.40	1103.40	1103.40	1103.40	13240.80	64594.30
17.其他	4.58	4.58	4.58	4.58	4.58	4.58	55.00	24615.00
毛利润	5770.85	51102.96	-5157.38	-8332.97	25634.97	3482.98	108885.61	500962.40

表4 2014年4月冷运部长途运输核算明细

填报部门：冷运部										
	京G08547	京AM9174	京AP6938	京G18801	京G21790	京G24277	京AM1135	京G57624	当月合计	当月累计
收入总额(元)	12706.64	27166.10	274.21	22121.05	28112.06	19643.59	48787.73	73607.52	232418.90	911045.25
1. 百麦盘倒收入				12612.61	6306.31	5045.05	5135.14	7567.56	36666.67	142522.52
2. 百麦长途收入							28648.65	54954.95	83603.60	268198.20
3. 爱普收入		5900.90		2162.16		6486.49	5315.32	4324.32	24189.19	83558.54
4. 百嘉宜市配收入	2522.52	2162.16							4684.68	14414.40
5. 百嘉宜移库收入					12972.98		720.72	2072.07	15765.77	108558.55
6. 荷美尔收入	8288.29	14954.95		7072.07	2072.07	6216.22	2072.07	1171.17	41846.84	216486.45
7. 汉堡王收入	990.99	3873.88							4864.87	20252.25
减：税金	110.65	236.56	2.39	192.63	244.80	171.05	424.84	640.97	2023.89	5335.63
减：费用	18961.55	28961.73	10440.43	20035.21	26190.41	21109.26	38684.27	59321.72	223704.58	903611.53
1. 工资及附加	4387.16	4513.09	4308.93	4372.98	4412.88	4353.38	4450.33	4500.03	35298.79	135254.12
2. 临时工工资	2295.00	5893.00	60.00	1890.00	3030.00	1330.00	4100.00	5520.00	24118.00	104476.00
3. 车辆折旧	6497.07		3562.93	4131.59	4349.66	3929.15	1513.53	4289.44	28273.37	102404.69
4. 保险费	437.53		771.16	742.25	753.21	760.50		748.43	4213.08	14538.84
5. 租车费用（外部）		9600.00					10500.00		20100.00	80400.00
6. 燃油费	2712.96	5221.26	1069.63	5125.16	8236.43	7023.00	12363.69	28007.10	69759.23	274182.05
7. 路桥费差旅费	245.00	805.00		310.00	1370.00	2340.00	4580.00	13520.00	23170.00	89043.00
8. 装卸费	650.00	2121.00		1803.00			210.00	1020.00	5804.00	25255.00
16. 其他	642.12	642.12	642.12	642.12	642.12	642.12	642.12	642.12	5136.96	41041.91
利润：	-6365.56	-2032.19	-10168.61	1893.21	1676.85	-1636.73	9678.62	13644.84	6690.44	2098.09

核算表可以反映出本部门当月各车、各库、各客户盈利状况。不仅可以帮助企业管理者通过数据看出各部门经营状况，还可以直观反映出哪些是优质客户。通过各部门核算表可以看出当月实际经营情况与预算目标之间的差异，通过差异对比能及时调整生产经营，保证预算目标的顺利实现。

（三）做好事后分析

公司在预算管理方面不仅注重事前预算、事中控制，更注重事后分析。通过分析不断总结，不断进步，随时改正生产经营中出现的偏差。为此，公司每月定期召开经济分析会议，会议由财务部组织、主持，各部门负责人、骨干及核算员参加。扩大参会人员范围的目的是为了提高大家参与部门经营管理意识。会上由各部门负责人通过 PPT 方式汇报本部门当月预算目标完成情况、与预算存在的差异及原因、指出本部门的不足和解决措施以及为完成预算目标所做努力。核算分析会议的召开使各部门负责人能不断总结和分析及时发现问题，及时改正，以保证经营方向和思路的准确。提高大家透过数字看清本质的能力，提高对业务运营的分析能力。

（四）日常工作报表化

公司不仅将管理会计应用到全面预算管理中，在日常管理方面也处处体现管理会计的作用。公司由财务部根据各部门业务开展特点和实际情况，为各部门制定了“一套表”，将部门工作用表格形式反映和考核，以加强部门管理，具体见表 5。

通过表 5 可以看出，公司将各部门具体工作都进行表格化，并将每项工作都与当月绩效考核挂钩，这样工作目标更明确、清晰，工作表现和结果更直观，既满足公司管理需要，也使大家能够重视日常工作，使公司管理水平不断提升。

通过利用管理会计加强对日常管理及对全面预算事前控制、事中控制、事后控制、分析，公司每年都能顺利完成全年任务，2014 年则出色完成了全年预算任务指标。

今后，五环顺通将继续严格执行集团全面预算管理方法，不断将管理会计工作方法与预算管理结合、与企业管理相结合，保证全面预算在企业能够彻底落实，不断提升企业经济效益和管理水平。

表5　各部门业务要求

考核内容		目标责任人			
		王山	熊兰	于红	吕连仁
日常报表	油耗定额执行台账（100）				
	车辆油耗管理台账（100）		—	—	—
	车辆维修保养、保险及年检台账（100）		—	—	—
	车辆配件管理台账（100）		—	—	—
	各车辆里程表（100）				
	轮胎工具台账（100）				
	车辆说明书档案（100）				
	库房耗电及盈利报表（100）	—		—	—
	库房出租率表（100）				
	叉车管理维修保养台账（100）				
	劳保用品台账（100）				
	客户合同管理台账（100）	—	—		—
	出租率表（100）				
	水电表（100）				
	设备维修保养台账（100）	—	—	—	
	设备巡视检查台账（100）	—	—	—	
	工程物资出入库管理台账（100）				
	设备档案（100）				
	供应商档案（100）				
	新增建设档案（图纸、合同、供应商资料）（100）	—	—	—	

首届全国国有企业财务管理创新成果和优秀论文名单（成果类）

等级	成果名称	创造单位	主要创造人	创造人
一等	BT项目回购方式创新问题研究	中电建路桥集团有限公司	党　卫	卢勇华　龙婕妤　王文辉
一等	集团化5C全面战略预算管控体系的构建与实施	北京首创股份有限公司	冯　涛	郝春梅　吴沛毅　王　颖　王勇华　孙　薇
一等	以价值创造为导向的预算管控	中国兵器工业集团公司	翁建威	孙殿文　袁树宝　商逸涛　王晓丹
一等	财务委派制下的财务共享中心建设	北控水务集团有限公司	于立国	周　莉　孙　敏　田林娜　江　艳
一等	境外统计报表系统研究与应用报告	中国建筑股份有限公司	曾肇河　薛克庆	顾笑白　王丹梅　刘光元
一等	信息化建设与精益财务转型研究	中国铁建电气化局集团有限公司	张国俊　贺春雷	栗喜明　薛晓荣　夏振华　申　晖　李海全
一等	地铁集团化财务对标管理的构建与实施	北京市地铁运营有限公司	齐占峰	蒋　瑛　黄宏伟　林玉晶　王秀娟
一等	实施战略成本管理，提升核心竞争力	鞍钢矿业集团	李之奇	于　淼　王　丹　张　凌　唐学飞
一等	大型航空企业集团的财务集中管理	成都飞机工业（集团）有限责任公司	常金平	许鹏辉　王玉辉　岳冬蕾　曹　玉
一等	湖南省国资委监管企业财务风险预警机制研究	湖南省人民政府国有资产监督管理委员会	樊建军	汪学高　黄　非
一等	京能集团资金预算管理平台的建设与实施	北京能源投资（集团）有限责任公司	刘嘉凯　梁锦华	方秀君　李世萍　吕鸿鹏　梁　浩
一等	企业全面预算成熟度测评模型	东北财经大学	刘凌冰　韩向东	盛桢智
一等	企业年度财务决算标准化流程实施项目	北京经济技术投资开发总公司	徐婧鹤	胡雨虹　李璐阳　黄南希　刘亚军
二等	财务公司资金优化配置体系的构建与实施	京能集团财务有限公司	张　伟	倪　婷　于　波　熊　涛　张原野
二等	新能源发电企业财务管理模式的创新与实践	北京京能新能源有限公司	何　敏　刘双琼	任百胜
二等	ERP系统实施过程中风险控制研究	大庆石油管理局钻探工程公司试油测试公司	王国明	张立业　赵　鑫　方　红　万延逡
二等	经营管理信息系统在石油企业中的应用	中国石油天然气股份有限公司大港油田分公司	孙义新　谯中成	胡　铭　麻惠静
二等	预算管理及财务管控在企业中的应用	北京翠微大厦股份有限公司	张　杰　王　霞	张宇红　邓　菲
二等	小型水电企业责任成本管理体系的构建和实施	四川大川电力有限公司/四川众能电力有限公司	王开君	张雪梅　解建忠　贾法彬
二等	移动互联网在会计业务中的应用实施	北京海纳川汽车部件股份有限公司	董军翔　杜　斌	郭红文　梁益年　董　洁　谢胡天一　孙婷婷
二等	全视图资源管理体系构建与实施	中国电信股份有限公司湖北分公司	陶代金　陈冬生	李志强　张慧婷　夏文瑜　陈友刚
二等	大型燃气发电企业基于嵌入式管理的税务优化体系应用	北京京桥热电有限责任公司	金　立　白　倩	安振源　郭新焕　何世尧　丁　虹　王素芳　沈淑凤　赵梦月
二等	模拟市场化运行机制在制造企业的创新运用	中国西电集团——西安西电开关电气有限公司	赵新荣	苟通泽　王妍斐　郭江杰　杨秋歌
二等	创新社会缴费模式，提升服务能力	中国电信股份有限公司内蒙古分公司	李瑞堂	岳　琨　秦　华
二等	基于价值创造的集团财务管理	北京亦庄国际投资发展有限公司	张家伦	何　悦　刘海伦　施　煜　李兆新
二等	基于战略实施的特大型钢铁企业集团资金动态管理体系的构建与实施	首钢总公司	刘　鼎	王保民　邹立宾　尹明珠　刘同合
二等	管理会计在全面预算管理中的应用与实践	北京市五环顺通物流中心	王青林	石玉华　熊　兰　宋　微

首届全国国有企业财务管理创新成果和优秀论文名单（论文类）

等级	论文题目	申报单位	第一作者	作　者
一等	会计信息对股票市场的影响研究	中央财经大学/中国交通银行青岛分行	祁怀锦	丁　和
一等	“下推会计”在企业并购中的应用探讨	北京市西郊农场	李素娟	
一等	企业集团税收筹划策略研究	北京京煤集团有限责任公司	王有松	周晓东　冯　军　刘振强
一等	大型能源投资集团财务公司数据化管控体系的构建与运行	京能集团财务有限公司	刘　颖	王　申　赵　敏　杨　艳

一等	煤炭业上市公司履行社会责任对财务绩效的影响	内蒙古交通投资有限责任公司	张崇生	封静雪　杨　静
一等	大型能源集团工程服务平台公司财务共享服务中心的构建与实施	北京国际电气工程有限责任公司	王　鑫	昝荣师　綦惟恒　柴有国
一等	基于EVA价值树的新兴业务全过程价值管理体系研究	中国电信股份有限公司上海分公司	王兴燕	张慧宇　张锦丽 袁　剑　王海建
一等	基于DEA模型的运营投资型文化产业投资效率检验	西北政法大学商学院	张荣刚	李继玲　于　洋
一等	关于加强财务队伍素质能力建设的探索与实践	大庆油田有限责任公司第二采油厂	闫树军	
一等	医药集团企业对现金池工具的应用探析	国药控股分销中心有限公司	吴轶伦	仇甜著
二等	价值管理在企业行为研究中的应用	华北电力大学	李　涛	陈李荃
二等	失误成本管理在石油钻探公司的应用研究	中国石油天然气集团川庆钻探工程有限公司川西钻探公司	唐静洁	龚国杨　刘　力　张万川
二等	我国寿险业资金运作效率评价及其因素分析	苏州大学	沈能	吴思慧
二等	国有大中型企业总会计师角色定位的思考	中国石油化工股份有限公司江苏油田分公司	肖国连	
二等	集成电路封测行业时间驱动作业成本法应用研究	北京首钢微电子有限公司	陈妍芳	王鹏南　周　黎
二等	基于成本单耗对标及考核创新的经营精细化管理	中国石油天然气股份有限公司新疆油田公司采油二厂	褚作红	程惠民　黄琳琳　刘海英
二等	上市公司资本结构与公司绩效的相关性研究	北京汽车研究总院有限公司	赵丽星	薄海燕
二等	以信息化创新成果助推企业财务转型升级	北京经济技术投资开发总公司	宋　健	韩　勇　康乐君 郭艳萍　张铜钢
二等	企业科研经费管理探讨	中国石油西南油气田公司勘探开发研究院/工程技术研究院	陈　鸿	郭红梅　陈方兵
二等	基于集中报销和“银企直联”的货币资金集中管理	中国石油天然气股份有限公司西南油气田分公司川中油气矿	王　清	刘光耀　张　璇 杨艳彬　陈　禹
二等	以现金池管控体系为核心的集团化资金管理	北京首创股份有限公司	杨　娉	李蓓蓓　冯　涛
二等	医院支出预算指标体系的建立和分析	北京大学首钢医院	马　莉	王庆红
二等	关于公司实施全面预算管理的专题研究	京能（赤峰）能源发展有限公司	乔艳君	张明川　盛岩岩
二等	新常态票据业务风险预判及对策研究	贵州城市职业学院	蒙　毅	蒙永福
二等	集团财务共享服务模式运用及发展研究	忻州师范学院	侯翠平	丰蓉芳　王丽红
二等	初创期国有企业财务管理创新的探索	北京通用航空有限公司	王鑫彦	赵　耘　陈　洁　王淙雯
二等	如何建立经济责任审计评价指标体系	中国石油天然气股份有限公司管道呼和浩特输油气分公司	彭　良	王英臣　贺元发　赵慧颖
二等	企业管理会计工具集成应用分析	中国航空工业集团航宇救生装备有限公司	张　力	
二等	长钢熔剂厂成本控制与实践	首钢长治钢铁有限公司	和河鱼	张振新　陈建利 冯云林　明月霞
二等	建设期如何有效降低筹资费用	北京京西燃气热电有限公司	杨　帆	赵剑波　佟　青　刘　军
二等	推进“三大计划融合”，实现全要素协同增效	中国石化集团胜利石油管理局电力管理总公司	高立群	陈同利
二等	浅谈如何做好井下小修业务和机械制造业务的成本控制	中国石油天然气集团新疆油田分公司工程技术公司	王　强	杨雪梅　马月红
二等	公交企业“规制成本”下的财务管理目标	乌鲁木齐市公共交通集团有限公司	吴　艳	张　帅
二等	信息化如何助力制作成本管理	西安西电电力电容器有限责任公司	辛春阳	
二等	中小企业内部控制问题及对策浅析	北京兴建物业管理中心	李爱红	
二等	高科技企业的财务管理价值	大唐电信大唐联诚信息系统技术有限公司	杨玉兰	
二等	大宗商品贸易企业的资金管理与融资创新	中航国际钢铁贸易有限公司	何绪良	赵　锋　王传海
二等	浅谈商誉会计	济南建筑材料集团总公司	王滨昌	

首届全国国有企业财务管理创新成果和优秀论文申报审定最佳组织单位

北京市人民政府国有资产监督管理委员会

全国国有企业财务管理创新成果与优秀论文集（2015~2016）

主编：黄群慧　黄速建
执行主编：孙明华　卢　俊

国有企业财务管理转型与创新

下册

图书在版编目（CIP）数据

国有企业财务管理转型与创新 / 黄群慧，黄速建主编．—北京：经济管理出版社，2016.6
ISBN 978-7-5096-4414-0

Ⅰ．①国… Ⅱ．①黄… ②黄… Ⅲ．①国有企业—财务管理—研究—中国 Ⅳ．① F279.241

中国版本图书馆 CIP 数据核字（2016）第 102130 号

组稿编辑：陈　力
责任编辑：陈力　周晓东
责任印刷：黄章平
责任校对：赵天宇

出版发行：经济管理出版社
（北京市海淀区北蜂窝 8 号中雅大厦 A 座 11 层　100038）
网　　址：www.E-mp.com.cn
电　　话：(010) 51915602
印　　刷：三河市海波印务有限公司
经　　销：新华书店
开　　本：880mm×1230mm / 16
印　　张：44
字　　数：640 千字
版　　次：2017 年 5 月第 1 版　　2017 年 5 月第 1 次印刷
书　　号：ISBN 978-7-5096-4414-0
定　　价：998.00（上、下册）

《国有企业财务管理转型与创新》编委会名单

第三篇　优秀论文

会计信息对股票市场影响研究

申报单位：中央财经大学
第一作者：祁怀锦　　作者：丁 和

［摘要］本文旨在通过建立数量分析模型，定量考察我国证券市场的有效性水平，并在此基础上进一步探寻“会计信息”这一特殊信息类型对证券市场的影响情况。研究结果显示：①我国股票市场中，历史信息仍在发挥影响力——市场尚未达到弱势有效水平。信息在披露后的 8 个交易日内能对股票价格波动造成显著影响，到 202 天后影响消失。②企业会计信息对股票市场波动的解释能力达 20%。③市场中的投资者在做出投资决策时更注重企业的盈利能力和成长能力，而非公司的具体运营效率。

［关键词］股票价格　长期记忆性　市场有效性　会计信息

一、引言

中国第一只股票上市至今，中国股票市场已经经历了几十年发展历程。宋颂兴、金伟根（1995），陈小悦、陈晓和顾斌（1997），胡朝霞（1998）和陈立新（2002）等的研究表明，我国股票市场经过逐步发展，目前已经能够达到弱势有效水平[①]。市场中的投资者能够根据市场中的有效信息对股票做出专业化分析，从而做出合理的投资决策。然而 2007 年出现的股价异常上涨，以及随之而来的股票崩盘，使人们对我国股票市场的成熟度产生了一定质疑。

目前，对我国证券市场有效性研究主要基于定性分析角度界定我国股票市场有效性水平。而对信息在市场中的有效作用时间一直未形成定量测算。另外，在单一会计信息影响方面，主要采用单一案例或小样本研究模式。

本文引入金融物理学中多重分形技术 *R/S* 分析模型，结合多元回归以及主成分分析等统计领域传统方法，在大样本基础上对股票市场的整体有效性进行探讨，发现定量分析信息在股票市场中的有效作用时间。同时探讨了会计信息在我国股票市场中的有效作用程度以及能够对股市造成显著影响的重要财务指标，从而为股票市场中的筹资者提高公司股票价值提供参考。

① 弱势有效市场是指市场中的历史信息已经不能发挥作用，投资者无法通过对历史信息的分析获得超额收益。

二、文献回顾

此前对公司信息与股票价格之间关系的研究通常是以有效市场[①]假设为前提。恰当地说，这些理论的研究重点是股票理论价格，即以每股股票对应的净资产数量或者以每股股票在未来无限长的时间内的现金流入量现值为研究基础。在有效市场前提假设下，股票的实际价格应该是趋向于股票理论价格的。有效市场理论认为，在有效市场中，股票价格能够完全、充分反映市场中存在的信息，并且市场中未披露的内幕信息也能被市场中投资者有效预测。因此，任何投资者都不能企图击败市场获得超额收益。

基于这一观点的理论模型主要有以下几种：①威廉—戈登模型。该模型认为：股票价格由股利等收益带来现金净流量的现值决定。②米勒模型。该模型的主要观点是：公司的实际资产价值决定公司股票价格，并且股票价格受公司投资新项目的收益性影响。③费尔森—奥尔森模型。这种模型将企业财务报表作为评价企业价值的基础，并进一步引出公司股票的理论价值。

本文将国内现有会计信息在股票市场中的影响研究分为会计信息质量的影响、会计信息披露的影响以及会计信息在新股中的影响三类。

（一）会计信息质量的影响

徐宗宇（1998）选取样本，检验了财务信息预测的可靠性。实验发现，利润预测普遍估计偏低、准确度较差。

赵宇龙（1998）研究表明：在上海证券交易所上市的股票中，未被预期的盈余正负与股票市场中超额报酬率的正负之间存在明显相关性，这表明会计盈余信息在市场中存在影响力。同时，在对1994～1996年三年的数据考察发现：会计信息对股票市场的影响越来越明显，说明股票市场处于不断发展当中。

陈晓、陈小悦和刘钊（1999）分析了盈余信息对我国股票市场的影响，认为盈余信息对我国A股市场具有很强影响。

吴世农、李常青和陈碧华（2001）选取截面数据对会计利润和现金流量进行分析发现，股市对每股盈利信息具有显著超前反应，而对现金流量信息的反应则较为滞后，但两组实验结果都表明：股价与会计信息存在明显相关性。

陈信元、陈冬华和朱红军（2002）对上海证券交易所市场中1995~1997年的会计信息进行研究发现，会计信息诸如净资产、剩余收益等指标对股票价格具有较强的解释能力。

魏兴耘（2002）通过对1996～2000年A股股价与盈利间的实证发现，股票价格与盈利水平之间具有一定关联关系，但盈利状况的改变不会带来股票价格的必然变动。

孙菊生、周建波（2003）从信息观、计量观以及计价模型观三个方面衡量会计信息与股价之间的关系，认为我国的研究应该加强计价模型方面的实证检验。

（二）会计信息披露的影响

陈晓、陈淑燕（2001）发现在股票市场定价中，股票价格对整体年报信息的反应是显著的，其

① 有效市场理论最早由尤金法玛提出，该理论将市场分为弱势有效市场、半强势有效市场以及强势有效市场。当市场中的价格能够充分反映所有的历史信息时，该市场即达到了弱势有效水平；当价格水平能够充分反映所有已经披露的信息时，该市场即达到半强势有效水平；当市场的价格水平能够充分反映所有披露的以及未披露的内幕信息时，该市场即达到了强势有效水平。

中也包括盈余信息。但是盈余信息对交易量有影响的假设没有得到实证数据支持，两者之间的相关关系并不显著。

陈劬（2001）着重对ST公告的市场反应进行了研究，结果发现，市场对公司发布的ST公告具有明显的负向相关性。这表明市场对盈余公告有明显反应，说明盈余信息在我国股票市场中的影响力。

陈晓、陈淑燕（2002）按照上市公司的不同规模研究了股票交易量与年报公布之间的关系，发现不同规模的公司对年度财务报告的反应存在较大的差异。规模越小的公司对年报的反应越明显，并且年报能在较长的时间内一直发挥影响力。

刘力、俞竞（2002）对年度财务报告公布这一事件对股票市场交易量的影响进行了研究，研究发现，该事件能够引起市场中的超常交易量，这表明年报确实具有影响市场的信息含量。

骆艳、曾勇（2003）曾经选择1997～1999年三年中实现盈利的赢家样本和未能实现盈利的输家样本，考察其盈利公布后36个月以内的超额收益。研究发现：在短期内，输家表现略强于赢家，但在中长期中，赢家表现要明显强于输家。研究表明，在长时间内，盈利状况信息不会引起市场中的过度反应。但检验期为1年或者3年时发现：在盈利信息公布后1个月，股市中的输家累计超额收益大于赢家。

陈向东、王梅和李聪（2003）的研究发现：在信息的有效作用期内股市交易量会出现明显升高现象，这就表明股票市场中以投机炒作为目的的投资者规模较大。

阮奕、张议江和马超群（2003）研究了市场对年度财务报告公布的反应，反应程度符合经济学预期。但对收益公告的反应相对不明显，并且收益公告的影响时间持续较短。这说明股票市场中投机者居多，而长期投资者较少。

（三）会计信息在新股中的影响

何旭强、袁国良（2000）对市场中新发行股票定价的合理性进行了定量分析，发现股票市场新股发行定价与其内在价值之间存在一定程度的偏离，用过去的市盈率来衡量新股发行定价合理性做法存在缺陷。

杨丹、王莉（2001）在选取新股发行样本对发行价格进行分析时发现，发行市盈率以及发行前一年的每股收益是新股发行定价的重要影响因素，这表明在新股定价过程中存在信息不对称现象。

耿建新、周芳和王虹（2002）的研究发现：公司盈利信息以及股本大小是影响公司新股发行价格以及股票价格波动的主要因素，但在新股发行后，股票价格的上涨则与股本信息表现出更高的相关性。

总体来看，绝大部分实证研究结果都认为：中国股市中股票定价与公司会计信息之间存在着相关性。市场中的其他因素，例如公司规模、政策信息等在一定时期会表现出比会计信息更强的影响力。定量分析整体信息以及单一会计信息对股票市场的影响情况，以及是否有可能找出具体回归关系是本文的一个重要研究内容。

三、整体信息对股票市场的影响

由于各个市场的有效性不同，市场对信息的反应速度和幅度也存在差异。市场能否对整体信息做出及时有效反应，表现在数量上就是股票的收益率是否出现了及时有效波动，这是衡量信息向市场传导渠道、市场消化信息的重要指标。因此，对整体信息向证券市场传导有效性分析，有助于确定市场对整体信息的反应状况，初步确定市场对各种信息的反应表现。

（一）理论模型

1. *R/S* 分析法①

Hurst 指数是分型技术在金融量化分析中的经典应用，而 Hurst 值的计算也正是建立在重标极差（*R/S*）分析基础之上。

R/S 分析的基本理论方法是：将一个时间序列 [*X*] 划分为 *M* 个长度为 *N* 的子序列，对于每一个子序列［例如第 m 个子序列（*m*=1，2，…，*M*）］，假设：

$$X_{(t,m)} = \sum\nolimits_{(u=1)}^{t} (x_{u,m} - U_m) \qquad t = 1, 2, \cdots, n \tag{1}$$

其中，U_m 为该子序列中 $x_{u,m}$ 的平均值。计算所得的 $X_{(t,m)}$ 即为该子序列中第 t 个元素的累计离差，令极差：

$$R_m = max(X_{t,m}) - min(X_{t,m}) \tag{2}$$

以 S_m 表示第 m 个子序列的样本标准差，则可以定义重标极差 R_m/S_m，把所有 M 个这样的重标极差计算平均值：

$$\left(\frac{R}{S}\right)_n = \frac{1}{M}\sum\nolimits_{m=1}^{M} R_m / S_m \tag{3}$$

由于时间序列长度通常存在多个不同因子，因此每个子序列的长度是可以变化的，不同的划分子序列方法对应着不同的重标极差值。Hurst 值 H 与重标极差关系即为：

$$\log\left(\frac{R}{S}\right)_n = \log(K) + H \times \log(n) \tag{4}$$

其中，K 为常数。

计算所得的 Hurst 值存在三种情况：如果 H=0.5，则表明该时间序列是随机游走的，不存在长期中的记忆性，即以后的走势不受之前走势的影响；如果 $0<H<0.5$，则表明该时间序列未来的走势非随机游走，会呈现出反向的持久性；如果 $0.5<H<1$，则表明该时间序列非随机游走，表现出正向的长期记忆性。

因此，可以通过对 Hurst 值的计算，确定股票市场对各项信息反应的有效性，确定信息对股票市场的影响是否能在短时间内全部释放。

2. GARCH 模型②

广义自回归条件异方差模型（GARCH 模型）由 Bollerslve（1986）提出。该模型需要考虑两个方面设定，即条件均值和条件方差。通常，GARCH（q，p）的表达式为：

$$y_t = x_t \gamma + u_t \tag{5}$$

$$\sigma_t^2 = w + \sum_{i=1}^{p} a_i u_{t-i}^2 + \sum_{j=1}^{q} \beta_j \sigma_{t-j}^2 \tag{6}$$

其中，x_t 为外生变量向量，γ 为系数向量，u_t 表示随机误差项。式（5）中给出的均值方程为带

① *R/S* 分析法在本文的主要应用目的为定量分析上证综指收益率时间序列是否存在长期记忆性，以及长期记忆性是否显著。如果序列存在长期记忆性，就证明历史信息仍然能够影响市场中的股票价格，也就是说证券市场尚未达到弱势有效水平。

② GARCH 模型在本文的应用主要是为了定量描述历史股票价格与现时价格之间的函数关系，展示历史价格对现时价格的影响情况。

有误差项的外生变量函数。由于σ_t^2是一个以前面信息为基础的一期预测方差，所以该项成为条件方差。式（6）即为条件方差方程，该方程由三个部分组成：第一项是常数项 w；第二项是用均值方程的残差平方滞后程度来度量从前期得到的波动性的信息：$\sum_{i=1}^{p} a_i u_{t-i}^2$，该项为 ARCH 项；第三项是上一期预测方差：$\sum_{j=1}^{q} \beta_j \sigma_{t-j}^2$，该项为 GARCH 项。

GARCH 模型最大特点是能够以较低的阶数和项数表示高阶记忆性，因此，在对记忆性较长的时间序列，通常选择 GARCH 模型取代表达较为复杂的 ARCH 模型。

（二）数据选取

作为本次实验的基础数据，本文选择 2004 年 1 月 1 日到 2013 年 12 月 31 日上证综合指数反应大盘股市对信息的反映情况。

采集该时间跨度内，每个交易日上证综合指数在收盘时的点数作为当天的上证综指数据。定义股票市场在第 t 日的收盘点数为 P_t，定义股票市场在第 t 日的收益率为：

$$r_t=\ln(P_t)-\ln(P_{t-1}) \tag{7}$$

通过提取目标时间跨度内的上证综指，获得 2455 个基础数据，并计算获得 2454 个日收益率数据。由于在实验后期分形处理时需要对该组时间序列划分成多组相同长度的子序列，为便于多次等间距分组，在不会明显影响数据可靠性情况下，剔除最后 30 个数据，将实验中使用的收益率数据降低为 2424 个。

（三）模型验证

由于后期的模型建立中要求使用的时间序列为平稳的时间序列，因此，首先需要对基础数据的平稳性进行检验。本文采用的单位根检验方法为 ADF 检验。实验结果显示，股指收益率的 T 统计量为 −49.00374，小于在 1% 置信水平下的临界值，因此可以认为股指收益率的时间序列属于平稳的时间序列，不需要进行进一步的差分处理。

对于收益率是否存在自相关性研究，也就是对收益率是否存在长期记忆性的研究。该过程中需要检验其自相关程度能否随时间 T 的增长较快地下降为 0，并根据收敛情况判断是否具有长期记忆性。为清晰地观察股指收益率自相关水平的趋势，需要准确绘出股指收益率由低阶到高阶的变化情况。目标时间序列在 200 阶中的自相关图像如图 1 所示。

由图 1 可以看出，股指收益率的自相关系数数值在 200 阶内没有出现明显的衰弱，始终维持在一个相对均衡的状态。因此，可以初步断定股指收益率是存在长期记忆性的，即一个时点的股指收益率对未来较长一段时间内的股指收益率走势存在显著影响，这说明信息没有在短时间内被市场消化，市场对信息的反应表现为一个相对缓慢的过程。但是对于信息有效作用时间的具体判定需通过 *R/S* 分析确定。

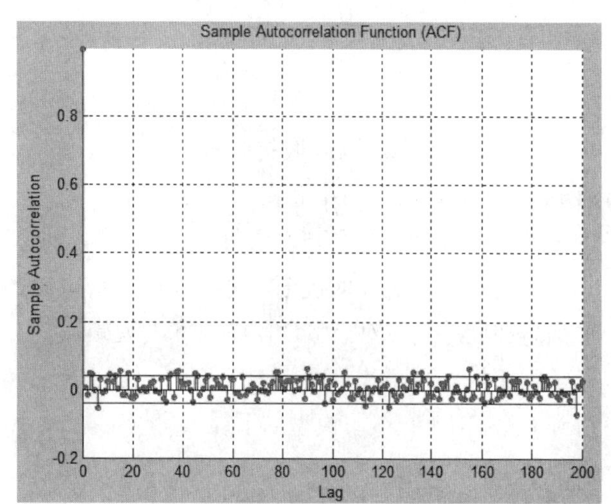

图 1　200 阶自回归系数

R/S 分析属于多重分形技术，通过对 Hurst

值的计算，确定时间序列是否存在自相关性，并定量地分析自相关性的显著程度。本文中时间序列数值为 2424 个，在此种情况下，对时间序列的不同划分方法共有 10 种，每种划分方法计算出的 *R/S* 值以及 *V*（*R/S*）值如表 1 所示[①]：

表 1 R/S 计算值

N	Log（*N*）	*R/S*	Log（*R/S*）	*V*（*R/S*）
4	0.6021	1.4256	0.1540	0.7128
6	0.7782	1.9711	0.2947	0.8046
8	0.9031	2.4216	0.3841	0.8561
12	1.0792	3.1960	0.5046	0.9225
24	1.3802	4.8529	0.6860	0.9906
101	2.0043	11.6172	1.0651	1.1559
202	2.3054	17.7992	1.2504	1.2524
303	2.4814	20.5069	1.3119	1.1782
404	2.6064	28.0802	1.4484	1.3969
606	2.7825	40.3460	1.6058	1.6391

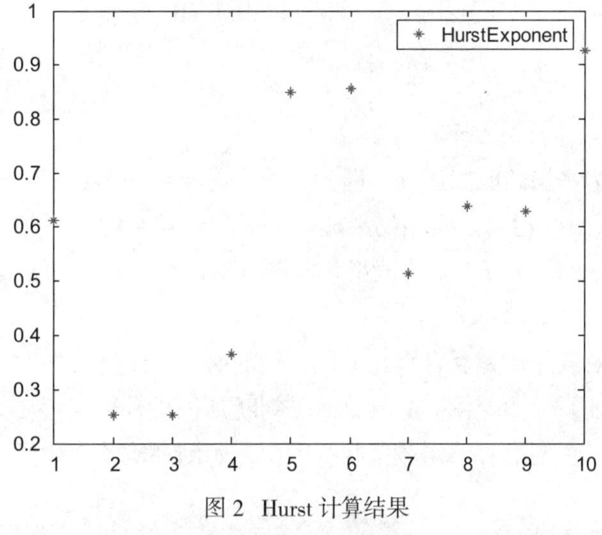

图 2 Hurst 计算结果

由表 1 可以发现，随着 Log（*R/S*）的增长，*V*（*R/S*）呈现出明显增长趋势，但是在 *N*=202 处该增长趋势出现了停顿，因此，该点即为此组时间序列的长期记忆消失点。即在 *N*>202 时，股指收益率不再表现出记忆性。这就意味着，股指收益率的长期记忆时长约为 202 个交易日，即信息在进入市场后需要经过 202 个交易日才能出清。可见，我国股票市场对信息的消化反应时间较为缓慢，市场并未达到强势有效水平。

本文对 2424 个股指收益率整体数据在 Matlab7.0 平台下计算的 Hurst 值结果见图 2。最终得到收益率 Hurst 值为 0.6322，常数项为 −0.4590。由于 Hurst 值大于 0.5，因此该组时间序列是存在长期记忆性的。但是由于 Hurst 值与 1 之间的距离较大，因此股指收益率的长期记忆性并不强。当 *N* 值较小时，Hurst 值十分接近于 1，直到 *N* 值等于 8，Hurst 值依然明显大于 0.8；当 *N* 值在 12 到 202 之间时，Hurst 值明显降低，表明虽然股指收益率会受到之前收益率的影响，但是影响已经不大，说明在信息披露以后，该信息的作用力随着时间延长而逐渐降低。在信息披露后的 8 个交易日内，信息就已经基本被市场消化，该项信息在此之后，对市场的影响力度大大减弱。

由于股指收益率存在长期记忆性，并且长期记忆性阶数较高，考虑用 GARCH 模型进行刻画，得到 GARCH（1，1）模型如下[②]：

①② 数据运行平台为 Matlab7.0。

均值方程：$y_t=0.00016137+\varepsilon_t$　　（8）

标准差方程：$\sigma_t=2.3572e-0.006+0.94341\varepsilon_{t-1}+0.047981\sigma_{t-1}$　　（9）

（四）实验结果总结

通过本部分数据定量分析，得出如下结论：

（1）我国股票市场尚未到达弱势有效水平。对我国证券市场股指收益率研究发现，股指收益率存在长期记忆性，Hurst 值达到 0.6322，在短期中 Hurst 值更高。这说明在股票市场中，投资者仍然可以根据股票之前的走势一定程度上确定股票未来一段时间走势。股票持有的收益率仍然受历史信息的影响，历史信息在进入市场后，市场不能马上做出及时、幅度恰当的反应。

（2）信息进入证券市场后的反应持续时间较长。在 8 个交易日内该信息都能对股票价格造成明显的影响。之后该项信息逐渐失去影响力，在 202 个交易日后，该项信息完全失效。

这种现象反映出：一是，市场对信息反应滞后，也就是说，在一个市场中一种经济信号的发出，无法及时传导到另一个相关联的市场中，说明我国资本市场整体发展不足；二是，当市场出现经济信号或者信息披露时，散户的反应速度往往慢于机构投资者，这反映出我国股票市场中散户投资者数量较大，而这一群体无论专业水平还是对股市的关注度上，都明显弱于机构投资者。

由此可见，目前我国股票市场尚处于发展初期阶段，对市场中的信息反应时效性不足。

四、会计信息对股票市场的影响

理论上，在证券市场中，每只股票价格的涨落主要依赖发售该股票公司的盈利能力以及未来的发展潜力。因此，发行股票公司的财务状况在理论上应该与公司股价的涨跌有着紧密联系。证券市场中的投资者按照经济人假设，也会在对公司的整体经营、盈利能力做出全面分析后，将资金投入到风险相对较小、收益相对较高的股票中。然而，由于信息传导机制不完善、投资者财务分析能力欠缺等方面的原因，导致市场中的价格发现机制往往偏离公司实际经营状况，甚至完全背离公司的盈利能力。

下面，本文将具体分析会计信息对证券市场收益率的影响。

（一）模型理论

本部分将以企业年度财务报告中的主要会计数据为基础形成企业年度会计指标，通过拟合会计指标与企业股票年度持有收益率之间的函数关系，衡量会计信息对企业股票价格波动的解释能力。本部分选取的函数基本形式为多元线性函数。

（二）数据选取

为使研究结果更具有代表性，本文采取大样本研究方式。选取 2011~2013 年在上海证券交易所上市的全部公司组成研究样本，并剔除了相关指标缺失量较大的企业①。财务报表相关会计指标如表 2 所示：

① 样本公司的所有财务数据、股票价格波动数据均来自锐思数据库。

表 2 自变量选取

变量	指标简称	指标意义
X1	每股收益	净利润 / 期末股本总数
X2	每股净资产	净资产 / 期末普通股股数
X3	每股营业收入	营业收入 / 期末股本总数
X4	每股营业利润	营业利润 / 期末股本总数
X5	每股经营活动现金流量	经营活动产生的现金流量净额 / 期末股本总数
X6	每股净现金流量	现金及现金等价物净增加额 / 期末总股本
X7	净资产收益率	净利润 / 平均股东权益
X8	资产报酬率	息税前利润 / 平均总资产
X9	销售净利率	净利润 / 营业收入
X10	净利润 / 营业总收入	净利润 / 营业总收入
X11	销售费用率	销售费用 / 营业总收入
X12	净利润	报表中的净利润值
X13	流动比率	流动资产 / 流动负债
X14	速动比率	（流动资产 – 存货）/ 流动负债
X15	产权比率	负债总额 / 股东权益
X16	利息保障倍数	息税前利润 / 利息费用
X17	现金流动负债比	经营现金流量净额 / 流动负债
X18	每股收益增长率	本期每股收益 / 去年同期每股收益 –1
X19	营业利润增长率	本期营业利润 / 去年同期营业利润 –1
X20	利润总额增长率	本期利润总额 / 去年同期利润总额 –1
X21	净利润增长率	本期净利润 / 去年同期净利润 –1
X22	净资产增长率	本期净资产 / 去年同期净资产 –1
X23	每股净资产增长率	本期每股净资产 / 去年同期净资产 –1
X24	股东权益增长率	本期股东权益 / 去年同期股东权益
X25	资产总计增长率	本期资产总额 / 去年同期资产总额 –1
X26	可持续增长率	（本期净利润 / 期初股东权益）× 本期利润留存率
X27	存货周转率	主营业务成本 / 平均存货
X28	应收账款周转率	主营业务收入 / 平均应收账款
X29	股利支付率	累计派现金额 / 归属于母公司的净利润
X30	资产负债率	负债合计 / 资产合计
X31	所得税 / 利润总额	所得税、利润总额

为衡量以上指标反映的会计信息对证券市场股票定价的影响效果，本文选择各年度持有股票的年收益率作为回归模型中的因变量。

（三）模型验证

以股票持有年收益率为因变量，上述 31 个财务指标为自变量，本文得到的线性多元回归分析结果如表 3~ 表 5 所示。[①]

① 本文中自变量数量较大，可能产生多重共线性问题，出现回归结果的偏差，因此本部分的实验借助于 SPSS17.0 版本，回归时自动剔除存在明显多重共线性的自变量，因此能保证实验结果的准确性。

表 3　多元回归 Anova 分析结果

Anova[b]						
模型		平方和	Df	均方	F	Sig.
1	回归	49.321	31	1.591	11.252	0.000[a]
	残差	175.750	1243	0.141		
	总计	225.071	1274			

表 4　多元回归模型汇总

模型汇总				
模型	R	R^2	调整 R^2	标准 估计的误差
1	0.468[a]	0.219	0.200	0.3760213

表 5　多元回归模型系数

模型	非标准化系数		标准系数	t	Sig.
	B	标准误差	试用版		
（常量）	-0.033	0.092		-0.355	0.722
每股收益（元 / 股）	0.100	0.113	0.095	0.887	0.375
每股净资产（元 / 股）	-0.017	0.010	-0.090	-1.719	0.086
每股营业收入（元 / 股）	-0.001	0.001	-0.046	-1.473	0.141
每股营业利润（元 / 股）	0.042	0.059	0.059	0.713	0.476
每股经营活动现金流量（元 / 股）	0.005	0.013	0.014	0.415	0.678
每股净现金流量（元 / 股）	0.024	0.016	0.046	1.491	0.136
净资产收益率（平均）(%)	0.007	0.005	0.133	1.518	0.129
资产报酬率（%）	-0.008	0.006	-0.093	-1.406	0.160
销售净利率（%）	0.068	0.004	22.154	15.246	0.000
净利润 / 营业总收入	-0.069	0.004	-22.292	-15.354	0.000
销售费用率（%）	0.003	0.002	0.076	1.804	0.071
净利润	-1.238E-12	0.000	-0.019	-0.753	0.452
流动比率（%）	0.016	0.025	0.031	0.632	0.528
速动比率（%）	-0.026	0.034	-0.042	-0.772	0.441
产权比率（%）	0.000	0.000	-0.095	-1.708	0.088
利息保障倍数	-4.987E-6	0.000	-0.010	-0.410	0.682
现金流动负债比	0.044	0.051	0.030	0.849	0.396
每股收益增长率（%）	0.000	0.000	0.221	3.138	0.002
营业利润增长率（%）	-6.215E-6	0.000	-0.033	-1.273	0.203
利润总额增长率（%）	-4.193E-5	0.000	-0.301	-7.015	0.000
净利润增长率（%）	-7.864E-5	0.000	-0.062	-0.863	0.388
净资产增长率（%）	-0.003	0.002	-0.192	-1.649	0.099
每股净资产相对年初增长率（%）	-0.001	0.001	-0.053	-1.666	0.096
股东权益相对年初增长率（%）	0.005	0.002	0.294	2.421	0.016
资产总计相对年初增长率（%）	0.000	0.001	-0.019	-0.501	0.617
可持续增长率（%）	-0.006	0.002	-0.144	-2.444	0.015
存货周转率（次）	-1.641E-5	0.000	-0.022	-0.882	0.378
应收账款周转率（次）	-3.450E-6	0.000	-0.022	-0.845	0.398
股利支付率（%）	-6.308E-5	0.000	-0.010	-0.360	0.719
资产负债率（%）	0.002	0.002	0.070	1.202	0.230
所得税 / 利润总额	0.000	0.001	-0.008	-0.285	0.776
a. 因变量：收益率					

由于本实验样本及变量数量较大，为避免大样本造成的 R 值错估，本文主要将调整 R 值和 F 检测值作为模型拟合程度的依据。调整 R^2 为 0.2，F 检测高度显著，因此线性回归模型的拟合度已经达到相对满意的效果。在该回归模型中，实验中选用的 31 个自变量全部进入最终的拟合模型中，各个自变量之间并未出现明显的多重共线性问题。

然而，31 个自变量与因变量之间的相关关系并没有全部通过显著性测试。在 5% 的显著性水平下，只有 6 个自变量通过了显著性测试，分别是：销售净利率、净利润 / 营业总收入、每股收益增长率、利润总额增长率、股东权益相对年初增长率以及可持续增长率。

由上述实验结果发现，会计信息能够有效作用于证券市场，并且是证券市场中股票定价的重要影响因素。

（四）主成分分析

由于 6 个明显相关因素的模型较为复杂，为了降低模型的维度，也为了进一步从整体上总结影响因素的类别，在本小节中将对通过了显著性检验的 6 个因素进行主成分分析，以期在不会显著降低模型拟合度情况下降低模型维度，并深入挖掘影响股价波动的会计因素。

主成分分析结果如表 6、表 7 所示[①]：

表 6 主成分分析

解释的总方差									
成分	初始特征值			提取平方和载入			旋转平方和载入		
	合计	方差（%）	累积（%）	合计	方差（%）	累积（%）	合计	方差（%）	累积（%）
1	2.609	43.492	43.492	2.609	43.492	43.492	2.602	43.361	43.361
2	1.223	20.390	63.882	1.223	20.390	63.882	1.231	20.521	63.882
3	0.981	16.348	80.230						
4	0.771	12.856	93.087						
5	0.414	6.896	99.982						
6	0.001	0.018	100.000						
提取方法：主成分分析。									

表 7 成分矩阵

成分矩阵[a]		
	成分	
	1	2
销售净利率（%）	0.963	−0.091
净利润 / 营业总收入	0.962	−0.092
每股收益增长率（%）	0.834	0.029
利润总额增长率（%）	0.201	0.011
股东权益相对年初增长率（%）	0.070	0.782
可持续增长率（%）	0.123	0.771
提取方法：主成分分析法。		
a. 已提取了 2 个成分。		

① 数据运行平台为 SPSS17.0。

由上述分析结果发现，在6个通过了显著性测试变量中，载入平方和总量大于1的成分有两个，因此可以提取两个主成分。主成分的累计方差为0.6388，即主成分的解释力度超过63%。在继续增加主成分数量情况下，该数值不会发生显著提升。

因此，本部分中得出的主成分 Z_1、Z_2 构成为：

$$Z_1=0.963X_9+0.962X_{10}+0.834X_{18}+0.201X_{20}+0.070X_{24}+0.123X_{26} \quad (10)$$

$$Z_2=-0.091X_9-0.092X_{10}+0.029X_{18}+0.011X_{20}+0.782X_{24}+0.771X_{26} \quad (11)$$

其中，6个自变量均为标准处理后的数据。

通过两个主成分 Z_1、Z_2 的构成可以发现，Z_1 主要强调企业的盈利能力，Z_2 主要强调企业的成长能力。因此，可以将 Z_1、Z_2 分别命名为“盈利因子”和“成长因子”。该结果表明：在我国证券市场中，投资者相对关注公司在经营过程中表现出的盈利能力以及长期中的成长能力，而对企业规模、营运效率等方面的关注度相对较低。

（五）实验结果总结

通过本部分实验分析，可以得出以下结论：

财务会计信息能够对我国证券市场产生显著影响。在31个财务指标自变量建立起来的多元回归模型中，调整 R^2 达到0.2，F 检验值高度显著，说明该多元回归模型已经实现了有价值的拟合，财务会计指标能够解释股票收益率波动的20%。

市场中的投资者相对更关注企业现有盈利能力以及未来的盈利增长能力，而对公司整体的运营效率、已经实现的盈利总额的关注度相对较低。这主要表现在销售利润率和可持续增长率等指标通过了显著性检验，而各类财物的周转率、费用率以及每股净资产等指标都未通过显著性测试。

需要特别指出的是，在 F 检测值高度显著情况下，模型的调整 R^2 显示财务会计信息只解释了20%的股价变动。本文认为这主要由两方面因素导致：①会计信息不是影响股票价格的唯一因素。证券市场受政策导向、宏观经济状况以及投资者心理因素等多种因素的共同作用。②在年度最后一个股票交易日，当年的年度会计报告尚未公布，因此投资者并不能根据年度会计报告内容精确分析公司目前经营状况。市场中投资人只能根据前三季度报告以及年报预披露大致估计企业现状。

五、结论

综合以上进行的两个部分的实证模型检验，本文得出以下结论：

目前我国股票市场尚处于发展初期，市场对信息的反应尚未到达弱势有效市场的界定。通过上证综指在过去10年中对股指收益率记忆性分析发现，我国股票市场收益率存在明显记忆性，这种记忆性在短期内尤其明显。在短区间划分情况下，Hurst值可以超过0.9。在长期中也有一定记忆性，Hurst总体值为0.6322，回归分析中的常数项为−0.4590。在区间段小于8时，Hurst值没有出现明显衰减。这意味着，信息披露之后的8个交易日内，股票的价格波动都会明显受到该信息的影响，之后该信息的影响效果逐渐降低，在202个交易日后才完全淡出市场。说明目前我国股票市场对信息的处理时间较长，市场不能在短时间内将信息完全吸收。因此，在我国股票市场中，通过分析近期已经披露的市场信息，可以实现超额收益率的获取。

上证综指收益率的GARCH模型可以表示为：

均值方程：y_t=0.00016137+ε_t （12）

标准差方程：σ_t=2.3572e−0. 006+0.94341$\varepsilon_{(t-1)}$+0.047981$\sigma_{(t-1)}$ （13）

公司财务状况对股票市场存在显著影响，会计信息在很高程度上解释了股价的波动。在公司股票年持有收益率与31个财务指标建立的多元回归模型中，F统计量高度显著，并有多个财务指标通过了显著性检验，说明会计信息能够对股票价格波动造成显著影响，在股票市场中属于重要影响因素。会计信息对股票价格波动的解释能力在20%左右。

市场中的投资者对公司财务状况的关注点更多集中在公司盈利能力和长期成长性，对公司的运营效率和公司规模方面的关注度较低。股票市场价格波动影响因素中，可以提取出“盈利因子”和“成长因子”两个主成分。而在多元回归模型中，资产负债的周转率、费用率以及净利润等指标都未通过显著性检验，即对公司股价波动的影响不显著，这也给公司财务运营提供了一定指导作用。

参考文献

[1] 安杰，蒋艳霞．基于消息反应曲线的股市波动不对称性分析．经济问题探索，2009（73）.

[2] 安起光，郭喜兵．基于GARCH族模型的股市收益率波动性研究．山东财政学院学报，2009（1）.

[3] 陈磊，陈小悦，刘钊．A股盈余报告的有用性研究——来自上海、深圳股市的实证证据．经济研究，1999（6）.

[4] 陈劬．中国A股市场对股票交易实行特别处理（ST）的公告的反应．当代经济科学，2001（7）.

[5] 陈向东，王梅，李聪．上市公司会计信息公布的市场反映及其交易者行为分析．数量经济技术经济研究，2003（3）.

[6] 陈晓，陈淑燕．股票交易量对年报信息的反应研究——来自上海、深圳股市的经验证据．金融研究，2001（7）.

[7] 陈晓，陈淑燕．公司规模与信息披露的交易量反应．中国管理科学，2002（12）.

[8] 陈小悦，陈晓，顾斌．中国股市弱型效率的实证研究．会计研究，1997（9）.

[9] 丁志刚．上证指数日收益率的波动性分析．华中科技大学硕士学位论文，2007.

[10] 葛家澍，陈守德．财务报告质量评估的探讨．会计研究，2001（11）.

[11] 耿建新，周芳，王虹．新股价格制定及市场反应中的会计信息分析．经济理论与经济管理，2002（3）.

[12] 何旭强，袁国良．从“股票奖励”到“股票期权”．资本市场，2000（3）.

[13] 胡朝霞．我国股市弱势有效性研究．投资研究，1998（1）.

[14] 刘峰，吴风，钟瑞庆．会计准则能提高会计信息质量吗——来自中国股市的初步证据．会计研究，2004（5）.

[15] 刘力，俞竞．财务年报的交易量反应与投资者“跟风”现象：沪市A股实证研究．金融研究，2002（8）.

[16] 骆艳，曾勇．我国股市对盈利信息反应的一个实证检验．电子科技大学学报，2003（3）.

[17] 毛洪涛，吉利．我国上市公司信息披露理论研究评估——兼论构建上市公司信息披露理论框架．会计研究，2005（9）.

[18] 阮奕，张议江，马超群．深市A股收入公告效应的实证研究．系统工程，2003（3）.

[19] 施鲲翔．会计盈余信息有用性及其决定因素研究．中山大学出版社，2005.

[20] 宋颂兴，金伟根．上海股市市场有效实证研究．经济学家，1995（4）.

[21] 孙菊生，周建波．会计信息在证券市场中的作用．当代财经，2002（4）.

[22] 王跃堂，孙铮，陈世敏．会计改革与会计信息质量——来自中国证券市场的经验证据．会计研究，2001（7）.

[23] 魏明海．会计信息质量经验研究的完善与运用．会计研究，2005（3）.

[24] 吴世农，李常青，陈碧华．我国上市公司现金流量的市场反应和信息含量分析．首都经济贸易大学学报，2001（5）.

[25] 徐宗宇. 对盈利预测可靠性影响因素的分析研究. 会计研究，1998(1).

[26] 杨丹，王莉. 中国新股发行抑价：一个假说的检验. 复旦学报(社会科学版)，2001(5).

[27] 赵宇龙. 会计盈余披露的信息含量—来自上海股市的经验证据. 经济研究，1998(7).

[28] Ball, Brown. An Empirical Evaluation of Accounting Income Numbers. Journal of Accounting Research, 1968 (3): 159-175.

[29] Haw, Wu. Value-Relevance of Financial Reporting Disclosures in An Emerging Capital Market: The Case of B-Shares and H-Shares in China. The University of Hong Kong, 1998: 1-5.

[30] Hayn. The Information Content of Losses. Journal of Accounting and Economics, 1995 (20): 125-153.

[31] La Porta, R. F. Lopez-De-Silanes, Shleifer. A. and R. Vishny. Agency Problems and Dividend Policies Around the World. Journal of Finance, 2000 (55): 1-33.

[32] Li, Jin and Stewart C.myers. R2 Around the World: New Theory and New Tests. Journal of Financial Economics, 2005 (67): 257-292.

[33] Rogers, J. Disclosure Quality and Management Trading Incentives. Working Paper of Stanford Graduate of Business School, 2004.

[34] Shaw, K.W.. Corporate Disclosure Puality, Earnings Smoothing, and Earning's Timeliness. Journal of Business Research, 2003 (56): 1043-1050.

[35] Trueman, B.. Theories of Earnings Announcement Timing. Journal of Accounting and Economics, 1990 (13): 285-301.

“下推会计”在企业并购中的应用探讨

申报单位：首农集团北京市西郊农场
作者：李素娟

[摘要]“下推会计”是指在企业合并时，一个会计主体在其个别财务报表中，根据购买该主体有投票表决权的股份的交易，重新确立会计和报告基础的行为。也就是将原来由收购公司在合并时对所获得净资产的公允价值，调整下推到被收购子公司会计报表中。“下推会计”自诞生之日起便引起了广泛争论，之后不断修订，目前已经有一些国家采用该会计方法。我国虽然对“下推会计”有一些规定，但相关规定并不明确，在实际操作过程中还存在问题和困难。

本文从“下推会计”的产生原因出发，介绍了“下推会计”对企业各财务指标的影响，以及我国对应用“下推会计”的具体规定。在此基础上，本文分析了“下推会计”在企业合并中的优势以及存在的缺陷，并通过实际操作案例分析了“下推会计”在企业合并过程中遇到的障碍，指出由于合并报表的复杂度以及调整后的税务风险，使得“下推会计”在实际应用中难以推广。针对这些问题本文从法律基础、会计细则、税收调整和促进多部门应用四个方面对解决方案进行了初步探讨。

[关键词] 下推会计　企业合并　税收风险

绪　论

在市场经济大环境下，企业间的竞争日趋激烈，企业为了提升自己的经济实力和核心竞争力，一种方法是重组不良资产，将效益不佳的企业资源进行重新整合，对产品、产业结构进行调整，通过资产重组和产权转让，以低投资风险和投资成本较快实现规模经济，进而达到扩张的目的。企业并购有购买性质和股权联合性质两类。在用购买方式处理的合并业务中，母公司的投资成本与账面价值差异形成了合并价差。由于子公司作为独立法人需要提供个别会计报表，这样子公司在呈报资产和负债、核算成本和利润的计价基础上存在争议。一种观点认为，既然会计准则要求一个持续经营的企业采用原始成本计价原则，在其个别报表中，被并购子公司应当按企业合并前的账面价值报告资产、负债，计算成本、费用。另一种观点认为，在合并会计报表中分摊到被购子公司净资产的价值，应当“下推”到子公司编制的个别会计报表，因为企业合并业务足以证明子公司在编制个别会计报表时应按公允价值计价子公司净资产，这就是“下推会计”。

然而，“下推会计”自推出之日便争论不断，虽然该方法具有很多优点，但由于与传统历史成本会计的差异，目前仍作为建议，会计准则没有强制实行。目前在我国还没有推广使用，并且“下推会计”在我国推广也存在一些具体困难。本文系统分析了“下推会计”的产生，并探讨了其优缺点，在此基础上结合实例分析了“下推会计”在我国应用中遇到的实际困难，并给出将来在我国推广使用“下推会计”的政策建议。

一、“下推会计”的产生和影响

“下推会计”是指在企业合并时，一个会计主体在其个别财务报表中，根据购买该主体有投票表决权的股份的交易，重新确立会计和报告基础的行为。也就是将原来由收购公司在合并时对所获得净资产的公允价值，调整下推到被收购子公司的会计报表中。该概念是随着企业并购产生的。在市场经济大环境下，企业间的竞争日趋激烈，企业为了提升自己的经济实力和核心竞争力，一方面需要采取多元化经营，并不断扩大生产经营规模，实现规模经济；另一方面重组不良资产，将效益不佳的企业资源进行重新整合，以使生产要素得到合理配置，对企业内产品结构以及企业所在产业结构进行调整，从而通过资产重组和产权转让，以低投资风险和投资成本较快实现规模经济，进而达到扩张的目的。针对企业间合并，《国际财务报告准则第 3 号——企业合并》对企业合并做了如下定义：“企业合并是将单独的主体或业务集合为一个报告主体。”我国《企业会计准则第 20 号——企业合并》对企业合并的定义为：“企业合并是指将两个或两个以上单独的企业合并形成一个报告主体的交易或事项。”

从性质上分，企业并购有购买性质和股权联合性质两类。在用购买方式处理的合并业务中，母公司的投资成本与账面价值的差异形成了合并价差。由于子公司作为独立的法人需要提供其个别的会计报表，这样子公司在呈报资产和负债、核算成本和利润的计价基础上存在争议。一种观点认为，既然会计准则要求一个持续经营的企业采用原始成本计价原则，在其个别报表中，被并购子公司应当按企业合并前的账面价值报告资产、负债，计算成本、费用。另一种观点认为，在合并会计报表中分摊到被购子公司净资产的价值，应当“下推”到子公司所编制的个别会计报表，因为企业合并业务足以证明子公司在编制个别会计报表时应按公允价值计价子公司净资产，这就是“下推会计”。

“下推会计”起源于美国注册会计师协会（AICPA）在 1979 年 10 月公布的“下推会计”（Push-down Accounting）文献；随后，加拿大会计准则指导委员会（CASSC）在 1987 年也发表了一份关于“下推会计”的指南，提议并允许在购买法下运用“下推会计”编制合并报表。然而，自推出起，“下推会计”并没有得到广泛应用。2014 年 11 月 18 日，美国财务会计准则委员会（FASB）发布了会计新规，界定了被收购企业或非营利机构是否需要采用以及在何种情况下可以采用“下推会计”（Push-down Accounting）。FASB 新生问题工作小组达成一致意见，形成了《会计准则更新 2014 年第 17 号——企业合并（主题 805）：下推会计》（ASU No. 2014-17）[1]，该项更新在收购方取得被收购企业控制权的情况下，为被收购企业编制其单独财务报表提供了应用“下推会计”的选项。

采用“下推会计”后，原来由母公司在购买日分配的公允价值和确定的合并商誉金额，将直接在购买日计入子公司的账户，使得合并后子公司账上所记录的资产和负债为并购日的公允价值，而不是并购前的账面价值。有关资产的减值或增值以及合并商誉也只影响子公司记录的折旧和摊销费用等。“下推会计”具体影响如表 1 所示[1]。

通过表 1 可以看出，“下推会计”对被合并公司来说通常会导致较高的净资产，因为资产和负债被提升到公允价值，并且实现了商誉。这进而导致在合并之后的会计周期较低的净收入，这是由于较高的分期付款、高折旧和潜在的减损费用造成的。

表 1 “下推会计”的影响

资产	上升	影响商誉，提升固定资产、无形资产和库存的价值	收益	中性	如果合并的延期收益的公允价值小于账面价值，未来收益可能下降
债务	中性	如果意外开支以公允价值记录，债务可能增加	支出	上升	增加分期偿还和折旧的支出
抵押资产净值	上升	反映的是购买者支付的价值，通常超过账面价值	净收入	下降	增加的支出的影响
运营现金流	中性	下推的影响通常是非现金的	未计利息、税项、折旧及摊销前的利润	中性	如果库存的上升导致产品销售成本上升，那么未计利息、税项、折旧及摊销前的利润可能下降

二、“下推会计”的优点

“下推会计”最大的好处是使得合并报表程序得到简化。首先，传统会计中，购买方在编制合并报表工作底稿时，每年都要将投资成本分摊到子公司可辨认资产、负债和商誉上，而采用“下推会计”可以避免该重复做法，而是在被购买企业合并年度的个别报表中直接调整账面资产、负债并直接确认商誉，从而大大简化了后续年度的合并程序，降低了企业的编表成本[2]。其次，按公允价值调整后的账面价值与原来的账面价值相比更具相关性，更方便报表使用者的决策。与历史成本会计相比，“下推会计”在企业股权发生重大变化时，根据市场价值重新计算被合并企业的资产和负债等项目，可以提供更加准确的信息，也更加客观反映了公司的实际财务状况和经营能力。再次，由于“下推会计”适用于信息对称原理，子公司和母公司采用了一致的计价基础，这样就避免了母公司发布相互矛盾的财务信息，大大提高了信息的使用效益[3]。最后，“下推会计”引入了公允价值的计量观，更客观地反映了子公司的实际财务状况和经营能力，顺应了会计计量的发展潮流。在企业并购活动中，并购活动本身是关注的重点，其所使用的形式——是购买股份还是购买资产——是不重要的。因此这符合实质比形式重要的原则。如果企业合并导致被并购企业有表决权股份的所有权发生了很大变更，不能因为获得的是股份而不是净资产就使其相应的公允价值不直接进行会计确认。

诸多优越性也使得国内对“下推会计”的呼声很高。

三、“下推会计”的局限性

虽然“下推会计”具有如上优点，但“下推会计”并不是没有缺点。“下推会计”的不足主要体现在以下方面：

第一，与持续经营假设相悖[4]。“持续经营”指的是：根据企业是一个经营中的实体并且在可以预见的将来会持续经营下去的假设进行财务报表的编制。如果公司准备或有必要实行清算或者缩小经营规模，财务报表就必须按照不同的计量基础编制。如果公司这么做，就要说明其所采用的计量基础。子公司被控股合并不属于改变经营规模或进行清算等非正常状态，而使用下推会计则改变了子公司的计价基础，这有悖于持续经营的假设。

第二，计量基础的变化缺乏依据[3]。企业实施并购以后，子公司仍然是一个独立的会计主体，其核算的对象也仍是这个公司的经营活动。如果采用“下推会计”则将子公司财务报表的计量基础从历史成本改为公允价值，这种计量基础的变化缺乏充分的根据。

第三，商誉的合并计给子公司有失恰当。在会计中，只有企业收购和兼并中取得的外购商誉才能在会计中确认，自己创造的商誉不能确认，无论什么状态都不行。然而“下推会计”仅仅根据母公司投资成本超过所获得子公司净资产的账面价格差额就确认商誉的做法在会计界存在很大争议。有人认为这种做法不符合稳健性原则，而这种信息也缺乏可靠性。另外，根据表 1“下推会计”的影响分析可知，子公司会因资产增值和商誉的存在而产生较高的销售成本、折旧费和分期还款费用，使其净收益下降，这会对一些股东有不利影响，如果子公司少数股东所占股权比例较大，影响面会更广。

四、我国对“下推会计”的规定

我国《企业会计准则讲解》(2011)之《企业会计准则第 20 号——企业合并》规定，“非同一控制下的企业合并中，购买方通过企业合并取得被购买方 100% 股权的，被购买方可以按照合并中确定的可辨认资产、负债的公允价值调整其账面价值。除此之外，被购买方不应因企业合并将有关资产、负债的账面价值调整为公允价值”[5]。可以看出，我国《企业会计准则讲解》允许母公司的全资子公司对其资产、负债的计量选择公允价值或账面价值。我国运用“下推会计”有一个重要前提，即子公司的股权 100% 被母公司所拥有，而美国准则掌握的标准是 97%。

随着市场经济和有价证券交易的发展，历史成本原则受到严重冲击，更多学者和实务工作者都指出，企业合并足以证明，被母公司控制的子公司虽然还保留了原来的法人资格，但它已经是企业集团的成员企业，并在母公司控制下开展生产经营活动，执行母公司制订的会计政策、财务政策和经营政策，而且母公司为了取得对子公司的控制权付出了代价。因此，子公司应按公允价值对其净资产进行计价[6]。

五、“下推会计”在我国实际应用中面临的困境

虽然我国企业会计准则允许在合并报表中使用“下推会计”，并且使用“下推会计”可以使合并报表过程大大简化。但我国企业在实际工作中应用“下推会计”的案例很少，现根据笔者实际经历的一个案例来分析一下原因。

案例：

甲公司于 2014 年 7 月 1 日以 42800 万元的价格收购乙公司 100% 股权，甲公司与乙公司为非同一公司控制。并购日乙公司报表如表 2 所示（为了表述方便，数字取整数）。

表2 2014年7月1日乙公司财务情况

单位：万元

项目	账面价值	公允价值	增减值
流动资产	7000	7000	
长期股权投资			
投资性房地产			
固定资产			
无形资产	14000	36000	22000
资产合计	21000	43000	22000
流动负债	200	200	
负债合计	200	200	
净资产合计	20800	42800	22000

如果应用“下推会计”，把乙公司账面价值调整为公允价值，调整分录为：

借：无形资产　　　　22000

　　贷：资本公积　　　　22000

乙公司资产总额和净资产总额均增加22000万元，这样调整后，就减少了在每期合并环节做这样一个调整分录的程序，使合并程序简化。但是站在乙公司单户报表来看，资产总额和净资产总额均增加22000万元，在每年企业所得税纳税申报时，税务局不承认无形资产评估增值部分的摊销，还要按历史成本调整，也很复杂。另外，对于乙公司来说，资本增加还会面临税务方面的风险。因此，权衡考虑后，企业放弃使用“下推会计”。

根据此案例，由于信息用途和所站角度不同可以分析出“下推会计”在合并报表中存在困境的原因如下：

（1）合并报表的复杂度。

被购买方按照合并中确定的可辨认资产、负债的公允价值调整其账面价值，是出于对母公司编制合并报表时可以简化合并报表的编制程序的考虑，可是站在子公司角度所得税纳税申报时还要按历史成本进行调整，对子公司而言，却增加了复杂度。

（2）子公司调账后会加重税收负担、面临税收风险。

首先，资金账簿资本变动（实收资本和资本公积）要按0.5‰缴纳印花税。

其次，如果子公司的房产评估增值，增值部分每年还要缴纳房产税。

最后，购买法下对资产评估增值部分是否要交企业所得税各界看法不一。但根据财政部、国家税务总局《关于企业资产评估增值有关所得税处理问题的通知》（财税字〔1997〕77号），不应缴纳企业所得税。但是，在中国税收体制下，多数企业为了避免税收风险，宁愿在编制合并报表时麻烦一些，也会在税收问题上尽量避免不必要的风险。

由于调整了子公司资产总额，每期折旧、摊销额就会相应地增大，净利润就会大大降低。这对有考核任务的子公司而言，也是需要考虑的。

六、“下推会计”的应用探讨

是否应用“下推会计”，主要取决于站在哪个角度看待问题。“下推会计”使用了公允价值而使新的计量有利于企业的资本保全并且能合理反映企业财务状况，从而提高财务信息相关性。而且也大大简化了编表程序，降低了编表成本。但是被并购企业却因此面临企业所得税纳税申报表的调整，从另一个角度使工作复杂化，而且被并购企业会面临税收方面风险。在合并报表层面，应用“下推会计”编制合并报表和用传统方式编制合并报表，提供的最终信息是一致的，如果信息使用者关注的是整个集团的合并财务信息，更注重防控税务风险，可以不使用“下推会计”。如果信息使用者更关注被收购方的财务信息披露（比如被收购方需要融资、上市等），使用“下推会计”调整对被收购企业的财务计量就很有必要。为了更广泛应用“下推会计”，我国相关部门可以从以下方面着手：

首先，我国在股权转让方面的法律规定并不健全[7]，因此我国要从规范化和法制化角度入手，在对我国企业并购情况进行调研基础上制定相关法律。

其次，对适用于“下推会计”的企业并购情况进行规定，并制定相应会计准则，对“下推会计”的实施细则和程序进行细化，让企业有切实可行的会计准则，并规定具体处理办法和披露要求。

再次，针对使用“下推会计”可能带来的税收方面的风险，我国有关部门应该调整税收相关规定，以使税收与“下推会计”原则一致，解除公司可能存在的税收方面的后顾之忧。

最后，促进相关部门使用下推会计，如资产评估公司、会计师事务所等相关机构和部门，这样可以进一步提高下推会计的运用质量。

参考文献

[1] Pwc. Pushdown Accounting Now Optional：New Guidance Applicable to All Companies. In Depth，2014.

[2] 武玉荣．企业合并与合并财务报表．首都经济贸易大学出版社，2013.

[3] 傅芳芳，章晓洪．“下推会计”在合并报表中的运用．商业会计，1998（8）：38-39.

[4] 李莉．以合并报表为视角的下推会计．会计之友．2013（16）：71-73.

[5] 财政部．企业会计准则第 20 号——企业合并．

[6] 财政部．企业会计准则第 33 号——合并财务报表．

[7] 刘青霞．暂时性差异相关问题研究——从新会计准则看下推会计的应用前景．中国商贸，2010（28）：251-252.

企业集团税务筹划策略研究

申报单位：北京京煤集团有限责任公司
作者：王有松

[**摘要**] 纳税筹划是企业集团财务管理活动之一，企业集团税收筹划是从集团发展全局出发，降低集团整体税负，以实现企业价值最大化的财务管理目标。本文主要从企业集团税收筹划基本理论出发，对企业集团的税收筹划进行界定，强调了研究范围主要是针对企业集团内的经济交易事项；而后结合实践经验，对企业集团内的控股公司以及直属公司的设立、股权运作以及退出进行案例化、模式化研究，对税法政策在工作实务中的适用性进行分析，进而得出数十条筹划思路及策略，并给出了一些思维发散性结论，进一步增强理论的可行性和案例的适用性。

[**关键词**] 企业集团　税收筹划　股权运作　策略研究

一、企业集团税收筹划基本理论

（一）企业集团税收筹划的界定及原则

国家工商行政管理局早在 1998 年就颁布了《企业集团登记管理暂行规定》(工商企字〔1998〕第 59 号)，其中对企业集团给出了明确定义，即指以资本为主要联结纽带的母子公司为主体，以集团章程为共同行为规范的母公司、子公司、参股公司及其他成员企业或机构共同组成的企业法人联合体。企业集团既是集团利润中心，也是集团的经营中心和生产中心，所以财务管理更是企业集团管理的核心。

企业集团税收筹划是从集团的发展全局出发，为减轻集团整体税收负担，增加集团税后利润而做出的一种战略性筹划活动，属于财务管理活动范畴。它包括集团范围内以及企业范围外的税收筹划，而本研究主要着重于企业范围内经济事项的税收筹划。

企业集团税收筹划应遵循四个原则：首先是合法性原则，这是纳税筹划最本质特点，其底线是不能与国家现行税收法律与法规相抵触，明确区别于偷税、漏税及骗税行为；其次是事前性原则，在真实的业务发生前就应该考虑税源因素，而等到申报纳税时筹划必然导致非法的税收筹划；再次是全局性原则，纳税筹划与企业的每个部门每个人都有密切关系，纳税筹划要做到整体税负最小化，不单是局部的最小化；最后是成本效益原则，税收筹划也有诸如业务调整、外聘专家费用等成本，与业务收益之间要符合一般的投入产出比原则。

（二）税收筹划目标和思路

节税不应成为税收筹划的目标。企业集团税收筹划是企业财务管理的一项内容，应当服从和服务于企业财务管理目标，企业价值最大化是采用最优的财务政策，充分考虑资金的时间价值和风险与报酬关系及企业总价值的最大化。因此企业集团税收筹划目标必然是财务管理最优化以及企业价值最大化。甚至有些情况下，节税、避税要让位于企业价值最大化目标的实现，问题是辩证的，不是一成不变的。

对企业集团的税收筹划，理论上存在几种思路（见表 1）：

表 1　企业集团税收筹划基本思路

项目 序号	基本思路	具体阐释
1	缩小税基	在法定限额内，实现各项成本费用扣除和摊销的最大化等，减少应纳所得额
2	降低税率	在税法中税种、税率多样化，比如增值税目前拥有 0~17% 共 8 种税率，其他税种也存在多种优惠税率，筹划空间较大
3	筹划纳税义务发生时间	合理增减或分摊收入、成本、损失、费用等，规划纳税义务发生时间。重点在于税务规划与风险管控
4	延缓纳税期限	资金的时间价值决定延迟纳税的利益。一般而言，应纳税款延期越长，所获得利益越大。当经济处于通货膨胀期间，延缓纳税的理财效益更为明显。比如“特殊性重组”的实质也是延迟纳税
5	税负转嫁	集团内部企业合理的转让定价。常见于流转税以及并购重组的弥补问题
6	平衡集团税负	通过集团的整体调控和投资延伸，主营业务的分割和转移实现。重点在于税务的平衡和协调

二、企业集团税收筹划策略研究

（一）企业集团设立的税收筹划

在现代企业管理制度下，通过企业组织形式变化筹划税收问题，可以说是税收筹划的真正起点。企业的出资方式、注册登记地点、组织形式、投资方向、投资期限的不同都可能影响税负高低。企业集团架构下的母公司、子公司、分公司以及直属单位等组织类型，均可以根据组织不同结构特征，结合税收政策进行筹划，筹划得越早，节约税负的空间越大。

1．企业设立形式的筹划

（1）化整为零式。

该种策略的思路是充分利用小微企业税收优惠政策。小型微利企业概念源于《企业所得税法实施条例》第九十二条，“企业所得税法第二十八条第一款所称符合条件的小型微利企业，是指从事国家非限制和禁止行业，并符合下列条件的企业：工业企业，年度应纳税所得额不超过 30 万元，从业人数不超过 100 人，资产总额不超过 3000 万元；其他企业，年度应纳税所得额不超过 30 万元，从业人数不超过 80 人，资产总额不超过 1000 万元。”

小型微利企业在税收上得到“超居民”待遇，广泛存在于企业所得税、营业税、增值税、印花税等税种。比如近几年来，财税〔2014〕34 号、国家税务总局 2014 年第 23 号公告、财税〔2015〕34 号以及国家税务总局 2015 年第 17 号公告等多项优惠政策相继出台，优惠力度进一步加大，在此背景之下多元化发展的企业集团可以采用“化整为零”方式，把集团法人公司直属的营业机构注册成为独立的单店或者销售公司，把多种经营业态分别设立为小型分公司、子公司，创造条件满足小型微利企业条件，最大化享受其税收优惠政策。

从目前税收政策及征管实践看，如果当月收入或者应纳税额达到小微企业优惠政策的规定，即便是大企业集团母公司或者其直属单位，同样可以享受税收优惠政策，因此小型微利企业的概念在减税政策征管过程中实际上扩大化了。

（2）企业拆分式。

增值税是毛利税，可以避免重复征税，当然也具有流转税共同特征——易于转嫁。针对生产销售型企业，增值税是其主要税种。企业拆分式的税收筹划策略可以实现税务部分转嫁。

业务拆分方面。企业集团可以通过将部分服务进行外包，在最大化增大销项税额转嫁税负的同时，获得进项税额。比如，“营改增”后，非独立核算的自营运输队车辆运输耗用的油料、配件及正常修理费用支出等项目，按照 17% 的增值税税率抵扣，而委托运输企业发生的运费可以按照 11% 的税率进行抵扣，企业集团可以通过测算二者的税负差异，来决定选择委托运输还是自营车辆运输，从而对企业分、子公司组织类型进行优化调整。另外，2015 年是“营改增”税制改革的收官之年，金融业、房地产和建筑安装也是 2015 年改革重点。房地产企业集团将面临新旧税制衔接、税收政策变化、具体业务处理和税务核算转化等难题。房地产业“营改增”之后，房企集团为了降低税负，应更多考虑增加进项税额进行抵扣，在既定战略框架内进行税收筹划。比如，可以大幅提高精装修房比例取得更多的固定资产和物料的增值税进项税额；也可以把集团范围内的地产开发、分包转包、建筑以及装修装饰等具体业务进行分拆剥离，注册成独立核算的不同企业组织，增大抵扣项。

税率拆分方面。企业集团应该适应“营改增”以来的税率变化，针对不同经营业务情况，可以在不同税率之间进行筹划。我国目前增值税税率体系包括 17%、13%、11%、6% 以及 3%、4%、6% 的征收率。比如根据相关税法政策，混业经营中，不同税率项目需要分开核算，否则会统一适用高税率，因此，企业在“营改增”后，应对涉及的混业经营项目分开核算，以适用较低税率，增大转嫁范围，降低税负成本。

2. 企业设立方式的筹划

企业集团资产运营必须在某一平台之上，但是平台公司如何设立、设立之后怎么装入核心资产是大多数企业集团面临的共性问题，不同的设立方式会面临截然不同的税负效果，这也是税收筹划的意义所在。设立方式上存在母公司“先出资设立子公司，子公司再购买资产”“直接以核心资产作价出资设立公司”和“先以现金出资设立，再无偿划转核心资产”的方式。下面举例分析：

假定甲集团公司拥有合法出让土地使用权，拟设立全资控股公司乙，以延伸产业链。该地块账面价值 5000 万元，公允价值为 8000 万元。

方案一：以现金出资

按转让土地使用权所得差额计算缴纳营业税金及附加 165 万元（3000 万元 ×5.5%）；

按照土地增值税暂行条例规定计算缴纳土地增值税：

增值额 2835 万元（8000−5000−165）；扣除项目 5165 万元（5000+165）；

增值额占扣除项目比例：2835/5165=55%；

所以适用税率 40%，应缴土地增值税 =2835×40%−5165×5%=871.25（万元）；

按企业所得税法规定应纳企业所得税 490.94［（3000−165−871.25）×25%］万元；

因此，公司应纳税金额合计：165+871.25+490.94=1527.19（万元）。

方案二：以不动产（土地使用权）出资

根据现行《公司法》规定，作价出资额不动产要以评估价，即公允价值入账，甲公司核销无形资产——土地使用权，增加长期股权投资；乙公司以公允价值增加无形资产——土地使用权，对应增加实收资本或资本公积。

根据《财政部、国家税务总局关于股权转让有关营业税问题的通知》（财税〔2002〕191号）规定，以无形资产、不动产投资入股，与接受投资方利润分配，共同承担投资风险的行为，不征收营业税。因此该投资不征收营业税。

根据《财政部、国家税务总局关于土地增值税一些具体问题规定的通知》（财税字〔1995〕48号）第一条规定，对于以房地产进行投资、联营的，投资、联营的一方以土地（房地产）作价入股进行投资或作为联营条件，将房地产转让到所投资、联营的企业时，暂免征收土地增值税。对投资、联营企业将上述房地产再转让的，应征收土地增值税。同时，《财政部、国家税务总局关于土地增值税若干问题的通知》（财税〔2006〕21号）规定，对于以土地（房地产）作价入股进行投资或联营的，凡所投资、联营企业从事房地产开发的，或者房地产开发企业以其建造的商品房进行投资和联营的，均不适用财税字〔1995〕48号文件第一条暂免征收土地增值税规定。所以，投资企业与被投资企业如果有一家属于房地产开发企业，都不适用免征土地增值税条款。当然本案例假定双方都不属于房地产开发企业。所以，该投资暂免征收土地增值税。如果是房地产企业，则另行讨论。

根据《财政部、国家税务总局关于非货币性资产投资企业所得税政策问题的通知》（财税〔2014〕116号）以及《国家税务总局关于非货币性资产投资企业所得税有关征管问题的公告》（国家税务总局公告2015年第33号）规定，居民企业（以下简称企业）以非货币性资产对外投资确认的非货币性资产转让所得，可在不超过5年期限内，分期均匀计入相应年度的应纳税所得额，按规定计算缴纳企业所得税。因此，甲集团在符合文件规定要件情况下，不必一次性把土地增值所得3000（8000−5000）万元计入当期应纳所得税额，可以分五年均匀计入，即投资当期可以计入600万元，应纳所得税额为150万元。其余税款可以延迟纳税，享受资金时间价值收益。

方案三：先以现金注册成立公司，再无偿划转

本方案中，首先甲公司要以少量现金注册成立全资子公司乙，其次甲公司通过无偿划转方式，投入乙公司，作为乙公司生产经营用地。

营业税方面。有观点认为，根据《中华人民共和国营业税暂行条例实施细则》第五条：单位或者个人将不动产或者土地使用权无偿赠送其他单位或者个人，视同发生应税行为的规定，应按赠与视同发生应税行为征收营业税。比如母公司将不动产或者土地使用权无偿划转到其全资子公司名下；或如一人有限公司或者个体工商户将土地、房屋划转到投资者名下等。但是案例中土地、房屋无偿划转属于同一投资主体内部行为，并不是无偿赠送其他单位或者个人，因此不属于营业税征收范围。目前有关无偿划转营业税的规定主要是针对个案逐案进行审批，没有统一政策。比如财税〔2005〕160号文件规定原中国建设银行无偿划转给建银投资的不动产，不征收营业税。

土地增值税方面。针对无偿划转是否应纳土地增值税也有不同观点，目前主要是针对国有企业集团内部无偿划转的个案逐案审批，没有统一政策，比如“京地税地〔2009〕187号”等有具体规定。笔者认为，本案例中无偿划转只是同一投资主体之间的划转行为，不论经济性质是否属于国有，都应依据条例第二条规定认定不属于土地增值税征税范围，不应征收土地增值税。

企业所得税方面。根据《财政部、国家税务总局关于促进企业重组有关企业所得税处理问题的通知》（财税〔2014〕109号）以及《国家税务总局关于资产（股权）划转企业所得税征管问题的公告》（国家税务总局公告2015年第40号）规定，对100%直接控制的居民企业之间，以及受同一或相同多家居民企业100%直接控制的居民企业之间按账面净值划转股权或资产，划出方企业和划入方企业均不确认所得，且划入方企业取得被划转股权或资产的计税基础，以被划转股权或资产原账面净值确定，应按其原账面净值计算折旧扣除。因此甲企业可以适用特殊性重组政策，不缴纳企业所得税。

综上所述，在企业设立环节，不同方式也产生不同的税负负担（见表2），企业可以根据实际情况，在集团内部进行事前筹划并选择不同方式，使集团整体税收负担最优化。

表2 企业设立方式纳税比较

序号	设立方式	应纳税金（万元）	说明
1	以现金出资，再购买	1527.19	没考虑印花税及契税，下同
2	以资产作价出资	150	如果涉及房地产企业，要加上土地增值税约871.25万元的，整体方案则需要另行比较
3	先现金出资， 再无偿划转	0	如果当地税务机关认定要缴纳营业税及土地增值税，则应加上营业税及附加约140万元，土地增值税738.13万元

显然第三种税收方案最优，节税额明显，并且可以根据财税〔2014〕109号文进行思维发散：假设P公司100%控股S公司，P公司有两个业务单元P1和P2，均盈利，S公司有两个业务单元S1和S2，均亏损，现P1划至S公司，S1划至P公司，从而实现盈亏互抵，因此这种相互划转做法，在税收上对企业集团更加有利。

（二）企业集团股权运作的税收筹划

1.“过桥股权”

在实务中，以房屋、土地为代表的不动产以及有形动产的交易、投资、捐赠过程中会面临大量税收负担，尤其是在企业集团范围进行资产调转、调拨时，在没有创造利益的情况下却产生大量营业税、土地增值税等税金负担，因此税收筹划意义重大。该种情况下，比如A公司可以把标的资产以实物资产形式注册成立一家新公司B，然后通过转让公司股权形式，转让到有需要的C公司，C公司再对B公司进行吸收合并，达到实际拥有该标的资产的目的。具体税费分析如表3所示：

表3 股权转让与资产转让方式纳税情况比较

转让方式 税种	股权转让		资产转让	
	转让方	受让方	转让方	受让方
增值税及附加	×	×	√	×
营业税	×	×	√	×
契税	×	×	×	√
土地增值税	×	×	√	×
营业税金及附加	×	×	√	×
企业所得税	√	×	√	×
印花税	√	√	√	√

表3显示，“√”表示须应纳税种，“×”表示不缴纳该税种。资产转让形式下，转让方面临的税种达7种之多。可见，企业在资产运作时，通过变资产转让为股权转让，成立“过桥股权”，最后到吸收合并“过桥股权”，这一过程中节省大量所得税、营业税等税金。

2.“一进一出”

企业集团在运营过程中，由于产业结构、产品结构、经营策略以及管控模式的变化，会出现集团内部子公司、孙公司之间股权的划转或转让情形，而直接股权转让，转让方主要面临企业所得税成本，可以采用“一进一出”方式进行税收筹划，既保持原有公司股权结构，又降低所得税成本。

根据《国家税务总局关于企业所得税若干问题的公告》（国家税务总局公告2011年第34号）规定，投资企业从被投资企业撤回或减少投资，其取得的资产中，相当于初始出资部分，应确认为投资收回；相当于被投资企业累计未分配利润和累计盈余公积按减少实收资本比例计算的部分，应确认为股息所得；其余部分确认为投资资产转让所得。如投资某企业成本是500万元，该企业累计应得到分配利润100万元，如果投资收回取得800万元，则800万元中的500万元视为投资收回不征税，100万元视为股息所得作为免税收入，200（800−500−100）万元作为投资资产转让所得作为应税收入。

假定，企业集团内A、B、S三家公司，A公司与B公司共同持有S公司股权，分别占有30%、70%的股权。S公司注册资本2000万元，留存收益6000万元，企业集团由于股权整合，把B公司持有的S公司的股权转让给C公司（不一定是集团内企业），交易对价为3000万元。税收筹划方案分析如下：

方案一：直接股权转让

直接股权转让，则B公司应纳所得税 =（3000－2000）×30%×25%=75（万元）

方案二：利用投资收回

B公司先进行投资收回，投资收回的补偿假定为3000万元，先把B公司从S公司中撤资出去，再让C公司以3000万元的对价投资到S公司。此时S公司注册资本先减为1400万元，C公司投入后再增加到原来的2000万元，以保持S公司权益结构。

B公司撤回投资，相当于初始出资的部分600（2000×30%）万元，不作为应纳税所得额；相当于被投资企业累计未分配利润和累计盈余公积按减少实收资本比例计算部分1800（6000×30%）万元，也不作为应纳税所得额；则B公司应纳所得税 =（3000－600－1800）×25%=150万元。

综上可以看出，经过测算涉及“一进一出”方式进行税收筹划，既能保持原有股权结构，退出者又能节约大量税负成本。

3.“暗度陈仓”

本方案仍然是针对股权转让的避税措施，尤其是面临较大所得税成本的盈利企业，直接转让则税收负担重。由于企业所得税法规定股息分红为免税收入，就可以采用把未分配利润先行分配，之后降低转让对价进行交易，在退出企业总体利益不变情况下，可以达到减少应纳税所得额目的。如果再进行思路发散，还可以把“分红”与“资本公积或未分配利润转增股本”并用，大幅度减少应纳税所得额，通过“暗度陈仓”，减少集团企业内股权转让的税收成本，达到企业集团整体税负最优化。

（三）企业集团退出的税收筹划

集团企业由于产业周期或者经营管理原因，会对下属亏损或者不盈利企业进行退出处理，以优化资产结构，这是大多数企业集团，尤其是国有企业面临的普遍问题。实务中企业工商登记注销往往以税务清算、税控机注销为前提，因此集团内企业退出时，如果合理计算清算所得，适时进行税收筹划，可以最大化保留注销子公司亏损弥补额度，增加母公司的投资损失确认额度。

纳税人依法清算时，以其清算终了后的清算所得为应纳税所得额，按规定缴纳企业所得税。清算所得是指纳税人清算时的全部资产或者财产扣除各项清算费用、损失、负债、企业未分配利润、公益金和公积金后的余额，超过实缴资本的部分。以下举例说明企业不同退出方式下的税收筹划：

假定：甲是集团母公司，A 公司是甲的全资子公司，注册资本 500 万元，A 公司因经营管理不善多年亏损，净资产为负。母公司甲决定注销 A 公司，实施企业退出整合。A 公司截至本期期末财务数据为：银行存款 100 万元、应收账款 100 万元、存货 50 万元、应付工资 100 万元、其他应付款 1300 万元（欠母公司甲）、实收资本 1000 万元、未分配利润 −2150 万元（包括近 5 年亏损 500 万元）。

方案一：直接清算注销

根据《财政部、国家税务总局关于清算业务企业所得税若干问题的通知》（财税〔2009〕60 号）规定，企业的全部资产可变现价值或交易价格，减除资产的计税基础、清算费用、相关税费，加上债务清偿损益后的余额，为清算所得。

A 公司资不抵债，往来款 1300 万元，因 A 公司无力偿还，转作债务清偿收益。A 公司账面存款有 100 万元，支付应付工资 100 万元，清算所得 150（1300−100−50−1000）万元，需缴纳税款 37.5（150×25%）万元左右。由于累计亏损，不缴纳所得税。

但根据《国家税务总局关于企业资产损失所得税税前扣除管理办法的公告》（国家税务总局公告 2011 年第 25 号）第四十六条第五项规定，企业发生非经营活动的债权，不得作为损失在税前扣除。甲公司借给 A 公司的往来款 1300 万元，属于非经济活动借款，因 A 公司注销时无力偿还，甲公司只能确认为坏账损失，税前无法扣除，母公司甲税收上也只能确认 1000 万元长期股权损失。

方案二：先增资后注销

母公司甲通过正常程序，对 A 公司增资 1300 万元，这时，A 公司实收资本从 1000 万元变成 2300 万元，净资产从负到正，同时甲公司对 A 公司长期股权投资账面价值也从 1000 万元增加到 2300 万元。A 公司因 1300 万元增资，偿还欠母公司甲的 1300 万元往来款，这时母子公司无往来借款。

此时进行企业清算，A 公司清算债权债务后，清算亏损 150（300−100−50）万元，因此 A 公司不缴纳所得税。

而母公司甲的情况却发生了较大变化。由于 A 公司当年度清算亏损 150 万元，加上累计亏损 2150 万元，资产负债表未分配利润数为 −2300 万元，实收资本也是 2300 万元，净资产为 0。因此母公司甲与子公司 A 之间没有了坏账损失，依法可以确认长期股权投资损失 2300 万元，作为专项申报事项，经中介机构鉴证，报经税务机关审核后，可以税前扣除。

方案比较：

A 公司因长期经营不善，造成巨额亏损，给母公司甲带来投资损失及坏账损失共计 2300 万元，母公司甲从税收角度出发，希望能最大限度得到税收弥补，减少未来母公司的税收支出。第二方案下，甲公司全部损失得到弥补，对整个企业集团显然最有利。思路进一步发散，母公司可以增加投资，把退出公司的净资产做为 0，增加的投资最终还是被收回，而母公司同时也获得了一定额度的投资损失，把退出子公司的所得税亏损额度进一步转移到母公司，降低母公司所得税税负。

三、结束语

如果说现金流决定着企业发展的生与死，而交税却关系着企业发展过程痛不痛，尤其是对非国有企业而言。税收筹划能够最大化减轻企业阵痛，使企业更加轻松地向价值最大化迈进。随着新一届政府简政放权力度增大，税收政策因素、经济因素、管理因素、税务筹划技能因素等都从不同方面制约着税收筹划利益，税收筹划技巧更是千变万化，不可尽书。本研究也只是从企业设立、股权交易、企业退出等角度展开探究，研究策略具有理论上的可行性，实践上还要看企业状况、当地税收征管环境以及运作技巧等方面。总之，企业集团税收筹划是一项复杂的系统工程，涉及面极广，是一门理论与实践并重的课题，必须立足集团层面深入研究，获得有效方案后迅速行动，扎实推进，力争达到企业集团财务管理最优化。

参考文献

[1] 王鸿丽．企业集团财务管理中的税收筹划．山东省企业管理干部学院学报，2007，23（3）：75-77．

[2] 胡兰，胡会蓉．探索房地产企业税收筹划新举措．企业导报，2011，1（13）：152-153．

[3] 曾庆云．第三方物流企业混合销售行为的税收筹划．中国管理信息化，2011，14（14）：20-21．

[4] 王棣华．企业集团如何进行税收筹划．会计师，2008，3（1）：24-28．

[5] 朱大旗．税法．北京：中国人民大学出版社，2015：209-214．

[6] 彭志华，罗才荣．企业集团税收筹划的策略．新疆税务，2002（10）：5-10

[7] 刘华．论企业税收筹划策略．商业经济，2011（8）：52-55．

[8] 彭志华，罗才荣．企业税收筹划策略探讨．现代企业文化，2010（6）：140-143．

[9] 周万森．强化企业税收筹划的策略研究．企业导报，2012（11）：110-113．

[10] 工商总局企业注册局．中华人民共和国企业法人登记管理条例施行细则．http：//qyj.saic.gov.cn/djfg/gz/201402/t20140227_142235.html，2003-02-14．

大型能源投资集团财务公司数据化管控体系的构建与运行

申报单位：京能集团财务有限公司
第一作者：刘 颖　　作者：王 申　赵 敏　杨 艳

[摘要] 随着京能集团产业领域的扩大，作为内部银行的财务公司面临的是金融风险的积聚，面对利率市场化与金融脱媒的双重挑战，面对日趋严格的市场准入与监管要求，依据集团成立财务公司的初始定位，借助数据化技术手段实施的公司财务管控成为撬动集团产融结合的有力支点。

[关键词] 数据化　管控

京能集团财务有限公司（以下简称“京能财务”）是北京能源投资（集团）有限公司快速发展过程中，为实现实体产业和金融产业紧密结合而设立的一家非银行金融机构，是北京市国资委系统第一家财务公司，也是中国投资协会地方电力委员会会员单位第一家财务公司。2013 年取得辖内“良好”的监管评分成绩，是北京银监局推荐的标杆企业。

京能财务牢固树立“依托集团，服务集团”的企业发展宗旨，将创建“一流的金融服务、一流的风险管理、一流的经营业绩、一流的业务发展、一流的专业团队”作为企业发展目标，通过产业资本和金融资本互动，为集团发展提供强有力保障。作为非银行金融机构，一直致力于通过健全制度建设、提升信息化水平、完善风险防范措施、增强队伍业务素质方式，同步收集、安全存储、深化分析、持续监测、跟踪应用的数据化管理，为成员单位的金融服务扩大数据共享内容和分析维度，为集团系统的金融宏观分析提供数据支持和决策咨询。

一、京能财务数据化管控体系实施背景

（一）金融改革的趋势需要

在宏观经济结构调整和利率逐步市场化大环境下，国内金融机构受金融脱媒影响日趋明显，表现为核心负债流失、盈利空间收窄、业务定位亟待调整。京能财务如何在特定客户群体中，找到市场定位与集团定位契合点，深入分析成员单位内在需求，提供更有价值的金融服务，数据挖掘与整合是业务转型基础所在。

（二）监管机构的监管要求

我国主要通过现场检查与非现场检查两大方式进行日常监管，受人力及经济成本所限，目前后

者为主要监管方式。因此，填报相关数据信息，是京能财务应对监管机构的重点工作。中国银监会监管报表基本涵盖了金融机构所有表内、表外业务数据，涉及日常信用、市场、利率、流动性、外汇几大风险管理范围。对银行管理数据的广度、深度和时间长度，以及数据完整性、准确性的要求，直接影响京能财务的资本计量与市场准入。

（三）产融结合的定位要求

为实现京能财务在集团内部资金的集中管理，需要了解成员单位开户银行与现金流，为优化集团内部资源配置，需要了解整个集团的经营全景与各单位各项目的具体进度，为搭建实体经济进入金融市场的桥梁，需要找到市场工具与集团企业需求的契合点，为此，京能财务实施了数据化管控体系，以提升其在集团资金管理和金融服务的产融价值。

（四）科学管理的发展需要

真实、完整的数据信息反映出京能财务在经营管理中存在的各类问题，数据信息全面、及时提炼后可以作为管理者科学决策的有效依据，不仅有助于京能财务降低信息的不对称程度，增强风险控制能力，而且有力促进京能财务自身管理的科学化发展，实行符合自身特点的管理模式，进而降低管理运营成本。

二、京能财务数据化管控体系内涵和特点

京能财务以“依托集团、服务集团”为宗旨，充分发挥集团内部银行优势，将数据信息转化为数据资源，努力构建“信息化、流程化、数据化、平台化”的数据管控体系，实现集团资金安全性和效益性的最大化。

数据化管控体系作为京能财务向集团成员单位提供金融服务和创新产品的重要基础，采用现代电子手段、以多系统信息技术进行成员单位数据信息的收集，通过资金计划、资金支付、凭证传输三个接口，实现集团资金流、信息流、数据流在信息化数据集中平台的记录，按照数据管理组织架构，依据标准规范的内控流程，实施全方位的PDCA闭环处理，从定量、定性角度，从资金流动性方面，从数据动态平衡视角，辅以前瞻性风险预警，多维度实施数据分析，深入了解客户，准确把握市场，有力推动决策，增强产品和服务的针对性、有效性，不断提升数据化管控体系的全面协同效应，助推京能财务在集团资金集中管理、金融服务、财务调控的平台功效。

京能财务数据化管控体系具有以下特点：

1. 信息化

京能财务数据化管控体系的信息化是将集团内数据收集与记录、数据分析与应用，通过现代电子技术进行信息系统管理，建立以核心数据集中系统为主，以协同办公系统、ERP系统、银监局监管系统、人民银行电子商业汇票系统、实时数据影像监控系统等应用信息系统为辅的信息化数据管控平台。

2. 流程化

京能财务数据化管控体系流程化是建立一整套数据管理的标准与流程，通过相应组织架构进行规范运作，确保数据管理与经营发展、风险控制匹配，进行长效管理机制的规范固化。将数据化管控体系纳入业务流程再造体系中，建立贯穿整个业务流程的数据管控流程（见图1）。

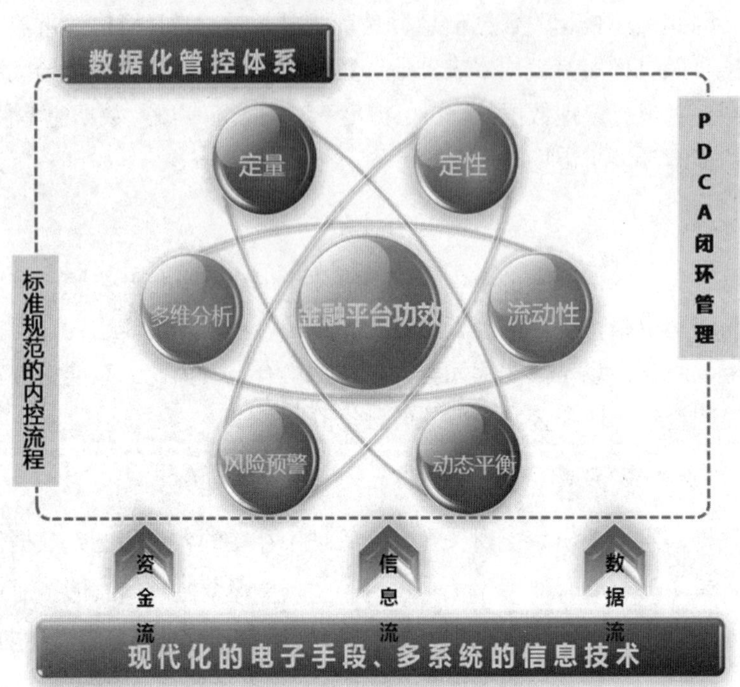

图1 京能财务数据化管控体系

3. 数据化

京能财务数据化管控体系的数据化是在调查研究、综合分析集团数据基础上，运用指标、数值、公式、图表、模型等多种分析工具，把分散的数据依据其内在关联形成一个完整数据链，进行有效提炼组合应用，即形成持续获取数据、高度整合数据、提供量化决策数据的管理过程。

4. 平台化

京能财务数据化管控体系的平台化是通过对集团成员单位数据的收集、分析、展现与应用，将内部大量数据转化为有价值的数据资源，降低集团内因信息不对称带来的经营风险，更好发挥京能财务作为集团资金平台和金融平台的服务功效。

三、京能财务数据化管控体系主要做法

（一）夯实基础，加强数据信息化建设，提升内部资源整合能力

1. 建立数据采集有效系统

截至2013年年末，京能集团共有151家成员单位在京能财务开户，而公司在职员工却只有30人，如何实现数据信息的高效采集，并确保数据的及时更新，是京能财务数据化管控体系面临的首要难题。

按照市场化运作机制，京能财务通过客户服务中心的信息系统，建立起全面、准确、高效及时的数据信息采集渠道，并将数据依据使用目的，分为基础业务查询数据（见表1）与领导决策查询数据。前者为集团成员单位提供账户查询、支付、现金管理、资金计划、票据登记等基础结算支付服务形成的数据，后者主要为公司领导及集团领导提供决策支持，通过综合查询全面了解集团资金动向数据。

表 1　京能财务基础业务查询数据

基础业务查询数据	明细
客户信息数据	客户汇总查询、客户账户日结单、账户信息、账户信息查询、账户余额查询、账户金额查询、账户余额表、账户对账单
交易信息数据	交易记录查询、结息记录查询、存款贷款汇总查询、存款明细查询、挂失业务查询、冻结业务查询、账户对照查询、定期存款查询
贷款业务数据	贷款查询、贷款通知书查询
科目信息数据	日结科目汇总查询、开户行余额汇总查询
业务量统计数据	开关机日期查询

京能财务客户服务中心信息系统，一方面加强了各业务部门之间、各位客户经理之间数据信息的收集记录；另一方面确保京能财务数据化管理的传递整合，实现了数据信息对称性和营销管理统一性。

2. 搭建数据集中的管理平台

按照集团公司对京能财务的平台定位，京能财务的信息化规划一直以建设“一个企业级的金融运营平台，实现数据共享和数据通畅”为目标。自 2009 年信息化平台上线运行以来，目前已历经三期建设，初步形成京能财务整体应用体系的数据集中平台。

一方面，贯通资金流数据的交互——网上电子结算业务。包括三大组成部分：财企系统，即京能财务的网上银行系统；银财系统，即京能财务与各银行的银企直联系统；柜面系统，即京能财务资金结算系统。形成客户—京能财务—银行立体化的资金流数据网络。

另一方面，同步业务流数据的存储——在线资金操作业务。将成员单位在京能财务业务运营信息系统上的账户查询、资金支付、现金管理、资金计划、票据登记等基础业务操作整合，获得集团内业务流数据，形成业务协同下的信息数据整合集成。

在完成核心数据整合基础上，京能财务还通过 OA 协同办公系统、ERP 系统、银监局监管系统、人民银行电子商业汇票系统、实时数据影像监控系统等应用信息系统采集，搭建起满足客户、监管、公司需要的京能财务的全方位数据信息化处理平台。

3. 架起数据传输的便捷通道

ERP 上线实施过程中，为实现集团资金流、信息流、数据流的集成，京能财务实施了“三大数据接口建设”。资金计划接口：为减轻成员单位资金计划报送的工作量，把 ERP 系统中资金计划传输至京能财务资金管理系统，作为日常资金整体调度、计划安排的直接依据。资金支付接口：为提高成员单位资金支付的汇划效率，把 ERP 系统中支付申请信息直接传输至京能财务的资金管理系统，作为支付指令的重要信息。凭证传输接口：为满足集团内部合并抵消至各单位明细的核算需求，京能财务把资金管理系统中发生的各项业务，作为 ERP 财务模块科目发生额、科目体系、凭证导入的数据源（见图 2）。

在数据传输渠道建设过程中，京能财务通过对国际成熟套装 ERP 软件先进性与国内软通业务管理软件实用性对接，满足了在当前集团管控“一盘棋”要求下，各成员单位在预算编制、资金支付以及财务核算方面的个性需求。

（二）防范风险，推进数据流程化管理，确保产融结合的良性互动

1. 基本思路

建立一整套规范运作的标准与流程，是确保经营发展与风险控制匹配，决定京能财务产融结合

图 2　京能财务三个数据接口建设图示

效用成败的关键。公司“十二五”发展规划中京能财务将数据化管控体系上升到战略高度，并在内控体系建设中的 14 项管理标准和工作标准中进行规范，具体概括为：

（1）集约——数据管控，最大限度发挥集团资金效用。

京能财务的数据管控流程要以经营计划为纲，根据集团发展的需要集中统一配置和管理资金的流量、存量和增量等数据信息，调剂资金余缺并合理引导资金的流向，将集团资金通过财务公司平台的运作增值创效，提高资金使用的效果、效率和效益，实现集团整体成本费用的有效控制。

（2）精细——层层分解，数据信息延伸各项经营指标。

京能财务的数据管控流程要以战略目标管理为导向，拓展经营计划管理空间。在发展规划战略目标指导下，将长期经营目标进行年度目标分解，年度再向季度、月度分解，其中资金计划已经精确到日，形成了一个金字塔式数据链。京能财务各职能部门围绕当期核心数据制订部门工作计划，确定所要完成的工作目标。

（3）动态——双重平衡，协调内外数据实现结构优化。

京能财务采取资金平衡、资金计划、资金调度等一系列措施构建日常资金管理的数据网络。一方面量入为出、有效地弥补流动性缺口，实现流动性缺口的资金平衡，使净流动性头寸为 0，即流动性需求＝流动性供给。另一方面平衡损益、优化组合资产与负债结构，就是通过利润表进行损益平衡测试，对资产与负债结构进行优化组合。

2. 工作流程

在组织分工方面，涉及机构包括董事会、总经理办公会、经营计划主责部门和其他各部门。董事会是数据化管控体系的最高管理决策机构。总经理办公会是数据化管控体系的日常管理机构。资金计划部是数据化管控体系的主责部门，负责京能财务整体数据计划的编制、审核、汇总、平衡和调整。各部门是数据化管控体系的具体执行机构，负责职责分工范围内的经营计划和对目标责任书内容进行编制、签署、分解、落实、分析，按期报送数据分析报告等。稽核部负责对数据化管理进行稽核评价。

在组织实施方面，由京能财务资金计划部负责经营数据计划与财务预算组织协调。在编制和执行方面，将预算草案编制—经营数据计划预报—经营数据指标下达—预算调整分解—预算计划和执行环环相扣，达到了经营计划与预算管理的高度统一。在报告方面，财务预算以定量与定性分析，通过定期与不定期报告形式，将预算执行情况和经营数据计划完成进度相互统一。

在组织频率方面，京能财务于每年 10 月启动下一年度财务预算的编制，并经半年的时间进行调整、平衡编制，在此期间辅以月度、季度、半年度进行经营计划情况动态跟踪，每年进入第四季度进行月度滚动跟踪。定期评价经营计划完成进度和效果，根据实际问题进行预算执行的具体分析、经营目标的及时落实和解决，对重点问题和核心问题开展专题研究并组织内外部力量进行攻坚。

在各项业务流程中，将数据处理的过程实施全方位的 PDCA 闭环管理，如为有效规范信用评级和授信管理工作，京能财务制定了《客户信用评级和统一授信管理办法》，规定了客户评级和总量授信管理程序，明确了部门职责和审批流程，从制度上有效规范了授信管理体系。建立一整套规范运作的标准与流程，将数据化管控体系上升到战略高度，并在各项业务流程中，将数据的处理过程实施全方位的 PDCA 闭环处理（见图 3）。

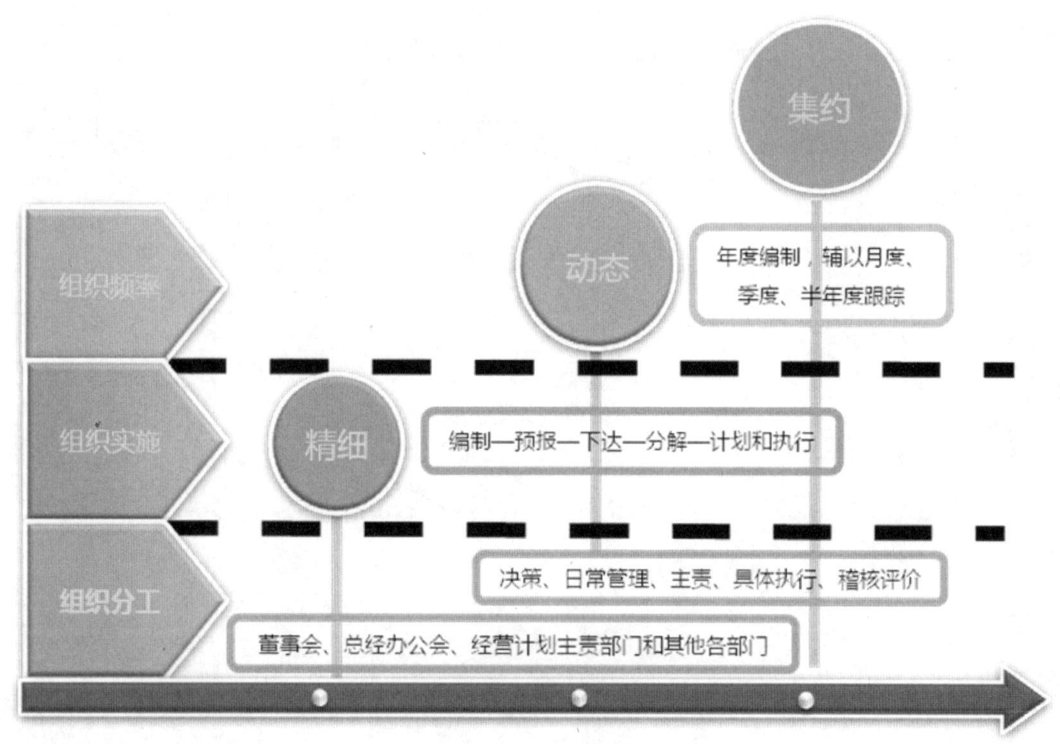

图 3　京能财务数据流程化管理图示

（三）整合资源，增强数据化分析能力，助推经营管控全面协同

1. 引入授信管理式数据分析

针对集团内成员单位，京能财务采用对客户统一授信原则进行信用评级的数据化管理，即在调查研究、综合分析基础上，以量化和分析相结合，对客户的数据信息进行全面评定（见图 4）。主要包括两个维度：

第一，定量指标：通过财务指标分析，对客户的偿债能力、盈利能力、资金周转能力和发展能力四个方面进行测评（见图 5）。

第二，定性指标：通过对经营管理水平、市场竞争力及发展前景、执行集团资金管理政策、与京能财务业务往来等方面的分析进行测评。定性指标评分标准按照电力行业客户与非电力行业客户确定分类评分标准（见图 6）。

2013 年全年京能财务共完成 48 家客户的授信评级工作，其中，信用等级为 AAA 的有 9 家，信用等级为 AA 的 35 家，信用等级为 A 的 5 家，授信总量为 310 亿元。通过对客户行为进行的授信数据分析，提高贷款决策可靠性。

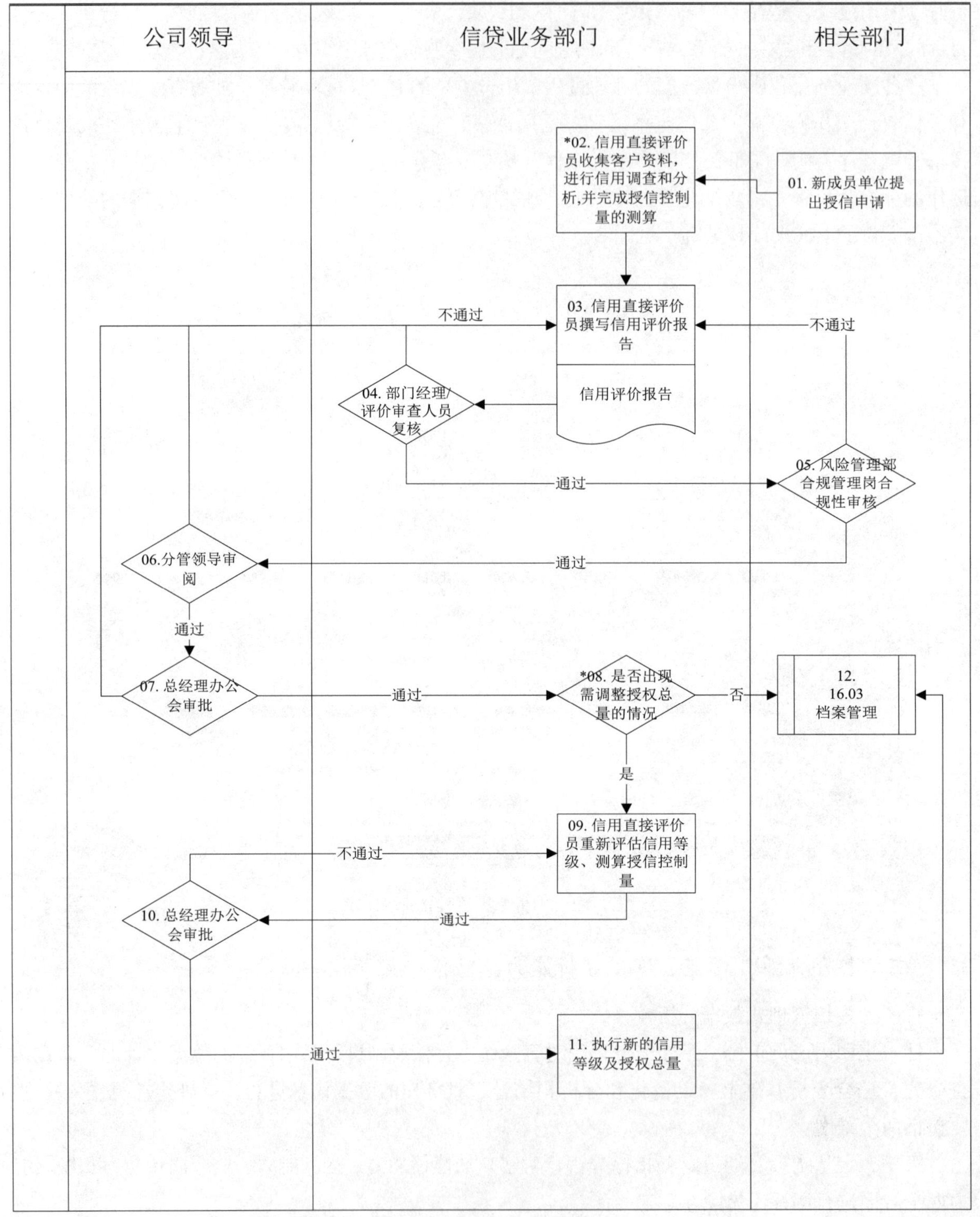

图 4　京能财务授信管理流程

2. 建立流动性指标的数据分析

确保成员单位支付需求。为有效防范流动性风险，加强日常资金与利率监测和分析工作机制，建立流动性风险预警指标体系，通过数据监测做好资金筹措与统筹管理，做好弥补计划外大额流出资金缺口的预安排，确保京能财务资金头寸安全。

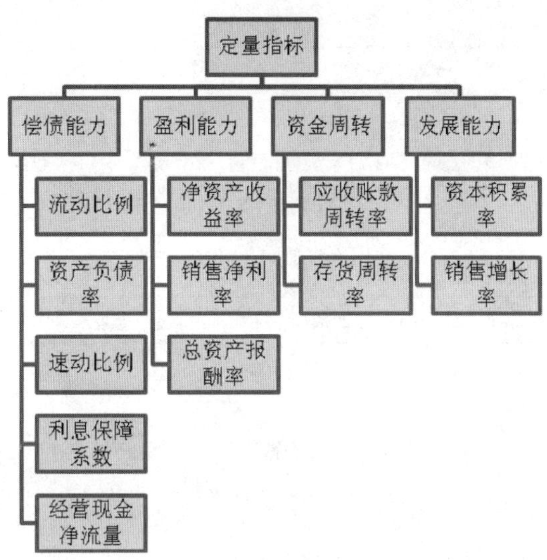

图 5　京能财务定量指标

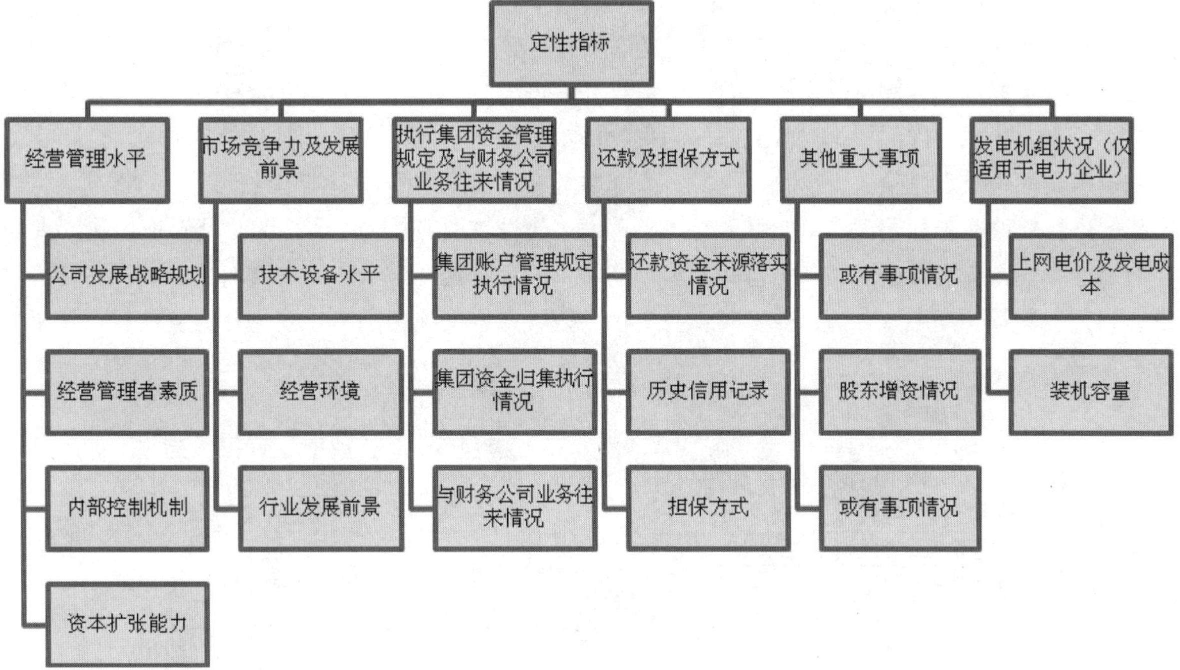

图 6　京能财务定性指标

流动性风险数据指标体系如表 2 所示：

表 2　京能财务流动性风险数据指标体系

指标名称	计算公式及说明
流动性比率	①期末流动性比例 = 流动性资产 / 流动性负债 ×100%
	②最低流动性比例 = 监测周期内日流动性比例最低值
流动性期限缺口	到期的资产和负债在各期限内的增减
拆入资金比例	（同业拆入 + 卖出回购）/ 资本总额 ×100%
核心负债依存度	（到期日 90 天以上定期存款 + 到期日 90 天以上发行债券余额 + 到期日 1 年以上活期存款）/（总负债 – 委托资金）×100%

续表

指标名称	计算公式及说明
流动性缺口率	流动性缺口率：流动性缺口 /90 天内到期表内外资产 ×100%
活期备付率	（授权账户余额 + 非授权账户余额 – 央行存款准备金）/［（吸收的活期存款 + 吸收的协定存款 – 集团活期和协定存款）×100%+（吸收的定期存款 + 吸收的通知存款 – 集团定期和通知存款）×50%）］×100%
存贷款比例	①期末存贷款比例：期末各项贷款余额 / 各项存款余额 ×100%
	②日均存贷比：日均各项贷款余额 / 日均各项存款余额 ×100%

3. 实施风险预警式数据分析

风险无处不在。作为集团产融结合的金融服务平台，京能财务日常经营活动既受集团所在行业风险的影响，也受金融行业普遍存在的风险影响，为确保经营发展与风险控制协调匹配，通过前瞻性预警体系研究，多维度提高数据能力。

京能财务在原有数据研究与积累的基础上，由风控部门牵头，建立了风险预警“三部曲”，从报警的方式、渠道、时间和管理责任方面拓展了数据指标分析能力。

首先，由各职能部门结合自身工作情况起草监测数据指标，制定预警标准，实施数据监测预警，对重大数据指标和标准提交风险控制委员会审议和董事会批准，并负责对重大风险实施具体的应对措施；其次，由风控部门根据对各职能部门提供的数据预警指标持续的监测，定期向风险控制委员会和董事会汇报重大风险解决情况；最后，京能财务根据数据监测预警工作的情况，不断对监测预警指标进行修改完善。同时，京能财务对各类重大风险设置两级承受度，作为京能财务风险管理的具体目标和日常监测数据依据：当监测数据预期触及一级承受度但未达到二级承受度时，亮黄色预警；当监测数据预期触及二级承受度时，亮红色预警，并依据预警承诺与颜色分别设置不同管理措施（见图 7）。

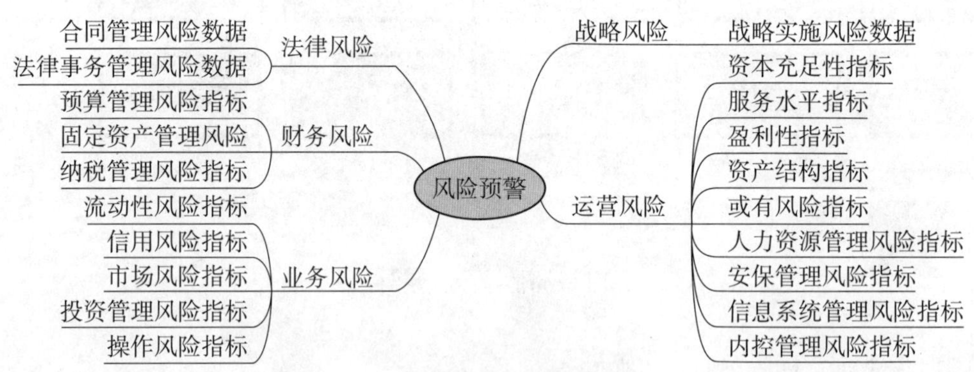

图 7　京能财务风险预警数据指标

进行监测预警内容包括：数据指标现状、数据指标变化趋势、数据指标测算方法、监测主体机构及对京能财务影响、风险管理效率和效果等。京能财务在满足监管要求的基础上，通过对数据指标的深入挖掘进行了风险预警的前瞻性研究。

4. 建立动态平衡式的数据分析

作为非银行金融机构的京能财务，受制于整个集团的运营情况，资金风险具有明显的“集团属性”，特别体现在资金的流动性管理方面，尤其在资金紧缺时，吸收存款和发放贷款的规模与节奏经常无法匹配。为避免出现资金支付的链条断裂，京能财务根据积累的历史数据，按照行业监管要求和业务运营实际，将数据的动态平衡式分析运用于日常流动性和资金调度。

在日监测周汇报月总结的数据管理中，由结算部及时向资金计划部提供集团成员单位重大资金收支情况，资金计划部匡算流动性及未来（年度、季度、月度、周、日）流动资金动态数据指标，每日监控流动资金水平变化，按照流动性需求＝流动性供给的基本原则，保持净流动性头寸为0的动态管理。实施流动资金组合的调整策略，以平衡例会形式管理，及时传达国家相关政策信息，预测对京能财务产生的影响；汇报周资金计划执行情况；提出下一周资金平衡计划。统筹公司各项业务计划，从资金来源与运用、存贷期限与结构之间的数据关系，深入分析资金头寸安全影响因素，在确保资金绝对安全性、合理流动性基础上，实现其相应盈利性管理目标。

（四）应用数据，拓展平台化管控功能，深化集团产融结合战略

京能财务通过一系列数据化管理手段，始终围绕“依托集团、服务集团”宗旨，坚持为集团主业发展战略服务，以集团价值最大化为目标；强化京能财务资金平台作用，提升资金集中管理、资金归集、融资服务和财务调控服务能力，巩固在集团价值创造体系中的独特的专业服务地位；充分发挥京能财务金融平台作用，实现金融产品多样化和金融服务精细化，着力满足集团运营发展中金融需求。

1. 资金集中管理，有效管控风险

京能财务通过创新“京能网银”结算信息化技术手段协助集团对成员单位实行资金管理，实时监测资金支付动态，使得资金信息透明化，强化了集团资金管控力度，确保了集团整体资金链安全。通过京能财务的存款业务，一方面使集团内的沉淀资金得到了高效、合理归集，为整个集团资金流的内生化循环奠定了坚实的基础；另一方面有利于集团从全局角度监控各成员单位的经营状况和财务信息，降低信息不对称程度，增强风险控制能力。

2. 资金有效配置，降低融资成本

京能财务将各成员单位多余头寸集中起来，建立现金池，通过发放贷款在集团内部有偿使用，降低了整个集团的财务成本、内部交易成本和融资成本。在信贷总体规模有限情况下，京能财务通过发挥灵活性的融资功能，重点支持集团大型在建项目和重点项目，以“过桥贷款”、周转贷款形式尽早介入项目建设前期，有效推动项目建设进程，待项目成熟后逐步退出，充分发挥金融平台价值。京能财务通过向成员单位发放贷款，为成员单位提供资金支持和融资便利，同时使得集团沉淀资金得到了高效、合理的利用，有效降低了集团整体财务成本，进而提高集团整体资源配置效率。

3. 挖掘金融牌照，新辟融资渠道

京能财务作为企业集团内部金融专业机构，运用数据化管控，取得低成本资金或高收益存款，更好发挥连接外部金融市场的桥梁作用。京能财务充分利用金融牌照，进入货币市场进行融资交易，开辟集团融资新渠道，在依托资金平台优势满足集团内成员单位结算需要前提下，根据市场化询价原则，积极配置同业存放资金，提高闲置资金存款收益，增加存放同业资金管理灵活性和适应性。

京能财务积极参与银行间市场交易，争取合作银行授信规模，扩大交易对手数量。实施资金平衡工作机制。从合作方的累计交易数据贡献度、融资数据占比角度分析，挖掘出京能财务同业交易的80/20数据现象，即80%的拆借交易来自20%的合作银行，其余20%的拆借交易则来自80%的合作银行，如图8所示，以近6年的拆借情况为例。

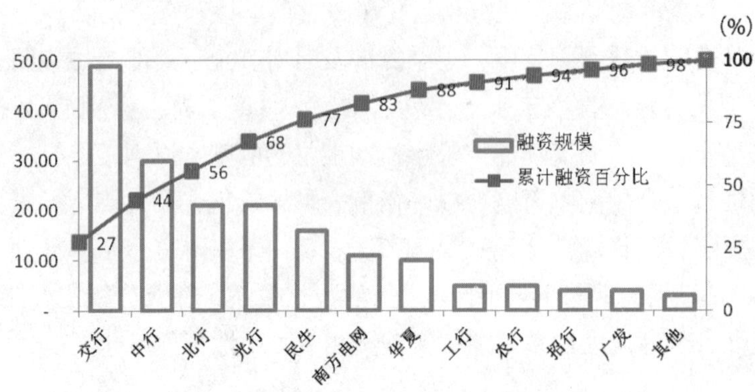

图 8　京能财务同业拆借规模帕累托图示

因此，在融资银行管理方面，作为集团的内部银行，与外部金融机构业务合作方面，京能财务确立日常重点维护对象，摒弃追求多而广的培育模式。

4. 创新融资产品，助推服务深度

京能财务结合成员单位的资金收支和业务运转情况，研究融资模式和存贷数据规律，对客户信息做深度挖掘，开展“精准营销”，创新成员单位需要的“个性化产品”。

针对部分成员单位电费收入月末存入，而燃气费均在月中支付的存款数据波动规律，研究月度资金状况的“倒 U 形”态势（见图 9），发现部分电力企业存在循环式短期资金缺口的需求。京能财务在客户评级和授信的基础上，为 AAA 级优质客户设计了循环贷款产品，不仅满足了集团客户短期资金需求，而且有效控制了京能财务信用风险。

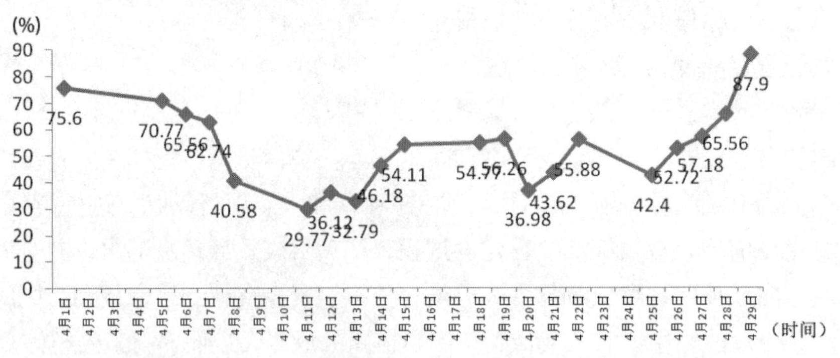

图 9　京能财务月度流动性比例趋势

针对成员单位直接融资比重提升和间接融资规模下降的数据变化态势，京能财务找到了融资工具的拓展带来的业务创新契机。在原有信贷产品线基础上开发票据承兑、票据贴现新产品。票据产品一方面满足成员单位需要，直接降低融资成本；另一方面创新京能财务业务品种，间接培育起集团票据池。

5. 通过价格传递，发挥调控优势

针对外部金融市场变幻与内部集团发展形势，如何体现京能财务“内部银行”的价值定位，提供符合当前实际、适合成员单位需要的产品价格信息，实施既有市场化，又有个性化的数据指导势在必行。京能财务结合业务开展需要，根据资金市场情况及和客户协商结果等商业原则，结合期限、信用等风险因素合理自主确定贷款的上浮利率水平和下浮利率水平，针对信贷产品、票据贴现进行按月定价管理。

通过对贷款利率实行数据化管控，在集团内释放“资金价格”信号，合理引导资金流向，促使成员单位统筹安排直接融资和间接融资比例，优化成员单位融资结构。

四、京能财务数据化管控体系实施效果

（一）实现集团资金集中管控

经过近年来数据化管控体系的不断探索和努力，促进资金归集工作成效显著，使得京能财务的资金归集面不断拓展，服务范围得以延伸。截止到2013年底，共有137家成员单位实现了资金归集。与此同时，京能财务可归集资金归集率长期保持稳定态势。2013年底资金集中度为51%，可归集资金归集率为90%（见图10）。

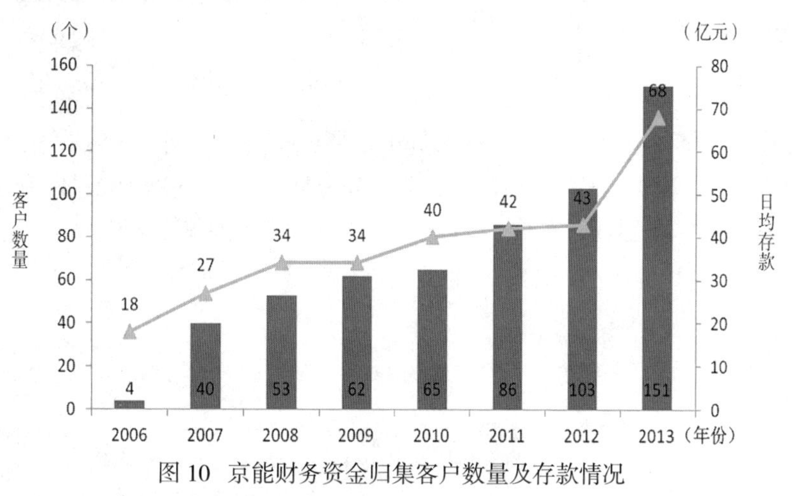

图10 京能财务资金归集客户数量及存款情况

（二）为成员单位提供增值服务

京能财务通过数据化管控体系深入了解成员单位需求，充分发挥集团金融服务平台作用。通过数据化管控实时关注项目建设进程，重点通过发挥灵活性的融资功能提升京能财务的平台价值，以过桥贷款、周转贷款形式尽早介入项目建设前期，信贷服务不断深化，解决成员单位项目前期融资难的问题。

以京内企业为例，2011~2013年，京能财务共为集团京内12家企业提供60笔，总计60.53亿元的自营贷款。在满足京内项目建设阶段性资金需求、确保资金及时到位的同时，有效推动项目建设进程（见表3）。

表3 京能财务2011~2013年京内贷款发放情况

单位：亿元

项目	2011年	2012年	2013年	合计
清洁能源类企业	12.83	3.5	9.5	25.83
其他类企业	0	13.1	21.6	34.7
合计	0	13.1	21.6	34.7

（三）降低集团整体融资成本

对内，京能财务一方面向成员单位提供优惠贷款，有效降低成员单位融资成本，及时为成员单位解决融资难题，维护集团资金链安全；另一方面发放贷款收取利息所产生的利润又通过分红方式返还给集团，进而提高集团整体资源的配置效率。近 5 年来，京能财务向成员单位发放贷款收取贷款利息 12.70 亿元，扣除营业税和所得税，节约集团整体融资成本约 9 亿元，具体如图 11 所示。

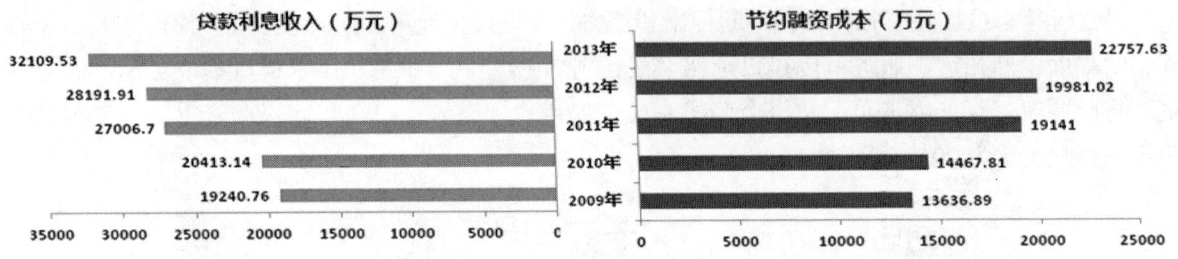

图 11　近 5 年京能财务节约集团财务成本

对外，京能财务充分利用金融牌照，进入货币市场进行融资交易，开辟了集团融资新渠道，近 5 年来，通过融资交易累计融入资金 187.98 亿元，外源融资利息支出 882.74 万元，其中：通过银行间同业拆借市场累计融资 131.98 亿元，通过信贷资产回购业务累计融资 56 亿元，平均融资成本控制在 3% 以内，不足贷款利率的 50%，有效节约了融资成本（见图 12）。

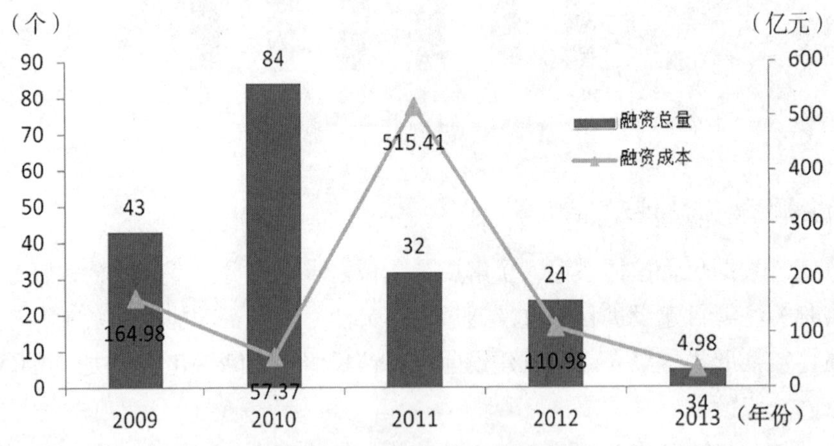

图 12　近 5 年京能财务外源融资集团财务成本

（四）推动业务发展模式转型

随着京能财务数据化管控体系的不断推进和深入，对客户信息做深度挖掘，掌握客户真实需求，增加客户黏性，开展“精准营销”和“个性化服务”。在传统存贷结业务基础上提供财务顾问、承销企业债券、有价证券投资、单位存款证明业务等多品种的金融服务。内外并举实现了盈利模式多元化，创收方式上不但体现在集团内部业务，而且还创造了外部收益，全面提升金融服务能力。京能财务作为企业集团内部金融专业机构，除利用内源资金调剂余缺外，还是集团连接外部金融市场的桥梁和纽带。2006 年至 2013 年，累计实现内外部收益 30 亿元，其中：内部利息收入 18 亿元，外部收入 12 亿元。

（五）获得外部监管高度认可

以数据指标为依据的预警监测体系，使京能财务在风险管理方面有数可依、有数必依，确保成立以来零风险事件的发生。在数据质量管理方面，2011 年以来，京能财务已经连续几年在中国人民银行、北京市银监局评比中名列前茅。凭借准确填报、持续监测、跟踪分析的高效的数据化管控体系，京能财务的增资扩股与业务资格申请均取得监管的适时核准。资本实力由成立之初的 5 亿元到今天的 15 亿元，资格准入方面也取得了传统二十八条之外的突破，这些都有效保障了京能财务在集团的平台定位。

煤炭业上市公司履行社会责任对财务绩效的影响

申报单位：内蒙古交通投资有限责任公司
第一作者：张崇生　　作者：封静雪　杨 静

[摘要] 企业社会责任是当前学术界研究的热点问题。关于履行社会责任是否影响企业财务绩效尚未达成共识。本文以我国煤炭业上市公司为研究样本，运用多元线性回归模型，对 2013 年的财务数据进行回归分析，得出煤炭业上市公司部分社会责任的履行会对企业财务绩效产生正向影响的结论。

[关键词] 社会责任　财务绩效　煤炭业上市公司

煤炭作为我国传统能源，在新能源尚未完全采用情况下，其在能源消费结构中的地位一直稳居前列。此外，引起社会各界广泛关注的还有煤炭生产过程中所伴随的高危险、高投资、高风险等行业特征。每年，煤炭业总会因为矿难频发、污染严重等问题而被推上风口浪尖。人们强烈要求煤炭企业在追求经济利益的同时履行社会责任，那么履行社会责任会对煤炭业上市公司财务绩效产生怎样的影响？从成本收益角度来讲，如果企业履行社会责任的同时没有获得相应收益，那么煤炭业上市公司还会有主动承担社会责任的动力吗？研究煤炭业上市公司履行社会责任对财务绩效的影响，对于引导煤炭企业履行社会责任，推动企业与社会、环境、生态和谐发展具有重要意义。

一、文献综述

20 世纪初，美国学者首次提出企业社会责任这一命题。广义的企业社会责任从相关利益者出发，是企业为了长久生存而对股东、债权人、供应商、员工等相关利益方履行相应责任。国内外关于履行社会责任对财务绩效影响的研究至今尚未形成统一看法。

（一）国外研究现状

Chin-Huang Lin (2009) 等通过研究 1000 家台湾公司发现，企业社会责任和财务绩效之间是积极的正相关关系 [1]。Mustaruddin Saleh (2010) 等对马来西亚 200 家公司连续 7 年的数据进行研究，结果表明：公司社会责任对财务绩效有明显的正效应 [2]。Ioanna Boulouta.Christos N. Pitelis (2014) 利用折中的合成国际经济学框架，采用 19 个发达国家 6 年间的数据为样本进行研究，结果证实：企业社会责任对国家竞争力产生正面效应 [3]。

与此观点不同的是，Rim Makni (2009) 等以 179 家加拿大公开运营公司为样本，对 2004~2005 年的数据进行分析，结果表明：社会责任中的环境维度与企业总资产收益率等三个财务指标之间呈现负相关关系 [4]。而通过研究得出二者存在不确定性关系的结论也不在少数，例如，Neeti Sanan (2014) 等在印度企业将社会责任作为经营需要必备因素背景下，实证考察了以 BSE30 指数为参考指标的代表九大产业的 30 家印度公司，对其 2009~2010 年的数据进行分析，结果表明，企业社会责任与财务绩效之间并无显著关系，由此得出企业社会责任与财务绩效之间关系不确定的结论 [5]。

（二）国内研究现状

王建琼 (2009) 等采用主成分分析法和回归分析方法证明了企业履行社会责任与企业可持续发展呈正相关关系 [6]。席家栋 (2010) 采用比较分析法，得出自 20 世纪 90 年代后，社会责任与财务表现相关性的研究结论越发趋同 (正相关) 的结论 [7]。蒋红芸 (2013) 等采用线性回归的研究方法，选取我国医药制造业在深沪主板上市的 63 家公司 2007~2011 年的财务数据进行分析，得出企业部分社会责任与财务绩效呈正相关的结论 [8]。

与此观点不同，赵存丽 (2013) 采用线性回归方法，通过分析民营企业和国有企业的社会责任与财务绩效之间的关系，得出国有企业的企业社会责任与财务绩效表现不如民营企业，其多数为负相关的结论 [9]。而郎婧 (2013) 采用线性回归方法，选取 95 家 A 股大农业类上市公司 2009~2011 年的 285 个样本数据对农业上市公司社会责任与财务绩效关系进行了实证分析，得出我国农业上市公司社会责任与财务绩效是一种互为影响的辩证关系的结论 [10]。

二、研究设计

本部分希望通过实证研究回答我国煤炭行业上市公司有关社会责任研究过程中无法回避的重要问题：煤炭行业上市公司履行社会责任对财务绩效是否产生影响？如果有影响，那么社会责任的履行对财务绩效是有正相关影响还是负相关影响？

（一）提出假设

从相关利益者角度来讲，企业作为经济利益主体，在追逐经济目标、享受社会权利的同时，必须承担社会责任的义务，而承担该义务意味着与社会责任相关的各项成本的资源的流出，必然会对企业财务绩效产生影响，因此，提出假设：

H1：煤炭行业上市公司履行社会责任对财务绩效是有影响的。

煤炭行业上市公司当年因为履行社会责任而发生的支出大部分属于资本性支出，这些支出大多体现为企业经济资源的流出，可能会产生诸如提高企业知名度等正相关的财务绩效，因此，提出假设：

H2：煤炭业上市公司履行社会责任对财务绩效有正相关效应。

（二）样本和数据来源

本文选取 2013 年深沪两市的所有 A 股煤炭类上市公司为研究样本，共 40 家，剔除 ST 公司，最终选择 39 家上市公司进行研究，所有数据均通过查阅年报手动搜集，年报来源于巨潮资讯网和新浪财经网。相关数据的处理及检验均采用 SPSS17.0 统计软件。

（三）研究变量

1. 被解释变量

衡量企业财务绩效指标主要有净资产报酬率或总资产报酬率。净资产报酬率主要反映企业对股东的社会责任，且其作为我国证监会对上市公司 IPO 的主要衡量指标，极易被人为操纵。而总资产报酬率这一指标衡量的是企业整体收益水平，包含生产效率、盈利水平、财务杠杆等诸多方面的财务绩效，与净资产报酬率相比较，具有较强的可靠性。总资产报酬率越高，说明企业的各项综合能力越强，具有较好的代表性。因此，本文选取总资产报酬率作为财务绩效衡量指标。

2. 解释变量

国外衡量企业履行社会责任的方法主要有以下几种：内容分析法、声誉指数法、TRI 法、声誉评级法、KLD 指数法等。20 世纪 90 年代以后，国外社会责任研究中普遍应用的是从利益相关者角度来衡量企业社会责任的 KLD 指数法。但由于我国类似 KLD 资料库不健全，因此，根据利益相关者理论，结合我国煤炭类上市公司经营特点，并考虑实证研究的可操作性，本文从以下方面选取相关指标作为自变量。

对股东的责任：股东将资金投入企业，承担企业经营风险，就希望获得与该风险等量的收益。而考察股东投入企业资金所获报酬的指标有股利支付率、市盈率、净资产收益率等。净资产收益率是评价企业自有资本及其积累获取报酬水平的最具综合性与代表性的指标，反映企业资本营运的综合效益。该指标通用性强，适用范围广，不受行业局限。在我国上市公司业绩综合排序中，该指标居于首位。因此，本文选用净资产收益率作为评价指标。

对债权人的责任：企业借入债权人资金，可以带来财务杠杆效应。债权人对企业拥有有限权限，其仅限于到期收本收息，因此债权人十分关注借给企业的资金安全性。股东权益比率反映的是企业自有资产占公司总资产的比重，该比率越大，说明企业自有资产越多，债权人收回本金和利息的保障程度越高。本文选用股东权益比率作为评价指标。

对员工的责任：员工是企业创造财富的源泉，其为企业创造价值的同时理应获得与自己付出劳动成正比的报酬。如果企业支付给员工的报酬与其付出的劳动价值等额，那么员工对公司的满意度则为正；相反，如果员工付出较多劳动，企业却支付其较少薪酬、福利，员工就会对公司产生不满情绪。考虑到货币的时间价值，员工所应获得的货币形式的报酬应该是较前期有所提高的，本文将企业对员工应履行的社会责任通过工资福利增长率这个指标来反映。该指标的计算公式为：工资福利增长率 =(本期应付职工薪酬 − 上期应付职工薪酬)/ 上期应付职工薪酬。

对顾客的责任：顾客主要关注产品质量。企业要想提高产品质量，就需要投入较多成本，其所获的利润则会一定程度上较低，主营业务利润率可以反映煤炭企业主要经营煤炭类产品所获利润，从中反映企业对顾客所履行的社会责任的程度。因此，本文选取主营业务利润率作为评价指标。

对供应商的责任：如今赊销赊购业务已经成为一种趋势。赊销赊购能够扩大业务量，因此企业与供应商之间会因为应收应付款发生很多联系。该种联系的表现形式即应付账款周转天数。应付账款周转天数越长，企业无偿占用供应商货款越久，对企业的周转经营越有利，企业无偿利用供应商货款时间越长。本文选取应付账款周转天数作为评价指标。

对政府的责任：煤炭企业作为高污染行业，其对政府所承担的社会责任主要反映在企业向政府缴纳的各种税费上。营业税金及附加项目是对企业缴纳各种税金的总括，企业每年缴纳的税费额度应与该年销售收入呈正比，因此本文选择营业税金及附加占企业销售收入之比为衡量指标，并将该指标定义为政府满意度指标。

3. 控制变量

国有企业和民营企业受国家政策影响程度不同，国有企业履行社会责任更多受国家政策引导，民营企业则更多依赖于自觉性。本文引入企业性质作为控制变量。我国企业社会责任报告的披露尚未成为一项强制性义务，企业在该方面的工作还有待完善，但以上研究指标的选取均为会计指标，缺少相关社会指标，而企业社会责任报告的披露又不规范，因此无法将社会责任报告纳入自变量，综合考虑，将企业社会责任报告的披露与否作为一项控制变量（见表 1）。

表 1　变量定义

	名称	选取指标	变量符号	预期符号
因变量	总资产报酬率	总资产报酬率	Y	
自变量	对股东的责任	净资产收益率	X_1	+
	对债权人的责任	股东权益比率	X_2	+
	对员工的责任	工资福利增长率	X_3	+
	对顾客的责任	主营业务利润率	X_4	+
	对供应商的责任	应付账款周转天数	X_5	+
	对政府的责任	营业税金及附加比率 / 营业收入	X_6	+
控制变量	企业性质	0 或 1	X_7	+
	企业社会报告	0 或 1	X_8	+

（四）模型构建

根据利益相关者理论，本文对煤炭业上市公司履行社会责任对财务绩效影响进行研究时建立以下多元线性回归模型：

$$y=b_0+b_1x_1+b_2x_2+b_3x_3+b_4x_4+b_5x_5+b_6x_6+b_7x_7+b_8x_8+\delta$$

其中，y 为财务绩效指标，b_0 是截距项，b_1~b_8 是回归系数，表示各个解释变量对被解释变量的影响程度，x_1~x_8 为社会责任指标，δ 为随机干扰项。

三、实证分析

（一）描述性统计

由表 2 可以看出，不同公司总资产报酬率相差悬殊，极大值与极小值之间相差 14.51，说明煤炭行业不同企业运用全部资产的总体获利能力差别很大。净资产收益率衡量公司履行对股东的社会责任，其最小值为 −11.15，说明煤炭上市公司近两年效益较差，对股东的责任也并非能完全使股东满意。股东权益比率极值之间相差悬殊，说明煤炭业上市公司执行的资本结构不同，对债权人的保障程度不同。主营业务利润率的不同，说明企业为客户提供的服务付出成本不同，整体上讲，顾客满意度处于平稳状态。代表政府满意度相关指标，数值较低，一定程度说明煤炭业上市企业税费支出占企业支出比例很低，企业应关注这方面社会责任的提高。

表 2 描述性统计量

	N	极小值	极大值	均值	标准差
总资产报酬率	39	−4.82	9.69	2.2641	3.07411
净资产收益率	39	−11.15	17.16	4.5485	6.01038
股东权益比率	39	13.24	82.98	46.5437	16.17288
工资福利增长率	39	−0.2549	2.7377	0.233559	0.5031108
主营业务利润率	39	4.6466	39.7858	19.145782	10.0515915
应付账款周转天数	39	1.3717	91.1900	35.781033	25.6199079
政府满意度	39	0.00004	0.05290	0.0158042	0.01310812
性质	39	0	1	0.74	0.442
社会报告	39	0	1	0.49	0.506

（二）回归分析

根据模型，本文对样本数据进行多元回归分析，回归分析结果见表 3。截面数据回归以当期社会责任为自变量，以当期的总资产报酬率为因变量。从回归结果来看，大多数社会责任变量对财务绩效的影响为正。其中净资产收益率、股东权益比率、应付账款周转天数对财务绩效的影响显著，工资福利增长率对公司财务绩效影响的系数为负，表明 2012 年煤炭行业结束辉煌的“黄金十年”之后，员工的工资随着效益的变差处于下降趋势，煤炭业公司应注重提高员工的满意度，防止优秀人才的流失。主营业务利润率对财务绩效的影响不显著，其较低的回归系数表明煤炭企业应注重提高顾客满意度。政府满意度对财务绩效影响也不显著，但其负数的回归结果说明企业缴纳税费未能与其销售收入完全匹配，企业应注重提高对政府社会责任的履行程度。结合以上分析可以看出，回归结果中各个自变量的相关系数均不为 0，说明 H1：煤炭行业上市公司履行社会责任对财务绩效是有影响的这一假设成立。而对于 H2，回归结果显示，煤炭业上市公司履行对股东、债权人、供应商等的社会责任对公司的财务绩效有着积极的影响，与假设相符。煤炭上市公司履行对员工等的社会责任对财务绩效的影响与提出的假设不符。

表 3 回归结果分析

系数[a]							预期符号
模型		非标准化系数		标准系数			
		B	标准误差	试用版	t	Sig.	
1	常量	−2.949	0.627		−4.705	0.000	
	净资产收益率	0.464	0.026	0.906	17.762	0.000	+
	股东权益比率	0.047	0.010	0.247	4.593	0.000	+
	应付账款周转天数	0.021	0.007	0.172	3.156	0.004	+
	工资福利增长率	−0.865	0.320	−0.142	−2.706	0.011	+
	主营业务利润率	0.008	0.019	0.027	0.437	0.665	+
	政府满意度	−16.872	14.749	−0.072	−1.144	0.262	+
	性质	0.362	0.333	0.052	1.088	0.285	+
	社会报告	0.461	0.293	0.076	1.572	0.126	+
a. 因变量：总资产报酬率							

注：F=59.694；R^2=0.925；Sig.=0.000。

四、结论与建议

本文研究结论如下：

煤炭上市公司履行对股东、债权人、供应商等的社会责任对公司当期的财务绩效有积极影响，煤炭上市公司履行对员工、政府等社会责任对当期财务绩效的影响负相关。

根据煤炭企业履行社会责任的实证结果，提出以下建议：

首先，端正承担社会责任态度，不要一味避之。企业应该明确社会责任是一项义务，作为法律上的“经济行为人”，必须承担该项义务。况且，社会责任的承担在一定程度上给企业带来的是积极影响，企业不应躲避责任。

其次，社会责任履行不能好高骛远。虽然社会责任履行能够给企业带来积极效应，但履行社会责任应该量力而行，不能不顾实际。社会责任履行程度要充分考虑企业规模及盈利状况。

最后，规范公司社会责任披露制度。社会责任报告作为了解企业社会责任履行情况的重要途径，我国目前尚未强制企业披露社会责任报告。因此，应规范社会责任报告披露制度，将披露社会责任报告强制化，并且不能使社会责任报告披露流于形式。

参考文献

[1] Chin-Huang Lin, Ho-Li Yang, Dian-Yan Liou. The Impact of Corporate Social Responsibility on Financial Performance : Evidence from Business in Taiwan. Technology in Society, 2009 (31): 56-63.

[2] Mustaruddin Saleh, Norhayah Zulkifli, Rusnah Muhamad. Looking for Evidence of the Relationship between Corporate Social Responsibility and Corporate Financial Performance in an Emerging Market, 2010 : 165-184.

[3] Ioanna Boulouta. Christos N. Pitelis.Who Needs Csr? The Impact of Corporate Social Responsibility on National Competitiveness. Journal of Business Ethics, 2014 (119): 349-364.

[4] Rim Makni, Claude Francoeur, Francois Bellavance. Causality Between Corporate Social Performance and Financial Performance : Evidence From Canadian Firms. Journal of Business Ethics, 2009 (89): 409-422.

[5] Neeti Sanan, Namita Rajput, Sangeeta Yadav. “Good Business Versus Being Good in Business” —Relationship between Financial Performance and Corporate Social Responsibility in India. Journal of Business Ethics, 2014 : 45-62.

[6] 王建琼，侯婷婷. 社会责任对企业可持续发展影响的实证分析. 科技进步与对策，2009，26 (18): 94-96.

[7] 席家栋. 社会责任与财务表现相关性的研究评述. 会计之友，2010 (33): 24-26.

[8] 蒋红云，景珊珊. 企业社会责任与财务绩效相关性研究——以医药制造业上市公司为例. 会计之友，2013 (1): 49-52.

[9] 赵存丽. 不同企业性质的社会责任与财务绩效相关性研究. 会计之友，2013 (2): 25-28.

[10] 郎婧. 农业上市公司社会责任与财务绩效关系研究. 2013 : 23-35.

大型能源集团工程服务平台公司财务共享服务中心的构建与实施

申报单位：北京国际电气工程有限责任公司

第一作者：昝荣师　　作者：綦惟恒　柴有国　王鑫

［摘要］财务共享服务模式是企业将各业务部门中重复、相同的财务操作流程集中处理以期达到规模效应，从而降低运作成本，提高运营效率，强化企业核心竞争力。财务共享服务是信息化时代现代企业，特别是大型企业、子公司较多企业的发展方向。实现财务共享服务有利于充分发挥先进企业在企业管理方面的优势，具有示范效应。北京国际电气工程有限责任公司为北京能源集团有限公司全资子公司，目前主营业务包括电厂检修运行、工程管理、物资集采、招标代理以及信息管理，为京能集团工程综合服务平台，公司下设较多分子公司及项目部，且每个业务单位均配备财务人员，由此导致财务核算机构冗杂、工作效率较低及财务管理风险较高。为解决此矛盾，公司决定在公司系统建设财务共享服务中心，本文结合公司实际实施情况，通过介绍财务共享服务中心的实施背景、实施内涵、主要做法及运营管理等，分析财务共享服务中心给企业带来的价值。

［关键词］财务共享服务中心　构建与实施　财务管理

一、财务共享服务中心构建与实施背景

（一）建设"行业一流、国内知名"能源工程公司的战略需要

北京国际电气工程有限责任公司（以下简称"公司"）是1998年5月经北京市政府批准成立的大型国有企业，注册资本5亿元人民币，为北京能源集团有限公司（以下简称"集团"）的全资子公司。公司主营业务包括电厂检修运行、工程管理、物资集采、招标代理以及信息管理。目前共有员工1500余人，下设工程、物资、招标代理及燃机事业部四个分公司，拥有内蒙古兴海电力服务有限责任公司、内蒙古京能电力检修有限公司两家全资子公司。公司作为集团五大职能服务平台，业务较为多元，而分子公司均以较多项目部作为独立利润中心核算。如工程分公司2013年承揽10个工程基建项目，均以项目部财务单独核算，全资子公司兴海公司下设五个外围运行项目部。公司多元化、多组织、多层级架构日益成为主流。为实现"行业一流、国内知名"的公司战略目标，公司财务信息越来越成为一种公司决策控制、经营运作模式统一的核心手段。对公司财务信息的集

中掌握和快速处理，是公司在快速变化的市场环境中生存适应的生命线。但是多级架构的公司组织导致财务职能重叠设置，会计职能独立循环，自成格局，信息孤岛无法打通。正是在这种背景下，随着对财务服务要求的提高，以集中管理、统一政策、标准化流程和优质高效为追求目标的财务共享服务中心的出现成为必然。

（二）进一步提升公司财务管理水平的需要

由于公司分、子公司及项目部数量较多且地区分布分散，每个项目部、分子公司均配备两名以上财务人员，容易造成财务核算与管理模式效率低下、财务人员管理成本高昂、管理幅度广、核算链条长，且造成公司对基层项目部、分子公司财务管理监督失控。此外，财务人员流动性较高，导致分子公司财务核算基础及管理工作相对比较薄弱，很难满足集团及公司财务管控要求，具体表现在，一是下属单位会计核算不规范不统一，差错率较高，会计信息质量没有保证；二是项目部跟随集团基建项目变动较为频繁，财务人员流失率较高，经常出现无合适的会计人员可派的尴尬局面，会计工作的连续性无法保证；三是由于管理幅度广，培训不及时，各项财务标准制度很难得到有效贯彻执行，会计监督职能缺失；四是由于财务人员数量严重不足，大部分项目部财务人员疲于应对日常会计核算工作，无暇顾及财务分析、纳税筹划和资金管理等管理性工作，“重核算、轻管理”的现象严重，财务管理价值不能得到有效发挥。为进一步加强公司财务风险管控，降低管理成本，提高工作效率，统一会计政策，也需要公司建立财务共享服务中心。此外，财政部 2013 年 12 月 6 日发布的《企业会计信息化工作规范》（财会〔2013〕20 号）明确要求：“分公司、子公司数量多、分布广的大型企业、企业集团应当探索利用信息技术促进会计工作的集中，逐步建立财务共享服务中心。”这项规定也为公司探索建立财务共享服务中心提供了政策支持。

二、财务共享服务中心的构建与实施的内涵

严格来说，财务共享服务是一种将分散于各业务单位，重复性高，易于标准化的财务业务进行流程再造与标准化，并集中到财务共享服务中心统一进行处理，达到降低成本、改进服务质量、提升业务处理效率目的的作业管理模式，是通过在一个或多个地点对人员、技术和流程的有效整合，实现组织内公共流程的标准化和精简化的一种管理创新手段。对国际电气公司而言，通过对财务人员和财务业务进行整合，把各分子公司及项目部中分散、重复的会计处理、报表编制等财务核算和账务处理业务标准化、流程化，利用集团 SAP 操作系统、海波龙预算及报表系统、员工报销平台及资金支付平台等，建立以战略财务管理中心和财务共享服务中心两级财务管控体系，其中战略财务管理中心主要负责预算管理、成本管理、资产管理、经营绩效管理等管理会计的业务范围；而财务共享服务中心主要负责分子公司同类的采购及应付

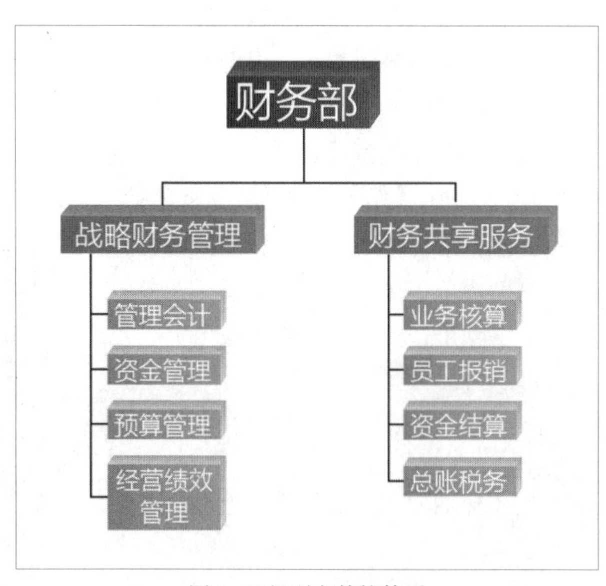

图 1 两级财务管控体系

业务、销售及开票收款业务、员工借款报销业务、资金收支结算业务及税务管理等具体的业务处理，在服务中心实现专业化分工、标准化处理、流水化作业的“会计工厂”式服务。如图 1 所示。

三、财务共享服务中心的构建与实施主要做法

（一）制定财务共享服务中心建设方案

1. 明确中心总体目标，成立组织机构

为解决传统分散式财务管理模式，通过财务集中方式建立财务服务共享中心，打造高效、先进财务管理体系，建设“行业一流、国内知名”能源工程公司的战略目标，公司经过调研，结合公司实际情况，决定实施“专长中心”的战略机构模式，即就某种相同重复业务纳入财务共享服务中心处理。为保证服务中心设计与建设工作的顺利进行，公司成立以总经理为组长、总会计师及子公司分管领导为副组长的领导小组，具体负责审查设计开发方案、工作进度协调等事项。领导小组下设财务部为办公室，总体协调各方面工作。

2. 统一财务共享服务中心核算流程，建立标准，制定建设方案

财务共享服务模式与财务集中管理最显著的区别就是流程的再造与整合。根据公司总体目标及对分子公司财务管控要求，公司对财务管理现状进行了充分调研，并对国内财务共享成功案例进行了分析，制定了一套内容详尽的建设方案，具体包括以下方面：

一是设立财务共享服务中心，落实公司“大财务”管控需求，搭建财务两级管控体系；二是确定财务共享服务中心具体业务范围；三是统一业务流程设计，实现财务共享服务中心的规范化、制度化运作；四是整合开发财务共享信息平台，集成主要的财务和业务系统；五是项目持续改进，不断优化。

（二）确定业务范围，统一管理标准及工作标准

鉴于京能集团已于 2011 年 10 月成功上线 SAP 系统，整个集团共用一套会计科目体系，统一会计政策，国际电气分子公司作为集团首批上线单位之一，分子公司已全部上线 SAP 系统，集团 SAP 系统的成功上线为国际电气公司财务共享平台中心会计政策及核算的统一的实施奠定了信息化基础。经过前期公司调研，根据财务共享服务中心特点，公司项目小组确定如下业务范围：包括所有分公司项目部的采购及应付业务、销售及开票收款业务、员工借款报销业务、资金收支结算业务、税务管理及总账预算报表等。根据各业务流程进行了重新梳理、优化和设计，编写了《员工借款及报销管理标准》《发票预制及付款管理标准》《开票及收款管理标准》《月结及报表管理标准》《税务申报管理标准》《资金结算管理标准》等 10 项管理标准，明确了财务共享服务中心各业务的基本流程及制度规范；公司编制下发了《业务核算会计工作标准》《总账会计工作标准》《资金会计工作标准》等 5 项工作标准，明确了服务中心各岗位职责、工作内容、资格要求，为服务中心的构建奠定了制度基础。

（三）以业务流程为基础，以信息技术平台为依托，实施服务中心技术开发

鉴于前期业务系统调研及梳理，财务共享服务平台主要实现以下会计处理业务，如图 2 所示。

1. 预制发票及付款业务

此类业务主要核算各分子公司与供应商结算付款，根据合同签订及供货验收情况，供应商将发票提交各分子公司，分子公司业务人员确认后，将票据邮寄至财务服务共享中心，财务共享服务中心收到发票在税务系统认证抵扣后生成应付账款凭证，作为下月付款的支付依据。各分子公司业务人员下月通过资金计划平台提交付款计划并报财务共享服务中心，中心审核后，经过审批生成会计凭证，提交银企网银系统。该资金计划支付平台的优点是可实现依据预制发票生成应付账款生成资金支付建议、供应商银行账户付款信息同步调用并直接传输至银企网银接口自动批量付款、平台上多个供应商同时批量审批、审批完成后打印付款单存档（见图 3）。

图 2　财务共享服务中心平台

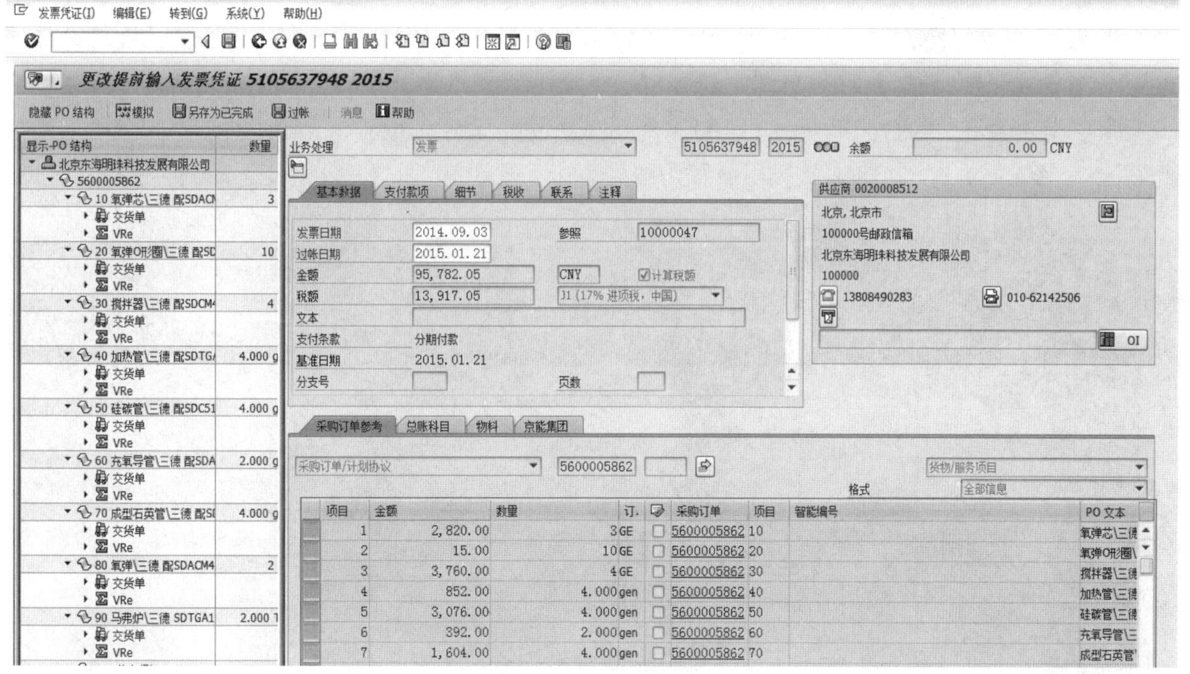

图 3　发票预制系统

2. 结算开票及收款业务

财务共享服务中心成立前，各分子公司开票为传统的手工开票方式，由于公司集团物资集采平台每年服务于集团四十余家电厂机组运维物资采购及销售工作，开票量巨大，而传统金税开票系统需手工逐条添加物料信息，填写物料名称、规格型号等，需要花费大量时间且发票错误率较高。为进一步实现财务共享服务中心批量处理业务优势，提高开票效率及正确率，项目小组成功实施开发了 SAP 系统与金税开票系统的自动连接开票接口软件，该软件可实现业务人员在 SAP 系统销售模块开票后，集成至财务共享服务中心，中心会计人员确认后直接提交至金税开票系统自动开具增值税专用发票（见图4）。

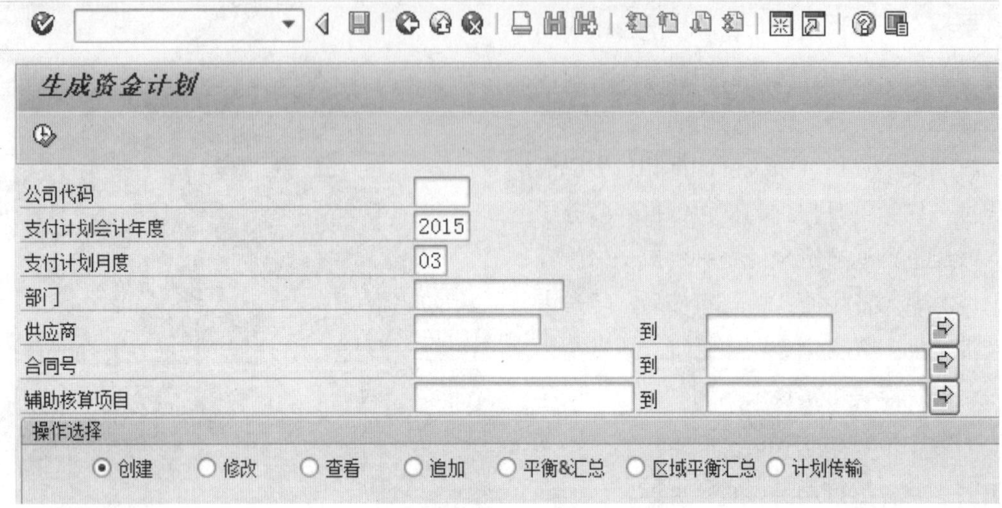

图4 资金计划平台

收款业务：对于一个公司而言，通常每天会有大量资金进账，如公司收到的物资款、工程款、投标保证金或者电费热电收入款等，且每笔款项通常对应不同合同，仅凭财务共享服务中心人员专业知识无法判断款项对应具体应收合同内容，需由业务部门确认后方可入账。中心会计人员每日从网银导出收款明细，以Excel表形式上传至资金管理平台，各分子公司业务经办人在资金管理平台填写与该笔收款有关的合同编号、采购订单等信息，并经部门负责人审批确认后，中心财务人员据此在SAP系统中对应收账款未清项做收款清账处理（见图5）。

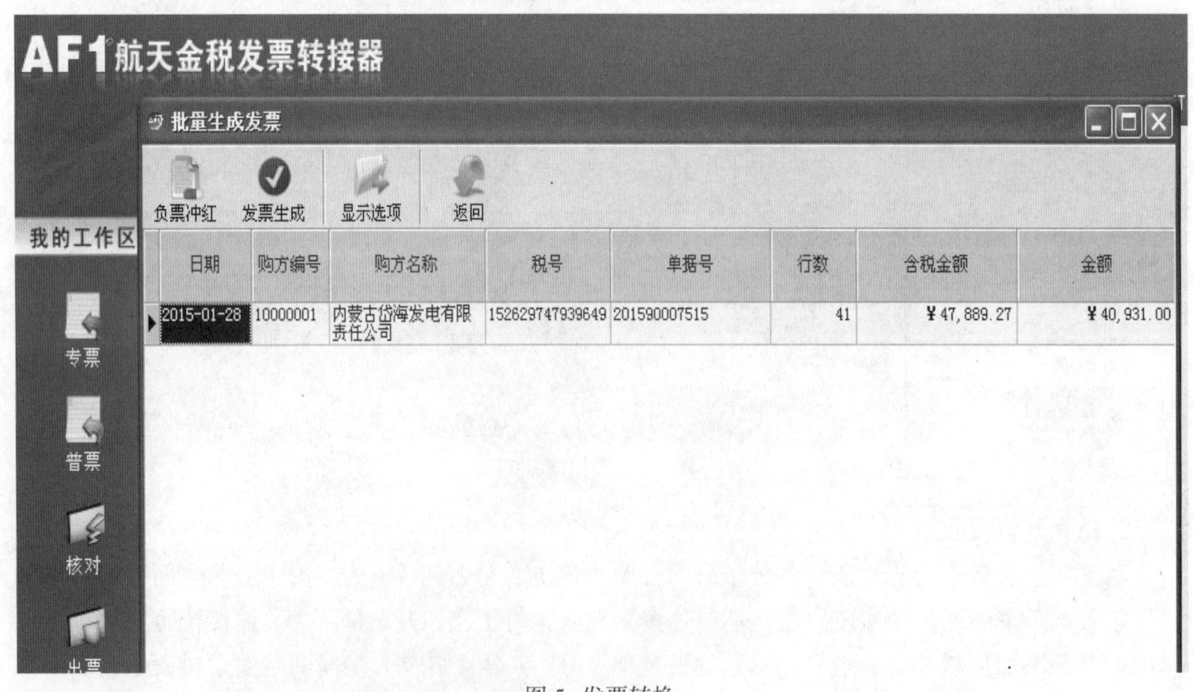

图5 发票转换

3. 员工借款及报销业务

随着信息化的快速发展及无纸化办公节能理念认识的逐步提高，很多集团或者公司均有集中报销管理平台，但大多报销平台仅能实现报销人提报和领导审批的相关功能，无法和资金计划以及SAP系统连接，从而可以借助资金管理平台实现资金计划管理，通过报销平台实现SAP凭证的自动生成，并将SAP系统中凭证编号等信息反传至资金管理平台，形成一个完整的系统。从报销平台的构成来看，主要分为呈请管理、借款、员工报销和业务报账四部分管理。这里的每一笔报销支出均受上月资金计划控制并且关联。

呈请管理主要实现报销事项的事前审批管理，如出差申请、业务招待费申请、车辆维修申请等日常事项，也可实现具体某个会议的预算费用审批，如会议场地使用费预算、餐费预算、聘请专家劳务费支出预算等。审批完成后续借款及报销将关联对应呈请单，实现事前审批及费用管控的双向管理模式。

在资金管理平台实现的借款及报销功能除提报和审批之外，随着手机客户端的普及和推广，该资金管理平台可以实现手机客户端实时审批，提报人通过手机客户端可查询跟踪报销单的审批流程，报销事项和财务科目一一对应，自动生成会计凭证，允许按审批流程一次提报多个报销事项，即相同审批流程仅需一次即可完成审批，一次借款允许多次关联并自动计算该借款剩余金额，超过3个月备用金借款未完成报销或归还借款则系统自动提醒借款人和财务人员。

图6　公司外景

	借款单号	申请人	成本中心	报销事项	收/付金额	金额
BX10131999	-	张 建民	党群工作部	办公费-办公用品	-780.0	780.0
BX10131897	-	于健	综合管理部	车辆使用费-验车及其他	0.0	600.0
BX10131778	-	张 志勇	工程分公司	车辆使用费-保养修理费	-884.0	755.56
BX10131777	-	张 志勇	工程分公司	业务招待费	-600.0	600.0
BX10131725	-	张 建民	综合管理部	业务招待费	0.0	421.0
BX10131724	-	张 建民	综合管理部	交通费-市内交通费	-115.0	115.0
BX10131723	-	张 建民	公共部门	办公费-通讯费	-195.0	195.0
BX10131722	-	张 建民	综合管理部	办公费-书报费	-163.8	163.8

图7　业务报账

业务报账通常指公司对外对公付款，如公司车辆加油费用统一按月与加油站结算或公司与复印装订服务单位按月结算复印费等，业务报账和员工报销最大的区别是业务报账是对外对公，而员工报销为对内员工个人结算。业务报账分为两种情况，一是直接报销，直接入费用或者成本，并当月付款；二是本月入成本费用，但挂账，形成其他应付款，下月或以后期间付款。在资金管理平台这两种方式均能实现。

4. 总账报表及预算业务

集团SAP系统可以出具标准报表，月末财务共享中心会计可以按分子公司单独出具合并及个体报表，并集成至海波龙报表及预算系统，各分子公司可以通过海波龙报表系统查询各自经营情况，通过SAP与海波龙系统连接，大大提高报表出具的统一性和及时性。

5. 推广实施、持续改进

在项目正式上线前，公司制定了详细的宣传及培训方案，关键用户全员集中培训，培训完成后进行流程及系统测试，发现问题，立即整改，财务共享服务中心时刻注意各分子公司财务需求，对于共性问题逐一落实并满足。为保证项目的持续改进，完成实施部署工作后，需持续关注项目的运行情况，并进一步进行流程、系统、管理的优化和改进，为做好实施情况反馈工作，公司定期组织巡检人员到各基层分子公司、项目部实地调研，发放调查问卷。根据2014年年末统计反馈情况，95%用户对共享中心的服务质量、态度和效率感到满意。

四、财务共享服务中心的构建与实施效果

（一）有效提升了公司财务管控水平

由于财务共享服务中心通过大量交易业务的集中处理，统一业务流程、统一技术平台、统一数据口径，促进了财务流程的标准、规范和高效，为公司组织高质量和低成本数据信息，进而为财务管理和决策支持提供更专业和更为可比的数据支持，财务信息的集中统一快速处理让信息沟通更为直接、高效，传达变得更加敏捷、快速。在公司财务共享服务中心，业务信息集中处理、提供跨区域组织的专业财务服务，消除重复职能人员设置，大大降低财务人员人工成本。同时，由于公司实现了两级财务管控体系，让更多财务人员从分散、重复、单一的交易处理中释放出来，使更多的业务处理会计人员转为决策支持及分析管控等管理型、价值创造型财务人员，充分利用财务共享服务中心的各业务大数据的涌入和归集，通过数据的管理、分析和报告，进一步满足公司财务管控和战略决策需要。

（二）提高了会计工作质量和效率，实现资金归集平台共享

一是工作效率显著提高，共享中心通过提供专业化、标准化和流水化的“会计工厂”式服务，实现了会计基础工作的规模化效应，共享服务中心12名核算会计人员承担了21家分子公司项目部83名财务人员的核算工作量，月处理业务量达到近1万笔；通过对业务流程和业务处理标准化，减少了多余的协调和一些重复的工作，业务响应和处理时间明显减少，如员工报销的付款时间周期由原来的平均5天缩短为2天，大大提高了财务工作效率和员工满意性。二是通过财务共享服务中心资金计划和支付平台进行各分子公司资金归集管理，有利于公司全面掌握资金使用情况、提高公司资金使用效率、平衡各分子公司之间借贷规模、降低公司整体财务成本。如公司物资集采业务一方面需外部采购

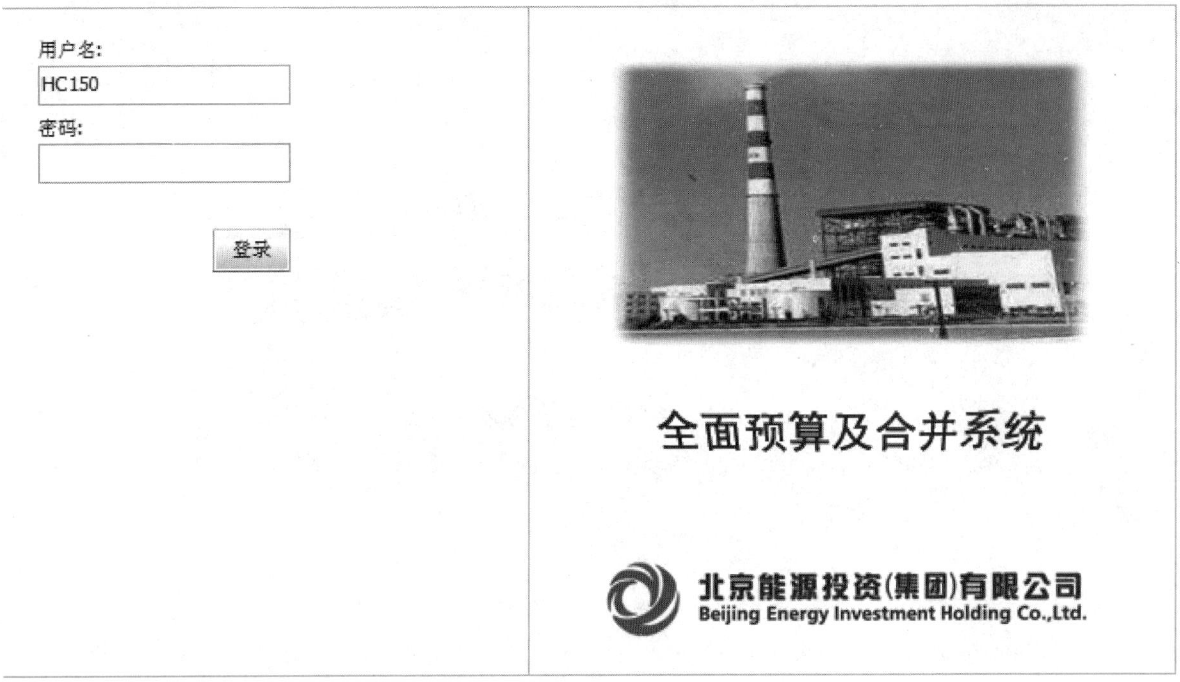

用户名:
HC150
密码:
登录

全面预算及合并系统

北京能源投资(集团)有限公司
Beijing Energy Investment Holding Co.,Ltd.

图 8　北京能源投资有限公司

承担付款义务；另一方面销售给各成员电厂收款，但受制于集团内正常的结算周期及部分电厂资金紧张现状，通常流动资金较为短缺，需外部融资，但工程分公司及检修分公司则资金较为充裕，通过财务共享服务中心实行资金归集管理，充分灵活调动各板块资金，大大提高公司资金使用效率及大幅降低公司财务费用，据统计，2014 年，公司财务费用整体降低 31%。

参考文献

[1] 陈虎，孙彦从 . 财务共享服务 ，2014（10）.
[2] 陈虎，孙彦从 . 财务共享服务案例集 ，2014（9）.
[3] 陈娟 . 论财务共享服务中心的建设与运营 . 时代金融，2014（12）.
[4] 刘婷媛 . 企业财务共享服务管理模式探讨 . 财会研究，2007（2）.

基于 EVA 价值树的新兴业务全过程价值管理体系研究

申报单位：中国电信股份有限公司上海分公司
第一作者：王兴燕　　作者：张慧宇　张锦丽　袁剑　王海建

[摘要] 在全面深化改革背景下，国有企业迫切需要深入推进战略转型，建立价值管理体系，提升企业整体价值创造能力。本文基于 EVA 价值树，从新兴业务价值管理背景和意义出发，以中国电信股份有限公司上海分公司新兴业务全过程价值管理体系构建为案例，详细论述如何建立以产品/项目为管理单元，价值评估模型为工具，价值管理系统为支撑，业务流程规范为抓手，价值评估宽表为手段的新兴业务全过程价值管理体系，寻找新兴业务发展的价值撬动点，以价值管理引领企业发展，有效促进 EVA 提升。

[关键词] 新兴业务　全过程价值管理体系　产品价值管理　项目价值管理

一、前言

中国电信股份有限公司上海分公司是我国特大型国有通信企业，是境外上市的中国电信股份有限公司分公司，简称上海公司。上海公司是中国电信集团最大的本地网公司，下辖 14 个区局、5 个产品部、5 个直属单位，在岗员工 1.1 万人左右。主要经营固定电话、移动通信、卫星通信、互联网接入及应用等综合信息服务。2014 年底，上海公司总资产规模达 408 亿元；天翼手机用户数达到 643 万户，其中 3G 用户数达到 451 万户；宽带用户数达到 481 万户。2014 年，实现经营收入 248 亿元，居中国电信集团第 3 位；收入市场份额一直保持在 46% 以上，在中国电信集团内排名靠前。

上海公司一贯以科学发展观为指导，充分发扬“钉钉子”精神，坚定不移、坚持不懈，推动并践行“一去两化新三者”战略，坚持以“四个面向”作为经营和管理工作出发点，全面深化改革，深入推进企业转型，以互联网化方式不断创新突破，实现 4G 跨越发展，保持上海地区的通信领先地位。上海公司财务始终以企业价值最大化为核心理念，持续深化财务转型，积极主动深入业务前后端，强化价值分析，融入业务、融入流程，积极参与经济效益分析，强化对企业经营全过程的决策支撑和价值管理，持续提升企业价值创造能力，连续 4 年被集团评为“财务管理优秀单位”。

二、背景及意义

党的十八届三中全会做出了全面深化改革的重大部署，提出要以改革促发展，创新体制机制，增强企业活力，为上海公司深入推进战略转型指明了方向。上海公司身处转型关键期，市场竞争日益激烈，正在从三大运营商之间的竞争演变成面向移动互联网的全产业链竞争。同时，在“营销费用压降”“3G/4G 并存发展”“宽带竞争加剧”“营改增政策影响”等四个常态影响下，电信业务发展遇到全新挑战，价值管理的必要性日渐凸显，迫切需要利用价值导向机制，改变传统以投入换收入的粗放发展模式，从“重规模”向“重效益”转变。

近年来，上海公司业务结构变化显著，移动宽带等传统业务日趋饱和，新兴业务收入占比逐年上升，而新兴业务具有与传统业务完全不同的运营模式，上海公司既需要采取措施缓减传统业务利润下滑，又需要重新审视新兴业务发展的商业模式，建立与传统业务相区隔的新兴业务价值管理体系，寻找新兴业务发展的价值撬动点，以价值管理引领企业发展。

为响应国资委和中国电信集团公司 EVA 考核要求，实现集团公司对已投资本回报率（ROIC）的任期考核目标，保障增量份额和企业价值双提升，上海公司以“EVA 价值管理理论”为核心理念，采用杜邦分析法对 EVA 价值树进行层层分解（见图 1），探索建立一个能为新兴业务服务的价值管理体系，挖掘新兴业务价值提升发力点，以新兴业务价值提升促进企业 EVA 提升。

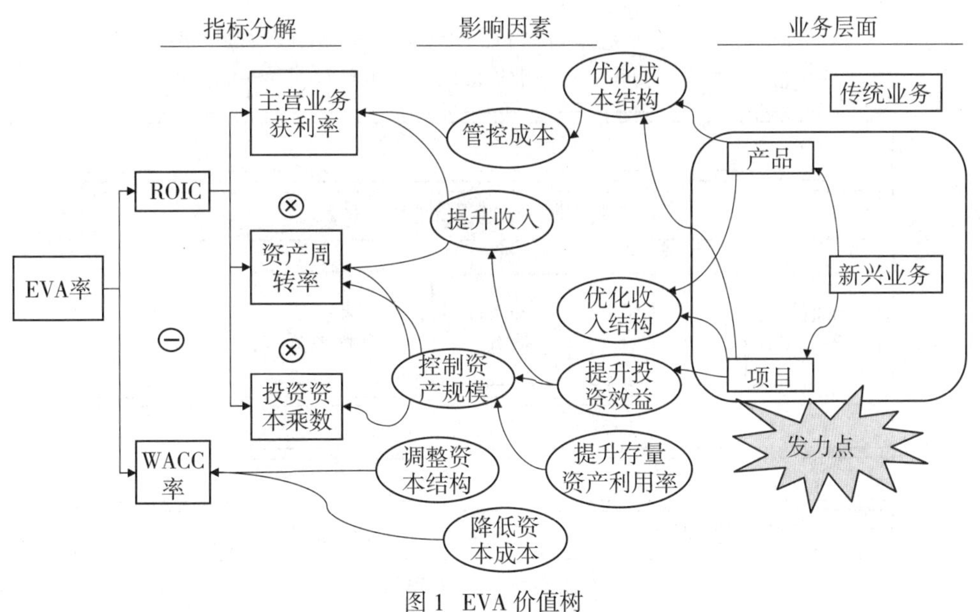

图 1　EVA 价值树

通过分析，上海公司认为，原有的财务管理体系缺乏新兴业务价值管理内容，主要存在以下弊端：

（1）新兴业务形态多样，运营管理缺乏体系化。在管理流程上，新兴业务间差异较大，尤其是系统集成、软件开发、平安城市等 ICT 业务往往建设周期较长，管理流程较为复杂，不同于一般新兴业务。另外，多套产品体系并存，缺乏统一的产品体系，不能满足新兴业务实际运营管理需要。

（2）项目 / 产品维度的财务信息缺失。财务管理信息主要限于移动宽带等传统业务，尚不能支撑项目、产品维度的日常分析，难以做到防微杜渐、及时纠偏，挖掘新兴业务价值提升发力点。

（3）新兴业务的财务信息与业务信息割裂。财务系统与业务系统之间的数据接口没有打通，财务口径和业务口径难以对比，造成财务和业务“两张皮”，无法深入、系统开展经营分析，挖掘新兴业务细分市场，制定新兴业务发展策略。

（4）资源配置的战略导向性作用无法有效贯彻，原有管理体系无法输出项目 / 产品颗粒度盈利情况，新兴业务资源配置缺乏针对性。

三、总体思路及方法

上海公司以“EVA 价值管理理论”为指导，全面构建新兴业务价值管理体系，分解价值责任到每个经营单元和资源管理部门，持续开展价值动态分析和价值过程管控，支撑新兴业务全过程的经营决策和价值管理。通过构建并实施新兴业务全过程价值管理体系（见图 2），将价值管理理念传导至生产运营一线，形成价值创造共识；以扁平组织架构为保障，支撑价值管理稳步推进；以产品 / 项目为管理单元，实现新兴业务管理方式优化；以价值评估模型为工具，实现新兴业务价值显性化；以价值管理系统为支撑，实现新兴业务闭环管理；以业务流程规范为抓手，实现新兴业务系统数据质量提升；以价值评估宽表为手段，实现新兴业务价值动态管理；通过全过程价值管理的建立和实施，促进新兴业务价值提升，通过企业价值引领实现 EVA 提升，主要包括以下创新：

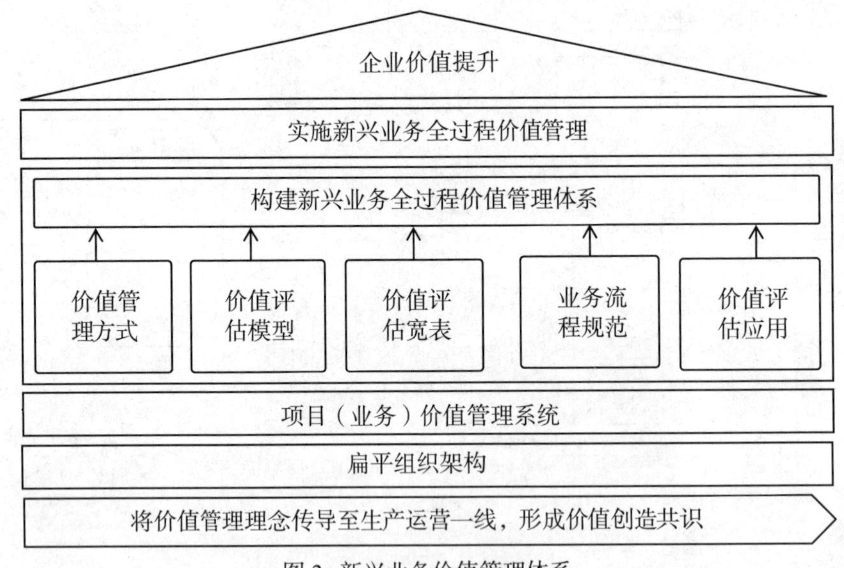

图 2　新兴业务价值管理体系

（1）新兴业务价值管理理念创新。以“EVA 价值管理理论”为指导，率先在通信行业内将新兴业务纳入价值管理范畴，并将价值管理理念传导至生产运营一线，形成价值创造共识。

（2）新兴业务价值管理组织保障创新。打破原先按照部门的组织架构，建立起前后端部门横向联动、总部与基层单位纵向协同的扁平组织架构，为新兴业务价值管理提供组织保障。

（3）新兴业务价值管理方式创新。依据新兴业务特性，建立项目 / 产品价值管理单元，优化新兴业务管理方式。按照市场销售与管理的产品维度，细化颗粒度到五级产品目录，全面梳理产品管理体系，优化产品管理方式，解决先前产品缺乏体系化、产品颗粒度过于细化、收入 ID 与产品无法对应、ABC 产品与实际产品管理脱节等问题。

（4）新兴业务价值管理工具创新。创建价值评估模型，用于项目 / 产品价值评估，将新兴业务盈利能力显性化，指导资源配置。

（5）新兴业务价值管理支撑系统创新。以项目 / 产品维度，融合业务和财务系统，进行业财信息的整合，支撑常态化产品分析和全过程价值管理。

（6）新兴业务流程规范创新。以新兴业务流程规范为抓手，提升价值管理系统数据质量。

（7）新兴业务价值管理手段创新。建立价值评估宽表，对项目 / 产品实施常态化跟踪分析，实现对新兴业务经营过程的动态价值管理，挖掘价值提升发力点。

四、关键举措

（一）以扁平组织架构为保障，支撑价值管理稳步推进

1. 成立价值管理工作团队

上海公司由公司副总经理挂帅，成立"新兴业务价值管理"工作团队，财务部牵头，联合网发部、市场部、渠道部、政企部、新兴业务部、企业信息化部等前后端多个横向部门，共同推进新兴业务价值管理体系工作，制定工作计划、举措、管理办法，跟踪工作落实情况，确保价值管理工作持续稳步推进。区局、产品部等二级单位成立本单位价值管理领导组及工作组，负责接应落实公司价值提升的工作要求，实施价值过程管控，定期开展价值分析，并提出价值提升举措，对工作中发现的问题及时向公司价值管理工作团队反馈，提出工作改进建议。

2. 建立价值管理例会制度

每月召开价值管理工作会议，动态跟踪新兴业务价值管理工作开展情况，汇报前一阶段工作进度和下一阶段工作计划，对存在问题及时预警并提出解决措施。

3. 建立价值管理月报制度

每月制定专项工作月报，将新兴业务价值管理各项工作推进情况及存在问题、工作要求等进行通报，让相关部门及经营单位及时了解各项进展，有利于各项工作的推进。

4. 建立价值管理行政督办制度

将新兴业务价值管理工作纳入公司行政督办事项，每月提交工作报告，有利于推进工作中的难点及时得到公司领导的协调解决，有效提升价值管理推进力度。

5. 制定价值管理办法

明确各部门职责，提出新兴业务价值管理工作目标，明确工作举措、职责分工、监管考核等要求，将价值管理职责有效传递到公司各级单位 / 部门以及生产经营各个环节。每年根据公司业务发展和经营战略情况，更新实施方案并下发各单位 / 部门，要求职能部门、经营单位有效落实价值管理工作要求。

（二）以产品 / 项目为管理单元，优化新兴业务管理方式

全面梳理现有新兴业务，优化新兴业务管理方式。上海公司新兴业务主要由产品部负责运营，根据新兴业务发展及实际管理需要，全面梳理 5 家产品部的新兴业务，细化至五级产品目录，全面梳理了产品 / 项目管理体系。新兴业务管理具有多样性，ICT 业务有较长的建设期和受益期，评价某个期间段的盈利情况较难合理反映整体价值贡献，因此 ICT 业务以项目的时间周期作为评估期间，

以项目编码作为价值管理的最小单元；除 ICT 以外的新兴业务则按照市场销售与管理的产品维度，以新兴业务五级产品目录作为管理的最小单元，将产品部的产品 ID 及收入 ID 映射到新兴业务五级产品目录上；为实现运营管理与会计核算上的产品体系统一奠定基础，使得新兴业务管理条线清晰化，优化了新兴业务管理方式，解决了先前新兴业务缺乏体系化、产品颗粒度过于细化、收入与产品无法对应、ABC 产品与实际产品管理脱节等问题。

（三）以价值评估模型为工具，实现新兴业务盈利显性化

1. 建立产品价值评估模型

模型以新兴业务五级产品目录作为评估对象，以产品毛利率、产品利润率作为核心评价指标，产品毛利率 =（产品收入 – 产品直接成本）/ 产品收入，产品利润率 =（产品收入 – 产品直接成本 – 产品间接成本）/ 产品收入。鉴于各家产品部成本结构差异较大，通过调研方式，了解各类产品成本构成情况，确定产品直接成本和间接成本的成本池。直接成本包括直接业务费、销售费用、修理费、人员外包成本等；间接成本包括物业费、电费、房租费等。具体成本池如图 3 所示：

费用类别	具体费用	财辅报账单	说明
直接成本	其他租赁费	综合费用报账单	
	信息源采集支出		
	装移机工料		
	电路及网元租赁		
	出售商品支出		
	系统集成支出		
	广告宣传	销售费用报账单	不含企业形象
	代理酬金	代办费报账单	
	客户服务费	销售费用报账单	
	新用户发展费	销售费用报账单	
	渠道服务费	代办费报账单	代办业务服务费—其他、渠道支撑费用、其他
	其他销售费用	销售费用报账单	
	人员外包（前端）		渠道服务费（代收、代催、10000 号、营业厅、电话外呼、号百话务其他外包业务）、业务费—其他
直接成本/间接成本	修理费	划小修理费模块	大修理、自维修理费、代维修理费功能范围为经营成本
	房租		
	电费		功能范围为经营成本
	物业管理费		功能范围为经营成本
	业务费—其他	综合费用报账单	

图 3 产品成本池

2. 建立产品成本分解 / 分摊模型

产品成本发生往往以合同形式存在，部分合同可能包含多个产品，比如多个产品的维护可能只签一份维护合同，维护成本无法与产品一一对应。为解决这类直接成本与产品对应问题，建立“合同—费用项—产品”的直接成本分解模型，使得直接成本依据合同信息准确分解至每一个产品；同时，制定了间接费用的分摊规则，将所有与产品相关的间接成本按照动因（人数与产品的对应关系）分摊至每个产品中。间接成本分摊模型如图 4 所示：

直接成本分解方式

1. 建立产品与外包人员比例对应关系：编辑产品所用外包人员人数对应关系

2. 人员外包分摊：

- 产品部：则系统按所有产品之间人数比例全产品维度自动分摊
- 子公司：填报时直接对应到产品，如果填报无法对应产品，则系统按所有产品之间人数比例全产品维度自动分摊

	人数（个）	比例（%）
产品A	5	50
产品B	3	30
产品C	2	20

外包成本全产品分摊　成本实际发生数：200万元

	比例（%）	金额（万元）
产品A	50	100
产品B	30	60
产品C	20	40

图4　产品间接成本分摊模型

3. 建立项目后评估模型

模型以项目作为评估维度，根据项目现金流量，计算项目内部报酬率和投资回收期。ICT 项目根据成本投入方式的不同，分为成本型项目和投资型项目，其中，成本型项目现金流量包括收入和成本；投资型项目现金流量包括收入、成本和投资额，一个收入合同编号视为一个项目，通过收入合同编号与工程编号对应，获取项目投资额；对于横跨多个区局或者收入合同与工程编号存在多对多关系的项目，收入、成本、投资额合并评估。投资型项目后评估模型如图 5 所示。

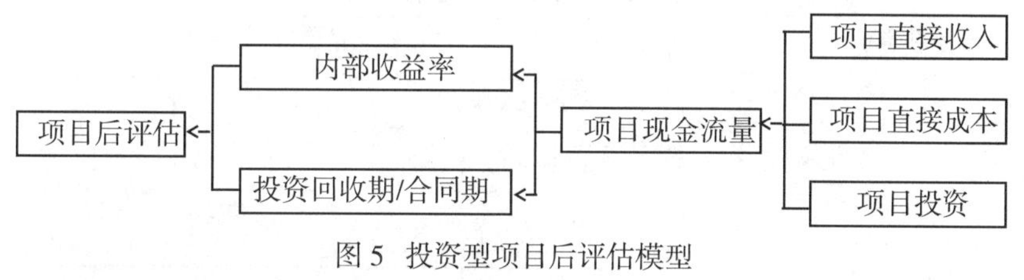

图5　投资型项目后评估模型

（四）以价值管理系统为支撑，实现新兴业务闭环管理

建立项目（业务）价值管理系统，打通与商机系统、ODS 系统、聚焦系统及财务 SAP 系统、财辅系统接口，实现项目 / 产品维度的业财信息整合及报表动态展现，系统功能模块如图 6 所示。具体措施包括以下方面：

1. 建立业财融合的产品价值管理系统

（1）开发产品成本模块，实现产品成本的自动归集。开发产品成本模块，建立与 ODS、财辅、SAP 等系统接口，集中处理产品部 / 子公司直接成本报账、归集以及间接成本分摊。产品成本模块主要包括基础信息维护、产品直接成本填报 / 分解、产品间接成本录入 / 分摊、明细查询、统计报表等功能（见图 7）。各产品部 / 子公司通过成本管理模块进行产品直接成本的准确归集、间接成本的合理分摊。其中，产品部的直接成本（除人员外包前端）按照 SAP 凭证清单分解至产品，间接成本以及人员外包（前端）根据动因分摊至产品；由于子公司不通过财辅系统报账，也不通过 SAP 系统进行核算，故子公司的直接成本（除人员外包外）是直接在成本模块进行录入，录入时分解至产品；间接成本以及人员外包（前端）根据动因分摊至产品。

项目（业务）价值管理系统

项目价值管理

成本型ICT项目管理
➤基本功能：
•项目管理
•收入归集
•成本报账
•内部结算
•项目后评估
•报表分析
➤覆盖范围：
•理想公司、区局
➤标志性产品：
•弱电集成、网络集成、网络维护、软件开发、定制化行业应用平台建设、设备转售

投资型ICT项目管理
➤基本功能：
•项目管理
•收入归集
•成本归集
•项目后评估
➤覆盖范围：
•区局、产品部
➤标志性产品：
•平安城市、电子书包

产品价值管理
➤基本功能：
•动因维护
•成本归集
•报表分析
➤覆盖范围：
•产品部
➤标志性产品：
•IPTV、DPI、数字集群、广告媒体代理、天翼密保、云主机等

图 6　项目（业务）价值管理系统功能模块

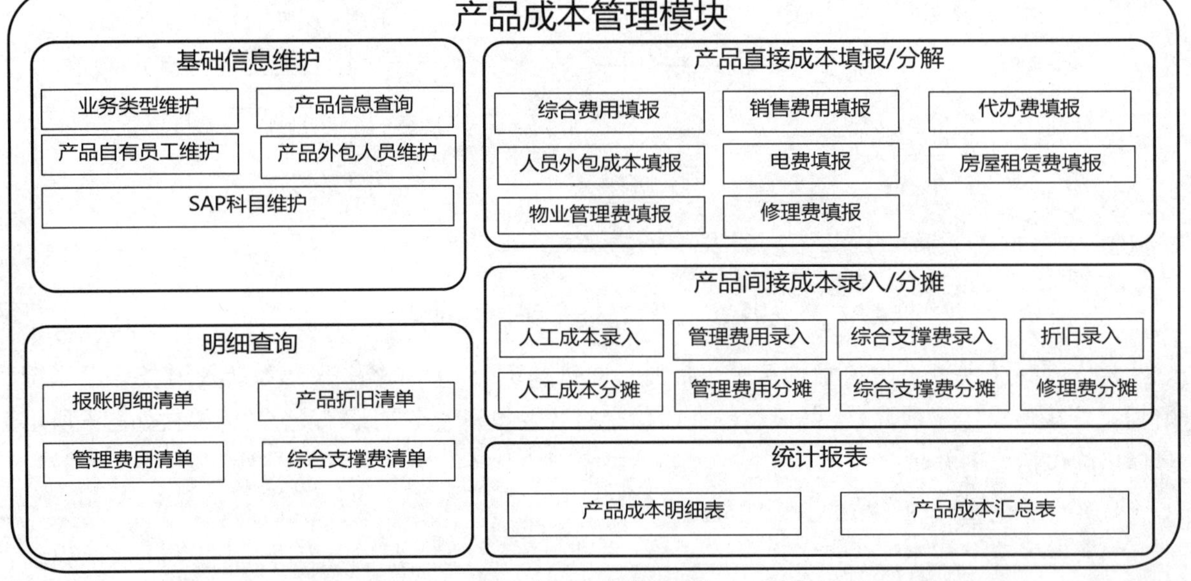

图 7　产品成本模块功能

（2）开发产品视图模块，出具产品盈利报表。在 ODS 系统中开发产品视图模块，实现 ODS 系统与项目（业务）价值管理系统产品目录信息和产品成本信息“双同步”，集中展现产品收入、成本、盈利等各类报表，支撑常态化产品盈利情况分析和全过程价值管理，ODS 系统架构如图 8 所示。

2. 构建项目价值管理系统，实现项目闭环管理

（1）调研梳理业务流程，设计价值管理系统蓝图。ICT 业务流程较多，选取理想公司和几家具有代表性区局，召集业务和财务人员进行现场调研，全面细致梳理不同类型 ICT 业务业财流程，深入了解前后端多方需求和管控环节。根据 ICT 业务项目前、项目中、项目后的管理周期，最终确定了商机前评估、合同管理、项目承接、项目执行、内部结算、后评估等项目管理的主要业务模块。

根据项目过程管理需要，结合现有各个业财系统的功能特点及对接可能性，最终提炼出项目价值管理系统蓝图，如图 9 所示。

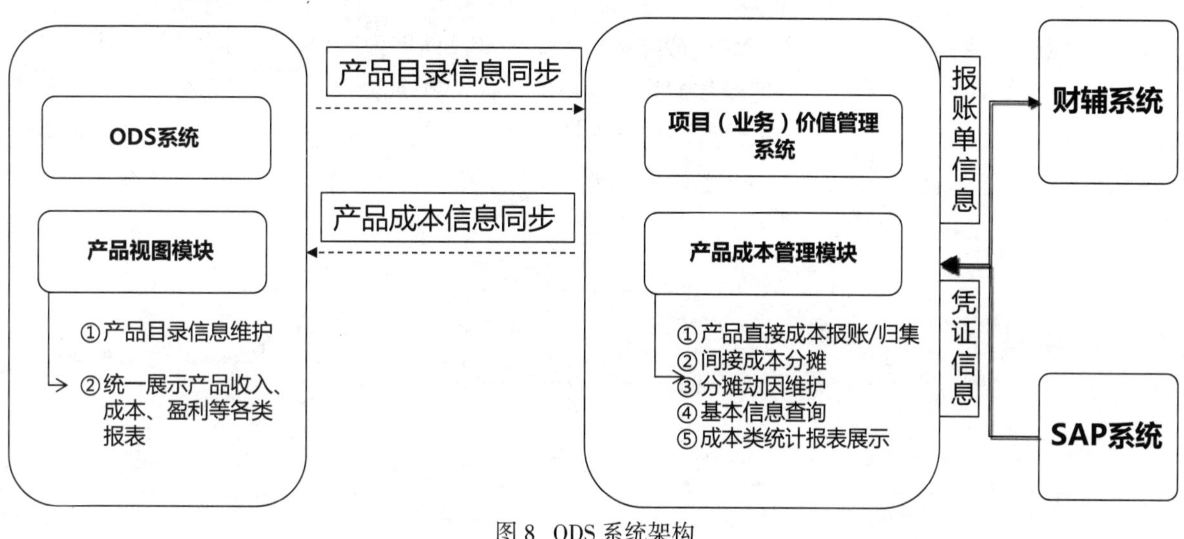

图 8　ODS 系统架构

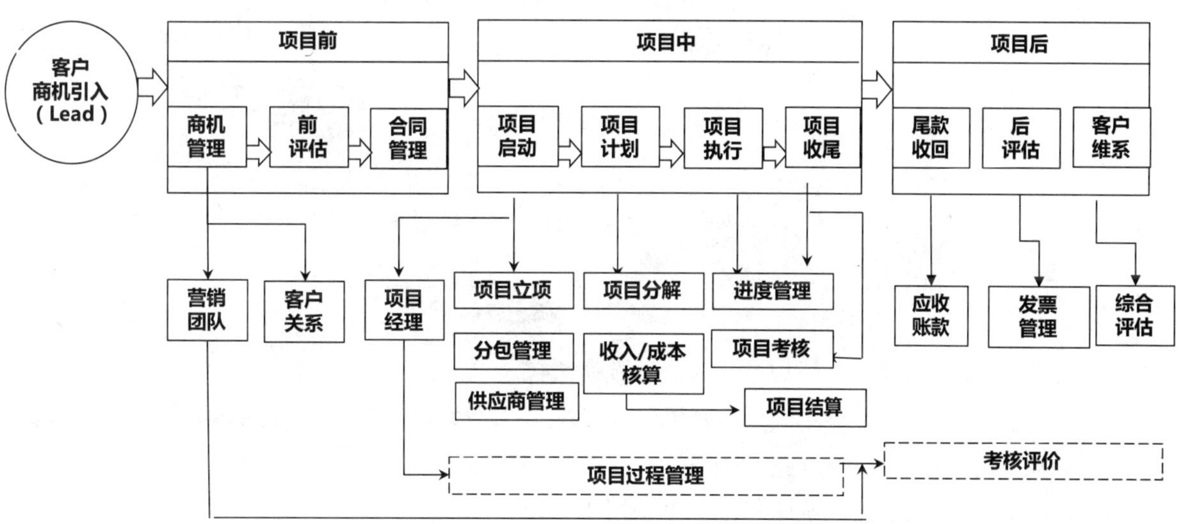

图 9　项目价值管理系统

（2）搭建项目价值管理系统，支撑项目闭环管理。围绕以项目为中心，将 ICT 项目商机前评估、合同管理、项目承接、项目执行、内部结算、后评估等业务模块紧密结合，创造性实现了多个系统项目维度的整合。在项目商机引入阶段，对接 CRM 商机和 OA 合同系统，同步获取项目前评审信息，为后续的项目执行提供了基础，也使整个项目管理更科学可追溯；在项目执行阶段，收入确认对接聚焦和增值税管理系统，成本核算对接财辅和 SAP 系统，确保项目业财信息的一致性；后评估阶段对接 SAP。通过项目维度的业财融合，整个管理过程有依可查、有据可循，实现了 ICT 业务闭环管理。

（五）以业务流程规范为抓手，提升价值管理数据质量

1. 制定产品成本归集原则，规范业务流程

制定成本从 SAP 凭证、财辅报账单通过直接成本的填报与分解，间接成本的分摊方式，最终

对应到产品业务流程（具体如图 10 所示）；同时，制定报账规范、成本分解规则等操作手册，指导各产品部将成本准确分解至各产品，提升产品成本数据准确性。比如，直接成本分解时需提前判断是否预算外（默认否）、是否大网成本（默认否）、是否直接成本，只有非预算外成本且非大网成本才需对应至产品；成本从最末级产品进行归集，若某一产品前期为四级，后期细分至五级，则前期四级的已发生数据维持不变，后期新数据须以五级为依据；产品部需对直接成本分解模块进行分解，其中电费、房租、物业、广告宣传、修理费、业务费——其他、渠道服务费——其他外包业务（号百）提供是否为直接成本；若为间接成本，则在综合支撑费用中进行自动分解；子公司则是在直接成本填报模块报账，需分到具体产品。

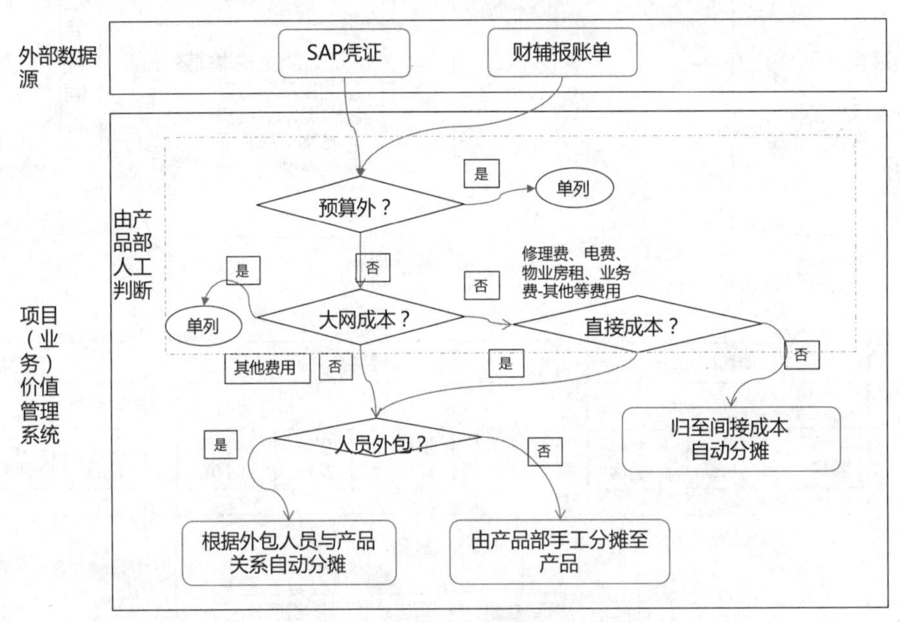

图 10 产品成本归集流程

2. 明确项目会计核算办法，规范收入成本确认流程

梳理不同类型的 ICT 业务场景，依据“项目管理”与“收支匹配”的会计核算原则，制定《ICT 业务核算办法》，明确不同类型与业务模式下的收入成本确认原则，规范确认流程。

3. 建立内部结算机制，鼓励跨单位 ICT 销售协作

为鼓励跨单位销售协作，培养拓展 ICT 业务销售和整体解决方案能力，利用市场化机制驱动业务发展，在项目价值管理系统中建立内部结算模块，主要实现三项功能：一是根据项目承接单位有无资质，按照项目承接单位属性，区分不同内部结算方式；二是考虑不同业务模式（成本结算、收入分成），基于 ICT 项目实际业务操作需要，确定不同内部结算流程；三是结合实际考核需要，确定内部结算公式，并在系统内建立相关报表。

4. 制定数据质量稽核办法，规范数据稽核流程

建立数据质量稽核“六步法”（即账实核对、业务模式调研、人员外包复核、合同拆分复核、年初预算与现状复核、预算外成本费用分析），实地走访每家产品部，抽查重点产品成本费用准确性，调研直接成本结算依据，稽核产品成本数据，提升产品价值管理数据质量。

（六）以价值评估宽表为手段，实现新兴业务动态管理

建立价值评估宽表，定期进行分析通报。价值评估宽表以项目 / 产品为评估对象，以毛利率改

善为核心指标，根据评估结果分别给予评价。其中，成本型 ICT 项目根据毛利率改善情况，分别给予“绿灯”“黄灯”“红灯”评价；产品根据收入规模及毛利率情况，分别给予“发展”“整合”“优化”“控制”评价。上海公司每月对经营单位进行宽表通报，通过公司层面组织相关部门现场核查、派单分析、联合诊断等方式，深入查找原因，及时发现问题，并会同业务部门提出价值提升举措，经营单位则每月上报价值分析报告，实现对经营过程的动态价值管理。同时，将评估结果应用于新兴业务规划，支撑产品红黄牌制度应用，梳理出亏损业务，实施关停并转；应用于项目 / 产品的差异化资源配置，有效支撑新兴业务发展。

五、应用实例

2015 年 4 月，上海公司利用项目（业务）价值管理系统，对一季度新兴业务产品毛利率改善情况进行评估，并将评估结果对产品部进行通报（一季度产品总体效益情况如图 11 所示，各产品效益情况见表 1）；同时财务部联合新兴业务部、各产品部开展联合诊断，深入挖掘各产品毛利率变化原因，结合业务场景，提出产品毛利提升举措（产品总体价值提升举措见表 2，主要产品价值提升举措见表 3），实施产品价值过程管控。

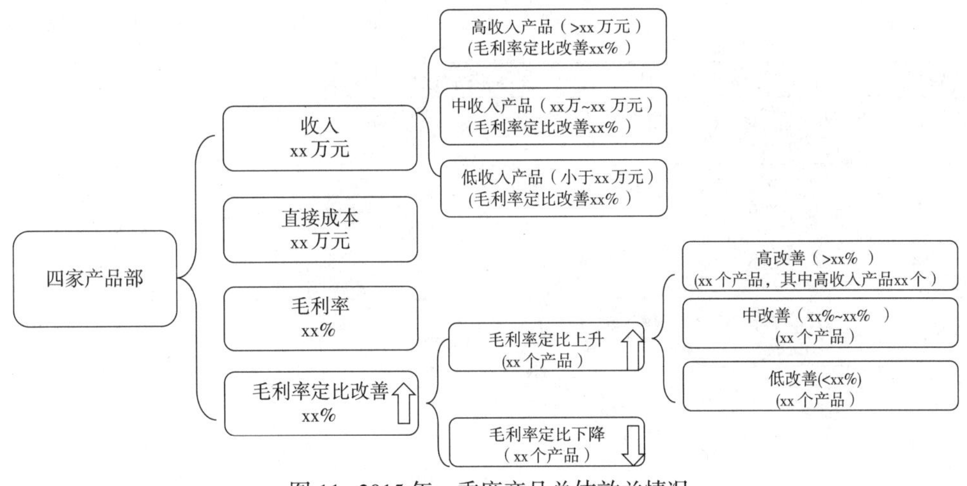

图 11　2015 年一季度产品总体效益情况

表 1　2015 年一季度各产品效益情况

产品名称	2014年		2015年1~3月		毛利率定比改善
	收入	毛利率	收入	毛利率	
产品1	xx万元	xx%	xx万元	xx%	xx%
产品2	xx万元	xx%	xx万元	xx%	xx%
产品3	xx万元	xx%	xx万元	xx%	xx%
产品4	xx万元	xx%	xx万元	xx%	xx%
产品5	xx万元	xx%	xx万元	xx%	xx%
产品6	xx万元	xx%	xx万元	xx%	xx%
产品7	xx万元	xx%	xx万元	xx%	xx%
产品8	xx万元	xx%	xx万元	xx%	xx%
产品9	xx万元	xx%	xx万元	xx%	xx%
产品10	xx万元	xx%	xx万元	xx%	xx%
……					

表 2 产品总体价值提升举措

关键举措	过程管控要点	代表产品	部门/单位
验证模型与分摊方法	1、依据一季度评估结果，验证模型与分摊方法的合理性		xx 部门 xx 产品部
控制低毛利产品规模	1、严控低毛利率产品及产品中的部分业务：退出高成本配比项目，集中资源，支持盈利水平相对较高的业务	产品1 ……	xx 部门 xx 产品部
分产品实施预算管控	1、分产品实施预算管控：保证收入、成本入账及时性，保证产品毛利数据的客观性 2、及时监控毛利变动大的产品：分析原因，并实施过程管控	产品2 ……	xx 部门 xx 产品部
发挥直销渠道优势	1、充分利用直销渠道：依托区局协同销售，减少产品代理成本，提升产品毛利 2、优化产品酬金结算方式：如增量阶梯化酬金等	产品3 ……	xx 部门 xx 产品部
提升外包人员效率	1、将外包人员成本计入产品及项目 2、盘活人力资源：将外包人员投入到高增长高效益的产品上	产品4 ……	xx产品部

表 3 主要产品价值提升具体举措

产品名称	具体产品价值提升举措
产品1	① 深化大客户合作，加快重大商机收入转化，如阿里巴巴GDS合作机房建设、奇虎360金京机房上架进度推进以及上证通和东方财富等金融客户资源扩容等 ② 优化代理分销酬金政策及激励方案，吸引客户新增认购，加快商机转化 ③ 开展对现有自用机房存量机架的划小承包，通过对实物量、准利润率和应收帐款三项指标的激励，提升提存量机架的利用率
产品2	① 关注重要商机转定，加快行业用户发展包括医疗、园区等
产品3	① 开展商彩业务宣传，拓展渠道，探索商务彩铃的增值业务，提升商彩包月用户规模，提升用户ARPU
产品4	① 推进天翼WiFi客户端的推广工作 ② 针对上海电信与风寻、拓众、鸿冠合作项目，需网运部与各区局支撑配合，继续开展AP核查、场点调优工作，以增加达标AP数量 ③ 做好商业WiFi的后向经营拓展
产品5	① 强化商机管控挖掘和转收能力，持续拓展重点用户 ② 不断优化产品形态和资费以及渠道政策，拓展短期租机、行业应用市场
……	……

六、实施效果

（一）有效促进企业管理水平提升

上海公司作为管理创新前沿者，在中国电信集团率先构建并实施了新兴业务全过程价值管理体系，引导各部门 / 单位从仅关注业务规模向规模效益并重的全方位发展方向转变，促进了管理效率和管理水平的提升，为实现企业战略目标、促进企业整体价值提升提供了机制保障。

（二）有效支撑企业整体业绩增长

通过实施新兴业务全过程价值管理体系，上海公司收入结构不断优化，资源使用效率持续提升，将节约的资源用于支撑业务发展，提高了应对外部经济风险、税务政策变化及市场竞争压力能力，促进了企业可持续发展。2014 年，上海公司收入份额在上海市场保持领先地位，在中国电信集团内排名第一；在消化营改增影响后，仍保持主营业务收入 0.4% 的增长率，高出预算目标 0.1 个百分点；EVA 同比增长 17.9%；收入及净利润均超额完成预算目标，完成率分别为 100.1%、101.1%。

（三）有效支撑新兴业务价值的提升

实施新兴业务全过程价值管理体系，有效促进 ICT 业务收入结构优化，系统集成等盈利性较弱业务得以控制，ICT 业务毛利率显著提升，2015 年一季度比 2014 年全年提升 6.6 个百分点；进行新兴业务产品盈利分析，支撑产品红黄牌制度应用，对于亏损产品实施关停并转，实现产品毛利率整体提升，2015 年一季度产品毛利率提升了 4.1 个百分点，有效支撑了新兴业务价值提升。

（四）有效支撑资源配置

方案实施前，由于缺乏新兴业务产品、项目维度盈利情况，按照各产品部历年收入成本的收支比以及上海公司整体资源情况平衡后对产品部进行资源配置。方案实施后，产品 / 项目基础数据齐全，产品 / 项目盈利情况清晰可见，对资源配置的方式进行了优化。对于按产品管理的新兴业务，采用分产品差异化配置资源方式，分别针对培育型、发展型、控制型产品，设置利润率改善预算目标，便于各产品部有效开展过程管控，持续提升产品价值；对于按项目管理的 ICT 业务，设置利润率改善预算目标，并以此进行资源配置，促进 ICT 业务结构优化，提升 ICT 整体盈利水平。通过新兴业务全过程价值管理方案的实施，资源配置的战略导向作用落实至新兴业务产品 / 项目颗粒度，促进了资源配置自动向高效益业务倾斜，提升了资源配置效果。

参考文献

[1] 张锦丽，王兴燕．围绕 EVA 提升开展财务分析促进规模质量双提升 [G] // 2013 年度总会计师优秀论文选．中国财政经济出版社，2014：85-99．

[2] 方启来，吕回．基于经济增加值（EVA）的企业价值管理探析 [J]．会计之友，2010（12）：16-19．

[3] 许宁．移动互联网：电信运营商的新战场 [J]．软件工程师，2010（5）：33-34．

基于DEA模型的运营投资型文化产业投资效率检验

申报单位：西北政法大学商学院
作者：张荣刚

［摘要］近年来，在文化产业单纯追求规模化、集聚式发展的同时，缺乏理性的文化产业投资“爆发式”增长将带来产业发展失衡、投资效率偏低。本文首先从资本视角出发，将符合文化产业项目投资周期逻辑模型的运营投资型文化产业作为研究对象，通过运营投资型细分文化产业投入—产出现状分析，初步得到该类型文化产业投入—产出发展不平衡的模糊结论。其次，本文回归产业视角，通过DEA模型效率测算对运营投资型文化产业投资效率进行实证检验，得到产业整体效率指数较低，普遍呈现规模收益递减，该类型文化产业的资本投入将逐渐进入边际报酬递减阶段，产业升级需要技术创新。

［关键词］文化产业投资　DEA模型　效率测算

一、研究综述

在现有我国关于文化产业投资研究中，关于文化的普遍细分行业研究文献数量最多，学者们所形成的观点也大致归为文化产业投资较传统产业具有文化特殊性；基于不同的文化产业投融资模式研究集中于公共财政对文化事业的投入、银行等金融机构对文化的信贷投入、文化产业风险投资的引入等，不同投资模式对文化产业的收益要求各不相同；基于风险管理的文化产业投资研究倾向于风险揭示与规制，强调使用科学的风险评估及评价方法；在区域文化产业发展研究中，由于各区域文化资源不同表现出文化产业发展程度各异，文化发展缓慢突出问题是由于金融投入不足，而风险因素是金融介入的主要障碍。总的说来，对于文化产业投资的研究对象划分并没有非常严格的界限，一些文献的内容可能涉及分类标准的诸多方面，难免有研究内容上的交叉和重叠。

《中国文化产业发展报告（2014）》提出了一种崭新的文化产业经济分析框架，基于文化再生产理论提出文化产业的类别划分，分别为文化创作生产（内容生产）、文化传播渠道及文化生产服务。基于此，为本文文化产业投资研究对象提供借鉴。

二、文化产业项目投资周期逻辑模型

结合产业生命周期理论，本文认为文化产业项目投资周期大致划分为四个阶段，即投入期、扩张期、稳定运营期和收敛/退出期。由于文化产业内涵与外延丰富，从不同角度被细分为诸多行业。

这些细分行业在接受资本进入与退出过程中，大致表现出三种不同类型的阶段投资需求与资本投入，如图 1 所示。

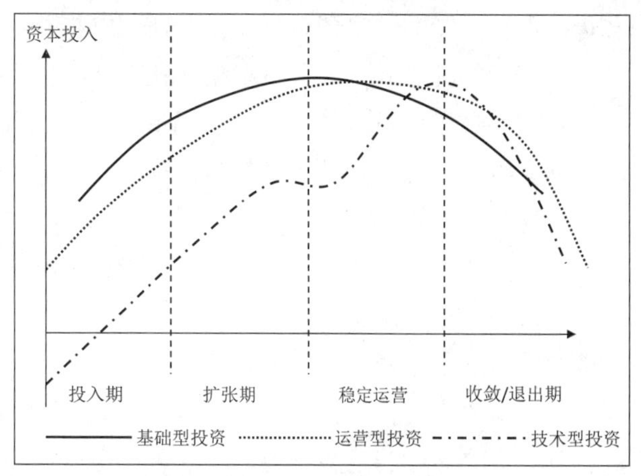

图 1　文化产业投资周期修正曲线

投入期是指企业刚刚进入该行业，处于起步发展阶段，即企业初创期。这个阶段属于投资前期阶段，主要进行有形物质基础方面的投入，为产业发展提供基础设施方面的保障。文化基础设施的建设与投入，将为区域经济的提升发挥很大作用，文化产业投资看重增长极的极化效应和扩散效应。比较而言，在这一阶段资本投入最高为基础型投资，技术投资型在这一阶段的资本投入最低。这是由于技术投资型前期的创意、内容创作对于资本需求较低，只有在技术投资型进入筹备、制作时，才根据投资人判断进行资本投入，并且投资的波动性与随意性较大。

扩张期是指企业处于利润和市场份额急速扩张阶段，该阶段需要资本投入用以支持市场的扩展和产能的扩大。一般而言，运营型投资在初创期较基础型投资对基础资本的投入较低，而在这一阶段表现出持续增长的资本投入，并在该时期后段和成熟期前段达到资本投入峰值，其产业资本大部分流向中期运营方面，意味着在这一阶段需要大量运营资本投入扩展市场，提高市场份额，提升管理效率。

稳定运营期是指企业产品的研发和生产技术以及企业的营销渠道、策略等都比较成熟，拥有比较固定的盈利模式。该阶段的资本投入方面，运营投资型在该阶段保持稳定缓慢增长，以维持现阶段市场成果。基础型投资在该阶段表现出资本需求的递减，说明前期投入已发挥周期内的规模效应，进入正常经营轨道，并基本完成资产折旧。

在收敛 / 退出期，整体资本需求下降，并达到一个稳定的低值。但即使后期稳定低值也是高于其前期初创阶段对资本的需求额度。

总体而言，基础型投资在初创期的资本投入最高，之后由于规模效应的发挥使资本投入在成熟期有所下降；运营型投资在成长期的资本投入持续攀升，后由于进入成熟期，依靠市场占有率的稳定而缓慢增长；技术型投资在初创期对资本要求最低，分别在成长期与成熟期有两次较大的资本投入增长，一次是创意实现的表达过程，一次是文化实现的市场化过程。进入衰退期，三种类型的投资需求逐渐下降，技术投资型由于衍生产品投入，下降速度在前期最为缓慢，由于产品热度下降，替代性强，在新一轮替代品出现后，资本投入下降速度高于运营型投资。

三、耦合投资视角的运营投资型文化产业的界定

以产业生命周期理论为基础，以时序性为主线，结合生命周期各阶段所对应的投资演进规律，根据不同时期投资额占总投资比重变化规律，以投资视角为文化产业分类提供了一项可行的研究思路，本文就运营投资型文化产业界定如下：

运营投资型文化产业是指资本流向主要集中在产业运营管理阶段，主要是产业发展技术比较成熟、普及程度比较高、对技术的依赖性比较低以及受政府部门管制和行业指导政策的影响比较大的

文化产业，如图书、报刊出版业、广播、电视、演艺及门户网站等传媒相关产业。

从产业特征来看，运营投资型文化产业有以下特征：

首先，技术依赖性较小。与意识形态密切相关的文化产业是相对于技术密切相关文化产业而言的。如动漫、广播影视及新媒体等产业形式，必须保持较快的技术更新率和新技术投产使用率，才能不断保持自身的竞争优势，也才能通过技术更新不断获得尽可能大的市场规模和利润。而报刊、书籍等产业技术比较成熟，单纯的技术领先无法带来足够的成本优势。

其次，政府管制程度比较高。由于报刊、书籍、网站等是目前最主要的信息传播方式，也是整个社会成员获取信息的主要来源，所以在整个社会架构下，这些产业形式所传播的内容必然在很大程度上影响着人们的价值观、是非观乃至人生观和世界观，这些都与意识形态息息相关。作为社会的管理者，必然会将这些产业掌握在可控范围内，这些产业受政府管制程度比较高。

再次，受行业政策影响比较大。这些产业由于技术普及比较快，技术门槛比较低，因此要获取相当的竞争优势，就必须通过扩大规模、降低成本获取相应的规模收益。这些产业在扩大规模过程中必然产生的结果就是产业的集聚化。政府对这些产业进行政策指导和行业规范，在规模化上易于执行。同时由于历史和体制原因，国内大部分报刊和书籍行业企业都是国企或者由国企控股，这也造成了这些企业必然受政策的影响较大。

最后，经济价值与非经济价值的对立统一。传媒产业具有文化性、公益性，是统治阶级借以传播自身意识形态的主要工具，这是其非经济价值的一面。但是在市场经济的环境中，任何产业形式都必须接受市场检验，单纯强调哪一方面都是有失偏颇的，当然二者也可以实现有机统一。通过经济价值功能的实现，促进产业的良性发展，进而实现非经济价值的提升是符合传媒产业发展规律的。

四、运营投资型文化细分产业发展现状

（一）新闻出版项目数量与收入增长不均衡

首先，新闻出版方面，2013 年，完成《“十二五”国家重点图书、音像、电子出版物规划》预期目标，其中 2474 个自下而上的项目，已完成 558 个，占比 22.6%；部分完成的项目 609 个，占比 24.6%；全部完成和部分完成项目共 1167 个，占比达到 47.2%。2013 年中期，《规划》增补论证会后，确定新增项目 531 个，增至 3023 个，其中图书由 2244 个增至 2654 个，音像电子出版物由 334 个增至 369 个[①]。

其次，根据《2009~2013 年新闻出版产业分析报告》，从新闻出版业营业收入与利润总额看，营业收入虽然逐年增长，但增长率出现阶梯下降趋势，2011 年较 2010 年下降 1.95%，2012 年较 2011 年下降 3.53%，2013 年较 2012 年下降 4.51%，新闻出版业的营业收入整体呈现缓慢增长趋势，如图 2 所示。

新闻出版业利润总额方面增长波动较大，整体趋势与营业收入相同，逐年缓慢稳定增长，但增长率下降幅度较大，2011 年较 2010 年下降 15.6%，如此剧烈波动说明新闻出版业在盈利能力方面出现下滑，而在 2013 年，利润总额增长率恢复至 21.78%，盈利情况有所改善，大部分原因是数字出版物的急速成长，拉升了下滑的利润增长率，但长期来看，仍需关注新闻出版业的利润持续情况，

① 中国新闻出版广电总局．“十二五”国家重点出版物规划项目增至 302 个．http://www.gapp.gov.cn/news/1656/153967.shtml.

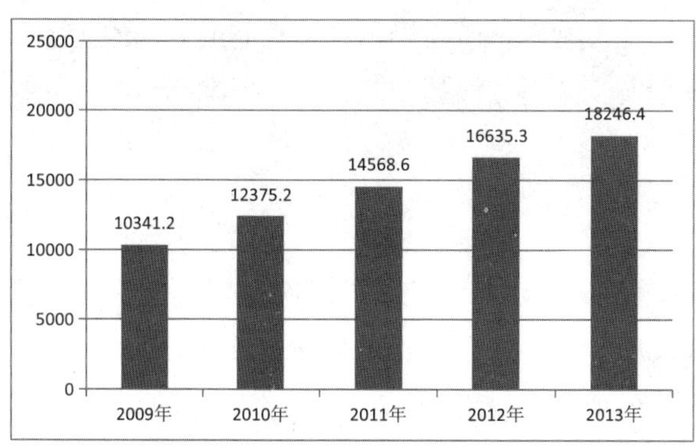

图 2　2009~2013 年新闻出版业营业收入状况

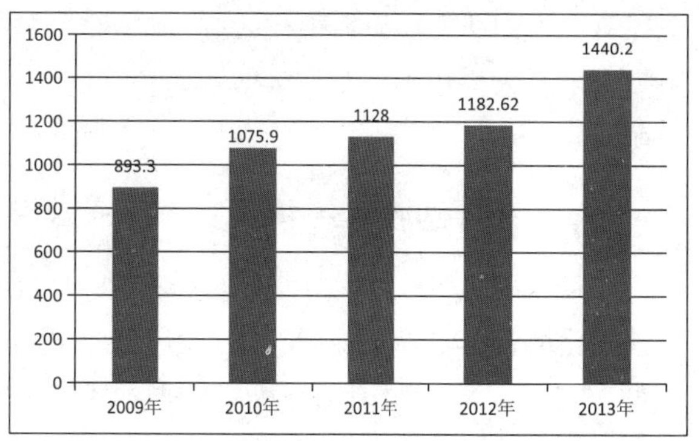

图 3　2009~2013 年中国新闻出版业利润状况

如图 3 所示。

最后，2013 年国家新闻出版广电总局成立，大部制改革解决了文化产业条块分割问题，权力下放促进文化行政部门职能转变。图书报纸、有线、影视等行业将逐步实现统一监管，有利于减少职责交叉，提高管理效率；有利于统筹新闻出版广播影视资源，促进新闻出版广播影视业发展。2003 年 7 月，国务院办公厅发布三定方案，取消和下放国家新闻出版广电总局 27 项审批权限。8 月，文化部出台自审管理办法，计划首先将网络音乐游戏行业的审查备案工作交企业自审，以期逐步减少政府审查事项，降低审查层级，提高工作效率，并推动政府由“办文化”向“管文化”转变。

（二）广播电视业总收入增长波动较大

从 2004~2013 年中长期考察广播电视业总收入情况发现，收入增长峰值出现在 2011 年，增长率达到 42.04%，该年度也是中国广播影视行业转型升级期，说明行业内部的变革、重整、提升与融合为实现产业发展起到不容小觑的作用。在 2011 年实现收入迅速增长后，行业总收入增长率快速回落至 2012 年的 12.92% 和 2013 年的 14.26%，整体收入仍然实现持续增长，如图 4 所示。

从总收入结构看，主要由财政收入、广告收入、有线电视网络收入三大部分构成。其中，前期广告收入在总收入中的占比最高，却出现增长率持续下滑趋势。侧面说明，传统媒体的视听率受到网络新媒体的不断冲击，广告商投放广告的选择逐渐多样化，传统媒体亟待实现与互联网、移动互联网深度融合，探寻新型业态模式，如图 5 所示。

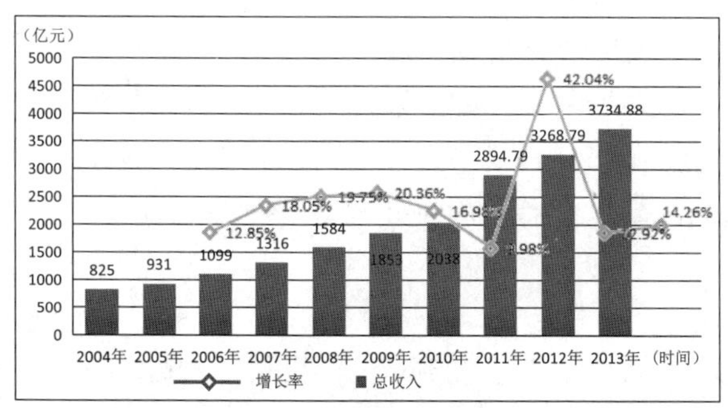

图 4　2004~2013 年广播电视行业年度总收入[①]

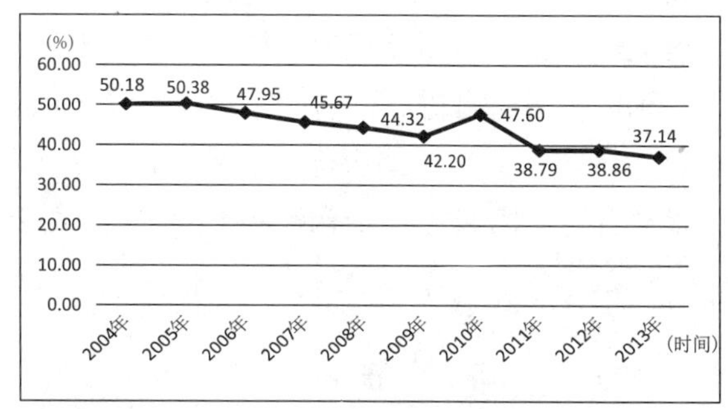

图 5　2004~2013 年广播电视行业广告收入比重

2010 年广播电视机制改革在全国范围完成，各地市级电台、电视台合并，激发出产业活力，无锡广播电视集团、湖南广播电视集团、中国广播影视集团等一批区域广播电视集团成立，强大的

① 数据来源：国家新闻出版广电总局 . 中国广播电影电视发展报告（2004~2014），社会科学文献出版社。

资源整合为产业发展发挥规模效应。基本将具备产业条件的内容制作与经营性资产进行市场化运作，民间资本进入广播电视制作环节，而公共产品、基础设施等具有公益性的文化事业坚持产业与事业分离。

（三）旅游总收入结构单一、增长放缓

2013 年旅游业延续 2012 年整体趋势，总量实现增长。2013 年全年实现旅游总收入 2.95 万亿元，同比增长 14.79%。旅游业在 2011 年呈现井喷式发展，当年实现旅游总收入 2.25 万亿元，同比增长 43.31%，此后，旅游业出现理性回归，2012 年实现旅游总收入 2.57 万亿元，同比仅增长 14.22%，如图 6 所示。

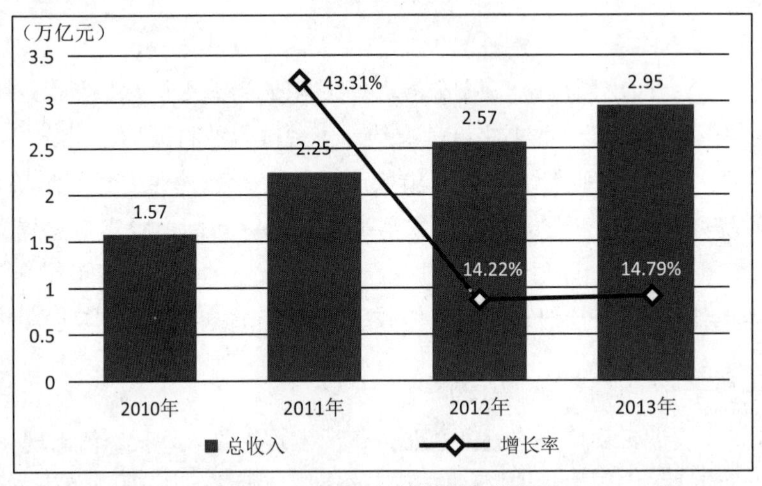

图 6 2010~2013 年旅游行业总收入

境内旅游方面，全年旅游规模达到 32.62 亿人次，同比增长 10.3%；旅游收入达到 2.6 万亿元，同比增长 15.7%，境内文化旅游实现大丰收。以各著名景区为例，山东泰山景区景点游客实现 497.57 万人次，进山游客 3755 万人次，连续 8 年创造历史最高纪录，景区实现门票、客运、索道等收入同比增长 8.9%。

出境旅游方面，2013 年我国大陆居民突破 1 亿人次，同比增长 18%，并成为全球最大旅游客源输出国。代表着强大购买力的中国游客，成为世界第一大国际旅游消费国。我国出境旅游的热度持续上升，2013 年博鳌亚洲论坛预期未来 5 年，我国出境旅游将超过 4 亿人次。

国内旅游景点仍然普遍面临“门票经济依赖症”，多数景区尚未实现景区发展的多元化收入渠道。2013 年，景区门票大部分上涨，以江西婺源、四川峨眉山、扬州瘦西湖、张家界黄龙洞、香格里拉普达措国家公园等景区为例，涨幅达到 25%~40%，景区旅游创收的可持续性存疑。

（四）在线教育业盈利未达投资预期

2011~2013 年，教育培训行业的各类投资事件共计 34 起，投资总额 76.7 亿元人民币。2013 年 1~7 月，在线教育类投资金额占近 3 年以来教育培训行业投资总额的 43%，其中教育平台、教育系统及语言类教育占在线教育领域投资的 88%。

在线教育潜力巨大，产业估值达到数万亿级。2013 年成为在线教育爆发期，据统计，新增在线教育公司平均每天 2.6 家，在线教育创业公司鳞次栉比，百度、淘宝、腾讯、网易等互联网巨头也纷纷涉足在线教育。淘宝同学、网易云课堂、清华学堂、猿题库、梯子网上市，百度、奇虎依托流量优势打造平台模式。新东方、好未来、巨人、学大教育等教育培训业巨头积极调整战略方向，投入研发成本进行在线教育建设。

在美上市的教育产业公司资本活动频繁，短期内，公司整体表现良好，市值不断增长，截至2013年12月31日，新东方、好未来、ATA、正保教育、学大教育、弘成教育、诺亚舟、安博教育8家在美上市的中国教育公司市值分别为49.36亿元、17.17亿元、9.62亿元、6.16亿元、1.22亿元、0.98亿元、0.85亿元，合计85.36亿元，同比增加55.4%。此后，弘成教育于2014年1月1日以该股6月19日收盘价格5.84美元达成私有化协议，成为继环球雅思后第二家主动退市的教育股。

（五）网络新媒体整体处于成长上升期

门户网站方面，中国五大门户网站凤凰网、新浪网、网易、腾讯、搜狐分别在2013年和2014年的业绩表现上出现分化。凤凰新媒体（凤凰网）2013年净利润达到8287万元，2014年下滑至4691万元；新浪网2013年净利润4445万美元，2014年下滑至2539万美元；网易2013年净利润123703万元，2014年小幅上升至127127万元；腾讯2013年净利润170.63亿元，2014年盈利238.88亿元（39.04亿美元）；搜狐2013年净利润283万美元，2014年净利润下滑幅度较大，亏损1957万美元。

搜索引擎方面，根据艾瑞咨询2012~2013年中国搜索引擎行业监测报告，2012年，中国搜索引擎企业收入规模为281亿元，同比增长48.5%。2013年预期增长为38.4%，将达到388亿元。预期到2016年，中国搜索引擎企业收入规模将达到754亿元。从基本面看，搜索引擎具有良好的投资收益率(ROI)以及较低的进入门槛，发展前景良好。但移动搜索流量变现问题仍将持续，对搜索市场的发展起到一定阻滞作用，如图7所示。

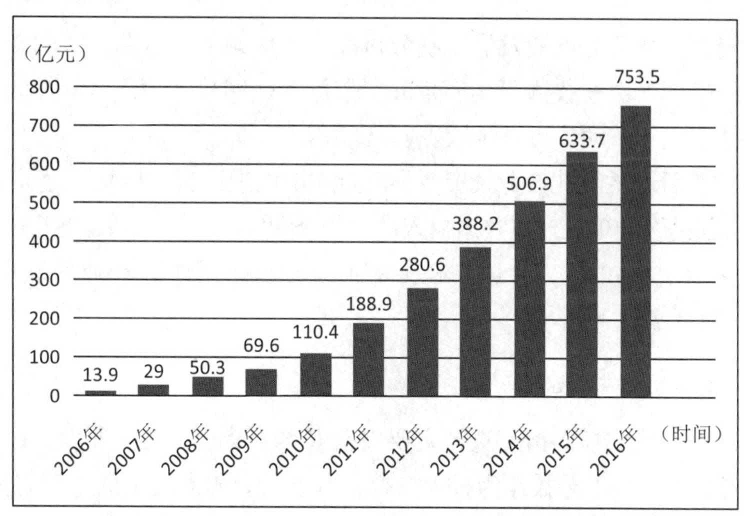

图7　2006~2016年中国搜索引擎企业收入规模及趋势①

2012年，百度主营业务收入223亿元，占搜索引擎企业年度总营业收入的79.5%，继续占据行业领先地位。尽管谷歌中国流量份额收缩，但由于其联盟广告业务支撑，仍以15.8%的收入份额位居第二。搜狗营收8.3亿元，占比2.9%，搜搜以4.1亿元营收占比1.5%，分别位居第三、第四位。2012年，搜索引擎广告收入居网络广告细分媒体市场之首，搜索引擎广告业务收入包括关键词广

① 数据来源：艾瑞咨询．中国搜索引擎行业年度监测报告（2012~2013）.www.iresearch.cn.

告和联盟展示广告，不包含导航网站广告收入。2012 年中国搜索引擎广告收入占整体网络广告收入的 34.0%，较 2011 年增长 0.5%，继续稳居各细分媒体市场之首。

当前搜索引擎市场发展速度正逐步放缓，无论从企业收入规模还是广告收入规模来看，2012 年的增长速度均首次低于 50%，其发展遭遇到一定挑战。从收入角度来看，一方面，搜索的商业化模式已十分成熟；另一方面，中国宏观经济疲软也对其发展造成影响。从流量角度来看，当前搜索引擎则面临着垂直服务和移动互联网的双重分流。

在线视频业方面，2013 年，市场规模达到 135.9 亿元，同比增长 48%，预计未来仍将保持较快增长趋势，2017 年预计在线视频市场规模将接近 400 亿元。2012 年在线视频用户约为 4.5 亿人，成为互联网位列第一的服务内容。视频网站的营收主要来自网站的视频广告，广告处于视频网站收入份额的核心地位。由于近年来网络视频媒体地位逐渐提高，相比往年增加了一定份额。2013 年，在线视频广告规模达到 98 亿元，同比增长 47.2%。而网络视频增值服务所占份额较小，原因在于网络视频付费用户基数比较低，主要集中在个别大型企业，其未来增长空间较大。2013 年，中国运营商用户付费视频市场规模为 37.7 亿元，同比增长 35.1%，预计 2017 年市场规模将达到 70 亿 ~90 亿元。整体来看，2013 年以来，在线视频行业进入并购与入股高峰期，相关在线视频业基于不同战略目的进行并购整合或引进战略投资者，使在线视频行业呈现出全新竞争格局，也促使行业在并购整合与入股合作中持续快速发展。

五、运营投资型文化产业投资效率实证检验

（一）DEA 模型的实证检验思路

根据对运营投资型文化细分产业发展现状分析发现，依赖传统运营方式的新闻出版、广播电视以及旅游经营业已经呈现产出—投入不均衡发展，依靠互联网技术为载体的在线教育、新媒体，产业增长潜力较大，处于成长波动、上升阶段。

本文选择 DEA 模型计算的文化产业投资效率对上述结论进行实证检验。生产效率通过 CCR 模型获得，是处于“生产前沿”的单位产出要素投入消耗与企业实际消耗比值，它反映运营投资型文化企业将生产要素转化为产出结果的能力，是技术效率与规模效率的乘积。企业效率值测量从另一方面体现了对企业投资效率的测量。

（二）投入产出指标及数据选取

对运营投资型文化企业的投入指标选择主要根据资本、劳动力两方面投入，并考虑数据的可获得性，确定将所有者权益、员工总数作为投入指标，由于企业的流动负债包括应付账款、应付票据、应付工资等可以构成企业投入的流动资本，因此将其也纳入投入指标。

而产出指标的选择较为直接，将企业营业收入作为产出指标的唯一选择，反映考察期阶段，企业通过资本、劳动力等生产要素的投入所能够实现的量化成果。

（三）DEA 测算结果

本文使用 Max-DEA Basic6.4 软件对运营投资型文化企业进行效率测算，并使用规模效益不变 CCR 模型（CRS - DEA 模型）与规模效益可变 BCC 模型（VRS - DEA 模型）分别进行生产效率、技术效率及规模效率测算，得到企业规模报酬递增、递减或不变的状态判断，结果如表 1 所示，规

模收益递减企业 60 家，生产效率处于均值之下企业 53 家，技术效率处于均值之下企业 50 家，规模效率处于均值之下企业 33 家。

表 1　运营投资型文化企业生产效率、技术效率及规模效率值

DMU	TE (CRS)	PTE (VRS)	SE	RTS
东方财富	0.058555	0.060726	0.964243	Increasing
胜龙科技	0.06141	0.211789	0.289959	Increasing
国旅联合	0.07549	0.079153	0.953721	Increasing
桂林旅游	0.091062	0.091276	0.997663	Increasing
北京文化	0.120547	0.128153	0.940646	Decreasing
三特索道	0.132756	0.133085	0.99753	Decreasing
银都传媒	0.153716	0.354253	0.433917	Increasing
顺网科技	0.157686	0.158933	0.992158	Decreasing
西藏旅游	0.161628	0.176878	0.913785	Decreasing
黄山旅游	0.193236	0.193481	0.998737	Increasing
吉视传媒	0.207887	0.233492	0.89034	Decreasing
海虹控股	0.209865	0.219407	0.95651	Decreasing
湖北广电	0.214448	0.225534	0.950847	Decreasing
大连圣亚	0.215376	0.222611	0.967498	Increasing
云南旅游	0.22494	0.233367	0.963888	Decreasing
新华传媒	0.2261	0.226493	0.998264	Increasing
掌趣科技	0.230703	0.241098	0.956883	Decreasing
日升天信	0.23763	0.30285	0.784648	Increasing
腾邦国际	0.239932	0.249674	0.960983	Decreasing
科冕木业	0.244965	0.247635	0.989215	Increasing
电广传媒	0.249878	0.285878	0.874071	Decreasing
焦点科技	0.258742	0.2789	0.927722	Decreasing
出版传媒	0.271179	0.273997	0.989716	Decreasing
生意宝	0.272331	0.304514	0.894312	Decreasing
华数传媒	0.275572	0.282184	0.97657	Decreasing
浙报传媒	0.303782	0.333686	0.910382	Decreasing
广电网络	0.326935	0.342163	0.955493	Decreasing
歌华有线	0.341802	0.376029	0.908977	Decreasing
乐视网	0.343766	0.344545	0.99774	Increasing
博瑞传播	0.348614	0.429237	0.812173	Decreasing
凤凰传媒	0.3506	0.433845	0.808123	Decreasing
华闻传媒	0.353176	0.404519	0.873075	Decreasing
百视通	0.36164	0.400201	0.903646	Decreasing
鹏博士	0.365749	0.422651	0.865368	Decreasing
峨眉山 A	0.366858	0.416319	0.881194	Decreasing
光环新网	0.369965	0.375416	0.985479	Decreasing
中南传媒	0.373111	0.437854	0.852134	Decreasing
新南洋	0.380039	0.382936	0.992433	Increasing
长江传媒	0.384717	0.436348	0.881674	Decreasing
丽江旅游	0.395863	0.459383	0.861727	Decreasing
宋城演艺	0.398382	0.413244	0.964036	Decreasing
蓝色光标	0.399068	0.465998	0.856374	Decreasing
时代出版	0.407121	0.490839	0.829438	Decreasing

续表

DMU	TE (CRS)	PTE (VRS)	SE	RTS
人民网	0.407596	0.482253	0.845193	Decreasing
天威视讯	0.408584	0.420959	0.970604	Decreasing
当代东方	0.412855	0.650682	0.634496	Increasing
光线传媒	0.420413	0.422761	0.994445	Decreasing
云南文化	0.438036	0.450887	0.9715	Decreasing
曲江文旅	0.469424	0.477238	0.983627	Decreasing
粤传媒	0.471008	0.6675	0.705631	Decreasing
经证投资	0.476337	0.482265	0.987707	Decreasing
皖新传媒	0.477474	0.534575	0.893185	Decreasing
三六五网	0.481568	0.546721	0.880829	Decreasing
平均值	0.482783	0.538046	0.901788	
拓维信息	0.494795	0.59484	0.831813	Decreasing
世纪游轮	0.50089	0.57907	0.864991	Decreasing
中视传媒	0.501631	0.540131	0.92872	Decreasing
唐德影视	0.520602	0.575102	0.905235	Increasing
东方明珠	0.525688	0.601724	0.873636	Decreasing
大地传媒	0.541444	0.593269	0.912644	Decreasing
中文在线	0.562831	0.63011	0.893228	Decreasing
中文传媒	0.570347	1	0.570347	Decreasing
拓美传媒	0.573881	1	0.573881	Increasing
视觉中国	0.578447	0.603823	0.957974	Decreasing
顺荣三七	0.585612	0.636419	0.920167	Decreasing
西安旅游	0.600641	0.631471	0.951178	Decreasing
天舟文化	0.605269	0.618814	0.978113	Decreasing
昆仑万维	0.643036	0.661675	0.971831	Decreasing
中青旅	0.649743	1	0.649743	Decreasing
亿童文教	0.675837	0.69392	0.973941	Increasing
北巴传媒	0.745399	0.820691	0.908257	Decreasing
众益传媒	0.757215	0.892567	0.848356	Increasing
首旅酒店	0.771329	0.866535	0.89013	Decreasing
腾信股份	0.777743	0.804653	0.966558	Increasing
长白山	0.785433	0.868521	0.904334	Decreasing
新文化	0.824888	0.875086	0.942637	Increasing
中国国旅	0.856829	1	0.856829	Decreasing
张家界	0.871483	1	0.871483	Decreasing
华录百纳	0.89055	0.965835	0.922052	Increasing
全通教育	0.894173	1	0.894173	Decreasing
华谊嘉信	0.914647	0.915427	0.999149	Increasing
北纬通信	0.92725	1	0.92725	Decreasing
*ST 传媒	1	1	1	Constant
省广股份	1	1	1	Constant
思美传媒	1	1	1	Constant
上海钢联	1	1	1	Constant
朗玛信息	1	1	1	Constant
国学时代	1	1	1	Constant
优睿传媒	1	1	1	Constant
舜网传媒	1	1	1	Constant

六、结论

（一）产业综合效率较低，规模效率突出，技术效率有待提高

运营投资型文化企业生产效率均值为0.482783，整体水平较低，其中，技术效率均值为0.538046，说明企业在生产要素组合、管理经营水平、垄断性因素方面存在较高风险，排除外部经济环境的系统性风险影响，企业现行运行机制尚无法满足产业整体要求，并未发挥最大化的经济效益。规模效率均值为0.901788，高于技术效率，说明运营投资型文化产业发展仍处于简单的要素量投阶段，产出是由于同一生产函数曲线上对应的不同要素组合的结果，若不发生技术型改善，生产函数没有变化，边际报酬递减将必然导致企业产出水平下降，企业面临成本—盈利风险。

（二）生产前沿企业多为传媒类企业

比较上述运营投资型文化企业效率值，生产效率、技术效率及规模效率均为1，处于生产前沿企业有：ST传媒、省广股份、思美传媒、上海钢联、朗玛信息、国学时代、优瑞传媒、舜网传媒。广告传播、营销服务类企业占比较高，其主营业务符合当前市场主流需求，商业实践具有灵活性和前沿性。

以上海钢联为例，主营钢铁市场信息和钢材交易咨询服务企业，在行业市场萎靡情况下，成功实现综合IT服务企业战略调整，积极迎合最新商业趋势，与国家统计局签署《大数据战略合作框架协议》。

（三）处于生产效率均值之下企业多为传统媒体和区域旅游

考察规模递减情况下生产效率处于均值以下的企业包括北京文化（0.120547）、三特索道（0.132756）、顺网科技（0.157686）、西藏旅游（0.161628）、吉视传媒（0.207887）、海虹控股（0.209865）、湖北广电（0.214448）、云南旅游（0.22494）、腾邦国际（0.239932）、电广传媒（0.249878）等53家企业，多集中于传统传媒业，以广播电视、出版为主，受新型业态迅猛发展的冲击。以电广传媒为例，伴随电视传输网络多元化发展，有线电视业务面临激烈竞争；顺网科技，由于主营业务网吧维护软件市场萎缩，后期研发未及时跟进，导致企业出现经营断档；西藏旅游，单纯依靠资源禀赋的粗放式旅游经营已经不可持续。

加强财务队伍素质能力建设的探索与实践

——以大庆油田第二采油厂为例

申报单位：中国石油天然气股份有限公司大庆油田第二采油厂
作者：闫树军

[**摘要**] 本文以大庆油田第二采油厂为例，对加强财务队伍素质能力与团队建设等方面进行了实证研究，提出为油田有质量有效益可持续发展助力的六点认识和阶段性成果。

[**关键词**] 财务队伍　素质能力　团队建设

2011年，大庆油田公司第二采油厂在基于内外部环境分析与认识基础上，编制了第二采油厂"十二五"财务资产工作规划，确定了"十二五"财务资产工作指导思想，工作思路（明确一个中心、做到两个坚持、突出两个保障、把握三个关系），工作目标（三保两控一加大），以及工作重点与保障措施。"十二五"期间，第二采油厂确定的指导思想是正确的，工作思路与路径清晰明确，工作重点突出，措施具体，落实执行坚强有力。第二采油厂以卓有成效的工作业绩赢得了油田公司领导高度评价和充分肯定，财务与资产工作实实在在走在油田公司前列。第二采油厂代表队在油田公司第三届"理财杯"会计知识大赛上摘得桂冠；第二采油厂两次荣获油田公司财务管理先进集体一等奖，荣誉来之不易。《中国石油报》曾以《攥紧拳控成本，伸长手捞效益》为题，宣传报道了第二采油厂财务工作紧紧围绕油田质量效益"转型"发展情况；2015年1月27日，在油田公司经营管理工作例会上，第二采油厂以《开拓进取，积极作为，持续探索和扎实推进降本增效工作》为题，做了2014年开源节流降本增效工作典型报告。

2014年12月30日，中国石油天然气集团公司副总经理、党组成员、大庆油田公司总经理、大庆石油管理局局长刘宏斌到第二采油厂机械维修大队管杆泵修复基地调研，对机械维修大队"挖潜提升效益，修复创造价值"的文化理念和"生产流程化、现场规范化、工艺标准化、成本精细化、质量节点化"的"五化"管理模式等工作给予充分肯定，强调要全力以赴推进管理提升工作，深入探索一流水平的产品修复管理模式，努力把自身打造成为油田挖潜增效的典范，为油田有质量有效益可持续发展做出新贡献。2015年1月20日，在油田公司资产设备工作会议上，第二采油厂再次荣获油田公司资产设备管理先进单位，机械维修大队被油田公司授予"大庆油田资产设备管理示范基地"，并以《找准定位，实现价值，努力打造一流产品修复管理模式》为题，进行了经验分享，得到油田公司闫宏总会计师高度评价。

成绩与荣誉彰显了第二采油厂财务资产系统以"开源保稳产，降耗促达标"的工作思路和"诚信敬业、笃学精技、自律尽责、和谐进步”的团队精神为主体的文化内涵。

2014年2月20日，中国总会计师协会第五次全国会员代表大会在北京召开。财政部副部长张少春宣读了楼继伟部长的要求。楼继伟指出，如果说打造中国经济“升级版”的关键在于推动经济转型，那么，打造中国会计工作“升级版”的重点就在于大力培育和发展管理会计。强化管理会计应用，有助于提振企业管理，增强企业核心竞争力和价值创造力，进而促进企业转型升级；有助于更加科学、全面地衡量企业和单位的绩效，加强市场资源的合理有效配置，进而促进市场在资源配置中发挥决定性作用；有助于行政事业单位加强内部管理，建立完善、规范、透明、高效的现代政府预算管理制度，进而促进建立现代财政制度；有助于推动会计人员从单纯的记账者向理财者、管理者、决策参与者提升，进而促进会计人员社会公信力、社会影响力和社会地位的提高。我国会计工作改革必须按照市场经济要求，全力推进管理会计体系建设，构建中国特色管理会计理论体系，加强管理会计人才培养和管理会计信息化建设。争取3~5年内，在全国培养出一批管理会计师，为全面提升企业和行政事业单位经济效益和资金使用效益服务。力争通过5~10年的努力，使我国管理会计跻身于世界先进水平行列。2014年10月27日，财政部以财会〔2014〕27号文件印发了《财政部关于全面推进管理会计体系建设的指导意见》，为进一步深化会计改革，推动会计人才上水平、会计工作上层次、会计事业上台阶提出了更高的要求。

一、认清油田面临的形势任务

（一）要正确看待形势，坚定改革发展的信心

要恪尽职守、严格自律，切实提高纪律意识、规矩意识，强化纪律和规矩的刚性约束。同时，要加强形势任务责任宣传教育，在认清形势中统一思想，在达成共识中凝聚力量。

（二）要增强效益观念，树立过紧日子的思想

降本增效是油田和油厂今后工作的主题，确定这一主题，是当前形势发展的迫切需要，萨南油田经过长期的高速高效开发和持续高产稳产，投资、成本、产量、效益之间的矛盾日益突出，尤其是在低油价形势下显得尤为严峻、紧迫而突出。已经到了不重效益、不讲效益、不抓效益不行的关键时刻，加强管理、精细挖潜，开源节流、降本增效，必须摆上重要日程。维护发展广大职工群众的根本利益，创造更加幸福美好的生活，都离不开效益。通过完善政策与体制机制，引导干部职工认清形势，强化危机意识，进一步树立过“紧日子”的思想，做好过苦日子的准备。

（三）要强化主动自觉，形成攻坚克难合力

2015年，大庆油田的原油产量调减150万吨，油田为第二采油厂调减了44万吨，确定原油产量目标为682万吨，但完成的难度和压力依然很大。特别是随着萨南油田开采程度的不断加深，资源接替问题日益突出，储采接替不足、储采严重失衡，且随着油田含水量上升，低成本水驱挖潜难度逐渐加大，高成本化学驱投入逐步增加，能耗成本与人工成本持续走高，控本创效空间逐渐缩小，油田稳产与资产结构和资产质量的联系越来越紧密，资产结构性、有效性和收益性矛盾日益突出，这些矛盾的存在，严重影响油田的创效空间，严重影响着油田的可持续发展。这更需要上下同心同德、群策群力向前推进。要切实做好宣传、组织工作，积极采取有力措施，激发干部职工主动自觉的工作热情，强化主人翁意识，把广大干部职工的积极性、主动性与创造性，进一步引导到胸怀全

局、团结奋进上来，引导到攻坚克难、艰苦奋斗上来，引导到立足岗位、降本增效上来，形成改革发展的强大合力。

二、明确工作方向与重点

要在总结吸收借鉴采油厂“十二五”财务工作规划经验的基础上，着手编制“十三五”财务资产工作规划，同时要做好以下五方面工作：

（一）要严格规范管控行为

党的十八届四中全会专题研究依法治国，做出了全面推进依法治国若干重大问题的决定，财务资产系统人员必须认真学习研读，强化遵法、学法、守法、用法、护法强烈意识，深刻体会到依法治国不同以往的重大变化，无论是思想意识、思维理念、行为方式，还是在具体工作中，都必须像执行中央八项规定那样，积极适应新的变化、主动适应新的常态，要把对法治的尊崇、对法律的敬畏转化成思维方式和行为方式，做到在法治之下想问题、作决策、办事情。决不能再用过去的老习惯、老套路、老办法、老标准去干事做事，必须负责任地依法依规干事，干好职责范围内的事。财务资产系统人员要认真反思依法依规履职尽责到没到位、认真查找依法依规管控差距、认真考量制度建设和队伍建设等方面的薄弱环节是什么，切实把学习领会和贯彻落实全会精神落到实处。当下的决策机制、管理体制、权力制约和监督机制、系统公开机制等方面，合不合法、合不合规、完不完善，都要进一步依法依规梳理，做到高效规范，防控经营风险，切实提高经营管理水平和管控能力。

（二）要强化经营分析工作

要按照油田公司部署与要求，切实搞好生产经营分析，自下而上，从基层到机关，深化全员全过程分析，把握关键要素，干任何工作都要先算账，强化经营意识、成本意识、效益意识，深入挖潜增效形成常态化。要开好季度生产经营工作会，利用油田开发与生产运行、地质与工程、规划与计划、科技与节能、劳资与人事、物资与企管、财务与资产、审计与监察以及党群系统工作例会等形式，不拘一格开好厂月度生产经营与管理分析会，把其作为开展各项工作的有力抓手，不走过场，上下联动，带动全厂各系统切实发现问题，找准短板，精细管理，形成党政工团齐抓共管降本增效良好氛围，推动工作提档次、上水平，确保全厂各项生产经营工作顺利运行。同时，要按照公司关于推进管理提升的安排部署，坚持顶层设计、业务主导，程序至上、持续改进，进一步推进管理的标准化、专业化、信息化，做精做实管理单元、做强做大创效单元、做专做优服务保障单元，把落脚点真正体现到效率效益上。要认真总结和借鉴先进经验。这些经验不要空、不要虚，要实实在在、有具体内容，每个专业、每个岗位、每项工作，干什么、怎么干，达到什么水平，都要形成相应标准、工法和口诀，最终落实到提高人均创效能力上。要在总结经验的基础上，加大先进典型的推广力度，减少个性的东西，形成共性标准，指导和推进整体管理水平的提升。

（三）要深化降本增效工作

开源节流、降本增效工作是缓解成本压力的有效措施，因此，要牢固树立过“紧日子”的思想，要有“一盘棋”意识。加大应对低油价挑战的措施力度，把低成本发展贯穿于生产经营全过程，持续深入推进开源节流、降本增效。要从源头上抓起，从过程中控制，要精算细算效益账，把完成原油产量和成本效益摆在同样的位置，突出考虑如何控制成本支出，正确处理成本与效益之间的关系，产量与成本的关系，切实加强内部管理和协调，把握产量运行脉搏，把握投入时机，合理优化产量结构与成本结构。要全面深化对标管理和精细化管理，采取革命性措施，积极探索低油价形势下成本控制的有效途径。要完善财务经营机制，完善工效挂钩实施方案，研究探索“四自”经营模式，建立完善与经营业绩相匹配的薪酬分配机制。要制定具体对策，结合单位生产实际，建立一整套降本增效措施，生产与技术单位和部门要突出含水递减，其他单位和部门要突出研究制定降低能耗成本、人工成本、维修成本、仓储成本、管理成本的实施办法，配套激励政策，层层落实责任、传递压力，确保开源节流降本增效扎实推进。

（四）要严肃预算监管工作

要认真落实“三重一大”规定和油田公司资金授权管理办法，强化预算管理的约束和监督机制建设，健全资金审批程序，加强预算执行情况的监督、检查和考核，确保资金安全高效运行。

（五）要加强队伍作风建设

要深入学习和理解习近平总书记关于“四个全面”的一系列新思想、新论断、新要求，准确领会精神、认真贯彻落实，同时要按照油田公司“三严三实”专题教育的要求，做好落实工作，切实加强人员素质与能力建设，进一步转变作风。要认真落实一线工作法，深入基层、扎根基层，以服务基层、解决问题为落脚点，形成求真务实、真抓实干的良好风气；要坚定理想信念，筑牢思想防线，提升道德境界，自觉抵制“四风”；要加强反腐倡廉建设工作，保持清廉本色，确保系统与人员不发生违法违纪问题；要以饱满的精神状态、必备的能力素质、端正的工作态度和坚韧的意志品质，不断提升驾驭工作的能力与水平。

三、准确定位部门职能

正确认识财务资产部门的职能及其在厂经营管理中所处的地位和应发挥的作用，是科学制定财务资产工作目标、推进财务资产工作向更高阶段迈进的前提。财务与资产管理，是企业经营的中心环节，也是基础工作的重中之重。这就要求全体财务人员有所担当、有所作为，发挥更大的作用，这也是义不容辞的责任。

（一）要发挥好服务战略、推进发展的职能

相对于其他管理部门，财务管理具有独特的综合性、规范性、严谨性和价值管理的统御性等特征，这就决定了财务资产在生产经营中应该发挥更大作用。“十三五”期间，要把财务资产的运筹和管理决策支持职能落到实处，突出超前性、有用性，强化执行力、影响力。财务资产工作在企业管理中的角色，要向参与经营管理和改进治理结构方面拓展。既要为厂加快发展提供稳定的政策环境支持、强有力的资金保障和灵敏的信息服务，又要通过绩效目标导向、经营机制活化和资源配置优化，激发企业的经营活力，还要通过财务资产等手段直接为厂创造价值。广大财务资产人员不能安于“守业”，要善于解放思想、开拓视野，着眼全局和长远，瞄准先进水平，谋划和定位自己的工作，思路要超前，维度要全面，运作要精细，不怕难题，善于协调，注重实效。通过勤奋扎实，富有主动性、创造性、智慧性的工作，做出有价值的贡献。

（二）要发挥好优化运行、挖潜增效的职能

大庆油田公司总经理刘宏斌在生产经营视频会上强调，各单位要强化责任、主动作为，坚持有质量有效益可持续发展方针，牢固树立过紧日子思想和“量入为出”理念，抓好各项任务目标的细化分解落实，采取调结构、控投资、降成本、轻资产等综合性措施，以更大的决心、更细致的工作，加大应对低油价挑战的措施力度，把低成本发展贯穿于生产经营全过程，持续深入推进开源节流降本增效。深挖管理潜力，开源节流降本增效，推动财务向生产经营全过程延伸。随着公司 ERP 全面上线并与 FMIS 集成融合，促进了价值链与业务链的整合，也为财务资产向生产经营全过程延伸创造了条件。财务资产向生产经营全过程延伸，实质就是要体现财务资产在促进生产运行优化和挖潜增效方面的职能作用。

近年来财务资产系统重点推进的成本效益综合挖潜示范基地建设的实践充分证明，财务资产主动融入业务部门的运行优化和挖潜增效全过程，大有可为，也大有作为；同时，财务资产部门把掌握的成本与资产设备等信息转化为生产指挥信息，及时为生产部门优化生产运行、调整结构、挖潜增效提供意见和建议，也见到了明显效果。今后要进一步推动财务资产与业务部门、党政工团组织在信息、职能和手段上的相互渗透，促进信息共享和职能融合，发挥“1+1>2”和齐抓共管的协同效应。今后，要加强开源节流降本增效工作和成本效益综合挖潜基地建设工作的有效结合，进一步深化成本效益综合挖潜示范基地建设工作。充分发挥机关部室与基层单位两个方面的积极性，构建从地下到地面、从技术到管理、从生产到经营的全面实行专业化、系统化、立体化的挖潜增效工作，拓宽、丰富示范基地建设的内涵，把其作为开展管理、提升活动的有力抓手，从而形成厂统一领导、党政齐抓共管、财务资产组织、部门各负其责，依靠工团支持和全员参与的降本增效新局面，为油田持续有效发展助力加油。

（三）要发挥好规范管控、防范风险的职能

大庆油田公司总会计师闫宏指出，规范经营运作，防范经营风险，确保资金安全，是财务管理的基础和前提。当前，在个别单位、一些领域一定程度上还存在着内控执行弱化、有章不循、有令不止，甚至私设“小金库”、财务人员违背职业道德等问题。这些问题过去多次强调，却反复发生，值得深思。“十三五”期间，要下大力气从根本上改变“重复治理”的顽疾，建立明确的经济安全责任追究制度，构建内控执行长效机制。这就要求我们要从传统的事后反映监督，向参与源头治理和全过程管控转变，变总量控制、事后监督为精细化管理和动态预警，确保经济活动“本质安全”。要从制度约束型管理向流程约束型管理转变，通过业务流程的梳理、优化和固化，来提升执行力和管理效率。不仅要关注财务风险，还要高度关注与财务相关的关联风险。有些单位财务本职工作做得很好，但是在关联领域出现了问题，尽管不是财务直接管控的事项，但最终财务工作的效果和声誉也难免会受到影响，关键是使企业蒙受了损失！对此，各级领导干部、全体财务资产人员一定要有清醒的认识，要以法为纲，以案为鉴，以身作则，全面持续有效地抓实做好，这是义不容辞的职责。

（四）要系统抓管理创新，筑牢发展基础

基础管理工作集中反映了企业的管控能力，直接关系企业的核心竞争力和可持续发展。加强财务基础工作建设与管理创新是财务工作永恒的主题，也是构建领先财务管理体系的基石，任何时候都不过时，一时一刻不能松懈。财务资产职能的发挥和能力的提升，离不开坚实的基础工作保障和

管理创新，否则就会成为无源之水、无本之木，必会导致“地动山摇”。“十二五”期间，我们用创新的思维推进财务资产系统“三基”工作和管理提升，从组织、制度、流程、培训、考核等五个方面全面推进、持续深化，利用3年时间，基本达到“职责清晰、队伍精干、操作规范、执行高效”的建设目标。完善规章制度，并细化到具体操作，同时，梳理优化业务流程，与财务制度相互对照，形成涵盖所有业务的操作指南，逐步做到财务系统一部手册、一套制度管理，强化制度执行力。加强财务培训建设，加强财务队伍管理，利用财务人员信息库，开展财务人员职业生涯规划；逐步健全绩效考核标准，实现量化跟踪考核。通过有效培养和管理，造就了一支“诚信敬业、笃学精技、自律尽责、和谐进步”的财务资产团队。

四、着力提升队伍整体素质

要着力提升综合管理能力。一定意义上讲，企业的一切生产经营行为，都是财务活动。这既说明财务工作的重要性，也对财务资产人员提出了更高要求。各级财务资产人员要自觉增强大局意识，紧紧围绕油田总体发展目标，加强业务学习，增强综合素质，提升认识问题、分析问题、解决问题的能力。各级领导干部，也要学习经营知识，了解财务资产工作，抓生产要有经营的概念，抓经营要有财务的意识，抓具体工作要有全局的视角，不断增强当家理财、推进发展的本领。

在日趋激烈的市场竞争背景下，企业财务综合能力已经成为企业核心竞争力的重要组成部分。财务的综合能力，是指企业所拥有的财务资源、财务技能和财务手段，以及综合运用这些资源、技能和手段的能力。管理会计人才是财务综合能力的主要承载者。发挥财务在经营管理中的中枢纽带作用，必须有具备强有力的财务综合能力的管理会计人才。

要着力提升分析洞察能力。不能仅仅满足于快速给出各种数字，要有现代企业财务管理的思维，对与财务相关联的业务，从财务发现问题的角度去延伸，去分析、了解和洞察，沿着这条主线，从技术层面推进融合，并善于把数字放在更广泛的市场和宏观经济背景中加以分析，透析数字背后的经济活动实质和经济规律，并预测到未来，以适应公司与厂管理决策的要求。要加快推进管理会计体系建设，健全完善上下结合的财务分析框架，并培养我们自己的风险评估和财务分析师队伍，要注重跟进公司生产经营和宏观形势的发展变化，加强事前预测和动态分析，善于洞悉先机，及时提出财务的观点，不断提高决策与管理支持水平。

要着力提升协调应变能力。财务资产工作处在内外部各种经济关系之中，这些经济关系构成财务资产的“生态”环境，财务资产环境的好坏影响财务资产工作的空间和舞台。财务资产部门要积极协调、应对内外部环境。从发展高度着眼，加强宏观经营政策协调争取的超前性、主动性，努力营造持续稳定向好的外部经营环境。深化与内部横向业务部门的沟通联系，充分运用和发挥资金、价格、财务会计政策、资产设备、经营机制的调节导向作用，协调好短期和长远、整体和局部、企业与员工、社会及环境的关系，从根本上引导各单位转变发展方式，实现价值最大化。近年来的财务经营政策发挥很好的价值导向与引领作用，深受基层和员工的欢迎。

要着力提升学习创新能力。学习是一种能力，也是一种“生存状态”。现代企业财务管理，越来越呈现出知识密集的特点，无论是对财务组织，还是财务资产人员来讲，提升学习能力十分关键。学习从感知开始，要善于感知并敏锐地把握内外部财务环境的变化，跟上形势发展的需要，适时调整知识结构和服务水平。要向书本学习、向专家学习、向行业标杆学习、向竞争对手学习。开展对标管理，就是一种有效的学习途径，要全面推广并深入抓好。要打造学习型组织，弘扬终生学习的理念，营造学习氛围，形成集体学习的机制，建立健全具有自身特色的财务培训体系，引导财务资产人员学中干、干中学，岗位成才。要积极开展管理创新，激发基层创新意识，扩大管理创新成果交流推广与应用，促进整体财务资产管理水平的提升。每一名财务资产人员都应该主动以领先公司财务资产管理的能力和素质标准来严格要求，查找不足，补充短板，跟上时代的需要。

五、打造积极向上的团队文化

油田党委要求继承发扬大庆精神和会战优良传统，立足岗位，勤勉敬业，始终保持过硬作风。同时要求我们在建设事业、打造队伍的同时培育文化。干事创业离不开好的队伍、好的作风。打造一支精干高效的队伍、培养过硬的作风，靠什么？靠管理，靠纪律，核心是靠团队文化。

那么，应该营造什么样的团队文化？近年来，第二采油厂在财务资产系统确定“开源保稳产、降耗促达标”的工作思路，“诚信敬业、笃学精技、自律尽责、和谐进步”的团队精神，“平和的心态、均衡的营养、适度的运动、充足的睡眠”的健康基石，以及“厚德载物、上善若水、至真至善至美”的人生哲学。把这四个方面综合起来，整体形成第二采油厂财务资产系统文化理念。用它作为推进财务资产系统文化建设的主要抓手，财务资产系统全体干部员工都要按照这个目标和要求来做，根本目的是要对团队建设有益，要使大家都受益。

作风是团队文化的体现。优秀的团队文化需要靠扎实作风养成。建设优秀的团队，必须坚决剔除不良习气，还要高度重视抓好廉政建设。特别提醒财务资产人员，千万不要去碰“高压线”，只有碰不碰的问题，绝对没有碰多碰少的问题，这是质的问题，不存在量的界定，对此要有清醒的认识。同时，更要提倡优秀的品格和作风。通过对周围以及团队中优秀者的观察，有以下几个方面好的作风：一是要认真；二是要勤勉；三是要智慧；四是要大度。此外，还必须修炼“三性”：一是在多元化的社会和各种复杂的局面面前要有定性。无论是工作、学习，还是生活，要始终能够静下心来，踏踏实实地从一点一滴做起，不迷失自己，不计较一时一事的得失；二是在追求个人和事业目标的征途中要有悟性。善于感悟、顿悟和觉悟，通过自身切实体验，领悟人生和事业的真谛；三是在人生这幕大戏的舞台上要有德性。把握自我，做好自己，演好人生，书写出属于自己的“人”字。最终要体现应有的效率和效果，这是最终的衡量标准。

六、严格落实责任　强化提升执行力

落实责任提升执行力，首要任务就是把握正确导向，通过愿景引领、文化激励、机制促进，增强事业心和责任感，引导与强化执行力，健全工作目标责任体系，建立实绩评价标准和机制，完善年度考核方法。从 2015 年开始，每年 6 月和 12 月要对财务资产人员分类进行素质能力测试，折合成分值纳入厂对各单位与部门财务资产工作的考核中，以促进财务资产队伍整体素质与能力的逐步提升。还要用行必责实的责任机制促进执行，用严细规范的检查机制强化落实，用奖勤罚懒的考核机制推进工作，以进一步增强责任的落实与强化实现队伍执行力。在执行过程中，要学会抓重点、解难点、补弱点、增亮点，确保执行取得明显效果，实现工作的新突破。提升执行力，必须要抬高起点、明确标准，以高标准体现执行价值，以高效率体现执行能力，以高质量体现执行业绩。

财务资产系统要抬高工作标准，争一流、当排头，务求使各项工作业绩在本行业、本系统中名列前茅。就目前的工作而言，主要是做到“两手抓，两手都要硬”。一手抓重点，紧盯重点项目和重点工作，确保既定的各项指标如期完成。另一手抓保障，把住工作脉搏，落实财务经营政策，以及各项财务管控措施，做好“三基”工作，推进管理提升，筑牢持续有效发展根基。

参考文献

[1] 中华人民共和国财政部网站、审计署网站.
[2] 中国石油天然气集团公司内部网页中有关领导讲话、信息与动态等.
[3] 大庆油田公司的内部网页中有关领导讲话、信息与动态等.
[4] 闫树军.会计与管理工作手册. 黑龙江人民出版社，2007.

医药集团企业对现金池工具的应用探析

申报单位：国药控股分销中心有限公司
第一作者：吴轶伦　　作者：仇甜

[摘要]我国大型国有企业下属企业多，资金运用多样化，资金管理难度较大。在中国经济呈现出新常态，资金环境日益复杂，利率市场化快速推进背景下，集团企业资金的系统高效管理变得愈发重要和紧迫。现金池作为集团资金集中管理最先进的工具之一，对企业集团提高资金利用效率、节约企业融资成本、优化内部资金配置起到十分积极的作用。本文对我国大型医药商业集团S企业的现金池运用案例进行分析，论证现金池工具在资金管理方面的优越性与推广价值。

[关键词]国有企业集团　资金管理　现金池　预算管理　借款定价

一、引言

资金作为企业的“血液”，是企业内最重要的资源，资金的管理运作水平决定了企业经营利润高低和未来发展潜力。在中国经济呈现新常态背景下，经济、市场、资金环境日益复杂和多元化，国有企业作为国民经济支柱，也面临日趋激烈的市场竞争。党的十八届三中全会决议提出“积极发展混合所有制经济”，不仅明确了混合所有制经济发展方向和路径，也对混合所有制下国有企业资金管理提出了更高要求。国有企业集团作为众多企业的联合体，下属投资企业多，资金分散，集中度低，资金运用多样化，容易产生资金利用效率不高，同时资金风险管控难度加大等问题。随着利率市场化的快速推进，如何系统高效管理资金，兼顾收益性和风险性，在成员企业之间实现资金的协同效应与均衡调度，是一个需关注的问题。

资金集中管理是企业集团实现资金高效管理普遍选择的方式，集中管理的主要方式有统收统支、拨付备用金、内部银行、结算中心、财务公司、现金池等。其中现金池（Cash Pooling）是一种现代化的集团资金集中管理工具，依赖先进的银行操作软件和平台进行主动拨付与收款、成员单位账户余额上划，以及成员企业向集团总部的上存、下借分别计息等。现金池模式结合内外部资金管理系统优势，可以对企业集团提高资金整体利用效率、节约企业融资成本、促进组织结构优化、完善资金预算管理、增强集团总部对下属公司的资金管控起到十分积极的作用。

二、现金池工具的国内外研究与实践成果

最近几年，现金池模式作为资金集中管理中最先进模式之一，得到越来越多学者的关注。

国外对现金池模式的理论研究与实践都比较成熟，但是国内在这两个方面还处于探索阶段。Gruiters M. 和 Bergen J.（1998）[1]研究了当时现金池在欧元区的运作情况，并对欧盟如何管理现金池提出了许多建议。Dr. Martin Bartlma（2003）[2]对现金池在资金管控中的风险进行了强调，重点研究了相关董事会在现金池管控中的责任问题。王晓薇（2007）[3]指出了五种跨国公司普遍使用的资金管理模式，并指出现金池管理模式在我国企业集团中的运用较少；资金集中管理模式在实务运用中存在的诸多的问题可以通过强化对资金的控制、引入现代银行信贷机制、完善资金管理体系、实施全面预算管理制度、积极完善以财务管理为中心的集团内部信息系统等方法来得到克服。龙丽（2007）[4]通过中海油资金集中管理关联交易事项被否决以及普尔斯马特资金集中调剂败局两个案例，揭示集团进行资金集中管理存在较大风险，并提出风险控制必须从制度设计和管控模式上开始的观点。李学军（2008）[5]对招商银行如何运用六西格玛流程设计的方法设计出了国内水平较高的现金池模式进行了说明。Gabriel 和 David（2010）[6]提出集团在实施资金集中管理时，资金计划（资金预算）是初始阶段最重要的一步。刘波（2011）[7]认为现金池不仅增加了企业价值，同时加强了企业抵御风险的能力，有利于集团多元化经营的发展以及集团内部控制活动的执行。冯翱翔（2012）[8]针对国际大型企业集团期望通过资金集中管理提高资金使用效率，实现集团总部与成员企业间的内部价值链、集团商业银行间的外部价值链高效运作现象，提出集团资金的集中管理必须具备畅通高效的信息系统作为管理机制运行必不可少的基础设施。

随着财务集约化理论、资金集中管理理论研究的不断深入发展，基于现金池模式的资金管理方法在不少企业集团得到广泛运用，但是目前国内外对于现金池模式的应用研究范围基本局限在下属企业为全资或控股子公司的集团性公司，其关注和研究对象往往是现金池运作技术操作层面、合法合规性、效益与风险的定性研究等，而对于集团企业下属子公司如何进行资金的筹划、对风险的定量分析、管控模式的具体实施和风险控制方法，非全资、非控股性集团公司如何实施等方面的相关研究很少。本文通过分析 S 医药集团企业对现金池工具的应用案例，探析现金池工具在国有控股企业集团资金管理中如何兼顾收益与风险，优化资金配置。

三、现金池工具在 S 企业应用案例

S 企业是我国医药商业流通领域的国有控股大型企业集团，拥有多个下属全资、控股子公司，分销网络遍布全国。由于我国医药行业具有季节性和区域性强、分销机构多、价格管理难度大、回款周期长等特点，本土企业经营效率整体水平偏低，尤其是资金管理水平比较落后，具体主要表现在应收账款占用资金较多、融资渠道单一、资金管理比较分散，信息化管理水平落后等。S 企业已上线 ERP 系统，采用现金池模式进行集团资金集中管理。S 企业现金池结构如图 1 所示。

S 企业现金池运作原理：依赖银行的网银平台、账户统计软件，总部每日根据子公司的资金申请进行日常下拨，或下借资金，日终各子公司账户余额超过预留额度的部分自动上划，银行自动生成各子公司现金池余额，上存、下借资金分别计息，总部与子公司定期结息。

在现金池工具的运用过程中，S 企业建立和完善了集团内部操作流程、岗位职责、资金预算管理、内部借款规则、内部审计、业绩评价等一系列制度，其中资金预算管理与内部借款定价作为最关键的两个要素，直接影响现金池工具的有效性与企业对资金调节、配置效果。

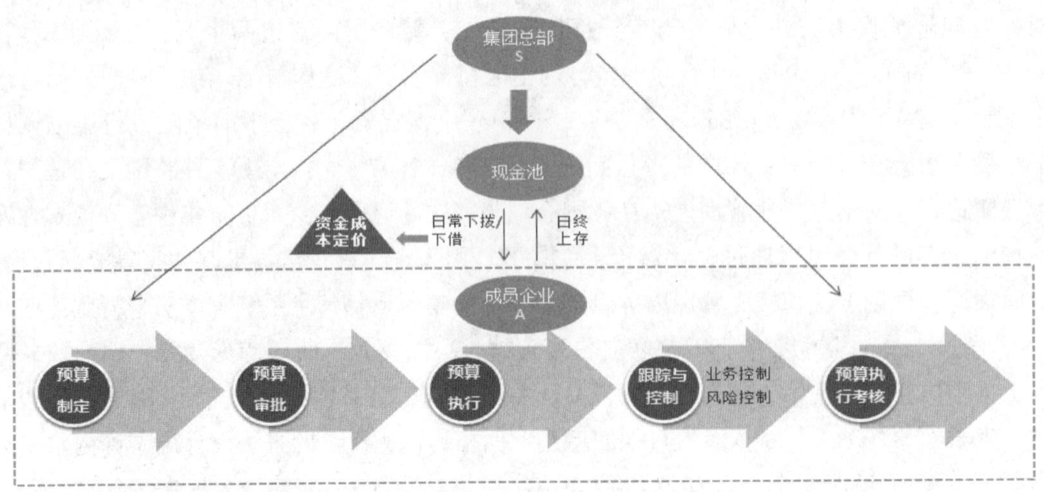

图 1　现金池工具的应用

(一)资金预算管理

S 企业的资金预算管理围绕“预算编制—预算审批—预算执行—控制与调整—预算执行考核(业绩评价与决策支持)”流程，建立了资金预算动态管理制度，做到年预算、月平衡、日调度。在资金预算制定过程中，集团内部通过专业化测算分析，对集团整体资金的规模和资金流动需求进行估算，在确保集团总部具有充足的融资实力的前提下，保证对各子公司进行现金供应。子公司分别制定年度、季度及月度等资金计划，以经总部审核通过的长期资金预算为基础制定短期的周或日资金收支计划，通过现金池进行日常下拨使用与上存。在执行过程中子公司严格按照预算使用资金，子公司的预算部门跟踪预算执行情况，根据实际资金需求及时调整预算。在考核阶段，子公司先自我考核预算执行情况并上报集团总部，考核结果为下一期的预算制定提供依据。

S 企业依据资金预算确立对外筹资计划，确保集团整体资金的稳定性以及总体上合理的偿付能力，在此基础上总部向子公司提供可靠的资金来源，促进了子公司经营规模与业务发展，近几年公司销售规模成倍增长。同时，总部通过现金池实时掌握子公司生产经营、销售利润等情况，通过内部特有监控渠道，监督资金流向，保证资金安全。

(二)内部借款定价

现金池是企业内部资本市场上无形的资金配置平台，S 企业制定了资金管理办法、集团资金配置管理办法等制度，用以规范集团内部借款和担保管理，提升资金筹措与使用的计划性和有效性，规范资金筹措与拨付行为。

S 企业借鉴银行信贷管理系统，对内部借款利率、形成机制制定了全面、规范的资金配置管理原则，主要包括：

(1)为鼓励资金流向优质子公司，集团实行内部借款利率管理，根据资金“高效高配、低效低配”原则，充分利用资金配置的杠杆作用，对经营效率指标未达标的子公司进行资金配置的一定限制以及内部借款利率上浮。

(2)S 集团内部借款利率是以国家公布的人民币贷款基准利率为基础进行浮动，子公司用于营运的内部借款利率参照同期银行半年期贷款基准利率进行浮动；子公司用于投资项目的内部借款利率参照同期银行 1 年或 1 年期以上贷款基准利率执行。

（3）子公司管理评级结果是确定其用于营运的内部借款利率的基础标准。评级标准选用财务的7大类别、16项量化指标，对子公司予以ABCD评级，涵盖风险、盈利、成长和运营质量等方面内容，评级结果每半年更新一次。对于出现经营亏损、营运资金使用超年度预算规模、应收账款账龄超红线、部分关键指标与预算差标严重等情况，增加利率上浮幅度，甚至停止新增资金配置。

S企业通过实行内部借款利率管理，充分利用资金配置的杠杆作用，并在定价中充分考虑长期与短期的多方面经营指标，促进了组织结构优化，提升了集团总体效益。

四、研究结论与未来展望

S企业应用现金池模式对集团资金进行集中管理，达到了盘活资金、节约整体融资成本、优化资金配置、促进业务发展，在提升集团整体效益的同时防范风险的目标。S企业案例论证了现金池工具在企业集团运用中的巨大优越性，随着我国大型企业集团数量的增加，未来资金的集中管理是趋势，现金池模式适合在多种行业推广使用。同时，随着世界经济的发展和交流，现金池的跨国资金管理模式将在未来企业集团发展道路上发挥重要作用，适应我国的现金池的外汇管理机制也将成为未来研究的一个重点。

参考文献

[1] Gruiters M., Bergen J.A Euro Cash Pool Before 2000? Treasury Management Inernational, 1998, 62（4）: 20-24.

[2] Dr.Martin Bartlma. Cash Pooling—Does the End Justify the Means? Journal of Financial Economics, 2003（55）: 3-46.

[3] 王晓薇．谈谈企业集团的资金集中管理．财会通讯，2007（4）．

[4] 龙丽．资金集中管理的尴尬与败局．新理财，2007（10）：10-36.

[5] 李学军．六西格玛流程设计实践——招商银行GE现金池项目.21世纪商业评论，2008（16）：90-91.

[6] Gabriel Villa, David Canca. Application of Centralized DEA Approach to Capital Budgeting in Spanish Ports. Compute & Industrial, 2010.

[7] 刘波．大型企业集团现金管理模式探索．会计之友，2011（3）：4-6.

[8] 冯翱翔．资金集中管理应用于信息系统的设计．商业会计，2012（2）：99-100.

价值管理在企业行为研究中的应用

申报单位：华北电力大学经济与管理学院
第一作者：李涛　　作者：陈李荃

[**摘要**] 本文的目的是研究价值管理理论方法在企业行为分析中的应用，提出一套企业行为价值分析理论方法，分析和计量电网企业行为对企业价值的影响，为企业内部管理提供决策依据。以EVA折现模型为企业价值的计量模型，以定性、定量结合的方法，从价值管理理论入手，分别分析不同的生产经营行为对企业价值产生的影响。从组织行为学角度，探寻企业行为与企业目标之间的关系，明确企业价值目标定位。最后以中国电网企业数据为分析基础，从售电配电、成本管理、资产管理、投资活动和日常经营五个方面展开，进行研究方法的应用。

[**关键词**] 价值管理　企业行为分析

一、背景和意义

20世纪80年代以后，价值创造在国际上已经成为企业发展关注的核心问题，价值管理思想也在企业经营管理领域得到了充分发展和应用。EVA（Economic Value Added）经济增加值概念出现在20世纪80年代的美国斯图斯特公司的财务管理体系，这一经济概念提倡企业对财富价值的增值情况要格外关注。在现代企业管理中，企业管理目标已不同于传统的企业管理目标，现在企业通过管理追求价值的增加，对于各种企业组织管理来说，价值管理已经成为其核心理念。

近几年来，我国国有企业不断推进改革发展进程，我国政府及其不同企业管理层，已经慢慢形成了一个共识——作为国有企业要不断创造价值。对于国资委来说，其工作重点是维护所有者的权益，还要对我国企业的国有资产的保值增值实施支持与督促作用，防止国有资产流失，完善相应的经营预算制度，使得我国企业经营业绩考核体系不断完善。实际上，传统的企业业绩评价体系着眼于利润增加，不能够很好反映企业的经营状况，国有企业的经营业绩考核要重点抓住全面价值管理，实现资本价值的最大化是主要目标，越来越与国际市场接轨。所以，中国国有企业要想正确衡量企业经营业绩与实现国有资产保值增值，亟须增加有效的业绩考核评价指标。2014年11月，中国国家主席习近平提出的中国经济呈现出新常态，政府层面做出了打造中国经济升级版的战略部署。企业作为国民经济细胞，在这个过程中必定扮演重要角色，提升企业的价值创造能力成为实现中国经济转型升级的重中之重。作为国民经济的支柱，国有企业高速发展的背后，隐藏着一些经营管理问题，譬如高投入低效率、内部约束机制不健全、内生发展动力不足等现象。企业高投入、高消耗的增长模式难以为继，未来中国企业必然转向集约化经营模式，对这一经营模式来说，企业注重的是其自身管理模式创新性，以及企业经营决策效率的提高。

随着国企改革的深入推进，国内企业在价值观念、治理结构的不断完善，以及央企业绩评级体系的现实需要，我国国资委于2006年12月31日第一次在国有企业考核体系中引入经济增加值这一概念；2012年12月29日，国资委又提高了EVA考核的权重和降低了利润总额权重，将前者由40%提高至50%，将后者由30%下降为20%。这足以说明国资委对推进EVA考核的政策力度越来越大，这种政策导向意味着政府对国有企业的要求不再仅仅停留在利润层面，其对于企业的价值创造能力以及持续运营能力的关注程度日益增加。因此，企业要想实现自身管理模式的创新，从单纯追求利润向注重价值创造转变，需要重新明确价值目标定位，将价值管理思想落实到日常经营管理行为中。

二、国内外研究动态回顾和文献综述

价值管理（Value Management）属于一种基于价值的企业管理方法。王文艳（2012）认为，价值创造理念属于价值管理先导，不仅存在于企业的作业层面，还存在于各部门人员以及各生产环节之中，属于一种全面管理体系，对于现在社会时代来说，这一体系属于企业管理发展的必然选择，其中包括控制、预算、激励以及评价甚至文化等多种要素。对于价值管理的研究，首先要充分认识不同学者对其持有的相关观点。

（一）关于价值管理内涵的研究

Anne Ameeles（2002）认为，对于企业的资源分配来说，价值管理起到重要的指导性作用，企业的全部资源在价值管理指导下得以整合，然后在企业的各个管理的流程环节中形成价值流系统。企业可以通过比较和分析投资机会与效益，配置企业资源，进而使得环节和流程中的产出比率最大，最终实现股东财富最大值。

罗杰·莫林、谢丽·杰瑞尔（2002）共同提出企业价值的管理工具可以通过价值管理进行识别和提升，对于企业创造价值的项目有很好的识别能力，并识别能够毁灭公司的项目，以此就能找出企业的价值创造点，使得企业价值不断提升。

陈良华（2002）认为，对于企业如何构建会计模式来说，价值管理属于一种全新视角，不仅是简单代替传统会计和公司理财等内容，更是一种会计模式和企业管理的升华。

Ken Blanchard（2003）认为，企业的战略管理理念中包含价值管理，价值管理能够通过承接企业的发展战略，将其思想和价值创造的理念得以反映，并且这一企业运行机制会传播到企业的每一个员工和流程中。

刘圻、王春芳（2010）对于企业价值的演进过程进行了系统性梳理，他们认为，企业内在的自发秩序力量使得企业拥有了价值创造能力，企业便得以有效地创造企业价值。

因此，价值管理强调的是一种整体视角和观念，是基于股东财务最大化的管理目标，以实现企业价值增值为管理手段，突出价值创造对于企业可持续发展的重要作用。

（二）关于价值计量模型的研究

麦肯锡价值评估模型由Tom Copeland、Tim Koller和Jack Mulin于20世纪80年代末在《价值评估》一书中提出，书中详细介绍了这一模型是如何精确地描述公司价值以及对于企业管理的重要意义。

价值链（Value Chain Analysis）首先由迈克尔·波特（1985）提出，这一概念被詹姆斯·迈天（1999）引用，指出了企业的价值活动是企业价值的另一个层次，企业任何活动都是为了产生一定的价值，最终都是为了累积企业的价值。

帕利普—伯纳德—希利模型是由美国哈佛商学院、麻省理工学院、密歇根大学的教授提出的，这一模型注重企业的实用评估模式和具体评估方法。

现金流量折现模型由 Copeland（2002）等提出，这一模型将企业价值定位为企业未来现金流量的折现，认为企业价值的两个基本价值驱动因素分别是企业加权平均资本成本和企业未来各期的预计现金流量，这两项因素的预测和控制都由价值管理承担。

2010 年刘圻对价值创造计量的三种形式进行了分析总结，这三种形式分别为现金流计量模式、经济利润计量模式以及平衡计分卡计量模式。

剩余收益模型是由 Bell（1961）提出的，1982 年 Peasnel 利用会计数据推导出企业的经济价值，提出会计盈余具有经济含义。James Olson（1995）创立了剩余收益估值模型，这一模型是从企业为股东是否创造价值的角度，提出了净盈余理论。他认为公司的目前账面价值与未来剩余收益现值之和代表了公司价值，即：

$$V_{\mathrm{t}} = A_t + \sum_{r=1}^{r=\infty} \frac{RI_{t+r}}{(1+k)^r}$$

其中，A_t 表示 t 时刻净资产的会计账面价值，RI_{t+r} 是 t 时刻后未来年度的剩余收益，k 是指资本成本率。James Olson 认为在满足净盈余条件下，RIM 模型建立了股权内在价值与会计信息之间的联系，可以对公司内在价值做出评价，公司价值的最大化与公司剩余利益最大化同时实现。

上述每种方法都有其适用性，从不同角度研究了企业价值的计量形式，由于研究切入点不同，其适用范围也不同。

EVA 折现模型是伴随企业越来越重视实现价值计量模型的普遍适应性而出现的，在企业管理者对于企业的价值评估过程产生了这种模型。这一模型成立的基本思想是：企业价值的变化需要对比债权人和股东要求的收益和企业每年息前税后利润的大小，如果前者等于后者，则说明企业没有产生经济利润，企业的价值没有任何变化，依然是投资资本。与传统的企业估值方法相比较，EVA 理论更加注重调动企业的积极性，对于资本使用的机会成本更加重视。

剩余收益估值模型（RIM）演变的结果是 EVA 折现模型，美国斯图斯特公司认为，企业的剩余收益不能作为公司业绩评价指标，因为它存在会计指标引发的“潜在信息扭曲”。所以，为了避免这种缺陷，他们对账面价值和利润的传统会计计量进行了相应调整，并且将其称为经济增加值（EVA）。因此，RIM 模型中的方程表示为：

$$V_{\mathrm{t}} = A_t^* + \sum_{r=1}^{r=\infty} \frac{EVA_{t+r}}{(1+k)^r}$$

式中，斯图斯特公司将 RI 替换为 EVA，按一定规则将净资产的账面价值进行调整。通过上面公式可以表明公司的账面净资产加上预期未来 EVA 现值属于企业内在价值。当企业的经济价值大于其投入的资本价值时，说明企业是比较成功的。

三、价值计量模型在中国的应用

（一）会计利润指标应用

在引入 EVA 指标之前，我国国资委对央企经营业绩的考核主要是利润总额和国有资本保值增值率[①]。但是，利用会计利润考核有明显弊端：

（1）它是期间指标，只能反映企业经营期内的经营状况，没有考虑取得利润所占用资金的时间价值，对企业的未来收益无法估计。

（2）它是绝对量值指标，不能反映所获利润和投入资本额关系，没有办法确切表达股东投资的增量收益问题。如果保持单位产品利润不变化，越多的资本被投入，则产生的利润总额越多，这就会误使企业更倾向于扩大其投资规模，这一过程忽略了对企业资金使用效率的考虑。

（3）只考虑债务融资成本，没有考虑股权资本成本，容易造成企业出现短期利益决策行为，难以维护股东权益。

（二）EVA 价值量指标应用

国资委在其对中央企业经营业绩考核中引入 EVA 指标，主要是为了克服传统业绩评价体系的缺陷。EVA 的计算公式如下：

$$EVA=NOPAT-TC\times WACC$$

$$EVA=TC\times(ROIC-WACC)$$

其中，NOPAT——税后经营净利润；TC——资本占用；WACC——加权平均资本成本；ROIC——投资资本回报率。EVA 的优点主要表现在：对于债务成本和股权资本成本都有考虑，合理性增加；可以帮助企业避免盲目投资和过度投资，更加科学；适用范围更加广泛，可以是公司整体层面，也可以是事业部层面。但是，EVA 还存在一些缺陷，依然属于期间指标。国资委对于 EVA 指标的计算过程进行了相关调整：

经济增加值＝税后净营业利润－资本成本＝税后净营业利润－调整后资本 × 平均资本成本率

税后净营业利润 = 净利润 +（利息支出[②]+ 研究开发费用调整项[③]－ 非经常性收益调整项[④]×50%）×（1－25%）

调整后资本＝平均所有者权益＋平均负债合计－平均无息流动负债－平均在建工程

总结调整的各方面原因：

（1）计算口径上的调整：利息支出对于税后的净营业利润会产生一定影响，为了消除这一影响，采取将利息支出加到净利润中；减去不计入资本成本的平均无息流动负债。

（2）着眼于未来可持续发展。

---

① 国有资本保值增值率是指企业经营期内扣除客观增减因素后的期末国有资本与期初国有资本比率。计算公式：国有资本保值增值率 = 扣除客观因素影响后的期末国有资本 / 期初国有资本 ×100%。

② 利息支出是指企业财务报表中“财务费用”项下的“利息支出”。

③ 研究开发费用调整项是指企业财务报表中“管理费用”项下的“研究与开发费”和当期确认为无形资产的研究开发支出。

④ 非经常性收益调整项包括：变卖主业优质资产收益：减持具有实质控制权的所属上市公司股权取得的收益（不包括在二级市场增持后又减持取得的收益）；企业集团（不含投资类企业集团）转让所属主业范围内资产、收入或者利润占集团总体 10% 以上的非上市公司资产取得的收益。主业优质资产以外的非流动资产转让收益：企业集团（不含投资类企业集团）转让股权（产权）收益，资产（含土地）转让收益。

加回研发费用：经济增加值考核指标调整研发费用是将研发费用划为企业利润，可以鼓励企业管理者长期投资，提高企业长期可持续发展的竞争力；

加回勘探费用：企业勘探费用较大，在国资委认定后，可以将“勘探费用”看成研究开发费用调整项按照一定比例（原则上不超过 50%）予以加回，这样便可以增加对于资源采掘企业的勘探支持力度，鼓励其企业活动的进行。

减去平均在建工程：对于未完工的工程以及在建金额较大的工程，资本成本较高，会造成当期经济增加值偏低，企业管理者对项目积极性降低。减去平均在建工程与不考虑研发费用的思路一样，弱化对企业业绩考核指标的消极短期效应的影响，引导企业管理者进行长期效益的经营与决策。

（3）考虑非经常性损益。企业的盈余管理的重要手段包括非经常性损益。当企业的利润经常达不到目标值或经常出现亏损时，企业可以通过考虑非经常性损益将企业的亏损调整为盈余，对企业的当期财务报表进行美化。

虽然国资委的调整对于企业有一定的好处，但是也存在一定问题：

（1）调整经济增加值指标依然是期间指标，本身存在着不鼓励企业进行长期投资导向。企业的年度绩效评估只能影响企业当期收益，无法对未来造成影响。

（2）调整项目的增加可能鼓励企业新的投资动机，由于调整项目的加回或者扣除不在当期表达效益，比如在建工程投资，研发项目……企业为了调整当期 EVA，很可能通过调整项来改变 EVA 值，扩大在建工程资本总额，容易导致盲目投资，使得当期 EVA 增大，但该投资带来效益未必能弥补投入的成本，即低效投资，甚至是无效投资。

（3）经济增加值指标比较关注利润，对于企业的现金流情况不作表现。

（三）长期价值目标下的模型设计

大量研究表明，在全球竞争环境下，长期可持续发展目标的制定成为企业成功的必要条件之一。如前所述，期间指标都存在明显弊端，容易导致企业决策时出现短视行为，与企业追求可持续发展的长期目标相背离；从目标管理角度，不能仅仅关注期间指标，要综合企业当前经营和未来成长两个方面，明确引导方向，更加注重企业未来的可持续发展。

本文建议，应设计出长期目标统筹下的价值计量模型来衡量企业价值，在此尝试采用 EVA 折现模型来设计企业中长期的价值目标模型。笔者认为，企业价值管理的极限目标应该是创造可持续增长的 EVA，在企业的计划、预测、决策、考评等各项活动中时刻保持出发点（为实现 EVA 的增长），并将其全面实施在企业的日常经营中的一种管理理念及管理方法。

在 EVA 折现模型的基础上，基于企业持续经营假设，以创造可持续增长的 EVA 为目标的企业价值计量公式为：

$$EV = A \ + \sum_{t \ 0}^{\infty} \frac{EVA_{t \ r}}{(1 \ \ WACC)}$$

其中，A_t^*——账面净资产的期初价值，t——基期时刻。企业的价值应当是账面净资产加上 t 至未来 r 年度预期 EVA 现值之和。由于账面净资产 A_t 不变，影响企业价值部分主要是当期以及未来年度的 EVA 值。我们知道，当前资本创造的价值可以通过有效的经营管理手段得到提升，但不可能永续增长，在一定范围内，当前资本创造的价值是有限的。为实现企业价值的可持续增长，需要新增资本投入为发展注入动力，这部分新增投资就成为提高 EVA 值的关键部分。

EVA 折现模型稳定了企业收益，增加了价值评估的可靠性，对企业管理者有一定激励作用。但正是由于它既关注当期的价值创造能力，又考虑未来企业持续发展能力，计算过程较为复杂，对价值管理的内容提出新的挑战。

从另一个角度分析该计量模型，企业当前价值同样可以分为两个部分，一部分是当期投入资本产生的价值，另一部分是未来各期原有资本与新投入资本创造价值之和。那么，企业价值的公式就可以改写为：

$$\begin{aligned} EV &= P_0 + P_1 + P_2 + P_3 + \cdots + P_n \\ &= P_0 + E_1 + E_2 + E_3 + \cdots + E_n + \Delta E_1 + \Delta E_2 + \Delta E_3 + \cdots + \Delta E_n \end{aligned}$$

其中，P_0 表示在 $t=0$ 时刻，企业净资产的账面价值与当前年度 EVA 值之和，P_1 到 P_n 是未来 $1\sim n$ 年创造的价值，即 EVA 值的折现值，E_1 表示原有资本在下一年度所创造的 EVA 值的折现值，ΔE_1 表示由下一年度新增加的投资所创造的 EVA 值的折现值。下一年度当前资本的 EVA 值和新增投资的 EVA 值之和构成下一年度 EVA 值：$P_1=E_1+\Delta E_1$。

P_1 是企业当期创造的价值，上述模型既包括企业对目前拥有资源利用状况，也涵盖未来各期新增资本创造价值情况。

从前文的企业价值计量公式可以看出，要想不断提升企业价值，实现 EVA 的永续增长，就要做到以下两点：第一，减少不必要的成本费用，增加收入，提高资本运营效率，使现有资源价值不断增加；第二，由于现有资本的价值创造能力不可能无限增长，基于企业持续经营假设，必然存在投资扩张行为以支持企业的生产运营。特别需要说明的是，这里所提到的投资行为是提高生产经营能力而投入的各项资本，主要涉及企业股权、资产、人力资本、大型技术改造等。不包括为改善企业财务状况而做出的金融资产投资，并且不包括为保障企业原有资产价值创造能力而做出的修缮投资。而这一部分投资行为的新增价值是企业未来可持续发展的持续动力，是企业价值创造的核心，也是价值管理的关键。价值管理理论与方法就是指导企业在日常生产经营活动中对这两方面的价值进行管控，管控行为可能作用于当期经营成果，可能作用于未来成长能力，也可能对两方面都有影响。

实现 EVA 的可持续增长，提高企业当前资本的营运价值有两条路径：第一，提高企业当期的税后经营净利润，即提高现有资产的使用效率与价值贡献；第二，减少不必要的资本占用，努力提高投资资本回报率（ROIC）。从企业未来成长层面讲，关注新增资本的价值创造情况，保证投资都尽可能为企业创造效益，减少价值毁损。因此，企业价值可以划分为当前营运价值（COV）和未来成长价值（FGV）。而作用于这两个层面的企业经营管理行为，又可以划分为影响企业当前营运价值的行为、影响未来成长价值的行为，以及既影响当前又影响未来的行为。

四、行为价值分析方法

行为是价值创造的动因，而创造价值是行为的目的，行为与价值之间是因果关系。所谓行为价值分析，就是以提高行为的经济价值为目标的管理活动或方法。企业行为价值表现催生了价值创造的核心，如果企业的行为没有作用在经济资源上，企业便不会产生价值。所以对于企业来说，重要的是通过适当的价值分析方法将组织目标与个人目标统一起来，形成合力，使企业管理者和员工更加明晰自身行为的价值贡献，判断日常企业经济活动是否偏离价值最大化目标。

根据长期价值目标模型的特性，按照影响企业价值不同方面对行为的分类，分别分析不同行为对企业价值的作用机理。企业管理层在行为价值分析方法帮助下，可以建立科学的行为价值决策标准，并以此为基础，分析各业务单位工作流程、各种资产、各种经济活动行为存在的必要性，自觉地以经济活动行为的价值目标作为经济活动行为的约束条件，使企业各个业务链的任何一个节点都纳入增加价值的方向，推动企业价值目标的实现。

本文选取我国电网企业作为研究对象，以实例说明行为价值分析方法的可操作性和可应用性。我国电网企业是国有垄断性企业，是关系我国国民经济命脉的大型能源类企业，其独特的行业属性，使得电网企业的生产经营行为与经济发展水平、人民生活质量密切相关。它不仅要承担一定的经济责任，为保证能源供给，还承担一定的社会责任，这就决定了电网企业的生存发展不能简单以利润为导向，更要注重企业长期的可持续发展。从生产型企业角度来看，电网企业产品结构较为单一，没有在产品，并且属于资金密集型，技术密集型，运营环节比较多。根据电网企业特点，其生产经营的活动行为主要有：售电，输配电，资产管理，投资行为等。按照对企业价值的划分，下面分别从影响企业当前营运价值和影响企业未来成长两个方面对电网企业的生产经营行为进行分析。

影响当前营运价值的行为价值分析，分为影响当前税后经营利润和影响当前资本占用两个方面，主要由销售收入管理、成本费用管理、当前资产管理、资本成本优化等几个关键部分构成。影响企业未来成长价值的主要是投资行为。

（一）收入管理行为价值分析方法

售电业务（售电收入）体现公司的经营规模，由售电量、售电结构、售电单价共同决定。通过对电网企业收入影响因素的分解，可以得到支持该指标的关联指标。管理层可以通过这些关联指标对现行收入情况进行价值分析。如表 1 所示：

表 1　收入项目管理行为价值分析指标

影响因素	收入项目管理及分析	条件	与 EVA 的相关性
售电量	售电结构分析	平均单位售电单价＞平均单位购电成本	正相关
		平均单位售电单价＜平均单位购电成本	负相关
平均售电均价			正相关
毛利率			正相关

电网企业的营业收入由两个基本要素决定：售电量和单位电价。当单位售电贡献毛益大于单位输配电成本时，售电量与 EVA 呈正相关关系，反之，则与 EVA 呈负相关关系。因此，在保证电网安全运行基础上，提高单位售电的贡献毛益，降低单位输配电成本，售电量增长才能直接贡献 EVA 的可持续增长；除了政策因素影响，通过售电结构调整，影响平均售电单价。在售电量一定的前提下，平均售电单价越高，为企业提供的盈利空间越大，该指标与企业价值呈正相关关系；毛利率涉及平均售电价格与平均购电单价两个关键因素。结合购售电单价，得出电力产品销售盈利空间。在售电量一定前提下，毛利率水平越高，为企业提供的盈利空间越大，该指标与 EVA 呈正相关关系。

（二）成本费用管理行为价值分析方法

成本费用发生在相同会计期间，但对企业价值产生影响的时间区间可能不同。将成本费用分为影响当期 EVA 成本费用和既影响当期又影响未来 EVA 的成本费用。

1. 影响当期 EVA 的成本费用

（1）购电成本。

售电业务与购电业务共同决定公司毛利水平，购电成本分析包括针对不同电源购电量及购电单价分析，包括对购电量产生影响的线损率的分析。价值分析指标如表 2 所示：

表 2　成本项目管理的价值分析指标

影响因素	成本项目管理及分析	条件	与 EVA 的相关性
购电量	购电结构分析 各类购电单价	单位售电价格＞单位购电成本	正相关
		单位售电价格＜单位购电成本	负相关
购电平均单价			负相关
线损率			负相关
毛利率			正相关

电网企业的购电成本由两个基本要素决定：购电量和平均购电单价。但电网企业追求的目标并不是购电成本越低越好，而是购电量与售电量相匹配，使企业的贡献毛益达到最大。当单位售电价格大于单位购电成本时，购电量与 EVA 呈正相关关系；反之，该指标与 EVA 呈负相关关系。因此，在保证购电量与售电量相匹配基础上，提高单位售电平均电价，降低单位购电成本，可以直接贡献 EVA；在购电量一定前提下，调整购电结构，购电平均单价越低，为企业提供的盈利空间越大，购电平均单价与企业价值呈负相关关系；电网企业在根据售电量决定购电量时应考虑线损率，在售电量一定前提下，线损率越高，电网公司购电量越大，购电成本越高，直接压缩公司利润空间，因此线损率与 EVA 呈负相关关系。

（2）输配电成本分析。

输配电成本是指电网经营企业为输送和提供电能在输配环节所发生的成本支出，主要包括固定资产的使用成本和电网运营成本。对输变电成本及其构成项目进行系统分析，通过对输配电成本影响因素的分解，得到支持该指标的关联指标，管理层可以通过这些关联指标，对现行成本情况进行价值分析。如表 3 所示：

表 3　输配电成本管理的价值分析指标

影响因素	成本项目管理及分析	条件	与 EVA 的相关性
输配电成本，单位输配电成本	电价分析 标准成本管理	单位售电价格＞（单位购电成本 + 单位输配电成本）	负相关
		单位售电价格＜（单位购电成本 + 单位输配电成本）	负相关
输电费用			负相关
人工费用			负相关
折旧费用			负相关
可控费用			负相关

由于输电网的投资需要大量资金，因此输配电网的固定资产是输电成本中一个重要组成部分，但输配电成本有更强的固定成本习性，单位输配电成本与售电量呈负相关关系。无论当单位售电价格＞（单位购电成本 + 单位输配电成本），或单位售电价格＜（单位购电成本 + 单位输配电成本）时，该指标与 EVA 均呈负相关关系；在售电量和输电量一定情况下，输电费用、人工费用、折旧费用以及可控费用等发生在当期的成本费用造成企业经济利益的流出，与 EVA 呈负相关关系。

2. 既影响当期 EVA，又影响未来 EVA 的成本费用

成本费用内容不仅包括只影响当期 EVA 的费用，还包括既影响当期 EVA 又影响未来 EVA 的费用。既影响当期 EVA 又影响未来 EVA 的费用，是指费用发生在当期，对当期 EVA 值有所影响，但是其产生的价值贡献可以延续到下一个会计期间，对未来 EVA 也有影响。具体包括固定资产折

旧政策选择、固定资产大修方案选择、研发费用、职工教育培训费用等。

（1）行为价值分析方法选择与费用项目决策。

对此类成本费用进行行为价值分析主要有两种方法，即对于可以量化的费用项目采用公式法；对于不可以量化的费用项目，采用专家评价方法。

1）公式法。具体做法是预计项目在合理会计期间产生的经济利益流入和成本费用支出，估计该项目对各期 EVA 的影响量值，之后再选取合理折现率进行折现，如果 EVA 现值大于费用额，则成本费用支出项目是有价值的。反之，该项目支出是毁损价值的。计算其 EVA 现值的公式为：

$$U(X)=\sum_{t=0}^{n}[u(X_N)]=P_1\mathrm{u}(X_1)+P_2\mathrm{u}(X_2)+P_3\mathrm{u}(X_3)+\cdots+P_n\mathrm{u}(X_n)$$

其中，$U(X)$ 表示项目 X 的价值贡献，R 为预期带来的销售收入增长，C_1 是该项目当年可能产生的成本费用，r 为 EVA 折现率，n 为该项目预计发挥效用的年限。

各项目累计产生的价值贡献，可以通过表 4 进行统计：

表 4 项目价值贡献分析

项目名称	预计年限期限	预计产生收益	预期产生成本费用	提高经营管理水平（定性）	预期 EVA 折现
项目 1					
项目 2					
项目 3					
⋮					
项目 n					

2）专家评价法。是在定性分析基础上，以打分等方式做出量化综合评价，其结果具有数理统计特性。专家评价法特点在于集中专家经验与意见，确定各指标权重，并在不断反馈和修改中得到比较满意的结果。具体步骤如下：

第一步，选择专家。选本专业领域中既有实际工作经验又有较深理论修养的专家 9 ~ 15 人。

第二步，将待定权重的 n 个指标和有关资料以及统一的确定权重规则发给选定专家，请他们独立地给出各指标的权重值。

第三步，收回结果，并计算各指标权重均值与标准差，研究是否需要重新确定权重。

第四步，重复上述第三步直至各指标权重与其均值差不超过预先给定的标准为止，也就是各专家意见基本趋于一致，以此时各指标权重均值作为该指标权重。采用专家评价法，具体表格设计见表 5。

表 5 专家评价法综合评价结果设计

专家	指标 1	权重	指标 2	权重	指标 3	权重	……	综合计算结果
专家 1								
专家 2								
专家 3								
⋮								
专家 n								
综合结果								

（2）行为价值分析具体内容。

1）研发费用。研发费用是指研究与开发某项目所支付的费用，它既影响当期的 EVA 又影响未来的 EVA 值，研发费用发生在当前会计期间，并且可能不会很快带来明显经济效益，但它们确实是对企业未来发展至关重要的投入。由于研发费用为企业价值带来的影响有的可以量化，有的量化困难，在进行行为价值分析时，可以分别采用公式法和专家评价法。

2）大修费用。固定资产大修是维护固定资产能力持续的重要保证，对固定资产大修费用进行行为价值分析时主要采用公式法。大修理费用目前采用当期费用扣除处理方法，职能部门追求短期目标 EVA，可能会出现该修不修的情况，但该修不修会造成未来年度更大损失，所以研究固定资产大修行为的价值成为决定大修方案的关键。

第一，重要性导向。电网企业大多采用定期预防检修方式，注重固定资产的可靠性，即技术状态，而对供电设备的实际利用情况考虑不多。由于没有考虑线路设备利用状态，造成检修不分贡献大小，不分利用效率高低，检修标准和检修规格均依照固定资产技术状态而定。这种不论固定资产利用水平高低一刀切的检修方法，很可能造成利用率高、贡献大的资产缺乏足够修理，而对于利用率低、贡献小的资产却投入了过度资源，造成闲置浪费。

按照行为价值分析理念，为合理确定大修环节应分配的资金量，大修行为计划选择应先按利用率对设备排序，根据利用率大小分配有限的大修资金，将资源优先用于效率高的设备，让利用率高、贡献大的固定资产优先得到大修改造，使用更为优质的材料设备。对于利用率低、贡献小的固定资产也要保证必要的大修安排。

第二，科学安排。对固定资产实施状态检修，是确定固定资产利用率、合理确定企业资源在各项固定资产大修环节上分配额的重要途径，也是对大修环节效率进行管控的必要手段。此外，状态检修与 ERP 系统的结合，使得大修环节可以实现与设备信息管理系统等相关系统的无缝连接，能够满足专业人员实际工作需要，更方便快捷地保持设备健康，从而合理制定检修策略和检修计划。

3）教育培训费用。职工教育培训经费是指企业按工资总额一定比例提取用于职工教育培训事业的一项费用，是企业为职工学习先进技术和提高文化水平而支付的费用。它既影响当期 EVA 又影响未来 EVA 值，教育培训费项目决策，要在当前支出与未来收益之间做好权衡。此项费用是否应当支出的分析方法是专家评价法，如果教育培训费用对当期 EVA 的削减值小于对未来 EVA 的增加值，就增加该项支出；反之，则减少该项支出。

（三）资产价值分析与决策方法

现阶段电网企业的资产管理主要着眼于建设总量、大修总量、主要费用控制的考核，导致各个部门人员在工作中往往重视增量控制，而忽略资源使用效率的考察。需要通过对资产管理行为价值的分析，对企业当期资产占用行为提供价值管理依据。

1. 固定资产价值分析内容与方法——认领制

资产认领是指各个部门以顺利开展各自的经营活动为基础，根据生产经营活动需要，在现有资产中认领所需资产。资产认领的具体做法是根据固定资产分类，各职能部门逐类认领生产运营所需要的资产。对于各部门所认领的资产，明确其资本成本占用情况，给部门设置 EVA 指标。在此过程中，不被认领的资产就成为闲置资产，这类资本占用是对当前 EVA 值产生负面影响的，应重点关注。

通过现有资产情况和认领资产对比，确定未认领固定资产的资本成本占用情况和利用效率，采用固定资产折旧率乘以未认领金额这一指标衡量其对 EVA 的影响。需要特别说明的是部分认领或不完全认领情况，即有些资产是不同部门共用的，在认领过程中共用该资产的部门可能为减少自己部门的 EVA 值而不去认领，不被完全认领的资产也是固定资产管理重点。固定资产管理价值分析内容如表 6 所示，具体内容是对比各部门现有资产、认领资产和未认领资产的数量、金额，以及折旧，估计部门 EVA 指标。

表 6　职能部门资产认领价值认可情况汇总

职能部门	现有资产			认领资产			未认领资产			部门 EVA 指标
	数量	金额	折旧	数量	金额	折旧	数量	金额	折旧	
部门 1										
部门 2										
部门 3										
⋮										
部门 *n*										

在资产认领基础上，根据企业实际需求对已有资产中未认领固定资产进行相应处置。剔除无效资产、处置闲置资产；对已有资产中已认领的固定资产，其中能力利用率较低的在用资产需要进行效能调度。以此为参照，优化管理层资源配置决策顺序。

2. 流动资产管理价值分析内容与方法——定额制与认领制结合

流动资产包括现金、存货和应收账款等，属于企业整体价值流范畴。采用定额制对流动资产管理的具体行为进行价值分析，确定各项流动资产最佳持有额度，加强流动资产周转管理，可以提高流动资产利用效率，相应减少资本占用，保持企业现金流水平。

（1）现金管理。

在满足企业正常经营活动前提下，加强现金管理，有助于充分利用剩余现金投资，创造收益。合理的现金持有量，直接影响流动资产占用与企业价值之间的管理，如表 7 所示。

表 7　现金管理定额制价值分析

驱动因素名称	约束条件	与 EVA 的相关性
现金持有量	实际持有量>最佳持有量	负相关
	实际持有量<最佳持有量	负相关
	实际持有量趋近最佳持有量	正相关

如果企业现金持有量不足，又没有足够的有价证券转化为现金，那么企业面临着筹资需求。EVA 体系下，融资意味着企业资本成本的提高，形成 EVA 减项。因此，有效的现金管理不仅反映了企业管理能力，更直接关系到管理层业绩考核。

（2）存货管理。

存货是企业维持正常生产活动必不可少的资产，电网企业通常包括维修用备品备件、低值易耗品等。存货管理可以从三个方面进行价值分析：对现有存货价值采用认领制。对需要的存货，应该分析其利用效率，制定存货储备定额。

1）现有存货价值采用认领制。需对存货进行资产认领，将当期领用量与平均存货量进行对比，分析出现有存货使用效率。一方面，便于及时处置不需用的存货；另一方面，对于效率较低的存货，可以通过库存时间分析，划分存货级别，按照级别管控存货周转，合理压缩库存时间。

2）对需要的存货分析利用效率。对需要的存货进行周转率分析，根据认领情况和周转情况，结合当前实际，再确定存货的购置数量。

3）制定存货储备定额。存货管理目的是使存货总成本最低。制定存货储备定额就是当存货总成本最低时的进货批量，就是经济订货量或经济批量。存货储备定额与 EVA 的关系如表 8 所示。

表 8　存货储备定额制价值分析

驱动因素名称	约束条件	与 EVA 的相关性
存货储备定额	实际持有量>最佳持有量	负相关
	实际持有量<最佳持有量	负相关
	实际持有量趋近最佳持有量	正相关

存货对资金的占用会增加资本成本，影响 EVA 值，而合理的存货持有量又是企业进行生产的前提。既要保证企业生产活动的正常运行，又要使 EVA 折现值最大，需要对存货最佳持有量进行权衡。

4）加强存货供应链管理。由于与存货最密切的流程就是供应链管理，因此需要梳理相关流程，完成存货采购、储备、配送的标准化管理。流程标准化后，不同省市电力企业的供应链管理就有可比性。通过与供应链管理业绩优秀的电力企业进行流程比较（即标杆管理）可以发现改善的潜力，从而促使企业持续削减存货，减少营运资产并增加 EVA。

（3）应收账款管理。

目前电力产品销售可以分为大工业用电、一般工商业用电、农业生产用电、居民生活用电、趸售用电、规范用电等。其中，居民生活用电采用先购后用方式，不会产生应收账款。而其他类别电力产品销售过程中，存在赊销、预交部分电费情况，因此会产生应收账款，影响流动资产周转速度，对 EVA 产生影响。

应收账款价值分析方法是对于产生应收账款的电力销售客户进行客户性质分析和现有欠款管理。

客户性质分析。可以通过制定信用政策对不同信用程度的客户采用不同管理方式。信用政策是企业对哪些客户给予赊销的依据。根据应收账款回收风险的高低，对客户定比预交保证金。对于信用较好的客户，可以选择赊销方式；信用一般的客户，对其进行信用评级，在设定比例预收部分保证金前提下再提供供电服务，以此加强应收账款的过程控制。

现有欠款的管理。要通过账龄分析推行应收管理责任制，对相应的应收账款回收责任部门进行考核，包括定额控制考核和回收速度考核两个方面。通过应收账款的定额控制，加速资金回笼，减少流动资产占用；提升回收速度，加速应收账款周转。

（四）资本结构价值分析方法

（1）最优资本结构的目标管理。

资本成本相关理论表明，企业在不同发展时期应确定不同时期资本结构目标，通过最优资本结构的目标管理，设置不同时期的最佳资本率，以确定权益负债类资本的比重。因此，对于资本结构的价值分析，着眼点在最优加权资本成本率确定上。资本结构变化决定了资本成本的大小，对 EVA 值产生直接影响。高资本成本率不仅是电网企业实施 EVA 绩效考核的现实障碍，而且直接影响企业价值目标的实现，表 9 反映出资本结构与企业价值之间的相关性。

表 9 资本结构目标管理价值分析

驱动因素名称	约束条件	与 EVA 的相关性
资本结构	WACC 越低	负相关
	WACC 越高	负相关
	WACC 越趋近合理区间	正相关

（2）资本结构优化设计。

资本结构决定资本成本的大小，对 EVA 值产生直接影响。债务资本和权益资本是直接影响 WACC 计算的两个方面。资本结构的价值分析就是指债权资本和股权资本的构成，具体到指标层，比如资产负债率，以及对负债结构的分析，如短期借款占全部借款的比例。价值管理强调节约资本，提倡使用无息负债。因此，带息负债和无息负债占资金来源总额的比重也是重点关注的分析指标。在满足生产经营活动需要基础上，根据资产结构特点，兼顾发展和效益原则，合理安排各种资产比例和金额大小，减少资本占用。

（3）降低资本成本。

降低资本成本要合理安排负债结构。应充分了解各项负债特点，根据各项负债特点合理安排负债结构。注重期限、时间和成本比较，合理搭配借款期限。

要注重筹资时机。在进行融资安排时，应结合企业资产结构和变动情况，以及企业的融资政策进行合理搭配。通过增加债券类低成本资金，合理准确预测月度资金需求及缺口，提高资金预算管理精确度，提高融资借款使用效率。针对电网企业，还要完善集团账户体系，进一步强化资金集中管理，优化资金配置，提高资金调控能力，压缩电费资金流转级次和资金拨付级次，优化集中支付流程，提高结算效率，降低资金使用成本。

（五）投资行为价值分析方法

对电网企业而言，对企业未来成长价值影响最显著的就是固定资产投资行为。固定资产投资行为可以划分为可研阶段、施工建造、使用过程、经济效益后评价四个环节。

1. 投资项目可研阶段价值分析

在可研阶段，除了在技术层面进行必要可行性分析，还应将投资项目的价值贡献进行预测。可以将投资项目分为以下三个类别：①增加经济效益的投资，主要是指能够对预期售电量或预期收入产生显著影响的投资。例如，电网基建项目中的增容、新建项目；②降低风险和损失的投资，此类别的投资行为多为隐形投资项目，虽不能直接带来售电收入的增加，但对保障电网安全可靠运行至关重要。例如继电保护设备，用电计量设备等；③提高管理效能的投资，目的是提高企业的精益化管理水平，保障企业高效运行。由于并不是所有项目的预期效果都可以量化，所以，三类项目需要采用不同的价值分析方法。

（1）增加经济收益的投资项目决策方法。

对于增加经济效益的投资，预期的增供电量和预期收入是可以统计量化的，根据EVA计算公式，结合设备资产占用金额，能够计算出预期EVA值，按照设备使用年限，将每一年度的EVA值折现加总，就能得到投入设备的量化价值。计算公式如下：

$$V(X)=\sum_{i=1}^{n}\{[(R-C_1-C_2-\cdots-C_m)-TC_1\times WACC_1]/(1+r)^n\}$$

其中，$V(X)$ 表示项目 X 的价值贡献，R 为预期带来的销售收入，C_1 到 C_m 是该项投入可能产生的成本费用，r 为EVA折现率，n 为该设备预计的使用年限。

通过上述公式计算，按照表10设计，统计年度该类投资项目的价值贡献。

表10　增加经济效益类投资项目价值贡献分析

投入项目名称		预期增供电量	预期收入	产生成本费用			预期收益	预期EVA值	预期EVA折现
				折旧	日常运维	大修			
项目A	年度1								
	年度2								
	年度3								
	⋮								
	合计								
项目B									
项目C									
⋮									
合计									

（2）降低风险和损失的投资项目决策方法。

由于该类减少风险和损失的投资项目主要功能是对于风险的管控和规避，而风险与各种可能结果和结果概率分布相联系。因此，采用概率分布方法对可供选择的投资项目运行情况进行预测（见表11）。价值贡献计算方法与前一类别项目一致。

表11　某降低风险和损失类投资项目年度预期EVA计算情况

投资项目预计运行情况	发生概率	预期减少损失	产生成本费用			本年项目预期EVA
			折旧	日常运维	大修	
减少故障						
运行正常						
发生故障						

由于降低风险与损失的设备投资存在诸多不确定因素，为精确预测结果，对预期EVA发生的概率分布再次进行计算。根据期望效用理论，以预期EVA值折现为随机变量 X，根据投资项目的预计运行情况设置概率，以概率取值，i=1，2，3，…，n，而某项目再确定地得到预期EVA值，那么，该随机变量带来的价值（EVA折现）是：

$$U(X)=\sum_{t=0}^{n}[u(X_N)]=P_1\mathrm{u}(X_1)+P_2\mathrm{u}(X_2)+P_3\mathrm{u}(X_3)+\cdots+P_n\mathrm{u}(X_n)$$

其中，$U(X)$ 表示关于该类别所有投资项目的预期价值贡献。财务部门可以通过表 12 进行该类别投资项目的价值贡献分析。

表 12　投资项目价值贡献

<table>
<tr><th rowspan="2">t（年）</th><th colspan="2">A 项目</th><th colspan="2">B 项目</th><th colspan="2">C 项目</th><th rowspan="2">……</th><th colspan="2">N 项目</th></tr>
<tr><th>EVA 折现</th><th>概率</th><th>EVA 折现</th><th>概率</th><th>EVA 折现</th><th>概率</th><th>EVA 折现</th><th>概率</th></tr>
<tr><td>0</td><td>-5000</td><td>1</td><td></td><td></td><td></td><td></td><td></td><td></td><td></td></tr>
<tr><td rowspan="3">1</td><td>3000</td><td>0.25</td><td></td><td></td><td></td><td></td><td></td><td></td><td></td></tr>
<tr><td>2000</td><td>0.5</td><td></td><td></td><td></td><td></td><td></td><td></td><td></td></tr>
<tr><td>1000</td><td>0.25</td><td></td><td></td><td></td><td></td><td></td><td></td><td></td></tr>
<tr><td rowspan="3">2</td><td>4000</td><td>0.2</td><td></td><td></td><td></td><td></td><td></td><td></td><td></td></tr>
<tr><td>3000</td><td>0.6</td><td></td><td></td><td></td><td></td><td></td><td></td><td></td></tr>
<tr><td>2000</td><td>0.2</td><td></td><td></td><td></td><td></td><td></td><td></td><td></td></tr>
<tr><td rowspan="3">3</td><td>2500</td><td>0.3</td><td></td><td></td><td></td><td></td><td></td><td></td><td></td></tr>
<tr><td>2000</td><td>0.4</td><td></td><td></td><td></td><td></td><td></td><td></td><td></td></tr>
<tr><td>1500</td><td>0.3</td><td></td><td></td><td></td><td></td><td></td><td></td><td></td></tr>
<tr><td>⋮</td><td></td><td></td><td></td><td></td><td></td><td></td><td></td><td></td><td></td></tr>
<tr><td>合计</td><td colspan="2"></td><td colspan="2"></td><td colspan="2"></td><td></td><td colspan="2"></td></tr>
</table>

（3）提高经营管理水平的投资项目决策方法。

对于提高管理效能的固定资产投资，很难采用定量方法对其进行价值分析。并且，该类投资一定会导致企业 EVA 值的下降，但由于它是经营管理中必须投入的部分，所以不能轻易判断该类投资是没有价值的。该类项目预期对经营管理水平的提高程度，可以采用专家评价法进行定性的估计。该类投资的价值分析可以通过表 13 统计：

表 13　提高经营管理效能类投资价值分析

<table>
<tr><th colspan="2" rowspan="2">投入项目名称</th><th rowspan="2">预期对经营管理水平的提高</th><th colspan="2">产生成本费用</th><th rowspan="2">预期 EVA 值折现</th></tr>
<tr><th>折旧</th><th>其他费用</th></tr>
<tr><td rowspan="5">项目 A</td><td>年度 1</td><td rowspan="4">定性估计</td><td></td><td></td><td></td></tr>
<tr><td>年度 2</td><td></td><td></td><td></td></tr>
<tr><td>年度 3</td><td></td><td></td><td></td></tr>
<tr><td>⋮</td><td></td><td></td><td></td></tr>
<tr><td>合计</td><td></td><td></td><td></td><td></td></tr>
<tr><td colspan="2">项目 B</td><td></td><td></td><td></td><td></td></tr>
<tr><td colspan="2">项目 C</td><td></td><td></td><td></td><td></td></tr>
<tr><td colspan="2">⋮</td><td></td><td></td><td></td><td></td></tr>
<tr><td colspan="2">合计</td><td></td><td></td><td></td><td></td></tr>
</table>

2. 投资项目施工建造行为价值分析

对投资项目的施工行为进行价值影响因素的分析，投资项目在施工建造阶段应重点关注质量、工期和项目成本费用控制三个方面（见表 14）。

表 14　施工建造过程价值分析指标

行为过程	价值驱动因素	与 EVA 的相关性
施工建造	工期	负相关
	成本	负相关
	质量	正相关

工期延长势必导致成本费用追加，资产在建造过程中不产生价值，会推迟未来 EVA 产出时间，与 EVA 呈负相关。成本费用的高低是投入资本的增项，与 EVA 呈负相关。并且，施工建造过程中产生的成本费用往往调整支付的优先级别，这会对企业价值产生一定影响。例如，产生该项费用的行为究竟该不该做，支付费用的优先级别等，延缓支付也能够使资金使用效率提高，进而影响 EVA。通常此类型的决策依据可以参照专家评价方法。施工建设成本与其产品的质量水平也存在密切的相互依存关系。应该以工程承包合同为标准，确定适宜的质量目标。

3. 投资项目投入使用过程的价值分析

投资项目投入使用后将会创造价值，价值创造能力反映资产投入的规模结构与可持续发展状况。基于投资项目分类，以及使用过程中由于经济环境变化等产生的诸多不可控因素，企业投资项目使用过程价值创造能力应通过提升“盈利能力、经营风险管控能力以及资产管理能力”三项能力，在投资管理中抓住“预算精益化管理、资产全生命周期管理和财务集约化管理”三个落脚点，将电网企业中长期发展战略转化为具体任务和具体指标，战略的原动力就会发生多米诺激活效应和协同效应，推动财务管理工作向更纵深方向发展，全面提升电网投资项目过程价值创造能力。

4. 投资项目经济效益后评价过程的价值分析

该过程的价值分析方法是将项目后评价的指标与立项可研时提出的可行性分析与价值贡献进行对比，可以发现项目投资之后运行情况与预计的运行情况的差距，进而找出差异原因（见表 15）。

表 15　投资项目价值贡献差异分析

投资项目名称	预期价值贡献	实际价值贡献	价值差异	差异原因分析
项目 A				
项目 B				
项目 C				
⋮				

五、电网企业数据分析算例

为验证本文所提到的价值分析方法的可应用性，笔者选取 ×× 电力公司数据进行实证分析。×× 电网公司所属的集团公司是国资委控股的大型中央企业，由于其行业特性，它的经营状况关系中国国民经济命脉和国家能源安全，资产规模庞大，主要投资活动为电网工程建设项目等固定资产投资。公司倡导提升精益化管理水平，提高管理效能，是国资委 EVA 考核下的重点企业。2010 年，该电网公司在财务同业对标指标中加入了经济增加值（EVA）指标，着力提升企业价值。

根据 ×× 电力公司 5 年发展规划，假设未来 5 年企业发展战略不变，不考虑宏观经济形势变动等不可控因素，对边际条件进行预测。

从影响企业当前营运价值的角度，主要包括：购电量和售电量预测、购售电价预测、线损率预测、成本费用预测、借款利率等，在此用2013年实际数据作为基期数据，按照过去3年数据变动情况取平均值。假定上网电价、平均售电价格、平均购电成本不变情况下，预测售电量按照7.64%的增幅逐年递增。

1. 购电量和售电量

表16　2013~2017年XX电力公司购售电量预测（单位：亿千瓦时）

项目　　年份	2013	2014	2015	2016	2017
售电量	1735.27	1843.20	1957.85	2079.63	2208.98
其中：省内	1431.62	1517.80	1609.18	1706.05	1808.75
省外	303.65	326.48	351.04	377.43	405.82
购电量	1818.12	1916.30	2019.78	2128.85	2243.80

2. 购售电价

表17　2013~2017年XX电力公司购售电价预测（单位：元/千瓦时）

项目　　年份	2013	2014	2015	2016	2017
售电单价	513.12	384.84	288.63	216.47	162.35
购电单价	332.15	252.43	191.85	145.81	110.81

3. 线损率

根据业务部门提供的数据，由于线损指标比较稳定，变动相对来说没有规律性，假定未来5年线损率均为5.47%。

表18　2013~2017年XX电力公司线损率预测（单位：%）

项目　　年份	2013	2014	2015	2016	2017
线损率	5.47	5.47	5.47	5.47	5.47

4. 成本费用

2013年各项成本费用在标准成本基础上进行测算，采用实际数值，2014~2017年的成本费用选取过去3年历史数据变化情况平均值，预测成本费用按照5.29%的增幅逐年递增，预测各项输配电成本费用如表19所示。

表19　2013~2017年XX电力公司购售电量预测（单位：万元）

项目　　年份	2013	2014	2015	2016	2017
输配电总成本	1600400.00	1566311.48	1532949.05	1500297.23	1468340.90
输电费用	923.00	923.00	923.00	923.00	923.00
人工费用	34.87	37.05	39.37	41.84	44.46
折旧费用	48.19	51.24	54.48	57.93	61.60
可控费用	76.88	76.67	76.47	76.26	76.05

5. 借款利率

基期借款利息按照各项实际利率测算，新增借款利息按照现行利率测算。

假设在数据实证中，未来5年销售收入同比增长7.64%，成本费用同比增长5.29%，所得税税率（25%）等固定费率不变，资本占用为资产负债表中所有者权益项，按历史趋势同比增长11.40%，加权资本成本率选取国资委对电力行业通用的4.1%进行计算。

编制5年期预计EVA简表（见表20）。计算得出各年EVA值，查阅复利现值系数表，采用插值法，计算得出加权平均资本成本折现率，折现后EVA值之和加上基期资本占用，即为长期规划下企业的当前营运价值。

表20　2013~2017年XX电力公司当前营运价值贡献（单位：万元）

项目　　年份	2013（实际值）	2014	2015	2016	2017
售电收入	8294138	9500935	10883321	12466844	14280770
成本费用	7887543	8955517	10168094	11544854	13108027
其中：购电成本	603889	483739	387494	310398	248641
输配电成本	1600400	1566311	1532949	1500297	1468340
其他成本	5683254	6905467	8247651	9734159	11391046
所得税	12260	12908	13591	14310	15067
税后经营利润	219894	285862	285862	371621	483107
资本占用	1208437	1346199	1499665	1670627	1861079
加权平均资本成本率（%）	4.10	4.10	4.10	4.10	4.10
预测EVA值	—	230668	224376	303125	406803
EVA折现系数	—	0.96	0.92	0.89	0.85
EVA折现值	219768	221234	206695	268387	346067
当前营运价值	2470588	—	—	—	—

通过表格计算，××电力公司2013年企业营运价值即为2470588万元。

按照5年期投资规模较上一个5年适度增长原则，综合考虑发展与效益兼顾原则，在上一个5年投资基础上，预测2014~2017年公司投资需求，如表21所示，各类别投资项目按照22.87%投资增速逐年增长，进而计算2014~2017年的企业未来成长价值，如表22所示。

表21　XX电力公司2014~2017年投资需求（单位：亿元）

项目　　年份	2014	2015	2016	2017
电网基建	86.59	106.39	130.73	160.62
小型基建	2.21	2.72	3.34	4.1
零购	1.88	2.31	2.84	3.49
生产技改	5.17	6.35	7.81	9.59
非生产技改	1.18	1.45	1.78	2.19
营销投入（资本性）	7.37	9.06	11.13	13.67
信息化建设（资本性）	0.72	0.88	1.09	1.34
其他专项计划	25.37	32.98	42.87	55.73
合计	2144.49	2177.14	2217.59	2267.73

在计算未来成长价值时，预期固定资产投入中包括电网基建项目、小型基建项目、生产技改项目等，按照22.87%的增幅递增。由于无法估计新增固定资产投入所带来的预期收益，暂定为0，新增固定资产投入按平均折旧率6.5%计提折旧。根据2013年同业对标数据，每万元固定资产产生的日常运行维护费用预计675元（见表22）。

表22 XX电力公司2014~2017年未来成长价值（单位：万元）

项目　　年份	2014	2015	2016	2017
预期固定资产投资	968097	1078460	1201405	1338365
预期带来销售收入	0	0	0	0
预期新增资产折旧	62926	70100	78091	86994
预期日常运行维护费	65347	72796	81095	90340
预期EVA	−44951	−50076	−55784	−62144
EVA折现系数	0.96	0.92	0.89	0.85
EVA折现值	−43153	−46070	−49648	−52822
未来成长价值	−191693			

根据企业未来成长价值公式，企业未来成长价值即为EVA折现值之和，2014~2017年企业未来成长价值为−191693万元。

应说明的是，目前理论界关于电网投资与利润贡献的研究，并没有有力说明电网企业固定资产投资与预期售电量有明显相关性，上述算例中该电力公司的总价值，并没有因预期的固定资产投入而增加。因此，建议电网企业对固定资产投资行为进行科学管理，合理规划投资行为的价值，抑制固定资产盲目投资。

六、结论

本文通过建立一套以企业价值目标为中心的行为价值分析方法体系，使企业管理者和员工更加明晰自身行为的价值贡献，判断日常企业经营决策是否偏离价值管理目标，同时引导企业的努力方向。使得在价值管理理念下，企业目标的改变能够引发经营决策视角、决策观发生系统性变革，区别于现行经营决策判断标准，企业的价值目标定位直接引导企业行为朝着价值增值方向转变。企业行为的价值分析方法标准的建立，是开展企业价值预算管理的基础性保障。

根据企业行为的必要性和相关性，以及企业行为的价值影响因素，提出分析方法判断行为价值，为经营管理者提供决策依据。不同的企业行为对企业价值影响不同，应采用不同的行为价值分析方法，针对电网企业的行为价值分析，按照影响企业价值的不同方面分别进行研究。

（1）收入和成本费用行为价值分析与决策。通过对收入、费用的价值驱动因素进行分解，得到支持该驱动因素的关联指标，通过这些指标与EVA之间的相关性，建立约束条件，进一步细化收入、费用行为的管控节点和管理路径。

（2）现有资产和资本成本行为价值研究与决策。通过对资产采用认领办法，对公司的资产管理行为进行价值分析，并以满足企业生产经营活动需要为目的编制企业的固定资产零基预算。对现有流动资产采用定额制加认领制办法，对流动资产管理的具体行为进行价值分析，确定各项流动资产最佳持有额度，加强流动资产周转管理，提高流动资产利用效率。资本成本优化通过最优资本结构目标管理，设置不同时期的最佳资本率，以确定权益负债类资本比重。

（3）固定资产投资行为价值分析与决策。从立项可研、施工建造、使用过程、经济效益后评价四个环节研究公司投资行为的价值分析方法。在立项可研环节，分别为增加经济效益的投资、降低风险和损失的投资及提升经营管理水平的投资提供了价值贡献判断方法；在施工建造环节和使用环节，对影响该行为的价值驱动因素与EVA的相关性进行分析，明确管理重点；在经济效益后评价环节，侧重将项目后评价指标与立项可研时提出的可行性分析与价值贡献进行对比，找出差距并分析原因。

（4）设计出企业价值计量模型，以电网企业实际数据为例，从影响企业价值的不同方面入手，界定××电力公司的企业价值内涵与计量表现形式，为价值计量决策提供具体方法，该数据实证验证了价值行为分析方法的可操作性。

参考文献

[1] 陈良华. 价值管理——一种泛会计概念的提出 [J]. 会计研究，2002（10）：53-56.

[2]（美）科普兰. 价值评估：公司价值的衡量和管理 [M]. 北京：中国大百科全书出版社，1998.

[3] Ittner C，Larcker D. Assessing Empirical Research in Managerial Value Based Management Perspective [J]. Journal of Accounting and Economics，2001.

[4] 肖曼. 基于价值管理视角的管理会计实证研究——伊德纳和拉克《评价管理会计实证研究》评析 [J]. 财会通讯（综合），2010，4（上）：131-134.

[5] 赵治纲. 央企推进EVA考核需解决的几个关键问题分析 [J]. 中国总会计师，2010（12）：60-61.

[6] 陈志斌. 基于自由现金流管理视角的创值动因解析模型研究 [J]. 会计研究，2006（4）：58-62.

[7] 赵振全，耿玉新. 价值增加法在中国公司投资价值评估中的应用 [J]. 当代经济研究，2005（4）：43-47.

[8] 肖新. 基于经济增加值（EVA）公司价值评估方法改进及应用研究 [D]. 2010.

[9] 刘圻. 企业价值管理创新模式研究——基于自发秩序与程序理性的视角 [J]. 会计研究，2010（8）：36-41.

[10] 张颖. 火力发电企业价值驱动因素研究 [D]. 2013.

[11] Martin J. D.，William Petty J. Value Based Management：The Corporate Response to the Shareholder Revolution [J]. OUP Catalogue，2001.

[12] Malmi T.，Ikäheimo S. Value Based Management Practices—Some Evidence from the Field [J]. Social Science Electronic Publishing，2003（3）：235-254.

[13] Ellis R. C. T.，Keel G. D. W.，et al. Value Management Practices of Leading Uk Cost Consultants [J]. General Information，2005，23（5）：483-493.

[14] 潘飞，文东华. 实证管理会计研究现状及中国未来的研究方向——基于价值管理视角 [J]. 会计研究，2006（2）：81-86.

[15] 刘翠萍. 企业员工行为价值管理 [D]. 2010.

[16] 李红. 国有企业EVA价值管理研究 [D]. 2009.

[17] 王刚. EVA模型在电网企业中的应用探讨 [J]. 会计之友，2008（5）：106-107.

[18] 国资委. 中央企业负责人经营业绩考核暂行办法.

[19] 国资委. 关于以经济增加值为核心加强中央企业价值管理的指导意见.

失误成本管理在石油钻探公司的应用研究

申报单位：中国石油集团川庆钻探工程公司川西钻探公司
第一作者：唐静洁　　作者：龚国杨　刘力　张万川

［摘要］近年来，我国石油行业经受着国内外市场、经济、政治因素多重考验。对工程技术服务板块的川西钻探公司而言，面临的挑战尤为严峻。

本文主要采用规范研究与实例分析相结合的研究方法。在规范研究中，运用文献法以及归纳法，理清研究思路，确立研究对象；在案例分析中，采用实地调查法，通过深入石油钻探公司，现场调查，咨询专家，根据钻探公司行业特征，为失误成本管理提供科学方法。

［关键词］失误成本　应用流程

近年来，我国石油行业经受着国内外市场、经济、政治因素的多重考验。2014 年以来，钻井市场受甲方投资工作量下降影响，工作量严重不足，进入 2015 年后形势尤为严峻，迫使钻探公司不得不创新管理，改革转型。公司借鉴失误成本管理理念，结合自身实际情况，实践管理创新，同时争取不断优化作业过程，提高作业服务质量，避免返工和人为因素导致的事件等造成不必要损失，以不断创新公司成本管控措施。

一、失误成本内涵

（一）失误成本概念

失误成本，从广义上来讲，是由于管理出现的种种问题给公司造成经济、形象、信誉等方面损失之和。狭义的失误成本包括服务保障不及时导致的一线生产衔接不流畅所带来的经济损失以及因停等过长出现事故导致的形象、信誉等损失。对于钻探公司而言，失误成本包括两个方面：一方面是出现失误后，为了消除其带来的负面影响而发生的材料、劳务等实际成本；另一方面是出现失误后，钻井队不能正常钻井所发生的时间成本。

（二）失误成本类型

失误成本按失误过错方可分为五种类型：一是施工单位自身执行意识不强或者越岗越权、违章操作等造成自身失误成本；二是后辅单位协作配合不紧凑，产品、服务质量差造成的后辅失误成本；三是机关各相关职能部门措施指令不当造成的管理失误成本；四是横向协作单位服务保障不及时造成的横向失误成本；五是外部单位以及甲方过失导致的外部失误成本（见表 1）。

表1　失误成本类型

失误成本类型	失误成本名称	来源追溯
Ⅰ类	自身失误成本	施工单位
Ⅱ类	后辅失误成本	公司后辅单位
Ⅲ类	管理失误成本	公司职能部门
Ⅳ类	横向失误成本	横向协作单位
Ⅴ类	外部失误成本	外部单位以及甲方

（三）失误成本归集方法

由于失误导致的直接损失，包括钻头、钻井液、柴油、水电费、机油、其他材料、运输费、钻井工具、修理费等有计量依据的，按照实际发生金额计入失误成本的直接损失。由于失误导致的间接损失，包括人工费、固定资产折旧、摊销等固定成本，按照钻井队上一年平均水平计算出每日费用，量化失误带来的时间成本。

二、失误成本管理试点情况与存在的问题

在公司范围内推广失误成本管理之前，钻探公司首先在作业地区各钻井队中进行失误成本写实试点。通过试点工作，失误成本管理在实际应用中遇见的一些问题也暴露出来。

（一）失误成本缺乏有效的监管机制

大部分试点队伍认为，失误成本的产生多是由于公司后辅单位以及横向协作单位的管理与服务意识不到位。失误成本写实虽然可以将过失显性化，但是需要一个机构或者平台对整个写实过程进行监督，对失误责任进行划分与追究，并出台相配套的管理办法以解决失误成本产生之后带来的一系列问题。

（二）失误成本写实存在关系协调方面的风险

钻井作业是一项强调团队协作的工作，每一个工艺流程都需要多家单位相互配合。试点队伍担心如实反映失误成本会在无形中得罪相关方，不利于以后工作的组织和开展。比如暴露后辅单位的失误，在之后的工作中，后辅单位会找各种借口推诿，拖延钻井队施工进度；暴露横向协作单位的失误，在协调关系工作中又会遭到来自甲方、公司职能部门等各方压力。这些情况对钻井队反而得不偿失，试点队伍的主要负责人对此都心存疑虑。

（三）钻井队因自身内部管理产生的失误成本界定尺度不好把握

由于钻井队因内部管理产生的失误成本，从钻井队角度来说是不容易界定的。首先，井队在上报失误成本的时候存在一定主观性。其次，目前缺乏对钻井队内部失误成本的监管鉴定机构与机制。最后，目前钻井队在工艺技术措施制定上拥有的自主性较以前大大降低，出现的部分失误成本与公司相关部室也有一定责任。

（四）需建立失误成本相关激励制度

所有试点队伍最关心的就是失误成本推广工作能为自己的队伍带来哪些实惠，考核时是否会将失误成本剔除后再进行考核。建立起配套的激励制度，员工的积极性才能充分调动起来，管理工作

才能更进一步。

（五）失误成本类型细化分类

失误成本的推广工作尚在探索阶段，对失误成本类型的把握处于模糊阶段，需要公司出台较为明确的分类标准，将失误成本细化再反馈到钻井队。公司与钻井队之间还需相互沟通，确定出一个较为完善的失误成本分类体系，对全面推开失误成本写实工作更具有指导意义与可操作性。

三、失误成本管理应用措施和对策

根据失误成本写实暴露出的问题，钻探公司不断探索创新，从战略角度关注失误成本管理，采取了一系列措施和对策。

（一）成立公平公正的仲裁机构，出台配套管理办法

公司成立失误成本仲裁委员会，由公司主要领导担任主任，副主任为公司分管生产和技术的领导，成员为公司其他领导，失误成本仲裁委员会负责失误成本责任划分、仲裁工作。同时设立失误成本管理工作组，组长由公司总会计师担任，成员由公司各职能部门主要负责人组成，失误成本管理办公室设在财务资产部。失误成本管理工作组负责监督指导公司所属井队、项目部以及公司后辅单位的失误成本管理工作。

（二）灵活运用标准成本写实、钻具管理系统等工具

在生产组织管理上，采用“平行作业施工”方法，无缝衔接工作流程，减少无价值工序，从根源上减少失误成本出现的可能性。同时在标准成本写实的基础上进行提炼，在不增加钻井队伍员工工作量的情况下，按照真实、可靠、可计量原则归集出失误成本造成的间接损失。灵活运用钻具管理系统工具，规避钻井队伍与公司后辅单位关系协调方面风险。

（三）鼓励上报自身失误成本，建立经验分享平台

公司鼓励所属单位上报自身失误成本，根据上报失误事件案例进行全公司经验分享，在失误成本考核过程中不再进行奖惩，旨在不断提升自身管控水平，推动公司整体管理工作不断提升。

（四）配套考核办法，激励职工积极性

公司对所属各单位进行考核时，根据失误成本管理工作组核实结果及失误成本仲裁委员会仲裁意见，按照失误损失金额对被考核单位指标进行调整，结合《钻探绩效考核管理办法》进行考核兑现，从而激发员工工作潜力和积极性，提高其参与成本管理工作意识。

从被裁定对失误成本负责的单位以及谎报、瞒报失误成本单位工资总额中扣除一定数额用以建立失误成本管理考核奖励金，鼓励该项工作顺利推行。

四、失误成本管理应用流程

失误成本发生后，按照以下五步流程进行责任追究：

第一步，由受损单位详述受损事件过程，并提供真实、可靠、可计量的证据，按照失误成本计

算方法进行计算统计，填报失误成本申报表，于每周五向失误成本管理办公室举证申报。

第二步，由失误成本管理办公室将申报材料汇总整理后报失误成本管理工作组。

第三步，由失误成本管理工作组在5个工作日内对责任主体及失误分类明细进行核实，裁定相关方承担的责任和金额。

第四步，若出现有异议的事项，失误成本管理办公室统一汇总整理后，提交失误成本仲裁委员会，每月组织相关方召开一次仲裁会进行最终裁定。

第五步，将公司内部责任方承担的失误成本金额纳入绩效考核（见表2）。

表2　管理流程

序号	流程步骤
Ⅰ	受损单位填报失误成本申报表，于每周五向失误成本管理办公室举证申报
Ⅱ	失误成本管理办公室将申报材料汇总整理后报失误成本管理工作组
Ⅲ	5个工作日内失误成本管理工作组对责任主体及失误分类明细进行核实，裁定相关方承担的责任和金额
Ⅳ	异议的事项提交失误成本仲裁委员会，每月组织相关方召开一次仲裁会进行最终裁定
Ⅴ	将公司内部责任方所承担的失误成本金额纳入绩效考核，公司外部责任方所承担的失误成本做相应处理

对公司外部责任方处理方式如下：

第一，将横向协作单位责任导致的失误成本内容及金额如实上报总公司，在与对方结算时从款项中调整。

第二，甲方责任导致的失误成本内容及金额，由市场开发部向甲方申报，争取结算调整追加。

第三，对于出现失误的公司供应商和承包商，在结算时按造成损失扣除，同时将失误成本作为对其年度考核的重要内容。

五、失误成本管理创新研究在钻探公司应用情况

2015年上半年，失误成本管理办公室收到23支钻井队上报影响成本事项共计123项，上报损失时间3771小时（约合157天），上报损失费用1165万元。失误成本管理工作组分两次将上述123项事项进行了核实、判断，认定其中93项为失误成本，共计损失时间3023小时（约合126天），损失费用920万元；其中23项不属于失误成本范畴，但依然影响生产时间719小时（约合30天），影响井队费用222万元；存在争议待失误成本仲裁委员会仲裁事项7项，涉及损失时间28小时，损失费用24万元。

根据上述失误成本损失金额，钻探公司已作为钻井队单井绩效考核和公司后辅单位调整依据，同时在结算时向横向协作单位与外部单位进行调整，建立有责赔偿制度。通过对失误成本管理的不断探索、创新，勇于运用新方法、新工具，通过科学化、制度化、标准化、定量化、程序化方法，优化项目资源配置，对生产流程进行监测，使钻探公司能够快速适应市场环境条件变化。

我国寿险业资金运作效率评价及其因素分析

申报单位：苏州大学商学院
第一作者：沈能　　作者：吴思慧

[摘要] 中国寿险业资金运作效率一直是社会关注的热点问题，本文通过运用关联两阶段DEA模型对中国寿险业2009~2012年资金运作总效率及两阶段子效率表现和变化情况进行测评。研究发现，中国寿险行业存在资金运作效率不高现象。通过比较发现，中资寿险公司筹资效率高于外资，外资公司投资效率高于中资，随时间推移两者差距逐渐缩小。实证发现，公司规模、人力资本、公司成立时间及股权结构对我国寿险业的资金运作效率存在显著影响。

[关键词] 寿险业　效率　关联两阶段　影响因素

一、引言

1980年复业以来，我国寿险行业突飞猛进地发展，截至2012年底，我国寿险业的保费收入已经达到8908.06亿元，相比于1980年16亿元增长了555倍。虽说我国寿险业发展速度迅猛，可我国寿险业粗放式增长，盲目扩大规模，保费收入的高速增长与资金运作的低效率问题突出。2001年中国加入WTO以来，我国保险业对外开放程度越来越高，世界主要发达国家的保险公司都已经进入中国，截至2012年底，已有中资寿险公司42家，外资寿险公司26家。随着外资不断进驻中国保险行业，我国各保险机构面临着越来越激烈的市场竞争。此外，2008年爆发的金融危机导致全世界金融市场形势恶化，面对外资的不断冲击、激烈的市场情况及不乐观的经济形势，近年来我国寿险业的资金运作效率表现如何？本文通过建立效率评估系统，帮助了解金融危机后我国寿险业的资金运作效率情况，为企业提供建议。

目前理论界效率研究的方法主要包括参数法和非参数法两大类。参数法需要预先设定函数形式，并用样本数据估计最优生产前沿，因此函数形式设定最为重要。参数法可以进一步分为随机边界法、自由分布法、厚边界分析法三种，其中随机边界法的应用较为普遍，其优点在于可以把纯粹的随机误差项剔除，缺点在于函数形式的确定或误差项的确定难度较大。非参数法又称数学规划法，主要包括数据包络分析（DEA）和无界分析法两种。其优点在于不需要指定函数形式，避免主观因素误差，简化计算，实用性强。DEA效率评估方法首次由Charness等人提出，由于其独特的优势，在许多行业效率研究文献中被采用。虽然国内很多文献开始尝试使用DEA方法研究我国保险业效率，但这些文献往往把我国保险业当做一个不可分割的“黑箱”，没有考虑投入到产出的中间过程，无法真正找到我国保险业非效率出现环节，不能为企业提供有益的参考。

本文针对传统文献使用DEA模型的不足，借用关联两阶段DEA模型，打开寿险业企业运作的中间环节，将我国寿险业分为资金筹集和资金收益两个阶段，通过对2009~2012年我国22家中资和18家外（合）资，共40家寿险公司进行效率评估，具体测度及分析了我国寿险行业资金的筹集和收益效率，并且建立了面板数据分析影响效率的因素，为我国寿险业的发展提供建议。

二、文献综述

效率主要描述投入要素与产出要素之间的关系，透过效率衡量可了解一组投入要素转换成产出过程的绩效表现。数据包络分析（Data Envelopment Analysis，DEA）是一种被广泛使用的效率评价方法，主要根据柏拉图最适解（Pareto Optimal Solution）的观念，评估一个决策单位（Decision Making Unit，DMU）之相对效率。DEA理论的发展源于Farrell的研究，Farrell（1957）最早提出了以边界生产函数概念衡量决策单位的生产效率水平，其生产效率的衡量，乃是将最具效率的生产点连接成生产边界，而任一真实生产点和生产边界的差距即表示生产点的无效率程度。Farrell之后，Charnes、Cooper和Rhodes（1978）基于规模报酬不变假设提出了CCR模型，Banker等（1984）随后放松了CCR模型假设，提出了规模报酬可变BCC模型。随着DEA发展及理论应用的深入，CCR与BCC模型缺陷暴露出来，两个模型都没有考虑投入到产出的中间过程，无法真正找到无效率的中间环节。因此Fare（1996）提出了网络DEA，认为生产过程是由许多子生产技术构成，并将次生产技术视为子决策单位（Sub-DMU），以传统CCR、BCC模式求最适解，Cummins（1998）借用该模型测算美国寿险业的效率。Seiford和Zhu（1999）提出了两阶段DEA模型，首先利用两阶段分析了美国商业银行的Operational和Market绩效。Zhu（2000）用同样方法评估Fortune 500企业的效率。Luo Xueming（2003）借用两阶段DEA模型测算美国大银行的经营效率和盈利效率。其次在企业运营中各个生产子阶段往往是前后关联的，于是Kao和Hwang（2008）进一步改进了两阶段DEA模型，提出关联两阶段DEA模型，此模型可以同时计算出两阶段效率。

国内关于保险公司效率测度研究起步较国外晚，李心丹（2003）运用传统CCR模型对我国9家保险公司1999年的效率值进行了测度，选取的投入指标有职工人数、业务支出和实物资产三项，产出指标有资产利润率和业务收入两项，得出的结论是：中国保险业效率普遍较低，存在很大的发展空间。侯晋和朱磊（2004）运用DEA分析中国财产保险市场上中资公司经营效率，选取投入指标有人力资本、营业费用及实收资本三项，产出指标有实际期望损失及投资获利两项。通过CCR模型 和BCC模型测算下的效率比较分析得出：经营的无效率是导致盈利能力低下的主要原因。姚树洁（2005）收集了中国22家保险公司1999~2002年一组数据，运用DEA方法评估了它们的效率分数，并应用简单的计量模型鉴别和确定了决定效率高低的主要因素。不过，该文所选用的DEA模型及计量模型较简单，对于保险效率的研究还有待进一步完善。黄薇（2009）使用资源型两阶段DEA模型对我国保险公司1999~2006年的资金运用效率进行了仔细分析，该文分层次具体分析了我国保险公司资金效率问题，但没有进一步分析决定效率值的主要因素。赵桂芹（2009）通过超效率DEA模型测算2005~2007年我国23家寿险公司效率状况，并且对称截断最小二乘模型实证发现成立时间和市场份额对寿险公司效率的影响显著，公司规模和所有权形式对寿险公司效率的影响并不显著。但是文中使用的超效率模型无法找到导致效率低下的中间环节，文中也没有对中资和外资寿险公司进行比较研究，而且样本容量较小。魏平和亓磊（2014）利用三阶段 DEA 模型对财产保险公司 2005~2011 年技术效率进行了实证研究，结合回归分析发现人力资本、公司组织形式、投资模式对财险公司技术效率有正向影响。但是财险公司和寿险公司的经营模式及特点存在较大差距，适合财险的理论不一定适合寿险，所以有必要实证研究寿险效率及影响因素。

综上所述，虽然国内近年来使用 DEA 对我国保险行业的研究越来越多，但是很多文献所使用的模型比较落后，无法进一步找到无效率的环节。而且很多文献忽视效率测算出来后的进一步研究，很少使用计量模型寻找决定效率的主要因素。此外，我国保险业主要分寿险和财险，这两种保险本身的特点及经营模式存在很大差异，应该区分开来进行研究。本文针对以上不足，应用关联两阶段 DEA 模型对我国寿险业 2009~2012 年资金运作效率进行了测度，并且进一步使用面板数据回归分析，寻找出决定我国寿险业资金运作效率的主要因素。

三、模型及数据

（一）效率值测度模型

针对传统 DEA 模型 CCR 及 BCC 没有考虑生产中间过程的不足，两阶段 DEA 模型应运而生。两阶段 DEA 模型的基本概念在于打开生产过程的“黑箱”，将 DEA 的投入与产出效率关系扩展至整个生产过程，从而在绩效评估当中使评估结果具备完整的解释能力，而不至于产生偏误。如图 1 所示，整个生产过程包括投入、从投入至产出的中间过程、产出三个部分。初次提出两阶段时把每一阶段皆分开，认为两个生产子阶段是独立的。可是许多情形不可能是独立的，如制造业与零售业的关系。随后有人提出两阶段相关联的 DEA 模型，Seiford 和 Zhu（1999）首先利用两阶段模型分析美国商业银行的 Operational 和 Market 绩效。

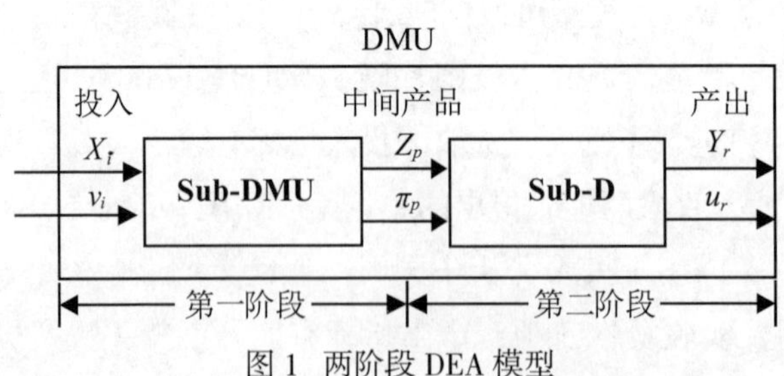

图 1 两阶段 DEA 模型

上述模型也存在不足之处：问题在于第一阶段产出越高越好，但第一阶段产出为第二阶段投入，我们希望第二阶段投入越少越好，故会产生矛盾。Kao 和 Huang（2008）针对这个问题提出改良的两阶段 DEA 模型，在计算第一阶段效率的同时把第二阶段影响纳入模型中，具体模型如下：

决策单元 k 的综合效率 E_k 为：

$$E_k = \max \sum_{r=1}^{s} u_r Y_{rk}$$
$$\begin{cases} s.t. \ \sum_{i=1}^{m} v_i X_{ik} = 1 \\ \sum_{r=1}^{s} u_r Y_{rj} - \sum_{i=1}^{m} v_i X_{ij} \leqslant 0, j = 1,\dots,n, \\ \sum_{p=1}^{q} w_p Z_{pj} - \sum_{i=1}^{m} v_i X_{ij} \leqslant 0, j = 1,\dots,n, \\ \sum_{r=1}^{s} u_r Y_{rj} - \sum_{p=1}^{q} w_p Z_{pj} \leqslant 0, j = 1,\dots,n, \\ u_r, v_i, w_p \geqslant \varepsilon, \quad r = 1,\dots s; i = 1,\dots, m; p = 1,\dots, q. \end{cases} \tag{1}$$

由模型测算出E_k^0后，设置E_k^0最有效率，根据$E_k^0 = E_k^1 \times E_k^2$，进一步测算$E_k^1$。

第一阶段的效率计算模型为：

$$E_k^1 = \max \sum_{p=1}^{q} w_p Z_{pk}$$
$$\begin{cases} s.t. \ \sum_{i=1}^{m} v_i X_{ik} = 1 \\ \sum_{r=1}^{s} u_r Y_{rk} - E_k \sum_{i=1}^{m} v_i X_{ik} = 0 \\ \sum_{r=1}^{s} u_r Y_{rj} - \sum_{i=1}^{m} v_i X_{ij} \leqslant 0, j = 1,\dots,n, \\ \sum_{p=1}^{q} w_p Z_{pj} - \sum_{i=1}^{m} v_i X_{ij} \leqslant 0, j = 1,\dots,n, \\ \sum_{r=1}^{s} u_r Y_{rj} - \sum_{p=1}^{q} w_p Z_{pj} \leqslant 0, j = 1,\dots,n, \\ u_r, v_i, w_p \geqslant \varepsilon, \quad r = 1,\dots s; i = 1,\dots, m; p = 1,\dots, q. \end{cases} \tag{2}$$

第二阶段的效率值可以根据 $E_k^2 = E_k^0 / E_k^1$ 计算得出，同理第一阶段效率值可以根据 $E_k^1 = E_k^0 / E_k^2$ 计算出来。

本文即采用了 Kao 和 Huang（2008）改良的两阶段 DEA 模型，将保险机构资金运用过程分为资金筹集和投资收益相关联两个阶段（见图 2）。其中，在资金筹集阶段，保险机构通过投入人力资本、金融资本及营业费用开展经营活动，吸引客户投保以获得保费收入；在资金收益阶段，保险机构通过运用保费收入进行投资获取收益。

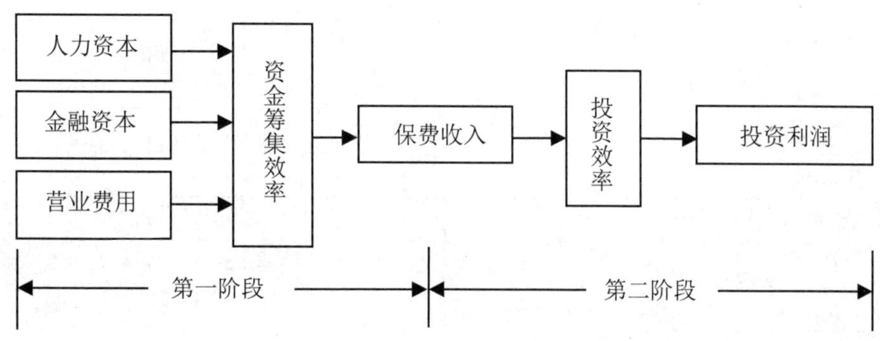

图 2　保险资金运作两阶段模型

（二）指标与数据选取

本文将寿险公司经营分为两个阶段：第一阶段是资金筹集阶段，即保险公司以现有人力、物力、财产的投入取得低成本的保费收入阶段；第二阶段是资金收益阶段，公司通过对筹集到的资金投资到高收益项目中获得投资收益。借鉴已有的文献研究，从保险机构资金运用过程的特点和数据可得性角度出发，本文选取的各阶段投入、产出指标如表 1 所示。

（1）投入指标：人力资本（X1）、其他营业费用（X2）、金融资本（X3）。

（2）中间产出指标：保费收入（Z1）、保费收入既是资金筹集阶段的产出，又是资金收益阶段的重要投入，寿险公司的投资资金主要来源于保费收入。

（3）最终产出指标：投资利润（Y1）作为资金运用过程的总输出变量。投资收益是保险公司运用保费收入进行投资获得利润的主要来源，既是第二阶段的产出，也是系统最终产出指标。

表 1　投入产出变量及其含义

变量编码	变量名称	计算方法
X1	人力资本	手续费支出 + 佣金支出
X2	其他营业费用	业务及管理费
X3	金融资本	资本 + 资本公积
Y1	投资利润	投资利润 = 投资收益 − 对联营企业和合营企业的投资收益 + 公允价值变动收益 + 汇兑收益
Z1	保费收入	保费收入

四、实证分析

通过上文分析可以看出，两阶段关联 DEA 模型克服了传统的 DEA 模型忽略中间产出的缺点，可以更科学客观地对决策单元的效率进行测度，并且提供更加充分的信息。本文根据两阶段关联 DEA 模型可以分别计算出各家保险机构在资金筹集阶段、投资收益阶段的子效率和资金运作全过程的整体效率。由于篇幅有限，在这里不再列出 2009~2012 年各年 40 家寿险公司效率值。根据 2009~2012 年 40 家寿险公司各指标平均值，并且利用 DEA Frontier 软件计算得到的资金运作效率及两阶段子效率，如表 2 所示。

表 2　基于两阶段 DEA 模型测算的中国寿险业 2009~2012 年平均效率

DMU	TE	CE	IE	DMU	TE	CE	IE
中国人寿	0.1296	0.6386	0.2029	恒安标准	0.0608	0.2994	0.2031
平安人寿	0.1268	0.5141	0.2465	中英	0.0544	0.3677	0.1479
太保人寿	0.1082	0.5615	0.1927	信诚	0.0541	0.4485	0.1206
新华	0.1000	0.7401	0.1351	中德安联	0.0559	0.3803	0.1470
人保	0.1207	0.9977	0.1210	友邦上海	0.1675	0.5478	0.3058
太平	0.0893	0.6710	0.1330	中意人寿	0.2394	0.7768	0.3082
泰康	0.1923	1.0000	0.1923	中荷	0.0842	0.4006	0.2102
生命	0.0558	0.4699	0.1187	大都会	0.0585	0.5682	0.1030

续表

DMU	TE	CE	IE	DMU	TE	CE	IE
民生	0.0444	0.3435	0.1293	招商信诺	0.0095	0.3299	0.0288
合众	0.0853	0.5179	0.1647	海康	0.0250	0.1890	0.1322
阳光	0.0835	0.6032	0.1384	光大永明	0.0882	0.5543	0.1590
华泰	0.0680	0.5265	0.1291	中宏	0.0339	0.3007	0.1128
农银	0.0920	0.5681	0.1619	建信	0.0616	0.5654	0.1089
长城	0.0582	0.4326	0.1345	国泰	0.1120	0.4293	0.2609
英大	0.1528	0.3781	0.4041	金盛	0.0254	0.5635	0.0450
幸福	0.0649	0.5300	0.1224	瑞泰	0.8154	0.8154	1.0000
国华	0.0985	0.7825	0.1259	长生	0.0663	0.3417	0.1941
华夏	0.0338	0.4367	0.0773	中新大东方	0.0695	0.4977	0.1396
信泰	0.0314	0.3500	0.0898	总平均数	0.0990	0.5372	0.1743
中邮	0.0478	1.0000	0.0478	外资平均数	0.1156	0.4654	0.2071
百年	0.0339	0.4264	0.0796	中资平均数	0.0853	0.5960	0.1474
天安	0.0597	0.6237	0.0957				

注：其中 TE 表示总效率，CE 表示资金筹集效率，IE 表示投资收益效率。

（1）两阶段 DEA 模型结果总体分析。

通过表 2 可以发现：中国寿险业无论是资金筹集子阶段和投资收益子阶段的效率，还是资金运作全过程的整体效率，分数都不高。说明我国寿险业发展中还存在着大量冗余投入和管理效率低下情况。进一步观察表 2 效率值的测度可以发现，我国寿险机构的总体效率值没有一个到达技术有效，表明我国寿险机构存在较大的技术无效性。2009~2012 年 4 年的总体效率值仅为 0.0989；在资金筹集阶段的子效率的平均效率值为 0.5372，达到 DEA 有效的有泰康人寿和中邮人寿两家；在投资收益阶段子效率平均值为 0.1742，达到 DEA 有效的只有瑞泰人寿。不难发现寿险公司在资金筹集阶段的效率较投资收益阶段优势明显，我国寿险业效率低下主要源于第二阶段资金使用效率低下。未来我国寿险业发展应该高度重视如何科学投资与运作保险资金，提高资金创利能力。

（2）中资寿险和外（合）资寿险比较。

通过表 2、图 3、图 4 及图 5 可以全面了解 2009~2012 年我国寿险业资金运作全过程的效率变化情况。从整个资金运作全过程看，总体效率平均值 0.0990，外资寿险机构略高于中资寿险机构为 0.1156，图 3 显示两者差距越来越小，2010 年以后出现中资资金运作效率略高于外资的情况；观察图 4，在资金筹集阶段，4 年期间中资效率一直大于外资，中资寿险机构平均值 0.59601 高于外资寿险机构 0.46535，这主要是由于我国寿险业完全开发时间较晚，外资在我国市场上的分支机构及网点不及中资寿险机构，不过从图 4 可以看出差距在慢慢缩小，这和外资在我国寿险业市场的深入程度不断加强有关；观察图 5，在投资收益阶段，外资效率一直高于中资，外资寿险机构平均值 0.20707 高于中资寿险机构 0.14740，这主要由于我国本土寿险机构管理水平无法达到外国发达国家寿险机构，不过从图 5 也可以看出差距也在慢慢缩小。随着外资的不断进驻给我国本土寿险机构带来竞争压力，促使我国寿险机构也在不断地自我完善，慢慢缩小和外资管理投资水平差异。

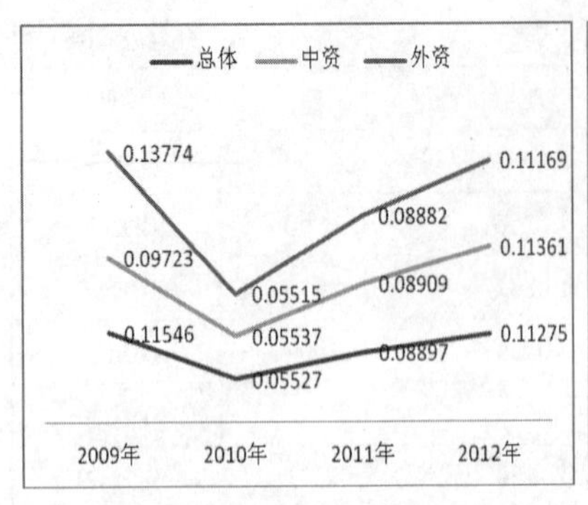

图 3 总效率趋势

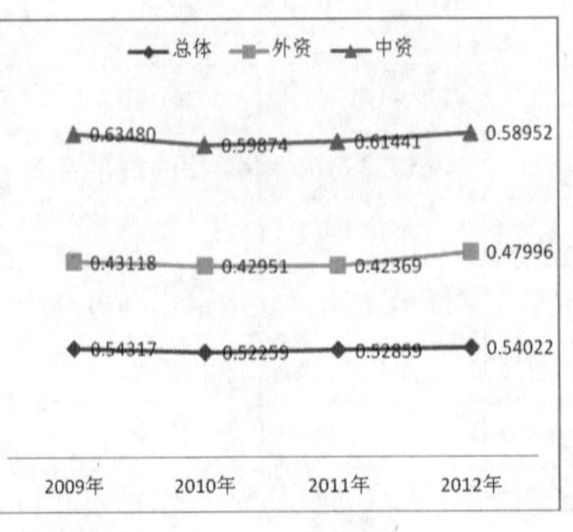

图 4 资金筹集效率趋势

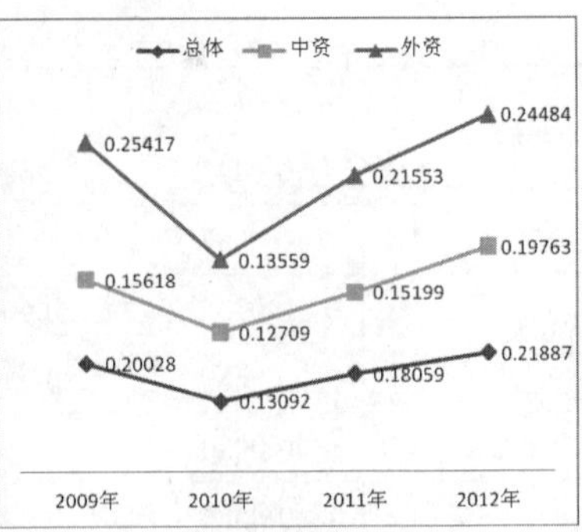

图 5 投资收益效率趋势

五、影响中国寿险业效率因素

（一）影响因素假定

前文已经通过两阶段 DEA 模型测算出我国寿险业效率水平，发现我国寿险业整体资金运作效率不高。接下来进一步寻找影响我国寿险业资金运作效率的具体因素。本文选取资产规模、公司成立时间、人力资本、股权结构四个影响因素进行实证研究，并且提出下列对我国寿险业效率有影响的重要因素假设。

假设 1：公司规模越大效率值越高。因为规模大的公司存在规模效应，尤其对于寿险公司来说，公司规模越大可靠性越强，更容易吸引客户。而且对于寿险业发展还处于初期的中国，规模大的公司很容易建立良好的品牌效应，进而吸引更多投资。一些学者如姚树洁（2005）和黄薇（2007）研究发现公司规模对效率影响显著。不过赵桂芹（2009）提出不同观点，其文章实证发现公司规模对保险效率影响效果不显著。

假设 2：公司成立时间越长效率值越高。新成立的保险公司需要花更多精力开拓市场，资金运作水平一般不高。而且成立时间越长的公司在市场上竞争力越强，更容易打出自己的品牌，吸引更多的客户，获得更多的保费收入，更加科学利用资金来提高投资效率。而且成立时间长的公司一般管理经验更加丰富，可以更好应对市场的变化。赵桂芹（2009）通过实证研究发现，成立时间对寿险公司的效率存在显著正向影响。

假设 3：优秀人力资源越多的公司效率值越高。在寿险业中，优秀员工可以创造更多的价值。一个高素质、接受过高等教育的员工可能会更好处理寿险业务中的风险问题，可能会给公司提供更好的投资策略。因此，员工受教育水平对一家寿险公司提高效率来说非常重要。

假设 4：外（合）资寿险公司比国有寿险公司效率值更高。一般认为外资寿险公司管理水平比国内寿险公司高，外资寿险公司有更多的管理经验和更好的资产管理水平。而国内寿险公司往往只依靠其规模效应一味粗放式扩张，不重视对资产的管理，忽视公司内部管理。黄薇（2007）对影响保险机构效率因素分析后指出非国有保险公司的效率普遍低于国有制机构，股权结构影响保险公司效率。赵桂芹（2009）认为所有权结构对寿险效率影响不显著。

（二）实证分析

面板数据回归模型是指含有横截面数据、时间序列数据和指标等三维信息综合起来的一种数据类型的回归分析。Panel Data 模型可以克服时间序列分析受到的多重共线性困扰，能够提供更多的信息、更大的变化、更少的共线性、更多的自由度和更高的估计效率。由于面板数据有着独特的优点，可以整合更多的信息，所以这类模型近年来在计量经济学、社会学等领域有着较为广泛的应用。本文利用面板数据回归模型计量我国寿险公司的效率影响因素，建立的面板数据模型如下。

$$TE_{it}=\beta_0+\beta_1\ln(ASSET)_{it}+\beta_2\ln(ST)_{it}+\beta_3\ln(IP)_{it}+JV_{it}+SO_{it}+\varepsilon_{it}$$

$$CE_{it}=\beta_0+\beta_1\ln(ASSET)_{it}+\beta_2\ln(ST)_{it}+\beta_3\ln(IP)_{it}+JV_{it}+SO_{it}+\varepsilon_{it}$$

$$IE_{it}=\beta_0+\beta_1\ln(ASSET)_{it}+\beta_2\ln(ST)_{it}+\beta_3\ln(IP)_{it}+JV_{it}+SO_{it}+\varepsilon_{it}$$

其中，t 和 i 分别表示年份和样本公司。效率值 *TE*、*CE*、*IE* 由两阶段 DEA 模型计算得到。资产规模 *ASSET* 使用各公司总资产表示。成立时间 *ST* 使用公式 *ST*=2012− 公司开业年份 +1 表示。人力资本 *IP* 使用一家公司学士学位及以上员工所占比率表示。为了消除平稳性对回归效果的影响，模型中分别使用总收入的对数、成立时间对数、人力资本对数代替相关变量。关于股权结构选取两个虚拟变量 *JV* 和 *SO* 表示，当一家保险公司是外（合）资公司时，*JV* 为 1，否则为 0。当一家公司为国有控股时，*SO* 为 1，否则为 0。限于篇幅，实证过程不予具体说明，利用 EViews7.0 软件，对我国 40 家寿险公司效率影响因素进行混合模型回归分析得到结果如表 3 所示。

表 3　效率影响因素的回归结果

影响 *TE* 因素的回归结果		影响 *CE* 因素的回归结果		影响 *IE* 因素的回归结果	
解释变量	系数	解释变量	系数	解释变量	系数
ASSET	0.009**	*ASSET*	0.042**	*ASSET*	0.009*
	（5.053）		（4.448）		（2.228）
ST	0.012*	*ST*	−0.037	*ST*	0.026**
	（2.483）		（−1.949）		（2.633）
IP	0.033*	*IP*	−0.08*	*IP*	0.101**
	（2.824）		（−1.680）		（3.530）
SO	0.004	*SO*	0.105*	*SO*	−0.015
	（0.541）		（3.683）		（−1.209）
JV	0.016*	*JV*	−0.001	*JV*	0.038*
	（2.225）		（−0.039）		（2.481）
调整后 R^2	0.348	调整后 R^2	0.344	调整后 R^2	0.246

注：括号内为 t 值，* 表示在 5% 置信度下显著，** 表示在 1% 置信度下显著。

（三）寿险业效率影响因素结果分析

（1）公司规模与总技术效率 *TE* 及资产筹集效率 *CE* 在 1% 水平上呈现显著正相关，与投资收益效率 *IE* 在 5% 水平呈正相关。证实了假设 1 的假说，和姚树洁（2005）及黄薇（2005）的结论一致，资产规模对寿险公司效率影响显著，说明我国保险公司存在规模效应及范围经济。资产规模对资产筹集阶段效率影响尤其显著，资产对数每增加 10%，资产筹集效率就会提高 0.42%，其中一个可能的假设就是我国寿险业发展还处于初期，通过扩大规模还能够获得效益，但是随着市场进一步竞争和完善，这种规模经济效应会渐逝。所以我国寿险机构不能只关注规模的扩张，需要更多地关注提高企业内部管理水平及效率。

（2）公司成立时间与资金运作效率 *TE* 及投资效率呈现显著正相关。证实假设 2，和赵桂芹（2009）结论一致，成立时间较长的公司一般情况下规模较大，不需要花费过多精力开拓市场，所以其可以注重提高投资水平，投资效率自然更高。而且成立时间较长的公司管理经验及对市场的熟悉情况相对于新成立的公司都高很多，这也给予其条件关注提高投资效益。成立时间对资产筹集效率 *CE* 不显著的一个可能解释是，成立时间较长的公司过度扩张，庞大的冗余职工队伍和繁多的机构导致投入冗余，产出效率不高，在一定程度表明我国寿险公司可以通过适度削减冗余人员和分支机构来控制投入成本，从而达到提高资产筹集效率的目的。

（3）人力资本与资金运作效率 *TE* 在 5% 水平上呈现显著正相关，与投资收益效率 *IE* 在 1% 水平上呈现显著正相关。符合假说 3，员工受教育程度越高，公司竞争力越强。对于保险行业说，产品的设计及资金运用的策略制定都需要复杂的技术支持，没有高素质的员工，很难提高公司的技术、管理水平及投资效率。人力资本对于资产筹集效率 *CE* 影响不显著的可能原因是，我国寿险公司目前主要利用大量代理人和经纪人出售产品，这种营销方式的特点确定了高素质人才的效应不显著。

（4）国有股权结构对资产筹集效率 *CE* 呈正相关显著影响，对 *TE* 和 *IE* 的影响不显著，符合假说 4。国有控股寿险公司一般在市场上规模很大，有足够的优势吸引更多客户，获得更多保费收入。但是国有控股公司往往过多依赖其规模效应，忽视对筹集到资金的科学利用和规划，导致资金投资效率低下。

（5）外资参股的股权结构与资金运作效率 *TE* 和投资收益效率 *IE* 呈正向影响，符合假说 4，和黄薇（2005）结论一致。外资保险公司在历经百年发展以及市场经济的一贯运作之后，积累了丰富的理论知识和实践经验，所以外资参股的寿险公司（合资公司）能够更加多元化投资，提高资金运作效率。 而国有控股的寿险公司缺乏活力，内部管理混乱，容易受行政干预，很难科学应用资金，创造更高的效益，提高效率。

六、结论与启示

本文借用两阶段关联的 DEA 模型，克服了传统 DEA 模型的不足，打开寿险业企业资金运作的中间环节，将我国寿险业分为资金筹集和资金收益两个阶段，通过对 2009~2012 年 40 家寿险公司进行效率评估，并且通过建立面板数据寻找影响效率的主要因素，分析了我国寿险行业资金的筹集和投资收益效率及对效率影响，结论如下。

通过 DEA 分析可知：① 2009~2012 年我国寿险公司资金运作总体效率普遍不高，存在较大的投入浪费和产出不足。观察图 3 发现，资金运作效率在 2010 年出现小幅度的下降，这可能和金融危机对我国金融市场的蔓延式影响导致很多寿险公司投资不利有关。我国资金运作效率整体不高的主要原因是投资效率很低，寿险公司片面追求市场份额，过度扩张规模，忽视对资金的运用。未来我国寿险公司应该适时调整经营模式，走集约式发展道路。② 2009~2012 年中资寿险公司资金筹集效率水平高于外资寿险公司，不过通过图 4 可以看出两者差距在逐渐缩小，外资寿险公司在我国寿险市场上的份额在逐渐地扩大。③ 2009~2012 年外资寿险公司资金投资效率水平高于中资寿险公司，不过两者差距在逐渐缩小，说明国有寿险公司在不断改进管理，努力提高对资金的投资回报效率。

通过面板数据模型回归分析可知：①公司规模越大效率越高。②公司成立时间越长，资金运作效率值越高。③高素质员工越多的公司资金运作效率值越高。④外（合）资寿险公司的资金运作效率值比国有寿险公司更高。国有控股寿险公司资金筹集效率值高于非国有寿险公司。

对我国寿险业的发展提出如下建议：①提高经营管理水平，停止盲目扩张规模，缩小冗余投入。通过扩张规模实现的粗放式增长也许能够带来短暂的利益，但这种高投入低产出的经营方式严重浪费社会资源，对我国寿险业的健康发展不利。②支持国有寿险公司进行股份制改革，优化国有寿险公司股权结构。事实证明股份制的公司可以更好适应越来越激烈的市场竞争，及时调整经营策略，提高效率。③高度注重人力资源开发与培养。我国寿险公司应该重视人才培养和开发，努力提高员工素质。复合型的保险人才可以帮助企业提高经营效率，为保险公司创造更多价值，为公司发展提供更多支持。④加强与外资寿险公司的互动学习，学习及借鉴外资寿险公司优秀的管理技能及技术创新能力。通过学习外资经营管理及技术创新能力，可以帮助中资寿险公司提高投资收益阶段的效率，进而提高资金的运作整体效率，创造更多价值。

参考文献

[1] 程大友，冯英浚．基于两阶段关联 DEA 模型的企业效率研究——以财产保险公司为例 [J]．预测，2008，27（3）：55-61.

[2] 胡宏兵，李文华，赵文秀．基于三阶段 DEA 模型的中国保险业效率测评研究 [J]．宏观经济研究，2014（4）：78-89+120.

[3] 恽敏，李心丹．基于 DEA 方法的保险公司效率分析 [J]．现代管理科学，2003（3）：7-8.

[4] 侯晋，朱磊．我国保险公司经营效率的非寿险实证分析 [J]．南开经济研究，2004（4）：108-112.

[5] 黄薇．中国保险机构资金运用效率研究：基于资源型两阶段 DEA 模型 [J]．经济研究，2009（8）：37-49.

[6] 黄薇．基于数据包络分析方法对中国保险机构效率的实证研究 [J]．经济评论，2007（4）：111-116.

[7]] 魏平，亓磊．财产保险公司技术效率及其影响因素实证研究 [J]．数理统计与管理，2014（4）：691-704.

[8] 魏权龄．数据包络分析 [M]．北京：科学出版社，2004.

[9] 姚树洁，冯根福，韩钟伟．中国保险业效率的实证分析 [J]．经济研究，2005（7）：56-65.

[10] 张健华．我国商业银行效率研究的 DEA 方法及 1997~ 2001 年效率的实证分析 [J]．金融研究，2003（3）：11-25.

[11] 赵桂芹．我国产险业资本投入效率及对经营绩效影响的实证分析 [J]．金融研究，2009（12）：175-187.

[12] 中国保险年鉴编辑委员会．中国保险年鉴（2009~2012 年各卷）[M]．北京：中国保险年鉴社，2009~2012.

[13] A. Charnes，W. W. Cooper，E. Rhodes. Measuring the Efficiency of Decision Making Units [J]，European Journal of Operational Research，1978（2）：429-444.

[14] Banker，R. D. Charnes A. and Cooper W. W. Some Models for Estimating Technical and Scale Efficiencies in Data Envelopment Analysis [J]. Management Science，1984（30）：1078-1092.

[15] Cummins，J. David and Hongmin. Zi. Comparison of Frontier Efficiency Methods：An Application to the U. S. Life Insurance Industry [J]. Journal of Productivity Analysis，1998（10）：131-152.

[16] Chiang Kao，Shiuh-Nan Hwang. Efficiency Decomposition in Two-stage Data Envelopment Analysis：An Application to Non-life Insurance Companies in Taiwan [J]. European Journal of Operational Research，2008（185）：418-429.

[17] Fare R.，Grosskopf S. Intertemporal Production Frontiers：With Dynamic DEA [M]. Boston：Kluwer Academic Publishers，1996.

[18] Luo Xueming. Evaluating the Profitability and Marketability Efficiency of Large Banks：An Application of Data Envelopment Analysis [J]. Journal of Business Research，2003（56）：627- 635.

[19] Seiford L. M.，Zhu J. Profitability and Marketability of the Top 55 U. S. Commercial Banks [J]. Management Science，1999，45（2）：1270-1288.

国有大中型企业总会计师角色定位思考

申报单位：中国石化江苏油田分公司
作者：肖国连

[摘要] 本文对国有大中型企业总会计师的职责定位、作用发挥、角色转换等方面进行了阐述，重点从加强总会计师自身建设和素质提升提出了一些建议，对中国总会计师队伍建设具有一定借鉴意义。

[关键词] 总会计师 作用 能力 角色 思考

《中华人民共和国会计法》（以下简称《会计法》）明确规定：国有和国有资产占控股地位或者主导地位的大、中型企业必须设置总会计师。《中央企业总会计师工作职责管理暂行办法》（以下简称《暂行办法》）规定：企业应当按照规定设置总会计师职位，符合条件的各级子企业，也应当按规定设置总会计师职位。国家有关总会计师的法律规章为总会计师队伍建设提供了制度保障，总会计师在国有大中型企业管理中的作用和地位日益凸显。然而，随着我国经济体制改革的不断深化，总会计师的职责范围、能力素质与市场经济发展要求不相适应的情况仍然存在，总会计师队伍发展不平衡现象比较突出。如何在新形势下进一步认识总会计师在企业管理中的地位，准确履行总会计师的职责与使命，充分发挥总会计师在国有大中型企业经营管理中的作用，进一步增强“国”字号企业竞争力，具有重要现实意义。

一、总会计师在国有大中型企业管理中应发挥的作用

《暂行办法》对中央企业总会计师职位设置、职责权限、履职评估、工作责任等方面做出明确规定，为总会计师履行工作职责提供了制度保障，对提高企业财务管理水平，建立并完善现代企业制度起到了促进作用。如何把法规“文本”上的内容落实到实际工作，如何把“法定”授权真正落实到位、到职、到人，需要各方努力，特别是总会计师应积极有效发挥作用，通过自身努力，为职位赢得应有的尊重。

（一）着力谋“策”，提供战略决策支持

国有大中型企业总会计师不仅要当好“账房先生”，还应该成为企业战略的策划者、制定者、执行者；不能仅是深谙财务管理与运营的行家里手，更应成为一位优秀的企业战略管理专家。当前企业面临着快速、多变、复杂的市场环境，如何把握市场方向、潜在风险、财经政策变化，及时修正企业战略、改善绩效管理、提升价值创造能力，确保企业健康稳定发展，需要总会计师多思考、

勤思考，谋良方、出良策。此外，总会计师是企业最高管理层的理财专家，是企业预算体系的设计者和执行者，是企业财务支持系统的“最高指挥官”，对企业经营管理成果和财务状况最清楚、最有发言权。因此，深入运用现代化管理手段，解析相关会计信息，并对企业的各项财务指标进行科学、动态、综合分析，及时为管理高层提供各项决策支持，总会计师具有先天优势，也是其职责所涵盖的应有“要义”，其责无旁贷，责任重大。

（二）要着力谋“篇”，提供财会制度保障

总会计师应成为企业管理和组织设计的专家，特别是要谋划好企业财务管理和运行的篇章结构，承担起管理和完善企业制度建设，促进企业高效有序运行的重大职责。总会计师要以财会管理制度体系建设为核心，不断强化其在企业生产经营管理中的作用。一方面以预算管理、目标成本管理制度建设为重点，发挥在前面“引”的作用；另一方面以绩效考核制度建设等为重点，发挥在后面“推”的作用，真正使财务管理成为企业管理的中心环节，发挥其不可替代的作用。总会计师还要着力抓好企业内部的财务机构设置和财务负责人的配备，推进财务监管网络的完善、财务管理指令的畅通，强化制度执行与财务管理和监督的有效性，促进企业整体管理水平的提升。

（三）着力谋“真”，确保会计信息质量

总会计师组织企业会计核算和财务管理活动时，要严格执行《会计法》、会计准则、会计制度和财务通则，确保会计信息真实、准确、完整、及时。进入21世纪以来，国有大中型企业发展进一步加快，企业规模也在迅猛扩张，会计信息在企业经营管理中的作用也越来越重要，其质量的高低直接关系到决策层对经营前景的准确预测和对经营活动的宏观把握。同时，对已上市的公司而言，会计信息披露关系到广大投资者和债权人的切身利益，不真实的信息会影响人们的投资决策，引起资本市场混乱，同时企业也将承担由此引发的相关法律责任。随着一些企业国际贸易和往来的深入，涉外经济业务在规模和数量上不断增加，其中会计信息披露受到更多相关方的关注。尤其是外国政府和公司的相关要求更为严厉，加强会计信息质量建设成为建立国际正常经济秩序的基础，必须引起总会计师高度重视。总会计师应积极推进新会计准则和财务通则的实施，构建适应本企业经营业务特点的会计信息质量保障体系，确保会计信息披露的规范性和合法性，满足企业经营管理需要，得到利益相关方的认可，切实维护企业的信誉和声誉。

（四）着力谋“安”，加强内部控制建设

由于市场环境千变万化，内部管理千头万绪，财务风险无处不在，随时都有可能“爆发”。健全企业内控制度，完善企业内控机制，形成有效监督机制，对于企业稳健经营、防范风险，正起到越来越重要的作用。在企业领导班子中，总会计师是一个特殊的专业职位，是企业监督制衡机制的重要组成部分，在企业会计管理、财务管理与监督、财会内控机制建设中担负着至关重要的职责。总会计师要精于对经济形势和市场做出准确判断和分析，用科学的方法进行风险决策，结合企业实际情况，建立风险防范与内部控制管理体系，通过协调内部资源的有效利用来适应外部环境，完善内部控制体系，实现企业整体价值最大化。这就要求总会计师进一步明晰“控制”的职责，强化企业的内部管控，堵住失血点，防范失控点，促进企业安全、稳健、可持续发展。

（五）着力谋“效”，提高企业经营效益

总会计师应把组织制定企业年（季）度生产成本、资金使用、实现利润等计划指标，进行成本

费用预测、分解、下达、控制、核算、分析和考核等作为日常中心工作，以降低生产消耗，节约费用开支，管好成本控制，提高经济效益。要以全面预算管理和全员成本目标管理等为抓手，在行政领导班子统领下，依靠全员共同努力，加强全方位管理，注重全过程控制，积极推动由单纯核算型向以提高经济效益为目标的开拓型、节约型、管理型和责任型转化，以确保年度生产经营主要指标为目标，落实好主要指标的分解计划，以月保季，以季保年，滚动控制，确保奋斗目标的实现，从而不断积累，不断壮大企业财力。总会计师要在企业内部有效地组织开展各级各类经济活动分析，加强对经济运行质量的动态监控，努力使本单位财务状况和经营成果按照可比性、及时性、明晰性和合法性的原则，做到内容真实、数字正确、项目完备、分析透彻，如实反映企业经济运行状况，深入把脉经济运行质量，准确诊断经济运行症结，进而指导、调整、优化后续阶段的决策部署，提高企业运营效益。

（六）着力谋“为”，致力发挥专业影响

总会计师要充分利用自己的职位优势，宣传财会工作重要性，凭借自己的工作，体现财会工作的重要性，积极为财会人员争取政策、争取待遇、争取地位，增强广大财会人员的职业责任感、荣誉感和成就感。总会计师在职责履行中，要积极探索新时期财务队伍建设新机制，大力加强财会队伍建设，提高团队凝聚力、战斗力、竞争力，不断提高财会人员的服务、协调、决策和创新能力，进一步提高财务工作质量和效率，使财务工作在企业赢得尊重和地位。总会计师要善于发现、培养并合理组织利用好财会人才，鼓励他们成长成才；积极发挥他们的聪明才智，多出成果，多出成绩，多出人才；积极创造条件，选拔更多出色的财会人才进入所在单位领导班子，参与决策和高层管理，促进提高企业运营效率和效益，充分发挥财务的影响力，进一步提升财会队伍在企业中的地位。

二、国有大中型企业总会计师能力素质要求

随着中国总会计师职能与CFO的国际趋同，相应地对其能力素质也提出了更高的要求。总会计师除了应具备基本的财务报告编制与分析等干好“本行”的能力外，还要以与时俱进的态度和精神，不断学习新知识、增长新才干、练就新本领、应对新形势，不断增强履职能力和自己在企业经营管理决策中的影响力。

（一）组织领导能力

总会计师作为企业领导层核心成员之一，作为企业的行政领导和会计业务的直接领导，应掌握良好的管理和领导方法，具备足够领导能力。为此，需要总会计师在这方面有所强化，不能局限于专业才能的发挥，要从扩大影响力角度出发，有意识提高自身领导力。不能仅局限于出具标准的财务报表，说清楚数据信息背后的问题，也要着力在当好“领导”上下功夫。除了建立在过硬的专业技能基础之上产生的领导效应外，也要多讲一些“政治”，在行政组织、语言表达、文字功底、人事管理、沟通协调、解决困难等方面有所改进，不断提高领导艺术，实现“加分”效果，更好地服务于职责履行和绩效提升。

（二）合作执行能力

在当前的国企治理结构下，很多“大事”“要事”的高效施行，需要财务管家的参与。执行好“别人”的，“别人”才能执行你的。总会计师要实现自己的执行力目标预期，首先自己要先满足其

他管理高层的执行力目标预期。总会计师不能只从自身的工作难度增加、不可测风险增多等角度思考问题，动辄“拒绝”，而要从大局出发，在有利于企业发展、有利于整体工作开展的前提下，尽量“接纳”，以加强合作，协同推进，共生共荣。如果事事给别人“添堵”，定将成为团队中的“孤鸟”，难以远飞。因此，总会计师要加强筹谋，提高执行力度，加快执行速度，推进执行深度，优化执行艺术，把一些事办实、办好、办满意。

（三）学习领悟能力

总会计师除具备财会方面专业知识外，还应具备经济管理基本理论和知识，努力学习管理学、领导学、心理学、社会学、战略学等学科的知识，了解电子信息技术等方面的知识，为参与企业重大问题的分析与决策储备相关知识，完善知识结构。总会计师的工作涉及国家财经法律、规章、制度和政策的面很广，也需要懂得相关法律的基本理论，熟悉基本知识，正确有效地运用法律手段，为企业的生产经营和发展保驾护航，不偏航线，严防“触礁”。学无止境，总会计师在工作中将会遇到很多陌生的领域，不可能面面俱到，样样都会。因此，一方面，总会计师要具有终身学习理念，积极参加深造和各类培训，既要扎实专业技能，又要学习广博知识，提高综合素养，着力把自己锻造成知识广博的复合型人才。另一方面，总会计师不能仅局限于学过什么，要提升学习境界，更多地向提高领悟力上转变。学习能力不等于已掌握知识的广度、程度，重要的是学习领悟的速度和学用结合的程度。否则，就难免会出现盲点、误判，就会出错、犯错，必须时刻谨慎。总会计师还要迅速转变观念，善于学习和借鉴国内、国际财会管理经验，不断更新、补充财会方面的新知识、新技术、新信息，扩大视野，提高组织管理能力，促进工作效率和工作质量的提升。

（四）沟通协调能力

总会计师应具有出色的公关能力，能“讲得清、说得通、劝得进”，积极为企业争取机遇，争取利益，保障企业的正常运行秩序。总会计师还通常涉及财务资源配置、内部各类考核、利益分派调整等工作，敏感性强，容易引起争议和产生“不公”，因而常常需要总会计师在处理一系列的利益方面问题时，能发挥自己的协调、谈判、沟通等多方面的能力，做通各方“思想”工作，协调各方错综关系，摆平一些过分、不合理的“争取或诉求”，取得各方满意、认可效果。要做好企业财务管理工作和企业运营工作，仅靠总会计师的个人力量是有限的，必须取得管理团队的支持，必须能团结好企业各部门以及部门各成员，凝聚共识，凝聚力量，取得成功。这就要求总会计师要具有较强的协调人际关系能力，妥善处理各种人际关系，在与别人交流和沟通过程中，注重团结协作，掌握沟通技巧，善于倾听，学会妥协，擅于说服，取得支持，使问题解决臻于完善。

（五）国际商务能力

近年来，国有大中型企业逐步做大做强，规模扩张驱动明显，“走出去”已成为许多企业的主要发展战略。总会计师应紧密联系行业及企业主要外部市场，熟悉 WTO 知识、国际税务金融知识、国际贸易法规知识、国际投资知识、跨文化交流知识等，直至能用外语交流、谈判。不断积累知识，开阔视野，增加历练，总会计师的国际商务能力将得到逐步拓展。这对于充分发挥总会计师的作用、促进提高总会计师的地位具有积极意义，同时也将有利于推进企业“走出去”战略的有效实施，真正实现“能出去、走出去，有效益、高效益”的目标。

（六）职业影响力

企业总会计师的职业影响力是影响其职业地位和作用发挥的一项重要因素。总会计师如果能够充分发挥其积极的、强有力的职业影响力，可以为自己的职责履行提供强有力的支撑作用。这其中基于非权力性的职业影响力尤为突出，非权力性的职业影响力之中总会计师的人格魅力因素最为重要。总会计师要充分认识到，权力之下的影响力更多是基于压力，要淡化；而“个人魅力”产生的影响力更多是引力，要强化。在企业高层管理团队中，除一把手外，要数总会计师的工作与所管理团队之间的日常接触交流最多，财会人员在企业专业人员中的数量、紧密度和团队意识也相对较高。因而，总会计师的“个人魅力”对企业各方面有很大影响力。这种影响力表面上没有权力性职业影响力那样对下属有明显的约束力，不具有强制执行力，但是在实际工作中常常能够发挥权力性职业影响力所不能发挥的约束作用、导向作用和正面作用。它包括：具备客观公正、忠于职守、独立廉洁、诚实守信的职业素养；坚持原则，勤廉奉公，扮好“国有身份”，当好“检察官”，监督企业遵守国家财经法律、法规政策和制度，确保国有资产的保值增值；具有很强的“免疫力”，守得住防线，经得住考验，能抵挡住各种利益诱惑与威胁；有亲和力，不“与众不同”，能与员工打成一片，关心他们成长成才，创造条件改善他们的工作生活条件；有某一方面独特的工作作风，“与众不同”，能有效影响财会团队与之“看齐”，形成一种文化，提升团队战力；有正气，有明确的目标及为之奋斗、努力的坚韧意志，让人有亲和力与遵从感等。

三、国有大中型企业总会计师的角色转变

《会计法》和《暂行条例》发布实施后，总会计师制度在国有大中型企业的总体执行情况是好的，一大批企业配备了总会计师，并日益发挥其重要作用。与此同时，总会计师制度执行中也出现了一些新情况和新问题，在一些企业存在总会计师有职无权、有职少权、在职唯“权”现象，一部分人“没有位、不到位、放错位、排末位”；部分企业主要负责人对会计法规理解不全面，对总会计师地位、作用认识不到位。也有很多总会计师对自身定位和角色认知存在偏差，影响其作用的发挥，削弱了职位的影响力，需要转变观念，明确目标，主动出击，“演好”角色。

（一）瞄准“责”，靠进去，有为求发展

一些总会计师习惯于“被动”状态，自认为当前的法律法规对总会计师制度的规定还不够明确，“尚方宝剑”还不够锋利，“权杖”还不够重，加之制度在企业层面执行力度的衰减，工作积极性不高，冲劲不够，被动应付工作情形比较多，很多事唯班子其他成员“马首是瞻”，没有发言权，自然会造成“人微言轻”的局面。这种现象的积累循环，更加导致了总会计师以及财务专业在本企业的尴尬地位。

一些研究者、业内人士以及企业管理层，习惯于对国外CFO与国内总会计师之间进行比较，还有的拘泥于财务总监、总会计师、CFO等称谓的差异和差距，模糊了一些总会计师的视线，混淆了一些观念，影响了其职位作用的发挥，认为有些事不是“我”现在这个位置或“称呼”能去干的，或能干成的。国有大中型企业的总会计师不必计较于自己是不是对等于CFO，由于其职能和地位受限于我国当前公司治理结构以及市场经济发育的程度，不管是什么称呼，“总会计师”也好，“财务总监”也好，其位置都相当于国外的CFO，只不过干的“活”层次、内容还不尽相同，这是由现阶段的国情、企情决定的，不可能一步逾越，完全对等。随着我国市场经济的发展、公司治理结构的

成熟完善、企业管理模式的演进，总的来说，还将是现在职位的“人”来干今后上层次的“活”。在职的总会计师应当勇于承担起使命，在现有法律法规对总会计师职责、授权、任命、使用等规定中，找准自己的定位，对准职位的职责，结合企业行业特点，积极主动，创造性地开展工作，努力做到在其职、谋其政、尽其责、显其效，做出成绩来，干出样子来。

（二）瞄准“和”，靠上去，同心求发展

《会计法》规定，总会计师直接对单位主要负责人负责，为总会计师处理好与单位主要负责人之间的关系提供了制度保障。目前，国有大中型企业大多以总经理为行政主要负责人，是企业领导班子中的班长。在中国文化背景下，总会计师要清醒地认识到，总经理是企业的领导核心，要充分尊重和维护总经理权威，深入了解总经理管理理念和奋斗目标，充分尊重总经理的意见，扮好角色，当好下属和伙伴，当好助手，不越权，不擅权。要注重摆正位置，把握尺度，当好配角，既要充分利用权力，独立自主地工作，又要妥善处理好上下级关系，维护本单位行政领导班子的权威。

总会计师要秉承“同心、同向、同力”的理念，把自己与总经理的战略伙伴角色定位好，一方面积极贯彻总经理的行政管理理念，共同为企业的发展壮大尽力；另一方面积极建言献策，襄助总经理，优化思路，协助纠偏，助其更有效地开展工作，不断累积相互之间的信任、理解和尊重，从而建立起与总经理的深度“互信”关系。

在此基础上，总会计师要加强沟通，争取让自己强化管理、发展企业的思路取得总经理认同、认可，进而变成总经理的指令，变成班子其他副职的协作行动，并付诸实践，在大家的共同推动下，把财务战略和具体举措落到实处，真正发挥出自己的作用，亮出自己的影子。

总会计师和总经理在长期的工作中形成的良好互补、默契关系是实现企业共同目标的前提和首要条件，如果两厢意见不一致，就会出现“离心、离德、离分”的境遇，企业追求的目标很可能不能实现，也很可能导致总会计师职位角色的被边缘化。

总会计师要善于换位思考，善解人难，莫要轻易“堵”，常需谋划“疏”，要从财务专业角度帮助出主意、想办法，尽力做到在化解或减轻风险的前提下办成事，努力从“掣肘型”变成“促进型”，从拉开距离，到增进友好。唯有此，总会计师分管的工作才会得到企业高层其他副职领导的支持与理解，财务集中管控之类的措施才能贯彻到位并见到实效，从而有利于实现自己的工作目标和企业的战略目标。同时，在此过程中，也让别人了解财务筹划工作的重要性，以及生产经营等活动需要财务控制的正当性、复杂性，进而与管理团队中的其他成员找到“共同点”和“共同语言”，使得副职之间的职责履行取得相得益彰的效果。

（三）瞄准“变”，靠前去，主动求发展

总会计师能否承担起时代赋予的重任，更多取决于自身努力。随着我国市场经济体制改革的不断深化，企业价值管理导向的逐步确立，新的发展形势为总会计师发挥聪明才智创造了难得机遇和环境。总会计师要通过自身努力，自强素质，自我求变，适应新经济形势发展趋势，寻找机遇，把握机遇，抓住机遇，展示才华，为企业发展做几件实实在在、具有一定影响力的事情，不断创造佳绩，扩大自身影响，通过不懈努力逐步改善总会计师的执业环境，逐步实现自我发展。

总会计师要从带队伍的角度出发，在财会部门的定位上有所作为，力求改变，扩大影响力。一直以来，财务人员承担着记账、算账、对账、报账等工作，往往处在企业管理流程“尾端”，在与企业其他部门的工作衔接上，被动应对情况多，主动控制情况少。总会计师要带领企业财务部门和财务人员，走出财务看财务，改变角色的认知和部门的定位，实现财务部门角色的转变，把财务管理工作向前拓展、向后延伸，深入联系生产经营一线。要加强财务事前的预测和事中的控制，加强财务对企业经营风险的控制，提出更多的可行性建议，提高财务分析的价值，提升财务信息对企业管理的决策价值，提升财务部门影响力，实现从“我做了事，你们把账记一下”，到“我要做事，你们把钱筹一下”，再到“我要做事，你们看能不能去做”的相互之间地位角色关系的转变，更好地发挥财务的决策、支持、控制作用。

总会计师要勇于改变站位，把工作重心前移，把着力点前置，敢于闯禁区、踏雷区，注重工作的系统性、前瞻性、创新性。针对管理中遇到的不合理、不合规、不合情问题，加强事前研究，做到未雨绸缪、防患未然，做到既主动反映问题，又积极探索解决问题的策略，实现从疲于应对到主动堵截的转变，全力扭转企业经营风险向财务集聚的态势。

国有大中型企业是共和国“长子”，不仅肩负着发展经济的历史使命，同时还担负着社会稳定、公益事业、国际竞争等多方面社会责任和政治责任。当前，国有企业的发展又到了一个转型突破的关键阶段，总会计师制度和企业财务管理与国际接轨的要求与趋势日渐紧迫，从而对总会计师职位提出了更高的要求。这既为总会计师施展才华提供了难得的平台，也给予总会计师更多的选择、更多的课题、更多的思考。在新形势、新要求下，总会计师要勇于创新，善于开拓，勤于实践，管好“家业”，在积极作为、争取有位、再大有作为的进程中实现“华丽转身”，通过广大总会计师的共同努力，共同推进中国总会计师事业得到更好、更快的发展！

集成电路封测行业时间驱动作业成本法应用研究

申报单位：首钢微电子有限公司

第一作者：陈妍芳　　作者：王鹏南　周黎

[**摘要**] 作业成本法理论萌生于20世纪20年代，并于80年代开始在实务界广泛推广。作业成本法相比传统成本计算方法，理论方面已经上升到了一个新的层次，但在实践应用方面暴露出诸多问题与缺陷。基于对传统作业成本法核算方法的理论改善，2004年诞生了时间驱动作业成本法理论。

经历了2008年金融危机，全球经济形势都遭遇困难及挑战。但是全球工业4.0时代即将来临，中国正处于经济结构深化发展的关键时期，集成电路行业已经成为目前中国最受关注的行业之一。在各项国家政策、专项基金支持下，集成电路行业将进入十年高速发展期。对于集成电路产业链环节后端的封测加工行业，相比前端的设计业、芯片制造业，技术壁垒相对低，也将迎来前所未有的发展机遇。目前中国与西方发达国家相比，虽然在劳动力成本、资源成本方面还有一定优势，但是在规模经济方面仍有较大的差距，需要借助政策、资金的支持，快速有效扩大产能规模，降低产线成本，从而降低产品成本，与全球行业领先企业抗衡。因此未来十年，将会是提升中国封测行业成本管理水平的大好机遇。

本文通过理论研究与案例分析相结合方法，深入研究时间驱动作业成本法的理论与实施框架，将此理论成功应用于集成电路封测行业。通过对SG公司案例的成本管控现状分析，得出目前公司实施时间驱动作业成本法的问题点主要在成本核算方法不能满足日常管理需要，不能体现产能闲置成本，真实的能力成本也无法计算。另外，通过标准成本系统进行成本管控及差异分析，仍存在很多实践方面的问题，并且无有效解决方案。通过对现状分析，本文提出了改进方案，包括对流程、资源成本库与资源成本的再梳理，结合产线能力进行时间驱动作业成本法的成本计算改善，并建立实施模型对SG公司现有成本计算方法进行优化与改进。本文不仅丰富了时间驱动作业成本法的理论与实践结合的应用案例，也对目前国内的封测行业成本计算方法及管控模式提供借鉴与参考。全文最后进行了梳理与总结，对封测行业实施时间驱动作业成本法提出一些建议，总结本文研究不足并做出展望。

[**关键词**] 时间驱动作业成本法　集成电路　封测企业

第1章　绪论

1.1 研究背景

当前是我国社会、经济建设全面发展的关键时期，也是深化经济结构调整，向全面实现小康社会目标迈进的重要阶段。在经历金融危机、全球经济形势恶化等重重困难和挑战之后，2013~2014年我国总体经济形势呈现稳步增长、机遇与挑战并存的局面，国民经济、工业生产都实现稳定增长。深化改革及经济结构调整持续进行，我国经济发展步入转型阶段，主要经济增长动力由传统制造业向高新技术产业及服务业转变；在制造业领域，持续淘汰过剩产能，加大高新技术产业的政策扶持力度，推动产业结构调整。我国的工艺技术也经历了自动化、信息化两个主要发展阶段。进入21世纪后，信息产业作为一门飞速发展的新兴技术，向世界各个领域不断渗透，也对传统制造业产生了重大影响，传统制造业与信息技术的结合越来越紧密。随着工业4.0[①]时代的来临，人工智能及物联网技术的高速发展，智能化企业发展将引领工业发展的新潮流，而物联网与传感器的发展是实现智能化工厂的关键，我国要发展物联网技术，关键是攻克中高端传感器技术，包括红外探测器、多轴传感器等，工业和信息化部已将推进传感器及芯片技术研发列为2014年物联网工作重点。我国十二五《规划纲要》提出的未来5~15年重点发展的15个领域中，第一个就是集成电路领域。简单来说，中国乃至世界都在经历一场以微电子为中心的高科技革命。

微电子产业中，设计、制造、封测业三足鼎立，从技术壁垒角度，封测业是中国企业相对容易进入与发展的。从目前国内封测企业数量级发展情况看，封测公司数量越来越多，但是真正掌握先进封测技术、完全属于中国自主知识产权的企业仍凤毛麟角，而且生产规模仍不能比拼世界一流集成电路封测企业，产品成本仍不能与国外的大型、超大型企业相抗衡。从封测成本构成上，间接成本比例仍然高于直接成本，生产作业环节较多，且差异化显著，关注作业链改善是企业管理的重点。伴随未来十年中国集成电路的高速发展，更应该快速发展封测企业的成本管理水平，将先进的时间驱动作业成本法理论快速推广，同时把成熟的实践方案快速应用于行业内的相关企业。

SG公司是一个成立二十余载的中外合资集成电路封测企业，原外方控股方是处于世界集成电路产业第一阵营的大型跨国集团，特别在汽车电子芯片领域，处于世界第一位水平。过去二十年来，SG公司一直由外方控股，生产、管理等主要方面直接由外方控制，已经形成一套特色企业文化的中国集成电路封测企业。生产管理、技术管理、品质管理、财务管理等方面也都有自己的特色，同时也秉承了很多母公司的管理特色。希望通过SG公司的实例研究与分析，找出目前我国集成电路封测业的主要问题点，以及形成一套有推广意义的成本计算及管理方法，旨在为推动我国集成电路产业的发展起到推动作用。

1.2 研究意义

本文通过理论分析和数据分析相结合的方法，对时间驱动作业成本法进行深入理论研究。结合SG公司日企管理背景，以及目前的实际情况，对企业采用的时间驱动作业成本法的应用现状进行剖析，旨在实现以下研究目的：①找出问题点，计划通过全方位的部门访谈，找出适合SG公司的成本改善方案；②以SG公司为行业代表公司，总结适合推广至中国其他集成电路封测企业的成本管理体系。

1.3 文献综述

（1）作业成本法研究动态。

成本计算理论是将管理学和数理统计方法有机结合，以实现对企业在运营过程中所产生的资源消

① 德国政府2013年提出“工业4.0”战略概念，指以智能制造为主导的第四次工业革命，或革命性的生产方法。该战略旨在通过充分利用信息通信技术和网络空间虚拟系统与信息物理系统相结合手段，将制造业向智能化转型。主要包括“智能工厂”与“智能生产”两大主题。

耗进行预算管理和有效控制的方法总称。随着社会发展，成本计算理论也不断发展与变革[1]。

从史前时代开始，就出现了成本的计量，但当时的成本计算没有考虑折旧及间接费用的分配，没有与会计账务结合，存在重大缺陷。1885 年，美国亨利・梅特卡夫（Henry Metcalfe）出版了第一部成本会计著作《工厂成本》，首次提出任务分配法、总费用百分率法、人工费百分率法和生产时间百分率法四种间接方法[2]。

随着工业技术的几次革命，企业方方面面都面临变革，管理思想、管理手段、管理会计，也不断发展新理论。20 世纪 20 年代，传统成本核算方法被提出质疑，1921 年，美国 C.Bwiilaims 提出将所有的制造费按照产出数量分摊，是一种不科学的成本计算方法。20 世纪 30 年代，美国人埃里科・科勒（Eric Kohler）教授以水电行业为研究对象，在研究间接费用分配时提出"作业"的定义，并开始研究。1952 年，科勒教授编著了《会计师词典》，首次提出"作业"、"作业账户"、"作业会计"等相关概念，但是仅限于概念的提出，在实务推广方面没有得到重视。乔治・斯托布斯教授对作业成本法进行了最早的深入研究，他认为会计信息应以决策有用性为目标，作业成本计算中的"成本"更应该成为流出量，而不是传统意义上的存量；并于 1971 年出版了《作业成本计算和投入产出会计》，对"作业投入产出系统"等概念作了全面和系统讨论，但依然没有引起实务界重视。

直到 20 世纪 80 年代，卡普兰和库珀对作业成本法进行系统的应用研究，西方会计界对此研究结果非常重视。库珀教授在 1988 年发表了《论 ABC 的兴起，什么是 ABC 系统？》，强调作业成本法理论基础，即作业消耗资源，产品消耗作业。同年，卡普兰和库珀先后发表多篇论文，对作业成本法与传统成本法理论差异，以及实践方面，体系设计的实施步骤、作业链中成本动因的选择、成本库的建立等一系列问题进行了深入分析，一时间作业成本法盛行欧美企业，并取得了明显效果。1989 年，英国注册会计师协会提出"作业成本法是可行的并且能帮助提高企业的竞争力。"认为作业成本法在未来十年发展中将会成为成本管理界的一颗明星[3]。此后数年，作业成本法果真成为一个热门的推荐方法，无论咨询机构、学校、各类媒体等渠道都一致推荐企业使用。他们都认为作业成本法能更加精确计算出成本，也便于管理者对成本变动分析时的数据支持[4]。1992 年，卡普兰和库珀教授通过对多家公司的作业成本法试点应用，总结了实践中遇到的问题，发表了《推行作业基础成本管理：从分析到行动》，将理论与实践的结合又向前推动了一步。

20 世纪 90 年代以后，随着全球经济的发展，作业成本法的相关理论研究也逐步深入，同时也暴露出该算法的一些弊端，例如：作业成本法的应用不仅需要大量启动资金，而且周期较长，信息数据的获取难度较高；由于企业文化差异，导致企业基层员工的配合度差等。但随着这几年财务软件的发展，企业 ERP 系统的迅速发展，作业成本法的实施又出现回暖的态势。

虽然西方会计理论界 20 世纪 20 年代开始就已经出现了作业成本法相关理论，但是我国作业成本法理论起步直到 20 世纪 90 年代才开始。1988 年，易中胜等三人翻译了约翰逊和卡普兰 1987 年共同出版的新著《相关性消失——管理会计的兴衰》[5]，随后在《会计研究》上发表了《管理会计：挑战、对策与设想》。这篇文章是我国最早的系统介绍作业成本法的文章[6]。

90 年代，厦门大学余绪缨教授组建了《以高科技为基础、同作业管理紧密结合的新会计体系研究》的国家级课题小组，目的为创建一个以"作业管理"为基础、以"作业成本计算"为载体，结合现金流管理、财务会计与管理会计融为一体的新型会计管理体系。该课题小组连续发表了多篇课题论文，奠定了中国作业成本法理论基础[7]。

适逢 90 年代中国经济的发展，从经济、理论、管理各方面大量吸收西方的先进经验，国内的学者、实务工作者纷纷进行作业成本法的理论与实务的应用型研究，推动了作业成本法在我国的发展。

1995 年后，理论界对于作业成本法的研究也掀起了热潮。陈胜群教授 1997 年 2 月发表的《经营战术意义上成本元的理论分析》，深入阐述了成本动因在“成本分配观”与“过程观”的概念，并且在此基础上提出了“成本元”概念。1998 年赵立三发表《关于成本动因问题的理论探讨》，对成本动因概念进行了深入阐述，并对成本动因的重要性和对成本动因形态的划分问题进行了讨论。

王平心教授也是中国作业成本法理论研究界的代表人物及重要影响人物。其 1995 年发表的《成本动因量的同质性研究》，提出了如何将作业动因近似合并的研究思想。1999 年 5 月，发表了《ABC 核算体系的业务处理程序设计》，提出实施 ABC 的内外部环境要求、实施步骤、实施 ABC 体系时遇到问题的解决方法。2000 年发表了《作业成本法以及其在我国先进制造业企业的应用》，论证了作业成本法在我国制造业的实施可行性，以及提出如何在行业应用以提高对资源的利用效率。2009 年 10 月，王平心发表了《作业成本法在大型制药企业 HZ 公司的应用研究》，详细介绍了制药企业原材料成本计算模型，按照不同工序、不同阶段计算原材料的耗费，计算出各个生产阶段的产品成本，也对生产环节的成本控制提供了明细的数据支持。王平心教授出版的《作业成本计算理论与应用研究》一书，是国内第一部作业成本法理论专著，对作业成本法在中国的推广做出了贡献。

（2）时间驱动作业成本法国内外研究综述。

时间驱动作业成本法又称为估时作业成本法（Time-Driven Activity-Based Costing），诞生于 2004 年。卡普兰教授发表的《时间驱动作业成本法》指出，作业成本法纵然能够产生良好效果，但在企业实践过程中却难以成功，主要由于实施成本高、员工抱怨多，并建议使用时间驱动作业成本法，能有效简化传统作业成本法核算过程，又能应对复杂多变的实际情况。而实施时间驱动作业成本法，也只需要估测两个参数，一个是单位时间能力成本，另一个是产品、服务发生作业的单位时间。两个参数相乘，就可以得到某项作业的成本[8]。2007 年，卡普兰教授和安德森教授发表了《时间驱动作业成本核算：增加利润的简单而更有效的方式》，从系统化角度深入研究了时间驱动作业成本法。2008 年德金斯提出，时间驱动作业成本法的实施也不是非常容易的，需要对生产作业程序进行详细的研究分解，最好使用 ERP 系统提供数据支持，并能对每项作业进行精确的估时。

一个新的理论发展并不是都得到赞成的，推广阶段也出现不少反对声音。Gervais、Levant 和 Ducrocq 对时间驱动作业成本法提出质疑，认为该理论虽然解决了传统作业成本法的固有问题，但是实施过程仍有很多疑问，比如作为前提，标准成本和实际成本哪个更为适宜，如何对时间进行准确估计等[9]。

但是，时间驱动作业成本法的优势非常明显，随后便出现多名学者将此理论应用于实践的案例分析与研究，同时也在不同领域证明了它的优势，这种计算方法能够应对复杂的商业环境，有助于企业的经营管理者进行盈利能力分析。2004 年，卡普兰教授和安德森教授通过对一家 Kemps 奶制品公司实施时间驱动作业成本法的研究，得出结论：新方法可以帮助公司确定有利可图的客户，以及改善公司与供应商之间的关系。

2009 年，比利时学者拜伦以比利时某私人养猪场为例，将四个星期小猪的繁殖过程作为时间驱动作业成本法研究对象发现，新方法能更为合理地设计出小猪的发育流程，并能降低人员工时、成本及材料耗费。

2010 年，Kristof Stouthuysen 以图书馆为研究案例，该图书馆迫切需求降低成本、提升服务。通过对图书管理活动时间方程的应用，显示出耗时较高的管理活动，从而能采取对策进行图书管理活动的改善[10]。

2010 年，Figen 等对某制造企业进行时间驱动作业成本法核算，也得出同样的结论，使用时间驱动作业成本法不但可以计算出相对精确的成本，而且可以对企业的闲置能力量化反映。他同时也指出，该方法也不可避免地存在缺陷，最为常见的，就是该方法的应用伊始，一般的公司很难从现有的 ERP 系统中获得现有的合适信息，需要企业自己去调查记录这些需要的基础信息[11]。

2011 年，David 等开始关注制造企业成本核算问题，将时间驱动作业成本法应用于一家电子企业，并得到结论：新的时间驱动作业成本法能精确计算出每项活动、每个产品成本，为企业生产经营、市场定价提供决策支持[12]。

2014 年，Adeoti 通过某信息公司的技术支持部门实施时间驱动作业成本法的案例研究。作者通过大量调研，记录每名操作人员的作业活动，设计该公司时间方程，并计算出每次支持活动实施成本。管理部门通过实施成本的数据信息，对业务活动展开成本降低系列活动，并获得较大收效[13]。

随着国内应用作业成本法的企业越来越多，普遍发现作业成本法本身存在很多问题，与其在国外的应用反馈几乎相同，同时在国外的理论界已经出现时间驱动作业成本法的时候，国内学者们也开始纷纷接触与研究改进方法。

杨继良是国内最早接触时间驱动作业成本法的教授，其 2005 年发表的《作业成本法的新发展——估时作业成本法简介》，首次在中国理论界推出此理论概念[14]。随后有不少学者也相继开始对时间驱动作业成本法进行研究。

2008 年，杨头平发表相关文章，将时间驱动作业成本法在物流企业的应用做了详细阐述并且对实施结果及特点做了总结，认为这种方法具有操作简单、实施性强、应用成本低、能力损失可视化等特点。

2009 年，田禾中以 Sippican 公司为案例，演示了时间驱动作业成本法在企业实施的过程，总结出三个特征：一是可以精确计算产品成本、利润，为管理层提供决策支持；二是可以计算出闲置工时、闲置成本，便于企业进行成本管控；三是操作的灵活性，便于企业对成本计算的调整与更新。

2012 年，刘娜以制造企业 MJ 为研究对象，结合企业生产实际，利用时间驱动作业成本法的理论进行研究，建立适合该企业的成本管控模型。丰富了国内对于时间驱动作业成本法的应用研究，也提供了应用实践的建议。

2014 年，郁春琴以国内某电子制造企业 S 公司为例，根据公司特点设立时间驱动作业成本法实施方案，确定核算步骤，并提出该方法计算简便、核算量小、能反映闲置能力，为企业生产决策及成本管控提供支持。

1.4 研究方法

首先，通过查阅相关文献及资料，进行理论研究与梳理，系统性整理作业成本法以及时间驱动作业成本法的理论发展情况以及相关方法在国内外的实务应用情况、优缺点，为案例公司应用时间驱动作业成本法提供分析资料。其次，通过理论与案例相结合的方法，以 SG 公司为案例进行分析研究。最后，总结出 SG 公司应用时间驱动作业成本法的效果及问题。通过案例公司的经验与不足归纳封测行业对于应用时间驱动作业成本法的建议。

1.5 内容及框架

（1）主要内容。

本文首先介绍作业成本法产生背景、基本原理及缺陷，从而产生时间驱动作业成本法，再介绍其原理、实施步骤。通过 SG 公司时间驱动作业成本法的应用过程研究，探究影响应用效果的关键原因，深层次挖掘 SG 公司在应用时间驱动作业成本法时出现的问题，提出相应对策，为中国封测行业企业提高成本核算水平及成本管控水平，快速推广实施时间驱动作业成本法提供参考。

（2）研究框架（见图 1）。

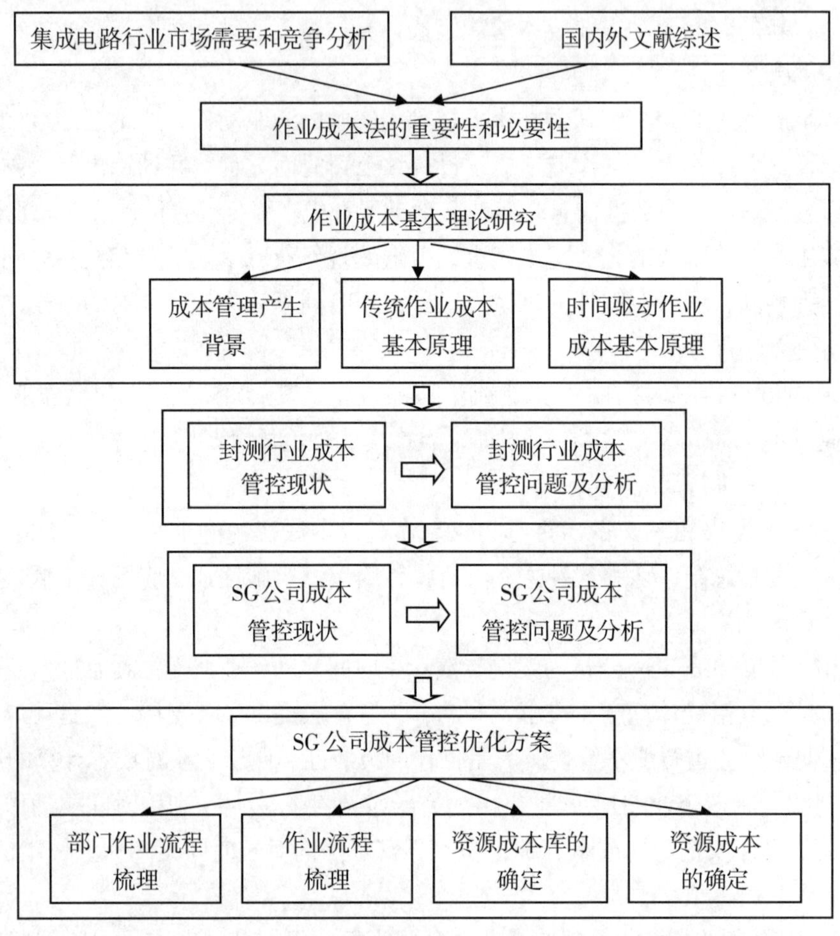

图 1 论文结构框架

1.6 创新点

本文通过理论研究和案例分析的有机融合，深入研究时间驱动作业成本法的理论基础与具体实施框架，结合集成电路封测行业特色及成本管控现状，总结出该行业使用此方法的必要性及可行性。通过对 SG 公司实践过程的分析，总结公司实施时间驱动作业成本法出现的一些操作及理论应用方面问题，并提出改进方案。

第 2 章 作业成本基本理论

时间驱动作业成本法以作业为成本关注点，模拟公司生产运作过程，通过时间方程反映不同产品在时间处理上的差异，是又一次理论的创新。

2.1 传统作业成本法产生时代背景

2.1.1 经济环境

伴随企业的规模发展，对于成本核算要求越来越高，成本结果将直接影响企业发展和决策。成本发展是紧密伴随企业管理发展而发展的，不同时代发展过程中，对成本的关注与侧重点也不同[15]，从 1885 年美国的亨利·梅特卡夫在《工厂成本》的成本会计理论开始，提出使用四种方法对间接费用进行分配（任务分配法、总费用百分率法、人工费用百分率法、生产时间百分率法），通过原材料、人工费用的归集与分配方法对存货进行正确的计量[16]。1898 年，英国托马斯贝特斯比将生产费用划分为直接费用和间接费用，提出间接费用应该使用单独的账户归集[17]，1901 年英国管理专家汉密尔顿·丘奇提出对于间接费用的分配，应选择更为合适的机器小时费用分配率[18]。从 1885 年成本会计萌发后，经历近 40 年形成与发展，基本形成了传统成本方法：基于会计账户的成本记录，直接费用配比计入产品成本，间接费用通过分配率分配计入产品中去。因此企业经济的发展，需要配套更加先进的成本理论来支持企业的管理需求。

2.1.2 社会环境

成本发展是社会发展的体现，时代发展日新月异，市场与技术的飞速发展，企业对生产管理以及成本管理不断提出新的要求。市场竞争的加剧，技术更新周期的缩短，使得企业需要根据需求的多样性转变生产模式，由以往的少品种大批量生产转换为多品种小批量生产模式。另外，企业也从劳动密集型逐步转变为资本密集型和技术密集型生产模式，人员成本的比重逐渐下降，间接制造成本的比重不断增加，同时成本构成越发复杂，成本管理人员必须提高对各项成本构成的熟悉程度，需要摸清真正的成本结构、成本动因，才能为管理者提供真实、准确的成本信息。

另外，国家的宏观经济调控政策也非一成不变，特别是当前中国所处的经济发展阶段，国家的产业政策导向也与时俱进，对某些行业或者某些对象提出特别时期的特殊政策。2014 年 9 月 24 日李克强总理在国务院常务会议中提出，“部署完善固定资产加速折旧政策、促进企业技术改造、支持中小企业创业创新”，明确要实行“固定资产加速折旧政策”。面对折旧政策的变更，短期将增加企业的固定成本，迫使企业尽快使用作业成本法，提高成本计算精度，统一资产的折旧计算方法与成本计算的折旧费用分配方法，各项资源的消耗通过作业合理分配至各产品，以便于决策者判断哪些产品是真正的资本密集型产品。目前大多数使用传统成本计算方法，折旧的分配比较粗犷，一般以数量作为分配基准，成本信息不准确，面临折旧政策的调整。因此，将作业成本法用于折旧的作业计算以及成本计算非常必要。

2.1.3 技术环境

企业制造模式在不断发展，当前使用较多也较成熟的模式主要有三类：计算机集成模式（Computer Integrated Manufacturing，CIM）、精益生产模式（Lean Production，LP）、敏捷制造模式（Agile Manufacturing，AM）。

1974 年，美国哈林顿博士提出 CIM 概念，主要指产品的研发到售后是一个完整密不可分的过程，实质上是一系列数据的传递与处理。通过对企业内部信息化的集成，功能集成，发展至并行工程的集成，更有企业间的集成。精益生产模式发展精髓在于“JIT（适时生产）管理模式”，目标着眼于在需要的时间、合适的地点，生产出必要的数量以及品质完美的产品，杜绝超量生产，消除浪费，达到最小投入最大产出目的。在 JIT 模式推动下，通过系统辨别各项物流与信息流，自动进行缺陷识别以及保证全面质量管理。至 20 世纪 90 年代“敏捷制造”概念的提出，基于网络信息的开放性、共享性特点，利用市场资源以及企业间的合作，快速构建生产单元，将竞争关系之间的企业转变为既有竞争又有合作的双赢关系，共同应对全球性的激烈买方市场。三种制造模式的发展与结合，也对企业提出了更高管理要求，特别是对于成本的管理要求。所以需要引入新的成本与信息管理系统，来满足先进制造模式发展需求。

综上所述，人类社会已经历了数次工业技术革命，近三十年来会计实务界及理论界也经历了巨大的发展与变革，原有的传统会计提供的成本信息已经不能满足决策相关性需求，管理会计已经落后于管理需求，必须进行管理会计的改革，使用并推广如作业成本会计、资本成本会计等新的成本计算方法，提升企业管理会计水平 。

2.2 传统作业成本法基本原理

2.2.1 传统作业成本法概念

（1）基本概念。

传统作业成本法（Activity Based Costing，ABC）是一种以作业为基础，以成本驱动理论为基本依据，通过分析成本发生的动因，对构成产品成本的各种主要的间接费用采用不同的间接费用率进行成本分配的成本计算方法[18]。

资源：企业为了生产产品或提供服务而耗费的各种支出。包括各种类型的材料、人员及各种投入费用。

作业：企业为了生产产品或提供服务，在消耗资源的前提下，需要经过的生产工艺步骤，或者生产任务。作业也就是基于一定目的（如生产产品）、以人为主体、消耗一定资源的特定范围内的工作。

作业中心：为了归集和分配资源成本的基本单位。通常由一项作业或者由前后关联的多项作业组合而成。

成本对象：成本计算的最终目的，一般是产品、服务或者客户对象。成本对象引起作业的产生。

成本动因：引发成本发生的因素。成本是隐藏在作业资源后面，由某种推动力引起的。成本动因分为两类，一是资源动因，通常反映作业量与资源成本的关系，就如设备的电费资源消耗，设备开动时间就是设备作业的资源动因；二是作业动因，反映作业量与产品成本的关系，生产设备进行产品加工的动作量。

（2）基本原理。

传统作业成本法有两种分配观，成本分配观与过程分配观。两种分配观分别从纵向以及横向进行分析（见图 2）。

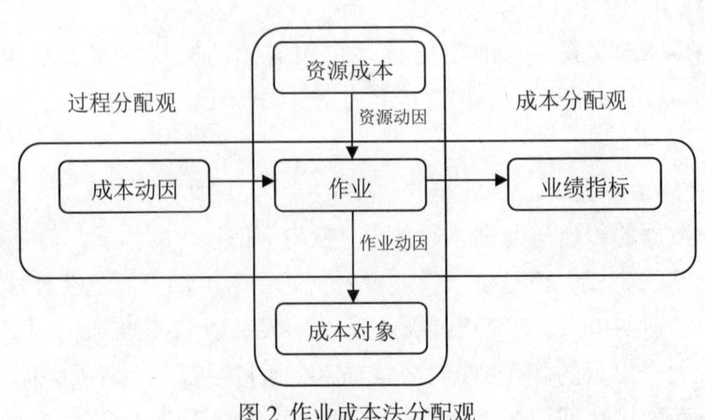

图 2 作业成本法分配观

（3）传统作业成本法适用性分析。

与传统成本法相比，传统作业成本法关键差别在于该方法关注成本发生的因果关系，通过对作业分析改善生产经营的价值链。计算方法上的不同点有两方面：一方面，是对制造费用的分配范围上，由全公司统一分配改为通过多个资源成本库分别进行分配；另一方面，是比传统成本法在分配率上，考虑了更多分配基准，而这些分配基准又更能反映产品与费用之间的因果关系。作业成本法的分配基准已经不仅局限于财务变量，还包含非财务变量，体现出多元化的分配基准。传统方法一般只使用人工工时、机器工时、生产数量等变量。但是在作业成本法下，从生产准备环节开始，只要是为产品产出做贡献的有效作业，都可以作为成本驱动变量。

传统作业成本法的出现，使得间接费用及辅助费用的分配，通过作业与成本的关系，更加合理的分配到产品中去，是对制造费用的变革性发展，对于产品成本的准确性以及成本控制的有效性都有着突破性的贡献。但是从作业成本法的应用情况看，出现了一些问题：比如在模型设计及建立时，需要花费大量的访谈、调查时间，而且在发生新的环境变化时，模型不易于调整；模型中资源分配作业过程，大多采取估计比例来分配，主观性较强，而且无法验证；最关键是该模型忽视了未使用的生产能力，对于闲置能力无法体现经济成本。所以从理论体系看，这种作业成本法在理论上是不完整的，或者说是存在缺陷的。

2.2.2 传统作业成本法的核算程序

相比传统成本法，传统作业成本法从理论、方法都有质的飞跃。在体系设计上，更需要考虑规范性以及报告及时性，确保产品成本结果的正确性、及时性以及决策有用性。但是在体系的设计上，也需要考虑一些设计原则，成本与效益原则、质量与效率原则、便于理解原则等。

在传统作业成本法体系中，成本流程是整个体系的关键，需要先定义产品成本的范围，明确成本来源，划分清楚成本核算步骤，以此为基础进行成本核算、成本分析以及成本控制等系列活动。

产品成本的范围，一般指产品的制造成本，通常包括直接材料、直接人工、制造费。在成本划分时，尽可能多地划分直接成本，成本计算时，通过直接成本与产品的线性关系，直接计入产品成本。直接成本以外的间接费用，需要通过作业基础成本核算程序继续进行（见图 3）。

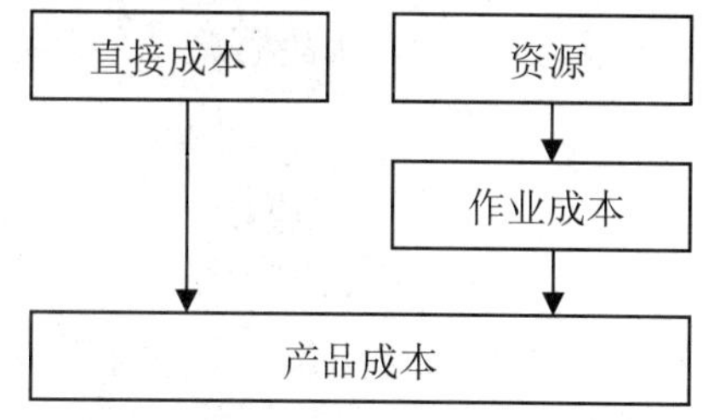

图 3　传统作业成本法基本核算程序

作业基础成本核算程序，根据传统作业成本法的原理，分为两个阶段：作业消耗资源、产品消耗作业。

资源的确定通常反映为间接成本，与产品没有线性关系的成本都属于间接成本。间接成本分为两类，一类是数量驱动的制造费，另一类是非数量驱动的制造费。数量驱动的制造费，可以根据数量关系直接分配计入产品成本；非数量驱动的制造费，通过划分尽量多的同质间接成本，进行成本归集与分配。 成本分配过程分为两个阶段，第一阶段根据资源动因先归集至成本中心，第二阶段在成本中心内部根据作业动因再进行二次分配。因为在各成本中心，所有成本和成本分配基础有相同因果关系，即相同的成本动因。二次分配时，每个成本中心根据因果原则确定每一个成本中心的成本分配基础进行分配（见图 4）。

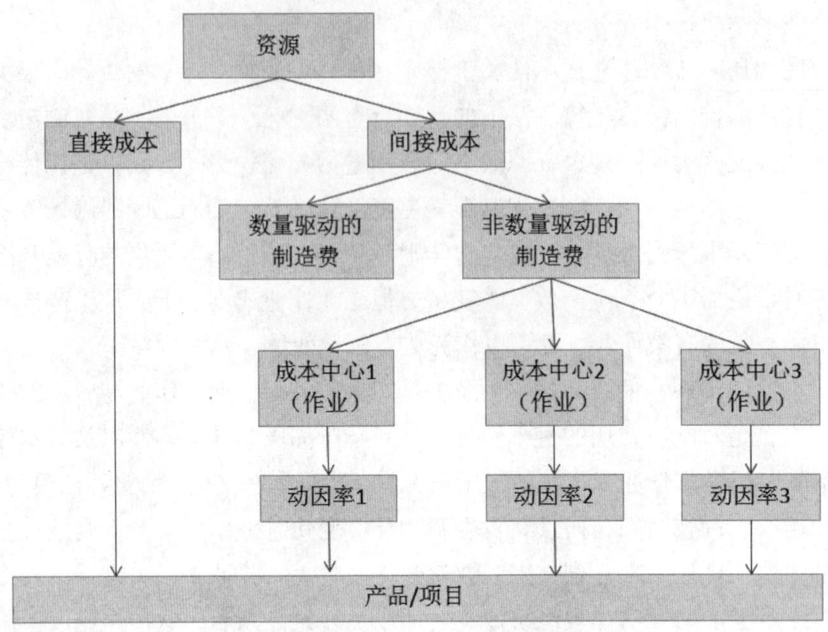

图 4　传统作业成本法成本计算过程

2.3　时间驱动作业成本法

既然传统的作业成本法有理论上的缺陷，推动了会计理论界学者们的理论发展与研究，并且找到了能解决传统成本法所有问题的新的作业成本法即时间驱动作业成本法（Time-Driven Activity-Based Costing，TDABC）。它比传统的作业成本法操作更加简便、体系更灵活，而且实用性更强。

2.3.1　时间驱动作业成本法概念

时间驱动作业成本法既有与传统作业成本法相同的基本概念，如资源、作业、成本对象、成本动因，也有创新性概念，如实际产能时间、单位作业时间、产能成本率、单位作业费用率、时间等。

（1）实际产能时间。

指在法定工作时间内，直接对应实际成本对象产出的有效工作时间。由于在工作时间内，无论从人员作业，或者机器设备的开动作业，都不是满负荷工作状态，必定包括一些出勤率、生理休息、培训学习、会议时间、设备保养维护等其他的必要非工作时间。在计算实际产能时间时，需要将这些停工时间从总工时剔除。

（2）单位作业时间。

指每个作业需要花费的时间。通常使用直接观察计时，或者调查询问来估计。这个时间指标的计算是估时作业成本法的关键步骤，但是对于这个参数不需要绝对的精确，而是相对的准确即可。

（3）产能成本率。

即单位时间的产能成本，指企业将资源成本分配到每个单位实际产能时间。先计算出资源总成本，通常以部门为单位，或者以成本中心或者责任中心为单位，将资源的总成本按照成本库归集，再将成本库内的总成本除以该成本库中的总人员实际产能工时或者机器工时，计算得到产能成本率。

（4）单位作业费用率。

指每个作业单位消耗或者分配到的成本。单位作业费用率通过产能成本率与单位作业时间相乘得出。计算公式为：

单位作业费用率 = 单位作业时间 × 产能成本率

（5）时间等式。

不同的产品订单，需要经过不同的作业环节。时间等式就是将完成产品订单的每个有差异的作业环节，通过方程等式的形式组合，用于计算整个订单完成需要的资源量。

2.3.2 时间驱动作业成本法原理

2004 年，美国哈佛大学卡普兰教授在《哈佛商业评论》提出时间驱动作业成本法理念：通过活动消耗时间来驱动资源成本直接分配到客户、产品或服务等成本目标。这个理论的提出，创新性地直接把成本从资源分配到成本对象，跳过烦琐的向作业分配资源的传统作业成本法的第一步，简化了成本计算流程。

在时间驱动作业成本法的实施中，只需要估计两个参数：实际产能时间、单位作业时间。首先将资源成本进行分配，得出产能成本率；其次通过产能成本率与单位作业时间，计算得出单位作业费用率；最后通过时间方程，计算出各作业合计成本。如图 5 所示：

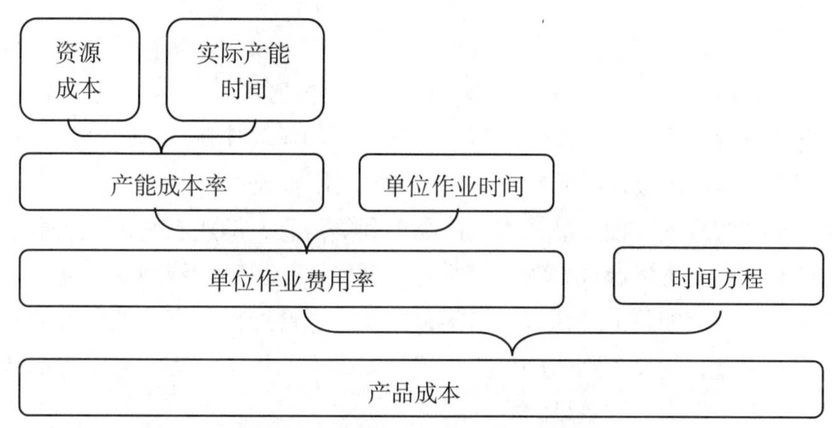

图 5　时间驱动作业成本法计算步骤

2.3.3 时间驱动作业成本法的实施

从理论发展以及会计实务发展看，时间驱动作业成本法有其独特的优势以及必要性，需要推广使用，但是对于大部分传统成本核算企业，推行作业成本法仍有一些问题需要考虑。

（1）体系设计。

作业成本法的体系建设，是时间驱动作业成本法实施的基础。体系搭建的不完善或者存在整体架构的缺陷将是致命的问题，所以在推行作业成本法时，首先要规范作业成本的核算环节，明确核算步骤及方法，避免人为影响成本结果的客观性与准确性。其次要考虑体系涉及各部门、人员数据提供的及时性，只有各个环节数据及时准确提供，才能保证结果的及时准确。最后要考虑核算体系的标准化作业规范，避免人员变动造成的核算误差。

（2）作业的划分。

时间驱动作业成本法原理中最重要的部分就是通过作业构建时间方程，对于作业的选择与划分，需要考虑订单的差异化作业，以及作业与资源成本的对应关系。在设计体系时，需要财务人员与运营人员配合，成立项目实施小组，详细了解各项标准流程作业，以及各项资源发生的紧密度，准确进行作业划分，完成时间方程的构建。

（3）公司内部的配合与支持。

实施时间驱动作业成本法，在模型建立时首先要有清晰的项目目标，组织形式上需要通过项目小组方式推动，并非财务一个部门闭门造车过程。在项目小组成立最初，首先设定成本改进目标，比如关注客户利润还是关注产品设计与改进，再挑选相应的市场、销售、生产和研发部门专人加入项目小组。通常在公司运营过程中，各部门对于成本的改善配合，经常会不重视，认为成本计算是财务部门的工作。所以推进成本改善的活动，特别是时间驱动作业成本法，更需要内部生产、技术、市场、业务等部门的通力配合，才能真正意义上进行作业的分析与改善。

（4）财务人员素质。

从传统成本计算到时间驱动作业成本计算，计算方法上有了质的变化，计算过程的复杂程度也大幅增加，需要借助办公软件或者设计新的信息系统程序满足要求，这就对成本计算人员的综合能力有较大要求，不仅需要具有账务处理能力，还需要具备生产情况的综合把握能力、计算机应用能力等。

2.3.4 时间驱动作业成本管理

时间驱动作业成本管理不同于传统成本管理。首先，它是以产品为管理对象，基于其数据信息结果进行的对作业活动的分析，发现经营管理活动中各项作业的效率与效果。通常称为“作业成本在先，作业成本管理随后”的成本管理模式[19]。其次，时间驱动作业成本法以生产线产能时间为前提，计算产品的能力成本与闲置资源成本，进行产能的利用管理。

时间驱动作业成本管理能掌握产品成本、产品毛利等信息，迅速判断影响成本结构以及产品损益的关键作业，同时了解闲置资源成本状况，及时提高资源利用率。管理者得到关键作业的信息及闲置资源信息后，可以采取相关的经营管理措施，比如可以通过产品定价调整保证公司利润，也可以通过对生产流程的再造，剔除不增值的作业，统筹安排生产作业过程，对闲置产能重新规划，提高整体生产效率，最终实现降本增效目的。

第 3 章　集成电路封测行业成本管理现状

工业 4.0 是集成电路大发展时代，特别在中国“十二五”期间明确集成电路行业大的发展规划，各种信号都表明集成电路行业进入高速发展期，当前中国的制造环境，更需要中国集成电路行业深入研究自身情况，巩固成本优势，提高成本管控水平。

3.1 集成电路封测行业基本情况

3.1.1 集成电路简介

集成电路（通常称为“IC”）是一种大规模集成化处理的电子器件，应用多种不同工艺使设计电路中所需要的基础元件以 P/N 结形式实现，并辅以微米级孔径处理使之相互连接，集成在很小的半导体晶圆上，以实现设计功能。设计功能实现后，将晶圆封装在一个外壳内，形成具有电路功能的微型结构。当前半导体工业大多数使用硅材料做成集成电路元件，微型化、低能耗、高可靠性逐渐成为集成电路产业技术发展方向。集成电路具有集成度高，环境适应程度高等优势，不仅民用领域得到广泛应用，在军工领域也得到广泛应用。

集成电路产业链条从用户需求开始，首先经过 IC 设计，满足客户的性能要求，其次通过 IC 制造环节（前道工序）完成IC生产，再次经过IC封装（后道工序）对芯片外表面进行处理，最后经过测试筛选，交付给客户合格的产品（见图6）。

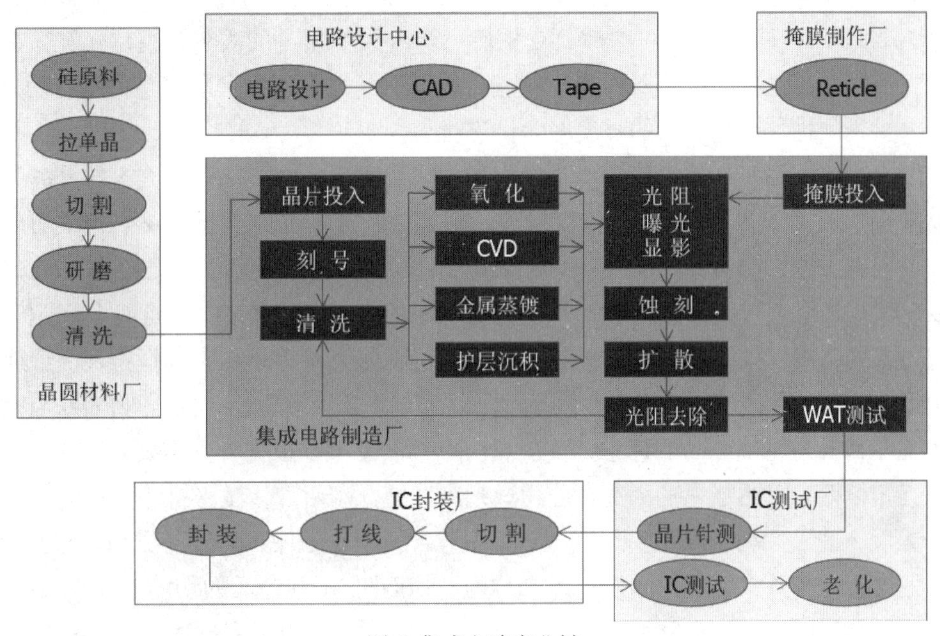

图6 集成电路产业链

芯片加工完成后需要有封装，需要通过Package（PKG）的形式承载芯片。通过封装，可以保护芯片不受外界环境影响，能完成电气的配线要求，芯片工作时有利于散热，也便于用户装配。因此封装和测试业在集成电路产业链条上属于制造环节的后道过程，是在芯片制造的产出物（晶圆）基础上，完成表面贴装技术、背面减薄、芯片准备、表面粘贴、引线键合、成型工艺、固化产品、产品打印、切割成型、表面处理、置球、水切割、测试、BT、外观检查、包装等工序。

由晶圆制造厂（一般称为“前工序”）加工完成的芯片，在送至封装测试公司（一般称为“后工序”）开始生产前，首先要进行晶圆检测。芯片在制造和搬运过程中可能会产生缺陷，通过高倍显微镜检查并筛选出具有图形矩阵的缺陷芯片后，并做出坏片标示，才正式进入后工序生产。

通常前工序完成的晶圆，厚度都保留原硅片衬底厚度，所以在后工序生产第一个环节是对硅片背面进行研磨，降低其厚度，以符合后工序封装产品工艺标准要求。

减薄后进行“划片（Dicing）”工序，即在硅片上进行芯片单元的分割分离，使其成为能够实现设计功能的独立单元，经检测合格后，独立单元才能进行下一步的封装加工。一般划片分为全切与半切两种。全切指将大圆片划透，适用于比较大的芯片，是目前最流行的划片工艺。半切指在划片工艺中，在硅片切割位置仅留下切分痕，并不使独立单元完全分离，此种工艺适用于较小的芯片。

划片完成后进行的工序是上芯（黏片，Mounting）。将切割好的芯片从划片黏膜上取下，将其放到引线框架或封装衬底（或基座）上，并在芯片背面及载体之间使用具有黏着功能的材料固定。目前主要有两种黏着剂，环氧树脂与胶带。通过含有大量Ag颗粒的环氧树脂作为黏着剂，而达到固定的作用方法是主流方式，它成本低、速度快、常温下可实现。另外一种通过胶带的黏接，也可以达到固定作用。还有一种通过Au-Si共晶合金法，在高温及压力作业下，使Au或其他合金材料与框架和芯片形成共晶，达到芯片固着的目的。

完成上芯后，进行压焊（键合，Bonding）工序。通过金属细丝（通常使用金丝、银丝或铜线）

使芯片引线与管脚形成通路，在芯片与外部电路导通后，电路功能得以实现。对于键合工艺的要求，结合力强、接触电阻小，稳定的化学性，良好的导电性，以及一定的机械强度。

键合之后的元件需要与外界隔离，实现物理及化学上的保护，同时加强元件的物理特性，便于使用。称之为封入工序（Molding），考虑到在实际生产中大量生产的需求，目前主流工艺为传递模法，其主要方法是在高温状态的模具中压入树脂，以此对元件进行物理隔离与保护，随后进行冷却处理，使封入材料固化，产生足够的强度对元件进行保护。

封入工序后，用专用工装将连筋等加工溢出物去除，实现外引线腿间电气上的分离。

溢出物去除后，需要进行锡化（电镀），防止管腿生锈或者受到其他污染、增加可焊性易于元器件的装配。电镀工艺大致分为两类，一是光泽电镀，二是无光泽电镀。按照工艺方法分类可分为挂镀法和浸镀法。通常使用锡（Sn）和铅（Pb）作为电镀材料，溶解在酸性药液中，阳极是铅锡板，阴极是经过封入的引线框架。通电流后，锡（Sn）和铅（Pb）析出，在引线框架表面形成铅锡膜。

电镀工序完成后，继续在IC封装体表面标记商标、品名、原产地、批号等信息，称为"打印"工序。打印工序目的是明确产品的标志，实现履历可查。也可以根据客户需要，使用不同材料在封装表面进行打印标记，以便于识别。通常分为激光和油墨打印两种，激光打印是目前的主流。

打印完成后，进入"切筋成型"工序。该工序包含两个小工序，切筋与成型。将封装体与外部管腿从引线框架上分离开来，成为单个产品，称为"切筋"，不同产品的切筋差异不大。切筋之后，通过模具将引线加工成所需的标准形状称为"成型"，不同的PKG工序过程也不一样。

完成切筋成型后，封装的加工程序已经完成，后续工序是为了品质保证进行的检查与检测环节，包括对电特性进行的测试工序，对管腿外观的检查、产品入库外观的检查。

测试工序是确保提供的产品电气性能符合要求的关键工序。测试设备将测定IC的电气特性，随后分选器会自动对良品和不良品进行区分；同时肩负着向前面工序及时反馈工艺制造中所存在的缺陷。按功能区分，测试可分为直流特性测试、交流特性测试、逻辑功能测试、模拟测试四类。同时，还有一些辅助工序，如BT老化、插入、拔出、实装测试、电容充放电测试等。不同功能测试需要不同类别的测试设备。

产品在完成测试后，根据产品的特性及需要，进行BT（Burn-InTest）工序，通过高温状态下长时间加电路负荷进行的加速试验。一般的制造产品故障率都遵循浴盆曲线，即初期故障期，故障率会由高发急速下降至稳定的水平，进入故障偶发期，这个时候的故障率比较低，进入产品的耐用寿命期，最后进入一个消耗故障期，故障率会急速上升。通过实施BT、将初期失效的产品提前剔除、提高流入市场产品的品质。通常BT工序里，产品放置在BT板上，施加电压及电信号，在125°的BT炉环境中，经过2小时到12小时不等的测试，检查产品性能。

电气性能检查后需要进行管腿的检查（Leader Check）工序（也叫LD工序），因为现在的芯片产品越来越小，管腿（Pin）数越来越多，管腿间距越来越小，芯片的外观能否满足要求，一样会严重影响客户使用。因此有必要像检查电气特性那样对IC外观特性进行检查，一般由自动管腿检查机实现。

最后进行品质检验（入检），产品入库前须按标准进行抽样检查，检查内容包括外观检查和电特性检查。抽检中一旦出现不合格品，则整批产品将会做全检或废弃处理。产品种类不同，入库检查的数量、项目、判定基准也不尽相同。

检查合格的产品进行包装。因产品中含有大量水分，在往PCB基板上实装时由于热，水会汽化而导致产品易发生裂纹，因此需进行5～20h的烘干除去水分，称为"烘干"。烘干完成后，为了保持烘干后的干燥状态，将烘干后的产品和干燥剂一起放入表面经过特殊处理的防静电铝袋进行密封。为保证产品在运输途中和存放期间可靠性不受影响，对产品进行包装时需选用适当的材质，不同产品包装要求不一样，使用的包装材料就会完全不同。

包装好的产品，就可以正常入库，按照要求销售出库，发送给客户。

为了完成上述制造过程，封测公司必须具备的技术主要包括制造工艺技术、材料技术、测试技术（含测试程序的开发和转换）、产品技术、品质和可靠性保证（RQC）技术、客户支持技术等。整体来说，集成电路行业属于高科技行业，虽然最具有科技含量的在前道工序，但是后道的封测工艺技术也属于技术要求较高的制造业。

3.1.2 集成电路产业商业模式

最初的集成电路产业基本是“IDM”商业模式（见图 7），即 IDM 厂商经营范围涵盖芯片设计、芯片制造、封装测试等各环节，有些甚至还延伸至电子终端。1987 年台湾积体电路公司（简称“台积电”）成立后，出现了产业链中的专业细分厂商，包括应用开发、芯片设计、芯片制造，以及封装测试厂商。这种专业代工模式称为“垂直分工”模式（见图 7），在这种模式下，直接面对客户的只有芯片设计厂商，其他厂商都为芯片设计服务，这种模式也是行业的主流模式。当前集成电路产业基本分为 IC 设计行业、晶圆代工行业、封测行业。本文介绍的就是其中的封测行业。

3.1.3 行业发展情况

2012 年，世界半导体市场受金融危机影响，市场重新洗牌，随后在新一代电子产品市场占有率提供的需求下，半导体产业开始恢复元气，全球的经济景气改善以及记忆体芯片市场的繁荣，让全球半导体产业在 2014 年上半年销售业绩强劲成长。从应用市场来看，PC 仍是最大的半导体终端应用产品，智能型手机与平板装置对半导体的需求也持续成长。另外，新兴应用市场将持续成长并助力半导体产业在未来几年表现强劲。美国半导体产业协会（SIA）引述世界半导体贸易统计组织（WSTS）发布的最新统计数据预估，全球半导体市场 2014~2016 年将分别成长 6.5%、3.3% 与 4.3%。

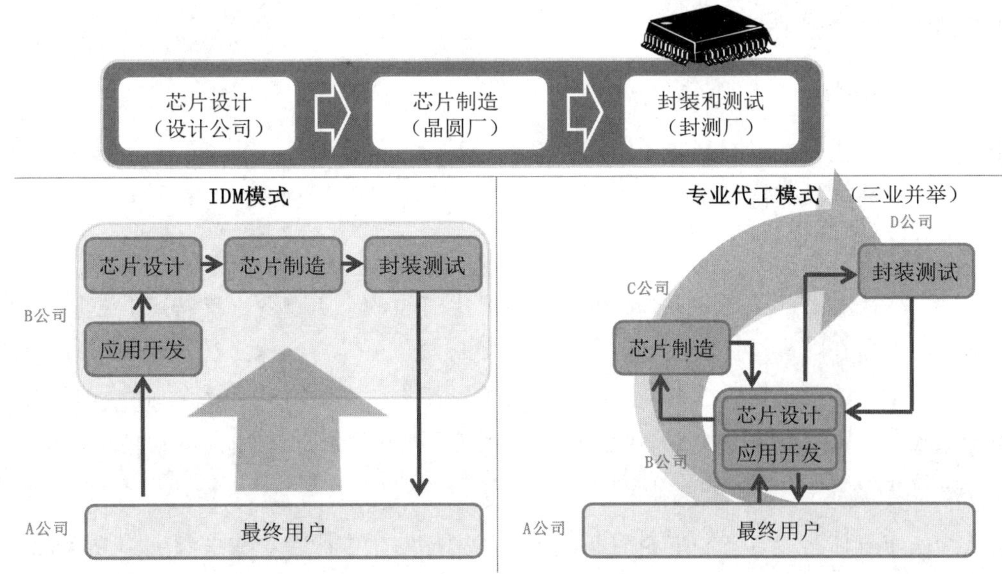

图 7　集成电路行业商业模式

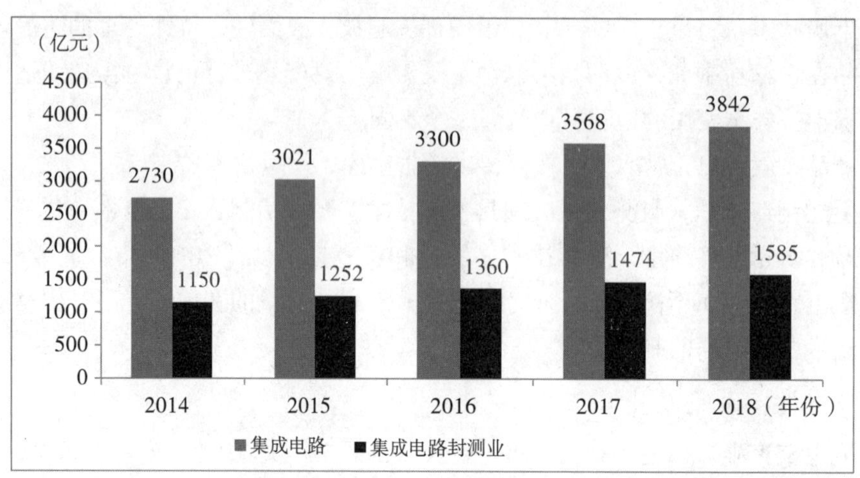

图 8 2014~2018 年中国集成电路市场销售预测

我国是当前世界上最大的集成电路产业应用市场（见图 8）。中国集成电路市场规模从 2002 年的 1841 亿元猛增到 2011 年的 8066 亿元，规模扩大 4.38 倍，年均增长率 17.8%，国际集成电路市场份额占比从 2002 年的 18.4% 上升到 2011 年的 50.5%。在国家加快推动集成电路产业发展相关政策的支持下，2013 年中国集成电路市场规模加速增长，市场销售额增至 9166.3 亿元，同比增长 7.1%。

但是，国内集成电路产量与市场需求相比还有很大缺口。据工信部统计，2013 年，我国集成电路进口 2322 亿美元，首次超越原油成为我国进口金额最大的商品，2014 年我国集成电路进口将突破 2500 亿美元，贸易逆差接近 1500 亿美元。另外，“棱镜门”事件促使国家信息安全上升到国家战略，将会通过“换芯”工程等举措实施芯片国产化战略，给国内集成电路产业带来巨大的市场需求。另外，中国政府逐步加强对国外电子信息产品和汽车产品的反垄断力度，将促进产品国产化，也给国内集成电路产业带来新的商机。

总体上，当国内集成电路封测产业增长速度明显高于 GDP 的增长和其他传统产业的平均增长率，市场前景广阔，预计涌现出 2~3 家销售收入超过 70 亿元的封测企业，2018 年预计中国的集成电路封测业销售额将达到 1500 亿元。

3.2 集成电路封测行业特征

封测行业特征突出，在所有制造业领域，封测行业生产加工要求非常精密，工序也很复杂，属于制造行业里的高科技，其特征如下：

3.2.1 订单生产模式

封测行业的生产是在前工序加工完成的芯片基础上进行的，由顾客提供特定的芯片，交由封测工厂进行加工。通常在顾客发行正式订单之后，才向封测厂家提供芯片。受芯片的约束，封测厂在未接到顾客订单前，不能根据以往的生产经验，提前安排生产。所以对于整个封测行业，由于存在明显的淡季及旺季，工厂产能经常有不均衡问题，闲置产能的转化是封测行业的共同难题。

3.2.2 技术更新迅速（摩尔定律）

一般认为，半导体行业具有一定的周期性，大体遵循摩尔定律，集成电路的集成度和产品性能每 18 个月增加一倍。同时，因集成电路制造及设计的快速发展，集成电路的成本不断降低，造成产品边际利润空间逐渐变窄。集成电路封测业的科技进步速度非常快，封装测试作为产业链中的一环，同样具有技术进步快、产品更新率高等特点。

3.2.3 资本投入大

集成电路封装测试对设备的投入非常大，如果公司不能及时加大资本投入进行新技术的研发，或购入国际先进设备研制生产更先进的封装产品，则会使公司在封装测试行业处于不利地位。与半导体产业链上其他行业相比较，封测行业属于资本密集型行业，制造设备和厂房环境投入巨大。全球排名第一的封测企业台湾日月光公司近三年平均资本支出占公司收入的22.1%。

3.2.4 人力成本较高

人力成本方面，相对而言封测环节劳动力比较密集，人力成本较高。日月光公司收入的8.9%为直接人工成本，制造人员占公司总员工人数的57.2%。封测企业的劳动力虽然也属于密集型，但是对劳动力的技术程度、操作培训等方面，也需要花费较高的培训成本，这也是为什么英特尔在中国进行投资时，把芯片制造厂建在大连，而封测厂则建在人力成本相对较低的成都。

3.2.5 质量要求高

质量是企业生存的关键，特别是集成电路，产品小，精度高，任何一道工序出现问题，都会造成产品废弃。所以对于集成电路封测业，肩负着前面所有环节的成本，任何一个差错，都直接导致前道生产的损失，通常封测的加工成本仅占前道成本的1/3，对于质量的要求就更加严格。

3.2.6 全球化的成本竞争战略

集成电路市场的需求变化波动较大、全球化的生产竞争给各生产企业提出了更高要求。各企业纷纷通过低成本、高质量、全服务来提高竞争力，获得市场的主动权，也为能在稍纵即逝的市场行情中及时抓住机会，快速提供满足市场要求的产品，并且在产品生命周期内进行成本策划，保证企业获得最大利润。

因此在劳动力成本、税收优惠等因素促进下，国际大型集成电路制造商以及封装测试代工类厂商纷纷将封装测试业务向亚太地区转移，例如中国台湾、马来西亚、中国、菲律宾、韩国和新加坡。我国集成电路产业集群化分布在近几年进一步显现，测试企业主要分布在长三角、环渤海、珠三角等地区。长三角地区是外资封装测试企业的首选地点，中西部地区因国家产业政策的引导扶持，区位优势逐步显现，对内外资企业的吸引力逐步增强。

综合来看，在整个半导体产业链上，在封测环节技术上垄断程度较低，我国本土企业追赶行业巨头可行性最高；因其人力成本要求，我国企业具有明显的竞争优势；资本壁垒要求高，正好契合我国政府推出的产业发展基金，政府资金投入必将使我国半导体封测产业迅速驶入行业发展快行道。目前，国内的半导体封测厂如长电科技、华天科技、晶方科技等均已完成技术布局，预计3年内将迎来高速发展期，形成我国封测行业的整体发展契机，成功实现产业转型升级，步入世界先进制造业行列。

3.3 集成电路行业成本管控现状

通过对比国内上市封测公司与国际上市封测行业领先企业的毛利与营业利润率指标（见图9）可以看出，国内的封测行业对比国际领先行业巨头，从毛利率上与国外竞争对手持平，但是从营业利润率来看，整体落后于竞争对手，说明成本管理与控制方面还有很大可提升空间。下面将从成本管理的四大内容逐项来分析行业的现状：

3.3.1 成本管理目标

国内的大部分制造企业，包括封测行业，成本管理目标都是“成本降低”。这个目标也体现在企业生产经营的各方面，以及员工的成本意识中。例如要求采购部门降低材料采购价格，封测行业

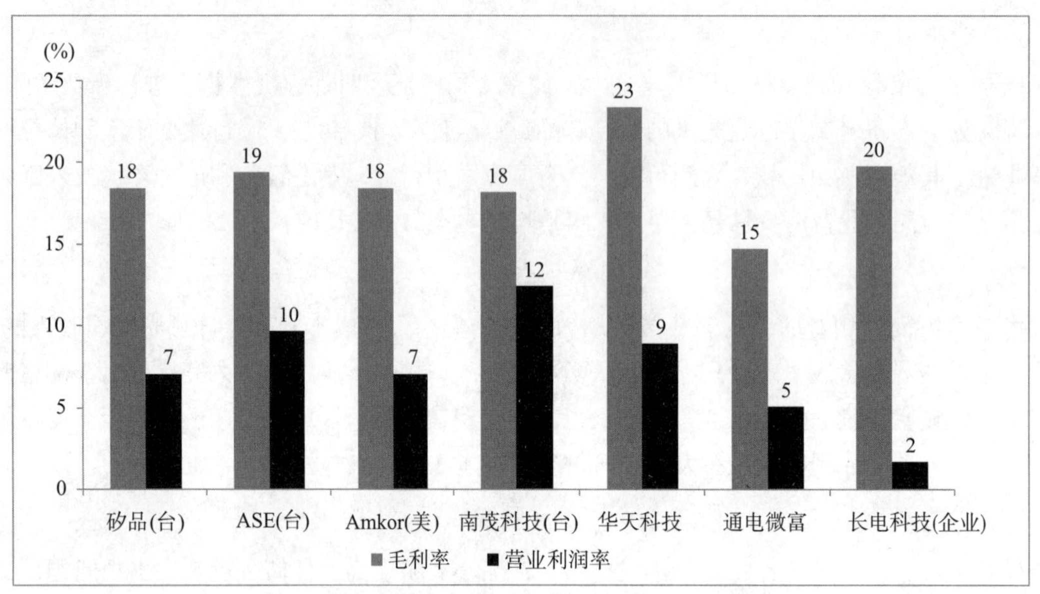

图 9 2013 年国内外封测企业毛利率与营业利率对比

主要材料中有金线的使用，金价的波动是采购部门控制重点。封测行业生产要求的主要材料对产品的性能影响程度非常高，企业要求质量部门对采购材料严格把关，避免不良材料的使用造成成本浪费；在生产领用环节，也通过物料消耗表 BOM 对金线等贵金属材料进行跟踪与回收；各部门发生的费用通过预算目标，进行限额控制。

3.3.2 成本核算方法

国内的封测企业，也同大多数国内制造企业类似，采用的是传统的成本核算办法，即料、工、费模式。成本计算由两部分组成：变动材料成本的归集与分配、制造费用的归集与分配。产品成本组成包括直接人工、间接人工、变动材料费、制造费用和折旧费。变动材料费通过物料清单（BOM）进行直接计入，人工费的分配使用人工工时，制造费用与折旧参考机器工时进行分配。

3.3.3 成本控制方法

由于国内封测业起步比较晚，相对其他国内制造企业，从公司开始成立时已经有预算意识，或者直接导入全面预算管理体系。加上国内制造企业计划控制实施已久，具有丰富的实战经验，计划与全面预算管理相结合，成本控制体系比较成熟。

3.3.4 成本管理手段

国内制造企业普遍认为，成本管理重点应该在生产制造部门，因为它们是生产消耗的主要部门，管理手段上也是自上而下的命令性，强制管理方法。把降低成本作为每个员工的职责之一，行政命令式下达。如对于金线的回收，是作为封测行业成本管理的主要对象之一，企业通常将回收金线工作纳入一线员工的日常工作，但是由于金线回收很难量化，所以实际回收效果几乎无法控制与评价。

3.4 传统成本管控问题及分析

3.4.1 以成本降低作为管理目标的传统做法

国内的制造行业竞争大环境，就是以低价、低成本、牺牲一部分产品质量为代价的模式，企业成本管理只注重一个目标：成本降低、降低、再降低。对于成本管理的理解，仅停留在此唯一目标上，而忽略了从流程上的优化、作业链的改善方面入手，通过改善作业流程，达到成本降低又不损失质量的目的。

3.4.2 成本核算方法不能反映真实成本

封测成本结构中间接成本比例较高，一般在 60% 以上，人员成本比例也随着工资上涨不断增加；伴随集成电路科技发展，自动化程序越来越高，机器设备价值也增大，设备相关折旧费、修理费比重也在提升。封测企业生产实际中，同时生产的产品种类较多，品种间的工艺差异也较大，即使同类产品，面对不同的客户，测试、包装或者生产工艺过程也有不同的要求。使用传统的成本计算方法，仅仅通过产量或者人工工时、机器工时，统一进行成本分配，往往造成成本的高估或者低估，给企业运营带来潜在的风险。产品间的差异化体现不出来，差异成本在不同产品之间的分配容易出现偏差，影响产品的定价，令企业在激烈的市场竞争中难以真正把握成本。

因此，合理体现封测产品成本，需要使用更加合理的成本核算方法，例如时间驱动作业成本法。将成本的发生通过作业细分，通过设置多样化的资源成本库，将各项作业根据估时，通过时间等式计算产品封测成本。

3.4.3 成本管理滞后

传统的成本管理，通常由成本会计人员在成本发生事后进行成本核算。对于成本的事前预测、事中控制，基本不能提供相关数据支持，所以在成本管理全环节中是不完整的。当制造部门、技术部门进行工艺改善、生产优化等流程优化时，成本会计无法提供成本改善预测数据。

3.4.4 不能树立全员成本意识

传统的成本管理没有从作业流程方面进行改造或者优化，与一线员工互动方面就较差，经常会被大家认为只是技术部门、财务部门的事情，一线员工只需要做好规范操作就可以了，其他方面与成本降低没有直接的联系，从而阻断了从流程、作业链方面进行成本改善的通路。

第 4 章 SG 公司时间驱动作业成本法实施案例

通过对 SG 公司现状、基本情况分析，以及对时间驱动作业成本核算方法在公司多年来的实施情况进行总结，找出成本计算的问题及提出对策建议。

4.1 SG 公司基本介绍

4.1.1 公司概况

SG 成立于 1991 年 12 月，其前身由首钢和日本合资成立，注册资本 12.76 亿元。公司从事集成电路的制造和封装测试业务，是国内最早实现晶圆制造和封装测试一贯生产的集成电路企业，2013 年中日双方合营合同到期前，首钢总公司受让日方股东所持的全部股权，SG 公司成为首钢全资子公司。

公司目前主要从事集成电路封装和测试业务，主要承揽原股东瑞萨电子的产品加工订单，同时逐步开拓自主市场，进行自主技术开发，为公司进一步发展创造条件。

公司现有生产设备约 400 台套，具有年产 3 亿块的集成电路封装和测试产能，200 条管腿以上 QFP 封装以及三层芯片叠装技术为国内同行业的领先水平。经过多年经营，已形成集成电路封测相关的优质资产，锻造了优秀的技术和管理团队，在业内具有一定影响力。

公司设置九部一办一中心，在册人员约 500 人，其中生产作业人员 300 余人（见图 10）。

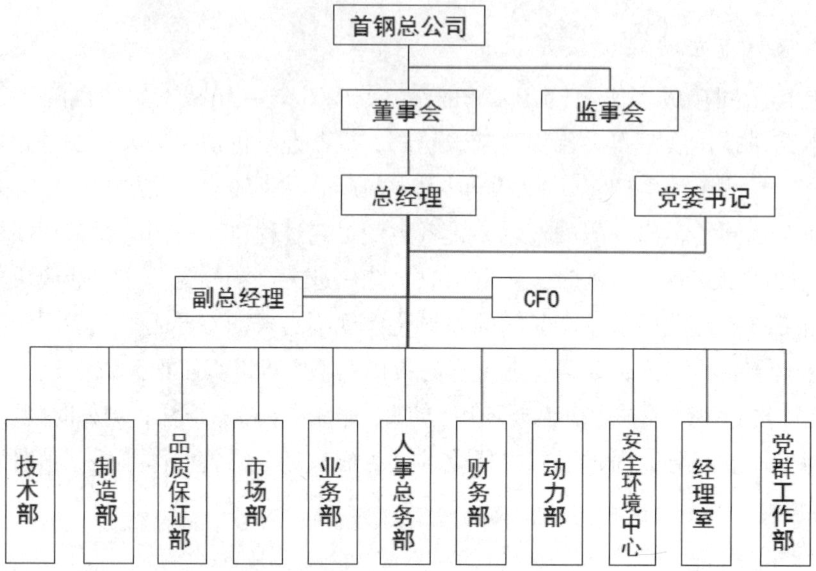

首钢总公司
董事会
监事会
总经理
党委书记
副总经理
CFO
技术部
制造部
品质保证部
市场部
业务部
人事总务部
财务部
动力部
安全环境中心
经理室
党群工作部

图 10 公司组织机构

4.1.2 公司产品及市场

SG 公司是专业的集成电路封装测试企业。对公司而言，上游指向公司提供生产材料的原材料供应商，下游指委托公司进行芯片封装测试的芯片设计和制造厂商。

公司产品主要是微机单片机（简称“MCU”）、系统级芯片（简称“SoC”）两大系列。MCU 系列产品主要包括空调主控和遥控、电表、电动自行车、洗衣机、打印机等相关控制电路等，以白色家电、计算机外围电路为主。SoC 系列产品主要用于电视机机顶盒、红光和蓝光 DVD 等。

按产品 PKG 外形分，主要包括 SSIP、DIP/SDIP、SSOP、LQFP、TQFP、QFN 系列，共 18 种 PKG 外形，全部符合 JEDEC 标准。以 SSOP、LQFP、TQFP 为主，可满足绝大多数 MCU 类产品需求，可对应的产品门类多。2004 年以后引进的 LQFP216/176/128pin 封装形式，属于多管脚封装形式，技术水平有很大提升，尤其是引进了单 KPG 内的多芯片封装技术（SIP，3 层叠），在同类封装中处于技术领先地位。

4.1.3 公司现状及发展

SG 公司原来属于日系跨国集团企业，深受日本成本管理模式影响，已经形成一套比较固化的成本计算及成本管理模式。在日本集团管理模式下，工艺技术管控非常完善，并且由集团统一技术部门管理与监督；对于海外生产基地的产品价格设定，执行成本加成的转移定价模式；日常成本管理主要体现在固定费用预算总额控制，变动费用根据产量波动弹性预算系数控制。针对 SG 公司而言，管理重点是对整体成本的控制与前后期成本的纵向对比控制，无须考虑外部市场的成本竞争压力，产品之间的成本差异核算需求也不明显；但自从日方股权转让合资模式终结，SG 公司已经完全变为内资企业，需要自己根据产品成本向市场寻找订单；管理层也表现出对成本的高度关注，对成本计算及成本管理体系不断提出更高要求。

4.2 SG 公司成本管控现状

由于公司原来是日本企业控股，日常生产等各方面都采用日本的管理模式。成本管理方面，成本核算采用时间驱动作业成本法，成本计算目的是计算期间损益、存货成本、进行预算编制、日常成本管理，为企业经营决策层提供决策需要的成本信息，财务会计与管理会计系统结合在一起。

4.2.1 成本管理目标

SG 公司内部成本管理目的有四个方面：①为财务报表提供必要的数据支持；②价格管理，为估价、售价提供数据支持；③为改善生产效率，通过成本降低、预算实际跟踪，进行损益的改善；④为生产决策提供数据支持。SG 公司成本管理目标为两个方面：成本控制和降低成本。

成本管理目标主要为成本控制与成本降低，基本上仍停留在事中与事后环节，不能从事前环节开始对成本进行预判与预测，整个环节把控上仍然不完整。

4.2.2 成本管理对象

公司的内部成本管理过程，将成本要素分为不同的类别：按照与产品的关联度区分：直接费用、间接费用；直接费用包括直接材料、直接人工、直接经费，其他均为间接费用（见图 11）。按照成本发生与产量关联区分变动费、固定费。变动费包括直接材料费、外委加工费、间接材料费、物流费；固定费用包括人员费、折旧费、动力费、修理费、其他费用。发生费用按照成本要素性质归集，主要有直接材料、直接人员费、外委加工费，间接制造费通过部门成本计算归集后进行分配。计算方式分为成本要素的计算，可以分为直接材料费计算、外委加工费计算、直接人员费计算、间接费用计算。

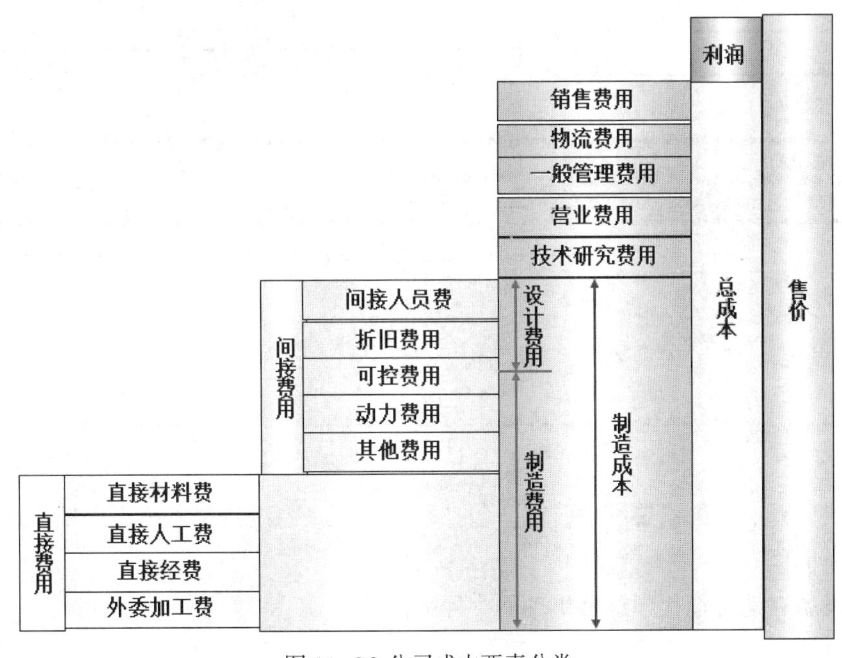

图 11　SG 公司成本要素分类

4.2.3 成本计算相关概念

根据成本要素性质，成本计算方法也不同。直接材料费、外委加工费通过直接对应关系计算产品成本。其他的间接制造费则需要通过费用的分配来计算。成本计算的过程如图 11 所示。

公司在确定每个成本库的成本动因基准时，引入一个新的概念、ST（人工工时）与 MT（机器工时），并非传统意义上的工时定义，下面分别介绍 ST/MT 的定义及计算方法。

（1）ST 的定义及计算方法。

ST（Sevice Time），人工工时，指生产产品所花费的人工时间。一般以每一千个 IC 需要的小时数作为计量单位，即小时 / 千个。人工工时包括两大部分，ST（内段取）与 ST（外段取）。设备停止状态下，必要进行的人工作业时间，称为 ST（内段取），见图 12 Part ①②③部分；可将与设备运行时同时进行的人工操作时间，称为 ST（外段取），见图 13 Part ④部分。ST（内段取）+ST（外段取）的合计值，就是完成该产品的合计人工工时。

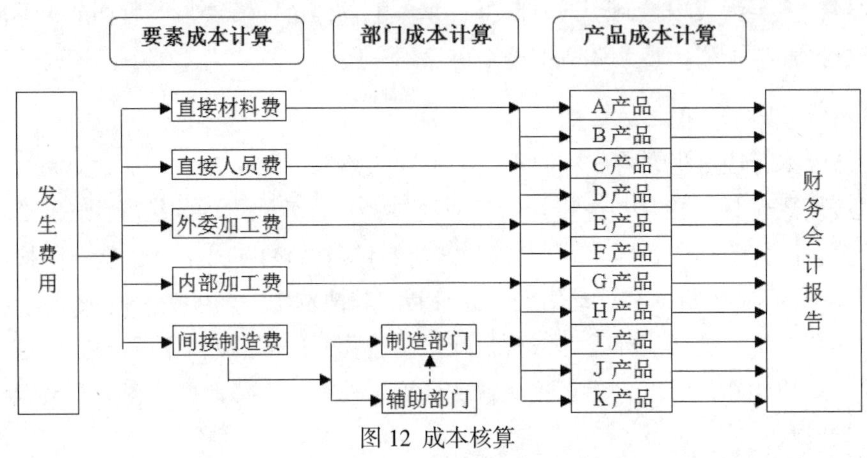

图 12 成本核算

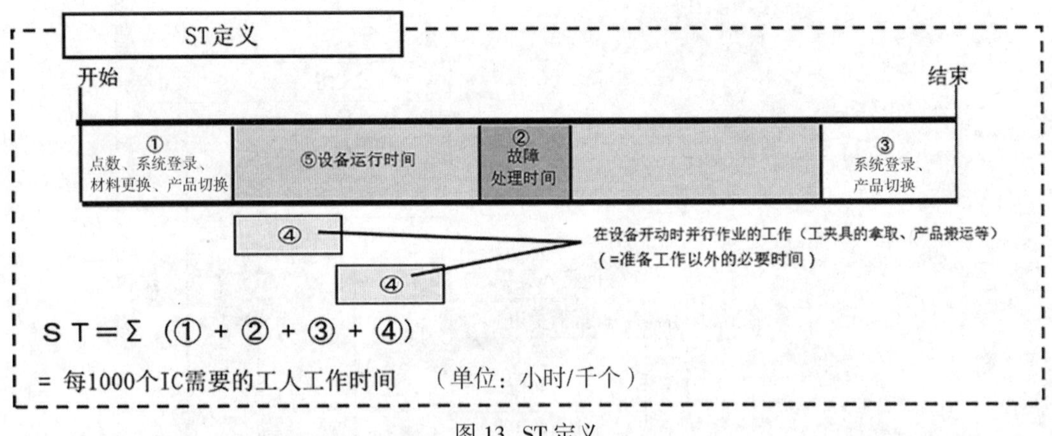

图 13 ST 定义

Part ①：设备开始前的必要准备时间，包括每批点数、系统登录、材料更换、产品切换等需要手工处理的准备时间；

Part ②：设备在运行过程中经常出现的小停故障，需要手工简单处理即可恢复工作的时间，一般选取平均时间；

Part ③：设备处理完成后，需要手工进行的系统登录，产品切换，设备操作等必要结束动作；

Part ④：操作人员利用设备开动过程，可以并行作业时间。此部分主要指对设备工夹具的准备、其他产品的搬运等工作。

实际生产过程中每个工序都有规范的操作流程。技术部门会根据某个工序的作业过程规范标准操作流程。整个流程中将作业动作拆分成若干动作单元，每个单元的作业动作都规范在业务手册中，生产工人严格按照业务手册的动作流程进行生产。

ST 测算时，需要选取中等水平熟练程度的操作人员，使用秒表、摄像机等专业工具记录该操作人员在某一个生产环节（一般是一个成本中心），根据规范操作流程完成作业的时间。

测定完成作业时间后，需要结果转换计算公式，考虑作业者效率、计划效率及疲劳余度，计算出 ST。转换公式如下：

$$基准工数ST\ (H/KIC)=\frac{人员作业时间}{3600\times(1-作业效率)\times计划效率\times(1-疲劳余度)} \tag{1}$$

作业效率：因为作业者的熟练度、设备启动损失等因素导致的作业效率下降所占的百分比；

计划效率，指实际有效作业的时间占工人出勤时间的百分比，计算公式为：

1-（交接班 / 会议时间）÷（出勤时间 - 吃饭、如厕、喝水等必要休息时间）　（2）

疲劳余度：指出勤时间内，由于作业者的疲劳导致的作业效率下降的比例。

图 14 为某产品在某一工序的 ST 计算示意图：

仕样书名称	仕样书编号	动作时间（H/回）	计算频度（回/LOT）	动作时间（H/LOT）	动作时间（H/Kpcs）	计划效率	疲劳余度	基本工数ST（H/Kpcs）	级别
键合工序03输入作业手册	BSM-A-0004	0.0464	1.00	0.0464	0.0145	85%	15%	0.0201	LEVEL1
键合后制品搬运手册	BSM-A-0002	0.0151	1.00	0.0151	0.0047	85%	15%	0.0065	LEVEL1
键合前制品搬运手册	BSM-A-0017	0.0429	1.00	0.0429	0.0134	85%	15%	0.0185	LEVEL1
键合工序质量记录填写作业手册	BSM-A-0003	0.0297	1.00	0.0297	0.0093	85%	15%	0.0128	LEVEL1
键合机PM点检方法	BSM-A-0069	0.0783	0.37	0.0289	0.0090	85%	15%	0.0125	LEVEL2
加热组件清扫方法	BSM-A-0011	0.3217	0.05	0.0170	0.0053	85%	15%	0.0073	LEVEL2
键合机自主点检规格书	BOM-AD-0028	0.0181	0.37	0.0067	0.0021	85%	15%	0.0029	LEVEL2
键合机芯片表面温度测量方法	BSM-A-0009	0.0890	0.05	0.0047	0.0015	85%	15%	0.0020	LEVEL2
键合机作业手册	BSM-A-0065	0.1783	0.37	0.0658	0.0206	85%	15%	0.0285	LEVEL3
键合机清扫作业手册	BSM-A-0008	0.5255	0.01	0.0065	0.0020	85%	15%	0.0028	LEVEL3
报警解除方法	BSM-A-0014	0.0060	0.37	0.0022	0.0007	85%	15%	0.0010	LEVEL4
A/E检知确认方法	BSM-A-0010	0.1039	0.05	0.0055	0.0017	85%	15%	0.0024	LEVEL4
金线更换作业手册	BSM-A-0060	0.1833	0.10	0.0187	0.0059	85%	15%	0.0081	LEVEL4
键合工序劈刀更换作业手册	BSM-A-0081	0.2000	0.44	0.0880	0.0275	85%	15%	0.0381	LEVEL4
maxum	定例PC	0.6131	0.05	0.0323	0.0101	85%	15%	0.0140	LEVEL4
	换刀PC	0.1351	0.44	0.0594	0.0186	85%	15%	0.0257	LEVEL4
	换线PC	0.1351	0.10	0.0138	0.0043	85%	15%	0.0060	LEVEL4
	品换PC	0.7482	0.05	0.0394	0.0123	85%	15%	0.0171	LEVEL4
	故障PC	0.3159	0.05	0.0167	0.0052	85%	15%	0.0072	LEVEL4
	BdC全检	0.3333	1.00	0.3333	0.1042	85%	15%	0.1442	LEVEL4
	BdC抽检	0.0472	1.00	0.0472	0.0148	85%	15%	0.0204	LEVEL4

图 14　某工序 ST 计算定义

设定完毕的每个产品在每个成本中心的 ST 值，用于进行人员相关费用的分配。

（2）MT 的定义和计算方法。

MT（Machine Time），机器工时，指完成产品占用机器的时间。一般以每一千个 IC 需要的小时数作为计量单位，即小时 / 千个。机器工时包括两大部分，ST（内段取）与 MT（机器时间）。ST（内段取）同 ST 的里的定义，MT（机器时间）指纯设备的运行时间。ST（内段取）+MT 的合计时间，就是完成该产品总的机器占用时间（见图 15）。

Part ①：设备开始前的必要准备时间，包括每批点数、系统登录、材料更换、产品切换等需要手工处理的准备时间（同 ST 的 Part ①）。

Part ②：设备在运行过程中经常出现的小停故障，需要手工简单处理即可恢复工作的时间（同 ST 的 Part ②）。

Part ③：设备处理完成后，需要手工进行生产线管理系统作业登录、产品切换、设备操作等必要结束动作（同 ST 的 Part ③）。

Part ④：设备运行时间。

由于 MT 里的设备运行时间是一个比较固定的数据，ST（内段取）同 ST 使用的数值。人员费以外的制造费用，通常都是用 MT 进行费用分配。

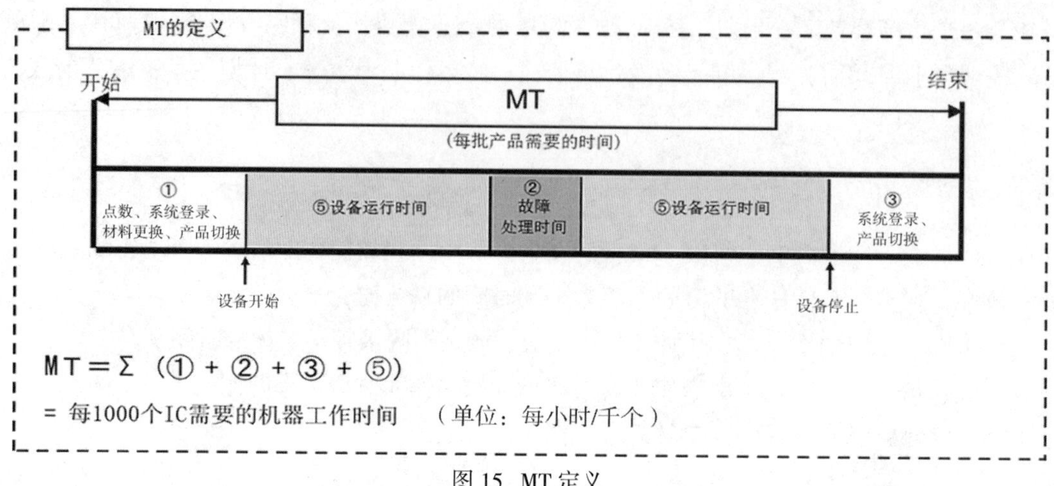

图 15 MT 定义

ST 与 MT 的设定，一般在产品量产开始时由技术部门给出一个标准值，待生产工艺或步骤有变化时，同时修正该产品的 ST/MT。每次预算编制时，也会统一对 ST/MT 数据进行全面的确认与调整。所以在 SG 成本核算体系里，所有的产品，在每个成本库（即作业中心），均有对应的 ST/MT。

4.2.4 成本计算方法

（1）直接材料费。

公司已经建立产品 BOM 表，对应每种产品的直接材料（引线、银浆、框架、树脂），明确每种产品的每种使用材料的材料名称、基准单位、基准用量、基准利用率、单位转换系数、材料采购单价等信息都在 BOM 里设定，材料投入单价 = 材料采购价格 ÷ 单位转换系数 ÷ 基准利用率 × 基准用量，通过公示计算出每个产品的材料投入单价。计算时，首先确定实际消耗量，根据存货的等式计算：本月使用量（a）= 期初在制量 + 本月库房领用量 − 期末制数量。然后确定材料的耗用金额。材料耗用金额 = 本月使用量（a）× 材料标准采购单价（b）。由此计算出来的实际耗用的标准金额，再通过 BOM 表材料产品对应关系，通过当月作业量，直接分配至共同使用此材料的产品中，得到产品材料成本。

（2）外委加工费。

当生产过程中有部分产品订单超过公司产能时，或者某些工序公司内不能完成时，就需要外部委托其他厂家进行加工，发生外委加工费用。当期的外委加工费 = 外委加工数量 × 外委加工单价。单位产品的外委加工成本也就是外委加工单价。

（3）直接人员费。

制造部门的一线操作员工可以根据人员工作岗位，划分对应到作业中心。在每个作业中心，通过时间驱动作业成本法计算产品的直接人员费。首先预算时会定义每个产品在每个作业中心的标准工时（ST），然后计算每个作业中心的总标准工时 = 作业量 × 标准工时，再计算出该作业中心的单位工时成本费用率（ST Loading）= 作业中心总人员费 ÷ 总标准人工工时，最后计算产品在该作业中心的人员成本 = 单位工时成本费用率（ST Loading）× 标准工时（ST）。

（4）其他间接费用。

间接费用成本计算方法，首先将费用通过部门按照费用项目进行归集，进行一次部门费用的分配。公司目前的 11 个部门，根据部门的属性，划分为四大类部门，直接制造部门、辅助制造部门、制造支持部门及服务部门。

一次分配过程中，服务部门费用分配进入管理费用，直接制造部门、辅助制造部门、制造支持部门费用分配进入制造费。制造费再进行二次分配，所有的制造费分配进入成本中心，各成本中心通过机器时间（MT）驱动作业成本法进行产品的制造成本分配。预算时，对每个产品在每个成本中心的各项机器作业定义标准机器时间（MT），然后计算每个作业中心的总标准机器工时 = 作业量 × 标准机器工时（MT），再计算出该成本中心单位机器工时成本费用率（MT Loading）= 作业中心某费目 ÷ 总机器工时，最后计算产品在该作业中心的某项费用成本 = 单位机器工时成本费用率（MT Loading）× 标准机器工时（MT）。

4.2.5 成本控制方法及手段

SG 公司成本控制方法主要通过年度预算与月度计划控制。通过预算值及月度计划值控制日常发生的各项费用，并将预算值拆分至各责任部门，通过绩效考核控制费用发生绝对值。同时应用标准成本计算体系，进行成本计算、成本控制与成本分析，包括标准成本设定、成本账务计算和成本差异分析。

SG 公司成本管理采用自上而下的命令下达方式。通过预算分解，设定部及个人 KPI 目标，进行日常成本控制活动。同时在预算内会设定成本降低目标值，包括预算内与预算外的成本目标，并展开落实完成目标值的实施项目，月度进行跟踪报告。

4.3 SG 公司成本管控存在的问题

4.3.1 成本核算方法选择问题

SG 公司的核算方法中最大问题就是无法反应闲置能力成本。根据目前生产状况，整体产能没有满负荷开动，受日方撤资影响，原日方订单大幅下滑，自主市场开发刚刚起步。从产品成本结果来看，成本一直走高，产能闲置成本无法直接从目前计算中反映。自主产品开发过程中差异化程度较高，成本的测算结果无法直接反映真实能力成本，对于定价及接单判断产生直接影响。

成本结构中，直接成本比例在 30%~40%，间接成本比例相对比较高，特别是目前人员结构中管理人员成本比重较大。管理部门以及辅助部门的成本计算比较模糊，目前成本计算方法不能进行管理作业的成本计算，无法为人员效率提高、人员成本改善提供有效数据支持。

4.3.2 成本管控实施过程存在的问题

目前使用标准成本系统进行成本管理，但是从实际运行效果看，差异分析不到位，很难从差异结果分析到产生差异的根本原因。而且从业绩评价及领导关注度方面也没有将差异列为重点管理对象，造成差异改善管理难题。每半年设定的标准成本也是在一定生产规模，且大多都不是满负荷的生产条件下计算出来的，对于封测行业的市场多变环境下，产量与预算波动大的时候，标准成本的参考意义很小，差异分析不能真正起到作用。

4.3.3 成本管控体系存在的问题

目前的成本管控目标主要是成本控制与成本降低，主要控制在事中与事后环节，事前环节没有进行成本管理与成本干预。对于成本的预测应该在制造环节的开始就进行管理，充分掌握制造成本的预测值，提前进行成本预判，以便于在成本资源耗费之前能同时开展成本控制与改善活动。

4.4 SG 时间驱动作业成本法为核心的成本管理优化

从 SG 成本核算现状分析，目前的估时作业成本法应用不够完善，主要体现在几个方面，首先，受集成电路行业的外部周期性影响及公司自主市场开发进度影响，生产线产能利用率波动较大，目前的成本计算结果整体偏高，且变化很大，不利于公司市场开发时定价参考；其次，从合资模式转制为内资模式，已经有一定数量的人员流失，特别是一线操作人员，流失量非常大，目前的成本管理模式虽然使用了标准工时，但没有做到对直接作业效率的管理与改善，是目前 SG 公司困难生存环境下亟待改善的问题；最后，对于间接部门人员，伴随产能的不足，间接人员的需求却不能成比例削减，主要是由于原有业务模式耗费了大量间接人员工时，但目前成本管理模式无法量化间接部门人员作业效率，不利于进行人员核定以及开展人工成本降低活动。

鉴于以上现状，下文将从部门作业流程开始，逐项梳理部门业务，界定资源成本库，使用时间驱动作业成本法进行资源成本分析，在计算成本时，在考虑产线能力基础上进行。

4.4.1 部门作业流程梳理

SG 公司属于典型的集成电路封测企业，其生产加工流程与集成电路封测工艺流程基本一致。制造、技术部门和辅助部门的业务流程如表 1 所示：

表 1 主要职能部门及业务流程

职能部门	主要职能	主要业务及流程
制造部	负责封测所有产品封装测试加工的实施	封装测试生产流程
技术部	负责技术和现场管理，负责加工过程中的工艺指定及技术指导	技术管理流程
动力部	负责生产、办公环境的动力条件保障	动力管理流程
品质保证部	负责公司质量体系的运行及监控	质量管理流程
业务部（生产管理科）	负责订单接收、生产计划下达及反馈，外委加工业务管理	生产管理流程
业务部（物流中心）	负责公司原材料、半成品、产成品的收发存工作，以及原材料及产成品的对外物流工作	库房管理流程等物流管理流程
业务部（信息科）	负责生产线系统、生产管理系统的信息数据及时、准确、完整	信息系统管理流程

SG 公司主要业务流程如图 16 所示：

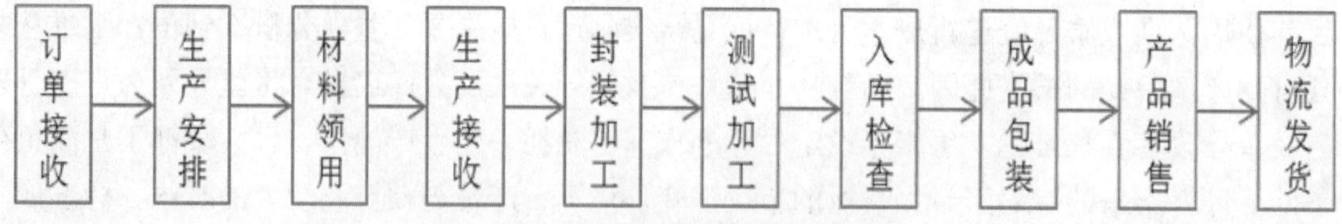

图 16 SG 公司主要业务流程

公司内部业务流程从订单接收开始，至产品出厂物流发货结束。市场部人员从客户处获得同意加工协议后，会先在公司内进行产品试做，试做完成并通过客户评价后，才会开始正式的量产。量产业务的处理，客户直接发行正式订单给公司，由业务部生产管理科负责订单接收，再结合交货期，生产线负荷程度、产品紧急程度、材料满足度等因素进行生产安排，并给制造部门生产指示，通过生产管理系统，每日向制造部门下达当天产品投入计划。如果涉及外委加工产品，则生产管理科直接进行外委的发出、返库等业务管理。

制造部门每日接收到下达的生产投入指示后，根据产品计算需要领用的芯片、主要材料并登入生产管理系统进行领料申请登记。物流中心库房人员接到领料信息后，确认在库材料数量并确认领料申请，生成材料出库单，同时准备待领材料，发放给制造部门。

制造部门领出材料后，根据产品投入紧急度等信息，开始生产加工，经过封装、测试各加工环节后，完成生产过程，进入入库检查工序，确认品质无误，由制造部专人将产品进行系统入库操作同时转交物流中心成品库房，由成品库房人员进行产品外包装并打印销售发票，完成发货前的包装准备。物流其他管理人员同时安排好货物的物流运输，交专业物流机构，完成产品销售出库。

财务部门每月结账进行成本计算时，根据生产管理系统提供的材料领用数据，对产品数量、入库数量、销售数量等信息进行成本计算，并反馈相关部门产品成本实际结果，进行成本差异分析。

4.4.2 作业流程梳理

SG 公司生产加工过程根据各工艺环节性质以及成本要素性质，将全部加工过程按照工艺步骤，划分成组装工程、测试工程。组装工程包括六大工艺步骤，分别是划片工序、粘片工序、键合工序、封入工序、电镀工序、成型工序；测试工程包括五大工艺步骤，分别是测试工序、BT 工序、管腿检查工序、入库检查工序、包装工序。作业中心的划分基本上以独立工序加类型细分来划分具体作业中心。例如粘片工序，根据生产产品不同类型，又划分成两类作业，CVT/CPT 与 MTX 两种。键合工序、封入工序、成型工序都分别拆分成两个细分的作业中心。测试工序根据测试台的类型与对象功能不同，分为模拟测试、高速逻辑测试、中速逻辑测试、低速逻辑测试四个作业中心。经过拆分，一共有作业中心 18 个。

具体作业中心的划分依据与划分范围如表 2 所示：

表 2 作业中心划分依据与划分范围

工程	工序		作业中心		
	名称	English	序号	代码	名称
组装 Assembly	划片	Dicing	1	CC011	划片
	粘片	Mounting	2	CC021	粘片(CVT/CPT)
			3	CC022	粘片(MTX)
	键合	Bonding	4	CC031	键合(CVT/CPT)
			5	CC032	键合(MTX)
	封入	Sealing	6	CC041	封入(CVT/CPT)
			7	CC042	封入(MTX)
	电镀	Plating	8	CC051	电镀
	仕上	Forming	9	CC061	仕上(CVT/CPT)
			10	CC062	仕上(MTX)
选别 Testing	测试	Testing	11	CC071	模拟测试
			12	CC072	逻辑测试(高速)
			13	CC073	逻辑测试(中速)
			14	CC074	逻辑测试(低速)
	BT	BT	15	CC081	BT
	LD/带包	LD/Tape	16	CC091	LD/带包
	入检/全检	InstockInspecting	17	CC101	入检/全检
	包装	Packing	18	CC111	包装

4.4.3 确定资源成本库

实行时间驱动作业成本法需要首先确定资源耗用成本。再根据资源消耗与作业动因关系紧密程度划分不同类型的资源分配方式。

（1）确定资源。

针对各类资源耗费，为了方便信息化处理，除了直接材料（框架、引线、树脂、银浆）以外，其他间接费用财务制定标准的费用体系，在费用发生时，按照标准费目计入责任部门对应费用中。SG 公司划分为 26 类费目，表 3 列示一级费目。

表 3 SG 公司费目划分

序号	费用项目	序号	费用项目
1	间接材料费	14	信息系统维护费
2	工夹具费	15	技术费
3	办公用品费	16	坏账损失费
4	直接人员费	17	存货损失费
5	其他人员费	18	环境维持费
6	工会经费	19	税费
7	外购动力费用	20	保险费
8	销售关系费用	21	通信费用
9	摊销费用	22	交际应酬及会务费
10	折旧费用	23	其他经营费用
11	支付修理费	24	银行手续费
12	动产租赁费	25	间接人员费
13	不动产租赁费	26	营业外费用

（2）资源成本库。

公司设置 11 个责任部门。在财务账务系统中，每个责任部门都设置有自己的部门费用。财务根据部门性质，将公司的各部门划分为四类，管理部门、直接制造部门、辅助制造部门、制造支持部门，如图 17 所示。

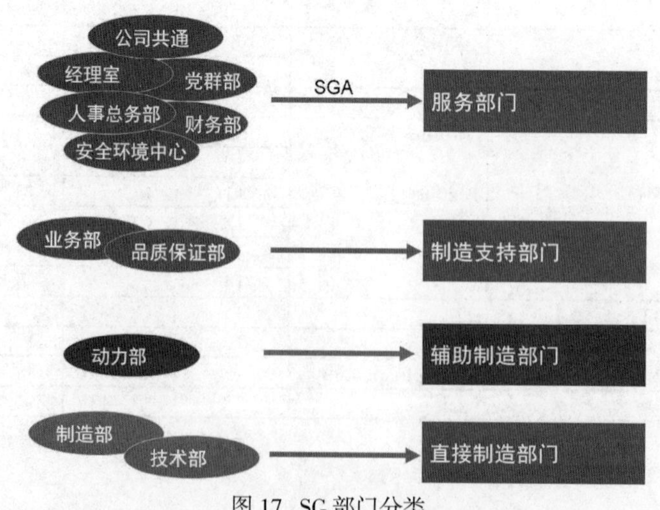

图 17 SG 部门分类

在直接制造部门费目设置里，按照 18 个作业中心，加上 1 个生产共通，设立成 19 个资源成本库，为“成本中心”，日常部门费用计入时，直接计入对应的资源成本库。管理部门、制造支持部门、辅助制造部门的费用在部门归集之后，通过分配计入生产共通成本中心。

表 4 SG 资源成本库一览表

序号	资源成本库	序号	资源成本库
1	划片	11	模拟测试
2	粘片（CVT/CPT）	12	逻辑测试（高速）
3	粘片（MTX）	13	逻辑测试（中速）
4	键合（CVT/CPT）	14	逻辑测试（低速）
5	键合（MTX）	15	BT
6	封入（CVT/CPT）	16	LD/ 带包
7	封入（MTX）	17	入检 / 全检
8	电镀	18	包装
9	仕上（CVT/CPT）	19	生产共通
10	仕上（MTX）		

4.4.4 确定资源成本

按照公司费用核算流程，费用归集遵循“部门 + 费目”，首先通过部门核算归集所有的间接费用。但是对于直接制造部门（制造部、技术部）发生的费用，需要明确该费用受益的资源成本库（成本中心）。例如，技术部门领用的备品备件、在领用申请单中根据备件使用对象，明确备件的受益成本中心；财务在费用归集时，根据已经判断的成本中心直接计入该成本中心的备件费目里。所有不能直接对应成本中心的费用发生，计入“生产共通”成本中心。

所有部门费用归集完成后，进行部门费用分配。通过部门费用分配，完成期间费用与制造费用的归集，同时将所有制造支持部门、辅助生产部门发生的制造费用归集进入“生产共通”成本中心；完成所有成本中心的费用归集。

在部门费用统计里有一类比较特殊的费用，即专用设备折旧费用及与设备配套使用的模具摊销费用，因为某些专用设备和模具只适用于某些特定产品。在进行成本计算时，需要将此部分直接导入成本计算系统，根据产品作业数量直接分配到产品成本。另外动力费用的分配，由于动力设施的服务对象可区分不同区域，制造区域、制造支持区域、管理办公区域与后勤保障区域，在费用分配时，可使用计量划分的动力费应该按照区域实际用量，区分出制造费与管理费。品质管理部有部分 PC 检查人员，专门为各工序进行品质检查，按照工序配置情况，在分配费用时也应直接计入对应作业中心的人员费中。

4.5 时间驱动作业成本法的实施

在 19 个资源成本库（成本中心）成本确定之后，针对每个资源成本库进行时间驱动作业成本法的应用。从计算方法中分成两类：18 个作业成本库与 1 个生产共通成本库。18 个作业成本库原则上可以直接根据作业量计算产品成本，但是从精细化作业管理角度，也可以在每个作业成本库里根据小作业步骤，通过时间驱动作业成本法进行计算。生产共通成本库直接应用时间驱动作业成本法进行，下面以该成本库为例进行详细介绍。

（1）计算单位时间的产能成本率。

在生产共通成本库里，资源成本可以分为两大类，间接人员费、生产运行费。间接人员费的产能成本率计算，就是用总人员费除以员工实际工作时间。在 SG 公司，间接人员为日勤人员，每月工作天数为21天，每天工作8小时，每月的总工时为168小时。但是从经验分析来看，工作时间内不可能满负荷，必然发生会议、培训、交流、休息等与生产无关的时间占用，这部分时间通常为15%左右。所以实际的工时就为总工时的85%。假设间接人员总人数为100人，那实际工时为100×168×85%=14，280小时/月，这100人的平均人工成本为8000元/月，总人工成本为8000×100=800000元。

间接人员单位时间产能成本率=总人工成本 ÷ 实际工时

=800000÷14280=56.02元/小时

生产运行费用需要分配至18个生产作业中心，从生产作业中心性质看，都是使用机器设备进行，全部主要生产设备总台数366台，按照每台每天实际开动时间18.5小时，每月30工作日计算，总机器工时为366×18.5×30=203130小时。生产运行费用主要包括生产支持部门的设备折旧费、动力费、修理费、信息系统维护费等，假设总费用2300000元。

生产运行费单位时间产能成本率=总运行成本 ÷ 总机器工时

=2300000÷203130=11.32元/小时

根据每个作业中心设备台数，计算出每个作业中心资源总成本（见表5）。

表5 作业中心资源成本表

	设备台数 台 ①	日开动时间 小时/天 ②	月运行日数 天/月 ③	能力工时 小时/月 ④=①×②×③	产能成本率 Loading(元/小时) ⑥	资源总成本 元/月 ⑦=⑥×④
划片	3	18.50	30.00	1665	11.32	18852.46
粘片(CVT/CPT)	17	18.50	30.00	9435	11.32	106830.60
粘片(MTX)	17	18.50	30.00	9435	11.32	106830.60
键合(CVT/CPT)	26	18.50	30.00	14430	11.32	163387.98
键合(MTX)	122	18.50	30.00	67710	11.32	766666.67
封入(CVT/CPT)	10	18.50	30.00	5550	11.32	62841.53
封入(MTX)	47	18.50	30.00	26085	11.32	295355.19
电镀	1	18.50	30.00	555	11.32	6284.15
仕上(CVT/CPT)	3	18.50	30.00	1665	11.32	18852.46
仕上(MTX)	16	18.50	30.00	8880	11.32	100546.45
模拟测试	17	18.50	30.00	9435	11.32	106830.60
逻辑测试(高速)	20	18.50	30.00	11100	11.32	125683.06
逻辑测试(中速)	18	18.50	30.00	9990	11.32	113114.75
逻辑测试(低速)	21	18.50	30.00	11655	11.32	131967.21
BT	4	18.50	30.00	2220	11.32	25136.61
LD/带包	10	18.50	30.00	5550	11.32	62841.53
入检	—	18.50	30.00	—	—	—
包装	14	18.50	30.00	7770	11.32	87978.14
合计	366	—	—	203130		2300000.00

（2）确定作业成本动因量。

假设生产A/B/C三种产品，技术人员对每种产品在每个成本中心已经给出了标准的MT（机器工时），通过生产管理系统得出A/B/C产品分别在每个作业中心作业数量，计算得出生产实际的标准作业时间=标准MT×作业数量，计算过程见表6。

（3）确定生产实际负担的资源成本。

根据已经计算出来的产能成本率，实际的标准作业时间，计算得出实际作业时间负担的产能成本费用（见表7）。

表 6　作业动因量计算结果

作业	A产品			B产品			C产品			合计	
	标准ST/MT	作业数量	作业时间	标准ST/MT	作业数量	作业时间	标准ST/MT	作业数量	作业时间	作业数量	作业时间
	小时/千块	千块	小时	小时/千块	千块	小时	小时/千块	千块	小时	千块	小时
划片	0.14	1100	152	0.04	11400	502	0.16	1490	246	13990	899
粘片(CVT/CPT)	0.39	1100	428		—	—		—	—	1100	428
粘片(MTX)		—	—	0.37	11400	4243	0.99	1490	1469	12890	5713
键合(CVT/CPT)	3.47	1100	3819		—	—		—	—	1100	3819
键合(MTX)		—	—	2.31	11400	26283	14.86	1490	22143	12890	48426
封入(CVT/CPT)	1.24	1100	1360		—	—		—	—	1100	1360
封入(MTX)		—	—	0.47	11400	5392	1.63	1490	2424	12890	7816
电镀	0.10	550	52	0.03	6840	198	0.08	1490	122	8880	373
仕上(CVT/CPT)	2.57	550	1414		—	—		—	—	550	1414
仕上(MTX)		—	—	0.50	11400	5700	1.90	1490	2837	12890	8537
模拟测试		—	—		—	—	1.44	1490	2148	1490	2148
逻辑测试(高速)		—	—		—	—	0.62	1490	929	1490	929
逻辑测试(中速)		—	—	0.32	11400	3659		—	—	11400	3659
逻辑测试(低速)	1.11	1100	1221		—	—		—	—	1100	1221
BT		—	—		—	—	1.29	1490	1919	1490	1919
LD/带包		—	—	0.24	11400	2736	1.05	1490	1565	12890	4301
入检											
包装	0.26	1100	287	0.39	11400	4491	0.58	1490	864	13990	5642

表 7　作业负担成本计算结果

	成本动因	产能成本率 Loading(元/小时) ①	实际耗用工时 作业MT/ST（小时） ②	作业负担成本 元 ③=①×②
划片	划片机器时间	11.32	899	10180.87
粘片(CVT/CPT)	粘片机器时间	11.32	428	4843.64
粘片(MTX)	粘片机器时间	11.32	5713	64684.30
键合(CVT/CPT)	键合机器时间	11.32	3819	43246.80
键合(MTX)	键合机器时间	11.32	48426	548322.23
封入(CVT/CPT)	封入机器时间	11.32	1360	15394.48
封入(MTX)	封入机器时间	11.32	7816	88503.86
电镀	电镀机器时间	11.32	373	4221.03
仕上(CVT/CPT)	仕上机器时间	11.32	1414	16013.67
仕上(MTX)	仕上机器时间	11.32	8537	96659.68
模拟测试	测试机器时间	11.32	2148	24318.75
逻辑测试(高速)	测试机器时间	11.32	929	10515.95
逻辑测试(中速)	测试机器时间	11.32	3659	41433.66
逻辑测试(低速)	测试机器时间	11.32	1221	13830.67
BT	BT机器时间	11.32	1919	21726.43
LD/ 带包	LD机器时间	11.32	4301	48693.69
入检	入检人工工时			
包装	包装机器工时	11.32	5642	63880.96
合计			98604	1116470.68
闲置能力			104526	1183529.32

通过作业负担成本与资源总成本，计算出每个作业中心的资源闲置成本（表8）。

表8 闲置资源成本计算结果

	作业负担成本 ①	资源总成本 ②	闲置资源成本 ③=②-①	闲置资源比例 ④=③/②
划片	10180.87	18852.46	8671.59	46%
粘片(CVT/CPT)	4843.64	106830.60	101986.96	95%
粘片(MTX)	64684.30	106830.60	42146.30	39%
键合(CVT/CPT)	43246.80	163387.98	120141.18	74%
键合(MTX)	548322.23	766666.67	218344.44	28%
封入(CVT/CPT)	15394.48	62841.53	47447.05	76%
封入(MTX)	88503.86	295355.19	206851.33	70%
电镀	4221.03	6284.15	2063.13	33%
仕上(CVT/CPT)	16013.67	18852.46	2838.79	15%
仕上(MTX)	96659.68	100546.45	3886.77	4%
模拟测试	24318.75	106830.60	82511.85	77%
逻辑测试(高速)	10515.95	125683.06	115167.11	92%
逻辑测试(中速)	41433.66	113114.75	71681.10	63%
逻辑测试(低速)	13830.67	131967.21	118136.54	90%
BT	21726.43	25136.61	3410.18	14%
LD/带包	48693.69	62841.53	14147.84	23%
入检				
包装	63880.96	87978.14	24097.18	27%
合计	1116470.68	2300000.00	1183529.32	51%

（4）计算作业产品成本。

时间驱动作业成本法的计算原理，就是通过产能成本率、单位作业时间，通过不同作业的耗时差异，通过时间等式，计算出产品的产能成本。

以A产品为例，计算该产品的产能成本，就以每个作业中心单位作业时间估时 × 产能成本率 = 作业中心的产品成本。所有作业中心合计，就是A产品的总的产能成本（表9）。

表9 单位产品成本计算结果

作业	产能成本率 ST/MT Loading 元/小时 ①	A产品		B产品		C产品	
		标准ST/MT 小时/千块 ②A	单位成本 元/块 ③=①×②A/1000	标准ST/MT 小时/千块 ②B	单位成本 元/块 ③=①×②B/1000	标准ST/MT 小时/千块 ②C	单位成本 元/块 ③=①×②C/1000
划片	11.32	0.138	0.002	0.044	0.000	0.165	0.002
粘片(CVT/CPT)	11.32	0.389	0.004				
粘片(MTX)	11.32			0.372	0.004	0.986	0.011
键合(CVT/CPT)	11.32	3.472	0.039				
键合(MTX)	11.32			2.306	0.026	14.861	0.168
封入(CVT/CPT)	11.32	1.236	0.014				
封入(MTX)	11.32			0.473	0.005	1.627	0.018
电镀	11.32	0.095	0.001	0.029	0.000	0.082	0.001
仕上(CVT/CPT)	11.32	2.571	0.029				
仕上(MTX)	11.32			0.500	0.006	1.904	0.022
模拟测试	11.32					1.441	0.016
逻辑测试(高速)	11.32					0.623	0.007
逻辑测试(中速)	11.32			0.321	0.004		
逻辑测试(低速)	11.32	1.110	0.013				
BT	11.32					1.288	0.015
LD/带包	11.32			0.240	0.003	1.050	0.012
入检							
包装	11.32	0.261	0.003	0.394	0.004	0.580	0.007
合计			0.105		0.053		0.279

通过前面计算的每个作业中心的闲置资源成本，根据每个作业中心的实际作业量，计算出每个成本中心的闲置单位成本（见表10）。

表10　单位闲置成本计算结果

作业	闲置能力成本 ①	总作业数量 ②	闲置单位成本 ③=①/②
划片	8671.585元	13990000块	0.0006元
粘片(CVT/CPT)	101986.960元	1100000块	0.0927元
粘片(MTX)	42146.301元	12890000块	0.0033元
键合(CVT/CPT)	120141.179元	1100000块	0.1092元
键合(MTX)	218344.437元	12890000块	0.0169元
封入(CVT/CPT)	47447.054元	1100000块	0.0431元
封入(MTX)	206851.332元	12890000块	0.0160元
电镀	2063.127元	8880000块	0.0002元
仕上(CVT/CPT)	2838.787元	550000块	0.0052元
仕上(MTX)	3886.768元	12890000块	0.0003元
模拟测试	82511.853元	1490000块	0.0554元
逻辑测试(高速)	115167.108元	1490000块	0.0773元
逻辑测试(中速)	71681.096元	11400000块	0.0063元
逻辑测试(低速)	118136.540元	1100000块	0.1074元
BT	3410.178元	1490000块	0.0023元
LD/ 带包	14147.836元	12890000块	0.0011元
入检			
包装	24097.180元	13990000块	0.0017元
合计	1183529.322元	122130000块	0.5391元

计算该期间的实际产品成本时 = 产能成本 + 闲置成本（见表11）。

表11　产品实际成本计算结果

作业	A产品（元/块）				B产品（元/块）				C产品（元/块）			
	单位成本 ①	闲置成本 ②	总成本 ③=①+②	闲置比例 ④=②/③	单位成本 ①	闲置成本 ②	总成本 ③=①+②	闲置比例 ④=②/③	单位成本 ①	闲置成本 ②	总成本 ③=①+②	闲置比例 ④=②/③
划片	0.0016	0.0006	0.0022	28%	0.0005	0.0006	0.0011	55%	0.0019	0.0006	0.0025	25%
粘片(CVT/CPT)	0.0044	0.0927	0.0971	95%								
粘片(MTX)					0.0042	0.0033	0.0075	44%	0.0112	0.0033	0.0144	23%
键合(CVT/CPT)	0.0393	0.1092	0.1485	74%								
键合(MTX)					0.0261	0.0169	0.0430	39%	0.1683	0.0169	0.1852	9%
封入(CVT/CPT)	0.0140	0.0431	0.0571	76%								
封入(MTX)					0.0054	0.0160	0.0214	75%	0.0184	0.0160	0.0345	47%
电镀	0.0011	0.0002	0.0013	18%	0.0003	0.0002	0.0006	41%	0.0009	0.0002	0.0012	20%
仕上(CVT/CPT)	0.0291	0.0052	0.0343	15%								
仕上(MTX)					0.0057	0.0003	0.0060	5%	0.0216	0.0003	0.0219	1%
模拟测试									0.0163	0.0554	0.0717	77%
逻辑测试(高速)									0.0071	0.0773	0.0844	92%
逻辑测试(中速)					0.0036	0.0063	0.0099	63%				
逻辑测试(低速)	0.0126	0.1074	0.1200	90%								
BT									0.0146	0.0023	0.0169	14%
LD/带包					0.0027	0.0011	0.0038	29%	0.0119	0.0011	0.0130	8%
入检/全检												
包装	0.0030	0.0017	0.0047	37%	0.0045	0.0017	0.0062	28%	0.0066	0.0017	0.0083	21%
合计	0.1050	0.3602	0.4652	77%	0.0530	0.0465	0.0995	47%	0.2786	0.1752	0.4538	39%

4.6 改善前后时间驱动作业成本法结果对比与分析

SG公司目前时间驱动作业成本法的应用没有考虑产能成本计算，完全通过实际资源成本与总作业时间分配产品成本。实际成本费用率 = 总资源成本 ÷ 实际的标准总工时 =2300000 ÷ 98604=23.33元 / 小时。再根据产品在每个工序的标准工时，计算出产品实际成本。如表12、表13所示。

表 12 传统作业成本法实际成本计算结果

作业	实际成本率 ST/MT Loading 元/小时 ①	A产品		B产品		C产品	
		标准ST/MT 小时/千块 ②A	单位成本 元/块 ③=①×②A/1000	标准ST/MT 小时/千块 ②B	单位成本 元/块 ③=①×②B/1000	标准ST/MT 小时/千块 ②C	单位成本 元/块 ③=①×②C/1000
划片	23.33	0.138	0.003	0.044	0.001	0.165	0.004
粘片(CVT/CPT)	23.33	0.389	0.009				
粘片(MTX)	23.33			0.372	0.009	0.986	0.023
键合(CVT/CPT)	23.33	3.472	0.081				
键合(MTX)	23.33			2.306	0.054	14.861	0.347
封入(CVT/CPT)	23.33	1.236	0.029				
封入(MTX)	23.33			0.473	0.011	1.627	0.038
电镀	23.33	0.095	0.002	0.029	0.001	0.082	0.002
仕上(CVT/CPT)	23.33	2.571	0.060				
仕上(MTX)	23.33			0.500	0.012	1.904	0.044
模拟测试	23.33					1.441	0.034
逻辑测试(高速)	23.33					0.623	0.015
逻辑测试(中速)	23.33			0.321	0.007		
逻辑测试(低速)	23.33	1.110	0.026				
BT	23.33					1.288	0.030
LD/带包	23.33			0.240	0.006	1.050	0.024
入检	23.33						
包装	23.33	0.261	0.006	0.394	0.009	0.580	0.014
合计			0.216		0.109		0.574

表 13 传统作业成本法与时间驱动作业成本法计算结果对比

作业	A产品（元/块）			B产品（元/块）			C产品（元/块）		
	改善前	改善后	差异	改善前	改善后	差异	改善前	改善后	差异
划片	0.003	0.002	(0.001)	0.001	0.001	0.000	0.004	0.002	(0.001)
粘片(CVT/CPT)	0.009	0.097	0.088						
粘片(MTX)				0.009	0.007	(0.001)	0.023	0.014	(0.009)
键合(CVT/CPT)	0.081	0.149	0.068						
键合(MTX)				0.054	0.043	(0.011)	0.347	0.185	(0.161)
封入(CVT/CPT)	0.029	0.057	0.028						
封入(MTX)				0.011	0.021	0.010	0.038	0.034	(0.003)
电镀	0.002	0.001	(0.001)	0.001	0.001	(0.000)	0.002	0.001	(0.001)
仕上(CVT/CPT)	0.060	0.034	(0.026)						
仕上(MTX)				0.012	0.006	(0.006)	0.044	0.022	(0.023)
模拟测试							0.034	0.072	0.038
逻辑测试(高速)							0.015	0.084	0.070
逻辑测试(中速)				0.007	0.010	0.002			
逻辑测试(低速)	0.026	0.120	0.094						
BT							0.030	0.017	(0.013)
LD/带包				0.006	0.004	(0.002)	0.024	0.013	(0.012)
入检/全检									
包装	0.006	0.005	(0.001)	0.009	0.006	(0.003)	0.014	0.008	(0.005)
合计	0.216	0.465	0.249	0.109	0.099	(0.010)	0.574	0.454	(0.120)

通过表 12 与表 13 的结果可以看出，两种方法计算出来的成本是不一样的。

通过“生产共通”成本库的产品成本计算过程可以拓展应用时间驱动作业成本法。例如作业中心内部根据生产作业操作流程，还可以分为很多小的作业步骤，而且还有规范的标准操作时间，可以在某个作业中心内部再通过时间驱动作业成本法计算原理，计算出每个小作业步骤的产能成本、资源闲置成本，以便对每个小的作业步骤进行改善与优化。另外对于制造支持部门，如采购部门、生产管理部门、物流部门等，这些部门的主要业务可以通过作业时间量化，计算人员的产能工作成本、闲置资源成本，可以对人员效率量化为数据结果的体现方式。

综合来看，在考虑产能成本前提下，通过时间驱动作业成本法计算，能够得到每个产品在每个作业中心的产能成本以及该产品在每个作业中心的闲置资源成本。同时，也能将闲置资源成本分摊至每个作业中心的产品成本中，这样结果能更直接体现出单位产品成本中的闲置比例，也便于内部的管理提升。在集成电路封测行业受市场环境波动影响较大时，成本的反映也能比较直观地进行同期对比，而不受到产能闲置数据结果影响，干扰经营管理决策。

第 5 章 封测企业实施时间驱动作业成本法建议

通过时间驱动作业成本法在 SG 公司的应用案例研究认为，集成电路封测企业的生产流程作业划分、成本费用构成等方面都与 SG 公司基本相同，所以从企业内部成本管控角度出发，可以采用时间驱动作业成本法进行成本核算。下面分别从企业内部管理及外部行业管理方面提出几点意见：

5.1 构建时间驱动作业成本法体系

是否采用时间驱动作业成本法体系来进行成本核算，首先需要考虑管理者对成本管理的需求，是否需要精确核算产品成本，是否需要了解不同产品之间的成本差异，是否需要了解闲置成本。在选择是否采用时间驱动作业成本法时，一般通过定性评价与成本测量评价两方面来判断。

定性评价需要看该企业是否是生产一种以上产品，如果只生产一种产品，在生产各工序内不存在产品之间作业的差异，计算产品成本时，只有各工序或各作业中心内产量的分配，没有作业之间的差异分配，所以采用传统成本计算方法更加直接与便于计算，不需要采取时间驱动作业成本法。

成本测量评价方面，在引入一个新的成本计算方法或体系时，需要考虑成本测量的损失成本。所谓损失成本，指成本计算结果对于企业日常经营决策的影响程度。当企业面临比较激烈的完全竞争市场环境中，同时生产多种类型产品，从产品的设计、生产、运输等环节，都需要经过精确的成本计算，并以此结果进行产品定价决策，这样的企业损失成本就比较高，企业对成本的精度要求也较高，就有必要引入能更加真实准确反映产品间差异的作业成本计算方法。

5.2 单位作业时间的确定

时间驱动作业成本法最关键的两个参数是产能成本率及单位作业时间。单位作业时间首先是对作业的划分。从工艺流程看，集成电路封测行业基本是与 SG 的工艺流程类似的制造过程，可以参考 SG 公司的工序加设备群的作业划分方法。但有些先进的封装测试生产工艺，生产工艺上会有部分工序发生技术的变革，更有些实力强大的公司，还包括辅助设计环节，这些企业进行作业应用划分时，则需要考虑更多的作业细分。

初次使用时间驱动作业成本法的公司，在定义作业划分后，对于单位作业时间的定义是一项比较耗费时间的基础工作。如果按照 SG 公司比较精细的定义方式，每个产品都定义出每个作业中心的作业时间，包括机器时间、人工时间，需要技术部门、制造部门人员大力配合，反复数据核对，才能得出准确的基础数据。基础数据定义完成后，以后的维护可将此数据在技术部门下达工艺指示时就设定此时间参数，纳入信息化管理。

5.3 与业绩评价相结合

企业内部任何新事物的出现，大都会受到员工抵制。要想把时间驱动作业成本法真正开展并深入进去，不仅需要由上往下的认可，同时需要制度保证。日常的管理活动中，成本管理很难推行到基层员工，大多数员工会觉得这只是财务的事情，而时间驱动作业成本法实施的根本优势，是通过作业优化流程，减少不增值作业，最终体现到一线员工日常工作中。所以得到一线员工的支持与理解，以及执行，则是最重要的环节。建议在内部管理中，通过规章制度的完善，建立标准化操作规范，成本管理上细化一线员工生产作业的细分成本计算，最后将作业改善与绩效体制进行关联设定，将员工的作业改善与绩效挂钩，从本源上使员工重视作业，积极参与作业流程的优化与改善，主动提出改善建议，不断推动作业优化，实现降低成本的效果。

5.4 行业数据库资源共享

中国集成电路产业正处在发展的良好时机，2014 年国务院《集成电路产业发展推进纲要》，明确通过设立国家产业投资基金等金融手段，出重拳支持集成电路产业发展。目前国内的集成电路行业，技术水平、管理水平参差不齐，外资企业的一些先进管理经验不能及时推广。SG 公司在合资体制内经常通过集团活动，进行对标分析专题活动，从生产管理、人力资源、成本结构、质量管理等各方面进行对标分析，各基地找到自身差距，首先达到集团内部的平均水平，优势项目也进行经验分享。还能通过集团资源，获取同行业其他相关企业的基本情况，在知己知彼中提高企业竞争力。建议国内集成电路行业协会等专业管理部门能够通过数据统计、专项活动、官方、民间等各种途径，把握国内各类集成电路企业实际状况，及时收集中国台湾、日本、韩国、欧美等先进集成电路企业及行业相关数据，建立国内行业数据平台，为国内企业服务，协助国内企业找管理差距、技术差距，以集团作战登上世界集成电路产业第一梯队。

5.5 开发适合集成电路作业成本管理应用软件

集成电路产业特别是封测行业运用时间驱动作业成本法，必须有完善的信息系统与之配套。以 SG 公司为例，受早期生产管理系统、财务系统、生产线系统分别开发影响，成本计算系统一直没有纳入专项信息系统，目前仍使用电子表格处理，通过手工数据导入，进行成本计算与分配。但是在日本管理模式下，其他同类生产基地已经在日本国内统一了一套配合成本计算与成本管理的信息化系统，使月度成本计算过程完全自动化，减少手工处理的出错，也便于统一成本管理相关数据。

目前国内的各种财务软件基本是通用型的，成本管理工艺流程、管理要求不同，很难满足成本计算及成本管理目的。能满足行业细分的成本管理软件大多在超大型企业，由这些集团统一委托系统开发公司专门针对本公司开发。集成电路行业并没有形成超大规模，也没有专门适合集成电路产业的成本计算软件。建议从行业管理专业部门，统一流程及成本计算、成本管理模式，便于中小型企业通过规范的成本模块建立作业成本管理体系，推进时间驱动作业成本法在企业的应用。通过成本计算、成本管理水平的提高，与国际一线集成电路巨头抢占国际市场。

第 6 章　结论

6.1 主要结论

本文通过理论研究与 SG 公司案例研究相结合，介绍了时间驱动作业成本法的产生背景、理论原理、实施步骤，结合 SG 公司应用时间驱动作业成本法的详细计算过程，将 SG 公司改善前后成本计算结果进行对比与分析。

本文主要结论是：第一，时间驱动作业成本法相比传统作业成本法，去除了将资源分配到作业中心的过程，工作量小；第二，成本模型维护与更新更加灵活；第三，时间驱动作业成本法的计算，更加符合每类产品生产过程，成本计算结果更精准；第四，直接反映作业能力闲置成本，能帮助企业进行内部生产管理、作业管理、人员效率管理。

6.2 研究不足

时间驱动作业成本法的发展仅十年左右，在中国的制造业应用刚刚起步，SG 公司虽然已经应用多年，但研究方面仍存在很多不足。具体体现在以下方面：一是由于时间驱动作业成本法的应用实践目前尚局限于国内少数制造企业，在实践中积累的经验有限，案例对理论研究的支撑力度有限，使得理论研究基础不够扎实。二是在应用领域，没有结合目标成本进行反向应用研究，特别对于 SG 公司，通过时间驱动作业成本法进行目标成本的分析，仍然是成本管理理论方面的空白。

6.3 研究展望

随着时间驱动作业成本法在半导体行业的进一步运用，未来数年，理论研究将更为成熟，具体体现在以下方面：一是理论研究与大量实践相结合。随着时间驱动作业成本法的理论研究和应用深入，直接受益和间接受益将逐渐显露，从而引起更多企业的关注，使时间驱动作业成本法在集成电路行业的应用走向成熟。二是进行目标成本法管理与时间驱动作业成本管理相结合的理论研究与实践验证，构建符合我国集成电路封测行业特色的，适合世界封测行业市场价格规律的成本控制体系，增加我国整体集成电路封测行业在全球竞争力。

参考文献

[1] 王又庄 . 现代成本管理 [M]. 上海：立信会计出版社，1996.

[2] 陈今池 . 现代会计理论概论 [M]. 上海：立信会计出版社，1993.

[3] Anonymous Cost Management in the 1990s [J].Management Acocunting，1989：66-75.

[4] Gallie Berliner and Jmaes A. Brimson，eds.Cost Mnaagement for Today's Advanced Manufacturing [M]. Boston：Havrard Business Shcool Press，1988：13-15.

[5] Brina Maskell.Management Acocunting：Relevnace Regained Management Accounting [M]. London：Sep 1988：39-51.

[6] 易中胜，马贤明，陈良 . 管理会计：挑战、对策与设想 [J]. 会计研究 .1988（6）：44-48.

[7] 余绪缨 . 简论当代管理会计的新发展 [J]. 会计研究，1995（7）：1-4.

[8] R.S. Kaplan，R.S. Anderson，Time-Driven Activity-Based Costing [J]. Harvard Business Review，2004，82（11）：1－8.

[9] Gervais M.，Levant，Ducrocq C.，Time-Driven Activity-Based Costing：An Initial

[10] Kristof Stouthuysen，Michael Swiggers，Anne-Mie Reheul，Filip Roodhooft.

[11] Figenker，Hȗmeyra Adgȗzel. Time-Driven Activity-Based Costing：An Implementation in a Manufacturing Company [J]. The Journal of Corporate Accounting & Finance，2010，10（11）：75-92.

[12] David E.Stout，P.H.D.，Joseph M.PROPRI，Implementing Time-Driven Activity-Based.

[13] Adeoti，Adenle A.，Valverde，Raul. Time-Driven Activity Based Costing for the Improvement of IT Service Operations [J]. International Journal of Business & Management，2014，9（1）：109-128.

[14] 杨继良，尹佳音. 作业成本法的新发展——估时作业成本法简介 [J]. 财会通讯.

[15] 陈良华 . 基于泛会计概念下成本计量研究 [M]. 北京：中国人民大学出版社，2005.

[16] [美] 斯塔夫里阿诺斯 . 全球通史：1500 年以后的世界 [M]. 上海：上海社会科学院出版社，1995.

[17] Paul Gmaer：Evolution of Cost Accounting to1925 [M]. University of Albamaa Press，1954.

[18] A.H. Church. The ProPer Distribution of ExPense Burden [M]. NewYork：The Engineering Magazine Co，1908：28-29.

[19] 林莉. 成本会计 [M]. 北京：中国财政经济出版社，2010.

[20] James.C.Van，Home Cecil，R.Dipchanal [M]. J.Robert. Hanrahan [M]. Financial Management China Machine Press，2004.

基于成本单耗对标及考核创新的经营精细化管理

申报单位：新疆油田公司采油二厂
第一作者：褚作红　　作者：程惠民　黄琳琳

［摘要］新疆油田公司采油二厂是开发50多年的老采油厂，2010~2014年原油产量每年保持在200万吨以上。油气开采难度持续增大，油水井数量持续增加，油气水处理装置规模持续扩大，成本控制压力很大。采油二厂通过对采油各生产作业过程的各项生产消耗量指标测算，采用以“采油作业区、注输联合站和天然气站”为单位，以“吨油、万方气、吨液和方水”为基础的对标体系，从分析成本动因入手，将业务流程、预算编制、绩效考核和对标管理联系在一起，建立合理、科学的消耗标准体系，以抓“对标”树“坐标”，以研“对标”寻“对策”，创新考核方式，进一步提升全员成本管控意识，经营管理水平稳步提升。

［关键词］经营精细化管理　成本单耗对标体系　成本指标整体受控

一、背景

（一）落实集团公司精神，实现有质量有效益可持续发展的需要

近年来，国际国内经济环境错综复杂，影响石油市场的不确定因素增多，国际油价持续震荡；寻找优质、有效储量的难度越来越大，油田稳产基础薄弱；勘探开发业务控制成本费用的压力增大；改革发展工作繁重。

2010年，中石油集团公司确立了集约化、专业化、一体化整体战略规划，并决定实施一体化、具有良好联动功能的“大预算”管理体系。2012年，集团聘请Hackett公司进行对标评估，目的不只是为了同世界接轨，更重要的是完善石油生产企业管理方式，提高相应的科学化管理水平，使中石油在国内外市场竞争中处于优势地位。

2012年，新疆油田公司采油二厂围绕有质量有效益可持续发展方针，牢固树立危机意识、责任意识，严格按照《新疆油田公司经营评价及对标管理办法》，坚持以提质增效为中心，以突出重点费用和加强全程控制为抓手，结合自身实际情况，在全厂范围内开展成本单耗对标管理及考核工作。

（二）成本控制难度加大，生产经营形势严峻

由于2006年二次开发实施以及2010年原采气一厂稀油业务整体划转，采油二厂生产规模不断扩大，2014年，油水井总数是2006年的2.43倍；资产原值是2006年的2.45倍。导致采油二厂生产规模的增长和成本控制的矛盾异常突出，成本控制的难度很大。

2010年以来，公司下达预算指标呈下降趋势，而采油二厂实际单位运行成本呈上升趋势，虽然采油二厂通过各项有效控制措施和精细化管理，在保证产量的同时，严控单井成本，下降趋势得到缓和，但形势依旧严峻。2010年，新疆油田公司开展成本单耗对标管理工作，这对于采油二厂是一项重大且有效的举措，通过大力开展对标管理，能够深入查找“短板”，优化生产工艺，深化节能降耗，着力降本增效，实现精细化管理。

二、管理内涵

基于成本单耗对标及考核创新的经营精细化管理，其本质是创新了管理模式，将基层生产单位的对标管理与企业财务管理创新成果深入结合，通过对采油各生产作业过程的各项生产消耗量指标进行测算，采用以“采油作业区、注输联合站和天然气站”为单位，以“吨油、万方气、吨液和方水”为基础的对标体系，从分析成本动因入手，将业务流程、预算编制、绩效考核和对标管理联系在一起，建立合理、科学的消耗标准体系，以抓“对标”树“坐标”，以研“对标”寻“对策”，创新考核方式，对标管理优秀的基层单位申报厂管理成果进行奖励，充分调动基层生产单位管理人员、技术人员和操作员工想方设法、主动控制成本的积极性，有力促进了企业经营管理水平的提升。

三、主要做法

通过对标管理，规范和完善企业持续发展和经营管理过程中的不足，帮助企业寻找、确认、跟踪、学习并超越标杆企业。作为企业经营管理的重心财务管理在整个企业对标管理中占有重要地位，做好成本单耗对标工作，是保证企业实现经营精细化管理的基础。

（一）全面强化提升思想认识，夯实成本单耗对标管理工作基础

成本单耗对标管理工作是一项战略性、全局性的系统工程，是夯实基础管理、推进和提升经营精细化管理水平的重要抓手，是提升企业核心竞争力的重要举措。对标管理工作不是简单的数据对比，而是促进大家寻找指标背后的管理原因、管理差距和管理漏洞，分析研究和制定措施并加以改进。

通过树立正确的成本单耗对标管理理念，提高管理“双效”。实行对标管理，既不是单纯的摆数据、排名次，也不是简单的数字组合，而是通过全面、全员梳理工作流程，使其符合业务标准，进一步提升经营精细化管控水平。从内部制度控制和财务管理各项基础制度的建立、执行以及信息反馈等流程中，提出问题，分析问题，最终解决问题，从而达到规范与效率的有机结合，保证会计政策、核算方法和核算口径的一致性，实现财务管理效果、效率的双提高。因此，将各类成本单耗指标进一步分解和细化，分阶段制订具体措施并明确相关要求，努力将责任落实到部门、作业区及个人，在思想意识上树立一种正确的对标管理理念，避免管理短板现象，更好地保证对标工作的深入推进。

（二）突出三个体系建设，推动成本单耗对标管理工作的有效开展

1. 分析现状，收集资料，建立基础数据体系

通过对采油二厂生产运行、资产规模现状等指标和未来发展方向进行深入分析、全面梳理，明确优势和劣势。找到生产工艺、管理流程等方面需改进和完善的地方。按照将经营指标与“三率”指标相结合，促进经济效益理念深入生产经营各环节的指导思想，2013 年，采油二厂收集整理了基层单位 2009~2012 年的四年主要经营指标的实际单耗数据，形成采油二厂对标基础资料数据库；2014 年，加入 2013 年主要经营指标的实际单耗数据，更新完善数据库。

2. 综合考量，选定指标，建立成本单耗对标体系

采油二厂以降低单耗为根本出发点，结合“指标对标为先导、管理对标为核心、绩效提升为目标”的工作思路，综合考量，逐步建立和完善成本单耗对标体系。

一方面，眼睛向内，深挖潜力。首先，摸清现有生产技术条件下各生产单元实物和作业单耗情况；其次，结合预算指标和历年生产资料数据库，会同生产技术部门，基本框定了对标指标选取范围；最后，经厂预算委员会讨论并通过，选取生产经营过程中主要耗费的材料费（占基本运行费 30%）、井下作业费（占基本运行费 20%）、电费（占基本运行费 25%）和热化清劳务费（占基本运行费 8%），占可控成本支出 83% 左右的四项费用要素作为成本单耗对标指标。

另一方面，建立和完善采油二厂成本单耗对标指标体系和管控体系，打造采油二厂成本单耗对标管理新模式。为此，在与生产部门的充分沟通和协调下，经过几番会上讨论，通过结合对标基础资料数据库，在现有动因的基础上，选取了最具说服力的老井产量，与费用支出关系最紧密的产液量、污水处理量、注水量、天然气产量、增压站处理气量等作为驱动因素进行对标。最终，采油二厂选取最具代表性，同时也最能体现工作成果的 14 项指标：

采油作业区：

吨油材料费 = 材料费 ÷ 产量

吨油电费 = 电费 ÷ 产量

吨油作业费 = 井下作业劳务费 ÷ 产量

吨油清蜡费 = 清蜡费（含材料）÷ 产量

说明：为真实反映各采油作业区在老区稳产和成本控制方面做出的贡献，选取各作业区老井产量作为产出指标，新井、补层、四项增产措施产量及发生的费用不纳入考核。

注输联合站：

油处理化工料单耗 = 油处理化工料 ÷ 产液量

水处理化工料单耗 = 水处理化工料 ÷ 污水处理量

其他生产用料单耗 = 其他生产用料 ÷ 产液量

注水系统电费单耗 = 注水系统电费 ÷ 注水量

油气处理系统电费单耗 = 油气处理系统电费 ÷ 产液量

污水处理系统电费单耗 = 污水处理系统电费 ÷ 污水处理量

天然气处理站：

浅冷车间材料费单耗 = 浅冷车间材料费 ÷ 天然气产量

增压站材料费单耗 = 增压站材料费 ÷ 增压站处理气量

浅冷车间电费单耗 = 浅冷车间电费 ÷ 天然气产量

增压站电费单耗 = 增压站电费 ÷ 增压站处理气量

3. 参考历史，横纵对比，下达目标单耗

对标初期，对于成本单耗对标指标如何制定，出现了发展的瓶颈。作业区需要完整的管理体系，如果单独依靠对标来管理，提升管理水平就会成为空谈。只有将作业区各项管理的工作内容与标准、标杆相结合、相对接，使各项工作、各项管理都有指标值和标杆值，能够让作业区在生产实践、管理实践中不断强化学习先进的管理标准，全面预算、成本控制和精细化管理从而能够在高标准的平台上有效运行。

2012 年正式开展对标工作以来，采油二厂每年在充分参考对标基础资料数据库，并结合近几年历史平均值和当年油田公司下达的预算情况，给采油作业区、注输联合站和天然气站下达各项指标目标完成值，确定对标标杆，并以此作为半年度和年度的考核标准。

4. 积极沟通，全面衡量，建立考核体系

2013 年，采油二厂在 2012 年的基础上，本着“以指标促降耗、以指标促管理”为出发点，突出指标的重要性、有效性，通过与生产部门的积极沟通、商讨，重新修订下发了《对标指标考核及成果评选管理暂行办法》。具体管理办法如下：

计算方法

按照综合增减幅度（%）= ∑ [（实际单耗 − 目标单耗）÷ 目标单耗 × 该费用指标所占比重] 进行考评，指标计算：

单个指标的增减幅度（%）=（实际单耗 − 目标单耗）÷ 目标单耗

综合指标考评增减幅度（%）= 材料费增减幅度 × 材料费所占比重 + 电费增减幅度 × 电费所占比重 +……

各单位根据考核办法按季度自行计算，经本单位主管领导签字盖章后报预算委员会办公室审核，预算委员会办公室每半年通过半年经济活动分析会公布一次，年终总考核，报厂预算委员会审核通过后公布。

对标考核成果可参加新疆油田公司现代化管理成果评奖

5. 完善对标体系和考核体系，推进成本单耗对标管理工作有序开展

2013 年，采油二厂进一步完善对标体系，对指标进行细化分解，将成本单耗对标指标体系横向到边，全面覆盖到各作业区，同时，纵向到底，将对标目标尽可能分解细化到班组，涵盖经营管理工作的每个环节、每个过程。主要从精细化管理等方面进行比对，采集相关数据，认真剖析、比较差异原因，确保一个阶段达到一个目标，一个阶段超越一个目标，力求成本单耗对标管理达到全覆盖。

同时，采油二厂把成本单耗对标管理工作作为衡量精细化管理工作的一项关键性业绩指标纳入绩效考核范畴。按照“工作有目标、考核有标准、过程有监控、结果有奖惩”的原则，把成本单耗对标管理纳入内部绩效考核并配套相应的奖惩措施，对在对标工作中表现优秀的作业区进行表彰。

（三）注重四个互相结合，将成本单耗对标管理工作引向深入

1. 注重与精细化管理工作相结合

2012 年以来，采油二厂认真查找差距，深入剖析原因，找准工作中的关键薄弱环节，制订有效措施并加以改进，持续推进精细化管理。同时，把坚持过程控制、持续改进作为成本单耗对标工作的管理原则。更多地关注指标形成的全过程，在过程中寻找差距，寻找制度上、流程上的缺陷，努力解决安全生产经营管理过程中存在的问题。通过各作业区加强对指标分析工作，以对标管理为手段，建

立包括制度、流程、责任、考核等各个环节和各项经济指标的对标控制体系，形成长效机制。

2. 注重与“基础细化”工作结合

采油二厂在开展对标工作过程中，细化财务基础工作，规范会计核算方法，提高会计信息质量，从源头上把握企业经营管理安全，完善内部控制管理体系，更加注重经济行为的合理、合法、合规，针对重要业务和重大经济活动以及高风险领域采取更为严格的控制措施，对财务基础工作进行持续完善和改进。

3. 注重与考评工作结合

成本单耗对标的目的不是简单的数据对比，而是要通过各项财务指标的比较，看到企业在业务流程、管理上的差距和薄弱环节，要挖掘隐藏在指标背后的本质原因进行全面分析研究，及时修订措施，狠抓落实，提高财务精细化管理水平。通过纵横比对各项指标，及时发现对标过程出现的问题、难点，采油二厂不断纠偏与总结，落实到人、到时、到事，达到查错纠弊、巩固对标成果、努力实现对标工作重点从对结果的评价向对过程的控制转变，最终不断超越指标的目的。在多措并举，狠抓对标推进的同时，采油二厂将成本单耗对标管理与年度绩效考核、半年经济活动分析有机结合，制定出明确的考核办法。形成上下联动、整体推进的工作机制。

4. 注重与履职能力结合

采油二厂在开展对标管理的同时，注重加强财务人员的学习，一方面使财务人员在意识上更加把科学发展、节约发展、强化管理放在首位，把关注的重心从简单的关注业务、关注核算到更加关注规范控制上来。另一方面使财务人员在借鉴的同时充分考虑自己所在单位的实际情况，以人之长补己之短，形成相互学习的良好局面。

四、取得成效

（一）激发内升动力，增强成本管控意识

成本单耗对标管理将基层生产单位的成本指标与考核管理深入结合，涉及各基层单位及员工个人的实际利益，因此，必须要求员工积极配合参与，充分调动基层生产单位管理人员、技术人员和操作员工控制成本积极性，促进企业经营管理水平的提升。通过开展成本单耗对标管理，员工成本管控意识普遍增强，为进一步提质增效打下坚实基础。

1. 成本管控意识与经营管理水平的同步提高

采油二厂在成本单耗对标管理工作中，积极实施成本约束，首先意识到要从“思想”上进行对标，努力改变长期以来计划经济体制经营管理模式下形成的不良习惯，使员工成本管控意识发生了深刻的变化。将管理重心下沉，将成本单耗对标分析的关注点锁定真正创造经济效益的生产一线上，努力寻求细节上的改进措施，努力消除常识性、习惯性浪费，提高科研技术研发力度，提升质量效益发展动力，让技术优势充分转化为效益优势，不断提升基层单位的经营精细化管理水平。在一系列的对标管理过程中，员工对成本管控意识、效益观念明显增强，会计基础工作有效提升，实现了成本管控意识与经营管理水平的同步提高。

2. 制度考核的完善助推员工意识提升

采油二厂通过成本单耗对标管理，使制度、流程、责任、考核等各个环节都有了明显进步，并形成了长效机制，以制度强化了员工成本管控的意识，增强了采油二厂员工自我改善和不断超越的动力，促进各项工作水平的持续提升。因此，采油二厂对标管理工作的开展，在某种程度上使员工

意识向节约发展转变，从而增强了经营管理水平，在确保多产效益油的同时，保证每年各项生产经营指标的顺利完成。

（二）发现管理短板，成本指标整体受控

企业作为对标主体，关注指标数据和排序属于正常范畴。但不应将注意力集中在指标数据和排序上，一方面对指标数据的可比性范围划分不清；另一方面对指标的过程管理也不尽掌握，容易在对标比较中产生误判，甚至走入歧途。成本单耗对标管理是一个动态闭环管理过程，数据只能作为分析依据，排序只是用作参考依据。开展成本单耗对标管理目的是通过实施对标管理，对各种数据进行梳理和分析，查找与标杆之间的差距，发现管理短板和薄弱环节。在此基础上制定对策和措施，全面实施整改，并持续改进，不断超越，实现以成本单耗对标促进经营精细化管理的真正目的。

现对采油二厂近几年成本单耗对标结果数据进行分析。

1. 吨油井下作业费（见图 1）

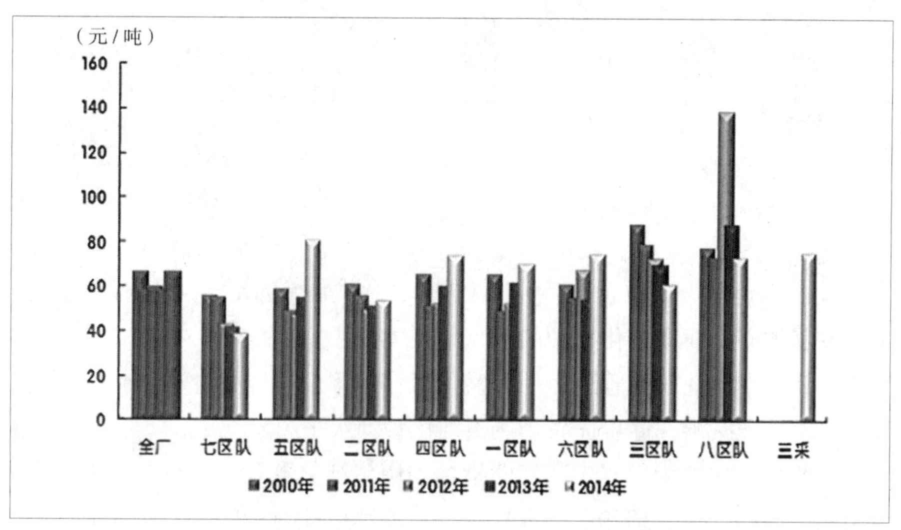

图 1　吨油井下作业费

2010~2014 年，采油二厂吨油井下作业费走势稳中有升。虽然个别作业区上升趋势比较明显，但也有下降幅度比较大的单位。可见，近几年，采油二厂总结生产运行管理方法，通过优化施工设计、作业工序和对异常井进行网络流程化管理，效果比较显著。

2. 吨油材料费（见图 2）

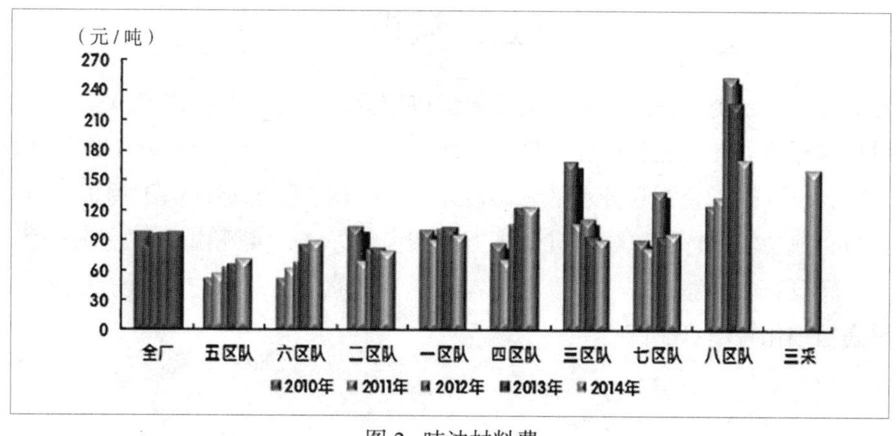

图 2　吨油材料费

2010~2014 年，采油二厂吨油材料费呈上升趋势，主要受上产和注水井专项治理工作的影响，但个别作业区指标也有明显下降。可见，近几年采油二厂通过修旧利旧、优化措施设计、调整现场施工等方法在节约材料费方面取得了一定效果。虽然指标是上升的，但对于今后管理工作可借鉴，采油二厂能够通过对标反映出的数据，针对基础管理的薄弱环节，进行系统性和持续性的改进，达到真正节约挖潜，降本增效的目的。

3. 注水处理系统电费单耗（见图 3）

2010~2014 年，采油二厂注水系统电费呈上升趋势，主要原因是 2013 年采油二厂增加 804 注水站，702、801 注水站新增增压泵站，同时 72# 三采联合处理站投入使用，如果剔除以上因素，该指标与以前年度基本持平。可见虽然我厂生产规模不断扩大，但是在节约用电，合理调控设备运行频率方面所做的工作效果还是比较明显的。

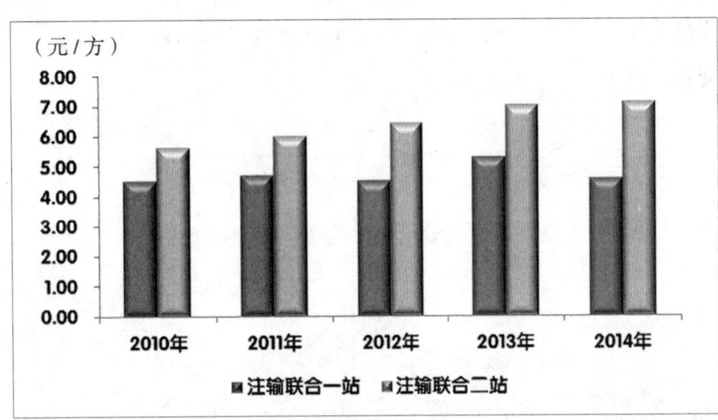

图 3 注水系统电费单耗

（三）堵塞管理漏洞，精细化管理水平不断提升

成本单耗对标管理的优点是定量化，是用数据对比来衡量工作业绩，也可衡量同行业之间和行业内部水平的高低。指标的对比可以作为长远规划的依据，以此来制定企业发展战略。而精细化管理的优点是更偏向于定性工作，特别是在无定量标准的工作中显得尤为重要。将成本单耗对标管理运用到实际工作中不但可以弥补精细化管理的欠缺，还可以创造新的标准，堵塞管理漏洞，逐步提高企业精细化管理水平。

精细化重点是管理，比如为完成生产经营指标采用精细化管理，要科学组织生产，优化工作流程，优化资源结构，提高设备管理和运行维护水平。成本单耗对标的重点是控制，为检验管理实际效果，每一个阶段都要用对标进行控制，控制方法是生产经营指标的一个手段，根据每个阶段完成指标进度进行对标考核。通过考核衡量绩效，以考核结果作为奖惩依据，对优质高效完成生产经营指标的给予奖励，否则给予相应处罚，这属于控制手段。采油二厂将管理和控制合二为一，形成了奖惩分明、控制合理的体系，从而实现促进企业管理向纵深发展，达到向管理要效益的目的。

五、认识

成本单耗对标管理是企业精细化管理的重要组成部分，也是企业提高经营管理水平的关键。只有提高成本单耗对标管理针对性和可操作性，才能不断加强和完善企业对标工作，从根本上缩小与标杆单位的差距，不断提升企业管理水平。即使通过对标反映出的指标值不理想，但是如果企业能够发现薄弱关节，成功借鉴标杆单位先进管理方法和考核办法，实现由“粗放型管理”向“科学管理、精细管理”转变，就能够实现通过成本单耗对标管理的及时总结、及时分析和及时调整，达到持续改进、提高精细化管理水平目的。

上市公司资本结构与公司绩效相关性研究

申报单位：北京汽车研究总院有限公司
第一作者：赵丽星　　作者：薄海燕

［**摘要**］汽车产业是国民经济的发展支柱。随着经济发展水平的不断提高，汽车行业受到越来越多的重视，提高汽车产业的绩效有着非凡意义。公司绩效受多个因素影响，本文主要研究资本结构与公司绩效的相互影响。本文先介绍资本结构和公司绩效相关理论以及我国汽车行业现状和存在问题，然后以我国在沪深两个交易所上市的汽车行业为研究样本，选取2012~2014年数据，用资产负债率、公司总资产的自然对数值、主营业务增长率、总资产周转率分别代表资本结构、公司规模、成长性和公司营运能力，建立多元线性回归模型，运用SPSS17.0统计软件进行相关性和回归性分析。得出以下结论：我国汽车行业资本结构与公司绩效负相关；成长性与公司绩效正相关；营运能力与公司绩效负相关；公司规模与公司绩效正相关。最后分别对以上结论进行分析，并结合我国汽车行业现状提出了政策建议。

［**关键词**］资本结构　公司绩效　汽车行业

一、绪论

近年来，资本结构与公司绩效的相关性研究一直是学术界关注的重点，而且我国汽车行业是国民经济的发展支柱。因此，本文研究的是我国汽车行业上市公司资本结构与公司绩效的关系。

（一）研究背景

我国汽车产业起步于新中国成立初期，经历了从无到有，从小到大，从弱到强的变化，产品集中度显著增强，产品技术水平日益提高，无论是汽车零部件还是整车能力上都有了很大突破，基本上是汽车制造大国。随着我国经济建设的快速发展和人们的生活水平与消费水平的提高，对汽车需求也在不断增加。目前我国汽车行业的发展状况较为乐观。首先，我国汽车种类较多，技术水平也有了较大提高。我国生产的汽车是以轿车为主导产品，同时也生产客车、货车、牵引车、越野车等各种型号的汽车。而且随着我国研发人员的努力和国家政府的大力支持，我国国产汽车性能有了较大提高。其次，我国许多汽车公司和外资企业合作，进行跨国性生产。例如，法国雪铁龙投资东风生产富康；铃木投资长安奥拓；通用与一汽合作生产雪佛兰厢式车；德国在一汽生产捷达与奥迪等，通过合资生产的汽车都有了国际汽车产品烙印。最后，国有投资在我国汽车行业中居于主体地位，大多数汽车产业都有当地政府或国家的参与。如一汽集团、上汽集团、东风汽车公司，其资产都是国家的。综上所述，汽车产业是我国国民经济的重要支柱，影响整个经济发展。而且由于汽车行业固有特性，需要巨额研发费用等，汽车行业受到当地政府的扶持和帮助。

但是，我国汽车行业的发展仍然存在自主研发能力薄弱，高级研发人员欠缺，汽车零部件基础较差，生产分散，专业化程度低等问题。汽车行业的发展还不足以同国外知名汽车相抗衡。因此，我国汽车行业资本结构与公司绩效的相关性非常值得我们深入研究。

（二）研究目的和意义

资本结构决定着负债融资比例，是企业筹资决策的核心问题，科学合理的资本结构对企业有着重要意义。公司绩效直接体现企业是否盈利。汽车产业是我国国民经济的支柱产业，它不仅与其他行业的相关度大，而且可以拉动消费，缓解就业紧张的局面。因此，我国汽车行业的公司绩效也受到广泛关注。资本结构不仅影响公司的资本成本和总价值，而且通过影响公司治理结构进而影响公司经营绩效，可以实现公司价值最大化，提高我国汽车产业的核心竞争力，促进我国汽车产业的快速发展，从而推动我国其他相关产业发展，提高我国整体经济水平。

（三）文献综述

资本结构与公司绩效研究由来已久，关于它们的研究文献也非常多。国内外学者从不同方面不同角度进行了大量的理论与实证研究，研究结论也不尽相同。总结研究成果得到的资本结构与公司绩效之间有三种关系：正相关、负相关和不相关。

1. 国外文献综述

Masulis（1983）的研究实证检验表明：企业绩效对资产负债率有着正向影响[1]。

Titman 和 Wessels（1988）以美国制造业中 469 家上市公司 1972~1982 年的数据为样本进行分析研究，结果显示公司绩效与负债比率之间呈现显著的负相关关系[2]。

Ordan、Lowe 和 Taylor（1988）选择了 275 家英国中小型私营企业为研究对象，主要针对其 1989~1993 年的财务数据进行分析，发现企业的盈利能力与负债比率有着正相关的关系[3]。

Frank 和 Goyal（2003）对美国的非金融类企业进行了实证研究，发现资本结构与公司价值正相关[4]。

2. 国内文献综述

赵丽（2005）以我国交通运输仓储行业的上市公司为例，对其资本结构和公司绩效关系进行了实证研究，得出两者负相关的结论[5]。

张晓铃、李秀燕（2006）以广西所有上市公司 2001~2006 年的年度报告为样本，对其资本结构与公司绩效进行了实证分析，结果表明资产负债率与总资产收益率、净资产收益率以及每股收益在 0.01 水平下呈现显著负相关[6]。

鲁靖文、朱淑芳（2008）以我国上市公司为研究对象，选择 234 家上市公司的 2003~2006 年的数据，对上市公司资本结构与公司绩效的关系进行了实证分析。研究发现，资本结构与公司绩效负相关，部分年份存在二次线性相关[7]。

李国柱、李从欣、孙婧超（2009）以河北省上市公司为研究样本，通过实证研究探讨了解释变量和控制变量与公司绩效的关系，得出资本结构与公司绩效正相关。同时还得出以下结论：公司规模和资本结构与公司绩效无显著关系；公司成长性和盈利能力与公司绩效呈正相关；净利润与公司绩效负相关等[8]。

杨文娟（2010）以首批 28 家创业板上市公司为研究对象，结果表明资本结构与公司绩效没有显著关系[9]。

彭芳春、毕晓韵（2011）以湖北省在沪深两市53家上市公司为研究对象，研究上市公司资本结构与绩效之间的关系。结果表明上市公司资本结构与公司绩效呈正相关[10]。

（四）论文结构

本文第一部分为绪论，包括论文的研究背景、研究目的和文献综述。第二部分主要介绍公司资本结构与公司绩效的相关理论。第三部分以我国在沪深两个交易所上市的所有汽车公司为研究样本，选取其2012~2014年的数据为基础，运用SPSS17.0统计软件对相关变量进行相关性和回归性分析，得出公司绩效与资本结构、公司成长性、公司规模和公司营运能力之间的关系，并对这些结论进行分析。第四部分在以上结论基础上，结合我国汽车行业发展现状提出政策建议。

二、上市公司资本结构与公司绩效的相关理论

（一）资本结构相关理论

1. 资本结构概念

关于资本结构的概念，在学术界至今也没有统一的意见。资本结构理念研究始于1950年，经过半个多世纪的发展，资本结构理论不断演化。随着社会经济发展不断完善，从资本结构发展历程看，主要经历了早期企业资本结构理论、旧企业资本结构理论和新企业资本结构理论。其中，早期企业资本结构理论包括净收入理论、净营业收入理论和传统折中理论；旧企业资本结构理论包括MM定理、税差学派、破产成本学派和权衡模型；新企业资本结构理论包括代理成本理论、控制权理论、信号传递理论和资本结构产业组织模型[11]。

目前资本结构有三方面含义：第一，狭义资本结构，指企业各种长期资本的构成及其比例关系，包括债务资本或者股权资本的各组成部分的比例关系，债务融资包括中短期债务和长期债务，主要通过银行借款、发行债券、融资租赁和商业信用等方式筹集；股权结构是指不同性质股份所占比例。第二，广义资本结构，全部债务与股东权益构成比率，债务融资既包括长期融资、中短期融资，也包括短期融资。这是最常见的资本结构的含义，通常用资产负债率表示。第三，物质资本与人力资本比例关系，是近几年提出的一种定义。本文研究资本结构采用上述第二种含义，即全部债务与股东权益比例关系，用资产负债率指标来表示。

2. 资本结构影响因素

资本结构是受多种因素影响的，在不同的经济条件下，各个影响因素对企业资本结构的影响也不同。影响资本结构的最主要因素为资金成本和财务风险，除此之外，企业还应该考虑企业的财务状况、销售的增长率及其稳定性、企业债权人的态度、企业所有者和经营者的态度、税收政策的影响、所处行业特点和社会经济环境状况等因素。因此，公司财务人员应综合考虑各个因素，根据实际情况确定合理资本结构。

（二）公司绩效相关理论知识

1. 公司绩效概念

公司绩效是人们普遍关心和使用的一个概念，很多西方学者得出的结论是绩效即公司业绩和效率，主要包括三方面含义，即效果、效率和适应性。效果是指在产品和服务方面与竞争者的对比结

果；效率是指投入和产出的比率；适应性是面对环境的威胁与机会选择时的应变能力 [11]。总的来说，公司绩效指一定经营期间的企业经营效益和经营者业绩，主要通过盈利能力、资产运营水平、偿债能力和后续发展能力等来反映治理效果。

2. 公司绩效的度量

公司绩效的评价有举足轻重的作用，公司通过企业绩效评价体系可以寻找自己的不足，增加经验，进一步提高公司绩效。目前公司绩效评价有单一指标的绩效衡量和多重指标的绩效衡量。

单一指标的绩效衡量主要有财务指标、托宾 Q 值和经济增加值（EVA）。其中，财务指标包括净资产收益率、总资产收益率和每股收益等。托宾 Q 值是指公司的市场价值与公司资产的重置成本，用于反映公司的市场价值与给公司带来现金流量的资金成本之间的关系。而且托宾 Q 值考虑了无形资产，更加科学准确。但是公司重置成本的考核比较困难，特别是我国上市公司相关制度尚不健全，因此，用托宾 Q 值来评估公司绩效难度较大。经济增加值（EVA）是指企业的税后净营运利润减去股权和债务的全部投入资本的机会成本后的所得，该概念明确强调，企业经营所使用的资本债务是有成本的，第一次把机会成本和实际成本结合起来，强化了提高资本使用效率这个目标，更能反映公司为企业创造的价值。但由于在实际操作过程中，需加入一些调整事项，且计算复杂，可操作性不强 [12]。

多重指标是指利用多个指标对经营绩效进行考核，更具有客观性和全面性，更能反映企业的真实情况。但由于指标的计算与量化难度较大，在度量时比较困难，而且运用多重指标分析不利于比较公司之间的综合价值。

综上所述，本文选取净资产收益率来衡量公司绩效。净资产收益率的综合性比较强，是具有代表性的财务指标。它不仅能反映公司经营活动的最终成果和股东获利能力，体现企业追求的目标——企业价值最大化，而且也是企业销售规模、成本控制、资本营运、筹资结构的综合体现。

3. 公司绩效影响因素

上市公司绩效受多方面因素影响，除了公司资本结构以外，还有公司规模、成长性、流动性、营运能力等因素。因此，本文选取以下财务指标代表各个影响因素，具体如表 1 所示：

表 1　代表各个影响因素的财务指标及描述

类型	名称	描述
资本结构	资产负债率	负债总额 / 资产总额
公司规模	总资产	期初总资产的自然对数值
成长性	主营业务增长率	主营业务收入增加值 / 上年主营业务收入值
流动性	流动比率	流动资产 / 流动负债
营运能力	总资产周转率	主营业务收入 / 资产总额

三、汽车行业上市公司资本结构与公司绩效实证研究

（一）样本选择与数据来源

本文以我国汽车行业的上市公司为研究对象，经统计，我国在深沪交易所上市的汽车行业共 36 家，剔除 *ST（四川浩物机电股份有限公司）的数据，最终采用 35 家从 2012~2014 年的财务数据作为样本数据。选取样本遵循以下原则：①上市期限较长，确保样本数据具有代表性。②剔除

ST、*ST 和 PT 类财务状况已出现严重问题的上市公司。③所有原始数据源于年报。④为避免某一年数据异常影响结果的可靠性，以下分析以 2012~2014 年三年平均数值进行研究。表 2 是所选取的公司名称及代码。

表 2　上市公司名称及代码

代码	名称	代码	名称
600006	东风汽车	600213	亚星客车
600066	宇通客车	600262	北方股份
600081	东风科技	600335	国机汽车
600104	上海汽车	600366	宁波韵升
600178	东安动力	600418	江淮汽车
600166	福田汽车	600580	卧龙电气
600609	金杯汽车	600741	华域汽车
600742	一汽富维	601633	长城汽车
601299	中国北车	600686	金龙汽车
600458	时代新材	600761	安徽合力
600676	交运股份	600523	贵航股份
600303	曙光股份	000957	中通客车
000868	安凯客车	000800	一汽轿车
000559	万向钱潮	000625	长安汽车
000760	博盈投资	000338	潍柴动力
000550	江铃汽车	000572	海马汽车
000678	襄阳轴承	000803	金宇车城
000927	一汽夏利	000757	*ST 浩物

资料来源：表中内容来自深圳交易所和上海交易所。

（二）实证结果与分析

1. 变量的描述性统计及相关性分析

（1）变量的描述性统计分析。

本次研究以资产负债率为自变量，以净资产收益率为因变量，以公司成长性、流动性、营运能力和公司规模作为控制变量。各个变量的描述性分析如表 3 所示，表中报告了本研究中各变量的最小值、最大值、均值和方差。

表 3　描述统计量

	N	极小值	极大值	均值	标准差
净资产收益率	35	−7.80%	58.08%	12.9952%	11.99278
资产负债率	35	29.31%	90.93%	56.4642%	14.99974
主营业务增长率	35	−12.09%	3474.23%	118.2903%	584.19367
总资产周转率	35	0.33	6.94	1.2772	1.08424
流动比率	35	0.62	2.50	1.3241	0.39312
总资产	35	19.34	26.48	22.7640	1.43602
有效的 N（列表状态）	35				

资料来源：来自 SPSS17.0 描述性统计分析结果。

表 3-2 给出自变量、因变量和控制变量的描述性统计。从表中数据可以看出，各个上市公司的净资产收益率、资产负债率和主营业务增长率水平区别都比较大。净资产收益率的最小值为 -7.80%，最大值为 58.08%，各个公司盈利能力差别很大。

由表 3-2 可知，资产负债率的均值为 56.4642%，超过 50%，说明汽车行业的整体资本结构还是相对合理的。但也有资产负债率为 29.31% 的一汽富维，表明该公司没有充分利用负债经营，未发挥财务杠杆作用，而资产负债率为 90.93% 的金杯汽车，表明公司依靠负债融资的力度比较大，企业的风险也比较高。图 1 是各个公司在这三年的资产负债率的平均值，由图可知，将近 75% 的公司资产负债率高于 50%，表明汽车行业中多数公司负债水平相对高。经查阅分析，这些负债中，短期负债比例远远高于长期负债，短期负债容易获得，而长期负债的取得比较困难。在金融市场上，短期负债的利息率通常是不确定的，长期负债是公司重要的长期资金来源之一，虽然其资金成本比短期负债的成本高，但长期负债的财务风险比较低，而且其利息成本也相对稳定。因此，我国汽车行业的资本结构（短期负债比例高、长期负债比例低）未能充分发挥长期负债对公司治理的作用，对公司绩效也没有产生明显的有利影响，企业应该对其有充分重视。

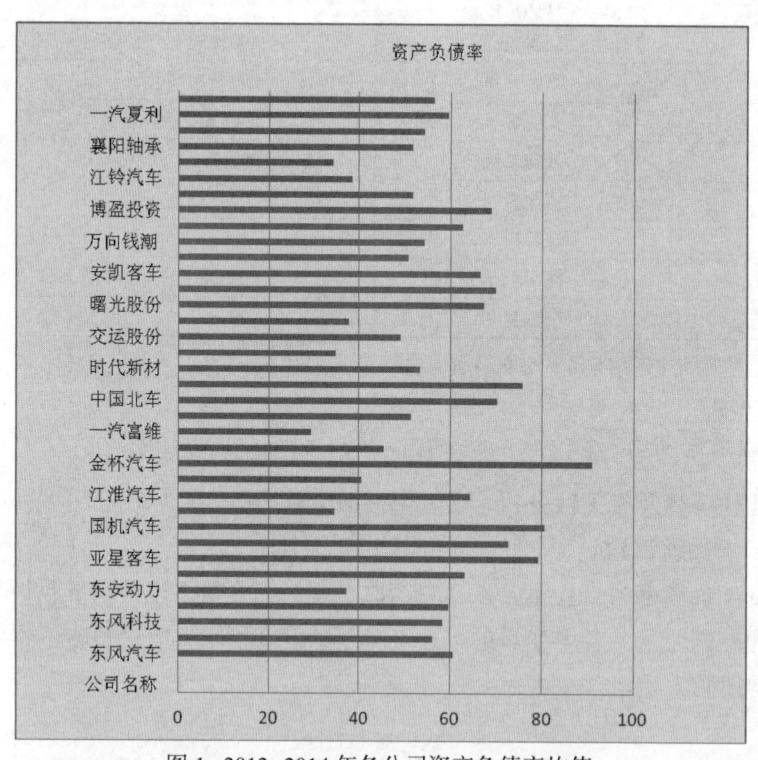

图 1 2012~2014 年各公司资产负债率均值

由表 3 可知，总资产周转率、流动比率和总资产自然对数值的变化波动幅度不是很大。汽车行业是大型制造行业，6.94 的总资产周转率还是比较正常的。流动比率均值为 1.32，偿债能力比较弱。

（2）变量的相关性分析。

变量的相关性分析如表 4 所示，表中报告了本研究中各变量的相关性。

表内相关系数为皮尔逊（Pearson）相关系数。此系数越接近于 1 或 -1，即绝对值越接近于 1 时，表明这两个变量相关性越大。由表 4 分析可知，各个变量之间的相关性比较弱。但是，流动比率与资产负债率的皮尔逊系数为 -0.705，说明流动比率与资产负债率之间有很强负相关。资产负债率为负债总额和资产总额比值，流动比率为流动资产和流动负债比值，而资产总额包括流动资产和非流动资产，负债总额包括流动负债和非流动负债，因此，这两个自变量所提供的信息是重叠的，即为多重共线性。本文采用的办法是删除不重要的自变量，由于本文是研究公司绩效（净资产收益率）和资本结构（资产负债率）之间的相关性，所以在下面的实证回归性分析中，删除了流动比率这个自变量。

表 4　相关性分析

		资产负债率	主营业务增长率	总资产周转率	流动比率	总资产
资产负债率	Pearson 相关性	1.000	0.299	0.098	−0.705**	−0.051
	显著性（双侧）		0.081	0.576	0.000	0.770
	N	35.000	35.000	35.000	35.000	35.000
主营业务增长率	Pearson 相关性	0.299	1.000	0.237	−0.095	0.087
	显著性（双侧）	0.081		0.170	0.585	0.620
	N	35.000	35.000	35.000	35.000	35.000
总资产周转率	Pearson 相关性	0.098	0.237	1.000	−0.114	0.207
	显著性（双侧）	0.576	0.170		0.515	0.233
	N	35.000	35.000	35.000	35.000	35.000
流动比率	Pearson 相关性	−0.705**	−0.095	−0.114	1.000	−0.079
	显著性（双侧）	0.000	0.585	0.515		0.653
	N	35.000	35.000	35.000	35.000	35.000
总资产	Pearson 相关性	−0.051	0.087	0.207	−0.079	1.000
	显著性（双侧）	0.770	0.620	0.233	0.653	
	N	35.000	35.000	35.000	35.000	35.000

注：** 在 0.01 水平（双侧）上显著相关。
资料来源：来自 SPSS17.0 相关性分析结果。

2. 模型的建立及回归检验

本文的模型构建主要采用线性回归模型，线性回归模型的优点是能够很好拟合变量之间的线性关系。鉴于以上分析，本文以净资产收益率为因变量 Y，X_1 为资产负债率，X_2 为主营业务增长率，X_3 为总资产周转率，X_4 为总资产建立回归模型。具体如下：

$$Y=a_1X_1+a_2X_2+a_3X_3+a_4X_4+\beta$$

其中，β 代表常数项，a_1、a_2、a_3、a_4 分别代表自变量的系数。

回归分析是研究一个变量或几个变量的变动对另一个变量的影响程度的方法，根据数据资料找出它们之间的关系式。本文研究使用统计软件 SPSS17.0 对所收集的数据进行了多元回归分析，选取方法是强迫进入法，表 5、表 6、表 7、表 8 是所得到的回归结果。

表 5　输入 / 移去的变量

模型	输入的变量	移去的变量	方法
1	X_4 总资产，X_1 资产负债率，X_3 总资产周转率，X_2 主营业务增长率		输入

注：已输入所有请求的变量。

表 6　模型汇总

模型	R	R 方	调整 R 方	标准 估计的误差
1	0. 586[a]	0. 344	0. 256	7.53

注：预测变量：（常量），X_4 总资产，X_1 资产负债率，X_3 总资产周转率，X_2 主营业务增长率。

表7 Anova[b]

模型		平方和	df	均方	F	Sig.
1	回归	889.955	4	222.489	3.928	0.011[a]
	残差	1699.127	30	56.638		
	总计	2589.081	34			

注：a. 预测变量：(常量)，X_4 总资产，X_1 资产负债率，X_3 总资产周转率，X_2 主营业务增长率。

表8 系数[a]

模型 B		非标准化系数		标准系数	t	Sig.
		标准误差	试用版			
1	（常量）	−43.773	21.829		−2.005	0. 054
	X_1 资产负债率	−0. 173	0. 087	−0. 310	−1.989	0. 056
	X_2 主营业务增长率	0.003	0. 002	0.253	1.587	0. 123
	X_3 总资产周转率	−0. 438	0. 858	−0. 079	−0. 510	0. 614
	X_4 总资产	2.780	0. 922	0.458	3.014	0. 005

注：因变量：Y 净资产收益率。

由表6模型汇总中可知所考察的自变量与因变量之间相关系数为0.586，拟合线性回归的确定性系数为0.344，经调整后的系数为0.256。

表7Anova[b]中Sig.为0.011<0.5，可以认为所建立的回归方程有效。本研究中常数项为−43.773，因变量净资产收益率对资产负债率、主营业务增长率、总资产周转率、总资产的非标准化回归系数分别为−0.173、0.003、−0.438和2.780。因此，资产负债率、总资产周转率和公司绩效呈负相关，主营业务增长率和总资产与公司绩效呈正相关。X_4 总资产 Sig.=0.005小于0.05，即公司规模（总资产）对公司绩效有显著影响。资产负债率的Sig.=0.056接近于0.05，即可认为资本结构（资产负债率）对公司影响也是比较显著的。

由以上分析确定的回归方程 $Y=-0.173X_1+0.003X_2-0.438X_3+2.78X_4-43.773$

3. 回归结果及分析

通过以上多元线性回归分析，最终得出以下结论。

第一，资产负债率与净资产收益率负相关，即资本结构与公司绩效负相关。这与资本结构和公司业绩理论关系恰恰相反，但是米勒（Mertorn Miller）及其后续支持者的研究理论认为，各种负债成本会随着负债比率的增大而上升，当负债比率过高时，由于财务杠杆发挥作用，息税前利润就会降低，财务风险就会增大，从而导致企业破产概率变大，企业承担破产成本的概率也相应增大。负债带来的收益和破产成本相互抵消，导致企业价值下降[11]，使得财务杠杆效应受到一定限制，因此，资产负债率与公司绩效负相关，具体有以下原因：

（1）银行对公司信用评价机制还没有建立。公司的信用对于贷款利率没有太大影响。我国的汽车行业正处于发展阶段，虽然如今的盈利能力不稳定，但是银行应该通过公司信用、长远发展等多方面进行考核，从而决定贷款的数额、利率等；国有银行还未转变为真正意义上的商业银行，不能积极推行公平的贷款制度。

（2）我国的资本市场不够完善，没有建立通畅的融资渠道和合理的融资机制。资金是企业经济活动的第一推动力、持续推动力。因此，不同的融资渠道、不同的融资策略对企业都有着举足轻重的影响。尤其是对于正处于发展时期的汽车行业，如果没有资金，就很难扩大规模，汽车行业是大型制造业，固定成本很高，只有大规模产量才能降低每个产品的固定成本，公司盈利能力才会提高。目前我国的汽车行业产量很低，国际上有个基本认可的标准：年产量必须达到30万辆才可能有规模效益，取得更大的利润。

（3）我国汽车行业上市公司中，80%是国有企业，即为国家所有或控股，而企业的债权人主要是国有银行。银行和企业都归国家所有，它们之间的债权债务关系成为同一所有者的内部借贷关系，这样，如果企业的债务到期不能偿还，银行也无法行使对企业资产的最终控制权，因此，企业的债务并不会给经营者带来太大的压力，这也是债务融资债务效应失灵的原因，即债务融资没有产生应有效应。

（4）资本结构与公司绩效相互交叉影响。过高的负债率就会使得公司承担过重的利息负担，公司为了能够正常运营，不得不拆东墙补西墙，即“举新债还旧债”，从而在财务上陷入恶性循环。

我国汽车行业正处于发展壮大时期，盈利能力比较差。由以上数据的分析汇总得出我国汽车行业的净资产收益率为12.99%，整体业绩较差，进行股权再融资比较困难，而且内源融资能力不强，因此公司只能大量依靠流动负债融资，负债比率大幅度上升。相反，如果公司盈利能力很好，公司债务融资必定减少，这也正符合融资优序理论。虽然很多公司最关注各种外源融资方式及其所占比例，但内源融资才是公司生存和发展的保障，所以，公司融资顺序为内源融资优先于外源融资，而在外源融资中债务融资优先于股权融资。可见只有当公司内部的留存收益不足以解决资金问题时，公司才会进行债务融资[13]。因此，融资优序理论认为公司高额的利润回报将导致较低的财务杠杆比率，即公司绩效与资本结构呈现负相关。

第二，主营业务增长率与净资产收益率正相关，即公司成长性与公司绩效正相关。但是其相关系数很小，并且在统计中不显著。

第三，总资产周转率与净资产收益率负相关，即营运能力与公司绩效负相关。净资产收益率＝净利润／净资产＝净利润／股东权益＝（净利润／总资产）×（总资产／股东权益）＝（净利润／销售额）×（销售额／总资产）×（总资产／股东权益）＝销售利润率×资产周转率×权益乘数。因此，净资产收益率与总资产周转率的相关性还与销售利润率和权益乘数有关，本文研究结果显示，总资产周转率与净资产收益率负相关。

第四，总资产与净资产收益率正相关，即公司规模与公司绩效正相关。这与实际情况相符。只有公司规模扩大了，才能进行产品和技术的创新，加强经营管理，进行多元化经营从而分散风险等。尤其是对于汽车行业这种大型的制造业，需要巨额研发成本，只有扩大规模，才能形成规模效益，减少每个产品的固定成本，提高企业经营效果和效率，进而提高公司绩效。

四、建议

通过对我国汽车行业上市公司经营绩效与资本结构、公司成长性、公司规模以及公司营运能力的实证分析，主要得出以下建议：

（一）慎重使用财务杠杆，保持适度负债

研究表明，我国汽车行业的财务杠杆与公司绩效呈负相关，公司财务杠杆越高盈利能力越低，

反之盈利能力越高。因此，我国汽车企业不要一味追求高负债比率，而应选取适宜的资产负债率，保持合理的资本结构，减少债务资本的同时也降低了财务风险，从而提高公司绩效。我国汽车行业上市公司在今后的融资决策中应该充分考虑财务杠杆的作用，把握好“度”的问题，最好将资产负债率控制在 40%~60% 最佳，从而使负债融资对公司绩效产生有利的影响。

（二）形成全面筹资格局，丰富融资方式

我国汽车行业上市公司融资大多来自银行借款。在我国汽车行业上市公司中，资金大多来源于银行借款和发行股票，少部分公司通过发行债券筹集资金。在以上调查的 35 家公司中，有 23 家公司没有发行过债券，其余 13 家通过债券筹集的资金金额也很小。调查显示有 17 家企业在近几年都未发行过股票，而且其余 18 家企业通过发行股票筹集到的资金在资本结构中也只占有很小的比例。总之，大部分筹得的资金还是来自于银行借款。如此单一的融资方式不利于资金的管理与运用，丰富的融资渠道不仅可以降低公司的财务风险，还可以增加汽车行业上市公司的资金来源途径。因此，应该大力发展融资租赁、商业信用、发行股票等融资方式，尤其是债券融资和股权融资。债券融资可以有效监督经理层，建立有效的自我约束机制。我国汽车行业的股权激励机制不完善，管理层是否被激励直接影响公司绩效。因此，可以根据企业绩效好坏决定管理层的奖励或股份，将企业业绩直接同管理层持股比例联系。还可以运用股票期权的激励作用。只有当企业的股票上涨和绩效提高时，管理层才可以获得股价的差收入。还可以让管理层和员工以股东身份参与公司治理，增强员工的自我约束。

（三）改善公司投资主体，减少国有股权

我国汽车行业的投资主体大多为国有单位，例如长安汽车、上海汽车等。国有企业可以得到更多资源，拥有雄厚的资产和一流的技术水平。但是，政府过多参与也会对公司产生弊端。某些重大事项决议中中小股东几乎没有发言权，久而久之，公司的中小股东会越来越少，这样不利于公司的发展与资本结构的优化。而且由于很多汽车公司的第一大股东为国有法人，银行有很多优惠政策，企业更倾向于银行借贷。但是国有企业监管机制还不够完善，有时会没有合理利用资金，业绩下降，于是再次向银行举债，财务状况越来越差。因此，国有股权可以适当减少，让更多的中小投资者投入到汽车行业中来，减少政府过多的干预，改善国有股东“一股独大”局面，实现投资主体多元化，加强所有者对管理层的监督和约束。此外，目前金融市场上还出现了证券市场、基金管理公司等投资主体，这些单位也是很好的投资主体。他们具有投资的专业化水平和充足的资金，可以提高整个汽车行业的资金利用率和经营管理水平。

（四）扩大企业生产规模，采用 JIT 生产方式

采用 JIT（准时生产方式），扩大汽车行业生产规模，提高公司绩效。研究结果表明，公司成长性对公司绩效影响不显著。这与实际情况不符，主营业务增长率其实也代表公司盈利能力。正如本文前面所说，公司绩效包括效果、效率和适应性。公司的效果就代表盈利能力。因此，成长越好、盈利能力越高的企业绩效应该也更好。而本文研究结果说明我国汽车行业是大型的制造业，其营业成本与相关费用对公司绩效的影响较大。因此，为了更好地提高管理效率和业务效率，公司可以通过实施严格透明的市场平均参考价制度和招标制度，尽量降低采购成本。此外，我们也可以借鉴日本丰田汽车公司 20 世纪 60 年代实行的一种生产方式——JIT（Just In Time），准时生产方式。第一汽车制造厂、第二汽车制造厂、上海大众汽车有限公司等一些汽车企业已经采用 JIT 生产管理方式，

都创造了良好的经济效益。JIT是指将必要的零件以必要的数量在必要的时间送到生产线，并且只将所需要的零件、只以所需要的数量、只在正好需要的时间送到生产，从而降低库存成本、物流成本、废品率以及其损坏率来提高企业的盈利能力。此外，适当扩大企业规模，可以减少每个产品的固定成本，达到规模效益，借鉴国外经验，增强企业的核心竞争力，提高企业的业绩。

五、结论

本文通过对文献综述和相关理论的介绍，以我国汽车行业35家上市公司为研究样本，运用SPSS统计软件进行了描述性分析、相关性分析和多元回归分析。研究结果表明，我国汽车行业上市公司资本结构与公司绩效呈负相关；主营业务增长率与净资产收益率正相关；总资产周转率与净资产收益率负相关和总资产与净资产收益率正相关。我国汽车行业应该选取适当的资产负债率，优化资本结构，提高公司绩效。

参考文献

[1] Masulis R. W. The Impact of Capital Structure Change on Firm Value : Some Estimates [J]. Journal of Finance, 1983, 38 (2): 107-126.

[2] Titman, Wessels. The Determinants of Capital Structure Choice [J]. Journal of Finance, 1988 (4).

[3] Jodan J., Lowe J., Taylor P. Strategy and Financial Policy in UK Small Firms [J]. Journal of Business Finance and Accounting, 1998 (25).

[4] Frank Z., Goyal V. Testing the Pecking Order Theory of Capital Structure [J]. Journal of Financial Economies, 2003, 67 (2): 217-248.

[5] 赵丽．交通运输仓储行业上市公司资本结构与公司绩效的实证分析 [J]. 沿海企业与科技，2005 (3): 60-63.

[6] 张晓铃，李秀燕．广西上市公司资本结构与公司绩效相关性实证研究 [J]. 经济理论研究，2007 : 65-66.

[7] 鲁靖文，朱淑芳．上市公司资本结构与公司绩效的实证研究 [J]．财会通讯，2008 (11).

[8] 李国柱，李从欣，孙婧超．河北省上市公司资本结构与公司绩效研究 [J]. 中国管理信息化，2009 (5): 41-44.

[9] 杨文娟．首批创业板上市公司资本结构特征分析 [J]. 武汉商业服务学院学报，2010 (2): 28-30.

[10] 彭芳春，毕晓韵．区域性上市公司资本结构与绩效的关系 [J]. 海南金融，2011 (9): 32-35.

[11] 柴玉珂．上市公司资本结构与企业绩效关系研究（第1卷）[M]. 成都：西南财经大学出版社，2012 : 120-123.

[12] 郭雅芝．林业上市公司资本结构与公司绩效关系研究 [J]. 安徽农业科学，2011，39 (16).

[13] 王甜甜等．上市公司资本结构与公司绩效关系研究 [J]. 现代商贸工业，2012 (13): 125-126.

以信息化创新成果助推企业财务转型升级

申报单位：北京经济技术投资开发总公司
第一作者：宋 健　　作者：韩 勇　康乐君　郭艳萍　张铜钢

[**摘要**] 在信息爆炸时代，大数据已成为一种新的经济资产，正在影响并带动社会各个领域的深刻变革。财务作为企业管理核心，连接企业的所有业务单元，承接大量繁杂、多变的信息，大数据时代的兴起必然为财务带来一场革命性的变革。大数据的出现将颠覆现行财务管理理念和模式，财务管理将不再局限于传统财务领域，而是向销售、研发、人力资源等多个领域延伸和渗透，对于跟企业业务有关的一切数据的收集、处理和分析将成为财务管理的主要定位和主导任务。

对于集团性企业来说，如果要做到对系统大数据进行统一的财务分析及处理，必然要求集团做到财务集中管理，并且财务集中管理越来越成为企业集团实施财务控制的一种主流方式。它是集团母公司以产权控制关系为前提，通过将财务管理权、会计信息、财务资源等集中管理，实现对集团成员单位经营与财务活动的控制与指引，强化集团母公司战略、方针、管理政策的执行，以实现集团经营总体目标。通过实施集团财务统一管理，集团所有的财务信息才能按照统一口径整合至总部，并作为大数据分析的基础性财务资源。可以说，对于集团性企业来说，实施财务集中管理是实行大数据财务的基础。

[**关键词**] 财务集中管理　财务信息化　财务工作创新　转型升级

一、财务集中管理趋势和主要内容

（一）财务管理权的集中

财务管理权一般包括财务决策权、财务监督权、财务考核权、财务奖惩权。对重大财务决策权应集中于母公司，包括投资权、重大筹资权、重大资产处置权、资金调度权、利润分配权，而子公司只负责日常经营、核算、成本控制、执行母公司政策和制度。这些财务管理权的集中，能保证子公司财务目标与整个集团战略和财务目标保持一致。

（二）会计信息的集中

由于母公司对子公司绩效考核的关系，会计信息一直是母公司与子公司之间联系的重点。企业集团会计信息集中管理的内容包括：制定集团统一会计制度、财务与会计政策；会计信息报告内容及质量要求；统一规划集团会计电算化网络系统的建设；实施对子公司会计信息的随时调用和跟踪监控；建立健全集团财务分析系统；统一聘请会计师事务所进行决算审计等。

（三）全面预算管理

预算管理是集团财务管理的重要方面，集团公司对制定用于指导各子公司的预算拥有最终决定权。集团在预算管理方面集中管理体现在规划和建立涵盖整个集团的统一预算体系，制定完善的预算管理制度；统一下达预算目标；按统一口径编制预算；审批各子公司预算，决定重大预算调整，听取预算执行情况分析报告，监督预算执行；对预算执行情况进行评价、考核、奖惩。通过实施预算，把集团母公司战略目标与各子公司预算责任目标衔接起来，形成全面覆盖、权责明确、程序规范的内部责任目标控制机制。强化考核评价，促进各专项工作相互协同，确保集团财务目标和总体目标的实现。

（四）资金集中管理

实施资金集中管理主要思路是通过资金结算中心集中统一管理集团资金。主要包括：集中统一对外融资，控制子公司中财务风险；以信息化手段对子公司全部账户收支实现监控；通过内部借贷调剂集团内资金余缺；以资金预算和收支两条线管理手段，监督子公司财务收支情况；组织内部产品结算，对大宗物资采购和主要产品销售实行集中办理，从整体上提高资金利用率。

（五）财务风险的全面监控

随着企业集团多元化、跨地域甚至跨国发展，企业集团与环境之间的不协调使企业面临风险日益加剧，任何经营风险最终都要体现到财务，因此，财务风险全面监控成为集团财务集中管理的一个重要领域。财务风险监控主要包括以下方面：一是关注投融资、企业重组并购、重大风险业务领域的财务风险，提出风险控制标准和控制措施，制定风险预算。二是建立健全企业集团内部会计控制体系，加强内部控制制度执行情况的检查和实施效果的评价。三是加强集团内部审计和效能监查。四是实行风险预警、风险分析评价和报告制度。

北京经济技术投资开发总公司（以下简称“总公司”）是经北京市人民政府批准于 1992 年成立的国有大型企业，截至 2014 年 12 月净资产 204.68 亿元，总资产 679.43 亿元。公司现有全资、控股子公司 45 家。总公司依托亦庄开发区广阔的市场空间，独特的资源优势和良好的政策环境，致力于开发区的基础设施开发与配套设施建设，致力于工业及商住地产开发与经营，致力于面向开发区市场的专业服务。在优化区域投资环境的同时，紧抓亦庄新城发展机遇，不断拓展发展空间，不断提升公司核心竞争力。作为大型国有独资公司，目前，总公司已形成以各子公司专业化经营为基础的多元经营格局，经营业务涵盖了基础设施建设、房地产开发、建设工程、股权投资、资产管理、酒店管理、物业管理、媒体广告、网络技术、教育发展、基础能源等多个领域，已经逐步形成投资控股型集团公司管理框架，向总公司注入现代化集团管理方式的需求十分迫切，财务集中管理作为集团管理方式中最基本，也是最重要的部分，将有助于实现总公司资源整合的组建和管理协同效应的组建，是总公司科学管理、强化财务风险控制的重要手段。

二、总公司财务集中管理实施条件和重要举措

（一）总公司对系统内各公司的控制和内部治理结构的完善是财务集中管理的基础

总公司系统财务集中管理实质是总公司对子公司财务控制权的体现，这种权力来自总公司对子

公司的控制权。总公司利用其资本优势，通过资本杠杆，按照公司治理权力的分配原则，确保对子公司的有效控制。总公司利用其控制权，将子公司权力纳入总公司统一战略目标，为总公司财务集中管理创造条件。

（二）统一总公司系统财务制度是实现财务集中管理的重要举措

为了保证子公司按照总公司制定的程序协同运转，必须用制度进行规范。对于财务集中管理必须制定明确的制度，做到有法可依，以保证其顺利实施。包括统一的会计核算制度、统一的投融资管理和利润分配制度、统一的资金管理制度、统一的预算制度。通过制度明确上下管理权限、办事程序和审批手续，保证总公司及子公司协调运转。

（三）建立财务信息化管理平台，是财务集中管理的最重要手段

建立总公司“一套账”的集中管理模式，将所有子公司的财务数据按照组织结构体系定义的组织关系统一建立在一个数据库中，数据统一组织。由此实现会计信息在总公司的集中，保证总公司对各子公司会计信息的对称性及协调性。“集中于咫尺之内，控制于天涯之外”，使总公司管理人员通过网络便能及时了解子公司财务状况和有用信息，为有效监督、业绩评价、资源在总公司系统内合理配置提供基础，为财务决策和控制提供信息保证。

（四）逐步实行资金集中化管理，以保证资金控制力度、强化资本运营意识、提高资金使用效率

总公司系统总部及子公司投资建设资金需求量较大，主要融资手段为贷款。贷款规模的增大会引起财务费用增多、企业经营风险提高。使用系统资金集中化管理模式，可减少贷款规模、降低财务费用和经营风险，还可以达到总公司系统资金控制效果。

三、北京经济技术投资开发总公司财务信息化实施过程及实施经验

（一）总公司财务集中核算系统

北京经济技术投资开发总公司于 2009 年 5 月 15 日专题会议通过总公司财务管理信息化建设实施方案，会议决定分阶段开展总公司系统财务管理信息化建设。一期为实施总公司财务集中核算系统，实施工作于 2009 年 10 月 15 日正式启动，2010 年 1 月进入系统测试阶段，2010 年 3 月 1 日系统正式启用，2010 年 3 月到 6 月完成数据补录和报表完善。总公司系统内所有公司，包括各级子公司、控股公司以及由总公司管理的公司，自 2010 年 1 月 1 日起统一在本系统内设置会计账套进行会计核算。目前，总公司集中财务核算系统已步入正常运行，实现了总公司财务管理信息化建设第一阶段预定的管理目标。

1. 财务集中核算系统功能特点

总公司财务集中核算系统在用友 NC5.5 产品提供的软件框架环境和基本参数设定条件下，按照总公司业务特点、公司构架、管理要求进行了系统全面设定和充实，充分利用软件提供的各项功能，在细节上进行了完善和创新，具有鲜明的总公司特色。根据总公司财务集团化管理目标，系统具有五大功能特点。

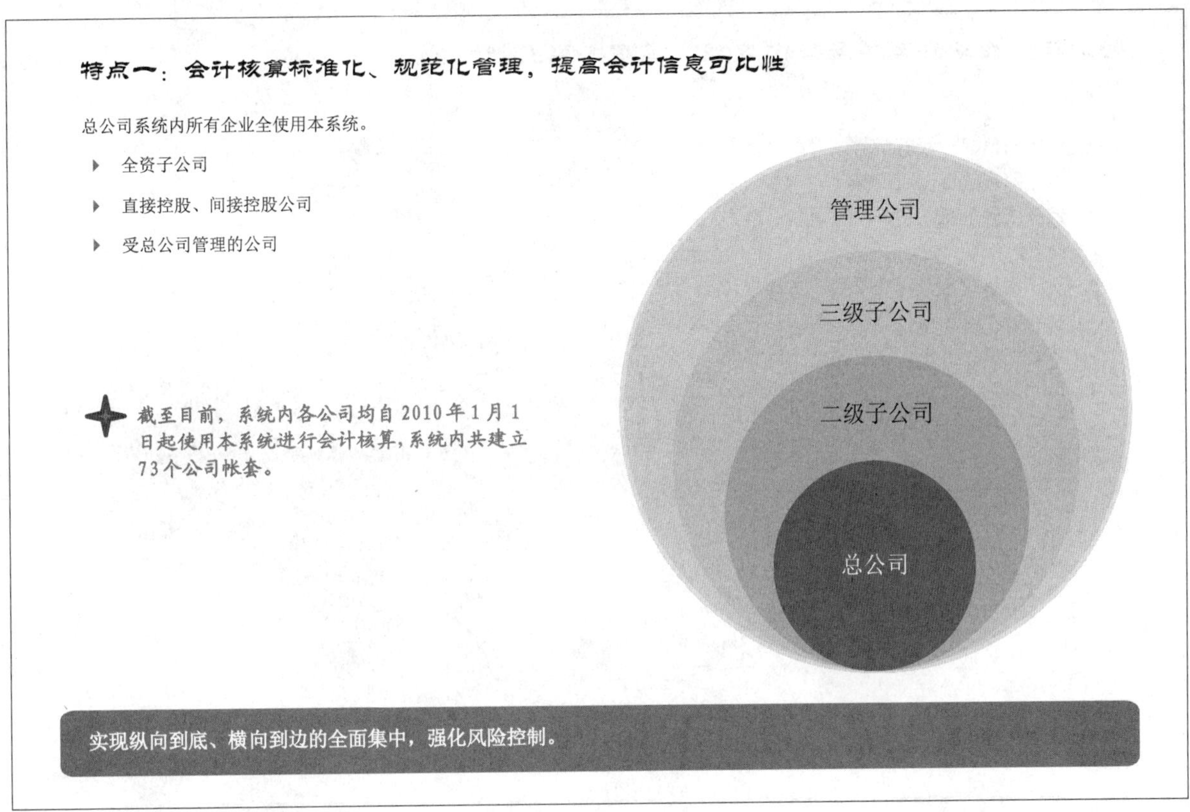

图1　会计核算系统

会计信息全面管理是财务集中核算的基本目标，也是实现其他管理目标的基础。

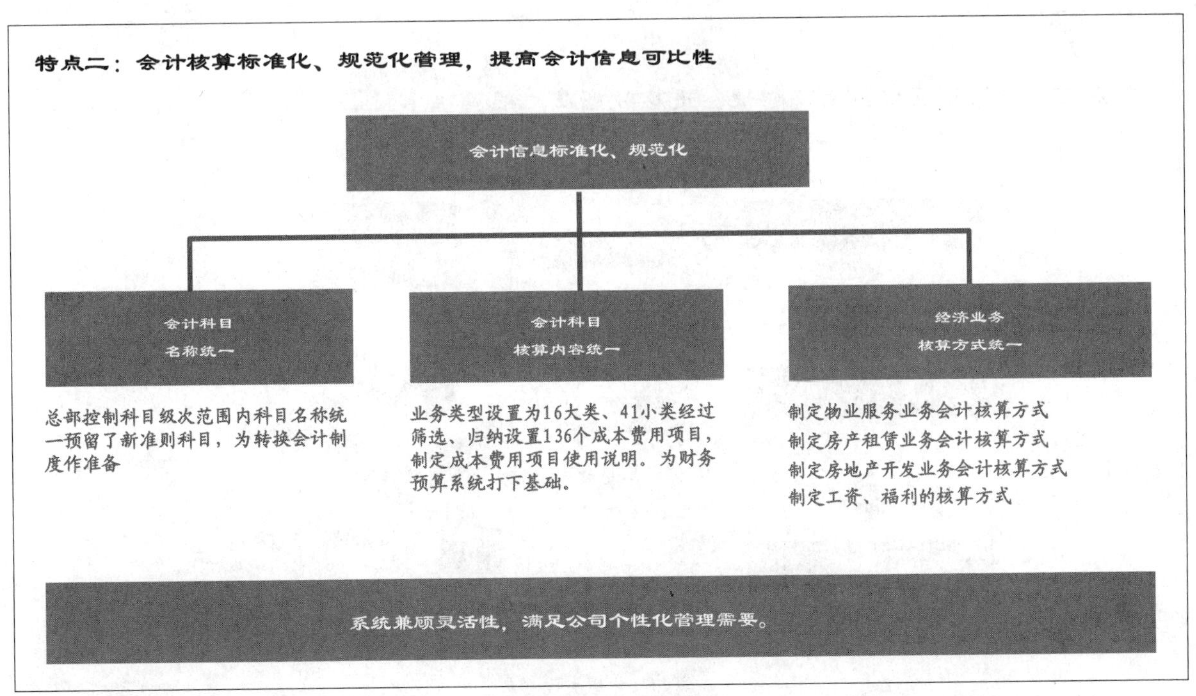

图2　会计核算要求

提高会计信息可比性使以财务指标为关键指标的绩效考核更加公平透明，也为加强财务预算管理奠定了基础。

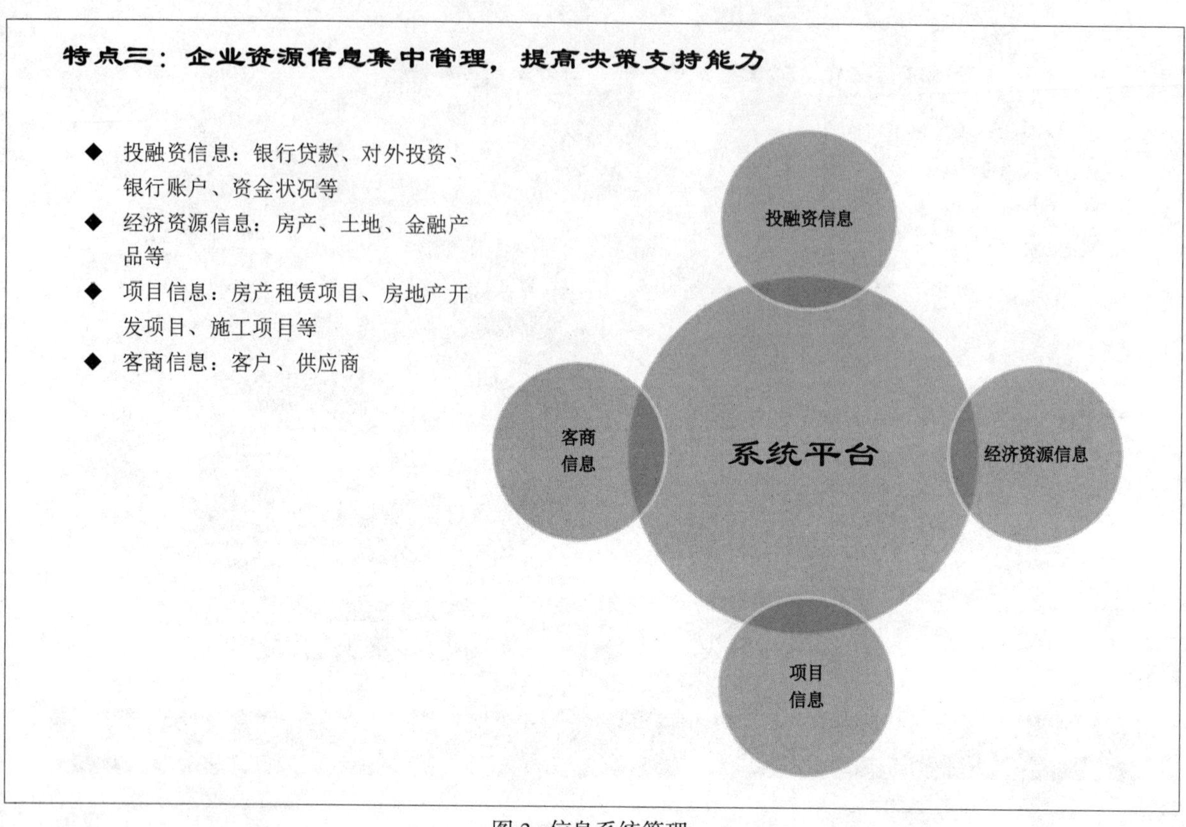

图3 信息系统管理

资源是企业的生命线，集中企业资源信息便于总部按照集团战略目标，进行产业布局和管理决策。

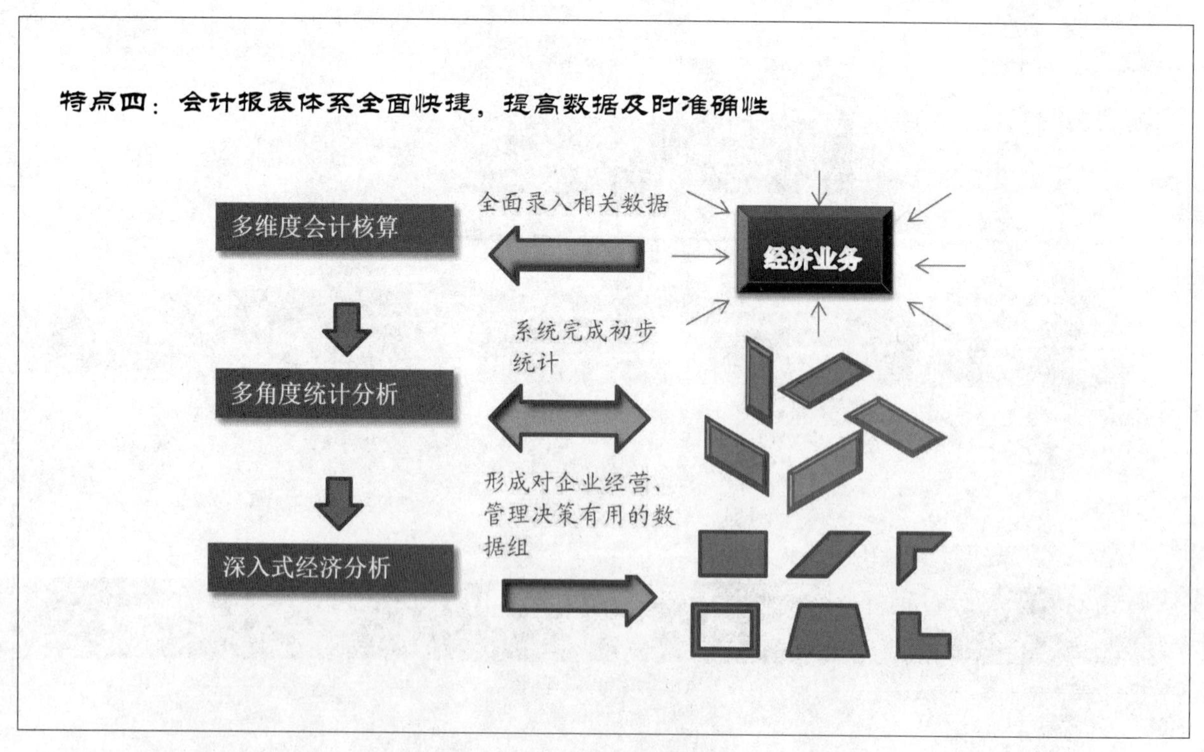

图4 会计核算维度

多维度会计核算使会计信息更加丰富，加强对企业管理的信息支持。

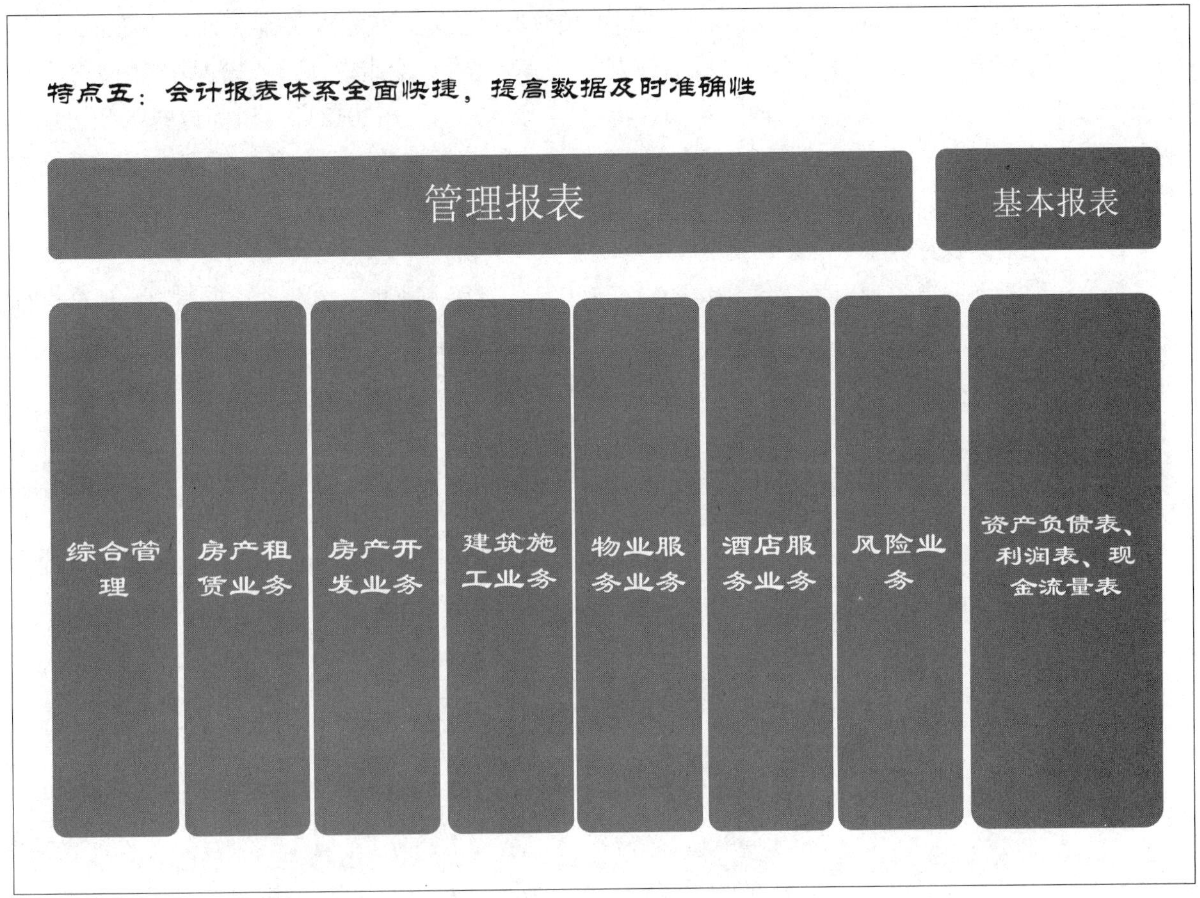

图 5　报表体系

会计报表体系是系统功能特点的成果体现，是按照不同管理需要整理排列的会计数据组，方便管理查询，提高财务分析、各种财务会计数据统计工作的效率。

2. 系统发挥的作用

（1）建立了总公司统一财务信息平台，提升了财务信息质量。

实现跨行业、跨组织、跨层次的集中管理，解决信息及时汇总问题；

实现会计核算体系统一化、标准化，使财务核算更规范、操作更透明、指标分析更准确；

统一网络平台，财务数据集中，有效实现财务监控，及时跟踪重点业务，从而减少总公司的财务风险；

整合总公司资源，建立统一的数据库，有利于个性化管理。

（2）加强了审计监督，提高了审计效率。

审计人员可不受地域限制，随时、动态对企业进行监督，及时掌握相关情况。

（3）为进一步实施预算系统、资金系统、决策支持系统打好基础，为总公司实行统一全面的信息化建设做好准备。

系统实施过程中统筹考虑预算管理、资金管理等财务信息化建设目标，并与其他管理部门在用或正在建立的业务系统进行沟通，系统可以实现与其他系统的无缝衔接。

（二）总公司预算集中管理系统

为适应总公司战略发展要求，充分发挥预算管理在战略规划与运营目标之间的转化作用，根据总公司财务管理信息化建设实施方案，总公司财务预算集中管理系统建设工作于2011年正式开始。2011年9月总公司财务预算集中管理系统实施方案经总经理办公会审议通过，10月中旬正式启动。系统经过规划、建设、切换、支持四个阶段，于2012年3月启用，2012年4月完成各级公司预算报表的编制、报送和批复，2012年7月完成半年预算执行分析。总公司财务预算集中管理系统基本实现了总公司财务信息化建设第二阶段财务预算集中管理的各项管理目标。

1. 总公司财务预算集中管理系统特点

总公司财务预算集中管理系统基于用友NC5.5产品，运用企业预算体系、预算编制、预算执行监控、预算分析、预算调整和绩效评估与预算考核等模块，结合总公司的管理目标和业务特点，建立了战略控制型集团预算管理模式。系统具有以下五大功能。

（1）完整的预算组织体系。

总公司全资子公司、控股公司以及由总公司管理的公司全部上线，截至2012年4月，共计41个单体预算主体和11个汇总合并预算主体，实现了纵到底、横到边的全面集中。总公司对系统内各层级、各地域公司的预算编制和执行状况能随时查阅，极大提高了总公司了解各公司业务、财务信息的效率和准确性，对管理决策起到了支持作用（见图6）。

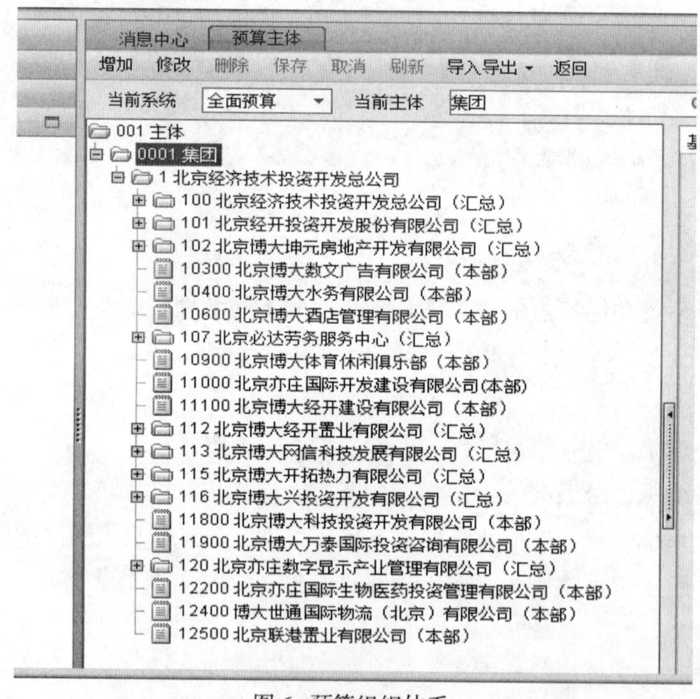

图6 预算组织体系

（2）系统化的预算模型设计。

总公司设计了多维度预算模型体系，有《企业预算概况》《经营预算》《费用预算》《投资预算》《筹资预算》《薪酬预算》《财务预算》和《主要指标预报表》八个预算模型，能够全面掌握各公司财务及业务信息，加强了事前合理预测。通过《主要指标预报表》，在正式预算开始编制前可获取子公司对上一年度实际完成值和预算年度主要经营指标的预判。

《经营预算》中特别设置了“施工业务预算表”“房地产开发业务预算表”“租赁业务预算表”和“物业管理预算表”等几个重点业态明细预算表，突出了财务信息与业务信息相结合，做到预算编制有粗有细，既满足总公司管理需求，又避免增加子公司编制预算的时间和精力。

《费用预算》对管理费用、销售费用等按照成本费用分类设置，可以看出各项明细费用年度间的增减幅度，年中随时关注费用执行情况。

《投资预算》和《筹资预算》对企业重大投资和筹资情况进行掌握，《薪酬预算》列示了企业人工成本的组成，《财务预算》是各项预算最终形成的报表数据，《企业预算概况》不仅计算出了企业关注的各项财务指标，还获取了业务数据的完成和预计情况。

系统内预置各预算模型表内、表间勾稽关系，设置审核公式，保证了数据填列的正确性。整套预算体系内容完整全面、重点突出，能够很好满足总公司及各子公司的预算编制需求。

另外，财务预算集中管理系统还支持多级责任中心与预算组织的预算编制，即除了总公司系统的预算模型体系外，各子公司或各部门还可以制定个性化的预算报表，以满足更为精细化的预算管理需求，协调了集团预算体系的统一化管理与差异化需求的矛盾关系。

各公司也可以制定多版本预算，针对不同预测基础做出不同版本，满足预算编制单位更精细化的需求。

（3）严密的预算管理流程。

本系统的预算编制环节包括填报预算、审核预算、上报预算、批复预算等，环环相扣，层层审核，保证了预算数据的准确性和严肃性（见图 7）。

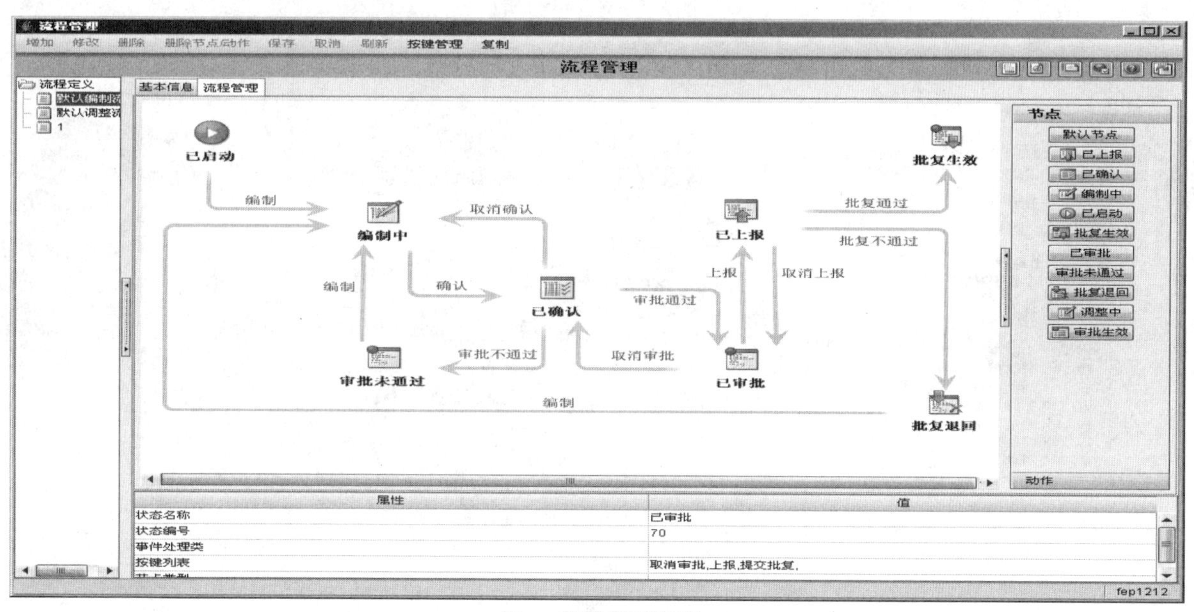

图 7　预算管理流程

除了以上可视化的流程管理之外，系统还有预算汇总、预算合并、预算调整等功能。通过汇总追踪，查看明细数据，快速获得汇总数据的组成；通过预算合并，能够与总公司经营考核及审计报告的口径相一致；通过预算调整，一旦发生对年初预算预测基础产生重大影响的事件，可以及时调整并联动相关预算，对年底完成情况做出更为准确的判断。

（4）实时的预算执行监督。

预算系统与总账、报表系统挂钩，通过自动计算实时出具计划数与实际数的差异程度，提高了准确性及工作效率。根据总公司实际需求，将《经营预算》《费用预算》和《财务预算》设置为月度执行分析，按月计算，按月保存数据。其他模型为年度执行分析，年中也可以随时计算执行数据。

（5）多样化的预算执行分析。

可以选择任意指标及维度，组合定义预算分析表，对多期间、多主体、多版本预算进行分析，同时系统可自动出具分析图表和分析报告（见图 8）。

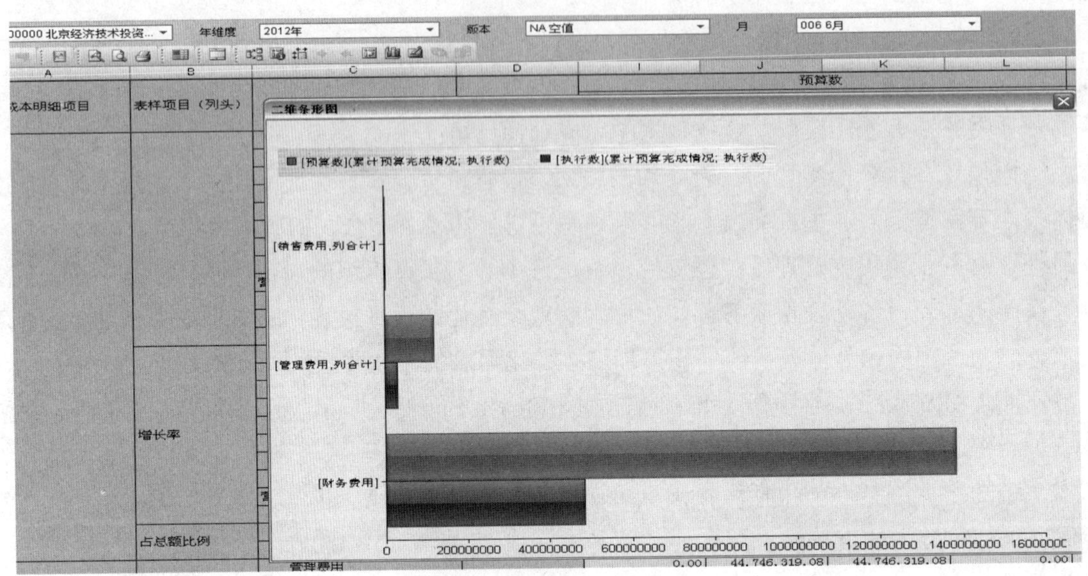

图 8 预算执行分析

另外，系统预置了多种分析模型，用户可直接选择进行分析（见图 9）。

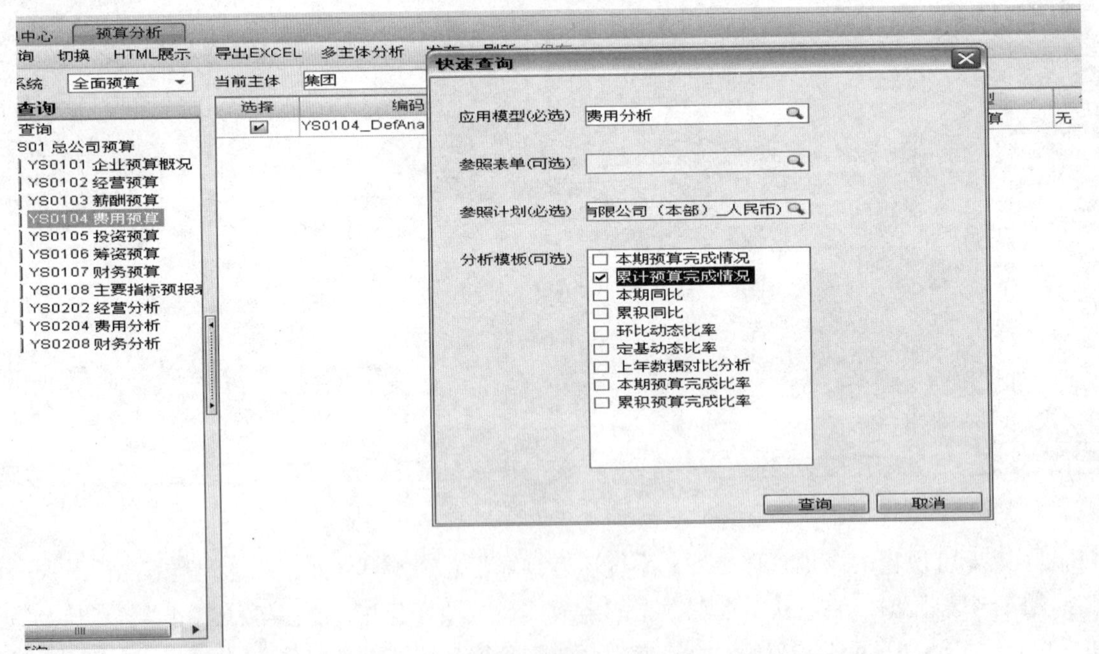

图 9 分析模型

2. 系统深度利用及开发

总公司财务预算集中管理系统的预算编制和执行分析的管理需求基本得到实现，但是预算集中管理系统还有以下几个方面能够深入利用，更进一步满足总公司及各单位精细化管理需求。

（1）逐步推进预算事前控制。

目前预算执行进度的分析只是一种事后控制，具有滞后性的特点，下一步必须强化预算执行中的实时过程控制，对重要经营活动主要是费用和资金进行控制和预警，满足企业内控要求。系统具备多种控制方式，如当期控制和累进控制、严格控制和提示控制、总额控制和分项控制等，可以满足企业的不同需求和管理强度。另外，预算事前控制加强了财务与业务的有效衔接，在费用申请单据审核、新增固定资产审核以及总账凭证录入等方面都能联动。

（2）建立子公司个性化预算体系。

子公司在承接总公司下发的预算任务前提下，可以增设个性化预算项目，形成既符合自己管理需要又与总公司管理需要兼容的公司预算体系，协调集团预算体系的统一性与差异化并存的矛盾。

子公司不仅可以设立更符合公司内部的详细预算表格，还可以选择多周期预算，如年、季、月、旬、周、日，或者不仅编制定期预算，也支持滚动预算管理。财务预算集中管理系统在满足总公司管理需求的基础上，也能满足各子公司预算管理需求。

（3）建立 KPI 绩效考核指标。

预算考核管理是企业战略实施的保障与支持系统，它利用预算考核指标对企业经营各个环节和企业管理各个部门进行管理控制，对企业各种财务及非财务资源进行配置。企业通过对 KPI 关键业绩指标的成功运用可有效提高预算考核管理水平，为实现企业战略目标奠定良好的基础。因此，必须建立绩效评估与预算考核体系。

全面预算管理系统通过与人力资源系统集成，提供考核依据，有效地将预算和经济责任制结合起来，使考核奖惩到位；与绩效管理系统集成，获得复杂的分析方法，对预算项目实际执行数与预算的差异进行计算分析，按规定的格式和内容编制预算管理报表，使公司及时判断各预算主体的经营状况。

（三）总公司资金集中管理系统

2009 年 5 月 15 日，总公司专题会议通过总公司财务管理信息化建设实施方案，成立总公司财务信息化建设领导小组，总公司领导亲自挂帅，总公司各部门、各单位共同参与，信息化建设工作分阶段、分步骤开展，第一阶段财务集中核算系统已于 2010 年 3 月正式投入使用，实现了阶段性管理目标。

按照总公司财务管理信息化建设实施方案工作安排，第二阶段资金集中管理系统实施工作于 2011 年 9 月 27 日正式启动，经过近一年的系统建设，2012 年 9 月 3 日系统正式上线运行。

1. 系统功能及作用

总公司资金集中管理系统是在浪潮多银行集团资金管理系统 GS5.0 产品提供的业务框架和功能模块基础上，结合总公司系统组织架构、业务经营、管理要求等方面进行了全面个性化、本土化设定，在充分发挥软件自身提供的各项功能的同时在细节处理上进行了完善和创新，满足了总公司资金集中管理工作要求，体现了鲜明的公司特色。

（1）建立统一的资金管理平台。

在资金集中管理实施之前，各成员单位采用分散式的资金管理模式，分别与银行进行业务处理，普遍存在开立账户较多、资金分散的情况，缺乏整体的资金管理模式，不利于总公司对各成员单位资金业务的掌控和分析。

在实行资金集中管理之后，资金管理中心搭建以八家银行（工商银行、农业银行、中国银行、建设银行、交通银行、浦发银行、兴业银行、北京银行）银企直联为核心的统一的资金管理平台，实现对系统内资金业务统一规划和业务处理，逐步真正实现“看得见、摸得着、上得来、下得去”的资金管理目标（见图 10）。

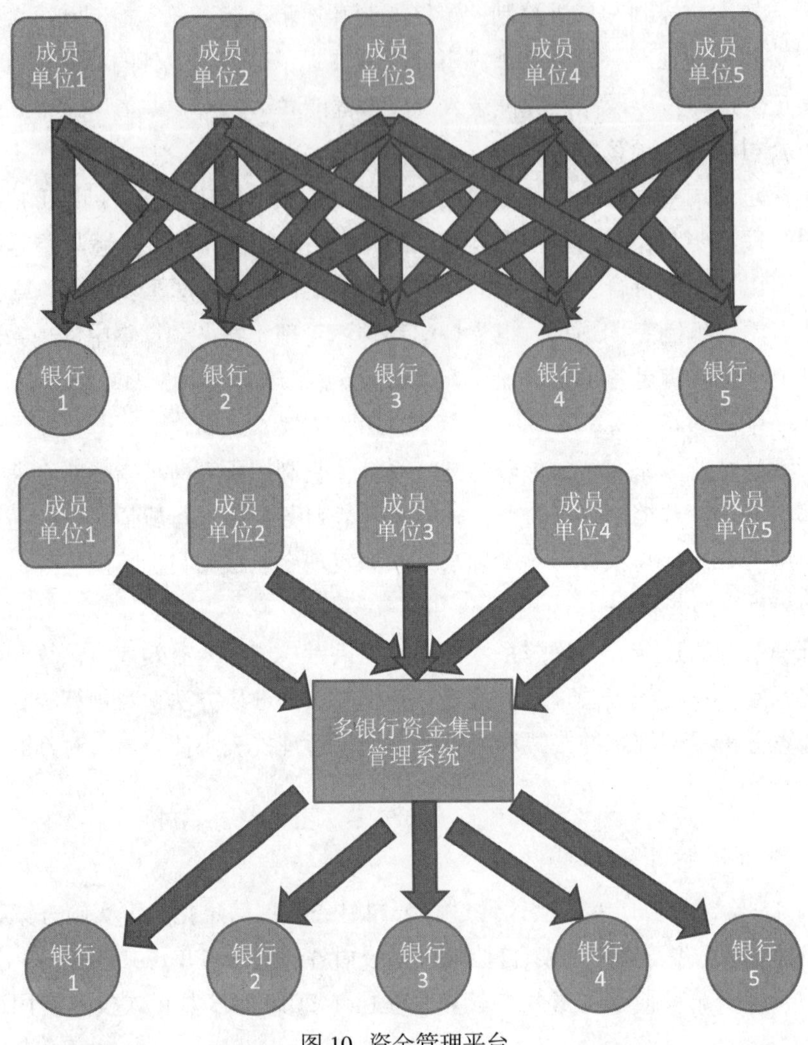

图 10　资金管理平台

（2）通过系统建设提高资金管理工作效率。

实行资金集中管理之前，大部分成员单位资金结算业务仍然采用传统手工模式或分别登录不同银行的网上银行实现，由于未能实现与银行的互联，资金结算效率低，并且对资金的支付过程监控困难，一旦出现资金划付过程差错难以及时发现，存在一定操作性风险。并且由于这些结算数据与财务核算系统没有建立相应的关联，造成最终财务核算的效率也比较低。

在实行资金集中管理之后，成员单位可以通过系统操作轻松便捷的完成企业账户余额及历史明细查询、集团内资金划拨和归集、集团内部业务资金结算、对外付款等工作，同时能自动资金业务凭单，更能实时反映账户资金变化状况，便于企业财务监控和决策，提高了资金利用效率，减少财务人员手工操作环节和工作量，降低差错率，提高工作效率，同时设有标准化接口，方便与企业内部系统实现在线连接，提供个性化量身定做功能。

（3）强化资金管理意识，增强资金管理效益。

资金集中管理实施之前，总公司系统内部分成员单位对资金预算执行、控制和调整未给予足够重视，对资金预算执行情况的检查和反馈滞后，对资金预算编制、调整的权力没有进行划分与制衡，一些业务的资金预算编制相对简单，超资金预算或无资金预算的项目照样开展，资金预算对实际行为的预控作用较弱。一些成员单位缺乏对资金的管理意识，对提高闲置资金的收益没有采取有效的措施，而另外一些成员单位由于经营发展需要不得不从外部融资并负担较高的融资费用。

在资金集中管理实施之后，资金管理中心要求成员单位定期制定上报资金计划，充分调动系统内各成员单位、成员单位各部门参与资金管理的积极性，资金按照审批后的计划下拨至各成员单位，成员单位必须按照资金计划严格管理资金的使用。中心对于集中后的闲置资金再采用内部信贷或理财的方式加以使用，使得系统整体的资金使用效益最大化，同时有效降低系统整体的融资财务成本。

（4）完善财务管理信息化体系。

资金集中管理信息系统的实施是总公司系统财务管理信息化建设的一个重要组成部分，完善了总公司系统财务管理信息化体系，与会计集中核算、预算集中管理信息系统相辅相成，在发挥各自管理功能的同时又相互指导和借鉴，提升了总公司系统整体财务管理水平。

（四）财务信息化实施经验

1. 深入调研，细致分析，明确需求，确定方案

项目实施前期，总公司计划财务部与软件实施小组人员对总公司系统各控股公司、代管公司及其分公司、子公司采取分行业单独访谈方式，围绕财务信息化现状及管理需求进行了为期一周的集中调研。了解子公司需求，传达总公司财务信息化理念及实施财务信息化的必要性。

调研后，计划财务部对各公司财务信息化现状和需求进行了整理，全面分析了系统内从事房地产开发、建筑施工、物业管理、工业生产及服务性业务等不同业态的公司在业务特点、核算方式和管理需求等方面的差异，预算方案及资金现状，进一步明确了管理需求。实施方案是根据管理需求进行的系统设置方案，实施方案的讨论、修改贯穿实施工作始终。计划财务部发出两次实施方案征求意见稿，在全系统范围征求意见，并组织专题讨论。

2. 预先筹划，专题研究，分头突破，打好基础

如果把系统实施方案所建立的权限划分、科目体系、管控级次以及系统所提供的诸多功能看作是财务信息化系统的硬件环境，那么基本档案、管控流程、报表设计就是财务信息化系统的软件环境。系统软件环境具有鲜明的企业特点，财务软件产品无法提供，却是系统实现管理目标的关键。为创立系统软件环境，计划财务部对总公司系统各公司、各类业务的会计核算、预算及资金工作进行了全面梳理，制定了多个研究专题，形成了业务指导说明、项目档案库、报表体系三位一体的总公司财务管理体系。

3. 全员培训，全面测试，谨慎启用，不断完善

总公司共组织培训 15 次，1216 人次参加，培训时间累计 154 课时，总公司系统财务人员均直接或间接参与培训。从第一次培训概括性了解到最后一次培训由总公司系统管理员上台讲解，培训内容由浅入深，培训角色逐渐转换，对系统的运用逐渐熟练。建立总公司总部联络人机制，每人负责一类型企业，耐心详细解答问题，并把常见问题归纳起来公布在系统消息栏里供查阅。经过几个月的磨合，财务人员基本适应了新系统，同时系统得到进一步完善，更加切合实际需要。

4. 及时沟通、密切协作、阶段总结、持续推进、知识转移

在建设的不同阶段，总公司项目组多次召开不同层面的会议，面临问题，积极应对，全力解决。系统供应商的持续支持也是系统得以成功的重要保障，解决了工作配合、实施人员数量、工作进度等各方面的问题。

总公司系统管理员在建设过程中也得到成长，从问题全部由软件供应商解决到基本问题由总公司系统管理员解决，并且自行设计了《预算长期股权投资抵消明细表》和《预算编制、执行审核

表》。总公司系统管理员发挥了自主创新作用，做到了承前启后、知识转移，保障了今后预算集中管理系统的正常维护和充分利用。

随着总公司资金集中管理系统实施完成，总公司系统财务管理工作形成了会计集中核算、预算集中管理、资金集中管理的新格局。总公司财务管理工作将依托先进的管理手段、严格的管理制度、高效的管理方式，进一步提升总公司系统整体财务管理水平，为新区建设和总公司发展贡献力量。

四、以财务信息化为基础，推动财务工作不断创新

在大数据时代的背景下，海量数据通过财务信息化系统汇聚到总公司总部财务人员手中，如何有效利用海量数据，信息化如何在财务管理工作水平的提升方面起到更大作用，这是财务人员需要思考的。在财务信息化系统基础上，总公司计划财务部经过实践摸索及经验总结，创新性提出了"年度财务决算标准化项目""统计快报与财务信息化系统结合"及"将财务台账作为管理报表引入财务信息化系统"这三个创新性项目，通过实施创新性项目，极大地提高了总公司财务管理效能和管理水平。

（一）企业年度财务决算标准化流程实施项目

年度决算报告是企业年度财务状况、经营成果和现金流量的综合反映，是对全面预算实施效果的全面检验。当前，企业面临的经济形势复杂多变，对企业生产经营和财务状况产生了重大影响，对财务决算管理工作提出了新挑战和新要求。年度财务决算时间紧、工作量大、过程复杂、返工率高，是国有企业财务管理重点、难点和突出问题。但现在随着公司不断扩张及业态不断增加，财务决算难度也在不断加大，以往低计划性、没有标准审核质量要求、信息不对称的工作方式已不能满足总公司系统迅速发展的需要。

2011 年，为了保证企业年度财务决算工作及时完成、数据准确、分析到位，提高编报质量和效率，降低返工率并能够有效传承，总公司计划财务部吸取以往工作经验，统筹安排，制定了"企业年度财务决算标准化流程实施项目"，精细化管理财务决算工作，并在 2012~2014 年三个会计年度继续实践和改进，形成了一套完整、成熟并行之有效的管理方法，坚持做到以制度管人、依制度做事，避免了来回沟通及工作人员轮换带来的负面影响，有效实现了财务决算的标准化、高效化、低成本、快节奏。

企业年度财务决算标准化流程项目主要内容简言为将财务决算步骤流程化，文字材料标准化，工作任务责任化，工作成果绩效化。

1. 制定财务决算标准化审核流程

决算之初，总公司计划财务部成立由总公司总审核上报人和二级联络审核人组成的审核小组。采用"各子公司分别填写决算—总审核人带领各子公司集中现场自行审核及更改—总部审核小组分组进行二审—总审核人终审"的三级审核制度，将流程标准化，提高决算填报审核上报效率。

2. 文字材料标准化

决算小组编制了《国有资产决算报表编制内容确认书》《财务决算报表编表说明模板》及《财务决算分析模板》，并每年依据国资办财务决算要求及时修订，确认书编制了当年的重点提醒各表易错之处，并要求单位财务编制人按照确认书提示的错误对照自审。编表说明中将本年度所有需要说明的事项罗列，以防止有漏项。同时，统一了财务分析的格式，便于财务信息整合及总公司国有

资产运营分析的编写。

3. 工作任务责任化

各单位对上述文字材料填制并审核完毕之后，需要在《国有资产决算报表编制内容确认书》中签字并确认，加强各单位的责任意识，进一步提高年度财务决算确认性。

4. 工作成果绩效化

增加了考核评比机制，将年度财务决算工作的完成情况纳入子公司的考核指标，增强子公司自审以及总部审核人员的审核效率，提高积极性。年度财务决算工作完成后，组织全系统做好工作总结，召开年度决算总结会，表扬优秀公司，并与决算工作需进一步改进的公司进行约谈。

自“企业年度财务决算标准化流程实施项目”实施以来，总公司系统年度财务决算编报质量及效率大幅度提高，效果显著，正确率高，得到北京市经济技术开发区国资办的肯定和好评。

（二）统计及国资财政快报工作与财务信息化系统相结合，提高效率

作为国有企业的北京经济技术投资开发总公司，国资快报及财政快报是其每月必须上报相关政府部门的一项工作。总公司系统内所有三级及以上企业都需要上报上述两份报表及分析，总公司在各二级单位上报完毕基础上再汇总生成全系统的快报报表。另外，快报上报时间在各公司完成正式财务报表之前，各快报单位不得不在已有信息基础上进行估计。由于数据不全及手工编制底稿，每月上报的快报数据都与后期的正式报表差距较大、数据质量不高。

总公司计划财务部利用财务集中核算系统，在报表模块中设计了统计及快报报表模板并下发至各单位任务中。通过设置取数公式，实现了统计及快报报表能够实时反映企业财务信息。

该项工作体现出信息化系统对提高财务工作效率、改善财务数据质量及节约工作时间都有极大帮助。虽然信息系统有辅助日常信息处理的一面，但合理运用其功能、挖掘其潜力，也将给财务工作带来预想不到的效果。在使用信息系统时，要主动发挥其作用，避免“大马拉小车”的资源闲置及浪费。解决问题时，也要优先考虑使用信息系统的可能性，以提高财务工作的信息化及精细化程度，节省成本，增加收益。

（三）将财务台账作为管理报表引入财务信息化系统

由于财务报告使用人不同，专业的财务语言以及概括性的报表项目并不能为所有人快速理解，台账有利于管理者理清工作思路，把握会计信息重点和要点，以此为基础确定工作思路。总公司根据业务需要建立了各环节管理台账，通过查阅台账就可以帮助企业管理者及时了解融资状况，随时掌握融资信息的变动，确保还款付息及时准确，避免企业信用受损。

总公司实际管理过程中设立了所得税暂时性差异台账、金融资产信息台账、应付债券摊销台账等众多台账，全面覆盖财务管理所有环节，以终端监督保证管理落实，充分利用台账管理各项事务，通过合理运用管理台账，能够合理地将台账设置与基本财务处理流程衔接起来，使台账管理与财务知识体系更好契合，达到提高工作效率、及时查出问题、掌握工作大局的目的。

财务信息化系统实施以来，所有管理台账作为管理报表引入财务信息化系统报表模块，通过设置取数公式，系统自动计算相关数据，可以实时了解台账执行情况，便于财务决策和准确管理，提高了工作效率。

五、以财务信息化为基础，重视创新，促进部门转型升级

借助总公司财务信息化管理的三驾马车，即总公司财务集中核算系统、总公司预算集中管理系统、总公司资金集中管理系统，计划财务部根据公司发展新形势，提出打造升级版计划财务部构想，对总公司系统财务管理工作存在的不足进行认真剖析，确定总公司财务升级转型目标并提出具体措施，旨在打造一支务实创新的财务管理队伍，更好地服务于总公司的转型升级。

（一）财务升级转型目标

财务转型目标：进行价值创造型财务管理，发挥财务数据信息资源优势，为战略选择、经营决策提供支持和服务，成为企业价值的发现者、推动者、创造者。

（二）财务升级转型对象

总公司计划财务部担负着系统财务管理职能，子公司财务工作质量直接影响整个系统财务管理水平，财务升级转型对象不仅指总部本身，而且是总公司系统各级财务部门。

（三）财务升级转型措施

财务升级转型措施由五大方面组成：财务组织升级、财务职能升级、团队建设升级、管理手段升级和工作环境升级。

1. 财务组织升级

（1）选择适当的集团公司财务管理模式。

企业集团财务管理首要任务是建立健全财务控制机制，而财务控制包括集权模式与分权模式。集权型财务管理模式指财务决策管理以母公司为中心，母公司对整个集团采取统一管理和严格控制。分权型财务管理模式指母公司对子公司以间接管理为主，子公司拥有充分财务管理决策权的财务体制。

采取集权还是分权财务管理模式，需要考虑企业规模、股权结构、财务战略、管理水平、经营效益、外部竞争环境等因素。

总公司的财务管理战略是在保持总公司整体利益前提下，一方面要发挥总公司的整体优势，另一方面要充分发挥子公司的主观能动性。按照总公司发展态势，符合控股型组织结构的特点，即采用集权与分权相结合的财务管理体制：在战略上集中，经营上分散，总公司凭借控股地位进行管理，子公司是独立法人、成本中心、利润中心。

（2）健全完善部门岗位责任制。

成功企业在打造价值创造型财务管理模式上有共同特征，即实现财务专业化分工，建立健全财务部门岗位责任制。

业务财务层面。与业务部门成为伙伴，利用业务协同、经营分析、全面预算、绩效管理等管理工具，推动业务优化和创造价值。

战略财务层面。实现投资管理、融资管理、资金结算、资本运营及监控、税务管理、财务预算及控制、财务会计、财务评价的专业分工，进一步做好组织优化，打造新管理模式。

2. 财务职能升级

财务职能表现为筹资、用资、耗资、分配等管理职能，包括财务预测、财务决策、财务计划、财务控制、财务分析等。

根据金蝶财务软件公司统计研究资料发现，各项财务职能所占财务工作比重与企业转型程度有规律可循：转型越成功的企业，其财务职能更适合现代企业管理。

2014 年 1 月 29 日，财政部发布《关于全面推进管理会计体系建设的指导意见》征求意见稿，旨在助力我国经济转型升级。强化管理会计应用，有助于提升企业管理，增强企业核心竞争力和价值创造力，进而促进企业转型升级；有助于更加科学、全面地衡量企业和单位绩效，加强市场资源的合理有效配置，进而促进市场在资源配置中发挥决定性作用；有助于推动会计人员从单纯记账者向理财者、管理者、决策参与者提升，进而促进会计人员社会公信力、社会影响力和社会地位的提高。

在此背景下，财务部门应该创新理念，推进财务管理创新，逐步实施由财务会计向管理会计和财务战略管理的转型升级，将核算职能更多由企业信息化来代替。目前总公司系统内成员单位由于业务范围、经营规模、管理模式存在差异，成员单位财务管理工作涉及内容和程度也不尽相同。但总体来说，会计处理等传统财务职能基本完善，但是在预算管理、决策支持、绩效管理等现代管理职能方面发展不足。财务部门的工作需要从传统职能中解放出来，承担更多的高价值职能，根据自身工作职责和专业要求参与公司业务工作，把控公司经营风险，提升公司发展能力，做到由财务会计向管理会计和财务战略管理转型。

（1）从传统管理会计向战略管理会计发展；

（2）加强全面预算管理；

（3）合理进行税收筹划；

（4）财务分析与经营决策相结合，是未来财务管理的趋势；

（5）财务工作要全程融入到业务过程中去；

（6）树立风险意识，构建起健全有效的财务风险控制机制；

（7）发挥资金系统的资金监控功能，降低资金风险。

通过拓展以上职能，总公司计划财务部将致力实现财务工作的“三大转变”，即财务工作职能由记账核算型向经营管理型转变，财务工作领域由事后静态核算向全过程、全方位的动态控制转变，财务工作作风从机关型向管理服务型转变，通过“三大转变”来促进总公司财务管理水平的提高，发挥总部“五大职能”作用；通过对内容的细化、分解和整合，不断提高财务工作质量；通过对财务管理领域的拓展，在总公司系统内部实施“大财务”战略，形成以财务预算为指导的“预算—决策—实施—控制—调整—优化”工作程序，使财务管理与经营管理融合在一起，围绕总公司效益目标协同作战，提高总公司经营的灵活性与战斗力；继续建立和完善财务信息管理系统，提高工作效率，加快信息生成速度，是精细化财务管理的技术保障；建立严格细致、切实可行的工作规范和督察机制，细化岗位责任，健全内部管理制度，实现人治向法治过渡，是精细化财务管理的制度保障。

3. 财务管理团队建设升级

财务管理团队建设是计划财务部升级转型的重要组成部分。财务部门作为总公司系统内各单位配备最为完整和全面的一个专业化部门，也是总公司了解和掌握各单位经营管理情况的重要抓手，各级财务人员的专业素质和工作能力直接影响总公司整体财务管理水平。当前专业化知识更新速度不断加快，需要总公司更重视财务人员的培训和锻炼，通过理论知识的传授和实际工作的交流来适应财务管理工作的发展需要，同时还要注重财务人员参与管理、解决问题等全方位的能力提升，树立团队管理意识、担当意识、责任意识，构建团结协作的高效财务管理团队。

团队建设内容包括加强团队协作、更新专业知识、提升综合素质等内容，团队建设升级形式包括将集团财务培训工作系统化、常态化；建立逐级培训体系；制定培训考核方案；培育学习型组织等。

4. 财务管理手段升级

（1）规章制度、工作流程的健全完善及落实。

近年来，总公司系统涉及业务领域和经营范围不断拓展，陆续设立和整合了一系列专业化公司，财务管控工作也随之做出相应调整和优化。原有财务管理规章制度和工作流程需要健全、完善和规范，进一步加强财务基础工作建设。

（2）信息化手段的扩展和改进。

会计核算系统、财务预算系统、资金管理系统作为总公司财务管理工作信息化的“三驾马车”，经过几年运行，在提高工作效率、整合财务信息、提供决策支持等方面发挥了显著作用，也是总公司目前信息化建设中覆盖面广、利用率高的管理信息系统之一。随着总公司经营业务范围和领域的不断拓展以及相关专业政策法规的推陈出新，上述信息化管理手段势必出现一些与形势发展不协调、不一致的新情况和新问题，这就要求财务工作始终坚持与时俱进，在信息化手段的功能扩展和改进方面狠下功夫，千方百计提升财务管理信息系统全面高效的管理作用，不仅要满足财务管理工作的日常需求，更要为总公司经营发展提供决策支持。

另外，财务管理趋势是管理会计适逢大数据时代，还要关注管理会计信息化发展，适时引进符合总公司发展要求的先进管理工具和软件（比如商业智能系统 BI），提升数据处理合成能力，以满足管理效率提升和快速决策的要求。

（3）发挥实践调研在财务管理中的作用。

调查研究是我党历来倡导的优良传统和作风，是企业进行正确决策和科学管理的必备条件和重要内容，因此实践调研也应作为财务部门一项必不可少的经常性的工作。

实践调研能够发现数字背后的原因，能够指导工作改进的方向，使财务分析言之有物，使决策更有依据。实践调研应该是一项长期的、系统的工作，关键点是在工作实践中总结完善，修正提高，使调研工作不断上新水平，使理论与实践有机结合，适时、有效地指导与推进各项工作的开展。

除了定期深入到所属单位进行调研，平时更要注重与所属单位的沟通，在把我们的经验与工作成果展示和分享的同时，及时了解他们的想法和公司的实际情况，及时发现新问题，协助解决问题，相互学习提高。另外，创造调研学习机会，“走出去”才能树立公司的良好形象，相互增进了解，共同发展。

5. 工作环境升级

打造升级版计划财务部，环境是基础。外部要更加注重国家政策法规学习，注重与财政、税务、审计等职能部门的沟通；关注各种金融产品和创新融资方式的出现，进一步密切与银行、信托、租赁、证券等金融机构的合作关系；加强与总部部门之间的工作沟通与协调，保证信息畅通；进一步树立服从决策、服务基层、服务主业的意识。从营造良好环境做起，塑造管理文化，形成良好的环境氛围。

财务部门有重要的资金、印章、票据、账表，其他部门、子公司、外部审计等人员来往较多，资料及时归档，能够提升财务安全系数，同时提升部门整洁有序的形象。

六、总结

以财务信息化为基础，在实践中不断创新财务工作，提高财务工作管理水平，实现大数据财务目标，是总公司计划财务部秉承的理念。在总公司转型升级中做好财务管理工作，提高总公司系统财务管理水平，是总公司计划财务部追求的目标。总公司计划财务部将坚决落实中央、市委、新区和总公司党委部署，按照习近平总书记关于“三严三实”重要讲话精神开展总公司系统财务管理工作，在总公司转型升级的同时，打造升级版计划财务部，实现财务管理的转型升级，更好地服务于总公司转型升级及北京经济技术开发区新区开发建设！

企业科研经费管理探讨

申报单位：中国石油西南油气田公司勘探开发研究院
第一作者：陈 鸿　　作者：郭红梅　陈方兵

［**摘要**］在当今这个以知识、经济为主流的社会，以无形资产为主要形式的知识资产在资本构成中占有越来越大的比例。特别是要形成“科研项目研究成果”这种无形资产，其前瞻性、不确定性、复杂性等特性更为显著，使科研经费管理难度和风险随之增加。如何适应知识经济时代的发展，促进科研经费管理向科学化、规范化、系统化管理方向发展，以有效降低科学研究活动成本，提高科研经费使用效益，成为摆在我们面前的一个迫切需要解决的问题，本文就此论题进行探讨。

［**关键词**］科研　科研经费　经费管理

背 景

科技体制改革以前，我国科技经费主要来自国家财政支出中用于科技活动的经费，即财政科技经费拨款，主要用于研究与发展活动、科技成果转化与应用和科技服务活动。1985 年 3 月 13 日，中共中央做出《关于科学技术体制改革的决定》，提出“改革对研究机构的拨款制度，按照不同类型科学技术活动的特点，实行经费的分类管理”。为进一步落实改革科技三项费用和科研事业费预算拨款的精神，“加强科技经费的宏观管理，合理和有效地使用科技拨款”，1986 年 1 月 23 日，国务院发布了《关于科学技术拨款管理的暂行规定》，并成立了国家自然科学基金委员会，“基础研究和部分应用研究工作”逐步试行科学基金制。科学事业费、科技三项费、国家自然科学基金、高技术发展研究计划经费 (863) 等几类主要的科技经费管理制度亦不断得到完善，实际上成为我国 20 世纪最后 15 年至“十二五”科技经费分类管理的主要模式，其经费由中央财政预算单列并专项拨款。但是，由于以科研项目为基础的预决算制度本身还不完善，近几年又频发侵占科研经费的丑闻和违法案件，暴露出我国在科技经费管理中的薄弱环节，必须加强科研经费的管理和控制。

一、当前科研经费管理办法及要点

为了充分发挥科研单位优势，充分调动科技人员积极性，促进企业科研事业发展，必须加强科研经费管理，提高科研经费使用效益。根据国家有关科技政策，结合本单位实际情况，总结以下科研经费管理要点。

（一）科研经费管理部门

科技管理部门是单位科研工作主管部门；财务部门为单位科研经费核算和管理部门，协助监督科研经费的使用情况，发现问题及时纠正；科研经费的使用接受审计部门和上级财务部门的监督和审计，国拨科研资金接受科技部、国资委及财政部等部门的监督和审计。

（二）科研经费来源

科研项目经费分别来源于国家、股份公司专项拨款，分公司科研经费拨款，同时鼓励自筹横向科研经费（横向经费指各企事业单位委托本单位研究的科研项目经费等）。科研经费采取一次批准、分期拨款办法。所批准的科研经费一般不予追加，变动需要履行申请调整程序。

（三）科研经费使用流程

为了保证科研项目的顺利实施，必须加强对科研经费的管理。需要研究的科研项目，由项目负责人在开题报告中，根据实际需要，本着合理、节约、讲求效益的原则，编制明确的科研经费概算和分阶段开支计划，提出申请。经批准的项目科研经费，由项目负责人所在单位的财务部门负责核算并监督使用。承担项目的课题组，其各项经费开支，均须由课题组负责人及主管领导审核，签字批准后方能使用。科研经费，应专款专用，经费开支范围与开题设计和合同一致。科研经费应及时结算余额，不得超支使用。凡因故中止或撤销的研究项目，要及时清理账目，结余经费按有关规定办理。

（四）科研经费管理保障措施

科研经费管理的保障措施有两条：一是，对违反项目科研经费管理办法者，将采取责令纠正、停止拨款、撤销资助、通报批评、不再受理当事人或有关单位承担新的项目等措施予以处理，情节特别严重者要追究有关人员的法律责任。二是，科研项目验收程序包括对科研经费决算及使用情况的验收。对无正常原因发生的未按开题设计的项目经费预算开支不通过验收。此措施的可行性和有效性有待进一步验证。

（五）科研经费管理具体内容

各科研项目共同承担单位的公共费用，诸如水电气费、物业管理费、折旧损耗费等间接费用按相应比例分摊。

另外，各科研项目开支的直接费用范围包括技术协作费、材料费、办公用品、会议费、差旅费、交通费、住宿费、资料复印、打印、出版印刷费、劳务费、分析测试费、设备维修费、必要的有偿咨询、图书资料费等。

其中，会议费为参加学术会议的会务费和完成科研任务“必需的”小型会议费，包括会议室租金、误餐补助等，但不得租用高级饭店宾馆开会；技术协作费，需划拨到外单位协作研究的费用。属本单位科研力量确实不能独立完成确需外协研究的，由项目负责人提出申请，经单位审查后，由科技管理会同业务部门、财务、企管法规、监察等部门审查，报单位主管领导审批后，方可签订技术合同；劳务费，包括课题所需聘请的专家费用；严禁购买与研究任务无直接关系的材料、办公用品、书籍、其他物品。

二、当前科研经费管理特点及主要问题

（一）预见性差，项目周期与经费到位不一致

一项科研任务的启动，除要求应具有一定技术储备外，还要求经费支持先期到位。当前科研经费的立项、下达计划过程及拨款办法，延误了资金到位的时间，不利于项目如期实施。同时，各科研系统之间及科研系统内部缺乏畅通的相互沟通的信息系统，经费管理预见性、计划性和准确性不够，常发生经费到位滞后现象。

（二）科技项目重立项，轻跟踪管理

科技项目下达部门在立项时要求较多，而在立项之后则缺乏对科技项目经费的跟踪管理和约束机制。各级科研部门和科研人员大多关注项目研究成果，对经费使用的合理性、合法性、有效性关注不够，部分人员甚至不清楚经费使用情况。而财务部门又不熟悉科研工作进度和进展情况，这就形成了科研项目管理和科研经费管理脱节。

（三）停留在宏观层面，沿用行政管理模式

科研经费种类多、层次多、涉及面广、管理复杂，需要掌握科学研究本身的一些特殊规律和知识管理的要求。长期沿用下来的经验型和行政型管理模式，使当前科研经费管理仍受计划经济模式下宏观层面管理方式影响。

（四）缺乏效益评价机制

科学研究成果这种无形资产的不确定性特征，使得科研经费管理的难度和风险增大。而且投放在科学研究上的经费只有少部分立即见效，大部分只能在科学研究过程结束后较长时间才能产生经济效益和社会效益，其效益的表现形式具有很强的隐含性和持久性。效益评价方法的缺乏和不科学，阻碍了科研经费流动资金的良性循环。

（五）科研经费利用率低，回收率低

科研经费是可全部或部分回收的，是可以多次重复使用的，其周转流程是研究—应用—再研究—再应用过程。现阶段循环过程周转速度慢，结构比例失调，资金利用率低。科研成果难以量化这一特征也使得科研经费的投入产出效益分析很困难。

（六）科研经费管理风险增加

知识经济社会中，由于资本形式的多样性及无形资产的不确定性，带来了科研经费管理风险的多样化，使得项目经费分类、评估、预算、决算、审计等管理的复杂性增加，科研经费管理风险随之增大。

三、加强科研经费管理对策

为了解决当前科研经费管理工作中存在的问题，使有限的科研经费在经济发展中做出更大贡献，取得最大最佳效益，真正做到“投而有效，放而有度，行而有序，管而有法”，应当着重抓好如下工作。

（一）科学的组织管理

科学的组织管理是科研经费管理的必要条件。为了保证科技项目的顺利实施，必须制定多层规划，明确科研经费投放的近期计划和长远规划，使科研经费使用具有连续性，明确科研经费管理的工作程序及其实施步骤，明确各有关项目经费管理部门和项目承担单位在科研经费管理和使用中的权力和职责，做到公开透明，提高管理效率。

（二）科学的立项管理

科学的立项管理是科研经费管理的关键。要充分运用现代信息手段，加强科技项目的筛选，以确保重点，择优扶持，集中投入为原则，重点投向对产业科技进步和经济发展具有先导性的科技项目，投向行业共性、关键性科技项目，避免重复投入，力求高效投入，培育新的经济增长点和提高产业科技竞争力。同时，对科技项目安排、经济效益分析、市场预测等工作要建立以财务、业务、科技、生产经营部门"四位一体"的科技评估机构进行综合评估论证，为科技资金投入决策提供依据。

（三）科学的资金管理

科学的资金管理，是科研经费管理基础。改革项目资金管理办法，根据项目实施进度的情况，变一次拨付为分期管理拨付的办法。为确保科研经费专款专用，避免挪用于项目外的其他开支，提高科技资金的到位率和使用率，必须加强科研经费的财务管理与监督，保证科研项目从申报、审批、实施与验收全过程都必须有财务专家参与，变财务管理由过去的事后管理为科研项目进行中的事前、事中、事后全过程管理。

（四）有效的追踪管理

有效的追踪管理，是科研经费管理的手段。科研管理部门与财务部门多沟通，对项目经费使用和管理进行定期监督检查和跟踪了解。及时了解项目执行情况及科研经费使用情况，以保证科研经费合理使用。项目因故终止，应由科研经费管理部门主持或组织进行清查处理。项目执行人员应配合财务部门及时清理账目与资产，编制决算报表及资产清单，上报科研经费管理部门。剩余经费(含处理已购物资、材料、仪器、设备的变价收入)按规定上交，仍用于科技项目。项目研究过程中因技术、经济政策发生重大变化或因不可抗拒因素影响等客观原因发生损失时，应按规定报批核销。对于因主观原因造成损失的，要追究有关单位和人员责任。

（五）深化科研项目预决算管理体制的作用

科技经费应严格按项目进行核算管理，建立预算和决算管理制度。高度重视项目预算编制，由项目(课题)负责人与单位科研管理、财务、物资采购、合同管理等专业部门共同编制，预算应根据单位的现有基础设施条件、资源的配置以及课题研究的需要，坚持目标相关性、政策相符性和经济合理性原则，按照经费支出科目，在科学的预测、估算基础上编制。在项目的立项和验收过程中，各级项目主管部门要加强费用的预算和决算的规范化管理，及时了解项目的立项和鉴定、验收等情况，认真把好项目经费的预决算关。

（六）科研经费管理要体现对人力资源的重视

知识经济时代，研究机构及企业对人力资源的关注越来越显著。科研经费管理的目标：既要考虑国家利益、集体利益、研究机构或企业的自身利益，又要关注研究人员的个人利益，从而调动各方面的积极因素，使企业通过拥有高质量的人力资源和知识资本，提高创新能力及持续发展能力，实现研究机构或企业的自身以及与外部环境的和谐均衡发展。使研究机构或企业本身及其利益关系成员的利益得到共同提高。

（七）推行完全项目制和全成本核算

推行完全项目制和全成本核算能更加充分调动项目研究人员自主性和积极性。完全项目制是以项目经理负责制为核心、以项目组为主体开展研究开发活动、实施管理的运行管理制度。破除原行政管理模式的开放式科技创新体系。项目经理完全负责经费的预算、管理和使用。

推行完全项目制要求预算编制要十分仔细和详细，进行全成本核算，直接费用按项目工作安排测算，人员、折旧、水电气等间接费用根据公司制定的间接成本比率乘以人天数计算。例如开支时研究人员成本的计算要求研究人员填写工作时间表的办法来统计。如果完全项目制能够有效推行，就能打破现有的行政管理格局，项目管理更加扁平化，项目经费能更高效产出。

改革开放以来，我国经济长足进步。中共中央、国务院为促进科研生产发展，针对科研经费管理体制的改革，做出了一系列重大决策，促使我国科研事业发展。但由于科研经费管理自身的特点决定了现有管理体制仍存在一些问题，为使有限的科研经费在经济发展中做出更大贡献，仍需在这一领域继续探索。

参考文献

[1] 李晓轩. 英国科研项目全经济成本核算改革及其启示 [J]. 中国科学院院刊，2010（2）：186-191.

基于集中报销和“银企直联”的货币资金集中管理

申报单位：中国石油天然气股份有限公司西南油气田公司川中油气矿

第一作者：王 清　　作者：刘光耀　陈 璇　杨艳彬　陈 禹

［摘要］先进的信息技术为资金集中管理创造条件。企业内部完善的财务系统，即财务融合7.0系统、资金管理平台、集中报销平台以及金融机构的网上银行系统为川中油气矿建立资金集中管理模式创造了良好技术条件。川中油气矿银行账户撤销了基层单位的22个银行账户和矿区所有单位的POS机，仅保留矿区3个账户，全部货币资金业务通过油气销售结算部集中报销平台进行处理。通过建立集中报销系统推广应用工作组、业务培训、建立系统环境、试运行等工作措施，实现了集中报销平台的正常上线运行，最终全面实现了矿区货币资金“集中管理、统一支付”。该成果实施后的管理成效、经济成效显著。第一，大幅度提高了资金管理安全性，提高了员工工作效率。第二，节约了管理成本，提高了经济效益。第三，示范效应明显。川中油气矿创新性地将集中报销系统应用于资金过程管控，这一创新管理方法的成功实施不仅为分公司生产单位乃至科研院所起到良好的示范作用，还为其推广应用提供了借鉴。

［关键词］集中报销　银企直联

川中油气矿隶属中国石油天然气股份有限公司西南油气田分公司，矿机关设在四川省遂宁市。油气矿位于四川盆地中部，以遂宁、南充为中心，横跨川、渝、陕三省市42个市县，矿权总面积40285.977平方公里，主要从事区域内油气勘探开发和销售业务。川中油气矿目前具有年产原油11万吨、天然气35亿立方米的配套生产能力，18个基层单位分布在川渝两地11个区县。现下设职能科室14个，机关直附属机构14个，基层单位24个，非常设机构1个（原油勘探开发项目部）。截至2013年底，员工4786人。

面对日益激烈的市场竞争，企业面临的生存环境复杂多变，通过提升资金管理水平，才可以控制风险，提升企业整体资金利用效率，从而加快企业自身的发展。川中油气矿资金管理受自身行业特点和特殊社会环境影响，实行货币资金集中管理有其客观必然性。

一、实行货币资金集中管理背景

（一）构建国际一流财务管理体系的需要

集团公司已确定建设综合性国际能源公司目标，围绕这一目标，“十二五”期间，财务工作要加快构建与之相适应的财务管理体系，步入国际大石油公司财务管理先进行列。重组上市以来，财务管理紧紧围绕公司发展战略目标，借鉴国际同行先进管理理念和方法，不断推进财务管理体制、机制和技术创新，积极探索建立以“一个全面，三个集中”为核心的财务管理体系，有效促进了公司发展战略和生产经营目标的实现。其中，资金管理总体目标是建立兼顾集团公司海外和国内，实现集中管理、开放共享、统一使用的完整报销信息管理平台。在服务范围上覆盖从集团公司总部到所属企事业单位基层的管理和生产单元；在管理手段上通过流程标准的统一、审批的集中、公司卡的使用和预算的额度控制，实现有效管控。

川中油气矿作为集团公司一个细胞，为贯彻落实资金管理集中，有效整合资金流，需要加快推进资金集中管控系统的推广应用，通过建立“资金池”，加速资金周转，减少资金沉淀，以达到提高资金使用效率的目的。

（二）支撑矿区业务快速发展的需要

随着广安、合川、龙岗及龙王庙的连续上产，资金流量逐渐增大，如表 1 所示，2013 年全年累计矿区收入达到 34 亿元，比上年同期增长 29%；支出达到 36 亿元，比上年同期增长 20%。以 2013 年 12 月为例，矿区收入 2.8 亿元，支出 5.7 亿元，处理业务单据 5620 笔。在此形势下，矿区对货币资金管理要求更高，而点多面广的资金管理模式存在较大风险，主要体现在：一是银行账户多，账户管理难度大。矿区银行账户共有 25 个，其中基层单位 22 个，每日银行账户沉淀货币资金高达 300 多万元，资金使用效率低；二是与银行业务往来频繁，资金管理风险较大；三是购买银行票据、支付电汇手续费、出纳人员往返银行车费、燃油费、停车费较高，资金管理成本高。因此，资金业务亟待实现集中管控。

表 1　货币资金收支情况　　单位：万元

项目	银行存款银行收支	关联交易封闭结算	股份公司封闭结算	2013 年全年累计发生数	2012 年全年累计发生数
收入合计	22835.21	62.09	5511.32	342053.22	265382.00
一、销售收入小计	19784.54	62.09	5475.82	326465.59	255075.00
1. 天然气	18497.31	62.09	651.34	267408.52	191904.00
2. 硫磺	389.86	—	—	4306.48	7901.00
3. 原油、凝析油	510.00	—	3960.13	46678.26	45869.00
4. 其他化工产品	—	—	864.35	2332.39	1182.00
5. 其他销售收入	387.37	—	—	5739.94	8219.00
二、其他收入小计	3050.67	—	35.51	15587.63	10307.00
1. 代收款项	3050.67	—	—	15220.98	9878.00
2. 其他收入	—	—	35.51	366.65	429.00
支出合计	46606.70	9990.00	677.76	363891.77	304148.00
一、生产经营小计	29370.70	4317.16	316.76	173702.96	168603.00
1. 原材料采购	1351.56	—	—	3797.54	3801.00
2. 燃料及动力	898.35	—	—	9295.84	5031.00
3. 工资及奖金	8201.81	—	—	30237.51	32430.00
4. 维护及修理	3446.39	—	—	13947.58	11511.00
5. 各项税金	3170.98	—	—	24186.03	24916.00

续表

项目	银行存款 银行收支	关联交易 封闭结算	股份公司 封闭结算	2013 年全 年累计发生数	2012 年全年累计 发生数
6. 各项保险及公积金	3761.95	—	—	32339.28	25305.00
7. 福利费支出	419.94	—	—	1059.29	1956.00
8. 差旅费	789.18	—	—	4207.21	4572.00
9. 会议费	17.10	—	—	127.64	236.00
10. 业务招待费	130.56	—	—	774.34	916.00
11. 办公费	103.26	—	—	710.13	971.00
12. 租赁费	5.00	—	—	79.96	
13. 技术服务及劳务费	2631.25	—	316.76	6376.79	
14. 其他支出	3604.71	4317.16	0	40297.25	50782.00
15. 代垫支出	838.66	—	—	6266.54	6176.00
二、投资支出小计	17236.00	5672.84	361.00	190188.80	135545.00
外包工程	17236.00	5672.84	361.00	190188.80	135545.00

（三）“收支两条线”为资金集中构建了基本框架

收支两条线管理核心在于实现收入与支出的管理分离，现金收入全部上收到分公司结算部，需要用款根据编制的资金需求计划由分公司结算部下划至各单位。通过“收支两条线”管理，分公司初步实现收入资金和支出资金的集中管理，通过对资金收支情况的掌控，强化了对各单位资金监管和控制，也为进一步推进更高程度的资金集中管控建立了基础条件。

川中油气矿在资金“收支两条线”管理框架下，基于集中报销平台，通过进一步优化设置银行账户、重设资金管理职能职责、再造资金管理流程、健全资金管理制度，可以在更高层次实现资金集中管理，提高业务处理效率，加速资金流动，为油气矿快速上产服务。

（四）先进的信息技术为实现资金集中创造条件

随着现代计算机信息处理技术的飞速发展，财务工作由离线方式变为在线方式：在线报账、在线审核、在线信息发布等，工作介质也由纸质货币转向电子货币，数据由磁盘数据变为页面数据，纸张单据变为电子单据。在日益发达的网络环境下，在线办公、远程办公、分散办公和移动办公已经开始取代现在办公方式。

在此模式下，中国石油也逐步建立起完善的财务系统，即财务融合 7.0 系统、资金管理平台、集中报销平台等，国内金融机构也建立了网上银行系统以及配套的金融管理制度，技术的成熟与制度的完善为川中油气矿货币构建资金集中管理模式提供了良好的技术条件。

二、实行货币资金集中管理内涵和具体做法

实行货币资金集中管理是基于集中报销和银企直联方式下的资金管理模式，是以集约化管理思想为基础，适应企业发展需要，分步骤实施，逐步建立与企业管理体制相适应的管理体系，在完善企业账户管理、优化资金管理流程、健全资金管理制度、加强资金过程管理基础上，创新资金管理

技术，使资金管理更为科学化，同时依托集中报销、银企直联等资金管理信息系统，实现资金的高度集中管理，降低风险，确保企业经营与发展对资金的需求。

（一）集中管理银行账户

为实现股份公司对货币资金进行集中管理的要求，加速资金周转，减少银行账户过多形成的资金沉淀，提高资金使用效率，降低成本费用，川中油气矿决定撤销基层单位 22 个银行账户，仅保留矿区的 3 个账户：1 个收入账户和 2 个支出账户（其中 1 个为基本账户），账户撤销率 88%。撤销所有单位的 14 个 POS 机（见表 2）。全部货币资金业务通过油气销售结算部集中报销平台进行处理，采用网络银行方式批量处理员工工资奖金及费用报销，全面实现矿区货币资金“集中管理、统一支付”。

表 2　川中油气矿银行开销户情况

序号	账户类别	账号	开户时间	销户时间	主要收支内容	账户使用部门
1	收入账户	2310462109022109089	2000 年		产品收入	结算部
2	收入账户	2308425129024520685	2006 年	已销户	产品收入	磨溪净化厂
3	基本账户	51001678608050367030	2000 年		日常费用支出	结算部
4	支出账户	2310462129201043928	2005 年		日常费用支出	结算部
5	支出账户	51001736138050066324	2002 年	已销户	日常费用支出	结算部
6	支出账户	2310464109000006838	2002 年	已销户	日常费用支出	射洪作业区
7	支出账户	2316552129201034363	2007 年	已销户	日常费用支出	广安作业区
8	支出账户	2315002529100006093	2010 年	已销户	日常费用支出	龙岗作业区
9	支出账户	51001737536051503355	2009 年	已销户	日常费用支出	南部作业区
10	支出账户	50001193900050200839	2003 年	已销户	日常费用支出	潼南作业区
11	支出账户	2308425129024520712	2006 年	已销户	日常费用支出	磨溪净化厂
12	财务 POS	5324275290106018	2007 年	已销户	员工费用报销	结算部
13	财务 POS	5309883497011359	2005 年	已销户	员工费用报销	结算部
14	财务 POS	5324275290110010	2007 年	已销户	员工费用报销	射洪作业区
15	财务 POS	4580683467000637	2007 年	已销户	员工费用报销	广安作业区
16	财务 POS	5324275290111018	2007 年	已销户	员工费用报销	南部作业区
17	财务 POS	5324279190026011	2008 年	已销户	员工费用报销	潼南作业区
18	财务 POS	5324275290104013	2007 年	已销户	员工费用报销	遂宁作业区
19	财务 POS	5324275290102017	2007 年	已销户	员工费用报销	研究所
20	财务 POS	5324275290109012	2007 年	已销户	员工费用报销	磨溪净化厂
21	财务 POS	5324275290105010	2007 年	已销户	员工费用报销	销售公司
22	财务 POS	5324275290107016	2007 年	已销户	员工费用报销	计量中心
23	财务 POS	5324275290108014	2007 年	已销户	员工费用报销	消防大队
24	财务 POS	5324275290113014	2007 年	已销户	员工费用报销	南充输运部
25	财务 POS	5324275290112016	2007 年	已销户	员工费用报销	南充作业区

（二）优化资金管理流程

通过撤销基层单位银行账户和 POS 终端，货币资金管理流程发生了根本性变化，主要体现在三个方面：一是实现了事前控制，业务发起人必须在经济业务发生前启动审批流程，有利于油气矿统筹管理全矿包括各基层单位的经营事务；二是货币资金支付管理权限上移到矿区统一管辖，并对各基层单位的经济业务进行复核，有利于控制货币资金支付风险；三是流程简化，由原来的两套管理流程简化为一套流程，有利于提高各项经济业务处理效率。优化前后的货币资金管理流程如图 1 和图 2 所示。

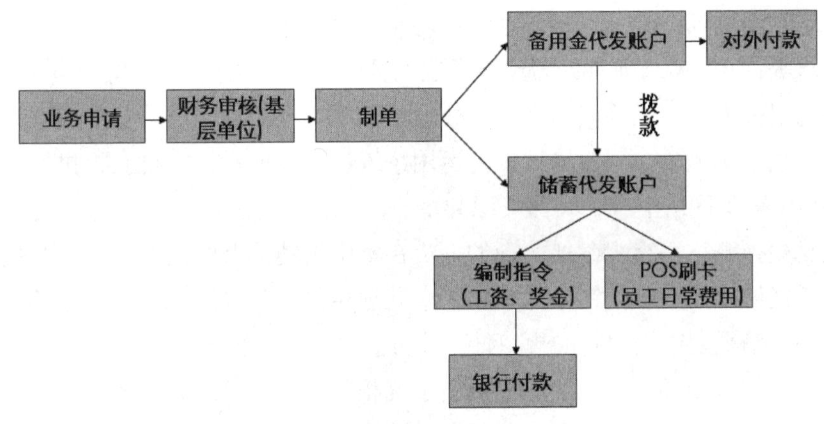

图 1 货币资金集中管理实施前管理流程

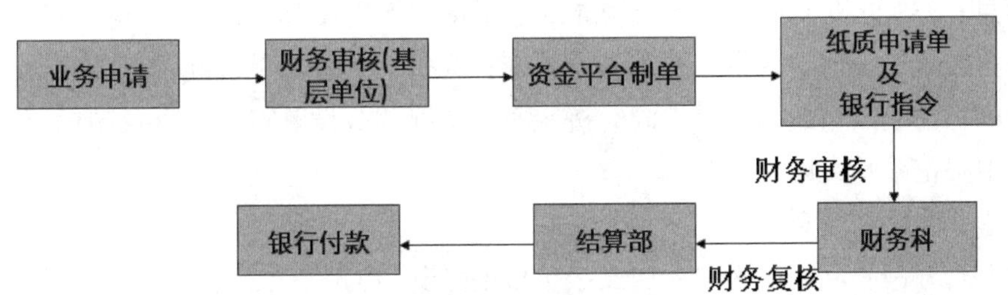

图 2 货币资金集中管理实施后管理流程

（三）健全资金管理制度

建立保障集中报销平台推进实施制度。为保障资金集中管理的顺利实施，川中油气矿制定了一系列的配套制度和细则，对报销费用的流程、要求、基础工作、标准、支付方式、付款时间作了具体规定。其中包括《关于开展集中报销工作的相关规定》《川中油气矿费用开支及报销标准》等规定。

建立规范集中报销业务操作指南。关于如何规范集中报销时具体业务的处理问题，通过认真研究发布了《关于规范网上银行处理员工工资及报销费用的通知》《关于规范货币资金支付结算事项的通知》《关于规范矿区产品销售收入缴款管理的通知》等规范性文件。这些文件明确了发票粘贴、单据填写要求、报销支付方式等，解决了货币集中管理在培训及推广过程中遇到的问题，并广泛宣传了新模式管理理念。

（四）推进业务集中报销

1. 成立工作组

2012 年 10 月分公司启动集中报销平台推广应用工作后，矿区成立了由矿领导任组长，结算部主任、财务科科长任副组长，结算部、财务科部分员工为成员的集中报销工作组，进行了分工、明确了职责，制定了推广应用工作计划，定期向西南油气田分公司集中报销实施工作领导小组汇报进展，及时协调和解决实施过程中的具体问题，保证集中报销工作平台的顺利上线运行，标志着矿区正式启动集中报销平台推广应用工作。

2. 前期准备工作

组织开展业务培训。2012 年 11 月，矿区派两名人员到北京项目部接受培训。之后，对矿区相关业务人员组织了四期培训，其中：第一期培训对象为普通用户，主要培训集中报销的业务流程和报销单据填制要求等；第二期培训对象为预算岗位人员，主要培训预算的编制、上报及发布工作等；第三期培训对象为财务人员，主要培训查询、处理单据并生成付款凭证等业务处理方式、方法；第四期培训对象为审核审批人员，主要培训如何运用系统进行单据审核审批。提供培训教材（包括文件、操作手册、PPT 等）网络下载，确保资源共享。

开展集中报销模拟测试。组织参加培训的人员在集中报销平台的测试账套进行模拟操作，以验证经过培训后是否能够按照集中报销平台系统要求处理相关业务。测试表明，各单位参训人员基本掌握了如何在集中报销平台内按照新的规范处理业务。

搭建集中报销系统应用环境。按照集中报销系统相关格式要求编制完成组织机构信息表、集中报销用户信息表、集中报销审批权限表、公司卡申请信息表、员工银行卡信息表、集中报销预算管理报表、成本对象信息表、备用金初始化信息表 8 张基础表格，对矿区机关和 18 个基层单位 1243 位员工基础信息，233 位机关及基层各级领导的电子签名，机关 34 个组织机构、基层 18 个单位的财务预算信息等搜集整理后导入集中报销平台系统；为每一个基层单位配置了审核审批流程，按照业务权限设置归口与非归口费用要素，同时按照实际情况逐级设置审核审批及超标权限。通过以上工作，建立集中报销系统应用环境。

3. 建立“银企直联”信息平台

建设网络平台。一是利用矿区与所属二级单位财务部门的财务信息网络平台，设置相应管理权限；二是实现资金信息服务器与各合作金融机构主机系统之间的互联互通，即建设银行、工商银行建立“银企直联”网络平台。

建设银企直联系统。银企直联是通过互联网或专线连接的方式，使企业的内部系统（财务系统 / ERP/ 结算中心等）与银行综合业务系统实现对接，企业无须专门登录网上银行通过财务公司的银企交互系统向银行的银企互联系统发送指令，就可以利用自身财务系统自主完成对其银行账户包括分（子）公司银行账户的查询、转账、资金归集、信息下载等功能，并在财务系统中自动登记账务信息。银行通过川中油气矿集中报销系统，搭建“银企直联”管理系统。实施模块包括基础管理、预算管理、资金收支两条线管理、外部结算管理、银企直联管理和报表管理。

完成系统测试。根据股份公司和分公司结算部银企直联操作要求，联系银行在系统内对试点账户的对外付款功能进行确认，在分公司结算部领取 UKEY 并成功激活以后，按 A（银行出纳）、B（初审）、C（复审）三个控制节点进行银企直联付款的制单、初审、复审的步步确认，保证货币资金的对外支付安全。

4. 试运行及正式运行

准备工作全部完成后，矿区组织开展了为期 6 个月的试运行。首先在龙岗净化厂及矿机关开发科、勘探科等五个科室进行试运行，即一切费用均由龙岗净化厂及机关科室员工通过集中报销平台以及资金管理平台发出申请指令，油气销售结算部集中支付。试运行期间共发现两个具体问题：一是出差目的地及报销标准不同，而系统只默认一个报销标准，无法满足实际管理需要；二是通过银企直联付款时，只在第一次付款确认时输入 UKEY 确认密码，若有多次付款则存在一定安全风险。发现问题后，矿区通过多次研讨，向分公司结算部提出申请根据实际情况调整报销标准；同时，加强 UKEY 的使用管理，除特殊情况外，将当日单据集中支付，完成后妥善保管 UKEY。

试运行期结束后，川中油气矿集中报销系统全面正式上线，彻底摆脱了传统的资金处理方式和管控模式。

（五）加强资金过程管理

根据货币资金业务链顺序，进一步加强过程管控。一是加强资金计划管理，从业务发起端进一步强化资金计划的准确性、及时性，利用历史数据，充分掌握业务开展情况，加强对资金计划编制的审查；二是利用系统的预算控制功能，按季度将控制指标输入系统，加强对差旅费、会议费、办公费和业务招待费四项费用的控制；三是加强审批管理，严格执行集中报销系统的控制流程、控制节点，对于未得到有效审批的业务不予付款，有效控制了资金支付管理过程中的风险；四是加强对货币资金计划执行情况的分析，对各单位执行结果进行评比并纳入月度考核，实现货币资金闭环管理。

三、实行货币资金集中管理效果

实行货币资金集中管理，将整个矿区资金集中到矿机关油气销售结算部，由油气销售结算部统一调度、管理和运用。通过这一举措，矿区实现整个矿区的资金资源整合与宏观调配，提高资金使用效率，降低资金风险与成本。

（一）保障资金安全，提高工作效率

一是通过银行账户“统一管理、集中支付”形式，取消基层单位的银行账户和财务 POS。首先，减少了账户使用范围，降低了账户管理风险，解决了银行账户分散管理带来的开户、销户、变更、年检等问题；其次，员工通过个人账号进入集中报销系统填单，杜绝了以往可能出现的员工单据错填漏填的情况，有效控制资金的安全风险。

二是提高了内部业务处理的工作效率。所有集中报销款项均由结算部通过银行网银系统统一支付，实现了当日业务当日处理目标，杜绝了以往银行处理过程中出现的到账滞后、出现错误反馈不及时等问题。大部分业务数据通过“银企直联”平台进行数据交换，提高了业务数据的准确性、及时性。

（二）节约成本费用，提高经济效益

资金集中管理充分发挥资金结算中心“蓄水池”的作用，减少资金流转环节，缩短资金在途时间，提高资金使用效率，降低资金运营成本，综合效益显著，仅直接效益一项每年超过 16 万元。一是节约日常费用。实施新型资金管理模式以后，每年可用减少日常费用近 7 万元，其中，基层单位购买银行票据、电汇手续费近 4 万元，出纳人员往返银行的车费近 3 万元。二是节约利息支出。在实施集中管理之前，矿区银行账户每天沉淀货币资金 300 万元，通过集中管理，有效集中了闲置资金，减少了日常资金占用量，为公司创造了可观的经济价值。以投资回报率最低的存贷款利率差（2014 年工商银行年贷款基本利率 6.4%- 年存款基本利率 3.25%）3.15% 计算，每年可为公司节约利息费用支出 9.45 万元（300×3.15%）。

（三）为公司其他单位推广资金集中管理提供成功经验

2013 年西南油气田公司将川中油气矿作为试点单位推广应用集中报销系统，这一工作 2014 年将在分公司范围内全面开展。川中油气矿不仅成功地推广应用了该系统，而且创新性地将其应用于资金过程管控，结合银行账户集中、银企直联信息平台、预算控制等手段，实现了会计业务处理与资金支付的分离，实现了基层单位账户零余额，有效降低了资金沉淀。川中油气矿在推广应用集中报销系统、实现资金集中管控过程中好的做法，不仅起到了良好的示范作用，还可供分公司生产单位乃至科研院所推广应用该模式时借鉴。同时，还可为今后集团公司建立“财务共享中心”打下坚实基础。

以现金池管控体系为核心的集团化资金管理

申报单位：北京首创股份有限公司
第一作者：杨 娉　　作者：李蓓蓓　冯 涛

[摘要] 为了加强管控能力建设、提高资金效益、改善负债结构，首创股份于2009年提出了资金集中管理设想，并于2011年正式启动了以现金池管控体系为核心的集团化资金管理项目。该项目的突出亮点体现在“统一调度、内部融通、降低成本、安全方便”。

首创股份分三个阶段实现项目整体解决方案：第一阶段，实现集团化资金管理的手动管理；第二阶段，2011年底前实现资金限额自动管理模式；第三阶段，2013年完成资金全面管理模式。以现金池管控体系为核心的集团化资金管理效果包括，一是将分散在子公司的暂时闲置资金集中起来，合理调配使用，提高资金使用效率；二是降低财务成本，提高公司整体效益。

[关键词] 现金池　管控　财务

北京首创股份有限公司是国内领先的水务企业。首创股份成立于1999年，2000年4月在上海证券交易所成功上市（股票代码：600008），是北京首创集团股份有限公司的控股子公司，综合实力位居行业领先地位。成立以来，首创股份一直致力于推动公用基础设施产业市场化进程，主营业务为基础设施投资及运营管理，发展方向定位于中国水务市场，专注于城市供水和污水处理两大领域。以“为社会创造绿色清洁的环境，为人们提供洁净卫生的用水”为发展使命，以打造城市综合环境运营商为发展愿景。

首创股份经过十余年发展，已成为目前国内水务行业规模较大、运营管理领先、产业链拓展较为完善的公司之一。目前公司水务投资、固废处理、工程项目建设和运营、小城镇污水处理等分布于全国17个省、市、自治区共计42个城市，已基本形成了全国性布局，公司合计拥有超过1600万吨/日水处理能力，服务人口超过3500万，位居国内水务行业前列。公司2014年主营业务收入为55.89亿元，总资产为251.74亿元。

一、以现金流管控体系为核心的集团化资金管理产生背景

（一）首创股份现金流管控体系建设前资金管理状况

首创股份经过十余年发展壮大，经营领域已经涵盖水务处理、固废处理、工程建设、小城镇污水处理等多个行业，已经由原来的水务企业向城市综合环境运营商转变；在业务领域扩展的同时公司规模也在逐年扩大，目前在北京、湖南、安徽、浙江、深圳、山西、山东等省市拥有控股与参股水务公司已超过60多家，下属核算单位共有150家，这些变化使得财务管理特别是资金管理难度

不断加大。

另外，公司合并报表货币资金余额和贷款额均达到几十亿元，存款及贷款双高，财务成本不断加大。历次监管部门检查都对此非常关注，如公司资本市场再融资、发行中期票据、短期融资券、银行借款、年报信息披露等，公司每次都需要对此问题重点解释。

因此，首创股份急需建立一整套资金管控体系，构建资金管理平台，通过现金池管理，有效降低由于资金分散导致的企业财务风险，提高资金使用效率。

（二）集团化企业内部资金管理及管理模式

首创股份是一家典型的集团化企业。集团化企业是以一个实力雄厚的大型企业为核心，以产权联结为主要纽带，并辅以产品、技术、经济、契约等多种纽带，将多个企业、事业单位联结在一起，在经济上统一控制、法律上各自独立的企业联合体。

我国上市公司中集团化企业的形成并不是市场机制自发作用的结果，很大程度是国内力量推动以及政府主导、行政干预的产物。在经济转型中形成的我国集团化企业，具有一定的特殊性：①拥有1个或者多个上市公司，直接融资和间接融资渠道都畅通，具有较高的资信等级。②许多集团化企业不是单一法人经济实体，集团公司和它的子公司都是具有法人资格和投资功能的经济实体。③集团化企业是多层次组织结构。核心层是一个控股公司，有雄厚的资产实力和资金实力；可以发挥投资中心的功能；核心层与紧密层之间的结合以资本为纽带，它们主要以控股方式结成母、子公司关系；核心层与松散层企业的结合则一般为参股形式。④通过多元化经营来分散经营风险和获取多种机会，进行跨行业、跨国界经营。

资本是企业经营和发展的一大要素，资本来源于内部资金和外部资金，外部资金是内部资金的补充。由于内部资金具有原始性、自主性、抗风险性和低成本性特点，因此，挖掘集团化企业的内部资金资源，提高内部资金的使用效率，进行内部资金融通是集团化企业资本管理的一大任务。

建立和完善企业内部融资机制，是提升上市企业集团价值，增强其市场竞争力的有效途径，对提高企业管理水平有重大的价值：①可以规避信息不对称造成的投资风险，提高企业集团资金配置的效率。企业集团对子公司的经营状况非常了解，在进行财务决策时会注重“整体利益观”，可以克服子公司投资时容易出现的以邻为壑矛盾，减少子公司投资高风险、高收益项目的可能性。②降低企业集团的融资成本。融资成本是企业为了获取发展所需资金而支付的交易成本。在企业集团内部资金划拨成本小于市场交易成本时，建立内部资金融通机制来代替外部融资，这种管理上的协调就可以比市场机制的协调带来更高的生产力、更低的成本和更大的利润。此外，建立、健全企业集团内部融资机制，充分利用各自公司的闲置资金，一方面有利于减少集团外部融资的总额，节约利息费用，另一方面有利于统借统还，获取规模经济的效益。③获得税收上的差别利益。企业集团通过内部资金融通，由集团中享受企业所得税税收优惠政策企业向其他成员企业调剂资金时，企业集团的利润实际上从高税率企业移到低税率企业，有利于降低企业集团所得税，提高其净利润和企业价值。

实行内部资金融通需要借助一定的管理模式，在企业内部资金融通中常见的有三种管理模式：内部银行、结算中心、财务公司。鉴于我国大部分的集团化企业具有集团公司/股份公司（或者子公司）的二级法人结构，选择内部银行管理模式存在法律上的不可操作性，因此，可供选择的只能是结算中心或财务公司管理模式，它们也是目前国外企业集团采用的主要模式。

信息化的发展，使得公司内部资金结算中心的建设变得更加高效和多功能。尤其是金融机构（主要是银行）信息化建设的不断开展，使得企业可以建设基于信息化的现金流管控体系，来实现公司的全面资金管理。

（三）首创股份现金池管控体系建设必要性

资金是企业的命脉，有效通过对现金流的监督、控制和预测，实现对企业主要经济活动的安排和控制，防止企业发生支付危机，保持现金流动的均衡性，并通过现金流动有效控制企业的经营活动和财务活动，获取最大收益，更成为集团化企业财务管理的核心内容。对于首创股份来说，现金流管控体系建设的必要性还体现在：

（1）公司规模快速扩展，下属公司不断增多，加强管控能力建设，实施资金集中管理，成为首要课题。

（2）公司存款及贷款双高，急需提高资金使用效率，降低财务成本。

（3）满足公司整体战略发展需求，为集团化集中财务管理做好准备。

（四）首创股份以现金池管控体系为核心的集团化资金管理简介

为了加强管控能力建设、提高资金效益、改善负债结构，首创股份于2009年提出了资金集中管理设想，并于2011年正式启动了以现金池管控体系为核心的集团化资金管理项目。该项目突出亮点体现在“统一调度、内部融通、降低成本、安全方便”。该项目的建设是首创股份“集团化、信息化、规范化”管理思想的具体体现，是首创股份构建整体管控体系不可或缺的一环。

根据公司实际情况，首创股份分步实施资金全面管理计划：

2009年首创股份总部对资金余额较大的十几家下属公司实施了资金手动划拨，集团化资金管理现金池管控体系得以手动实现。

2011年为项目全面实施阶段，资金集中管理与银行达成管理协议，资金归集由银行通过网上自动划拨方式进行，归集单位覆盖所有下属公司。

2013年，在总结第一阶段经验基础上，将银行现金池与用友软件结合，搭建资金统一集中管理平台，使全面预算、资金结算、财务核算三算合为一体，实现资金统一集中管理。

推进三算合一的应用模式，即“资金预算平衡资金需求、资金结算处理日常业务、财务核算反映业务结果”，通过把资金计划、资金结算、资金调拨、财务核算的有效结合，实现了资金全面监控。通过把结算单位的日常业务处理和集团总部资金业务处理有效结合，实现了全集团资金管理业务流程的一体化。

二、以现金池管控体系为核心的集团化资金管理创新之路

（一）以现金池管控体系为核心的集团化资金管理整体设想

1. 需要解决的关键问题

本着“提出问题，解决问题”思路，首创股份首先提出需要解决的关键问题有：

（1）如何建立集团化企业资金监控系统，掌握所有成员单位资金流量、流向和存量；

（2）如何加强资金结算管理，挖掘集团沉淀资金，降低资金使用成本；

（3）如何对成员单位的资金流动进行统筹规划，平衡资金需求；

（4）如何有效减少企业内部交易产生的不必要的资金流动；

（5）如何有效防止下属企业资金的体外循环；

（6）如何有效利用商业银行的优惠金融服务。

2. 整体解决方案

基于以上关键问题，整体解决方案是借助于网络技术和信息化手段，建立一个以资金平衡为基础，融合银行的金融服务，满足公司资金计划管理、结算业务管理、资金调度、财务核算、信贷业务、风险监管和决策分析一体化的集团化资金管理平台。其中，现金池管控体系是核心和基础。

集团化资金管理平台以公司总部为一级主账户，下属各成员单位账户为二级子账户的双层账户体系；各成员单位采用收支合一模式，在给定限额内进行日常流动资金收付管理（见图 1）。

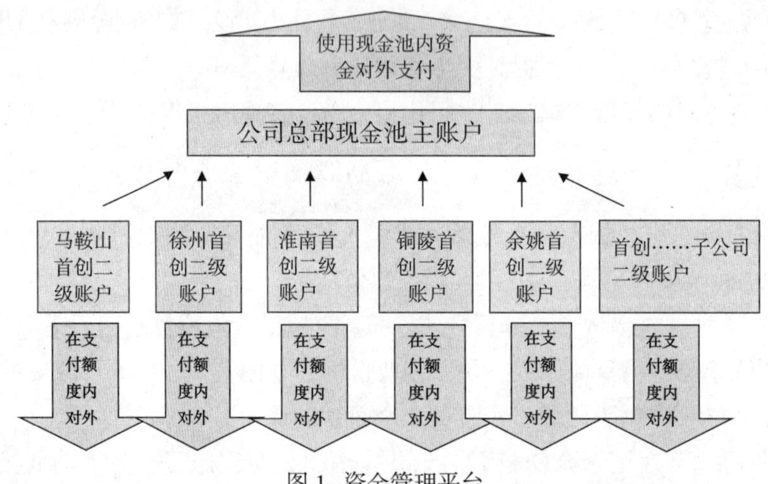

图 1 资金管理平台

3. 项目实施安排

首创股份通过分三个阶段实现项目整体解决方案：

第一阶段：实现集团化资金管理的手动管理。

从 2009 年 1 月开始，首创股份总部陆续对几家资金余额较大的下属公司实行手动划拨资金集中管理。2010 年 8 月，首创股份出台《货币资金管理暂行办法》，即根据各下属公司资金使用情况，将暂时盈余资金通过内部往来方式集中到公司总部管理。手动建立了以现金池管控体系为核心的集团化资金管理。具体管理流程图如图 2 所示：

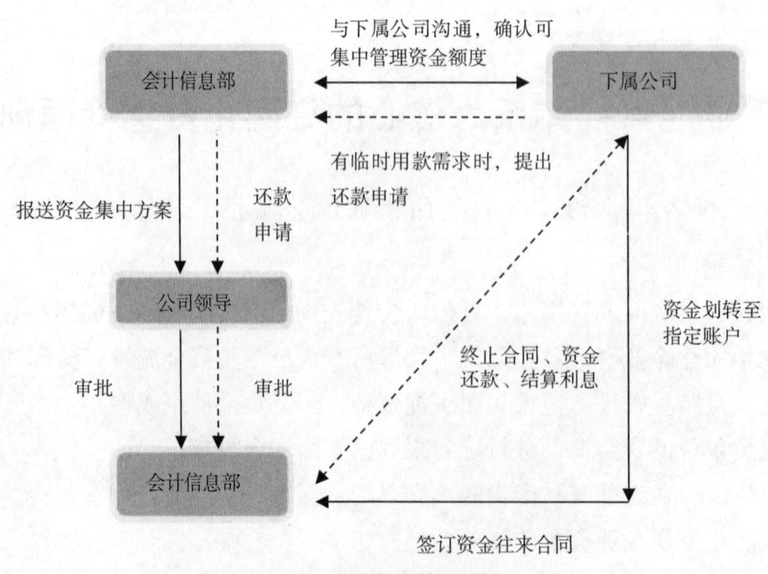

图 2 手动资金管理流程

第二阶段：2011 年底前实现资金限额自动管理模式。

根据首创股份的信息化战略规划，现金池管控体系由手动管理升级为信息化自动实时管理，并覆盖所有下属公司。具体实施步骤如下：

（1）于 10 月底前，首创股份完成了对 80 家下属二级、三级公司账户清理工作；

（2）于 12 月底前，总部在中行、建行、工行建立三个现金池，下属公司根据自身需要选择银行集中账面资金，达到分别进行资金集中管理的目的；

（3）出台并下发了公司《资金集中管理制度》。

具体实施方案如图 3 所示：

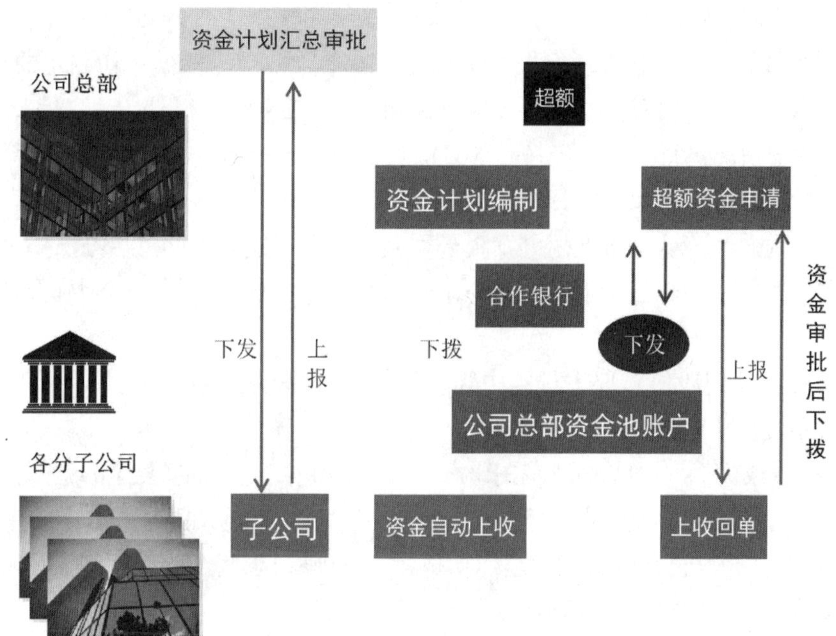

图 3　资金自动管理模式

第三阶段：2013 年完成资金全面管理模式。

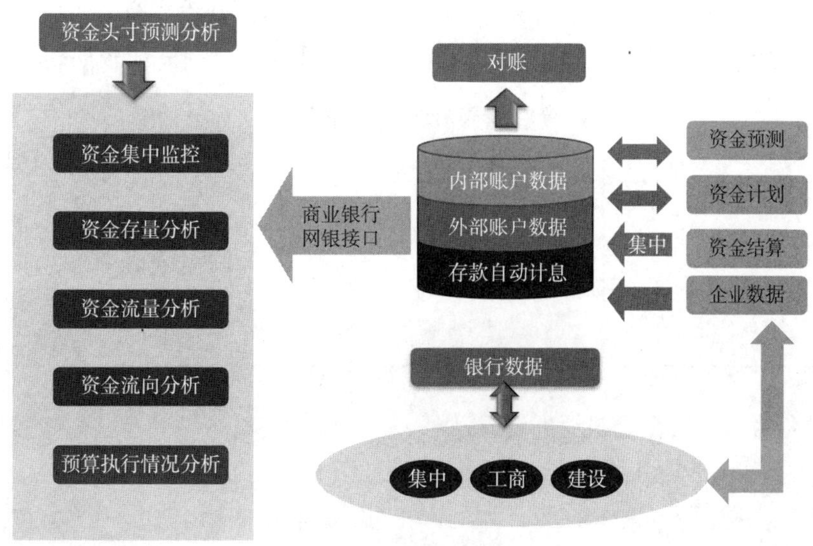

图 4　资金全面管理模式

在总结第一、第二阶段经验基础上，将银行现金池与用友软件结合，搭建资金统一集中管理平台；通过用友 NC 资金管理平台，使全面预算、资金结算、财务核算合为一体，实现资金全面管理。

（二）以现金池管控体系为核心的集团化资金管理的实施过程

1. 通过加强计划管理，分步进行集团化资金管理试点

2009 年 1 月，首创股份总部通过将条件成熟的部分下属公司暂时闲置资金划转总部集中使用，积累了总部的资金管理经验，同时提升了下属公司对资金集中管理的认识和理解。从 2009 年第一季度至 2011 年 12 月底共集中下属公司资金约 6 亿元。

为了加强下属公司资金计划管理，2010 年 8 月，首创股份出台了《首创股份货币资金管理暂行办法》并下发至下属公司。

根据《首创股份货币资金管理暂行办法》规定，各下属公司应根据年初制定的年度经营计划，编制年度资金预算，对年度内资金收支情况进行预测；并按月报送资金收支情况表，对其账面资金余额及日常周转收支情况进行统计，于每月 5 日前上报公司会计信息部，作为资金调整的依据。

首创股份会计信息部对下属公司资金收支余额进行密切关注，对超过其日常经营周转所需的资金及时与下属公司沟通、确认，将上划方案报公司领导审批，经审批同意后与下属公司分别签订往来款合同，约定借款期限和金额。下属公司应于合同签订后 2 日内将款项上划到会计信息部指定收款结算账户，实行资金集中管理。

对下属公司存入首创股份总部进行集中管理的资金，总部按照银行同期存款利率上浮 20% 的标准计算资金占用费，并按季度结算支付。

当下属公司对上划资金有临时用款需求时，可提前 10 个工作日向会计信息部提出提前还款申请，经审批后，会计信息部将及时安排还款，并按照实际资金占用期限结算资金占用费。

下属公司应指定专人与会计信息部建立对口联系，准确记录资金收支明细，按月核对账目，准确结算资金占用费，分别建立资金管理台账。

2. 对比分析多家银行资金管理系统的优势

从 2009 年开始，首创股份经过两年多时间，对建设银行、工商银行、中国银行、北京银行、招商银行、交通银行等多家银行的资金管理系统进行调研，并对实施方案进行深入讨论分析，同时考虑下属公司水费结算银行的集中度情况，总体认为中国银行、建设银行、工商银行三家银行管理系统比较有优势，能够满足首创股份目前对资金管理的需求，具体模式比较如表 1 所示：

表 1　三家银行管理系统优势比较

系统名称	实施银行	优势
“虚拟现金池”系统	中国银行	通过“虚拟现金池”功能，下述公司保留账面资金余额，易于推行和管理；总体费用相对较低。
“时时”现金管理系统	建设银行、工商银行	安全性较好；网点多，在建设银行、工商银行开户并结算水费的下属公司较多

3. 与用友软件商沟通资金集中管理设想

在首创股份总体财务会计管理信息化工作的框架下，首创股份从 2010 年 5 月开始与多家软件公司就资金管理软件进行了沟通和探讨，为配合公司财务信息化管理升级需要，首创股份计划以用友 NC 资金管理软件为平台，在与三家银行建立现金池的基础上，拟在 2012 年通过用友 NC 资金管

理软件，将资金计划、资金调度、资金结算、财务核算、预算控制等模块对接，实现资金统一集中管理。

4. 开展资金集中管理调研工作

为了更好实施资金集中管理，对方案细节和实际操作流程进行沟通和确认，首创股份于 2011 年 5 月对部分下属公司进行了资金集中管理调研，通过调研，对下属公司账户及与资金划转的实际情况进行了实地了解，对公司资金集中管理的总体思路和预期效果进行了宣传，并就资金集中管理的实施方案中可能遇到的困难和阻力进行了充分的沟通。

5. 运用行动学习方法开展资金集中管理工作

在首创股份组织的行动学习培训中，项目小组提出了“提高资金使用效率”题目，运用行动学习方法，就此题目进行了深入细致的分析，并将分析情况在培训会上进行了汇报。通过行动学习这一契机，使首创股份管理层对“提高资金使用效率”这个题目更加重视，也在首创股份系统内为资金集中管理工作的开展进行了有效宣传。

行动学习后，首创股份立刻组织成立“提高资金使用效率”行动学习小组，小组通过行动学习方法，将“提高资金使用效率”这个问题进行层层分解，最终细化为一个具体的解决方案，为解决实际问题提供了理论武器和创新方法。

6. 制定《资金集中管理办法》并获批准

根据一系列准备工作，形成《北京首创股份有限公司资金集中管理办法》及相关实施方案等，取得 2011 年 9 月总经理办公会审议通过，正式开始集团化资金管理的信息化阶段。

7. 下发通知

自 2011 年 9 月《资金集中管理实施方案》经总经理办公会审议通过之后，首创股份着手开始下一阶段的实施工作，于 2011 年 10 月初，首创股份下发了《实施资金集中管理业务的通知》，就下属公司实施资金集中管理业务的工作内容及时间要求进行了详细说明。

8. 梳理账户

各子公司接到公司总部通知后及时与当地银行沟通，对现有账户进行清理，将资金集中至中国银行、建设银行、工商银行三家银行中的一家或两家，如子公司目前未在此三家银行开立账户，应选择一家银行办理账户开立手续，并将资金集中归集至银行。对有特殊情况不能将全部资金归集至此三家银行的，子公司可提出申请，由总部进行审批。

在账户清理过程中，由于各家下属公司的账户情况差异较大，特别是一些老的供水企业由于历史原因存在大量的账户，清理工作比较复杂。虽然工作存在一定困难，但是由于实施前首创股份对整体方案考虑得比较全面，并针对困难情况做了比较充分的准备，包括前期做了大量的宣传工作，针对下属公司提出的各种问题采取的应对措施等；同时各下属公司也都给予了积极的配合，因此比较顺利地完成了账户清理工作。

与此同时，继续加强账户管理工作，部分账户由于尚有贷款、定期存款等目前无法清理，到期后还将继续进行账户清理工作。新开账户必须报经总部审批同意后才能开立，严禁私开账户的情况。

9. 确定日常流动资金周转限额

各子公司将货币资金扣除日常周转金额后的余额上存至公司一级主账户集中管理，子公司日常流动资金周转限额为 400 万元或 200 万元，以子公司 2010 年营业收入为标准，其中：年收入超过 5000 万元的子公司日常流动资金周转限额为 400 万元，年收入在 5000 万元以下的子公司日常流动资金周转限额为 200 万元。

10. 下属公司与公司总部签署《资金集中管理协议》

公司总部制定《资金集中管理协议》，将资金管理主要内容体现在协议中，并与下属公司签署《资金集中管理协议》。

11. 与银行签署《资金集中管理服务协议》

首创股份总部分别与中国银行、建设银行、农业银行签署了《现金管理服务协议》，使资金能够上线，并实现资金集中。

签署银行协议过程中，各下属子公司及时与所在地银行进行现金池业务沟通，并及时向当地资金归集银行提供现金池管理授权委托书。

12. 继续加强资金计划预算管理

（1）各子公司于每年 12 月上报其次年的《年度资金预算》。

（2）各子公司于每月 5 日前上报《月度资金管理台账》《月度资金需求计划表》《月度资金管理台账》对截至当月的贷款情况、授信情况、提供担保情况进行统计，《月度资金需求计划表》对下个月的贷款变动情况、收支情况进行统计和预计。

（3）各子公司应于每周五提交《大额资金收支统计表》，就本周大额资金变动情况及下一周资金收支情况进行预计。

13. 子公司日常资金周转支出超过限额的情况

关注账面可用资金情况，严格避免资金透支情况的发生。当各子公司日常资金周转支出超过限额时，在未超过其实际货币资金总额时，需提前 2 个工作日向总部提出书面申请，总部将及时安排资金下拨。

14. 资金及利息核对

首创股份总部负责将各子公司上存至公司集中管理的资金，按年化利率 3.5% 计算利息，并按季度结算支付，各子公司应及时对上存资金金额、结算利息等情况进行核对，确保计算准确。

15. 子公司有贷款需求的情况

子公司有贷款需求时，需要在年初上报其《年度资金预算》中重点说明，首创股份总部将根据子公司现金流情况，协助其办理银行贷款，并提供银行授信额度支持，努力争取低成本融资。

（三）以现金池管控体系为核心的集团化资金管理创新举措

1. 充分利用公司行业特点，实现收取水费及时归集公司现金池

水务行业的行业特点是水费收取及时，现金池管理充分利用了这一点，收取的水费可以及时归集至公司现金池，提高了资金的使用效率。

2. 有利于进一步加强资金预算管理

按周、按月对大额资金变动情况进行统计，并及时对资金收支情况进行预计，将资金预算管理与资金集中管理有效结合起来。

3. 有利于日常资金监控，及时做好资金调拨工作

密切关注下属公司账面可用资金情况，做好资金调拨，严格避免资金透支情况的发生。

4. 有利于实现资金的集中统筹使用

实施资金集中管理后，通过现金池归集资金，集中统筹使用，使资金收益最大化，同时降低资产负债率，减少财务费用支出。

5. 有利于及时掌握下属公司资金流向，提高子公司融资能力，完善公司风险管理

通过实现资金集中管理，子公司可以更好利用暂时闲置资金取得更高资金收益；同时在子公司有资金需求时，公司总部提供银行授信额度支持，并协助办理银行贷款，努力争取低成本融资，提高子公司整体融资能力和抵抗风险能力。

6. 为实现公司全面资金管理打好基础

运用财务核算与预算信息化平台，将银行现金池与公司财务信息化软件结合，搭建资金统一集中管理平台，使全面预算、资金结算、财务核算三算合为一体，实现公司资金全面管理。

三、以现金池管控体系为核心的集团化资金管理实施效果

（一）项目实施效果

1. 集中分散在子公司的暂时闲置资金，合理调配使用，提高资金使用效率

充分利用水务行业水费按时收取的行业特点，实现收取水费及时归集公司现金池，将分散在各水务公司的资金集中后，可根据资金用款计划安排，合理调配使用，适当偿还银行贷款，化解公司存款贷款“双高”的问题，减少财务费用支出，提高资金使用效率。

进一步加强与银行总行、分行协作，通过强强联合，提高公司整体融资能力，优化债务结构。

2. 降低财务成本，提高公司整体效益

现金池管控体系建立后，首创股份总部可以提前归还银行贷款，从而节约利息支出。整个项目的实施费用（包括银行服务费、人工成本等）共计 10 万元，项目投入产出比率显著。由于近两年银行贷款利率有所上浮，现金池管控体系的经济效益愈加明显了。

（1）2009~2010 年为项目实施初期，资金归集采用手动划拨方式，2009 年、2010 年分别节约财务费用 838 万元、972 万元。

（2）2011 年为项目全面实施阶段，资金集中管理与银行达成管理协议，资金归集由银行通过网上自动划拨方式进行，归集单位覆盖所有下属公司。2011 年累计归集资金 6 亿元，年均余额 3 亿元，用于提前还贷或减少借款，从而减少利息、手续费支出共计 1700 万元。

（3）从项目全面实施开始，截至 2015 年 6 月底已累计集中资金约 50 亿元，集中资金余额为 7 亿元，并且日均余额较稳定，此部分资金已纳入公司总部统一管理并进行调剂使用，较好补充了公司自有流动资金。按照其中 90% 资金可以进行调剂运用，提前归还银行借款，每年可为公司减少财务费用支出约 3000 万元；同时实施资金集中管理后，实施银行可以给予汇划手续费优惠，约可减少总体手续费支出 500 万元 / 年，据此每年通过资金集中管理可提高整体效益 3500 万元。

3. 提高子公司整体融资能力和抵抗风险能力

通过实现资金集中管理，子公司可以更好利用暂时闲置资金取得更高资金收益。

通过实现资金集中管理，子公司可以借助总部融资能力，如有资金需求时，公司总部提供银行授信额度支持，并协助办理银行贷款，努力争取低成本融资，达到提高子公司融资能力和抵抗风险能力的目的。

4. 规范公司资金管理，提高公司管控能力

通过现金池管理，公司能够更为有效地对下属公司资金收支情况进行监控，对各下属公司日常留存资金的额度进行准确掌握，加强风险管控，并逐步实现资金统一调配使用的目的。

5. 为实现公司全面资金管理打好基础

通过实现资金集中管理，下阶段公司将运用财务核算与财务信息化平台，将银行现金池与公司财务信息化软件相结合，搭建资金统一集中管理信息平台，使全面预算、资金结算、财务核算三算合为一体，实现公司资金全面统一集中管理，提高公司整体管理与盈利能力。

（二）项目实施的成功经验

通过建立完成以现金流管控体系为核心的集团化资金管理，首创股份项目小组从中总结了一些成功经验，主要有以下几点：

1. 总体规划、分步实施

为了能够更好实施资金集中管理工作，首创股份设定了“总体规划，分步实施”方案，即：

第一阶段：加强下属公司资金计划管理，通过将条件成熟的部分下属公司资金划转至总部集中管理的试点，积累管理经验的同时提升下属公司的认识和理解；

第二阶段：通过银行系统对条件成熟的全资和控股子公司进行资金集中管理并统一调配使用；

第三阶段：实施对全公司系统的子公司资金实行集中管理。

2. 管理层的高度重视和支持

集团化资金管理的实施不单纯是财务管理范畴，还包括公司总部与下属公司之间的配合、公司总部各职能部门之间的配合，因此存在方方面面协调和配合工作，在项目的推进过程中得到了首创股份管理层的指导和相关部门的支持，在制度审批、执行等关键节点上加大了推动力度，这是集团化资金管理工作能够非常顺利完成的重要因素。

3. 充分调动下属公司积极性

集团化资金管理需要下属公司积极配合，因此在实施过程中充分调动下属公司积极性、打消下属公司顾虑非常重要，首创股份总部在实施过程中充分考虑了此方面因素，主要体现在：

保证用款不受限制，在子公司有用款需求时，只需提前 2 个工作日提出书面申请；提高子公司收益，通过实现资金集中管理，将子公司暂时闲置资金上存至公司总部，设定上存利率为一年期存款利率，使下属公司取得更高的资金收益；提高子公司整体融资能力，当子公司有贷款需求时，首创股份总部将根据子公司现金流情况，协助其办理银行贷款，并提供银行授信额度的支持，努力争取低成本融资，提高子公司整体融资能力和抵抗风险的能力。

4. 通过行动学习，统一思想、达成共识、达到目标

通过行动学习为一个契机，在首创股份系统内为资金集中管理工作的开展进行了有效宣传，使下属公司更加深入理解资金集中管理的必要性和有效性，得到了下属公司总经理的支持，得到了参与集中管理单位的配合、理解、支持并取得共识。

5. 配合首创股份信息化工作，资金集中管理全面开展

首创股份实施了总体财务会计管理信息化工作，在此框架下配合公司财务信息化管理升级需要，基于银行的现金池管控体系建设工作得以全面开展。

6. 制定相关制度，保证资金集中工作的有效开展

在实施工作前，制定了《资金集中管理办法》将资金账户的管理、资金划转的方式、上存利率、下属公司流动资金限额等方面进行了约定，将资金管理在制度化方面得到保证。

在管理工作中，与下属公司签订《资金集中管理协议》，约定双方在资金集中管理过程中的权利义务，完善了内部资金集中管理的流程，使集团化资金管理工作实施得到有效开展。

7. 指定专人负责现金池管理业务的日常工作，保证实施业务开展

首创股份会计信息部指派专人负责资金集中管理具体工作，包括：

（1）对各子公司收支情况进行密切关注，及时与各子公司进行沟通；

（2）对子公司支付金额超过日常周转限额但未超过其实际货币资金总额的情况，进行统计并上报公司领导，办理资金划拨手续；

（3）对子公司有资金需求情况，进行预算等方面的分析并上报公司领导，经批准后协助子公司办理贷款等相关手续；

（4）按时结算利息，进行利息支付，建立资金往来台账；

（5）将集中资金的进行合理运用。

四、总述

首创股份集团化资金管理平台的搭建和使用，使公司财务管理工作有了新的起点。随着资金管理平台建设的不断使用和完善，公司整体管理水平也会有新的提高，朝着更加简洁、高效、顺畅方向发展。首创股份将努力把握机遇、迎接挑战，不断追求科技创新、管理创新、制度创新，稳扎稳打，实现公司可持续发展和长期愿景。

医院支出预算指标体系的建立和分析

申报单位：北京大学首钢医院
第一作者：马 莉　　作者：王庆红

[摘要] 预算管理是医院财务管理的核心。在科学预测医院总收入的基础上，建立科学、合理、完整、系统的支出预算指标体系，是医院控制成本的有效手段。它可以提高医院的经济效益，促进了医院健康发展。

[关键字] 医院　支出预算　指标体系

现代医院管理模式中，预算管理是财务管理的核心内容，领导着各项财务工作的开展。而支出预算是预算管理的重要组成部分。编制科学有效的支出预算，可以降低医疗成本，加强医院成本核算；改变不合理的支出分配结构；成为医院绩效考核、评价的重要依据，从而提高医院的经济效益，促进医院健康发展。

开展支出预算编制工作，首先要建立一套科学、合理、完整、系统的支出预算指标体系。将医院内部的全部支出项目分门别类归纳到相应的指标体系中，通过预算控制方法，达到成本控制管理的目的。

1. 医院支出预算指标体系研究的意义

1.1 确立科学的控制指标，预算执行有据可依。

标准是评价的尺度，是控制的基础和关键点。建立科学合理的控制指标，以确定的工作标准对行动度量和纠正偏差，使得预算管理达到预期目标。

1.2 构建指标体系，实现全面预算管理。

按照科学的逻辑结构，将指标分类，搭建系统完整的指标体系，才能将全部支出项目分类纳入其中，不遗漏，不重复，实现全面支出预算管理。

2. 医院支出预算指标体系编制原则

医院支出预算以收支平衡、控制成本费用、兼顾医院重点建设为目标，本着既要保证医疗业务正常运行，又要合理节约精神，以计划年度事业发展计划、工作任务、人员编制、开支定额和标准、物价因素等为基本依据编制。

3. 医院支出预算指标体系研究步骤

3.1 在预测医院业务收入（不含财政补助收入）基础上，从“收支平衡”角度出发，安排医院预算支出总额。

3.2 在总支出确定前提下，对预算指标进行分类，按照医院以前年度实际经验和医疗行业一般标准，确定各类别占比，计算各项支出预算总额。以下从《2014年政府收支分类科目》和医院支出用途两个角度对支出预算指标进行分类（见图1）：

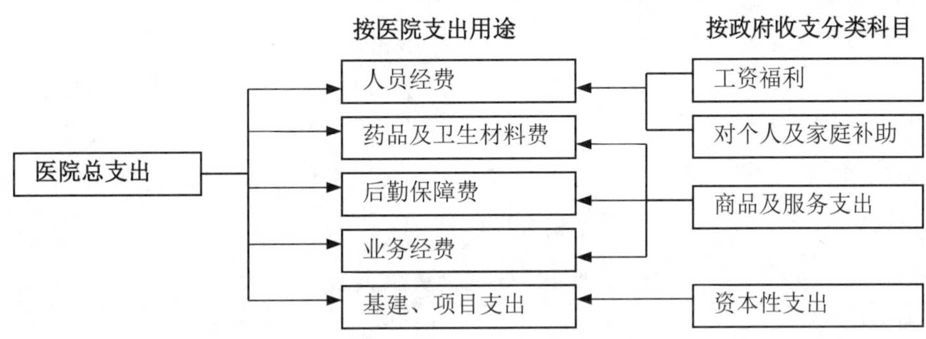

图1 医院支出预算指标分类结构

3.3 在各类别下，建立相应预算控制指标，明确指标控制范围，确定其预算依据或计算公式，从而建立全面的支出预算指标体系。从支出用途角度出发，就各类别分别做如下说明：

3.3.1 人员支出预算

人员支出预算指单位用于职工个人的经费支出预算，是医院支出预算中首要组成部分，是医院可持续发展的重要指标。

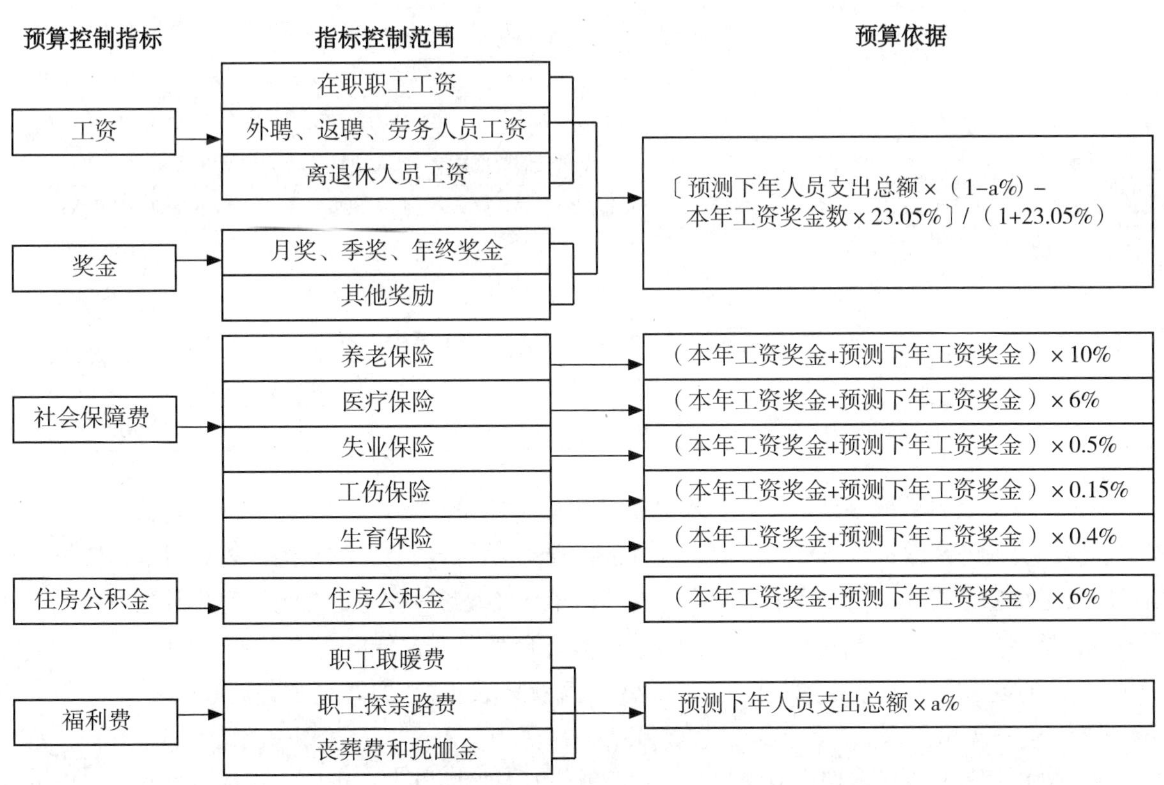

图2 人员经费主要指标体系

注：1. a%是以前年度福利费占人员经费总额比例平均值，为已知数。

2. 下年工资奖金数由公式（预计人员经费＝预计工资奖金＋预计五险一金＋预计福利费）得到。

3. 人员支出总额由3.2计算，为已知数。

3.3.2 药品及卫生材料支出预算

药品及卫生材料支出预算是指对医院药品及卫生材料耗用的支出预算，是保证医院日常医疗工作顺利进行的重要指标。药品预算控制指标范围包括西药、中成药及中草药。其预算依据为：

下年药品预算数 = 下年预计药品收入 × 药品采购成本率

卫生材料预算控制指标范围包括试剂、耗材及医用气体。其预算依据为：

下年卫生材料预算数 = 下年预计（检查 + 治疗 + 手术）收入 × 卫生材料采购成本率

3.3.3 后勤保障支出预算

后勤保障支出预算指对医院能源、环保、安全、行政、车辆和维修等后勤保障项目的预算，是支持和保障医院日常工作的重要指标（见表 1）。

表 1 后勤保障费主要指标体系

预算控制指标	指标控制范围	预算依据
能源经费	水费	下年水费预算数 = 本年水费 ×（1+ 以前年度平均增长比率）
	电费	下年电费预算数 = 本年电费 ×（1+ 以前年度平均增长比率）
	天然气	下年天然气预算数 = 本年天然气 ×（1+ 以前年度平均增长比率）
	取暖费	下年取暖费预算数 = 本年取暖费 ×（1+ 以前年度平均增长比率）
维修经费	维保费	下年维保费预算数 = 本年维保费 + 新增维保合同金额
	维修费	下年维修费预算数 = 本年维修费 ×（1+ 以前年度平均增长比率）
车队经费	保险费	下年保险费预算数 = 预计每车平均保险费 × 车辆数
	养路维修费	下年养路维修费预算数 = 预计每车平均耗养路维修费 × 车辆数
	汽车油料费	下年汽车油料费预算数 = 预计每车平均耗油量 × 车辆数
行政经费	办公用品费	下年办公用品费预算数 = 本年人均耗办公用品费 × 预计下年职工人数
	电信费	下年电信费预算数 = 单部电话年费 × 下年电话机数
	布类经费	下年布类经费预算数 = 每名病人耗布类费 × 预计下年住院病人数
环保经费	保洁服务费	下年保洁服务费预算数 = 每名保洁服务费 × 全院预设保洁人员数
	垃圾处理费	下年垃圾处理费预算数 = 每床医疗垃圾收费单价 × 预计下年床位数
	绿化费	下年绿化费预算数 = 绿化单价 × 绿化面积
治安交通消防经费	保安服务费	下年保安服务费预算数 = 每名保安服务费 × 全院预设保安人员数
	消防安全器材费	下年消防安全器材费预算数 = 消防安全器材单价 × 预计使用器材数

后勤保障费的预算除了使用上述标准计算公式外，还需考虑非正常因素对预算的影响。其中，能源经费预算应考虑政策性涨价、新增耗电设备、增建医疗区域及医院节能规划等因素；维修经费预算应考虑维修价格变动及新增维保合同等因素；车队经费预算应考虑政策性涨价及预计新增车辆等因素；行政经费应考虑相关价格变动的因素；环保经费应考虑价格变动、新增绿化面积等因素；治安交通消防经费预算还需考虑价格变动、增建医院区域及更换 / 新增器材方案等因素。

3.3.4 业务支出预算

业务支出预算指医院各职能科室日常经费预算。它是医院基本运行费用指标，是在预算中可以控制节省的部分。在医院预算紧张前提下，合理的减少业务费可以减少医院的成本。日常业务经费可按照职能部门实际管辖的业务范围来确定具体的业务指标，业务指标繁杂，但计量简单，因为每个年度日常业务都基本稳定，职能部门对本部门的经费也很熟悉，上报数据相对比较准确，一般以以前年度实际发生额和职能部门上报数作为指标依据。

3.3.5 资本性支出预算

资本性支出预算是为了医院今后更好发展，获取更大的经济和社会效益而做出的资本支出计划。主要包括固定资产投资预算、无形资产投资预算、基建项目预算、人才培养及学科建设支出项目预算等。资本性支出预算方法是，根据医院做出的下年度发展规划建立项目库，根据项目重要性进行排序，将 3.2 中计算出的资本性支出总额，优先分配到必需的，能带来重大经济价值的项目上。

参考文献

[1] 由宝剑 . 现代医院全面预算管理理论・实务・案例 [M]. 西安：西安电子科技大学出版社，2012.

[2] 徐力新，冯欣 . 对建立医院支出预算控制指标体系的探讨 [J] . 中国医院管理，2010（11）：30.

公司实施全面预算管理的专题研究

申报单位：京能（赤峰）能源发展有限公司
第一作者：乔艳君　　作者：张明川　盛岩岩

［**摘要**］全面预算管理是一项对企业各种资源和经营行为全面控制的综合管理系统，是通过预算方式将企业战略目标、经营目标资源配置加以量化，并使之得以实现的企业价值管理活动或过程，目前在诸多企业中得以应用并取得显著成效。本文在深入研究分析全面预算管理理论基础及政策依据基础上，剖析了公司全面预算管理现状、公司实施全面预算管理环境及条件，对公司实施全面预算管理体系进行了全面设计，最后提出了公司实施全面预算管理的难点及建议，为推进公司全面预算管理工作提供参考。

［**关键词**］全面预算管理　财务

第 1 章　引言

1.1 研究背景。

由于我国尚未形成完善的电力市场机制，电力行业所处的外部市场环境变化较快，企业面临的经营风险、财务风险等各项风险愈加难以控制，企业面临的市场竞争压力越来越大，具体表现为：第一，电力企业尚未完全市场化使得电力企业带有天生缺陷，电价受控，电量受控，主要材料—燃煤市场化，计划电市场煤；第二，各地用电需求不同，有的地区电力供过于求，有的地区电力供不应求，煤源分布不均衡，电力企业受制于煤炭行业的市场变化；第三，电力体制改革是电力企业当前面临的最大政策风险，竞价上网、阶梯电价等不确定性政策使得电力企业未来所面临的市场竞争压力越来越大，给企业未来的盈利空间带来巨大不确定性，电力交易机制不断的变革，电力直供大用电户方式的引入，电力供需矛盾，竞争局面日趋激烈，市场风险进一步加大；第四，资本市场的不稳定性使得电力企业资金压力较大，由于电力企业属重资产行业，固定资产或长期资产占比较大，银行贷款比例较高，每年财务费用支出较大。

为了提高电力企业在市场中的竞争力，一方面，企业应积极想办法适应外部市场环境变化，做好市场预测，拓展收入渠道，推动电力行业有序健康发展；另一方面，只能从内部管理下功夫，加强企业精细化管理，内部挖潜，降本增效，提高内在核心竞争力，管理必须涵盖企业经营活动各个方面，通过对全部经营活动的控制达到控制发电成本的目的。在企业诸多管理及控制活动中，全面预算管理无疑是最有效的管理措施或管理路径之一。

1.2 研究意义。

全面预算管理是一项复杂的系统工程，需要企业各级领导、各部门高度重视，需要各岗位员工的积极参与和主动配合，是全员、全过程管理。

从战略管理角度上讲，全面预算管理就是对企业经营活动和经费收支进行全方位和综合化管理，以此实现企业内部资源优化配置，从而保证企业战略计划按部就班实行。

从内部管理角度上讲，全面预算管理是通过控制和约束企业的各项经营活动以保证全面的内部控制的实现。

从全面管理的角度上讲，它不仅囊括了财务预算的所有内容，还巧妙地将经济指标同业务绩效有机结合起来。

具体到赤峰公司，虽然根据集团公司要求已建立了全面预算管理制度及流程，但由于集团公司及公司本身在全面预算管理方面起步较晚，尚未真正开展全面预算管理工作，所以针对如何开展全面预算管理工作，结合公司自身实际情况进行该领域的专题研究，具有现实意义。

另外，目前大部分理论及实务研究侧重于集团化全面预算管理体系的构建及完善，本文侧重于作为一个单独子公司内部控制管理所需的全面预算管理体系的构建研究。所以此次专题研究完全是基于公司内部管理的需要，而非立足于集团公司预算工作的角度，两者管理需求及侧重点不同，所以指标体系建立在诸多方面存在不一致之处。此次全面预算管理的专题研究与公司内控指标体系是一致的。

第 2 章　全面预算管理理论基础及政策依据

2.1 全面预算管理概念。

全面预算是指围绕企业发展战略，以经营计划为基础，以年度工作任务为目标，在科学预测和决策的基础上，对企业预算年度内各种资源和经营行为所做的预期安排。

全面预算管理指企业在战略目标指导下，对未来经营活动和相应财务结果进行充分、全面预测和筹划，并通过对执行过程的监控，将实际完成情况与预算目标不断对照和分析，从而及时指导经营活动的改善和调整，以帮助管理者更加有效地管理企业和最大限度地实现战略目标的企业内部管理控制活动，是全过程、全方位、全员参与，对企业各种资源和经营行为全面控制的综合管理系统，是将企业战略目标、经营目标及其资源配置以预算方式加以量化，并使之得以实现的企业价值管理活动或过程的总称。

2.2 关于实施全面预算管理的理论基础及相关政策依据。

全面预算管理自 20 世纪 20 年代在西方国家企业产生并应用以来，很快成为大型工商企业的标准作业程序，是西方发达国家企业多年来积累的成功管理经验之一。近年来，国内政策制定者逐渐认识到全面预算管理在企业管理中的应用价值及重要性。2000 年 9 月，国务院办公厅颁发了《国有大中型企业建立现代企业制度和加强管理的基本规范》（国办发［2000］64 号），明确要求国有大中型企业要在企业内部推行全面预算管理制度；2001 年 4 月 28 日，财政部印发了关于《企业国有资本与财务管理暂行办法》（财企 [2001]325 号）的通知，明确要求企业对年度内的资本营运与各项财务活动，应当实行财务预算管理制度，母公司编制执行的年度财务预算以及预算调整方案，应当报主管财政机关备案；2002 年 4 月 10 日，财政部专门发布（财企 [2002]102 号）《关于企业实行财务预算管理的指导意见》，对财务预算管理的基本内容、组织机构、预算形式及编制依据、编制程序和方法、预算的执行及控制、预算调整、分析与考核等方面给出全面的指导意见；2006 年 12 月 4 日，财政部第 41 号令批准发布《企业财务通则》第十一条明确规定，企业应当建立财务预算管理制度，以现金流为核心，按照实现企业价值最大化等财务目标的要求，对资金筹集、资产营运、成本控制、收益分配、重组清算等财务活动，实施全面预算管理。

国内许多大中型企业也纷纷将全面预算管理应用到企业管理，作为企业管理控制的一种主要方法。有专家称，全面预算管理是为数不多的几个能把企业所有关键问题融合于一个体系之中的管理控制方法之一。2010 年 12 月，京能集团首次下发《全面预算管理办法》。2013 年，赤峰公司编制并下发了全面预算管理标准。

这些均为企业实施全面预算管理提供了制度性指南。也从而可见全面预算管理在企业管理中的重要性。

第 3 章 对公司实施全面预算管理的分析

3.1 全面预算管理的现状分析

集团及我公司虽然建立并下发了全面预算管理标准，然而在实际推行全面预算管理中还存在着许多认识及实务上的问题。

3.1.1 公司尚未真正开展全面预算管理工作，全面预算编制仅为满足集团公司预算报表报送需要。

目前，公司每年的预算工作由财务部牵头组织。按集团公司要求，于每年 10 月开始编制下一年度的预算，编制预算时，各业务部门及职能部门根据财务要求填报各项预算指标，形成预算初报表，与公司年度经营计划一同上报经公司内部讨论，最终形成初报上报集团公司。集团公司每年根据对下属公司上报的经营计划进行审核，通过与下属公司进行反复谈判讨论，最终确定并下达年度经营计划，公司据此作为年度经营目标，仍由财务部牵头组织进行全面预算报表编制工作。

由此可以看出，公司的全面预算工作仅仅是根据要求进行编制及报表的上报，实际中并未真正推行预算管理，由此，公司的全面预算管理工作尚处于初步起步阶段，无法满足经营管理的需要。

3.1.2 全面预算管理被单纯理解为财务预算。

全面预算管理涉及企业经营、生产、财务等各个方面，财务预算仅是其中的一部分，全面预算绝不等同于财务预算，更不是财务部门的预算，正如经营计划不是计划部门一个部门的事情一样。然而在当前实际工作中，部分人员将全面预算单纯地理解为财务预算，而且认为完全是财务部门的工作，这样的理解显然是错误的。

3.2 目前公司实施全面预算管理的环境及条件。

我们认为，公司目前已初步具备实施全面预算管理的环境及条件：

3.2.1 公司自 2009 年 4 月正式投产运营至今，经营管理已逐步成熟，企业对本行业及自身的生产、经营已全面了解掌控，对所有生产经营指标、成本费用因素、资金需求等已形成体系，对所处市场环境已能准确预测，管理层及全体员工对公司业务的认知及熟练程度已上升到新的层面，为实施全面预算管理打下了基础。

3.2.2 内部管理标准化体系的建立，为实施全面预算管理提供了制度支撑。目前，赤峰公司内部管理标准由工作标准、管理标准、技术标准三大体系构成，基本覆盖了公司所有业务流程及管理流程。

3.2.3 内部控制体系的建立，为实施全面预算管理提供了良好的运行环境。全面预算管理是内部控制的重要组成部分。

3.2.4 ERP 信息系统的应用及推广为实施全面预算管理提供了信息支撑。

3.2.5 即将开始的全方位对标管理工作为建立科学合理的预算指标体系提供了平台。

3.2.6 公司运行近两年时间的绩效考核体系已日渐成熟，如果与预算管理结合起来，将会建立公司更加科学合理的激励机制。

第 4 章 全面预算管理体系的设计

结合对公司全面组织机构构成、成本费用构成等的了解，对公司全面预算管理体系进行了设计，具体阐述如下：

4.1 全面预算管理体系的构成.

完善的全面预算管理体系应包括组织体系、预算指标（目标）体系、预算编制、预算执行、预算分析与考评。

首先公司应健全全面预算管理组织体系，其次根据公司实际业务建立预算指标体系，再次确立一定的预算编制方法进行预算编制，经审批后将预算下达执行，最后对预算情况进行分析及考核。

4.2 全面预算管理流程。

预算管理流程如图 1 所示。

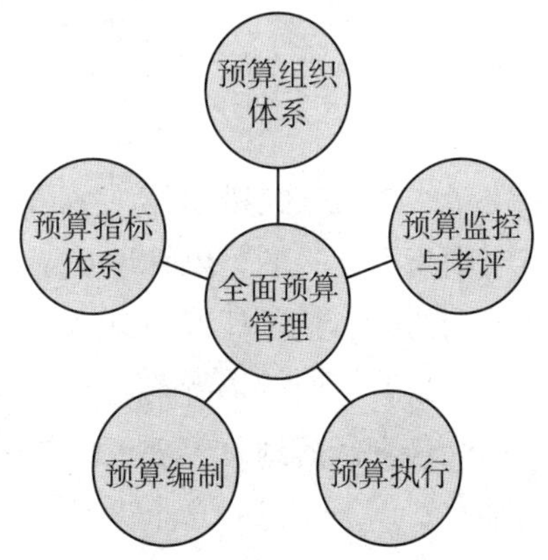

图 1 全面预算管理体系的构成

4.3 全面预算管理组织体系的建立。

全面预算组织体系是指具体承担预算编制、调整、执行、分析和考核的主体，有效的预算组织体系应包括组织体系与责任体系（见图 2）。

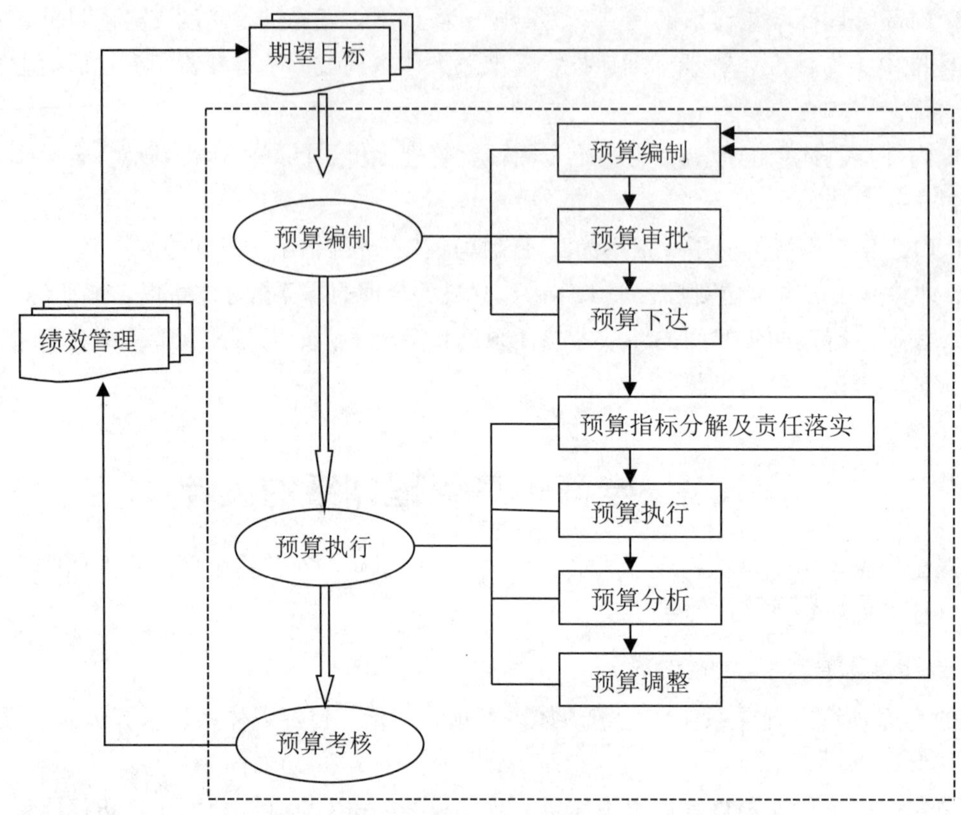

图 2 全面预算管理组织体系

4.3.1 预算组织体系应包括决策机构、编制机构、执行机构、监控及考评机构。

4.3.2 预算责任体系。

为确保企业战略目标的实施，必须将预算指标层层分解，分解后的预算指标必须有相应责任主体，各组织要明确责任，各级预算必须明确责任主体，各业务部门，各职能部门要按照部门职责规定的权力、分工情况，对口管理、分工负责，将各项指标细化，这样才能做到责、权、利相统一，预算管理责任才能层层落实，落到实处。各责任主体之间要建立良好的沟通与信息传递渠道，实时实现信息共享。

责任中心应该是预算组织体系中最小单位或初级单位，实际执行全面预算管理的过程中，编制机构与责任中心有时是统一的，有时则是不统一的，以管理费用为例，当前公司推行的全员绩效考核管理体系中由总经理工作部进行编制的，考核责任部门也是总经理工作部，然而管理费用是由诸多项子费用项目构成的，如办公费、差旅费、业务招待费、通信费、水电费、车辆使用费等，是所有管理部门发生的各项费用，如果单纯将责任落到总经理工作部一个部门头上肯定是不公平的，而且总经理工作部也无法控制其中的某些费用。所以，真正进行责任划分时，应将涉及各部门的子项目进行进一步的分解。

4.3.3 各组织体系的设立及相应职责。

4.3.3.1 决策机构的设置。

公司应设立预算管理委员会作为预算管理的决策机构，它在组织体系中处于领导核心地位，是全面预算管理的最高管理机构，应由总经理亲自挂帅，总会计师具体负责，吸纳公司各业务部门、职能部门负责人组成。主要职责是负责拟订预算的目标、政策，负责预算编制与执行过程中的责任归属、权利划分、利益分配等，审议、平衡预算方案，组织下达预算，协调解决预算编制和执行中的问题，组织考核预算的执行情况，督促企业完成预算目标。预算管理工作是一项复杂的系统工程，公司领导层应高度重视，亲自参与是确保预算管理落到实处的必要条件之一。

预算管理委员会下设预算管理办公室作为预算专职部门，通常设在财务部，是预算工作日常管理机构，具体负责预算的编制、预算的控制与协调、预算的反馈等。

4.3.3.2 编制机构。

预算编制机构由公司各职能部门及各业务部门担任，财务部门负责财务预算、各业务部门负责各自归口管理的业务预算，其他各职能部门负责各自所辖范围的费用及成本预算。预算编制机构负责提供预算基础资料。

4.3.3.3 预算执行机构。

预算执行机构主要指预算责任网络，应以公司组织机构为基础，实际上就是各责任中心。公司将总预算层层分解，将预算目标分解成若干个子目标，由不同责任中心完成。不同的部门，部门下属不同班组，均构成预算责任中心。

4.3.3.4 预算监督及考评机构。

为了保证预算的有效实施，必须设置有效的监控机构来监控和协调预算的执行。一般可以设置预算考核委员会，具体到公司，可以同绩效考核委员会相结合，合设一个机构。其主要职责是制定考核办法和标准，制定整改措施和奖惩办法，对各责任中心的预算执行结果进行考核。

4.4 预算指标体系的建立。

4.4.1 预算指标体系的设计原则。

4.4.1.1 兼顾业务量与价值量双向管理的设计原则。

预算的编制及管理归根结底应将价值化向工作量化转变，然后再实现由工作量向价值量的转变，通常业务预算应尽量争取同时以工作量、价值量反映，财务预算通常以价值量反映，通过编制合理、有效、量价分离的业务预算和财务预算，实现工作量与价值量双向管理。作为集团的二级子公司，以实现企业价值最大化为目标，属利润中心，公司预算管理应为完成企业战略目标，以年度经营计划为基础，以年度利润目标为导向进行编制。年度利润目标以价值量的形式反映，为了保证企业利润目标的完成，必须将企业目标进行层层分解。业务大多以工作量形式（如发电量、供热量、煤耗、水等），所以预算指标不能单纯地以价值量反映，还须以工作量或业务量的形式反映，而且能以工作量或业务量形态反映的预算指标，尽量争取达到工作量（业务量）及价值量的双向管理，才能真正达到预算控制及管理的作用。

4.4.1.2 分解到最小成本费用或最末级责任单位的原则。

因为预算的终极目的是为了控制，是内部控制的一种手段，所以指标体系设计必须分解到最末级责任单位。这样才能达到层层控制，全员参与，全员负责的目的。

4.4.1.3 模板化原则。

预算指标体系应尽量模板化设置，一方面便于进行预算编制，提高工作效率；另一方面将预算指标体系及相关表格固化，利于全员对预算管理快速了解掌握。

4.4.2 预算指标体系的内容。

4.4.2.1 预算指标体系的类别。

全面预算的内容一般包括经营预算（业务预算）、资本预算、筹资预算、财务预算。实际编制时，应先经营预算、筹资预算、资本预算，后财务预算的顺序。前三项侧重于对公司经营活动及事项的反映，而财务预算是基于前三项预算的基础对价值的反映。

从预算指标的性质上分，预算指标分为财务预算指标体系、技术经济指标体系两大类（明确各自的定义及范围）。

按预算执行主体承担责任和性质不同，还可将预算指标进行级别划分，可划分为三个级别：一级指标：属公司主体指标，一般由预算管理委员会负责；二级指标，一般由归口部门负责；三级指标，可由班、组，也可由归口部门负责。主要预算指标可根据公司管理层需求具体设置，如发电量、综合厂用电率、上网电量、综合供电煤耗、入厂标煤单价、入炉标煤单价等。

4.4.2.2 预算指标体系具体内容（见图 3）。

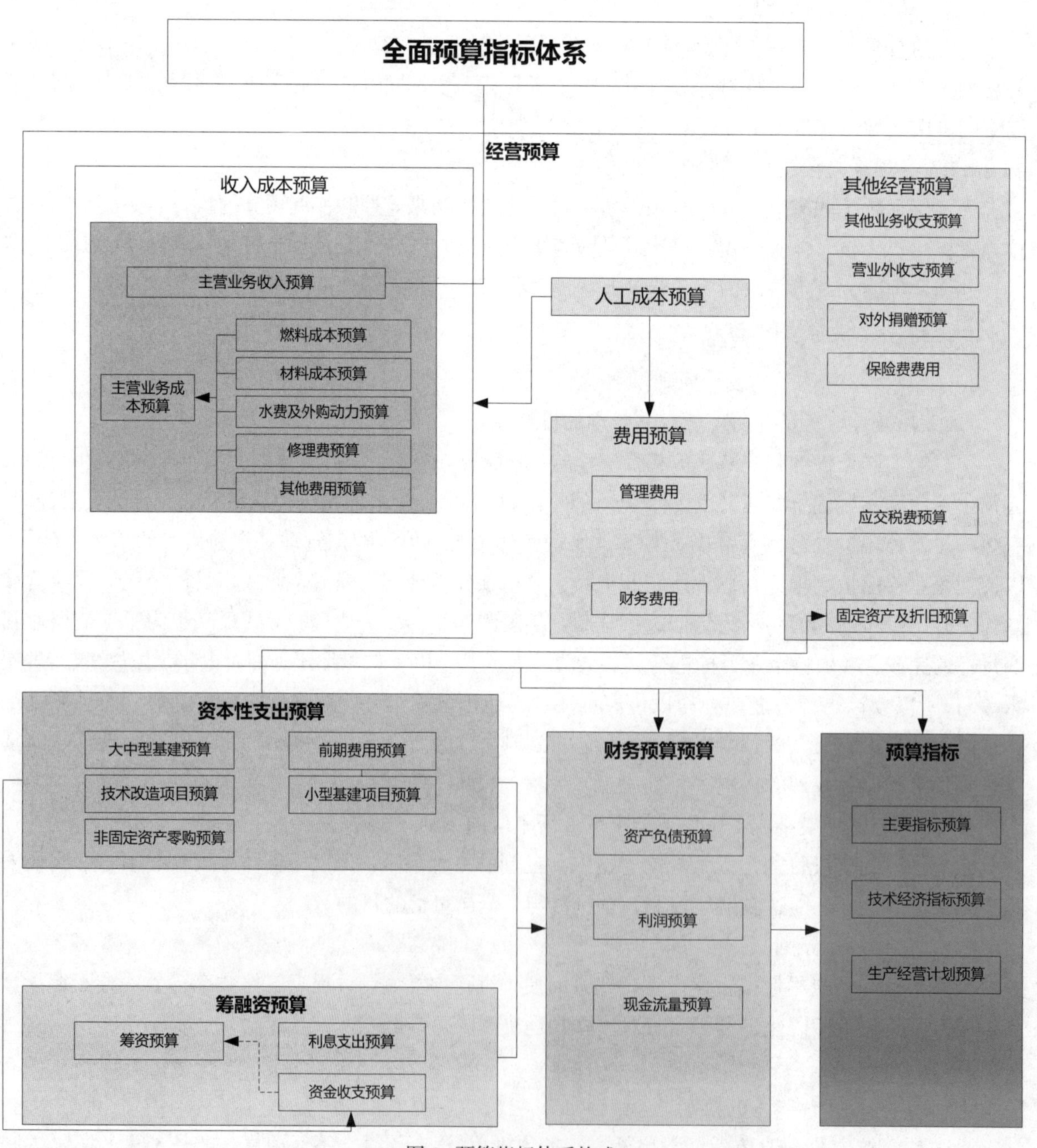

图 3 预算指标体系构成

经营（业务）预算。企业在预算期内进行经营活动的预算，主要包括收入预算、成本费用预算、税金预算等。我公司作为热电联产企业，完全是以销定产的销售及生产模式，对电力市场供需形势的准确预测非常重要，所以销售的预测是经营预算的编制起点。

筹资预算。企业在预算期内进行筹资活动的预算，主要根据公司的经营状况及资金需求编制来反映公司融资及还贷活动的预算。

资本预算。企业在预算期内进行资本性投资活动的预算，主要包括固定资产投资预算、权益性资本投资预算和债券投资预算。当前，我公司主要涉及固定资产投资预算。固定资产投资预算是企业在预算期内购建、改建、扩建、更新固定资产进行资本投资的预算，应当根据本单位有关投资决策资料和年度固定资产投资计划编制。企业处置固定资产所引起的现金流入，也应列入资本预算。可以详细划分为零星购置固定资产预算、技术改造转增固定资产预算、新建工程转增固定资产预算。

财务预算。主要以现金预算、预计资产负债表和预计损益表等形式反映。

根据对公司实际运营状况及业务流程，我们设计了一套专门针对我公司内部管理的预算指标体系。在进行指标体系的设计过程中，我们对预算指标的编制部门、责任部门进行了明确标注，对预算指标是否可控，是否纳入预算考核进行了分析并在表中将分析结果进行了列示。对于预算指标的可控性及考核分析我们将在预算考核章节中予以详细阐述，所以在这里不再做具体说明。

4.5 预算编制。

4.5.1 预算编制流程。

常规预算编制程序：一般按照“自上而下、自下而上，上下结合、分级编制、逐级汇总”程序进行。我们认为，这种预算程序主要是为了完成上级主管部门（集团公司）下达的预算目标而设计遵循的，自上而下的预算编制方式的管理重点是完成上级下达的既定任务，而并不是以内部挖潜管理为中心。但是因为本次全面预算管理的研究完全基于公司的内部管理需求，而非为满足集团公司下达的预算指标而进行编制，所以预算编制程序在实际执行中可不必拘泥于常规的形式。结合公司的实际情况及我们的思考，我们设计的预算编制流程如下：

作为集团二级子公司，每年都要接受集团的考核指标，但为加强公司内部管理，公司应制定期望目标。制定预算时，建议区分考虑考核目标与期望目标。考核目标应是集团下发年度经营利润目标，是必须确保完成的目标。期望目标是公司内部制定的年度考核目标，是一个奋斗目标，引导公司加强内部管理，提升企业价值的目标。本文中所设计的流程完全是针对为完成期望目标而设立的全面预算管理编制流程。具体的预算编制流程如下：

下达预算编制指令：由预算管理委员会下达预算编制（初版）通知，但此阶段期望目标可暂不确定。

编制上报。各预算执行部门按各自对业务的预测，编制详细预算方案，按分级编制、逐级汇总的原则，最后由预算工作小组汇总后交预算管理委员会初审。

审查平衡。由预算管理委员会对各部门上报的预算方案进行审查，提出综合平衡的意见或建议，根据初审结果与各级部门进行沟通、协调，反复讨论、各项修正预算指标。最终确定年度期望目标，出具预算最终版。

下达预算。预算一经确定后，即下达各部门执行。

4.5.2 预算编制方法。

预算编制方法很多，可以多种方法相结合，主要采用增量预算法和零基预算法，同时应兼顾历史成本、先进（对标）成本等。

4.5.2.1 增量预算和零基预算。

按预算编制基础可分为增量预算和零基预算。增量预算指的是以基期收入、成本和费用水平为出发点，结合预算期业务量水平及增加收入、降低成本、费用的措施，调整有关收入、成本、费用项目而编制的预算。增量预算编制方法的缺陷是可能导致无效费用开支项目无法得到有效控制，因为基期可能存在部分成本费用是不合理的，或不必要的，所以不加分析地保留会造成预算上的浪费。零基预算指不受现有成本费用项目的限制，不以历史数据为依据，在预算编制时由预算编制部门、责任部门根据公司的生产经营目标，详细讨论预算期内应该发生的费用项目，据此进行费用预算。零基预算使预算目标的确定更切合实际，避免增量预算造成的预算浪费，但实际编制时存在业务量大，耗时长、要求编制人员全面熟悉掌握业务。

4.5.2.2 预算编制方法的选择。

实际编制预算时，应推行以零基预算为主，适当结合增量预算的原则。毕竟通过几年的运营，公司积累了诸多历史成本数据在预算时可供参考。同时，还应搜集同行业、同类型机组的成本费用数据，选取先进的、对标的成本作为预算依据。

4.6 预算执行与控制。

预算执行是全面预算管理中最重要的环节，否则其他方面做得再好也失去了预算管理的意义。所以预算目标一旦确定，即应作为刚性任务要求下达。

4.6.1 预算分解。

按月分解。为保证预算的有效执行，发挥预算在事中监督的作用，年度预算目标应按月进行分解，为公司实时进行预算控制提供依据。

层层分解。为完成公司年度期望目标，还必须将年度期望目标进行层层分解，并将分解后的指标与责任中心有机联合，做到每一项指标均有对应的责任中心负责。同时注意，我们所建立的全面预算指标体系并不能涵盖公司各级责任体系，各部门在进行预算编制及执行时，还应注意将预算进一步分解落实到车间、班组和岗位，形成全方位的预算执行责任体系，例如，公司已将修理费指标分解到设备部门，但设备部门在执行时还应注意进行各专业修理费的分解。

4.6.2 预算执行及分析。

公司应要求各责任中心严格执行预算，对预算内发生的成本费用资金支付，按照既定授权审批程序执行，严禁预算外项目、超预算项目发生。对预算外发生的成本费用，严格执行预算外审批流程，要求业务部门详细提交预算外项目发生的原因、费用依据。

同时，公司还要按月进行预算执行情况分析，并将预算监督结果及时反馈至各部门，对异常情况及时分析查找原因，提出改进措施。

4.6.3 预算调整。

预算一旦下达，原则上不予调整，但由于预算期内市场环境、经营条件、政策法规等发生重大变化，致使预算编制基础不成立，或者将导致预算执行结果产生重大偏差的，则可以进行预算调整。而且，为促进内部管理，在开始推行预算时，由于人员对预算业务熟练程度不同，可以逐月进行调整，试行一段时间后再进行正式预算。

4.7 预算考核。

4.7.1 预算考核意义。

预算考核是对预算各级责任部门或责任中心预算执行结果进行考核和评价的机制，是管理者对执行者实行的一种有效的激励和约束形式。2012 年公司开始推行全员绩效考核体系，在经营管理中发挥了巨大的作用。实际管理中完全可以将预算考核与全员绩效考核结合在一起。

4.7.2 全面预算管理体系与公司目前实施全员绩效考核体系的对接。

4.7.2.1 全面预算管理与全员绩效管理的不同之处。

（1）分属不同管理体系。

绩效管理是人力资源管理体系的核心内容，主要目的是进一步充分调动员工提高工作效率、履行岗位职责的积极性，加强目标管理和队伍建设，降本增效，促进企业经济效益不断提高，落实各部门的生产经营管理责任，构筑责权分明、管理科学、协调运转、有效制衡的经营管理平台，绩效管理体系中，绩效考核是关键环节。

全面预算管理是企业内部控制体系的核心，主要是利用预算对企业内部各部门、各单位的财务及非财务资源进行分配、考核、控制，以便有效地组织和协调企业的生产经营活动，完成既定的经营目标，控制职能贯穿于全面预算管理的全过程，预算管理体系中，预算执行是关键环节。

（2）考核涵盖范围不同。

绩效考核通常包括业绩考核、行为考核两部分，业绩考核是对可以量化的指标体系所进行的客观考核，行为考核是根据一定的管理标准所设计的考核指标对被考核者进行评价的主观考核，也就是说，绩效考核既包括定量考核，也包括定性考核。如公司当前执行全面绩效考核体系不但包括对各项财务指标、技术经济指标等可以量化的指标的考核，还包括对定期工作、重点工作、企业安全工作、基础管理工作、精神文明工作等无法量化的指标的考核。

全面预算指标基本是可量化、可价值化的指标，但对于多数非财务指标如对生产部门进行的小指标考核、对管理能力的考核等无法纳入。从这意义上来说，绩效管理包括范围更广。

4.7.2.2 两者的对接。

从上述分析可以看出，预算考核是定量的考核，可以成为绩效考核中定量考核的基础，绩效考核中的行为考核通过对定性考核指标的考核，可以弥补预算考核单纯定量指标的不足，两者结合才能真正反映出部门、员工的全面工作业绩。绩效考核与预算管理的有效结合，一方面可以促进预算管理的贯彻实施，另一方面可以使绩效考核落到实处，有了更加科学合理的定量支撑。如果在预算管理中引入绩效考核体系，或者说将绩效考核体系建立在预算管理的基础上，两者通过有效结合，才会在企业管理中发挥更大的作用。

4.7.3 预算考核应遵循可控性原则。

执行考核时应区分责任中心的可控费用与不可控费用，只有对责任中心的可控费用进行考核才是有意义的，否则考核就失去了公平性，也就无法实现激励机制的作用。例如：我公司作为二级子公司，工资总额是由集团公司进行控制的，相应各项工资附加费用如五险一金、福利费、工会经费等各项是以工资总额为基数按一定比例发生的，所以也就是说组成人工成本的各项对二级子公司来说是无法实现控制的，所以不应作为预算考核指标，仅是作为构成全面预算的一个预算指标。

通过对公司目前预算指标的性质进行分析，我们将可控指标与不可控指标进行了统计。

4.7.4 预算考核应关注对成本性态的分析。

成本性态，又称成本习性，是指成本变动与业务量（产量或销售量）之间的依存关系，据此成本通常可以分为变动成本、固定成本。变动成本是指在特定产量范围内其总额随产量变动而成正比例变动的成本；固定成本则相反，是指在特定的产量范围内其总额不受产量变动影响，一定期间的总额能保持相对稳定的成本。

成本性态分析即对成本与业务量之间的依存关系进行分析，从而在数量上具体掌握成本与业务量之间的规律性关系，以便为企业正确地进行最优管理决策和改善经营管理提供有价值的资料，它对于及时采取有效措施，挖掘降低成本的潜力，做出正确的预算控制及考核意义很大。

一般而言，变动成本项基本是可控的，固定成本项则要区分对待：有些项目通过努力是可以控制的，如管理费用中的业务招待费、差旅费、办公费、车辆使用费等；但有些项目则是很难控制并改变其数额的，如资产折旧费、保险费等。通过努力可以控制的项目无疑应列入预算考核项目内，而且应加强预算执行的控制。但对于很难控制的固定成本项目并不能简单列入非考核项目。以资产折旧费为例说明如下：

资产折旧费作为公司一项固定成本费用，固定只是相对的，一旦资产规模等发生变化，折旧就会发生变化，所以在进行预算控制时要分析与折旧费用预算相关联的因素，那么，哪些因素与其相关呢？分析如下：零购固定资产的规模、时间，技改固定资产的规模，完工投入使用时间，年内报废资产的时间、规模，均与其相关。所以折旧费用虽然是一项相对固定的成本费用，但通过分析我们仍可以对其进行控制。那么，在进行预算指标设置与进行考核时，应考虑将这些关联指标作为预算指标进行考核并进行控制。

第5章　实施全面预算管理的难点

5.1 电力行业产品自身的特殊性，很难建立各项成本消耗定额（如材料、修理等）。电作为一种特殊产品，具有无实物形态、不可储存等特性，不同于其他制造业产品，有明确的成本费用归属。同时，其成本因机组类型、规模、负荷等因素影响差别很大，尤其我公司机组为循环流化床锅炉，国内同类型机组较少，与其他火电机组从技术诸多方面不可比拟，因此如何确定合理成本费用定额是预算难点之一。

5.2 对人员素质要求较高。因为预算的最终落脚点体现在价值上，更多的是财务术语。而预算的责任主体大多数都不是专业的财务人员，因此，确定预算指标时应充分考虑全员预算这一现状，将那些专业性较强的财务指标“翻译”成人人都能看懂，会填写的通俗名称，并做出相应解释，形成公司自身特有的预算语言，从而提高预算基础数据的准确性及可操作性。

5.3 预算需要公司各部门高度配合和重视，所以公司各部门实际工作中的配合度和重视程度是影响预算管理质量的重要因素，但工作中的沟通及配合受诸多因素影响，如管理人员自身的素质及能力，企业团队建设水平、企业文化建设等，所以管理中如何做到各部门的高度配合及重视无法仅仅依靠完善的制度来实现。

5.4 预算指标的责任主体有时很难界定。预算执行产生差异的原因有时涉及几个部门，如厂用电率的控制与考核，厂用电不仅涉及生产用电，实际上还涉及非生产用电，再如对日常维护用物资的消耗的控制与考核，即涉及设备部门日常维护物资的用量的合理性，又涉及物资采购部门物资采购价的合理性，所以在进行责任主体认定时，应认真分析指标影响因素及形成原因。

5.5 必须处理好全面预算与效率的关系。全面预算管理运行过程中，经常会遇到预算外项目、超预算项目等现象，引起的原因无法简单归一，有可能是预算编制不科学、不合理造成的漏项行为，也有可能是公司新增加的业务等，由于要分析原因同时进行预算外审批等，所以会在一定程度上影响运行效率，引发部分效率的牺牲，因而如何处理好全面预算管理与效率之间的关系实务中有时很难把握。

第 6 章　实施全面预算管理的建议

6.1 设计编制全面预算体系时，应科学合理，突出预算重点，否则浪费人力、物力甚至财力，既违背成本效益的编制原则，又无法起到指导、控制作用。当前，成本费用预算、资金预算应作为公司预算重点，是控制成本、降低费用、提高企业盈利能力的关键。

6.2 应重视预算的可操作性及可执行性，进而提高预算的控制力。应合理利用预算调整，预算执行过程中存在一系列不确定性因素，因此需要对预算进行必要的调整，以适应企业生产经营环境的变化，建议设置《成本费用预算调整申请表》《资金预算调整申请表》。并根据实际情况进行审批。

6.3 预算编制、执行、分析工作量较大，必须以强有力的信息系统作为支撑，所以应认真组织学习研究预算信息系统的基本架构。

6.4 将全面预算与绩效考核有机结合起来。目前，公司绩效考核管理体系已运行近两年时间，积累了丰富的管理经验，取得了很大的成绩，所以将全面预算管理与绩效考核结合，使公司的激励机制更加完善。

6.5 全面预算管理是一项复杂的系统工程，需要公司全员、全方位、全过程的参与配合，是将企业的决策目标和资源配置以预算的方式进行量化，以此实现企业内部的管理活动，通过集中监督、分散责任及权力、促进资源的有效配合，所以管理层应给予高度的重视。同时，预算绝不仅是财务部门一个部门的事情，而是涉及公司生产、经营、资金、工资、费用等于一体的综合性的预算体系，需要各部门全员的参与、配合、执行。

6.6 全面预算管理体系的运行需要企业内部良好的运行环境支持，需要良好的组织架构、明确的职责分工和权限划分以及完善的流程为基础。组织体系建设是基础，要与内控建设、信息系统建设、标准化体系建设等其他管理体系相辅相成，所以应促进各体系的协调发展，而非将预算管理工作独立对待。

6.7 坚持科学发展观，在实践中不断完善全面预算管理及管理体系，可以本着先推行后完善的原则，在动态中求发展。

6.8 与全方位对标相结合，尽快建立科学的成本费用定额标准、标准成本，为科学预算奠定基础。

参考文献

[1] 李学礼 . 电力企业全面预算管理存在的问题 [J]. 经营管理 .
[2] 邹相煜 . 电力企业全面预算管理应用研究 [J]. 现代商业 .
[3] 王云宏 . 火力发电厂全面预算管理 [J]. 理论探讨 .
[4] 郭利军，张莉 . 加强全面预算　优化资源配置　提升企业价值 [J]. 科技创新导报 .

[5] 张玉宝. 企业管理中如何发挥财务预算管理的作用 [J]. 财经纵横.
[6] 包红霞. 企业全面预算管理现状及对策研究 [J]. 甘肃科技纵横，2011（5）.
[7] 王晓芹. 全面预算管理与绩效考核的协同运用 [J]. 财会研究，2011（11）.
[8] 郭立. 关于 ERP 系统与全面预算管理融合的思考 [J]. 会计师，2011（10）.
[9] 孙晓辉，薄会东. 浅析电力企业的全面预算管理 [J]. 中国电力教育，2011（21）.
[10] 刘明主编. 电力企业财务管理 [M]. 中国水利水电出版社，2012.
[11] 周彦平等编著. 发电企业财务管理及其系统优化 [M]. 中国电力出版社，2009.
[12] 孙娟. 浅谈现代企业全面预算管理创新 [J]. 中国总会计师，2012（4）.
[13] 孔详宏. 深化个性化预算管理　全面提升公司经济效益 [J]. 中国总会计师，2012（6）.

新常态下票据业务风险分化及对策研究

申报单位：贵州城市职业学院
第一作者：蒙毅　　作者：蒙永福

[摘要]新一届政府执政以来，国内宏观经济进入新常态，随着政治、经济领域深化改革的全面推进，经济发展模式、政策导向、经济运行状态等外部环境均发生了较大变化，对国内票据业务及票据市场产生显著影响。本文首先分析新常态下票据市场面临的机遇与挑战，其次提出新常态下对票据市场全面风险趋势的预判，最后就新常态下票据业务风险管理标本兼治提出对策。

[关键词]新常态　票据业　风险分化　趋势预判　对策

一、新常态下票据市场面临的机遇与挑战

进入21世纪以来，随着经济金融的快速发展，票据业务增长迅猛，2014年，票据累计贴现量和累计承兑量分别达到60.7万亿元和22.1万亿元，比2001年增长了32倍和16倍，年均复合增长率31%和24%。实证研究表明，票据业务与实体经济存在相互促进作用，相关系数均超过0.8。货币政策报告指出，企业签发的银行承兑汇票余额主要集中在制造业、批发和零售业，且由中小型企业签发的银行承兑汇票约占2/3。

随着我国经济形势进入“中高速、优结构、新动力、多挑战”为主要特征的新常态下，票据市场发展既有机遇，更有挑战：

一是我国经济由高速增长转变为中高速增长，经济发展动力将由要素驱动、投资驱动转变为创新驱动，产业结构调整深化，符合国家产业政策的行业以及中小企业票据融资需求将给票据业务发展带来新的商机。同时，新常态下人民银行贯彻“宏观稳、微观活”的政策要求，统筹兼顾稳增长、调结构、促改革，保持适度宽松的市场流动性，为票据专营机构加强票据资金业务运作提供市场条件。但随着实体经济去产能、去库存、去杠杆，部分行业和企业可能遭遇经营困难，甚至有可能出现一些产业集群大的震荡与分化，触发一些区域性系统性融资风险，票据业务经营的宏观环境不容乐观。

二是金融深化改革、利率市场化加速推进将给金融市场带来新的活力和机遇，但同时同业竞争将更为激烈，金融脱媒进一步加剧，国内商业银行资金成本不断抬高，利润增速放缓，商业银行单纯依靠做大信贷规模的传统经营模式难以为继。同时，银行业不良“双升”持续发酵，面临利润增长乏力、信贷资产质量下滑的双重考验。迫于业绩考核压力，部分银行和企业可能联手采取“承兑—贴现—存款—承兑”滚动操作，达到存款、利润增长考核目标，可能导致承兑和融资性票据的

非理性膨胀。

三是票据业务日趋复杂，票据市场参与主体经营模式日趋呈现多元化经营、多方位发展、多样化产品的特点，表现为持票生息向持票生息与周转获利并重转变，贴现、转贴现传统业务为主向传统业务与资管、理财新兴业务并举转变，单一融资产品发展为主向融资、托管、交易咨询、信息服务多元化产品发展转变。越来越多的信托、证券、保险、资管、基金等非银行金融机构涉足票据市场创新领域，互联网票据、票据理财、票据资管、票据收益权转让等类票据产品层出不穷，可能存在跨市场客户资质缺失、新业务运作模式不了解，资金支付管理、风险识别与风险定价不到位等情况，从而带来新的风险隐患。

四是随着票据市场的深化发展和创新浪潮的兴起，市场参与主体更趋多元化，非银行金融机构对票据创新业务和产品参与力度和深度不断加大，跨界、跨市场、跨区域的经营特点愈发显现。对于传统票据市场主体银行而言，受金融监管趋严、流动性和资本占用等因素约束，一些大型股份制上市银行的票据业务市场占比有所下降，越来越多的中小城商行、农商行、农信社、村镇银行日渐成为票据市场的重要参与主体。这些新兴经营机构和中小金融机构管理状况和风险偏好参差不齐，对票据业务关键风险点的把控缺乏经验，制度建设可能存在缺失，潜在信用风险和合规风险不容忽视，极易通过票据交易链条渗透扩散。

五是以小额票据为主要客体的新兴市场互联网票据弥补了传统票据市场对中小融资需求缺失，具有很好的发展空间和现实意义，部分商业银行积极尝试开展与互联网平台、票据中介的合作，通过介入互联网票据的代理审验、票据托管以及电子商业汇票系统代理接入等获取中间业务收益，为中间业务占比提升带来了新的业务契机。同时，随着票据业务资金化趋势日渐显著，票据交易频度加快、交易链条拉长、交易区域跨度扩大，背书流转次数增多，以多手过桥为特点的票据交易链更趋"短、平、快"，这些都对业务操作的规范性、票据保管安全性带来了更大难度，也加大了议价道德风险及交易纠纷出现的可能性。为规避授信、会计科目管理、资本计提等约束限制，部分金融机构倾向于开展代理业务，通过与代理机构的互利机制，持续稳步扩大票据市场占有份额，并通过借入短期货币资金配置较长期限票据资产的业务运作方式增强票据收益，加大了个别关键时点资金的流动性风险。

二、新常态下票据市场风险分化趋势预判

我国经济"新常态"将对票据市场发展产生深远影响，渐进式地呈现出一系列票据市场"新常态"：票据市场主体延续多元化、资金化特征愈加明显、跨市场发展更趋常态、业务运行模式更为集中专营；规模溢价盈利模式逐步为信用和期限溢价盈利模式所取代；一级票据承兑市场融资性票据不断涌现，二级直贴市场相当部分被中介机构所影响，三级转贴现和回购市场出现交易异常活跃、创新跨业发展非常快速以及过度错配等，使得总体票据业务风险在不断发展，尤其一些区域性、行业性潜在风险逐渐暴露，从而为票据经营机构发展和业务经营管理带来全新挑战，须更加注重和高度关注新形势下票据市场全面及各项风险趋势的预判和管理。当前票据业务信用风险主要体现在五个方面：

（一）经济结构调整和转化升级对票据业务风险产生影响

整体上看，用票企业超过 2/3 为中小企业，符合中央提出的整合金融资源、支持小微企业发展

要求。但也有部分用票企业属于行业转型和调整的范畴，面临着结构调整和转化升级的挑战。据统计，用票企业约有 40% 为制造业企业，其中相当部分为钢铁、焦炭、铁合金、电解铝、铜冶炼、铅冶炼、锌冶炼、水泥、平板玻璃、造纸等存在过剩、落后产能的企业。如果这部分用票企业在结构调整和转化升级过程中遇到转型困难，可能会产生资金周转困难，并引发银行票据资产逾期、公示催告票据增多、经济纠纷诉讼增加等连锁反应。在票据融资总量有限情况下，存在着与实现增长之间的矛盾。

（二）票据承兑结构性信用风险日益突出

票据承兑结构性信用风险主要表现在总量、区域、行业、机构等方面。从总量看，截至 2013 年 6 月末，商业汇票未到期承兑金额 9.2 万亿元，同比增长 12.8%，已占同期全部金融机构人民币各项存款余额的 9.1%。2013 年上半年，企业累计签发商业汇票 10.7 万亿元。一些股份制银行票据承兑余额与各项存款余额之比更高达 30%，一定程度存在承兑信用过度投放的情况。从区域上看，票据承兑签发多集中在沿海发达地区，东部某些经济发达省份年累计票据承兑签发量占本地区 GDP 的 70%，而一些中西部省份占比则不足 20%，有的甚至不足 10%。区域的不均衡分布导致需求缺口和风险集聚。这种情况形成的结果就是，一方面，中西部省实体经济没有获得票据融资带来的种种金融资源便利；另一方面，承兑签发量大的票源集中存在部分资金流入投机领域风险。从行业上看，票据承兑集中在制造业、批发业和零售业，容易受到经济结构调整和产业升级的冲击。从机构来看，一些中小银行出于盈利和规模增长冲动，已出现承兑业务增速过快的现象。

（三）票据交易环节信用风险日趋显现

2015 年上半年，金融机构累计贴现 22.4 万亿元，同比增长 58.8%，远高于同期累计承兑签发和贴现余额增速。票据市场交易活跃，越来越多的中小金融机构参与其中。随着票据市场规模扩大和参与机构增加，票据贴现、转贴现、买入返售等环节交易对手的信用风险更趋复杂。在市场交易出现波动的情况下，一些交易对手逾期违约的现象时有发生。由于市场交易周转进一步加快，一些机构为减少资金占用快速买入卖出，甚至采用了 T+0 交易方式，大量转卖票据形成的负债缺乏有效的风险跟踪、监测和拨备机制。另外，一些中小银行积极利用票据买入返售和卖出回购扩大盈利，同业业务快速扩张，占比过高，流动性管理难度加大，蕴藏了更多的系统性和区域性信用风险。2015 年 6 月下旬，由于财政资金集中缴款、节假日资金需求、准备金缴存等因素，金融市场资金出现前所未有的紧张状况，交易各方均受到不同程度影响，票据市场贴现和转贴利率一度飙升，部分机构到期兑付遇到资金紧缺。这一现象的表现形式虽为流动性风险，实质上在业务办理中就表现为信用风险。

（四）信用风险防控能力亟待提升

票据市场近年来规模增长速度过快，但部分机构自身风险意识、内控管理措施并没有同步提升。一些机构仅满足于完成交易，把关注点主要放在能否保证到期支付和实现盈利上，经营管理粗放，经济资本占用、负债管理等方面执行的标准不一，在风险管理机制、系统控制、流程设计等方面较为薄弱。在刚性化、短期化考核机制和过度逐利激励机制下，个别银行为快速扩大资产规模、完成定量考核指标，其票据业务发展速度已远远超过自身风险管理和交易控制能力，成为直接案件风险隐患。有的机构为了争抢票源，采取下调利率、减少审核资料、降低业务办理标准甚至违规划款等方式，随着营销任务的完成，风险也随之迅速积聚。

（五）混业经营趋势酝酿票据经营风险

近年来，商业银行市场化经营的环境正加速形成，监管部门对商业银行混业持牌经营持审慎放开姿态，商业银行“全牌照”经营提速，通过设立各类非银行金融子公司加快混业布局，在金融产品的跨界方面已越来越呈现出产品混业的状态。票据经营机构如未能把握好创新先机，则很有可能在抢占客户群体、拓展交易渠道和创新产品设计等方面落后于市场发展，导致核心竞争力不足，并引发经营风险。同时，银行、证券、保险、资管、理财等相互融合，在条线内和条线间的合作经营上，也会带来新的经营风险，若决策失误可能导致人力物力的浪费或错失良机。

有效提升信用风险防控水平，不断更新对票据业务信用风险的认识。票据融资是社会融资规模的重要组成。我国票据市场规模增长迅速，2012 年，票据累计承兑和贴现总量合计已达 49.5 万亿元，2013 年上半年更是达到 33.1 万亿元，比上年同期增长 44.6%。票据融资市场是利率市场化最早、最充分的金融货币子市场，超过 2/3 的用票企业是中小企业，成为支持实体经济发展的重要金融资源。随着市场扩容和创新的逐步引入，票据业务链条上的参与者越来越多，对整个金融市场的影响也越来越大，票据业务信用风险管理的内容更加复杂。因此，票据从业机构，尤其是商业银行，在落实中央提出的金融支持经济结构调整和转型升级要求时，要及时更新理念，充分重视票据业务信用风险，进一步强化票据业务信用风险防控意识，不能简单地把票据业务视为低风险业务，要深刻认识票据业务信用风险在经济结构调整和转型升级中可能面临的挑战，充分认识这种风险可能对金融市场造成的系统性影响，积极推动票据业务信用风险管理水平得到整体提升。

三、新常态下票据业务风险管理标本兼治对策

随着经济结构调整优化和市场化改革的推进，一方面，金融业传统业务模式亟待转型，不良资产持续暴露压力增大；另一方面，利率市场化、金融脱媒和互联网金融形成的外部冲击力不容忽视，金融业风险管理需因势而变，进一步提高对资本充足、资产安全、负债稳定和表外业务的规范性管理。既要清醒认识宏观经济增速放缓的新常态下，创新转型所面临的风险和挑战，也要抓住互联网平台、大数据时代、综合化经营的发展趋势，依靠创新和效率提高票据资产质量，应对市场竞争和风险新特征的挑战，要向精细经营、要向精细管理、要向优质服务、要向把控风险、要向提高质量、要向提高效率、要向转变模式要效益，要利润，要安全，实现全面、协调、可持续发展。

（一）充分认识票据业务发展与风险关系，增强全面风险意识

一直以来，我国经济增速保持在高速增长阶段，经济金融环境保持向好，银行不良贷款逐年下降，经营重点逐步由信用风险治理转向市场拓展和业务创新，加上近几年大规模信贷投放，银行利润考核压力持续增加，形成了高增长、高投放的业务发展惯性，风险防控意识相应有所弱化。随着经济下行和各类风险因素交织，银行利润减少、经营压力明显加大，资产质量出现一定程度下滑，票据业务领域的风险逐步暴露。很多风险表面是外部环境问题，核心是风险观、业绩观、发展观问题，是风险管理体制与业务发展不尽适应的问题。“重盈利、轻风险”“重指标、轻管理”的问题需要在变革中进一步根除，坚持审慎经营理念，坚持业务发展与风险管理相适应，持续推进精细化管理，将成为银行业和票据经营机构长期可持续发展的必然选择。

（二）建立统一票据信息平台，全面提升票据市场信用环境

票据业务具有流动性强、区域跨度大、时效性突出的特点，信息不对称是票据风险频发的主要成因，建立公开、透明、可信度高的统一票据信息平台，能有效提升票据市场的经营环境，减少信息不对称，降低交易风险。我国企业信用信息系统建设已经取得积极成效，在票据业务办理中发挥了重要的信用评估支撑作用，但其中有关票据签发、持有、转让信息尚不全面，给众多票据掮客、非法中介、票据包装公司提供了投机空间，增加了金融机构票据业务办理信用、合规等风险审查难度。应尽快将所有票据承兑、贴现信息以及票据公示催告信息纳入统一信用信息平台，建立完善的信用登记、咨询体系和严格的监督、执行体系，实现票据信息共享、透明，有效消除交易风险，降低交易成本，提高交易效率，促进全国统一票据市场的形成。

（三）探索有计划有限度的开放融资性票据，减少目前融资性票据不承认不规范带来的各种隐性风险

适度放开融资性票据，可以缓解企业融资困境，促进商业银行业务发展，优化社会信用环境。目前市场上存在相当部分融资性票据，因没有法律承认和规范处于灰色无序发展之中，对票据市场正常秩序带来不良影响，因此可以尝试有计划有限度的开放融资性票据，推动票据市场稳健快速发展：一是对与银行长期往来且无不良记录、信誉度高的大中型企业，特别是具有政策导向的行业、产业进行融资性票据试点；二是在信用环境较好、票据业务繁荣的长三角地区以及政策相对放开的上海自贸区可以考虑进行先行先试，积累经验以便全国推广；三是在集团公司内部、长期合作贸易伙伴、有特殊的担保条件和约定以及上下游紧密衔接、贷款与物资可控的产业链可以尝试融资性票据的发行；四是可配合国家政策，允许基础设施建设、“一带一路”等发行一定比例的融资性票据。

（四）加快票据电子化步伐，为全面减少票据风险创造条件

2009 年 10 月 28 日，中国人民银行组建的电子商业汇票系统正式投产运行，从电子商业汇票签发、背书、贴现、托收等环节均纳入平台管理，但由于接入电票系统的基础设施和技术要求较高，普通企业以及小型金融机构无法直接使用电票，从而限制了电票的接受度和流通性，同时系统的纸票登记功能应用也不够广泛，2013 年电票系统累计承兑票据 1.63 万亿元，累计贴现票据 2.59 万亿元，分别占全国商业汇票总量的 8% 和 5.67%。随着票据市场的深入发展，加快推进电子票据发展及纸质票据电子化步伐，实现票据交易电子化、集中化，搭建融合电子票据、纸票电子化、集中报价撮合、信息电子查询等功能的电子交易综合平台，促进全国统一票据市场的形成，不仅是海外票据市场的成功经验，也符合国际市场结算交割业务发展趋势。从而既可以提高市场效率，促进市场发展，又能降低纸质票据的绝大部分风险以及信息不对称造成的障碍，为全面减少票据风险创造条件。

（五）把握新形势下票据业务风险特征，针对性采取风险防范措施

经济增速放缓和结构调整加快，使票据业务的信用风险加大，提醒我们要警惕上下游企业之间的风险串联、下游小微企业资金链集中断裂风险，产能过剩行业企业破产风险，对出票行业、对交易客户给予重点关注，加强对交易对手的尽职调查和准入管理，避免票据风险通过交易渗透扩散。票据勤进快出的交易模式下，交易频度进一步加快，交易区域跨度进一步扩大，背书流转次数增多，提示我们要关注业务操作的规范性，加大对客户经理议价风险及交易纠纷的控制力。利用长短期资金错配实现盈利的经营模式，提示我们要统筹兼顾流动性与盈利性等经营目标，有效控制期限错配

风险，合理安排资产负债总量和期限结构，合理把握一般贷款、票据融资、同业业务等的配置结构和投放进度，谨慎控制可能导致的流动性风险。各业务条线资本使用与计量趋严，提示我们加强节约资本占用的业务模式研究，建立完善的资本管理监测体系，对资本使用效率和可能的资本缺口加强监控，提高本机构资本充足率、资本收益率。利率市场化改革对以利差为主盈利模式提出的挑战，提醒我们要加快调整收入结构步伐；金融监管的趋严，提醒我们要尽快提高对表内票据资产和表外或有负债的全面风险管理能力；信息网络化对银行适应互联网金融生态环境能力提出的挑战，则提醒我们要善用信息网络技术，通过电子票据和票据交易平台建设打造新的竞争力。

（六）把握实质风险，强化票据业务操作、市场等风险管理

随着票据市场的纵深推进，商票发展、电票机遇、周转交易、综合代理、资产顾问业务等成为重点发展的业务领域。对经营策略确定为一段时期内重点发展的票据业务，要在加大营销力度和资源投入的同时，加强对业务的跟踪监测、实时分析和定期总结，确保流程执行无漏洞、业务操作无隐患。要密切关注新业务新模式发展趋势和风险动向，加强前瞻性的研究论证和风险分析，探索性地开展信用风险限额管理、多维度结构组合分析、利率风险与收益综合分析，或有负债风险监测，提高信息化大数据风险监测分析水平，在竞争激烈的票据市场上积极抢占先机。要密切关注以城市商业银行、农村商业银行、农村信用社为交易对象的票据业务，透彻掌握交易前手的风险文化和内部管理机制，谨防因个别中小机构盲目扩张、经营激进、内控管理失效产生违规案件，而被无辜牵涉进信用风险和合规风险旋涡。在短平快特点的部分票据交易中，更应关注客户交易授权的真实性与有效性，资金划付的安全性与规范性，严格将票据资金划入在人民银行备付金账户或票据卖出方本行账户，防止逆流程、假授权、超授权以及资金体外循环、资金挪用、资金掮客欺诈的违规事件和案件风险发生。

（七）探索创新途径，加强票据业务创新合规风险把控

随着票据市场的发展，单靠规模扩张的传统盈利模式将难以为继，票据业务经营重点将由持有票据向管理票据、经营票据转变，票据业务的盈利模式将由持票生息为主向持票生息、交易获利和票据服务收益并举逐步转变，票据业务必将更多出现跨专业、跨产品、跨市场的组合产品、联动业务以及资产业务与中间业务相融合的综合服务产品。要积极顺应当前创新活力显著增强的金融业新形势，积极把握银行综合化经营趋势，把握券商、保险、基金、资产管理公司等各类资产机构不断参与票据市场的时机，充分发挥银行资信良好、运营规范、资产稳定、风控有方等优势，持续加强跨市场合作，不断拓宽跨市场票据业务渠道，研究票据融资类创新业务和主动负债管理模式，创造新的业务突破点和利润增长点。

同时，注重加大对票据业务创新整体性、全局性和系统性风险防控工作力度：一是避免脱离实体经济的金融自我循环、自我膨胀和为逃避监管而创新，而应本着有利于节约客户财务成本，提高客户资产收益，提高服务效率；有利于降低银行运营成本和简便操作，增强盈利能力；有利于减少资本消耗，降低资本占用压力的原则研究转型创新。二是加强对表外业务管理，改变表外业务发展过快且期限错配较为严重的状况，综合考虑资本成本、综合收益和风险防范的问题。在产品设计上，通过开展组合风险量化分析，把握跨市场业务产品的流程、特点、风险要点和当前存在的主要问题，强化风险管控，强调规范运作，深入评估分析各个操作环节可能存在的风险点，严格按照监管要求做好表内与表外业务直接的防火墙，防止表外业务的风险向表内蔓延；控制好产品周期内各个环节

的操作风险、流动性风险，做好应对预案，有效处置可能发生的各类风险事件，尤其是在中间业务和理财产品的设计和发行环节，既要对各类客户有吸引力，也要做好综合成本收益的测算，不涉足不熟悉、不擅长的领域。三是全面测算创新产品收益与成本的对称性，建立风险与收益匹配度的监测模型与中间业务收费机制，防范中间业务“外衣”下的随意承诺可能带来的或有资产和或有负债，从而引发资金垫付和利润减损的风险。四是将防范风险贯穿金融创新全过程，从法律审查、风险评估、合同条款、流程设计、动态风险跟踪等角度切入，从资金募集、资金投向、资金使用等多方面完善“全流程”风险防控，发挥经营风险和管理风险的职能作用，支持业务创新发展，在安全合规基础上创造更多收益。

（八）央行、银监会、各商业银行应建立票据业务风险监测预警与处置机制

票据业务金额往往较大，一旦产生风险对商业银行乃至金融市场都将产生较大影响，2013 年年中“钱荒”事件使市场利率出现剧烈波动，导致部分银行票据业务损失数十亿元，因此票据市场的管理层和参与者都需要建立监测和应急预案，防范票据风险在金融市场上相互渗透和传染。一是建立中国票据风险指标（肖小和、王亮 ，2014），可从票据承兑垫款率、票据贴现逾期率、票据案件发生率、票据资金损失率等维度进行评估，定期发布和监测票据市场总体风险情况。二是建立风险管理体系，商业银行应从票据风险评估、提示、预警到风险监测、分析、评价等搭建全面风险管理框架，实现对票据业务风险控制的全流程覆盖。三是建立监管机构与市场主体之间的信息共享和良性互动机制，完善审慎监管、机构内控和市场约束三位一体的票据业务风险管理模式，促进票据市场可持续发展。

参考文献

[1] 刘冶，朱延松. 亟待发展的我国票据市场 [J]. 湖北商业高等专科学校学报，1999（2）：31-33.

[2] 赵强. 中国商业票据市场存在的问题及应对策略 [J]. 市场周刊，2004（10）：31-32.

[3] 粟勤. 我国票据市场的特征与发展思路 [J]. 金融理论与实践，2002（12）：8-10.

[4] 米斯·孟德尔逊，陈泽浩. 英镑商业票据：将形成又一个市场 ?[J]. 上海金融，1986（10）：33-35.

[5] 张文红. 我国商业票据发展及存在的问题研究 [J]. 中国金融，2001（9）：12-14.

[6] 朱剑锋. 国外票据市场发展模式对我国的启示 [J]. 济南金融，2004（2）：48-49.

[7] 许崇正. 关于发展我国商业票据市场的几个问题 [J]. 中央财经大学学报，1999（1）：35-38.

[8] 施建祥. 美国商业票据市场的发展特点及启示 [J]. 福建金融，1996（8）：32-33.

[9] 王健，朱俊峰. 英美票据市场比较和对我国票据市场发展的思考 [J]. 新金融，2001（2）：35-37.

[10] 冯丽娜. 利率市场化改革中票据市场发展对策研究 [J]. 前沿，2004（11）：83-86.

[11] 苏宁. 我国票据业务发展概况及展望 [J]. 中国金融，2006（2）.

[12] 陈丽英，唐振鹏. 对我国票据市场存在问题的成因分析 [J]. 武汉理工大学学报（信息与管理工程版），2005（1）.

[13] 周荣芳. 美国票据市场发展对中国的借鉴作用 [N]. 上海证券报，2005.

[14] 谢文军，肖小丽. 期待做大的票据市场 [N]. 金融时报，2001.

[15] 顾惠忠. 票据市场亟待改革 [N]. 中国证券报，2001.

集团财务共享服务模式运用及发展研究

申报单位：忻州师范学院
第一作者：侯翠平　　作者：丰蓉芳　王丽红

［摘要］随着我国经济的快速发展、国际话语权的扩大、国家战略的实施，大型企业通过合并重组形成特大型企业以夯实国际竞争优势的情况频频发生。随着企业集团规模的扩张，必使得传统的财务管理模式捉襟见肘，制约企业发展和竞争力，财务管理模式改革势在必行。本文在介绍财务共享服务理论支撑基础上，着重分析中兴通讯财务共享服务模式的运用实践及成功所在。但从我国总体看，财务共享服务还处于发展阶段，理论研究和实践运用远远不够，共享服务在我国还有很长的路要走。中兴通讯财务共享服务模式的成功运用为国内其他企业摆脱财务流程困扰、提升财务效率和效果提供了有益借鉴。还对财务共享服务模式的适用局限及未来发展作了简短的分析，期望对我国企业集团实现财务管理转型发展有参考作用。

［关键词］财务　共享服务

一、引言

随着我国经济的快速发展、国际话语权的扩大、中央政府国家战略的实施，我国大型企业间的重组并购行为时有发生，如中国南车、中国北车合并为中国中车等，以形成超级大型企业，在国际竞争中占有优势。然而，企业做大做强、业务机构的扩张等带来传统财务模式的捉襟见肘，财务人员增长不足、财务流程繁琐、领导忙于签字等，如此人员累、流程繁、领导忙，必然制约企业发展和竞争力。中兴通讯正是在这种情况下，适时进行财务流程再造，实施财务共享服务模式，实现财务信息网络化，成为国内第一家吃螃蟹的企业。中兴通讯财务共享服务模式的成功运用为国内其他企业摆脱财务流程困扰、提升财务效率和效果提供了有益借鉴，财务共享服务模式的适用局限及未来发展等也值得深入研究。

二、财务共享服务模式的理论支撑

（一）财务共享服务模式理论

20 世纪 90 年代以来，财务共享服务模式被国际化跨国企业广泛应用，提高了运营效率、增加了企业附加值，增强了集团管控能力、提高了财务管理的专业水平。

1. 财务共享服务概念

国际财务共享服务管理协会对财务共享服务做出如下定义："财务共享服务就是以信息技术为依托，以流程化来处理财务和业务，其目的是优化组织内部结构、降低企业的运营成本、规范业务流程、提升流程效率，并从市场的内部和外部等不同角度给客户提供专业的生产服务管理模式。"

本文将财务共享服务模式概括为：财务共享服务是将简单的、容易规范的财务业务分离出来，进行流程再造与标准化，由财务共享服务中心统一处理，同时释放部分财务人员到战略财务和业务财务，从而达到降低成本、提高效率、改进服务质量、创造价值的财务管理模式。

2. 财务共享服务模式特点

财务共享服务是由IT信息网络技术推动的对财务管理模式的变革和创新。其特征表现为：服务性、规模性、标准化。

（1）服务性。财务共享服务模式首要定位是将财务定位成一个服务，其主要目的就是提供信息化的会计产品，即将业务流程中的会计数据通过共享中心提供出来，加工成各类决策需要的信息，因此它是一个典型的生产过程，即财务信息产品的生产过程，所以财务部门首先是服务部门，财务即服务。

（2）规模性。通过将各业务单元分散进行的财务核算业务集中起来，在高效的信息技术和统一标准的流程下形成规模经济，就可以大幅节约成本。

（3）标准化。对集中到共享中心的不同业务单元的非标准化业务流程进行标准化，建立统一的操作模式，运作统一的操作流程，执行统一的操作标准，既有利于降低成本，又有利于实现规模扩张。

（二）实施财务共享服务模式的意义

Cedric Read(2003)等认为，建立共享服务中心的意义为：降低总费用和管理费用；提供更高质量、更精准以及更及时的服务；经营流程标准化；资本经营最优化等，其核心在于通过整合资源和流程达到规模经济。

财务共享服务带来的意义还不止于此，还可以释放财务潜力，培养全产业链人才，增强企业未来竞争力和价值创造能力。

1. 释放财务潜力

将基础财务集中到共享中心，可释放大量高素质财务人才，将其充实到业务财务和战略财务，战略财务人员参与战略的制定与推进、进行预算资源管理和绩效控制，为公司经营决策层提供全公司的经营信息分析；业务财务人员深入到业务一线，与业务单位紧密合作，参与公司价值链各环节的价值创造。

2. 全价值链人才培养

我国大多数大型企业习惯做长的价值链，会从材料的采购，产品的研发、生产到营销、销售，再到售后、回款等。这种全价值链的土壤，使得财务人员贯穿全流程，既能支撑研发，也能支撑采购和成本等，使财务人员具备管理的大视野。

三、中兴通讯财务共享服务模式的实践借鉴

作为我国大型跨国企业财务管理模式转型先驱，中兴通讯股份有限公司（以下简称"中兴通讯"）不仅建成了国内首个全国性的财务共享服务中心，而且率先进行财务共享服务模式，并使其

支撑公司在全球业务的发展。共享服务中心成为中兴通讯集团的全球会计核算中心、资金支付中心和财务数据中心。中兴通讯副总裁陈虎说："以共享服务为基础的全球财务管理模式，是中兴通讯实施国际化发展战略的重要支撑力量。"

（一）财务共享服务模式运用历程

1999年前后，中兴通讯迎来了一轮发展高峰，业务大量扩张，人员急速扩充，财务人员严重不足，财务本是对业务开展进行资金血脉支持的，但繁琐的手工审批流程成为业务之累，变革财务模式势在必行。中兴通讯财务共享服务经历了四次变革形成：

（1）中兴通讯开发了网上报销系统。所有银行资金往来均实现电子化。与招商银行合作，成为其第一个用户。这次变革，把中兴通讯的财务工作从线下搬到了线上，效率大大提升，但财务作为"算账先生"的本质未变。

（2）2002年，中兴通讯进行了组织架构的重大调整。采取矩阵式管理，取消了事业部制，代之而来的是各个产品经营团队，每个流芳百世要核算自己的利益，并与最终收益挂钩。这一切对财务的需求迅速迸发出来，对产品的经营、营销的决策都迫切需要财务的指导，产品财务经理、营销财务经理等岗位应运而生，他们充当产品经理、营销经理的助理负责帮助做产品经营决策分析、盈利能力分析等工作。这是业务财务的雏形。

（3）2002年，中兴决定实行ERP，实行全面预算改革。财务不仅要为外部服务，而且要为公司的经营决策服务，因此有了全面预算管理和绩效考核。这是战略财务的萌芽。

（4）2005年，公司又迎来一轮大规模扩张，急需有经验的财务人员。新聘任人员无法满足需要，只能抽调原有财务人员。唯一的好办法就是把过去财务人员重复某一点的工作集中起来，即将基础财务集中到一起，实现基础财务的共享。这是共享财务的形成。该中心源源不断地产生财务数据，同时优化了流程、提高了效率、降低了成本。使财务人员节省了40%，相应地节省了30%~40%的成本，将这部分人员进入业务财务、战略财务中，以释放其应有的潜力。2008年这个共享中心转移到西安，中兴通讯财务共享服务模式正式形成。

（二）财务共享服务模式内涵解读

中兴通讯形成了以共享服务为基础、战略财务、业务财务相互支持的稳定的三角架构，实现了财务职能的分离和战略财务职能的强化。中兴通讯的财务管理模式如图1所示。

战略财务相当于企业的大脑，其职责是从集团全局出发为公司制定战略规划，将业务财务和共享服务传递的数据转化为对决策者有用的信息，力图提升企业的竞争力，并负责监督相应的执行情况。

业务财务，简言之，就是财务为业务服务。一方面业务财务深入到企业价值链的各个环节，包括市场、研发、销售等环节，将财务数据转化为信息，为它们提供财务管理支持；另一方面业务财务可以将经营单位的信息提供给战略财务和集团公司，辅助管理层决策。

共享服务中心对大量的业务进行集中化处理，统一的业务流程释放出大量的高素质人员到战略财务和业务财务。同时先进的技术可以提供集团内完整的数据信息，这些数据可以为财务管理提供更专业和更可比的数据支持。

如此，共享服务、战略财务、业务财务构成了一个三角形的稳定的财务管理体系。而共享服务是这个三角结构的起点和支撑；共享服务只是手段，最终目的在于实现企业价值。因此，实施共享服务为基础的财务管理模式——“战略决策支持、核算共享服务与业务支持三足鼎立的财务管理模式”更重要的收益在于有力支撑了企业财务价值的提升（见图 1）。

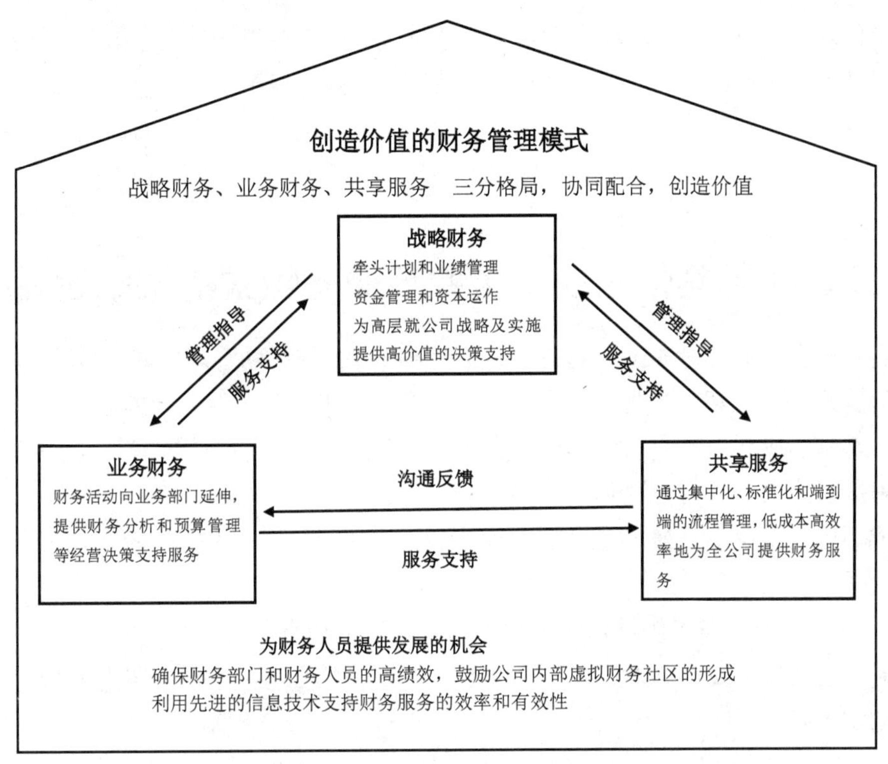

图 1　中兴通讯财务管理模式

（三）财务共享服务模式成功借鉴

1. 理念先行

中兴通讯财务共享服务模式的成功运用，最关键的是理念先行。一是董事长对财务非常的理解和支持，使他们有更多自由的空间实现变革。二是公司高层对财务的合理定位，不仅是会计活动，更是管理活动，甚至包括资本市场。他们希望更多发挥财务高端的作用，给公司战略与运营更多支持，为中国企业财务真正归位努力。

要真正实施财务共享服务模式，首先需要更新财务理念，改变财务定位，实现财务与业务经营的完美结合，让财务人员成为企业价值的守护者和缔造者，真正实现财务创造价值的目标。

2. 创新驱动

中兴通讯财务共享服务模式创新主要体现在以下方面：

（1）制度创新——财务制度标准化。即整个集团公司财务管理制度的标准化，是构建财务共享服务模式的基础。标准化能够使各地的财务组织按照同样的标准和方式做一件事情，从而使得本来各具差异的工作出现专业化分工的可能性。

（2）组织创新——财务人员集中化。财务共享服务是一种典型的集中式组织模式，它通过将服务端（共享服务中心）和客户端（企业集团成员单位）分离方式，重新定位集团和基层业务及子公司之间的业务界面和业务关系，将从事标准化财务工作的财务人员从成员单位分离出来，并归属到财务共享服务中，实现财务人员集中化。

（3）流程创新——财务管理流程化。中兴通讯通过流程再造实现财务管理向流程化和业务化分工的转变。在操作过程中，中兴通讯实施了包括费用报销流程、资金收付流程、应付流程在内的流程再造。

（4）技术创新——财务管理网络化。对传统会计业务流程进行共享服务流程再造后，中兴通讯建立起了基于共享服务系统平台的集成网络财务系统，以网上报销模块、票据实物流、票据影像模块、过程绩效测评模块和综合管理模块为核心的共享服务系统平台为中兴通讯的实施奠定了强大的信息系统基础。

四、我国其他企业财务共享服务模式的实践运用

全球知名专业会计师组织 ACCA(特许公认会计师公会)与德勤管理咨询近日联合发布《中国企业财务共享服务现状与展望》报告。报告显示，已有近一半中国企业开始实施财务共享服务战略。中国企业已经基本形成共识：应用财务共享模式，借助流程标准化提升效率，以解放出更多财务人员从事更高附加值的工作，从而促进财务职能转型，提升企业整体价值。

继中兴成为国内企业中首个实施财务共享服务模式的企业外，海尔、华为、长虹等陆续实施财务管理变革。

1999 年，海尔开始变革组织结构，用财务信息与业务信息集成共享的模式取代了原来的金字塔形事业部制，虽然还不属于真正意义上的财务共享中心模式，但海尔的准财务共享中心模式对其全球化战略的实施起到了巨大作用。

2006 年开始，华为在世界各地陆续建立了 7 个财务共享中心，在过去几年，共享服务成为华为腾飞的有力保障，它为全球 140 多个国家的通信方案供应商提供了产品和解决方案。共享中心的建立和完善，提高了华为集团对下属业务单位的控制力，结构的精简和流程的标准化，提升了企业内部运营效率，未来华为将致力于提供更为优质的服务。

从总体来看，财务共享服务在我国还处于发展阶段，共享理论和实践都远远不够，共享服务在我国还有很长的路要走。

五、财务共享服务模式的适用局限及发展方向

（一）财务共享服务模式的适用局限

通过对中兴通讯及其他企业该模式运用的分析，不难发现该模式适用有局限性。

（1）网络化的弊端。财务共享服务模式的成功实施完全借助畅通无阻的信息网络。网络不稳定或黑客入侵均有可能导致信息传递失误或系统问题，从而造成不可避免的损失。

（2）过分严格规范的流程，需要各环节人员和时间的完美配合，环环紧扣才能产生高效率。若业务财务和共享财务职责不清或观点不同，可能会影响其合作关系，从而影响工作效率和效果。

（3）过分标准化的低端工作内容，容易让共享中心财务人员产生倦怠感，进而降低工作效率、影响工作质量，甚至导致员工辞职。

（4）过分宽广的区域导致高层或各类财务人员参与和渗透力不够，形式大于实质的情况有可能发生。

（5）财务共享服务模式适用于大型、跨国企业集团，即当企业规模足够大时，成本分摊范围更广，成本降低效果更明显，规模效益凸显更显著。

（二）财务共享服务模式发展方向

根据国外的发展规律和我国现阶段的发展状况，展望未来，财务共享服务模式会呈现以下发展趋势：

1. 由区域中心向全球中心发展

建立区域性的共享中心还是全球性的共享中心，要视企业的发展战略和企业的类型而定。如果企业的分子公司都在中国，区域性的共享中心就可以满足需要。对于大型跨国企业而言，其共享中心提供的服务则需面向全球。目前很多企业的共享中心只为本区域的业务单元服务，随着全球化的推动和共享服务模式的发展，共享中心跨区域在全球范围内提供服务将是必然趋势。

2. 财务共享服务范围和功能将进一步扩大

随着互联网和电子商务的广泛应用，共享服务作用将逐渐拓展至供应链的整个过程，不断增强企业对信息流的管理，为决策者提供高质量的业务数据。同时财务共享服务的范围将不再局限于财务共享、人力资源几个方面，凡是可以简单化、标准化且决策相关程度低的服务都可以纳入共享服务范围。

3. 共享服务业务外包

目前实施共享服务的多是大型跨国公司，将不重要的部分对外承包，既可以削减成本，又能集中于重要业务的发展。大型企业通过运用共享中心提供外包服务时，既可以增加企业的收入，又可以促进业务外包模式发展。

4. 财务共享服务中心虚拟化

随着IT技术越来越成熟，虚拟共享服务中心的设立成为可能，这样就解决了员工招聘、语言等问题，使员工可以分布于各地工作，进一步降低运营成本。

参考文献

[1] 陈虎，董浩．财务共享服务[M]. 北京：中国财政经济出版社，2011.

[2] 史艳梅．跨国公司财务共享服务中心在中国运作的研究[D]. 上海：上海交通大学，2010.

[3] 张瑞君，陈虎，胡光耀，常艳．财务共享服务模式研究及实践[J]. 管理案例研究与评论，2008（6）.

[4] 张瑞君，陈虎，张永冀．企业集团财务共享服务的流程再造关键因素研究——基于中兴通讯管理实践[J]. 会计研究，2010（7）.

[5] 陈虎．创造价值的财务管理模式[J]. 会计之友，2013（4）.

初创期国有企业财务管理创新探索

申报单位：北京通用航空有限公司
第一作者：王鑫彦　　作者：赵耘　陈洁　王淙雯

[摘要] 我国通用航空产业多年来一直稳步增长，已经逐步发展到即将步入快行道阶段。作为通用航空产业新兵，国有企业北京通用航空有限公司（以下简称北京通航）正处在企业自身发展初创期。如何以创新企业管理来推进企业发展、实现企业战略目标，是摆在北京通航面前的重要课题。

北京通航结合北汽集团及国内多家企业管理实践经验，结合初创期航空制造企业业务特点，以提高公司整体工作效率、促进企业发展目标实现为出发点，创新财务管理实践，形成融公司财务管理、经营计划与组织绩效管理、员工绩效管理于一体的企业管理方法。该方法以业务与资金计划管理为切入点，以项目管理方式落实目标管理，将财务管理推进落实到企业各部门各项活动中，并以构成每个活动的里程碑为最小管理粒度，从年度到季度、月度层层分解，滚动执行，做到事前有计划，事中有控制，事后有总结，有效发挥了内部控制作用，以加强业务风险管控，规避财务风险，在实践中切实提高了北京通航企业资源利用效率和人员工作效率，促进了企业目标的实现。

北京通航实践证明，该方法不但适用于单体企业管理，同样适合集团化企业管理，并预示出该方法的普适性——不但适用于任何企业的管理，也适用于任何组织的管理，有很好的推广价值。

[关键词] 企业初创　财务管理

一、北京通航财务管理创新背景、意义与必要性

（一）北京通航财务管理创新背景

1. 行业背景

中国通用航空领域的服务对象随着市场经济的良好发展，结构也在发生改变，开始为经营性活动服务。国民经济发展促使市场支付能力逐步加强，有利于通用航空行业的发展。北京市作为试点飞行管制区之一，也在积极促进该产业的发展并发布了《北京市通用航空产业发展规划(2011~2020年)》。航空航天产业被北京市确认为八大战略新兴产业之一，并计划在5~10年形成3000亿元的新兴产业。另外，虽然有政府政策作为辅助，但中国的通航产业仍处于培育期阶段，前期资金投入需求较大，监管严格，在短时间内不易获得盈利。加上中国经济增长速度减缓和国人较为保守的消费观念，通用航空在中国的发展一开始就面临种种困难，行业发展机遇与挑战并存。

2. 企业背景

北京通用航空有限公司成立于2012年，作为刚刚步入通航产业的国有企业，仍处于初创期。

目前公司主要业务为项目寻源与合作谈判、基础建设、市场探索，提高北京通航的认知度等。主要面临的挑战有：

企业经营尚没有达到预期。由于北京通航为初创企业和该行业的新进入者，市场竞争能力和影响能力不强，面临着生存和发展环境的很多不确定因素。通用航空整体行业还不是完全成熟，加之通用航空领域为高度管控行业，行业整体需求还处在较低水平。行业特点也使公司会有很长的投入时间，但财务回馈较慢。

初创期投入大，任务重。北京通航作为国有企业，虽然有北京市政府的支持，但中国整个通用航空产业比较落后，产品技术不够成熟，需要前期大量投入以启动公司项目并找到适合的合作对象。北京通航在通用航空领域从零开始，需要时间和资源来打造坚实的基础，为企业未来的发展铺路。

传统管理模式需要与时俱进。北京通航在管理上也会存在传统国有企业的一些问题。在国有企业中，传统的财务工作主要任务偏向于核算的准确性。财务工作多数发生在运营部门之后，负责记录收入及支出。财务部门与生产或运营部门在管理层面上没有密切联系或相互配合。各个部门间责任的相互分离也使得公司效力无法发挥到最大，没有起到一加一大于二的效果，反而浪费了财务部门能够发挥内部控制的作用。同时，财务部门只能收到来自其他部门的财务信息和预算，却无法得知其运营信息和细节工作内容。这给预算的审批带来一定困难，各项花费不能细化并一一与工作对应。财务花费不能够精细化管理。没有运营计划的细节支撑，财务部门与其他部门在预算的修改、审核上也可能存在相互推诿，企业工作效率因此降低。

（二）北京通航财务管理创新的意义与必要性

财务管理创新的主要目标是为了更好发挥财务部门在企业管理中的作用，使北京通航财务部门更好参与企业运营和管理决策。财务工作不能只停留在费用产生之后，而要积极参与到运营计划中去，从源头上控制花费，提高资金利用效率和运筹控制。

财务部门在管理方法上的创新使其能够从宏观上掌控企业运营状况，加强其在企业内部控制上的职能。由于北京通航还没有产生利润，更应加强对财务预算的管理。预算管理工作的方法创新加强了企业全面预算管理，不光提高了企业整体运行效率，也加强了财务部门与各部门之间的相互协调沟通。

财务管理创新更能够提高北京通航财务部门工作人员工作积极性，方法创新带来的职能扩张可以丰富其工作范围，激励财务人员学习新的知识。财务管理创新更能够在一定程度上提高员工责任心，使眼光不光局限于财务工作，而是关注企业的整体运营。从长远角度看，这有利于北京通航对人才的培养和利用，为企业将来发展奠定良好基础。

财务管理的不断创新也能够使企业不断进步。财务部门是企业的核心管理部门，财务部门的创新也会对北京通航企业文化的塑造带来积极影响，在企业初创期就带动整个企业的创新精神。在现代商业环境中，只有积极求变才能应对快速变化的市场，在众多竞争者中脱颖而出，赢得更多市场份额。

二、北京通航财务管理创新方法及成效

1. 北京通航财务管理创新方法及思路

（1）北京通航管理模式概述。

北京通航建立之初，即确定了以战略管理为核心的公司管控模式，由以下几个部分构成闭环管

理框架：

战略制定与修订。公司依据内外部环境、利益相关者期望及变化情况，拟定或修订公司发展战略，战略规划期通常为3~5年或更长。

落实商业计划书。公司经营团队根据公司发展战略，进行年度分解，形成年度商业计划书，内容涵盖生产经营计划、投融资计划（股权及固定资产）、财务预算等。

签订岗位绩效合同。根据公司年度商业计划书内容，按内部组织架构层层分解，签订各级岗位绩效合同，落实绩效责任。

绩效审计。针对公司年度工作中主要收支项目和资源管理的经济性、效率性和效果性进行检查、评价，并提出改进建议。

管理团队绩效评价。根据年初签订的岗位绩效合同及年终绩效审计结果，确定管理团队绩效最终结果。

激励与奖励。根据管理团队绩效评价情况，兑现激励与奖励。

战略检讨。根据当年商业计划执行情况及内外部环境、利益相关者需求变动情况，对发展战略及其举措进行研讨，提出调整建议，并重新回到“战略制定与修订”步骤，修订发展战略，进入新的一轮管理循环。

（2）北京通航财务管理创新方法在公司管理模式中的定位。

北京通航财务管理创新方法所涉及的工作，从公司“落实商业计划书”阶段开始，直至“激励与奖励”阶段，涵盖了年度计划全部执行过程，主要体现为落实年度计划的执行管理工具。

公司管理层的高度重视，以及财务管理部门、计划管理部门、人力资源管理部门的分工协作，是该方法得以施行的根本保障。

（3）北京通航财务管理创新方法的基本内容。

企业管理方法的本质是目标管理，而目标管理的关键是量化管理。为促进公司年度计划的完成，进而推进战略目标的实现，北京通航财务管理创新方法采用了基于项目化管理的目标管理方法，并着力推进量化管理。其基本内容如下。

年度商业计划编制阶段。财务管理部门与计划管理部门在年度商业计划书编制阶段，组织公司年度经营计划指标的编制、确定及分解工作，与公司各部门及项目组共同以项目管理的方法，将各自所承担的年度工作任务分解为里程碑，并明确每个里程碑的活动内容、绩效、责任人、时间、发生资金的数额及其对应的科目类别、需要协同的事项、本部门需要投入的人力等，汇总各部门及项目组填报的《年度业务与资金计划表》，按内控要求，经各级审批确认后，形成公司年度业务与资金计划，据此生成年度生产经营计划、投融资计划及相应的财务预算，作为年度生产经营活动的管控依据。

由于年度业务与资金计划已经按部门及项目组区分，在完成该项工作后，计划部门即据此开展岗位绩效合同编制与签订工作，将年度业务与资金计划责任落实到分管领导、主责部门负责人及相应主责岗位。为月度、季度、年度考核确定目标标准和依据。

季度业务与资金计划阶段。每季度末，由财务管理部门与计划管理部门组织公司各部门及项目组，依据年度业务与资金计划，结合其中业务工作开展情况，滚动编制当季业务与资金计划完成情况报告及下一季度的业务与资金计划，汇总编制公司当季生产经营报告及下一季度业务与资金计划，并生成相应的季度生产经营计划、投融资计划及财务预算，即滚动计划与预算，作为季度生产经营活动的管控依据。

月度业务与资金计划阶段。每个月末，由财务管理部门与计划管理部门组织公司各部门及项目组，依据季度业务与资金计划，结合其中业务开展的实际情况，滚动编制当月业务与资金计划完成情况报告及下一月业务与资金计划，汇总编制公司当月生产经营完成情况简报及下一月业务与资金计划，作为月度生产经营活动管控依据。

月度业务与资金计划完成情况报告所提供的信息，可作为岗位绩效月度评价与考核的依据。

年度业务与资金计划完成情况总结阶段。年度工作结束后，由财务管理部门与计划管理部门共同组织公司各部门及项目组，对照年度业务与资金计划，编制各自总结报告，并汇编为公司年度业务与资金计划完成情况总结报告，可作为年度绩效审计、岗位绩效年度评价及激励奖励的依据。

2. 北京通航财务管理创新成效

（1）实现了财务与业务的透明衔接，明确了资金资源的配置。

北京通航财务管理创新方法实践近一年来，通过将业务计划与资金计划的集成，实现了财务与业务的透明衔接，明确了资金资源配置，是其显而易见的收效之一。同时，这种业务与资金计划的透明衔接，也促进了计划管理部门对企业资源计划的进一步了解和掌握，强化了各部门、项目组的计划资源计划观念，奠定了未来企业实施 ERP（企业资源计划管理系统）业务基础。

（2）落实了企业增收节支、降本增效的责任部门。

企业不同部门具有不同职能，在企业增收节支、降本增效工作中的贡献领域或方向也不相同。通过实施北京通航财务管理创新方法，进一步落实了不同的部门、不同的岗位、从事不同的业务、产生不同的费用，使得降本、节支工作能够确定清晰有效的管控点，即明确了每一项业务应该发生什么费用、发生多少费用，将企业增收节支、降本增效工作落到实处。

（3）落实了企业增收、增利责任部门。

通过实施北京通航财务管理创新方法，进一步落实了能够为企业创收的部门、业务及其相应的计划，为促进企业增收、增利明确了着力点，也为企业资金等资源配置的方式、数量提供了依据，保障公司整体业务的协调发展。

（4）财务风险管控前移，降低企业经营风险。

通过对业务计划的审核、执行过程的反馈及相应的变更控制，可以加强对业务风险的管控，从而将财务风险管控点前移，最终达到降低企业经营风险的目的。

（5）有效提高了管理工作效率效能。

将公司业务计划与资金计划集成，有效协同了计划管理部门与财务管理部门的工作，不但没有增加沟通成本，反而提高了相应的管理工作效率与效能。

（6）为绩效管理提供量化依据。

在业务与资金计划编制过程中，所有部门和项目组所承担的各项任务都要分解，明确时间、提交物、考核指标等内容，在继续分解为各项具体活动及其对应的资金收支计划的同时，需要明确责任人，并在提报各项工作完成情况时，填写对应活动执行情况。北京通航财务管理创新的这种设计安排，为组织绩效（部门业绩）管理和岗位绩效（员工业务）管理提供了翔实可靠的依据，真正实现了以绩效管理推动业务发展。

（7）推进所属企业实行创新方法，强化集团管控。

2015 年 3 月起，北京通航在总结财务管理创新方法基础上，将该方法向所属企业推广实施，截至目前已初见成效。在推行该方法过程中，紧紧抓住所属企业财务管理与计划管理职能，获得所属企业领导的大力支持，而全员培训是确保推行取得效果的关键。

三、结论

综上所述，北京通用航空有限公司将运营计划管理，财务预算和根据完成情况的绩效考核相结合的这种创新方法，加强了管理部门对人力资源和财力资源的管理，促进了北京通航年度经营管理目标的实现。经过一段时间应用，可以得出以下结论：

（1）该方法可以有效整合企业内部管理职能，强化企业资源管理能力，在提高工作效率的同时，提高工作质量，形成企业发展合力。

（2）财务管理、计划管理及绩效管理部门是该方法的三驾马车，必须密切协同配合，有效开展具体工作。

（3）管理层的高度认可和支持是该方法取得成效的根本保证。

（4）该方法适用于北京通航总部自身管理，同样适用于北京通航的集团化管理，具有很好的推广实施适应性和价值。

北京通航这种经营计划、财务预算管理与绩效考核有机相结合的方法在一段时间内的实践在公司发挥了作用。但由于北京通航还处在企业发展的初创阶段，该方法的实现主要借助于“Excel 表格”工具，待公司进入发展期，即可借助于较为成熟企业管理软件，从业务与资金计划角度，实现财务管理信息化。

四、创新方法的未来展望

随着北京通航快速发展，特别是在步入企业发展期阶段，公司以战略为核心的管理模式也将不断发展。北京通航财务管理创新方法主要包括以下内容：

1. 横到边、竖到底，采用信息化手段，涵盖企业全部资源管理

当今流行的 ERP 系统（企业资源计划系统）虽然有种种优势，但不能涵盖企业管理的方方面面，而北京通航财务管理创新方法是基于项目化管理的目标管理方法，可以作为除生产之外其他业务的执行系统，是 ERP 的有效补充。

2. 将业务与资金计划管理向一线业务人员推进，构建实时企业

现在的创新方法以月度为周期，以部门为单位，将活动落实到岗位，但月度周期内的变化还不能及时反映出来，各项活动实际进展情况仍需要在月底前由各部门统计、上报，缺乏实时性。未来应通过信息化手段，将里程碑分解得到活动以工单的方式发布给责任人，即时完成，即时填写，整体计划即时更新，不但大幅度提高管理的实时性，也实现了绩效的可预计性，无论员工、部门还是企业，都可以随时掌握绩效情况，便于及时调整改进。

3. 将业务与资金计划的执行与公司内控管理融合，构建合规企业

在改进业务执行与记录方式过程中，将企业内控管理中的流程、标准落实到实际业务执行过程，以较为刚性的信息化方式强化企业经营风险管理，为业务合规、企业合规奠定基础。

4. 加强分析优化，持续改进成本控制、预算管理

基于创新方法实施过程中积累的各种数据，加强业务与财务分析，寻找可提升业务水平的改进点，以促进业务目标实现为原则，不断完善现有业务计划、执行、总结全过程。

5. 不断总结，改进财务战略与财务治理

随着北京通航财务管理创新方法的不断成熟，应从上至下彻底变革财务管理、财务与业务管理协同模式以及集团公司管控模式，在以战略管理为核心的企业管理模式中，发挥承上启下的作用。

附录：北京通用航空有限公司 2015 年度业务与资金计划项目表

运营计划	部门：职能部门 + 项目组
	年度重点工作 / 项目名称
	占部门年度工作权重
	年度工作内容
	年度目标
	里程碑
	交付物
	开始时间
	交付时间
	考核指标
	目标值
	分配权重
	责任人
	协同部门
	协同事项
财务预算	部门
	年度重点工作 / 项目名称
	本部门人力安排
	人力小计
	资金收支时间
	资金收入金额
	资金收入小计
	资金支出金额
	资金支出小计
	资金所属科目
	资金说明
	备注
完成情况	部门
	年度重点工作、项目名称
	任务工作完成状态
	原因说明
	资金收入金额
	资金收入小计
	资金支出金额
	资金支出小计
	整改安排

如何建立经济责任审计评价指标体系

申报单位：中国石油天然气股份有限公司管道呼和浩特输油气分公司
第一作者：彭 良　　作者：王英臣 贺元发 赵慧颖

［摘要］2010 年底《党政主要领导干部和国有企业领导人员经济责任审计规定》正式发布，各级审计部门逐渐加强经济责任审计工作。经济责任审计标准、依据急需在理论上和实践上细化统一，为此，建立行业内部经济责任审计评价指标体系成为重大理论研究课题。本文思路为：从管理学理论出发，详细阐述与管理者经济责任有关的各项技能，并将各项指标与管理者技能相结合，通过具体指标的建立，评价管理者在任期间的经济责任。

［关键词］经济责任　指标体系　职能　管道运输

经济责任审计对象分析

一、了解经济责任审计对象工作职能

深入了解管理者工作职能对建立经济责任指标体系具有方针性指导作用，通过了解管理者工作方法和工作思路，为有效制定适合不同级别管理者经济责任指标打下坚实基础。

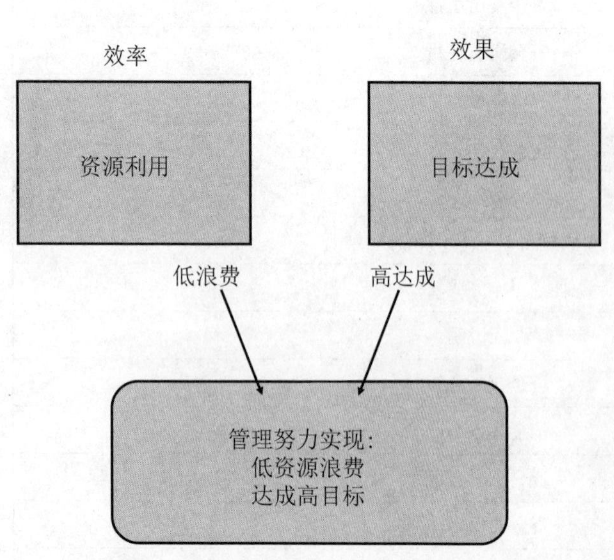

图 1　管道运输行业经济责任评价重点、效率和效果

管理者作为经济责任审计对象，最重要的职能包括以下方面：首先，计划职能。指定义目标，制定战略以及制定计划和协调活动过程。其次，组织职能。指决定应该从事哪些任务，应该由谁从事这些任务，这些任务怎么分类和归集，以及在哪一级做出决策的过程。再次，领导职能。指指导和激励下属，处理雇员的行为。最后，控制职能。指监控以确保事情按计划进行的过程。

经济责任审计对象进行评价指标设计时，应充分考虑审计对象任期内对以上职能和角色的应用情况，并对各项职能和角色进行充分考评审计，出具与审计对象相适应的审计评价。

但是，因管理者所处管理层级不同，在进行审计评价指标设计时，应确保审计的成本效益原则得以实现（见图 1）。

二、了解经济责任审计对象基本技能

经济责任指标设计时，应该了解管理者对所具备的基本技能或素质，包括技术技能、人际技能和概念技能。技术技能指熟练完成特定工作所需的特定领域的知识和技术。人际技能包括与个人或群体中的其他成员和睦相处的能力。概念技能指管理者对抽象、复杂情况进行思考和概念化的技能。经济责任审计对象是各个阶层的领导者，将管理者按照阶层也可以分为基层管理者、中层管理者和高级管理者。基层管理者，管理一般雇员所从事的工作，这些工作是生产和提供组织产品的工作。中层管理者，所有处于基层和高层之间的各个管理层次的管理者，管理基层管理者。高层管理者，承担着制定组织决策、为整个组织制定计划和目标的责任。因各级管理者所需技能的重点不同，因此可以将经济责任审计对象按不同层级分，确定不同侧重点。在制定经济责任指标体系时，也可以分成不同的侧重指标（见图 2）。

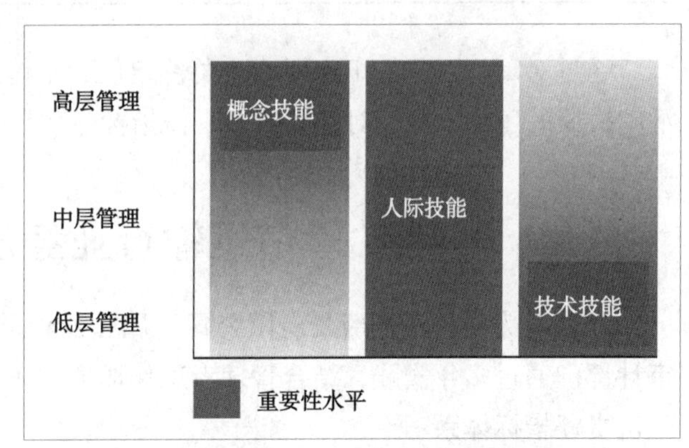

图 2　对各个阶层管理者设计经济责任考核指标侧重点

除了对经济责任审计对象进行技能分析外，还应将技能与职能结合起来，在建立指标体系时，这种分析方法更具有针对性，评价更具客观性。

表 1　经济责任审计对象技能与职能内在联系矩阵

技能	职能			
	计划	组织	领导	控制
获取权力		√	√	
积极倾听			√	√
预算	√			√
选择有效的领导方式			√	
教练			√	
创建有效的团队		√	√	
授权		√	√	
执行纪律		√	√	√
访谈			√	
解决冲突		√	√	√
减少变革阻力			√	√
指导			√	
谈判			√	
提供反馈			√	√

续表

技能	职能			
	计划	组织	领导	控制
解读组织文化		√	√	
主持有效果的会议	√	√	√	√
审视环境	√			√
设立目标	√			√
创造性地解决问题	√	√	√	√
评估差异性	√	√	√	√

通过对审计对象的工作职能、角色定位、工作技能的分析，能够深刻了解审计对象任期内各项活动决策的理论根源，对建立经济责任指标体系具有指导作用。

石油管道运输行业经济责任指标建立案例

某公司为中国石油股份有限公司下属石油管道运输企业，实行全面预算管理机制，点多线长，审计部门通过多年实践，结合管理者工作职能、角色定位、工作技能等，总结出符合本公司特点的经济责任指标体系：

一、财务基础审计指标

1. 财务收支核算合规性

（1）会计核算是否真实、准确、及时，指收支核算是否符合财务会计制度；账实、账账是否相符等。

（2）是否存在违规使用资金，指有无资金“体外循环”、公款私存、私设“小金库”、以个人账户从事股票交易，以及违规对外拆借资金、对外投资、对外资金担保和出借账户等问题。

（3）是否遵循会计基础工作规范要求，指会计机构设置及人员配备；会计凭证、账簿、报表等会计资料；会计工作内部制约。

（4）资金计划完成率，指资金计划调整（包括额度调整与时间调整）次数与资金计划编报次数比率。

2. 资产质量变动情况

（1）是否存在资产重大损失，审计期内是否存在资产的重大损失或资产流失等。

（2）是否存在潜在损失或不良资产。

3. 经营成果真实性

（1）财务报告真实性，指财务报告是否准确、真实反映经营成果。

（2）会计政策是否正确，指是否正确采用会计确认标准或计量方法，有无随意变更或者滥用会计估计和会计政策。

4. 重大经营活动和经营决策

（1）是否遵照“三重一大”管理规定，重大事项的决策程序是否按照“三重一大”或相关管理规定要求。

（2）是否存在违规决策，决策过程是否存在违反法律法规或公司规定的行为。

（3）是否存在给企业造成损失的决策，审计期内有无给单位带来损失的决策失误。

5. 企业经营合法合规性

（1）是否存在违规违纪行为。被审计人有无任职期间利用职权便采取各种手段侵占单位资产，以及弄虚作假、骗取荣誉和蓄意编制虚假会计信息等重大问题。

（2）违规违纪资金率，即查出的各项违规违纪金额对各项审计审定金额的比率。

6. 内部控制及执行情况

（1）是否建立内部控制制度，是否按要求进行内控管理体系，内控流程、风险控制文档是否落实到科室及流程负责人。

（2）内控运行是否有效，是否按照内控要求执行。

二、企业绩效评价

（一）财务绩效评价

1. 盈利能力

（1）成本费用增长率。成本费用增长值与上年成本费用的比率。计算公式:（成本费用增长额 / 上年成本费用）×100%。

（2）制造费用与主营业务成本比率。制造费用与主营业务成本的比率。计算公式:（制造费用 / 主营业务成本）×100%。

（3）主营业务成本与管输量比率。单位管输量所耗费的主营业务成本。计算公式：主营业务成本额 / 管输量。

（4）生产 / 销售计划完成率。实际生产量或销售额与计划生产量或销售额的比率。计算公式:（实际生产量或销售额 / 计划生产量或销售额）×100%。

2. 资产质量

（1）总资产周转率。企业在一定时期业务收入净额同平均资产总额的比率。计算公式：总资产周转率 = 主营业务收入净额 / 平均资产总额 ×100%。

（2）流动资产周转率。企业一定时期内主营业务收入净额同平均流动资产总额的比率。计算公式：主营业务收入净额 / 平均流动资产总额 ×100%。

（3）不良资产比率。不良资产占全部资产的比率。计算公式：不良资产比率 =（资产减值准备余额＋应提未提和应摊未摊的潜亏挂账＋未处理资产损失）/（资产总额＋资产减值准备余额）×100%。

（4）资产损失率。指审计期内盘亏和毁损的固定资产等原因，而造成的固定资产损失数与期初固定资产原值的比率。计算公式：资产损失率 = 固定资产损失额 / 期初固定资产原值。

（5）物资库存增长率。审计期库存物资增长额与审计期初物资库存金额的比率。计算公式：审计期库存物资增长额与审计期初物资库存金额的比率。

（6）主要生产设备综合完好率 / 设备综合完好率。审计期内主要生产设备完好台数与总在册台数比率。计算公式:（主要生产设备的完好台数 × 完好天数）/（总在册台数 × 审计期天数）×100%。

（7）仪器仪表及自动化通信设备综合完好率。审计期内主要仪器仪表及自动化设备完好台数与总在册台数的比率（主要仪器仪表及自动化通信设备的完好台数 × 完好天数）/（总在册台数 × 审计期天数）×100%。

3. 发展能力

（1）客户满意度。多个客户期望指标与实际获得值之间匹配度按权重的组合。计算公式：（非常满意客户数 ×1+ 比较满意客户数 ×0.8+ 一般满意客户数 ×0.5+ 不太满意客户数 ×0.2+ 很不满意客户数 ×0）/ 被调查客户数 ×100%。

（2）客户质量问题处理的及时有效性。

（3）管道完整性管理覆盖率。审计期内已制定完整性管理方案的管道累计里程与在役管道总里程的比率。计算公式：（已制定完整性管理方案的管道累计里程 / 在役管道总里程）×100%。

（4）审计期内实际完成项目总数与计划项目总数的比率。计算公式：（审计期内实际完成项目总数 / 计划项目总数）×100%。

（5）大修理及固定资产投资项目一次验收合格率。审计期内一次验收合格的大修理及固定资产投资项目数占计划项目总数的比率。计算公式：（一次验收合格的大修理及固定资产投资项目数 / 计划项目总数）×100%。

（6）工程按期完工率。审计期内按计划工期完成的工程项目数与计划工期内应完成的工程项目总数的比率。计算公式：（审计期内按计划工期完成的工程项目数 / 计划工期内应完成的工程项目总数）×100%。

（7）管道外检测任务完成率。审计期内实际完成管道外检测长度与管道外检测计划长度比率。计算公式：（审计期内实际完成管道外检测长度 / 管道外检测计划长度）×100%。

（8）能源及储油设施监测任务完成率。审计期内能源及储油设施监测实际完成数与监测计划数比率。计算公式：（审计期内能源及储油设施监测实际完成数 / 监测计划数）×100%。

（二）管理绩效评价

1. 经营决策机制

（1）是否建立决策机制。对决策机制的建立情况进行定性审计。

（2）是否建立决策执行督办机制。对是否建立决策执行的督办机制做定性审计。

（3）是否建立责任追究机制并有效执行。对责任追究机制执行情况做定性审计。

2. 内部风险控制

（1）内控重大缺陷和实质性漏洞发生率。审计期内所属单位经理、负责财务副总经理、总会计师和财务科长等发生的与财务报告相关的任何舞弊行为项（次）数与本单位财务合规目标比率。计算公式：（审计期内所属单位经理、负责财务副总经理、总会计师和财务科长等发生的与财务报告相关的任何舞弊行为项（次）数 / 本单位财务合规目标）×100%。

（2）审核、检查发现问题有效整改率。审计期内对公司组织的任何审核、检查中发现并列为问题进行了有效整改的数量与实际发现并列为问题的总数比率。计算公式：（对公司组织的任何审核、检查中发现并列为问题进行了有效整改的数量 / 实际发现并列为问题的总数）×100%。

（3）合同合规率。审计期内符合合同管理规定的合同数与本单位所签订合同总数比率。计算公式：（1- 本单位所签订的事后和滞后合同份数 / 所签订合同总份数）×100%。

3. 人力资源建设

（1）培训与教育费用与主营业务成本比率。计算公式：（审计期教育培训费用总额 / 主营业务成本总额）×100%。

（2）员工培训任务完成率。审计期内员工实际培训时数与计划培训时数比率。计算公式：（员

工实际培训时数 / 计划培训时数）×100%。

（3）储运技术服务人员数量和质量保障率。审计期内相关单位实际提供的符合公司技术服务轮换规定的人员数量与提供技术服务轮换人员总数比率。计算公式：（审计期内相关单位实际提供的符合公司技术服务轮换规定的人员数量 / 提供技术服务轮换人员总数）×100%。

（4）绩效考核覆盖率。包括各单位对其所属单位和人员绩效考核覆盖情况，具体定义为：审计期内各单位实际实行绩效考核的组织数量或员工数量与本单位实有组织数量或员工总量比率。计算公式：（审计期内各单位实际实行绩效考核的组织数量 / 本单位实有组织数量）×100%、（审计期内各单位实际实行绩效考核的员工数量 / 本单位实有员工总数）×100%。

（5）关键人才流失。非正常原因导致的员工离岗离职。

（三）经济责任评价

（1）主要经营业绩。各项工作任务和经济指标的静态数值分析、动态状况分析，综合评价盈亏虚实、偿债能力、营运能力、获利能力及企业发展后劲。

（2）应承担的经济责任。根据财务基础审计与绩效评价成果进行综合评定，综合审计工作结果，确定被审计人员所承担的经济责任。

经济责任审计指标体系的建立，既需要指标设计者了解管理学知识，又必须能够联系审计对象个人、单位的实际情况，指标体系固化但不僵化，应随着单位、企业组织发展而不断更新。本文展示行业的经济责任指标体系仅作为体系模式的介绍，各单位应根据实际情况，统筹考虑，在《党政主要领导干部和国有企业领导人员经济责任审计规定》框架内，设计出适合本企业的经济责任审计指标体系。

企业管理会计工具集成应用分析

申报单位：中国航空工业集团航宇救生装备有限公司
作者：张 力

[**摘要**] 航宇装备目前开始实施全面预算管理，并以此为管理基础平台，逐步嫁接融合经济增加值、战略管理、平衡计分卡、关键业绩指标等管理理念，形成基于综合平衡计分卡的战略管控体系。

[**关键词**] 集成应用　综合平衡计分卡

对于管理会计工具的应用研究，目前大都倾向于单个的管理会计工具应用，对于管理会计工具集成应用研究较少。在管理会计实践方面，多样化的管理会计工具充斥企业管理活动，只强调自身理论的应用，缺乏系统性，从而制约了各种有效的管理工具的作用发挥。鉴于此，本文基于集成理念，分析各主要管理会计工具的局限性，提出管理会计工具集成应用框架。

一、问题的提出

我国已经引入了很多管理会计工具，如全面预算管理、平衡计分卡、经济增加值、作业成本法及作业基础管理等。企业在具体应用这些工具时，不同程度存在以下三种倾向：

（1）孤立强调某一管理会计工具的系统性和全面性，而忽视其应用的局限性，排斥其他管理会计工具的补充使用。

（2）盲目强调众多管理会计工具的供给，认为各种管理会计工具的运用越多越好，没有从功效性、逻辑性方面解决各种工具兼容性问题，从而导致各种工具间功能重复、掣肘甚至相互矛盾，不仅造成大量资源浪费，甚至出现内部管理混乱。

（3）热衷于追求管理会计工具更新，而不考虑企业文化的延续性和管理会计工具运用效果权变性，不断支付昂贵的系统转换成本。

究其原因，主要由于缺乏对管理会计工具差异与互补关系的理论认识，致使企业在具体应用管理会计工具时缺乏系统性，从而不利于管理会计功能的发挥。因此，必须吸收各管理会计工具优势，建立管理会计工具的功能互补性集成应用框架，实现管理会计工具应用的企业“本土化”。

二、主要管理会计工具集成应用框架

在目前众多的管理会计工具中，能自成体系并独立进行管理控制或业绩管理的工具，主要包括全面预算管理、平衡计分卡、经济增加值、作业成本法及作业基础管理等，四种管理控制工具的特色及其集成应用建议如下：

（一）全面预算管理局限性及其集成

全面预算管理作为传统管理控制体系的代名词，涵盖了目标设定、执行控制、差异分析、考核评价等内容，长期处于企业管理控制系统中的核心地位。

但随着组织环境发生重大变化，传统全面预算管理的局限性也日渐显现，主要表现在：①全面预算管理的财务特性突出，难以与公司战略规划相对接。预算与战略可以看成是面对同一价值增值问题的两种不同的企业文化，全面预算强调财务数据与财务文化，而战略强调非财务数据和经营文化，因此，无论从规划角度，还是从控制评价角度，都使传统全面预算管理体系缺乏战略相关性。②全面预算管理预算缺乏组织适应性，预算仍然是命令控制型组织的管理会计工具，无法满足组织柔性和作业单位（或作业团队）多变的需求。因此，不少企业认为全面预算已无法为价值增值做贡献，甚至放弃了实施多年的传统全面预算系统，实施“超越预算”控制模式。③由于全面预算管理的财务特性，预算控制常引发组织行为问题，如制定预算中讨价还价现象以及预算宽余、业绩操纵等问题，导致全面预算成为“数字游戏”。

全面预算管理的财务特性和财务文化，抑制了管理会计工具效应的发挥，因而全面预算管理需要与其他新的关注组织非财务资源，并有助于提升内部管理价值的管理会计工具集成应用，如作业预算，其基于作业分析而对企业预期作业的数量表达，反映完成战略目标所需进行的各项工作及相应的各种会计、非会计资源需求，还反映为提高业绩所做的各种改进。又如战略预算，其以新增业务单元为对象确定资源配置方案，可以从平衡计分卡的财务、客户、内部流程及学习发展维度，特别是非财务维度衡量未来经营目标、所需资源，并结合财务目标导向确定资源最优配置方案。

（二）平衡计分卡的局限性及其集成

平衡计分卡已成为战略管理的有效工具，其独特之处在于：①平衡计分卡在一个评价系统中通过因果关系链，整合了财务和非财务战略指标，关注结果指标和驱动指标，使其成为一个前向反馈的管理控制系统。②平衡计分卡通过非财务指标的 3 个维度，准确反映出了企业技术及竞争优势变化的实质，从而使业绩管理更具战略相关性。但随着平衡计分卡在企业推行的日渐深入，从管理会计工具功能的角度，人们发现其仍然存在着一些明显的局限性：①平衡计分卡的重点放在了业绩指标的选择和平衡上，但没有涉及各指标目标值确定方法，解决“如何进行平衡”的问题。②财务业绩可以适时取得并加以审计，但非财务业绩的采集则难以适时且无法审计，这种时间上、准确上的差异性，会导致其只能用于年度（或半度）的业绩评价，而无法做到月度或其他更为适时的监控与评价，即使做到，成本也很高。③平衡计分卡没有涉及组织资源的分配问题。

因此，平衡计分卡需要与战略管理集成应用，以强化战略执行和评价功能、战略管理，包括战略选择与战略规划，应当能够被具体化和行动化，尤其是在战略经营单位层面，平衡计分卡作为一种管理工具，应当在这方面充分体现其优势。同时，平衡计分卡的固有缺陷可以通过与传统全面预算管理相结合，如果不能借助预算管理这一企业资源分配工具，战略实施终究还是空中楼阁。

（三）经济增加值的局限性及其集成

经济增加值应用于管理目标设定、持续管理改进、业绩评价和报酬计划设计等管理领域，从管理控制系统角度分析，其优势表现在：①通过经济增加值管理可以使管理者更加关注股东价值创造，使企业日常经营活动与价值创造、长期目标密切相关。②经济增加值管理中的激励系统，解决了传统奖励计划易导致的盈余操纵与投资短期化行为。

但是，经济增加值在企业应用中也存在局限性：①彻底授权问题。经济增加值管理要求将企业经理人当成准所有人，并将投资决策权下放给企业下层，但这个要求对于多数企业来说并不现实。②战略执行问题。经济增加值管理认为财务资本驱动着企业的成长，而不是非财务资本，因此，经济增加值管理所谓的战略实际上是一个"黑箱"。③信息系统和沟通机制过于单一，公司管理行为被简单化、理性化了。④经济增加值管理无法有效实施全员管理，因为财务责任分解只是针对某种程度而言的，财务责任难以分解到职员层次，其对年度经济增加值增量贡献往往难以区分，因而无法解决职员"偷懒"与"搭便车"行为。

因此，建立以平衡计分卡为主体的业绩评价体系，其中以经济增加值及其改进指标来嵌入财务业绩评价中，是改变传统全面预算管理评价的主要思路。传统全面预算管理强调预算考核的重要性，但过分侧重于财务指标的考核结果，从而忽略了业绩评价系统对公司战略和公司可持续发展的影响，全面预算管理评价的短视行为已日益显露。强调非财务指标的业绩考评体系正是平衡计分卡体系的主要优势。

（四）作业成本法及作业基础管理局限性及其集成

作业成本最初是为了解决共同成本分摊问题，由于其提供的信息可被广泛用于全面预算管理、生产管理、产品定价、产品研发等诸多管理，因而上升为以价值链分析为基础、服务于企业战略需要和增值目标的作业基础管理。

作业成本法或作业基础管理由于只涉及技术层面，而非管理控制层面的问题，在逻辑上还很难说是一种完整的管理系统。但作为一种有效的价值分析技术，从管理会计工具集成应用角度，将有助于：①通过作业分析和价值链分析，可以真正识别价值驱动因素，剔除非增值作业。②通过建立作业成本计算及作业定价，可以帮助企业建立标准作业成本。③通过作业基础管理，深入分析企业内部与外部顾客盈利性，以及企业产品、顾客的盈利性，引导产品、顾客调整结构。④有助于完善预算技术，建立经营型作业预算管理体系。

因此，管理会计工具集成应用应当通过作业基础管理来提高其价值增值力，即通过价值链分析来帮助企业提高组织与业务流程效率。由于作业成本法能够更精确地分摊成本，从而能为企业标准作业制定与预算编制、平衡计分卡、财务报表提供更为准确的数据，并全面支持企业的战略规划、预算编制与执行、绩效管理等。

三、航宇装备管理会计工具集成应用基本思路

航宇救生装备有限公司（简称"航宇装备"）是中国航空工业集团公司（简称"中航工业"）下属的子公司。航宇装备目前开始实施全面预算管理，并以此为管理基础平台，逐步嫁接融合经济增加值、战略管理、平衡计分卡、关键业绩指标等管理理念，形成基于综合平衡计分卡的战略管控体系。其成功经验表现在：

（一）建立综合平衡计分卡

航宇装备注重公司可持续发展，通过财务、客户、内部流程及学习发展四个方面指标之间的相互驱动的因果关系展现公司战略轨迹，实现绩效考核→绩效改进以及战略实施→战略修正的战略目标过程。将绩效考核地位上升到公司的战略层面，使之成为公司战略的实施工具。建立综合平衡计分卡，有效地实现了财务与非财务衡量方法之间的平衡，长期目标与短期目标之间的平衡，内部与外部之间的平衡，结果与过程的平衡，管理业绩与经营业绩的平衡等，使业绩评价趋于平衡和完善，促进了公司长期发展。

（二）以经济增加值考核为牵引　建立关键绩效指标体系

航宇装备战略预算考评以经济增加值考核为牵引，结合“二八原理”和SMART原则，把对公司、部门、重要岗位绩效的评估简化为几个关键绩效指标（KPI）体系。通过对公司内部流程的输入端、输出端的关键参数进行设置、取样、计算、分析，合理确定绩效目标式量化管理指标，把公司战略目标分解为可操作的工作目标。KPI使部门主管明确部门的主要责任，并以此为基础，明确部门职员的业绩衡量指标。明确切实可行的KPI体系，成为战略预算管理绩效评价的关键。

（三）推行独具特色的管理方法和路径

航宇装备结合自身行业背景、产品生产特征、资产专用性等，自主创新，实施了一套科学的管理方法，有效支撑了战略预算管理的运行。例如，创建了“年精益、季目标、月改进、周计划、日看板、时记录”的精益管理方法，打造了公司高效的执行和不断改进体系，为包括综合平衡计分卡、精益六西格玛管理、6S管理在内的各种先进管理方法落地生根培植了良好土壤；以经济增加值考核为牵引，深化平衡计分卡的应用，构建了基于经济增加值的预算指标考核体系等。在生产组织管理上，持续做好流程的优化与完善，促进关键产品的稳定产出和连续配套，突出精益生产、敏捷制造和同步工程思想；在原材料采购成本和库存控制方面，重点加强目标价格管理，做到合理库存，降低资金占用；在技术管理方面，加大技术攻关力度，解决好影响产品质量的技术瓶颈等。

（四）稳步推进信息系统集成

公司通过对物流管理系统、设备维修管理系统、数字化制造系统、生产管理系统、财务管理系统、人力资源系统的信息化改造，建立数据接口标准和共享数据仓库，实现公司物流、价值流和信息流的集成和一体化，为战略预算管理的过程控制和绩效评价提供了技术平台。另外，公司依据业务流程，通过信息活动要素的创造性地有机交融、整合、集成，各种信息要素的单项优势在集成对象间的非线性作用下裂变，并以信息资源本身为核心聚合成范围更广、程度更深、强度更大的综合优势整体，从而实现整体效能的倍增或涌现，更加有效地支持了公司发展战略目标的实现。

四、结论

管理会计工具的具体集成应用方式，取决于企业特质、企业规模与管理水平、总体成本效益状况等因素。首先，要明确管理会计工具的功能特征，可以通过企业长期目标与战略、组织与流程的设计、任务的设定、业绩评价与奖惩、信息提供等若干方面进行功能测试；其次，进行应用技术的互补性分析；最后，建立管理会计工具集成应用有效执行机制。

首钢长钢熔剂厂成本控制与实践

申报单位：首钢长治钢铁有限公司
第一作者：和河鱼　作者：张振新　陈建利　冯云林　明月霞

［**摘要**］本文主要内容是：一是首钢长钢熔剂厂在日常经营管理中，在成本控制方面，以夯实成本基础工作为前提，通过制定各项消耗定额，出台标准化操作规范，加强制度建设，确保成本控制的可靠性。二是熔剂厂成本控制涵盖内容、基本原则、从何处着手及取得的效果和经济效益。三是熔剂厂各成本核算单位在成本控制中需承担的任务或各职能科室、车间在成本控制中发挥的作用。各职能科室相互配合，相互制约，共同完成熔剂厂成本核算中心的总体任务。

［**关键词**］成本控制　经营管理

首钢长治钢铁有限公司熔剂厂（以下简称熔剂厂）为首钢长治钢铁有限公司（以下简称长钢公司）的二级核算单位，拥有职工300余人。下设财务科、综合管理科、安全生产科、技术设备科四个职能科室；青石工区、回转窑、套筒窑三个生产车间及外购原料组。主要产品有轻烧白云石粉、回转窑冶金活性石灰、套筒窑冶金活性石灰。生产能力分别为年产18万吨、20万吨、17万吨。下面简要介绍熔剂厂成本控制内容、基本原则、方法及效果。

一、成本控制概念

成本控制：运用系统工程的原理对企业在生产经营过程中发生的各种耗费进行计算、调节和监督的过程，同时也是一个发现薄弱环节、挖掘内部潜力、寻找一切可能降低成本途径的过程。科学地组织实施成本控制，可以促进企业改善经营管理，转变经营机制，全面提升企业素质，提高企业经济效益。

成本控制是在建立健全各项工作的基础上，实施事前、事中、事后的控制。

二、成本控制的基础工作

1. 定额制定

定额是企业在一定生产技术水平和组织条件下，人力、物力、财力等各种资源消耗达到的数量界限，主要有原材料定额、燃料定额、动力定额、工时定额和制造费用定额（见表1）。

表1　2015年长钢公司下达的回转窑冶金活性石灰目标成本

产品名称：回转窑冶金活性石灰　　　　产量：20万吨

成本项目	单位	2015年预算			各成本项目
		单耗	单价（元）	单位成本（元）	所占比重（%）
总成本				257.95	100
一、主料成本				73.04	28.32
块状石灰石	吨	1.66	44	73.04	28.32
二、冶炼费				184.91	71.68
燃料和动力				98.33	38.12
转炉煤气	立方米	310	0.12	37.20	14.42
焦炉煤气	立方米	160	0.27	43.20	16.75
电	度	31.50	0.51	16.07	6.23
氮气	立方米	9.00	0.14	1.26	0.49
蒸汽	立方米	0.008	76	0.60	0.23
职工薪酬				15.66	6.07
制造费用				70.92	27.49

其中，消耗部分是长钢公司技术部门会同财务部门，结合熔剂厂技术装备水平、原料质量指标、职工技术操作水平等各方面因素，通过精确计算所要达到的数量界限，单耗乘以单价，即单位成本，就是所要控制的定额成本。在实际操作过程中，要通过生产过程步骤控制，努力使各项消耗指标控制在各项定额消耗指标范围之内。

2. 标准化工作

标准化工作是现代企业管理的基本要求，是企业正常运行的基本保障，它促使企业生产经营活动和各项管理工作达到合理化、规范化、高效化，是成本控制成功的基本前提。在成本控制过程中，下面四项工作极为重要。

（1）计量标准化。计量是指用科学的方法和手段，对生产经营活动中的量和质的数值进行测定，为生产经营，尤其是成本控制提供准确数据。如果没有统一计量标准，基础数据不准确，那就无法获取准确成本信息，更无从谈控制。如为大宗原燃料计量的电子磅，为燃料、动力计量的水表、电表、转炉煤气表、焦炉煤气表、氮气表等，只有完善了这些计量设施，才能提供准确的消耗数，为成本控制提供可靠数据。

（2）价格标准化。公司内部产品结算采用内部计划价，它是企业内部各核算单位之间，模拟市场进行销售的价值尺度。标准价格是成本控制运行的基本保证。

（3）质量标准化。成本控制是质量控制下的成本控制，没有质量标准，成本控制就会失去方向，也谈不上成本控制。2015年本公司对熔剂外购原料及自制半成品下达了各项质量技术标准，要按照公司制定的技术质量标准组织生产，努力达到公司制定的各项技术标准（见表2、表3、表4）。

表2 外购原料质量技术标准

名称	化学成分（%）		粒度范围	最大粒度	粒度允许波动范围	
					上限	下限
	CaO	SiO_2			不大于	
加工用石灰石	≥ 52	≤ 2	80~40	50	15	0
回转窑块状石灰石			20~40	50	15	0
套筒窑块状石灰石			40~80	90	10	0

表3 自制烧结用冶金活性石灰质量技术标准

名称	化学成分（%）				粒度（mm）		
	CaO	SiO_2	S	灼减	粒度	允许最大粒度	允许波动最大范围
冶金石灰	78.5±2.0	≤ 4.5	≤ 0.2	≤ 12	≤ 3	5	3~5 含量 ≤ 13%
套筒窑冶金石灰	87.0±2.0	≤ 2.5	≤ 0.2	≤ 12	≤ 3	5	
回转窑冶金石灰	87.0±2.0						

表4 自制炼钢用冶金石灰质量技术标准

名称	化学成分（%）				活性度	粒度（mm）	
	CaO	SiO_2	S	P	4mol/ml	粒度	波动范围
冶金石灰	≥ 79	≤ 4.5	≤ 0.08	≤ 0.01			超出上下限比例和不大于10
套筒窑冶金石灰	≥ 86	≤ 2.5	≤ 0.08	≤ 0.01	≥ 320 ml	5~50	
回转窑冶金石灰	≥ 88						

（4）数据标准化。制定成本数据的采集过程，明晰成本数据报送人和入账人责任，做到成本数据按时报送，及时入账，实现信息共享。这里主要是要做好原始记录的登记、传输、核算工作。比如每日原燃材料的入库量；每个班组的生产量、原料投入量、燃料动力消耗量、质量指标等；每班每个职工的考勤记录；材料备件当月领用量等，只有数据采集过程真实，数据准确无误，传送及时到位，成本核算才能真实、准确。

3. 制度建设

企业管理中制度建设是根本，文化建设是补充。没有制度建设，就不能固化成本控制运行，就不能保证成本控制质量。比如公司下达《安全生产操作规程》《企业财务规章制度》《招标管理办法》等规章制度都是在为成本控制提供一种运行环境。搞好职工安全、生产、经营等各项培训，旨在提高职工整体素质，是搞好成本控制的根本。

三、成本控制内容

成本控制一般可以从成本形成过程和成本费用分类两个角度加以考虑，结合熔剂厂实际，成本控制包括：

1. 大宗原材料成本控制

熔剂厂产品成本原材料品种单一，只有石灰石这一个品种，易控制。要从以下几方面着手成本控制：

（1）根据公司下达的当月生产量，定额消耗量，组织货源，确保原材料供应。

（2）要对周边原料进行市场考察，对目前市场行情做出准确判断，制定最高采购限价。

（3）进行招标采购，比质、比价，确定最优供户。同时要遏制供户联手恶意哄抬价格的情况发生。

（4）对进厂原料进行严格质量把关，只有合格的原料才能生产出合格的产成品，才能完成公司下达的定额消耗指标，才能确保原料库存不会出现盘亏的现象。

（5）月末进行定期盘点，掌握库存情况，做到账、物、卡三相符。

2. 燃料动力的成本控制

（1）计量设施要完善。

（2）工艺操作要规范。

（3）数据采集要及时、准确。

3. 材料备件成本控制

（1）根据生产需要及定额指标上报材料、备件领用计划。

（2）建立不相容岗位相分离制度，确保材料计划上报、生产领用、材料审批为不同的人员。

（3）树立全厂“一盘棋”思想，对三个车间共用材料实行统一调配，对专用材料备件要提前上报。

（4）对已领代耗暂存材料备件，要建立台账，进行严格管理，定期盘点，完善出库、入库、领用、审批手续，确保资产完全、完整。

4. 工资费用成本控制

主要是车间劳资员对生产现场工时定额、出勤率、工时利用率、劳动组织的调整、奖金、津贴等的监督和控制。此外，生产调度人员要监督车间内部作业计划的合理安排，要合理投产、合理派工、控制窝工、停工、加班、加点等。车间劳资员对上述有关指标负责控制和核算，分析偏差，寻找原因。

5. 制造费用控制

制造费用包括折旧费、大修费、中小修理费、机关人员的工资、维修费、办公费、差旅费、通信费等内容，各个部门、车间、班组分别由有关人员负责控制和监督，并提出改进意见。主要从以下方面加以控制：

（1）树立节约意识，要有我为降低成本出一分力的思想，从身边每一件事做起，从节约一张纸开始。

（2）大修、维修项目要按公司要求提前上报计划，申请立项，按工程节点要求完工。按公司结算程序按时审批结算，做到当年的工程当年完工、当年结算。

（3）安全生产专用材料、职工劳保用品、防暑降温等安全方面发生的费用，要按照安全费用管理要求进行上报、审批、使用，建立安全费用使用台账，确保安全费用的合理支出。

（4）办公费、通信费、印刷费、差旅费等日常发生的费用，要严格执行公司审批制度及差旅费报销制度，使各项可控费用控制在公司下达的定额指标范围之内。

四、基本原则

1. 全面控制原则

全面控制原则是指成本控制的全部、全员、全过程控制。全部是对产品生产的全部费用要加以控制，成本控制不仅对变动费用要控制，对固定费用也要进行控制。全员控制是要发动领导干部、管理人员、工程技术人员和广大职工树立成本意识，参与成本控制，认识成本控制的重要意义，才能付诸行动。全过程控制，对产品生产过程进行控制，并将控制成果在有关报表加以反映，借以发现缺点和问题。

2. 例外管理原则

成本控制要将注意力集中超乎常情的情况。因为实际发生的费用往往与预算有上下出入，如发生差异不大，也就没有必要一一查明其原因，而只有把注意力集中在非正常例外事项上，并及时进行信息反馈，才能及时发现问题，解决问题。

主料消耗作为成本控制最关注的技术经济指标，2012 年回转窑活性石灰石计划单耗 1.85 吨，累计实际消耗为 1.841 吨；2013 年计划单耗 1.845 吨，累计实际消耗为 1.766 吨；2014 年计划单耗 1.780 吨，累计实际消耗为 1.643 吨；2015 年 1~6 月计划单耗 1.660 吨，累计实际消耗为 1.528 吨。对比以上指标，累计实际消耗呈逐年下降的趋势，且 2015 年 1~5 月比 2012 年下降了 0.313 吨，降幅达 16.92%。对该项例外事项就要重点分析，通过分析是从 2014 年开始回转窑从加强外购原料入手，对外购原料实行退粉制度。在收料现场增加筛粉工序，对粒度不达标的石灰石就地筛分，废料部分由原供户拉回，这样既提高了原料质量，又降低了活性石灰消耗。

五、成本控制从何处着手

1. 抓主要矛盾，从占成本比例高的方面着手

控制成本自然要控制产品的全部成本，从成本产生全过程、全方位控制成本，包括采购、生产、管理各个环节都要置于企业成本控制范围之内。但如果企业控制成本不分轻重，眉毛胡子一把抓，不加区分地都花大力气进行成本控制，往往达不到理想和预期的效果。我们简要地将成本分为材料费、燃料和动力、人工费和制造费等几个方面，各项费用在产品成本中所占比例的高低是不一样的。从占成本比例高的材料、燃料和动力等方面着手，只要牢牢控制成本占有比例较高的几个部分，企业成本计划一般就不会突破，成本控制目标就比较容易达到。

仍以回转窑为例，2015 年，目标成本中原材料比例占 28.32%，燃料和动力占 38.12%，人工费占 6.07%，制造费用占 27.49%。那么就要从占比例最高的燃料和动力入手，把燃料和动力成本控制作为我们成本控制的重点对象来抓。通过努力，2015 年 1~5 月完成降本任务 47.56 万元，其中燃料和动力完成 34.29 万元，占全部降本任务的 72.09%。在日常成本控制中，就要将原煤、转炉、焦炉煤气、氮气、电等作为成本控制的重点。

2. 从创新着手

企业每年都会采用各种方法来控制成本，消耗定额、限额领料、指标分解、成本倒推等，方法层出不穷。企业成本控制，除保持成本不上升外，每年都以 3% 的幅度降低，但成本降低总有一个限度，到了某一个限度后，如果不是创新技术、工艺、增加或改进设备等，成本很难再降低，管理稍一松懈还有可能反弹。成本降低到一定阶段后，企业只有从创新来降低成本，从技术创新降低原

料用量或寻找新的、价格便宜的材料替代原有老的、价格较高的材料；从工艺创新上来提高材料利用率、降低材料的损耗量、提高成品率；从工作流程和管理方式创新上来提高劳动生产率、设备利用率以降低单位产品的人工成本与固定成本含量。企业只有通过不断创新，用有效的激励方式激励创新，从创新方面着手，才是企业不断降低成本的根本出路。

2014 年，熔剂一车间着手对青石工区生产线进行更新改造，依靠自主技术力量在完全空白点上制作布料设备，新建操作间，建成了一条能自动上料、布料，自动操作控制的自动化生产线，改造后效益如下：

（1）改善了职工的工作环境，由原来的露天上料，改为在操作间自动控制。

（2）节约了劳动力，减轻了职工的劳动强度。

（3）提高了产量，由原来的日产 220 吨，提高到现在的日产 240 吨。

（4）降低了燃料消耗，原煤由原来的吨产品消耗 0.250 吨，降低到 0.230 吨，单耗降低 0.020 吨，煤单价为 580 元，单位成本降低 11.60 元。

（5）提高了产品质量，CaO 指标由原来的 78% 提高到现在的 82%。

随着产量、质量的提高，该产品单位固定费用必然降低，通过技术改造给企业带来的经济效益日趋明显。

3. 从关键点着手

形成产品成本的各个环节、各个点在成本中的作用可能不同，有些环节对成本的形成起关键作用，有些环节点对成本的形成作用较小。企业成本控制应从关键点着手，抓住成本关键点，往往能起到事半功倍的效果。企业应找出适合自身特点的成本控制关键点，从关键点着手进行成本控制，才能把力用到实处，起到事半功倍作用。

4. 从可控制费用着手

产品成本可分为可控成本和不可控成本。所谓不可控只是相对的，没有绝对的不可控成本。不可控制成本一般是指企业的决策而形成的成本，包括工资、折旧费和部分制造费用，因为这些费用在企业建立或决策实施后已形成，在一般条件下，它较少发生变化，你花大力气去控制这些较固定的成本就没有多大意义了，只有在生产经营过程中可以人为进行调控的如机物料消耗、办公费、差旅费、运输费、维修费等可控费，花力气控制才有意义。

2012 年套筒窑汽车运费公司核定为 10 元 / 吨，后半年，我单位通过考察停用了原来敞篷式粉灰运输车辆，引进了集装箱式的粉灰运输车辆，该项举措的效益如下：

（1）环保运输，改善了运输环境。

（2）汽车运输量加大，缩短了运输间隔时间，运输人工费、油料消耗相应降低。2013 年至今公司将该项指标由原来的 10 元 / 吨调整为 6 元 / 吨，吨产品降低运费 4 元 / 吨。

5. 从激励约束机制方面着手

成本控制不是靠企业几个领导、几个重点人物就能做好的，需要所有成本相关人员的参与。如何发挥每个成本相关者在成本控制中的作用是企业成本控制必须解决的问题之一，人们当然希望每个成本相关者都能自觉地控制好自己所管辖范围内产品品质、材料消耗，但这只不过是一种理想，一种愿望，要相信制度的力量，企业成本控制不能建立在人人自觉的美好愿望之上，应当建立成本控制制度，建立与之相关的激励与约束机制，靠制度，用激励与约束的方式来调动员工控制成本的主观能动性，将节约成本与控制者的切身利益联系起来，利用奖惩办法将企业被动成本控制转换为全员主动成本控制。

六、成本核算的作用

各成本核算单位在成本控制中需承担任务，具体情况为：

1. 财务科

（1）全面驾驭生产成本构成内容，参与公司定额成本的制定，对公司目标成本的下达要认真分析，看是否符合单位实际，起到上传下达的作用。

（2）配合管理科对公司下达的全年目标成本及“五对”降本指标进行分解，将指标下达到科室、车间、班组。

（3）了解生产过程中产品产量、质量、工艺过程的变化情况，对全月生产成本完成情况做出科学的预测。

（4）月中根据产量完成情况、大宗原燃材料消耗情况、工资预计审批额、维修费用结算情况，测算当月机物料消耗及备品备件的消耗领用数。

（5）月末全面收集各项消耗数据，组织大宗原燃料出库，计算产品的生产成本及“五对”完成情况。

（6）月末参与供应组组织的大宗原燃料盘库工作，了解库存情况，确保账、物、卡三相符，预防库亏情况的发生。

（7）月末还要对当月生产成本完成情况进行分析对比，找出成本超支或节约原因，对下月生产成本完成情况提出改进意见。

（8）负责对各科室、生产车间、班组有关生产成本方面的指导、培训工作。

2. 综合管理科

（1）参与公司年度目标成本的制定，收集、整理、汇总各科室、车间有关原燃材料消耗定额、机物料消耗、维修费用等成本方面的信息、建议，为公司制定我单位目标成本提供可靠依据。

（2）在财务科配合下对公司下达的全年目标成本及“五对”降本指标进行分解，将指标下达到科室、车间、班组。

（3）月末下达次月的产量、质量指标、外购原料采购量、大宗原燃料定额消耗量、动力定额消耗量、机物料消耗定额、制造费用可控费用定额等各项经济技术指标。

（4）收集、监督各科室、车间、班组的考勤记录，将工资审批额，根据考勤记录，按经济责任制的奖惩方案分配工资额，再将计算后的工资额按科室、车间汇总上报到财务科，作为计入产品成本的依据。

（5）月末对当月生产成本及“五对”完成情况，对各科室、车间按经济责任制考核办法进行考核，并提出奖惩方案。

（6）对可控制造费用进行严格控制，按不相容岗位相分离的原则进行计划上报、费用审批、科室领用。

（7）月末参与供应组织的大宗原燃料盘库工作，对盘盈、盘亏情况做出分析。

3. 安全生产科

（1）参与公司目标成本的制定，根据上年度原燃料消耗情况，结合单位技术装备水平，原料质量情况等各方面综合因素，提出年度各项技术经济指标消耗定额指标，报综合管理科，作为制定全年目标消耗指标的依据。

（2）全面掌控全厂生产、质量、消耗指标及完成情况，全程监控生产过程，对生产中出现的有关产量、质量、生产设施、原燃料消耗等方面问题要及时发现，及时上报、及时解决，确保全面完成全厂各项技术经济指标。

（3）收集、整理、上报产量、质量、原燃料消耗等数据，并与计划指标进行对比，随时掌握各项经济技术指标的变化动态，分析升降的原因，为调整产品结构及完成目标成本及“五对”任务提供保障。

（4）对安全费用专款专用，及时发现生产过程中的安全隐患，加大安全设施方面投入，确保生产稳产、顺产。

A. 对全年的安全费用做出计划，并下发到车间、班组。

B. 对当月安全费用做出计划，按程序审批，在预提的安全费用中列支。

C. 建立安全费用台账，对当月及季度发生的安全费用进行汇总，对季度节约或超支的安全费用上报财务科，列入当季生产成本一并考核。

（5）参与月末盘库工作，了解库存情况，对安排下月生产起指导作用。

4. 原料管理组

（1）制定年度采购供应计划。

A. 自产产品外购原料采购量：根据自产产品年度生产量、定额消耗量计算采购供应量。

B. 直接外购采购计划：根据下道工序年度生产量、定额消耗量计算总需求量，再减去单位自产量，计算外购产品采购供应量。

（2）根据生产变化情况，及时组织、调整月度采购供应量。

（3）搞好市场调研，掌握市场行情，为招标采购提供可靠的价格信息。

（4）全程监督供货单位生产、运输情况，确保外购原燃料的数量、质量。

（5）搞好原料验收工作，确保外购原料符合公司制定的质量标准。

（6）搞好月末出库工作，掌握月末库存情况，预测下月采购量。

（7）组织月末盘库工作，确保账实相符。

5. 技术设备科

（1）参与全年目标成本的制定，对大修费、维修费、机物料消耗等有关机器设备维护方面的事项，根据年度生产作业计划、技术装备水平、设备新旧程度、已领代耗库存情况等综合因素，制定全年有关维修、机物料消耗等单位产品的定额消耗量。

（2）对生产过程要全程关注，随时了解生产设备、设施运行动态，提出大修、维修计划，为生产稳定顺行服务。

（3）根据月度生产需要，提出月度机物料消耗计划，上报厂领导审批后，上报公司。

（4）按不相容岗位相分离制度的原则，分别确定不同的计划、审批、材料领回、保管、使用人员，及时组织生产所需机物料。

（5）组织机物料的验收工作，确保到货材料、备品备件质量。

（6）对维修工程实行全程监督，监督施工质量、进度等相关事宜。组织工程验收，确保完工工程为合格工程。

（7）搞好月末出库工作，确保领用的机物料及时办理出库手续。

（8）定期或不定期组织相关人员对已领代耗机物料进行盘点，确保财产安全完整。

6. 生产车间

（1）根据年度、月度生产作业计划，组织相应的生产作业计划，全面完成公司下达的生产计划。

（2）做好班组生产原始记录工作。包括原料消耗量，燃料、动力消耗量，设备运行情况、考勤记录等各项原始记录。

（3）密切关注生产运行环节、过程，不断提高员工的技术操作水平，确保生产的产品为符合公司技术质量标准的合格产品。

（4）了解目标成本中的各项技术消耗指标，使各项消耗指标控制在公司制定的定额消耗指标范围之内。

（5）搞好职工生产、安全培训工作，安全组织生产，确保生产稳产、顺产。

（6）培养职工创新精神，鼓励小改小革、通过技术革新降低产品单位成本。

企业建设期有效降低筹资费用探讨

申报单位：北京京西燃气热电有限公司
第一作者：杨 帆　　作者：赵剑波 佟 青 刘 军

［摘要］在全球信息化背景下，企业内部管理全面转向一体化、多维度管控，传统核算型会计工作应向管理型挺进，在此过程中，不断对财务工作提出更高要求。成本管控精细化、资金筹集多元化以及资金营运高效化等诸多行业理念不断涌现，从不同层面不同角度丰富企业改革。国有企业在这样的大背景下，要充分认识自身优势与缺陷，抓住机会，深入思考，勇于创新，密切关注经济新形态，摸索一条有效的财务创新之路，全面促进企业管理升级。

本文从实际成果出发，详细剖析了北京京西燃气热电有限公司在财务创新道路上对资金筹集及运营的成功尝试，从财务操作分析、对企业战略影响、行业推广等角度展开论述，充分展现了科学有效的资金运行模式为财务管理工作及企业战略带来的巨大影响，为各国有企业深化财务体制改革，有效提升企业资金运营效率提供了可借鉴的方法和经验。

［关键词］资金筹集及运营　资金利用率　企业战略　可推广性

一、资金筹集及运营新思路

北京京西燃气有限公司（简称京西热电）于2012年4月11日成立，注册资本100000万元，以燃气——蒸汽联合循环发电供热机组、销售电力、热力生产为主。2012年6月起动工建设了3套“F”级燃气蒸汽联合循环供热机组，动态投资529242万元，单位投资4047元/千瓦，目前已投入运营。该项目由京能集团清洁能源公司投资，华北电力设计院主体设计，主要设备厂家为上海电气西门子公司和无锡锅炉厂。项目投资中20%为资本金，此外的40亿元通过银行贷款筹集。

项目启动之前，公司管理层多次研讨，综合分析借鉴国内相似大型项目资金筹集模式，从资金筹集时效性、资金应用高效性、资金还付可控性等角度出发，反复研究，并与工商银行、中国银行、邮政储蓄等多家银行的贷款部门沟通协调，充分获取各种筹集资金信息，并在此基础上，积极调动企业内部所有资源，最终商定出适合京西热电进行资金筹集和运营的新方案。

首先，集团内外双向筹资，长短贷结合，多家开户，分散风险。在面临项目动工的情况下，快速有效地获取可用资金是京西热电管理层迫在眉睫的任务。在与工商银行、交通银行、邮政储蓄、中国银行四家银行基本谈妥贷款利率后，为有效降低资金成本，提高资金利用效率，并保证资金供给无风险，公司制定了详细贷款方案，将资金精确到投放时间节点，并据此确定长短贷比例及金额；同时，与集团内部财务公司签订资金筹措合同，保证大额临时资金需求安全。

其次，财务工作介入合同谈判，对于支付手段等问题发表专业意见。充分利用银行承兑汇票（三个月）付款方式，先用自有资金抵押给银行，作为开具银承的保证金，与直接从银行贷款相比可节省三个月的贷款利息；同时，作为保证金的资金又可办理3个月的定期存款。3个月到期后，再通过银行贷款置换保证金，被置换出来的资金又可作为保证金开具新一轮银行承兑汇票，这样就让有限资金滚动起来，发挥最大效益。

最后，保持高度的国家政策及资金动态敏感性，对市场资金走向具有前瞻性。根据资金运营情况及各家银行贷款利率不同及时调整各家银行贷款规模，以新置旧，以低置高，有效降低资金成本。

二、财务创新模式分析

京西热电这种全新的资金筹集运营模式一方面来源于其自身拥有的地区优势，另一方面来源于公司决策层对财务创新及企业战略的深入研究。

首先，从公司战略管理层面来讲，不可复制的有形资源优势往往可以成为公司战略成功的有效保证。京西热电公司作为石景山区仅有的几家大型国有企业之一，相比于城八区其他发电企业在政策扶植和市场供给方面具有无可比拟的优势，为此次资金筹集和运营带来了帮助。工商银行、交通银行、中国银行、邮政储蓄等多家银行石景山区分行纷纷为京西热电提供相当好的贷款方案，并最大程度满足个性化需求，为京西热电制定最优化的贷款方案，为后续低成本筹资创造了可能。项目筹建期间，共完成了135亿元的银行授信工作，且均为基准利率下浮，很大程度降低了京西热电资本筹集成本，提高了资金利用效率。

其次，最大化公司职能战略效能，针对前期贷款意向结果，多家银行所提供的贷款利率均低于基准利率，对此可视同此次筹资活动对象“货币”为无差别商品，适宜采用多供应商战略。京西热电基于战略角度，与集团内外多家金融机构建立了授信合同，授信金额大大超出企业可行性研究报告的投资总额，多家比价又形成了与金融机构讨价还价的商业优势，从而获取利率最低的贷款合同。与此同时，和集团内部财务公司达成相关长短贷协议，保证临时性大额资金的有效调度，为项目筹建期间资金运转安全性提供了保障。

最后，高效的资金预算管控策略使得公司战略得以有效执行，真正实现企业内部对资金管控的事前控制与事中控制完美结合。公司管理层针对整个项目运行期间的资金运转需求做了详细分析，结合项目里程碑节点，对资金流向及流量做了合理计划，对每一节点所需资金总额做了预算控制，并通过ERP系统的项目管理模块做跟踪管控，一旦出现超预算情况，迅速找到问题点，深入分析，除不可控因素外，其他责任到人，以避免在后续项目建设过程中再次出现类似情况。对于不可控因素，采用积极应对措施，企业各部门积极配合，缩减成本，将可能出现的风险降至最低。2014年底项目正式投产后，面临燃料成本“两连涨”，公司管理层迅速做出反应，在准确预计企业运营及投资活动资金收支后，将剩余资金提前偿还贷款，按照先短期、后长期，先高利率、后低利率顺序，层层推进，有效降低资金成本。

此外，专业高效的财务运营模式和创新性的资金支付方式使得资本活性大大提升，有效降低了资金成本。一方面，京西热电充分利用有限自有资金，将其抵押给银行，并要求开具银行承兑汇票，既省去三个月的贷款利息，又可将作为保证金的资金办理定期存款，从而获得三个月的利息收入。到期后，再通过银行贷款置换保证金，被置换出来的资金又可作为保证金开具新一轮的银行承兑汇票，这样就让有限的资金滚动起来，发挥最大的效益。整个项目筹建期间，通过该财务运营模式共节省资金 3170 万元。另一方面，在深入研究并高度关注国家相关资金政策变动前提下，与各银行供应商保持有效沟通，根据资金运营情况及各家银行贷款利率不同及时调整各家银行贷款规模，以新置旧，以低置高，置换金额达到 8.5 亿元，降低资金成本约 0.3 亿元。

综上，京西热电成功的财务创新模式，不仅基于公司领导层对企业战略的准确把控，也来源于公司内部团队对项目筹建节点及资金预算管控的匹对，在贷款策略及支付方式创新性尝试中体现了整个京西热电团队对资本筹集及运营具有较高的前瞻性和敏感性，为后续京西热电在资本运营过程乃至公司战略管理方面提供提示。

三、财务创新模式对企业战略的积极影响

京西热电资金筹集及运营方式不仅为财务创新提供了新思路，而且为公司战略开辟了方向。对企业后续运营管理及一体化成本管控给予提示：

第一，深入市场调研，全方位多角度了解合作伙伴及供应商信息，为战略方案的制定提供有效指导。市场机制下，供求关系永远是制衡所有关系的不变定律，要善于利用特定时点供求的失衡，制造机会，力求企业效益最大化。

第二，立足自身，对企业优劣势做深入分析并附以行之有效的匹配方案。京西热电对地区经济效益影响较大，在政府扶植及政策倾向方面均具有优势，可充分利用该优势，积极做好全方位公关工作，善于利用各方面的积极态度为企业创建有形价值。

第三，企业内部加强管理，营造学习氛围，加强学习交流，对国家及行业政策保持高度敏感性。各部门专业人才对本职工作内相关信息做到第一时间获取，第一时间消化，第一时间利用，在行业及国家动向变动后及时做出反应，选择最优方案，为企业高效运营及风险管控提供保障。

四、财务创新模式的可推广性分析

京西热电在资金筹集及运营过程中的创新成果，一方面具有自身特色，另一方面具有较强的行业可借鉴性。从财务管理层面来讲，高效的资金筹措大大节约了资金成本，降低了资金支付风险性，为企业资金运转提供了较大可控空间；从公司战略层面来讲，立足企业优势，特定时期内制定适合于本企业发展的个性化战略是企业实现突破式发展的一条可行性道路。

1. 企业优势

京西热电优势在于地区优势，其所处石景山区缺乏大型支柱企业，政府扶植力度较大，区内各行各业供应商均提供友好的合作方案，京西热电充分利用了这一优势。

2. 企业管理层参与程度

在信息化时代，管理层对项目的关注往往为科学高效的最终决策提供可能，一方面管理层可充分调动所有可用资源，另一方面在面临有利商机需要立即做出反馈的时候可第一时间采取行动。创新不仅仅是为企业带来可观效益，大多情况下可能颠覆传统的运营模式，如何鉴定新的方式是否适合本企业发展，往往需要管理层和决策层给出答案，并在实践中验证真伪，而这需要公司最高层来承担风险并做风险管控。因此，对企业影响较大的企业活动，管理层的深入参与是获取创新成功的必要保证。

3. 高效的专业团队

在财务创新中，公司执行团队对财务理论及操作实践掌握程度很大程度决定战略方案的成败。京西热电财务团队对资金市场及国家货币政策保持高度的敏感性，充分利用专业知识，在贷款额度分配，支付方式筛选等方面深入分析，合理规划，力求在资金供给无风险前提下，最小化资金成本，保证资金利用效率最大化。

五、结语

本文分析了京西热电在项目筹建期间资金筹集及运营模式，展示了京西热电通过财务创新模式在最小化资金成本的同时，实现企业效用最大化。

京西热电资金筹集及运营的创新成功为财务创新提供了可能，从成本效益及企业资源效用最大化角度出发，不再局限资金的经济性和时效性。从财务创新出发，通过资金链的高效管控，集采购、生产、项目、销售为一体，最大化企业资源效用，勇于创新，积极实践，不断开辟适合本企业发展新道路。

推进“三大计划融合” 实现全要素协同增效

申报单位：中国石化集团胜利石油管理局电力管理总公司
第一作者：高立群　　作者：陈同利

[**摘要**]“生产、投资、财务”三大计划的深化融合，是实现全要素协同增效的重要措施。其核心理念是“事前算赢、协同增效”，其基本框架是强化“事前算赢、协同增效”管理理念；推进两大责任主体转型发展；发挥“三个协调机制”引领作用；做好“四个方面”的全程参与。“三大计划融合”在具体措施上要深化全面预算管理；深化重点成本管控；深化对标追标管理；深化内控风险管理，切实推进全要素协同增效。

[**关键词**] 全要素　协同增效

2015 年中国石化集团公司财务工作会议提出要推进“生产、投资、财务”三大计划的深化融合，努力实现全要素协同增效。“三大计划融合”就是强化价值链管理，提升企业总体效益，更好地应对低油价、新常态，实现企业转型发展、效益发展和和谐发展的重要管理支撑，是适应国有企业改革发展的必然趋势。

一、“三大计划融合”走向思路

“三大计划融合”重在充分发挥全面预算管理合理预测、提前防范、有效控制功能，围绕“战略一致、标准统一、业务融合”，推进企业整个预算流程与业务流程的深度集成，把预算体系与计划、生产、物资、销售、人事、财务等业务紧密结合起来，利用业务驱动预算，实现经营过程的可预测、可控制、可优化、可考核、可评价，促进全要素协同增效。其外在表现是突破业务预算与财务预算管理屏障，在生产经营各个环节体现财务管理的积极参与，其核心理念是“事前算赢、协同增效”，即按照中国石化深化改革总体部署，成立政策研究办公室、全面预算管理委员会办公室和经济活动分析办公室三大平台，切实推进财务管理与生产经营各环节的深度融合，将精益管理理念融入全面预算管理中，实现生产、经营、财务各要素在生产经营目标和运营环节上的协同一致，促进企业经济效益的稳步提升。

二、“三大计划融合”工作框架

（一）强化“事前算赢、协同增效”管理理念

伴随全球经济进入深度转型调整阶段，中国石化集团公司也面临模式创新、业务流程创新、管

理创新等多重挑战。“事前算赢、协同增效”是全面预算管理的深化和提升，是通过对业务经营环节资源的有效分配，实现企业效益的最大化。强化“事前算赢、协同增效”管理理念，是对工作流程的改变，更是对经营理念的创新，具体到企业管理，就要改变以往投资计划、财务预算围绕产量和工作量转、以成本管控为中心的方式，树立先算效益再定生产计划、成本预算和投资规模的意识。“事前算赢、协同增效”算是关键，赢是目标，“算”的是机会，“协同”的是对经营空间、收入利润、机制流程、资源平台的有效规划和控制，“赢”的是企业实现经营目标和战略目标。

（二）持续推进两大责任主体转型发展

一是推进总会计师职能转型。总会计师要参与企业从投资到生产经营全过程管理，要成为企业全面经营、发展战略的策划者、决策者、组织者，是企业的领导核心。推进总会计师职能转型，要进一步调整充实总会计师权限，除明确总会计师在编制和执行预算、进行成本管理和经济核算、实施会计监督和控制、配备和管理会计人员等职权外，还应调整或增加总会计师在企业价值管理、风险管理、信息管理、人力资源管理中的职责，充分发挥总会计师在提升企业价值方面的重要作用。总会计师发挥价值管理能力，做好价值管理的导向引领工作，积极推进企业价值管理战略，引导企业不断向价值与财富最大化迈进。二是推进管理会计职能发挥。“三大计划融合”对财务工作提出了更高的要求，促进财务工作由会计核算向财务管理的转型发展。管理会计要求以公司全面预算为依据，通过标准成本制度，实施有效的成本控制，对企业内部各单位实施控制考核和评价，保证企业的各个环节和各项经营活动朝着既定的目标前进。同时，以企业经营目标为依据，在预测分析的基础上，运用一系列现代管理技术和方法，分析评价各种决策的经济效果，为各级管理人员提供所需信息。管理会计强调的是价值创造和价值管理，财务人员要通过观念的改变，素质的提升，当好企业的高参，做好创效增效的大文章。

（三）充分发挥“三个协调机制”的引领作用

一是发挥政策研究办公室的智脑作用。协调组织计划、经营、生产、财务、科研等部门人员，组建政策研究办公室，定期搜集整理国际、国内政治经济政策和新闻，以及集团总部和油田的绩效考核政策，研究政策调整和时事变化对经营的影响，制定应对策略。办公室应定期向决策层报送形势分析材料，并提出管理建议，其中计划部门侧重发展战略和机制优化，生产技术部门侧重技术更新和运行方式优化，财务部门侧重经济效益分析。二是发挥全面预算管理委员会办公室的参谋作用。发挥全面预算管理委员会办公室的参谋作用，建立完善“事前算赢”的全面预算形成机制。在效益测算上坚持零基预算和存量预算相结合的方法，积极探索围绕单元资产这一企业用于创造经济价值的基础经济资源，试点推行以单元资产为核心的预算编制、收支核算、分析考核和效益评价机制，配套建立“目标—资源—激励”三位一体的资源动态配置机制，形成以效益为导向、以单元资产为载体的预算管理新模式。三是发挥经济活动分析办公室的诊断作用。按照“月度常规分析、季度专题分析”的模式，积极组织经济活动分析工作，重点做好半年和年度经济活动分析工作。月度分析注重预算执行情况，并选取生产经营重点热点问题开展专题分析，促进经营管理的精细化和效益提升。经济活动分析办公室应督促各业务部门加强分析力度，结合政策分析和经营实际，采取多种方式提高经济活动分析质量，为决策提供强有力支持。

（四）努力做好“四个方面”的全程参与

财务管理要通过完善的分析功能参与到企业价值创造的全过程，从战略管理到生产经营、财务管理要全过程参与。一是在生产经营决策上，财务管理要全程参与。探索建立以单元资产为标准单元的效益评价机制，按照成本和效益高低排队，建立效益为先的投资、成本配置机制，在保障油田生产基础上，优先考虑投入产出的效益性。在投资决策上，财务部门要参与项目的可行性研究，对项目效益分析发表意见；在生产安排上，财务部门要参与决策并发表意见；在大额成本支出决策中，财务部门要参与项目研究并对财务风险发表意见；在市场开拓上，财务部门要进行成本效益及投资回报分析，为领导决策提供强有力支撑。二是在“三大计划”编制上，财务管理要全程参与。按照全面覆盖、全过程管理的预算要求，所有涉及价值形式的经营管理活动均应纳入全面预算管理范畴，预算内容包括业务预算、资本预算、财务预算等。在财务预算编制上，财务部门应发挥部门优势，在优化资源配置上做好牵头作用；在投资计划编制上，财务部门应参与年度（月度）计划的制定，对优化存量资产、做实增量资产提出管理建议；在生产经营计划部署上，财务部门要结合财务预算深入研究电力生产经营实际，做到生产安排“以效定产”、经营活动“量入围出”，推动生产、投资、财务“三大计划”深度融合和统筹编制。三是在生产经营各个环节，财务管理要全程参与。“三大计划融合”的核心是“事前算赢、协同增效”，财务部门要深度参与生产经营各环节，促进协同增效。在生产环节，财务部门参与生产管理，探索以最少投入、最快速度、最大限度地满足市场多元化需要的生产模式，立足节约成本，挖潜增效，提高劳动生产率，精益生产方式。在材料采购环节，财务部门要参与材料计划、采购、招标、合同、验收、结算等物资供应全过程管理，严格材料采购计划审核，开展材料价格对比分析，防范合同风险，不断降低材料采购成本。在决策环节，财务人员要利用自身优势，通过财务数据分析决策事项，站在财务管理角度为生产决策提出合理化建议，促进企业健康发展。四是在资源资产优化上，财务管理要全程参与。积极开展固定资产全寿命周期管理，做优存量资产管理。财务部门要协同专业部门、资产使用单位做好资产价值、技术状况、资产使用情况等方面的综合资产运营分析管理工作，盘活提高存量资产质量，进一步优化资产结构，提高资产运营质量；做实增量资产投资效益审核把关，明确计划、财务、生产技术等部门职责分工，增量资产在投资前按照效益高低优选排队，对效益不达标的项目实施给予否决，落实投资项目效益后评价制度，严格效益考核、责任追究；在机构设置和人力资源管理上，要明确财务部门参与资源优化方案的审核，在具体项目实施中要将效益提前量化到各责任部门和基层单位，做好年度预算的调整和激励考核工作。

三、“三大计划融合”的创新实践

（一）深化全面预算管理

在全面预算管理上，财务预算是总括反映业务预算和专门决策预算的结果，是以货币金额将业务预算、专门决策预算进行具体的体现，是全面预算的集中反映。因此，在全面预算管理中，财务部门作为全面预算管理委员会日常业务执行部门，要在全面预算管理委员会的安排下，组织并引领全面预算草案的编制，做好各专业职能部门和分级预算单位报送的单项预算管理实施细则的初步审核、汇总、优化工作，监控、搜集、整理预算管理过程中存在的矛盾和问题，制定整改措施，并报请全面预算管理委员会审定，制定预算考核初步方案。在实际工作中，应明确财务部门在全面预算中的职责并保证其职能的发挥，各单位、部门要成立相应全面预算领导小组，负责本单位的预算管理工作，做到全员参与、全方位管理、全过程控制。

（二）深化重点成本管控

根据“指标可控、归口到位、责任明确、考核有效”原则，将重点成本按照成本特性分为“专项成本、双控成本、单控成本”，由各单位（部门）按照分工与职责不同进行管控。建立月度成本分析制度，各单位（部门）对各项成本完成情况进行月度分析，加强科室沟通、协同力度，提高管控效果。每季度重点对人工成本、材料费、修理费、租赁费、重点管理费用等成本费用进行专题分析，监督检查各项费用使用情况，加强对重点成本项目全过程管理，切实做到管控有力。在材料管理上，按照国家财政制度、中国石化财务制度以及内控制度的相关要求，扎实做好材料费核算与管理工作。规范各类存货出入库、退库核算，按月进行盘点，物资供应部门要定期开展材料费专项分析，有重点的对大额材料费支出进行专项分析。财务部门建立材料费消耗台账，每月末与各基层单位核对当月材料费支出情况，分析费用支出内容，严格执行批复预算。在修理费管理上，实行“基层上报、部门会审、分步实施”的审批方式，其中，对房屋维修需求，房屋管理部门、计划部门和财务部门进行项目会审，由房屋管理部门按照项目轻重缓急排队；对工程维修项目需求，由生产、计划、财务进行项目会审，由生产部门按照项目轻重缓急进行排队；以上项目确定后，由各职能部门按照部门职能分工组织实施，全面预算管理委员会办公室监督实施。

（三）深化对标追标管理

按照全员成本目标管理要求，深化对标追标工作，建立完善指标体系，促进公司精细化管理，优化提升指标水平促进公司效益提升。对标追标工作需要公司生产、计划、销售、经营、财务等部门密切协作，按照“立足实际，科学选择，准确定位，层级建标”的原则，围绕集团公司和油田下发的对标指标体系，以效益指标为核心，突出安全管理、生产运行、营销服务、成本控制等关键指标，细化、具体化、深化指标体系，开展对标追标管理，提高企业运行质量效益水平。一是选择能够反映企业状况、效益实现、资产运营、发展潜力、安全管理的指标，细化指标体系。二是将经济技术指标与财务指标、价值量指标与工作量指标、绝对额指标与相对值指标相结合，具体化指标体系。三是完善“三级单位—基层队—班组”三级对标运行管理体系机制，建立基层班组内部对标内容，深化指标体系。四是持续开展小指标竞赛活动。以降损增效为工作主线，改进管理方式，推进技术创新，提高单位成本效益，推动企业经营管理水平向一流迈进。

（四）深化内控风险管理

发挥内控管理在企业管理中全面覆盖、重点控制、权责明确、效率优先的管控作用，促进三大计划的深度融合。在公司机构设置及权责分配上，按照“权责分明、相互制约、相互监督”原则，规范行权行为，落实行权责任，提升公司各职能部门工作效率；在风险管控上，依据公司经营目标，深入辨识、分析公司内外部风险因素，制定应对策略，规避、降低、控制风险，保障公司经营目标实现；在部门协同上，健全内外部信息搜集、传递渠道，完善信息沟通机制，促进内部控制目标的实现。通过建立运行高效、控制有效的内控风险管理体系，促进各部门高效运行、密切协作，实现企业管理水平的提升和效益的增长。

做好井下小修业务和机械制造业务成本控制探讨

申报单位：中国石油新疆油田分公司工程技术公司
第一作者：王 强　　作者：杨雪梅　马月红

［摘要］成本会计学中，成本是指企业为生产产品、提供劳务而发生的各项耗费，如材料支出、薪金支出、折旧费用等。成本控制是企业增加利润、提高竞争力的重要法宝，本公司井下小修业务和机械产品制造业务成本管理是非常繁杂而重要的工作。本文结合成本控制相关理论，对两项业务的成本特点进行分析，并就成本控制问题提出相关建议。

［关键词］井下作业成本　机械作业成本　成本核算　成本控制

如何管理好企业成本对于企业来说是生产大计，要提高企业的经济效益，关键在于加强企业成本控制。成本控制是成本管理的重要环节，也是井下作业和机械作业经营管理的最基本环节。公司于 2011 年 11 月由小修业务和机械产品制造业务整合，这两项业务属于油田传统工程技术、装备服务行业，如何在经济形势不断变化的今天，完善改进成本核算程序，及时准确核算好产品成本和劳务成本，做好成本控制，以适应目前的生产经营需求，是摆在我们面前的一个难题。本文就两项业务核算的特点、核算的程序以及核算中改进的措施等方面来探讨如何加强成本核算，加强成本控制，提高企业的综合效益。

一、公司整合初期成本核算特点

整合之后，公司财务成本核算面临业务内容多，核算程序极其繁琐复杂的现状。

机械产品制造成本核算的特点：

机械产品制造业务产品边际贡献率较低，仅材料加工费、燃料动力费用占百元产值比重就高达 65%~70%。

（1）产品品种繁多。由于机械制造产品有价值几十万元、几百万元的大型装备到几百元的小加工件，产品间工艺要求不同，导致产品成本核算繁杂，产品间成本可比性差。

（2）成本构成复杂。使用的加工材料种类多，主要材料各种零配件有百余种；产品工序多、生产周期长，也是造成成本复杂的另外一个原因。

（3）生产流程长，效益反应慢，资金周转困难。由于产品工期长，材料开工初期集中投入，前期大量垫付资金投入生产，造成资金周转困难。从合同签订到产品产成、结算，一般要经过 2~10 个月时间，使产品的成本效益反映滞后。

（4）成本核算复杂。从核算上基本囊括了油田财务核算的大部分内容，既有材料及其差异的核算，也有产成品、半成品及在产品的核算。

公司井下作业成本核算的特点：

（1）用工基数大，业务内容多，作业战线长，安全风险大，生产组织协调难度大，给公司的成本控制带来了很大的难度。

（2）固定成本比重较大，刚性增长强。从成本的性态分析，固定成本比重占总成本的 65% 以上，呈逐年上升趋势，盈利空间不断被压缩。

（3）生产资料价格上涨，燃料、运费等生产运行费一直居高不下，原有成本控制措施发挥的效用已达到饱和。

二、实施成本管理和控制现状及存在的问题

成本管理实行二级管理，由财务科集中归集，二级单位分配。成本管理环节：采购、生产、工艺、质量、安全、财务。成本管理风险点：采购环节的价格、损耗风险，生产环节的组织、协调风险、质量环节的废品风险，生产过程中的安全风险。根据成本管理要求，各部门主要针对各环节、各风险点制订成本控制的措施。

成本管理控制目前存在的问题：①传统的经营理念认为降低成本的方式只是单纯靠增加产量，片面的认为只要产量增加，单位产品固定成本就会降低，企业就会获得更多的边际利润。这样就容易导致与市场需求不符，长此以往，造成沉没成本的增加，不利于提高企业效益。②受成本管理理念的局限性，通常都是通过加强各要素成本的经营性控制来实现成本控制目标。虽然各项奖罚举措促使公司各部门更加重视成本控制，降低了业务风险，但事实证明成本降低的幅度、余地并不大，无法根本扭转对于公司整合之后凸显出来的结构性亏损问题。

三、实施成本管理和控制的有效途径

1. 结调整构，成立专业化分公司

整合初期机械产品制造业务需要独立核算的生产车间有近 40 个，例如生产抽油机业务的车间就有 7 个，各车间各负责生产几种型号的产品，对车间来说，产品完工后交成品库就实现收入，这种情况一是使得生产与销售脱节，销售压力均在公司管理部门；二是公司组织生产协调难度大，不利于提高劳动生产率，独立核算的单元多，核算管理难度大。公司对各车间的业务进行梳理，按照主营业务产品整合成立三个分公司，从主导产品类型的优选到产品的销售结算均由各分公司负责，通过合理配置人力资源，充分提高了劳动生产率，同时减少核算单元，也使得核算程序简化，降低了管理成本。

2. 根据市场需求优选业务，降低管理成本

整合初期机械产品制造业务品种繁多，仅抽油机就有三十余种规格，需要的各种材料、工矿配件，外协加工件的采购协调需要耗费大量人力物力，投入大量资金，一旦某个环节出现问题，就会延误工期，造成经济损失。公司根据油田实际需求，适时调整经营策略，减少生产需要工矿配件多、

材料消耗大、工期长的大型抽油机，集中生产小型机，降低了管理和生产风险，同时由于先期资金投入少，工期短，资金回笼快，缓解了资金压力，减少了财务风险。

3. 不断提高科技创新能力，实施“科技降低成本”

整合之后，两项业务长期结构性亏损现状成为公司迫切需要解决的难题。进行技术创新，增加施工中的技术含量就成为公司谋求发展的必然选择。

在具体的操作上，公司立足于为保障油田发展服务这一点出发，以提高市场的竞争能力和经济效益为目的，利用整合机遇将小修业务和机械产品制造业务拥有的多项专利产品和特色技术紧密结合，根据公司的技术优势，做专做优高端井下作业业务，发挥制造业务优势，形成从地下到地面的一体化工程技术。通过研发，取得了丰硕的成果。

2013 年，公司拥有的自主知识产权专利数量已达 45 项，公司“高干度油田油气锅炉和高干度蒸汽生产方法”获得国家知识产权局颁发的发明专利证书。新工艺、新产品收入已达总收入的 40%，为公司贡献了丰厚利润。

在小修业务方面，公司的连续油管、带压作业技术、氮气泡沫冲砂作业技术等新工艺新技术先后在油田成功地应用，使公司的技术优势显著增强。2014 年，公司成立带压作业分公司，形成年 500 井次的作业能力，业务实力显著增强。

为了进一步满足小修作业需求，公司利用研发优势，自主研制了电驱注水井洗井装置、闸阀带压更换装置等，并在现场应用取得成功，目前洗井业务年洗井能力达到 4000 井次。由于洗井业务发生变动成本较少，主要是燃料费、设备维修费、人员劳保和差旅费用，边际贡献率 70% 以上，如果工作量饱满，每套洗井装置每天完成 2 口以上，洗井作业效益将更加明显。

4. 采用新技术，增加设备，提高劳动生产率

随着科学技术的不断发展，新产品，新技术的不断涌现，原来的老产品越来越不能满足小修业务生产的需要，如果不及时更换新的设备，就不能提高劳动生产率，为此公司增加设备的投资，购置井口冷冻作业装置等高精密设备 75 台（套）。虽然在短时间内增加了折旧费用支出，但长期看来可以提高劳动生产率，减少工资费用的支出，使成本降低的幅度较大。

5. 加强质量管理、降低返工返修成本

加大对职工的培训。积极开展质量 QC 管理活动，强化质量意识，树立质量至上，以质量求效益的思想。通过质量活动，在施工前做好调查分析工作，在施工中采取合理措施加强质量管理，减少作业返工的出现。

通过开展质量 QC 管理活动，逐步完善作业质量体系。有效的作业质量体系对企业的经营效益有着十分重要的影响，特别是通过作业质量体系运行的改进，可以减少质量缺陷造成的损失，提高作业一次成功率。通过提高作业质量，减少了无效投入，有效降低了作业成本。

6. 加强安全管理、降低安全成本

公司安全成本主要分为两个部分：为保证安全生产投入的各项资金和发生安全事故造成的直接、间接经济损失。其中后一部分经常被忽略，认为降低安全生产资金投入就是在降低成本。实际在管理中发现，如果安全资金投入不足，发生安全事故造成的直接、间接经济损失将远远高于节约的安全资金投入部分，所以公司一直把预防作为安全管理的重中之重。

公司动力设备多，队伍分布广，施工过程复杂，事故发生概率大，呈现事故类型多而复杂的特点。因此，公司将安全工作纳入了各项工作的“总盘子”，逢会必有安全生产方面的议题，将安全生产指标纳入业绩考核体系，全面推行目标管理考核，注重在实践中出台一系列的制度。

通过对 HSE 管理体系的建立健全、宣贯、推行和持续改进，确保公司员工在进行各项业务时均有据可依，有章可循，实现员工“心中有安全，事事想安全”。近几年公司 C 级及以上事故呈逐年下降的趋势，大大降低了发生安全事故造成的直接、间接经济损失。

7. 加强材料费用控制

作为工程技术公司成本重要组成部分的材料费用，在总成本中所占比例较大。因此，降低材料费用是降本增效的重要途径。实现作业施工设计用料最小化，作业设计节约是降低作业材料成本的前提条件。因此，无论是机械产品制造，还是小修措施作业，都要对作业设计用料情况进行详细研究。在设计过程中，使作业用料最小化，设计编写科学，并且在编写后严格执行。

8. 加强油料费用控制

柴油是公司小修业务生产消耗的主要能源，随着油价的飙升，油料管理是成本控制的重要环节之一，公司主要从以下几个方面控制油料：

（1）使用加油卡，加强对各生产单位使用油料的定额控制；

（2）使用一体化设备，减少设备在路途上的油料消耗；

（3）根据实际生产需要，关停部分运输车辆。

9. 加强电费控制

作为机械产品制造企业，加工制造设备主要由电力驱动，电力也是成本控制的重点，我公司主要从以下几个方面进行控制：

（1）调整产品结构，停止制氧、液氮、翅片管加工等高能耗业务；年均降低用电量约 300 万 /kWh，节约电费 117 万元；

（2）生产单位按产品业务类型整合，减少基层生产单位数量，减少厂房使用数量，调整电网布局，降低电力变压器使用数量。同比减少变压器 8 台（含高压直供电机），降低容量 3475kVA，年均节约基本电费 82 万元。

10. 加强运费控制

由于公司各项业务均面向整个新疆油田公司，点多面广，各类运输设备、工程机械大量使用，车辆运费在公司成本中也占据较大的比重。为降低运费成本，公司主要从以下几方面着手控制。

（1）制定完成基层单位车辆配备使用规定，重新修订小修作业单标运费指标；

（2）运费成本分解细化到每个月、周，每月对各单位运费进行分析考核，超出指标及时预警；

（3）加强公司内外部车辆使用情况监控协调，陆续清退 23 辆值班车辆。2013 年运费同比降低 433 万元。

四、建议

1. 强化全面预算管理

（1）预算编制要具有可操作性。

企业一切业务活动都要围绕经营目标开展，预算编制也必须以企业经营目标为前提。预算编制要符合油田实际工作量需求，具有可操作性，保证各项业务活动均能按照预算目标顺利进行，预算要有激励作用。

（2）强化预算预警作用。

加强预算的预警作用，开展月度预算分析制度，每月通报分析，明确改进措施。

（3）加强预算考核。

建立完善的考核机制，严格考核，兑现奖惩。各分公司队根据自身特点，落实经营目标，建立成本费用指标考核体系。

2. 完善成本考核制度

（1）保证成本的准确性。

各单位应全面开展单项产品、单井的成本核算，为成本分析提供有力的依据。

（2）健全成本计算原始记录。

对材料耗用、油料、运费等生产资料耗用要有健全的原始记录，据以进行费用、成本的明细分类核算，取得必要的成本计算资料。

3. 定期开展经营分析会，提出有效整改措施

认真做好成本经营分析工作，在正确核算成本的基础上建立各成本分析制度，对一些影响成本较大或对完成成本预算产生重大影响的问题应及时进行专题分析，查明原因并提出整改措施。同时，及时纠正偏差，针对成本差异发生的原因查明责任，提出改进措施并加以贯彻执行。

4. 继续推进成本精细化管理，继续深化对标、班组核算管理，加强质量成本核算。通过公司内部同业务之间或同种产品之间持续进行纵横对照分析，寻找差距、改进提高，同时通过对各个核算单元盈利水平对比分析，挖掘成本潜力，促进基层单位提升“三种能力”（生产组织能力、成本控制能力、安全保障能力），为建立切实可行的可控费用目标控制机制奠定基础，为公司经营目标的实现提供保障。

5. 时间价值观念的引入。现行成本会计核算中，对于时间成本的核算还只是停留在由于生产时间延误而造成的人工以及材料、能源的耗费等所产生的成本阶段。而时间对于传统成本会计来说仅仅起着一个分摊的作用，从而忽视了时间自身的经济价值，造成了成本偏离实际。如果将生产的时间最小化作为成本分摊的基础，可以使员工既可以追求成本最小化，又可以与企业的目标相统一。

6. 加强成本核算，探索更好的成本核算方法

随着各种信息系统的上线，财务核算需要的信息的获得将更快捷、全面，因此可在做好部门责任成本核算的同时，加强作业成本的核算，多维度，更细致地核算为成本定价、成本分析、成本预测提供更充分的依据。

总之，生产作业过程是一个动态的投入和产出过程，成本控制的实施，是有效降低成本的途径。只有充分利用现代成本控制方法，全面、及时、准确、有效地做好成本控制，才能实现成本最小化目标，提高企业的社会效益和经济效益。

参考文献：

[1] 全国注册税务师执业资格考试教材编写组. 财务与会计 [M]. 北京：中国税务出版社，2014.

[2] 赵振智，解宝贵，薛德贵. 油田企业成本核算与控制研究 [M]. 北京：石油工业出版社，2006.

[3] 财政部会计资格评价中心. 高级会计实务 [M]. 北京：经济科学出版社，2014.

浅谈公交企业“规制成本”下的财务管理目标

申报单位：乌鲁木齐市公共交通集团有限公司
第一作者：吴 艳　　作者：张 帅

[**摘要**] 公交企业在“成本规制”下要提高认识，加快公司新型管理模式，加强财务全面预算管理；不断加强社会效益和企业自身成长；全力推行内部控制制度，才能保证成本规制下财务管理目标。

[**关键词**] 成本规制　成本费用项目目标值　财务目标

2011年是乌鲁木齐公交改革发展关键的一年，政府颁布的各项政策、公交线路的整合、民营线路的接收等一系列优惠政策给乌鲁木齐公交的发展带来了前所未有的变化。在政府大力支持下，乌鲁木齐市于2011年11月出台《乌鲁木齐市公交行业成本规制及财政补贴暂行办法》，政府对公交企业进行财政补贴后，企业实行政府指定的低票价政策，企业战略目标转变为为市民提供便捷、安全、优质的公交乘车服务。因此，企业财务目标也必然发生转变。

一、成本规制前公交企业财务目标状况

（1）公交资源整合前，乌鲁木齐市有17家公交企业，线路重复率高，竞争激烈。社会公益性服务主要体现在65岁以上老人免费乘车、学生月票及成人月票的优惠。主要由公交集团、珍宝巴士兴盛巴士公司承担。乌鲁木齐市政府2006~2010年进行了公益性补贴，补贴办法由中介机构计算出公益性服务发生的公益性损失，基本按公益性损失减半补贴，虽然对公交企业的发展起到了一定作用，但公交企业的长期发展缺乏后劲。

（2）公交企业多年经营理念是抓管理、降成本、促服务、保安全、增效益。企业经营在这种目标作用下，采取多种经营方式，许多民营公交都采取了线路承包方式，确保企业自身利益。国营公交则背负着老企业遗留的负担，社会责任基本由国有公交企业承担，企业社会公益性支出与政府补贴差额过大。

（3）企业发展思路尤其是利用现代化管理措施认识上有差异，场站建设、设备建设落后、欠账太多，企业自身财务状况每况愈下，资金周转困难，负债经营。

（4）公交企业长期负债经营，造成公交职工工资远低于社会平均工资，公交劳动强度大，职工

待遇低，驾驶员流失大，尤其是2010年冬天，北方天气寒冷，驾驶员缺员，国有大公交开不出去，社会服务能力急剧下降，老百姓乘车难问题凸显。

二、《乌鲁木齐市城市公交行业成本规制及财政补贴暂行办法》出台的背景及规制办法的内容

成本规制是指在合理界定公交行业成本规制范围和建立运营单位成本标准，为测算和确立财政合理补贴提供政策依据。

（1）为贯彻落实城市公共交通优先发展战略，促进乌鲁木齐市常规公交及BRT公交体系协调发展，满足市民出行需要，进一步提高公交服务水平，保持公交行业持续稳定发展，2011年出台《乌鲁木齐城市公交行业成本规制及财政补贴暂行办法》。“成本规制方案”规定，公交财政补贴总额＝单项补贴＋投资回报调节，政府在制定补贴政策时，对公交企业给出明确引导。政府制定的财政补贴政策，是和公交企业服务与安全指标直接挂钩，只有公交服务、安全达到主管部门考核指标的，才能取得全额规制补贴，否则，相应扣减补贴额。政府财政补贴是鼓励和要求企业加强成本控制，公交补贴的明细政策就是“成本规制补贴方案”，该方案的核心就是企业的各项成本标准要在政府制定的规制标准之下，才能享受成本的3%利润率，对于超出规制标准的成本费用不予补贴，对于节约的成本进行相应奖励。因此在财务管理上，企业要把政府规制成本进行分解，对管理者进行考评，使管理者拿出行之有效的办法以达到节约成本目的，只有这样企业才会取得较好的经济效益。

（2）成本规制应遵循的原则和要求。纳入成本规制范围的各项费用应当与公交行业生产运营过程直接相关或间接相关。公交行业成本规制及成本合理性评价，以政府委托的社会中介机构或政府部门审计的公交运营企业年度财务报告及会计原始凭证、账册为基础，评价公交行业标准运营成本与实际成本差异，并确定在标准成本前提下的成本利润率。

（3）公交行业成本费用项目目标值的确定。在成本规制中，对公交企业十项指标标准值进行了明确规定，包括合理确定职工人数，确定规制工资总额标准值，确定职工社保基金及住房公积金标准值，确定职工福利费、工会经费及职工教育经费标准值，确定运营车辆燃料用量标准，确定运营车辆维修费标准，确定固定资产折旧及无形资产摊销标准，确定管理费用标准值，确定财务费用、营业费用标准值。

三、公交企业“成本规制”下的财务目标

（1）提高认识，加强财务全面预算管理。加快新型管理模式转变进程是改变当前的营运管理现状，加快企业经济战略性调整的重要途径。2011年8月乌鲁木齐市政府召开规范公交行业服务座谈会，市委市政府在原来给予公交的优惠政策措施中新增了七项内容，为稳定一线职工队伍，一线驾驶员薪酬待遇不低于4800元／月。公交发展政策从根本上提升了公交吸引力，促进了公交的发展，应加强财务全面预算管理，合理分配企业资金，提高资产经营效率和工作利用率，严格执行综合计划和全面预算工作。

（2）落实成本规制，加强企业精细化管理，强化职能部门责任，强化执行日常考核，把规制成本考核指标挂钩费用每日一报，加强产值、成本、利润等关键性指标的动态分析与考核，全面完成

考核责任和目标，堵塞各种漏洞，完成目标利润，提高公司精细化管理，加快线路核算改革，发挥全员能动作用，把营运收入和安全作为头等大事，提高创收能力。

（3）加强社会效益，促进企业成长。

1）提高服务质量，确保市民出行。优质服务是公交企业创造社会效益的一个重要体现，优质服务目标的实现，必须依靠科学的考核制度。公交企业目前仍是一个劳动密集型企业，其从业驾驶人员往往文化水平不高，要通过培训的形式，不断改善服务态度，还要开展各种优质服务活动，确保社会效益、企业效益双丰收。

2）加强安全考核，提供安全优质乘车环境。公交企业首先要把好驾驶员入口关，对其加强培训。建立安全培训体系，财务管理要将安全考核指标纳入薪酬考核，培养一批技术熟练、业务水平强的职工，使企业在成本规制下的财务管理目标得到充分落实。

3）合理使用 GPS 系统，科学调度车辆。在科技发展的今天，乌鲁木齐公交引进了 GPS 调度系统，采用智能调度系统科学调度车辆，合理调配线路运力，做好统计分析客流。现代公交运营智能调度系统能获取公交运营中必须掌握的信息，节约成本，减少市民高峰乘车难问题。同时又能提高经济效益。

4）科学合理进行线路整合。“以国有公交控（参）股为主、民营企业参与”的方式，整合全市公交行业，通过严格“特许经营权”审批，充分运用市场配置资源，实现公交整合，形成政府主导、适度竞争的公交行业格局，稳步推进改革，确保实效。

（4）全力推行内部控制制度。在成本规制下，加强企业内部控制尤为重要，公交企业特许经营改革后，企业规模大幅扩大，管理层级变多，管理难度加大。因此，企业首先要制订一套严谨的内部财务管理制度，包括企业财务管理体制、基础工作、资金筹集、资产管理、成本和费用管理、收入与利润分配管理、外币管理等。其次，规范其他会计核算行为，增加会计资料的真实性和可比性，以严谨的态度和严格的措施执行制度。最后，严格审批制度，对每项成本进行全面控制，建立一套健全的内部控制制度，保证各项管理目标的贯彻执行，实现降低成本、提高经济效益，保证成本规制下财务管理的目标。

信息化与制造业成本管理
——基于信息系统的成本管控新模型

申报单位：中国西电集团西安西电电力电容器有限责任公司
第一作者：辛春阳

［摘要］在经济“新常态”情况下，加工制造业面临着产能过剩、过度竞争，企业必须通过加强成本管控来提高核心竞争力。本文介绍了企业充分利用信息化工具，从实现成本核算自动生成入手，加强数据管理，提高劳动效率，在采购降本、设计降本、生产降本、提高资金占用效率以及促进先进成本管理理念方面发挥信息化效力，为企业构建全价值链成本模型提供思路。

［关键词］信息系统　成本管控

成本管理是企业日常经营管理的一项重要工作，在经济“新常态”下则会成为决定企业生死存亡的大问题。

一、制造业成本管控新挑战

做好成本管控工作是企业提升核心竞争力的重要手段。但是大中型加工制造业一方面存在加工环节多、工序长、零部件多、工艺流程复杂的特点；另一方面市场发展日益要求个性化设计、响应式订单生产，以及当前社会分工细化，自制件、外协件、外购件变动频繁，成本管理面临诸多难题。

1. 基础数据缺失，信息脱节，手工比对效率低下

受效益下滑影响，制造业普遍采取减员增效管理措施，一定程度引起了专业定额管理人员的缺失，相应的材料定额、工时定额等基础工作薄弱，使得成本核算工作基础信息严重不全。在传统成本核算方法下，基础数据大都手工提取，分级汇总造成信息传递路径长，时效性与可靠性都受到影响，基础数据分散于各个业务部门，呈碎片化状态，存在与财务脱节的现象，数据之间缺乏必要的集成、关联，信息孤岛普遍存在，不能共享，造成信息割裂，财务需要进行大量重复比对工作，多种因素叠加对成本核算工作带来极大挑战。

2. 粗放式成本核算模式无法满足企业发展需求

为保证成本核算完整性、及时性以及准确性，企业往往采取粗化成本核算分类标准，有些企业通过期末盘点修订当期成本方式来满足成本核算基本要求。繁重的成本核算工作加上学校毕业的财务人员一般缺少工科教育背景，对整体生产作业工艺流程知之甚少；自行培养的核算人员往往知识层面不足，作业成本法、标准成本法等先进成本管理方法在许多企业不能有效开展。成本核算主要

停留在对过去事项的反映，分析能力不强，管理相对粗放，成本管控工作难以有效开展，不易也不可能实现对各个环节的最优成本控制，更不能对成本预测以及成本战略提供有效支撑。

二、运用信息化工具，加强成本管控

在一体化信息平台运用下，企业财务人员有精力，也有能力做好成本管控，主要体现在以下方面：

1. 数据固化，实现成本核算系统生成

产品数据管理 PDM 系统定位为面向制造企业，实现对产品相关数据、过程、资源三大要素的一体化集成管理。企业运用后，能够通过树形结构将产品零部件 BOM 分解至最底层，清楚看到产品零部件成本价格传递路径，设计 BOM 的扁平化开发，可避免零部件成本漏记或重记。

CAPP 计算机辅助工艺过程设计系统是利用计算机进行零件加工工艺过程的制订，把毛坯加工成图纸要求的零件。它是通过向计算机输入被加工零件的几何信息（形状、尺寸等）和工艺信息（材料、加工方法、批量等），由计算机自动输出零件的工艺路线和工序内容等工艺文件过程。将零部件设计信息通过工艺设计与制造实现功能和信息的集成。PDM 系统只要材料选定、设计完成就能自动生成产品净重，辅以定额系数设定，获得毛重，全面优化材料定额管理，MES 系统工序间扫描，影像系统现场监督使实做工时不再难以获取，材料定额与加工定额的完善为成本核算工作打下坚实基础。

ERP 资源管控系统能够实现从获得订单开始，由设计 PDM 系统导入，经 CAPP 工艺过程设计系统转换成生产 BOM，通过生产 MRP 系统进行生产计划的编制、下达、执行、调整与生产计划的完成的运算，加上 MES 系统对工序加工全过程控制。实现与设计、供应、工艺、生产、设备、人力资源、质量、销售、财务等系统全面集成，实现直接成本信息与生产过程的同步进行，实时采集。

上述系统的成功实施，给成本核算带来新的契机。通过开发价格管理系统或结合 ERP 资源管理系统中的价格模块，根据工艺 CAPP 信息，为每个零部件配以材料实际价格（或计划价格）以及工时费率，在订单、项目、产品设计完成时即可计算出相应计划成本，在制造过程依托 PDM 系统树形 BOM 进行整体原材料、零部件控制，通过 MES 条码扫描进行工艺工序过程控制，实现只要生产完工汇报，就能基于业务流程，不重不漏实时得到部件、组件以至整个订单、产品的直接成本，结算期末再按照提前植入信息系统的固定费用分配原则进行固定费用分摊，自动汇总即可得到订单、产品制造过程的完整成本。彻底实现业财一体，达到成本核算简单、完整、准确、自动、高效目标。

2. 促进劳动效率提高，直接降低产品成本

在信息平台下劳动效率大幅提高，PDM 三维立体、模块化设计，改变了传统设计画图、晒图、传图现状，三维标准蓝图的直接选取，整体项目的积木式搭建组合，在满足项目个性化设计基础上零部件标准化程度大幅提高，避免重复设计花费成本，三维模拟现场装配，减少设计后期发现错误而导致的返工成本，设计周期有效缩短，全面降低设计成本。同时，设计人员有更多精力抓住降本的“牛鼻子”，从设计源头降低制造成本，优化产品配置，去除产品冗余功能，实现产品精细化设计，统筹考虑面向产品生命周期，追求性价比最大化的成本模型，从技术源头保证项目产品性能、可靠性、可维修性、达到质量与成本的最佳组合。

三维设计还能帮助市场营销部门用于对客户的现场演示，爆炸图能一级级分拆至最小零件单元，输入各种参数，既能生成三维模拟图供客户选择，在简化初步设计环节的同时有效支持了业务拓展。

配置了信息终端，用户服务人员即可现场直接调用三维动态装配图纸，用于现场指导安装，遇到维修问题技术人员可利用影像系统进行远程诊断，提高了劳动效率，降低了成本费用。

3. 促进集中采购、加强采购控制，减少采购成本

对于集团性制造企业，所有成员单位运用主数据管理系统能够统一客户编码和物料编码，将成员单位所有采购信息汇总起来，如将相同物料集中采购就能通过规模增强企业议价能力、降低采购成本。ERP 系统能够将设计 BOM 与生产 MRP 计划有效结合，自动生成采购计划，结合安全库存与经济批量采购管理，由此下推采购订单，避免提前采购、过度采购与重复采购。系统内植入比价采购、招标采购审批与录入表单，合格分供方企业名录与品种目录，刚性控制采购执行环节符合内控流程，防止舞弊行为，避免随意采购，有效减少采购成本。

4. 严肃工艺纪律、规范设计流程，降低产品质量成本

业务流程信息系统能够保证设计规范、工艺纪律刚性执行，从原材料采购，生产车间的线边库盘点管理到生产材料限额领用，加工工序过程汇报，盘点到完工检验入库，根据业务流程，实时进行工序间审核，当面双重确认，刚性执行废品不制造、不接受、不传递的质量方针，减少差错传递，所有制造环节都处于系统监督之下。防范因生产随意简化工艺流程，任意使用代用材料所造成的批量损失。控制制造环节的超额材料耗用，真实反映质量问题，促进生产部门加强质量控制，严格执行废品损失不放过，有效支持全面质量管理方法，最终降低质量成本。

5. 加速资金周转、提高使用效率，减少资金成本

信息系统将供、产、销、存、技术融为一体，使企业能够实时掌控履约与各个采购、加工、制造节点的准确信息。工序扫描、定期盘点加上影像系统对作业现场的实时监督保证了物流与信息流的高度一致。MRP 系统运算，生产计划的动态管理、刚性执行，减少和避免因排产计划不合理导致的停工待料或仓库积压情况，以及相应窝工等待或加班赶工时间；减少因生产批量设置不合理所导致的多次调换工装或其他准备加工时间；使准时化生产、拉动式需求与看板管理等先进管理方法有了落地抓手。实现严格控制生产周期，强化生产计划监督，在保证订单按期交货前提下，加快资金周转，提高物料和产品的流动性，消除企业整个业务流程中资源和时间的浪费，降低资金占用成本。

6. 以信息系统为手段，促进先进成本管理方法有效实施

标准成本法、作业成本法、模拟市场化等，这些先进的成本管理方法之所以在企业难以深入开展有效运行，主要体现在：缺乏真实有效的成本、价格基础信息；颗粒度过粗，与某项具体工作关联度不强，不能有效落地；时效性差，事过境迁没有意义；运算过于复杂、手工难以完成，无法长期持续。

由于信息平台下基础数据可自动采集、真实反映，实现了由设计到供产销全过程展示。数据细化与深度挖掘，可落实到最小加工单元，数据共享减少了业务与管理者信息不对称状况，可以按照关注重点设置建模对比。至于运算复杂更不是主要问题，为先进的成本管理方法实施提供了坚实的信息基础。

运用先进成本管理方法的主要目的是培养全员成本意识，通过方法发现问题、解决问题，数据真实反映，业务与财务一一对应，隐性问题显性化，帮助企业找到问题发生原始环节及本质原因，并能够针对问题进行讨论，就细节进行梳理，提出切实解决方案。数据真实反映，降低了各个业务单元因为部门利益粉饰、舞弊的可能性，数据环环相扣，相关责任明晰，减少了推诿、扯皮与差错传递，从而构建各业务单元之间的双向诚信体系。通过系统形成长效机制，最终促进先进的成本管

理方法有效落地。

7. 实现财务业务一体化，促进财务成本管理升级转型

信息化不单纯是会计工作的工具，所有数据由业务端发起，由制度、流程、表单进行业务规范，由植入系统的内控手段进行风险防范，最后由财务审核形成凭证、报表。所以信息系统更是会计的工作环境、组织架构、内部文化与所有业务的集合。业务即财务，业务与财务高度协同，财务是业务结果的综合反映。信息系统下的财务核算工作更加简洁高效，全业务过程的数字化、可视化展示，弥补了财务人员专业短板。从而使财务人员有精力、有能力，从收集数据、验证数据、统计数据向核心价值分析数据的转变。从基于结果的分析向基于业务过程的挖掘转变，从会计分期阶段性报告分析向实时报告分析转变，最终实现财务由核算型向管理型乃至决策支持与价值创造型的重大转变。

8. 细化成本指标体系，构建全价值链成本管控新模型

邓小平说过："好的制度可以使不好的人变成好人，坏的制度可以使好人变成坏人"。客观、准确的业绩评价体系能够激励优秀的员工，也能够惩罚、鞭策落后者。信息系统的深入运用可以细化成本指标体系，从设计源头抓起，在进行技术评价的同时建立经济性评价，由点到面关注评价所有成本价值的转移和创造过程，将计划、时间、数量、价格、效率等成本指标层层分解至供产销各个节点，落实到企业的最小单元（班组），固化到操作人员，明晰考核指标与被考核者的直接相关性。建立起与历史、与优秀进行对标的评价体系，形成全过程、全方位、全员参与的成本优化体系。

借助信息系统进行价值细分，将企业内外部价值链上各价值环节细化，了解成本的驱动因素，明确增值作业与非增值作业，采取优化作业链和价值链方式，尽可能剔除不必要的非增值作业、改进增值作业，通过信息系统进行实时、精益、多维的全过程控制，实现以生产作业为核心，以资源流动为线索，以成本动因为基础，从产品设计着手，优化企业"作业链—价值链"，构建全价值链成本管控新模型，促进企业实现成本领先目标，提高企业核心竞争力。

三、结语

信息化是当今世界发展的必然趋势，企业能够通过信息化系统的构建，逐步实现对成本管控的深入促进。不但能够解决新形势、新经济环境下制造企业面临的成本核算难题，更能够拉动企业成本管控管理工作。在瞬息万变的经济环境下，实现成本及时、高效、准确核算，甚至准确的成本测算，对企业效益起到重要作用，只有不断深化信息化体系建设并将信息化成果与企业管理、财务核算高度结合，为完善经营组织安排、细化绩效考核提供准确依据，才有可能在激烈的市场竞争中立于不败之地。

中小企业内部控制问题与对策

申报单位：北京兴建物业管理中心
第一作者：李爱红

［摘要］据统计，我国中小企业平均寿命为3~5年，主要原因是企业内部管理比较混乱，管理层内部控制意识薄弱，存在很多经营风险，最终导致企业破产。为了防范中小企业经营风险，保证企业合法经营，资金、资产安全，提高经济效益，应该重视内部环境建设，制定适合企业发展需要的内控制度，建设一支强有力的人力资源队伍，把内控制度落实到位，并实施事前、事中、事后的日常监督和专项监督。中小企业要根据自身特点制定合适内控制度。内控是中小企业发展的基石，是企业健康、长久发展的保证。本文对现阶段我国中小企业内部控制存在的问题进行分析，并提出完善中小企业内控管理对策。

［关键词］中小企业　内部控制　组织机构　管理制度　审计

绪　论

中小企业占我国企业总数的99%以上，占GDP总量的60%以上，占税收的50%以上，解决了80%左右城镇就业岗位。中小企业的发展对于增加税收、提高社会就业、增强国力有举足轻重的作用。但是中小企业发展不容乐观，存在“生长力强，生命力弱”的现象。主要原因是管理者不重视内控环境建设，内部控制机构设置和职责划分不合理，容易产生交叉重叠现象，这影响到中小企业内部控制制度的建设和实施。从当前实际来看，许多中小企业内部控制存在许多问题，现就中小企业存在的问题作深入分析，并提出一些对策。

一、中小企业内部控制的意义

内部控制的目标是保证企业合法合规经营，保证资金和财产安全，财务资料真实可靠，提高经营效率，实现企业战略目标。内部控制包括管理控制、会计控制和内部审计控制等几个方面。

内部控制是现代中小企业科学管理的组成部分，建立完善的内控管理制度，能防范风险、把风险控制在可承受范围之内；能增强相互监督，防范舞弊发生。

二、中小企业内部控制存在的问题

（一）管理者科学管理水平普遍较低

在经营者结构中，中小企业主要是就地选择经营者，即直接从本乡、本镇、本单位选择。其中一些人文化管理水平较低，视野窄，对现代化管理理念不太熟悉和不太重视。许多中小企业管理层在制定企业目标时，忽略以客户需要为核心，把赚钱获利作为企业根本和全部目的。

（二）组织机构不合理，权责分配不明确

我国中小型企业多是创业型或职能型组织结构，没有科学的规划，机构臃肿，人浮于事，因人设岗、因事设岗现象普遍，造成经营效率低下，经营作风懒散，不利于内部控制的有效执行。

（三）缺少科学管理制度，凭经验办事

大部分中小企业往往依靠经验办事，其内部管理不规范，老板集决策、执行、监督于一身，不注重内控本质，忽略管理制度制定、执行和风险管理的控制。

首先，生产管理制度不规范、不严格，规范标准的生产管理制度的建立对中小企业极为必要。

其次，用人制度不完善。与大企业相比，中小企业社会地位、经济实力处在低下位置，影响人才加入中小企业。同时，中小企业自身在用人制度上的主观原因也不可忽略：①“任人唯亲”，在家族式中小企业里极为普遍。②忽略对员工的继续培养教育，员工能力得不到提高，使得大部分人才不愿意到中小企业就业。

（四）审计部门缺乏独立性与权威性，监督不到位

我国中小型企业普遍存在审计和监督不到位问题：一方面管理者权力过大，决策权、审批权、执行权集于一身；另一方面审计部门缺乏独立性和权威性。有的企业没有单独审计部门，审计工作由财务部门负责。有的企业设置了审计部门，但缺乏权威性，监督不到位，审计监督检查工作中发现的问题不能及时传递给高层、提出的风险应对方案不能及时采纳，错过处理管理漏洞最佳时机，给企业经营管理带来隐患。

三、中小企业内部控制存在问题的对策建议

（一）提高管理者内控意识和管理水平

在市场竞争激烈的情况下，企业要持续、稳定、长久发展，要有一套科学的内控管理体制，而管理者素质直接影响企业内部控制的实施和效果，管理者意识更是起关键作用，要顺利实施内部控制，必须提高管理者内控意识和管理水平。首先，应该具备良好的政治思想素质，认真贯彻执行党的路线、方针和政策，有良好的思想作风和工作作风；其次，要有责任心和道德修养，要对员工和企业未来负责；再次，优秀经营管理者应不断提升自身的能力；最后，管理者还需善于利用“外脑”，重视专家素质，把发挥智囊组织的作用视为提高企业声誉和竞争力的重要手段。

（二）根据企业自身特点，建立科学的管理组织结构

不同企业根据自身文化特点和员工行为方式来寻找有效的治理结构，每个企业都有特定的任务

和目标，管理组织机构的设置和调整都要以是否有利于目标实现为依据。根据这一原则，首先要确立总体目标、发展方向、经营战略；根据这些分析要办什么事、如何达到目标；最后则是因事设职，权责分明，组成能够发挥作用的管理组织，明确各个机构的职责权限。企业应当对重大决策、重大事项、重要人事任免及大额资金支出实行集体决策审批，对重要岗位实行定期轮换，确保内部控制制度有效实施。

（三）制定适合企业自身实际的管理制度

企业发展中，要认真审视企业管理制度的不足，不断总结完善，提高管理制度的有效性。把科学管理贯彻到企业每项工作中，做到权、责、利结合，从而降低企业的风险，提高经营效益。

（四）建立“以人为本”的人力资源政策

以人为本的目标管理中，强调个人与企业的全面发展，体现员工参与管理，员工自我管理，注重成效。这样的企业，企业员工以主人身份，按照有效的管理程序、良好的沟通程序，自觉参与决策。企业员工在各自岗位上尽职尽责，每个员工都明确企业发展目标，团结协作，增加企业凝聚力。

（五）完善科学的分配、激励制度

建立科学的人力资源开发和管理制度的出发点和目标是激励员工，调动员工积极性和创造性。合理提高薪资标准，除了员工工资报酬、年终奖金、福利等外，中小企业还可以通过技术入股、年终分红或者行使期权，对人才给予激励。

（六）建立反舞弊机制，完善审计制度

企业应提高审计意识，设立独立的内部审计职能部门，选择能力较强的人员作为审计人员。审计职能部门领导不要由其他部门领导兼职，否则，审计监督作用就会减弱，成为摆设。在审计中发现内部控制存在的重大问题要及时向高层通报，制定应对方案，减少风险的发生。

反舞弊制度和审计制度是惩治腐败，加强监督的有力武器，让所有员工都参与企业的管理和监督，做到以预防为原则，保护资产安全。

中小型企业建立和实施符合自身的内部控制制度和实施环境，可以提升企业内部管理水平和抵抗风险能力，能在国际经济的大环境中参与竞争，打破3~5年寿命现象，使企业长久地立于不败之地。除此之外，我国中小企业的发展也需要政府的扶持与帮助，政府应充分考虑中小企业特点，积极给予支持。

参考文献

[1] 陈敏. 加强国有中小企业内部控制的几点思考 [J]. 商业会计，2014（10）.
[2] 李欣. 后危机时代江苏省中小企业内部控制问题研究 [J]. 会计之友，2013（1）.
[3] 许义燕. 中小企业内部控制现状分析及对策研究 [J]. 商业会计，2014（5）.
[4] 赵冬梅. 中小企业内部控制问题及对策探讨 [J]. 财会通讯，2012（11）.
[5] 武春梅. 中小企业内部控制的建设问题研究 [J]. 前沿，2013（19）.

高科技企业财务管理价值

申报单位：大唐电信大唐联诚信息系统技术有限公司
作者：杨玉兰

[摘要]随着科技创新日趋活跃，高科技企业成为经济可持续发展新的助推器。而高科技企业具有不同于传统企业的经营特点，时刻面临新的机遇，也不得不面临更加激烈的市场竞争。建立适应高科技企业发展的财务管理体系，实现财务管理的价值，不断优化财务管理，挖掘财务管理功能，对于提高企业经济效益，促进企业可持续发展具有重要意义。本文从高科技企业财务管理必须重点关注的成本费用管理、现金管理、投资管理和财务内控管理四方面进行论述，并提出管理思路。

[关键词]高科技企业　财务管理

高科技企业是一种以高新技术为主要投入，以技术生产、创造和利用为主要形式，以组织网络化和资源外取为主要模式，强调特殊人力资源的积累和运用，并追求持续创新的新型智力密集型企业。高科技企业的兴起在本质上体现了资源相对稀缺性变化对企业运行模式的深刻影响。

高科技企业具有产品先期投入大，科技含量高，附加值高，产品寿命周期短，更新换代快，企业经营风险大，对市场反应灵敏等特点。对于高科技企业而言，企业经营者的管理水平直接决定企业的发展成败与前景，其中，如何构建适应高科技企业发展的财务管理体系，实现财务管理的价值，是值得每一个财务工作者思考的问题。

一、高科技企业成本费用管理

由于生产方式转变与高科技的发展，产品生命周期的缩短以及全球性竞争的加剧，许多企业为适应新经济环境主动改变传统成本管理理念，积极采用现代成本管理方法。

（一）成本管理的三个层面

高科技企业成本管理以合理资源配置，实现利润管理和价值链管理基本理念，主要体现在三个层面，首先是科技驱动成本管理，以技术创新为先导，新技术和新产品成为降低成本的主要动力。成本管理的重点是把大量优质资源投入到新产品开发、新材料运用、工艺技术创新、设备技术改进等活动中，实现基于技术创新的成本管理；其次是基于系统创新，实现精益生产和敏捷制造，对于不增值供应链的管理删繁就简，竞争观念以时间和响应速度为基准，通过与市场、用户、合作伙伴高度集成，适应竞争，以获取长期的经济效益；最后是基于产业整合的成本管理，通过内部合理资源配置，突出核心竞争力，占领价值链高端，同时，通过吸收整合外部优势资源，通过制造外包、服务外包、设计外包以及并购等多种经营和资本运作手段，实现资源外取，降低产业成本。

（二）全面成本管理

企业内部日常成本管理以效益衡量成本，进行全面成本费用管理。对产品实行生命周期全过程管理，将设计、开发、采购、生产、仓储、管理、销售、回款、质保等各阶段统一起来，寻找成本控制切入点。首先，低成本的研发设计是持续降抵成本的核心，设计过程中不仅讲求性能指标，对于可采购性、可生产性、可维护性、成本优化都必须统筹考虑。其次，开发费用是高新产品最大的成本要素之一，单位产品所分摊的开发成本甚至可能远超过生产与销售等其他成本，从而在很大程度上决定了产品的成本竞争能力，开发过程的卓越管理，提高开发效率所带来的成本差异将十分显著。另外，生产成本的形成依赖于物流供应、生产工艺流程实施、测试总装、质量检验、发货等一系列作业，须通过成本动因分析进行准确的产品成本核算与分析，并通过不断优化作业降低成本。采购环节必须建立高效的供应链，加快库存周转效率，不断降低库存水平。

总之，以精细化管理为原则，开展成本全过程控制，发挥全面预算管理和业绩考核导向作用，通过优化流程提高效率，抓重点抓落实，建立以价值链分析为基础的全面成本管理体系，实现企业持续降本管理。

二、高科技企业现金流管理

高科技企业对自然资源的依赖程度较低，企业高投入、高成长及持续创新特征使得高科技企业对资金依赖性较高，企业现金需求量大。而大部分高科技企业未来的高速发展得到内部现金流的支持力量极其弱小，高速发展只能伴随着高额度的外部融资，是否能够从企业外部获取现金流在很大程度上制约着高科技企业的发展。同时，若现金流量管理不善，出现现金流量不足以支付契约上要求的到期支付款项时，便会发生流量破产。因此，融资管理对高科技企业尤为重要。

（一）内源融资管理

高科技企业融资管理，可分为内源融资和外源融资。企业必须要通过经营产生健康的内源性现金流，统筹全局，做好日常经营中的现金收支计划管理，提高资金使用效率，控制资金流量风险。在企业内源融资管理中，降低应收账款和存货对资金的占压是管理重点。

（二）外源融资管理

企业发展需要积极开拓融资渠道，筹集企业发展所需资金。主要方式有商业信用、融资租赁、股权融资、债权融资等。

同时，考虑不同生命周期内的高科技企业，其融资特点和融资重点都有所不同。通常种子期企业以自有资金为主；创业期以风险投资为主，以自有资金和银行借贷为辅；在企业成长期技术相对成熟，产品得到市场认可，企业要进一步扩大规模并持续研发投入，融资需求旺盛，而高科技企业高效益前景使得企业进行股权融资变得容易；成熟期企业规模和利润扩大并趋于稳定，核心竞争力已经形成，经营风险降低，债务融资能力增强，银行也愿意提供长期借款，且一般会获得银行的融资授信。同时，以足够好的业绩记录和资产，可以向投资者展现未来发展前景，通过公开市场发行股票，获得资本市场融资。虽然风险资本一般会在该阶段通过上市或管理层收购等方式退出，但已不足以影响企业的资金流。

三、高科技企业的投资管理

投资决策是企业最重要的决策之一。从某种意义上说，一个企业就是由一系列投资项目组成的。正确的投资可以为企业的发展提供杠杆效应，大大加速企业的发展；反之，投资失误也有可能将企业存在的种种弊端放大，甚而影响企业的生存。因而，投资决策对公司的成长发展有着至关重要的意义。同时，任何组织任何时候资源都有局限性，企业当期盈利能力和未来发展都涉及对资源的投入分配，内部项目投资和外部并购投资有所为有所不为，确保有限资源的重点有效投入，降低投资风险，获得预期收益，也是高科技企业投资管理的重点。

（一）内部科研项目投资

高科技企业首先面临的是新产品、新技术的内部投资决策。通常是高投入、高风险推演而来的“高利润”刺激着决策者，而钱一旦投下去，很多情况下会面临项目研发风险或市场估计过高，实际情况往往比预期差很多，出现项目投资困境。因此，对于企业内部的研发立项投资，必须从项目可行性及风险评估等方面做好充分客观的论证，财务分析是合理实施投资决策的重要步骤。通过基于成本分析、基于市场分析、基于预期收益分析及现金流折现、投资回收期分析等多种财务分析方法，合理评估投资机会，分析投资后的收益水平和风险程度，并匹配合理的财务资源投入。项目投资决策后，严密的项目预算监控管理，研发结项跟踪考核等，都需要精细化的财务管理。

（二）企业并购

高科技企业之间的并购已经成为企业快速成长、站稳市场的有效手段。高科技企业通过并购可以获取各种技术资源、顶级技术人才和优秀管理人才，由此可以提高研发技术时效性，降低研发费用和研发的不确定性，增强和提高企业核心竞争力；通过并购可以使高科技企业实现战略转型，培育企业的核心竞争力，拓展业务领域，实现规模经济。

从众多并购案例看，企业间的并购很多，但成功率不高也是并购投资的一个软肋。大量的盲目扩大生产规模而实施并购，对目标企业了解不充分，并购成本巨大，并购之后没有进行恰当的整合，这都是造成并购成功率不高的主要原因。企业对于并购应当有个明确目的，对于目标企业选择适合自己发展的企业并对其财务状况进行详细分析，减少估价风险，确定在自己承受额度内的并购成本并且采用最优融资手段，避免成本过高而使自己陷入财务危机，之后的财务整合也是至关重要的，使得双方企业的财务真正融合在一起，达到协同效应充分的发挥，从而增强企业的市场竞争力和扩大市场规模，以达到提升企业价值的目的。作为财务管理者必须要关注并购财务风险，并购前对目标企业价值估值、并购过程中采取的融资渠道支付方式、并购后的财务整合等，必须充分了解分析并进行积极防范。

四、高科技企业财务内控管理

企业的管理就是风险管理，风险管理核心就是财务风险管控。企业风险来自战略、技术、市场、融资、管理、法律、人力、文化等方面。从财务价值管理角度，必须要建立完善的财务内控制度，建立客观可行的风险评价体系。

（一）内控体系建设

优秀的企业会用 3~5 年甚至更长的时间来做基础内控建设，如果企业忽视根深蒂固的生存真谛，只顾施肥浇灌，追求所谓枝根叶茂，必将得不到长久发展之本。夯实地基、稳健发展才是卓越企业成长之道。当英国历史上最悠久的巴林银行宣布倒闭、中航油折戟沉沙等一系列事件发生后，人们探寻其背后的深层次原因时发现，它们的共同点在于企业内控制度在这些企业成了一纸空文。

企业建立有效内控体系，是企业必须遵从的法律要求，也是企业深化内部管理的必然要求。最近几年，财务管理以至整个企业管理领域对内控制度需求日益强烈，对内控制度的重视程度越来越高，做好企业财务的内控制度落实是财务重点工作之一。

（二）风险预警

高科技企业只有不断地成长，才会充满生机，才能在市场上保持竞争力。但是在快速成长的过程中，成功与失败只有一步之遥，其中的关键就在于能否保持财务稳健。只注重于企业发展而忽视了企业风险的预警与防范，会造成企业在遇到重大问题和波动时措手不及，甚至形成危机。因此，财务管理必须建立财务风险评价体系，重视企业经营风险的预警管理。

通常情况下，财务风险大都涉及收益性指标、流动性指标和安全性指标中的一些重要指标。收益性指标分析目的在于观察公司在一定时期的收益和获利能力，主要包括总资产收益率、净资产收益率、毛利率等。流动性指标分析目的在于观察公司在一定时期的资产周转情况，是对公司资产活动的效率分析，主要包括各种资产周转率等。安全性指标分析目的在于观察公司在一定时期的偿债能力状况，主要包括流动比率、速动比率、资产负债率、权益乘数等。

值得关注的是，企业财务预警指标须以现金流量为基础，重点把握现金盈利值和现金增加值两类指标。

高科技企业时时刻刻面临着新的机遇，也不得不面临着更加激烈的市场竞争，构建适合高科技企业管理的财务管理模式，从战略性、全局性的公司经营理财及风险控制角度实现财务管理的价值，是对高效科学的财务管理模式提出的迫切需求。不断地优化财务管理，挖掘财务管理各功能，对于提高企业经济效益，促进企业可持续发展具有重要意义。

大宗商品贸易企业的资金管理与融资创新

申报单位：中航国际钢铁贸易有限公司
第一作者：何绪良　　作者：赵 锋　王传海

［**摘要**］随着近年来世界经济的低迷和中国经济进入新常态，大宗商品价格持续下行，大宗商品贸易企业面临着更加复杂多变的经营环境和不断下降的盈利水平，如何加强资金管理和降低资金成本成为摆在企业面前的重要课题。本文介绍一家大型国有商贸企业财务部门在资金管理活动中的一些有效做法，提出如何创新融资方式、降低资金管理风险、努力为企业创造价值的一些新思路。

［**关键词**］大宗商品　资金管理　融资

我国是全球主要大宗商品消费国之一，但是近年来大宗商品价格持续走低，如螺纹钢价格由2010年的约5500元/吨跌至目前的约2000元/吨，大宗商品贸易企业经营环境越来越严峻，依靠传统价格差获取利润的经营模式面临淘汰，而对精细化管理、国际化开拓的要求越来越强烈。大宗商品价格低迷同样也引起金融机构关注，2015年，许多银行对大宗商品贸易企业的信贷需求提出了更严格的限制条件，例如缩减规模、提高担保比例、延长审批流程等。

面对上述困境，本企业财务部门及时创新资金管理模式，开展资金精细化管理和融资创新，不断降低资金成本，提高资金周转率，为公司发展创造了一个相对良好的环境。

一、针对大宗商品贸易企业特点，强化财务资金管理职能

大宗商品贸易行业资金需求量大、周转快、国际化程度高，对利率、汇率等资金成本要素高度敏感。因此，企业的财务工作应把资金管理作为首要任务来抓。

（1）做好资金规划，优化资源配置。在制定年度预算和资金规划时，企业要对现有的业务做出充分的评价与比对，逐步收缩边际贡献率低、风险高的业务，将资金优先保证那些边际贡献大、利润率高、风险相对较小的产品和市场。

（2）强化企业内部管理，加快资金周转速度。企业应加强资金流量的预测与分析，把控好收款、付款、贷款等资金流转各个环节时间点，尽可能减少资金流转环节中的不必要占用。

（3）建立一支高水平的资金管理团队。提高资金管理人员专业素质和管理水平是资金管理关键。本企业在财务部下设立了一支精干的资金管理小组，并通过多种渠道对相关人员进行财务管理、外贸业务、外汇管理政策、外汇结算、单证处理等知识的培训，使得资金管理人员掌握最新的知识，并在实践中不断磨炼。

（4）学习和探索先进外汇融资和外汇理财。随着人民币国际化进程推进、外汇管制逐渐放开，

对大宗商品贸易企业来说是项重要机遇，企业应该多学习、多了解金融创新产品，探索出一套符合自身经营特点的外汇融资和外汇理财模式，为企业创造更多财务收益。

二、加强资金精细化管理

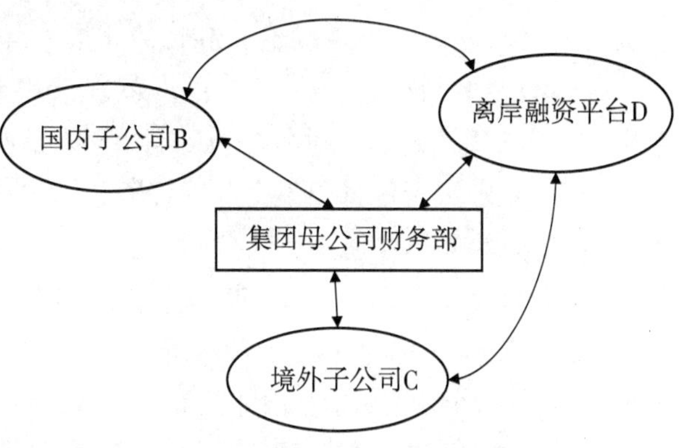

图 1 集团公司资金管理结构

图 1 为集团公司资金管理结构，集团母公司财务部负责整个集团公司资金安排，包括年度资金预算与规划、月度收付款计划和融资路径、期限、币种等事项安排。以下是财务部资金精细化管理方法。

（1）深入业务，了解业务具体操作过程。集团母公司财务部每周要求各事业部和投资公司上报下周资金需求和收款计划，同时反馈各个事业部和投资公司上周的执行情况，通过这种反馈机制不断提高资金计划的准确率，同时也约束了业务部门乱用资金的现象。

财务部熟悉每项业务运行所对应资金收付规律，在此基础上评价各业务部门上报的资金计划合理性，对于常态、固定的业务做到事前准确安排资金。

（2）建立预警机制。根据制定的资金计划表，合理控制业务部门资金使用额度，对于超出额度的业务部门给予提醒，加快应收账款的收回，提高资金周转率。

（3）资金占用内部考核。财务部为了鼓励业务部门在资金占用方面降低成本，建立了一套资金占用内部考核制度。集团母公司财务部扮演着类似银行这个角色，以市场价格为基础制定公司内部资金价格，例如集团母公司财务部每月发布现款支付、信用证支付、银行承兑汇票支付的资金利息、贴息率以及保证金比例。这种考核机制大大提高了业务部门资金管理的自觉性，使其从本部门的利益出发，采用资金成本较低的支付方式，同时也会加快资金周转率、避免资金过多的沉淀。通过上述考核机制，使得企业资金管理渗透到全公司，公司的财务部门与业务部门交流更加密切，互相配合，达到公司整体效益最大化。

（4）建立跨境双向人民币资金池。跨境双向人民币资金池是指企业集团根据自身经营和管理需要，在境内外非金融成员企业之间开展的跨境人民币资金余额调剂和归集业务。资金池的建立打通了境内和境外人民币资金流通渠道，为企业充分利用境内外市场、统筹资金、提高财务运行效率提供了有力工具。同时跨境人民币资金归集为跨国集团企业总部对成员单位的资金统筹管理和业务集约化处理提供了重要手段。2015 年 4 月，客户 R 汇给公司离岸融资平台 D5000 万元人民币，由于离岸融资平台 D 与集团本部之前结算都是美元，如果按照贸易路径汇款，则汇款币种必须是美元，但离岸人民币换汇需用当地货币过渡，增加换汇成本。本企业与某大型银行合作，将离岸融资平台 D 的在该行的账户与集团本部银行账户关联，建立了跨境双向人民币资金池，这样集团本部可以直接使用离岸融资平台的人民币金额，无须实物贸易路径，节省单据制作成本和换汇成本。

（5）使用人民币作为贸易结算货币。随着跨境人民币试点范围在世界各国扩展，集团内境内公司可以与集团内境外公司使用人民币作为贸易结算，这样避免了货币转换的汇兑损失，同时节省了手续费。2014 年 4 月，离岸融资平台 D 需要将 1500 万元人民币通过俄罗斯子公司汇到国内，对于这条汇款路径，集团母公司财务部安排采用人民币直接汇款，无须换成外币，节省了大量费用。2015 年俄罗斯子公司从国内进口货物，双方约定以人民币结算，根据俄罗斯海关政策，以人民币作为报关货币，可以免交保证金，相比美元报关具有更大优势。

（6）增加理财收益。俄罗斯货币卢布自 2014 年 9 月开始大幅度贬值，同时该国基准利率也大幅调高，2015 年该国基准利率为 11.5%，俄罗斯子公司与俄罗斯当地中资银行合作，签订每日拆借资金协议，规定银行每日归集企业闲置资金，次日再归还企业资金，利率为 8.5%，通过这种方式大大增加企业的财务收益。

（7）无风险外汇套利。根据市场动向、制定无风险外汇套利方案。从 2015 年 3 月开始，外汇市场对瑞郎升值预期较强，本企业经过研究与银行开展低风险业务合作。例如本企业 1000 万美元信用证到期需付款，企业按照即期瑞郎兑美元汇率 0.9528 在银行存入 6 个月 952.8 万瑞郎质押给银行，同时获得一笔 1000 万美元贷款用于支付信用证，到期后由于瑞郎兑美元锁汇汇率为 0.9424，瑞郎可以兑换 1011 万美元，扣除美元贷款利息 7 万美元，这时企业就获得 4 万美元额外的理财收益。

三、创新贸易融资方式

近年来公司不断探索大宗商品贸易领域新的经营模式，公司的财务管理部门也紧跟步伐，在融资模式上不断探索，有力支持了业务拓展。

（1）跨币种融资，降低融资利率。自 2015 年 3 月欧洲央行正式启动量化宽松的货币政策以来，欧元汇率、利率持续走低。在此背景下，越来越多的国内企业开始尝试借入以欧元计价的新增债务，或者借助外汇衍生产品将原有的高息负债置换为欧元债务，以期通过调整债务结构有效规避汇率风险、降低融资成本。

欧元融资成本显著低于其他主要币种，是欧元外债异军突起的主要原因。以某商业银行为例。2015 年 3 月 19 日，境外行给出的一年期贷款报价中，欧元贷款年利率是 3 个月 LIBOR±150 点 (约 1.53%)，美元贷款年利率是 3 个月 LIBOR+180 点 (约 2.05%)；同期境内人民币贷款 3 个月报价使基准利率上浮 10% 或 20%(基准利率为 5.35%，一年期贷款利率约为 5.89% ~6.42%)。以一年期 1000 万美元等值贷款为例，借入欧元可比美元节省 31 万元人民币利息支出，比人民币节省 300 万元人民币利息支出。

例如本公司计划从外商采购一批货物，原来的方式是直接给外商开美元即期证，现在转换为先通过国内公司开出远期欧元证给离岸融资平台、离岸融资平台再开出美元即期信用证给外商，离岸融资平台将欧元信用证贴现取得欧元金额后换汇成美元用于支付美元即期证，通过这种跨币种融资，大大降低融资成本。

（2）融资币种贬值预期，有助于企业进一步降低融资成本。除欧元贷款利率较低之外，企业选择欧元外债的另一个重要原因就是欧元相对人民币和美元将趋于贬值。美元方面，由于美国经济复苏强劲而欧洲经济增长疲软，美联储酝酿加息而欧洲央行实施量化宽松，导致美元升值而欧元贬值。2015 年 1~3 月，欧元兑美元跌幅达到 11.3%。人民币方面，尽管 2015 年 1~3 月人民币兑美元汇率波动性增大，但相对欧元仍明显强势。2015 年 1 ~ 3 月，欧元兑人民币已经贬值 11.4%。例如上述案例国内公司开出的远期欧元信用证，到期时由于欧元大幅贬值，企业获得额外汇兑收益。

通过以上方式，本企业资金成本不断降低。经测算，2015 年上半年的综合资金成本率比上年同期下降了 27%，较好地体现了财务工作的价值，受到公司管理层的肯定。需要指出的是，变化是一个永恒的主题，随着企业面临的外部环境的变化和金融市场的波动，企业的资金管理工作也要因时而变，并在创新中求得发展。

浅谈商誉会计

申报单位：济南建筑材料集团总公司
作者：王滨昌

［摘要］企业无形资产中包括商誉。本文总结概念、内容及商誉的本质，并对商誉的确认与计量提出自己的观点。

［关键词］无形资产　商誉

知识经济的一个突出特点是：企业资产从有形化向无形化发展。在企业总资产中，无形资产比重逐渐超过有形资产，在发达国家，这种趋势尤为明显，企业无形资产很大一部分是可辨认的无形资产，如专利权、商标权等；还有一部分是不可辨认的无形资产——商誉。一个没有无形资产的企业将难以生存。因此，会计必须全面确认、计量、记录、报告企业的无形资产，任何疏漏都可能导致严重后果。

一、商誉概念、内容及商誉本质

商誉概念。初期的商誉并未引起会计界重视。相反，由于遗嘱公证、法律诉讼等问题的牵扯，首先引起了法界重视，并对商誉问题进行了研究。因而，虽然“商誉”是商业上的词汇，最早却是由司法界定义的。19 世纪末，经过工业革命，商誉普遍被理解为能使企业获得更多收益的业主与顾客之间的友好关系；21 世纪初，经济更加发达，企业之间的竞争也更加激烈，企业的优势已不完全取决于业主与顾客之间的关系，而要从内部管理、生产组织、销售环节等各方面努力，因此，当时将能导致一个企业比其他企业获得更多(超额)利润的一切因素称为商誉。这样，商誉的概念向深层次拓展。随着生产发展，科技进步，人们对商誉特性有了深入了解，20 世纪 40 年代以来，会计界逐渐形成了几种有代表性的商誉观点，即超额盈利观、剩余价值观和无形资源观。

商誉内容。商誉的内容可归为三个方面：一是企业与各方面的良好关系，包括外部各利害关系和内部良好关系；二是优秀的职工队伍和高效的企业组织结构；三是垄断性。笔者认为，商誉最本质的要素是企业杰出的管理人员队伍，这是商誉存在的基础。

商誉本质。从本质上说，商誉是能为企业未来带来超额盈利能力的一种无形资源。从会计角度看，对商誉存在下列三种解释：一是对企业好感的价值；二是未来超额收益的现值；三是总计价账户。目前，会计实务中对商誉就是根据第三种观点定义的。

上述三种观点强调了商誉的某些特征、本质和计价方法，但三种观点之间并不矛盾，而是相互联系的，“对企业好感的价值”说明了商誉产生的原因，“未来超额收益的现值”说明了商誉的实质，而“总计价账户”则说明了购买商誉的计价方法。购买商誉作为商誉的一种表现形式，体现了商誉的本质。

二、商誉的确认与计量

商誉的确认。关于商誉的会计处理，国际会计准则和一些国家会计准则中通常只对外购商誉规定了会计处理的规范性要求，而对自创商誉原则上不予确认。

在外购商誉的会计处理方面，各国的规定在不断变化，而变化的趋势是在商誉会计处理方面能达成共识的内容日益增多。如 1970 年，美国会计准则委员会公布的第 17 号意见书规定，应按直线法将外购商誉系统摊销；1989 年国际会计准则委员会在其颁布的第 32 号征求意见稿中，将外购商誉的会计处理进一步限定为只将其资本化为一项可摊销资产，并且明确规定最长摊销期不得超过 20 年。

自创商誉方面，尽管各国会计实务中还没有对它确认与计量，但经过理论界长期争论，支持对自创商誉进行确认的观点已经渐成主流，其计量问题将随着金融衍生工具计量和不确定性事项处理等的解决终将会得以实现。

事实上，外购商誉与自创商誉在性质上没有差别，可以说，正是由于传统会计对自创商誉的不确认，才导致在企业合并时出现了数额巨大的外购商誉。因此，商誉会计对计量属性提出了更高的要求，以包括公允价值在内的多种计量属性并用是财务会计适应知识经济发展的必然结果。

商誉的计量。商誉计量是商誉会计中的一个重要课题，它影响着商誉的确认、摊销和其他处理程序。传统上，仅对合并商誉（或称外购商誉）计量入账，对自创商誉则不予确认。即便是对合并商誉的计量，也存在两种不同做法：

1. 间接计量法

间接计量法也称割差法，是以购买成本大于购买方在交易日对所购买的可辨认资产和负债的公允价值中的权益部分的差额来衡量商誉的价值。用公式表示为：商誉价值＝购买总成本－（取得的有形资产及可辨认无形资产公允价值总和－承受之负债公允价值总额）＝购买总成本－购买的净资产公允价值。

2. 直接计量法

直接计量法也叫超额收益法，是指通过估测由于存在商誉而给企业带来的预期超额收益，并按一定方法推算出商誉价值的一种方法。直接计量法根据被评估企业预期超额收益的稳定性，又分为超额收益资本化法和超额收益折现法。

超额收益资本化法是根据“等量资本获得等量利润”原理，认为既然企业存在超额利润，就必然有与之相对应的资本（资产）在起着一种积极作用，只是账面上没有反映出来罢了，因此将企业的超额收益还原，就是商誉的价值。用公式表示：商誉价值＝超额收益 ÷ 选定的投资报酬率。

超额收益折现法是指把企业可预测的若干年预期超额收益依次进行折现，并将折现值汇总以确定企业商誉价值的一种方法。如果预计企业的超额收益只能维持有限的若干年，且不稳定时，一般适用于此种方法。用公式表示为：商誉价值＝Σ各年预期超额收益 × 各年的折现系数。在各年预期超额收益相等的情况下，上式可简化为：商誉价值＝年预期超额收益 × 年金现值系数。

3. 两种计量方法的比较

一般认为，人们对商誉性质的不同认识决定了对商誉计量方法的选择。间接计量法是“总计价账户论”，即视商誉为净资产的“收买价与公允价值之差”的产物；直接计量法是“超额收益论”即视商誉为“超额获利能力”的产物。

间接计量法一个最大优点是简便易行。另外，间接计量法是通过可辨认净资产收买价减去公允市价求得商誉价值，其收买价是实际发生的产权交易价格，具有客观性和可验证性；同时还具有公允性。因此，间接计量法几乎成为目前各国公认会计原则允许的计量商誉的唯一方法。但是，间接计量法缺点也显而易见，由于商誉的价值是通过差额倒算出来的，企业收购时对单个可辨认资产价值估算的误差及其他对商誉价格的影响等非商誉因素，可能会影响到商誉的计价。另外，间接计量法仅局限在企业合并时才可运用，因为只有企业合并时才会有“收买价”。这样，即使一家公司形成了可观的商誉，如不发生合并，间接计量法也无法计算其商誉价值。

直接计量法建立在商誉是“企业获得超额利润的能力”观念之上，此方法运用广泛，不管企业是否发生合并都可以运用。再者，直接计量法计算依据的行业投资报酬率是客观的，经营业绩也可以从财务报表中得到验证。也就是说，直接计量法数据的取得是建立在行业认同与客观可验证性的基础之上，因此计算出来的商誉价值，可以在一定程度上排除其他非量化因素的影响，得到社会的广泛认同。

三、商誉的披露

目前产权交易中，购入的商誉是以收买价与公允价值差额来计量的，可见这是采用了差额商誉形式。对它的财务处理存在着以下三种意见：第一，购入商誉是特定资本交易引起的价值差额，实质是代表收购企业的资本损失，应冲销资本公积；第二，购入商誉是为获得超额收益而支付的，理应随超额收益的获得而减少；第三，商誉始终同企业相联系，不会在赚取收益中被消耗，应予保留。这三种意见各有道理，但共同的不足是没有与企业经营状况相联系，无法表达企业真实财务状况。笔者认为，对收买价和公允价值的差额，应结合对自创商誉的确认和披露来加以处理。收买价和公允价值的差额被当作购入商誉的价值，但只是交易时点的状况，在交易后就失去了作用，应按第一种意见处理，即金额冲销。而自创商誉不仅指企业自己开发形成的，还包括被兼并、收购企业的商誉。也就是说，企业的自创商誉应是原自创商誉和购入商誉的结合，这不仅指简单的数量相加，而是考虑两者之间的配置和优势互补而产生的新的总体效能，会计报表应对这一商誉予以披露。

四、商誉会计存在问题及商誉会计展望

自创商誉应否确认是截至目前会计界争论未决的问题。应当承认，自创商誉能够为企业带来可能的未来的经济利益；问题主要在于难以辨认自创商誉是基于哪些过去的交易和事项而形成。因此，自创商誉基本上符合资产的定义。但是，其最大的缺陷是难以公允地、可靠地进行计量，不符合确认的基本标准。商誉既不能同企业的整体相分离，又不能够单独销售，因此，商誉就不能够单独进入市场。

随着衍生金融工具的成熟，自创商誉的确认趋于完善。企业购入外来商誉与本企业自创商誉融为一体一并确认计量，在会计报表中单独披露出企业的商誉。为报表使用者提供可靠且相关性强的报告信息，为企业在知识经济时代的发展贡献力量。

一是自创商誉有可能进入财务会计系统。会计确认、计量手段等的改变，使得在历史成本计量

模式下不能反映的自创商誉有可能进入财务会计系统。

二是商誉的披露可纳入多层次的财务报告模式。多层次的财务报告模式可大大丰富财务报告内容。也就是说，像自创商誉这种不能完全符合现行会计要素确认标准，却与财务报告使用者的决策密切相关的信息，将在一定的财务报告层次中披露出来。

三是自创商誉所对应的所有者权益还有待进一步研究。与自创商誉对应的所有者权益应属于物质资本投入者——股东，还是商誉创造者——经营管理者、普通员工，有待进一步探究。股东投入的物质既是企业最基本的生产要素，又是商誉形成的基础。在这个意义上，商誉与留存收益一样，都是股东原始资本上的增值，应属于股东。然而徒有物质生产要素而缺乏善于经营、精通管理的人才，商誉资产也无法形成，可见商誉的创造者也应具有获取报酬的权利，这种权利最终形成了企业的负债，如何在股东与商誉创造者之间分配好这一权益，那就要视企业对人力资源的重视程度及激励机制的成熟程度而定。

首届全国国有企业财务管理创新成果和优秀论文名单（成果类）

等级	成果名称	创造单位	主要创造人	创造人
一等	BT项目回购方式创新问题研究	中电建路桥集团有限公司	党　卫	卢勇华　龙婕好　王文辉
一等	集团化5C全面战略预算管控体系的构建与实施	北京首创股份有限公司	冯　涛	郝春梅　吴沛毅　王　颖　王勇华　孙　薇
一等	以价值创造为导向的预算管控	中国兵器工业集团公司	翁建威	孙殿文　袁树宝　商逸涛　王晓丹
一等	财务委派制下的财务共享中心建设	北控水务集团有限公司	于立国	周　莉　孙　敏　田林娜　江　艳
一等	境外统计报表系统研究与应用报告	中国建筑股份有限公司	曾肇河　薛克庆	顾笑白　王丹梅　刘光元
一等	信息化建设与精益财务转型研究	中国铁建电气化局集团有限公司	张国俊　贺春雷	栗喜明　薛晓荣　夏振华　申　晖　李海全
一等	地铁集团化财务对标管理的构建与实施	北京市地铁运营有限公司	齐占峰	蒋　瑛　黄宏伟　林玉晶　王秀娟
一等	实施战略成本管理，提升核心竞争力	鞍钢矿业集团	李之奇	于　淼　王　丹　张　凌　唐学飞
一等	大型航空企业集团的财务集中管理	成都飞机工业（集团）有限责任公司	常金平	许鹏辉　王玉辉　岳冬蕾　曹　玉
一等	湖南省国资委监管企业财务风险预警机制研究	湖南省人民政府国有资产监督管理委员会	樊建军	汪学高　黄　非
一等	京能集团资金预算管理平台的建设与实施	北京能源投资（集团）有限责任公司	刘嘉凯　梁锦华	方秀君　李世萍　吕鸿鹏　梁　浩
一等	企业全面预算成熟度测评模型	东北财经大学	刘凌冰　韩向东	盛桢智
一等	企业年度财务决算标准化流程实施项目	北京经济技术投资开发总公司	徐婧鹤	胡雨虹　李璐阳　黄南希　刘亚军
二等	财务公司资金优化配置体系的构建与实施	京能集团财务有限公司	张　伟	倪　婷　于　波　熊　涛　张原野
二等	新能源发电企业财务管理模式的创新与实践	北京京能新能源有限公司	何　敏　刘双琼	任百胜
二等	ERP系统实施过程中风险控制研究	大庆石油管理局钻探工程公司试油测试公司	王国明	张立业　赵　鑫　方　红　万延逡
二等	经营管理信息系统在石油企业中的应用	中国石油天然气股份有限公司大港油田分公司	孙义新　谯中成	胡　铭　麻惠静
二等	预算管理及财务管控在企业中的应用	北京翠微大厦股份有限公司	张　杰　王　霞	张宇红　邓　菲
二等	小型水电企业责任成本管理体系的构建和实施	四川大川电力有限公司/四川众能电力有限公司	王开君	张雪梅　解建忠　贾法彬
二等	移动互联网在会计业务中的应用实施	北京海纳川汽车部件股份有限公司	董军翔　杜　斌	郭红文　梁益年　董　洁　谢胡天一　孙婷婷
二等	全视图资源管理体系构建与实施	中国电信股份有限公司湖北分公司	陶代金　陈冬生	李志强　张慧婷　夏文瑜　陈友刚
二等	大型燃气发电企业基于嵌入式管理的税务优化体系应用	北京京桥热电有限责任公司	金　立　白　倩	安振源　郭新焕　何世尧　丁　虹　王素芳　沈淑凤　赵梦月
二等	模拟市场化运行机制在制造企业的创新运用	中国西电集团——西安西电开关电气有限公司	赵新荣	荀通泽　王妍斐　郭江杰　杨秋歌
二等	创新社会缴费模式，提升服务能力	中国电信股份有限公司内蒙古分公司	李瑞堂	岳　琨　秦　华
二等	基于价值创造的集团财务管理	北京亦庄国际投资发展有限公司	张家伦	何　悦　刘海伦　施　煜　李兆新
二等	基于战略实施的特大型钢铁企业集团资金动态管理体系的构建与实施	首钢总公司	刘　鼎	王保民　邹立宾　尹明珠　刘同合
二等	管理会计在全面预算管理中的应用与实践	北京市五环顺通物流中心	王青林	石玉华　熊　兰　宋　微

首届全国国有企业财务管理创新成果和优秀论文名单（论文类）

等级	论文题目	申报单位	第一作者	作　者
一等	会计信息对股票市场的影响研究	中央财经大学/中国交通银行青岛分行	祁怀锦	丁　和
一等	“下推会计”在企业并购中的应用探讨	北京市西郊农场	李素娟	
一等	企业集团税收筹划策略研究	北京京煤集团有限责任公司	王有松	周晓东　冯　军　刘振强
一等	大型能源投资集团财务公司数据化管控体系的构建与运行	京能集团财务有限公司	刘　颖	王　申　赵　敏　杨　艳

一等	煤炭业上市公司履行社会责任对财务绩效的影响	内蒙古交通投资有限责任公司	张崇生	封静雪　杨　静
一等	大型能源集团工程服务平台公司财务共享服务中心的构建与实施	北京国际电气工程有限责任公司	王　鑫	昝荣师　綦惟恒　柴有国
一等	基于EVA价值树的新兴业务全过程价值管理体系研究	中国电信股份有限公司上海分公司	王兴燕	张慧宇　张锦丽 袁　剑　王海建
一等	基于DEA模型的运营投资型文化产业投资效率检验	西北政法大学商学院	张荣刚	李继玲　于　洋
一等	关于加强财务队伍素质能力建设的探索与实践	大庆油田有限责任公司第二采油厂	闫树军	
一等	医药集团企业对现金池工具的应用探析	国药控股分销中心有限公司	吴铁伦	仇甜著
二等	价值管理在企业行为研究中的应用	华北电力大学	李　涛	陈李荃
二等	失误成本管理在石油钻探公司的应用研究	中国石油集团川庆钻探工程有限公司川西钻探公司	唐静洁	龚国杨　刘　力　张万川
二等	我国寿险业资金运作效率评价及其因素分析	苏州大学	沈能	吴思慧
二等	国有大中型企业总会计师角色定位的思考	中国石油化工有限公司江苏油田分公司	肖国连	
二等	集成电路封测行业时间驱动作业成本法应用研究	北京首钢微电子有限公司	陈妍芳	王鹏南　周　黎
二等	基于成本单耗对标及考核创新的经营精细化管理	中国石油天然气股份有限公司新疆油田公司采油二厂	褚作红	程惠民　黄琳琳　刘海英
二等	上市公司资本结构与公司绩效的相关性研究	北京汽车研究总院有限公司	赵丽星	薄海燕
二等	以信息化创新成果助推企业财务转型升级	北京经济技术投资开发总公司	宋　健	韩　勇　康乐君 郭艳萍　张铜钢
二等	企业科研经费管理探讨	中国石油西南油气田公司勘探开发研究院/工程技术研究院	陈　鸿	郭红梅　陈方兵
二等	基于集中报销和“银企直联”的货币资金集中管理	中国石油天然气股份有限公司西南油气田分公司川中油气矿	王　清	刘光耀　张　璇 杨艳彬　陈　禹
二等	以现金池管控体系为核心的集团化资金管理	北京首创股份有限公司	杨　娉	李蓓蓓　冯　涛
二等	医院支出预算指标体系的建立和分析	北京大学首钢医院	马　莉	王庆红
二等	关于公司实施全面预算管理的专题研究	京能（赤峰）能源发展有限公司	乔艳君	张明川　盛岩岩
二等	新常态票据业务风险预判及对策研究	贵州城市职业学院	蒙　毅	蒙永福
二等	集团财务共享服务模式运用及发展研究	忻州师范学院	侯翠平	丰蓉芳　王丽红
二等	初创期国有企业财务管理创新的探索	北京通用航空有限公司	王鑫彦	赵　耘　陈　洁　王淙雯
二等	如何建立经济责任审计评价指标体系	中国石油天然气股份有限公司管道呼和浩特输油气分公司	彭　良	王英臣　贺元发　赵慧颖
二等	企业管理会计工具集成应用分析	中国航空工业集团航宇救生装备有限公司	张　力	
二等	长钢熔剂厂成本控制与实践	首钢长治钢铁有限公司	和河鱼	张振新　陈建利 冯云林　明月霞
二等	建设期如何有效降低筹资费用探讨	北京京西燃气热电有限公司	杨　帆	赵剑波　佟　青　刘　军
二等	推进“三大计划融合”，实现全要素协同增效	中国石化集团胜利石油管理局电力管理总公司	高立群	陈同利
二等	浅谈如何做好井下小修业务和机械制造业务的成本控制	中国石油天然气集团新疆油田分公司工程技术公司	王　强	杨雪梅　马月红
二等	公交企业“规制成本”下的财务管理目标	乌鲁木齐市公共交通集团有限公司	吴　艳	张　帅
二等	信息化如何助力制作成本管理	西安西电电力电容器有限责任公司	辛春阳	
二等	中小企业内部控制问题及对策浅析	北京兴建物业管理中心	李爱红	
二等	高科技企业的财务管理价值	大唐电信大唐联诚信息系统技术有限公司	杨玉兰	
二等	大宗商品贸易企业的资金管理与融资创新	中航国际钢铁贸易有限公司	何绪良	赵　锋　王传海
二等	浅谈商誉会计	济南建筑材料集团总公司	王滨昌	

首届全国国有企业财务管理创新成果和优秀论文申报审定最佳组织单位

北京市人民政府国有资产监督管理委员会